부동산전문가 필독서

부동산법규

임 공 수

청목출판사

머리말

우리나라에서 부동산문제는 이슈가 가장 큰 분야 중에 하나이다. 민감도 측면에서도 가장 핵심사항에 해당한다. 어느 정부를 막론하고 부동산정책은 그 정부의 성패를 좌우했다고 해도 과언이 아니다. 이렇게 이슈가 많고 민감도가 큰 이유는 무엇일까. 아마도 부동산에서 특히 주택의 문제가 큰 이슈로 작용하기 때문인 것으로 파악된다. 주택은 생존조건에서도 기본조건에 해당하지만 아직도 완전한 해소가 않된 부분에 해당한다. 그 취득에도 막대한 자금이 소요되고 재산적인 가치 측면에서도 가계부분에서 가장 큰 비중을 차지한다. 그러므로 취득부터 권리관계이전 등의 세제문제도 매우 민감하다. 또한 권리분쟁도 상당한 비중을 차지한다. 이렇게 민감도가 높은 부분에 해당하는 만큼 정부정책도 다양하게 마련되어 시행되었고, 실패와 성공을 반복하고 있으며, 경제상황과 맞물려 모두가 만족하는 완벽한 정책의 시행도 쉽지 않다. 각종 정책시행을 위한 관련 법규도 법령 중에서 차지하는 비중도 매우 크다.

다양한 정책집행을 위한 법규가 마련된 만큼 부동산 관련된 법규도 다양하고 법규들 중 상당한 비중을 차지하는 것도 현실이다. 부동산 문제가 국민의 실생활과 밀접하고 경제상황이나 경기, 금융상황 등 민감도 연관성도 커서 부동산법규에 관한 국민들의 관심도 커지고 있다. 많은 법규들이 일반 국민들이 숙지하지 못하고 집행되고 실행되는 것이 대부분이라면 부동산법규는 이제 일반 국민들이 가장 관심을 가진 법규분야로서 자리잡아가고 있다고 해도 과언이 아니다. 그러나 현실적으로 부동산법규, 적어도 국민들이 자기재산과 실생활에서 습득하고 알아야할 법규를 일목요연하게 공부하기란 쉽지 않다. 법규자체가 워낙 방대하고 다양해서 부분적인 연결도 쉽지 않다. 그러나 한편으로는 주요한 법규들의 연관성을 가지고 들여다본다면 상당부분 실생활과 연관하여 부동산법규를 접할 수 있으므로 내용적인 파악이 가능하다. 이러한 점을 고려하여 본서는 전문성을 가진 부분과 일반적인 주요 부분을 통합하여 부동산전문가는 물론 일반 국민들도 부동산법규로 볼 수 있는 부분을 정리하는 것을 목표로 하였다. 본서의 구성은 방대한 부동산법규 중 주요한 법규를 중심으로 분류하여 부동산공법, 부동산민사법, 부동산거래법, 부동산공시법, 부동산세법, 부동산금융법 등 6개 분야로 나누어 설명하였다.

본서는 부동산전문가의 참고도서는 물론 공인중개사시험을 위한 기본서로서 기능할 수 있도록 관련 모든 법령을 수록하여 엮었다. 아직 보다 체계화하고 구체화하는 작업이 필요하다. 정책적 이슈와 민감도가 높은 법규인 만큼 제·개정도 수시로 이루어진다. 독자들이 조금만 관심을 가지고 들여다보면 부동산법규가 실생활에 도움이 될 수 있고, 전문성을 가질 수 있을 것이라는 기대를 하며, 독자들 모두가 부동산전문가가 될 수 있기를 기대해 본다.

2021.2
저 자

[본서에서 약어로 인용된 법률명 및 약어표기]

법률명	약어
가등기 담보 등에 관한 법률	〈가등기담보법〉
개발제한구역의 지정 및 관리에 관한 특별조치법	〈개발제한구역법〉
경제자유구역의 지정 및 운영에 관한 특별법	〈경제자유구역법〉
고도 보존 및 육성에 관한 특별법	〈고도육성법〉
공간정보의 구축 및 관리 등에 관한 법률	〈공간정보관리법(공간정보법)〉
공공기관의 운영에 관한 법률	〈공공기관운영법(공운법)〉
공유수면 관리 및 매립에 관한 법률	〈공유수면법〉
공익사업을 위한 토지 등의 취득 및 보상에 관한 법률	〈토지보상법〉
국가를 당사자로 하는 계약에 관한 법률	〈국가계약법〉
국토의 계획 및 이용에 관한 법률	〈국토계획법〉
도시 및 주거환경 정비법	〈도시정비법〉
도시공원 및 녹지 등에 관한 법률	〈도시공원법〉
도시재생 활성화 및 지원에 관한 특별법	〈도시재생법〉
도시재정비 촉진을 위한 특별법	〈도시재정비법〉
독도 등 도서지역의 생태계보전에 관한 특별법	〈독도특별법〉
민간임대주택에 관한 특별법	〈민간임대주택법(민특법)〉
부동산 거래신고 등에 관한 법률	〈거래신고법〉
부동산 실권리자명의 등기에 관한 법률	〈부동산실명법〉
부동산개발업의 관리 및 육성에 관한 법률	〈부동산개발업법〉
산림자원의 조성 및 관리에 관한 법률	〈산림자원법〉
산업입지 및 개발에 관한 법률	〈산업입지법〉
산업집적활성화 및 공장설립에 관한 법률	〈산업집적법〉
스마트도시 조성 및 산업진흥 등에 관한 법률	〈스마트도시법〉
시설물의 안전 및 유지관리에 관한 특별법	〈시설물관리법〉
야생생물 보호 및 관리에 관한 법률	〈야생생물보호법〉
역세권의 개발 및 이용에 관한법률	〈역세권개발법〉
자본시장과 금융투자업에 관한 법률	〈자본시장법〉
전통사찰의 보존 및 지원에 관한 법률	〈전통사찰법〉
제주특별자치도 설치 및 국제자유도시 조성을 위한 특별법	〈제주특별법〉
주택저당채권유동화회사법	〈주택채권유동화법(유동화법)〉
집합건물의 소유 및 관리에 관한 법률	〈집합건물법〉
채무자회생 및 파산에 관한 법률	〈채무자회생법〉
해양생태계의 보전 및 관리에 관한 법률	〈해양생태계법〉
화재예방, 소방시설 설치·유지 및 안전관리에 관한 법률	〈소방시설법〉

차 례

제4편 부동산거래법

제5편 부동산공시법

제6편 부동산세법

제7편 부동산금융법

제 1 편

총 설

제 1 장
서 설

부동산은 '토지 및 그 정착물'이라 한다(민법 제99조). '토지'에는 토지에 종속되어 있는 구성물은 별도의 부동산으로 보지 않는다. '그 정착물'로는 건축물을 들 수 있는데 토지와 별개로 독립된 부동산이다. 정착물은 토지에 계속적으로 부착하여 있고 계속적으로 부착된 상태에서 사용되는 것이 사회통념상 인정되는 물건을 말한다. 특히 건물은 주택, 건축물 등 정착물에서 대부분을 차지하는 부동산이라 할 수 있다. 아울러 명인방법을 갖춘 수목 집단, 등기완료된 수목의 집단 등도 독립된 부동산으로 취급된다. 이외에도 의제부동산(준부동산)으로 공장재단, 광업재단 등도 넓게 부동산으로 본다.

부동산과 연관된 법규는 다양하고 많은 법령을 포함한다. 크게 보면 공법, 사법은 물론 공사법이 공존하는 사회경제법의 영역까지 관련된다. 특히 경제사회문제가 복잡해지면서 상당부분은 사회경제법의 영역에서 더욱 다양한 법규가 마련되고 있다. 즉 경제규제법을 비롯한 각종 부동산 규제법규들이 많은 이슈가 되고 있다. 이러한 이슈법규들은 상당부분 거래규제법규, 개발규제법규, 세제관련법규 등이 이슈가 되고 있으며, 부동산문제에서 금융부분의 비중이 커지면서 관련 금융법규도 상당부분 이슈가 되고 있다. 특히 부동산법규는 국가정책적, 대국민적 민감도가 매우 큰 법규에 해당하는 것으로 역대 정부마다 다양한 부동산정책을 발표하고 그러한 정책을 실행하기 위한 법규들을 법제화하였다. 현재에도 여전히 부동산법규는 진화하고 있고, 다양화 하고 있고, 이슈화 되고 있다.

이렇게 민감도가 높고 정책적 이슈가 많은 다양하고 방대한 부동산법규를 영역화하여 분류하고 체계화하는 것은 매우 어려운 작업이다. 물론 아직까지 부동산법규의 전 분야를 체계화하여 분류되었다고 할 수는 없고, 일반적으로 통용되는 것도 아니다. 다만 토지부분과 건축부분을 중심으로 살펴보면, 우선 국토의 계획, 도시개발, 도시정비, 건축, 주택의 신축 등 공급, 농지의 관리 등을 아우르는 부분을 중심으로 살펴본다면 이것이 부동산공법에 해당하는 부분이다. 다음으로 부동산은 사유재산과 국유재산 모두 소유의 개념을 가지고 있어 이를 권리관계의 설정으로 파악되고 보호된다고 할 수 있다. 그러므로 이와 관련한 부분이 민법과 민사특별법에서 다루어진다. 이 부분을 부동산민사법이라고 할 수 있다. 셋째로 부동산의 소유관계와 이용관계는 거래행위 등을 통하여 이루어지는데 이는 앞서의 민법과 민사특별법을 비롯하여 실거래법률, 중개법률, 경공매 등을 통하여 다루어진다. 이 부분을 부동산거래법이라고 할 수 있다. 넷째로 거래관계의 설정에서 토지측량 등의 문제, 권리이전에서의 토지 및 주택, 건축물의 등기문제 등 공시하는 절차를 다루는 법규로 구분해 볼 수 있다. 이 부분을 부동산공시법에서 다루게 된다. 다섯째로 부동산의 거래, 소유, 이용 등에 따라 세금문제가 발생하는데 이를 다루는 것이 부동산세법이다. 그리고 부동산의 개발과 거래 등에는 금융적인 문제가 발생하는데 이를 다루는 것이 부동산금융법이라고 할 수 있다. 물론 사회정책적인 측면에서 주택 및 주거시설관련법규 등 다양한 부동산 관련 법규가 존재한다. 그러나 본서에서는 상기 여섯 영역의 내용을 중심으로 부동산법규를 구성하여 설명하기로 한다.

제 2 장

부동산법규의 논의대상

1. 부동산공법

부동산은 토지의 개발부터 용도지정, 건축물의 신축 등을 통하여 생성과 변경의 과정을 가진다. 즉 부동산공법은 국토의 합리적이고 효율적인 이용을 위한 토지의 정리, 개발, 정비 등 신규개발부터 기존 토지의 효율적이고 합리적인 이용을 위한 방안을 마련하는 것으로, 토지의 개발 및 재개발, 재생, 용도, 건축물의 축조 등 부동산의 생성과 활용에 관련된 법규를 다루는 것을 영역으로 한다고 할 수 있다. 다양한 법규가 이에 해당하지만 본서에서는 이러한 법규 중 국토계획법, 도시개발법, 도시정비법, 건축법, 주택법, 농지법 등을 중심으로 설명한다.

2. 부동산민사법

부동산의 개발 및 신축 등을 통하여 생성된 부동산의 소유권 등 권리관계를 확정하게 된다. 권리의 관계는 다양한 법률행위, 법률관계를 통하여 이루어지는데 권리관계의 설정 및 규제 등을 다루는 부분이 부동산민사법 분야라고 할 수 있다. 주요한 법규로 민법을 비롯하여 민사부속법, 민사특별법의 영역이라고 할 수 있고, 본서에서는 민법, 부동산실명법, 가등기담보법, 집합건물법, 주택임대차보호법, 상가건물임대차보호법을 중심으로 설명한다.

3. 부동산거래법

부동산의 권리관계가 확정되면 거래를 통하여 권리이전 등이 발생한다. 거래관련 주요한 법규로는 거래신고관련법규, 부동산중개관련법규, 부동산민사법에서 다루게 되는 민법 및 민사특별법 등을 들 수 있다. 본서에서는 거래신고법, 공인중개사법, 경공매관련법규, 부동산등기특별조치법, 부동산가격공시에관한법률을 중심으로 설명한다.

4. 부동산공시법

부동산의 생성, 권리이전, 거래 등이 이루어지면 공시절차를 통하여 부동산에 대한 내역과 권리관계를 공시하게 된다. 이러한 주요 법규로는 공간정보법, 부동산등기법 등을 들 수 있다. 본서에서는 이들 법규를 중심으로 설명한다.

5. 부동산세법

부동산의 소유와 거래 등에는 세법을 통하여 세무부담을 가진다. 취득세, 등록면허세, 소득세 등과 관련한 법규들이다. 본서에서는 국세 및 지방세기본법, 지방세법, 소득세법, 종합부동산세법 등을 중심으로 설명한다.

6. 부동산금융법

부동산의 개발과 거래, 소유 등에는 막대한 금융을 수반한다. 부동산금융은 직접 금융, 간접 금융, 투자 금융, 정책 금융 등과 관련한 다양한 법규가 있다. 본서에서는 자본시장법, 자산유동화법, 신탁법, 부동산투자회사법, 주택도시기금법을 중심으로 설명한다.

제2편

부동산공법

제 3 장
국토계획법

제1절 서 설

Ⅰ. 용어의 정의

1. 도시계획 및 사업 등

① 국가계획 : 중앙행정기관이 법률에 따라 수립하거나 국가의 정책적인 목적을 이루기 위하여 수립하는 계획 중 [Ⓐ 지역적 특성 및 계획의 방향 · 목표에 관한 사항, Ⓑ 공간구조, 생활권의 설정 및 인구의 배분에 관한 사항, Ⓒ 토지의 이용 및 개발에 관한 사항, Ⓓ 토지의 용도별 수요 및 공급에 관한 사항, Ⓔ 환경의 보전 및 관리에 관한 사항, Ⓕ 기반시설에 관한 사항, Ⓖ 공원 · 녹지에 관한 사항, Ⓗ경관에 관한 사항, Ⓘ기후변화 대응 및 에너지절약에 관한 사항, Ⓙ 방재 · 방범 등 안전에 관한 사항, Ⓚ Ⓑ부터 Ⓙ까지의 단계별 추진에 관한 사항이나 도시 · 군관리계획으로 결정하여야 할 사항]이 포함된 계획을 말한다. ② 광역도시계획 : 광역계획권의 장기발전방향을 제시하는 계획을 말한다. ③ 도시 · 군계획 : 특별시 · 광역시 · 특별자치시 · 특별자치도(시 · 도) · 시 또는 군(광역시의 관할 구역에 있는 군은 제외)의 관할 구역에 대하여 수립하는 공간구조와 발전방향에 대한 계획으로서 Ⓐ 도시 · 군기본계획과 Ⓑ 도시 · 군관리계획으로 구분한다. ④ 도시 · 군기본계획 : 시 · 도, 시 또는 군의 관할 구역에 대하여 기본적인 공간구조와 장기발전방향을 제시하는 종합계획으로서 도시 · 군관리계획 수립의 지침이 되는 계획을 말한다.

⑤ 도시 · 군관리계획 : 시 · 도, 시 또는 군의 개발 · 정비 및 보전을 위하여 수립하는 토지 이용, 교통, 환경, 경관, 안전, 산업, 정보통신, 보건, 복지, 안보, 문화 등에 관한 [Ⓐ 용도지역 · 용도지구의 지정 또는 변경에 관한 계획, Ⓑ 개발제한구역, 도시자연공원구역, 시가화조정구역, 수산자원보호구역의 지정 또는 변경에 관한 계획, Ⓒ 기반시설의 설치 · 정비 또는 개량에 관한 계획, Ⓓ 도시개발사업이나 정비사업에 관한 계획, Ⓔ 지구단위계획구역의 지정 또는 변경에 관한 계획과 지구단위계획, Ⓕ 입지규제최소구역의 지정 또는 변경에 관한 계획과 입지규제최소구역계획]을 말한다. ⑥ 지구단위계획 : 도시 · 군계획 수립 대상지역의 일부에 대하여 토지 이용을 합리화하고 그 기능을 증진시키며 미관을 개선하고 양호한 환경을 확보하며, 그 지역을 체계적 · 계획적으로 관리하기 위하여 수립하는 도시 · 군관리계획을 말한다. ⑦ 입지규제최소구역계획 : 입지규제최소구역에서의 토지의 이용 및 건축물의 용도 · 건폐율 · 용적률 · 높이 등의 제한에 관한 사항 등 입지규제최소구역의 관리에 필요한 사항을 정하기 위하여 수립하는 도시 · 군관리계획을 말한다. ⑧ 도시 · 군계획시설사업 : 도시 · 군계획시설을 설치 · 정비 또는 개량하는 사업을 말한다. ⑨ 도시 · 군계획사업 : 도시 · 군관리계획을 시행하기 위한 [Ⓐ 도시 · 군계획시설사업, Ⓑ 도시개발법에 따른 도시개발사업, Ⓒ 도시정비법에 따른 정비사업]을 말한다. ⑩ 도시 · 군계획사업시행자 : 이 법 또는 다른 법률에 따라 도시 · 군계획사업을 하는 자를 말한다.

2. 기반시설 및 공공시설 등

① 기반시설 : Ⓐ 도로 · 철도 · 항만 · 공항 · 주차장 등 교통시설, Ⓑ 광장 · 공원 · 녹지 등 공간시설, Ⓒ 유통업무설비, 수도 · 전기 · 가스공급설비, 방송 · 통신시설, 공동구 등 유통 · 공급시설, Ⓓ 학교 · 공공청사 · 문화시설 및 공공필요성이 인정되는 체육시설 등 공공 · 문화체육시설, Ⓔ 하천 · 유수지 · 방화설비 등 방재시설, Ⓕ 장사시설 등 보건위생시설, Ⓖ 하수도, 폐기물처리 및 재활용시설, 빗물저장 및 이용시설 등 환경기초시설, Ⓗ 교통시설 : 도로 · 철도 · 항만 · 공항 · 주차장 · 자동차정류장 · 궤도 · 자동차 및 건설기계검사시설, Ⓘ 공간시설 : 광장 · 공원 · 녹지 · 유원지 · 공공공지, Ⓙ 유통 · 공급시설 : 유통업무설비, 수도 · 전기 · 가스 · 열공급설비, 방송 · 통신시설, 공동구 · 시장, 유류저장 및 송유설비, Ⓚ 공공 · 문화체육시설 : 학교 · 공공청사 · 문화시설 · 공공필요성이 인정되는 체육시설 · 연구시설 · 사회복지시설 · 공공직업훈련시설 · 청소년수련시설, Ⓛ 방재시설 : 하천 · 유수지 · 저수지 · 방화설비 · 방풍설비 · 방수설비 · 사방설비 · 방조설비, Ⓜ 보건위생시설 : 장사시

설 · 도축장 · 종합의료시설, Ⓝ 환경기초시설 : 하수도 · 폐기물처리 및 재활용시설 · 빗물저장 및 이용시설 · 수질오염방지시설 · 폐차장[1) ② 도시 · 군계획시설 : 기반시설 중 도시 · 군관리계획으로 결정된 시설을 말한다.

③ 광역시설 : 기반시설 중 광역적인 정비체계가 필요한 Ⓐ 둘 이상의 시 · 도, 시 또는 군의 관할 구역에 걸쳐 있는 시설, Ⓑ 둘 이상의 시 · 도, 시 또는 군이 공동으로 이용하는 시설로서 ⓐ 2 이상의 시 · 도, 시 또는 군(광역시의 관할구역 안에 있는 군을 제외. 다만, 일부규정은 광역시의 관할구역 안에 있는 군을 포함)의 관할구역에 걸치는 시설 : 도로 · 철도 · 광장 · 녹지, 수도 · 전기 · 가스 · 열공급설비, 방송 · 통신시설, 공동구, 유류저장 및 송유설비, 하천 · 하수도(하수종말처리시설 제외), ⓑ 2 이상의 특별시 · 광역시 · 특별자치시 · 특별자치도 · 시 또는 군이 공동으로 이용하는 시설 : 항만 · 공항 · 자동차정류장 · 공원 · 유원지 · 유통업무설비 · 문화시설 · 공공필요성이 인정되는 체육시설 · 사회복지시설 · 공공직업훈련시설 · 청소년수련시설 · 유수지 · 장사시설 · 도축장 · 하수도(하수종말처리시설에 한함) · 폐기물처리 및 재활용시설 · 수질오염방지시설 · 폐차장 시설을 말한다. ④ 공동구 : 전기 · 가스 · 수도 등의 공급설비, 통신시설, 하수도시설 등 지하매설물을 공동 수용함으로써 미관의 개선, 도로구조의 보전 및 교통의 원활한 소통을 위하여 지하에 설치하는 시설물을 말한다. ⑤ 공공시설 : Ⓐ 도로 · 공원 · 철도 · 수도, Ⓑ 항만 · 공항 · 광장 · 녹지 · 공공공지 · 공동구 · 하천 · 유수지 · 방화설비 · 방풍설비 · 방수설비 · 사방설비 · 방조설비 · 하수도 · 구거, Ⓒ 행정청이 설치하는 시설로서 주차장, 저수지 및 그 밖에 국토교통부령으로 정하는 시설, Ⓓ 스마트도시법의 스마트도시서비스의 제공 등을 위한 스마트도시 통합운영센터 등 스마트도시의 관리 · 운영에 관한 시설로서 ⓐ 스마트도시서비스를 제공하기 위한 개별 정보시스템을 운영하는 센터, ⓑ 스마트도시서비스를 제공하기 위한 복수의 정보시스템을 연계 · 통합하여 운영하는 스마트도시 통합운영센터, ⓒ 그 밖에 ⓐ 및 ⓑ의 시설과 유사한 시설로서 국토교통부장관(이하 "장관"이라 한다)이 관계 중앙행정기관의 장과 협의하여 고시하는 시설에 따른 시설로 공공용 시설을 말한다. ⑥ 기반시설설치비용 : 단독주택 및 숙박시설 등 시설의 신 · 증축 행위로 인하여 유발되는 기반시설을 설치하거나 그에 필요한 용지를 확보하기 위하여 부과 · 징수하는 금액을 말한다.

---

1) 기반시설중 도로 · 자동차정류장 및 광장을 세분하면, ⓐ 도로(일반도로, 자동차전용도로, 보행자전용도로, 보행자우선도로, 자전거전용도로, 고가도로, 지하도로), ⓑ 자동차정류장(여객자동차터미널, 화물터미널, 공영차고지, 공동차고지, 화물자동차 휴게소, 복합환승센터), ⓒ 광장(교통광장, 일반광장, 경관광장, 지하광장, 건축물부설광장).

3. 용도구역 등

① 용도지역 : 토지의 이용 및 건축물의 용도, 건폐율, 용적률, 높이 등을 제한함으로써 토지를 경제적 · 효율적으로 이용하고 공공복리의 증진을 도모하기 위하여 서로 중복되지 아니하게 도시 · 군관리계획으로 결정하는 지역을 말한다. ② 용도지구 : 토지의 이용 및 건축물의 용도 · 건폐율 · 용적률 · 높이 등에 대한 용도지역의 제한을 강화하거나 완화하여 적용함으로써 용도지역의 기능을 증진시키고 경관 · 안전 등을 도모하기 위하여 도시 · 군관리계획으로 결정하는 지역을 말한다. ③ 용도구역 : 토지의 이용 및 건축물의 용도 · 건폐율 · 용적률 · 높이 등에 대한 용도지역 및 용도지구의 제한을 강화하거나 완화하여 따로 정함으로써 시가지의 무질서한 확산방지, 계획적이고 단계적인 토지이용의 도모, 토지이용의 종합적 조정 · 관리 등을 위하여 도시 · 군관리계획으로 결정하는 지역을 말한다. ④ 개발밀도관리구역 : 개발로 인하여 기반시설이 부족할 것으로 예상되나 기반시설을 설치하기 곤란한 지역을 대상으로 건폐율이나 용적률을 강화하여 적용하기 위하여 지정하는 구역을 말한다. ⑤ 기반시설부담구역 : 개발밀도관리구역 외의 지역으로서 개발로 인하여 도로, 공원, 녹지 등 부대시설 및 편의시설을 포함한 ⓐ 도로(인근의 간선도로로부터 기반시설부담구역까지의 진입도로를 포함), ⓑ 공원, ⓒ 녹지, ⓓ 학교(대학 제외), ⓔ 수도(인근의 수도로부터 기반시설부담구역까지 연결하는 수도를 포함), ⓕ 하수도(인근의 하수도로부터 기반시설부담구역까지 연결하는 하수도를 포함), ⓖ 폐기물처리 및 재활용시설, ⓗ 그 밖에 특별시장 · 광역시장 · 특별자치시장 · 특별자치도지사 · 시장 또는 군수가 기반시설부담계획에서 정하는 시설의 설치가 필요한 지역을 대상으로 기반시설을 설치하거나 그에 필요한 용지를 확보하게 하기 위하여 지정 · 고시하는 구역을 말한다.

Ⅱ. 국토 이용 및 관리의 기본원칙

국토는 자연환경의 보전과 자원의 효율적 활용을 통하여 환경적으로 건전하고 지속가능한 발전을 이루기 위하여 [Ⓐ 국민생활과 경제활동에 필요한 토지 및 각종 시설물의 효율적 이용과 원활한 공급, Ⓑ 자연환경 및 경관의 보전과 훼손된 자연환경 및 경관의 개선 및 복원, Ⓒ 교통 · 수자원 · 에너지 등 국민생활에 필요한 각종 기초 서비스 제공, Ⓓ 주거 등 생활환경 개선을 통한 국민의 삶의 질 향상, Ⓔ 지역의 정체성과 문화유산의 보전, Ⓕ 지역 간 협력 및 균형발전을 통한 공동번영의 추구, Ⓖ지역경제의 발전과 지역 및 지역 내 적절한 기능 배분을 통한 사회적 비용의 최소화, Ⓗ기후변화에 대한 대응 및 풍수해 저감을 통한 국민의 생명과 재산의 보호]의 목적을 이룰 수 있도록 이용되고 관리되어야 한다.

Ⅲ. 국가계획, 광역도시계획 및 도시 · 군계획의 관계 등

도시 · 군계획은 시 · 도, 시 또는 군의 관할 구역에서 수립되는 다른 법률에 따른 토지의 이용 · 개발 및 보전에 관한 계획의 기본이 된다. 광역도시계획 및 도시 · 군계획은 국가계획에 부합되어야 하며, 광역도시계획 또는 도시 · 군계획의 내용이 국가계획의 내용과 다를 때에는 국가계획의 내용이 우선한다. 이 경우 국가계획을 수립하려는 중앙행정기관의 장은 미리 지방자치단체의 장의 의견을 듣고 충분히 협의하여야 한다. 광역도시계획이 수립되어 있는 지역에 대하여 수립하는 도시 · 군기본계획은 그 광역도시계획에 부합되어야 하며, 도시 · 군기본계획의 내용이 광역도시계획의 내용과 다를 때에는 광역도시계획의 내용이 우선한다. 특별시장 · 광역시장 · 특별자치시장 · 특별자치도지사(시 · 도지사) · 시장 또는 군수(광역시의 관할 구역에 있는 군의 군수는 제외. 다만, 일부규정은 광역시의 관할 구역에 있는 군의 군수를 포함)가 관할 구역에 대하여 다른 법률에 따른 환경 · 교통 · 수도 · 하수도 · 주택 등에 관한 부문별 계획을 수립할 때에는 도시 · 군기본계획의 내용에 부합되게 하여야 한다.

Ⅳ. 국토의 용도 구분과 관리 의무

1. 국토의 용도 구분

국토는 토지의 이용실태 및 특성, 장래의 토지 이용 방향, 지역 간 균형발전 등을 고려하여 Ⓐ 도시지역: 인구와 산업이 밀집되어 있거나 밀집이 예상되어 그 지역에 대하여 체계적인 개발 · 정비 · 관리 · 보전 등이 필요한 지역, Ⓑ 관리지역: 도시지역의 인구와 산업을 수용하기 위하여 도시지역에 준하여 체계적으로 관리하거나 농림업의 진흥, 자연환경 또는 산림의 보전을 위하여 농림지역 또는 자연환경보전지역에 준하여 관리할 필요가 있는 지역, Ⓒ 농림지역: 도시지역에 속하지 아니하는 농업진흥지역 또는 보전산지 등으로서 농림업을 진흥시키고 산림을 보전하기 위하여 필요한 지역, Ⓓ 자연환경보전지역: 자연환경·수자원·해안·생태계·상수원 및 문화재의 보전과 수산자원의 보호·육성 등을 위하여 필요한 지역의 용도지역으로 구분한다.

2. 용도지역별 관리 의무

국가나 지방자치단체는 용도지역의 효율적인 이용 및 관리를 위하여 그 용도지역에 관한 개발·정비 및 보전에 필요한 조치를 마련하여야 한다. Ⓐ 도시지역: 그 지역이 체계적이고 효율적으로 개발·정비·보전될 수 있도록 미리 계획을 수립하고 그 계획을 시행하여야 한다. Ⓑ 관리지역: 필요한 보전조치를 취하고 개발이 필요한 지역에 대하여는 계획적인 이용과 개발을 도모하여야 한다. Ⓒ 농림지역: 농림업의 진흥과 산림의 보전·육성에 필요한 조사와 대책을 마련하여야 한다. Ⓓ 자연환경보전지역: 환경오염 방지, 자연환경·수질·수자원·해안·생태계 및 문화재의 보전과 수산자원의 보호·육성을 위하여 필요한 조사와 대책을 마련하여야 한다.

Ⅴ. 토지 이용에 관한 구역 등의 지정 제한 등

① 중앙행정기관의 장이나 지방자치단체의 장은 다른 법률에 따라 토지 이용에 관한 지역·지구·구역 또는 구획 등(구역등)을 지정하려면 그 구역등의 지정목적이 용도지역·용도지구 및 용도구역의 지정목적에 부합되도록 하여야 한다. ② 중앙행정기관의 장이나 지방자치단체의 장은 다른 법률에 따라 지정되는 구역 중 1제곱킬로미터(도시개발구역의 경우에는 5제곱킬로미터) 이상의 구역등을 지정하거나 변경하려면 중앙행정기관의 장은 장관과 협의하여야 하며 지방자치단체의 장은 장관의 승인을 받아야 한다.

1. 협의 또는 승인 요청시에 제출서류

중앙행정기관의 장 또는 지방자치단체의 장이 장관에게 협의 또는 승인을 요청하는 때에는 [Ⓐ 구역등의 지정 또는 변경의 목적·필요성·배경·추진절차 등에 관한 설명서, Ⓑ 대상지역과 주변지역의 용도지역·기반시설 등을 표시한 축척 2만5천분의 1의 토지이용현황도, Ⓒ 대상지역안에 지정하고자 하는 구역등을 표시한 축척 5천분의 1 내지 2만5천분의 1의 도면, Ⓓ 그 밖에 국토교통부령이 정하는 서류]를 장관에게 제출하여야 한다.

지방자치단체의 장이 승인을 받아야 하는 구역 중 1제곱킬로미터(도시개발구역의 경우에는 5제곱킬로미터)의 구역등을 지정하거나 변경하려는 경우 시·도지사는 장관의 승인을 받지 아니하되, 시장·군수 또는 구청장(자치구의 구청장)은 시·도지사의 승인을 받아야 한다.

2. 장관과의 협의, 장관 또는 시·도지사의 승인 제외

[Ⓐ 다른 법률에 따라 지정하거나 변경하려는 구역등이 도시·군기본계획에 반영된 경우, Ⓑ 보전관리지역·생산관리지역·농림지역 또는 자연환경보전지역에서 농지법에 따른 농업진흥지역, ⓑ 한강수계법 등에 따른 수변구역, ⓒ수도법에 따른 상수원보호구역, ⓓ자연환경보전법에 따른 생태·경관보전지역, ⓔ야생생물법에 따른 야생생물 특별보호구역, ⓕ해양생태계법에 따른 해양보호구역을 지정하려는 경우, Ⓒ 군사상 기밀을 지켜야 할 필요가 있는 구역등을 지정하려는 경우, Ⓓ 협의 또는 승인을 받은 구역등을 협의 또는 승인을 얻은 지역·지구·구역 또는 구획 등(구역등)의 면적의 10퍼센트의 범위안에서 면적을 증감시키는 경우, 협의 또는 승인을 얻은 구역등의 면적산정의 착오를 정정하기 위한 경우에서 변경하려는 경우]는 제외된다.

3. 중앙 및 시·도도시계획위원회의 심의 제외

장관 또는 시·도지사는 협의 또는 승인을 하려면 중앙도시계획위원회 또는 시·도도시계획위원회의 심의를 거쳐야 한다. 그러나 [Ⓐ 보전관리지역이나 생산관리지역에서 ㉠ 보전산지, ㉡ 야생생물 보호구역, ㉢ 습지보호지역, ㉣토양보전대책지역을 지정하는 경우, Ⓑ 농림지역이나 자연환경보전지역에서 ㉮ ㉠부터 ㉣까지에 해당하는 구역등, ㉯ 자연공원, ㉰생 태·자연도 1등급 권역, ㉱ 특정도서, ㉲ 명승 및 천연기념물과 그 보호구역, ㉳ 해양생태도 1등급 권역등을 지정하는 경우]는 제외된다.

4. 입안권자의 의견청취 및 심의 의제

중앙행정기관의 장이나 지방자치단체의 장은 다른 법률에 따라 지정된 토지 이용에 관한 구역등을 변경하거나 해제하려면 도시·군관리계획의 입안권자의 의견을 들어야 한다. 이 경우 의견 요청을 받은 도시·군관리계획의 입안권자는 이 법에 따른 용도지역·용도지구·용도구역의 변경이 필요하면 도시·군관리계획에 반영하여야 한다. 시·도지사가

㉠ 농업진흥지역의 해제 : 시 · 도 농업 · 농촌및식품산업정책심의회의 심의, ㉡ 보전산지의 지정해제 : 지방산지관리위원회의 심의에 해당하는 행위를 할 때 도시 · 군관리계획의 변경이 필요하여 시 · 도도시계획위원회의 심의를 거친 경우에는 해당 심의를 거친 것으로 본다.

Ⅵ. 도시 · 군관리계획의 변경 제한

중앙행정기관의 장이나 지방자치단체의 장은 다른 법률에서 이 법에 따른 도시 · 군관리계획의 결정을 의제하는 내용이 포함되어 있는 계획을 허가 · 인가 · 승인 또는 결정하려면 중앙도시계획위원회 또는 지방도시계획위원회의 심의를 받아야 한다.[2] 다만, 장관과 협의하거나 장관 또는 시 · 도지사의 승인을 받은 경우, 다른 법률에 따라 중앙도시계획위원회나 지방도시계획위원회의 심의를 받은 경우, 그 밖에 대통령령으로 정하는 경우에는 그러하지 아니하다. 중앙행정기관의 장 또는 지방자치단체의 장은 용도지역 · 용도지구 · 용도구역의 지정 또는 변경에 대한 도시 · 군관리계획의 결정을 의제하는 계획을 허가 · 인가 · 승인 또는 결정하고자 하는 경우에는 미리 중앙도시계획위원회 또는 지방도시계획위원회의 심의를 받아야 한다(다만, 다른 법률에 따라 지정 또는 변경하려는 구역 등이 도시 · 군기본계획에 반영된 경우에 해당하거나 도시 · 군관리계획의 결정을 의제하는 계획에서 그 계획면적의 5퍼센트 미만을 변경하는 경우에는 제외).

2) Ⓐ 중앙도시계획위원회의 심의를 받아야 하는 경우 : ⓐ 중앙행정기관의 장이 30만제곱미터 이상의 용도지역 · 용도지구 또는 용도구역의 지정 또는 변경에 대한 도시 · 군관리계획의 결정을 의제하는 계획을 허가 · 인가 · 승인 또는 결정하고자 하는 경우, ⓑ 지방자치단체의 장이 5제곱킬로미터 이상의 용도지역 · 용도지구 또는 용도구역의 지정 또는 변경에 대한 도시 · 군관리계획의 결정을 의제하는 계획을 허가 · 인가 · 승인 또는 결정하고자 하는 경우. Ⓑ 지방도시계획위원회의 심의를 받아야 하는 경우 : 지방자치단체의 장이 30만제곱미터 이상 5제곱킬로미터 미만의 용도지역 · 용도지구 또는 용도구역의 지정 또는 변경에 대한 도시 · 군관리계획의 결정을 의제하는 계획을 허가 · 인가 · 승인 또는 결정하고자 하는 경우

제 2 절 광역도시계획

Ⅰ. 광역계획

1. 광역계획권의 지정

장관 또는 도지사는 둘 이상의 시 · 도, 시 또는 군의 공간구조 및 기능을 상호 연계시키고 환경을 보전하며 광역시설을 체계적으로 정비하기 위하여 필요한 경우에는 (Ⓐ광역계획권이 둘 이상의 시 · 도의 관할 구역에 걸쳐 있는 경우 : 장관이 지정, Ⓑ광역계획권이 도의 관할 구역에 속하여 있는 경우 : 도지사가 지정)의 구분에 따라 인접한 둘 이상의 시 · 도, 시 또는 군의 관할 구역 전부 또는 일부를 광역계획권으로 지정할 수 있다.[3)]중앙행정기관의 장, 시 · 도지사, 시장 또는 군수는 장관이나 도지사에게 광역계획권의 지정 또는 변경을 요청할 수 있고, 장관은 광역계획권을 지정하거나 변경하려면 관계 시 · 도지사, 시장 또는 군수의 의견을 들은 후 중앙도시계획위원회의 심의를 거쳐야 하며, 도지사가 광역계획권을 지정하거나 변경하려면 관계 중앙행정기관의 장, 관계 시 · 도지사, 시장 또는 군수의 의견을 들은 후 지방도시계획위원회의 심의를 거쳐야 한다.

2. 광역도시계획의 수립권자

① 장관, 시 · 도지사, 시장 또는 군수는 (Ⓐ 광역계획권이 같은 도의 관할 구역에 속하여 있는 경우 : ㉠ 관할 시장 또는 군수가 공동으로 수립, Ⓑ광역계획권이 둘 이상의 시 · 도의 관할 구역에 걸쳐 있는 경우 : ㉡ 관할 시 · 도지사가 공동으로 수립, Ⓒ 광역계획권을 지정한 날부터 3년이 지날 때까지 관할 시장 또는 군수로부터 광역도시계획의 승인 신청이 없는 경우 : ㉢ 관할 도지사가 수립, Ⓓ 국가계획과 관련된 광역도시계획의 수립이 필요한 경우나 광역계획권을 지정한 날부터 3년이 지날 때까지 관할 시 · 도지사

3) 장관 또는 도지사는 광역계획권을 지정하거나 변경하면 지체 없이 관계 시 · 도지사, 시장 또는 군수에게 그 사실을 통보하여야 한다. ① 광역계획권은 인접한 2 이상의 시 · 도, 시 또는 군의 관할구역 단위로 지정하며, ② 장관 또는 도지사는 인접한 둘 이상의 시 · 도, 시 또는 군의 관할구역의 일부를 광역계획권에 포함시키고자 하는 때에는 구 · 군(광역시의 관할구역 안에 있는 군을 말함) · 읍 또는 면의 관할구역 단위로 하여야 한다.

로부터 광역도시계획의 승인 신청이 없는 경우 : ㉣ 장관이 수립)의 구분에 따라 광역도시계획을 수립하여야 한다. ② 장관은 시 · 도지사가 요청하는 경우와 그 밖에 필요하다고 인정되는 경우에는 관할 시 · 도지사와 공동으로 광역도시계획을 수립할 수 있고, ③ 도지사는 ⓐ 시장 또는 군수가 요청하는 경우와 그 밖에 필요하다고 인정하는 경우에는 관할 시장 또는 군수와 공동으로 광역도시계획을 수립할 수 있으며, ⓑ 시장 또는 군수가 협의를 거쳐 요청하는 경우에는 단독으로 광역도시계획을 수립할 수 있다.

3. 광역도시계획의 내용

광역도시계획에는 [Ⓐ 광역계획권의 공간 구조와 기능 분담에 관한 사항, Ⓑ 광역계획권의 녹지관리체계와 환경 보전에 관한 사항, Ⓒ 광역시설의 배치 · 규모 · 설치에 관한 사항, Ⓓ 경관계획에 관한 사항, Ⓔ 그 밖에 광역계획권에 속하는 시 · 도, 시 또는 군 상호 간의 기능 연계에 관한 사항으로서 그 광역계획권의 지정목적을 이루는 데 필요한 사항에 대한 정책 방향이 포함]되어야 하며, 광역도시계획의 수립기준 등은 장관이 정한다.

Ⅱ. 광역도시계획의 수립

1. 광역도시계획의 수립을 위한 기초조사

① 장관, 시 · 도지사, 시장 또는 군수(수립권자)는 광역도시계획을 수립하거나 변경하려면 미리 인구, 경제, 사회, 문화, 토지 이용, 환경, 교통, 주택, 그 밖에 그 광역도시계획의 수립 또는 변경에 필요한 사항을 조사하거나 측량(기초조사)하여야 한다. ② 수립권자는 관계 행정기관의 장에게 기초조사에 필요한 자료를 제출하도록 요청할 수 있다. 이 경우 요청을 받은 관계 행정기관의 장은 특별한 사유가 없으면 그 요청에 따라야 한다. ③ 수립권자는 효율적인 기초조사를 위하여 필요하면 기초조사를 전문기관에 의뢰할 수 있다. ④ 수립권자가 기초조사를 실시한 경우에는 해당 정보를 체계적으로 관리하고 효율적으로 활용하기 위하여 기초조사정보체계를 구축 · 운영하여야 한다. ⑤ 수립권자가 기초조사정보체계를 구축한 경우에는 등록된 정보의 현황을 5년마다 확인하고 변동사항을 반영하여야 한다.

2. 공청회의 개최

① 장관, 시 · 도지사, 시장 또는 군수는 광역도시계획을 수립하거나 변경하려면 미리 공청회를 열어 주민과 관계 전문가 등으로부터 의견을 들어야 하며, 공청회에서 제시된 의견이 타당하다고 인정하면 광역도시계획에 반영하여야 한다. ② 공청회를 개최하려면 Ⓐ 공청회의 개최목적, Ⓑ 공청회의 개최예정일시 및 장소, Ⓒ 수립 또는 변경하고자 하는 광역도시계획의 개요, Ⓓ 그 밖에 필요한 사항을 해당 광역계획권에 속하는 시 · 도, 시 또는 군의 지역을 주된 보급지역으로 하는 일간신문에 공청회 개최예정일 14일전까지 1회 이상 공고하여야 한다. 공청회는 광역계획권 단위로 개최하되, 필요한 경우에는 광역계획권을 수개의 지역으로 구분하여 개최할 수 있고, 공청회는 장관, 시 · 도지사, 시장 또는 군수가 지명하는 사람이 주재한다.

3. 지방자치단체의 의견 청취

① 시 · 도지사, 시장 또는 군수는 광역도시계획을 수립하거나 변경하려면 미리 관계 시 · 도, 시 또는 군의 의회와 관계 시장 또는 군수의 의견을 들어야 한다. ② 장관은 광역도시계획을 수립하거나 변경하려면 관계 시 · 도지사에게 광역도시계획안을 송부하여야 하며, 관계 시 · 도지사는 그 광역도시계획안에 대하여 그 시 · 도의 의회와 관계 시장 또는 군수의 의견을 들은 후 그 결과를 장관에게 제출하여야 한다. ③ 시 · 도, 시 또는 군의 의회와 관계 시장 또는 군수는 특별한 사유가 없으면 30일 이내에 시 · 도지사, 시장 또는 군수에게 의견을 제시하여야 한다.

4. 광역도시계획의 승인

① 시 · 도지사는 광역도시계획을 수립하거나 변경하려면 장관의 승인을 받아야 한다. 다만, 도지사가 수립하는 광역도시계획은 그러하지 아니하다. ② 장관은 광역도시계획을 승인하거나 직접 광역도시계획을 수립 또는 변경(시 · 도지사와 공동 수립하거나 변경하는 경우 포함)하려면 관계 중앙행정기관과 협의한 후 중앙도시계획위원회의 심의를 거쳐야 한다. ③ 협의 요청을 받은 관계 중앙행정기관의 장은 그 요청을 받은 날부터 30일 이내에 장관에게 의견을 제시하여야 한다. ④ 장관은 직접 광역도시계획을 수립 또는 변경하거나 승인하였을 때에는 관계 중앙행정기관의 장과 시 · 도지사에게 관계 서류를 송

부하여야 하며, 관계 서류를 받은 시 · 도지사는 그 내용을 공고하고 일반이 열람할 수 있도록 하여야 한다. ⑤ 시장 또는 군수는 광역도시계획을 수립하거나 변경하려면 도지사의 승인을 받아야 한다. ⑥ 도지사가 광역도시계획을 승인하거나 직접 광역도시계획을 수립 또는 변경(시장 · 군수와 공동 수립하거나 변경하는 경우 포함)하려면 ②부터 ④까지의 규정을 준용한다. ⑦ 광역도시계획의 수립 및 집행에 필요한 사항은 대통령령으로 정한다.4)

Ⅲ. 광역도시계획의 조정 등

1. 광역도시계획의 조정

① 광역도시계획을 공동으로 수립하는 시 · 도지사는 그 내용에 관하여 서로 협의가 되지 아니하면 공동이나 단독으로 장관에게 조정을 신청할 수 있다. ② 장관은 단독으로 조정신청을 받은 경우에는 기한을 정하여 당사자 간에 다시 협의를 하도록 권고할 수 있으며, 기한 내에 협의가 이루어지지 아니하는 경우에는 직접 조정할 수 있다. ③ 장관은 조정의 신청을 받거나 직접 조정하려는 경우에는 중앙도시계획위원회의 심의를 거쳐 광역도시계획의 내용을 조정하여야 한다. 이 경우 이해관계를 가진 지방자치단체의 장은 중앙도시계획위원회의 회의에 출석하여 의견을 진술할 수 있다. ④ 광역도시계획을 수립하는 자는 조정 결과를 광역도시계획에 반영하여야 한다. ⑤ 광역도시계획을 공동으로 수립하는 시장 또는 군수는 그 내용에 관하여 서로 협의가 되지 아니하면 공동이나 단독으로 도지사에게 조정을 신청할 수 있다. ⑥ 도지사가 광역도시계획을 조정하는 경우에는 ②부터 ④까지의 규정을 준용한다.

4) 시 · 도지사는 광역도시계획의 승인을 얻고자 하는 때에는 광역도시계획안에 [ⓐ 기초조사 결과, ⓑ 공청회개최 결과, ⓒ 관계 시 · 도의 의회와 관계 시장 또는 군수(광역시의 관할구역 안에 있는 군의 군수를 제외. 다만, 일부규정은 광역시의 관할구역 안에 있는 군의 군수를 포함)의 의견청취 결과, ⓓ 시 · 도도시계획위원회의 자문을 거친 경우에는 그 결과, ⓔ 관계 중앙행정기관의 장과의 협의 및 중앙도시계획위원회의 심의에 필요한 서류]를 첨부하여 장관에게 제출하여야 한다. 장관은 제출된 광역도시계획안이 수립기준 등에 적합하지 아니한 때에는 시 · 도지사에게 광역도시계획안의 보완을 요청할 수 있다. 국토부장관이 승인, 수립, 변경하는 광역도시계획의 공고는 해당 시 · 도의 공보에, 도지사가 승인, 수립, 변경(시장 · 군수와 공동 수립하거나 변경 포함)하는 광역도시계획의 공고는 해당 시 · 군의 공보에 게재하는 방법에 의하며, 관계 서류의 열람기간은 30일 이상으로 하여야 한다.

2. 광역도시계획협의회의 구성 및 운영

① 장관, 시·도지사, 시장 또는 군수는 광역도시계획을 공동으로 수립할 때에는 광역도시계획의 수립에 관한 협의 및 조정이나 자문 등을 위하여 광역도시계획협의회를 구성하여 운영할 수 있다. ② 광역도시계획협의회에서 광역도시계획의 수립에 관하여 협의·조정을 한 경우에는 그 조정 내용을 광역도시계획에 반영하여야 하며, 해당 시·도지사, 시장 또는 군수는 이에 따라야 한다. ③ 광역도시계획협의회의 위원은 관계 공무원, 광역도시계획에 관하여 학식과 경험이 있는 사람으로 구성한다. ④ 광역도시계획협의회의 구성 및 운영에 관한 구체적인 사항은 광역도시계획 수립권자가 협의하여 정한다.

제 3 절 도시·군기본계획

Ⅰ. 도시·군기본계획 대상지역과 내용

1. 도시·군기본계획의 수립권자와 대상지역

① 시·도지사, 시장 또는 군수는 관할 구역에 대하여 도시·군기본계획을 수립하여야 한다. 다만, 시 또는 군의 위치, 인구의 규모, 인구감소율 등을 고려하여 도시·군기본계획을 수립하지 아니할 수 있다. ② 지역여건상 필요하다고 인정되면 인접한 시·도, 시 또는 군의 관할 구역 전부 또는 일부를 포함하여 도시·군기본계획을 수립할 수 있다. ③ 인접한 시·도, 시 또는 군의 관할 구역을 포함하여 도시·군기본계획을 수립하려면 미리 그 시·도지사, 시장 또는 군수와 협의하여야 한다.

2. 도시·군기본계획의 내용 및 예외

① 도시·군기본계획에는 [Ⓐ 지역적 특성 및 계획의 방향·목표에 관한 사항, Ⓑ 공간구조, 생활권의 설정 및 인구의 배분에 관한 사항, Ⓒ 토지의 이용 및 개발에 관한 사항, Ⓓ 토지의 용도별 수요 및 공급에 관한 사항, Ⓔ 환경의 보전 및 관리에 관한 사항, Ⓕ 기반시설에 관한 사항, Ⓖ 공원·녹지에 관한 사항, Ⓗ 경관에 관한 사항, Ⓘ 기후변

화 대응 및 에너지절약에 관한 사항, Ⓙ 방재 · 방범 등 안전에 관한 사항, ⓀⒷ부터 Ⓙ까지에 규정된 사항의 단계별 추진에 관한 사항, Ⓛ 도심 및 주거환경의 정비 · 보전에 관한 사항, Ⓜ 다른 법률에 따라 도시 · 군기본계획에 반영되어야 하는 사항, Ⓝ 도시 · 군기본계획의 시행을 위하여 필요한 재원조달에 관한 사항, Ⓞ 도시 · 군기본계획 승인권자가 필요하다고 인정하는 사항]으로서 도시 · 군기본계획의 방향 및 목표 달성과 관련된 사항에 대한 정책 방향이 포함되어야 한다. 도시 · 군기본계획의 수립기준 등은 장관이 정한다. ② 수도권에 속하지 아니하고 광역시와 경계를 같이하지 아니한 시 또는 군으로서 인구 10만명 이하인 시 또는 군, ③ 관할구역 전부에 대하여 광역도시계획이 수립되어 있는 시 또는 군으로서 당해 광역도시계획에 Ⓐ부터 Ⓚ까지의 사항이 모두 포함되어 있는 시 또는 군은 도시 · 군기본계획을 수립하지 아니할 수 있다.

Ⅱ. 도시 · 군기본계획 수립과 정비

1. 도시 · 군기본계획 수립을 위한 기초조사

① 시 · 도지사, 시장 또는 군수는 기초조사의 내용에 토지의 토양, 입지, 활용가능성 등 토지의 적성에 대한 평가(토지적성평가)와 재해 취약성에 관한 분석(재해취약성분석)을 포함하여야 한다. ② ㉮ 토지의 적성에 대한 평가(토지적성평가)는 ⓐ 도시 · 군기본계획 입안일부터 5년 이내에 토지적성평가를 실시한 경우, ⓑ 다른 법률에 따른 지역 · 지구 등의 지정이나 개발계획 수립 등으로 인하여 도시 · 군기본계획의 변경이 필요한 경우에 해당하는 경우, ㉯ 재해 취약성에 관한 분석(재해취약성분석)는 ㉠ 도시 · 군기본계획 입안일부터 5년 이내에 재해취약성분석을 실시한 경우, ㉡ 다른 법률에 따른 지역 · 지구 등의 지정이나 개발계획 수립 등으로 인하여 도시 · 군기본계획의 변경이 필요한 경우에 해당하는 경우)에는 토지적성평가 또는 재해취약성분석을 하지 아니할 수 있다.

2. 지방의회의 의견 청취

도시 · 군기본계획을 수립하거나 변경하려면 미리 그 시 · 도, 시 또는 군 의회의 의견을 들어야 하며, 이에 따른 시 · 도, 시 또는 군의 의회는 특별한 사유가 없으면 30일 이내에 시 · 도지사, 시장 또는 군수에게 의견을 제시하여야 한다.

3. 도시 · 군기본계획의 확정

① 특별시장 · 광역시장 · 특별자치시장 또는 특별자치도지사(특광시도지사)는 도시 · 군기본계획을 수립하거나 변경하려면 관계 행정기관의 장(장관을 포함)과 협의한 후 지방도시계획위원회의 심의를 거쳐야 한다. ② 협의 요청을 받은 관계 행정기관의 장은 특별한 사유가 없으면 그 요청을 받은 날부터 30일 이내에 특광시도지사에게 의견을 제시하여야 한다. ③ 특광시도지사는 도시 · 군기본계획을 수립하거나 변경한 경우에는 관계 행정기관의 장에게 관계 서류를 송부하여야 하며, 그 계획을 공고하고 일반인이 열람할 수 있도록 하여야 한다. 도시 · 군기본계획의 공고는 해당 특광시도의 공보에 게재하는 방법으로 하며, 관계 서류의 열람기간은 30일 이상으로 하여야 한다.

4. 시 · 군 도시 · 군기본계획의 승인

① 시장 또는 군수는 도시 · 군기본계획을 수립하거나 변경하려면 도지사의 승인을 받아야 한다. ② 도지사는 도시 · 군기본계획을 승인하려면 관계 행정기관의 장과 협의한 후 지방도시계획위원회의 심의를 거쳐야 한다. ③ 도지사는 도시 · 군기본계획을 승인하면 관계 행정기관의 장과 시장 또는 군수에게 관계 서류를 송부하여야 하며, 관계 서류를 받은 시장 또는 군수는 그 계획을 공고하고 일반인이 열람(30일 이상)할 수 있도록 하여야 한다. 시장 또는 군수는 도시 · 군기본계획의 승인을 받으려면 도시 · 군기본계획안에 [㉠ 기초조사 결과, ㉡ 공청회개최 결과, ㉢ 해당 시 · 군의 의회의 의견청취 결과, ㉣해당 시 · 군에 설치된 지방도시계획위원회의 자문을 거친 경우에는 그 결과, 관계 행정기관의 장과의 협의 및 도의 지방도시계획위원회의 심의에 필요한 서류]를 첨부하여 도지사에게 제출하여야 한다.

5. 도시 · 군기본계획의 정비

① 특광시도지사, 시장 또는 군수는 5년마다 관할 구역의 도시 · 군기본계획에 대하여 그 타당성 여부를 전반적으로 재검토하여 정비하여야 한다. ② 도시 · 군기본계획의 내용에 우선하는 광역도시계획의 내용 및 도시 · 군기본계획에 우선하는 국가계획의 내용을 도시 · 군기본계획에 반영하여야 한다.

제 4 절 도시 · 군관리계획

Ⅰ. 도시 · 군관리계획의 수립

1. 도시·군관리계획의 입안

(1) 도시 · 군관리계획의 입안권자

① 특광시도지사, 시장 또는 군수는 관할 구역에 대하여 도시 · 군관리계획을 입안하여야 하며, ② 지역여건상 필요하다고 인정하여 미리 인접한 특광시도지사, 시장 또는 군수와 협의한 경우, 인접한 특광시도, 시 또는 군의 관할 구역을 포함하여 도시 · 군기본계획을 수립한 경우에 해당하면 인접한 특광시도, 시 또는 군의 관할 구역 전부 또는 일부를 포함하여 도시 · 군관리계획을 입안할 수 있다. ③ 인접한 특광시도, 시 또는 군의 관할 구역에 대한 도시 · 군관리계획은 관계 특광시도지사, 시장 또는 군수가 협의하여 공동으로 입안하거나 입안할 자를 정하며, 협의가 성립되지 아니하는 경우 도시 · 군관리계획을 입안하려는 구역이 같은 도의 관할 구역에 속할 때에는 관할 도지사가, 둘 이상의 시 · 도의 관할 구역에 걸쳐 있을 때에는 장관(수산자원보호구역의 경우 해양수산부장관)이 입안할 자를 지정하고 그 사실을 고시하여야 한다.

④ 장관은 국가계획과 관련된 경우, 둘 이상의 시 · 도에 걸쳐 지정되는 용도지역 · 용도지구 또는 용도구역과 둘 이상의 시 · 도에 걸쳐 이루어지는 사업의 계획 중 도시 · 군관리계획으로 결정하여야 할 사항이 있는 경우, 특광시도지사, 시장 또는 군수가 도지사가 시장 · 군수에게 조정을 요구한 기한까지 장관의 도시 · 군관리계획 조정 요구에 따라 도시 · 군관리계획을 정비하지 아니하는 경우에는 직접 또는 관계 중앙행정기관의 장의 요청에 의하여 도시 · 군관리계획을 입안할 수 있다. 이 경우 장관은 관할 시 · 도지사 및 시장 · 군수의 의견을 들어야 한다. ⑤ 도지사는 둘 이상의 시 · 군에 걸쳐 지정되는 용도지역 · 용도지구 또는 용도구역과 둘 이상의 시 · 군에 걸쳐 이루어지는 사업의 계획 중 도시 · 군관리계획으로 결정하여야 할 사항이 포함되어 있는 경우, 도지사가 직접 수립하는 사업의 계획으로서 도시 · 군관리계획으로 결정하여야 할 사항이 포함되어 있는 경우

에는 직접 또는 시장이나 군수의 요청에 의하여 도시 · 군관리계획을 입안할 수 있다. 이 경우 도지사는 관계 시장 또는 군수의 의견을 들어야 한다.

(2) 도시 · 군관리계획의 입안

도시 · 군관리계획은 광역도시계획과 도시 · 군기본계획에 부합되어야 하며, 장관(수산자원보호구역의 경우 해양수산부장관), 시 · 도지사, 시장 또는 군수는 도시 · 군관리계획을 입안할 때에는 [도시 · 군관리계획도서(계획도와 계획조서)와 이를 보조하는 계획설명서(기초조사결과 · 재원조달방안 및 경관계획 등을 포함)를 작성]하여야 한다. 도시 · 군관리계획은 계획의 상세 정도, 도시 · 군관리계획으로 결정하여야 하는 기반시설의 종류 등에 대하여 도시 및 농 · 산 · 어촌 지역의 인구밀도, 토지 이용의 특성 및 주변 환경 등을 종합적으로 고려하여 차등을 두어 입안하여야 한다.[5)]

(3) 도시 · 군관리계획 입안의 제안

① 주민(이해관계자 포함)은 [Ⓐ 기반시설의 설치 · 정비 또는 개량에 관한 사항, Ⓑ 지구단위계획구역의 지정 및 변경과 지구단위계획의 수립 및 변경에 관한 사항, Ⓒ ⓐ 개발진흥지구 중 공업기능 또는 유통물류기능 등을 집중적으로 개발 · 정비하기 위한 개발진흥지구로서 산업 · 유통개발진흥지구, ⓑ 용도지구 중 해당 용도지구에 따른 건축물이나 그 밖의 시설의 용도 · 종류 및 규모 등의 제한을 지구단위계획으로 대체하기 위한 용도지구에 해당하는 용도지구의 지정 및 변경에 관한 사항]에 대하여 도시 · 군관리계획을 입안할 수 있는 자에게 도시 · 군관리계획의 입안을 제안할 수 있다. 이 경우 제안서에는 도시 · 군관리계획도서와 계획설명서를 첨부하여야 하며, 도시 · 군관리계획의 입안을 제안하려는 자는 Ⓐ에 대한 제안의 경우 : 대상 토지 면적의 5분의 4 이상, Ⓑ와 Ⓒ에 대한 제안의 경우 : 대상 토지 면적의 3분의 2 이상 토지소유자의 동의를 받아야 한다. 이 경우 동의 대상 토지 면적에서 국 · 공유지는 제외한다. ② 도시 · 군관리계획의 입안을 제안받은 자는 그 처리 결과를 제안자에게 알려야 한다. ③ 도시 · 군관리계획의 입안을 제안받은 자는 제안자와 협의하여 제안된 도시 · 군관리계획의 입안 및 결정에 필요한 비용의

5) 도시 · 군관리계획의 수립기준, 도시 · 군관리계획도서 및 계획설명서의 작성기준 · 작성방법 등은 ①도시 · 군관리계획도서 중 계획도는 축척 1천분의 1 또는 축척 5천분의 1(축척 1천분의 1 또는 축척 5천분의 1의 지형도가 간행되어 있지 아니한 경우에는 축척 2만5천분의 1)의 지형도(수치지형도를 포함)에 도시 · 군관리계획사항을 명시한 도면으로 작성하여야 한다. 다만, 지형도가 간행되어 있지 아니한 경우에는 해도 · 해저지형도 등의 도면으로 지형도에 갈음할 수 있다. ②계획도가 2매 이상인 경우에는 계획설명서에 도시 · 군관리계획총괄도(축척 5만분의 1 이상의 지형도에 주요 도시 · 군관리계획사항을 명시한 도면)를 포함시킬 수 있음에 따라 장관이 정한다.

전부 또는 일부를 제안자에게 부담시킬 수 있다. ④ 개발진흥지구의 지정 제안을 위하여 충족하여야 할 지구의 규모, 용도지역 등의 요건[6]과 ⑤ 도시·군관리계획의 제안, 제안을 위한 토지소유자의 동의 비율, 제안서의 처리 절차 등에 필요한 사항[7]은 대통령령으로 정한다.

2. 도시·군관리계획의 입안 절차

(1) 도시·군관리계획의 입안을 위한 기초조사

① 도시·군관리계획을 입안하는 경우에는 광역도시계획의 수립을 위한 기초조사를 준용한다(경미한 사항을 입안시 제외). ② 장관(수산자원보호구역의 경우 해양수산부장관), 시·도지사, 시장 또는 군수는 기초조사의 내용에 도시·군관리계획이 환경에 미치는 영향 등에 대한 환경성 검토를 포함하여야 한다. ③ 장관, 시·도지사, 시장 또는 군수는 기초조사의 내용에 토지적성평가와 재해취약성분석을 포함하여야 한다. ④ 도시·군관리계획으로 입안하려는 지역이 도심지에 위치하거나 개발이 끝나 나대지가 없는 등 기초조사 등 면제사유에 해당하면 ①부터 ②까지의 규정에 따른 기초조사, 환경성 검토, 토지적성평가 또는 재해취약성분석을 하지 아니할 수 있다.[8]

---

6) **(산업·유통개발진흥지구의 지정을 제안할 수 있는 대상지역)** Ⓐ 지정 대상 지역의 면적은 1만제곱미터 이상 3만제곱미터 미만일 것, Ⓑ 지정 대상 지역이 자연녹지지역·계획관리지역 또는 생산관리지역일 것(계획관리지역에 있는 기존 공장이 도로·철도·하천·건축물·바다 등으로 둘러싸여 있어 증축을 위해서는 불가피하게 보전관리지역을 포함하여야 하는 경우에는 전체 면적의 20퍼센트 이하의 범위에서 보전관리지역을 포함하되, ⓐ 보전관리지역의 해당 토지가 개발행위허가를 받는 등 이미 개발된 토지인 경우와 ⓑ 보전관리지역의 해당 토지를 개발하여도 주변지역의 환경오염·환경훼손 우려가 없는 경우로서 해당 도시계획위원회의 심의를 거친 경우에는 20퍼센트 이상 가능), Ⓒ 지정 대상 지역의 전체 면적에서 계획관리지역의 면적이 차지하는 비율이 100분의 50 이상일 것(이 경우 자연녹지지역 또는 생산관리지역 중 도시·군기본계획에 반영된 지역은 계획관리지역으로 보아 산정), Ⓓ 지정 대상 지역의 토지특성이 과도한 개발행위의 방지를 위하여 장관이 정하여 고시하는 기준에 적합할 것의 요건을 모두 갖춘 지역으로 한다.

7) **(제안서의 처리절차)** ① 도시·군관리계획입안의 제안을 받은 장관, 시·도지사, 시장 또는 군수는 제안일부터 45일 이내에 도시·군관리계획입안에 의 반영여부를 제안자에게 통보하여야 한다. 부득이한 사정이 있는 경우에는 1회에 한하여 30일을 연장할 수 있다. ② 장관, 시·도지사, 시장 또는 군수는 제안을 도시·군관리계획입안에 반영할 것인지 여부를 결정함에 있어서 필요한 경우에는 중앙도시계획위원회 또는 당해 지방자치단체에 설치된 지방도시계획위원회의 자문을 거칠 수 있다. ③장관, 시·도지사, 시장 또는 군수는 제안을 도시·군관리계획입안에 반영하는 경우는 제안서에 첨부된 도시·군관리계획도서와 계획설명서를 도시·군관리계획의 입안에 활용할 수 있다.

8) **(도시·군관리계획의 입안을 위한 기초조사 등 면제사유)** ① 기초조사 면제사유 : ㉠ 해당 지구단위계획구역이 도심지(상업지역과 상업지역에 연접한 지역)에 위치하는 경우, ㉡ 해당 지구단위계획구역 안의 나대지면적이 구역면적의 2퍼센트에 미달하는 경우, ㉢ 해당 지구단위계획구역 또는 도시·군계획시설부지가 다른 법률에 따라 지역·지구 등으로 지정되거나 개발계획이 수립된 경우, ㉣ 해당 지구단위계획구역의 지정목적이 해당 구역을 정비 또는 관리하고자 하는 경우로서 지구단위계획의 내용

(2) 주민과 지방의회의 의견 청취

장관(수산자원보호구역의 경우 해양수산부장관), 시 · 도지사, 시장 또는 군수는 도시 · 군관리계획을 입안할 때에는 주민의 의견(주민의 의견 청취에 필요사항 조례로 정함)을 들어야 하며[9], 그 의견이 타당하다고 인정되면 도시 · 군관리계획안에 반영하여야 한다. 다만, 국방상 또는 국가안전보장상 기밀을 지켜야 할 필요가 있는 사항(관계 중앙행정기관의 장이 요청하는 것만 해당)이거나 경미한 사항인 경우에는 그러하지 아니하다. 장관이나 도지사는 도시 · 군관리계획을 입안하려면 주민의 의견 청취 기한을 밝혀 도시 · 군

에 너비 12미터 이상 도로의 설치계획이 없는 경우, ⓜ 기존의 용도지구를 폐지하고 지구단위계획을 수립 또는 변경하여 그 용도지구에 따른 건축물이나 그 밖의 시설의 용도 · 종류 및 규모 등의 제한을 그대로 대체하려는 경우, ⓗ 해당 도시 · 군계획시설의 결정을 해제하려는 경우, ⓢ 그 밖에 국토교통부령으로 정하는 요건에 해당하는 경우. ② 환경성 검토 면제사유 : ①의 ㉠부터 ㉡까지의 어느 하나에 해당하는 경우(기초조사 면제사유), 전략환경영향평가 대상인 도시 · 군관리계획을 입안하는 경우. ③ 토지적성평가 면제사유 : Ⓐ ①의 ㉠부터 ㉡까지의 어느 하나에 해당하는 경우(기초조사 면제사유), Ⓑ 도시 · 군관리계획 입안일부터 5년 이내에 토지적성평가를 실시한 경우, Ⓒ 주거지역 · 상업지역 또는 공업지역에 도시 · 군관리계획을 입안하는 경우, Ⓓ 법령에 따라 조성된 지역에 도시 · 군관리계획을 입안하는 경우, Ⓔ 개발제한구역에서 조정 또는 해제된 지역에 대하여 도시 · 군관리계획을 입안하는 경우, Ⓕ 도시개발사업의 경우, Ⓖ 지구단위계획구역 또는 도시 · 군계획시설부지에서 도시 · 군관리계획을 입안하는 경우, Ⓗ ⓐ 주거지역 · 상업지역 · 공업지역 또는 계획관리지역의 그 밖의 용도지역으로 의 변경(계획관리지역을 자연녹지지역으로 변경하는 경우는 제외), ⓑ 주거지역 · 상업지역 · 공업지역 또는 계획관리지역 외의 용도지역 상호간의 변경(자연녹지지역으로 변경하는 경우는 제외), ⓒ 용도지구 · 용도구역의 지정 또는 변경(개발진흥지구의 지정 또는 확대지정은 제외)에 해당하는 용도지역 · 용도지구 · 용도구역의 지정 또는 변경의 경우, Ⓘ ⓐ 용도지역별 개발행위규모에 해당하는 기반시설, ⓑ 도로 · 철도 · 궤도 · 수도 · 가스 등 선형으로 된 교통시설 및 공급시설, ⓒ 공간시설(체육공원 · 묘지공원 및 유원지는 제외), ⓓ 방재시설 및 환경기초시설(폐차장은 제외), ⓔ 개발제한구역 안에 설치하는 기반시설에 해당하는 기반시설을 설치하는 경우. ④ 재해취약성분석 면제사유 : Ⓐ ①의 ㉠부터 ㉡까지의 어느 하나에 해당하는 경우(기초조사 면제사유), Ⓑ 도시 · 군관리계획 입안일부터 5년 이내에 재해취약성분석을 실시한 경우, Ⓒ 용도지역 · 용도지구 · 용도구역의 지정 또는 변경의 경우(방재지구의 지정 · 변경은 제외), Ⓓ ⓐ 용도지역별 개발행위규모에 해당하는 기반시설, ⓑ 선형으로 된 교통시설 및 공급시설(도시지역에서 설치하는 것은 제외), ⓒ 공간시설 중 녹지 · 공공공지에 해당하는 기반시설을 설치하는 경우.

9) **(의견청취 절차)** ① 특광시도지사, 시장 또는 군수는 도시 · 군관리계획의 입안에 관하여 주민의 의견을 청취하고자 하는 때[장관(수산자원보호구역의 경우 해양수산부장관) 또는 도지사로부터 송부받은 도시 · 군관리계획안에 대하여 주민의 의견을 청취하고자 하는 때를 포함]에는 도시 · 군관리계획안의 주요내용을 전국 또는 해당 특광시도, 시 또는 군의 지역을 주된 보급지역으로 하는 2 이상의 일간신문과 해당 특광시도, 시 또는 군의 인터넷 홈페이지 등에 공고하고 도시 · 군관리계획안을 14일 이상 일반이 열람할 수 있도록 하여야 한다. ② 공고된 도시 · 군관리계획안의 내용에 대하여 의견이 있는 자는 열람기간내에 특광시도지사, 시장 또는 군수에게 의견서를 제출할 수 있다. ③ 장관, 시 · 도지사, 시장 또는 군수는 제출된 의견을 도시 · 군관리계획안에 반영할 것인지 여부를 검토하여 그 결과를 열람기간이 종료된 날부터 60일 이내에 당해 의견을 제출한 자에게 통보하여야 한다. ④ 장관, 시 · 도지사, 시장 또는 군수는 제출된 의견을 도시 · 군관리계획안에 반영하고자 하는 경우 그 내용이 해당 특광시도, 시 또는 군의 도시 · 군계획조례가 정하는 중요한 사항인 때에는 그 내용을 다시 공고 · 열람하게 하여 주민의 의견을 들어야 한다.

관리계획안을 관계 특광시도지사, 시장 또는 군수에게 송부하여야 하며, 이에 따라 도시 · 군관리계획안을 받은 특광시도지사, 시장 또는 군수는 명시된 기한까지 그 도시 · 군관리계획안에 대한 주민의 의견을 들어 그 결과를 장관이나 도지사에게 제출하여야 한다. 장관, 시 · 도지사, 시장 또는 군수는 도시 · 군관리계획을 입안하려면 지방의회의 의견을 들어야 한다.[10] 특광시도지사, 시장 또는 군수가 지방의회의 의견을 들으려면 의견 제시 기한을 밝혀 도시 · 군관리계획안을 송부하여야 한다. 이 경우 해당 지방의회는 명시된 기한까지 특광시도지사, 시장 또는 군수에게 의견을 제시하여야 한다.

(4) 도시 · 군관리계획의 결정

1) 도시 · 군관리계획의 결정권자

도시 · 군관리계획은 시 · 도지사가 직접 또는 시장 · 군수의 신청에 따라 결정한다. 다만, 서울특별시와 광역시 및 특별자치시를 제외한 인구 50만 이상의 대도시의 경우에는 해당 시장(대도시 시장)이 직접 결정하고, 시장 또는 군수가 입안한 지구단위계획구역의 지정 · 변경과 지구단위계획의 수립 · 변경에 관한 도시 · 군관리계획과 지구단위계획으로 대체하는 용도지구 폐지에 관한 도시 · 군관리계획[해당 시장(대도시 시장은 제외) 또는 군수가 도지사와 미리 협의한 경우에 한정]은 시장 또는 군수가 직접 결정한다. [Ⓐ 장관이 입안한 도시 · 군관리계획, Ⓑ 개발제한구역의 지정 및 변경에 관한 도시 · 군관리계획, Ⓒ 시가화조정구역의 지정 및 변경에 관한 도시 · 군관리계획, Ⓓ 수산자원보호구역의 지정 및 변경에 관한 도시 · 군관리계획(해수산부장관이 결정), Ⓔ 입지규제최소구역의 지정 및 변경과 입지규제최소구역계획에 관한 도시 · 군관리계획의 도시 · 군관리계획]은 장관이 결정한다.

시장 또는 군수는 도시 · 군관리계획결정을 신청하려면 도시 · 군관리계획도서 및 계획

---

10) (지방의회의 의견청취 대상) ① 용도지역 · 용도지구 또는 용도구역의 지정 또는 변경지정(단, 용도지구에 따른 건축물이나 그 밖의 시설의 용도 · 종류 및 규모 등의 제한을 그대로 지구단위계획으로 대체하기 위한 경우로서 해당 용도지구를 폐지하기 위하여 도시 · 군관리계획을 결정하는 경우에는 제외). ② 광역도시계획에 포함된 광역시설의 설치 · 정비 또는 개량에 관한 도시 · 군관리계획의 결정 또는 변경결정. ③ ⓐ 도로중 주간선도로(시 · 군내 주요지역을 연결하거나 시 · 군 상호간이나 주요지방 상호간을 연결하여 대량통과교통을 처리하는 도로로서 시 · 군의 골격을 형성하는 도로), ⓑ 철도중 도시철도, ⓒ 자동차정류장중 여객자동차터미널(시외버스운송사업용), ⓓ 공원(소공원 및 어린이공원은 제외), ⓔ 유통업무설비, ⓕ 대학, ⓖ 공공청사중 지방자치단체의 청사, ⓗ 하수도(하수종말처리시설), ⓘ 폐기물처리 및 재활용시설, ⓙ 수질오염방지시설, ⓚ 그 밖에 국토교통부령으로 정하는 시설에 해당하는 기반시설의 설치 · 정비 또는 개량에 관한 도시 · 군관리계획의 결정 또는 변경결정(단, 지방의회의 권고대로 도시 · 군계획시설결정(도시 · 군계획시설에 대한 도시 · 군관리계획결정)을 해제하기 위한 도시 · 군관리계획을 결정하는 경우는 제외)

설명서에 [Ⓐ 주민의 의견청취 결과, Ⓑ 지방의회의 의견청취 결과, Ⓒ 지방도시계획위원회의 자문을 거친 경우에는 그 결과, Ⓓ 관계 행정기관의 장과의 협의에 필요한 서류(미리 관계 행정기관의 장과 협의한 경우에는 그 결과), Ⓔ 중앙도시계획위원회 또는 시 · 도 도시계획위원회의 심의에 필요한 서류]를 첨부하여 도지사(장관, 해양수산부장관)에게 제출하여야 한다. 다만, 시장 또는 군수가 장관 또는 해양수산부장관에게 도시 · 군관리계획의 결정을 신청하는 경우에는 도지사를 거쳐야 한다.

2) 도시 · 군관리계획의 결정

① 시 · 도지사는 도시 · 군관리계획을 결정하려면 관계 행정기관의 장과 미리 협의하여야 하며, 장관(수산자원보호구역의 경우 해양수산부장관)이 도시 · 군관리계획을 결정하려면 관계 중앙행정기관의 장과 미리 협의하여야 한다. 이 경우 협의 요청을 받은 기관의 장은 특별한 사유가 없으면 그 요청을 받은 날부터 30일 이내에 의견을 제시하여야 한다. ② 시 · 도지사는 장관이 입안하여 결정한 도시 · 군관리계획을 변경하거나 ㉠ 광역도시계획과 관련하여 시 · 도지사가 입안한 도시 · 군관리계획, ㉡ 개발제한구역이 해제되는 지역에 대하여 해제 이후 최초로 결정되는 도시 · 군관리계획, ㉢ 2 이상의 시 · 도에 걸치는 기반시설의 설치 · 정비 또는 개량에 관한 도시 · 군관리계획 중 국토교통부령이 정하는 도시 · 군관리계획에 관한 도시 · 군관리계획을 결정하려면 미리 장관과 협의하여야 한다. ③ 장관은 도시 · 군관리계획을 결정하려면 중앙도시계획위원회의 심의를 거쳐야 하며, 시 · 도지사가 도시 · 군관리계획을 결정하려면 시 · 도도시계획위원회의 심의를 거쳐야 한다. 다만, 시 · 도지사가 지구단위계획(지구단위계획과 지구단위계획구역을 동시에 결정할 때에는 지구단위계획구역의 지정 또는 변경에 관한 사항을 포함할 수 있다)이나 지구단위계획으로 대체하는 용도지구 폐지에 관한 사항을 결정하려면 시 · 도에 두는 건축위원회와 도시계획위원회가 공동으로 하는 심의를 거쳐야 한다.[11] ④ 장관이나 시 · 도지사는 국방상 또는 국가안전보장상 기밀을 지켜야 할 필요가 있다고 인정되면(관계 중앙행정기관의 장이 요청할 때만 해당) 그 도시 · 군관리계획의 전부 또는 일부에 대하여 ①부터 ②까지의 규정에 따른 절차를 생략할 수 있다.[12] ⑤ 결정된 도시 · 군관리계획을 변경하

---

11) **(건축위원회와 도시계획위원회가 공동으로 지구단위계획을 심의-공동위원회)** ㉠ 공동위원회의 위원은 건축위원회 및 도시계획위원회의 위원중에서 시 · 도지사 또는 시장 · 군수가 임명 또는 위촉할 것(이 경우 지방도시계획위원회에 지구단위계획을 심의하기 위한 분과위원회가 설치되어 있는 경우에는 당해 분과위원회의 위원 전원을 공동위원회의 위원으로 임명 또는 위촉하여야 한다), ㉡ 공동위원회의 위원 수는 25인 이내로 할 것, ㉢ 공동위원회의 위원 중 건축위원회의 위원이 3분의 1 이상이 되도록 할 것, ㉣ 공동위원회의 위원장은 특별시 · 광역시 · 특별자치시의 경우에는 부시장, 도 · 특별자치도의 경우에는 부지사, 시의 경우에는 부시장, 군의 경우에는 부군수로 할 것

려는 경우에는 ①부터 ②까지의 규정을 준용한다. 다만, 경미한 사항을 변경하는 경우에는 그러하지 아니하다. ⑥ 장관이나 시 · 도지사는 도시 · 군관리계획을 결정하면 그 결정을 고시하고, 장관이나 도지사는 관계 서류를 관계 특광시도지사, 시장 또는 군수에게 송부하여 일반이 열람할 수 있도록 하여야 하며, 특광시도지사는 관계 서류를 일반이 열람할 수 있도록 하여야 한다.

3. 도시 · 군관리계획 결정의 효력

(1) 도시 · 군관리계획 결정의 효력발생

① 도시 · 군관리계획 결정의 효력은 지형도면을 고시한 날부터 발생한다. ② 도시 · 군

12) **(협의 및 심의를 거치지 아니하고 도시 · 군관리계획을 변경할 사항)**[㉠ 단위 도시 · 군계획시설부지 면적의 5퍼센트 미만의 변경인 경우(다만, ⓐ 도로: 시점 및 종점이 변경되지 아니하고 중심선이 종전에 결정된 도로의 범위를 벗어나지 아니하는 경우, ⓑ 공원 및 녹지: 면적이 증가되는 경우, 최초 도시 · 군계획시설 결정 후 변경되는 면적의 합계가 1만제곱미터 미만이고, 최초 도시 · 군계획시설 결정 당시 부지 면적의 5퍼센트 미만의 범위에서 면적이 감소되는 경우(다만, 완충녹지(도시지역 외의 지역에서 같은 법을 준용하여 설치하는 경우를 포함)인 경우는 제외)에 해당하는 시설은 해당 요건을 충족하는 경우만 해당), ㉡ 지형사정으로 인한 도시 · 군계획시설의 근소한 위치변경 또는 비탈면 등으로 인한 시설부지의 불가피한 변경인 경우, ㉢ 이미 결정된 도시 · 군계획시설의 세부시설의 결정 또는 변경인 경우, ㉣ 도시지역의 축소에 따른 용도지역 · 용도지구 · 용도구역 또는 지구단위계획구역의 변경인 경우, ㉤ 도시지역외의 지역에서 농업진흥지역 또는 보전산지를 농림지역으로 결정하는 경우, ㉥ 공원구역, 상수원보호구역, 지정된 지정문화재 또는 천연기념물과 그 보호구역을 자연환경보전지역으로 결정하는 경우, ㉦ 체육시설 및 그 부지의 전부 또는 일부를 다른 체육시설 및 그 부지로 변경(둘 이상의 체육시설을 같은 부지에 함께 결정하기 위하여 변경하는 경우를 포함)하는 경우, ㉧ 문화시설 및 그 부지의 전부 또는 일부를 다른 문화시설 및 그 부지로 변경(둘 이상의 문화시설을 같은 부지에 함께 결정하기 위하여 변경하는 경우를 포함)하는 경우, ㉨ 장사시설 및 그 부지의 전부 또는 일부를 다른 장사시설 및 그 부지로 변경(둘 이상의 장사시설을 같은 부지에 함께 결정하기 위하여 변경하는 경우를 포함)하는 경우, ㉩ 그 밖에 국토교통부령(수산자원보호구역의 경우 해양수산부령)이 정하는 경미한 사항의 변경인 경우]. (협의 및 심의를 거치지 아니하고 지구단위계획을 변경하는 경우)[㉠ 지구단위계획으로 결정한 용도지역 · 용도지구 또는 도시 · 군계획시설에 대한 변경결정으로서 ㉰ 에 해당하는 변경인 경우, ㉡ 가구면적의 10퍼센트 이내의 변경인 경우, ㉢ 획지면적의 30퍼센트 이내의 변경인 경우, ㉣ 건축물높이의 20퍼센트 이내의 변경인 경우(층수변경이 수반되는 경우를 포함), ㉤ 획지의 규모 및 조성계획의 변경인 경우, ㉥ 건축선의 1미터 이내의 변경인 경우, ㉦ 건축선 또는 차량출입구의 변경으로서 교통영향평가서의 심의를 거쳐 결정된 경우, ㉧ 건축물의 배치 · 형태 또는 색채의 변경인 경우, ㉨ 지구단위계획에서 경미한 사항으로 결정된 사항의 변경인 경우(다만, 용도지역 · 용도지구 · 도시 · 군계획시설 · 가구면적 · 획지면적 · 건축물높이 또는 건축선의 변경에 해당하는 사항을 제외), ㉩ 제2종지구단위계획으로 보는 개발계획에서 정한 건폐율 또는 용적률을 감소시키거나 10퍼센트 이내에서 증가시키는 경우(증가시키는 경우에는 건폐율 · 용적률의 한도를 초과하는 경우를 제외), ㉪ 지구단위계획구역 면적의 10퍼센트(용도지역 변경을 포함하는 경우에는 5퍼센트) 이내의 변경 및 동 변경지역안에서의 지구단위계획의 변경, ㉫ 국토교통부령으로 정하는 경미한 사항의 변경인 경우, ㉬ 그 밖에 ㉠부터 ㉫까지와 유사한 사항으로서 도시 · 군계획조례로 정하는 사항의 변경인 경우, ㉭ 법령의 규정에 따른 건폐율 또는 용적률 완화 내용을 반영하기 위하여 지구단위계획을 변경하는 경우(예외-공동심의사항)]

관리계획 결정 당시 이미 법률에 따라 허가 · 인가 · 승인 등을 받아 사업이나 공사에 착수한 자는 그 도시 · 군관리계획 결정에 관계없이 그 사업이나 공사를 계속할 수 있다.

(2) 시행중인 공사에 대한 특례

① 시가화조정구역 또는 수산자원보호구역의 지정에 관한 도시 · 군관리계획의 결정 당시 이미 사업 또는 공사에 착수한 자는 당해 사업 또는 공사를 계속하고자 하는 때에는 시가화조정구역 또는 수산자원보호구역의 지정에 관한 도시 · 군관리계획결정의 고시일부터 3월 이내에 그 사업 또는 공사의 내용을 관할 특광시도지사, 시장 또는 군수에게 신고하여야 한다. ② 신고한 행위가 건축물의 건축을 목적으로 하는 토지의 형질변경인 경우 당해 건축물을 건축하고자 하는 자는 토지의 형질변경에 관한 공사를 완료한 후 3월 이내에 건축허가를 신청하는 때에는 당해 건축물을 건축할 수 있다. ③ 건축물의 건축을 목적으로 하는 토지의 형질변경에 관한 공사를 완료한 후 1년 이내에 도시 · 군관리계획 결정의 고시가 있는 경우 당해 건축물을 건축하고자 하는 자는 당해 도시 · 군관리계획결정의 고시일부터 6월 이내에 건축허가를 신청하는 때에는 당해 건축물을 건축할 수 있다.

(3) 도시 · 군관리계획에 관한 지형도면의 고시 등

① 특광시도지사, 시장 또는 군수는 도시 · 군관리계획 결정이 고시되면 지적이 표시된 지형도에 도시 · 군관리계획에 관한 사항을 자세히 밝힌 도면을 작성하여야 한다. ② 시장(대도시 시장은 제외)이나 군수는 지형도에 도시 · 군관리계획(지구단위계획구역의 지정 · 변경과 지구단위계획의 수립 · 변경에 관한 도시 · 군관리계획은 제외)에 관한 사항을 자세히 밝힌 도면(지형도면)을 작성하면 도지사의 승인을 받아야 한다. 이 경우 지형도면의 승인 신청을 받은 도지사는 그 지형도면과 결정 · 고시된 도시 · 군관리계획을 대조하여 착오가 없다고 인정되면 30일 이내에 그 지형도면을 승인하여야 한다. ③ 장관(수산자원보호구역의 경우 해양수산부장관)이나 도지사는 도시 · 군관리계획을 직접 입안한 경우에는 관계 특광시도지사, 시장 또는 군수의 의견을 들어 직접 지형도면을 작성할 수 있다. ④ 장관, 시 · 도지사, 시장 또는 군수는 직접 지형도면을 작성하거나 지형도면을 승인한 경우에는 이를 고시하여야 한다.

4. 도시 · 군관리계획의 정비 등

(1) 도시 · 군관리계획의 정비

특광시도지사, 시장 또는 군수는 5년마다 관할 구역의 도시 · 군관리계획에 대하여 그 타당성 여부를 전반적으로 재검토하여 정비하여야 하며, 도시 · 군계획시설결정의 실효에 대비하여 설치 불가능한 도시 · 군계획시설결정을 해제하는 등 관할 구역의 도시 · 군관리계획을 전반적으로 재검토하여 정비하여야 한다.13)

(2) 도시 · 군관리계획 입안의 특례

장관, 시 · 도지사, 시장 또는 군수는 도시 · 군관리계획을 조속히 입안하여야 할 필요가 있다고 인정되면 광역도시계획이나 도시 · 군기본계획을 수립할 때에 도시 · 군관리계획을 함께 입안할 수 있다. 장관(수산자원보호구역의 경우 해양수산부장관), 시 · 도지사, 시장 또는 군수는 필요하다고 인정되면 도시 · 군관리계획을 입안할 때에 협의하여야 할 사항에 관하여 관계 중앙행정기관의 장이나 관계 행정기관의 장과 협의할 수 있다. 이 경우

13) ① 특광시도지사, 시장 또는 군수는 도시 · 군관리계획을 정비하는 경우에는 다음 각 호의 사항을 검토하여 그 결과를 도시 · 군관리계획입안에 반영하여야 한다. ㉮ 도시 · 군계획시설 설치에 관한 도시 · 군관리계획 : ㉠ 도시 · 군계획시설결정의 고시일부터 3년 이내에 해당 도시 · 군계획시설의 설치에 관한 도시 · 군계획시설사업의 전부 또는 일부가 시행되지 아니한 경우 해당 도시 · 군계획시설결정의 타당성, ㉡ 도시 · 군계획시설결정에 따라 설치된 시설 중 여건 변화 등으로 존치 필요성이 없는 도시 · 군계획시설에 대한 해제 여부. ㉯ 용도지구 지정에 관한 도시 · 군관리계획 : ㉠ 지정목적을 달성하거나 여건 변화 등으로 존치 필요성이 없는 용도지구에 대한 변경 또는 해제 여부, ㉡ 해당 용도지구와 중첩하여 지구단위계획구역이 지정되어 지구단위계획이 수립되거나 다른 법률에 따른 지역 · 지구 등이 지정된 경우 해당 용도지구의 변경 및 해제 여부 등을 포함한 용도지구 존치의 타당성, ㉢ 둘 이상의 용도지구가 중첩하여 지정되어 있는 경우 용도지구의 지정 목적, 여건 변화 등을 고려할 때 해당 용도지구를 지구단위계획으로 대체할 필요성이 있는지 여부. ② 특광시도지사, 시장 또는 군수는 도시 · 군관리계획을 정비하는 경우에는 다음 각 호의 기준에 따라야 한다. ㉮ 도시 · 군관리계획을 정비하여야 하는 도시 · 군계획시설(정비대상시설) : 도시 · 군계획시설결정 고시일부터 10년이 지난 시설로서 그 시설의 설치에 관한 사업이 시행되지 아니한 도시 · 군계획시설로 한다. 다만, 정비대상시설에 인접하여 함께 검토가 요구되는 경우 등 필요한 경우에는 도시 · 군계획시설결정 고시일부터 10년이 지나지 아니한 시설도 포함할 수 있다. ㉯ 정비대상시설에 대한 정비의 기준 : ㉠ 정비대상시설 중 도시 · 군계획시설사업을 시행할 경우 법적 · 기술적 · 환경적인 문제가 발생하여 사업시행이 곤란한 시설은 우선해제대상인 도시 · 군계획시설로 분류할 것, ㉡㉠에 따라 우선해제대상으로 분류된 도시 · 군계획시설을 제외한 정비대상시설에 대해서는 존치 필요성과 집행능력 등을 검토하여 해제대상 또는 조정대상으로 분류할 것, ㉢㉠ 또는 ㉡에 따라 우선해제대상 또는 해제대상으로 분류된 도시 · 군계획시설에 대해서는 해제를 위한 도시 · 군관리계획을 입안하고, ㉡에 따라 조정대상으로 분류된 도시 · 군계획시설에 대해서는 단계별 집행계획을 수립하거나 재수립하여 도시 · 군관리계획에 반영할 것. ③ 도시 · 군기본계획을 수립하지 아니하는 시 · 군의 시장 · 군수는 도시 · 군관리계획을 정비하는 때에는 계획설명서에 당해 시 · 군의 장기발전구상을 포함시켜야 하며, 공청회를 개최하여 이에 관한 주민의 의견을 들어야 한다.

시장이나 군수는 도지사에게 그 도시·군관리계획(지구단위계획구역의 지정·변경과 지구단위계획의 수립·변경에 관한 도시·군관리계획은 제외)의 결정을 신청할 때에 관계 행정기관의 장과의 협의 결과를 첨부하여야 한다.

Ⅱ. 용도지역·용도지구·용도구역

1. 용도지역

장관, 시·도지사 또는 대도시 시장은 ⒶⒷⒸⒹ에 해당하는 용도지역의 지정 또는 변경을 도시·군관리계획으로 결정한다. Ⓐ 도시지역: ⓐ 주거지역: 거주의 안녕과 건전한 생활환경의 보호를 위하여 필요한 지역[14], ⓑ 상업지역: 상업이나 그 밖의 업무의 편익을 증진하기 위하여 필요한 지역[15], ⓒ 공업지역: 공업의 편익을 증진하기 위하여 필요한 지역[16], ⓓ 녹지지역: 자연환경·농지 및 산림의 보호, 보건위생, 보안과 도시의 무질서한 확산을 방지하기 위하여 녹지의 보전이 필요한 지역[17]으로 구분하여 지정한다. Ⓑ 관리지역: ⓐ 보전관리지역: 자연환경 보호, 산림 보호, 수질오염 방지, 녹지공간 확보 및 생태계 보전 등을 위하여 보전이 필요하나, 주변 용도지역과의 관계 등을 고려할 때 자연환경보전지역으로 지정하여 관리하기가 곤란한 지역, ⓑ 생산관리지역: 농업·임업·어업생산 등을 위하여 관리가 필요하나, 주변 용도지역과의 관계 등을 고려할 때 농림지역으

---

14) **(주거지역)** ㉠ 전용주거지역 : 양호한 주거환경을 보호하기 위하여 필요한 지역(ⓐ 제1종전용주거지역 : 단독주택 중심의 양호한 주거환경을 보호하기 위하여 필요한 지역, ⓑ 제2종전용주거지역 : 공동주택 중심의 양호한 주거환경을 보호하기 위하여 필요한 지역), ㉡ 일반주거지역 : 편리한 주거환경을 조성하기 위하여 필요한 지역(ⓐ 제1종일반주거지역 : 저층주택을 중심으로 편리한 주거환경을 조성하기 위하여 필요한 지역, ⓑ 제2종일반주거지역 : 중층주택을 중심으로 편리한 주거환경을 조성하기 위하여 필요한 지역, ⓒ 제3종일반주거지역 : 중고층주택을 중심으로 편리한 주거환경을 조성하기 위하여 필요한 지역), ㉢ 준주거지역 : 주거기능을 위주로 이를 지원하는 일부 상업기능 및 업무기능을 보완하기 위하여 필요한 지역.

15) **(상업지역)** ㉠ 중심상업지역 : 도심·부도심의 상업기능 및 업무기능의 확충을 위하여 필요한 지역, ㉡ 일반상업지역 : 일반적인 상업기능 및 업무기능을 담당하게 하기 위하여 필요한 지역, ㉢ 근린상업지역 : 근린지역에서의 일용품 및 서비스의 공급을 위하여 필요한 지역, ㉣ 유통상업지역 : 도시내 및 지역간 유통기능의 증진을 위하여 필요한 지역.

16) **(공업지역)** ㉠ 전용공업지역 : 주로 중화학공업, 공해성 공업 등을 수용하기 위하여 필요한 지역, ㉡ 일반공업지역 : 환경을 저해하지 아니하는 공업의 배치를 위하여 필요한 지역, ㉢ 준공업지역 : 경공업 그 밖의 공업을 수용하되, 주거기능·상업기능 및 업무기능의 보완이 필요한 지역.

17) **(녹지지역)** ㉠ 보전녹지지역 : 도시의 자연환경·경관·산림 및 녹지공간을 보전할 필요가 있는 지역, ㉡ 생산녹지지역 : 주로 농업적 생산을 위하여 개발을 유보할 필요가 있는 지역, ㉢자연녹지지역 : 도시의 녹지공간의 확보, 도시확산의 방지, 장래 도시용지의 공급 등을 위하여 보전할 필요가 있는 지역으로서 불가피한 경우에 한하여 제한적인 개발이 허용되는 지역.

로 지정하여 관리하기가 곤란한 지역, ⓒ 계획관리지역: 도시지역으로 의 편입이 예상되는 지역이나 자연환경을 고려하여 제한적인 이용·개발을 하려는 지역으로서 계획적·체계적인 관리가 필요한 지역으로 구분하여 지정한다. Ⓒ 농림지역, Ⓓ 자연환경보전지역. 장관, 시·도지사 또는 대도시 시장은 용도지역을 도시·군관리계획결정으로 다시 세분하여 지정하거나 변경할 수 있다.

2. 용도지구

(1) 용도지구 지정

① 장관, 시·도지사 또는 대도시 시장은 [㉠ 경관지구: 경관의 보전·관리 및 형성을 위하여 필요한 지구, ㉡ 고도지구: 쾌적한 환경 조성 및 토지의 효율적 이용을 위하여 건축물 높이의 최고한도를 규제할 필요가 있는 지구, ㉢ 방화지구: 화재의 위험을 예방하기 위하여 필요한 지구, ㉣ 방재지구: 풍수해, 산사태, 지반의 붕괴, 그 밖의 재해를 예방하기 위하여 필요한 지구, ㉤ 보호지구: 문화재, 중요 시설물(항만, 공항, 공용시설(공공업무시설, 공공필요성이 인정되는 문화시설·집회시설·운동시설 및 그 밖에 이와 유사한 시설로서 도시·군계획조례로 정하는 시설), 교정시설·군사시설) 및 문화적·생태적으로 보존가치가 큰 지역의 보호와 보존을 위하여 필요한 지구, ㉥ 취락지구: 녹지지역·관리지역·농림지역·자연환경보전지역·개발제한구역 또는 도시자연공원구역의 취락을 정비하기 위한 지구, ㉦ 개발진흥지구: 주거기능·상업기능·공업기능·유통물류기능·관광기능·휴양기능 등을 집중적으로 개발·정비할 필요가 있는 지구, ㉧ 특정용도제한지구: 주거 및 교육 환경 보호나 청소년 보호 등의 목적으로 오염물질 배출시설, 청소년 유해시설 등 특정시설의 입지를 제한할 필요가 있는 지구, ㉨ 복합용도지구: 지역의 토지이용 상황, 개발 수요 및 주변 여건 등을 고려하여 효율적이고 복합적인 토지이용을 도모하기 위하여 특정시설의 입지를 완화할 필요가 있는 지구, ㉩ 그 밖에 대통령령으로 정하는 지구에 해당하는 용도지구의 지정 또는 변경]을 도시·군관리계획으로 결정한다.

② 장관, 시·도지사 또는 대도시 시장은 필요하다고 인정되면 용도지구를 도시·군관리계획결정으로 다시 세분하여 지정하거나 변경할 수 있다. ③ 시·도지사 또는 대도시 시장은 지역여건상 필요하면 그 시·도 또는 대도시의 조례로 용도지구의 명칭 및 지정목적, 건축이나 그 밖의 행위의 금지 및 제한에 관한 사항 등을 정하여 상기의 용도지구 외의 용도지구의 지정 또는 변경을 도시·군관리계획으로 결정할 수 있다. ④ 시·도지사

또는 대도시 시장은 연안침식이 진행 중이거나 우려되는 지역 등 연안침식으로 인하여 심각한 피해가 발생하거나 발생할 우려가 있어 이를 특별히 관리할 필요가 있는 지역으로서 연안침식관리구역으로 지정된 지역(연안육역에 한정), 풍수해, 산사태 등의 동일한 재해가 최근 10년 이내 2회 이상 발생하여 인명 피해를 입은 지역으로서 향후 동일한 재해 발생 시 상당한 피해가 우려되는 지역에 대해서는 방재지구의 지정 또는 변경을 도시·군관리계획으로 결정하여야 한다. 이 경우 도시·군관리계획의 내용에는 해당 방재지구의 재해저감대책을 포함하여야 한다. ⑤ 시·도지사 또는 대도시 시장은 주거지역·공업지역·관리지역(일반주거지역, 일반공업지역, 계획관리지역의 용도지역)에 복합용도지구를 지정할 수 있다.

(2) 용도지구의 세분지정 등

① 장관, 시·도지사 또는 대도시 시장은 도시·군관리계획결정으로 경관지구[18]·방재지구[19]·보호지구[20]·취락지구[21] 및 개발진흥지구[22]를 세분하여 지정할 수 있다. ② 시·도지사 또는 대도시 시장은 지역여건상 필요한 때에는 해당 시·도 또는 대도시의 도시·군계획조례로 정하는 바에 따라 경관지구를 추가적으로 세분(특화경관지구의 세분을 포함)하거나 중요시설물보호지구 및 특정용도제한지구를 세분하여 지정할 수 있다. ③ 시·도 또는 대도시의 도시·군계획조례로 용도지구외의 용도지구를 정할 때에는 ㉠ 용도지구의 신설은 법에서 정하고 있는 용도지역·용도지구·용도구역·지구단위계획구역 또

---

18) **(경관지구)** ⓐ 자연경관지구 : 산지·구릉지 등 자연경관을 보호하거나 유지하기 위하여 필요한 지구, ⓑ 시가지경관지구 : 지역 내 주거지, 중심지 등 시가지의 경관을 보호 또는 유지하거나 형성하기 위하여 필요한 지구, ⓒ 특화경관지구 : 지역 내 주요 수계의 수변 또는 문화적 보존가치가 큰 건축물 주변의 경관 등 특별한 경관을 보호 또는 유지하거나 형성하기 위하여 필요한 지구.

19) **(방재지구)** ⓐ 시가지방재지구: 건축물·인구가 밀집되어 있는 지역으로서 시설 개선 등을 통하여 재해 예방이 필요한 지구, ⓑ 자연방재지구: 토지의 이용도가 낮은 해안변, 하천변, 급경사지 주변 등의 지역으로서 건축 제한 등을 통하여 재해 예방이 필요한 지구.

20) **(보호지구)** ⓐ 역사문화환경보호지구 : 문화재·전통사찰 등 역사·문화적으로 보존가치가 큰 시설 및 지역의 보호와 보존을 위하여 필요한 지구, ⓑ 중요시설물보호지구 : 중요시설물의 보호와 기능의 유지 및 증진 등을 위하여 필요한 지구, ⓒ 생태계보호지구 : 야생동식물서식처 등 생태적으로 보존가치가 큰 지역의 보호와 보존을 위하여 필요한 지구.

21) **(취락지구)** ⓐ 자연취락지구 : 녹지지역·관리지역·농림지역 또는 자연환경보전지역안의 취락을 정비하기 위하여 필요한 지구, ⓑ 집단취락지구 : 개발제한구역안의 취락을 정비하기 위하여 필요한 지구.

22) **(개발진흥지구)** ⓐ 주거개발진흥지구 : 주거기능을 중심으로 개발·정비할 필요가 있는 지구, ⓑ 산업·유통개발진흥지구 : 공업기능 및 유통·물류기능을 중심으로 개발·정비할 필요가 있는 지구, ⓒ 관광·휴양개발진흥지구 : 관광·휴양기능을 중심으로 개발·정비할 필요가 있는 지구, ⓓ 복합개발진흥지구 : 주거기능, 공업기능, 유통·물류기능 및 관광·휴양기능중 2 이상의 기능을 중심으로 개발·정비할 필요가 있는 지구, ⓔ 특정개발진흥지구 : 주거기능, 공업기능, 유통·물류기능 및 관광·휴양기능 외의 기능을 중심으로 특정한 목적을 위하여 개발·정비할 필요가 있는 지구.

는 다른 법률에 따른 지역 · 지구만으로는 효율적인 토지이용을 달성할 수 없는 부득이한 사유가 있는 경우에 한할 것, ㉡ 용도지구안에서의 행위제한은 그 용도지구의 지정목적 달성에 필요한 최소한도에 그치도록 할 것, ㉢ 당해 용도지역 또는 용도구역의 행위제한을 완화하는 용도지구를 신설하지 아니할 것의 기준을 따라야 한다. ④ 시 · 도지사 또는 대도시 시장은 복합용도지구를 지정하는 경우에는 [㉠ 용도지역의 변경 시 기반시설이 부족해지는 등의 문제가 우려되어 해당 용도지역의 건축제한만을 완화하는 것이 적합한 경우에 지정할 것, ㉡ 간선도로의 교차지, 대중교통의 결절지 등 토지이용 및 교통 여건의 변화가 큰 지역 또는 용도지역 간의 경계지역, 가로변 등 토지를 효율적으로 활용할 필요가 있는 지역에 지정할 것, ㉢ 용도지역의 지정목적이 크게 저해되지 아니하도록 해당 용도지역 전체 면적의 3분의 1 이하의 범위에서 지정할 것, ㉣ 그 밖에 해당 지역의 체계적 · 계획적인 개발 및 관리를 위하여 지정 대상지가 장관이 정하여 고시하는 기준에 적합할 것]의 기준을 따라야 한다.

3. 용도구역

(1) 개발제한구역의 지정

장관은 ㉠ 도시의 무질서한 확산을 방지하고 도시주변의 자연환경을 보전하여 도시민의 건전한 생활환경을 확보하기 위하여 도시의 개발을 제한할 필요가 있거나 ㉡ 국방부장관의 요청이 있어 보안상 도시의 개발을 제한할 필요가 있다고 인정되면 개발제한구역의 지정 또는 변경을 도시 · 군관리계획으로 결정할 수 있으며, 개발제한구역의 지정 또는 변경에 필요한 사항은 따로 법률로 정한다.

(2) 도시자연공원구역의 지정

시 · 도지사 또는 대도시 시장은 도시의 자연환경 및 경관을 보호하고 도시민에게 건전한 여가 · 휴식공간을 제공하기 위하여 도시지역 안에서 식생이 양호한 산지의 개발을 제한할 필요가 있다고 인정하면 도시자연공원구역의 지정 또는 변경을 도시 · 군관리계획으로 결정할 수 있으며, 도시자연공원구역의 지정 또는 변경에 필요한 사항은 따로 법률로 정한다.

(3) 시가화조정구역의 지정

㉠ 시 · 도지사는 직접 또는 관계 행정기관의 장의 요청을 받아 도시지역과 그 주변지

역의 무질서한 시가화를 방지하고 계획적 · 단계적인 개발을 도모하기 위하여 5년 이상 20년 이내 동안 시가화를 유보할 필요가 있다고 인정되면 시가화조정구역의 지정 또는 변경을 도시 · 군관리계획으로 결정할 수 있다. 다만, 국가계획과 연계하여 시가화조정구역의 지정 또는 변경이 필요한 경우에는 ㉡ 장관이 직접 시가화조정구역의 지정 또는 변경을 도시 · 군관리계획으로 결정할 수 있다. 시가화조정구역의 지정에 관한 도시 · 군관리계획의 결정은 시가화 유보기간이 끝난 날의 다음날부터 그 효력을 잃는다. 이 경우 장관 또는 시 · 도지사는 그 사실을 고시하여야 한다. ② 장관 또는 시 · 도지사는 시가화조정구역을 지정 또는 변경하고자 하는 때에는 당해 도시지역과 그 주변지역의 인구의 동태, 토지의 이용상황, 산업발전상황 등을 고려하여 도시 · 군관리계획으로 시가화유보기간을 정하여야 한다. ③ 시가화조정구역지정의 실효고시는 실효일자 및 실효사유와 실효된 도시 · 군관리계획의 내용을 장관이 하는 경우에는 관보에, 시 · 도지사가 하는 경우에는 해당 시 · 도의 공보에 게재하는 방법에 의한다.

(4) 수산자원보호구역의 지정

해양수산부장관은 직접 또는 관계 행정기관의 장의 요청을 받아 수산자원을 보호 · 육성하기 위하여 필요한 공유수면이나 그에 인접한 토지에 대한 수산자원보호구역의 지정 또는 변경을 도시 · 군관리계획으로 결정할 수 있다.

(5) 입지규제최소구역의 지정

장관은 도시지역에서 복합적인 토지이용을 증진시켜 도시 정비를 촉진하고 지역 거점을 육성할 필요가 있다고 인정되면 [Ⓐ 도시 · 군기본계획에 따른 도심 · 부도심 또는 생활권의 중심지역, Ⓑ 철도역사, 터미널, 항만, 공공청사, 문화시설 등의 기반시설 중 지역의 거점 역할을 수행하는 시설을 중심으로 주변지역을 집중적으로 정비할 필요가 있는 지역, Ⓒ 세 개 이상의 노선이 교차하는 대중교통 결절지로부터 1킬로미터 이내에 위치한 지역, Ⓓ 노후 · 불량건축물이 밀집한 주거지역 또는 공업지역으로 정비가 시급한 지역, Ⓔ 도시재생활성화지역 중 도시경제기반형 활성화계획을 수립하는 지역과 그 주변지역의 전부 또는 일부]를 입지규제최소구역으로 지정할 수 있다.[23]

---

23) ① 입지규제최소구역계획에는 입지규제최소구역의 지정 목적을 이루기 위하여 [ⓐ 건축물의 용도 · 종류 및 규모 등에 관한 사항, ⓑ 건축물의 건폐율 · 용적률 · 높이에 관한 사항, ⓒ 간선도로 등 주요 기반시설의 확보에 관한 사항, ⓓ 용도지역 · 용도지구, 도시 · 군계획시설 및 지구단위계획의 결정에 관한 사항, ⓔ 다른 법률 규정 적용의 완화 또는 배제에 관한 사항, ⓕ 그 밖에 입지규제최소구역의 체계적 개발과 관리에 필요한 사항]이 포함되어야 한다. ② 입지규제최소구역의 지정 및 변경과 입지

(6) 공유수면매립지에 관한 용도지역의 지정

공유수면(바다만 해당)의 매립 목적이 그 매립구역과 이웃하고 있는 용도지역의 내용과 같으면 도시·군관리계획의 입안 및 결정 절차 없이 그 매립준공구역은 그 매립의 준공인가일부터 이와 이웃하고 있는 용도지역으로 지정된 것으로 본다. 이 경우 관계 특광시도지사, 시장 또는 군수는 그 사실을 지체 없이 고시하여야 한다. 공유수면의 매립 목적이 그 매립구역과 이웃하고 있는 용도지역의 내용과 다른 경우 및 그 매립구역이 둘 이상의 용도지역에 걸쳐 있거나 이웃하고 있는 경우 그 매립구역이 속할 용도지역은 도시·군관리계획결정으로 지정하여야 한다. 관계 행정기관의 장은 공유수면법에 따른 공유수면 매립의 준공검사를 하면 지체 없이 관계 특광시도지사, 시장 또는 군수에게 통보하여야 하며, 이때 공유수면매립준공인가통보서에 공유수면매립의 준공인가구역의 범위 및 면적을 표시한 축척 2만 5천분의 1 이상의 지형도를 첨부하여 송부하여야 한다.

(7) 다른 법률에 따라 지정된 지역의 용도지역 지정 등의 의제

① [Ⓐ 항만구역으로서 도시지역에 연접한 공유수면, Ⓑ 어항구역으로서 도시지역에 연접한 공유수면, Ⓒ 국가산업단지, 일반산업단지 및 도시첨단산업단지, Ⓓ 택지개발지구, Ⓔ 전원개발사업구역 및 예정구역(수력발전소 또는 송·변전설비만을 설치하기 위한 전원개발사업구역 및 예정구역은 제외) 등으로 지정·고시된 지역]은 이 법에 따른 도시지역으로 결정·고시된 것으로 본다. ② 관리지역에서 농업진흥지역으로 지정·고시된 지역은 이 법에 따른 농림지역으로, 관리지역의 산림 중 보전산지로 지정·고시된 지역은 그

규제최소구역계획은 [㉠ 입지규제최소구역의 지정 목적, ㉡ 해당 지역의 용도지역·기반시설 등 토지이용 현황, ㉢ 도시·군기본계획과의 부합성, ㉣ 주변 지역의 기반시설, 경관, 환경 등에 미치는 영향 및 도시환경 개선·정비 효과, ㉤ 도시의 개발 수요 및 지역에 미치는 사회적·경제적 파급효과를 종합적으로 고려]하여 도시·군관리계획으로 결정한다. ③ 입지규제최소구역계획 수립 시 용도, 건폐율, 용적률 등의 건축제한 완화는 기반시설의 확보 현황 등을 고려하여 적용할 수 있도록 계획하고, 시·도지사, 시장, 군수 또는 구청장은 입지규제최소구역에서의 개발사업 또는 개발행위에 대하여 입지규제최소구역계획에 따른 기반시설 확보를 위하여 필요한 부지 또는 설치비용의 전부 또는 일부를 부담시킬 수 있다. 이 경우 기반시설의 부지 또는 설치비용의 부담은 건축제한의 완화에 따른 토지가치상승분(건축제한 완화 전·후에 각각 감정평가한 토지가액의 차이)을 초과하지 아니하도록 한다. ④ 장관이 도시·군관리계획을 결정하기 위하여 관계 행정기관의 장과 협의하는 경우 협의 요청을 받은 기관의 장은 그 요청을 받은 날부터 10일(근무일 기준) 이내에 의견을 회신하여야 한다. ⑤ 도시·군관리계획의 입지규제최소구역 면적의 10퍼센트 이내의 변경 및 동 변경지역 안에서의 입지규제최소구역계획을 변경하는 경우와 입지규제최소구역의 지정 목적을 저해하지 아니하는 범위에서 시·도지사가 필요하다고 인정하여 입지규제최소구역계획을 변경하는 경우(다만, 건폐율·용적률의 최대한도의 경우 20퍼센트 이내의 변경에 한정)에는 해당 시·도지사가 결정할 수 있다. ⑥ 다른 법률에서 도시·군관리계획의 결정을 의제하고 있는 경우에도 이 법에 따르지 아니하고 입지규제최소구역의 지정과 입지규제최소구역계획을 결정할 수 없다.

고시에서 구분하는 바에 따라 이 법에 따른 농림지역 또는 자연환경보전지역으로 결정·고시된 것으로 본다. ③ 관계 행정기관의 장은 항만구역, 어항구역, 산업단지, 택지개발지구, 전원개발사업구역 및 예정구역, 농업진흥지역 또는 보전산지를 지정한 경우에는 고시된 지형도면 또는 지형도에 그 지정 사실을 표시하여 그 지역을 관할하는 특광시도지사, 시장 또는 군수에게 통보하여야 한다. ④ ①에 해당하는 구역·단지·지구 등(구역등)이 해제되는 경우(개발사업의 완료로 해제되는 경우는 제외) 이 법 또는 다른 법률에서 그 구역등이 어떤 용도지역에 해당되는지를 따로 정하고 있지 아니한 경우에는 이를 지정하기 이전의 용도지역으로 환원된 것으로 본다. 이 경우 지정권자는 용도지역이 환원된 사실을 고시하고, 그 지역을 관할하는 특광시도지사, 시장 또는 군수에게 통보하여야 한다. ⑤ ④에 따라 용도지역이 환원되는 당시 이미 사업이나 공사에 착수한 자(허가·인가·승인 등을 받아 사업이나 공사에 착수한 자)는 그 용도지역의 환원에 관계없이 그 사업이나 공사를 계속할 수 있다.

Ⅲ. 도시·군계획시설

1. 도시·군계획시설의 설치·관리

① 지상·수상·공중·수중 또는 지하에 기반시설을 설치하려면 그 시설의 종류·명칭·위치·규모 등을 미리 도시·군관리계획으로 결정하여야 한다. 다만, 용도지역·기반시설의 특성 등을 고려하여 ㉠ 도시지역 또는 지구단위계획구역에서 기반시설을 설치하고자 하는 경우(Ⓐ 주차장, 자동차 및 건설기계검사시설, 공공공지, 열공급설비, 방송·통신시설, 시장·공공청사·문화시설·공공필요성이 인정되는 체육시설·연구시설·사회복지시설·공공직업 훈련시설·청소년수련시설·저수지·방화설비·방풍설비·방수설비·사방설비·방조설비·장사시설·종합의료시설·빗물저장 및 이용시설·폐차장, Ⓑ 점용허가대상이 되는 공원안의 기반시설, Ⓒ 그 밖에 국토교통부령으로 정하는 시설), ㉡ 도시지역 및 지구단위계획구역외의 지역에서 기반시설을 설치하고자 하는 경우(ⓐ Ⓐ 및 Ⓑ의 기반시설, ⓑ 궤도 및 전기공급설비, ⓒ 그 밖에 국토교통부령이 정하는 시설)에는 그러하지 아니하다. ② 도시·군계획시설의 결정·구조 및 설치의 기준 등에 필요한 사항은 국토교통부령으로 정하고, 그 세부사항은 시·도의 조례로 정할 수 있다. 다만, 다른 법률에 특별한 규정이 있는 경우에는 그 법률에 따른다. ③ 설치한 도시·군계획시설의 관리에 관하

여 이 법 또는 다른 법률에 특별한 규정이 있는 경우 외에는 국가가 관리(중앙관서의 장이 관리)하는 경우에는 대통령령으로, 지방자치단체가 관리하는 경우에는 그 지방자치단체의 조례로 도시 · 군계획시설의 관리에 관한 사항을 정한다.

2. 공동구

(1) 공동구의 설치

1) 공동구의 설치 지역 등

① [㉠ 도시개발구역, ㉡ 택지개발지구, ㉢ 경제자유구역, ㉣ 정비구역, ㉤ 공공주택지구, ㉥ 도청이전신도시에 해당하는 지역 · 지구 · 구역] 등(지역등)이 200만제곱미터를 초과하는 경우에는 해당 지역등에서 개발사업을 시행하는 자(사업시행자)는 공동구를 설치하여야 한다. ② 도로 관리청은 지하매설물의 빈번한 설치 및 유지관리 등의 행위로 인하여 도로구조의 보전과 안전하고 원활한 도로교통의 확보에 지장을 초래하는 경우에는 공동구 설치의 타당성을 검토하여야 한다. 이 경우 재정여건 및 설치 우선순위 등을 감안하여 단계적으로 공동구가 설치될 수 있도록 하여야 한다. ③ 공동구가 설치된 경우에는 공동구에 수용하여야 할 시설이 모두 수용되도록 하여야 한다. ④ 개발사업의 계획을 수립할 경우에는 공동구 설치에 관한 계획을 포함하여야 한다. 이 경우 공동구에 수용되어야 할 시설을 설치하고자 공동구를 점용하려는 자(공동구 점용예정자)와 설치 노선 및 규모 등에 관하여 미리 협의한 후 공동구협의회의 심의를 거쳐야 한다.[24] ⑤ 공동구의 설치(개량하는 경우를 포함)에 필요한 비용은 특별한 규정이 있는 경우를 제외하고는 공동구 점용예정자와 사업시행자가 부담한다.[25] 이 경우 공동구 점용예정자는 해당 시설을 개별

---

24) **(공동구의 설치에 대한 의견 청취)** ① 개발사업의 시행자(사업시행자)는 공동구를 설치하기 전에 ㉠ 공동구의 위치, ㉡ 공동구의 구조, ㉢ 공동구 점용예정자의 명세, ㉣ 공동구 점용예정자별 점용예정부문의 개요, ㉤ 공동구의 설치에 필요한 비용과 그 비용의 분담에 관한 사항, ㉥ 공사 착수 예정일 및 공사 준공 예정일을 정하여 공동구에 수용되어야 할 시설을 설치하기 위하여 공동구를 점용하려는 자(공동구 점용예정자)에게 미리 통지하여야 한다. ② 공동구의 설치에 관한 통지를 받은 공동구 점용예정자는 사업시행자가 정한 기한까지 해당 시설을 개별적으로 매설할 때 필요한 비용 등을 포함한 의견서를 제출하여야 한다.

25) **(공동구의 설치비용 등)** ① 공동구의 설치에 필요한 비용은 ㉠ 설치공사의 비용, ㉡ 내부공사의 비용, ㉢ 설치를 위한 측량 · 설계비용, ㉣ 공동구의 설치로 인하여 보상의 필요가 있는 때에는 그 보상비용, ㉤ 공동구부대시설의 설치비용, ㉥ 융자금이 있는 경우에는 그 이자에 해당하는 금액과 같다. 다만, 보조금이 있는 때에는 그 보조금의 금액을 공제하여야 한다. ② 공동구 점용예정자가 부담하여야 하는 공동구 설치비용은 해당 시설을 개별적으로 매설할 때 필요한 비용으로 하되, 특광시도지사, 시장 또는 군수(공동구관리자)가 공동구협의회의 심의를 거쳐 해당 공동구의 위치, 규모 및 주변 여건 등을 고려하여 정한다. ③ 부담금의 납부통지를 받은 공동구 점용예정자는 공동구설치공사가 착수

적으로 매설할 때 필요한 비용의 범위에서 부담한다. ⑥ 공동구 점용예정자와 사업시행자가 공동구 설치비용을 부담하는 경우 국가, 특광시도지사, 시장 또는 군수는 공동구의 원활한 설치를 위하여 그 비용의 일부를 보조 또는 융자할 수 있다. ⑦ 공동구에 수용되어야 하는 시설물의 설치기준 등은 다른 법률에 특별한 규정이 있는 경우를 제외하고는 장관이 정한다.

2) 공동구에 수용하여야 하는 시설

공동구가 설치된 경우에는 [㉠ 전선로, ㉡ 통신선로, ㉢ 수도관, ㉣ 열수송관, ㉤ 중수도관, ㉥ 쓰레기수송관, ㉦ 가스관, ㉧ 하수도관, 그 밖의 시설] 중 ㉠부터 ㉥까지의 시설을 공동구에 수용하여야 하며, ㉦ 및 ㉧의 시설은 공동구협의회의 심의를 거쳐 수용할 수 있다.

(2) 공동구의 관리 · 운영 등

① 공동구는 특광시도지사, 시장 또는 군수(공동구관리자)가 관리한다. 다만, 공동구의 효율적인 관리 · 운영을 위하여 필요하다고 인정하는 경우에는 지방공사 또는 지방공단, 국토안전관리원, 공동구의 관리 · 운영에 전문성을 갖춘 기관으로서 특광시도, 시 또는 군의 도시 · 군계획조례로 정하는 기관에 그 관리 · 운영을 위탁할 수 있다. ② 공동구관리자는 5년마다 해당 공동구의 안전 및 유지관리계획을 수립 · 시행하여야 한다.[26] ③ 공동구관리자는 1년에 1회 이상 공동구의 안전점검을 실시하여야 하며, 안전점검결과 이상이 있다고 인정되는 때에는 지체 없이 정밀안전진단 · 보수 · 보강 등 필요한 조치를 하여야 한다. ④ 공동구관리자는 공동구의 설치 · 관리에 관한 주요 사항의 심의 또는 자문을 하게 하기 위하여 공동구협의회를 둘 수 있다. 이 경우 공동구협의회의 구성 · 운영 등에 필요한 사항은 대통령령으로 정한다.[27]

되기 전에 부담액의 3분의 1 이상을 납부하여야 하며, 그 나머지 금액은 점용공사기간 만료일(만료일 전에 공사가 완료된 경우에는 그 공사의 완료일)전까지 납부하여야 한다.

26) **(공동구의 유지관리계획 등)** ① 공동구의 안전 및 유지관리계획에는 [㉠ 공동구의 안전 및 유지관리를 위한 조직 · 인원 및 장비의 확보에 관한 사항, ㉡ 긴급상황 발생 시 조치체계에 관한 사항, ㉢ 안전점검 또는 정밀안전진단의 실시계획에 관한 사항, ㉣ 해당 공동구의 설계, 시공, 감리 및 유지관리 등에 관련된 설계도서의 수집 · 보관에 관한 사항, ㉤ 그 밖에 공동구의 안전 및 유지관리에 필요한 사항]이 모두 포함되어야 한다. ② 공동구관리자가 공동구의 안전 및 유지관리계획을 수립하거나 변경하려면 미리 관계 행정기관의 장과 협의한 후 공동구협의회의 심의를 거쳐야 한다. ③공동구관리자는 안전점검 및 정밀안전진단을 실시하여야 한다.

27) **(공동구협의회의 구성 및 운영 등)** ① 공동구협의회가 심의하거나 자문에 응하는 사항은 [㉠ 공동구 설치 계획 등에 관한 사항의 심의, ㉡ 공동구 설치비용 및 관리비용의 분담 등에 관한 사항의 심의, ㉢ 공동구의 안전 및 유지관리계획 등에 관한 사항의 심의, ㉣ 공동구 점용 · 사용의 허가 및 비용부

(3) 공동구의 관리비용 등

① 공동구의 관리에 소요되는 비용은 그 공동구를 점용하는 자가 함께 부담하되, 부담 비율은 점용면적을 고려하여 공동구관리자가 정한다. ② 공동구 설치비용을 부담하지 아니한 자(부담액을 완납하지 아니한 자를 포함)가 공동구를 점용하거나 사용하려면 그 공동구를 관리하는 공동구관리자의 허가를 받아야 한다. ③ 공동구를 점용하거나 사용하는 자는 그 공동구를 관리하는 특광시도, 시 또는 군의 조례로 정하는 바에 따라 점용료 또는 사용료를 납부하여야 한다. 공동구관리자는 공동구의 관리에 드는 비용을 연 2회로 분할하여 납부하게 하여야 한다.

3. 광역시설

(1) 광역시설의 설치 · 관리 등

① 관계 특광시도지사, 시장 또는 군수는 협약을 체결하거나 협의회 등을 구성하여 광역시설을 설치 · 관리할 수 있다. 다만, 협약의 체결이나 협의회 등의 구성이 이루어지지 아니하는 경우 그 시 또는 군이 같은 도에 속할 때에는 관할 도지사가 광역시설을 설치 · 관리할 수 있다. ② 지방자치단체는 환경오염이 심하게 발생하거나 해당 지역의 개발이 현저하게 위축될 우려가 있는 광역시설을 다른 지방자치단체의 관할 구역에 설치할 때에는 환경오염 방지를 위한 사업(녹지 · 하수도 또는 폐기물처리 및 재활용시설의 설치사업과 대기오염 · 수질오염 · 악취 · 소음 및 진동방지사업 등)이나 해당 지역 주민의 편익을 증진시키기 위한 사업(도로 · 공원 · 수도공급설비 · 문화시설 · 사회복지시설 · 노인정 · 하수

담 등에 관한 사항의 심의, ㉤ 그 밖에 공동구 설치 · 관리에 관한 사항의 심의 또는 자문]과 같다. ② 공동구협의회는 위원장 및 부위원장 각 1명을 포함한 10명 이상 20명 이하의 위원으로 구성한다. ③ 공동구협의회의 위원장은 특광시도, 시 또는 군의 부시장 · 부지사 또는 부군수가 되며, 부위원장은 위원 중에서 호선한다. 다만, 둘 이상의 특광시도, 시 또는 군에 공동으로 설치하는 공동구협의회의 위원장은 해당 특광시도지사, 시장 또는 군수가 협의하여 정한다. ④ 공동구협의회의 위원은 [㉠ 해당 지방자치단체의 공무원, ㉡ 관할 소방관서의 공무원, ㉢ 사업시행자의 소속 직원, ㉣ 공동구 점용예정자의 소속 직원, ㉤ 공동구의 구조안전 또는 방재업무에 관한 학식과 경험이 있는 사람]에 해당하는 사람 중에서 특광시도지사, 시장 또는 군수가 임명하거나 위촉하되, 둘 이상의 특광시도, 시 또는 군에 공동으로 설치하는 공동구협의회의 위원은 해당 특광시도지사, 시장 또는 군수가 협의하여 임명하거나 위촉한다. 이 경우 ㉤에 해당하는 위원의 수는 전체 위원의 2분의 1 이상이어야 한다. ⑤ 공동구의 구조안전 또는 방재업무에 관한 학식과 경험이 있는 사람에 해당하는 위원의 임기는 2년으로 한다. 다만, 위원의 사임 등으로 인하여 새로 위촉된 위원의 임기는 전임 위원 임기의 남은 기간으로 한다. ⑥ 공동구협의회의 구성 · 운영에 필요한 사항은 특광시도, 시 또는 군의 도시 · 군계획조례로 정한다.

도 · 종합의료시설 등의 설치사업 등)을 해당 지방자치단체와 함께 시행하거나 이에 필요한 자금을 해당 지방자치단체에 지원하여야 한다.

(2) 도시 · 군계획시설의 공중 및 지하 설치기준과 보상 등

도시 · 군계획시설을 공중 · 수중 · 수상 또는 지하에 설치하는 경우 그 높이나 깊이의 기준과 그 설치로 인하여 토지나 건물의 소유권 행사에 제한을 받는 자에 대한 보상 등에 관하여는 따로 법률로 정한다.

4. 도시 · 군계획시설 부지의 매수 청구

① 도시 · 군계획시설에 대한 도시 · 군관리계획의 결정(도시 · 군계획시설결정)의 고시일부터 10년 이내에 그 도시 · 군계획시설의 설치에 관한 도시 · 군계획시설사업이 시행되지 아니하는 경우(실시계획의 인가나 그에 상당하는 절차가 진행된 경우는 제외) 그 도시 · 군계획시설의 부지로 되어 있는 토지 중 지목이 대(垈)인 토지(그 토지에 있는 건축물 및 정착물을 포함)의 소유자는 특광시도지사, 시장 또는 군수에게 그 토지의 매수를 청구할 수 있다. 다만, ㉠ 해당 도시 · 군계획시설사업의 시행자가 정하여진 경우에는 그 시행자, ㉡ 법률에 따라 도시 · 군계획시설을 설치하거나 관리하여야 할 의무가 있는 자가 있으면 그 의무가 있는 자(도시 · 군계획시설을 설치하거나 관리하여야 할 의무가 있는 자가 서로 다른 경우에는 설치하여야 할 의무가 있는 자에게 매수 청구)에 해당하는 경우에는 그에 해당하는 자(특광시도지사, 시장 또는 군수를 포함. 매수의무자)에게 그 토지의 매수를 청구할 수 있다. ② 매수의무자는 ①에 따라 매수 청구를 받은 토지를 매수할 때에는 현금으로 그 대금을 지급한다. 다만, ㉠ 토지 소유자가 원하는 경우, ㉡ 부재부동산 소유자의 토지 또는 비업무용 토지로서 매수대금이 3천만원을 초과하여 그 초과하는 금액을 지급하는 경우로서 매수의무자가 지방자치단체인 경우에는 채권(도시 · 군계획시설채권)을 발행하여 지급할 수 있다. ③ 도시 · 군계획시설채권의 상환기간은 10년 이내로 하며, 그 이율은 채권 발행 당시 은행 중 전국을 영업으로 하는 은행이 적용하는 1년 만기 정기예금금리의 평균 이상이어야 하며, 구체적인 상환기간과 이율은 특광시도, 시 또는 군의 조례로 정한다. ④ 매수 청구된 토지의 매수가격 · 매수절차 등에 관하여 이 법에 특별한 규정이 있는 경우 외에는 토지보상법을 준용한다. ⑤ 도시 · 군계획시설채권의 발행절차나 그 밖에 필요한 사항에 관하여 이 법에 특별한 규정이 있는 경우 외에는 지방재정법에서 정하는 바에 따른다. ⑥ 매수의무자는 매수 청구를 받은 날부터 6개월 이

내에 매수 여부를 결정하여 토지 소유자와 특광시도지사, 시장 또는 군수(매수의무자가 특광시도지사, 시장 또는 군수인 경우는 제외)에게 알려야 하며, 매수하기로 결정한 토지는 매수 결정을 알린 날부터 2년 이내에 매수하여야 한다. ⑦ 매수 청구를 한 토지의 소유자는 ㉠ 매수하지 아니하기로 결정한 경우, ㉡ 매수 결정을 알린 날부터 2년이 지날 때까지 해당 토지를 매수하지 아니하는 경우 허가를 받아 ⓐ 단독주택으로서 3층 이하인 것, ⓑ 제1종근린생활시설로서 3층 이하인 것, ⓒ 근린생활시설로서 3층 이하인 것, ⓓ 공작물을 설치할 수 있다.

5. 도시 · 군계획시설결정의 실효 및 해제

(1) 도시 · 군계획시설결정의 실효 등

① 도시 · 군계획시설결정이 고시된 도시 · 군계획시설에 대하여 그 고시일부터 20년이 지날 때까지 그 시설의 설치에 관한 도시 · 군계획시설사업이 시행되지 아니하는 경우 그 도시 · 군계획시설결정은 그 고시일부터 20년이 되는 날의 다음날에 그 효력을 잃는다. ② 시 · 도지사 또는 대도시 시장은 도시 · 군계획시설결정이 효력을 잃으면 지체 없이 그 사실을 고시하여야 한다. ③ 특광시도지사, 시장 또는 군수는 도시 · 군계획시설결정이 고시된 도시 · 군계획시설(장관이 결정 · 고시한 도시 · 군계획시설 중 관계 중앙행정기관의 장이 직접 설치하기로 한 시설은 제외)을 설치할 필요성이 없어진 경우 또는 그 고시일부터 10년이 지날 때까지 해당 시설의 설치에 관한 도시 · 군계획시설사업이 시행되지 아니하는 경우에는 그 현황과 단계별 집행계획을 해당 지방의회에 보고하여야 한다. ④ 보고를 받은 지방의회는 해당 특광시도지사, 시장 또는 군수에게 도시 · 군계획시설결정의 해제를 권고할 수 있다. ⑤ 도시 · 군계획시설결정의 해제를 권고받은 특광시도지사, 시장 또는 군수는 특별한 사유가 없으면 그 도시 · 군계획시설결정의 해제를 위한 도시 · 군관리계획을 결정하거나 도지사에게 그 결정을 신청하여야 한다. 이 경우 신청을 받은 도지사는 특별한 사유가 없으면 그 도시 · 군계획시설결정의 해제를 위한 도시 · 군관리계획을 결정하여야 한다.[28)]

---

28) **(도시 · 군계획시설결정의 실효고시 및 해제권고)** ① 도시 · 군계획시설결정의 실효고시는 장관이 하는 경우에는 관보에, 시 · 도지사 또는 대도시 시장이 하는 경우에는 해당 시 · 도 또는 대도시의 공보에 실효일자 및 실효사유와 실효된 도시 · 군계획의 내용을 게재하는 방법에 따른다. ② 고시된 도시 · 군계획시설 중 설치할 필요성이 없어진 도시 · 군계획시설 또는 그 고시일부터 10년이 지날 때까지 해당 시설의 설치에 관한 도시 · 군계획시설사업이 시행되지 아니한 도시 · 군계획시설(장기미집행 도시 · 군계획시설등)에 대하여 ㉠ 장기미집행 도시 · 군계획시설등의 전체 현황(시설의 종류, 면적 및 설치비용 등), ㉡ 장기미집행 도시 · 군계획시설등의 명칭, 고시일 또는 변경고시일, 위치, 규모, 미집행

(2) 도시 · 군계획시설결정의 해제 신청 등

① 도시 · 군계획시설결정의 고시일부터 10년 이내에 그 도시 · 군계획시설의 설치에 관한 도시 · 군계획시설사업이 시행되지 아니한 경우로서 단계별 집행계획상 해당 도시 · 군계획시설의 실효 시까지 집행계획이 없는 경우에는 그 도시 · 군계획시설 부지로 되어 있는 토지의 소유자는 해당 도시 · 군계획시설에 대한 도시 · 군관리계획 입안권자에게 그 토지의 도시 · 군계획시설결정 해제를 위한 도시 · 군관리계획 입안을 신청할 수 있다. ② 도시 · 군관리계획 입안권자는 신청을 받은 날부터 3개월 이내에 입안 여부를 결정하여 토지 소유자에게 알려야 하며, 해당 도시 · 군계획시설결정의 실효 시까지 설치하기로 집행계획을 수립하는 등 특별한 사유[29]가 없으면 그 도시 · 군계획시설결정의 해제를 위한 도시 · 군관리계획을 입안하여야 한다. ③ 신청을 한 토지 소유자는 해당 도시 · 군계획시설결정의 해제를 위한 도시 · 군관리계획이 입안되지 아니하는 등 ㉠ 입안권자가 해제입안을 하지 아니하기로 정하여 신청인에게 통지한 경우, ㉡ 입안권자가 해제입안을 하기로 정하여 신청인에게 통지하고 해제입안을 하였으나 해당 도시 · 군계획시설에 대한 도시 · 군관리계획 결정권자가 도시 · 군관리계획 결정절차를 거쳐 신청토지의 전부 또는 일부를 해제하지 아니하기로 결정한 경우에는 해당 도시 · 군계획시설에 대한 도시 · 군관리계획 결정권자에게 그 도시 · 군계획시설결정의 해제를 신청할 수 있다. ④ 도시 · 군관리계획 결정권자는 신청을 받은 날부터 2개월 이내에 결정 여부를 정하여 토지 소유자에게 알려

사유, 단계별 집행계획, 개략 도면, 현황 사진 또는 항공사진 및 해당 시설의 해제에 관한 의견, ㉢ 그 밖에 지방의회의 심의 · 의결에 필요한 사항을 매년 해당 지방의회의 정례회 또는 임시회의 기간 중에 보고하여야 한다. 이 경우 필요하다고 인정하는 경우에는 해당 지방자치단체에 소속된 지방도시계획위원회의 자문을 거치거나 관계 행정기관의 장과 미리 협의를 거칠 수 있다. ③ 장기미집행 도시 · 군계획시설등에 대하여 최초로 지방의회에 보고한 때부터 2년마다 지방의회에 보고하여야 한다. ④ 지방의회는 장기미집행 도시 · 군계획시설등에 대하여 해제를 권고하는 경우에는 보고가 지방의회에 접수된 날부터 90일 이내에 해제를 권고하는 서면(도시 · 군계획시설의 명칭, 위치, 규모 및 해제사유 등이 포함)을 보내야 한다. ⑤ 장기미집행 도시 · 군계획시설등의 해제를 권고받은 경우 해당 장기미집행 도시 · 군계획시설등의 해제권고를 받은 날부터 1년 이내에 해제를 위한 도시 · 군관리계획을 결정하여야 한다. 이 경우 지방의회에 해제할 수 없다고 인정하는 특별한 사유를 해제권고를 받은 날부터 6개월 이내에 소명하여야 한다. ⑥ 도시 · 군계획시설결정의 해제를 신청받은 도지사는 특별한 사유가 없으면 신청을 받은 날부터 1년 이내에 해당 도시 · 군계획시설의 해제를 위한 도시 · 군관리계획 결정을 하여야 한다.

29) ㉠ 해당 도시 · 군계획시설결정의 실효 시까지 해당 도시 · 군계획시설을 설치하기로 집행계획을 수립하거나 변경하는 경우, ㉡ 해당 도시 · 군계획시설에 대하여 실시계획이 인가된 경우, ㉢ 해당 도시 · 군계획시설에 대하여 보상계획이 공고된 경우(토지 소유자 및 관계인에게 각각 통지하였으나 공고를 생략한 경우를 포함), ㉣ 신청토지 전부가 포함된 일단의 토지에 대하여 공익사업을 시행하기 위한 지역 · 지구 등의 지정 또는 사업계획 승인 등의 절차가 진행 중이거나 완료된 경우, ㉤ 해당 도시 · 군계획시설결정의 해제를 위한 도시 · 군관리계획 변경절차가 진행 중인 경우.

야 하며, 특별한 사유가 없으면 그 도시·군계획시설결정을 해제하여야 한다. ⑤ 해제 신청을 한 토지 소유자는 해당 도시·군계획시설결정이 해제되지 아니하는 등 ㉠ 결정권자가 해당 도시·군계획시설결정의 해제를 하지 아니하기로 정하여 신청인에게 통지한 경우, ㉡ 결정권자가 해당 도시·군계획시설결정의 해제를 하기로 정하여 신청인에게 통지하였으나 도시·군관리계획 결정절차를 거쳐 신청토지의 전부 또는 일부를 해제하지 아니하기로 결정한 경우에 해당하는 경우에는 장관에게 그 도시·군계획시설결정의 해제 심사를 신청할 수 있다. ⑥ 신청을 받은 장관은 해당 도시·군계획시설에 대한 도시·군관리계획 결정권자에게 도시·군계획시설결정의 해제를 권고할 수 있다. ⑦ 해제를 권고받은 도시·군관리계획 결정권자는 특별한 사유가 없으면 그 도시·군계획시설결정을 해제하여야 한다.

Ⅳ. 지구단위계획

1. 지구단위계획의 수립

지구단위계획구역 및 지구단위계획은 도시·군관리계획으로 결정한다. 지구단위계획수립에서 ㉠ 도시의 정비·관리·보전·개발 등 지구단위계획구역의 지정 목적, ㉡ 주거·산업·유통·관광휴양·복합 등 지구단위계획구역의 중심기능, ㉢ 해당 용도지역의 특성, ㉣ 지역 공동체의 활성화, ㉤ 안전하고 지속가능한 생활권의 조성, ㉥ 해당 지역 및 인근 지역의 토지 이용을 고려한 토지이용계획과 건축계획의 조화를 고려하여야 한다.[30)]

30) **(지구단위계획의 수립기준을 정할 때에 고려할 사항)** ㉠ 개발제한구역에 지구단위계획을 수립할 때에는 ⓐ 개발제한구역의 지정 목적이나 주변환경이 훼손되지 아니하도록 하고, ⓑ 개발제한구역법을 우선하여 적용할 것, ⓒ 보전관리지역에 지구단위계획을 수립할 때에는 녹지 또는 공원으로 계획하는 등 환경 훼손을 최소화할 것, ⓓ 역사문화환경 보존지역에서 지구단위계획을 수립하는 경우에는 문화재 및 역사문화환경과 조화되도록 할 것, ㉡ 지구단위계획구역에서 원활한 교통소통을 위하여 필요한 경우에는 지구단위계획으로 건축물부설주차장을 해당 건축물의 대지가 속하여 있는 가구에서 해당 건축물의 대지 바깥에 단독 또는 공동으로 설치하게 할 수 있도록 할 것, ㉢ 대지 바깥에 설치하는 건축물부설주차장의 출입구는 간선도로변에 두지 아니하도록 할 것, ㉣ 지구단위계획구역에서 공공사업의 시행, 대형건축물의 건축 또는 2필지 이상의 토지소유자의 공동개발 등을 위하여 필요한 경우에는 특정 부분을 별도의 구역으로 지정하여 계획의 상세 정도 등을 따로 정할 수 있도록 할 것, 지구단위계획구역의 지정 목적, 향후 예상되는 여건변화, 지구단위계획구역의 관리 방안 등을 고려하여 경미한 사항을 정하는 것이 필요한지를 검토하여 지구단위계획에 반영하도록 할 것, ㉤ 지구단위계획의 내용 중 기존의 용도지역 또는 용도지구를 용적률이 높은 용도지역 또는 용도지구로 변경하는 사항이 포함되어 있는 경우 변경되는 구역의 용적률은 기존의 용도지역 또는 용도지구의 용적률을 적용하되, 공공시설부지의 제공현황 등을 고려하여 용적률을 완화할 수 있도록 계획할 것, ㉥ 건폐율·용적률 등의 완화 범위를 포함하여 지구단위계획을 수립하도록 할 것, 도시지역 내 주거·상업·업무 등의 기

2. 지구단위계획구역의 지정

(1) 지구단위계획구역의 지정 등

① 장관, 시 · 도지사, 시장 또는 군수는 다음 지역의 전부 또는 일부에 대하여 지구단위계획구역을 지정할 수 있다. ㉠ 용도지구, ㉡ 도시개발구역, ㉢ 정비구역, ㉣ 택지개발지구, ㉤ 대지조성사업지구, ㉥ 산업단지와 준산업단지, ㉦ 관광단지와 관광특구, ㉧ 개발제한구역 · 도시자연공원구역 · 시가화조정구역 또는 공원에서 해제되는 구역, 녹지지역에서 주거 · 상업 · 공업지역으로 변경되는 구역과 새로 도시지역으로 편입되는 구역 중 계획적인 개발 또는 관리가 필요한 지역, ㉨ 도시지역 내 주거 · 상업 · 업무 등의 기능을 결합하는 등 복합적인 토지 이용을 증진시킬 필요가 있는 지역으로서 대통령령으로 정하는 요건에 해당하는 지역[31], ㉩ 도시지역 내 유휴토지를 효율적으로 개발하거나 교정시설, 군사시설, 그 밖에 대통령령으로 정하는 시설[32], ㉪ 도시지역의 체계적 · 계획적인 관리

능을 결합하는 복합적 토지 이용의 증진이 필요한 지역은 지정 목적을 복합용도개발형으로 구분하되, 3개 이상의 중심기능을 포함하여야 하고 중심기능 중 어느 하나에 집중되지 아니하도록 계획할 것, ㉦ 지구단위계획의 내용 중 해당 지역에 시행된 사업이 끝난 때의 내용을 유지함을 원칙으로 할 것, 도시지역 외의 지역에 지정하는 지구단위계획구역은 해당 구역의 중심기능에 따라 주거형, 산업 · 유통형, 관광 · 휴양형 또는 복합형 등으로 지정 목적을 구분할 것, ㉧ 도시지역 외의 지구단위계획구역에서 건축할 수 있는 건축물의 용도 · 종류 및 규모 등은 해당 구역의 중심기능과 유사한 도시지역의 용도지역별 건축제한 등을 고려하여 지구단위계획으로 정할 것, ㉨ 용적률이 높아지거나 건축제한이 완화되는 용도지역으로 변경되는 경우 또는 도시 · 군계획시설 결정의 변경 등으로 행위제한이 완화되는 사항이 포함되어 있는 경우에는 해당 지구단위계획구역 내에 ⓐ 공공시설, ⓑ 기반시설, ⓒ 공공임대주택 또는 기숙사 등 공공필요성이 인정되어 해당 시 · 도 또는 대도시의 도시 · 군계획조례로 정하는 시설(해당 지구단위계획구역에 가목 및 나목의 시설이 충분히 설치되어 있는 경우로 한정)(공공시설등)의 부지를 제공하거나 공공시설등을 설치하여 제공하는 것을 고려하여 용적률 또는 건축제한을 완화할 수 있도록 계획할 것, ㉩㉨은 해당 지구단위계획구역 안의 공공시설등이 충분할 때에는 해당 지구단위계획구역 밖의 관할 시 · 군 · 구에 지정된 고도지구, 역사문화환경보호지구, 방재지구 또는 공공시설등이 취약한 지역으로서 시 · 도 또는 대도시의 도시 · 군계획조례로 정하는 지역에 공공시설등을 설치하거나 공공시설등의 설치비용을 부담하는 것으로 갈음할 수 있다. ㉪ 공공시설등의 설치비용은 해당 지구단위계획구역 밖의 관할 시 · 군 · 구에 지정된 고도지구, 역사문화환경보호지구, 방재지구 또는 공공시설등이 취약한 지역으로서 시 · 도 또는 대도시의 도시 · 군계획조례로 정하는 지역 내 공공시설등의 확보에 사용할 것, ㉫ 공공시설등의 설치내용, 공공시설등의 설치비용에 대한 산정방법 및 구체적인 운영기준 등은 시 · 도 또는 대도시의 도시 · 군계획조례로 정할 것.

31) 준주거지역, 준공업지역 및 상업지역에서 낙후된 도심 기능을 회복하거나 도시균형발전을 위한 중심지 육성이 필요하여 도시 · 군기본계획에 반영된 경우로서 ⓐ 주요 역세권, 고속버스 및 시외버스 터미널, 간선도로의 교차지 등 양호한 기반시설을 갖추고 있어 대중교통 이용이 용이한 지역, ⓑ 역세권의 체계적 · 계획적 개발이 필요한 지역, ⓒ 세 개 이상의 노선이 교차하는 대중교통 결절지로부터 1킬로미터 이내에 위치한 지역, ⓓ 역세권개발구역, 고밀복합형 재정비촉진지구로 지정된 지역.

32) ⓐ 철도, 항만, 공항, 공장, 병원, 학교, 공공청사, 공공기관, 시장, 운동장 및 터미널, ⓑ 그 밖에 ⓐ와 유사한 시설로서 특광시도, 시 또는 군의 도시 · 군계획조례로 정하는 시설)을 이전 또는 재배치하

또는 개발이 필요한 지역, Ⓔ 그 밖에 양호한 환경의 확보나 기능 및 미관의 증진 등을 위하여 필요한 지역으로서 대통령령으로 정하는 지역[33]. ② 장관, 시·도지사, 시장 또는 군수는 [㉠ 정비구역, 택지개발지구의 지역에서 시행되는 사업이 끝난 후 10년이 지난 지역, ㉡ ①항 각 호 중 체계적·계획적인 개발 또는 관리가 필요한 지역으로서 ⓐ 시가화조정구역 또는 공원에서 해제되는 지역(다만, 녹지지역으로 지정 또는 존치되거나 법 또는 다른 법령에 의하여 도시·군계획사업 등 개발계획이 수립되지 아니하는 경우를 제외), ⓑ 녹지지역에서 주거지역·상업지역 또는 공업지역으로 변경되는 지역, ⓒ 그 밖에 특별시·광역시·특별자치시·특별자치도·시 또는 군의 도시·군계획조례로 정하는 지역으로서 그 면적이 30만제곱미터 이상인 지역]은 지구단위계획구역으로 지정하여야 한다. 다만, 관계 법률에 따라 그 지역에 토지 이용과 건축에 관한 계획이 수립되어 있는 경우에는 그러하지 아니하다.

③ 도시지역 외의 지역을 지구단위계획구역으로 지정하려는 경우, ㉠ 지정하려는 구역 면적의 100분의 50 이상이 계획관리지역으로서 ⓐ 계획관리지역 외에 지구단위계획구역에 포함하는 지역은 생산관리지역 또는 보전관리지역일 것, ⓑ 지구단위계획구역에 보전관리지역을 포함하는 경우 해당 보전관리지역의 면적은 전체 지구단위계획구역 면적이 10만제곱미터 이하인 경우 : 전체 지구단위계획구역 면적의 20퍼센트 이내, 전체 지구단위계획구역 면적이 10만제곱미터를 초과하는 경우 : 전체 지구단위계획구역 면적의 10퍼센트 이내의 구분에 따른 요건을 충족할 것, ⓒ 지구단위계획구역으로 지정하고자 하는 토지의 면적이 ㉮ 지정하고자 하는 지역에 공동주택중 아파트 또는 연립주택의 건설계획이 포함되는 경우에는 30만 제곱미터 이상일 것(아파트 또는 연립주택의 건설계획이 포함되는 각각의 토지의 면적이 10만 제곱미터 이상이고, 그 총면적이 30만 제곱미터 이상일 것, 각 토지는 장관이 정하는 범위 안에 위치하고, 장관이 정하는 규모 이상의 도로로 서로 연결되어 있거나 연결도로의 설치가 가능할 것에 해당하는 때에는 일단의 토지를

여 토지 이용을 합리화하고, 그 기능을 증진시키기 위하여 집중적으로 정비가 필요한 지역으로서 5천제곱미터 이상으로서 도시·군계획조례로 정하는 면적 이상의 유휴토지 또는 대규모 시설의 이전부지로서 ⓐ 대규모 시설의 이전에 따라 도시기능의 재배치 및 정비가 필요한 지역, ⓑ 토지의 활용 잠재력이 높고 지역거점 육성이 필요한 지역, ⓒ 지역경제 활성화와 고용창출의 효과가 클 것으로 예상되는 지역.

33) ⓐ 지정된 시범도시, ⓑ고시된 개발행위허가제한지역, ⓒ 지하 및 공중공간을 효율적으로 개발하고자 하는 지역, ⓓ 용도지역의 지정·변경에 관한 도시·군관리계획을 입안하기 위하여 열람공고된 지역, ⓔ 주택재건축사업에 의하여 공동주택을 건축하는 지역, ⓕ 지구단위계획구역으로 지정하고자 하는 토지와 접하여 공공시설을 설치하고자 하는 자연녹지지역, ⓖ 그 밖에 양호한 환경의 확보 또는 기능 및 미관의 증진 등을 위하여 필요한 지역으로서 특별시·광역시·특별자치시·특별자치도·시 또는 군의 도시·군계획조례가 정하는 지역.

통합하여 하나의 지구단위계획구역으로 지정가능), ㉯ 지정하고자 하는 지역에 공동주택 중 아파트 또는 연립주택의 건설계획이 포함되는 경우로서 지구단위계획구역이 자연보전권역인 경우, 지구단위계획구역 안에 초등학교 용지를 확보하여 관할 교육청의 동의를 얻거나 지구단위계획구역 안 또는 지구단위계획구역으로부터 통학이 가능한 거리에 초등학교가 위치하고 학생수용이 가능한 경우로서 관할 교육청의 동의를 얻은 경우에는 10만제곱미터 이상일 것, ㉰ ㉮ 및 ㉯의 경우를 제외하고는 3만 제곱미터 이상일 것에 규정된 면적 요건에 해당할 것, ⓓ 당해 지역에 도로 · 수도공급설비 · 하수도 등 기반시설을 공급할 수 있을 것, ⓔ 자연환경 · 경관 · 미관 등을 해치지 아니하고 문화재의 훼손우려가 없을 것, ㉡ 개발진흥지구로서 Ⓐ ㉠의 ⓑ부터 ⓓ까지의 요건에 해당할 것, Ⓑ 당해 개발진흥지구가 ㉮ 주거개발진흥지구, 복합개발진흥지구(주거기능이 포함된 경우) 및 특정개발진흥지구 : 계획관리지역, ㉯ 산업 · 유통개발진흥지구 및 복합개발진흥지구(주거기능이 포함되지 아니한 경우) : 계획관리지역 · 생산관리지역 또는 농림지역, ㉰ 관광 · 휴양개발진흥지구 : 도시지역외의 지역에 위치할 것, Ⓒ 용도지구를 폐지하고 그 용도지구에서의 행위 제한 등을 지구단위계획으로 대체하려는 지역.

3. 지구단위계획의 내용

① 지구단위계획구역의 지정목적을 이루기 위하여 지구단위계획에는 ㉠ 용도지역이나 용도지구를 세분하거나 변경하는 사항(용도지역 또는 용도지구를 그 각호의 범위안에서 세분 또는 변경하는 것으로 한다. 이 경우 지구단위계획구역에서는 용도지역 간의 변경을 포함), ㉡ 기존의 용도지구를 폐지하고 그 용도지구에서의 건축물이나 그 밖의 시설의 용도 · 종류 및 규모 등의 제한을 대체하는 사항, ㉢ 기반시설의 배치와 규모, ㉣ 도로로 둘러싸인 일단의 지역 또는 계획적인 개발 · 정비를 위하여 구획된 일단의 토지의 규모와 조성계획, ㉤ 건축물의 용도제한, 건축물의 건폐율 또는 용적률, 건축물 높이의 최고한도 또는 최저한도, ㉥ 건축물의 배치 · 형태 · 색채 또는 건축선에 관한 계획, ㉦ 환경관리계획 또는 경관계획, ㉧ 교통처리계획, ㉨ 토지 이용의 합리화, 도시나 농 · 산 · 어촌의 기능증진 등에 필요한 ⓐ 지하 또는 공중공간에 설치할 시설물의 높이 · 깊이 · 배치 또는 규모, ⓑ 대문 · 담 또는 울타리의 형태 또는 색채, ⓒ 간판의 크기 · 형태 · 색채 또는 재질, ⓓ 장애인 · 노약자 등을 위한 편의시설계획, ⓔ 에너지 및 자원의 절약과 재활용에 관한 계획, ⓕ 생물서식공간의 보호 · 조성 · 연결 및 물과 공기의 순환 등에 관한 계획, ⓖ 문화재 및 역사문화환경 보호에 관한 계획의 사항 중 ㉢과 ㉤의 사항을 포함한 둘 이상의

사항이 포함되어야 한다. 다만, ㉡을 내용으로 하는 지구단위계획의 경우에는 그러하지 아니하다. ② 지구단위계획은 도로, 상하수도 등 주차장 · 공원 · 녹지 · 공공공지, 전기 · 가스 · 열공급설비, 학교(초등학교 및 중학교에 한함) · 폐기물처리 및 재활용시설의 처리 · 공급 및 수용능력이 지구단위계획구역에 있는 건축물의 연면적, 수용인구 등 개발밀도와 적절한 조화를 이룰 수 있도록 하여야 한다. ③ 지구단위계획구역에서는 지구단위계획으로 정하는 바에 따라 완화하여 적용할 수 있다.

4. 지구단위계획구역에서의 건폐율 등의 완화적용

(1) 도시지역 내 지구단위계획구역에서의 건폐율 등의 완화적용

① 지구단위계획구역(도시지역 내에 지정하는 경우로 한정)에서 건축물을 건축하려는 자가 그 대지의 일부를 공공시설등의 부지로 제공하거나 공공시설등을 설치하여 제공하는 경우[지구단위계획구역 밖의 배수구역에 공공하수처리시설을 설치하여 제공하는 경우(지구단위계획구역에 다른 공공시설 및 기반시설이 충분히 설치되어 있는 경우로 한정)를 포함]에는 그 건축물에 대하여 지구단위계획으로 건폐율 · 용적률 및 높이제한을 완화하여 적용할 수 있다. 이 경우 제공받은 공공시설등은 국유재산 또는 공유재산으로 관리한다.[34] ② 특광시도지사, 시장 또는 군수는 지구단위계획구역에 있는 토지를 공공시설부지로 제공하고 보상을 받은 자 또는 그 포괄승계인이 그 보상금액에 국토교통부령이 정하는 이자를 더한 금액(반환금)을 반환하는 경우에는 당해 지방자치단체의 도시 · 군계획조례가 정하는 바에 따라 당해 건축물에 대한 건폐율 · 용적률 및 높이제한을 완화할 수 있다. 이 경우 그 반환금은 기반시설의 확보에 사용하여야 한다. ③ 지구단위계획구역에서 건축물을 건축하고자 하는 자가 공개공지 또는 공개공간을 의무면적을 초과하여 설치한 경우에는 당해 건축물에 대하여 지구단위계획으로 용적률 및 높이제한을 완화하여 적용할 수 있다. ④ 지구단위계획구역에서는 도시 · 군계획조례의 규정에 불구하고 지구단위계획으로 건폐율을 완화하여 적용할 수 있다. ⑤ 지구단위계획구역에서는 지구단위계획으로 용도지역 안에서 건축할 수 있는 건축물(도시 · 군계획조례가 정하는 바에 의하여 건

34) ㉠ 공공시설등의 부지를 제공하는 경우에는 건폐율 · 용적률 및 높이제한을 완화하여 적용할 수 있다. ㉡ 공공시설등을 설치하여 제공(그 부지의 제공은 제외)하는 경우에는 공공시설등을 설치하는 데에 드는 비용에 상응하는 가액의 부지를 제공한 것으로 보아 건폐율 · 용적률 및 높이제한을 완화하여 적용할 수 있고, 공공시설등 설치비용 및 이에 상응하는 부지 가액의 산정 방법 등은 시 · 도 또는 대도시의 도시 · 군계획조례로 정한다. ㉢ 공공시설등을 설치하여 그 부지와 함께 제공하는 경우에는 건폐율 · 용적률 및 높이를 합산한 비율까지 완화하여 적용할 수 있다.

축할 수 있는 건축물의 경우 도시·군계획조례에서 허용되는 건축물)의 용도·종류 및 규모 등의 범위안에서 이를 완화하여 적용할 수 있다.

⑥ 지구단위계획구역의 지정목적이 ㉠ 한옥마을을 보존하고자 하는 경우, ㉡ 차 없는 거리를 조성하고자 하는 경우(지구단위계획으로 보행자전용도로를 지정하거나 차량의 출입을 금지한 경우를 포함), ㉢ 그 밖에 주차장 설치기준을 100퍼센트까지 완화하여 적용할 수 있다. ⑦ ㉠ 도시지역에 개발진흥지구를 지정하고 당해 지구를 지구단위계획구역으로 지정한 경우, ㉡ 지구단위계획에 2필지 이상의 토지에 하나의 건축물을 건축하도록 되어 있는 경우, 지구단위계획에 합벽건축을 하도록 되어 있는 경우, 지구단위계획에 주차장·보행자통로 등을 공동으로 사용하도록 되어 있어 2필지 이상의 토지에 건축물을 동시에 건축할 필요가 있는 경우로서 특광시도지사, 시장 또는 군수의 권고에 따라 공동개발을 하는 경우에는 지구단위계획으로 당해 용도지역에 적용되는 용적률의 120퍼센트 이내에서 용적률을 완화하여 적용할 수 있다. ⑧ 도시지역에 개발진흥지구를 지정하고 당해 지구를 지구단위계획구역으로 지정한 경우에는 지구단위계획으로 제한된 건축물 높이의 120퍼센트 이내에서 높이제한을 완화하여 적용할 수 있다. ⑨ ㉠ 개발제한구역·시가화조정구역·녹지지역 또는 공원에서 해제되는 구역과 새로이 도시지역으로 편입되는 구역중 계획적인 개발 또는 관리가 필요한 지역인 경우, ㉡ 기존의 용도지역 또는 용도지구가 용적률이 높은 용도지역 또는 용도지구로 변경되는 경우로서 기존의 용도지역 또는 용도지구의 용적률을 적용하지 아니하는 경우에는 적용하지 아니한다. ⑩ 완화하여 적용되는 건폐율 및 용적률은 당해 용도지역 또는 용도지구에 적용되는 건폐율의 150퍼센트 및 용적률의 200퍼센트를 각각 초과할 수 없다.

(2) 도시지역 외 지구단위계획구역에서의 건폐율 등의 완화적용

① 지구단위계획구역(도시지역 외에 지정하는 경우로 한정)에서는 지구단위계획으로 당해 용도지역 또는 개발진흥지구에 적용되는 건폐율의 150퍼센트 및 용적률의 200퍼센트 이내에서 건폐율 및 용적률을 완화하여 적용할 수 있다. ② 지구단위계획구역에서는 지구단위계획으로 건축물의 용도·종류 및 규모 등을 완화하여 적용할 수 있다. 다만, 개발진흥지구(계획관리지역에 지정된 개발진흥지구를 제외)에 지정된 지구단위계획구역에 대하여는 공동주택중 아파트 및 연립주택은 허용되지 아니한다.

5. 도시 · 군관리계획결정의 실효 등

① 지구단위계획구역의 지정에 관한 도시 · 군관리계획결정의 고시일부터 3년 이내에 그 지구단위계획구역에 관한 지구단위계획이 결정 · 고시되지 아니하면 그 3년이 되는 날의 다음날에 그 지구단위계획구역의 지정에 관한 도시 · 군관리계획결정은 효력을 잃는다. 다만, 다른 법률에서 따로 정한 경우에는 지구단위계획을 결정할 때까지 지구단위계획구역의 지정은 그 효력을 유지한다. ② 지구단위계획(주민이 입안을 제안한 것에 한정)에 관한 도시 · 군관리계획결정의 고시일부터 5년 이내에 허가 · 인가 · 승인 등을 받아 사업이나 공사에 착수하지 아니하면 그 5년이 된 날의 다음날에 그 지구단위계획에 관한 도시 · 군관리계획결정은 효력을 잃는다. 이 경우 지구단위계획과 관련한 도시 · 군관리계획결정에 관한 사항은 해당 지구단위계획구역 지정 당시의 도시 · 군관리계획으로 환원된 것으로 본다. ③ 장관, 시 · 도지사, 시장 또는 군수는 지구단위계획구역 지정 및 지구단위계획 결정이 효력을 잃으면 지체 없이 그 사실을 고시하여야 한다(실효일자 및 실효사유와 실효된 지구단위계획구역의 내용을 장관이 하는 경우에는 관보에, 시 · 도지사 또는 시장 · 군수가 하는 경우에는 해당 시 · 도 또는 시 · 군의 공보에 게재)

제 5 절 개발행위의 허가 등

Ⅰ. 개발행위의 허가와 성장관리방안 등

1. 개발행위의 허가

① ㉠ 건축물의 건축 또는 공작물의 설치, ㉡ 토지의 형질 변경(경작을 위한 경우 토지의 형질 변경은 제외)으로, 조성이 끝난 농지에서 농작물 재배, 농지의 지력 증진 및 생산성 향상을 위한 객토나 정지작업, 양수 · 배수시설 설치를 위한 토지의 형질변경으로서 [ⓐ 인접토지의 관개 · 배수 및 농작업에 영향을 미치는 경우, ⓑ 재활용 골재, 사업장 폐토양, 무기성 오니 등 수질오염 또는 토질오염의 우려가 있는 토사 등을 사용하여 성토하는 경우, ⓒ 지목의 변경을 수반하는 경우(전 · 답 사이의 변경은 제외)의 형질변경, ㉢

토석의 채취, ㉣ 토지 분할(건축물이 있는 대지의 분할은 제외), ㉤녹지지역 · 관리지역 또는 자연환경보전지역에 물건을 1개월 이상 쌓아놓는 행위]로서 개발행위를 하려는 자는 특광시도지사, 시장 또는 군수의 허가(개발행위허가)를 받아야 한다. 다만, 도시 · 군계획사업(다른 법률에 따라 도시 · 군계획사업을 의제한 사업을 포함)에 의한 행위는 그러하지 아니하다.[35] ② 개발행위허가를 받은 사항을 변경하는 경우에는 ①을 준용한다. 다만, 경미한 사항을 변경(㉠ 사업기간을 단축하는 경우, ㉡ 부지면적 또는 건축물 연면적을 5퍼센트 범위안에서 축소하는 경우, ㉢ 관계 법령의 개정 또는 도시 · 군관리계획의 변경에 따라 허가받은 사항을 불가피하게 변경하는 경우, ㉣ 공간정보관리법 및 건축법에 따라 허용되는 오차를 반영하기 위한 변경, ㉤ 건축법 시행령 제12조제3항 각 호의 어느 하나에 해당하는 변경인 경우)하는 경우에는 그러하지 아니하다. 개발행위허가를 받은 자는 이들 경미한 사항을 변경한 때에는 지체없이 그 사실을 특광시도지사, 시장 또는 군수에게 통지하여야 한다. ③ ①의 ㉡ 및 ㉢의 개발행위 중 도시지역과 계획관리지역의 산림에서의 임도(林道) 설치와 사방사업에 관하여는 산림자원법과 사방사업법에 따르고, 보전관리지역 · 생산관리지역 · 농림지역 및 자연환경보전지역의 산림에서의 ①의 ㉡(농업 · 임업 · 어업을 목적으로 하는 토지의 형질 변경만 해당) 및 ①의 ㉢개발행위에 관하여는 산지관리법에 따른다. ④ ㉠ 재해복구나 재난수습을 위한 응급조치, ㉡ 건축법에 따라 신고하고 설치할 수 있는 건축물의 개축 · 증축 또는 재축과 이에 필요한 범위에서의 토지의 형질 변경(도시 · 군계획시설사업이 시행되지 아니하고 있는 도시 · 군계획시설의 부지인 경우만 가능), ㉢ 그 밖에 경미한 행위[36]는 개발행위허가를 받지 아니하고 할 수 있다.

---

35) **(개발행위허가의 대상)** ㉠ 건축물의 건축 : 건축법에 따른 건축물(토지에 정착하는 공작물 중 지붕과 기둥 또는 벽이 있는 것과 이에 딸린 시설물, 지하나 고가의 공작물에 설치하는 사무소 · 공연장 · 점포 · 차고 · 창고 등)의 건축, ㉡ 공작물의 설치 : 인공을 가하여 제작한 시설물(㉠은 제외)의 설치, ㉢ 토지의 형질변경 : 절토 · 성토 · 정지 · 포장 등의 방법으로 토지의 형상을 변경하는 행위와 공유수면의 매립(경작을 위한 토지의 형질변경을 제외), ㉣ 토석채취 : 흙 · 모래 · 자갈 · 바위 등의 토석을 채취하는 행위(토지의 형질변경을 목적으로 하는 것을 제외), ㉤ 토지분할 : ⓐ 녹지지역 · 관리지역 · 농림지역 및 자연환경보전지역 안에서 관계법령에 따른 허가 · 인가 등을 받지 아니하고 행하는 토지의 분할, ⓑ 분할제한면적 미만으로 의 토지의 분할, ⓒ 관계 법령에 의한 허가 · 인가 등을 받지 아니하고 행하는 너비 5미터 이하로의 토지의 분할(건축물이 있는 대지는 제외), ㉥ 물건을 쌓아놓는 행위 : 녹지지역 · 관리지역 또는 자연환경보전지역안에서 건축물의 울타리안(적법한 절차에 의하여 조성된 대지에 한함)에 위치하지 아니한 토지에 물건을 1월 이상 쌓아놓는 행위.

36) **(허가를 받지 아니하여도 되는 경미한 행위)** ㉠ 건축물의 건축 : 건축법에 따른 건축허가 또는 건축신고 및 가설건축물 건축의 허가 또는 가설건축물의 축조신고 대상에 해당하지 아니하는 건축물의 건축, ㉡ 공작물의 설치 : ⓐ 도시지역 또는 지구단위계획구역에서 무게가 50톤 이하, 부피가 50세제곱미터 이하, 수평투영면적이 50제곱미터 이하인 공작물의 설치, ⓑ 도시지역 · 자연환경보전지역 및 지구단위계획구역외의 지역에서 무게가 150톤 이하, 부피가 150세제곱미터 이하, 수평투영면적이 150제곱미터 이하인 공작물의 설치, ⓒ 녹지지역 · 관리지역 또는 농림지역 안에서의 농림어업용 비닐하우스(비닐하우스 안에 설치하는 육상어류양식장을 제외)의 설치, ㉢ 토지의 형질변경 : ⓐ 높이 50센

다만, ㉠의 응급조치를 한 경우에는 1개월 이내에 특광시도지사, 시장 또는 군수에게 신고하여야 한다.

2. 개발행위허가의 절차

① 개발행위를 하려는 자는 그 개발행위에 따른 기반시설의 설치나 그에 필요한 용지의 확보, 위해 방지, 환경오염 방지, 경관, 조경 등에 관한 계획서를 첨부[37]한 신청서를 개발행위허가권자에게 제출하여야 한다. 이 경우 개발밀도관리구역 안에서는 기반시설의 설치나 그에 필요한 용지의 확보에 관한 계획서를 제출하지 아니한다. 다만, 개발행위허가대상 행위 중 건축법의 적용을 받는 건축물의 건축 또는 공작물의 설치를 하려는 자는 건축법에서 정하는 절차에 따라 신청서류를 제출하여야 한다. ② 특광시도지사, 시장 또는 군수는 개발행위허가의 신청에 대하여 특별한 사유가 없으면 15일 이내에 허가 또는 불허가의 처분을 하여야 한다. ③ 특광시도지사, 시장 또는 군수는 허가 또는 불허가의 처분을 할 때에는 지체 없이 그 신청인에게 허가내용이나 불허가처분의 사유를 서면 또는 국토이용정보체계를 통하여 알려야 한다. ④ 특광시도지사, 시장 또는 군수는 개발행

티미터 이내 또는 깊이 50센티미터 이내의 절토·성토·정지 등(포장을 제외하며, 주거지역·상업지역 및 공업지역외의 지역에서는 지목변경을 수반하지 아니하는 경우에 한함), ⓑ 도시지역·자연환경보전지역 및 지구단위계획구역 외의 지역에서 면적이 660제곱미터 이하인 토지에 대한 지목변경을 수반하지 아니하는 절토·성토·정지·포장 등(토지의 형질변경 면적은 형질변경이 이루어지는 당해 필지의 총면적), ⓒ 조성이 완료된 기존 대지에 건축물이나 그 밖의 공작물을 설치하기 위한 토지의 형질변경(절토 및 성토는 제외), ⓓ 국가 또는 지방자치단체가 공익상의 필요에 의하여 직접 시행하는 사업을 위한 토지의 형질변경, ㉣ 토석채취 : ⓐ 도시지역 또는 지구단위계획구역에서 채취면적이 25제곱미터 이하인 토지에서의 부피 50세제곱미터 이하의 토석채취, ⓑ 도시지역·자연환경보전지역 및 지구단위계획구역외의 지역에서 채취면적이 250제곱미터 이하인 토지에서의 부피 500세제곱미터 이하의 토석채취, ㉤ 토지분할 : ⓐ 사도법에 의한 사도개설허가를 받은 토지의 분할, ⓑ 토지의 일부를 공공용지 또는 공용지로 하기 위한 토지의 분할, ⓒ 행정재산중 용도폐지되는 부분의 분할 또는 일반재산을 매각·교환 또는 양여하기 위한 분할, ⓓ토지의 일부가 도시·군계획시설로 지형도면고시가 된 당해 토지의 분할, ⓔ 너비 5미터 이하로 이미 분할된 토지의 건축법에 따른 분할제한면적 이상으로의 분할, ㉥ 물건을 쌓아놓는 행위 : ⓐ 녹지지역 또는 지구단위계획구역에서 물건을 쌓아놓는 면적이 25제곱미터 이하인 토지에 전체무게 50톤 이하, 전체부피 50세제곱미터 이하로 물건을 쌓아놓는 행위, ⓑ 관리지역(지구단위계획구역으로 지정된 지역을 제외)에서 물건을 쌓아놓는 면적이 250제곱미터 이하인 토지에 전체무게 500톤 이하, 전체부피 500세제곱미터 이하로 물건을 쌓아놓는 행위

37) ㉠ 토지의 소유권 또는 사용권 등 신청인이 당해 토지에 개발행위를 할 수 있음을 증명하는 서류, ㉡ 배치도 등 공사 또는 사업관련 도서(토지의 형질변경 및 토석채취인 경우), ㉢ 설계도서(공작물의 설치인 경우), ㉣ 당해 건축물의 용도 및 규모를 기재한 서류(건축물의 건축을 목적으로 하는 토지의 형질변경인 경우), ㉤ 개발행위의 시행으로 폐지되거나 대체 또는 새로이 설치할 공공시설의 종류·세목·소유자 등의 조서 및 도면과 예산내역서(토지의 형질변경 및 토석채취인 경우), ㉥ 위해방지·환경오염방지·경관·조경 등을 위한 설계도서 및 그 예산내역서(토지분할인 경우를 제외. 다만, 경미한 건설공사를 시행이나 단순한 토지형질변경의 경우에는 개략설계서로 설계도서에, 견적서 등 개략적인 내역서로 예산내역서에 갈음), ㉦ 관계 행정기관의 장과의 협의에 필요한 서류.

위허가를 하는 경우에는 그 개발행위에 따른 기반시설의 설치 또는 그에 필요한 용지의 확보, 위해 방지, 환경오염 방지, 경관, 조경 등에 관한 조치를 할 것을 조건(미리 개발행위허가를 신청한 자의 의견청취)으로 개발행위허가를 할 수 있다.

3. 개발행위허가의 기준 등

① 특광시도지사, 시장 또는 군수는 개발행위허가의 신청 내용이 [㉠ 용도지역별 특성을 고려하여 대통령령으로 정하는 개발행위의 규모에 적합할 것(다만, 개발행위가 농어촌정비사업으로 이루어지는 경우 등 대통령령으로 정하는 경우에는 개발행위 규모의 제한을 받지 아니한다), ㉡ 도시·군관리계획 및 성장관리방안의 내용에 어긋나지 아니할 것, ㉢ 도시·군계획사업의 시행에 지장이 없을 것, ㉣ 주변지역의 토지이용실태 또는 토지이용계획, 건축물의 높이, 토지의 경사도, 수목의 상태, 물의 배수, 하천·호소(호수, 늪, 소택, 습원)·습지의 배수 등 주변환경이나 경관과 조화를 이룰 것, ㉤ 해당 개발행위에 따른 기반시설의 설치나 그에 필요한 용지의 확보계획이 적절할 것]의 기준에 맞는 경우에만 개발행위허가 또는 변경허가를 하여야 한다.[38)]

---

38) **(개발행위허가의 규모)** ① 개발행위의 규모 : ㉠ 도시지역(ⓐ 주거지역·상업지역·자연녹지지역·생산녹지지역 : 1만제곱미터 미만, ⓑ 공업지역 : 3만제곱미터 미만, ⓒ 보전녹지지역 : 5천제곱미터 미만), ㉡ 관리지역 : 3만제곱미터 미만, ㉢ 농림지역 : 3만제곱미터 미만, ㉣ 자연환경보전지역 : 5천제곱미터 미만. 다만, 관리지역 및 농림지역에 대하여는 ㉡ 및 ㉢의 규정에 의한 면적의 범위안에서 당해 특광시도, 시 또는 군의 도시·군계획조례로 따로 정할 수 있다. ② 개발행위허가의 대상인 토지가 2 이상의 용도지역에 걸치는 경우에는 각각의 용도지역에 위치하는 토지부분에 대하여 각각의 용도지역의 개발행위의 규모에 관한 규정을 적용한다. 다만, 개발행위허가의 대상인 토지의 총면적이 당해 토지가 걸쳐 있는 용도지역중 개발행위의 규모가 가장 큰 용도지역의 개발행위의 규모를 초과하여서는 아니된다. ③ 개발행위가 농어촌정비사업으로 이루어지는 경우 : [㉠ 지구단위계획으로 정한 가구 및 획지의 범위안에서 이루어지는 토지의 형질변경으로서 당해 형질변경과 관련된 기반시설이 이미 설치되었거나 형질변경과 기반시설의 설치가 동시에 이루어지는 경우, ㉡ 해당 개발행위가 농어촌정비사업으로 이루어지는 경우, ㉢ 해당 개발행위가 국방·군사시설사업으로 이루어지는 경우, ㉣ 초지조성, 농지조성, 영림 또는 토석채취를 위한 경우, ㉥ 건축물의 건축, 공작물의 설치 또는 지목의 변경을 수반하지 아니하고 시행하는 토지복원사업, ㉦ 그 밖에 국토교통부령이 정하는 경우, ㉤ 해당 개발행위가 ⓐ 하나의 필지(준공검사를 신청할 때 둘 이상의 필지를 하나의 필지로 합칠 것을 조건으로 하여 허가하는 경우를 포함하되, 개발행위허가를 받은 후에 매각을 목적으로 하나의 필지를 둘 이상의 필지로 분할하는 경우는 제외)에 건축물을 건축하거나 공작물을 설치하기 위한 토지의 형질변경, ⓑ 하나 이상의 필지에 하나의 용도에 사용되는 건축물을 건축하거나 공작물을 설치하기 위한 토지의 형질변경에 해당하는 경우]. 이 경우 특광시도지사, 시장 또는 군수는 그 개발행위에 대한 허가를 하려면 시·도도시계획위원회 또는 시·군·구도시계획위원회 중 대도시에 두는 도시계획위원회의 심의를 거쳐야 하고, 시장(대도시 시장은 제외) 또는 군수(특별시장·광역시장의 개발행위허가 권한이 조례로 군수 또는 자치구의 구청장에게 위임된 경우에는 그 군수 또는 자치구의 구청장을 포함)는 시·도도시계획위원회에 심의를 요청하기 전에 해당 지방자치단체에 설치된 지방도시계획위원회에 자문할 수 있다.

② 특광시도지사, 시장 또는 군수는 개발행위허가 또는 변경허가를 하려면 그 개발행위가 도시 · 군계획사업의 시행에 지장을 주는지에 관하여 해당 지역에서 시행되는 도시 · 군계획사업의 시행자의 의견을 들어야 한다. ③ 허가할 수 있는 경우 그 허가의 기준은 지역의 특성, 지역의 개발상황, 기반시설의 현황 등을 고려하여 ㉠ 시가화 용도: 토지의 이용 및 건축물의 용도 · 건폐율 · 용적률 · 높이 등에 대한 용도지역의 제한에 따라 개발행위허가의 기준을 적용하는 주거지역 · 상업지역 및 공업지역, ㉡ 유보 용도: 도시계획위원회의 심의를 통하여 개발행위허가의 기준을 강화 또는 완화하여 적용할 수 있는 계획관리지역 · 생산관리지역 및 녹지지역 중 대통령령으로 정하는 지역, ㉢ 보전 용도: 도시계획위원회의 심의를 통하여 개발행위허가의 기준을 강화하여 적용할 수 있는 보전관리지역 · 농림지역 · 자연환경보전지역 및 녹지지역 중 대통령령으로 정하는 지역으로 정한다. ④ 특광시도지사, 시장 또는 군수는 난개발 방지와 지역특성을 고려한 계획적 개발을 유도하기 위하여 필요한 경우 개발행위의 발생 가능성이 높은 지역을 대상지역으로 하여 기반시설의 설치 · 변경, 건축물의 용도 등에 관한 관리방안(성장관리방안)을 수립할 수 있다. ⑤ 특광시도지사, 시장 또는 군수는 성장관리방안을 수립하거나 변경하려면 주민과 해당 지방의회의 의견을 들어야 하며, 관계 행정기관과의 협의 및 지방도시계획위원회의 심의를 거쳐야 한다. 다만, 경미한 사항을 변경하는 경우에는 그러하지 아니하다. ⑥ 특광시도지사, 시장 또는 군수는 성장관리방안을 수립하거나 변경한 경우에는 관계 행정기관의 장에게 관계 서류를 송부하여야 하며, 이를 고시하고 일반인이 열람할 수 있도록 하여야 한다.

4. 성장관리방안

(1) 성장관리방안의 대상지역 등

① 특광시도지사, 시장 또는 군수가 개발행위의 발생 가능성이 높은 지역을 대상지역으로 하여 기반시설의 설치 · 변경, 건축물의 용도 등에 관한 관리방안(성장관리방안)을 수립할 수 있는 지역은 [유보 용도 및 보전 용도 지역으로서 ㉠ 개발수요가 많아 무질서한 개발이 진행되고 있거나 진행될 것으로 예상되는 지역, ㉡ 주변의 토지이용이나 교통여건 변화 등으로 향후 시가화가 예상되는 지역, ㉢ 주변지역과 연계하여 체계적인 관리가 필요한 지역, ㉣ 지역 · 지구등의 변경으로 토지이용에 대한 행위제한이 완화되는 지역, ㉤ 그 밖에 ㉠부터 ㉣까지에 준하는 지역으로서 도시 · 군계획조례로 정하는 지역]으로 한다.

② 성장관리방안에는 ㉠ 도로, 공원 등 기반시설의 배치와 규모에 관한 사항, ㉡ 건축물의 용도제한, 건축물의 건폐율 또는 용적률, ㉢ 건축물의 배치 · 형태 · 색채 · 높이, ㉣ 환경관리계획 또는 경관계획, ㉤ 그 밖에 난개발을 방지하고 계획적 개발을 유도하기 위하여 필요한 사항으로서 도시 · 군계획조례로 정하는 사항 중 ㉠과 ㉡을 포함한 둘 이상의 사항이 포함되어야 한다.

(2) 성장관리방안의 수립절차

① 특광시도지사, 시장 또는 군수는 성장관리방안에 관하여 주민의견을 들으려면 성장관리방안의 주요 내용을 전국 또는 해당 지방자치단체의 지역을 주된 보급지역으로 하는 둘 이상의 일반일간신문과 해당 지방자치단체의 인터넷 홈페이지 등에 공고하고, 성장관리방안을 14일 이상 일반이 열람할 수 있도록 하여야 한다. ② 공고된 성장관리방안에 대하여 의견이 있는 자는 열람기간 내에 특광시도지사, 시장 또는 군수에게 의견서를 제출할 수 있다. ③ 특광시도지사, 시장 또는 군수는 제출된 의견을 성장관리방안에 반영할 것인지 여부를 검토하여 그 결과를 열람기간이 종료된 날부터 30일 이내에 해당 의견을 제출한 자에게 통보하여야 한다. ④ 특광시도지사, 시장 또는 군수는 성장관리방안에 관하여 해당 지방의회의 의견을 들으려면 의견 제시 기한을 밝혀 성장관리방안을 해당 지방의회에 보내야 한다.

⑤ 특광시도지사, 시장 또는 군수는 성장관리방안을 [㉠ 성장관리방안을 수립한 대상지역 전체 면적의 10퍼센트 이내에서 변경하고 그 변경지역에서의 성장관리방안을 변경하는 경우(다만, 대상지역에 둘 이상의 읍 · 면 또는 동이 포함된 경우에는 해당 읍 · 면 또는 동 단위로 구분한 지역의 면적이 각각 10퍼센트 이내에서 변경하는 경우만 해당), ㉡ 단위 기반시설부지 면적의 10퍼센트 미만을 변경하는 경우(다만, 도로의 경우 시점 및 종점이 변경되지 아니하고 중심선이 종전 도로의 범위를 벗어나지 아니하는 경우만 해당), ㉢ 지형사정으로 인한 기반시설의 근소한 위치변경 또는 비탈면 등으로 인한 시설부지의 불가피한 변경인 경우, ㉣ 건축물의 배치 · 형태 · 색채 · 높이의 변경인 경우, ㉤성장관리방안으로 정한 경미한 변경사항에 해당하는 경우, ㉥ 그 밖에 도시 · 군계획조례로 정하는 경미한 변경인 경우]에는 주민과 해당 지방의회의 의견 청취, 관계 행정기관과의 협의 및 지방도시계획위원회의 심의를 거치지 아니한다. ⑥ 성장관리방안의 고시는 해당 특광시도, 시 또는 군의 공보에 ㉠ 성장관리방안의 수립 목적, ㉡ 위치 및 경계, ㉢ 면적 및 규모, ㉣ 그 밖에 국토교통부령으로 정하는 사항을 게재하는 방법으로 한다.

5. 개발행위에 대한 도시계획위원회의 심의

① 관계 행정기관의 장은 [건축물의 건축 및 공작물의 설치, 토지의 형질변경, 토석의 채취]에 해당하는 행위로서 이 법에 따라 허가 또는 변경허가를 하거나 다른 법률에 따라 인가·허가·승인 또는 협의를 하려면 중앙도시계획위원회나 지방도시계획위원회의 심의(㉠ 중앙도시계획위원회의 심의를 거쳐야 하는 사항(ⓐ 면적이 1제곱킬로미터 이상인 토지의 형질변경, ⓑ 부피 1백만세제곱미터 이상의 토석채취), ㉡ 시·도도시계획위원회 또는 시·군·구도시계획위원회 중 대도시에 두는 도시계획위원회의 심의를 거쳐야 하는 사항(ⓐ 면적이 30만제곱미터 이상 1제곱킬로미터 미만인 토지의 형질변경, ⓑ 부피 50만세제곱미터 이상 1백만세제곱미터 미만의 토석채취), ㉢ 시·군·구도시계획위원회의 심의를 거쳐야 하는 사항(ⓐ 면적이 30만제곱미터 미만인 토지의 형질변경, ⓑ 부피 3만세제곱미터 이상 50만세제곱미터 미만의 토석채취))를 거쳐야 한다.[39] ② 장관이나 지방자치단체의 장은 ㉣ 환경영향평가를 받은 개발행위, ㉤ 교통영향평가에 대한 검토를 받은 개발행위가 도시·군계획에 포함되지 아니한 경우에는 관계 행정기관의 장에게 중앙도시계획위원회나 지방도시계획위원회의 심의를 받도록 요청할 수 있다. 이 경우 관계 행정기관의 장은 특별한 사유가 없으면 요청에 따라야 한다.

6. 개발행위허가의 이행 보증 등

① 특광시도지사, 시장 또는 군수는 기반시설의 설치나 그에 필요한 용지의 확보, 위해방지, 환경오염 방지, 경관, 조경 등을 위하여 필요하다고 인정되는 경우로서 대통령령으로 정하는 경우[40]에는 이의 이행을 보증하기 위하여 개발행위허가(다른 법률에 따라 개

---

39) (중앙도시계획위원회와 지방도시계획위원회의 심의 제외 사유) ㉠ 법률에 따라 도시계획위원회의 심의를 받는 구역에서 하는 개발행위, ㉡ 지구단위계획 또는 성장관리방안을 수립한 지역에서 하는 개발행위, ㉢ 주거지역·상업지역·공업지역에서 시행하는 개발행위 중 특별시·광역시·특별자치시·특별자치도·시 또는 군의 조례로 정하는 규모·위치 등에 해당하지 아니하는 개발행위, ㉣ 환경영향평가를 받은 개발행위, ㉤ 교통영향평가에 대한 검토를 받은 개발행위, ㉥ 농어촌정비사업 중 대통령령으로 정하는 사업을 위한 개발행위(농어촌정비법 제2조제4호 : ⓐ 농업생산기반을 조성·확충하기 위한 농업생산기반 정비사업, ⓑ 생활환경을 개선하기 위한 농어촌 생활환경 정비사업, ⓒ 농어촌산업 육성사업, ⓓ 농어촌 관광휴양자원 개발사업, ⓔ 한계농지등의 정비사업), ㉦ 산림사업 및 사방사업을 위한 개발행위.

40) Ⓐ 건축물의 건축, 공작물의 설치, 토지의 형질변경, 토석을 채취하는 개발행위로서 당해 개발행위로 인하여 도로·수도공급설비·하수도 등 기반시설의 설치가 필요한 경우, Ⓑ 토지의 굴착으로 인하여 인근의 토지가 붕괴될 우려가 있거나 인근의 건축물 또는 공작물이 손괴될 우려가 있는 경우, Ⓒ 토석의 발파로 인한 낙석·먼지 등에 의하여 인근지역에 피해가 발생할 우려가 있는 경우, Ⓓ 토석을

발행위허가가 의제되는 협의를 거친 인가·허가·승인 등을 포함)를 받는 자로 하여금 이행보증금을 예치하게 할 수 있다. 다만, ㉠ 국가나 지방자치단체가 시행하는 개발행위, ㉡ 공공기관 중 시장형 공기업, 준시장형 공기업, 위탁집행형 준정부기관이 시행하는 개발행위, ㉢ 그 밖에 해당 지방자치단체의 조례로 정하는 공공단체가 시행하는 개발행위에 해당하는 경우에는 그러하지 아니하다. ② 이행보증금의 산정 및 예치방법 등에 관하여 필요한 사항은 대통령령으로 정한다.[41] ③ 특광시도지사, 시장 또는 군수는 개발행위허가를 받지 아니하고 개발행위를 하거나 허가내용과 다르게 개발행위를 하는 자에게는 그 토지의 원상회복을 명할 수 있다. ④ 특광시도지사, 시장 또는 군수는 원상회복의 명령을 받은 자가 원상회복을 하지 아니하면 행정대집행에 따라 원상회복을 할 수 있고, 행정대집행에 필요한 비용은 개발행위허가를 받은 자가 예치한 이행보증금을 사용할 수 있다.

7. 관련 인·허가등의 의제

① 개발행위허가 또는 변경허가를 할 때에 특광시도지사, 시장 또는 군수가 그 개발행위에 대한 인가·허가·승인·면허·협의·해제·신고 또는 심사 등(인·허가등)[42]에 관하여 미리 관계 행정기관의 장과 협의한 사항에 대하여는 그 인·허가등을 받은 것으로

운반하는 차량의 통행으로 인하여 통행로 주변의 환경이 오염될 우려가 있는 경우, Ⓔ 토지의 형질변경이나 토석의 채취가 완료된 후 비탈면에 조경을 할 필요가 있는 경우.

41) ① 이행보증금의 예치금액은 기반시설의 설치나 용지의 확보, 위해의 방지, 환경오염의 방지, 경관 및 조경에 필요한 비용의 범위안에서 산정하되 총공사비의 20퍼센트 이내(산지에서의 개발행위의 경우 산지관리법에 따른 복구비를 합하여 총공사비의 20퍼센트 이내)가 되도록 하고, 그 산정에 관한 구체적인 사항 및 예치방법은 조례로 정한다. 이 경우 산지에서의 개발행위에 대한 이행보증금의 예치금액은 산지관리법에 따른 복구비를 포함하여 정하되, 복구비가 이행보증금에 중복하여 계상되지 아니하도록 하여야 한다. ② 이행보증금은 현금으로 납입하되, 국가(지방자치단체)를 당사자로 하는 계약에 관한 법률에 따른 보증서 등 또는 한국광해관리공단이 발행하는 이행보증서 등으로 이를 갈음할 수 있다. ③ 이행보증금은 개발행위허가를 받은 자가 준공검사를 받은 때에는 즉시 이를 반환하여야 한다. ④ 특광시도지사, 시장 또는 군수는 개발행위허가를 받은 자가 원상회복명령을 이행하지 아니하는 때에는 이행보증금을 사용하여 대집행에 의하여 원상회복을 할 수 있다. 이 경우 잔액이 있는 때에는 즉시 이를 이행보증금의 예치자에게 반환하여야 한다.

42) 공유수면의 점용·사용허가, 점용·사용 실시계획의 승인 또는 신고, 공유수면의 매립면허 및 공유수면매립실시계획의 승인, 채굴계획의 인가, 농업생산기반시설의 사용허가, 농지전용의 허가 또는 협의, 농지전용의 신고 및 농지의 타용도 일시사용의 허가 또는 협의, 도로관리청이 아닌 자에 대한 도로공사 시행의 허가, 도로와 다른 시설의 연결허가 및 도로의 점용 허가, 무연분묘의 개장 허가, 사도 개설의 허가, 토지의 형질 변경 등의 허가 및 사방지 지정의 해제, 공장설립등의 승인, 산지전용허가 및 산지전용신고, 산지일시사용허가·신고, 토석채취허가, 토사채취신고 및 입목벌채 등의 허가·신고, 소하천공사 시행의 허가 및 소하천의 점용 허가, 전용상수도 설치 및 전용공업용수도설치의 인가, 연안정비사업실시계획의 승인, 사업계획의 승인, 초지전용의 허가, 신고 또는 협의, 지도 등의 간행 심사, 공공하수도에 관한 공사시행의 허가 및 공공하수도의 점용허가, 하천공사 시행의 허가 및 하천 점용의 허가, 도시공원의 점용허가 및 녹지의 점용허가.

본다. ② 특광시도지사, 시장 또는 군수는 개발행위허가 또는 변경허가를 할 때 ①에 해당하는 사항이 있으면 미리 관계 행정기관의 장과 협의하여야 한다. ③ 협의 요청을 받은 관계 행정기관의 장은 요청을 받은 날부터 20일 이내에 의견을 제출하여야 하며, 그 기간 내에 의견을 제출하지 아니하면 협의가 이루어진 것으로 본다. ④ 장관은 의제되는 인·허가등의 처리기준을 관계 중앙행정기관으로부터 제출받아 통합하여 고시하여야 한다.

8. 개발행위복합민원 일괄협의회

① 특광시도지사, 시장 또는 군수는 관계 행정기관의 장과 협의하기 위하여 개발행위복합민원 일괄협의회를 개최하여야 한다.[43] ② 협의 요청을 받은 관계 행정기관의 장은 소속 공무원을 개발행위복합민원 일괄협의회에 참석하게 하여야 한다.

9. 준공검사

① 개발행위허가를 받은 자는 그 개발행위를 마치면 특광시도지사, 시장 또는 군수의 준공검사를 받아야 한다.[44] 다만, 건축물의 사용승인을 받은 경우에는 그러하지 아니하다. ② 준공검사를 받은 경우에는 특광시도지사, 시장 또는 군수가 의제되는 인·허가등에 따른 준공검사·준공인가 등에 관하여 관계 행정기관의 장과 협의한 사항에 대하여는 그 준공검사·준공인가 등을 받은 것으로 본다. ③ 준공검사·준공인가 등의 의제를 받으려는 자는 준공검사를 신청할 때에 해당 법률에서 정하는 관련 서류를 함께 제출하여야

43) ① 인가·허가·승인·면허·협의·해제·신고 또는 심사 등(인·허가등)의 의제의 협의를 위한 개발행위복합민원 일괄협의회(협의회)를 개발행위허가 신청일부터 10일 이내에 개최하여야 한다. ②협의회를 개최하기 3일 전까지 협의회 개최 사실을 관계 행정기관의 장에게 알려야 한다. ③관계 행정기관의 장은 협의회에서 인·허가등의 의제에 대한 의견을 제출하여야 한다. 다만, 관계 행정기관의 장은 법령 검토 및 사실 확인 등을 위한 추가 검토가 필요하여 해당 인·허가등에 대한 의견을 협의회에서 제출하기 곤란한 경우에는 정한 기간 내에 그 의견을 제출할 수 있다. ④ 협의회의 운영 등에 필요한 사항은 조례로 정한다.

44) ① 건축물의 건축, 공작물의 설치(건축법 제83조(대지를 조성하기 위한 옹벽, 굴뚝, 광고탑, 고가수조, 지하대피호, 그 밖에 유사한 공작물)에 따라 설치되는 것은 제외), 토지의 형질변경 또는 토석채취를 위한 개발행위허가를 받은 자는 그 개발행위를 완료하였으면 준공검사를 받아야 한다. ② 준공검사를 받아야 하는 자는 당해 개발행위를 완료한 때에는 지체없이 개발행위준공검사신청서에 ⓐ 준공사진, ⓑ 지적측량성과도(토지분할, 임야 형질변경하는 경우로서 등록전환신청이 수반되는 경우), ⓒ 관계 행정기관의 장과의 협의에 필요한 서류를 첨부하여 특광시도지사, 시장 또는 군수에게 제출하여야 한다. ③ 개발행위준공검사신청서 및 첨부서류는 국토이용정보체계를 통하여 제출할 수 있다. ④ 특광시도지사, 시장 또는 군수는 준공검사결과 허가내용대로 사업이 완료되었다고 인정하는 때에는 개발행위준공검사필증을 신청인에게 발급하여야 한다. 이 경우 개발행위준공검사필증은 국토이용정보체계를 통하여 발급할 수 있다.

한다. ④ 특광시도지사, 시장 또는 군수는 준공검사를 할 때에 그 내용에 의제되는 인·허가등에 따른 준공검사·준공인가 등에 해당하는 사항이 있으면 미리 관계 행정기관의 장과 협의하여야 한다. ⑤ 장관은 의제되는 준공검사·준공인가 등의 처리기준을 관계 중앙행정기관으로부터 제출받아 통합하여 고시하여야 한다.

10. 개발행위허가의 제한

① 장관, 시·도지사, 시장 또는 군수는 [㉠ 녹지지역이나 계획관리지역으로서 수목이 집단적으로 자라고 있거나 조수류 등이 집단적으로 서식하고 있는 지역 또는 우량 농지 등으로 보전할 필요가 있는 지역, ㉡ 개발행위로 인하여 주변의 환경·경관·미관·문화재 등이 크게 오염되거나 손상될 우려가 있는 지역, ㉢ 도시·군기본계획이나 도시·군관리계획을 수립하고 있는 지역으로서 그 도시·군기본계획이나 도시·군관리계획이 결정될 경우 용도지역·용도지구 또는 용도구역의 변경이 예상되고 그에 따라 개발행위허가의 기준이 크게 달라질 것으로 예상되는 지역, ㉣ 지구단위계획구역으로 지정된 지역, ㉤ 기반시설부담구역으로 지정된 지역]으로서 도시·군관리계획상 특히 필요하다고 인정되는 지역에 대해서는 중앙도시계획위원회나 지방도시계획위원회의 심의를 거쳐 한 차례만 3년 이내의 기간 동안 개발행위허가를 제한할 수 있다. 다만, ㉢부터 ㉤까지에 해당하는 지역에 대해서는 중앙도시계획위원회나 지방도시계획위원회의 심의를 거치지 아니하고 한 차례만 2년 이내의 기간 동안 개발행위허가의 제한을 연장할 수 있다. ② 장관, 시·도지사, 시장 또는 군수는 개발행위허가를 제한하려면 제한지역·제한사유·제한대상행위 및 제한기간을 미리 고시하여야 한다. ③ 개발행위를 제한할 사유가 없어진 경우에는 그 제한기간이 끝나기 전이라도 지체 없이 개발행위허가의 제한을 해제하여야 한다. 이 경우 장관, 시·도지사, 시장 또는 군수는 해제지역 및 해제시기를 고시하여야 한다.

11. 도시·군계획시설 부지에서의 개발행위

① 특광시도지사, 시장 또는 군수는 도시·군계획시설의 설치 장소로 결정된 지상·수상·공중·수중 또는 지하는 그 도시·군계획시설이 아닌 건축물의 건축이나 공작물의 설치를 허가하여서는 아니 된다.[45] ② 특광시도지사, 시장 또는 군수는 도시·군계획시설

45) (허가가능) ㉠ 지상·수상·공중·수중 또는 지하에 일정한 공간적 범위를 정하여 도시·군계획시설이 결정되어 있고, 그 도시·군계획시설의 설치·이용 및 장래의 확장 가능성에 지장이 없는 범위에서 도시·군계획시설이 아닌 건축물 또는 공작물을 그 도시·군계획시설인 건축물 또는 공작물의 부

결정의 고시일부터 2년이 지날 때까지 그 시설의 설치에 관한 사업이 시행되지 아니한 도시·군계획시설 중 단계별 집행계획이 수립되지 아니하거나 단계별 집행계획에서 제1단계 집행계획(단계별 집행계획을 변경한 경우에는 최초의 단계별 집행계획)에 포함되지 아니한 도시·군계획시설의 부지에 대하여는 ㉠ 가설건축물의 건축과 이에 필요한 범위에서의 토지의 형질 변경, ㉡ 도시·군계획시설의 설치에 지장이 없는 공작물의 설치와 이에 필요한 범위에서의 토지의 형질 변경, ㉢ 건축물의 개축 또는 재축과 이에 필요한 범위에서의 토지의 형질 변경의 개발행위를 허가할 수 있다. ③ 특광시도지사, 시장 또는 군수는 제가설건축물의 건축이나 공작물의 설치를 허가한 토지에서 도시·군계획시설사업이 시행되는 경우에는 그 시행예정일 3개월 전까지 가설건축물이나 공작물 소유자의 부담으로 그 가설건축물이나 공작물의 철거 등 원상회복에 필요한 조치를 명하여야 한다(원상회복이 불필요한 경우 제외). ④ 특광시도지사, 시장 또는 군수는 원상회복의 명령을 받은 자가 원상회복을 하지 아니하면 행정대집행에 따라 원상회복을 할 수 있다.

12. 개발행위에 따른 공공시설 등의 귀속

① 개발행위허가(다른 법률에 따라 개발행위허가가 의제되는 협의를 거친 인가·허가·승인 등을 포함)를 받은 자가 행정청인 경우 개발행위허가를 받은 자가 새로 공공시설을 설치하거나 기존의 공공시설에 대체되는 공공시설을 설치한 경우에는 새로 설치된 공공시설은 그 시설을 관리할 관리청에 무상으로 귀속되고, 종래의 공공시설은 개발행위허가를 받은 자에게 무상으로 귀속된다. ② 개발행위허가를 받은 자가 행정청이 아닌 경우 개발행위허가를 받은 자가 새로 설치한 공공시설은 그 시설을 관리할 관리청에 무상으로 귀속되고, 개발행위로 용도가 폐지되는 공공시설은 새로 설치한 공공시설의 설치비용에 상당하는 범위에서 개발행위허가를 받은 자에게 무상으로 양도할 수 있다. ③ 특광시도지사, 시장 또는 군수는 공공시설의 귀속에 관한 사항이 포함된 개발행위허가를 하려면 미리 해당 공공시설이 속한 관리청의 의견을 들어야 한다. 다만, 관리청이 지정되지 아니한

지에 설치하는 경우, ㉡ 도시·군계획시설과 도시·군계획시설이 아닌 시설을 같은 건축물안에 설치한 경우로서 실시계획인가를 받아 ⓐ 건폐율이 증가하지 아니하는 범위 안에서 당해 건축물을 증축 또는 대수선하여 도시·군계획시설이 아닌 시설을 설치하는 경우, ⓑ 도시·군계획시설의 설치·이용 및 장래의 확장 가능성에 지장이 없는 범위 안에서 도시·군계획시설을 도시·군계획시설이 아닌 시설로 변경하는 경우, ㉢ 도시·군계획시설의 설치 및 관리에 관하여 규정하고 있는 다른 법률에 의하여 점용허가를 받아 건축물 또는 공작물을 설치하는 경우, ㉣ 도시·군계획시설의 설치·이용 및 장래의 확장 가능성에 지장이 없는 범위에서 신·재생에너지 설비 중 태양에너지 설비 또는 연료전지 설비를 설치하는 경우.

경우에는 관리청이 지정된 후 준공되기 전에 관리청의 의견을 들어야 하며, 관리청이 불분명한 경우에는 도로 · 하천 등에 대하여는 장관을 관리청으로 보고, 그 외의 재산에 대하여는 기획재정부장관을 관리청으로 본다.

Ⅱ. 개발행위에 따른 기반시설의 설치

1. 개발밀도관리구역

① 특광시도지사, 시장 또는 군수는 주거 · 상업 또는 공업지역에서의 개발행위로 기반시설(도시 · 군계획시설을 포함)의 처리 · 공급 또는 수용능력이 부족할 것으로 예상되는 지역 중 기반시설의 설치가 곤란한 지역을 개발밀도관리구역으로 지정할 수 있다. ② 개발밀도관리구역에서는 해당 용도지역에 적용되는 용적률의 최대한도의 50퍼센트에서 건폐율 또는 용적률을 강화하여 적용한다. ③ 개발밀도관리구역을 지정하거나 변경하려면 ㉠ 개발밀도관리구역의 명칭, ㉡ 개발밀도관리구역의 범위, ㉢ 건폐율 또는 용적률의 강화 범위를 포함하여 해당 지방자치단체에 설치된 지방도시계획위원회의 심의를 거쳐야 한다. ④ 개발밀도관리구역을 지정하거나 변경한 경우에는 그 사실을 당해 지방자치단체의 공보에 게재하는 방법에 따라 고시하여야 하며, 고시한 내용을 해당 기관의 인터넷 홈페이지에 게재하여야 한다.

2. 기반시설부담구역의 지정

① 특광시도지사, 시장 또는 군수는 [㉠ 법령의 제정 · 개정으로 인하여 행위 제한이 완화되거나 해제되는 지역, ㉡ 법령에 따라 지정된 용도지역 등이 변경되거나 해제되어 행위 제한이 완화되는 지역, ㉢ 해당 지역의 전년도 개발행위허가 건수가 전전년도 개발행위허가 건수보다 20퍼센트 이상 증가한 지역, ㉣ 해당 지역의 전년도 인구증가율이 그 지역이 속하는 특별시 · 광역시 · 특별자치시 · 특별자치도 · 시 또는 군(광역시의 관할 구역에 있는 군은 제외)의 전년도 인구증가율보다 20퍼센트 이상 높은 지역]에 대하여는 기반시설부담구역으로 지정하여야 한다. 다만, 개발행위가 집중되어 특광시도지사, 시장 또는 군수가 해당 지역의 계획적 관리를 위하여 필요하다고 인정하면 ㉠부터 ㉣까지에 해당하지 아니하는 경우라도 기반시설부담구역으로 지정할 수 있다. ② 기반시설부담구역을 지정 또는 변경하려면 주민의 의견을 들어야 하며, 해당 지방자치단체에 설치된 지방도시

계획위원회의 심의를 거쳐 이를 고시하여야 한다. ③ 기반시설부담구역이 지정되면 기반시설설치계획[46]을 수립하여야 하며, 이를 도시 · 군관리계획에 반영하여야 한다.

3. 기반시설설치비용

(1) 기반시설설치비용의 부과대상 및 산정기준

① 기반시설부담구역에서 기반시설설치비용의 부과대상인 건축행위는 시설로서 200제곱미터(기존 건축물의 연면적을 포함)를 초과하는 건축물의 신축 · 증축 행위로 한다. 다만, 기존 건축물을 철거하고 신축하는 경우에는 기존 건축물의 건축연면적을 초과하는 건축행위만 부과대상으로 한다. ② 기반시설설치비용은 기반시설을 설치하는 데 필요한 기반시설 표준시설비용과 용지비용을 합산한 금액에 부과대상 건축연면적과 기반시설 설치를 위하여 사용되는 총 비용 중 국가 · 지방자치단체의 부담분을 제외하고 민간 개발사업자가 부담하는 부담률을 곱한 금액으로 한다. ③ 용지비용은 부과대상이 되는 건축행위가 이루어지는 토지를 대상으로 ㉠ 지역별 기반시설의 설치 정도를 고려하여 0.4 범위에서 지방자치단체의 조례로 정하는 용지환산계수(기반시설부담구역별로 기반시설이 설치된 정도를 고려하여 산정된 기반시설 필요 면적률(기반시설부담구역의 전체 토지면적 중 기반시설이 필요한 토지면적의 비율)을 건축 연면적당 기반시설 필요 면적으로 환산하는데 사용되는 계수), ㉡ 기반시설부담구역의 개별공시지가 평균 및 건축물별 기반시설유발계수의 기준을 곱하여 산정한 가액으로 한다. ④ 민간 개발사업자가 부담하는 부담률은 100분의 20으로 하며, 특광시도지사, 시장 또는 군수가 건물의 규모, 지역 특성 등을 고려하여 100분의 25의 범위에서 부담률을 가감할 수 있다.[47] ⑤ 납부의무자가 ㉠ 기반시설을

46) **(기반시설설치계획의 수립)** ① 특광시도지사, 시장 또는 군수는 기반시설설치계획을 수립할 때에는 ㉠ 설치가 필요한 기반시설의 종류, 위치 및 규모, ㉡기반시설의 설치 우선순위 및 단계별 설치계획, ㉢ 그 밖에 기반시설의 설치에 필요한 사항의 내용을 포함하여 수립하여야 한다. ②기반시설설치계획을 수립할 때에는 ㉠ 기반시설의 배치는 해당 기반시설부담구역의 토지이용계획 또는 앞으로 예상되는 개발수요를 감안하여 적절하게 정할 것, ㉡ 기반시설의 설치시기는 재원조달계획, 시설별 우선순위, 사용자의 편의와 예상되는 개발행위의 완료시기 등을 감안하여 합리적으로 정할 것의 사항을 종합적으로 고려하여야 한다. ③ 지구단위계획을 수립한 경우에는 기반시설설치계획을 수립한 것으로 본다. ④ 기반시설부담구역의 지정고시일부터 1년이 되는 날까지 기반시설설치계획을 수립하지 아니하면 그 1년이 되는 날의 다음날에 기반시설부담구역의 지정은 해제된 것으로 본다.

47) **(기반시설부담계획의 수립)** ① 특광시도지사, 시장 또는 군수는 기반시설부담계획을 수립할 때에는 ㉠ 기반시설의 설치 또는 그에 필요한 용지의 확보에 소요되는 총부담비용, ㉡ 총부담비용 중 건축행위를 하는 자(납부의무자)가 각각 부담하여야 할 부담분, ㉢ 부담분의 부담시기, ㉣ 재원의 조달 및 관리 · 운영방법의 내용을 포함하여야 한다. ② ①의 ㉡에 따른 부담분은 ⓐ 총부담비용을 건축물의 연면적에 따라 배분하되, 건축물의 용도에 따라 가중치를 부여하여 결정하는 방법, ⓑ 특광시도지사, 시장 또는 군수와 납부의무자가 서로 협의하여 산정방법을 정하는 경우에는 그 방법으로 산정한다.

설치하거나 그에 필요한 용지를 확보한 경우, ㉡ 도로법에 따른 원인자 부담금 등 비용을 납부한 경우에는 이 법에 따른 기반시설설치비용에서 감면한다.

(2) 기반시설설치비용의 감면 등

① 납부의무자가 직접 기반시설을 설치하거나 그에 필요한 용지를 확보한 경우에는 기반시설설치비용에서 직접 기반시설을 설치하거나 용지를 확보하는 데 든 비용을 공제한다. ② 공제금액 중 납부의무자가 직접 기반시설을 설치하는 데 든 비용은 ㉠ 건축허가(다른 법률에 따른 사업승인 등 건축허가가 의제되는 경우에는 그 사업승인)를 받은 날(부과기준시점)을 기준으로 장관이 정하는 요건을 갖춘 감정평가업자 두 명 이상이 감정평가한 금액을 산술평균한 토지의 가액, ㉡ 부과기준시점을 기준으로 장관이 매년 고시하는 기반시설별 단위당 표준조성비에 납부의무자가 설치하는 기반시설량을 곱하여 산정한 기반시설별 조성비용(다만, 납부의무자가 실제 투입된 조성비용 명세서를 제출하면 그 조성비용을 기반시설별 조성비용으로 인정가능)을 합산하여 산정한다. ③ 부과기준시점에 [㉠ 부과기준시점으로부터 가장 최근에 결정·공시된 개별공시지가, ㉡ 국가, 지방자치단체, 공공기관 또는 지방공기업으로부터 매입한 토지의 가액, ㉢ 공공기관 또는 지방공기업이 매입한 토지의 가액, ㉣ 토지보상법에 따른 협의 또는 수용에 따라 취득한 토지의 가액, ㉤ 해당 토지의 무상 귀속을 목적으로 한 토지의 감정평가금액]에 따른 토지의 가액과 기반시설별 조성비용을 적용하여 산정된 공제 금액이 기반시설설치비용을 초과하는 경우에는 그 금액을 납부의무자가 직접 기반시설을 설치하는 데 든 비용으로 본다.

(3) 기반시설설치비용의 물납

① 기반시설설치비용은 현금, 신용카드 또는 직불카드로 납부하도록 하되, 부과대상 토지 및 이와 비슷한 토지로 하는 물납을 인정할 수 있다. ② 물납을 신청하려는 자는 납

---

③기반시설부담계획을 수립할 때에는 ㉠ 총부담비용은 각 시설별로 소요되는 용지보상비·공사비 등 합리적 근거를 기준으로 산출하고, 기반시설의 설치 또는 용지 확보에 필요한 비용을 초과하여 과다하게 산정되지 아니하도록 할 것, ㉡ 각 납부의무자의 부담분은 건축물의 연면적·용도 등을 종합적으로 고려하여 합리적이고 형평에 맞게 정하도록 할 것, ㉢ 기반시설부담계획의 수립시기와 기반시설의 설치 또는 용지의 확보에 필요한 비용의 납부시기가 일치하지 아니하는 경우에는 물가상승률 등을 고려하여 부담분을 조정할 수 있도록 할 것을 종합적으로 고려하여야 한다. ④ 기반시설부담계획을 수립하거나 변경할 때에는 주민의 의견을 듣고 해당 지방자치단체에 설치된 지방도시계획위원회의 심의를 거쳐야 한다. ⑤ 기반시설부담계획을 수립하거나 변경하였으면 그 내용을 고시하여야 한다. ⑥ 기반시설부담계획 중 ㉠ 납부의무자의 전부 또는 일부의 부담분을 증가시키지 아니하고 부담시기를 앞당기지 아니한 경우, ㉡ 기반시설의 설치 및 그에 필요한 용지의 확보와 관련하여 특광시도지사, 시장 또는 군수의 지원을 경감하지 아니한 경우에 해당하는 경미한 사항을 변경하는 경우에는 ④ 및 ⑤를 적용하지 아니한다.

부기한 20일 전까지 [기반시설설치비용, 물납 대상 토지의 면적 및 위치, 물납신청 당시 물납 대상 토지의 개별공시지가] 등을 적은 물납신청서를 특광시도지사, 시장 또는 군수에게 제출하여야 한다. ③ 물납신청서를 받은 날부터 10일 이내에 신청인에게 수납 여부를 서면으로 알려야 한다. ④ 물납을 신청할 수 있는 토지의 가액은 해당 기반시설설치비용의 부과액을 초과할 수 없으며, 납부의무자는 부과된 기반시설설치비용에서 물납하는 토지의 가액을 뺀 금액을 현금, 신용카드 또는 직불카드로 납부하여야 한다. ⑤ 물납에 충당할 토지의 가액은 ㉠ 서면으로 알린 날의 가장 최근에 결정·공시된 개별공시지가, ㉡ 개별공시지가의 기준일부터 서면으로 알린 날까지의 해당 시·군·구의 지가변동률을 일 단위로 적용하여 산정한 금액을 합한 가액으로 한다. ⑥ 물납을 받으면 해당 기반시설부담구역에 설치한 기반시설특별회계에 귀속시켜야 한다.

(4) 기반시설설치비용의 관리 및 사용 등

① 특광시도지사, 시장 또는 군수는 기반시설설치비용의 관리 및 운용을 위하여 기반시설부담구역별로 특별회계를 설치하여야 하며, 그에 필요한 사항은 지방자치단체의 조례로 정한다. ② 납부한 기반시설설치비용은 해당 기반시설부담구역에서 기반시설의 설치 또는 그에 필요한 용지의 확보 등을 위하여 사용하여야 한다. 다만, 해당 기반시설부담구역에 사용하기가 곤란한 경우로서 기반시설부담구역에 필요한 기반시설을 모두 설치하거나 그에 필요한 용지를 모두 확보한 후에도 잔액이 생기는 경우에는 해당 기반시설부담구역의 기반시설과 연계된 기반시설의 설치 또는 그에 필요한 용지의 확보 등에 사용할 수 있다. ③ 기반시설설치비용의 관리, 사용 등에 필요한 사항은 장관이 정한다.[48]

48) 기반시설설치비용은 ㉠ 기반시설부담구역별 기반시설설치계획 및 기반시설부담계획 수립, ㉡ 기반시설부담구역에서 건축물의 신·증축행위로 유발되는 기반시설의 신규 설치, 그에 필요한 용지 확보 또는 기존 기반시설의 개량, ㉢ 기반시설부담구역별로 설치하는 특별회계의 관리 및 운영의 용도로 사용하여야 한다.

제6절 용도지역 · 용도지구 및 용도구역에서의 행위 제한

Ⅰ. 건축물의 건축 제한 등

1. 용도지역 및 용도지구에서의 건축물의 건축 제한 등

① 지정된 용도지역에서의 건축물이나 그 밖의 시설의 용도 · 종류 및 규모 등의 제한에 관한 사항은 대통령령으로 정한다. ② [㉠ 취락지구(대통령령), ㉡ 개발진흥지구(대통령령), ㉢ 복합용도지구(대통령령), ㉣ 농공단지(산업입지법), ㉤ 농림지역 중 농업진흥지역, 보전산지 또는 초지(농지법, 산지관리법 또는 초지법), ㉥ 자연환경보전지역 중 상수원보호구역, 지정된 지정문화재 또는 천연기념물과 그 보호구역, 해양보호구역(자연공원법 등), ㉦ 자연환경보전지역 중 수산자원보호구역(수산자원관리법)에서 정하는 바에 따라, 건축물이나 그 밖의 시설의 용도 · 종류 및 규모 등의 제한에 관하여 정한다. ③ 보전관리지역이나 생산관리지역에 대하여 농림축산식품부장관 · 해양수산부장관 · 환경부장관 또는 산림청장이 농지 보전, 자연환경 보전, 해양환경 보전 또는 산림 보전에 필요하다고 인정하는 경우에는 농지법 등에 따라 건축물이나 그 밖의 시설의 용도 · 종류 및 규모 등을 제한할 수 있다. 이 경우 이 법에 따른 제한의 취지와 형평을 이루도록 하여야 한다.[49)]

2. 취락지구안에서의 건축제한

① 자연취락지구안에서 건축할 수 있는 건축물은 별표 23[50)]과 같다. ② 집단취락지구

---

49) **(용도지역 안에서의 건축제한)** ① 용도지역 안에서의 건축물의 용도 · 종류 및 규모 등의 제한(건축제한)에 대하여는 용도지역별로 건축할 수 있는 건축물과 건축할 수 없는 건축물에 대하여는 국토계획법 시행령에 규정하고 있다(시행령 별표 2부터 별표22까지 참조). ② 건축제한을 적용함에 있어서 부속건축물에 대하여는 주된 건축물에 대한 건축제한에 의한다. ③ 건축법 시행령 별표 1(용도별 건축물의 종류 참조)에서 정하는 건축물 중 ㉠ 2012년 1월 20일 이후에 동 별표 1에서 새로이 규정하는 건축물일 것, ㉡ 국토계획법 시행령 별표 2부터 별표 22까지의 규정에서 정하지 아니한 건축물일 것의 요건을 모두 충족하는 건축물의 종류 및 규모 등의 제한에 관하여는 도시 · 군계획조례로 따로 정할 수 있다.

50) ① 건축할 수 있는 건축물(4층 이하의 건축물. 4층 이하의 범위 안에서 도시 · 군계획조례로 따로

안에서의 건축제한에 관하여는 개발제한구역법이 정하는 바에 의한다.

3. 개발진흥지구에서의 건축제한

① 지구단위계획 또는 관계 법률에 따른 개발계획을 수립하는 개발진흥지구에서는 지구단위계획 또는 관계 법률에 따른 개발계획에 위반하여 건축물을 건축할 수 없으며, 지구단위계획 또는 개발계획이 수립되기 전에는 개발진흥지구의 계획적 개발에 위배되지 아니하는 범위에서 도시·군계획조례로 정하는 건축물을 건축할 수 있다. ② 지구단위계획 또는 관계 법률에 따른 개발계획을 수립하지 아니하는 개발진흥지구에서는 해당 용도지역에서 허용되는 건축물을 건축할 수 있다. ③ 산업·유통개발진흥지구에서는 해당 용도지역에서 허용되는 건축물 외에 해당 지구계획(해당 지구의 토지이용, 기반시설 설치 및 환경오염 방지 등에 관한 계획)에 따라 [㉠ 계획관리지역 : 계획관리지역에서 건축이 허용되지 아니하는 공장 중 ⓐ 대기환경보전법, 물환경보전법 또는 소음·진동관리법에 따른 배출시설의 설치 허가·신고 대상이 아닐 것, ⓑ 악취방지법에 따른 배출시설이 없을 것, ⓒ 산업집적법에 따른 공장설립 가능 여부의 확인 또는 공장설립등의 승인에 필요한 서류를 갖추어 도시군관리계획의 결정에 따라 관계 행정기관의 장과 미리 협의하였을 것의 요건을 모두 갖춘 것, ㉡ 자연녹지지역·생산관리지역 또는 보전관리지역 : 해당 용도지역에서 건축이 허용되지 아니하는 공장 중 ⓐ 산업·유통개발진흥지구 지정 전에 계획관리지역에 설치된 기존 공장이 인접한 용도지역의 토지로 확장하여 설치하는 공장일 것, ⓑ 해당 용도지역에 확장하여 설치되는 공장부지의 규모가 3천제곱미터 이하일 것(다만, 해당 용도지역 내에 기반시설이 설치되어 있거나 기반시설의 설치에 필요한 용지의 확보가 충분하고 주변지역의 환경오염·환경훼손 우려가 없는 경우로서 도시계획위원회의 심의를 거친 경우에는 5천제곱미터까지로 할 수 있다)의 요건을 모두 갖춘 것]의 구분에 따른 요건을 갖춘 건축물 중 도시·군계획조례로 정하는 건축물을 건축할 수 있다.

층수) : 단독주택, 제1종 근린생활시설, 제2종 근린생활시설[안마시술소 등 제외], 운동시설, 창고(농업·임업·축산업·수산업용만 해당), 동물 및 식물관련시설, 교정 및 국방·군사시설, 방송통신시설, 발전시설. ② 도시·군계획조례가 정하는 바에 의하여 건축 : 공동주택(아파트를 제외), 안마시술소 등 제2종 근린생활시설, 문화 및 집회시설, 종교시설, 판매시설(농수산물공판장, 농수산물직판장으로서 해당용도에 쓰이는 바닥면적의 합계가 1만제곱미터 미만인 것(농업인·어업인, 후계농어업경영인, 전업농어업인 또는 지방자치단체가 설치·운영하는 것), 의료시설 중 종합병원·병원·치과병원·한방병원 및 요양병원, 교육연구시설, 노유자시설, 수련시설, 숙박시설로서 관광진흥법에 따라 지정된 관광지 및 관광단지에 건축하는 것, 공장 중 도정공장 및 식품공장과 읍·면지역에 건축하는 제재업의 공장 및 첨단업종의 공장 등, 위험물저장 및 처리시설, 자동차 관련 시설 중 주차장 및 세차장, 자원순환 관련 시설, 야영장 시설.

4. 복합용도지구에서의 건축제한

복합용도지구에서는 해당 용도지역에서 허용되는 건축물 외에 ㉠ 일반주거지역 : 준주거지역에서 허용되는 건축물(다만, ⓐ 제2종 근린생활시설 중 안마시술소, ⓑ 관람장, ⓒ 공장, ⓓ 위험물 저장 및 처리 시설, ⓔ 동물 및 식물 관련 시설, ⓕ장례시설은 제외), ㉡ 일반공업지역 : 준공업지역에서 허용되는 건축물(다만, ⓐ 아파트, ⓑ 제2종 근린생활시설 중 단란주점 및 안마시술소, ⓒ 노유자시설은 제외), ㉢ 계획관리지역 : ⓐ 근린생활시설 중 일반음식점 · 휴게음식점 · 제과점(건축할 수 없는 일반음식점 · 휴게음식점 · 제과점은 제외), ⓑ 판매시설, ⓒ 숙박시설(건축할 수 없는 숙박시설은 제외), ⓓ 유원시설업의 시설, 그 밖에 이와 비슷한 시설에 따른 건축물 중 도시 · 군계획조례가 정하는 건축물을 건축할 수 있다.

Ⅱ. 건폐율

1. 용도지역의 건폐율의 한도

① 지정된 용도지역에서 건폐율의 최대한도는 관할 구역의 면적과 인구 규모, 용도지역의 특성 등을 고려하여 [㉠ 도시지역 : ⓐ 주거지역: 70퍼센트 이하, ⓑ 상업지역 : 90퍼센트 이하, ⓒ 공업지역 : 70퍼센트 이하, ⓓ 녹지지역 : 20퍼센트 이하, ㉡ 관리지역 : ⓐ 보전관리지역 : 20퍼센트 이하, ⓑ 생산관리지역 : 20퍼센트 이하, ⓒ 계획관리지역 : 40퍼센트 이하, ㉢ 농림지역 : 20퍼센트 이하, ㉣ 자연환경보전지역 : 20퍼센트 이하]의 범위에서 조례로 정한다. ② 세분된 용도지역에서의 건폐율에 관한 기준은 ①의 범위에서 대통령령으로 따로 정한다. ③ [㉠ 취락지구, ㉡ 개발진흥지구(도시지역 외의 지역 또는 대통령령으로 정하는 용도지역(자연녹지지역)만 해당), ㉢ 수산자원보호구역, ㉣ 자연공원, ㉤ 농공단지, ㉥ 공업지역에 있는 국가산업단지, 일반산업단지 및 도시첨단산업단지와 준산업단지]에 해당하는 지역에서의 건폐율에 관한 기준은 80퍼센트 이하의 범위에서 조례로 따로 정한다.

④ ㉠ 토지이용의 과밀화를 방지하기 위하여 건폐율을 강화할 필요가 있는 경우, ㉡ 주변 여건을 고려하여 토지의 이용도를 높이기 위하여 건폐율을 완화할 필요가 있는 경우, ㉢ 녹지지역, 보전관리지역, 생산관리지역, 농림지역 또는 자연환경보전지역에서 농업

용·임업용·어업용 건축물을 건축하려는 경우, ㉣ 보전관리지역, 생산관리지역, 농림지역 또는 자연환경보전지역에서 주민생활의 편익을 증진시키기 위한 건축물을 건축하려는 경우로서 조례로 건폐율을 정할 수 있다. ⑤ 계획관리지역·생산관리지역 및 자연녹지지역에서 성장관리방안을 수립한 경우에는 50퍼센트 이하의 범위에서 계획관리지역 : 50퍼센트 이하, 자연녹지지역 및 생산관리지역 : 30퍼센트 이하에 따라 조례로 건폐율을 정할 수 있다.

2. 용도지역안에서의 세부 건폐율

① 건폐율은 다음 각호의 범위안에서 특광시도, 시 또는 군의 도시·군계획조례가 정하는 비율을 초과하여서는 아니된다.

지역	건폐율	지역	건폐율
중심상업지역	90퍼센트 이하	제1·2종전용 주거지역 제3종일반 주거지역	50퍼센트 이하
일반·유통 상업지역	80퍼센트 이하	계획관리지역	40퍼센트 이하
준주거지역	70퍼센트 이하	보전·생산 관리지역	20퍼센트 이하
전용·일반·준 공업지역		농림지역	
근린상업지역		자연환경보전지역	
제1·2종일반 주거지역	60퍼센트 이하	보전·생산·자연 녹지지역	

② 도시·군계획조례로 용도지역별 건폐율을 정함에 있어서 필요한 경우에는 당해 지방자치단체의 관할구역을 세분하여 건폐율을 달리 정할 수 있다. ③ [㉠ 취락지구 : 60퍼센트 이하(집단취락지구에 대하여는 개발제한구역법이 정하는 바에 의한다), ㉡ 개발진흥지구: ⓐ 도시지역 외의 지역에 지정된 경우: 40퍼센트, ⓑ 자연녹지지역에 지정된 경우: 30퍼센트, ㉢ 수산자원보호구역 : 40퍼센트 이하, ㉣ 자연공원 : 60퍼센트 이하, ㉤ 농공단지 : 70퍼센트 이하, ㉥ 공업지역에 있는 국가산업단지·일반산업단지·도시첨단산업단지 및 준산업단지: 80퍼센트 이하]의 범위에서 조례로 정하는 비율이내. ④ 특광시도지사, 시장 또는 군수가 도시지역에서 토지이용의 과밀화를 방지하기 위하여 건폐율을 낮추어야 할 필요 시 도시계획위원회의 심의를 거쳐 최대한도의 40퍼센트 이상의 범위안에서 조례로 정한다.

⑤ ㉠ 준주거지역·일반상업지역·근린상업지역 중 방화지구의 건축물로서 주요 구조부와 외벽이 내화구조인 건축물 중 도시·군계획조례로 정하는 건축물: 80퍼센트 이상

90퍼센트 이하, ㉡ 녹지지역 · 관리지역 · 농림지역 및 자연환경보전지역의 건축물로서 방재지구의 재해저감대책에 부합하게 재해예방시설을 설치한 건축물: ①에 따른 해당 용도지역별 건폐율의 150퍼센트 이하, ㉢ 자연녹지지역의 창고시설 또는 연구소(자연녹지지역으로 지정될 당시 이미 준공된 것으로서 기존 부지에서 증축하는 경우만 해당): 40퍼센트의 범위, ㉣ 계획관리지역의 기존 공장 · 창고시설 또는 연구소 : 50퍼센트의 범위, ㉤ 녹지지역 · 보전관리지역 · 생산관리지역 · 농림지역 또는 자연환경보전지역의 건축물로서 ⓐ 전통사찰, ⓑ 지정문화재 또는 등록문화재, ⓒ 한옥에 해당하는 건축물: 30퍼센트의 범위, ㉥ 종전의 일단의 공업용지조성사업 구역 내의 공장으로서 관할 특광시도지사, 시장 또는 군수가 해당 지방도시계획위원회의 심의를 거쳐 기반시설의 설치 및 그에 필요한 용지의 확보가 충분하고 주변지역의 환경오염 우려가 없다고 인정하는 공장: 80퍼센트 이하, ㉦ 자연녹지지역의 학교(초 · 중등교육법에 따른 학교 및 고등교육법에 따른 학교)로서 ⓐ 기존 부지에서 증축하는 경우일 것, ⓑ 학교 설치 이후 개발행위 등으로 해당 학교의 기존 부지가 건축물, 그 밖의 시설로 둘러싸여 부지 확장을 통한 증축이 곤란한 경우로서 해당 도시계획위원회의 심의를 거쳐 기존 부지에서의 증축이 불가피하다고 인정될 것, ⓒ 고등교육법에 따른 대학의 경우 「대학설립 · 운영 규정」 별표 2에 따른 교육기본시설, 지원시설 또는 연구시설의 증축일 것의 요건을 모두 충족하는 학교: 30퍼센트의 범위에서 정한다.

⑥ 보전관리지역 · 생산관리지역 · 농림지역 또는 자연환경보전지역에 농지법에 따라 건축할 수 있는 건축물의 경우에 그 건폐율은 60퍼센트 이하. ⑦ 생산녹지지역에 건축할 수 있는 ㉠ 농수산물의 가공 · 처리시설 및 농수산업 관련 시험 · 연구시설, ㉡ 농산물 건조 · 보관시설, ㉢ 산지유통시설의 건축물의 경우 60퍼센트 이하.[51] ⑧ 자연녹지지역에 설

---

51) **(생산녹지지역 등에서 기존 공장의 건폐율)** ① 생산녹지지역, 자연녹지지역 또는 생산관리지역에 있는 기존 공장(준공 당시의 부지에서 증축하는 경우만 해당)의 건폐율은 40퍼센트의 범위에서 최초 건축허가 시 그 건축물에 허용된 비율을 초과해서는 아니 된다(다만, 2020년 12월 31일까지 증축 허가를 신청한 경우로 한정). ② 생산녹지지역, 자연녹지지역, 생산관리지역 또는 계획관리지역에 있는 기존 공장이 부지를 확장하여 건축물을 증축하는 경우(2020년 12월 31일까지 증축허가를 신청한 경우로 한정)로서 ㉠ 추가편입부지에 건축물을 증축하는 경우로서 ⓐ 추가편입부지의 면적이 3천제곱미터 이하로서 준공당시부지 면적의 50퍼센트 이내일 것, ⓑ 관할 특광시도지사, 시장 또는 군수가 해당 지방도시계획위원회의 심의를 거쳐 기반시설의 설치 및 그에 필요한 용지의 확보가 충분하고 주변지역의 환경오염 우려가 없다고 인정할 것의 요건을 모두 갖춘 경우, ㉡ 준공당시부지와 추가편입부지를 하나로 하여 건축물을 증축하려는 경우로서 ⓐ ㉠의 요건을 모두 갖출 것, ⓑ 관할 특광시도지사, 시장 또는 군수가 해당 지방도시계획위원회의 심의를 거쳐 Ⓐ 식품위생법에 따른 식품안전관리인증, Ⓑ 농수산물 품질관리법에 따른 위해요소중점관리기준 이행 사실 증명, Ⓒ 축산물 위생관리법에 따른 안전관리인증 등을 받기 위하여 준공당시부지와 추가편입부지를 하나로 하여 건축물을 증축하는 것이 불가피하다고 인정할 것, ⓒ 준공당시부지와 추가편입부지를 합병할 것(다만, 필지의 지번부여지

치되는 도시·군계획시설 중 유원지의 건폐율은 30퍼센트, 공원의 건폐율은 20퍼센트의 범위에서 정한다.

Ⅲ. 용적률

1. 용도지역에서의 용적률

① 지정된 용도지역에서 용적률의 최대한도는 관할 구역의 면적과 인구 규모, 용도지역의 특성 등을 고려하여 [㉠ 도시지역 : ⓐ 상업지역: 1천500퍼센트, ⓑ 주거지역: 500퍼센트, ⓒ 공업지역: 400퍼센트, ⓓ 녹지지역: 100퍼센트, ㉡ 관리지역 : ⓐ 보전관리지역: 80퍼센트, ⓑ 생산관리지역: 80퍼센트, ⓒ 계획관리지역: 100퍼센트(다만, 성장관리방안을 수립한 지역의 경우 조례로 125퍼센트 이내에서 완화 가능), ㉢ 농림지역 : 80퍼센트, ㉣ 자연환경보전지역 : 80퍼센트]의 범위에서 조례로 정한다.

② 개발진흥지구(도시지역 외의 지역 또는 자연녹지지역), 수산자원보호구역, 자연공원, 농공단지 지역에서의 용적률에 대한 기준은 200퍼센트 이하의 범위. ③ 건축물의 주위에 공원·광장·도로·하천 등의 공지가 있거나 이를 설치하는 경우 조례로 정할 수 있다. ④ 도시지역(녹지지역만 해당), 관리지역에서는 창고 등 용도의 건축물 또는 시설물(창고)은 조례로 정하는 높이로 규모 등을 제한할 수 있다. ⑤ 건축물을 건축하려는 자가 그 대지의 일부에 사회복지시설 중 ⓐ 어린이집, ⓑ 노인복지관, ⓒ 그 밖에 특광시도지사, 시장 또는 군수가 해당 지역의 사회복지시설 수요를 고려하여 도시·군계획조례로 정하는 사회복지시설을 설치하여 국가 또는 지방자치단체에 기부채납하는 경우에는 조례로 해당 용도지역에 적용되는 용적률을 완화할 수 있다.

2. 용도지역 안에서의 용적률

① 용적률은 다음 각호의 범위안에서 관할구역의 면적, 인구규모 및 용도지역의 특성 등을 감안하여 특광시도, 시 또는 군의 도시·군계획조례가 정하는 비율을 초과하여서는 아니된다.

역이 서로 다른 경우에는 합병하지 아니할 수 있다)의 요건을 모두 갖춘 경우에는 그 건폐율은 40퍼센트의 범위. 이 경우 ㉠의 경우에는 부지를 확장하여 추가로 편입되는 부지(추가편입부지)에 대해서만 건폐율 기준을 적용하고, ㉡의 경우에는 준공 당시의 부지(준공당시부지)와 추가편입부지를 하나로 하여 건폐율 기준을 적용한다.

지 역	용적률		지역	용적률	
제1종전용주거지역	50퍼센트 이상	100퍼센트 이하	전용공업지역	150퍼센트 이상	300퍼센트 이하
제2종전용주거지역		150퍼센트 이하	일반공업지역		350퍼센트 이하
제1종일반주거지역	100퍼센트 이상	200퍼센트 이하	준공업지역		400퍼센트 이하
제2종일반주거지역		250퍼센트 이하	보전녹지지역	50퍼센트 이상	80퍼센트 이하
제3종일반주거지역		300퍼센트 이하	생산/자연 녹지지역		100퍼센트 이하
준주거지역	200퍼센트 이상	500퍼센트 이하	보전관리지역		80퍼센트 이하
중심상업지역		1천500퍼센트 이하	생산관리지역		80퍼센트 이하
일반상업지역		1천300퍼센트 이하	계획관리지역		100퍼센트 이하
유통상업지역		1천100퍼센트 이하	농림지역		80퍼센트 이하
근린상업지역		900퍼센트 이하	자연환경보전지역		80퍼센트 이하

② 조례로 용도지역별 용적률을 정함에 있어서 필요한 경우에는 당해 지방자치단체의 관할구역을 세분하여 용적률을 달리 정할 수 있다. ③ ㉠ 주거지역(6개)에서 임대주택(민간임대주택 또는 공공임대주택으로서 각각 임대의무기간이 10년 이상인 경우에 한정)을 건설하는 경우: 주거지역에 따른 용적률의 120퍼센트 이하의 범위에서 조례로 정하는 비율, ㉡ ⓐ 국가 또는 지방자치단체, ⓑ 학교법인, ⓒ 한국사학진흥재단, ⓓ 한국장학재단, ⓔ ⓐ부터 ⓓ까지의 어느 하나에 해당하는 자가 단독 또는 공동으로 출자하여 설립한 법인에 해당하는 자가 고등교육법에 따른 대학의 학생이 이용하도록 해당 학교 부지 외에 기숙사를 건설하는 경우: ①에 따른 용도지역별 최대한도의 범위에서 조례로 정하는 비율, ㉢ 고등교육법에 따른 대학의 학생이 이용하도록 해당 학교 부지에 기숙사를 건설하는 경우: ①에 따른 용도지역별 최대한도의 범위에서 조례로 정하는 비율, ㉣ 사업주가 직장어린이집을 설치하기 위하여 기존 건축물 외에 별도의 건축물을 건설하는 경우: ①에 따른 용도지역별 최대한도의 범위에서 조례로 정하는 비율, ㉤ ⓐ 어린이집, ⓑ 노인복지관, ⓒ 사회복지시설에 해당하는 시설을 국가 또는 지방자치단체가 건설하는 경우: ①에 따른 용도지역별 최대한도의 범위에서 조례로 정하는 비율에 해당하는 경우에는 해당 지역의 용적률을 이에 따른 구분에 따라 완화할 수 있다.

④ 방재지구의 재해저감대책에 부합하게 재해예방시설을 설치하는 건축물의 경우 주거지역, 상업지역, 공업지역의 용도지역에서는 해당 용적률의 120퍼센트 이하의 범위에서 조례로 정하는 비율로 할 수 있다. ⑤ ㉠ 도시지역외의 지역에 지정된 개발진흥지구 : 100퍼센트 이하, ㉡ 수산자원보호구역 : 80퍼센트 이하, ㉢ 자연공원: 100퍼센트 이하, ㉣ 농공단지(도시지역외의 지역에 지정된 농공단지) : 150퍼센트 이하의 용적률 범위. ⑥ 준주거지역 · 중심상업지역 · 일반상업지역 · 근린상업지역 · 전용공업지역 · 일반공업지역

또는 준공업지역안의 건축물로서 ㉠ 공원·광장(교통광장을 제외)·하천 그 밖에 건축이 금지된 공지에 접한 도로를 전면도로로 하는 대지안의 건축물이나 공원·광장·하천 그 밖에 건축이 금지된 공지에 20미터 이상 접한 대지안의 건축물, ㉡ 너비 25미터 이상인 도로에 20미터 이상 접한 대지안의 건축면적이 1천제곱미터 이상인 건축물에 대한 용적률은 경관·교통·방화 및 위생상 지장이 없다고 인정되는 경우에는 해당 용적률의 120퍼센트 이하의 범위안에서 조례로 정할 수 있다.

⑦ ㉠ 상업지역, ㉡ 재개발사업 및 재건축사업을 시행하기 위한 정비구역의 지역·지구 또는 구역안에서 건축물을 건축하고자 하는 자가 그 대지의 일부를 공공시설부지로 제공하는 경우에는 당해 건축물에 대한 용적률은 해당 용적률의 200퍼센트 이하의 범위안에서 대지면적의 제공비율에 따라 조례가 정하는 비율로 할 수 있다. ⑧ 건축물을 건축하려는 자가 그 대지의 일부에 사회복지시설을 설치하여 기부하는 경우에는 기부하는 시설의 연면적의 2배 이하의 범위에서 조례로 정하는 바에 따라 추가 건축을 허용할 수 있다. 다만, 해당 용적률은 ㉠ 조례로 정하는 용적률의 120퍼센트, ㉡ 용도지역별 용적률의 최대한도를 초과할 수 없다. ⑨ 국가나 지방자치단체는 기부 받은 사회복지시설을 ⓐ 어린이집, ⓑ 노인복지관, ⓒ 사회복지시설 외의 시설로 용도변경하거나 그 주요 용도에 해당하는 부분을 분양 또는 임대할 수 없으며, 해당 시설의 면적이나 규모를 확장하여 설치장소를 변경(지방자치단체에 기부한 경우에는 그 관할 구역 내에서의 설치장소 변경)하는 경우를 제외하고는 국가나 지방자치단체 외의 자에게 그 시설의 소유권을 이전할 수 없다.

Ⅳ. 행위 제한 등

1. 용도지역 미지정 또는 미세분 지역에서의 행위 제한 등

① 도시지역, 관리지역, 농림지역 또는 자연환경보전지역으로 용도가 지정되지 아니한 지역에 대하여는 용적률 등의 규정을 적용할 때에 자연환경보전지역에 관한 규정을 적용한다. ② 도시지역 또는 관리지역이 세부 용도지역으로 지정되지 아니한 경우에는 요적률 등의 규정을 적용할 때에 해당 용도지역이 도시지역인 경우에는 녹지지역 중 보전녹지지역에 관한 규정을 적용하고, 관리지역인 경우에는 보전관리지역에 관한 규정을 적용한다.

2. 개발제한구역 등에서의 행위 제한

① 개발제한구역에서의 행위 제한이나 그 밖에 개발제한구역의 관리에 필요한 사항 및 ② 도시자연공원구역에서의 행위 제한 등 도시자연공원구역의 관리에 필요한 사항은 따로 법률로 정하고, ③ 입지규제최소구역에서의 행위 제한은 용도지역 및 용도지구에서의 토지의 이용 및 건축물의 용도·건폐율·용적률·높이 등에 대한 제한을 강화하거나 완화하여 따로 입지규제최소구역계획으로 정한다.

3. 시가화조정구역에서의 행위 제한

① 지정된 시가화조정구역에서의 도시·군계획사업은 국방상 또는 공익상 시가화조정구역안에서의 사업시행이 불가피한 것으로서 관계 중앙행정기관의 장의 요청에 의하여 장관이 시가화조정구역의 지정목적달성에 지장이 없다고 인정하는 도시·군계획사업만 시행할 수 있다. ② 시가화조정구역에서는 도시·군계획사업의 경우 외에는 ㉠ 농업·임업 또는 어업용의 건축물 중 대통령령으로 정하는 종류와 규모의 건축물이나 그 밖의 시설을 건축하는 행위, ㉡ 마을공동시설, 공익시설·공공시설, 광공업 등 주민의 생활을 영위하는 데에 필요한 행위로서 대통령령으로 정하는 행위, ㉢ 입목의 벌채, 조림, 육림, 토석의 채취, 그 밖에 경미한 행위에 한정하여 특광시도지사, 시장 또는 군수의 허가를 받아 그 행위를 할 수 있다. ③ 특광시도지사, 시장 또는 군수는 허가를 하려면 미리 ㉠ ⑤의 허가에 관한 권한이 있는 자, ㉡ 허가대상행위와 관련이 있는 공공시설의 관리자, ㉢ 허가대상행위에 따라 설치되는 공공시설을 관리하게 될 자와 협의하여야 한다. ④ 시가화조정구역에서 ②에 따른 허가를 받지 아니하고 건축물의 건축, 토지의 형질 변경 등의 행위를 하는 자에 관하여는 토지의 원상회복 명령, 원상회복 행정대집행, 예치금사용 등을 준용한다. ⑤ 허가가 있는 경우에는 ㉠ 산지전용허가 및 산지전용신고, 산지일시사용허가·신고, ㉡ 입목벌채 등의 허가·신고의 허가 또는 신고가 있는 것으로 본다.

4. 용도지역 등에서의 건축물에 대한 특례

(1) 기존 건축물에 대한 특례 및 도시지역에서의 다른 법률의 적용 배제

① 법령의 제정·개정이나 그 밖에 대통령령으로 정하는 사유로 기존 건축물이 이 법에 맞지 아니하게 된 경우에는 대통령령으로 정하는 범위에서 증축, 개축, 재축 또는 용

도변경을 할 수 있다. ② 도시지역에 대하여는 ㉠ 접도구역, ㉡ 농지취득자격증명(다만, 녹지지역의 농지로서 도시·군계획시설사업에 필요하지 아니한 농지에 대하여는 그러하지 아니하다)의 법률 규정을 적용하지 아니한다.

(2) 입지규제최소구역에서의 다른 법률의 적용 특례

① 입지규제최소구역에 대하여는 ㉠ 주택의 배치, 부대시설·복리시설의 설치기준 및 대지조성기준, ㉡ 부설주차장의 설치, ㉢ 건축물에 대한 미술작품의 설치의 법률 규정을 적용하지 아니할 수 있다. ② 입지규제최소구역계획에 대한 도시계획위원회 심의 시 학교환경위생정화위원회 또는 문화재위원회(시·도지정문화재에 관한 사항의 경우 시·도문화재위원회)와 공동으로 심의를 개최하고, 그 결과에 따라 ㉠ 학교환경위생 정화구역에서의 행위제한, ㉡ 역사문화환경 보존지역에서의 행위제한의 법률 규정을 완화하여 적용할 수 있다. 이 경우 이에 대한 완화 여부는 각각 학교환경위생정화위원회와 문화재위원회의 의결에 따른다. ③ 입지규제최소구역으로 지정된 지역은 특별건축구역으로 지정된 것으로 본다. ④ 시·도지사 또는 시장·군수·구청장은 입지규제최소구역에서 건축하는 건축물을 건축기준 등의 특례사항을 적용하여 건축할 수 있는 건축물에 포함시킬 수 있다.

5. 둘 이상의 용도지역 등에 걸치는 대지에 대한 적용 기준

① 하나의 대지가 둘 이상의 용도지역·용도지구 또는 용도구역(용도지역등)에 걸치는 경우로서 각 용도지역등에 걸치는 부분 중 가장 작은 부분의 규모가 330제곱미터(도로변에 띠 모양으로 지정된 상업지역에 걸쳐 있는 토지의 경우에는 660제곱미터) 이하인 경우에는 전체 대지의 건폐율 및 용적률은 각 부분이 전체 대지 면적에서 차지하는 비율을 고려하여 각 용도지역등별 건폐율 및 용적률을 가중평균한 값을 적용하고[52], 그 밖의 건축 제한 등에 관한 사항은 그 대지 중 가장 넓은 면적이 속하는 용도지역등에 관한 규정을 적용한다. 다만, 건축물이 고도지구에 걸쳐 있는 경우에는 그 건축물 및 대지의 전부에 대하여 고도지구의 건축물 및 대지에 관한 규정을 적용한다. ② 하나의 건축물이 방화지구와 그 밖의 용도지역·용도지구 또는 용도구역에 걸쳐 있는 경우에는 그 전부에

52) ㉠ 가중평균한 건폐율 = (f1x1 + f2x2 + … + fnxn) / 전체 대지 면적(이 경우 f1부터 fn까지는 각 용도지역등에 속하는 토지 부분의 면적을 말하고, x1부터 xn까지는 해당 토지 부분이 속하는 각 용도지역등의 건폐율을 말하며, n은 용도지역등에 걸치는 각 토지 부분의 총 개수를 말한다), ㉡ 가중평균한 용적률 = (f1x1 + f2x2 + … + fnxn) / 전체 대지 면적(이 경우 f1부터 fn까지는 각 용도지역등에 속하는 토지 부분의 면적을 말하고, x1부터 xn까지는 해당 토지 부분이 속하는 각 용도지역등의 용적률을 말하며, n은 용도지역등에 걸치는 각 토지 부분의 총 개수를 말한다)

대하여 방화지구의 건축물에 관한 규정을 적용한다. 다만, 그 건축물이 있는 방화지구와 그 밖의 용도지역·용도지구 또는 용도구역의 경계가 방화벽으로 구획되는 경우 그 밖의 용도지역·용도지구 또는 용도구역에 있는 부분에 대하여는 그러하지 아니하다. ③ 하나의 대지가 녹지지역과 그 밖의 용도지역·용도지구 또는 용도구역에 걸쳐 있는 경우(규모가 가장 작은 부분이 녹지지역으로서 해당 녹지지역이 대통령령으로 정하는 규모 이하인 경우는 제외)에는 각각의 용도지역·용도지구 또는 용도구역의 건축물 및 토지에 관한 규정을 적용한다. 다만, 녹지지역의 건축물이 고도지구 또는 방화지구에 걸쳐 있는 경우에는 ① 단서나 ②에 따른다.

제 7 절 도시·군계획시설사업의 시행

Ⅰ. 단계별 집행계획의 수립

① 특광시도지사, 시장 또는 군수는 도시·군계획시설에 대하여 도시·군계획시설결정의 고시일부터 3개월 이내에 재원조달계획, 보상계획 등을 포함하는 단계별 집행계획을 수립하여야 한다.[53] 다만, 도시정비법, 도시재정비법, 도시재생법에 따라 도시·군관리계획의 결정이 의제되는 경우에는 해당 도시·군계획시설결정의 고시일부터 2년 이내에 단계별 집행계획을 수립할 수 있다. ② 장관이나 도지사가 직접 입안한 도시·군관리계획인 경우 장관이나 도지사는 단계별 집행계획을 수립하여 해당 특광시도지사, 시장 또는 군수에게 송부할 수 있다. ③ 단계별 집행계획은 제1단계 집행계획과 제2단계 집행계획으로 구분하여 수립하되, 3년 이내에 시행하는 도시·군계획시설사업은 제1단계 집행계획에, 3년 후에 시행하는 도시·군계획시설사업은 제2단계 집행계획에 포함되도록 하여야 한다. ④ 특광시도지사, 시장 또는 군수는 단계별 집행계획을 수립하거나 받은 때에는 지체 없이 그 사실을 공고하여야 한다. ⑤ 공고된 단계별 집행계획을 변경하는 경우에는 ①부터

53) ① 특광시도지사, 시장 또는 군수는 단계별집행계획을 수립하고자 하는 때에는 미리 관계 행정기관의 장과 협의하여야 하며, 해당 지방의회의 의견을 들어야 한다. ② 특광시도지사, 시장 또는 군수는 매년 제2단계집행계획을 검토하여 3년 이내에 도시·군계획시설사업을 시행할 도시·군계획시설은 이를 제1단계집행계획에 포함시킬 수 있다. ③ 단계별집행계획의 공고는 당해 지방자치단체의 공보에 게재하는 방법에 의하며, 필요한 경우 전국 또는 해당 지방자치단체를 주된 보급지역으로 하는 일간신문에 게재하는 방법을 병행할 수 있다.

④까지의 규정을 준용한다. 다만, 도시 · 군관리계획의 변경에 따라 단계별집행계획을 변경하는 경우에는 그러하지 아니하다.

Ⅱ. 도시 · 군계획시설사업의 시행

1. 도시 · 군계획시설사업의 시행자

① 특광시도지사, 시장 또는 군수는 법률에 특별한 규정이 있는 경우 외에는 관할 구역의 도시 · 군계획시설사업을 시행한다. ② 도시 · 군계획시설사업이 둘 이상의 특광시도, 시 또는 군의 관할 구역에 걸쳐 시행되게 되는 경우에는 관계 특광시도지사, 시장 또는 군수가 서로 협의하여 시행자를 정한다. ③ 협의가 성립되지 아니하는 경우 도시 · 군계획시설사업을 시행하려는 구역이 같은 도의 관할 구역에 속하는 경우에는 관할 도지사가 시행자를 지정하고, 둘 이상의 시 · 도의 관할 구역에 걸치는 경우에는 장관이 시행자를 지정한다. ④ 장관은 국가계획과 관련되거나 그 밖에 특히 필요하다고 인정되는 경우에는 관계 특광시도지사, 시장 또는 군수의 의견을 들어 직접 도시 · 군계획시설사업을 시행할 수 있으며, 도지사는 광역도시계획과 관련되거나 특히 필요하다고 인정되는 경우에는 관계 시장 또는 군수의 의견을 들어 직접 도시 · 군계획시설사업을 시행할 수 있다. ⑤ 시행자가 될 수 있는 자 외의 자는 장관, 시 · 도지사, 시장 또는 군수로부터 시행자로 지정을 받아 도시 · 군계획시설사업을 시행할 수 있다.[54] ⑥ 장관, 시 · 도지사, 시장 또는 군수는 도시 · 군계획시설사업의 시행자를 지정한 경우에는 그 지정 내용을 고시하여야 한다.[55]

⑦ [㉠ 국가 또는 지방자치단체, ㉡ 한국농수산식품유통공사, 대한석탄공사, 한국토지주택공사(LH), 한국관광공사, 한국농어촌공사, 한국도로공사, 한국석유공사, 한국수자원공

---

54) **(시행자의 지정 신청)** ① 도시 · 군계획시설사업의 시행자로 지정받고자 하는 자는 [㉠ 사업의 종류 및 명칭, ㉡ 사업시행자의 성명 및 주소(법인인 경우에는 법인의 명칭 및 소재지와 대표자의 성명 및 주소), ㉢ 토지 또는 건물의 소재지 · 지번 · 지목 및 면적, 소유권과 소유권외의 권리의 명세 및 그 소유자 · 권리자의 성명 · 주소, ㉣ 사업의 착수예정일 및 준공예정일, ㉤ 자금조달계획]을 기재한 신청서를 장관, 시 · 도지사 또는 시장 · 군수에게 제출하여야 한다. ② 당해 도시 · 군계획시설사업이 다른 법령에 의하여 면허 · 허가 · 인가 등을 받아야 하는 사업인 경우에는 그 사업시행에 관한 면허 · 허가 · 인가 등의 사실을 증명하는 서류의 사본을 신청서에 첨부하여야 한다. 다만, 다른 법령에서 도시 · 군계획시설사업의 시행자지정을 면허 · 허가 · 인가 등의 조건으로 하는 경우에는 관계 행정기관의 장의 의견서로 갈음할 수 있다.

55) **(도시 · 군계획시설 사업시행자 지정의 고시)** 도시 · 군계획시설사업시행자 지정내용의 고시는 장관이 하는 경우에는 관보에, 시 · 도지사 또는 시장 · 군수가 하는 경우에는 당해 지방자치단체의 공보에 ㉠ 사업시행지의 위치, ㉡ 사업의 종류 및 명칭, ㉢ 사업시행면적 또는 규모, ㉣ 사업시행자의 성명 및 주소, ㉤ 도시 · 군계획시설사업에 대한 실시계획인가의 신청기일의 사항을 게재하는 방법에 의한다.

사, 한국전력공사, 한국철도공사, ㉢ 지방공사 및 지방공단, 법률에 의하여 도시·군계획시설사업이 포함된 사업의 시행자로 지정된 자, 공공시설을 관리할 관리청에 무상으로 귀속되는 공공시설을 설치하고자 하는 자, 기부를 조건으로 시설물을 설치하려는 자]에 해당하지 아니하는 자가 도시·군계획시설사업의 시행자로 지정을 받으려면 도시·군계획시설사업의 대상인 토지(국공유지는 제외)의 소유 면적 및 토지 소유자의 동의 비율에 관하여 도시계획시설사업의 대상인 토지(국·공유지를 제외)면적의 3분의 2 이상에 해당하는 토지를 소유하고, 토지소유자 총수의 2분의 1 이상에 해당하는 자의 동의를 얻는 것을 갖추어야 한다.

2. 도시·군계획시설사업의 분할 시행

도시·군계획시설사업의 시행자는 도시·군계획시설사업을 효율적으로 추진하기 위하여 필요하다고 인정되면 사업시행대상지역 또는 대상시설을 둘 이상으로 분할하여 도시·군계획시설사업을 시행할 수 있다.

3. 실시계획의 작성 및 인가 등

① 도시·군계획시설사업의 시행자는 그 도시·군계획시설사업에 관한 실시계획을 작성하여야 한다.[56] ② 도시·군계획시설사업의 시행자(장관, 시·도지사와 대도시 시장은 제외)는 실시계획을 작성하면 장관, 시·도지사 또는 대도시 시장의 인가를 받아야 한다. 다만, 준공검사를 받은 후에 해당 도시·군계획시설사업에 대하여 경미한 사항[57]을 변경하기 위하여 실시계획을 작성하는 경우에는 장관, 시·도지사 또는 대도시 시장의 인가를

56) **(실시계획의 인가 신청 등)** ① 실시계획에는 ㉠ 사업의 종류 및 명칭, ㉡ 사업의 면적 또는 규모, ㉢ 사업시행자의 성명 및 주소(법인인 경우에는 법인의 명칭 및 소재지와 대표자의 성명 및 주소), ㉣ 사업의 착수예정일 및 준공예정일의 사항이 포함되어야 한다. ② 도시·군계획시설사업의 시행자가 실시계획의 인가를 받고자 하는 경우 장관이 지정한 시행자는 장관의 인가를 받아야 하며, 그 밖의 시행자는 시·도지사 또는 대도시 시장의 인가를 받아야 한다. ③ 도시·군계획시설사업의 시행자로 지정을 받은 자는 실시계획을 작성하고자 하는 때에는 미리 당해 특광시도지사, 시장 또는 군수의 의견을 들어야 한다. ④ 도시·군계획시설사업을 분할시행하는 때에는 분할된 지역별로 실시계획을 작성할 수 있다.

57) ㉠ 사업명칭을 변경하는 경우, ㉡ 구역경계의 변경이 없는 범위안에서 행하는 건축물의 연면적 10퍼센트 미만의 변경과 학교시설의 변경인 경우, ㉢도시지역 또는 지구단위계획구역에서 무게가 50톤 이하이거나 부피가 50세제곱미터 이하 또는 수평투영면적이 50제곱미터 이하인 공작물을 설치하는 경우, ㉣ 도시지역·자연환경보전지역 및 지구단위계획구역 외의 지역에서 무게가 150톤 이하이거나 부피가 150세제곱미터 이하 또는 수평투영면적이 150제곱미터 이하인 공작물을 설치하는 경우, ㉤ 기존 시설의 용도변경을 수반하지 아니하는 대수선·재축 및 개축인 경우, ㉥ 도로의 포장 등 기존 도로의 면적·위치 및 규모의 변경을 수반하지 아니하는 도로의 개량인 경우

받지 아니한다. ③ 장관, 시 · 도지사 또는 대도시 시장은 도시 · 군계획시설사업의 시행자가 작성한 실시계획이 도시 · 군계획시설의 결정 · 구조 및 설치의 기준 등에 맞다고 인정하는 경우에는 실시계획을 인가하여야 한다. 이 경우 기반시설의 설치나 그에 필요한 용지의 확보, 위해 방지, 환경오염 방지, 경관 조성, 조경 등의 조치를 할 것을 조건으로 실시계획을 인가할 수 있다. ④ 인가받은 실시계획을 변경하거나 폐지하는 경우에는 ②의 본문을 준용한다. 다만, 경미한 사항을 변경하는 경우에는 그러하지 아니하다. ⑤ 실시계획에는 사업시행에 필요한 설계도서, 자금계획, 시행기간, 그 밖에 실시계획을 변경하는 경우에는 변경되는 사항에 한정을 자세히 밝히거나 첨부하여야 한다.[58] ⑥ 실시계획이 작성(도시 · 군계획시설사업의 시행자가 장관, 시 · 도지사 또는 대도시 시장인 경우) 또는 인가된 때에는 그 실시계획에 반영된 경미한 사항의 범위에서 도시 · 군관리계획이 변경된 것으로 본다. 이 경우 도시 · 군관리계획의 변경사항 및 이를 반영한 지형도면을 고시하여야 한다.

⑦ 도시 · 군계획시설결정의 고시일부터 10년 이후에 실시계획을 작성하거나 인가(다른 법률에 따라 의제된 경우는 제외) 받은 도시 · 군계획시설사업의 시행자(장기미집행 도시 · 군계획시설사업의 시행자)가 실시계획 고시일부터 5년 이내에 토지보상법에 따른 재결신청을 하지 아니한 경우에는 실시계획 고시일부터 5년이 지난 다음 날에 그 실시계획은 효력을 잃는다. 다만, 장기미집행 도시 · 군계획시설사업의 시행자가 재결신청을 하지 아니하고 실시계획 고시일부터 5년이 지나기 전에 해당 도시 · 군계획시설사업에 필요한 토지 면적의 3분의 2 이상을 소유하거나 사용할 수 있는 권원을 확보하고 실시계획 고시일부터 7년 이내에 재결신청을 하지 아니한 경우 실시계획 고시일부터 7년이 지난 다음 날에 그 실시계획은 효력을 잃는다. ⑧ 장기미집행 도시 · 군계획시설사업의 시행자가 재결신청 없이 도시 · 군계획시설사업에 필요한 모든 토지 · 건축물 또는 그 토지에 정착된 물

58) ㉠ 사업시행지의 위치도 및 계획평면도, ㉡ 공사설계도서(건축협의를 하여야 하는 사업인 경우에는 개략설계도서), ㉢ 수용 또는 사용할 토지 또는 건물의 소재지 · 지번 · 지목 및 면적, 소유권과 소유권외의 권리의 명세 및 그 소유자 · 권리자의 성명 · 주소, ㉣ 도시 · 군계획시설사업의 시행으로 새로이 설치하는 공공시설 또는 기존의 공공시설의 조서 및 도면(행정청이 시행자인 경우), ㉤ 도시 · 군계획시설사업의 시행으로 용도폐지되는 공공시설에 대한 2 이상의 감정평가업자의 감정평가서(행정청이 아닌 자가 시행자인 경우에 한정)(다만, 해당 도시 · 군계획시설사업의 실시계획 인가권자가 새로운 공공시설의 설치비용이 기존의 공공시설의 감정평가액보다 현저히 많은 것이 명백하여 이를 비교할 실익이 없다고 인정하거나 사업 시행기간 중에 제출하도록 조건을 붙이는 경우는 제외), ㉥ 도시 · 군계획시설사업으로 새로이 설치하는 공공시설의 조서 및 도면과 그 설치비용계산서(행정청이 아닌 자가 시행자인 경우)(이 경우 새로운 공공시설의 설치에 필요한 토지와 종래의 공공시설이 설치되어 있는 토지가 같은 토지인 경우에는 그 토지가격을 뺀 설치비용만 계산), ㉦ 관계 행정기관의 장과의 협의에 필요한 서류, ㉧ 특광시도지사, 시장 또는 군수의 의견청취 결과

건을 소유하거나 사용할 수 있는 권원을 확보한 경우 그 실시계획은 효력을 유지한다. ⑨ 실시계획이 폐지되거나 효력을 잃은 경우 해당 도시 · 군계획시설결정은 ㉠ 도시 · 군계획시설결정의 고시일부터 20년이 되기 전에 실시계획이 폐지되거나 효력을 잃고 다른 도시 · 군계획시설사업이 시행되지 아니하는 경우: 도시 · 군계획시설결정의 고시일부터 20년이 되는 날의 다음 날, ㉡ 도시 · 군계획시설결정의 고시일부터 20년이 되는 날의 다음 날 이후 실시계획이 폐지되거나 효력을 잃은 경우: 실시계획이 폐지되거나 효력을 잃은 날 효력을 잃는다. 이 경우 시 · 도지사 또는 대도시 시장은 지체 없이 그 사실을 고시하여야 한다.

4. 도시 · 군계획시설사업의 이행 담보

① 특광시도지사, 시장 또는 군수는 기반시설의 설치나 그에 필요한 용지의 확보, 위해방지, 환경오염 방지, 경관 조성, 조경 등을 위하여 필요하다고 인정되는 경우로서 ⓐ 도시 · 군계획시설사업으로 인하여 도로 · 수도공급설비 · 하수도 등 기반시설의 설치가 필요한 경우, ⓑ 개발행위로 인하여 도로 · 수도공급설비 · 하수도 등 기반시설의 설치가 필요한 경우, ⓒ 토지의 굴착으로 인하여 인근의 토지가 붕괴될 우려가 있거나 인근의 건축물 또는 공작물이 손괴될 우려가 있는 경우, ⓓ 토석의 발파로 인한 낙석 · 먼지 등에 의하여 인근지역에 피해가 발생할 우려가 있는 경우, ⓔ 토석을 운반하는 차량의 통행으로 인하여 통행로 주변의 환경이 오렴될 우려가 있는 경우, ⓕ 토지의 형질변경이나 토석의 채취가 완료된 후 비탈면 조경을 할 필요가 있는 경우에는 그 이행을 담보하기 위하여 도시 · 군계획시설사업의 시행자에게 이행보증금을 예치하게 할 수 있다. 다만, ㉠ 국가 또는 지방자치단체, ㉡ 시장형 공기업, 준시장형 공기업, 위탁집행형 준정부기관, ㉢ 지방공사 및 지방공단에 해당하는 자에 대하여는 그러하지 아니하다. ② 실시계획의 인가 또는 변경인가를 받지 아니하고 도시 · 군계획시설사업을 하거나 그 인가 내용과 다르게 도시 · 군계획시설사업을 하는 자에게 그 토지의 원상회복을 명할 수 있다. ③ 원상회복의 명령을 받은 자가 원상회복을 하지 아니하는 경우에는 행정대집행에 따라 원상회복을 할 수 있다. 이 경우 필요한 비용은 도시 · 군계획시설사업의 시행자가 예치한 이행보증금으로 충당할 수 있다.

Ⅲ. 실시계획의 고시 및 인허가 의제

1. 실시계획의 고시

장관, 시 · 도지사 또는 대도시 시장은 실시계획을 작성(변경작성을 포함), 인가(변경인가를 포함), 폐지하거나 실시계획이 효력을 잃은 경우에는 그 내용을 고시하여야 한다. ① 실시계획의 고시는 장관이 하는 경우에는 관보에, 시 · 도지사 또는 대도시 시장이 하는 경우에는 해당 시 · 도 또는 대도시의 공보에 ㉠ 사업시행지의 위치, ㉡ 사업의 종류 및 명칭, ㉢ 면적 또는 규모, ㉣ 시행자의 성명 및 주소(법인인 경우에는 법인의 명칭 및 주소와 대표자의 성명 및 주소), ㉤ 사업의 착수예정일 및 준공예정일, ㉥ 수용 또는 사용할 토지 또는 건물의 소재지 · 지번 · 지목 및 면적, 소유권과 소유권외의 권리의 명세 및 그 소유자 · 권리자의 성명 · 주소, ㉦ 공공시설 등의 귀속 및 양도에 관한 사항을 게재하는 방법에 따른다. ② 장관, 시 · 도지사 또는 대도시 시장은 ①에 따라 실시계획을 고시하였으면 그 내용을 관계 행정기관의 장에게 통보하여야 한다.

2. 관련 인 · 허가등의 의제

장관, 시 · 도지사 또는 대도시 시장이 실시계획을 작성 또는 변경작성하거나 인가 또는 변경인가를 할 때에 그 실시계획에 대한 인 · 허가등[59]에 관하여 관계 행정기관의 장과

59) ⓐ 건축법에 따른 건축허가, 건축신고 및 가설건축물 건축의 허가 또는 신고, ⓑ 산업집적법에 따른 공장설립등의 승인, ⓒ 공유수면법에 따른 공유수면의 점용 · 사용허가, 점용 · 사용 실시계획의 승인 또는 신고, 공유수면의 매립면허, 국가 등이 시행하는 매립의 협의 또는 승인 및 공유수면매립실시계획의 승인, ⓓ 광업법에 따른 채굴계획의 인가, ⓔ 국유재산법에 따른 사용 · 수익의 허가, ⓕ 농어촌정비법에 따른 농업생산기반시설의 사용허가, ⓖ 농지법에 따른 농지전용의 허가 또는 협의, 농지전용의 신고 및 농지의 타용도 일시사용의 허가 또는 협의, ⓗ 도로법에 따른 도로관리청이 아닌 자에 대한 도로공사 시행의 허가 및 도로의 점용 허가, ⓘ 장사 등에 관한 법률에 따른 무연분묘의 개장허가, ⓙ 사도법에 따른 사도 개설의 허가, ⓚ 사방사업법에 따른 토지의 형질 변경 등의 허가 및 사방지 지정의 해제, ⓛ 산지관리법에 따른 산지전용허가 및 산지전용신고, 산지일시사용허가 · 신고, 토석채취허가, 토사채취신고 및 입목벌채 등의 허가 · 신고, ⓜ소하천정비법에 따른 소하천공사 시행의 허가 및 소하천의 점용허가, ⓝ 수도법에 따른 일반수도사업 및 공업용수도사업의 인가, 전용상수도 설치 및 전용공업용수도 설치의 인가, ⓞ 연안관리법에 따른 연안정비사업실시계획의 승인, ⓟ 에너지이용 합리화법에 따른 에너지사용계획의 협의, ⓠ 유통산업발전법에 따른 대규모점포의 개설등록, ⓡ 공유재산 및 물품 관리법에 따른 사용 · 수익의 허가, ⓢ 공간정보관리법에 따른 사업의 착수 · 변경 또는 완료의 신고, ⓣ 집단에너지사업법에 따른 집단에너지의 공급 타당성에 관한 협의, ⓤ 체육시설의 설치 · 이용에 관한 법률에 따른 사업계획의 승인, ⓥ 초지법에 따른 초지전용의 허가, 신고 또는 협의, ⓦ 공간정보관리법에 따른 지도등의 간행 심사, ⓧ 하수도법에 따른 공공하수도에 관한 공사시행

협의한 사항에 대하여는 해당 인 · 허가등을 받은 것으로 보며, 실시계획을 고시한 경우에는 관계 법률에 따른 인 · 허가등의 고시 · 공고 등이 있은 것으로 본다.

3. 서류의 송달 및 공시송달

① 도시 · 군계획시설사업의 시행자는 이해관계인에게 서류를 송달할 필요가 있으나 이해관계인의 주소 또는 거소가 불분명하거나 그 밖의 사유로 서류를 송달할 수 없는 경우에는 그 서류의 송달을 갈음하여 그 내용을 공시할 수 있다. ② 서류의 공시송달에 관하여는 민사소송법의 공시송달의 예에 따른다. 행정청이 아닌 도시 · 군계획시설사업의 시행자는 공시송달은 하려는 경우에는 장관, 관할 시 · 도지사 또는 대도시 시장의 승인을 받아야 한다.

Ⅳ. 토지 등의 수용 및 사용 등

1. 토지 등의 수용 및 사용

① 도시 · 군계획시설사업의 시행자는 도시 · 군계획시설사업에 필요한 ㉠ 토지 · 건축물 또는 그 토지에 정착된 물건, ㉡ 토지 · 건축물 또는 그 토지에 정착된 물건에 관한 소유권 외의 권리의 물건 또는 권리를 수용하거나 사용할 수 있다. ② 도시 · 군계획시설사업의 시행자는 사업시행을 위하여 특히 필요하다고 인정되면 도시 · 군계획시설에 인접한 ㉠ 토지 · 건축물 또는 그 토지에 정착된 물건, ㉡ 토지 · 건축물 또는 그 토지에 정착된 물건에 관한 소유권 외의 권리의 물건 또는 권리를 일시 사용할 수 있다.

2. 토지보상법의 준용

① 수용 및 사용에 관하여는 이 법에 특별한 규정이 있는 경우 외에는 토지보상법을 준용한다. ② ①에 따라 토지보상법을 준용할 때에 실시계획을 고시한 경우에는 사업인정 및 그 고시가 있었던 것으로 본다. 다만, 재결 신청은 실시계획에서 정한 도시 · 군계획시설사업의 시행기간에 하여야 한다.

의 허가 및 공공하수도의 점용허가, ⓨ 하천법에 따른 하천공사 시행의 허가, 하천 점용의 허가, ⓩ 항만법에 따른 항만공사 시행의 허가 및 실시계획의 승인.

3. 국공유지의 처분 제한

① 도시·군관리계획결정을 고시한 경우에는 국공유지로서 도시·군계획시설사업에 필요한 토지는 그 도시·군관리계획으로 정하여진 목적 외의 목적으로 매각하거나 양도할 수 없다. ② ①을 위반한 행위는 무효로 한다.

V. 공사완료 및 귀속 등

1. 공사완료의 공고 등

① 도시·군계획시설사업의 시행자(장관, 시·도지사와 대도시 시장은 제외)는 도시·군계획시설사업의 공사를 마친 때에는 공사완료보고서를 작성하여 시·도지사나 대도시 시장의 준공검사를 받아야 한다.[60] ② 시·도지사나 대도시 시장은 공사완료보고서를 받으면 지체 없이 준공검사를 하여야 한다. ③ 시·도지사나 대도시 시장은 준공검사를 한 결과 실시계획대로 완료되었다고 인정되는 경우에는 도시·군계획시설사업의 시행자에게 준공검사증명서를 발급하고 공사완료 공고를 하여야 한다. ④ 장관, 시·도지사 또는 대도시 시장인 도시·군계획시설사업의 시행자는 도시·군계획시설사업의 공사를 마친 때에는 공사완료 공고를 하여야 한다. ⑤ 준공검사를 하거나 공사완료 공고를 할 때에 장관, 시·도지사 또는 대도시 시장이 의제되는 인·허가등에 따른 준공검사·준공인가 등에 관하여 관계 행정기관의 장과 협의한 사항에 대하여는 그 준공검사·준공인가 등을 받은 것으로 본다. ⑥ 장관은 의제되는 준공검사·준공인가 등의 처리기준을 관계 중앙행정기관으로부터 받아 통합하여 고시하여야 한다.

2. 다른 법률과의 관계

도시·군계획시설사업으로 조성된 대지와 건축물 중 국가나 지방자치단체의 소유에 속하는 재산을 처분하려면 국유재산법과 공유재산 및 물품 관리법에도 불구하고 ㉠ 해당 도시·군계획시설사업의 시행으로 수용된 토지 또는 건축물 소유자에 의 양도, ㉡ 다른

60) 도시·군계획시설사업의 시행자는 공사를 완료한 때에는 공사를 완료한 날부터 7일 이내에 도시·군계획시설사업공사완료보고서에 ㉠ 준공조서, ㉡ 설계도서, ㉢관계 행정기관의 장과의 협의에 필요한 서류를 첨부하여 시·도지사 또는 대도시 시장에게 제출하여야 한다.

도시 · 군계획시설사업에 필요한 토지와의 교환의 순위에 따라 처분할 수 있다.

3. 조성대지 등의 처분

국가 또는 지방자치단체는 도시 · 군계획시설사업으로 인하여 조성된 대지 및 건축물중 그 소유에 속하는 재산을 처분하고자 하는 때에는 ⓐ 해당 도시 · 군계획시설사업의 시행으로 수용된 토지 또는 건축물 소유자에 의 양도, ⓑ 다른 도시 · 군계획시설사업에 필요한 토지와의 교환의 순위에 의하여 처분한다는 취지, ⓒ 처분하고자 하는 대지 또는 건축물의 위치 및 면적을 공고하되, 국가가 하는 경우에는 관보에, 지방자치단체가 하는 경우에는 당해 지방자치단체의 공보에 게재하는 방법에 의한다.

제8절 비 용

Ⅰ. 비용 부담

1. 비용 부담의 원칙

광역도시계획 및 도시 · 군계획의 수립과 도시 · 군계획시설사업에 관한 비용은 이 법 또는 다른 법률에 특별한 규정이 있는 경우 외에는 국가가 하는 경우에는 국가예산에서, 지방자치단체가 하는 경우에는 해당 지방자치단체가, 행정청이 아닌 자가 하는 경우에는 그 자가 부담함을 원칙으로 한다.

2. 지방자치단체의 비용 부담

① 장관이나 시 · 도지사는 그가 시행한 도시 · 군계획시설사업으로 현저히 이익을 받는 시 · 도, 시 또는 군이 있으면 그 도시 · 군계획시설사업에 든 비용의 일부를 그 이익을 받는 시 · 도, 시 또는 군에 부담시킬 수 있다.[61] 이 경우 장관은 시 · 도, 시 또는 군에 비

61) ① 부담하는 비용의 총액은 당해 도시 · 군계획시설사업에 소요된 비용의 50퍼센트를 넘지 못한다. 이 경우 도시 · 군계획시설사업에 소요된 비용에는 당해 도시 · 군계획시설사업의 조사 · 측량비, 설계비 및 관리비를 포함하지 아니한다. ② 장관 또는 시 · 도지사는 도시 · 군계획시설사업으로 인하여 이익을 받는 시 · 도 또는 시 · 군에 비용을 부담시키고자 하는 때에는 도시 · 군계획시설사업에 소요된 비

용을 부담시키기 전에 행정안전부장관과 협의하여야 한다. ② 시·도지사는 그 시·도에 속하지 아니하는 특광시도, 시 또는 군에 비용을 부담시키려면 해당 지방자치단체의 장과 협의하되, 협의가 성립되지 아니하는 경우에는 행정안전부장관이 결정하는 바에 따른다. ③ 협의가 성립되지 아니하는 경우 다른 지방자치단체가 같은 도에 속할 때에는 관할 도지사가 결정하는 바에 따르며, 다른 시·도에 속할 때에는 행정안전부장관이 결정하는 바에 따른다.

Ⅱ. 융자 및 지원

1. 보조 또는 융자

① 시·도지사, 시장 또는 군수가 수립하는 광역도시·군계획 또는 도시·군계획에 관한 기초조사나 지형도면의 작성에 드는 비용은 그 비용의 전부 또는 일부를 국가예산에서 보조할 수 있다.[62] ② 행정청이 시행하는 도시·군계획시설사업에 드는 비용은 그 비용의 전부 또는 일부를 국가예산에서 보조하거나 융자할 수 있으며, 행정청이 아닌 자가 시행하는 도시·군계획시설사업에 드는 비용의 일부는 국가 또는 지방자치단체가 보조하거나 융자할 수 있다. 이 경우 국가 또는 지방자치단체는 [㉠ 도로, 상하수도 등 기반시설이 인근지역에 비하여 부족한 지역, ㉡ 광역도시계획에 반영된 광역시설이 설치되는 지역, ㉢ 개발제한구역(집단취락만 해당)에서 해제된 지역, ㉣ 도시·군계획시설결정의 고시일부터 10년이 경과할 때까지 그 도시·군계획시설의 설치에 관한 도시·군계획시설사업이 시행되지 아니한 경우]로서 해당 도시·군계획시설의 설치 필요성이 높은 지역을 우선 지원할 수 있다.

2. 취락지구에 대한 지원

국가나 지방자치단체는 취락지구 주민의 생활 편익과 복지 증진 등을 위한 사업을 시

용총액의 명세와 부담액을 명시하여 당해 시·도지사 또는 시장·군수에게 송부하여야 한다.

62) ① 기초조사 또는 지형도면의 작성에 소요되는 비용은 그 비용의 80퍼센트 이하의 범위 안에서 국가예산으로 보조할 수 있다. ② 행정청이 시행하는 도시·군계획시설사업에 대하여는 당해 도시·군계획시설사업에 소요되는 비용(조사·측량비, 설계비 및 관리비를 제외한 공사비와 감정비를 포함한 보상비)의 50퍼센트 이하의 범위안에서 국가예산으로 보조 또는 융자할 수 있으며, 행정청이 아닌 자가 시행하는 도시·군계획시설사업에 대하여는 당해 도시·군계획시설사업에 소요되는 비용의 3분의 1 이하의 범위안에서 국가 또는 지방자치단체가 보조 또는 융자할 수 있다.

행하거나 그 사업을 지원할 수 있다. 국가 또는 지방자치단체가 취락지구안의 주민의 생활편익과 복지증진 등을 위하여 시행하거나 지원할 수 있는 사업은 [㉠ 집단취락지구 : 개발제한구역의지정및관리에관한특별조치법령에서 정하는 바에 의한다. ㉡ 자연취락지구 : ⓐ 자연취락지구안에 있거나 자연취락지구에 연결되는 도로 · 수도공급설비 · 하수도 등의 정비, ⓑ 어린이놀이터 · 공원 · 녹지 · 주차장 · 학교 · 마을회관 등의 설치 · 정비, ⓒ 쓰레기처리장 · 하수처리시설 등의 설치 · 개량, ⓓ 하천정비 등 재해방지를 위한 시설의 설치 · 개량, ⓔ 주택의 신축 · 개량]과 같다.

3. 방재지구에 대한 지원

국가나 지방자치단체는 법률에 따라 방재사업을 시행하거나 그 사업을 지원하는 경우 방재지구에 우선적으로 지원할 수 있다.

제 9 절 도시계획위원회

Ⅰ. 중앙도시계획위원회

1. 중앙도시계획위원회의 업무

㉠ 광역도시계획 · 도시 · 군계획 · 토지거래계약허가구역 등 장관의 권한에 속하는 사항의 심의, ㉡ 법률에서 중앙도시계획위원회의 심의를 거치도록 한 사항의 심의, ㉢ 도시 · 군계획에 관한 조사 · 연구의 업무를 수행하기 위하여 국토교통부에 중앙도시계획위원회를 둔다.63)

---

63) **(조직)** ① 중앙도시계획위원회는 위원장 · 부위원장 각 1명을 포함한 25명 이상 30명 이하의 위원으로 구성한다. ② 중앙도시계획위원회의 위원장과 부위원장은 위원 중에서 장관이 임명하거나 위촉한다. ③ 위원은 관계 중앙행정기관의 공무원과 토지 이용, 건축, 주택, 교통, 공간정보, 환경, 법률, 복지, 방재, 문화, 농림 등 도시 · 군계획과 관련된 분야에 관한 학식과 경험이 풍부한 자 중에서 장관이 임명하거나 위촉한다. ④ 공무원이 아닌 위원의 수는 10명 이상으로 하고, 그 임기는 2년으로 한다. ⑤ 보궐위원의 임기는 전임자 임기의 남은 기간으로 한다. (간사 및 서기) ① 중앙도시계획위원회에 간사와 서기를 둔다. ② 간사와 서기는 국토교통부 소속 공무원 중에서 장관이 임명한다. ③간사는 위원장의 명을 받아 중앙도시계획위원회의 서무를 담당하고, 서기는 간사를 보좌한다.

2. 위원장 등의 직무

① 위원장은 중앙도시계획위원회의 업무를 총괄하며, 중앙도시계획위원회의 의장이 된다. ② 부위원장은 위원장을 보좌하며, 위원장이 부득이한 사유로 그 직무를 수행하지 못할 때에는 그 직무를 대행한다. ③ 위원장과 부위원장이 모두 부득이한 사유로 그 직무를 수행하지 못할 때에는 위원장이 미리 지명한 위원이 그 직무를 대행한다.

3. 회의의 소집 및 의결 정족수

① 중앙도시계획위원회의 회의는 장관이나 위원장이 필요하다고 인정하는 경우에 장관이나 위원장이 소집한다. ② 중앙도시계획위원회의 회의는 재적위원 과반수의 출석으로 개의하고, 출석위원 과반수의 찬성으로 의결한다.

Ⅱ. 지방도시계획위원회

① ㉠ 시·도지사가 결정하는 도시·군관리계획의 심의 등 시·도지사의 권한에 속하는 사항과 다른 법률에서 시·도도시계획위원회의 심의를 거치도록 한 사항의 심의, ㉡ 장관의 권한에 속하는 사항 중 중앙도시계획위원회의 심의 대상에 해당하는 사항이 시·도지사에게 위임된 경우 그 위임된 사항의 심의, ㉢ 도시·군관리계획과 관련하여 시·도지사가 자문하는 사항에 대한 조언, ㉣ 해당 시·도의 도시·군계획조례의 제정·개정과 관련하여 시·도지사가 자문하는 사항에 대한 조언, ㉤ 개발행위허가에 대한 심의를 하게 하거나 자문에 응하게 하기 위하여 시·도에 시·도도시계획위원회를 둔다. ② 도시·군관리계획과 관련된 ㉠ 시장 또는 군수가 결정하는 도시·군관리계획의 심의와 장관이나 시·도지사의 권한에 속하는 사항 중 시·도도시계획위원회의 심의대상에 해당하는 사항이 시장·군수 또는 구청장에게 위임되거나 재위임된 경우 그 위임되거나 재위임된 사항의 심의, ㉡ 도시·군관리계획과 관련하여 시장·군수 또는 구청장이 자문하는 사항에 대한 조언, ㉢ 개발행위의 허가 등에 관한 심의, ㉣ 해당 시·군·구(자치구)와 관련한 도시·군계획조례의 제정·개정과 관련하여 시장·군수·구청장이 자문하는 사항에 대한 조언, ㉤ 개발행위허가에 대한 심의(대도시 도시계획위원회에 한정), ㉥ 개발행위허가와 관련하여 시장 또는 군수(특별시장·광역시장의 개발행위허가 권한이 조례로 군수 또는 구

청장에게 위임된 경우에는 그 군수 또는 구청장 포함)가 자문하는 사항에 대한 조언, ㉦ 시범도시사업계획의 수립에 관하여 시장 · 군수 · 구청장이 자문하는 사항에 대한 조언의 심의를 하게 하거나 자문에 응하게 하기 위하여 시 · 군(광역시의 관할 구역에 있는 군 포함) 또는 구(자치구)에 각각 시 · 군 · 구도시계획위원회를 둔다. ③ 시 · 도도시계획위원회나 시 · 군 · 구도시계획위원회의 심의 사항 중 ⓐ 용도지역 등의 변경계획에 관한 사항, ⓑ 지구단위계획구역 및 지구단위계획의 결정 또는 변경결정에 관한 사항, ⓒ 개발행위에 대한 심의에 관한 사항, ⓓ 이의신청에 관한 사항, ⓔ 지방도시계획위원회에서 위임하는 사항을 효율적으로 심의하기 위하여 분과위원회를 둘 수 있다. ④ 분과위원회에서 심의하는 사항 중 시 · 도도시계획위원회나 시 · 군 · 구도시계획위원회가 지정하는 사항은 분과위원회의 심의를 시 · 도도시계획위원회나 시 · 군 · 구도시계획위원회의 심의로 본다. ⑤ 도시 · 군계획 등에 관한 중요 사항을 조사 · 연구하기 위하여 지방도시계획위원회에 전문위원을 둘 수 있다.

Ⅲ. 위원의 제척 · 회피

① 중앙 및 지방 도시계획위원회의 위원은 ㉠ 자기나 배우자 또는 배우자이었던 자가 당사자이거나 공동권리자 또는 공동의무자인 경우, ㉡ 자기가 당사자와 친족관계이거나 자기 또는 자기가 속한 법인이 당사자의 법률 · 경영 등에 대한 자문 · 고문 등으로 있는 경우, ㉢ 자기 또는 자기가 속한 법인이 당사자 등의 대리인으로 관여하거나 관여하였던 경우, ㉣ 그 밖에 해당 안건에 자기가 이해관계인으로 관여한 경우로서 ⓐ 자기가 심의하거나 자문에 응한 안건에 관하여 용역을 받거나 그 밖의 방법으로 직접 관여한 경우, ⓑ 자기가 심의하거나 자문에 응한 안건의 직접적인 이해관계인이 되는 경우에 심의 · 자문에서 제척된다. ② 위원이 ①에 해당하는 경우에는 스스로 그 안건의 심의 · 자문에서 회피할 수 있다.

제10절 보 칙

Ⅰ. 시범도시

1. 시범도시의 지정 · 지원

① 장관은 도시의 경제 · 사회 · 문화적인 특성을 살려 개성 있고 지속가능한 발전을 촉진하기 위하여 필요하면 직접 또는 관계 중앙행정기관의 장이나 시 · 도지사의 요청에 의하여 경관, 생태, 정보통신, 과학, 문화, 관광, 그 밖에 교육 · 안전 · 교통 · 경제활력 · 도시재생 및 기후변화 분야로 시범도시(시범지구나 시범단지를 포함)를 지정할 수 있다. ② 장관, 관계 중앙행정기관의 장 또는 시 · 도지사는 지정된 시범도시에 대하여 예산 · 인력 등 필요한 지원을 할 수 있다. ③ 장관은 관계 중앙행정기관의 장이나 시 · 도지사에게 시범도시의 지정과 지원에 필요한 자료를 제출하도록 요청할 수 있다. ④ 시범도시의 지정 및 지원의 기준 · 절차 등에 관하여 필요한 사항은 대통령령으로 정한다.[64]

2. 시범도시의 지원기준

① 장관, 관계 중앙행정기관의 장은 시범도시에 대하여 ㉠ 시범도시사업계획의 수립에 소요되는 비용의 80퍼센트 이하, ㉡ 시범도시사업의 시행에 소요되는 비용(보상비를 제외)의 50퍼센트 이하의 범위에서 보조 또는 융자를 할 수 있다. ② 시 · 도지사는 시범도시에 대하여 ①의 범위에서 보조나 융자를 할 수 있다. ③ 관계 중앙행정기관의 장 또는 시 · 도지사는 시범도시에 대하여 예산 · 인력 등을 지원한 때에는 그 지원내역을 장관에

64) ① 시범도시는 ㉠ 시범도시의 지정이 도시의 경쟁력 향상, 특화발전 및 지역균형발전에 기여할 수 있을 것, ㉡ 시범도시의 지정에 대한 주민의 호응도가 높을 것, ㉢ 시범도시의 지정목적 달성에 필요한 사업(시범도시사업)에 주민이 참여할 수 있을 것, ㉣ 시범도시사업의 재원조달계획이 적정하고 실현가능할 것의 기준에 적합하여야 한다. ② 관계 중앙행정기관의 장 또는 시 · 도지사는 시범도시의 지정을 요청하고자 하는 때에는 ㉠ 지정기준에 적합함을 설명하는 서류, ㉡ 지정을 요청하는 관계 중앙행정기관의 장 또는 시 · 도지사가 직접 시범도시에 대하여 지원할 수 있는 예산 · 인력 등의 내역, ㉢ 주민의견청취의 결과와 관계 지방자치단체의 장의 의견, ㉣ 시 · 도도시계획위원회에 의 자문 결과의 서류를 장관에게 제출하여야 한다. ③ 장관은 시범도시를 지정하려면 중앙도시계획위원회의 심의를 거쳐야 한다. ④ 장관은 시범도시를 지정한 때에는 지정목적 · 지정분야 · 지정대상도시 등을 관보에 공고하고 관계 행정기관의 장에게 통보하여야 한다.

게 통보하여야 한다. ④ 시장 · 군수 또는 구청장은 시범도시사업의 시행을 위하여 필요한 경우에는 ㉠ 시범도시사업의 예산집행에 관한 사항, ㉡ 주민의 참여에 관한 사항을 도시 · 군계획조례로 정할 수 있다.

Ⅱ. 행정심판 및 청문 등

1. 법률 등의 위반자에 대한 처분

① 장관, 시 · 도지사, 시장 · 군수 또는 구청장은 이 법에 정한 사항을 위반한 자[65]에게 이 법에 따른 허가 · 인가 등의 취소, 공사의 중지, 공작물 등의 개축 또는 이전, 그 밖에 필요한 처분을 하거나 조치를 명할 수 있다. ② 장관, 시 · 도지사, 시장 · 군수 또는 구청장은 필요한 처분을 하거나 조치를 명한 경우에는 이로 인하여 발생한 손실을 보상하여야 한다.

2. 행정심판 및 청문

① 이 법에 따른 도시 · 군계획시설사업 시행자의 처분에 대하여는 행정심판법에 따라

65) ⓐ 신고를 하지 아니하고 사업 또는 공사를 한 자, ⓑ 도시 · 군계획시설을 도시 · 군관리계획의 결정 없이 설치한 자, ⓒ 공동구의 점용 또는 사용에 관한 허가를 받지 아니하고 공동구를 점용 또는 사용하거나 점용료 또는 사용료를 내지 아니한 자, ⓓ 지구단위계획구역에서 해당 지구단위계획에 맞지 아니하게 건축물을 건축 또는 용도변경을 하거나 공작물을 설치한 자, ⓔ 개발행위허가 또는 변경허가를 받지 아니하고 개발행위를 한 자, ⓕ 개발행위허가 또는 변경허가를 받고 그 허가받은 사업기간 동안 개발행위를 완료하지 아니한 자, ⓖ 이행보증금을 예치하지 아니하거나 토지의 원상회복명령에 따르지 아니한 자, ⓗ 개발행위를 끝낸 후 준공검사를 받지 아니한 자, ⓘ 원상회복명령에 따르지 아니한 자, ⓙ 용도지역 또는 용도지구에서의 건축 제한 등을 위반한 자, ⓚ 건폐율을 위반하여 건축한 자, ⓛ 용적률을 위반하여 건축한 자, ⓜ 용도지역 미지정 또는 미세분 지역에서의 행위 제한 등을 위반한 자, ⓝ 시가화조정구역에서의 행위 제한을 위반한 자, ⓞ 둘 이상의 용도지역 등에 걸치는 대지의 적용 기준을 위반한 자, ⓟ도시 · 군계획시설사업시행자 지정을 받지 아니하고 도시 · 군계획시설사업을 시행한 자, ⓠ 도시 · 군계획시설사업의 실시계획인가 또는 변경인가를 받지 아니하고 사업을 시행한 자, ⓡ 도시 · 군계획시설사업의 실시계획인가 또는 변경인가를 받고 그 실시계획에서 정한 사업기간 동안 사업을 완료하지 아니한 자, ⓢ 실시계획의 인가 또는 변경인가를 받은 내용에 맞지 아니하게 도시 · 군계획시설을 설치하거나 용도를 변경한 자, ⓣ 이행보증금을 예치하지 아니하거나 토지의 원상회복명령에 따르지 아니한 자, ⓤ 도시 · 군계획시설사업의 공사를 끝낸 후 준공검사를 받지 아니한 자, ⓥ 타인의 토지에 출입하거나 그 토지를 일시사용한 자, ⓦ 부정한 방법으로 Ⓐ 개발행위허가 또는 변경허가, Ⓑ 개발행위의 준공검사, Ⓒ 시가화조정구역에서의 행위허가, Ⓓ 도시 · 군계획시설사업의 시행자 지정, Ⓔ 실시계획의 인가 또는 변경인가, Ⓕ도시 · 군계획시설사업의 준공검사에 해당하는 허가 · 인가 · 지정 등을 받은 자, ⓧ 사정이 변경되어 개발행위 또는 도시 · 군계획시설사업을 계속적으로 시행하면 현저히 공익을 해칠 우려가 있다고 인정되는 경우의 그 개발행위허가를 받은 자 또는 도시 · 군계획시설사업의 시행자.

행정심판을 제기할 수 있다(행정청이 아닌 시행자의 처분은 그 시행자를 지정한 자에게 행정심판 제기). ② 장관, 시・도지사, 시장・군수 또는 구청장은 ㉠ 개발행위허가의 취소, ㉡ 도시・군계획시설사업의 시행자 지정의 취소, ㉢ 실시계획인가의 취소에 해당하는 처분을 하려면 청문을 하여야 한다.

3. 권리・의무의 승계 등

① 토지 또는 건축물에 관하여 소유권이나 그 밖의 권리를 가진 자의 도시・군관리계획에 관한 권리・의무에 해당하는 권리・의무는 그 토지 또는 건축물에 관한 소유권이나 그 밖의 권리의 변동과 동시에 그 승계인에게 이전한다. ② 이 법 또는 이 법에 따른 명령에 의한 처분, 그 절차 및 그 밖의 행위는 그 행위와 관련된 토지 또는 건축물에 대하여 소유권이나 그 밖의 권리를 가진 자의 승계인에 대하여 효력을 가진다.

Ⅲ. 토지에 의 출입

1. 토지에 의 출입 등

① 장관, 시・도지사, 시장 또는 군수나 도시・군계획시설사업의 시행자는 ㉠ 도시・군계획・광역도시・군계획에 관한 기초조사, ㉡ 개발밀도관리구역, 기반시설부담구역 및 기반시설설치계획에 관한 기초조사, ㉢ 지가의 동향 및 토지거래의 상황에 관한 조사, ㉣ 도시・군계획시설사업에 관한 조사・측량 또는 시행의 행위를 하기 위하여 필요하면 타인의 토지에 출입하거나 타인의 토지를 재료 적치장 또는 임시통로로 일시 사용할 수 있으며, 특히 필요한 경우에는 나무, 흙, 돌, 그 밖의 장애물을 변경하거나 제거할 수 있다. ② 타인의 토지에 출입하려는 자는 특광시도지사・시장 또는 군수의 허가를 받아야 하며, 출입하려는 날의 7일 전까지 그 토지의 소유자・점유자 또는 관리인에게 그 일시와 장소를 알려야 한다(다만, 행정청인 시행자는 제외). ③ 타인의 토지를 재료 적치장 또는 임시통로로 일시사용하거나 나무, 흙, 돌, 그 밖의 장애물을 변경 또는 제거하려는 자는 토지의 소유자 ・점유자 또는 관리인의 동의를 받아야 한다. ④ ③의 경우 토지나 장애물의 소유자・점유자 또는 관리인이 현장에 없거나 주소 또는 거소가 불분명하여 그 동의를 받을 수 없는 경우에는 행정청인 시행자는 관할 특광시도지사・시장 또는 군수에게 그 사실을 통지하여야 하며, 행정청이 아닌 시행자는 미리 관할 특광시도지사・시장 또는 군

수의 허가를 받아야 한다. ⑤ 토지를 일시 사용하거나 장애물을 변경 또는 제거하려는 자는 토지를 사용하려는 날이나 장애물을 변경 또는 제거하려는 날의 3일 전까지 그 토지나 장애물의 소유자 · 점유자 또는 관리인에게 알려야 한다. ⑥ 일출 전이나 일몰 후에는 그 토지 점유자의 승낙 없이 택지나 담장 또는 울타리로 둘러싸인 타인의 토지에 출입할 수 없다. ⑦ 토지의 점유자는 정당한 사유 없이 ①에 따른 행위를 방해하거나 거부하지 못한다.

2. 토지에 의 출입 등에 따른 손실 보상

① 토지에 의 출입 등에 따른 행위로 인하여 손실을 입은 자가 있으면 그 행위자가 속한 행정청이나 도시 · 군계획시설사업의 시행자가 그 손실을 보상하여야 한다. ② 손실 보상에 관하여는 그 손실을 보상할 자와 손실을 입은 자가 협의하여야 한다. ③ 손실을 보상할 자나 손실을 입은 자는 협의가 성립되지 아니하거나 협의를 할 수 없는 경우에는 관할 토지수용위원회에 재결을 신청할 수 있다.

제 4 장
도시개발법

제 1 절 도시개발구역의 지정 등

① "도시개발구역"이란 도시개발사업을 시행하기 위하여 지정·고시된 구역을 말하고, ② "도시개발사업"이란 도시개발구역에서 주거, 상업, 산업, 유통, 정보통신, 생태, 문화, 보건 및 복지 등의 기능이 있는 단지 또는 시가지를 조성하기 위하여 시행하는 사업을 말한다.

Ⅰ. 도시개발구역의 지정

1. 도시개발구역의 지정 등

특별시장·광역시장·도지사·특별자치도지사(특광도지사), 서울특별시와 광역시를 제외한 인구 50만 이상의 대도시 시장에 해당하는 자는 계획적인 도시개발이 필요하다고 인정되는 때에는 도시개발구역을 지정할 수 있다. 도시개발사업이 필요하다고 인정되는 지역이 둘 이상의 특별시·광역시·도·특별자치도(특광도) 또는 서울특별시와 광역시를 제외한 인구 50만 이상의 대도시의 행정구역에 걸치는 경우에는 관계 특광도지사 또는 대도시 시장이 협의하여 도시개발구역을 지정할 자를 정한다. 시장(대도시 시장 제외)·군수 또는 구청장(자치구의 구청장)은 특광도지사에게 도시개발구역의 지정을 요청할 수 있다. [Ⓐ 국가가 도시개발사업을 실시할 필요가 있는 경우, Ⓑ 관계 중앙행정기관의 장이 요청하는 경우, Ⓒ 공공기관의 장 또는 정부출연기관의 장이 30만 제곱미터 이상으로서 국가계획과 밀접한 관련이 있는 도시개발구역의 지정을 제안하는 경우, Ⓓ 관계 특광도지사 또는 대도시 시장이 협의가 성립되지 아니하는 경우, Ⓔ 천재지변, 그 밖의 사유로 인하여 도시개발사업을 긴급하게 할 필요가 있는 경우]에는 장관은 도시개발구역을 지정할 수 있다.

2. 도시개발구역의 지정대상지역 및 규모

① Ⓐ 도시지역 : ⓐ 주거지역 및 상업지역 : 1만 제곱미터 이상, ⓑ 공업지역 : 3만 제곱미터 이상, ⓒ 자연녹지지역 : 1만 제곱미터 이상, ⓓ 생산녹지지역(생산녹지지역이 도시개발구역 지정면적의 100분의 30 이하인 경우만 해당) : 1만 제곱미터 이상, Ⓑ 도시지역 외의 지역 : 30만 제곱미터 이상(다만, 공동주택 중 아파트 또는 연립주택의 건설계획이 포함되는 경우로서 도시개발구역에 초등학교용지를 확보(통학이 가능한 거리에 초등학교가 있는 경우 포함)하여 관할 교육청과 협의한 경우와 도시개발구역에서 도로법의 규정에 해당하는 도로 또는 국토교통부령으로 정하는 도로와 연결되거나 4차로 이상의 도로를 설치하는 경우 모두를 갖춘 때에는 10만 제곱미터 이상으로 한다).

② 자연녹지지역, 생산녹지지역 및 도시지역 외의 지역에 도시개발구역을 지정하는 경우에는 광역도시계획 또는 도시 · 군기본계획에 의하여 개발이 가능한 지역에서만 장관이 정하는 기준에 따라 지정하여야 한다. 다만, 광역도시계획 및 도시 · 군기본계획이 수립되지 아니한 지역인 경우에는 자연녹지지역 및 계획관리지역에서만 도시개발구역을 지정할 수 있다. ③ ㉠ 국토계획법에 따른 취락지구 또는 개발진흥지구로 지정된 지역, ㉡ 국토계획법에 따른 지구단위계획구역으로 지정된 지역, ㉢ 장관이 국가균형발전을 위하여 관계 중앙행정기관의 장과 협의하여 도시개발구역으로 지정하려는 지역(국토계획법에 따른 자연환경보전지역은 제외)에 해당하는 지역으로서 지정권자가 계획적인 도시개발이 필요하다고 인정하는 지역에 대하여는 ① 및 ②에 따른 제한을 적용하지 아니한다. ④ 도시개발구역으로 지정하려는 지역이 둘 이상의 용도지역에 걸치는 경우에는 국토교통부령으로 정하는 기준에 따라 도시개발구역을 지정하여야 한다. ⑤ 같은 목적으로 여러 차례에 걸쳐 부분적으로 개발하거나 이미 개발한 지역과 붙어 있는 지역을 개발하는 경우에 기준에 따라 도시개발구역을 지정하여야 한다.

Ⅱ. 도시개발구역의 분할 및 결합

① 도시개발구역을 둘 이상의 사업시행지구로 분할할 수 있는 경우는 지정권자가 도시개발사업의 효율적인 추진을 위하여 필요하다고 인정하는 경우로서 분할 후 각 사업시행지구의 면적이 각각 1만 제곱미터 이상인 경우로 한다. ② 서로 떨어진(동일 또는 연접한 특광도로 한정) 둘 이상의 지역을 결합하여 하나의 도시개발구역으로 지정(결합개발)할 수 있는 경우는 면적이 1만 제곱미터 이상인 [㉠ 도시경관, 문화재, 군사시설 및 항공시설 등을 관리하거나 보호하기 위하여 관계 법령에 따라 토지이용이 제한되는 지역, ㉡ 용도구역별 개발행위허가의 규모 이상의 기반시설, 공장, 공공청사 및 관사, 군사시설 등이 철거되거나 이전되는 지역(해당 시설물의 주변지역을 포함), ㉢ ⓐ 방화지구 또는 방재지구, ⓑ 지정된 자연재해위험개선지구, ⓒ 선포된 특별재난지역에 해당하는 지역·지구(도시개발사업으로 재해예방시설 또는 주민안전시설 등을 설치하여 재해 등을 장기적으로 예방하거나 복구할 수 있는 경우로 한정), ㉣ 순환개발방식으로 도시개발사업을 시행하는 지역, ㉤ 도시계획시설사업의 시행이 필요한 지역(결합개발이 필요한 지역으로서 사업비가 총사업비 이상인 경우로 한정), ㉥ 개발제한구역법에 따른 정비사업 구역에 포함된 지역(1만 제곱미터 미만인 경우도 포함), ㉦ 그 밖에 지정권자가 도시개발사업의 효율적인 시행을 위하여 결합개발이 필요하다고 인정한 지역에 해당하는 지역이 도시개발구역에 하나 이상 포함된 경우]로 한다. ③ 도시개발구역지정을 제안하는 자가 결합개발 방식을 적용하려는 경우에는 도시개발구역에 포함될 서로 떨어진 지역별로 토지 소유자(지상권자를 포함)의 동의를 받아야 한다. ④ 시행자가 토지를 수용하거나 사용하여 서로 떨어진 지역에 대하여 결합개발 방식으로 도시개발사업을 시행하려는 경우에는 수용 또는 사용 대상인 지역 각각에 대하여 토지 소유자의 동의를 받아야 한다. ⑤ 시행자가 결합개발 방식을 적용하여 도시개발사업을 시행하는 경우에는 ②에 해당하는 지역을 우선적으로 개발하여야 한다. 다만, 도시개발사업의 특성상 필요한 경우에는 지정권자가 다르게 정할 수 있다.

Ⅲ. 개발계획의 수립 및 변경 등

1. 개발계획의 수립 및 변경

① 지정권자는 도시개발구역을 지정하려면 해당 도시개발구역에 대한 도시개발사업의 계획(개발계획)을 수립하여야 한다. 다만, 개발계획을 공모하거나 대통령령으로 정하는 지역[1]에 도시개발구역을 지정할 때에는 도시개발구역을 지정한 후에 개발계획을 수립할 수 있다.[2] ② 지정권자는 창의적이고 효율적인 도시개발사업을 추진하기 위하여 필요한 경우에는 개발계획안을 공모하여 선정된 안을 개발계획에 반영할 수 있다. 이 경우 선정된 개발계획안의 응모자가 도시개발시행권자의 자격 요건을 갖춘 자인 경우에는 해당 응모자를 우선하여 시행자로 지정할 수 있다. ③ 지정권자는 직접 또는 관계 중앙행정기관의 장 또는 시장(대도시 시장을 제외) · 군수 · 구청장 또는 도시개발사업의 시행자의 요청을 받아 개발계획을 변경할 수 있다. ④ 지정권자는 환지방식의 도시개발사업에 대한 개발계획을 수립하려면 환지 방식이 적용되는 지역의 토지면적의 3분의 2 이상에 해당하는 토지 소유자와 그 지역의 토지 소유자 총수의 2분의 1 이상의 동의를 받아야 한다.[3]

---

1) Ⓐ 자연녹지지역, Ⓑ 생산녹지지역(생산녹지지역이 도시개발구역 지정면적의 100분의 30 이하인 경우만 해당) : 1만 제곱미터 이상), Ⓒ 도시지역 외의 지역, Ⓓ 장관이 국가균형발전을 위하여 관계 중앙행정기관의 장과 협의하여 도시개발구역으로 지정하려는 지역(국토계획법에 따른 자연환경보전지역은 제외), Ⓔ 해당 도시개발구역에 포함되는 주거지역 · 상업지역 · 공업지역의 면적의 합계가 전체 도시개발구역 지정 면적의 100분의 30 이하인 지역.

2) **(공고 및 심사)** 지정권자는 도시개발구역을 지정한 후에 개발계획안을 공모하는 경우에는 ⓐ 도시개발사업의 개요, ⓑ 공모참가자격 및 일정, ⓒ 개발계획안의 평가 · 심사 계획, ⓓ도시개발사업 시행자 지정 절차, ⓔ 개발계획안 작성지침, ⓕ 그 밖에 개발계획안의 공모에 필요한 사항을 전국 또는 해당 지역을 주된 보급지역으로 하는 일간신문 및 관보 또는 공보에 1회 이상 공고하여야 하며, 이 경우 응모기간은 90일 이상으로 하여야 하며, 지정권자는 응모자가 둘 이상인 경우에는 공모심의위원회를 구성하여 제안된 개발계획안을 심사할 수 있다. 이 경우 공모심사위원회의 구성 및 운영 등에 필요한 사항은 지정권자가 정한다.

3) **(동의자의 수를 산정하는 방법)** [㉠ 도시개발구역의 토지면적을 산정하는 경우: 국공유지를 포함하여 산정할 것, ㉡ 토지 소유권을 여러 명이 공유하는 경우: 다른 공유자의 동의를 받은 대표 공유자 1명만을 해당 토지 소유자로 볼 것(다만, 집합건물법에 따른 구분소유자는 각각을 토지 소유자 1명으로 본다), ㉢ 공람 · 공고일 후에 집합건물법에 따른 구분소유권을 분할하게 되어 토지 소유자의 수가 증가하게 된 경우: 공람 · 공고일 전의 토지 소유자의 수를 기준으로 산정하고, 증가된 토지 소유자의 수는 토지 소유자 총수에 추가 산입하지 말 것, ㉣ 도시개발구역의 지정이 제안되기 전에 또는 도시개발구역에 대한 도시개발사업의 계획(개발계획)의 변경을 요청받기 전에 동의를 철회하는 사람이 있는 경우: 그 사람은 동의자 수에서 제외할 것, ㉤ 도시개발구역의 지정이 제안된 후부터 개발계획이 수립되기 전까지의 사이에 토지 소유자가 변경된 경우 또는 개발계획의 변경을 요청받은 후부터 개발계획이 변경되기 전까지의 사이에 토지 소유자가 변경된 경우: 기존 토지 소유자의 동의서를 기준으

환지 방식으로 시행하기 위하여 개발계획을 변경(경미한 사항[4]의 변경은 제외)하려는 경우에도 또한 같다. ⑤ 지정권자는 도시개발사업을 환지 방식으로 시행하려고 개발계획을 수립하거나 변경할 때에 도시개발사업의 시행자가 국가 또는 지방자치단체에 해당하는 자이면 토지 소유자의 동의를 받을 필요가 없다. ⑥ 지정권자가 도시개발사업의 전부를 환지 방식으로 시행하려고 개발계획을 수립하거나 변경할 때에 도시개발사업의 시행자가 조합에 해당하는 경우로서 조합이 성립된 후 총회에서 도시개발구역의 토지면적의 3분의 2 이상에 해당하는 조합원과 그 지역의 조합원 총수의 2분의 1 이상의 찬성으로 수립 또는 변경을 의결한 개발계획을 지정권자에게 제출한 경우에는 토지 소유자의 동의를 받은 것으로 본다.

2. 개발계획의 내용

① 개발계획에는 [Ⓐ 도시개발구역의 명칭 · 위치 및 면적, Ⓑ 도시개발구역의 지정 목적과 도시개발사업의 시행기간, Ⓒ 도시개발구역을 둘 이상의 사업시행지구로 분할하거나

로 할 것]. ㉮ 국공유지를 제외한 전체 사유 토지면적 및 토지 소유자에 대하여 동의 요건 이상으로 동의를 받은 후에 그 토지면적 및 토지 소유자의 수가 법적 동의 요건에 미달하게 된 경우에는 국공유지 관리청의 동의를 받아야 한다. ㉯ 토지 소유자가 동의하거나 동의를 철회할 경우에는 동의서 또는 동의철회서를 제출하여야 하며, 공유토지의 대표 소유자는 대표자지정 동의서와 대표 소유자 및 공유자의 신분을 증명할 수 있는 서류를 각각 첨부하여 함께 제출하여야 한다.

4) **(개발계획의 경미한 변경)** ① 환지방식을 적용하는 지역의 면적 변경이 [㉠ 편입되는 토지의 면적이 종전(토지소유자의 동의를 받아 개발계획을 수립 또는 변경한 때를 말함) 환지방식이 적용되는 면적의 100분의 5 이상인 경우(경미한 사항이 여러 차례 변경된 경우에는 누적하여 산정), ㉡ 제외되는 토지의 면적이 종전 환지방식이 적용되는 면적의 100분의 10 이상인 경우, ㉢ 편입 또는 제외되는 면적이 각각 3만 제곱미터 이상인 경우, ㉣ 토지의 편입이나 제외로 인하여 환지방식이 적용되는 면적이 종전보다 100분의 10 이상 증감하는 경우에 해당하는 경우], ② 너비가 12미터 이상인 도로를 신설 또는 폐지하는 경우, ③ 사업시행지구를 분할하거나 분할된 사업시행지구를 통합하는 경우, ④ 도로를 제외한 기반시설의 면적이 종전보다 100분의 10(공원 또는 녹지의 경우에는 100분의 5) 이상으로 증감하거나 신설되는 기반시설의 총면적이 종전 기반시설 면적의 100분의 5 이상인 경우, ⑤ 수용예정인구가 종전보다 100분의 10 이상 증감하는 경우(변경 이후 수용예정인구가 3천명 미만인 경우는 제외), ⑥ 기반시설을 제외한 도시개발구역의 용적률이 종전보다 100분의 5 이상 증가하는 경우, ⑦ 토지이용계획(종전 개발계획에서 분류한 최하위 토지용도를 말하며, 기반시설은 제외)의 변경으로서 ㉠ 용도별 면적이 종전보다 100분의 10 이상 증감하는 경우, ㉡ 신설되는 용도의 토지 총면적이 종전 도시개발구역 면적(기반시설 면적은 제외)의 100분의 5 이상인 경우에 해당하는 경우(다만, 용도별 변경 면적이 1천 제곱미터 이상인 경우로 한정한다), ⑧ 기반시설의 설치에 필요한 비용이 종전보다 100분의 5 이상 증가하는 경우, ⑨ 사업시행방식을 변경하는 경우, ⑩ 용도지역 · 용도지구 · 용도구역에 대한 도시 · 군관리계획이 변경(①부터 ④까지 및 ⑦의 규정에 해당하는 경우는 제외)되는 경우 및 그 밖에 지정권자가 토지소유자의 권익보호 등을 위하여 중대하다고 인정하여 조건을 붙여 도시개발구역을 지정하거나 시 · 도 조례로 정한 경우, 환경영향평가에 대한 협의 결과, 교통영향평가서 검토 결과, 재해영향평가등의 협의 결과 또는 교육환경평가서 심의 결과를 반영하는 개발계획의 변경 중 그 변경으로 사업비가 종전 총사업비보다 100분의 10 미만으로 증가하는 경우에는 경미한 사항의 변경으로 본다.

서로 떨어진 둘 이상의 지역을 하나의 구역으로 결합하여 도시개발사업을 시행하는 경우에는 그 분할이나 결합에 관한 사항, Ⓓ 도시개발사업의 시행자에 관한 사항, Ⓔ 도시개발사업의 시행방식, Ⓕ 인구수용계획, Ⓖ 토지이용계획, Ⓗ 원형지로 공급될 대상 토지 및 개발 방향, Ⓘ 교통처리계획, Ⓙ 환경보전계획, Ⓚ 보건의료시설 및 복지시설의 설치계획, Ⓛ 도로, 상하수도 등 주요 기반시설의 설치계획, Ⓜ 재원조달계획, Ⓝ 도시개발구역 밖의 지역에 기반시설을 설치하여야 하는 경우에는 그 시설의 설치에 필요한 비용의 부담 계획, Ⓞ 수용 또는 사용의 대상이 되는 토지 · 건축물 또는 토지에 정착한 물건과 이에 관한 소유권 외의 권리, 광업권, 어업권, 물의 사용에 관한 권리(토지등)가 있는 경우에는 그 세부목록, Ⓟ 임대주택(민간임대주택 및 공공임대주택)건설계획 등 세입자 등의 주거 및 생활 안정 대책, Ⓠ 순환개발 등 단계적 사업추진이 필요한 경우 사업추진 계획 등에 관한 사항, Ⓡ 그 밖에 학교시설계획, 문화재 보호계획, 초고속 정보통신망계획, 공동구 등 지하매설물계획, 존치하는 기존 건축물 및 공작물 등에 관한 계획, 산업의 유치업종 및 배치계획, 도시개발구역 밖의 지역에서 도시개발구역의 이용에 제공되는 국토계획법에 따른 기반시설의 설치가 필요한 경우 도시개발구역 밖의 기반시설계획에 관한 사항, 집단에너지 공급계획, 전시장 · 공연장 등의 문화시설계획, 어린이집계획, 저탄소 녹색도시 조성을 위한 계획, 용적률 및 수용인구 등에 관한 개발밀도계획, 국토계획법 에 따른 도시 · 군관리계획의 수립 또는 변경에 관한 사항, 그 밖에 국토교통부령으로 정하는 사항이 포함]되어야 한다. 다만, Ⓝ부터 Ⓠ까지의 규정에 해당하는 사항은 도시개발구역을 지정한 후에 개발계획에 포함시킬 수 있다.[5)]

---

5) ① 국토계획법에 따른 광역도시계획이나 도시 · 군기본계획이 수립되어 있는 지역에 대하여 개발계획을 수립하려면 개발계획의 내용이 해당 광역도시계획이나 도시 · 군기본계획에 들어맞도록 하여야 한다. ② 도시개발구역을 지정한 후에 개발계획을 수립하는 경우에는 도시개발구역을 지정할 때에 지정 목적, 시행 방식 및 인구수용계획 등 도시개발구역의 명칭 · 위치 및 면적, 도시개발구역의 지정 목적, 도시개발사업의 시행 방식, 시행자에 관한 사항, 개략적인 인구수용계획, 개략적인 토지이용계획에 관한 계획을 수립하여야 한다. ③ 330만 제곱미터인 도시개발구역에 관한 개발계획을 수립할 때에는 해당 구역에서 주거, 생산, 교육, 유통, 위락 등의 기능이 서로 조화를 이루도록 노력하여야 하며, 개발계획의 작성 기준 및 방법은 장관이 정한다. ④ 도시지역 외의 지역이나 녹지지역에 도시개발구역을 지정하는 경우 환경보전계획에는 환경성검토 결과(전략환경영향평가를 실시하는 경우에는 전략환경영향평가 결과)가 포함되어야 한다.

Ⅳ. 개발계획의 수립 절차 등

1. 기초조사 등

① 도시개발사업의 시행자나 시행자가 되려는 자는 도시개발구역을 지정하거나 도시개발구역의 지정을 요청 또는 제안하려고 할 때에는 도시개발구역으로 지정될 구역의 토지, 건축물, 공작물, 주거 및 생활실태, 주택수요, 그 밖에 필요한 사항에 관하여 조사하거나 측량할 수 있다. 시행자 또는 시행자가 되려는 자가 조사·측량할 수 있는 사항으로는 [ⓐ 도시 또는 도시개발구역으로 지정하려는 지역과 생활권이 같은 지역의 인구변동 상황 및 추이, ⓑ 도시개발구역의 인구, 토지이용, 지장물 및 각종 개발사업 현황, ⓒ 주변 지역의 교통 현황, ⓓ 풍수해, 산사태, 지반 붕괴, 그 밖의 재해의 발생빈도 및 현황, ⓔ 도시·군기본계획·광역도시계획 등 상위계획에 관한 사항, ⓕ 그 밖에 국토교통부령으로 정하는 사항]을 들 수 있다. ② 조사나 측량을 하려는 자는 관계 행정기관, 지방자치단체, 공공기관, 정부출연기관, 그 밖의 관계 기관의 장에게 필요한 자료의 제출을 요청할 수 있다. 이 경우 자료 제출을 요청받은 기관의 장은 특별한 사유가 없으면 요청에 따라야 한다. 조사·측량할 사항에 관하여 다른 법령에 근거하여 이미 조사·측량한 자료가 있으면 그 자료를 활용할 수 있다.

2. 주민 등의 의견청취

장관, 시·도지사 또는 대도시 시장이 도시개발구역을 지정(대도시 시장이 아닌 시장·군수 또는 구청장의 요청에 의하여 지정하는 경우를 제외)하고자 하거나 대도시 시장이 아닌 시장·군수 또는 구청장이 도시개발구역의 지정을 요청하려고 하는 경우에는 공람이나 공청회를 통하여 주민이나 관계 전문가 등으로부터 의견[6]을 들어야 하며, 공람이나

6) (주민의 의견청취) 장관 또는 특광도지사는 도시개발구역의 지정에 관한 주민의 의견을 청취하려면 관계 서류 사본을 시장·군수 또는 구청장에게 송부하여야 한다. 시장·군수 또는 구청장은 입안할 도시개발구역의 지정 및 개발계획의 개요, 시행자 및 도시개발사업의 시행방식에 관한 사항, 공람기간, 그 밖에 국토교통부령으로 정하는 사항을 전국 또는 해당 지방을 주된 보급지역으로 하는 둘 이상의 일간신문과 해당 시·군 또는 구의 인터넷 홈페이지에 공고하고 14일 이상 일반인에게 공람시켜야 한다. 다만, 면적이 10만 제곱미터 미만인 경우에는 공고하지 아니하고 공보와 해당 시·군 또는 구의 인터넷 홈페이지에 공고할 수 있다. 공고된 내용에 관하여 의견이 있는 자는 공람기간(14일)에 의견서를 제출할 수 있으며, 시장·군수 또는 구청장은 제출된 의견을 종합하여 장관(장관이 시장·군수·구청장에게 송부한 경우에만 해당), 시·도지사에게 제출하여야 하며, 제출된 의견이 없으면 그

공청회[7]에서 제시된 의견이 타당하다고 인정되면 이를 반영하여야 한다. 도시개발구역을 변경(경미한 사항(ⓐ 편입되는 면적과 제외되는 면적의 합계가 종전(주민 등의 의견청취를 거쳐 도시개발구역을 지정 또는 변경한 때) 도시개발구역 면적의 100분의 5 이상이거나 1만 제곱미터 이상인 경우(경미한 사항이 여러 차례 변경된 경우에는 누적하여 산정), ⓑ 사업시행방식을 변경하는 경우, ⓒ 그 밖에 지정권자가 토지소유자의 권익보호 등을 위하여 중대하다고 인정하거나 시 · 도 조례로 정한 경우)은 제외)하려는 경우에도 같다.

3. 도시계획위원회의 심의 등

지정권자는 도시개발구역을 지정하거나 개발계획을 수립하려면 관계 행정기관의 장과 협의한 후 중앙도시계획위원회 또는 시 · 도도시계획위원회나 대도시에 두는 대도시도시계획위원회의 심의를 거쳐야 한다. 변경하는 경우에도 또한 같다. 다만, 상기 경미한 사항[("종전"이란 도시계획위원회의 심의를 거쳐 도시개발구역을 지정 · 변경하거나 개발계획을 수립 · 변경한 때), ⓐ 도시개발구역 면적이 종전보다 100분의 10 이상 증감하는 경우, ⓑ 그 밖에 지정권자가 도시 · 군기본계획에서 제시한 목표를 실현하기 위하여 중대하다고 인정하거나 시 · 도 조례로 정한 경우]을 변경하는 경우에는 그러하지 아니하다. 환경영향평가에 대한 협의 결과, 교통영향평가서 검토 결과, 재해영향평가등의 협의 결과 또는 교육환경평가서 심의 결과를 반영하는 개발계획의 변경은 경미한 사항의 변경으로 본다.

지구단위계획에 따라 도시개발사업을 시행하기 위하여 도시개발구역을 지정하는 경우에는 중앙도시계획위원회 또는 시 · 도도시계획위원회나 대도시에 두는 대도시도시계획위

사실을 장관, 시 · 도지사에게 통보하여야 한다. 다만, 대도시 시장이 지정권자인 경우에는 그러하지 아니하다. 장관, 시 · 도지사, 시장 · 군수 또는 구청장은 제출된 의견을 공고한 내용에 반영할 것인지를 검토하여 그 결과를 공람기간이 끝난 날부터 30일 이내에 그 의견을 제출한 자에게 통보하여야 한다.

7) **(공청회)** 장관, 시 · 도지사, 시장 · 군수 또는 구청장은 도시개발사업을 시행하려는 구역의 면적이 100만 제곱미터 이상인 경우(변경 후의 면적이 100만 제곱미터 이상인 경우 포함)에는 공람기간이 끝난 후에 공청회를 개최하여야 한다. 장관, 시 · 도지사, 시장 · 군수 또는 구청장은 공청회를 개최하려면 공청회의 개최목적, 공청회의 개최예정일시 및 장소, 입안하고자 하는 도시개발구역지정 및 개발계획의 개요, 의견발표의 신청에 관한 사항, 그 밖에 국토교통부령으로 정하는 사항을 전국 또는 해당 지방을 주된 보급지역으로 하는 일간신문과 인터넷 홈페이지에 공청회 개최 예정일 14일 전까지 1회 이상 공고하여야 한다. 다만, 공고 시 상기사항을 이미 공고한 경우에는 그러하지 아니하다. 공청회가 장관, 시 · 도지사, 시장 · 군수 또는 구청장이 책임질 수 없는 사유로 2회에 걸쳐 개최되지 못하거나 개최는 되었으나 정상적으로 진행되지 못한 경우에는 공청회를 생략할 수 있다. 이 경우 공청회를 생략하게 된 사유와 달리 의견을 제출할 수 있는 의견 제출의 시기 및 방법 등에 관한 사항을 공고함으로써 주민의 의견을 듣도록 하여야 한다. 공청회는 공청회를 개최하는 자가 지명하는 자가 주재한다. 상기에서 규정한 사항 외에 공청회의 개최에 필요한 사항은 그 공청회를 개최하는 주체에 따라 장관이 정하거나 해당 지방자치단체의 조례로 정할 수 있다.

원회의 심의를 거치지 아니한다. 지정권자는 관계 행정기관의 장과 협의하는 경우 지정하려는 도시개발구역이 일정 규모 이상 또는 국가계획과 관련되는 등 지정하려는 도시개발구역 면적이 100만 제곱미터 이상인 경우, 개발계획이 국가계획을 포함하고 있거나 그 국가계획과 관련되는 경우에 해당하면 장관과 협의하여야 한다.

V. 도시개발구역지정 및 해제 고시 등

1. 도시개발구역지정의 고시 등

① 지정권자는 도시개발구역을 지정하거나 개발계획을 수립한 경우에는 이를 관보나 공보에 고시하고, 대도시 시장인 지정권자는 관계 서류를 일반에게 공람시켜야 하며[8], 대도시 시장이 아닌 지정권자는 해당 도시개발구역을 관할하는 시장(대도시 시장을 제외)·군수 또는 구청장에게 관계 서류의 사본을 보내야 하며, 지정권자인 특별자치도지사와 관계 서류를 송부받은 시장(대도시 시장을 제외)·군수 또는 구청장은 해당 관계 서류를 일반인에게 공람시켜야 한다. 변경하는 경우에도 같다. ② 도시개발구역이 지정·고시된 경우 해당 도시개발구역은 국토계획법에 따른 도시지역과 지구단위계획구역으로 결정되어 고시된 것으로 본다. 다만, 국토계획법에 따른 지구단위계획구역 및 취락지구로 지정된 지역인 경우에는 그러하지 아니하다. ③ 시·도지사 또는 대도시 시장이 도시개발구역을 지정·고시한 경우에는 장관에게 그 내용을 통보하여야 한다. ④ 결정·고시된 것으로 보는 사항에 대하여 도시·군관리계획에 관한 지형도면의 고시는 도시개발사업의 시행 기

---

8) **(도시개발구역지정 및 개발계획수립의 고시 및 공람 등)** ① 지정권자는 도시개발구역을 지정한 때에는 [㉠ 도시개발구역의 명칭, ㉡ 도시개발구역의 위치 및 면적, ㉢ 도시개발구역의 지정목적, ㉣ 시행자(시행자가 지정이 되지 아니한 경우에는 제안자)와 그 주된 사무소의 소재지, ㉤ 도시개발사업의 시행기간 및 시행방법, ㉥ 토지이용계획 및 기반시설계획, ㉦ 국토교통부령으로 정하는 토지 명세(도시개발구역을 지정할 때 토지 세목을 고시한 경우는 제외), ㉧ 토지보상법에 따라 고시하는 토지의 세목(수용 또는 사용 방식으로 도시개발사업을 실시하는 지역으로 한정)-시행자를 지정한 이후에 고시, ㉨ 도시개발구역의 이용에 제공되는 기반시설을 도시개발구역 밖에 설치할 필요가 있는 경우 도시개발구역 밖의 기반시설계획에 관한 사항, ㉩ 실시계획의 인가신청기간, ㉪ 관계 도서의 열람방법, ㉫ 도시·군관리계획에 관한 사항(도시지역 및 지구단위계획구역으로 결정된 것으로 보는 사항을 포함), ㉬ 그 밖에 국토교통부령으로 정하는 사항]을 관보 또는 공보에 고시하여야 한다. ② 지정권자는 도시개발구역을 지정한 후에 개발계획을 수립하는 경우에는 도시개발구역을 지정한 때에는 ①의 일부(㉠부터 ㉣까지, ㉦ 및 ㉪의 사항은 반드시 포함하여야 한다)와 개략적인 인구수용계획, 개략적인 토지이용계획을 고시할 수 있다. 이 경우 개발계획을 수립하면 ①의 사항을 고시하여야 한다. ③ 지정권자는 개발계획을 변경한 때에는 ①의 ㉠부터 ㉤까지의 사항과 변경된 사항을 고시하여야 한다. ④ 관계 서류의 공람기간은 14일 이상으로 한다.

간에 할 수 있다. ⑤ 도시개발구역지정에 관한 주민 등의 의견청취를 위한 공고가 있는 지역 및 도시개발구역에서 건축물의 건축, 공작물의 설치, 토지의 형질 변경, 토석의 채취, 토지 분할, 물건을 쌓아놓는 행위, 죽목의 벌채 및 식재 등 행위를 하려는 자는 특별시장 · 광역시장 · 특별자치도지사 · 시장 또는 군수의 허가를 받아야 한다(허가받은 사항을 변경하려는 경우에도 같다).[9] 이에 따라 허가를 받으면 국토계획법에 따라 허가를 받은 것으로 본다.

⑥ [ⓐ 재해 복구 또는 재난 수습에 필요한 응급조치를 위하여 하는 행위 및 그 밖에 ⓑ 농림수산물의 생산에 직접 이용되는 것으로서 국토교통부령으로 정하는 간이공작물의 설치, ⓒ 경작을 위한 토지의 형질변경, ⓓ 도시개발구역의 개발에 지장을 주지 아니하고 자연경관을 훼손하지 아니하는 범위에서의 토석채취, ⓔ 도시개발구역에 남겨두기로 결정된 대지에서 물건을 쌓아놓는 행위, ⓕ 관상용 죽목의 임시 식재(경작지에서의 임시 식재는 제외)행위로서 개발행위허가의 대상이 아닌 것]는 허가를 받지 아니하고 할 수 있다. ⑦ 허가를 받아야 하는 행위로서 도시개발구역의 지정 및 고시 당시 이미 관계 법령에 따라 행위 허가를 받았거나 허가를 받을 필요가 없는 행위에 관하여 그 공사나 사업에 착수한 자는 특별시장 · 광역시장 · 특별자치도지사(특광자치도지사) · 시장 또는 군수에게 신고한 후 이를 계속 시행할 수 있다. ⑧ 특광자치도지사, 시장 또는 군수는 ⑤을 위반한 자에게 원상회복을 명할 수 있고, 명령을 받은 자가 그 의무를 이행하지 아니하는 경우에는 행정대집행법에 따라 이를 대집행할 수 있다.

2. 도시개발구역 지정의 해제

① 도시개발구역의 지정은 ㉠ 도시개발구역이 지정 · 고시된 날부터 3년이 되는 날까지 실시계획의 인가를 신청하지 아니하는 경우에는 그 3년이 되는 날, ㉡ 도시개발사업의 공사 완료(환지 방식에 따른 사업인 경우에는 그 환지처분)의 공고일의 다음 날에 해제된

9) **(행위허가의 대상 등)** ① 특광자치도지사, 시장 또는 군수의 허가를 받아야 하는 행위 : [㉠ 건축물의 건축 등: 건축법에 따른 건축물(가설건축물을 포함)의 건축, 대수선 또는 용도 변경, ㉡ 공작물의 설치: 인공을 가하여 제작한 시설물(건축법에 따른 건축물은 제외)의 설치, ㉢ 토지의 형질변경 : 절토 · 성토 · 정지 · 포장 등의 방법으로 토지의 형상을 변경하는 행위, 토지의 굴착 또는 공유수면의 매립, ㉣ 토석의 채취: 흙 · 모래 · 자갈 · 바위 등의 토석을 채취하는 행위(다만, 토지의 형질 변경을 목적으로 하는 것은 ㉢에 따른다), ㉤ 토지분할, ㉥물 건을 쌓아놓는 행위: 옮기기 쉽지 아니한 물건을 1개월 이상 쌓아놓는 행위, ㉦ 죽목의 벌채 및 식재]. ② 특광자치도지사, 시장 또는 군수는 상기 행위에 대한 허가를 하려는 경우에 시행자가 이미 지정되어 있으면 미리 그 시행자의 의견을 들어야 한다. ③ 공사나 사업을 신고하려는 자는 도시개발구역이 지정 · 고시된 날부터 30일 이내에 국토교통부령으로 정하는 신고서에 그 공사 또는 사업의 진행 사항과 시행계획을 첨부하여 관할 특광자치도지사, 시장 또는 군수에게 제출하여야 한다.

것으로 본다. ② 도시개발구역을 지정한 후 개발계획을 수립하는 경우에는 ㉠ 도시개발구역이 지정·고시된 날부터 2년이 되는 날까지 개발계획을 수립·고시하지 아니하는 경우에는 그 2년이 되는 날(다만, 도시개발구역의 면적이 330만제곱미터 이상인 경우에는 5년), ㉡ 개발계획을 수립·고시한 날부터 3년이 되는 날까지 실시계획 인가를 신청하지 아니하는 경우에는 그 3년이 되는 날(다만, 도시개발구역의 면적이 330만제곱미터 이상인 경우에는 5년)의 다음 날에 도시개발구역의 지정이 해제된 것으로 본다(해제의제). ③ 도시개발구역의 지정이 해제의제된 경우에는 그 도시개발구역에 대한 용도지역 및 지구단위계획구역은 해당 도시개발구역 지정 전의 용도지역 및 지구단위계획구역으로 각각 환원되거나 폐지된 것으로 본다. 다만, 공사완료에 따라 도시개발구역의 지정이 해제의제된 경우에는 환원되거나 폐지된 것으로 보지 아니한다.

3. 도시개발구역 해제의 고시 및 공람

지정권자는 도시개발구역의 지정이 해제된 경우에는 ㉠ 도시개발구역의 명칭, ㉡ 도시개발구역의 위치 및 면적, ㉢ 도시개발구역의 해제 사유, ㉣ 국토계획법에 따른 용도지역·용도지구·용도구역 및 도시·군계획시설의 환원 또는 폐지에 관한 사항, ㉤ 그 밖에 국토교통부령으로 정하는 사항을 관보 또는 공보에 고시하여야 한다.

제 2 절 도시개발사업의 시행

Ⅰ. 시행자 및 실시계획 등

1. 시행자 등

① 도시개발사업의 시행자는 ㉠ 국가나 지방자치단체, ㉡ LH, 한국수자원공사, 한국농어촌공사, 한국관광공사, 한국철도공사, 매입공공기관(종전부동산 및 그 주변을 개발), ㉢ 국가철도관리공단(역세권개발사업), 제주국제자유도시개발센터(제주도에서 개발사업), ㉣ 지방공사, ㉤ 도시개발구역의 토지 소유자(공유수면법에 따라 면허를 받은 자를 해당 공유수면을 소유한 자로 보고 그 공유수면을 토지로 보며, 수용 또는 사용 방식의 경우에는

도시개발구역의 국공유지를 제외한 토지면적의 3분의 2 이상을 소유한 자), ㉥ 도시개발구역의 토지 소유자가 도시개발을 위하여 설립한 조합(전부 환지 방식으로 시행하는 경우), ㉦ 과밀억제권역에서 수도권 외의 지역으로 이전하는 법인 중 과밀억제권역의 사업기간 등 대통령령으로 정하는 요건[10]에 해당하는 법인, ㉧ 주택법에 따라 등록한 자 중 도시개발사업을 시행할 능력이 있다고 인정되는 자로서 대통령령으로 정하는 요건[11]에 해당하는 자(주택법에 따른 주택단지와 그에 수반되는 기반시설을 조성하는 경우에만 해당), ㉨ 건설산업기본법에 따른 토목공사업 또는 토목건축공사업의 면허를 받는 등 개발계획에 맞게 도시개발사업을 시행할 능력이 있다고 인정되는 자로서 대통령령으로 정하는 요건[12]에 해당하는 자, ㉩ 부동산개발업법에 따라 등록한 부동산개발업자로서 대통령령으로 정하는 요건[13]에 해당하는 자, ㉪ 부동산투자회사법에 따라 설립된 자기관리부동산투자회사 또는 위탁관리부동산투자회사로서 대통령령으로 정하는 요건[14]에 해당하는 자, ㉫ ㉠부터 ㉪에 해당하는 자(㉥에 따른 조합은 제외)가 도시개발사업을 시행할 목적으로 출자에 참여하여 설립한 법인으로서 대통령령으로 정하는 요건에 해당하는 법인 중에서 지정권자가 지정한다. 다만, 도시개발구역의 전부를 환지 방식으로 시행하는 경우에는 ㉤의 토지 소유자나 ㉥의 조합을 시행자로 지정한다.

---

10) ⓐ 과밀억제권역에 3년 이상 계속하여 공장시설을 갖추고 사업을 하고 있거나 3년 이상 계속하여 본점 또는 주사무소(본사)를 두고 있는 법인으로서 그 공장시설의 전부 또는 본사를 수도권 외의 지역으로 이전하는 법인(이 경우 공장시설 또는 본사의 이전에 따라 이전하는 종업원의 수(여러 개의 법인이 모여 지방으로 이전하는 경우에는 그 종업원 총수)가 500명 이상이어야 한다), ⓑ 과밀억제권역에서 대학(대학원대학은 제외)을 운영 중인 학교법인으로서 대학시설의 전부를 수도권 외의 지역으로 이전하는 학교법인.

11) ⓐ 주택법에 따라 제출된 최근 3년간의 평균 영업실적(대지 조성에 투입된 비용을 말하며, 보상비는 제외)이 해당 도시개발사업에 드는 연평균 사업비(보상비는 제외) 이상일 것, ⓑ 경영의 건전성이 국토교통부령으로 정하는 기준 이상일 것.

12) ⓐ 종합공사를 시공하는 업종(토목공사업 및 토목건축공사업에 한함)에 등록한 자로서 공시된 시공능력 평가액이 당해 도시개발사업에 드는 연평균 사업비(보상비는 제외) 이상인 자, ⓑ 신탁업자 중 외부감사의 대상이 되는 자로서 경영의 건전성이 국토교통부령으로 정하여 고시하는 기준 이상인 자를 말한다. 다만, 회생절차가 진행 중인 법인은 제외.

13) ⓐ 부동산개발업법에 따라 장관에게 보고한 최근 3년간 연평균 사업실적이 해당 도시개발사업에 드는 연평균 사업비 이상일 것, ⓑ 시행자 지정 신청일 기준으로 최근 3년간 부동산개발업법에 따른 시정조치 및 영업정지를 받은 사실이 없을 것, ⓒ 경영의 건전성이 국토교통부령으로 정하는 기준 이상일 것.

14) 시행자 지정 신청일 당시 부동산투자회사법에 따라 공시된 투자보고서를 기준으로 재무제표상 부채가 자본금의 2배 미만이고, 최근 3년간 업무의 정지, 임직원의 해임 및 징계요구에 해당하는 조치를 받은 사실이 없는 자로서 ⓐ 최근 3년간 자산의 연평균 투자 · 운용실적(위탁관리 부동산투자회사의 경우에는 해당 부동산투자회사로부터 자산의 투자 · 운용업무를 위탁받은 자산관리회사가 투자 · 운용을 위탁받은 실적 총합계액의 연평균 금액)이 해당 도시개발사업에 드는 연평균 사업비 이상인 자, ⓑ 사업계획상 자본금이 해당 도시개발사업에 드는 총사업비의 100분의 15 이상인 자를 말한다. 다만, 회생절차가 진행 중인 법인은 제외.

② 지정권자는 ㉠ 토지 소유자나 조합이 개발계획의 수립 · 고시일부터 1년 이내. 다만, 지정권자가 시행자 지정 신청기간의 연장이 불가피하다고 인정하여 6개월의 범위에서 연장한 경우에는 그 연장된 기간에 시행자 지정을 신청하지 아니한 경우 또는 지정권자가 신청된 내용이 위법하거나 부당하다고 인정한 경우, ㉡ 지방자치단체의 장이 집행하는 공공시설에 관한 사업과 병행하여 시행할 필요가 있다고 인정한 경우, ㉢ 도시개발구역의 국공유지를 제외한 토지면적의 2분의 1 이상에 해당하는 토지 소유자 및 토지 소유자 총수의 2분의 1 이상이 지방자치단체등의 시행에 동의한 경우에 해당하는 사유가 있으면 지방자치단체나 지방자치단체등, LH, 지방공사를 시행자로 지정할 수 있다. 이 경우 도시개발사업을 시행하는 자가 시 · 도지사 또는 대도시 시장인 경우 장관이 지정한다. ③ 지정권자는 토지 소유자 2인 이상이 도시개발사업을 시행하려고 할 때 또는 토지 소유자가 ①의 ㉦부터 ㉪까지의 규정에 해당하는 자와 공동으로 도시개발사업을 시행하려고 할 때에는 도시개발사업에 관한 규약을 정하게 할 수 있다. ④ 지방자치단체등이 도시개발사업의 전부를 환지 방식으로 시행하려고 할 때와 국가 등 공공기관(100분의 50을 초과하여 출자한 경우로 한정)에 해당하는 자가 도시개발사업의 일부를 환지 방식으로 시행하려고 할 때에는 시행규정을 작성하여야 한다. 이 경우 공공기관, 정부출연기관, 지방공사인 시행자는 사업비(혼용방식으로 사업을 시행하는 경우에는 총사업비에 도시개발구역 전체 면적에서 환지 방식이 적용되는 지역의 면적비율을 곱한 금액)의 100분의 7이하를 사업관리비로 책정하는 경우에 따라 사업관리에 필요한 비용의 책정에 관한 사항을 시행규정에 포함할 수 있다.

⑤ 공공기관, 정부출연기관, 지방공사에 해당하는 자, 도시개발구역의 토지 소유자(수용 또는 사용의 방식으로 제안하는 경우에는 도시개발구역의 국공유지를 제외한 토지면적의 3분의 2이상을 사용할 수 있는 권원(토지사용승낙서 및 토지매매계약서)을 가지고 2분의 1이상을 소유한 자) 또는 ①의 ㉠부터 ㉧까지의 규정에 해당하는 자는 특별자치도지사 · 시장 · 군수 또는 구청장에게 도시개발구역의 지정을 제안할 수 있다.[15] 다만, 국가가 도시개발사업을 실시할 필요가 있는 경우, 관계 중앙행정기관의 장이 요청하는 경우, 공공

15) **(도시개발구역지정의 제안)** ① 도시개발구역의 지정을 제안하려는 자는 국토교통부령으로 정하는 도시개발구역지정제안서를 장관, 특별자치도지사, 시장 · 군수 또는 구청장에게 제출하여야 한다. ② 도시개발구역의 지정을 제안하려는 지역이 둘 이상의 시 · 군 또는 구의 행정구역에 걸쳐 있는 경우에는 그 지역에 포함된 면적이 가장 큰 행정구역의 시장 · 군수 또는 구청장에게 ①에 따른 서류를 제출하여야 한다. ③ 도시개발구역지정의 제안을 받은 장관 · 특별자치도지사 · 시장 · 군수 또는 구청장은 제안 내용의 수용 여부를 1개월 이내에 제안자에게 통보하여야 한다. 다만, 관계 기관과의 협의가 지연되는 등 불가피한 사유가 있는 경우에는 1개월 이내의 범위에서 통보기간을 연장할 수 있다.

기관의 장 또는 정부출연기관의 장이 대통령령으로 정하는 규모 이상으로서 국가계획과 밀접한 관련이 있는 도시개발구역의 지정을 제안하는 경우, 협의가 성립되지 아니하는 경우에 해당하는 자는 장관에게 직접 제안할 수 있다. ⑥ 토지 소유자 또는 ①의 ㉠부터 ㉢까지(국가 등 공공기관에 해당하는 자가 100분의 50을 초과하여 출자한 경우는 제외)의 규정에 해당하는 자가 도시개발구역의 지정을 제안하려는 경우에는 대상 구역 토지면적의 3분의 2이상에 해당하는 토지 소유자(지상권자를 포함)의 동의를 받아야 한다.[16] ⑦ 특별자치도지사 · 시장 · 군수 또는 구청장은 제안자와 협의하여 도시개발구역의 지정을 위하여 필요한 비용의 전부 또는 일부를 제안자에게 부담시킬 수 있다.

⑧ 지정권자는 ㉠ 도시개발사업에 관한 실시계획의 인가를 받은 후 2년 이내에 사업을 착수하지 아니하는 경우, ㉡ 행정처분으로 시행자의 지정이나 실시계획의 인가가 취소된 경우, ㉢ 시행자의 부도 · 파산, 그 밖에 이와 유사한 사유로 도시개발사업의 목적을 달성하기 어렵다고 인정되는 경우, ㉣ 도시개발구역의 전부를 환지 방식으로 시행하는 경우에는 토지 소유자나 조합이 시행자로 지정된 자가 도시개발구역 지정의 고시일부터 1년 이내. 다만, 지정권자가 실시계획의 인가신청기간의 연장이 불가피하다고 인정하여 6개월의 범위에서 연장한 경우에는 그 연장된 기간에 도시개발사업에 관한 실시계획의 인가를 신청하지 아니하는 경우에는 시행자를 변경할 수 있다.

2. 도시개발사업의 대행

① 주택건설사업자 등에게 대행하게 할 수 있는 도시개발사업의 범위는 ㉠ 실시설계, ㉡ 부지조성공사, ㉢ 기반시설공사, ㉣ 조성된 토지의 분양과 같다. ②시행자는 도시개발사업을 대행하게 하려는 경우에는 ㉠ 개발사업의 목적, ㉡ 개발사업의 종류 및 개요, ㉢ 개발사업의 시행기간, ㉣ 대행개발사업자의 자격요건 및 제출서류, ㉤ 대행개발사업자의 선정기준 및 방식을 공고하고 대행할 사업자(대행개발사업자)를 경쟁입찰 방식으로 선정

16) **(동의자 수의 산정방법 등)** ① 동의자 수의 산정 방법 : ㉠ 토지 소유권 또는 지상권을 공유하는 경우 : 다른 공유자의 동의를 받은 대표 공유자 또는 대표 지상권자 1명만을 해당 토지 소유자 또는 지상권자로 볼 것(다만, 집합건물법에 따른 구분소유자는 각각을 토지 소유자 1명으로 본다), ㉡ 공람 · 공고일 후에 집합건물법에 따른 구분소유권을 분할하게 되어 토지 소유자의 수가 증가하게 된 경우 : 공람 · 공고일 전의 토지 소유자의 수를 기준으로 산정하고, 증가된 토지 소유자의 수는 토지 소유자 총수에 추가 산입하지 말 것, ㉢ 도시개발구역의 지정이 제안되기 전에 동의를 철회한 사람이 있는 경우 : 그 사람은 동의자 수에서 제외할 것, ㉣ 도시개발구역의 지정이 제안된 후부터 도시개발구역이 지정되기 전까지 토지 소유자가 변경된 경우 : 기존 토지 소유자의 동의서를 기준으로 할 것. ② 토지 소유자가 동의하거나 동의를 철회할 경우에는 동의서 또는 동의철회서를 제출하여야 하며, 토지 또는 지상권을 공동으로 소유하는 토지 또는 지상권의 대표 소유자는 대표자지정 동의서와 대표 소유자 및 공유자의 신분을 증명할 수 있는 서류를 각각 첨부하여 함께 제출하여야 한다.

하여야 한다. ③ 시행자는 도시개발사업을 대행하게 하려는 경우에는 대행개발사업자와 대행에 관한 계약을 체결하여야 한다. ④ 도시개발사업의 대행에 필요한 사항은 장관이 정한다.

3. 시행자 지정신청

시행자 지정신청서에는 ㉠ 사업계획서, ㉡ 자금조달계획서, ㉢ 도시개발사업시행자의 어느 하나에 해당하는지 여부를 확인할 수 있는 서류, ㉣ 규약·정관 또는 시행규정, ㉤ 축척 2만 5천분의 1 또는 5만분의 1의 위치도의 서류 및 도면을 첨부하여야 한다.

Ⅱ. 도시개발사업시행의 위탁 등

① 시행자는 항만·철도, 공공시설(기반시설)의 건설과 공유수면의 매립에 관한 업무를 국가, 지방자치단체, 공공기관·정부출연기관(LH, 한국수자원공사, 한국농어촌공사, 한국관광공사, 한국철도공사, 국가철도관리공단, 제주국제자유도시개발센터) 또는 지방공사에 위탁하여 시행할 수 있다.[17] ② 시행자는 도시개발사업을 위한 기초조사, 토지 매수 업무, 손실보상 업무, 주민 이주대책 사업 등을 관할 지방자치단체, 공공기관·정부출연기관·정부출자기관(LH, 한국수자원공사, 한국농어촌공사, 국가철도관리공단, 제주국제자유도시개발센터, 한국부동산원) 또는 지방공사에 위탁할 수 있다. 다만, 정부출자기관에 주민 이주대책 사업을 위탁하는 경우에는 이주대책의 수립·실시 또는 이주정착금의 지급, 그 밖에 보상과 관련된 부대업무만을 위탁할 수 있다. ③ 시행자가 업무를 위탁하여 시행하는 경우에는 위탁 수수료를 그 업무를 위탁받아 시행하는 자에게 지급하여야 한다. ④ 시행자(토지소유자, 조합, 과밀억제권역에서 이전하는 법인, 주택사업등록자, 토목공사업자, 토목건축공사업자)는 지정권자의 승인을 받아 자본시장법에 따른 신탁업자와 신탁계약을 체결하여 도시개발사업을 시행할 수 있다.[18]

---

17) **(공공시설 등의 위탁시행)** 시행자는 도시개발사업의 일부를 위탁하여 시행하려면 국가·지방자치단체 등 위탁기관과 ㉠ 위탁사업의 사업지, ㉡ 위탁사업의 종류·규모·금액, 그 밖에 공사설계의 기준이 되는 사항, ㉢ 위탁사업의 시행기간(착공 및 준공예정일과 공정계획을 포함), ㉣ 위탁사업에 필요한 비용의 지급방법과 그 자금의 관리에 관한 사항, ㉤ 위탁자가 부동산·기자재 또는 노무자를 제공하는 경우에는 그 관리에 관한 사항, ㉥ 위험부담에 관한 사항, ㉦ 그 밖에 위탁사업의 내용을 명백히 하기 위하여 필요한 사항에 관한 협약을 체결하여야 한다. 시행자는 기초조사, 토지매수 업무, 손실보상 업무 또는 주민 이주대책사업 등에 관한 업무를 위탁하려면 협약을 체결하여야 한다.

18) **(신탁개발)** ① 시행자가 도시개발사업에 관한 신탁계약의 승인을 받으려는 경우에는 국토교통부령으로 정하는 서류를 지정권자에게 제출하여야 한다. ② 시행자는 승인을 받아 신탁계약을 체결한 경우

Ⅲ. 조합 설립

1. 조합 설립의 인가

(1) 조합설립

① 조합을 설립하려면 도시개발구역의 토지 소유자 7명 이상이 정관을 작성하여 지정권자에게 조합 설립의 인가를 받아야 한다.[19] ② 조합이 인가를 받은 사항을 변경하려면 지정권자로부터 변경인가를 받아야 한다. 다만, 경미한 사항(ⓐ 주된 사무소의 소재지를 변경하려는 경우, ⓑ 공고방법을 변경하려는 경우)을 변경하려는 경우에는 신고하여야 한다. ③ 조합 설립의 인가를 신청하려면 해당 도시개발구역의 토지면적의 3분의 2이상에 해당하는 토지 소유자와 그 구역의 토지 소유자 총수의 2분의 1이상의 동의를 받아야 한다. ④ 동의자 수의 산정방법 및 동의절차, 그 밖에 필요한 사항은 대통령령으로 정한다.[20]

에는 그 계약을 체결한 날부터 1개월 이내에 그 계약서 사본을 첨부하여 지정권자에게 그 사실을 통보하여야 한다. ③ 시행자가 신탁계약을 체결하는 경우에는 신탁업자 중 외부감사법에 따른 외부감사의 대상이 되는자와 신탁계약을 체결하여야 한다.

19) **(정관의 기재사항)** ① 도시개발구역의 토지 소유자들이 도시개발사업을 위하여 설립한 조합이 작성하는 정관에는 [도시개발사업의 명칭, 조합의 명칭, 사업목적, 도시개발구역의 면적, 사업의 범위 및 사업기간, 주된 사무소의 소재지, 임원의 자격·수·임기·직무 및 선임방법, 회의에 관한 사항, 총회의 구성, 기능, 의결권의 행사방법, 그 밖에 회의운영에 관한 사항, 대의원회 또는 이사회를 두는 경우에는 그 구성, 기능, 의결권의 행사방법, 그 밖에 회의운영에 관한 사항, 비용부담에 관한 사항, 회계 및 계약에 관한 사항, 공공시설용지의 부담에 관한 사항, 공고의 방법, 토지평가협의회의 구성 및 운영에 관한 사항, 토지등 가액 평가방법에 관한 사항, 환지계획 및 환지예정지의 지정에 관한 사항, 보류지 및 체비지의 관리·처분에 관한 사항, 청산에 관한 사항, 건축물을 설치하는 경우에는 당해 건축물의 관리 및 처분에 관한 사항, 토지에 대한 소유권의 변동 등 시행자에게 통보하여야 할 사항, 그 밖에 국토교통부령으로 정하는 사항]이 포함되어야 한다. ② 조합의 정관작성에 관한 세부적인 기준은 특별시·광역시·도 또는 특별자치도(시·도다)의 조례로 정할 수 있다.

20) **(동의자 수의 산정방법)** ① ㉠ 도시개발구역의 토지면적을 산정하는 경우: 국공유지를 포함하여 산정할 것, ㉡ 토지 소유권을 여러 명이 공유하는 경우: 다른 공유자의 동의를 받은 대표 공유자 1명만을 해당 토지 소유자로 볼 것(다만, 집합건물법에 따른 구분소유자는 각각을 토지 소유자 1명으로 본다), ㉢ 공람·공고일 후에 집합건물법에 따른 구분소유권을 분할하게 되어 토지 소유자의 수가 증가하게 된 경우: 공람·공고일 전의 토지 소유자의 수를 기준으로 산정하고, 증가된 토지 소유자의 수는 토지 소유자 총수에 추가 산입하지 말 것, ② 국공유지를 제외한 전체 사유 토지면적 및 토지 소유자에 대하여 동의 요건 이상으로 동의를 받은 후에 그 토지면적 및 토지 소유자의 수가 법적 동의 요건에 미달하게 된 경우에는 국공유지 관리청의 동의를 받아야 한다. ③ 토지 소유자가 동의하거나 동의를 철회할 경우에는 국토교통부령으로 정하는 동의서 또는 동의철회서를 제출하여야 하며, 공유토지의 대표 소유자는 대표자지정 동의서와 대표 소유자 및 공유자의 신분을 증명할 수 있는 서류를 각각 첨부하여 함께 제출하여야 한다. ④ 토지 소유자는 조합 설립인가의 신청 전에 동의를 철회할

(2) 조합의 설립 등기 등

① 조합의 설립인가를 받은 조합의 대표자는 설립인가를 받은 날부터 30일 이내에 주된 사무소의 소재지에서 설립등기를 하여야 한다. ② 조합원은 ㉠ 보유토지의 면적과 관계없는 평등한 의결권(다만, 다른 조합원으로부터 해당 도시개발구역에 그가 가지고 있는 토지 소유권 전부를 이전 받은 조합원은 정관으로 정하는 바에 따라 본래의 의결권과는 별도로 그 토지 소유권을 이전한 조합원의 의결권을 승계할 수 있다), ㉡ 정관에서 정한 조합의 운영 및 도시개발사업의 시행에 필요한 경비의 부담, ㉢ 그 밖에 정관에서 정하는 권리 및 의무를 가진다. ③ ②의 ㉠을 적용할 때 공유 토지는 공유자의 동의를 받은 대표공유자 1명만 의결권이 있으며, 집합건물법에 따른 구분소유자는 구분소유자별로 의결권이 있다. 다만, 공람 · 공고일 후에 집합건물법에 따른 구분소유권을 분할하여 구분소유권을 취득한 자는 의결권이 없다. ④ 조합은 조합원이 총회에서 의결하는 사항 등에 동의하지 아니하거나 소규모 토지 소유자라는 이유로 차별해서는 아니 된다.

2. 조합원 및 조합 등

(1) 조합원 및 조합의 임원과 임원의 직무

조합의 조합원은 도시개발구역의 토지 소유자로 한다. ① 조합에는 ㉠ 조합장 1명, ㉡ 이사, ㉢ 감사를 두며, ㉮ 조합의 임원은 그 조합의 다른 임원이나 직원을 겸할 수 없고, ㉯ 같은 목적의 사업을 하는 다른 조합의 임원 또는 직원을 겸할 수 없다. 아울러 ⓐ 피성년후견인, 피한정후견인 또는 미성년자, ⓑ 파산선고를 받은 자로서 복권되지 아니한 자, ⓒ 금고 이상의 형을 선고받도 그 집행이 끝나거나 집행을 받지 아니하기로 확정된 후 2년이 지나지 아니한 자, ⓓ 금고 이상의 형의 집행유예를 받고 그 유예기간 중에 있는 자는 조합의 임원이 될 수 없다(임원의 결격사유). 조합의 임원으로 선임된 자가 결격사유에 해당하게 된 경우에는 그 다음 날부터 임원의 자격을 상실한다. ② 조합의 임원은 의결권을 가진 조합원이어야 하고, 정관으로 정한 바에 따라 총회에서 선임한다. ③ 조합장은 조합을 대표하고 그 사무를 총괄하며, 총회 · 대의원회 또는 이사회의 의장이 된다. ④ 이사는 정관에서 정하는 바에 따라 조합장을 보좌하며, 조합의 사무를 분장한다.

수 있다. 이 경우 그 토지 소유자는 동의자 수에서 제외한다. ⑤ 조합 설립인가에 동의한 자로부터 토지를 취득한 자는 조합의 설립에 동의한 것으로 본다. 다만, 토지를 취득한 자가 조합 설립인가 신청 전에 동의를 철회한 경우에는 그러하지 아니하다.

⑤감사는 조합의 사무 및 재산상태와 회계에 관한 사항을 감사한다. ⑥ 조합장 또는 이사의 자기를 위한 조합과의 계약이나 소송에 관하여는 감사가 조합을 대표한다.

(2) 조합의 법인격 등

조합은 법인으로 하며, 그 주된 사무소의 소재지에서 등기를 하면 성립한다. 조합의 설립, 조합원의 권리·의무, 조합의 임원의 직무, 총회의 의결 사항, 대의원회의 구성, 조합의 해산 또는 합병 등에 필요한 사항은 대통령령으로 정하며, 조합에 관하여 이 법으로 규정한 것 외에는 민법 중 사단법인에 관한 규정을 준용한다.

(3) 조합원의 경비 부담 등

조합은 그 사업에 필요한 비용을 조성하기 위하여 정관으로 정하는 바에 따라 조합원에게 경비를 부과·징수할 수 있고, 이에 따른 부과금의 금액은 도시개발구역의 토지의 위치, 지목, 면적, 이용 상황, 환경, 그 밖의 사항을 종합적으로 고려하여 정하여야 하며, 조합은 그 조합원이 부과금의 납부를 게을리한 경우에는 정관으로 정하는 바에 따라 연체료를 부담시킬 수 있다. 조합은 부과금이나 연체료를 체납하는 자가 있으면 특별자치도지사·시장·군수 또는 구청장에게 그 징수를 위탁할 수 있고, 특별자치도지사·시장·군수 또는 구청장이 부과금이나 연체료의 징수를 위탁받으면 지방세 체납처분의 예에 따라 징수할 수 있다. 이 경우 조합은 특별자치도지사·시장·군수 또는 구청장이 징수한 금액의 100분의 4에 해당하는 금액을 해당 특별자치도·시·군 또는 구(자치구의 구)에 지급하여야 한다.

(4) 총회의 의결사항

㉠ 정관의 변경, ㉡ 개발계획 및 실시계획의 수립 및 변경, ㉢ 자금의 차입과 그 방법·이율 및 상환방법, ㉣ 조합의 수지예산, ㉤ 부과금의 금액 또는 징수방법, ㉥환지계획의 작성, ㉦ 환지예정지의 지정, ㉧ 체비지 등의 처분방법, ㉨ 조합임원의 선임, ㉩ 조합의 합병 또는 해산에 관한 사항(다만, 청산금의 징수·교부를 완료한 후에 조합을 해산하는 경우는 제외), ㉪ 그 밖에 정관에서 정하는 사항을 의결한다.

(5) 대의원회

의결권을 가진 조합원의 수가 50인 이상인 조합은 총회의 권한을 대행하게 하기 위하여 대의원회를 둘 수 있고, 대의원회에 두는 대의원의 수는 의결권을 가진 조합원 총수의

100분의 10 이상으로 하고, 대의원은 의결권을 가진 조합원 중에서 정관에서 정하는 바에 따라 선출한다. 아울러, 대의원회의는 ㉠ 정관의 변경, ㉡ 개발계획의 수립 및 변경(개발계획의 경미한 변경 및 실시계획의 수립·변경은 대행), ㉢ 환지계획의 작성(환지계획의 경미한 변경은 제외), ㉣ 조합임원(조합장, 이사, 감사)의 선임, 조합의 합병 또는 해산(청산금의 징수·교부를 완료한 후 조합해산은 제외)에 관한 사항을 제외하고는 총회의 권한을 대행할 수 있다.

3. 실시계획의 작성 및 인가 등

(1) 실시계획의 작성 및 인가

시행자는 도시개발사업에 관한 실시계획을 작성하여야 한다. 이 경우 실시계획에는 지구단위계획이 포함되어야 하며, 시행자(지정권자가 시행자인 경우는 제외)는 작성된 실시계획에 관하여 지정권자의 인가를 받아야 한다. 지정권자가 실시계획을 작성하거나 인가하는 경우 장관이 지정권자이면 시·도지사 또는 대도시 시장의 의견을, 시·도지사가 지정권자이면 시장(대도시 시장을 제외)·군수 또는 구청장의 의견을 미리 들어야 한다. 실시계획에는 사업 시행에 필요한 설계 도서, 자금 계획, 시행 기간, 그 밖에 사항과 서류를 명시하거나 첨부하여야 한다. 인가를 받은 실시계획을 변경하거나 폐지하는 경우에 준용한다. 다만, 경미한 사항(㉠ 사업시행지역의 변동이 없는 범위에서의 착오·누락 등에 따른 사업시행면적의 정정, ㉡ 사업시행면적의 100분의 10의 범위에서의 면적의 감소, ㉢ 사업비의 100분의 10의 범위에서의 사업비의 증감, ㉣ 지적측량 결과를 반영하기 위한 ⓐ 도시개발구역, ⓑ 토지이용계획에 따라 구획된 토지, ⓒ 도시·군계획시설의 부지 면적 등의 변경, ㉤ 도시·군관리계획(지구단위계획은 제외)의 변경, ㉥ 지구단위계획의 변경, ㉦ 의제된 관련 인·허가등의 변경(관계 법령에서 경미한 변경으로 정한 경우로 한정))을 변경하는 경우에는 그러하지 아니하다.

(2) 실시계획의 작성 및 인가신청

실시계획은 개발계획에 맞게 작성하여야 하고, 지구단위계획은 국토계획법에 따른 지구단위계획의 수립기준에 따라 작성하여야 한다. 이 규정한 사항 외에 실시계획의 작성에 필요한 세부적인 사항은 장관이 정한다. 시행자가 실시계획의 인가를 받으려는 경우에는 실시계획 인가신청서에 관련서류를 첨부하여 시장(대도시 시장은 제외)·군수 또는 구청장을 거쳐 지정권자에게 제출하여야 한다.[21] 다만, 장관·특별자치도지사 또는 대도시 시장이 지정권자인 경우에는 장관·특별자치도지사 또는 대도시 시장에게 직접 제출할 수 있다.

(3) 보류지의 책정 기준 등

보류지는 실시계획인가에 따라 정하되, 도시개발구역이 2 이상의 환지계획구역으로 구분되는 경우에는 환지계획구역별로 사업비 및 보류지를 책정하여야 한다. 결합개발 또는 혼용방식으로 도시개발사업을 시행하거나 기반시설의 규모, 지형여건, 사업특성 등을 고려하여 필요한 경우에는 규약·정관 또는 시행규정에서 정하는 바에 따라 체비지 매각수입이나 사업비를 조정하여 환지계획구역 별로 배분할 수 있다.

(4) 실시계획

1) 실시계획의 고시

지정권자가 실시계획을 작성하거나 인가한 경우에는 이를 관보나 공보에 고시[22]하고 시행자에게 관계 서류의 사본을 송부하며, 대도시 시장인 지정권자는 일반에게 관계 서류를 공람시켜야 하고, 대도시 시장이 아닌 지정권자는 해당 도시개발구역을 관할하는 시장(대도시 시장 제외)·군수 또는 구청장에게 관계 서류의 사본을 보내야 한다. 이 경우 지정권자인 특별자치도지사와 본문에 따라 관계 서류를 받은 시장(대도시 시장 제외)·군수 또는 구청장은 이를 일반인에게 공람시켜야 하며, 이에 따라 실시계획을 고시한 경우 그 고시된 내용 중 국토계획법에 따라 도시·군관리계획(지구단위계획 포함)으로 결

---

21) **(실시계획 인가신청서)** 시행자(지정권자가 시행자인 경우는 제외)는 실시계획에 관한 인가를 받으려는 때에는 도시개발사업 실시계획 인가신청서에 ㉠ 사업비 및 자금조달계획서(연차별 투자계획을 포함), ㉡ 존치하려는 기존 공장이나 건축물 등의 명세서, ㉢ 보상계획서(이주대책을 포함), ㉣ 사업의 위탁 또는 신탁계획서, ㉤ 도시개발사업의 시행으로 새로 설치하는 공공시설 또는 기존의 공공시설의 조서 및 도면(국가 등 공공기관에 해당하는 자가 시행자인 경우만 해당), ㉥ 도시개발사업의 시행으로 용도폐지되는 국가 또는 지방자치단체의 재산에 대한 둘 이상의 감정평가업자의 감정평가서(공공기관이 시행자가 아닌 경우만 해당), ㉦ 도시개발사업으로 새로 설치하는 공공시설의 조서 및 도면과 그 설치비용계산서(공공기관이 시행자가 아닌 경우만 해당). 이 경우 새로운 공공시설의 설치에 필요한 토지와 종래의 공공시설이 설치되어 있는 토지가 같은 토지인 경우에는 그 토지가격을 뺀 설치비용만을 계산한다. ㉧ 도시·군관리계획(지구단위계획을 포함)의 결정에 필요한 관계 서류 및 도면, ㉨ 환경영향평가, 교통영향평가, 재해영향평가 등 각종 영향평가서, ㉩ 관계 행정기관의 장과의 협의에 필요한 서류, ㉪ 위치도, ㉫ 계획평면도 및 개략설계도를 첨부하여 지정권자에게 제출하여야 한다.

22) **(실시계획의 고시내용)** 지정권자가 실시계획을 작성하거나 인가한 경우에는 ⓐ 사업의 명칭, ⓑ 사업의 목적, ⓒ 도시개발구역의 위치 및 면적, ⓓ 시행자, ⓔ 시행기간, ⓕ 시행방식, ⓖ 도시·군관리계획(지구단위계획 포함)의 결정내용, ⓗ 인가된 실시계획에 관한 도서의 공람기간 및 공람장소, ⓘ 실시계획의 고시로 의제되는 인·허가등의 고시 또는 공고사항을 고시하여야 하며, 지정권자는 도시개발사업을 환지방식으로 시행하는 구역에 대하여는 고시내용 중 ⓐ부터 ⓕ까지의 사항과 토지조서를 관할 등기소에 통보·제출하여야 한다.

정하여야 하는 사항은 도시 · 군관리계획이 결정되어 고시된 것으로 본다. 이 경우 종전에 도시 · 군관리계획으로 결정된 사항 중 고시 내용에 저촉되는 사항은 고시된 내용으로 변경된 것으로 보며, 이에 따라 도시 · 군관리계획으로 결정 · 고시된 사항에 대한 국토계획법의 도시 · 군관리계획에 관한 지형도면의 고시에 관하여는 도시개발사업의 시행기간에 할 수 있다.

2) 조성토지등의 공급방법 등

① 시행자는 조성토지등을 고시된 실시계획(지구단위계획을 포함)에 따라 공급하여야 한다. 이 경우 시행자는 국토계획법에 따른 기반시설의 원활한 설치를 위하여 필요하면 공급대상자의 자격을 제한하거나 공급조건을 부여할 수 있다. ② 조성토지등의 공급은 경쟁입찰의 방법에 따른다. ③ ㉠ 국민주택규모 이하의 주택건설용지, ㉡ 공공택지, ㉢ 국토교통부령으로 정하는 면적(330제곱미터) 이하의 단독주택용지 및 공장용지에 해당하는 토지는 추첨의 방법으로 분양할 수 있다. 다만, 국가 등 공공기관인 시행자가 ㉠의 토지 중 임대주택 건설용지를 공급하는 경우에는 추첨의 방법으로 분양하여야 한다. ④ 시행자가 ② 및 ③에 따라 조성토지등을 공급하려면 ㉠ 시행자의 명칭 및 주소와 대표자의 성명, ㉡ 토지의 위치 · 면적 및 용도(토지사용에 제한이 있는 경우에는 그 제한내용을 포함), ㉢ 공급의 방법 및 조건, ㉣ 공급가격 또는 공급가격결정방법, ㉤ 공급대상자의 자격요건 및 선정방법, ㉥ 공급신청의 기간 및 장소, ㉦ 그 밖에 시행자가 필요하다고 인정하는 사항을 공고하여야 한다. 다만, 공급대상자가 특정되어 있거나 자격이 제한되어 있는 경우로서 개별통지를 한 경우에는 그러하지 아니하다.

⑤ 시행자는 수의계약의 방법으로 조성토지등을 공급할 수 있다.[23] ⑥ 조성토지등의

---

23) ㉠ 학교용지, 공공청사용지 등 일반에게 분양할 수 없는 공공용지를 국가, 지방자치단체, 그 밖의 법령에 따라 해당 시설을 설치할 수 있는 자에게 공급하는 경우, ㉡ 임대주택 건설용지를 ⓐ 국가나 지방자치단체, ⓑ LH, ⓒ 주택사업을 목적으로 설립된 지방공사에 해당하는 자가 단독 또는 공동으로 총지분의 100분의 50을 초과하여 출자한 부동산투자회사에 공급하는 경우, ㉢ 고시한 실시계획에 따라 존치하는 시설물의 유지관리에 필요한 최소한의 토지를 공급하는 경우, ㉣ 협의를 하여 그가 소유하는 도시개발구역 안의 조성토지 등의 전부를 시행자에게 양도한 자에게 국토교통부령으로 정하는 기준에 따라 토지를 공급하는 경우, ㉤ 토지상환채권에 의하여 토지를 상환하는 경우, ㉥ 토지의 규모 및 형상, 입지조건 등에 비추어 토지이용가치가 현저히 낮은 토지로서, 인접 토지 소유자 등에게 공급하는 것이 불가피하다고 시행자가 인정하는 경우, ㉦ 시행자가 도시개발구역에서 도시발전을 위하여 복합적이고 입체적인 개발이 필요하여 국토교통부령으로 정하는 절차와 방법에 따라 선정된 자에게 토지를 공급하는 경우, ㉧ 산업통상자원부장관이 외국인투자위원회의 심의를 거쳐 외국인투자기업에게 수의계약을 통하여 조성토지 등을 공급할 필요가 있다고 인정하는 경우, ㉨ 대행개발사업자가 개발을 대행하는 토지를 해당 대행개발사업자에게 공급하는 경우, ㉩ 경쟁입찰 또는 추첨의 결과 2회 이상 유찰된 경우, ㉪ 그 밖에 관계 법령의 규정에 따라 수의계약으로 공급할 수 있는 경우

가격 평가는 감정가격으로 한다. ⑦ 경쟁입찰의 경우 최고가격으로 입찰한 자를 낙찰자로 한다. 이 경우 경쟁입찰 대상 토지가 공동주택과 주거용 외의 용도가 복합된 건축물(다수의 건축물이 일체적으로 연결된 하나의 건축물을 포함)을 건축하기 위한 토지인 때에는 경쟁입찰 대상 토지의 면적에 주거용 외의 용도에 해당하는 비율(실시계획에 포함된 지구단위계획상의 비율을 말하며, 건축물의 연면적 대비 비율로 산정)을 곱하여 산정된 면적(상업면적)에 대하여 최고가격으로 입찰한 자를 낙찰자로 하며, 상업면적에 대하여는 낙찰가격을, 상업면적 외에 대하여는 감정가격을 각각 적용하여 산정한 가격을 합한 가격을 해당 토지의 공급가격으로 한다.

4. 관련 인 · 허가등의 의제

① 실시계획을 작성하거나 인가할 때 지정권자가 해당 실시계획에 대한 ⓐ 수도사업의 인가, 전용상수도설치의 인가, 공공하수도 공사시행의 허가 등[24]의 허가 · 승인 · 심사 · 인가 · 신고 · 면허 · 등록 · 협의 · 지정 · 해제 또는 처분 등(인 · 허가등)에 관하여 관계 행정기관의 장과 협의한 사항에 대하여는 해당 인 · 허가등을 받은 것으로 보며, 실시계획을 고시한 경우에는 관계 법률에 따른 인 · 허가등의 고시나 공고를 한 것으로 본다. ② 도시개발구역의 지정을 제안하는 자가 도시개발구역의 지정과 동시에 농지전용 허가의 의제를 받고자 하는 경우에는 시장 · 군수 · 구청장 또는 장관에게 도시개발구역의 지정을 제안할 때에 농지법으로 정하는 관계 서류를 함께 제출하여야 한다. ③ 지정권자가 도시개발구역을 지정할 때 농지전용 허가에 관하여 관계 행정기관의 장과 협의한 경우에는 제

24) ⓑ 공유수면의 점용 · 사용허가, 공유수면의 매립면허, 국가 등이 시행하는 매립의 협의 또는 승인 및 공유수면매립실시계획의 승인, ⓒ 하천공사 시행의 허가, 하천의 점용허가 및 하천수의 사용허가, ⓓ 도로공사 시행의 허가, 도로점용의 허가, 농업생산기반시설의 사용허가, ⓔ 농지전용의 허가 또는 협의, 농지의 전용신고, 농지의 타용도 일시사용허가 · 협의 및 용도변경의 승인, ⓕ 산지전용허가 및 산지전용신고, 산지일시사용허가 · 신고, 토석채취허가 및 입목벌채 등의 허가 · 신고, ⓖ 초지 전용의 허가, 벌채 등의 허가, 사방지 지정의 해제, 지도등의 간행 심사, ⓗ 불허가처분, 광구감소처분 또는 광업권취소처분, 연고자가 없는 분묘의 개장허가, ⓘ 건축법에 따른 허가, 신고, 허가 · 신고 사항의 변경, 가설건축물의 허가 또는 신고, ⓙ 사업계획의 승인, 항만공사 시행의 허가, 실시계획의 승인, ⓚ 사도개설의 허가, 국유재산법에 따른 사용허가, 공유재산 및 물품관리법에 따른 사용 · 수익의 허가, ⓛ 관광지의 지정(도시개발사업의 일부로 관광지를 개발하는 경우만 해당), 조성계획의 승인, 조성사업시행의 허가, ⓜ 체육시설법에 따른 사업계획의 승인, ⓝ 대규모 점포의 개설등록, 공장설립 등의 승인, ⓞ 물류단지의 지정(도시개발사업의 일부로 물류단지를 개발하는 경우만 해당) 및 물류단지개발실시계획의 승인, ⓟ 산업단지의 지정(도시개발사업의 일부로 산업단지를 개발하는 경우), 실시계획의 승인, ⓠ 공간정보관리법에 따른 사업의 착수 · 변경 또는 완료의 신고, ⓡ 에너지사용계획의 협의, 집단에너지의 공급 타당성에 관한 협의, ⓢ 소하천공사시행의 허가, 소하천 점용의 허가, 개인하수처리시설의 설치신고

안자가 시행자로 지정된 때에 해당 허가를 받은 것으로 본다. ④ 순환용주택, 임대주택의 건설·공급 및 입체 환지를 시행하는 경우로서 시행자가 실시계획의 인가를 받은 경우에는 주택법에 따라 주택건설사업 등의 등록을 한 것으로 본다.

5. 도시개발사업에 관한 공사의 감리

① 지정권자는 실시계획을 인가하였을 때에는 건설기술용역업자를 도시개발사업의 공사에 대한 감리를 할 자로 지정하고 지도·감독하여야 한다. 다만, 시행자가 건설공사 또는 건설기술용역을 발주하는 국가, 지방자치단체, 공기업·준정부기관, 지방공사·지방공단, 그 밖에 대통령령으로 정하는 기관[25]의 장(발주청)인 경우에는 그러하지 아니하다. ② 감리할 자로 지정받은 자(감리자)는 그에게 소속된 자를 [감리원으로 배치하고 ㉠ 시공자가 설계도면과 시방서의 내용에 맞게 시공하는지의 확인, ㉡ 시공자가 사용하는 자재가 관계 법령의 기준에 맞는 자재인지의 확인, ㉢ 품질시험 실시 여부의 확인, ㉣ 설계도서가 해당 지형 등에 적합한지의 확인, ㉤ 설계변경에 관한 적정성의 확인, ㉥ 시공계획·예정공정표 및 시공도면 등의 검토·확인, ㉦ 품질관리의 적정성 확보, 재해의 예방, 시공상의 안전관리, 그 밖에 공사의 질적 향상을 위하여 필요한 사항의 확인의 업무를 수행]하여야 한다.[26] ③ 감리자는 업무를 수행할 때 위반사항을 발견하면 지체 없이 시공자와 시행자에게 위반사항을 시정할 것을 알리고 7일 이내에 지정권자에게 그 내용을 보고하여야 한다. ④ 시공자와 시행자는 시정통지를 받은 경우 공사를 중지하고 위반사항을 시정한 후 감리자의 확인을 받아야 한다. 이 경우 감리자의 시정통지에 이의가 있으면 즉시 공사를 중지하고 지정권자에게 서면으로 이의신청을 할 수 있다. ⑤ 시행자는 감리자에게 공사감리비를 신청일로부터 14이내에 지급하여야 한다.

---

25) ㉠ 국가 및 지방자치단체의 출연기관, ㉡ 국가, 지방자치단체 또는 공기업·준정부기관이 위탁한 사업의 시행자, ㉢ 국가, 지방자치단체 또는 공기업·준정부기관이 관계 법령에 따라 관리하여야 하는 시설물의 사업시행자, ㉣ 공유수면 매립면허를 받은 자, ㉤ 사회기반시설에 대한 민간투자법에 따른 사업시행자 또는 그 사업시행자로부터 사업 시행을 위탁받은 자(다만, 사업 시행을 위탁받은 자는 해당 사업시행자의 자본금의 2분의 1 이상을 출자한 자로서 관계 중앙행정기관으로부터 발주청이 되는 것에 대한 승인을 받은 경우로 한정), ㉥ 발전사업자, ㉦ 신항만건설사업 시행자로 지정받은 자.

26) (감리원의 배치기준 및 업무범위 등) ① 감리원 배치기준은 [㉠ 감리자격이 있는 자를 공사현장에 상주시켜 감리할 것, ㉡ 공사에 대한 감리업무를 총괄하는 총괄 감리원 1명과 공사분야별 감리원을 각각 배치할 것, ㉢ 총괄 감리원은 도시개발사업의 공사 전체 기간에 걸쳐 배치하고, 공사분야별 감리원은 해당 공사의 기간 동안 배치할 것, ㉣ 감리원을 다른 사업공사에 중복하여 배치하지 아니할 것]과 같다. ② 지정권자는 이의신청을 받은 때에는 이의신청을 받은 날부터 10일 이내에 그 처리결과를 이의신청자 및 감리자에게 통보하여야 한다. ③ 감리를 하여야 하는 도시개발사업에 관한 공사의 대상은 ㉠ 도시개발사업의 공사비가 100억 원 이상인 경우: 감독 권한대행 등 건설사업관리, ㉡ 도시개발사업의 공사비가 100억 원 미만인 경우: 시공 단계의 건설사업관리의 구분에 따른다.

6. 도시개발사업의 시행 방식

(1) 도시개발사업의 시행 방식

① 도시개발사업은 시행자가 도시개발구역의 토지등을 ㉮ 수용 또는 사용하는 방식이나 ㉯ 환지 방식 또는 이를 ㉰ 혼용하는 방식으로 시행할 수 있다. ② 지정권자는 도시개발구역지정 이후 ㉠ 도시개발사업의 시행방식을 수용 또는 사용방식에서 전부 환지 방식으로 변경하는 경우, ㉡ 도시개발사업의 시행방식을 혼용방식에서 전부 환지 방식으로 변경하는 경우, ㉢ 도시개발사업의 시행방식을 수용 또는 사용 방식에서 혼용방식으로 변경하는 경우에는 도시개발사업의 시행방식을 변경할 수 있다. ③ 수용 또는 사용의 방식이나 환지 방식 또는 이를 혼용할 수 있는 도시개발구역의 요건, 그 밖에 필요한 사항은 대통령령으로 정한다.27)

(2) 순환개발방식의 개발사업

① 시행자는 도시개발사업을 원활하게 시행하기 위하여 도시개발구역의 내외에 새로 건설하는 주택 또는 이미 건설되어 있는 주택에 그 도시개발사업의 시행으로 철거되는 주택의 세입자 또는 소유자(주민 등의 의견을 듣기 위하여 공람한 날 또는 공청회의 개최에 관한 사항을 공고한 날 이전부터 도시개발구역의 주택에 실제로 거주하는 자에 한정. 이하 "세입자등"이라 한다)를 임시로 거주하게 하는 등의 방식으로 그 도시개발구역을 순차적으로 개발할 수 있다. ② 시행자는 ①에 따른 방식으로 도시개발사업을 시행하는 경우에는 임시로 거주하는 주택(순환용주택)을 임시거주시설로 사용하거나 임대할 수

---

27) **(도시개발사업의 세부 시행방식)** ① 시행자는 도시개발구역으로 지정하려는 지역에 대하여 ㉠ 환지방식: ⓐ 대지로서의 효용증진과 공공시설의 정비를 위하여 토지의 교환·분할, 그 밖의 구획변경, 지목 또는 형질의 변경이나 공공시설의 설치·변경이 필요한 경우, ⓑ 도시개발사업을 시행하는 지역의 지가가 인근의 다른 지역에 비하여 현저히 높아 수용 또는 사용방식으로 시행하는 것이 어려운 경우, ㉡ 수용 또는 사용방식: 계획적이고 체계적인 도시개발 등 집단적인 조성과 공급이 필요한 경우, ㉢ 혼용방식: 도시개발구역으로 지정하려는 지역이 부분적으로 ㉠ 또는 ㉡에 해당하는 경우에 따라 도시개발사업의 시행방식을 정함을 원칙으로 하되, 사업의 용이성·규모 등을 고려하여 필요하면 장관이 정하는 기준에 따라 도시개발사업의 시행방식을 정할 수 있다. ②시행자가 도시개발사업을 혼용방식으로 시행하려는 경우에는 ㉠ 분할 혼용방식: 수용 또는 사용 방식이 적용되는 지역과 환지 방식이 적용되는 지역을 사업시행지구별로 분할하여 시행하는 방식, ㉡ 미분할 혼용방식: 사업시행지구를 분할하지 아니하고 수용 또는 사용 방식과 환지 방식을 혼용하여 시행하는 방식(이 경우 환지에 대해서는 사업 시행에 관한 규정을 적용하고, 그 밖의 사항에 대해서는 수용 또는 사용 방식에 관한 규정을 적용)으로 도시개발사업을 시행할 수 있다. ③ 사업시행지구를 분할하여 시행하는 경우에는 각 사업지구에서 부담하여야 하는 기반시설의 설치비용 등을 명확히 구분하여 실시계획에 반영하여야 한다.

있다. ③ 순환용주택에 거주하는 자가 도시개발사업이 완료된 후에도 순환용주택에 계속 거주하기를 희망하는 때에는 이를 분양하거나 계속 임대할 수 있다.[28)] 이 경우 계속 거주하는 자가 환지 대상자이거나 이주대책 대상자인 경우에는 환지 대상에서 제외하거나 이주대책을 수립한 것으로 본다.

(3) 세입자등을 위한 임대주택 건설용지의 공급 등

① 시행자는 도시개발사업에 따른 세입자등의 주거안정 등을 위하여 주거 및 생활실태 조사와 주택수요 조사 결과를 고려하여 임대주택 건설용지를 조성 · 공급하거나 임대주택을 건설 · 공급하여야 한다.[29)] ② 국가 등 공공기관에 해당하는 자 중 주택의 건설, 공급, 임대를 할 수 있는 자는 시행자가 요청하는 경우 도시개발사업의 시행으로 공급되는 임대주택 건설용지나 임대주택을 인수하여야 한다. ③ 임대주택 건설용지 또는 임대주택 인수의 절차와 방법 및 인수가격 결정의 기준 등은 대통령령으로 정한다.[30)] ④ 시행자(임대주택 건설용지를 공급하는 경우에는 공급받은 자를 말하고, 인수한 경우에는 그 인수자)가 도시개발구역에서 임대주택을 건설 · 공급하는 경우에 임차인의 자격, 선정방법, 임대보증금, 임대료 등에 관하여는 그 기준을 따로 정할 수 있다.[31)] 이 경우 행정청이 아

28) **(순환용주택의 분양 또는 임대 등)** ① 시행자는 순환용주택을 분양하거나 임대하는 경우에는 승인받은 해당 순환용주택의 공급 목적에 맞게 장관이 정하는 바에 따라 분양하거나 임대하여야 한다. ② 임대용 순환용주택을 임차하려는 사람은 민간임대주택 또는 공공임대주택(임대주택)의 입주자 자격요건을 갖추어야 한다. ③ 환지 대상자가 순환용주택에 계속 거주하기를 희망하는 경우에는 해당 토지 소유자가 도시개발구역에 소유하고 있는 종전의 토지 중 주택에 부속되는 토지에 대하여 금전으로 청산하고, 환지 대상에서 제외할 수 있다.

29) **(임대주택 건설용지 등의 조성 또는 공급)** ① 시행자는 임대주택 건설용지를 조성 · 공급하거나 임대주택을 건설 · 공급할 때에는 도시개발사업의 방식과 해당 지역의 임대주택 재고상황 등을 고려하여 임대주택 건설용지 조성계획 또는 임대주택 건설계획을 수립하여야 한다. ② 시행자는 [㉠ 도시개발구역 면적이 10만 제곱미터 미만이거나 수용예정인구가 3천명 이하(도시개발구역 전부를 환지 방식으로 시행하는 경우에는 도시개발구역 면적이 30만제곱미터 미만이거나 수용예정인구가 5천명 이하)인 경우, ㉡ 도시개발사업으로 건설 · 공급되는 주거전용면적 60제곱미터 이하 공동주택의 수용예정인구가 도시개발구역 전체 수용예정인구의 100분의 40(수도권과 광역시 지역은 100분의 50) 이상인 경우, ㉢ ①에 따라 계획된 임대주택이 50세대 미만인 경우]에는 임대주택 건설용지 조성계획 또는 임대주택 건설계획을 수립하지 아니할 수 있다.

30) **(임대주택 건설용지 등의 인수 절차 및 방법)** ① 임대주택 건설용지 또는 임대주택의 인수 방법, 시기 및 하자 보수 등에 필요한 사항은 시행자와 임대주택 건설용지 또는 임대주택을 인수할 자가 협의하여 결정한다. ② 임대주택 건설용지의 인수가격은 [㉠ ⓐ 영구임대주택, ⓑ 국민임대주택, ⓒ 행복주택의 임대주택 건설용지: 감정평가업자가 평가한 금액을 산술평균한 금액(감정가격)의 100분의 80, ㉡ ⓓ 장기전세주택, ⓐ부터 ⓓ까지외의 공공임대주택 중 임대 조건을 신고할 때 임대차 계약기간을 10년 이상으로 정하여 신고한 주택의 건설용지: 감정가격의 100분의 90, ㉢ ㉠ 및 ㉡외의 임대주택 건설용지: 감정가격]에 따라 산정한 금액으로 하고, 건설된 임대주택을 인수하는 경우의 건축비는 공공주택 특별법 시행령에 따라 정해진 분양전환가격의 산정기준 중 건축비로 한다. 이 경우 임대주택 건설용지의 가격과 건축비에 가산할 항목은 시행자와 인수자가 협의하여 정할 수 있다.

닌 시행자는 미리 시장 · 군수 · 구청장의 승인을 받아야 한다.

7. 도시개발사업분쟁조정위원회의 구성 등

① 도시개발사업으로 인한 분쟁을 조정하기 위하여 도시개발구역이 지정된 특별자치도 또는 시 · 군 · 구에 도시개발사업분쟁조정위원회(분쟁조정위원회)를 둘 수 있다. 다만, 해당 지방자치단체에 도시분쟁조정위원회가 이미 설치되어 있는 경우에는 분쟁조정위원회의 기능을 대신하도록 할 수 있다. ② 도시분쟁조정위원회가 도시개발사업분쟁조정위원회의 기능을 대신하는 경우는 도시분쟁조정위원회의 위원 중 ㉠ 해당 시 · 군 · 구의 도시개발사업 관련 업무에 종사하는 5급 이상 공무원, ㉡ 대학이나 연구기관에서 부교수 이상 또는 이에 상당하는 직에 재직하고 있는 자, ㉢ 변호사, 감정평가사 및 공인회계사, ㉣ 도시계획기술사, 건축사(입체 환지를 시행하는 경우로 한정) 및 3년 이상 환지설계 업무에 종사한 자(환지 방식을 시행하는 경우로 한정)에 해당하는 사람이 2명 이상 위원으로 참여하는 경우로 한다.

Ⅳ. 수용 또는 사용의 방식에 따른 사업 시행

1. 토지등의 수용 또는 사용

① 시행자는 도시개발사업에 필요한 토지등을 수용하거나 사용할 수 있다. 다만, 도시개발민간사업자 등(국가 등 공공기관에 해당하는 자가 100분의 50 비율을 초과하여 출자한 경우는 제외)에 해당하는 시행자는 사업대상 토지면적의 3분의 2이상에 해당하는 토지를 소유하고 토지 소유자 총수의 2분의 1이상에 해당하는 자의 동의를 받아야 한다. 이 경우 토지 소유자의 동의요건 산정기준일은 도시개발구역지정 고시일을 기준으로 하

31) **(임대주택의 공급조건 등)** ① 임차인의 선정은 임대주택 공급 신청 당시 무주택자(해당 도시개발사업으로 철거되는 주택은 소유하지 아니한 것으로 본다) 중에서 ㉠ 1순위: 공람 공고일 이전부터 보상계획 공고일 또는 환지 계획 공고일까지 해당 도시개발구역에 거주하는 세입자, ㉡ 2순위: 공고일 이전부터 보상계획 공고일 또는 환지 계획 공고일까지 해당 도시개발구역에 거주하는 주택의 소유자(환지 방식이 적용되는 지역의 경우에는 주거용도의 토지 또는 주택으로 환지를 받지 아니한 사람 중에서 해당 도시개발사업으로 주거지를 상실하는 사람으로 한정), ㉢ 3순위: 해당 도시개발구역 밖의 기반시설 설치로 인하여 주거지를 상실한 자에 따른 순위로 선정한다. 다만, 같은 순위에서 경쟁이 발생하는 경우에는 추첨으로 임차인을 선정한다. ② 임대주택 공급의 임대보증금 및 임대료는 임대주택 공급자가 시장 · 군수 · 구청장과 협의하여 결정한다. ③ 임대주택을 공급한 이후 잔여세대 또는 임대주택 입주자의 퇴거로 발생한 공가세대의 입주자 선정에 대해서는 민간임대주택에 관한 특별법 또는 공공주택 특별법에 따른다.

며, 그 기준일 이후 시행자가 취득한 토지에 대하여는 동의 요건에 필요한 토지 소유자의 총수에 포함하고 이를 동의한 자의 수로 산정한다. ② 토지등의 수용 또는 사용에 관하여 이 법에 특별한 규정이 있는 경우 외에는 토지보상법을 준용한다. ③ 토지보상법을 준용할 때 수용 또는 사용의 대상이 되는 토지의 세부목록을 고시한 경우에는 사업인정 및 그 고시가 있었던 것으로 본다. 다만, 재결신청은 개발계획에서 정한 도시개발사업의 시행 기간 종료일까지 하여야 한다.

2. 토지상환채권의 발행

① 시행자는 토지 소유자가 원하면 토지등의 매수 대금의 일부를 지급하기 위하여 사업 시행으로 조성된 토지·건축물로 상환하는 채권(토지상환채권)을 발행할 수 있다.[32)] 다만, 도시개발민간사업자등에 해당하는 자는 은행법에 따른 은행, 보험업법에 따른 보험회사 및 건설산업기본법에 따른 공제조합 등으로부터 지급보증을 받은 경우에만 이를 발행할 수 있다. ② 시행자(지정권자가 시행자인 경우 제외)는 토지상환채권을 발행하려면 토지상환채권의 발행계획을 작성하여 미리 지정권자의 승인을 받아야 한다.

3. 이주대책 및 선수금 등

① 시행자는 토지보상법으로 정하는 바에 따라 도시개발사업의 시행에 필요한 토지등의 제공으로 생활의 근거를 상실하게 되는 자에 관한 이주대책 등을 수립·시행하여야 한다. ② 시행자는 조성토지등과 도시개발사업으로 조성되지 아니한 상태의 토지(원형지)를 공급받거나 이용하려는 자로부터 해당 대금의 전부 또는 일부를 미리 받을 수 있다.[33)] ③ 시행자(지정권자가 시행자인 경우 제외)는 해당 대금의 전부 또는 일부를 미리

---

32) **(토지상환채권의 발행규모)** 토지상환채권의 발행규모는 그 토지상환채권으로 상환할 토지·건축물이 해당 도시개발사업으로 조성되는 분양토지 또는 분양건축물 면적의 2분의 1을 초과하지 아니하도록 하여야 한다. (토지상환채권의 발행계획)토지상환채권의 발행계획에는 ㉠ 시행자의 명칭, ㉡ 토지상환채권의 발행총액, ㉢ 토지상환채권의 이율, ㉣ 토지상환채권의 발행가액 및 발행시기, ㉤ 상환대상지역 또는 상환대상토지의 용도, ㉥ 토지가격의 추산방법, ㉦ 보증기관 및 보증의 내용(도시개발민간사업자등에 해당하는 자가 발행하는 경우)이 포함되어야 한다.

33) ① 선수금을 받으려는 시행자는 ㉠ 국가 등 공공기관 및 국가 등 공공기관에 해당하는 자가 출자한 경우에 해당하는 시행자 : 개발계획을 수립·고시한 후에 사업시행 토지면적의 100분의 10 이상의 토지에 대한 소유권을 확보할 것(사용동의를 포함)(실시계획인가를 받기 전에 선수금을 받으려는 경우에는 환경영향평가 및 교통영향평가를 실시하여 기반시설 투자계획이 구체화된 경우로 한정), ㉡ 도시개발민간사업자등(국가 등 공공기관에 해당하는 자가 출자한 경우 제외)에 해당하는 시행자 : 해당 도시개발구역에 대하여 실시계획인가를 받은 후 ⓐ 공급하려는 토지에 대한 소유권을 확보하고, 해당 토지에 설정된 저당권을 말소하였을 것(부득이한 사유로 토지소유권을 확보하지 못하였거나 저

받으려면 지정권자의 승인을 받아야 한다.

4. 원형지의 공급과 개발

① 시행자는 도시를 자연친화적으로 개발하거나 복합적·입체적으로 개발하기 위하여 필요한 경우에는 미리 지정권자의 승인을 받아 ㉠ 국가 또는 지방자치단체, ㉡ 공공기관, ㉢ 지방공사, ㉣ 시행자가 복합개발 등을 위하여 실시한 공모에서 선정된 자, ㉤ 원형지를 학교나 공장 등의 부지로 직접 사용하는 자에 해당하는 자에게 원형지를 공급하여 개발하게 할 수 있다. 이 경우 공급될 수 있는 원형지의 면적은 도시개발구역 전체 토지 면적의 3분의 1 이내로 한정한다. ② 지정권자는 승인을 할 때에는 용적률 등 개발밀도, 토지용도별 면적 및 배치, 교통처리계획 및 기반시설의 설치 등에 관한 이행조건을 붙일 수 있다. ③ 원형지개발자(국가 및 지방자치단체는 제외)는 10년의 범위에서 원형지에 대한 공사완료 공고일부터 5년과 원형지 공급 계약일부터 10년 중 먼저 끝나는 기간 안에는 원형지를 매각할 수 없다. 다만, 이주용 주택이나 공공·문화 시설 등 기반시설 용지, 임대주택 용지, 그 밖에 원형지개발자가 직접 조성하거나 운영하기 어려운 시설의 설치를 위한 용지로 원형지를 사용하는 경우로서 미리 지정권자의 승인을 받은 경우에는 예외로 한다. ④ 지정권자는 [㉠ 시행자가 원형지의 공급 계획대로 토지를 이용하지 아니하는 경우, ㉡ 원형지개발자가 세부계획의 내용대로 사업을 시행하지 아니하는 경우, ㉢ 시행자 또는 원형지개발자가 이행조건을 이행하지 아니하는 경우]에는 원형지 공급 승인을 취소하거나 시행자로 하여금 그 이행의 촉구, 원상회복 또는 손해배상의 청구, 원형지

당권을 말소하지 못한 경우에는 시행자·토지소유자 및 저당권자가 토지소유자는 제3자에게 해당 토지를 양도하거나 담보로 제공하지 아니할 것과 선수금을 납부한 자가 준공검사 또는 준공 전 사용허가를 받아 해당 토지를 사용하게 되는 경우에는 토지소유자 및 저당권자는 지체 없이 소유권을 이전하고, 저당권을 말소할 것의 공동약정서를 공증하여 제출하여야 한다), ⓑ 공급하려는 토지에 대한 도시개발사업의 공사 진척률이 100분의 10 이상일 것, ⓒ 공급계약의 불이행 시 선수금의 환불을 담보하기 위하여 보증 또는 보험의 금액은 선수금에 그 금액에 대한 보증 또는 보험기간에 해당하는 약정 이자 상당액을 가산한 금액 이상으로 할 것과 보증 또는 보험 기간의 개시일은 선수금을 받는 날 이전이어야 하며, 그 종료일은 준공예정일부터 1개월 이상으로 할 것(그 사업기간을 연장하는 때에는 당초의 보증 또는 보험의 기간에 그 연장하려는 기간을 가산한 기간을 보증 또는 보험의 기간으로 하는 보증서 등을 제출)의 내용이 포함된 보증서 등(지급보증서, 증권, 보증보험증권, 정기예금증서 및 수익증권 등)을 지정권자에게 제출할 것의 요건을 모두 갖출 것의 구분에 따른 요건을 갖추어 지정권자의 승인을 받아야 한다. ② 시행자는 공사완료 공고 전에 미리 토지를 공급하거나 시설물을 이용하게 한 후에는 그 토지를 담보로 제공하여서는 아니 된다. ③ 지정권자는 시행자가 공급계약의 내용대로 사업을 이행하지 아니하거나 시행자의 파산 등(법원의 결정·인가를 포함)으로 사업을 이행할 능력이 없다고 인정하는 경우에는 해당 도시개발사업의 준공 전에 보증서 등을 선수금의 환불을 위하여 사용할 수 있다.

공급계약의 해제 등 필요한 조치를 취할 것을 요구할 수 있다. ⑤ 시행자는 [㉠ 원형지 개발자가 세부계획에서 정한 착수 기한 안에 공사에 착수하지 아니하는 경우, ㉡ 원형지 개발자가 공사 착수 후 세부계획에서 정한 사업 기간을 넘겨 사업 시행을 지연하는 경우, ㉢ 공급받은 토지의 전부나 일부를 시행자의 동의 없이 제3자에게 매각하는 경우, ㉣ 그 밖에 공급받은 토지를 세부계획에서 정한 목적대로 사용하지 아니하는 등 공급계약의 내용을 위반한 경우]에 해당하는 경우 원형지 공급계약을 해제할 수 있다.[34)]

5. 조성토지등의 공급 계획 및 학교 용지 등의 공급 가격

① 시행자(지정권자가 시행자인 경우는 제외)는 조성토지등을 공급하려고 할 때에는 조성토지등의 공급 계획을 작성하거나 변경하여 지정권자에게 제출하여야 한다. 이 경우 행정청이 아닌 시행자는 시장(대도시 시장을 제외)·군수 또는 구청장을 거쳐 제출하여야 한다.[35)] ② 시행자는 학교, 폐기물처리시설, 그 밖에 ㉠ 공공청사, ㉡ 사회복지시설(행정기관 및 사회복지법인이 설치하는 사회복지시설)(사회복지시설의 경우에는 유료시설을 제외한 시설로서 관할 지방자치단체의 장의 추천을 받은 경우로 한정), ㉢ 공장(해

34) **(원형지의 공급과 개발 절차 등)** ① 시행자는 원형지 공급과 개발을 위하여 지정권자의 승인을 받으려는 경우에는 원형지 공급 승인신청서에 ㉠ 공급대상 토지의 위치·면적 및 공급목적, ㉡원형지개발자에 관한 사항, ㉢ 원형지 인구수용 계획, 토지이용 계획, 교통처리 계획, 환경보전 계획, 주요 기반시설의 설치 계획 및 그 밖의 원형지 사용계획 등을 포함하는 원형지 개발계획, ㉣ 원형지 사용조건, ㉤ 예상 공급가격 및 주요 계약조건, ㉥ 그 밖에 지정권자가 사업의 특성상 필요하다고 인정하는 사항으로서 시행자와 협의하여 정하는 사항의 서류를 첨부하여 지정권자에게 제출하여야 한다. ② 시행자는 ㉠ 원형지개발자가 세부계획에서 정한 착수 기한 안에 공사에 착수하지 아니하는 경우, ㉡ 원형지개발자가 공사 착수 후 세부계획에서 정한 사업 기간을 넘겨 사업 시행을 지연하는 경우, ㉢ 공급받은 토지의 전부나 일부를 시행자의 동의 없이 제3자에게 매각하는 경우, ㉣ 그 밖에 공급받은 토지를 세부계획에서 정한 목적대로 사용하지 아니하는 등 공급계약의 내용을 위반한 경우에 해당하는 사유가 발생한 경우에 원형지개발자에게 2회 이상 시정을 요구하여야 하고, 원형지개발자가 시정하지 아니한 경우에는 원형지 공급계약을 해제할 수 있다. 이 경우 원형지개발자는 시행자의 시정 요구에 대하여 의견을 제시할 수 있다. ③ 원형지개발자의 선정은 수의계약의 방법으로 한다. 다만, 원형지를 학교나 공장 등의 부지로 직접 사용하는 자에 해당하는 원형지개발자의 선정은 경쟁입찰의 방식으로 하며, 경쟁입찰이 2회 이상 유찰된 경우에는 수의계약의 방법으로 할 수 있다. ④원형지 공급가격은 개발계획이 반영된 원형지의 감정가격에 시행자가 원형지에 설치한 기반시설 등의 공사비를 더한 금액을 기준으로 시행자와 원형지개발자가 협의하여 결정한다.

35) **(조성토지등의 공급 계획의 내용)** 도시개발사업으로 조성된 토지·건축물 또는 공작물 등(조성토지등)의 공급 계획에는 ㉠ 공급대상 조성토지등의 위치·면적 및 가격결정방법, ㉡ 공급대상자의 자격요건 및 선정방법, ㉢ 공급의 시기·방법 및 조건, ㉣ 도시개발민간사업자등(국가 등 공공기관에 해당하는 자가 100분의 50을 초과하여 출자한 경우 제외)에 해당하는 시행자의 경우 토지소유 현황(이 경우 시행자가 재결을 신청한 토지 및 시행자에게 무상귀속되는 토지는 시행자가 소유한 것으로 본다), ㉤ 시행자(해당 도시개발사업의 시행을 목적으로 설립된 법인의 경우에는 출자자 포함)가 직접 건축물을 건축하여 사용하거나 공급하려고 계획한 토지의 현황 등이 포함되어야 한다.

당 도시개발사업으로 이전되는 공장의 소유자가 설치하는 경우로 한정), ㉣ 임대주택, ㉤ 국민주택 규모 이하의 공동주택(시행자(공공기관)가 국민주택 규모 이하의 공동주택을 건설하려는 자에게 공급하는 경우로 한정), ㉥ 호텔업 시설(공공기관인 시행자가 200실 이상의 객실을 갖춘 호텔의 부지로 토지를 공급하는 경우로 한정), ㉦ 그 밖에 기반시설로서 국토교통부령으로 정하는 시설)을 설치하기 위한 조성토지등과 이주단지의 조성을 위한 토지를 공급하는 경우에는 해당 토지의 가격을 감정평가업자가 감정평가한 가격 이하로 정할 수 있다. ③ 국가나 지방자치단체, 공공기관, 정부출연기관, 설립된 지방공사(공공기관)의 시행자는 토지 외에 지역특성화 사업 유치 등 도시개발사업의 활성화를 위하여 필요한 경우에는 감정평가한 가격 이하로 공급할 수 있다.

V. 환지 방식에 의한 사업 시행

1. 환지 계획의 작성

① 시행자는 도시개발사업의 전부 또는 일부를 환지 방식으로 시행하려면 ㉠ 환지 설계[36], ㉡ 필지별로 된 환지 명세, ㉢ 필지별과 권리별로 된 청산 대상 토지 명세, ㉣ 체비지 또는 보류지의 명세, ㉤ 입체 환지를 계획하는 경우에는 입체 환지용 건축물의 명세와 공급 방법 · 규모에 관한 사항, ㉥ 그 밖에 수입 · 지출 계획서, 평균부담률 및 비례율과 그 계산서(평가식으로 환지 설계를 하는 경우로 한정), 건축 계획(입체 환지를 시행하는 경우로 한정), 토지평가협의회 심의 결과가 포함된 환지 계획을 작성하여야 한다. ② 환지 계획은 종전의 토지와 환지의 위치 · 지목 · 면적 · 토질 · 수리 · 이용 상황 · 환경, 그 밖의 사항을 종합적으로 고려하여 합리적으로 정하여야 한다.[37] ③ 시행자는 환지 방

36) ① 환지설계에는 [축척 1천2백분의 1 이상의 환지예정지도, 환지전후대비도, 과부족면적표시도 및 환지전후 평가단가 표시도]가 첨부되어야 한다. ② 시행자는 청산 대상 토지 명세를 작성할 때에는 환지대상에서 제외하는 토지에 대하여도 권리면적을 정하여야 한다.

37) **(환지 계획의 기준)** ① 시행자는 환지 계획을 작성할 때에는 환지계획구역(환지방식으로 도시개발사업이 시행되는 도시개발구역의 범위를 말하며, 도시개발구역이 둘 이상의 사업시행지구로 분할되는 경우에는 그 분할된 각각의 사업시행지구)별로 작성하여야 하며, 실시계획 인가 사항, 환지계획구역의 시가화 정도, 토지의 실제 이용 현황과 경제적 가치 등을 종합적으로 고려하여야 한다. ② 환지의 방식은 ㉠ 평면 환지: 환지 전 토지에 대한 권리를 도시개발사업으로 조성되는 토지에 이전하는 방식, ㉡ 입체 환지: 환지 전 토지나 건축물(무허가 건축물은 제외)에 대한 권리를 도시개발사업으로 건설되는 구분건축물에 이전하는 방식으로 구분한다. ③ 환지설계는 평가식(도시개발사업 시행 전후의 토지의 평가가액에 비례하여 환지를 결정하는 방법)을 원칙으로 하되, 환지지정으로 인하여 토지의 이동이 경미하거나 기반시설의 단순한 정비 등의 경우에는 면적식(도시개발사업 시행 전의 토지 및 위치를 기준으로 환지를 결정하는 방식)을 적용할 수 있다. 이 경우 하나의 환지계획구역에서는 같은

식이 적용되는 도시개발구역에 있는 조성토지등의 가격을 평가할 때에는 토지평가협의회의 심의를 거쳐 결정하되, 그에 앞서 공인평가기관(감정평가업자)이 평가하게 하여야 한다. ④ 토지평가협의회의 구성 및 운영 등에 필요한 사항은 해당 규약·정관 또는 시행규정으로 정한다. ⑤ 환지 계획의 작성에 따른 환지 계획의 기준, 보류지(체비지·공공시설용지)의 책정 기준[38] 등에 관하여 필요한 사항은 국토교통부령으로 정할 수 있다.

2. 환지 계획의 인가 등

(1) 환지 계획의 인가 등

① 행정청이 아닌 시행자가 환지 계획을 작성한 경우에는 특별자치도지사·시장·군수 또는 구청장의 인가를 받아야 한다. ② 인가받은 내용을 변경하려는 경우에 준용한다. 다만, 경미한 사항(㉠ 종전 토지의 합필 또는 분필로 환지명세가 변경되는 경우, ㉡ 토지

방식을 적용하여야 하며, 입체 환지를 시행하는 경우에는 반드시 평가식을 적용하여야 한다. ④ 환지의 위치는 ㉠ 평면 환지: 환지 전 토지의 용도, 보유 기간, 위치, 권리가액, 청산금 규모 등, ㉡ 입체 환지: 토지 소유자 등의 신청에 따라 정하되, 같은 내용의 신청이 2 이상인 경우에는 환지 전 토지 또는 건축물의 보유 기간, 거주 기간(주택을 공급하는 경우에 한정), 권리가액 등의 사항을 고려하여 시행자가 정한다. 이 경우 토지나 건축물의 환지는 같은 환지계획구역에서 이루어져야 한다. ⑤ 환지계획구역의 모든 토지는 환지를 지정하거나 환지 대상에서 제외되면 금전으로 청산한다. 이 경우 ㉠ 시행자에게 무상귀속되는 토지, ㉡ 시행자가 소유하는 토지(조합이 아닌 시행자가 환지를 지정받을 목적으로 소유한 토지는 제외)에 해당하는 토지는 다른 토지의 환지로 정하여야 한다. ⑥ 토지[대지사용권(소유권인 경우로 한정)에 해당하는 토지지분을 포함] 또는 건축물(구분소유권에 해당하는 건축물 부분을 포함)은 필지별, 건축물 별로 환지한다. 이 경우 하나의 대지에 속하는 동일인 소유의 토지와 건축물은 분리하여 입체 환지를 지정할 수 없다. ⑦ 평면 환지 방식을 적용하는 경우 환지 전 토지 위의 건축물로서 환지처분 당시 이전 또는 제거된 건축물이나 입체 환지의 대상이 되지 아니하는 환지 전 토지의 건축물은 장애물 등으로 보아 손실보상한다. ⑧ 시행자는 과소 토지 등에 대하여 2 이상의 토지 또는 건축물 소유자의 신청을 받아 환지 후 하나의 토지나 구분건축물에 공유로 환지를 지정할 수 있다. 이 경우 환지를 지정받은 자는 다른 환지를 지정받을 수 없다. ⑨ 시행자는 집합건물법에 해당하는 건축물을 건축할 용도로 계획된 토지에 대하여 2 이상의 토지 소유자의 신청을 받아 공유로 환지를 지정할 수 있다. ⑩ 시행자는 동일인이 소유한 2 이상의 환지 전 토지 또는 건축물에 대하여 환지 후 하나의 토지 또는 구분건축물에 환지를 지정할 수 있다. ⑪ 시행자는 하나의 환지 전 토지에 대하여 2 이상의 환지 후 토지 또는 구분건축물에 환지를 지정(분할환지)할 수 있다. 이 경우 분할환지로 지정되는 각각의 권리면적은 과소 토지 규모 이상이어야 한다. ⑫ 집합건물법에 따른 대지사용권에 해당하는 토지지분은 분할환지할 수 없다. ⑬ 시행자는 환지 계획을 변경하는 경우에는 환지계획 당시의 방식 및 기준에 따라야 한다. 다만, 환지계획구역이 변동되는 등의 사유로 당초의 방식 또는 기준을 따를 수 없는 경우에는 그러하지 아니하다. ⑭ 환지 계획의 작성 기준은 규약, 정관 또는 시행규칙으로 정한다.

38) **(보류지의 책정 기준 등)** ① 보류지는 실시계획인가에 따라 정하되, 도시개발구역이 2 이상의 환지계획구역으로 구분되는 경우에는 환지계획구역별로 사업비 및 보류지를 책정하여야 한다. ② 결합개발 또는 혼용방식으로 도시개발사업을 시행하거나 기반시설의 규모, 지형여건, 사업특성 등을 고려하여 필요한 경우에는 규약·정관 또는 시행규정에서 정하는 바에 따라 체비지 매각 수입이나 사업비를 조정하여 환지계획구역 별로 배분할 수 있다.

또는 건축물 소유자(체비지인 경우에는 시행자 또는 체비지 매수자)의 동의에 따라 환지 계획을 변경하는 경우(다만, 다른 토지 또는 건축물 소유자에 대한 환지 계획의 변경이 없는 경우로 한정), ㉢ 공간정보관리법에 따른 지적측량의 결과를 반영하기 위하여 환지 계획을 변경하는 경우, ㉣ 환지로 지정된 토지나 건축물을 금전으로 청산하는 경우, ㉤ 그 밖에 국토교통부령으로 정하는 경우)을 변경하는 경우에는 그러하지 아니하다. ③ 행정청이 아닌 시행자가 환지 계획의 인가를 신청하려고 하거나 행정청인 시행자가 환지 계획을 정하려고 하는 경우에는 토지 소유자와 해당 토지에 대하여 임차권, 지상권, 그 밖에 사용하거나 수익할 권리(임차권등)를 가진 자(임차권자등)에게 환지 계획의 기준 및 내용 등을 알리고 관계 서류의 사본을 일반인에게 공람시켜야 한다.[39] 다만, 경미한 사항(②의 ㉠부터 ㉤까지와 같음)을 변경하는 경우에는 그러하지 아니하다. ④ 토지 소유자나 임차권자등은 공람 기간에 시행자에게 의견서를 제출할 수 있으며, 시행자는 그 의견이 타당하다고 인정하면 환지 계획에 이를 반영하여야 한다. ⑤ 시행자는 제출된 의견에 대하여 공람 기일이 종료된 날부터 60일 이내에 그 의견을 제출한 자에게 환지 계획에 의 반영여부에 관한 검토 결과를 통보하여야 한다.

(2) 동의 등에 따른 환지의 제외

① 토지 소유자가 신청하거나 동의하면 해당 토지의 전부 또는 일부에 대하여 환지를 정하지 아니할 수 있다. 다만, 해당 토지에 관하여 임차권자등이 있는 경우에는 그 동의를 받아야 한다. ② 시행자는 [㉠ 환지 예정지를 지정하기 전에 사용하는 토지, ㉡ 환지 계획 인가에 따라 환지를 지정받기로 결정된 토지, ㉢ 종전과 같은 위치에 종전과 같은 용도로 환지를 계획하는 토지, ㉣ 토지 소유자가 환지 제외를 신청한 토지의 면적 또는 평가액(토지평가협의회에서 정한 종전 토지의 평가액)이 모두 합하여 구역 전체의 토지(국유지 · 공유지를 제외) 면적 또는 평가액의 100분의 15 이상이 되는 경우로서 환지를 정하지 아니할 경우 사업시행이 곤란하다고 판단되는 토지, ㉤ 공람한 날 또는 공고한 날 이후에 토지의 양수계약을 체결한 토지(다만, 양수일부터 3년이 지난 경우는 제외)]에 해당하는 토지는 규약 · 정관 또는 시행규정으로 정하는 방법과 절차에 따라 환지를 정하지 아니할 토지에서 제외할 수 있다.

---

39) **(관계서류의 공람)** ① 일반에게 공람시켜야 하는 관계 서류의 사본은 ㉠ 환지계획의 수립기준, ㉡ 실시계획 인가도면, 환지계획 도면 및 환지계획 수립 전의 지적도와 같다. ② 시행자는 공람을 실시하려는 때에는 공람 장소 · 방법 등에 관한 사항을 인터넷 홈페이지 등을 이용하여 일반인에게 알리고 14일 이상 공람할 수 있게 하여야 한다.

(3) 토지면적을 고려한 환지

① 시행자는 토지 면적의 규모를 조정할 특별한 필요가 있으면 면적이 작은 토지는 과소(過小) 토지가 되지 아니하도록 면적을 늘려 환지를 정하거나 환지 대상에서 제외할 수 있고, 면적이 넓은 토지는 그 면적을 줄여서 환지를 정할 수 있다. ② 과소 토지의 기준이 되는 면적은 ㉠ 주거지역: 60제곱미터, ㉡ 상업지역: 150제곱미터, ㉢ 공업지역: 150제곱미터, ㉣ 녹지지역: 200제곱미터, ㉤ ㉠부터 ㉣까지의 규정에 해당하지 아니하는 지역: 60제곱미터에서 시행자가 규약·정관 또는 시행규정으로 정한다. 이 경우 과소 토지 여부의 판단은 권리면적을 기준으로 한다. [㉠ 기존 건축물이 없는 경우, ㉡ 환지로 지정할 토지의 필지수가 도시개발사업으로 조성되는 토지의 필지수보다 많은 경우, ㉢ 환지 계획에 따라 도시개발사업으로 조성되는 토지에 대한 지구단위계획에서 정하는 획지의 최소 규모가 과소 토지의 기준에 따른 면적보다 큰 경우, ㉣ 미분할 혼용방식으로 사업을 시행하는 경우, ㉤ 그 밖에 시행자가 환지 계획상 ① 에 따른 면적을 기준으로 하여 환지하기 곤란하다고 인정하는 토지]에 해당하는 경우에는 과소 토지의 기준이 되는 면적을 장관이 정하는 바에 따라 규약·정관 또는 시행규정에서 따로 정할 수 있다.

3. 입체 환지

(1) 입체 환지 신청 등

① 시행자는 도시개발사업을 원활히 시행하기 위하여 특히 필요한 경우에는 토지 또는 건축물 소유자의 신청을 받아 건축물의 일부와 그 건축물이 있는 토지의 공유지분을 부여할 수 있다. 다만, 토지 또는 건축물이 종전 소유 토지 및 건축물의 권리가액(환지 계획상 환지 후 조성토지등에 대하여 종전의 토지 및 건축물 소유자가 얻을 수 있는 권리의 가액)이 도시개발사업으로 조성되는 토지에 건축되는 구분건축물의 최소 공급 가격의 100분의 70 이하인 경우인 경우에는 시행자가 규약·정관 또는 시행규정으로 신청대상에서 제외할 수 있다. ② 입체 환지의 경우 시행자는 환지 계획 작성 전에 실시계획의 내용, 환지 계획 기준, 환지 대상 필지 및 건축물의 명세, 환지신청 기간 등 ㉠ 환지 계획 기준, ㉡ 환지 전 토지·건축물의 용도·규모 등 상세내역 및 평가가액, ㉢ 입체 환지로 공급되는 건축물의 위치·용도·규모 등 상세내역 및 평가가액, ㉣ 입체 환지 신청의 기간, 장소, 절차 및 방법, ㉤ 그 밖에 규약·정관 또는 시행규정에서 정하는 사항을 토지 소유자(건축물 소유자를 포함. 입체 환지 방식으로 사업을 시행하는 경우에서 같다)에게

통지하고 해당 지역에서 발행되는 일간신문에 공고하여야 한다. ③ 입체 환지의 신청 기간은 통지한 날부터 30일 이상 60일 이하로 하여야 한다. 다만, 시행자는 환지 계획의 작성에 지장이 없다고 판단하는 경우에는 20일의 범위에서 그 신청기간을 연장할 수 있다. 입체 환지를 신청하려는 토지 또는 건축물(무허가 건축물은 제외)의 소유자는 입체 환지로 공급받으려는 건축물의 유형, 규모 및 우선순위를 선택하고 입체 환지를 신청하여야 한다.

(2) 환지 지정 등의 제한

① 시행자는 주민 등의 의견청취를 위하여 공람 또는 공청회의 개최에 관한 사항을 공고한 날 또는 투기억제를 위하여 시행예정자(요청자 또는 제안자)의 요청에 따라 지정권자가 따로 정하는 날(기준일)의 다음 날부터 [㉠ 1필지의 토지가 여러 개의 필지로 분할되는 경우, ㉡ 단독주택 또는 다가구주택이 다세대주택으로 전환되는 경우, ㉢ 하나의 대지범위 안에 속하는 동일인 소유의 토지와 주택 등 건축물을 토지와 주택 등 건축물로 각각 분리하여 소유하는 경우, ㉣ 나대지에 건축물을 새로 건축하거나 기존 건축물을 철거하고 다세대주택이나 그 밖의 집합건물법에 따른 구분소유권의 대상이 되는 건물을 건축하여 토지 또는 건축물의 소유자가 증가되는 경우]에 해당하는 경우에는 해당 토지 또는 건축물에 대하여 금전으로 청산하거나 환지 지정을 제한할 수 있다.[40] ② 지정권자는 기준일을 따로 정하는 경우에는 기준일과 그 지정사유 등을 관보 또는 공보에 고시하여야 한다.

(3) 입체 환지에 따른 주택 공급 등

① 시행자는 입체 환지로 건설된 주택 등 건축물을 인가된 환지 계획에 따라 환지신청자에게 공급하여야 한다. 이 경우 주택을 공급하는 경우에는 주택법에 따른 주택의 공급에 관한 기준을 적용하지 아니한다. ② 입체 환지로 주택을 공급하는 경우 환지 계획의 내용은 ㉠ 1세대 또는 1명이 하나 이상의 주택 또는 토지를 소유한 경우 1주택을 공급할 것, ㉡ 같은 세대에 속하지 아니하는 2명 이상이 1주택 또는 1토지를 공유한 경우에는 1주택만 공급할 것의 기준에 따른다. ③ 시행자는 ㉠ 과밀억제권역에 위치하지 아니하는

40) 시행자는 입체 환지를 신청하는 토지나 건축물에 대해서는 기준일 당시의 해당 토지 또는 건축물의 수를 초과하여 입체 환지를 신청할 수 없다. 해당 토지 또는 주택 등의 분할·이전을 위하여 부동산등기법에 따른 등기부에 기록된 등기 접수일을 기준으로 환지 지정 제한 여부 등을 판단하고, 해당 건축물에 대한 건축법에 따른 건축허가 또는 용도변경허가 신청일을 기준으로 환지 지정 제한 여부 등을 판단한다.

도시개발구역의 토지 소유자, ㉡ 근로자(공무원인 근로자를 포함) 숙소나 기숙사의 용도로 주택을 소유하고 있는 토지 소유자, ㉢ 공공기관인 시행자에 해당하는 토지 소유자에 대하여는 소유한 주택의 수만큼 공급할 수 있다. ④ 입체 환지로 주택을 공급하는 경우 주택을 소유하지 아니한 토지 소유자에 대하여는 환지등 지정일에 따른 기준일 현재 ㉠ 토지 면적이 장관이 정하는 규모 이상인 경우, ㉡ 종전 토지의 총 권리가액(주택 외의 건축물이 있는 경우 그 건축물의 총 권리가액을 포함)이 입체 환지로 공급하는 공동주택 중 가장 작은 규모의 공동주택 공급예정가격 이상인 경우에만 주택을 공급할 수 있다. ⑤ 시행자는 입체 환지의 대상이 되는 용지에 건설된 건축물 중 ① 및 ②에 따라 공급대상자에게 공급하고 남은 건축물의 공급에 대하여는 규약·정관 또는 시행규정으로 정하는 목적을 위하여 체비지(건축물을 포함)로 정하거나 토지 소유자 외의 자에게 분양할 수 있다.[41]

4. 공공시설의 용지 등에 관한 조치

① 공익사업(토지보상법 제4조)에 해당하는 공공시설의 용지에 대하여는 환지 계획을 정할 때 그 위치·면적 등에 관하여 환지계획에서의 종합적 고려(환지계획기준 등)에 따른 기준을 적용하지 아니할 수 있다. ② 시행자가 도시개발사업의 시행으로 국가 또는 지방자치단체가 소유한 공공시설과 대체되는 공공시설을 설치하는 경우 종전의 공공시설의 전부 또는 일부의 용도가 폐지되거나 변경되어 사용하지 못하게 될 토지는 환지를 정하지 아니하며, 이를 다른 토지에 대한 환지의 대상으로 하여야 한다.

5. 체비지 등

① 시행자는 도시개발사업에 필요한 경비에 충당하거나 규약·정관·시행규정 또는 실시계획으로 정하는 목적을 위하여 일정한 토지를 환지로 정하지 아니하고 보류지로 정할 수 있으며, 그 중 일부를 체비지로 정하여 도시개발사업에 필요한 경비에 충당할 수 있다. ② 특별자치도지사·시장·군수 또는 구청장은 공동주택의 건설을 촉진하기 위하여 필요하다고 인정하면 체비지 중 일부를 같은 지역에 집단으로 정하게 할 수 있다.

---

41) **(입체 환지에 따른 주택 등 건축물의 공급방법 및 절차)** ① 시행자는 입체 환지에 따른 주택 등을 공급하고 남은 건축물은 일반에게 공급하되, 환지대상에서 제외되어 도시개발사업으로 새로 조성된 토지를 환지받지 못하고 금전으로 청산을 받은 자 또는 도시개발사업으로 철거되는 건축물의 세입자에게 우선적으로 공급할 수 있다. ② 시행자는 주택 등을 공급하고, 남은 건축물 등을 토지 소유자 외의 자에게 분양하는 경우에는 분양공고 등을 실시하여 공급하여야 한다.

6. 환지 예정지

(1) 환지 예정지의 지정

① 시행자는 도시개발사업의 시행을 위하여 필요하면 도시개발구역의 토지에 대하여 환지 예정지를 지정할 수 있다. 이 경우 종전의 토지에 대한 임차권자등이 있으면 해당 환지 예정지에 대하여 해당 권리의 목적인 토지 또는 그 부분을 아울러 지정하여야 한다. ② 임차권자 등에 대한 공람 및 의견반영은 도시개발민간사업자등에 따른 시행자가 ①에 따라 환지 예정지를 지정하려고 할 때에 준용한다. ③ 시행자가 환지 예정지를 지정하려면 관계 토지 소유자와 임차권자등에게 환지 예정지의 위치·면적과 환지 예정지 지정의 효력발생 시기를 알려야 한다.42)

(2) 환지 예정지 지정의 효과

① 환지 예정지가 지정되면 종전의 토지의 소유자와 임차권자등은 환지 예정지 지정의 효력발생일부터 환지처분이 공고되는 날까지 환지 예정지나 해당 부분에 대하여 종전과 같은 내용의 권리를 행사할 수 있으며 종전의 토지는 사용하거나 수익할 수 없다. ② 시행자는 환지 예정지를 지정한 경우에 해당 토지를 사용하거나 수익하는 데에 장애가 될 물건이 그 토지에 있거나 그 밖에 특별한 사유가 있으면 그 토지의 사용 또는 수익을 시작할 날을 따로 정할 수 있다. ③ 환지 예정지 지정의 효력이 발생하거나 그 토지의 사용 또는 수익을 시작하는 경우에 해당 환지 예정지의 종전의 소유자 또는 임차권자등은 ① 또는 ②에서 규정하는 기간에 이를 사용하거나 수익할 수 없으며 ①에 따른 권리의 행사를 방해할 수 없다. ④ 시행자는 체비지의 용도로 환지 예정지가 지정된 경우에는 도시개발사업에 드는 비용을 충당하기 위하여 이를 사용 또는 수익하게 하거나 처분할 수 있다.

---

42) **(사용·수익의 정지)** ① 시행자는 환지를 정하지 아니하기로 결정된 토지 소유자나 임차권자등에게 날짜를 정하여 그날부터 해당 토지 또는 해당 부분의 사용 또는 수익을 정지시킬 수 있다. ② 시행자가 사용 또는 수익을 정지하게 하려면 30일 이상의 기간을 두고 미리 해당 토지 소유자 또는 임차권자등에게 알려야 한다. (토지의 관리 등) ① 환지 예정지의 지정이나 사용 또는 수익의 정지처분으로 이를 사용하거나 수익할 수 있는 자가 없게 된 토지 또는 해당 부분은 환지 예정지의 지정일이나 사용 또는 수익의 정지처분이 있은 날부터 환지처분을 공고한 날까지 시행자가 관리한다. ② 시행자는 환지 예정지 또는 환지의 위치를 나타내려고 하는 경우에는 표지를 설치할 수 있다. ③ 누구든지 환지처분이 공고된 날까지는 시행자의 승낙 없이 설치된 표지를 이전하거나 훼손하여서는 아니 된다.

(3) 환지 예정지 지정 전 토지 사용

① 공공기관인 시행자는 [㉠ 순환개발을 위한 순환용주택을 건설하려는 경우, ㉡ 국방·군사시설을 설치하려는 경우, ㉢ 주민 등의 의견청취를 위한 공고일 이전부터 주택법에 따라 등록한 주택건설사업자가 주택건설을 목적으로 토지를 소유하고 있는 경우, ㉣ 그 밖에 기반시설의 설치나 개발사업의 촉진에 필요한 경우 등 ⓐ 토지 소유자가 건축물을 신축하여 해당 지역을 입체적으로 개발하려는 경우(기존 건축물이나 시설이 이전 또는 철거된 토지로 한정), ⓑ 공원 등 기반시설을 설치하려는 목적으로 토지를 소유하거나 매입한 경우]에는 환지 예정지를 지정하기 전이라도 실시계획 인가 사항의 범위에서 토지 사용을 하게 할 수 있다. ② ①의 ㉢ 또는 ㉣의 경우에는 일정요건의 모두에 해당하는 경우[43]에만 환지 예정지를 지정하기 전에 토지를 사용할 수 있다. ③ 토지를 사용하는 자는 환지 예정지를 지정하기 전까지 새로 조성되는 토지 또는 그 위에 건축되는 건축물을 공급 또는 분양하여서는 아니 된다. ④ ①에 따라 토지를 사용하는 자는 환지 계획에 따라야 한다.

(4) 장애물 등의 이전과 제거

① 시행자는 환지 예정지를 지정하거나 종전의 토지에 관한 사용 또는 수익을 정지시키는 경우나 기반시설의 변경·폐지에 관한 공사를 시행하는 경우 필요하면 도시개발구역에 있는 건축물과 그 밖의 공작물이나 물건(건축물등) 및 죽목(竹木), 토석, 울타리 등의 장애물(장애물등)을 이전하거나 제거할 수 있다. 이 경우 시행자(행정청이 아닌 시행자만 해당)는 미리 관할 특별자치도지사·시장·군수 또는 구청장의 허가를 받아야 한다. ② 특별자치도지사·시장·군수 또는 구청장은 ①의 후단에 따른 허가를 하는 경우에는 ⓐ 동절기(12월 1일부터 다음 해 2월 말일까지), ⓑ 일출 전과 일몰 후, ⓒ 해당 지역에 기상특보가 발표된 때, ⓓ 재난이 발생한 때, ⓔ 이에 준하는 시기로서 특별자치도지사·시장·군수 또는 구청장이 점유자의 보호를 위하여 필요하다고 인정하는 시기에 점유자가 퇴거하지 아니한 주거용 건축물을 철거할 수 없도록 그 시기를 제한하거나 임시거주

43) [㉠ 사용하려는 토지의 면적이 구역 면적의 100분의 5 이상(최소 1만제곱미터 이상)이고 소유자가 동일할 것(국유지·공유지는 관리청과 상관없이 같은 소유자), ㉡ 사용하려는 종전 토지가 실시계획 인가로 정한 하나 이상의 획지 또는 가구의 경계를 모두 포함할 것, ㉢ 사용하려는 토지의 면적 또는 평가액이 구역 내 동일소유자가 소유하고 있는 전체 토지의 면적 또는 평가액의 100분의 60 이하이거나 보증금 (사용하려는 토지의 도시개발 사업 완료 시 예상되는 감정가격 - 토지를 사용하려는 자가 도시개발구역에 소유하고 있는 전체 토지의 도시개발사업 실시 전 감정가격의 100분의 60)을 예치할 것, ㉣ 사용하려는 토지에 임차권자 등이 있는 경우 임차권자 등의 동의가 있을 것]

시설을 마련하는 등 점유자의 보호에 필요한 조치를 할 것을 조건으로 허가를 할 수 있다.[44] ③ 시행자는 건축물등과 장애물등을 이전 또는 제거하려고 할 경우 토지수용위원회의 손실보상금에 대한 재결이 있은 후 ㉠ 보상금을 받을 자가 받기를 거부하거나 받을 수 없을 때, ㉡ 시행자의 과실 없이 보상금을 받을 자를 알 수 없을 때, ㉢ 시행자가 관할 토지수용위원회에서 재결한 보상 금액에 불복할 때, ㉣ 압류나 가압류에 의하여 보상금의 지급이 금지되었을 때에 해당하는 사유가 있으면 이전하거나 제거할 때까지 토지 소재지의 공탁소에 보상금을 공탁할 수 있다. ④ ③의 ㉢의 경우 시행자는 보상금을 받을 자에게 자기가 산정한 보상금을 지급하고 그 금액과 토지수용위원회가 재결한 보상 금액과의 차액을 공탁하여야 한다. 이 경우 보상금을 받을 자는 그 불복 절차가 끝날 때까지 공탁된 보상금을 받을 수 없다.

7. 환지처분 등

(1) 환지처분

① 시행자는 환지 방식으로 도시개발사업에 관한 공사를 끝낸 경우에는 지체 없이 이를 공고하고 공사 관계 서류를 일반인에게 공람시켜야 한다. ② 도시개발구역의 토지 소유자나 이해관계인은 공람 기간에 시행자에게 의견서를 제출할 수 있으며, 의견서를 받은 시행자는 공사 결과와 실시계획 내용에 맞는지를 확인하여 필요한 조치를 하여야 한다. ③ 시행자는 공람 기간에 의견서의 제출이 없거나 제출된 의견서에 따라 필요한 조치를 한 경우에는 지정권자에 의한 준공검사를 신청하거나 도시개발사업의 공사를 끝내야 한다. ④ 시행자는 지정권자에 의한 준공검사를 받은 경우(지정권자가 시행자인 경우에는 공사 완료 공고가 있는 때)에는 60일이내에 환지처분을 하여야 한다. ⑤ 시행자는 환지처분을 하려는 경우에는 환지 계획에서 정한 사항을 토지 소유자에게 알리고 이를 공고하여야 한다.[45]

---

44) ① 시행자가 건축물등과 장애물등을 이전하거나 제거하려고 하는 경우에는 그 소유자나 점유자에게 미리 알려야 한다. 다만, 소유자나 점유자를 알 수 없으면 이를 공고(관보 또는 해당 도시개발구역이 있는 해당 지방자치단체를 주된 보급지역으로 하는 일간신문에 하여야 하며, 시행자는 그 공고의 내용을 시행지구의 적당한 장소에 게시)하여야 한다. ② 주거용으로 사용하고 있는 건축물을 이전하거나 철거하려고 하는 경우에는 이전하거나 철거하려는 날부터 늦어도 2개월 전에 통지를 하여야 한다. 다만, 건축물의 일부에 대하여 경미한 이전 또는 철거(창고, 차고, 그 밖의 이와 유사한 것의 이전 또는 차양, 옥외계단, 그 밖에 이와 유사한 것의 철거)를 하는 경우나 개발행위의 허가(ⓐ 건축물의 건축 또는 공작물의 설치, ⓑ 토지의 형질 변경(경작을 위한 경우로서 토지의 형질 변경은 제외), ⓒ 토석의 채취, ⓓ 토지 분할(건축물이 있는 대지의 분할은 제외), ⓔ 녹지지역 · 관리지역 또는 자연환경보전지역에 물건을 1개월 이상 쌓아놓는 행위)를 위반한 건축물의 경우에는 그러하지 아니하다.

(2) 청산금

① 환지를 정하거나 그 대상에서 제외한 경우 그 과부족분은 종전의 토지(입체 환지 방식으로 사업을 시행하는 경우에는 환지 대상 건축물을 포함) 및 환지의 위치 · 지목 · 면적 · 토질 · 수리 · 이용 상황 · 환경, 그 밖의 사항을 종합적으로 고려하여 금전으로 청산하여야 한다. ② 청산금은 환지처분을 하는 때에 결정하여야 한다. 다만, 환지 대상에서 제외한 토지등에 대하여는 청산금을 교부하는 때에 청산금을 결정할 수 있다.

(3) 환지처분의 효과

① 환지 계획에서 정하여진 환지는 그 환지처분이 공고된 날의 다음 날부터 종전의 토지로 보며, 환지 계획에서 환지를 정하지 아니한 종전의 토지에 있던 권리는 그 환지처분이 공고된 날이 끝나는 때에 소멸한다. ② ①은 행정상 처분이나 재판상의 처분으로서 종전의 토지에 전속하는 것에 관하여는 영향을 미치지 아니한다. ③ 도시개발구역의 토지에 대한 지역권은 종전의 토지에 존속한다. 다만, 도시개발사업의 시행으로 행사할 이익이 없어진 지역권은 환지처분이 공고된 날이 끝나는 때에 소멸한다. ④ 환지 계획에 따라 환지처분을 받은 자는 환지처분이 공고된 날의 다음 날에 환지 계획으로 정하는 바에 따라 건축물의 일부와 해당 건축물이 있는 토지의 공유지분을 취득한다. 이 경우 종전의 토지에 대한 저당권은 환지처분이 공고된 날의 다음 날부터 해당 건축물의 일부와 해당 건축물이 있는 토지의 공유지분에 존재하는 것으로 본다. ⑤ 체비지는 시행자가, 보류지는 환지 계획에서 정한 자가 각각 환지처분이 공고된 날의 다음 날에 해당 소유권을 취득한다. 다만, 이미 처분된 체비지는 그 체비지를 매입한 자가 소유권 이전 등기를 마친 때에 소유권을 취득한다. ⑥ 청산금은 환지처분이 공고된 날의 다음 날에 확정된다.

(4) 등기

① 시행자는 환지처분이 공고되면 공고 후 14일 이내에 관할 등기소에 이를 알리고 토지와 건축물에 관한 등기를 촉탁하거나 신청하여야 한다. ② 등기에 관하여는 대법원규칙으로 정하는 바에 따른다. ③ 환지처분이 공고된 날부터 등기가 있는 때까지는 다른 등기

45) **(환지방식에 의한 공사완료의 공고)** ① 공사완료의 공고는 관보 또는 공보에 하여야 한다. ② 공고에는 ㉠ 사업의 명칭, ㉡ 시행자, ㉢ 시행기간, ㉣ 개발계획에 따른 공종별 공사시행내역이 포함되어야 한다. ③ 시행자는 공고를 한 때에는 ② 의 사항을 기재한 서류, 공사설계서 및 관련 도면 서류를 14일 이상 일반에게 공람시켜야 한다. (환지처분의 공고)공고에는 ㉠ 사업의 명칭, ㉡ 시행자, ㉢ 시행기간, ㉣ 환지처분일, ㉤ 사업비 정산내역, ㉥ 체비지 매각대금과 보조금, 그 밖에 사업비의 재원별 내역이 포함되어야 한다.

를 할 수 없다. 다만, 등기신청인이 확정일자가 있는 서류로 환지처분의 공고일 전에 등기원인이 생긴 것임을 증명하면 다른 등기를 할 수 있다.

(5) 체비지의 처분 등

① 시행자는 체비지나 보류지를 규약 · 정관 · 시행규정 또는 실시계획으로 정하는 목적 및 방법에 따라 합리적으로 처분하거나 관리하여야 한다. ② 행정청인 시행자가 체비지 또는 보류지를 관리하거나 처분(체비지를 관리하거나 처분하는 경우를 포함)하는 경우에는 국가나 지방자치단체의 재산처분에 관한 법률을 적용하지 아니한다. ③ 학교, 폐기물처리시설 등의 시설을 설치하기 위하여 조성토지등을 공급하는 경우 그 조성토지등의 공급 가격에 관하여는 감정평가업자가 감정평가한 가격 이하로 한다. ④ 공공기관인 시행자가 지역특성화사업 유치 등 도시개발사업의 활성화를 위하여 필요한 경우에 공급하는 토지 중 ③ 외의 토지에 대하여는 감정평가 가격 이하로 한다.

(6) 감가보상금

행정청인 시행자는 도시개발사업의 시행으로 사업 시행 후의 토지 가액의 총액이 사업 시행 전의 토지 가액의 총액보다 줄어든 경우에는 그 차액에 해당하는 감가보상금을 종전의 토지 소유자나 임차권자등에게 지급하여야 한다. 감가보상금으로 지급하여야 할 금액은 도시개발사업 시행 후의 토지가액의 총액과 시행 전의 토지가액의 총액과의 차액을 시행 전의 토지가액의 총액으로 나누어 얻은 수치에 종전의 토지 또는 그 토지에 대하여 수익할 수 있는 권리의 시행 전의 가액을 곱한 금액으로 한다.

(7) 청산금의 징수 · 교부 및 소멸시효

① 시행자는 환지처분이 공고된 후에 확정된 청산금을 징수하거나 교부하여야 한다. 다만, 환지를 정하지 아니하는 토지에 대하여는 환지처분 전이라도 청산금을 교부할 수 있다. ② 청산금은 이자를 붙여 분할징수하거나 분할교부할 수 있다. ③ 행정청인 시행자는 청산금을 내야 할 자가 이를 내지 아니하면 국세 또는 지방세 체납처분의 예에 따라 징수할 수 있으며, 행정청이 아닌 시행자는 특별자치도지사 · 시장 · 군수 또는 구청장에게 청산금의 징수를 위탁할 수 있다. ④ 청산금을 받을 자가 주소 불분명 등의 이유로 청산금을 받을 수 없거나 받기를 거부하면 그 청산금을 공탁할 수 있다. ⑤ 청산금을 받을 권리나 징수할 권리를 5년간 행사하지 아니하면 시효로 소멸한다.

(8) 임대료 등의 증감청구

① 도시개발사업으로 임차권등의 목적인 토지 또는 지역권에 관한 승역지의 이용이 증진되거나 방해를 받아 종전의 임대료 · 지료, 그 밖의 사용료 등이 불합리하게 되면 당사자는 계약 조건에도 불구하고 장래에 관하여 그 증감을 청구할 수 있다. 도시개발사업으로 건축물이 이전된 경우 그 임대료에 관하여도 또한 같다. ② ①의 경우 당사자는 해당 권리를 포기하거나 계약을 해지하여 그 의무를 지지 아니할 수 있다. ③ 환지처분이 공고된 날부터 60일이 지나면 임대료 · 지료, 그 밖의 사용료 등의 증감을 청구할 수 없다.

(9) 권리의 포기 등

① 도시개발사업의 시행으로 지역권 또는 임차권등을 설정한 목적을 달성할 수 없게 되면 당사자는 해당 권리를 포기하거나 계약을 해지할 수 있다. 도시개발사업으로 건축물이 이전되어 그 임대의 목적을 달성할 수 없게 된 경우에도 또한 같다. ② 권리를 포기하거나 계약을 해지한 자는 그로 인한 손실을 보상하여 줄 것을 시행자에게 청구할 수 있다. ③ 손실을 보상한 시행자는 해당 토지 또는 건축물의 소유자 또는 그로 인하여 이익을 얻는 자에게 이를 구상할 수 있다. ④ 환지처분이 공고된 날부터 60일이 지나면 권리를 포기하거나 계약을 해지할 수 없다.

Ⅵ. 준공검사 등

1. 준공검사

① 시행자(지정권자가 시행자인 경우는 제외)가 도시개발사업의 공사를 끝낸 때에는 공사완료 보고서를 작성하여 지정권자의 준공검사를 받아야 한다.[46] ② 지정권자는 공사완료 보고서를 받으면 지체 없이 준공검사를 하여야 한다. 이 경우 지정권자는 효율적인 준공검사를 위하여 필요하면 관계 행정기관 · 공공기관 · 연구기관, 그 밖의 전문기관 등에

46) 시행자는 준공검사를 받으려는 경우에는 공사완료 보고서에 [㉠ 준공조서(준공설계도서 및 준공사진을 포함), ㉡ 시장 · 군수 또는 구청장이 발행하는 지적측량성과도, ㉢ 관계 행정기관의 장과의 협의에 필요한 서류 및 도면, ㉣ 공공시설의 귀속조서 및 도면, ㉤ 신 · 구 지적대조도]를 첨부하여 시장(대도시 시장은 제외) · 군수 또는 구청장을 거쳐 지정권자에게 제출하여야 한다. 다만, 장관 · 특별자치도지사 또는 대도시 시장이 지정권자인 경우에는 장관 · 특별자치도지사 또는 대도시 시장에게 직접 제출할 수 있다.

의뢰하여 준공검사를 할 수 있다. ③ 지정권자는 공사완료 보고서의 내용에 포함된 공공시설을 인수하거나 관리하게 될 국가기관·지방자치단체 또는 공공기관의 장 등에게 준공검사에 참여할 것을 요청할 수 있으며, 이를 요청받은 자는 특별한 사유가 없으면 요청에 따라야 한다. ④ 시행자는 도시개발사업을 효율적으로 시행하기 위하여 필요하면 해당 도시개발사업에 관한 공사가 전부 끝나기 전이라도 공사가 끝난 부분에 관하여 준공검사(지정권자가 시행자인 경우에는 시행자에 의한 공사 완료 공고)를 받을 수 있다.

2. 공사 완료의 공고

① 지정권자는 준공검사를 한 결과 도시개발사업이 실시계획대로 끝났다고 인정되면 시행자에게 준공검사 증명서를 내어주고 공사 완료 공고를 하여야 하며, 실시계획대로 끝나지 아니하였으면 지체 없이 보완 시공 등 필요한 조치를 하도록 명하여야 한다. ② 지정권자가 시행자인 경우 그 시행자는 도시개발사업의 공사를 완료한 때에는 공사 완료 공고를 하여야 한다. 공사 완료의 공고는 관보 또는 공보에 하여야 한다. 공고에는 ㉠ 사업의 명칭, ㉡ 시행자, ㉢ 사업시행지의 위치, ㉣ 사업시행지의 면적 및 용도별 면적, ㉤ 준공일자, ㉥ 주요 시설물의 처분에 관한 사항이 포함되어야 한다.

3. 공사 완료에 따른 관련 인·허가등의 의제

① 준공검사를 하거나 공사 완료 공고를 할 때 지정권자가 의제되는 인·허가등(면허·협의 또는 승인은 제외)에 따른 준공검사·준공인가 등에 대하여 관계 행정기관의 장과 협의한 사항에 대하여는 그 준공검사·준공인가 등을 받은 것으로 본다. ② 지정권자는 준공검사를 하거나 공사 완료 공고를 할 때 그 내용에 의제되는 인·허가등에 따른 준공검사·준공인가 등에 해당하는 사항이 있으면 미리 관계 행정기관의 장과 협의하여야 한다.

4. 조성토지등의 준공 전 사용

준공검사 전 또는 공사 완료 공고 전에는 조성토지등(체비지는 제외)을 사용할 수 없다. 다만, 사업 시행의 지장 여부를 확인받는 등 지정권자로부터 사용허가를 받은 경우에는 그러하지 아니하다. 시행자는 조성토지등(입체 환지로 지정된 건축물을 포함)을 준공 전에 사용하려면 그 범위를 정하여 준공전사용허가신청서에 사업시행상의 지장 여부에 관한 검토서를 첨부하여 지정권자에게 제출하여야 한다. 지정권자는 허가신청이 있는 경우 그 사용으로 인하여 앞으로 시행될 사업에 지장이 있는지를 확인한 후 허가 여부를 결정하여야 한다.

제3절 비용 부담 등

Ⅰ. 비용 부담

1. 비용 부담의 원칙

도시개발사업에 필요한 비용은 이 법이나 다른 법률에 특별한 규정이 있는 경우 외에는 시행자가 부담한다.

2. 도시개발구역의 시설 설치 및 비용부담 등

① 도시개발구역의 시설의 설치는 ㉠ 도로와 상하수도시설의 설치는 지방자치단체, ㉡ 전기시설 · 가스공급시설 또는 지역 난방시설의 설치는 해당 지역에 전기 · 가스 또는 난방을 공급하는 자, ㉢ 통신시설의 설치는 해당 지역에 통신서비스를 제공하는 자에 따른다. ② 시설의 설치비용은 그 설치의무자가 이를 부담한다. 다만, 도시개발구역 안의 전기시설을 사업시행자가 지중선로로 설치할 것을 요청하는 경우에는 전기를 공급하는 자와 지중에 설치할 것을 요청하는 자가 각각 2분의 1의 비율로 그 설치비용을 부담(전부 환지 방식으로 도시개발사업을 시행하는 경우에는 전기시설을 공급하는 자가 3분의 2, 지중에 설치할 것을 요청하는 자가 3분의 1의 비율로 부담)한다. ③ 시설의 설치는 특별한 사유가 없으면 준공검사 신청일(지정권자가 시행자인 경우에는 도시개발사업의 공사를 끝내는 날)까지 끝내야 한다. ④ 대통령령으로 정하는 시설의 종류별 설치 범위[47] 중 지

---

47) **(시설의 설치범위)** 시설의 종류별 설치범위는 [㉠ 도로: ⓐ 도시개발구역지정 이전부터 도시 · 군계획도로 또는 도로구역으로 결정된 도로일 것, ⓑ 지방자치단체가 설치하여야 하는 「도로법」상의 국도 · 지방도 및 국가지원 지방도일 것의 요건에 모두 해당하는 도로, ㉡ 상하수도시설: 도시개발구역의 상하수도관로와 연결되지 아니하고 통과하는 상하수도관로, ㉢ 전기시설: 도시개발구역 밖의 기간이 되는 시설로부터 도시개발구역의 토지이용계획 또는 환지계획상의 6미터 이상인 도시 · 군계획도로에 접하는 개별필지의 경계선까지의 전기시설, ㉣ 가스공급시설: 도시개발구역 밖의 기간이 되는 가스공급시설로부터 개별필지의 경계선까지의 가스공급시설(다만, 취사 또는 개별난방용(중앙집중식난방용은 제외)으로 가스를 공급하기 위하여 도시개발구역의 개별필지에 정압조정실을 설치하는 경우에는 그

방자치단체의 설치 의무 범위에 속하지 아니하는 도로 또는 상하수도시설로서 시행자가 그 설치비용을 부담하려는 경우에는 시행자의 요청에 따라 지방자치단체가 그 도로 설치 사업이나 상하수도 설치 사업을 대행할 수 있다.

3. 지방자치단체의 비용 부담 및 공공시설 관리자의 비용 부담

① 지정권자가 시행자인 경우 그 시행자는 그가 시행한 도시개발사업으로 이익을 얻는 시·도 또는 시·군·구가 있으면 그 도시개발사업에 든 비용의 일부를 그 이익을 얻는 시·도 또는 시·군·구에 부담시킬 수 있다. 이 경우 장관은 행정안전부장관과 협의하여야 하고, 시·도지사 또는 대도시 시장은 관할 외의 시·군·구에 비용을 부담시키려면 그 시·군·구를 관할하는 시·도지사와 협의하여야 하며, 시·도지사간 또는 대도시 시장과 시도지사 간의 협의가 성립되지 아니하는 경우에는 행정안전부장관의 결정에 따른다. ② 시장(대도시 시장을 제외)·군수 또는 구청장은 그가 시행한 도시개발사업으로 이익을 얻는 다른 지방자치단체가 있으면 그 도시개발사업에 든 비용의 일부를 그 이익을 얻는 다른 지방자치단체와 협의하여 그 지방자치단체에 부담시킬 수 있다.[48] 이 경우 협의가 성립되지 아니하면 관할 시·도지사의 결정에 따르며, 그 시·군·구를 관할하는 시·도지사가 서로 다른 경우에는 ①의 후단을 준용한다. ③ 시행자는 공동구를 설치하는 경우에는 다른 법률에 따라 그 공동구에 수용될 시설을 설치할 의무가 있는 자에게 공동구의 설치에 드는 비용을 부담시킬 수 있다.

4. 도시개발구역 밖의 기반시설의 설치 비용

① 도시개발구역의 이용에 제공하기 위하여 기반시설을 도시개발구역 밖의 지역에 설치하는 경우 지정권자는 비용 부담 계획이 포함된 개발계획에 따라 시행자에게 이를 설

정압조정실까지의 가스공급시설), ㉤ 통신시설: 관로시설은 도시개발구역 밖의 기간이 되는 시설로부터 도시개발구역의 개별필지의 경계선까지의 관로시설 및 도시개발구역 밖의 기간이 되는 시설로부터 도시개발구역의 개별필지의 최초 단자까지의 케이블시설, ㉥ 지역난방시설: 도시개발구역 밖의 기간이 되는 열수송관의 분기점으로부터 도시개발구역의 개별필지의 각 기계실입구 차단밸브까지의 열수송관]과 같다.

48) ㉮ 부담금의 총액은 해당 도시개발사업에 소요된 비용의 2분의 1을 넘지 못한다. 이 경우 도시개발사업에 소요된 비용에는 해당 도시개발사업의 조사비, 측량비, 설계비 및 관리비는 포함하지 아니한다. ㉯ 장관, 시·도지사 또는 대도시 시장은 도시개발사업으로 이익을 받는 시·도 또는 시·군·구에 부담금을 부담시키려는 경우에는 도시개발사업에 소요된 비용총액의 명세와 부담금의 금액을 명시하여 비용을 부담시키려는 시·도 또는 시·군·구에 송부하여야 한다. ㉰ 부담금의 산정·배분 등에 필요한 사항은 장관이 정한다. ㉱ 시장(대도시 시장을 제외)·군수 또는 구청장이 다른 지방자치단체에 도시개발사업에 소요된 비용의 일부를 부담시키려는 경우에는 ㉮부터 ㉰까지의 규정을 준용한다.

치하게 하거나 그 설치 비용을 부담하게 할 수 있다. ② 국가나 지방 자치단체는 시행자가 부담하는 비용을 제외한 나머지 설치 비용을 지원할 수 있다. 이 경우 지원 규모나 지원 방법 등은 장관이 관계 중앙행정기관의 장과 협의하여 정한다. ③ 지정권자는 비용부담 계획에 포함되지 아니하는 기반시설을 실시계획의 변경 등으로 인하여 도시개발구역 밖에 추가로 설치하여야 하는 경우에는 그 비용을 실시계획의 변경 등 기반시설의 추가 설치를 필요하게 한 자에게 부담시킬 수 있다.49) ④ 지정권자는 시행자의 부담으로 도시개발구역 밖의 지역에 설치하는 기반시설로 이익을 얻는 지방자치단체 또는 공공시설의 관리자가 있으면 그 기반시설의 설치에 드는 비용의 일부를 이익을 얻는 지방자치단체 또는 공공시설의 관리자에게 부담시킬 수 있다.50) 이 경우 지정권자는 해당 지방자치단체나 공공시설의 관리자 및 시행자와 협의하여야 한다. ⑤ 지정권자로부터 기반시설의 설치 비용을 부담하도록 통지를 받은 자(납부의무자)가 비용의 부담에 대하여 이견이 있는 경우에는 그 통지를 받은 날부터 20일 이내에 지정권자에게 이를 증명할 수 있는 자료를 첨부하여 조정을 신청할 수 있다. 이 경우 지정권자는 그 신청을 받은 날부터 15일 이내에 이를 심사하여 그 결과를 신청인에게 통지하여야 한다. ⑥ 지정권자는 납부의무자가 기반시설의 설치 비용을 납부기한까지 내지 아니하면 가산금을 징수한다. ⑦ 지정권자는 납부의무자가 기반시설의 설치 비용과 가산금을 납부기한까지 내지 아니하면 국세 또는 지방세 체납처분의 예에 따라 징수한다. ⑧ 지정권자는 납부의무자가 납부한 금액에서 과오납한 부분이 있으면 이를 조사하여 그 차액을 추징하거나 환급하여야 한다. 이 경우 과오납한 날의 다음 날부터 추징 또는 환급 결정을 하는 날까지의 기간에 대하여 국세기본법에서 정한 이자율에 따라 계산한 금액을 추징금 또는 환급금에 더하여야 한다.

---

49) **(추가설치시설의 비용 부담)** ① 지정권자는 추가설치시설의 비용을 부담시키려는 경우에는 이를 부담할 자에게 설계서 또는 비용산출 근거서류를 첨부하여 그 비용의 납부를 서면으로 통지하여야 한다. ② 지정권자는 추가설치시설의 비용을 둘 이상이 부담하여야 하는 경우에는 그 분담률과 납부방법 등에 관하여 이를 부담할 자와 미리 협의하여야 한다. 이 경우 협의가 성립되지 아니하는 경우에는 지정권자는 부담금을 부담할 자가 원인을 제공한 정도 등을 고려하여 그 부담금액을 정할 수 있다. ③ 시행자가 기반시설의 추가 설치에 대한 원인을 제공한 경우 시행자에게 부담시킬 수 있는 기반시설의 추가 비용은 최초 실시계획인가 시의 총사업비의 100분의 10을 초과할 수 없다. 다만, 시행자가 스스로 기반시설의 추가 설치를 지정권자에게 요청하거나 시행자의 요청에 따라 개발계획을 변경함에 따라 기반시설의 추가 설치가 필요하게 된 경우에는 100분의 10을 초과할 수 있다.

50) **(도시개발구역 밖의 기반시설에 대한 비용부담)** ① 도시개발구역 밖에 설치하는 기반시설로 이익을 받는 지방자치단체에 대한 비용부담에 관하여는 부담시킬 수 있다. ② 도시개발구역 밖에 설치하는 기반시설로 이익을 받는 공공시설 관리자가 부담하는 부담금의 총액은 그 기반시설의 설치에 드는 비용의 3분의 1을 넘지 못한다. 이 경우 기반시설의 설치에 드는 비용에는 해당 기반시설 설치의 조사비, 측량비, 설계비 및 관리비는 포함하지 아니한다.

Ⅱ. 자금지원

① 도시개발사업의 시행에 드는 비용은 그 비용의 전부 또는 일부를 국고에서 보조하거나 융자할 수 있다. 다만, 시행자가 행정청이면 전부를 보조하거나 융자할 수 있다. ② 국가 및 지방자치단체인 시행자에 대하여는 [㉠ 항만 · 도로 및 철도의 공사비, ㉡ 공원 · 녹지의 조성비, ㉢ 용수공급시설의 공사비, ㉣ 하수도 및 폐기물처리시설의 공사비, ㉤ 도시개발구역 안의 공동구의 공사비, ㉥ 이주단지의 조성비, ㉦ 그 밖에 도시개발을 위하여 특히 필요하다고 국토교통부령으로 정하는 국토계획법에 따른 공공시설의 공사비]의 비용 전부의 보조 또는 융자. ③ 국가 및 지방자치단체 외의 시행자에 대하여는 ②의 비용의 융자. 다만, 과밀억제권역에서 수도권 외의 지역으로 이전하는 법인 중 과밀억제권역의 사업 기간 등 요건에 해당하는 법인인 시행자에 대하여는 용수공급시설, 도시개발구역과 연결하기 위한 도로의 설치비용의 전부와 하수도시설 설치비용의 2분의 1을 보조할 수 있다.

Ⅲ. 도시개발특별회계

1. 도시개발특별회계의 설치 등

① 시 · 도지사 또는 시장 · 군수(광역시에 있는 군의 군수는 제외)는 도시개발사업을 촉진하고 도시 · 군계획시설사업의 설치지원 등을 위하여 지방자치단체에 도시개발특별회계(특별회계)를 설치할 수 있다. ② 특별회계는 ⓐ 일반회계에서 전입된 금액, ⓑ 정부의 보조금, ⓒ 도시개발채권의 발행으로 조성된 자금, ⓓ 수익금 및 집행 잔액, ⓔ 부과 · 징수된 과태료, ⓕ 시 · 도에 귀속되는 과밀부담금 중 해당 시 · 도의 조례로 정하는 비율의 금액, ⓖ 지방자치단체에 귀속되는 개발부담금 중 해당 지방자치단체의 조례로 정하는 비율의 금액, ⓗ 국토계획법 제65조제8항에 따른 수익금, ⓘ 지방세법에 따라 부과 · 징수되는 재산세의 징수액 중 재산세 징수액 중 도시 · 주거환경정비기금, 도시재생특별회계, 재정비촉진특별회계 및 주차장특별회계로 전입되는 금액을 제외한 나머지 금액, ⓙ 차입금, ⓚ 해당 특별회계자금의 융자회수금 · 이자수입금 및 그 밖의 수익금으로 조성된다. ③ 국가나 지방자치단체등이 도시개발사업을 환지 방식으로 시행하는 경우에는 회계의 구분을

위하여 사업별로 특별회계를 설치하여야 한다.

2. 특별회계의 운용

① 특별회계의 사용 용도 : ㉠ 도시개발사업의 시행자에 대한 공사비의 보조 및 융자, ㉡ 도시·군계획시설사업에 관한 보조 및 융자, ㉢ 지방자치단체가 시행하는 도시·군계획시설사업에 드는 비용(도시·군계획시설을 설치·정비 또는 개량하는 사업), ㉣ 도시개발채권의 원리금 상환, ㉤ 도시개발구역의 지정, 계획수립 및 제도발전을 위한 조사·연구비, ㉥ 차입금의 원리금 상환, ㉦ 특별회계의 조성·운용 및 관리를 위한 경비, ㉧ 그 밖에 지방자치단체의 장이 시행하는 도시개발사업의 사업비. ② 장관은 필요한 경우에는 지방자치단체의 장에게 특별회계의 운용 상황을 보고하게 할 수 있다. ③ 특별회계의 설치·운용 및 관리에 필요한 사항은 대통령령으로 정하는 기준[51]에 따라 해당 조례로 정한다.

Ⅳ. 도시개발채권

1. 도시개발채권의 발행

① 지방자치단체의 장은 도시개발사업 또는 도시·군계획시설사업에 필요한 자금을 조달하기 위하여 도시개발채권을 발행할 수 있다. ② 도시개발채권의 소멸시효는 상환일부터 기산하여 원금은 5년, 이자는 2년으로 한다. ③ 도시개발채권의 이율, 발행 방법, 발행 절차, 상환, 발행 사무 취급, 그 밖에 필요한 사항은 대통령령으로 정한다.[52]

---

51) **(도시개발특별회계의 운용 및 관리)** ① 도시개발특별회계에서 보조할 수 있는 범위는 ㉠ 지방자치단체의 장이 시행하는 ⓐ 도시개발사업의 공사비, ⓑ 도시·군계획시설사업의 공사비 및 사유대지의 보상비, ㉡ ㉠외의 자가 시행하는 ⓐ 도시개발사업 중 도시·군계획시설의 설치에 필요한 공사비의 2분의 1 이하, ⓑ 도시·군계획시설사업의 공사비의 2분의 1 이하의 사업비, ㉢ 도시개발구역의 지정, 계획수립 및 제도발전을 위한 조사·연구비, ㉣ 특별회계의 조성·운용 및 관리를 위한 경비와 같다. ② 도시개발특별회계에서 융자할 수 있는 범위는 ㉠ 지방자치단체의 장이 시행하는 도시·군계획시설사업의 공사비의 2분의 1 이하, ㉡ ㉠외의 자가 시행하는 ⓐ 도시개발사업 중 도시·군계획시설의 설치에 필요한 공사비, ⓑ 도시·군계획시설사업의 공사비의 3분의 1 이하이다.

52) **(도시개발채권의 발행절차 및 방법)** ① 도시개발채권은 시·도의 조례로 정하는 바에 따라 시·도지사가 이를 발행한다. ② 시·도지사는 도시개발채권의 발행하려는 경우에는 ㉠ 채권의 발행총액, ㉡ 채권의 발행방법, ㉢ 채권의 발행조건, ㉣ 상환방법 및 절차, ㉤ 그 밖에 채권의 발행에 필요한 사항에 대하여 행정안전부장관의 승인을 받아야 한다. ③ 시·도지사는 ②에 따라 승인을 받은 후 도시개발채권을 발행하려는 경우에는 ㉠ 채권의 발행총액, ㉡ 채권의 발행기간, ㉢ 채권의 이율, ㉣ 원금상환의 방법 및 시기, ㉤ 이자지급의 방법 및 시기의 사항을 공고하여야 한다. (도시개발채권의 발행

2. 도시개발채권의 매입

① ㉠ 수용 또는 사용방식으로 시행하는 도시개발사업의 경우 공공기관에 해당하는 자와 공사의 도급계약을 체결하는 자, ㉡ ㉠에 해당하는 시행자 외에 도시개발사업을 시행하는 자, ㉢ 국토계획법에 따른 허가를 받은 자 중 토지의 형질변경허가를 받은 자에 해당하는 자(매입의무자)는 도시개발채권을 매입하여야 한다.[53] ② ①을 적용할 때에는 다른 법률에 따라 실시계획 인가 또는 개발행위허가가 의제되는 협의를 거친 자를 포함한다.

제4절 보 칙

Ⅰ. 타인 토지의 출입 및 손실보상

1. 타인 토지의 출입

① 도시개발사업자는 도시개발구역의 지정, 도시개발사업에 관한 조사 · 측량 또는 사업의 시행을 위하여 필요하면 타인이 점유하는 토지에 출입하거나 타인의 토지를 재료를 쌓아두는 장소 또는 임시도로로 일시 사용할 수 있으며, 특히 필요하면 장애물등을 변경하거나 제거할 수 있다. ② 타인의 토지에 출입하려는 자는 특별자치도지사 · 시장 · 군수 또는 구청장의 허가를 받아야 하며(행정청이 아닌 도시개발사업의 시행자만 해당), 출입하려는 날의 3일 전에 그 토지의 소유자 · 점유자 또는 관리인에게 그 일시와 장소를 알

및 상환 등) ① 도시개발채권은 등록기관에 등록하여 발행하거나 무기명으로 발행할 수 있으며, 발행방법에 필요한 세부적인 사항은 시 · 도의 조례로 정한다. ② 도시개발채권의 이율은 채권의 발행 당시의 국채 · 공채 등의 금리와 특별회계의 상황 등을 고려하여 해당 시 · 도의 조례로 정한다. ③ 도시개발채권의 상환은 5년부터 10년까지의 범위에서 지방자치단체의 조례로 정한다. ④ 도시개발채권의 매출 및 상환업무의 사무취급기관은 해당 시 · 도지사가 지정하는 은행 또는 한국예탁결제원으로 한다.

53) **(매입필증의 재발행)** ① 도시개발채권 매입필증은 멸실 또는 도난 등의 사유로 분실한 경우라도 재발행하지 아니한다. 다만, 매입필증이 도시개발채권의 매입목적에 사용되지 아니하였음을 해당 도시개발채권을 발행한 자가 확인한 경우에는 이를 재발행할 수 있다. ② 매입자가 매입필증을 재발행받으려는 경우에는 도시개발채권 매입필증 재발행신청서에 매입자로부터 매입필증을 제출받는 자(도시개발채권의 매입의무자와 도급계약을 체결하는 자, 매입의무자에게 도시개발사업의 실시계획을 인가하는 자 및 토지의 형질변경을 허가하는 자)가 발급한 도시개발채권 매입필증 미사용증명서를 첨부하여 도시개발채권 사무취급기관에 제출하여야 한다.

려야 한다. ③ 타인의 토지에 재료를 쌓아두는 장소 또는 임시도로로 일시 사용하거나 장애물등을 변경하거나 제거하려는 자는 미리 그 토지의 소유자 · 점유자 또는 관리인의 동의를 받아야 한다.[54)]

2. 손실보상

① 사업시행자가 장애물등의 이전과 제거나 타인 토지의 출입에 따른 행위로 손실을 입은 자가 있으면 시행자가 그 손실을 보상하여야 한다. ② 손실보상에 관하여는 그 손실을 보상할 자와 손실을 입은 자가 협의하여야 한다. ③ 손실을 보상할 자나 손실을 입은 자는 협의가 성립되지 아니하거나 협의를 할 수 없으면 관할 토지수용위원회에 재결을 신청할 수 있다. ④ 관할 토지수용위원회의 재결 및 보상의 기준에 관하여는 토지보상법을 준용한다.

Ⅱ. 공공시설의 귀속 등

① 국가 등 공공기관인 시행자가 새로 공공시설을 설치하거나 기존의 공공시설에 대체되는 공공시설을 설치한 경우에는 종전의 공공시설은 시행자에게 무상으로 귀속되고, 새로 설치된 공공시설은 그 시설을 관리할 관리청에 무상으로 귀속된다. ② 도시개발민간사업자등의 시행자가 새로 설치한 공공시설은 그 관리청에 무상으로 귀속되며, 도시개발사업의 시행으로 용도가 폐지되는 행정청의 공공시설은 새로 설치한 공공시설의 설치비용에 상당하는 범위에서 시행자에게 무상으로 귀속시킬 수 있다.

---

54) ① 토지나 장애물등의 소유자 · 점유자 또는 관리인이 현장에 없거나 주소 또는 거소(居所)를 알 수 없어 그 동의를 받을 수 없으면 관할 특별자치도지사 · 시장 · 군수 또는 구청장에게 알려야 한다. 다만, 행정청이 아닌 도시개발사업의 시행자는 관할 특별자치도지사 · 시장 · 군수 또는 구청장의 허가를 받아야 한다. ② 토지를 일시 사용하거나 장애물등을 변경하거나 제거하려는 자는 토지를 사용하려는 날이나 장애물등을 변경하거나 제거하려는 날의 3일 전까지 해당 토지나 장애물등의 소유자 · 점유자 또는 관리인에게 토지의 일시 사용이나 장애물등의 변경 또는 제거에 관한 사항을 알려야 한다. ③ 일출 전이나 일몰 후에는 해당 토지의 점유자의 승낙 없이 택지 또는 담장과 울타리로 둘러싸인 타인의 토지에 출입할 수 없다.

Ⅲ. 공공시설의 관리 및 처분 등

1. 공공시설의 관리

도시개발사업으로 도시개발구역에 설치된 공공시설은 준공 후 해당 공공시설의 관리청에 귀속될 때까지 이 법이나 다른 법률에 특별한 규정이 있는 경우 외에는 특별자치도지사 · 시장 · 군수 또는 구청장이 관리한다.

2. 국공유지의 처분 제한 등

① 도시개발구역에 있는 국가나 지방자치단체 소유의 토지로서 도시개발사업에 필요한 토지는 해당 개발계획으로 정하여진 목적 외의 목적으로 처분할 수 없다. ② 도시개발구역에 있는 국가나 지방자치단체 소유의 재산으로서 도시개발사업에 필요한 재산은 시행자에게 수의계약의 방법으로 처분할 수 있다. 이 경우 그 재산의 용도폐지(행정재산인 경우만 해당)나 처분에 관하여는 지정권자가 미리 관계 행정기관의 장과 협의하여야 한다. ③ 관계 행정기관의 장은 ② 후단에 따른 협의요청을 받으면 그 요청을 받은 날부터 30일 이내에 협의에 필요한 조치를 하여야 한다.

3. 국공유지 등의 임대

① 과밀억제권역에서 수도권 외의 지역으로 이전하는 법인에 해당하는 시행자의 경우 기획재정부장관, 국유재산의 관리청 또는 지방자치단체의 장은 도시개발구역에 있는 국가나 지방자치단체의 소유인 토지 · 공장, 그 밖의 국공유지를 수의계약으로 사용 · 수익 또는 대부(임대)할 수 있다. ② 국가나 지방자치단체가 소유하는 토지등을 임대하는 경우의 임대 기간은 20년의 범위 이내로 할 수 있다. ③ 국가나 지방자치단체가 소유하는 토지를 임대하는 경우에는 그 토지 위에 공장이나 그 밖의 영구시설물을 축조하게 할 수 있다. 이 경우 그 시설물의 종류 등을 고려하여 임대 기간이 끝나는 때에 이를 국가나 지방자치단체에 기부하거나 원상으로 회복하여 반환하는 것을 조건으로 토지를 임대할 수 있다. ④ ㉠ 국가 소유인 토지 · 공장등의 임대료는 해당 토지 · 공장등의 가액에 1천분의 50 이상의 요율을 곱하여 산출한 금액으로 할 것, ㉡ 지방자치단체 소유인 토지 · 공장등

의 임대료는 해당 토지·공장등의 가액에 1천분의 10 이상의 요율을 곱하여 산출한 금액으로 할 것에 따른다. ⑤ 임대 기간은 갱신할 수 있다. 이 경우 갱신 기간은 갱신할 때마다 ②에 따른 기간을 초과할 수 없다.

4. 수익금 등의 사용 제한 등

① 공공기관인 시행자에게 귀속되는 토지로서 용도가 폐지된 토지를 처분하여 생긴 수익금은 해당 개발계획으로 정하여진 목적 외의 목적으로 사용할 수 없다. ② 시행자는 체비지의 매각 대금과 청산금의 징수금, 부담금과 보조금 등을 해당 도시개발사업의 목적이 아닌 다른 목적으로 사용할 수 없다. ③ 수익금 등을 도시개발사업의 목적으로 사용한 후 집행 잔액이 있으면 그 집행 잔액과, 지방자치단체가 수용 또는 사용 방식으로 도시개발사업을 시행하여 발생한 수익금은 해당 지방자치단체에 설치된 특별회계에 귀속된다.

5. 조세와 부담금 등의 감면 등

국가나 지방자치단체는 도시개발사업을 원활히 시행하기 위하여 지방세, 농지보전부담금, 대체산림자원조성비 등을 감면할 수 있다.

Ⅳ. 결합개발 등에 관한 적용 기준 완화의 특례

① 지정권자는 ㉠ 서로 떨어진 둘 이상의 지역을 결합하여 하나의 도시개발사업으로 시행하는 경우로서 지역의 면적이 도시개발구역 면적의 100분의 30 이상인 사업, ㉡ 개발계획을 수립할 때에 적용을 받으려는 시행자는 지정권자에게 특례의 적용을 신청하여야 하고, 지정권자는 그 저탄소 녹색도시계획을 평가에 따라 저탄소 녹색도시계획을 같이 수립하여 시행하는 경우, ㉢ 임대주택 건설용지나 임대주택의 공급 기준을 초과하여 공급하거나 영세한 세입자, 토지 소유자 등 사회적 약자를 위하여 ⓐ 임대주택 건설용지 또는 임대주택의 공급계획에서 100분의 50(임대주택을 300세대 이상 공급하는 경우로 한정)을 초과하여 임대주택 건설용지 또는 임대주택을 공급하는 경우, ⓑ 도시개발구역 면적의 100분의 5(1만제곱미터 이상) 이상을 도시개발사업으로 발생하는 이주민의 이주단지로 조성하여 공급하는 경우에 따라 사업계획을 수립하는 경우, ㉣ 환지 방식으로 시행되는 지역에서 영세한 토지 소유자 등의 원활한 재정착을 위하여 환지 계획을 수립하여 시행

하는 경우, ⓜ 공공주택 건설을 위한 용지 등을 감정가격 이하로 공급하는 경우, ⓑ 역세권 등 대중교통 이용이 용이한 지역(주거지역, 상업지역, 공업지역의 면적이 도시개발구역 전체면적의 100분의 70 이상인 경우에 한정)에 도시개발구역을 지정하는 경우로서 도심 내 소형주택의 공급 확대, 토지의 고도이용과 건축물의 복합개발을 촉진할 필요가 있는 경우, ⓢ 그 밖에 주거 등 생활환경의 개선과 낙후지역의 도시기능 회복 등을 위하여 민간기업의 투자유치가 필요한 사업을 시행하는 경우에는 도시개발구역의 지정 대상 및 규모, 개발계획의 내용, 시행자를 지정하는 요건 및 도시개발채권의 매입에 관한 기준을 일부 완화하여 적용할 수 있다. ② 지정권자는 ①에 해당하는 사항이 포함된 사업을 효율적으로 시행하기 위하여 필요한 경우에는 해당 법률의 규정에도 불구하고 완화된 기준을 정하여 시행할 수 있다. 이 경우 지정권자가 시·도지사나 대도시 시장인 경우에는 ㉠ 건축물의 건축, 건폐율 및 용적률의 제한, ㉡ 건축 심의, 대지의 조경, 건축물의 높이 등 건축 제한, ㉢ 도시공원 또는 녹지 확보 기준, ㉣ 주차장설비기준 및 부설주차장의 설치기준, ㉤ 주택 건설 및 공급 기준과 국민주택채권의 매입에서 해당 지방자치단체의 조례로 완화된 기준을 정하여 시행할 수 있다.[55]

V. 청문 및 행정심판

① 지정권자나 특별자치도지사·시장(대도시 시장을 제외)·군수 또는 구청장은 이 법에 따른 허가·지정·인가 또는 승인을 취소하려면 청문을 하여야 한다. ② 이 법에 따라 시행자가 행한 처분에 불복하는 자는 행정심판법에 따라 행정심판을 제기할 수 있다. 다만, 행정청이 아닌 시행자가 한 처분에 관하여는 다른 법률에 특별한 규정이 있는 경우 외에는 지정권자에게 행정심판을 제기하여야 한다.

---

55) **(특례 범위)** 특례적용의 범위 : ㉠ 건폐율: 국토계획법 시행령 제84조에서 정한 상한, ㉡ 용적률: 해당 지방자치단체의 조례에서 정한 용적률의 100분의 110, ㉢ 건축 심의: 건축법 시행령 제5조제4항제3호, 제5호 및 제6호에 해당하는 심의는 도시계획위원회와 공동, ㉣ 대지의 조경: 옥상조경면적의 전부를 조경면적으로 산정한 기준, ㉤ 건축물의 높이: 지구단위계획으로 일단의 가로구역에 대하여 높이를 지정한 경우에는 가로구역별 높이를 지정·공고한 것으로 본다. ㉥ 도시공원 또는 녹지의 확보: 국토교통부령으로 정하는 개발계획 규모별로 개발계획에 포함하여야 하는 도시공원 또는 녹지 면적, ㉦ 부설주차장 설치기준: 설치기준의 100분의 50에 해당하는 기준, ㉧ 주택건설기준: 주택과 주택 외의 시설을 복합하여 건축하는 경우에는 복합건축물 적용의 특례를 준용하여 국토교통부령으로 정하는 기준.

제 5 장
도시정비법

제1절 서 설

Ⅰ. 정 의

㉮ 정비구역 : 정비사업을 계획적으로 시행하기 위하여 지정 · 고시된 구역을 말한다. ㉯ 대지 : 정비사업으로 조성된 토지를 말한다. ㉰ 사업시행자 : 정비사업을 시행하는 자를 말한다. ㉱ 토지주택공사등 : LH 또는 주택사업을 수행하기 위하여 설립된 지방공사를 말한다. ㉲ 정관등 : ㉠ 조합의 정관, ㉡ 사업시행자인 토지등소유자가 자치적으로 정한 규약, ㉢ 특별자치시장, 특별자치도지사, 시장, 군수, 자치구의 구청장(시장 · 군수등), 토지주택공사등 또는 신탁업자가 작성한 시행규정을 말한다.

1. 정비사업

도시기능을 회복하기 위하여 정비구역에서 정비기반시설을 정비하거나 주택 등 건축물을 개량 또는 건설하는 ① 주거환경개선사업: 도시저소득 주민이 집단거주하는 지역으로서 정비기반시설이 극히 열악하고 노후 · 불량건축물[1])이 과도하게 밀집한 지역의 주거환

1) **(노후 · 불량건축물)** ㉠ 건축물이 훼손되거나 일부가 멸실되어 붕괴, 그 밖의 안전사고의 우려가 있는 건축물, ㉡ 내진성능이 확보되지 아니한 건축물 중 중대한 기능적 결함 또는 부실 설계 · 시공으로 구조적 결함 등이 있는 건축물로서 건축물을 건축하거나 대수선할 당시 건축법령에 따른 지진에 대한 안전 여부 확인 대상이 아닌 건축물로서 ⓐ 급수 · 배수 · 오수 설비 등의 설비 또는 지붕 · 외벽 등 마감의 노후화나 손상으로 그 기능을 유지하기 곤란할 것으로 우려되는 건축물, ⓑ 안전진단기관이

경을 개선하거나 단독주택 및 다세대주택이 밀집한 지역에서 정비기반시설과 공동이용시설 확충을 통하여 주거환경을 보전 · 정비 · 개량하기 위한 사업, ② 재개발사업: 정비기반시설이 열악하고 노후 · 불량건축물이 밀집한 지역에서 주거환경을 개선하거나 상업지역 · 공업지역 등에서 도시기능의 회복 및 상권활성화 등을 위하여 도시환경을 개선하기 위한 사업, ③ 재건축사업: 정비기반시설은 양호하나 노후 · 불량건축물에 해당하는 공동주택이 밀집한 지역에서 주거환경을 개선하기 위한 사업을 말한다.

2. 정비기반시설

도로 · 상하수도 · 공원 · 공용주차장 · 공동구, 그 밖에 주민의 생활에 필요한 열 · 가스 등의 공급시설로서 녹지, 하천, 공공공지, 광장, 소방용수시설, 비상대피시설, 가스공급시설, 지역난방시설, 주거환경개선사업을 위하여 지정 · 고시된 정비구역에 설치하는 공동이용시설로서 사업시행계획서에 해당 특별자치시장 · 특별자치도지사 · 시장 · 군수 또는 자치구의 구청장(시장 · 군수등)이 관리하는 것으로 포함된 시설을 말한다.

3. 공동이용시설

주민이 공동으로 사용하는 놀이터 · 마을회관 · 공동작업장, 그 밖에 ㉠ 공동으로 사용하는 구판장 · 세탁장 · 화장실 및 수도, ㉡ 탁아소 · 어린이집 · 경로당 등 노유자시설, ㉢ 그 밖에 ㉠ 및 ㉡의 시설과 유사한 용도의 시설로서 시 · 도조례로 정하는 시설을 말한다.

4. 주택단지

주택 및 부대시설 · 복리시설을 건설하거나 대지로 조성되는 일단의 토지로서 ㉠ 사업

실시한 안전진단 결과 건축물의 내구성 · 내하력(耐荷力) 등이 장관이 정하여 고시하는 기준에 미치지 못할 것으로 예상되어 구조 안전의 확보가 곤란할 것으로 우려되는 건축물에 해당하는 건축물, ㉢ ⓐ 주변 토지의 이용 상황 등에 비추어 주거환경이 불량한 곳에 위치할 것과 ⓑ 건축물을 철거하고 새로운 건축물을 건설하는 경우 건설에 드는 비용과 비교하여 효용의 현저한 증가가 예상될 것의 요건을 모두 충족하는 건축물로서 시 · 도 또는 서울특별시 · 광역시 및 특별자치시를 제외한 인구 50만 이상 대도시의 조례(시 · 도조례)로 정하는 건축물(Ⓐ 지방자치단체의 조례로 정하는 면적에 미치지 못하거나 도시 · 군계획시설 등의 설치로 인하여 효용을 다할 수 없게 된 대지에 있는 건축물, Ⓑ 공장의 매연 · 소음 등으로 인하여 위해를 초래할 우려가 있는 지역에 있는 건축물, Ⓒ 해당 건축물을 준공일 기준으로 40년까지 사용하기 위하여 보수 · 보강하는 데 드는 비용이 철거 후 새로운 건축물을 건설하는 데 드는 비용보다 클 것으로 예상되는 건축물), ㉣ 도시미관을 저해하거나 노후화된 건축물로서 시 · 도조례로 정하는 건축물(ⓐ 준공된 후 20년 이상 30년 이하의 범위에서 시 · 도조례로 정하는 기간이 지난 건축물, ⓑ 도시 · 군기본계획의 경관에 관한 사항에 어긋나는 건축물)

계획승인을 받아 주택 및 부대시설 · 복리시설을 건설한 일단의 토지, ㉡ ㉠에 따른 일단의 토지 중 도시 · 군계획시설인 도로나 그 밖에 이와 유사한 시설로 분리되어 따로 관리되고 있는 각각의 토지, ㉢ ㉠에 따른 일단의 토지 둘 이상이 공동으로 관리되고 있는 경우 그 전체 토지, ㉣ 분할된 토지 또는 분할되어 나가는 토지, ㉤ 건축허가를 받아 아파트 또는 연립주택을 건설한 일단의 토지를 말한다.

5. 토지등소유자

㉠ 주거환경개선사업 및 재개발사업의 경우에는 정비구역에 위치한 토지 또는 건축물의 소유자 또는 그 지상권자, ㉡ 재건축사업의 경우에는 정비구역에 위치한 건축물 및 그 부속토지의 소유자에 해당하는 자를 말한다. 다만, 신탁업자가 사업시행자로 지정된 경우 토지등소유자가 정비사업을 목적으로 신탁업자에게 신탁한 토지 또는 건축물에 대하여는 위탁자를 토지등소유자로 본다.

Ⅱ. 도시 · 주거환경정비 기본방침

장관은 도시 및 주거환경을 개선하기 위하여 10년마다 [㉠ 도시 및 주거환경 정비를 위한 국가 정책 방향, ㉡ 도시 · 주거환경정비기본계획의 수립 방향, ㉢ 노후 · 불량 주거지 조사 및 개선계획의 수립, ㉣ 도시 및 주거환경 개선에 필요한 재정지원계획, ㉤ 그 밖에 도시 및 주거환경 개선을 위하여 필요한 사항으로서 대통령령으로 정하는 사항]을 포함한 기본방침을 정하고, 5년마다 타당성을 검토하여 그 결과를 기본방침에 반영하여야 한다.

제 2 절 기본계획의 수립 및 정비구역의 지정

Ⅰ. 도시·주거환경정비기본계획

1. 도시·주거환경정비기본계획의 수립

① 특별시장·광역시장·특별자치시장·특별자치도지사(특광시도지사) 또는 시장은 관할 구역에 대하여 도시·주거환경정비기본계획(기본계획)을 10년 단위로 수립하여야 한다. 다만, 도지사가 대도시가 아닌 시로서 기본계획을 수립할 필요가 없다고 인정하는 시에 대하여는 기본계획을 수립하지 아니할 수 있다. ② 특광시도지사 또는 시장(기본계획의 수립권자)은 기본계획에 대하여 5년마다 타당성 여부를 검토하여 그 결과를 기본계획에 반영하여야 한다.

2. 기본계획의 내용

① 기본계획에는 [㉠ 정비사업의 기본방향, ㉡ 정비사업의 계획기간, ㉢ 인구·건축물·토지이용·정비기반시설·지형 및 환경 등의 현황, ㉣ 주거지 관리계획, ㉤ 토지이용계획·정비기반시설계획·공동이용시설설치계획 및 교통계획, ㉥ 녹지·조경·에너지공급·폐기물처리 등에 관한 환경계획, ㉦ 사회복지시설 및 주민문화시설 등의 설치계획, ㉧ 도시의 광역적 재정비를 위한 기본방향, ㉨ 정비구역으로 지정할 예정인 구역(정비예정구역)의 개략적 범위, ㉩ 단계별 정비사업 추진계획(정비예정구역별 정비계획의 수립시기가 포함되어야 한다), ㉪ 건폐율·용적률 등에 관한 건축물의 밀도계획, ㉫ 세입자에 대한 주거안정대책, ㉬ 그 밖에 주거환경 등을 개선하기 위하여 필요한 사항으로서 ⓐ 도시관리·주택·교통정책 등 도시·군계획과 연계된 도시·주거환경정비의 기본방향, ⓑ 도시·주거환경정비의 목표, ⓒ 도심기능의 활성화 및 도심공동화 방지 방안, ⓓ 역사적 유물 및 전통건축물의 보존계획, ⓔ 정비사업의 유형별 공공 및 민간부문의 역할, ⓕ 정비사업의 시행을 위하여 필요한 재원조달에 관한 사항]이 포함되어야 한다. ② 기본계획의 수립권자는 기본계획에 ㉠ 생활권의 설정, 생활권별 기반시설 설치계획 및 주택수급계획, ㉡

생활권별 주거지의 정비 · 보전 · 관리의 방향을 포함하는 경우에는 ①의 ㉧ 및 ㉨의 사항을 생략할 수 있다.

3. 기본계획 수립을 위한 주민의견청취 등

① 기본계획의 수립권자는 기본계획을 수립하거나 변경하려는 경우에는 14일 이상 주민에게 공람하여 의견을 들어야 하며(주민은 기간내 서면으로 의견제출 가능), 제시된 의견이 타당하다고 인정되면 이를 기본계획에 반영하여야 한다. ② 기본계획의 수립권자는 공람과 함께 지방의회의 의견을 들어야 한다. 이 경우 지방의회는 기본계획의 수립권자가 기본계획을 통지한 날부터 60일 이내에 의견을 제시하여야 하며, 의견제시 없이 60일이 지난 경우 이의가 없는 것으로 본다. ③ 경미한 사항(㉠ 정비기반시설(주거환경개선사업구역에 공동이용시설로서 특별자치시장 · 특별자치도지사 · 시장 · 군수 또는 자치구의 구청장이 관리하는 것으로 포함된 시설은 제외)의 규모를 확대하거나 그 면적을 10퍼센트 미만의 범위에서 축소하는 경우, ㉡ 정비사업의 계획기간을 단축하는 경우, ㉢ 공동이용시설에 대한 설치계획을 변경하는 경우, ㉣ 사회복지시설 및 주민문화시설 등에 대한 설치계획을 변경하는 경우, ㉤ 구체적으로 면적이 명시된 정비예정구역의 면적을 20퍼센트 미만의 범위에서 변경하는 경우, ㉥ 단계별 정비사업 추진계획을 변경하는 경우, ㉦ 건폐율 및 용적률을 각 20퍼센트 미만의 범위에서 변경하는 경우, ㉧ 정비사업의 시행을 위하여 필요한 재원조달에 관한 사항을 변경하는 경우, ㉨ 도시 · 군기본계획의 변경에 따라 기본계획을 변경하는 경우)을 변경하는 경우에는 주민공람과 지방의회의 의견청취 절차를 거치지 아니할 수 있다.

4. 기본계획의 확정 · 고시 등

① 기본계획의 수립권자(대도시의 시장이 아닌 시장은 제외)는 기본계획을 수립하거나 변경하려면 관계 행정기관의 장과 협의한 후 지방도시계획위원회의 심의를 거쳐야 한다. 다만, 경미한 사항(주민공람과 지방의회의견청취 제외사유와 동일)을 변경하는 경우에는 관계 행정기관의 장과의 협의 및 지방도시계획위원회의 심의를 거치지 아니한다. ② 대도시의 시장이 아닌 시장은 기본계획을 수립하거나 변경하려면 도지사의 승인을 받아야 하며, 도지사가 이를 승인하려면 관계 행정기관의 장과 협의한 후 지방도시계획위원회의 심의를 거쳐야 한다. 다만, ①의 단서에 해당하는 변경의 경우에는 도지사의 승인을 받지

아니할 수 있다.

Ⅱ. 정비구역의 지정 및 내용 등

1. 정비구역의 지정

① 특광시도지사, 시장 또는 군수(광역시의 군수는 제외, 정비구역의 지정권자)는 기본계획에 적합한 범위에서 노후·불량건축물이 밀집하는 등 대통령령으로 정하는 요건에 해당하는 구역에 대하여 정비계획을 결정하여 정비구역을 지정(변경지정을 포함)할 수 있다.[2] ② 정비사업을 시행하려는 경우에는 기본계획을 수립하거나 변경하지 아니하고 정비구역을 지정할 수 있다. ③ 정비구역의 지정권자는 정비구역의 진입로 설치를 위하여 필요한 경우에는 진입로 지역과 그 인접지역을 포함하여 정비구역을 지정할 수 있다. ④ 정비구역의 지정권자는 정비구역 지정을 위하여 직접 정비계획을 입안할 수 있다. ⑤ 자치구의 구청장 또는 광역시의 군수(구청장등)는 정비계획을 입안하여 특별시장·광역시장에게 정비구역 지정을 신청하여야 한다. 이 경우 지방의회의 의견을 첨부하여야 한다.

2. 정비계획의 내용

① 정비계획에 포함되어야 할 사항 : ㉠ 정비사업의 명칭, ㉡ 정비구역 및 그 면적, ㉢ 도시·군계획시설의 설치에 관한 계획, ㉣ 공동이용시설 설치계획, ㉤ 건축물의 주용도·건폐율·용적률·높이에 관한 계획, ㉥ 환경보전 및 재난방지에 관한 계획, ㉦ 정비구역 주변의 교육환경 보호에 관한 계획, ㉧ 세입자 주거대책, ㉨ 정비사업시행 예정시기, ㉩ 정비사업을 통하여 공공지원민간임대주택을 공급하거나 주택임대관리업자에게 임대할 목적으로 주택을 위탁하려는 경우에는 Ⓐ 공공지원민간임대주택 또는 임대관리 위탁주택에 관한 획지별 토지이용 계획, Ⓑ 주거·상업·업무 등의 기능을 결합하는 등 복합적인

2) **(정비계획의 입안대상지역)** ① 특광시도지사, 시장·군수 또는 자치구의 구청장은 도시정비법시행령 별표 1의 요건에 해당하는 지역에 대하여 정비계획을 입안할 수 있다. ② 특광시도지사, 시장·군수 또는 자치구의 구청장은 ① 에 따라 정비계획을 입안하는 경우에는 [㉠ 주민 또는 산업의 현황, ㉡ 토지 및 건축물의 이용과 소유현황, ㉢ 도시·군계획시설 및 정비기반시설의 설치현황, ㉣ 정비구역 및 주변지역의 교통상황, ㉤ 토지 및 건축물의 가격과 임대차 현황, ㉥ 정비사업의 시행계획 및 시행방법 등에 대한 주민의 의견, ㉦ 그 밖에 시·도조례로 정하는 사항]을 조사하여 도시정비법시행령 별표 1의 요건에 적합한지 여부를 확인하여야 하며, 정비계획의 입안 내용을 변경하려는 경우에는 변경내용에 해당하는 사항을 조사·확인하여야 한다.

토지이용을 증진시키기 위하여 필요한 건축물의 용도에 관한 계획, Ⓒ 주거지역을 세분 또는 변경하는 계획과 용적률에 관한 사항, Ⓓ 그 밖에 공공지원민간임대주택 또는 임대관리 위탁주택의 원활한 공급 등을 위하여 ⓐ 건설하는 주택 전체 세대수에서 공공지원민간임대주택 또는 임대관리 위탁주택이 차지하는 비율, ⓑ 공공지원민간임대주택 및 임대관리 위탁주택의 건축물 배치 계획, ⓒ 주변지역의 여건 등을 고려한 입주예상 가구 특성 및 임대사업 운영방향(ⓑ와 ⓒ의 사항은 정비계획에 필요한 경우로 한정). 다만, Ⓑ와 Ⓒ의 사항은 건설하는 주택 전체 세대수에서 공공지원민간임대주택 또는 임대할 목적으로 주택임대관리업자에게 위탁하려는 주택(임대관리 위탁주택)이 차지하는 비율이 100분의 20 이상, 임대기간이 10년 이상의 범위 등에서 건설하는 주택 전체 세대수에서 공공지원민간임대주택, 주택임대관리업자에게 관리를 위탁하려는 주택(임대관리 위탁주택)으로서 임대기간이 10년 이상인 주택이 차지하는 비율의 합계가 100분의 20 이상인 경우)에 해당하는 경우로 한정한다. ㉪ 국토계획법에 의한 지구단위계획의 내용의 사항에 관한 계획(필요한 경우로 한정), Ⓔ 그 밖에 정비사업의 시행을 위하여 필요한 사항으로서 대통령령으로 정하는 사항.[3)]

② ①의 ㉨의 ⓒ를 포함하는 정비계획은 기본계획에서 정하는 건폐율·용적률 등에 관한 건축물의 밀도계획에도 불구하고 달리 입안할 수 있다. ③ 정비계획을 입안하는 특별자치시장, 특별자치도지사, 시장, 군수 또는 구청장등(정비계획의 입안권자)이 [㉮ 생활권의 설정, 생활권별 기반시설 설치계획 및 주택수급계획, ㉯ 생활권별 주거지의 정비·보전·관리의 방향의 사항]을 포함하여 기본계획을 수립한 지역에서 정비계획을 입안하는 경우에는 그 정비구역을 포함한 해당 생활권에 대한 세부 계획을 입안할 수 있다.

3. 임대주택 및 주택규모별 건설비율

① 정비계획의 입안권자는 주택수급의 안정과 저소득 주민의 입주기회 확대를 위하여 정비사업으로 건설하는 주택에 대하여 ㉠ 국민주택규모의 주택이 전체 세대수의 100분의 90 이하에서 대통령령으로 정하는 범위, ㉡ 임대주택(민간임대주택 및 공공임대주택)이 전체 세대수 또는 전체 연면적의 100분의 30 이하에서 대통령령으로 정하는 범위의 구분

3) ⓐ 현금납부에 관한 사항, ⓑ 정비구역을 분할, 통합 또는 결합하여 지정하려는 경우 그 계획, ⓒ 수용하여 공급하는 방법으로 시행하는 주거환경개선사업의 경우 시장·군수가 직접 시행 또는 지정 시행하는 경우 사업시행자로 예정된 자, ⓓ 정비사업의 시행방법, ⓔ 기존 건축물의 정비·개량에 관한 계획, ⓕ 정비기반시설의 설치계획, ⓖ 건축물의 건축선에 관한 계획, ⓗ 홍수 등 재해에 대한 취약요인에 관한 검토 결과, ⓘ 정비구역 및 주변지역의 주택수급에 관한 사항, ⓙ 안전 및 범죄예방에 관한 사항, ⓚ 그 밖에 정비사업의 원활한 추진을 위하여 시·도조례로 정하는 사항.

에 따른 범위에서 장관이 정하여 고시하는 임대주택 및 주택규모별 건설비율 등을 정비계획에 반영하여야 한다.[4] ② 과밀억제권역에서 ㉠ 재건축사업의 조합원에게 분양하는 주택은 기존 주택(재건축하기 전의 주택)의 주거전용면적을 축소하거나 30퍼센트의 범위에서 그 규모를 확대할 것, ㉡ 조합원 이외의 자에게 분양하는 주택은 모두 85제곱미터 이하 규모로 건설할 것의 요건을 모두 갖춘 경우에는 국민주택규모의 주택 건설 비율을 적용하지 아니한다.

4. 기본계획 및 정비계획 수립 시 용적률 완화

① 기본계획의 수립권자 또는 정비계획의 입안권자는 정비사업의 원활한 시행을 위하여 기본계획을 수립하거나 정비계획을 입안하려는 경우에는(기본계획 또는 정비계획을 변경의 경우 포함) 주거지역에 대하여는 조례로 정한 용적률에도 불구하고 용적률의 상한까지 용적률을 정할 수 있다. ② 구청장등 또는 대도시의 시장이 아닌 시장은 정비계획을 입안하거나 변경입안하려는 경우 기본계획의 변경 또는 변경승인을 특별시장·광역시장·도지사에게 요청할 수 있다.

Ⅲ. 안전진단

1. 재건축사업 정비계획 입안을 위한 안전진단

① 정비계획의 입안권자는 재건축사업 정비계획의 입안을 위하여 정비예정구역별 정비계획의 수립시기가 도래한 때에 안전진단을 실시하여야 한다. ② 정비계획의 입안권자는 ㉠ 정비계획의 입안을 제안하려는 자가 입안을 제안하기 전에 해당 정비예정구역에 위치한 건축물 및 그 부속토지의 소유자 10분의 1 이상의 동의를 받아 안전진단의 실시를 요청하는 경우, ㉡ 정비예정구역을 지정하지 아니한 지역에서 재건축사업을 하려는 자가 사

---

4) ⓐ 주거환경개선사업의 경우 국민주택규모의 주택: 건설하는 주택 전체 세대수의 100분의 90 이하, 공공임대주택: 건설하는 주택 전체 세대수의 100분의 30 이하로 하되, 주거전용면적이 40제곱미터 이하인 공공임대주택이 전체 공공임대주택 세대수의 100분의 50 이하일 것, ⓑ 재개발사업(해당 정비구역이 상업지역인 경우는 제외)의 경우 국민주택규모의 주택: 건설하는 주택 전체 세대수의 100분의 80 이하, 임대주택(민간임대주택과 공공임대주택): 건설하는 주택 전체 세대수(정비계획으로 정한 용적률을 초과하여 건축함으로써 증가된 세대수는 제외)의 100분의 15 이하[소형주택으로 공급되는 임대주택은 제외하며, 해당 임대주택 중 주거전용면적이 40제곱미터 이하인 임대주택이 전체 임대주택 세대수(소형주택으로 공급되는 임대주택은 제외)의 100분의 40 이하이어야 한다]. ⓒ 재건축사업의 경우 국민주택규모의 주택이 건설하는 주택 전체 세대수의 100분의 60 이하.

업예정구역에 있는 건축물 및 그 부속토지의 소유자 10분의 1 이상의 동의를 받아 안전진단의 실시를 요청하는 경우, ㉢ 내진성능이 확보되지 아니한 건축물 중 중대한 기능적 결함 또는 부실 설계·시공으로 구조적 결함 등이 있는 노후 불량 건축물에 해당하는 건축물의 소유자로서 재건축사업을 시행하려는 자가 해당 사업예정구역에 위치한 건축물 및 그 부속토지의 소유자 10분의 1 이상의 동의를 받아 안전진단의 실시를 요청하는 경우에는 안전진단을 실시하여야 한다.[5] 이 경우 정비계획의 입안권자는 안전진단에 드는 비용을 해당 안전진단의 실시를 요청하는 자에게 부담하게 할 수 있다. ③ 재건축사업의 안전진단은 주택단지의 건축물을 대상으로 한다.[6] ④ 정비계획의 입안권자는 현지조사 등을 통하여 해당 건축물의 구조안전성, 건축마감, 설비노후도 및 주거환경 적합성 등을

---

5) (토지등소유자의 동의자 수 산정 방법 등) ① 토지등소유자(토지면적에 관한 동의자 수를 산정하는 경우에는 토지소유자)의 동의 산정기준 : ㉠ 주거환경개선사업, 재개발사업의 경우에는 ⓐ 1필지의 토지 또는 하나의 건축물을 여럿이서 공유할 때에는 그 여럿을 대표하는 1인을 토지등소유자로 산정할 것, ⓑ 토지에 지상권이 설정되어 있는 경우 토지의 소유자와 해당 토지의 지상권자를 대표하는 1인을 토지등소유자로 산정할 것, ⓒ 1인이 다수 필지의 토지 또는 다수의 건축물을 소유하고 있는 경우에는 필지나 건축물의 수에 관계없이 토지등소유자를 1인으로 산정할 것, ⓓ 둘 이상의 토지 또는 건축물을 소유한 공유자가 동일한 경우에는 그 공유자 여럿을 대표하는 1인을 토지등소유자로 산정할 것의 기준에 의할 것. ㉡ 재건축사업의 경우에는 ⓐ 소유권 또는 구분소유권을 여럿이서 공유하는 경우에는 그 여럿을 대표하는 1인을 토지등소유자로 산정할 것, ⓑ 1인이 둘 이상의 소유권 또는 구분소유권을 소유하고 있는 경우에는 소유권 또는 구분소유권의 수에 관계없이 토지등소유자를 1인으로 산정할 것, ⓒ 둘 이상의 소유권 또는 구분소유권을 소유한 공유자가 동일한 경우에는 그 공유자 여럿을 대표하는 1인을 토지등소유자로 할 것의 기준에 따를 것. ㉢ 추진위원회의 구성 또는 조합의 설립에 동의한 자로부터 토지 또는 건축물을 취득한 자는 추진위원회의 구성 또는 조합의 설립에 동의한 것으로 볼 것, ㉣ 토지등기부등본·건물등기부등본·토지대장 및 건축물관리대장에 소유자로 등재될 당시 주민등록번호의 기록이 없고 기록된 주소가 현재 주소와 다른 경우로서 소재가 확인되지 아니한 자는 토지등소유자의 수 또는 공유자 수에서 제외할 것, ㉤ 국·공유지에 대해서는 그 재산관리청 각각을 토지등소유자로 산정할 것. ② 동의(의제된 동의 포함)의 철회 또는 반대의사 표시의 시기 기준 : ㉠ 동의의 철회 또는 반대의사의 표시는 해당 동의에 따른 인·허가 등을 신청하기 전까지 할 수 있다. ㉡ ⓐ 정비구역의 해제에 대한 동의, ⓑ 조합설립에 대한 동의(동의 후 ㉮ 건설되는 건축물의 설계와 개요, ㉯ 공사비 등 정비사업비용에 드는 비용(정비사업비), ㉰ 정비사업비의 분담기준, ㉱ 사업완료 후 소유권의 귀속에 관한 사항, ㉲ 조합 정관이 변경되지 아니한 경우로 한정)는 최초로 동의한 날부터 30일까지만 철회할 수 있다. 다만, ⓑ의 동의는 최초로 동의한 날부터 30일이 지나지 아니한 경우에도 조합설립을 위한 창립총회 후에는 철회할 수 없다. ③ 동의를 철회하거나 반대의 의사표시를 하려는 토지등소유자는 철회서에 토지등소유자가 성명을 적고 지장(指章)을 날인한 후 주민등록증 및 여권 등 신원을 확인할 수 있는 신분증명서 사본을 첨부하여 동의의 상대방 및 시장·군수등에게 내용증명의 방법으로 발송하여야 한다. 이 경우 시장·군수등이 철회서를 받은 때에는 지체 없이 동의의 상대방에게 철회서가 접수된 사실을 통지하여야 한다. ④ 동의의 철회나 반대의 의사표시는 철회서가 동의의 상대방에게 도달한 때 또는 시장·군수등이 동의의 상대방에게 철회서가 접수된 사실을 통지한 때 중 빠른 때에 효력이 발생한다.

6) **(안전진단 대상 제외)** ㉠ 정비계획의 입안권자가 천재지변 등으로 주택이 붕괴되어 신속히 재건축을 추진할 필요가 있다고 인정하는 것, ㉡ 주택의 구조안전상 사용금지가 필요하다고 정비계획의 입안권자가 인정하는 것, ㉢ 노후·불량건축물 수에 관한 기준을 충족한 경우 잔여 건축물, ㉣ 정비계획의 입안권자가 진입도로 등 기반시설 설치를 위하여 불가피하게 정비구역에 포함된 것으로 인정하는 건축물, ㉤ 시설물안전법에 따라 지정받은 안전등급이 D (미흡) 또는 E (불량)인 건축물.

심사하여 안전진단의 실시 여부를 결정하여야 하며, 안전진단의 실시가 필요하다고 결정한 경우에는 ㉠ 한국건설기술연구원, ㉡ 안전진단전문기관, ㉢ 국토안전관리원에 안전진단을 의뢰하여야 한다. ⑤ 안전진단을 의뢰받은 안전진단기관은 장관이 정하여 고시하는 기준(건축물의 내진성능 확보를 위한 비용을 포함)에 따라 안전진단을 실시하여야 하며, 안전진단 결과보고서를 작성하여 정비계획의 입안권자 및 안전진단의 실시를 요청한 자에게 제출하여야 한다. ⑥ 정비계획의 입안권자는 안전진단의 결과와 도시계획 및 지역여건 등을 종합적으로 검토하여 정비계획의 입안 여부를 결정하여야 한다.

2. 재건축사업의 안전진단대상 등

① 특별자치시장, 특별자치도지사, 시장, 군수 또는 자치구의 구청장(정비계획의 입안권자)은 안전진단의 요청이 있는 때에는 요청일부터 30일 이내에 장관이 정하는 바에 따라 안전진단의 실시여부를 결정하여 요청인에게 통보하여야 한다. 이 경우 정비계획의 입안권자는 안전진단 실시 여부를 결정하기 전에 단계별 정비사업 추진계획 등의 사유로 재건축사업의 시기를 조정할 필요가 있다고 인정하는 경우에는 안전진단의 실시 시기를 조정할 수 있다. ② 정비계획의 입안권자는 현지조사 등을 통하여 안전진단의 요청이 있는 공동주택이 노후·불량건축물에 해당하지 아니함이 명백하다고 인정하는 경우에는 안전진단의 실시가 필요하지 아니하다고 결정할 수 있다. ③ 정비계획의 입안권자는 현지조사의 전문성 확보를 위하여 한국건설기술연구원, 국토안전관리원에 현지조사를 의뢰할 수 있다. 이 경우 현지조사를 의뢰받은 기관은 의뢰를 받은 날부터 20일 이내에 조사결과를 정비계획의 입안권자에게 제출하여야 한다. ④ 재건축사업의 안전진단은 ㉠ 구조안전성 평가: 노후·불량건축물을 대상으로 구조적 또는 기능적 결함 등을 평가하는 안전진단, ㉡ 구조안전성 및 주거환경 중심 평가: ㉠외의 노후·불량건축물을 대상으로 구조적·기능적 결함 등 구조안전성과 주거생활의 편리성 및 거주의 쾌적성 등 주거환경을 종합적으로 평가하는 안전진단의 구분에 따른다. ⑤ 안전진단의 요청 절차 및 그 처리에 관하여 필요한 세부사항[7]은 시·도조례로 정할 수 있다.

---

7) **(안전진단의 요청 등)** ① 안전진단의 실시를 요청하려는 자는 안전진단 요청서(전자문서로 된 요청서를 포함)에 ㉠ 사업지역 및 주변지역의 여건 등에 관한 현황도, ㉡ 결함부위의 현황사진의 서류(전자문서를 포함)를 첨부하여 특별자치시장·특별자치도지사·시장·군수 또는 자치구의 구청장(시장·군수등)에게 제출하여야 한다. ② 안전진단기관이 작성하는 안전진단 결과보고서에 포함되어야 할 사항 : ㉠ 구조안전성 평가 결과보고서(ⓐ 구조안전성에 관한 사항(기울기·침하·변형에 관한 사항, 콘크리트 강도·처짐 등 내하력에 관한 사항, 균열·부식 등 내구성에 관한 사항), ⓑ 종합평가의견), ㉡ 구조안전성 및 주거환경 중심 평가 결과보고서(ⓐ 주거환경에 관한 사항(도시미관·재해위험도, 일조

3. 안전진단 결과의 적정성 검토

① 정비계획의 입안권자(특별자치시장 및 특별자치도지사는 제외)는 정비계획의 입안 여부를 결정한 경우에는 지체 없이 특별시장 · 광역시장 · 도지사에게 결정내용과 해당 안전진단 결과보고서를 제출하여야 한다. ② 특별시장 · 광역시장 · 특별자치시장 · 도지사 · 특별자치도지사(시 · 도지사)는 필요한 경우 국토안전관리원 또는 한국건설기술연구원에 안전진단 결과의 적정성 여부에 대한 검토를 의뢰할 수 있다. ③ 장관은 시 · 도지사에게 안전진단 결과보고서의 제출을 요청할 수 있으며, 필요한 경우 시 · 도지사에게 안전진단 결과의 적정성 여부에 대한 검토를 요청할 수 있다. ④ 시 · 도지사는 검토결과에 따라 정비계획의 입안권자에게 정비계획 입안결정의 취소 등 필요한 조치를 요청할 수 있으며, 정비계획의 입안권자는 특별한 사유가 없으면 그 요청에 따라야 한다. 다만, 특별자치시장 및 특별자치도지사는 직접 정비계획의 입안결정의 취소 등 필요한 조치를 할 수 있다. ⑤ ①부터 ④까지의 규정에 따른 안전진단 결과의 평가 등에 필요한 사항은 대통령령으로 정한다.[8)]

Ⅳ. 정비계획의 입안

1. 정비계획의 입안 제안

① 토지등소유자(ⓜ의 경우에는 천재지변, 긴급한 정비사업이 필요한 상황에 따라 사업시행자가 되려는 자)는 [㉠ 단계별 정비사업 추진계획상 정비예정구역별 정비계획의 입안시기가 지났음에도 불구하고 정비계획이 입안되지 아니하거나 정비예정구역별 정비계획의 수립시기를 정하고 있지 아니한 경우, ㉡ 토지등소유자가 토지주택공사등을 사업시행

환경 · 에너지효율성, 층간 소음 등 사생활침해, 노약자와 어린이의 생활환경, 주차장 등 주거생활의 편리성), ⓑ 건축마감 및 설비노후도에 관한 사항(지붕 · 외벽 · 계단실 · 창호의 마감상태, 난방 · 급수 급탕 · 오배수 · 소화설비 등 기계설비에 관한 사항, 수변전, 옥외전기 등 전기설비에 관한 사항), ⓒ 비용분석에 관한 사항(유지관리비용, 보수 · 보강비용, 철거비 · 이주비 및 신축비용), ⓓ 구조안전성에 관한 사항(기울기 · 침하 · 변형에 관련된 사항, 콘크리트 강도 · 처짐 등 내하력에 관한 사항, 균열 · 부식 등 내구성에 관한 사항), ⓔ 종합평가의견)

8) ① 안전진단 결과의 적정성 여부에 따른 검토 비용은 적정성 여부에 대한 검토를 의뢰 또는 요청한 장관 또는 시 · 도지사가 부담한다. ② 안전진단 결과의 적정성 여부에 따른 검토를 의뢰받은 기관은 적정성 여부에 따른 검토를 의뢰받은 날부터 60일 이내에 그 결과를 시 · 도지사에게 제출하여야 한다. 다만, 부득이한 경우에는 30일의 범위에서 한 차례만 연장할 수 있다.

자로 지정 요청하려는 경우, ㉢ 대도시가 아닌 시 또는 군으로서 시·도조례로 정하는 경우, ㉣ 정비사업을 통하여 공공지원민간임대주택을 공급하거나 임대할 목적으로 주택을 주택임대관리업자에게 위탁하려는 경우로서 정비계획의 입안을 요청하려는 경우, ㉤ 정비사업을 시행하려는 경우, ㉥ 토지등소유자(조합이 설립된 경우에는 조합원)가 3분의 2 이상의 동의로 정비계획의 변경을 요청하는 경우(다만, 경미한 사항을 변경하는 경우에는 토지등소유자의 동의절차를 거치지 아니한다)]에는 정비계획의 입안권자에게 정비계획의 입안을 제안할 수 있다. ② 정비계획 입안의 제안을 위한 토지등소유자의 동의, 제안서의 처리 등에 필요한 사항은 대통령령으로 정한다.[9)]

2. 정비계획 입안을 위한 주민의견청취 등

① 정비계획의 입안권자는 정비계획을 입안하거나 변경하려면 주민에게 서면으로 통보한 후 주민설명회 및 30일 이상 주민에게 공람하여 의견을 들어야 하며, 제시된 의견이 타당하다고 인정되면 이를 정비계획에 반영하여야 한다. ② 정비계획의 입안권자는 주민공람과 함께 지방의회의 의견을 들어야 한다. 이 경우 지방의회는 정비계획의 입안권자가 정비계획을 통지한 날부터 60일 이내에 의견을 제시하여야 하며, 의견제시 없이 60일이 지난 경우 이의가 없는 것으로 본다. ③ 경미한 사항[10)]을 변경하는 경우에는 주민에 대한 서면통보, 주민설명회, 주민공람 및 지방의회의 의견청취 절차를 거치지 아니할 수 있다. ④ 정비계획의 입안권자는 정비기반시설 및 국유·공유재산의 귀속 및 처분에 관한

---

9) ① 토지등소유자가 정비계획의 입안권자에게 정비계획의 입안을 제안하려는 경우 토지등소유자의 3분의 2 이하 및 토지면적 3분의 2 이하의 범위에서 시·도조례로 정하는 비율 이상의 동의를 받은 후 시·도조례로 정하는 제안서 서식에 정비계획도서, 계획설명서, 그 밖의 필요한 서류를 첨부하여 정비계획의 입안권자에게 제출하여야 한다. ② 정비계획의 입안권자는 제안일부터 60일 이내에 정비계획에 의 반영여부를 제안자에게 통보하여야 한다. 다만, 부득이한 사정이 있는 경우에는 한 차례만 30일을 연장할 수 있다. ③ 정비계획의 입안권자는 제안을 정비계획에 반영하는 경우에는 제안서에 첨부된 정비계획도서와 계획설명서를 정비계획의 입안에 활용할 수 있다. ④ ①부터 ③까지에서 규정된 사항 외에 정비계획 입안의 제안을 위하여 필요한 세부사항은 시·도조례로 정할 수 있다.

10) ㉠ 정비구역의 면적을 10퍼센트 미만의 범위에서 변경하는 경우(정비구역을 분할, 통합 또는 결합하는 경우를 제외), ㉡ 정비기반시설의 위치를 변경하는 경우와 정비기반시설 규모를 10퍼센트 미만의 범위에서 변경하는 경우, ㉢ 공동이용시설 설치계획을 변경하는 경우, ㉣ 재난방지에 관한 계획을 변경하는 경우, ㉤ 정비사업시행 예정시기를 3년의 범위에서 조정하는 경우, ㉥ 용도범위에서 건축물의 주용도(해당 건축물의 가장 넓은 바닥면적을 차지하는 용도)를 변경하는 경우, ㉦ 건축물의 건폐율 또는 용적률을 축소하거나 10퍼센트 미만의 범위에서 확대하는 경우, ㉧ 건축물의 최고 높이를 변경하는 경우, ㉨ 용적률을 완화하여 변경하는 경우, ㉩ 도시·군기본계획, 도시·군관리계획 또는 기본계획의 변경에 따라 정비계획을 변경하는 경우, ㉪ 교통영향평가 등 관계법령에 의한 심의결과에 따른 변경인 경우, ㉫ 그 밖에 ㉠부터 ㉪까지(㉨ 제외)와 유사한 사항으로서 시·도조례로 정하는 사항을 변경하는 경우.

사항이 포함된 경우 미리 해당 정비기반시설 및 국유 · 공유재산의 관리청의 의견을 들어야 한다.

V. 정비계획의 결정 고시 및 행위제한

1. 정비계획의 결정 및 정비구역의 지정 · 고시

① 정비구역의 지정권자는 정비구역을 지정하거나 변경지정하려면 지방도시계획위원회의 심의를 거쳐야 한다. 다만, 경미한 사항을 변경하는 경우에는 지방도시계획위원회의 심의를 거치지 아니할 수 있다. ② 정비구역의 지정권자는 정비구역을 지정(변경지정을 포함)하거나 정비계획을 결정(변경결정을 포함)한 때에는 정비계획을 포함한 정비구역 지정의 내용을 해당 지방자치단체의 공보에 고시하여야 한다. ③ 정비구역의 지정권자는 정비계획을 포함한 정비구역을 지정 · 고시한 때에는 장관에게 그 지정의 내용을 보고하여야 하며, 관계 서류를 일반인이 열람할 수 있도록 하여야 한다. 특광시도지사, 시장 또는 군수(광역시의 군수는 제외)는 장관에게 정비구역의 지정 또는 변경지정사실을 보고(전자문서에 의한 보고를 포함)하는 경우에는 ㉠ 해당 정비구역과 관련된 도시 · 군계획(도시 · 군기본계획 및 도시 · 군관리계획) 및 기본계획의 주요 내용, ㉡ 정비계획의 요약, ㉢ 도시 · 군관리계획 결정조서를 포함하여야 한다.

2. 정비구역 지정 · 고시의 효력 등

① 정비구역의 지정 · 고시가 있는 경우 해당 정비구역 및 정비계획 중 국토계획법(지구단위계획의 내용)에 해당하는 사항은 같은 법에 따라 지구단위계획구역 및 지구단위계획으로 결정 · 고시된 것으로 본다. ② 지구단위계획구역에 대하여 정비계획에 포함되어야 할 사항을 모두 포함한 지구단위계획을 결정 · 고시(변경 결정 · 고시하는 경우를 포함)하는 경우 해당 지구단위계획구역은 정비구역으로 지정 · 고시된 것으로 본다. ③ 정비계획을 통한 토지의 효율적 활용을 위하여 건폐율 · 용적률 등의 완화규정은 정비계획에 준용한다. 이 경우 "지구단위계획구역"은 "정비구역"으로, "지구단위계획"은 "정비계획"으로 본다. ④ 용적률이 완화되는 경우로서 사업시행자가 정비구역에 있는 대지의 가액 일부에 해당하는 금액을 현금으로 납부한 경우에는 공공시설 또는 기반시설(공공시설 또는 기반시설)의 부지를 제공하거나 공공시설등을 설치하여 제공한 것으로 본다. ⑤ 용적률 완화

를 위한 현금납부 및 부과 방법 등에 필요한 사항은 대통령령으로 정한다.[11)]

3. 정비구역의 분할, 통합 및 결합

① 정비구역의 지정권자는 정비사업의 효율적인 추진 또는 도시의 경관보호를 위하여 필요하다고 인정하는 경우에는 ㉠ 하나의 정비구역을 둘 이상의 정비구역으로 분할, ㉡ 서로 연접한 정비구역을 하나의 정비구역으로 통합, ㉢ 서로 연접하지 아니한 둘 이상의 구역(대통령령으로 정하는 요건에 해당하는 구역으로 한정) 또는 정비구역을 하나의 정비구역으로 결합의 방법에 따라 정비구역을 지정할 수 있다. ② 정비구역을 분할·통합하거나 서로 떨어진 구역을 하나의 정비구역으로 결합하여 지정하려는 경우 시행 방법과 절차에 관한 세부사항은 시·도조례로 정한다.

4. 행위제한 등

① 정비구역에서 ㉠ 건축물의 건축, ㉡ 공작물의 설치, ㉢ 토지의 형질변경, ㉣ 토석의 채취, ㉤ 토지분할, ㉥ 물건을 쌓아 놓는 행위, ㉦ 그 밖에 대통령령으로 정하는 행위를 하려는 자는 시장·군수등의 허가를 받아야 한다.[12)] 허가받은 사항을 변경하려는 때에도 또한 같다. ② ㉠ 재해복구 또는 재난수습에 필요한 응급조치를 위한 행위, ㉡ 기존 건축물의 붕괴 등 안전사고의 우려가 있는 경우 해당 건축물에 대한 안전조치를 위한 행위, ㉢ 그 밖에 ⓐ 농림수산물의 생산에 직접 이용되는 것으로서 국토교통부령으로 정하는

---

11) ① 사업시행자는 현금납부를 하려는 경우에는 토지등소유자(조합을 설립한 경우에는 조합원) 과반수의 동의를 받아야 한다. 이 경우 현금으로 납부하는 토지의 기부면적은 전체 기부면적의 2분의 1을 넘을 수 없다. ② 현금납부액은 시장·군수등이 지정한 둘 이상의 감정평가업자가 해당 기부토지에 대하여 평가한 금액을 산술평균하여 산정한다. ③ 현금납부액 산정기준일은 사업시행계획인가(현금납부에 관한 정비계획이 반영된 최초의 사업시행계획인가) 고시일로 한다. 다만, 산정기준일부터 3년이 되는 날까지 관리처분계획인가를 신청하지 아니한 경우에는 산정기준일부터 3년이 되는 날의 다음 날을 기준으로 다시 산정하여야 한다.

12) **(행위허가의 대상 등)** ① 시장·군수등의 허가를 받아야 하는 행위 : ㉠ 건축물의 건축 등: 건축물(가설건축물을 포함)의 건축, 용도변경, ㉡ 공작물의 설치: 인공을 가하여 제작한 시설물(건축법 제2조제1항제2호에 따른 건축물을 제외)의 설치, ㉢ 토지의 형질변경: 절토·성토·정지·포장 등의 방법으로 토지의 형상을 변경하는 행위, 토지의 굴착 또는 공유수면의 매립, ㉣ 토석의 채취: 흙·모래·자갈·바위 등의 토석을 채취하는 행위(다만, 토지의 형질변경을 목적으로 하는 것은 ㉢ 에 따른다), ㉤ 토지분할, ㉥ 물건을 쌓아놓는 행위 : 이동이 쉽지 아니한 물건을 1개월 이상 쌓아놓는 행위, ㉦ 죽목의 벌채 및 식재. ② 법령에 따라 행위허가를 받았거나 허가를 받을 필요가 없는 행위에 관하여 그 공사 또는 사업에 착수한 자로 신고하여야 하는 자는 정비구역이 지정·고시된 날부터 30일 이내에 그 공사 또는 사업의 진행상황과 시행계획을 첨부하여 관할 시장·군수등에게 신고하여야 한다.

간이공작물의 설치, ⓑ 경작을 위한 토지의 형질변경, ⓒ 정비구역의 개발에 지장을 주지 아니하고 자연경관을 손상하지 아니하는 범위에서의 토석의 채취, ⓓ 정비구역에 존치하기로 결정된 대지에 물건을 쌓아놓는 행위, ⓔ 관상용 죽목의 임시식재(경작지에서의 임시식재는 제외)의 것으로 개발행위허가의 대상이 아닌 것은 허가를 받지 아니하고 할 수 있다. ③ 허가를 받아야 하는 행위로서 정비구역의 지정 및 고시[13] 당시 이미 관계 법령에 따라 행위허가를 받았거나 허가를 받을 필요가 없는 행위에 관하여 그 공사 또는 사업에 착수한 자는 시장 · 군수등에게 신고한 후 이를 계속 시행할 수 있다. ④ 시장 · 군수등은 ①을 위반한 자에게 원상회복을 명할 수 있다. 이 경우 명령을 받은 자가 그 의무를 이행하지 아니하는 때에는 시장 · 군수등은 행정대집행법에 따라 대집행할 수 있다. ⑤ 장관, 시 · 도지사, 시장, 군수 또는 구청장(자치구의 구청장)은 비경제적인 건축행위 및 투기 수요의 유입을 막기 위하여 기본계획을 공람 중인 정비예정구역 또는 정비계획을 수립 중인 지역에 대하여 3년 이내의 기간(1년의 범위에서 한 차례만 연장할 수 있다)을 정하여 ㉠ 건축물의 건축, ㉡ 토지의 분할을 제한할 수 있다. ⑥ 정비예정구역 또는 정비구역(정비구역등)에서는 지역주택조합의 조합원을 모집해서는 아니 된다.

Ⅵ. 정비구역등의 해제

1. 정비구역등의 해제

① 정비구역의 지정권자는 [㉠ 정비예정구역에 대하여 기본계획에서 정한 정비구역 지정 예정일부터 3년이 되는 날까지 특별자치시장, 특별자치도지사, 시장 또는 군수가 정비구역을 지정하지 아니하거나 구청장등이 정비구역의 지정을 신청하지 아니하는 경우, ㉡ 재개발사업 · 재건축사업[조합이 시행하는 경우로 한정]이 ⓐ 토지등소유자가 정비구역으로 지정 · 고시된 날부터 2년이 되는 날까지 조합설립추진위원회(추진위원회)의 승인을

13) **(행위제한의 고시 등)** ① 장관, 시 · 도지사, 시장, 군수 또는 구청장(자치구의 구청장)이 행위를 제한하려는 때에는 제한지역 · 제한사유 · 제한대상행위 및 제한기간을 미리 고시하여야 한다. ② 행위를 제한하려는 자가 장관인 경우에는 중앙도시계획위원회의 심의를 거쳐야 하며, 시 · 도지사, 시장, 군수 또는 구청장인 경우에는 지방자치단체에 설치된 지방도시계획위원회의 심의를 거쳐야 한다. ③ 행위를 제한하려는 자가 장관 또는 시 · 도지사인 경우에는 중앙도시계획위원회 또는 지방도시계획위원회의 심의 전에 미리 제한하려는 지역을 관할하는 시장 · 군수 등의 의견을 들어야 한다. ④ 고시는 장관이 하는 경우에는 관보에, 시 · 도지사, 시장, 군수 또는 구청장이 하는 경우에는 해당 지방자치단체의 공보에 게재하는 방법으로 한다. ⑤ 행위가 제한된 지역에서 제한된 행위를 하려는 자는 시장 · 군수등의 허가를 받아야 한다.

신청하지 아니하는 경우, ⓑ 토지등소유자가 정비구역으로 지정·고시된 날부터 3년이 되는 날까지 조합설립인가를 신청하지 아니하는 경우(추진위원회를 구성하지 아니하는 경우로 한정), ⓒ 추진위원회가 추진위원회 승인일부터 2년이 되는 날까지 조합설립인가를 신청하지 아니하는 경우, ⓓ 조합이 조합설립인가를 받은 날부터 3년이 되는 날까지 사업시행계획인가를 신청하지 아니하는 경우, ㉢ 토지등소유자가 시행하는 재개발사업으로서 토지등소유자가 정비구역으로 지정·고시된 날부터 5년이 되는 날까지 사업시행계획인가를 신청하지 아니하는 경우]에는 정비구역등을 해제하여야 한다. ② 구청장등은 ①에 해당하는 경우에는 특별시장·광역시장에게 정비구역등의 해제를 요청하여야 한다. ③ 특별자치시장, 특별자치도지사, 시장, 군수 또는 구청장등이 ㉠ 정비구역등을 해제하는 경우와 ㉡ 정비구역등의 해제를 요청하는 경우에는 30일 이상 주민에게 공람하여 의견을 들어야 한다. ④ 주민공람을 하는 경우에는 지방의회의 의견을 들어야 한다. 이 경우 지방의회는 정비구역등의 해제에 관한 계획을 통지한 날부터 60일 이내에 의견을 제시하여야 하며, 의견제시 없이 60일이 지난 경우 이의가 없는 것으로 본다. ⑤ 정비구역의 지정권자는 정비구역등의 해제를 요청받거나 정비구역등을 해제하려면 지방도시계획위원회의 심의를 거쳐야 한다. 다만, 재정비촉진지구에서는 도시재정비위원회의 심의를 거쳐 정비구역등을 해제하여야 한다. ⑥ 정비구역의 지정권자는 ㉠ 정비구역등의 토지등소유자(조합을 설립한 경우에는 조합원)가 100분의 30 이상의 동의로 ①의 ㉠부터 ㉢까지의 규정에 따른 해당 기간이 도래하기 전까지 연장을 요청하는 경우, ㉡ 정비사업의 추진 상황으로 보아 주거환경의 계획적 정비 등을 위하여 정비구역등의 존치가 필요하다고 인정하는 경우에는 ①의 ㉠부터 ㉢까지의 규정에 따른 해당 기간을 2년의 범위에서 연장하여 정비구역등을 해제하지 아니할 수 있다. ⑦ 정비구역의 지정권자는 정비구역등을 해제하는 경우(⑥에 따라 해제하지 아니한 경우를 포함)에는 그 사실을 해당 지방자치단체의 공보에 고시하고 장관에게 통보하여야 하며, 관계 서류를 일반인이 열람할 수 있도록 하여야 한다.

2. 정비구역등의 직권해제

① 정비구역의 지정권자는 [㉠ 정비사업의 시행으로 토지등소유자에게 과도한 부담이 발생할 것으로 예상되는 경우, ㉡ 정비구역등의 추진 상황으로 보아 지정 목적을 달성할 수 없다고 인정되는 경우, ㉢ 토지등소유자의 100분의 30 이상이 정비구역등(추진위원회가 구성되지 아니한 구역으로 한정)의 해제를 요청하는 경우, ㉣ 주거환경개선사업에서 사업시행자가 정비구역에서 정비기반시설 및 공동이용시설을 새로 설치하거나 확대하고

토지등소유자가 스스로 주택을 보전 · 정비하거나 개량하는 방법으로 시행 중인 주거환경개선사업의 정비구역이 지정 · 고시된 날부터 10년 이상 경과하고, 추진 상황으로 보아 지정 목적을 달성할 수 없다고 인정되는 경우로서 토지등소유자의 3분의 2 이상이 정비구역의 해제에 동의하는 경우] 지방도시계획위원회의 심의를 거쳐 정비구역 등을 해제할 수 있다. 이 경우 ㉠ 및 ㉡에 따른 구체적인 기준 등에 필요한 사항은 시 · 도조례로 정한다. ② 정비구역등을 해제하여 추진위원회 구성승인 또는 조합설립인가가 취소되는 경우 정비구역의 지정권자는 해당 추진위원회 또는 조합이 사용한 비용의 일부를 ㉠ 정비사업전문관리 용역비, ㉡ 설계 용역비, ㉢ 감정평가비용, ㉣ 그 밖에 조합설립추진위원회(추진위원회) 및 조합이 법령에 따른 업무를 수행하기 위하여 사용한 비용으로서 시 · 도조례로 정하는 비용에서 시 · 도조례로 정하는 바에 따라 보조할 수 있다.

3. 정비구역등 해제의 효력

① 정비구역등이 해제된 경우에는 정비계획으로 변경된 용도지역, 정비기반시설 등은 정비구역 지정 이전의 상태로 환원된 것으로 본다. 다만, 정비기반시설 및 공동이용시설을 새로 설치하거나 확대하고 토지등소유자가 스스로 주택을 보전 · 정비하거나 개량하는 방법으로 시행 중인 주거환경개선사업의 경우 정비구역의 지정권자는 정비기반시설의 설치 등 해당 정비사업의 추진 상황에 따라 환원되는 범위를 제한할 수 있다. ② 정비구역등(재개발사업 및 재건축사업을 시행하려는 경우로 한정)이 해제된 경우 정비구역의 지정권자는 해제된 정비구역등을 주거환경개선사업에서 사업시행자가 정비구역에서 정비기반시설 및 공동이용시설을 새로 설치하거나 확대하고 토지등소유자가 스스로 주택을 보전 · 정비하거나 개량하는 방법으로 시행하는 주거환경개선구역(주거환경개선사업을 시행하는 정비구역)으로 지정할 수 있다. 이 경우 주거환경개선구역으로 지정된 구역은 기본계획에 반영된 것으로 본다. ③ 정비구역등이 해제 · 고시된 경우 추진위원회 구성승인 또는 조합설립인가는 취소된 것으로 보고, 시장 · 군수등은 해당 지방자치단체의 공보에 그 내용을 고시하여야 한다.

제3절 정비사업의 시행

Ⅰ. 정비사업의 시행방법 등

1. 정비사업의 시행방법

① 주거환경개선사업은 [㉠ 사업시행자가 정비구역에서 정비기반시설 및 공동이용시설을 새로 설치하거나 확대하고 토지등소유자가 스스로 주택을 보전·정비하거나 개량하는 방법(자력), ㉡ 제사업시행자가 정비구역의 전부 또는 일부를 수용하여 주택을 건설한 후 토지등소유자에게 우선 공급하거나 대지를 토지등소유자 또는 토지등소유자 외의 자에게 공급하는 방법(수용), ㉢ 사업시행자가 환지로 공급하는 방법(환지), ㉣ 사업시행자가 정비구역에서 인가받은 관리처분계획에 따라 주택 및 부대시설·복리시설을 건설하여 공급하는 방법(관리처분) 또는 이를 혼용하는 방법]으로 한다.[14] ② 재개발사업은 정비구역에서 인가받은 관리처분계획에 따라 건축물을 건설하여 공급하거나 환지로 공급하는 방법으로 한다. ③ 재건축사업은 정비구역에서 인가받은 관리처분계획에 따라 주택, 부대시

14) (관리처분의 방법 등) ① 인가받은 관리처분계획에 따라 주택 및 부대시설·복리시설을 건설하여 공급하는 방법으로 시행하는 주거환경개선사업과 재개발사업의 경우 관리처분은 다음의 방법에 따른다. ㉠ 시·도조례로 분양주택의 규모를 제한하는 경우에는 그 규모 이하로 주택을 공급할 것, ㉡ 1개의 건축물의 대지는 1필지의 토지가 되도록 정할 것(다만, 주택단지의 경우에는 그러하지 아니하다), ㉢ 정비구역의 토지등소유자(지상권자 제외)에게 분양할 것(다만, 공동주택을 분양하는 경우 시·도조례로 정하는 금액·규모·취득 시기 또는 유형에 대한 기준에 부합하지 아니하는 토지등소유자는 시·도조례로 정하는 바에 따라 분양대상에서 제외할 수 있다), ㉣ 1필지의 대지 및 그 대지에 건축된 건축물(보류지로 정하거나 조합원 외의 자에게 분양하는 부분은 제외)을 2인 이상에게 분양하는 때에는 기존의 토지 및 건축물의 가격(사업시행방식이 전환된 경우에는 환지예정지의 권리가액)과 토지등소유자가 부담하는 비용(재개발사업의 경우에만 해당)의 비율에 따라 분양할 것, ㉤ 분양대상자가 공동으로 취득하게 되는 건축물의 공용부분은 각 권리자의 공유로 하되, 해당 공용부분에 대한 각 권리자의 지분비율은 그가 취득하게 되는 부분의 위치 및 바닥면적 등의 사항을 고려하여 정할 것, ㉥ 1필지의 대지 위에 2인 이상에게 분양될 건축물이 설치된 경우에는 건축물의 분양면적의 비율에 따라 그 대지소유권이 주어지도록 할 것(주택과 그 밖의 용도의 건축물이 함께 설치된 경우는 건축물의 용도 및 규모 등을 고려하여 대지지분이 합리적으로 배분될 수 있도록 한다). 이 경우 토지의 소유관계는 공유로 한다. ㉦ 주택 및 부대시설·복리시설의 공급순위는 기존의 토지 또는 건축물의 가격을 고려하여 정할 것. 이 경우 그 구체적인 기준은 시·도조례로 정할 수 있다. ② 재건축사업의 경우 관리처분은 ㉠ ①의 ㉤ 및 ㉥을 적용할 것, ㉡ 부대시설·복리시설(부속토지를 포함)의 소유자에게는 부대시설·복리시설을 공급할 것의 방법에 따른다. 다만, 조합이 조합원 전원의 동의를 받아 그 기준을 따로 정하는 경우에는 그에 따른다.

설 · 복리시설 및 오피스텔을 건설하여 공급하는 방법으로 한다. 다만, 주택단지에 있지 아니하는 건축물의 경우에는 지형여건 · 주변의 환경으로 보아 사업 시행상 불가피한 경우로서 정비구역으로 보는 사업에 한정한다. ④ 오피스텔을 건설하여 공급하는 경우에는 준주거지역 및 상업지역에서만 건설할 수 있다. 이 경우 오피스텔의 연면적은 전체 건축물 연면적의 100분의 30 이하이어야 한다.

2. 시행자

(1) 주거환경개선사업의 시행자

① ㉮ 사업시행자가 정비구역에서 정비기반시설 및 공동이용시설을 새로 설치하거나 확대하고 토지등소유자가 스스로 주택을 보전 · 정비하거나 개량하는 방법으로 시행하는 주거환경개선사업은 시장 · 군수등이 직접 시행하되, 토지주택공사등을 사업시행자로 지정하여 시행하게 하려는 경우에는 공람공고일 현재 토지등소유자의 과반수의 동의를 받아야 한다. ② ㉯ 사업시행자가 정비구역의 전부 또는 일부를 수용하여 주택을 건설한 후 토지등소유자에게 우선 공급하거나 대지를 토지등소유자 또는 토지등소유자 외의 자에게 공급하는 방법, ㉰ 사업시행자가 환지로 공급하는 방법, ㉱ 사업시행자가 정비구역에서 인가받은 관리처분계획에 따라 주택 및 부대시설 · 복리시설을 건설하여 공급하는 방법 또는 이를 혼용하는 방법으로 시행하는 주거환경개선사업은 시장 · 군수등이 직접 시행하거나 ㉠ 시장 · 군수등이 ⓐ 토지주택공사등, ⓑ 주거환경개선사업을 시행하기 위하여 국가, 지방자치단체, 토지주택공사등 또는 공공기관이 총지분의 100분의 50을 초과하는 출자로 설립한 법인에 해당하는 자를 사업시행자로 지정하는 경우, ㉡ 시장 · 군수등이 ㉠에 해당하는 자와 ⓐ 건설업자, ⓑ 건설업자로 보는 등록사업자에 해당하는 자를 공동시행자로 지정하는 경우의 자에게 시행하게 할 수 있다. ③ ②에 따라 시행하려는 경우에는 공람공고일 현재 해당 정비예정구역의 토지 또는 건축물의 소유자 또는 지상권자의 3분의 2 이상의 동의와 세입자(공람공고일 3개월 전부터 해당 정비예정구역에 3개월 이상 거주하고 있는 자) 세대수의 과반수의 동의를 각각 받아야 한다. 다만, 세입자의 세대수가 토지등소유자의 2분의 1 이하인 경우 등 ㉠ 세입자의 세대수가 토지등소유자의 2분의 1 이하인 경우, ㉡ 정비구역의 지정 · 고시일 현재 해당 지역이 속한 시 · 군 · 구에 공공임대주택 등 세입자가 입주 가능한 임대주택이 충분하여 임대주택을 건설할 필요가 없다고 시 · 도지사가 인정하는 경우, ㉢ 상기 ㉮, ㉰, ㉱에 따른 방법으로 사업을 시행하는 경우

가 있는 경우에는 세입자의 동의절차를 거치지 아니할 수 있다. ④ 시장·군수등은 천재지변, 그 밖의 불가피한 사유로 건축물이 붕괴할 우려가 있어 긴급히 정비사업을 시행할 필요가 있다고 인정하는 경우에는 토지등소유자 및 세입자의 동의 없이 자신이 직접 시행하거나 토지주택공사등을 사업시행자로 지정하여 시행하게 할 수 있다. 이 경우 시장·군수등은 지체 없이 토지등소유자에게 긴급한 정비사업의 시행 사유·방법 및 시기 등을 통보하여야 한다.

(2) 재개발사업 · 재건축사업의 시행자

① 재개발사업은 ㉠ 조합이 시행하거나 조합이 조합원의 과반수의 동의를 받아 시장·군수등, 토지주택공사등, 건설업자, 등록사업자 또는 대통령령으로 정하는 요건을 갖춘 자(신탁업자와 한국부동산원)와 공동으로 시행하는 방법, ㉡ 토지등소유자가 20인 미만인 경우에는 토지등소유자가 시행하거나 토지등소유자가 토지등소유자의 과반수의 동의를 받아 시장·군수등, 토지주택공사등, 건설업자, 등록사업자 또는 대통령령으로 정하는 요건을 갖춘 자(신탁업자와 한국부동산원)와 공동으로 시행하는 방법에 해당하는 방법으로 시행할 수 있다. ② 재건축사업은 조합이 시행하거나 조합이 조합원의 과반수의 동의를 받아 시장·군수등, 토지주택공사등, 건설업자 또는 등록사업자와 공동으로 시행할 수 있다.

(3) 재개발사업 · 재건축사업의 공공시행자

① 시장·군수등은 재개발사업 및 재건축사업이 ㉠ 천재지변, 사용제한·사용금지, 그 밖의 불가피한 사유로 긴급하게 정비사업을 시행할 필요가 있다고 인정하는 때, ㉡ 고시된 정비계획에서 정한 정비사업시행 예정일부터 2년 이내에 사업시행계획인가를 신청하지 아니하거나 사업시행계획인가를 신청한 내용이 위법 또는 부당하다고 인정하는 때(재건축사업의 경우는 제외), ㉢ 추진위원회가 시장·군수등의 구성승인을 받은 날부터 3년 이내에 조합설립인가를 신청하지 아니하거나 조합이 조합설립인가를 받은 날부터 3년 이내에 사업시행계획인가를 신청하지 아니한 때, ㉣ 지방자치단체의 장이 시행하는 도시·군계획사업과 병행하여 정비사업을 시행할 필요가 있다고 인정하는 때, ㉤ 순환정비방식으로 정비사업을 시행할 필요가 있다고 인정하는 때, ㉥ 사업시행계획인가가 취소된 때, ㉦ 해당 정비구역의 국·공유지 면적 또는 국·공유지와 토지주택공사등이 소유한 토지를 합한 면적이 전체 토지면적의 2분의 1 이상으로서 토지등소유자의 과반수가 시장·군수등 또는 토지주택공사등을 사업시행자로 지정하는 것에 동의하는 때, ㉧ 해당 정비구역의 토지면적 2분의 1 이상의 토지소유자와 토지등소유자의 3분의 2 이상에 해당하는 자

가 시장 · 군수등 또는 토지주택공사등을 사업시행자로 지정할 것을 요청하는 때(이 경우 토지등소유자가 정비계획의 입안을 제안한 경우 입안제안에 동의한 토지등소유자는 토지주택공사등의 사업시행자 지정에 동의한 것으로 본다(사업시행자의 지정 요청 전에 시장 · 군수등 및 주민대표회의에 사업시행자의 지정에 대한 반대의 의사표시를 한 토지등소유자의 경우는 제외))에 해당하는 때에는 직접 정비사업을 시행하거나 토지주택공사등(토지주택공사등이 건설업자 또는 등록사업자와 공동으로 시행하는 경우를 포함)을 사업시행자로 지정하여 정비사업을 시행하게 할 수 있다.

② 시장 · 군수등은 직접 정비사업을 시행하거나 토지주택공사등을 사업시행자로 지정하는 때에는 정비사업 시행구역 등 토지등소유자에게 알릴 필요가 있는 사항으로서 ㉠ 정비사업의 종류 및 명칭, ㉡ 사업시행자의 성명 및 주소(법인인 경우에는 법인의 명칭 및 주된 사무소의 소재지와 대표자의 성명 및 주소), ㉢ 정비구역(정비구역을 둘 이상의 구역으로 분할하는 경우에는 분할된 각각의 구역)의 위치 및 면적, ㉣ 정비사업의 착수예정일 및 준공예정일을 해당 지방자치단체의 공보에 고시하여야 한다. 다만, ①의 ㉠의 경우에는 토지등소유자에게 지체 없이 정비사업의 시행 사유 · 시기 및 방법 등을 통보하여야 한다. ③ 시장 · 군수등이 직접 정비사업을 시행하거나 토지주택공사등을 사업시행자로 지정 · 고시한 때에는 그 고시일 다음 날에 추진위원회의 구성승인 또는 조합설립인가가 취소된 것으로 본다. 이 경우 시장 · 군수등은 해당 지방자치단체의 공보에 해당 내용을 고시하여야 한다.

3. 재개발사업 · 재건축사업의 지정개발자

시장 · 군수등은 재개발사업 및 재건축사업이 ㉠ 천재지변, 사용제한 · 사용금지, 그 밖의 불가피한 사유로 긴급하게 정비사업을 시행할 필요가 있다고 인정하는 때, ㉡ 고시된 정비계획에서 정한 정비사업시행 예정일부터 2년 이내에 사업시행계획인가를 신청하지 아니하거나 사업시행계획인가를 신청한 내용이 위법 또는 부당하다고 인정하는 때(재건축사업의 경우는 제외), ㉢ 재개발사업 및 재건축사업의 조합설립을 위한 동의요건 이상에 해당하는 자가 신탁업자를 사업시행자로 지정하는 것에 동의하는 때에는 토지등소유자, 민관합동법인 또는 신탁업자로서 지정개발자(ⓐ 정비구역의 토지 중 정비구역 전체 면적 대비 50퍼센트 이상의 토지를 소유한 자로서 토지등소유자의 50퍼센트 이상의 추천을 받은 자, ⓑ 민관합동법인(민간투자사업의 부대사업으로 시행하는 경우에만 해당)로서 토지등소유자의 50퍼센트 이상의 추천을 받은 자, ⓒ 신탁업자로서 정비구역의 토지 중 정비구역 전체 면적 대비 3분의 1 이상의 토지를 신탁받은 자)를 사업시행자로 지정하여 정비사업을 시행하게 할 수 있다.[15)]

4. 재개발사업 · 재건축사업의 사업대행자

① 시장 · 군수등은 ㉠ 장기간 정비사업이 지연되거나 권리관계에 관한 분쟁 등으로 해당 조합 또는 토지등소유자가 시행하는 정비사업을 계속 추진하기 어렵다고 인정하는 경우, ㉡ 토지등소유자(조합을 설립한 경우에는 조합원)의 과반수 동의로 요청하는 경우에는 해당 조합 또는 토지등소유자를 대신하여 직접 정비사업을 시행하거나 토지주택공사등 또는 지정개발자에게 해당 조합 또는 토지등소유자를 대신하여 정비사업을 시행하게 할 수 있다. ② 정비사업을 대행하는 시장 · 군수등, 토지주택공사등 또는 지정개발자(사업대행자)는 사업시행자에게 청구할 수 있는 보수 또는 비용의 상환에 대한 권리로써 사업시행자에게 귀속될 대지 또는 건축물을 압류할 수 있다. ③ 정비사업을 대행하는 경우 사업대행의 개시결정, 그 결정의 고시 및 효과[16)], 사업대행자의 업무집행, 사업대행의 완료와 그 고시 등[17)]에 필요한 사항은 대통령령으로 정한다.

---

15) ① 시장 · 군수등은 지정개발자를 사업시행자로 지정하는 때에는 정비사업 시행구역 등 토지등소유자에게 알릴 필요가 있는 사항으로서 ㉠ 정비사업의 종류 및 명칭, ㉡ 사업시행자의 성명 및 주소(법인인 경우에는 법인의 명칭 및 주된 사무소의 소재지와 대표자의 성명 및 주소), ㉢ 정비구역(정비구역을 둘 이상의 구역으로 분할하는 경우에는 분할된 각각의 구역)의 위치 및 면적, ㉣ 정비사업의 착수예정일 및 준공예정일을 해당 지방자치단체의 공보에 고시하여야 한다. 다만, ①의 ㉠의 경우에는 토지등소유자에게 지체 없이 정비사업의 시행 사유 · 시기 및 방법 등을 통보하여야 한다. ② 신탁업자는 ①의 ㉢에 따른 사업시행자 지정에 필요한 동의를 받기 전에 ㉠ 토지등소유자별 분담금 추산액 및 산출근거, ㉡ 그 밖에 추정분담금의 산출 등과 관련하여 시 · 도조례로 정하는 사항을 토지등소유자에게 제공하여야 한다. ③ 토지등소유자의 동의는 동의서(㉠ 건설되는 건축물의 설계의 개요, ㉡ 건축물의 철거 및 새 건축물의 건설에 드는 공사비 등 정비사업에 드는 비용(정비사업비), ㉢ 정비사업비의 분담기준(신탁업자에게 지급하는 신탁보수 등의 부담에 관한 사항을 포함), ㉣ 사업 완료 후 소유권의 귀속, ㉤ 정비사업의 시행방법 등에 필요한 시행규정, ㉥ 신탁계약의 내용이 모두 포함되어야 한다)에 동의를 받는 방법으로 한다. ④ 시장 · 군수등이 지정개발자를 사업시행자로 지정 · 고시한 때에는 그 고시일 다음 날에 추진위원회의 구성승인 또는 조합설립인가가 취소된 것으로 본다. 이 경우 시장 · 군수등은 해당 지방자치단체의 공보에 해당 내용을 고시하여야 한다.

16) **(사업대행개시결정 및 효과 등)** ① 시장 · 군수등은 정비사업을 직접 시행하거나 지정개발자 또는 토지주택공사등에게 정비사업을 대행하도록 결정(사업대행개시결정)한 경우에는 ㉠ 정비구역의 해제사유에 해당하는 사항, ㉡ 사업대행개시결정을 한 날, ㉢ 사업대행자(정비사업을 대행하는 시장 · 군수등, 토지주택공사등 또는 지정개발자), ㉣ 대행사항을 해당 지방자치단체의 공보등에 고시하여야 한다. ② 사업대행자는 정비사업을 대행하는 경우 고시를 한 날의 다음 날부터 사업대행완료를 고시하는 날까지 자기의 이름 및 사업시행자의 계산으로 사업시행자의 업무를 집행하고 재산을 관리한다. 이 경우 법 또는 법에 따른 명령이나 정관등으로 정하는 바에 따라 사업시행자가 행하거나 사업시행자에 대하여 행하여진 처분 · 절차 그 밖의 행위는 사업대행자가 행하거나 사업대행자에 대하여 행하여진 것으로 본다. ③ 시장 · 군수등이 아닌 사업대행자는 재산의 처분, 자금의 차입 그 밖에 사업시행자에게 재산상 부담을 주는 행위를 하려는 때에는 미리 시장 · 군수등의 승인을 받아야 한다.

5. 계약의 방법 및 시공자 선정 등

① 추진위원장 또는 사업시행자(청산인을 포함)는 이 법 또는 다른 법령에 특별한 규정이 있는 경우를 제외하고는 계약(공사, 용역, 물품구매 및 제조 등을 포함)을 체결하려면 일반경쟁에 부쳐야 한다. 다만, 계약규모, 재난의 발생 등 대통령령으로 정하는 경우[18]에는 입찰 참가자를 지명하여 경쟁에 부치거나 수의계약으로 할 수 있다. ② 일반경쟁의 방법으로 계약을 체결하는 경우로서 ⓐ 건설공사로서 추정가격이 6억원을 초과하는 공사의 계약, ⓑ 전문공사로서 추정가격이 2억원을 초과하는 공사의 계약, ⓒ 공사관련 법령에 따른 공사로서 추정가격이 2억원을 초과하는 공사의 계약, ⓓ 추정가격 2억원을 초과하는 물품 제조·구매, 용역, 그 밖의 계약은 국가종합전자조달시스템(전자조달시스템)을 이용하여야 한다. ③ 조합은 조합설립인가를 받은 후 조합총회에서 경쟁입찰 또는 수의계약(2회 이상 경쟁입찰이 유찰된 경우로 한정)의 방법으로 건설업자 또는 등록사업자를 시공자로 선정하여야 한다. 다만, 조합원이 100인 이하인 정비사업의 정비사업은 조합총회에서 정관으로 정하는 바에 따라 선정할 수 있다. ④ 시공자를 선정하거나 사업시행자가 정비구역에서 인가받은 관리처분계획에 따라 주택 및 부대시설·복리시설을 건설하여 공급하는 방법 또는 이를 혼용하는 방법으로 시행하는 주거환경개선사업의 사업시행자가 시공자를 선정하는 경우 주민대표회의 또는 토지등소유자 전체회의는 경쟁입찰(ⓐ 일반경쟁입찰·제한경쟁입찰 또는 지명경쟁입찰 중 하나일 것, ⓑ 해당 지역에서 발

17) **(사업대행의 완료 등)** ① 사업대행자는 사업대행의 원인이 된 사유가 없어지거나 등기를 완료한 때에는 사업대행을 완료하여야 한다. 이 경우 시장·군수등이 아닌 사업대행자는 미리 시장·군수등에게 사업대행을 완료할 뜻을 보고하여야 한다. ② 시장·군수등은 사업대행을 완료한 때에는 정비구역 해제의 효력에 관한 사항과 사업대행완료일을 해당 지방자치단체의 공보등에 고시하고, 토지등소유자 및 사업시행자에게 각각 통지하여야 한다. ③ 사업대행자는 사업대행완료의 고시가 있은 때에는 지체 없이 사업시행자에게 업무를 인계하여야 하며, 사업시행자는 정당한 사유가 없는 한 이를 인수하여야 한다. ④ 인계·인수가 완료된 때에는 사업대행자가 정비사업을 대행할 때 취득하거나 부담한 권리와 의무는 사업시행자에게 승계된다. ⑤ 사업대행자는 사업대행의 완료 후 사업시행자에게 보수 또는 비용의 상환을 청구할 때에 그 보수 또는 비용을 지출한 날 이후의 이자를 청구할 수 있다.

18) ㉠ 입찰 참가자를 지명(指名)하여 경쟁에 부치려는 경우: ⓐ 계약의 성질 또는 목적에 비추어 특수한 설비·기술·자재·물품 또는 실적이 있는 자가 아니면 계약의 목적을 달성하기 곤란한 경우로서 입찰대상자가 10인 이내인 경우, ⓑ 건설공사(전문공사를 제외)로서 추정가격이 3억원 이하인 공사인 경우, ⓒ 전문공사로서 추정가격이 1억원 이하인 공사인 경우, ⓓ 공사관련 법령에 따른 공사로서 추정가격이 1억원 이하인 공사인 경우, ⓔ 추정가격 1억원 이하의 물품 제조·구매, 용역, 그 밖의 계약인 경우, ㉡ 수의계약을 하려는 경우: ⓐ 건설공사로서 추정가격이 2억원 이하인 공사인 경우, ⓑ 전문공사로서 추정가격이 1억원 이하인 공사인 경우, ⓒ 공사관련 법령에 따른 공사로서 추정가격이 8천만원 이하인 공사인 경우, ⓓ 추정가격 5천만원 이하인 물품의 제조·구매, 용역, 그 밖의 계약인 경우, ⓔ 소송, 재난복구 등 예측하지 못한 긴급한 상황에 대응하기 위하여 경쟁에 부칠 여유가 없는 경우, ⓕ 일반경쟁입찰이 입찰자가 없거나 단독 응찰의 사유로 2회 이상 유찰된 경우.

간되는 일간신문에 1회 이상 ⓐ의 입찰을 위한 공고를 하고, 입찰 참가자를 대상으로 현장 설명회를 개최할 것, ⓒ 해당 지역 주민을 대상으로 합동홍보설명회를 개최할 것, ⓓ 토지등소유자를 대상으로 제출된 입찰서에 대한 투표를 실시하고 그 결과를 반영할 것) 또는 수의계약(2회 이상 경쟁입찰이 유찰된 경우로 한정)의 방법으로 시공자를 추천할 수 있다. ⑤ 주민대표회의 또는 토지등소유자 전체회의가 시공자를 추천한 경우 사업시행자는 추천받은 자를 시공자로 선정하여야 한다. ⑥ 사업시행자(사업대행자를 포함)는 선정된 시공자와 공사에 관한 계약을 체결할 때에는 기존 건축물의 철거 공사(석면 조사·해체·제거를 포함)에 관한 사항을 포함시켜야 한다.

6. 임대사업자의 선정

① 사업시행자는 공공지원민간임대주택을 원활히 공급하기 위하여 장관이 정하는 경쟁입찰의 방법 또는 수의계약(2회 이상 경쟁입찰이 유찰된 경우로 한정)의 방법으로 임대사업자를 선정할 수 있다. ② 임대사업자의 선정절차 등에 필요한 사항은 장관이 정하여 고시할 수 있다.

Ⅱ. 조합설립추진위원회 및 조합의 설립 등

1. 조합설립추진위원회의 구성·승인

① 조합을 설립하려는 경우에는 정비구역 지정·고시 후 ㉠ 추진위원회 위원장(추진위원장)을 포함한 5명 이상의 추진위원회 위원(추진위원), ㉡ 운영규정에 대하여 토지등소유자 과반수의 동의를 받아 조합설립을 위한 추진위원회를 구성하여 국토교통부령으로 정하는 방법과 절차에 따라 시장·군수등의 승인을 받아야 한다.[19] ② 추진위원회의 구성에 동의한 토지등소유자(추진위원회 동의자)는 조합의 설립에 동의한 것으로 본다. 다만, 조합설립인가를 신청하기 전에 시장·군수등 및 추진위원회에 조합설립에 대한 반대의 의사표시를 한 추진위원회 동의자의 경우에는 그러하지 아니하다. ③ 토지등소유자의 동의를 받으려는 자는 대통령령으로 정하는 방법 및 절차에 따라야 한다. 이 경우 동의를

19) (추진위원회의 구성승인 신청서류) 조합설립추진위원회를 구성하여 승인을 받으려는 자는 조합설립추진위원회 승인신청서(전자문서로 된 신청서를 포함)에 조합설립추진위원회 구성 동의서, ㉠ 토지등소유자의 명부, ㉡ 토지등소유자의 동의서, ㉢ 추진위원회 위원장 및 위원의 주소 및 성명, ㉣ 추진위원회 위원 선정을 증명하는 서류(전자문서를 포함)를 첨부하여 시장·군수등에게 제출하여야 한다.

받기 전에 ②의 내용을 설명 · 고지하여야 한다.[20] ④ 정비사업에 대하여 공공지원을 하려는 경우에는 추진위원회를 구성하지 아니할 수 있다. 이 경우 조합설립 방법 및 절차 등에 필요한 사항은 대통령령으로 정한다.[21]

2. 추진위원회의 기능 및 업무 등

(1) 추진위원회의 기능

① 추진위원회는 [㉠ 정비사업전문관리업자의 선정 및 변경, ㉡ 설계자의 선정 및 변경, ㉢ 개략적인 정비사업 시행계획서의 작성, ㉣ 조합설립인가를 받기 위한 준비업무, ㉤ 그 밖에 조합설립을 추진하기 위하여 ⓐ 추진위원회 운영규정의 작성, ⓑ 토지등소유자의 동의서의 접수, ⓒ 조합의 설립을 위한 창립총회의 개최, ⓓ 조합 정관의 초안 작성, ⓔ 그 밖에 추진위원회 운영규정으로 정하는 업무]를 수행할 수 있다. ② 추진위원회가 정비사업전문관리업자를 선정하려는 경우에는 추진위원회 승인을 받은 후 경쟁입찰 또는 수의계약(2회 이상 경쟁입찰이 유찰된 경우로 한정)의 방법으로 선정하여야 한다. ③ 추진위원회는 조합설립인가를 신청하기 전에 조합설립을 위한 창립총회를 개최하여야 한다. ④ 추진위원회가 수행하는 업무의 내용이 토지등소유자의 비용부담을 수반하거나 권리 · 의무에 변동을 발생시키는 경우로서 대통령령으로 정하는 사항에 대하여는 그 업무를 수행하기 전에 대통령령으로 정하는 비율 이상의 토지등소유자의 동의를 받아야 한다.

---

20) **(추진위원회 구성을 위한 토지등소유자의 동의 등)** ① 토지등소유자의 동의를 받으려는 자는 동의서에 추진위원회의 위원장(추진위원장), 추진위원회 위원, 추진위원회의 업무 및 운영규정을 미리 쓴 후 토지등소유자의 동의를 받아야 한다. ② 토지등소유자의 동의를 받으려는 자는 ㉠ 동의를 받으려는 사항 및 목적, ㉡ 동의로 인하여 의제되는 사항, ㉢ 동의의 철회 또는 반대의사 표시의 절차 및 방법을 설명 · 고지하여야 한다.

21) **(창립총회의 방법 및 절차 등)** ① 추진위원회(추진위원회를 구성하지 아니하는 경우에는 토지등소유자)는 동의를 받은 후 조합설립인가를 신청하기 전에 창립총회를 개최하여야 한다. ② 추진위원회(추진위원회를 구성하지 아니하는 경우에는 조합설립을 추진하는 토지등소유자의 대표자)는 창립총회 14일 전까지 회의목적 · 안건 · 일시 · 장소 · 참석자격 및 구비사항 등을 인터넷 홈페이지를 통하여 공개하고, 토지등소유자에게 등기우편으로 발송 · 통지하여야 한다. ③ 창립총회는 추진위원장(추진위원회를 구성하지 아니하는 경우에는 토지등소유자의 대표자)의 직권 또는 토지등소유자 5분의 1 이상의 요구로 추진위원장이 소집한다. 다만, 토지등소유자 5분의 1 이상의 소집요구에도 불구하고 추진위원장이 2주 이상 소집요구에 응하지 아니하는 경우 소집요구한 자의 대표가 소집할 수 있다. ④ 창립총회에서는 ㉠ 조합 정관의 확정, ㉡ 조합의 임원(조합임원)의 선임, ㉢ 대의원의 선임, ㉣ 그 밖에 필요한 사항으로서 사전에 통지한 사항의 업무를 처리한다. ⑤ 창립총회의 의사결정은 토지등소유자(재건축사업의 경우 조합설립에 동의한 토지등소유자로 한정)의 과반수 출석과 출석한 토지등소유자 과반수 찬성으로 결의한다. 다만, 조합임원 및 대의원의 선임은 확정된 정관에서 정하는 바에 따라 선출한다. ⑥ 공공지원 방식으로 시행하는 정비사업 중 추진위원회를 구성하지 아니하는 경우에는 ①부터 ⑤까지에서 규정한 사항 외에 공공시행자 지정의 업무에 대한 절차 등에 필요한 사항을 시 · 도조례로 정할 수 있다.

(2) 추진위원회의 조직

① 추진위원회는 추진위원회를 대표하는 추진위원장 1명과 감사를 두어야 한다. ② 추진위원의 선출에 관한 선거관리는 조합원의 임원구성(총회 결의로 선거관리위원회에 위탁) 규정을 준용한다. ③ 토지등소유자는 추진위원회의 운영규정에 따라 추진위원회에 추진위원의 교체 및 해임을 요구할 수 있으며, 추진위원장이 사임, 해임, 임기만료, 그 밖에 불가피한 사유 등으로 직무를 수행할 수 없는 때부터 6개월 이상 선임되지 아니한 경우 그 업무의 대행에 관하여는 전문조합관리인 선임 규정을 준용한다. ④ ③에 따른 추진위원의 교체 · 해임 절차 등에 필요한 사항은 추진위원회의 운영규정에 따른다. ⑤ 추진위원의 결격사유는 조합임원의 결격사유 규정을 준용한다.

(3) 추진위원회의 운영

① 장관은 추진위원회의 공정한 운영을 위하여 ㉠ 추진위원의 선임방법 및 변경, ㉡ 추진위원의 권리 · 의무, ㉢ 추진위원회의 업무범위, ㉣ 추진위원회의 운영방법, ㉤ 토지등소유자의 운영경비 납부, ㉥ 추진위원회 운영자금의 차입, ㉦ 그 밖에 추진위원회의 운영에 필요한 사항으로서 ⓐ 추진위원회 운영경비의 회계에 관한 사항, ⓑ 정비사업전문관리업자의 선정에 관한 사항, ⓒ 그 밖에 장관이 정비사업의 원활한 추진을 위하여 필요하다고 인정하는 사항을 포함한 추진위원회의 운영규정을 정하여 고시하여야 한다. ② 추진위원회는 운영규정에 따라 운영하여야 하며, 토지등소유자는 운영에 필요한 경비를 운영규정에 따라 납부하여야 한다. ③ 추진위원회는 수행한 업무를 총회(총회)에 보고하여야 하며, 그 업무와 관련된 권리 · 의무는 조합이 포괄승계한다. ④ 추진위원회는 사용경비를 기재한 회계장부 및 관계 서류를 조합설립인가일부터 30일 이내에 조합에 인계하여야 한다. ⑤ 추진위원회의 운영에 필요한 사항은 대통령령으로 정한다.[22)]

22) ① 추진위원회는 ㉠ 안전진단의 결과, ㉡ 정비사업전문관리업자의 선정에 관한 사항, ㉢ 토지등소유자의 부담액 범위를 포함한 개략적인 사업시행계획서, ㉣ 추진위원회 위원의 선정에 관한 사항, ㉤ 토지등소유자의 비용부담을 수반하거나 권리 · 의무에 변동을 일으킬 수 있는 사항, ㉥ 추진위원회의 업무에 관한 사항, ㉦ 창립총회 개최의 방법 및 절차, ◎ 조합설립에 대한 동의철회(반대의 의사표시를 포함) 및 방법, ㉨ 조합설립 동의서에 포함되는 사항을 토지등소유자가 쉽게 접할 수 있는 일정한 장소에 게시하거나 인터넷 등을 통하여 공개하고, 필요한 경우에는 토지등소유자에게 서면통지를 하는 등 토지등소유자가 그 내용을 충분히 알 수 있도록 하여야 한다. 다만, ◎ 및 ㉨의 사항은 조합설립인가 신청일 60일 전까지 추진위원회 구성에 동의한 토지등소유자에게 등기우편으로 통지하여야 한다. ② 추진위원회는 추진위원회의 지출내역서를 매분기별로 토지등소유자가 쉽게 접할 수 있는 일정한 장소에 게시하거나 인터넷 등을 통하여 공개하고, 토지등소유자가 열람할 수 있도록 하여야 한다.

3. 조합설립

(1) 조합설립인가 등

① 시장·군수등, 토지주택공사등 또는 지정개발자가 아닌 자가 정비사업을 시행하려는 경우에는 토지등소유자로 구성된 조합을 설립하여야 한다. 다만, 토지등소유자가 재개발사업을 시행하려는 경우에는 그러하지 아니하다. ② 재개발사업의 추진위원회(추진위원회를 구성하지 아니하는 경우에는 토지등소유자)가 조합을 설립하려면 토지등소유자의 4분의 3 이상 및 토지면적의 2분의 1 이상의 토지소유자의 동의를 받아 ㉠ 정관, ㉡ 정비사업비와 관련된 자료로 ㉮ 설립인가 : ⓐ 조합원 명부 및 해당 조합원의 자격을 증명하는 서류, ⓑ 공사비 등 정비사업에 드는 비용을 기재한 토지등소유자의 조합설립동의서 및 동의사항을 증명하는 서류, ⓒ 창립총회 회의록 및 창립총회참석자 연명부, ⓓ 토지·건축물 또는 지상권을 여럿이서 공유하는 경우에는 그 대표자의 선임 동의서, ⓔ 창립총회에서 임원·대의원을 선임한 때에는 선임된 자의 자격을 증명하는 서류, ⓕ 건축계획(주택을 건축하는 경우에는 주택건설예정세대수를 포함), 건축예정지의 지번·지목 및 등기명의자, 도시·군관리계획상의 용도지역, 대지 및 주변현황을 기재한 사업계획서, ㉯ 변경인가 : 변경내용을 증명하는 서류, ㉢ 그 밖에 시·도조례로 정하는 서류를 첨부하여 시장·군수등의 인가를 받아야 한다.

③ 재건축사업의 추진위원회(추진위원회를 구성하지 아니하는 경우에는 토지등소유자)가 조합을 설립하려는 때에는 주택단지의 공동주택의 각 동(복리시설의 경우에는 주택단지의 복리시설 전체를 하나의 동으로 본다)별 구분소유자의 과반수 동의(공동주택의 각 동별 구분소유자가 5 이하인 경우는 제외)와 주택단지의 전체 구분소유자의 4분의 3 이상 및 토지면적의 4분의 3 이상의 토지소유자의 동의를 받아 ②의 사항을 첨부하여 시장·군수등의 인가를 받아야 한다. ④ 주택단지가 아닌 지역이 정비구역에 포함된 때에는 주택단지가 아닌 지역의 토지 또는 건축물 소유자의 4분의 3 이상 및 토지면적의 3분의 2 이상의 토지소유자의 동의를 받아야 한다. ⑤ 설립된 조합이 인가받은 사항을 변경하고자 하는 때에는 총회에서 조합원의 3분의 2 이상의 찬성으로 의결하고, ②의 사항을 첨부하여 시장·군수등의 인가를 받아야 한다. 다만, 경미한 사항[23]을 변경하려는 때에는

23) ㉠ 착오·오기 또는 누락임이 명백한 사항, ㉡ 조합의 명칭 및 주된 사무소의 소재지와 조합장의 성명 및 주소(조합장의 변경이 없는 경우로 한정), ㉢ 토지 또는 건축물의 매매 등으로 조합원의 권리가 이전된 경우의 조합원의 교체 또는 신규가입, ㉣ 조합임원 또는 대의원의 변경(총회의 의결 또는

총회의 의결 없이 시장·군수등에게 신고하고 변경할 수 있다. ⑥ 조합이 정비사업을 시행하는 경우 주택법 제54조를 적용할 때에는 조합을 사업주체로 보며, 조합설립인가일부터 주택건설사업 등의 등록을 한 것으로 본다. ⑦ 동의서의 내용에 포함되어야 하는 사항은 ㉠ 건설되는 건축물의 설계의 개요, ㉡ 공사비 등 정비사업비용에 드는 비용(정비사업비), ㉢ 정비사업비의 분담기준, ㉣ 사업 완료 후 소유권의 귀속에 관한 사항, ㉤ 조합정관이다.

(2) 토지등소유자의 동의방법 등

① ㉠ 정비구역등 해제의 연장을 요청하는 경우, ㉡ 정비구역의 해제에 동의하는 경우, ㉢ 주거환경개선사업의 시행자를 토지주택공사등으로 지정하는 경우, ㉣ 토지등소유자가 재개발사업을 시행하려는 경우, ㉤ 재개발사업·재건축사업의 공공시행자 또는 지정개발자를 지정하는 경우, ㉥ 조합설립을 위한 추진위원회를 구성하는 경우, ㉦ 추진위원회의 업무가 토지등소유자의 비용부담을 수반하거나 권리·의무에 변동을 가져오는 경우, ㉧ 조합을 설립하는 경우, ㉨ 주민대표회의를 구성하는 경우, ㉩ 사업시행계획인가를 신청하는 경우, ㉪ 사업시행자가 사업시행계획서를 작성하려는 경우에 대한 동의(동의한 사항의 철회 또는 반대의 의사표시를 포함)는 서면동의서에 토지등소유자가 성명을 적고 지장(指章)을 날인하는 방법으로 하며, 주민등록증, 여권 등 신원을 확인할 수 있는 신분증명서의 사본을 첨부하여야 한다.

② 토지등소유자가 해외에 장기체류하거나 법인인 경우 등 불가피한 사유가 있다고 시장·군수등이 인정하는 경우에는 토지등소유자의 인감도장을 찍은 서면동의서에 해당 인감증명서를 첨부하는 방법으로 할 수 있다. ③ 서면동의서를 작성하는 경우 조합설립추진위원회의 동의와 승인 및 조합의 재개발사업, 재건축사업 인가 동의 등의 규정에 해당하는 때에는 시장·군수등이 대통령령으로 정하는 방법(㉠ 동의서에 검인(檢印)을 받으려는 자는 동의서에 기재할 사항을 기재한 후 관련 서류를 첨부하여 시장·군수등에게 검인을 신청하여야 한다. ㉡ 신청을 받은 시장·군수등은 동의서 기재사항의 기재 여부 등 형식적인 사항을 확인하고 해당 동의서에 연번(連番)을 부여한 후 검인을 하여야 한다. ㉢ 시장·군수등은 신청을 받은 날부터 20일 이내에 신청인에게 검인한 동의서를 내주어

대의원회의 의결을 거친 경우로 한정), ㉤ 건설되는 건축물의 설계 개요의 변경, ㉥ 정비사업비의 변경, ㉦ 현금청산으로 인하여 정관에서 정하는 바에 따라 조합원이 변경되는 경우, ㉧ 정비구역 또는 정비계획의 변경에 따라 변경되어야 하는 사항(정비구역 면적이 10퍼센트 이상의 범위에서 변경되는 경우는 제외), ㉨ 그 밖에 시·도조례로 정하는 사항.

야 한다)에 따라 검인(檢印)한 서면동의서를 사용하여야 하며, 검인을 받지 아니한 서면동의서는 그 효력이 발생하지 아니한다.

(3) 토지등소유자의 동의서 재사용의 특례

① 조합설립인가(변경인가를 포함)를 받은 후에 동의서 위조, 동의 철회, 동의율 미달 또는 동의자 수 산정방법에 관한 하자 등으로 다툼이 있는 경우로서 ㉠ 조합설립인가의 무효 또는 취소소송 중에 일부 동의서를 추가 또는 보완하여 조합설립변경인가를 신청하는 때, ㉡ 법원의 판결로 조합설립인가의 무효 또는 취소가 확정되어 조합설립인가를 다시 신청하는 때에는 동의서의 유효성에 다툼이 없는 토지등소유자의 동의서를 다시 사용할 수 있다. ② 조합(①의 ㉡의 경우에는 추진위원회)이 토지등소유자의 동의서를 다시 사용하려면 ㉠ 토지등소유자에게 기존 동의서를 다시 사용할 수 있다는 취지와 반대의사표시의 절차 및 방법을 설명·고지할 것, ㉡ ①의 ㉡의 경우에는 ⓐ 조합설립인가의 무효 또는 취소가 확정된 조합과 새롭게 설립하려는 조합이 추진하려는 정비사업의 목적과 방식이 동일할 것, ⓑ 조합설립인가의 무효 또는 취소가 확정된 날부터 3년의 범위에서 새로운 조합을 설립하기 위한 창립총회를 개최할 것의 요건을 충족하여야 한다.

③ 토지등소유자의 동의서 재사용의 요건(정비사업의 내용 및 정비계획의 변경범위 등을 포함), 방법 및 절차 등은 ㉠ ①의 ㉠의 경우: Ⓐ 토지등소유자에게 기존 동의서를 다시 사용할 수 있다는 취지와 반대의사표시의 절차 및 방법을 서면으로 설명·고지할 것, Ⓑ 60일 이상의 반대의사 표시기간을 Ⓐ의 서면에 명백히 적어 부여할 것, ㉡ ①의 ㉡의 경우: ⓐ 토지등소유자에게 기존 동의서를 다시 사용할 수 있다는 취지와 반대의사표시의 절차 및 방법을 서면으로 설명·고지할 것, ⓑ 90일 이상의 반대의사 표시기간을 ⓐ의 서면에 명백히 적어 부여할 것, ⓒ 정비구역, 조합정관, 정비사업비, 개인별 추정분담금, 신축되는 건축물의 연면적 등 정비사업의 변경내용을 ⓐ의 서면에 포함할 것, ⓓ 정비구역 면적의 변경, 정비사업비의 증가(현금청산 금액은 제외), 신축되는 건축물의 연면적 변경의 범위가 모두 100분의 10 미만일 것, ⓔ 조합설립인가의 무효 또는 취소가 확정된 조합과 새롭게 설립하려는 조합이 추진하려는 정비사업의 목적과 방식이 동일할 것, ⓕ 조합설립의 무효 또는 취소가 확정된 날부터 3년 내에 새로운 조합을 설립하기 위한 창립총회를 개최할 것으로 한다.

(4) 조합의 법인격 등 및 등기

① 조합은 법인으로 한다. ② 조합은 조합설립인가를 받은 날부터 30일 이내에 주된

사무소의 소재지에서 ⓐ 설립목적, ⓑ 조합의 명칭, ⓒ 주된 사무소의 소재지, ⓓ 설립인가일, ⓔ 임원의 성명 및 주소, ⓕ 임원의 대표권을 제한하는 경우에는 그 내용을 등기하는 때에 성립한다. ③ 조합은 명칭에 "정비사업조합"이라는 문자를 사용하여야 한다. 조합에 관하여는 이 법에 규정된 사항을 제외하고는 민법 중 사단법인에 관한 규정을 준용한다.

(5) 조합원의 자격 등

① 정비사업의 조합원(사업시행자가 신탁업자인 경우에는 위탁자)은 토지등소유자(재건축사업의 경우에는 재건축사업에 동의한 자만 해당)로 하되, ㉠ 토지 또는 건축물의 소유권과 지상권이 여러 명의 공유에 속하는 때, ㉡ 여러 명의 토지등소유자가 1세대에 속하는 때, ㉢ 조합설립인가 후 1명의 토지등소유자로부터 토지 또는 건축물의 소유권이나 지상권을 양수하여 여러 명이 소유하게 된 때에는 그 여러 명을 대표하는 1명을 조합원으로 본다. 다만, 공공기관지방이전 및 혁신도시 활성화를 위한 시책 등에 따라 이전하는 공공기관이 소유한 토지 또는 건축물을 양수한 경우 양수한 자(공유의 경우 대표자 1명)를 조합원으로 본다. ② 주택법에 따른 투기과열지구로 지정된 지역에서 재건축사업을 시행하는 경우에는 조합설립인가 후, 재개발사업을 시행하는 경우에는 관리처분계획의 인가 후 해당 정비사업의 건축물 또는 토지를 양수(매매 · 증여, 그 밖의 권리의 변동을 수반하는 일체의 행위를 포함하되, 상속 · 이혼으로 인한 양도 · 양수의 경우는 제외)한 자는 조합원이 될 수 없다. 다만, 양도인이 [㉠ 세대원(세대주가 포함된 세대의 구성원)의 근무상 또는 생업상의 사정이나 질병치료(의료기관의 장이 1년 이상의 치료나 요양이 필요하다고 인정하는 경우로 한정) · 취학 · 결혼으로 세대원이 모두 해당 사업구역에 위치하지 아니한 특광시도, 시 또는 군으로 이전하는 경우, ㉡ 상속으로 취득한 주택으로 세대원 모두 이전하는 경우, ㉢ 세대원 모두 해외로 이주하거나 세대원 모두 2년 이상 해외에 체류하려는 경우, ㉣ 1세대(1세대에 속하는 때) 1주택자로서 양도하는 주택에 대한 소유기간 및 거주기간이 대통령령으로 정하는 기간 이상인 경우(ⓐ 소유기간: 10년, ⓑ 거주기간(주민등록표를 기준으로 하며, 소유자가 거주하지 아니하고 소유자의 배우자나 직계존비속이 해당 주택에 거주한 경우에는 그 기간을 합산): 5년). 이 경우 소유자가 피상속인으로부터 주택을 상속받아 소유권을 취득한 경우에는 피상속인의 주택의 소유기간 및 거주기간을 합산한다. ㉤ 그 밖에 불가피한 사정으로 양도하는 경우로서 대통령령으로 정하는 경우[24]에 해당하는 경우] 그 양도인으로부터 그 건축물 또는 토지를 양수한 자는

그러하지 아니하다. ③ 사업시행자는 조합원의 자격을 취득할 수 없는 경우 정비사업의 토지, 건축물 또는 그 밖의 권리를 취득한 자에게 손실보상을 하여야 한다.

(6) 정관의 기재사항 등

① 조합의 정관에는 [조합의 명칭 및 사무소의 소재지, 조합원의 자격, 조합원의 제명·탈퇴 및 교체, 정비구역의 위치 및 면적, 조합임원의 수 및 업무의 범위, 조합임원의 권리·의무·보수·선임방법·변경 및 해임, 대의원의 수, 선임방법, 선임절차 및 대의원회의의결방법, 조합의 비용부담 및 조합의 회계, 정비사업의 시행연도 및 시행방법, 총회의 소집 절차·시기 및의결방법, 총회의 개최 및 조합원의 총회소집 요구, 이자 지급, 정비사업비의 부담 시기 및 절차, 정비사업이 종결된 때의 청산절차, 청산금의 징수·지급의 방법 및 절차, 시공자·설계자의 선정 및 계약서에 포함될 내용, 정관의 변경절차, 그 밖에 정비사업의 추진 및 조합의 운영을 위하여 필요한 사항으로서 대통령령으로 정하는 사항[25])]이 포함되어야 한다. ② 장관은 표준정관을 작성하여 보급할 수 있다. ③ 조합이 정관을 변경하려는 경우에는 총회를 개최하여 조합원 과반수의 찬성으로 시장·군수등의 인가를 받아야 한다. 다만, [ⓐ 조합원의 자격, ⓑ 조합원의 제명·탈퇴 및 교체, ⓒ 정비구역의 위치 및 면적, ⓓ 정비사업비의 부담 시기 및 절차, ⓔ 조합의 비용부담 및 조합의 회계, ⓕ 시공자·설계자의 선정 및 계약서에 포함될 내용]의 경우에는 조합원 3분의 2 이상의 찬성으로 한다. ④ 경미한 사항[26])을 변경하려는 때에는 이 법 또는 정관으로

24) ⓐ 조합설립인가일부터 3년 이상 사업시행인가 신청이 없는 재건축사업의 건축물을 3년 이상 계속하여 소유하고 있는 자(소유기간을 산정할 때 소유자가 피상속인으로부터 상속받아 소유권을 취득한 경우에는 피상속인의 소유기간을 합산)가 사업시행인가 신청 전에 양도하는 경우, ⓑ 사업시행계획인가일부터 3년 이내에 착공하지 못한 재건축사업의 토지 또는 건축물을 3년 이상 계속하여 소유하고 있는 자가 착공 전에 양도하는 경우, ⓒ 착공일부터 3년 이상 준공되지 아니한 재건축사업의 토지를 3년 이상 계속하여 소유하고 있는 경우, ⓓ 토지등소유자로부터 상속·이혼으로 인하여 토지 또는 건축물을 소유한 자, ⓔ 국가·지방자치단체 및 금융기관에 대한 채무를 이행하지 못하여 재건축사업의 토지 또는 건축물이 경매 또는 공매되는 경우, ⓕ 주택법에 따른 투기과열지구로 지정되기 전에 건축물 또는 토지를 양도하기 위한 계약(계약금 지급 내역 등으로 계약일을 확인할 수 있는 경우로 한정)을 체결하고, 투기과열지구로 지정된 날부터 60일 이내에 부동산 거래의 신고를 한 경우.

25) 정비사업의 종류 및 명칭, 임원의 임기, 업무의 분담 및 대행 등에 관한 사항, 대의원회의 구성, 개회와 기능,의결권의 행사방법 및 그 밖에 회의의 운영에 관한 사항, 정비사업의 공동시행에 관한 사항, 정비사업전문관리업자에 관한 사항, 정비사업의 시행에 따른 회계 및 계약에 관한 사항, 정비기반시설 및 공동이용시설의 부담에 관한 개략적인 사항, 공고·공람 및 통지의 방법, 토지 및 건축물 등에 관한 권리의 평가방법에 관한 사항, 관리처분계획 및 청산(분할징수 또는 납입에 관한 사항을 포함)에 관한 사항, 사업시행계획서의 변경에 관한 사항, 조합의 합병 또는 해산에 관한 사항, 임대주택의 건설 및 처분에 관한 사항, 총회의의결을 거쳐야 할 사항의 범위, 조합원의 권리·의무에 관한 사항, 조합직원의 채용 및 임원 중 상근임원의 지정에 관한 사항과 직원 및 상근임원의 보수에 관한 사항, 그 밖에 시·도조례로 정하는 사항.

26) ⓐ 조합의 명칭 및 사무소의 소재지에 관한 사항, ⓑ 조합임원의 수 및 업무의 범위에 관한 사항,

정하는 방법에 따라 변경하고 시장 · 군수등에게 신고하여야 한다.

4. 조합의 임원

(1) 조합의 임원 구성

① 조합은 ㉠ 조합장 1명, ㉡ 이사, ㉢ 감사를 둔다. ② 조합의 이사와 감사의 수는 정관으로 정한다. 조합에 두는 이사의 수는 3명 이상으로 하고, 감사의 수는 1명 이상 3명 이하로 한다. 다만, 토지등소유자의 수가 100인을 초과하는 경우에는 이사의 수를 5명 이상으로 한다. ③ 조합은 총회의결을 거쳐 조합임원의 선출에 관한 선거관리를 선거관리위원회에 위탁할 수 있다. ④ 조합임원의 임기는 3년 이하의 범위에서 정관으로 정하되, 연임할 수 있다. ⑤ 조합임원의 선출방법 등은 정관으로 정한다. 다만, 시장 · 군수등은 조합임원이 사임, 해임, 임기만료, 그 밖에 불가피한 사유 등으로 직무를 수행할 수 없는 때부터 6개월 이상 선임되지 아니한 경우 시 · 도조례로 정하는 바에 따라 변호사 · 회계사 · 기술사 등으로서 대통령령으로 정하는 요건을 갖춘 자를 전문조합관리인으로 선정하여 조합임원의 업무를 대행하게 할 수 있고, 전문조합관리인의 선정절차, 업무집행 등은 대통령령으로 정한다.[27)]

ⓒ 조합임원의 권리 · 의무 · 보수 · 선임방법 · 변경 및 해임에 관한 사항, ⓓ 총회의 소집 절차 · 시기 및의결방법에 관한 사항, ⓔ 임원의 임기, 업무의 분담 및 대행 등에 관한 사항, ⓕ 대의원회의 구성, 개회와 기능,의결권의 행사방법, 그 밖에 회의의 운영에 관한 사항, ⓖ 정비사업전문관리업자에 관한 사항, ⓗ 공고 · 공람 및 통지의 방법에 관한 사항, ⓘ 임대주택의 건설 및 처분에 관한 사항, ⓙ 총회의의결을 거쳐야 할 사항의 범위에 관한 사항, ⓚ 조합직원의 채용 및 임원 중 상근임원의 지정에 관한 사항과 직원 및 상근임원의 보수에 관한 사항, ⓛ 그 밖에 시 · 도조례로 정하는 사항.

27) **(전문조합관리인)** ① 전문조합관리인 요건(대통령령으로 정하는 요건을 갖춘 자) : ㉠ ⓐ 변호사, ⓑ 공인회계사, ⓒ 법무사, ⓓ 세무사, ⓔ 건축사, ⓕ 도시계획 · 건축분야의 기술사, ⓖ 감정평가사, ⓗ 행정사(일반행정사)에 해당하는 자격을 취득한 후 정비사업 관련 업무에 5년 이상 종사한 경력이 있는 사람, ㉡ 조합임원으로 5년 이상 종사한 사람, ㉢ 공무원 또는 공공기관의 임직원으로 정비사업 관련 업무에 5년 이상 종사한 사람, ㉣ 정비사업전문관리업자에 소속되어 정비사업 관련 업무에 10년 이상 종사한 사람, ㉤ 건설업자에 소속되어 정비사업 관련 업무에 10년 이상 종사한 사람, ㉥ ㉠부터 ㉤까지의 경력을 합산한 경력이 5년 이상인 사람(이 경우 같은 시기의 경력은 중복하여 계산하지 아니하며, ㉣ 및 ㉤의 경력은 2분의 1만 포함하여 계산한다) ② 시장 · 군수등은 전문조합관리인의 선정이 필요하다고 인정하거나 조합원(추진위원회의 경우에는 토지등소유자) 3분의 1 이상이 전문조합관리인의 선정을 요청하면 공개모집을 통하여 전문조합관리인을 선정할 수 있다. 이 경우 조합 또는 추진위원회의의견을 들어야 한다. ③ 전문조합관리인은 선임 후 6개월 이내에 교육을 60시간 이상 받아야 한다. 다만, 선임 전 최근 3년 이내에 해당 교육을 60시간 이상 받은 경우에는 그러하지 아니하다. ④ 전문조합관리인의 임기는 3년으로 한다.

(2) 조합임원의 직무 등

① 조합장은 조합을 대표하고, 그 사무를 총괄하며, 총회 또는 대의원회의의장이 된다. ② 조합장이 대의원회의의장이 되는 경우에는 대의원으로 본다. ③ 조합장 또는 이사가 자기를 위하여 조합과 계약이나 소송을 할 때에는 감사가 조합을 대표한다. ④ 조합임원은 같은 목적의 정비사업을 하는 다른 조합의 임원 또는 직원을 겸할 수 없다.

(3) 조합임원의 결격사유 및 해임

① ㉠ 미성년자 · 피성년후견인 또는 피한정후견인, ㉡ 파산선고를 받고 복권되지 아니한 자, ㉢ 금고 이상의 실형을 선고받고 그 집행이 종료(종료된 것으로 보는 경우를 포함)되거나 집행이 면제된 날부터 2년이 경과되지 아니한 자, ㉣ 금고 이상의 형의 집행유예를 받고 그 유예기간 중에 있는 자, ㉤ 이 법을 위반하여 벌금 100만원 이상의 형을 선고받고 5년이 지나지 아니한 자는 조합임원이 될 수 없다. ② 조합임원이 ①에 해당하게 되거나 선임 당시 그에 해당하는 자이었음이 판명된 때에는 당연 퇴임한다. ③ 퇴임된 임원이 퇴임 전에 관여한 행위는 그 효력을 잃지 아니한다. ④ 조합임원은 조합원 10분의 1 이상의 요구로 소집된 총회에서 조합원 과반수의 출석과 출석 조합원 과반수의 동의를 받아 해임할 수 있다. 이 경우 요구자 대표로 선출된 자가 해임 총회의 소집 및 진행을 할 때에는 조합장의 권한을 대행한다.

5. 총회 및 대의원회

(1) 총회의 소집

① 조합에는 조합원으로 구성되는 총회를 둔다. ② 총회는 조합장이 직권으로 소집하거나 조합원 5분의 1 이상 또는 대의원 3분의 2 이상의 요구로 조합장이 소집한다. ③ 조합임원의 사임, 해임 또는 임기만료 후 6개월 이상 조합임원이 선임되지 아니한 경우에는 시장 · 군수등이 조합임원 선출을 위한 총회를 소집할 수 있다. ④ 총회를 소집하려는 자는 총회가 개최되기 7일 전까지 회의 목적 · 안건 · 일시 및 장소를 정하여 조합원에게 통지하여야 한다. ⑤ 총회의 소집 절차 · 시기 등에 필요한 사항은 정관으로 정한다.

(2) 총회의의결

① [㉠ 정관의 변경(경미한 사항의 변경은 이 법 또는 정관에서 총회의결사항으로 정

한 경우로 한정), ㉡ 자금의 차입과 그 방법 · 이자율 및 상환방법, ㉢ 정비사업비의 사용, ㉣ 예산으로 정한 사항 외에 조합원에게 부담이 되는 계약, ㉤ 시공자 · 설계자 또는 감정평가업자(시장 · 군수등이 선정 · 계약하는 감정평가업자는 제외)의 선정 및 변경(다만, 감정평가업자 선정 및 변경은 총회의의결을 거쳐 시장 · 군수등에게 위탁할 수 있다), ㉥ 정비사업전문관리업자의 선정 및 변경, ㉦ 조합임원의 선임 및 해임, ㉧ 정비사업비의 조합원별 분담내역, ㉨ 사업시행계획서의 작성 및 변경(정비사업의 중지 또는 폐지에 관한 사항을 포함하며, 경미한 변경은 제외), ㉩ 관리처분계획의 수립 및 변경(경미한 변경은 제외), ㉪ 청산금의 징수 · 지급(분할징수 · 분할지급을 포함)과 조합 해산 시의 회계보고, ㉫ 부과금 등 비용의 조달에 따른 비용의 금액 및 징수방법, ㉬ 그 밖에 조합원에게 경제적 부담을 주는 사항 등 주요한 사항을 결정하기 위하여 대통령령 또는 정관으로 정하는 사항(ⓐ 조합의 합병 또는 해산에 관한 사항, ⓑ 대의원의 선임 및 해임에 관한 사항, ⓒ 건설되는 건축물의 설계 개요의 변경, ⓓ 정비사업비의 변경)]은 총회의의결을 거쳐야 한다.

② 이 법 또는 정관에 따라 조합원의 동의가 필요한 사항은 총회에 상정하여야 한다. ③ 총회의의결은 이 법 또는 정관에 다른 규정이 없으면 조합원 과반수의 출석과 출석 조합원의 과반수 찬성으로 한다. ④ ①의 ㉨ 및 ㉩의 경우에는 조합원 과반수의 찬성으로 의결한다. 다만, 정비사업비가 100분의 10(생산자물가상승률분, 손실보상 금액은 제외) 이상 늘어나는 경우에는 조합원 3분의 2 이상의 찬성으로 의결하여야 한다. ⑤ 조합원은 서면으로 의결권을 행사하거나 ㉠ 조합원이 권한을 행사할 수 없어 배우자, 직계존비속 또는 형제자매 중에서 성년자를 대리인으로 정하여 위임장을 제출하는 경우, ㉡ 해외에 거주하는 조합원이 대리인을 지정하는 경우, ㉢ 법인인 토지등소유자가 대리인을 지정하는 경우(이 경우 법인의 대리인은 조합임원 또는 대의원으로 선임될 수 있다)에는 대리인을 통하여 의결권을 행사할 수 있다. 서면으로 의결권을 행사하는 경우에는 정족수를 산정할 때에 출석한 것으로 본다.

⑥ 총회의의결은 조합원의 100분의 10 이상이 직접 출석하여야 한다. 다만, [ⓐ 창립총회, ⓑ 사업시행계획서의 작성 및 변경, ⓒ 관리처분계획의 수립 및 변경, ⓓ 정비사업비의 사용 및 변경]의 경우에는 조합원의 100분의 20 이상이 직접 출석하여야 한다. ⑦ 총회의의결방법 등에 필요한 사항은 정관으로 정한다.

(3) 대의원회

① 조합원의 수가 100명 이상인 조합은 대의원회를 두어야 한다. ② 대의원회는 조합원의 10분의 1 이상으로 구성한다(조합원의 10분의 1이 100명을 넘는 경우에는 조합원의 10분의 1의 범위에서 100명 이상으로 구성가능). ③ 조합장이 아닌 조합임원은 대의원이 될 수 없다. ④ 대의원회는 총회의의결사항 중 대통령령으로 정하는 사항[28] 외에는 총회의 권한을 대행할 수 있다. ⑤ 대의원의 수, 선임방법, 선임절차 및 대의원회의의결방법 등은 정관으로 정한다.[29]

---

28) **(대의원회가 총회의 권한을 대항할 수 없는 사항)** ㉠ 정관의 변경에 관한 사항(경미한 사항의 변경은 법 또는 정관에서 총회의결사항으로 정한 경우로 한정), ㉡ 자금의 차입과 그 방법·이자율 및 상환방법에 관한 사항, ㉢ 예산으로 정한 사항 외에 조합원에게 부담이 되는 계약에 관한 사항, ㉣ 시공자·설계자 또는 감정평가업자(시장·군수등이 선정·계약하는 감정평가업자는 제외)의 선정 및 변경에 관한 사항, ㉤ 정비사업전문관리업자의 선정 및 변경에 관한 사항, ㉥ 조합임원의 선임 및 해임과 대의원의 선임 및 해임에 관한 사항(다만, 정관으로 정하는 바에 따라 임기중 궐위된 자(조합장은 제외)를 보궐선임하는 경우를 제외), ㉦ 사업시행계획서의 작성 및 변경에 관한 사항(정비사업의 중지 또는 폐지에 관한 사항을 포함하며, 경미한 변경은 제외), ㉧ 관리처분계획의 수립 및 변경에 관한 사항(경미한 변경은 제외), ㉨ 총회에 상정하여야 하는 사항, ㉩ 조합의 합병 또는 해산에 관한 사항(다만, 사업완료로 인한 해산의 경우는 제외), ㉪ 건설되는 건축물의 설계 개요의 변경에 관한 사항, ㉫ 정비사업비의 변경에 관한 사항.

29) **(대의원회 운영 등)** ① 대의원은 조합원 중에서 선출하며, 대의원의 선임 및 해임, 대의원의 수(조합원의 10분의 1이상의 범위)는 정관으로 정한다. ② 대의원회는 조합장이 필요하다고 인정하는 때에 소집한다. 다만, ㉠ 정관으로 정하는 바에 따라 소집청구가 있는 때, ㉡ 대의원의 3분의 1 이상(정관으로 달리 정한 경우에는 그에 따른다)이 회의의 목적사항을 제시하여 청구하는 때에는 조합장은 해당일부터 14일 이내에 대의원회를 소집하여야 한다. ③ ②에 따른 소집청구가 있는 경우로서 조합장이 ② 외의 부분 단서에 따른 기간 내에 정당한 이유 없이 대의원회를 소집하지 아니한 때에는 감사가 지체 없이 이를 소집하여야 하며, 감사가 소집하지 아니하는 때에는 ②에 따라 소집을 청구한 사람의 대표가 소집한다. 이 경우 미리 시장·군수등의 승인을 받아야 한다. ④ ③에 따라 대의원회를 소집하는 경우에는 소집주체에 따라 감사 또는 ②에 따라 소집을 청구한 사람의 대표가의장의 직무를 대행한다. ⑤ 의원회의 소집은 집회 7일 전까지 그 회의의 목적·안건·일시 및 장소를 기재한 서면을 대의원에게 통지하는 방법에 따른다. 이 경우 정관으로 정하는 바에 따라 대의원회의 소집내용을 공고하여야 한다. ⑥ ⑧ 대의원회는 재적대의원 과반수의 출석과 출석대의원 과반수의 찬성으로 의결한다. 다만, 그 이상의 범위에서 정관으로 달리 정하는 경우에는 그에 따른다. ⑦ 대의원회는 ⑤의 전단에 따라 사전에 통지한 안건만의결할 수 있다. 다만, 사전에 통지하지 아니한 안건으로서 대의원회의 회의에서 정관으로 정하는 바에 따라 채택된 안건의 경우에는 그러하지 아니하다. ⑧ 특정한 대의원의 이해와 관련된 사항에 대해서는 그 대의원은의결권을 행사할 수 없다.

6. 주민대표회의 등

(1) 주민대표회의

① 토지등소유자가 시장·군수등 또는 토지주택공사등의 사업시행을 원하는 경우에는 정비구역 지정·고시 후 주민대표기구(주민대표회의)를 구성하여야 한다. 대표회의는 위원장과 부위원장 각 1명과 1명 이상 3명 이하의 감사를 둔다. ② 주민대표회의는 위원장을 포함하여 5명 이상 25명 이하로 구성한다. ③ 주민대표회의는 토지등소유자의 과반수의 동의를 받아 구성하며, 시장·군수등의 승인을 받아야 한다.[30] ④ 주민대표회의의 구성에 동의한 자는 사업시행자의 지정에 동의한 것으로 본다. 다만, 사업시행자의 지정 요청 전에 시장·군수등 및 주민대표회의에 사업시행자의 지정에 대한 반대의의사표시를 한 토지등소유자의 경우에는 그러하지 아니하다. ⑤ 주민대표회의 또는 세입자(상가세입자를 포함)는 사업시행자가 [㉠ 건축물의 철거, ㉡ 주민의 이주(세입자의 퇴거에 관한 사항을 포함), ㉢ 토지 및 건축물의 보상(세입자에 대한 주거이전비 등 보상에 관한 사항을 포함), ㉣ 정비사업비의 부담 및 부담의 변경에 관한 사항, ㉤ 세입자에 대한 임대주택의 공급 및 입주자격, ㉥ 시공자의 추천, ㉦ 관리처분계획 및 청산에 관한 사항(주거환경개선사업은 제외) 및 이에 따른 사항의 변경에 관한 사항]에 관하여 시행규정을 정하는 때에 의견을 제시할 수 있다. 이 경우 사업시행자는 주민대표회의 또는 세입자의의견을 반영하기 위하여 노력하여야 한다. ⑥ 시장·군수등 또는 토지주택공사등은 주민대표회의의 운영에 필요한 경비의 일부를 해당 정비사업비에서 지원할 수 있고, 주민대표회의의 위원의 선출·교체 및 해임, 운영방법, 운영비용의 조달 그 밖에 주민대표회의의 운영에 필요한 사항은 주민대표회의가 정한다.

(2) 토지등소유자 전체회의

① 사업시행자로 지정된 신탁업자는 [㉠ 시행규정의 확정 및 변경, ㉡ 정비사업비의 사용 및 변경, ㉢ 정비사업전문관리업자와의 계약 등 토지등소유자의 부담이 될 계약, ㉣ 시공자의 선정 및 변경, ㉤ 정비사업비의 토지등소유자별 분담내역, ㉥ 자금의 차입과 그

30) (주민대표회의의 구성승인 신청 등) 주민대표회의를 구성하여 승인을 받으려는 토지등소유자는 주민대표회의 승인신청서(전자문서로 된 신청서를 포함)에 ㉠ 주민대표회의가 정하는 운영규정, ㉡ 토지등소유자의 주민대표회의 구성 동의서, ㉢ 주민대표회의 위원장·부위원장 및 감사의 주소 및 성명, ㉣ 주민대표회의 위원장·부위원장 및 감사의 선임을 증명하는 서류, ㉤ 토지등소유자의 명부의 서류(전자문서를 포함)를 첨부하여 시장·군수등에게 제출하여야 한다.

방법 · 이자율 및 상환방법, ㉦ 사업시행계획서의 작성 및 변경(정비사업의 중지 또는 폐지에 관한 사항을 포함하며, 경미한 변경은 제외), ㉧ 관리처분계획의 수립 및 변경(경미한 변경은 제외), ㉨ 청산금의 징수 · 지급(분할징수 · 분할지급을 포함)과 조합 해산 시의 회계보고, ㉩ 부과금의 징수에 따른 비용의 금액 및 징수방법, ㉪ 그 밖에 토지등소유자에게 부담이 되는 것으로 시행규정으로 정하는 사항]에 관하여 해당 정비사업의 토지등소유자(재건축사업의 경우에는 신탁업자를 사업시행자로 지정하는 것에 동의한 토지등소유자 전원으로 구성되는 회의(토지등소유자 전체회의)의의결을 거쳐야 한다. ② 토지등소유자 전체회의는 사업시행자가 직권으로 소집하거나 토지등소유자 5분의 1 이상의 요구로 사업시행자가 소집한다.

Ⅲ. 사업시행계획 등

1. 사업시행계획인가 등

(1) 사업시행계획인가

① 사업시행자(공동시행의 경우를 포함하되, 사업시행자가 시장 · 군수등인 경우는 제외)는 정비사업을 시행하려는 경우에는 사업시행계획서에 정관등과 그 밖에 서류를 첨부하여 시장 · 군수등에게 제출하고 사업시행계획인가를 받아야 하고, 인가받은 사항을 변경하거나 정비사업을 중지 또는 폐지하려는 경우에도 또한 같다. 다만, 경미한 사항을 변경하려는 때에는 시장 · 군수등에게 신고하여야 한다.[31] ② 시장 · 군수등은 특별한 사유가

---

31) **(시장 · 군수등에게 신고대상-사업시행계획인가의 경미한 변경)** ㉠ 정비사업비를 10퍼센트의 범위에서 변경하거나 관리처분계획의 인가에 따라 변경하는 때(다만, 국민주택을 건설하는 사업인 경우에는 주택도시기금의 지원금액이 증가되지 아니하는 경우만 해당), ㉡ 건축물이 아닌 부대시설 · 복리시설의 설치규모를 확대하는 때(위치가 변경되는 경우는 제외), ㉢ 대지면적을 10퍼센트의 범위에서 변경하는 때, ㉣ 세대수와 세대당 주거전용면적(바닥 면적에 산입되는 면적으로서 사업시행자가 공급하는 주택의 면적)을 변경하지 아니하고 세대당 주거전용면적의 10퍼센트의 범위에서 세대 내부구조의 위치 또는 면적을 변경하는 때, ㉤ 내장재료 또는 외장재료를 변경하는 때, ㉥ 사업시행계획인가의 조건으로 부과된 사항의 이행에 따라 변경하는 때, ㉦ 건축물의 설계와 용도별 위치를 변경하지 아니하는 범위에서 건축물의 배치 및 주택단지 안의 도로선형을 변경하는 때, ㉧ 허가 · 신고사항의 변경(변경되는 부분의 바닥면적의 합계가 50제곱미터 이하인 경우, 변경되는 부분이 연면적 합계의 10분의1 이하인 경우, 대수선에 해당하는 경우, 변경되는 부분의 높이가 1미터 이하이거나 전체 높이의 10분의1이하인 경우, 건축 중인 부분의 위치가 1미터 이내에서 변경되는 경우)에 해당하는 사항을 변경하는 때, ㉨ 사업시행자의 명칭 또는 사무소 소재지를 변경하는 때, ㉩ 정비구역 또는 정비계획의 변경에 따라 사업시행계획서를 변경하는 때, ㉪ 조합설립변경 인가에 따라 사업시행계획서를 변경하는 때, ㉫ 그 밖에 시 · 도조례로 정하는 사항을 변경하는 때.

없으면 사업시행계획서의 제출이 있은 날부터 60일 이내에 인가 여부를 결정하여 사업시행자에게 통보하여야 한다. ③ 사업시행자(시장·군수등 또는 토지주택공사등은 제외)는 사업시행계획인가를 신청하기 전에 미리 총회의의결을 거쳐야 하며, 인가받은 사항을 변경하거나 정비사업을 중지 또는 폐지하려는 경우에도 또한 같다. 다만, ①의 단서에 따른 경미한 사항의 변경은 총회의의결을 필요로 하지 아니한다. ④ 토지등소유자가 재개발사업을 시행하려는 경우에는 사업시행계획인가를 신청하기 전에 사업시행계획서에 대하여 토지등소유자의 4분의 3 이상 및 토지면적의 2분의 1 이상의 토지소유자의 동의를 받아야 한다. 다만, 인가받은 사항을 변경하려는 경우에는 규약으로 정하는 바에 따라 토지등소유자의 과반수의 동의를 받아야 하며, ①의 단서에 따른 경미한 사항의 변경인 경우에는 토지등소유자의 동의를 필요로 하지 아니한다. ⑤ 지정개발자가 정비사업을 시행하려는 경우에는 사업시행계획인가를 신청하기 전에 토지등소유자의 과반수의 동의 및 토지면적의 2분의 1 이상의 토지소유자의 동의를 받아야 한다. 다만, ①의 단서에 따른 경미한 사항의 변경인 경우에는 토지등소유자의 동의를 필요로 하지 아니한다. ⑥ 사업시행자는 토지등소유자의 동의를 필요로 하지 아니한다. ⑦ 시장·군수등은 사업시행계획인가(시장·군수등이 사업시행계획서를 작성한 경우를 포함)를 하거나 정비사업을 변경·중지 또는 폐지하는 경우에는 그 내용을 해당 지방자치단체의 공보에 고시하여야 한다.[32] 다만, ①의 단서에 따른 경미한 사항을 변경하려는 경우에는 그러하지 아니하다.

(2) 사업시행계획서의 작성

① 사업시행자가 정비계획의 사업시행계획서 작성에 포함해야 할 사항 : ㉠ 토지이용계획(건축물배치계획을 포함), ㉡ 정비기반시설 및 공동이용시설의 설치계획, ㉢ 임시거주시설을 포함한 주민이주대책, ㉣ 세입자의 주거 및 이주 대책, ㉤ 사업시행기간 동안 정비구역 내 가로등 설치, 폐쇄회로 텔레비전 설치 등 범죄예방대책, ㉥ 임대주택의 건설계획(재건축사업의 경우는 제외), ㉦ 소형주택의 건설계획(주거환경개선사업의 경우는 제

32) **(사업시행계획인가의 고시)** 시장·군수등은 사업시행계획인가(시장·군수등이 사업시행계획서를 작성한 경우를 포함)를 하거나 그 정비사업을 변경·중지 또는 폐지하는 경우에는 ㉠ 사업시행계획인가 : ⓐ 정비사업의 종류 및 명칭, ⓑ 정비구역의 위치 및 면적, ⓒ 사업시행자의 성명 및 주소(법인인 경우에는 법인의 명칭 및 주된 사무소의 소재지와 대표자의 성명 및 주소), ⓓ 정비사업의 시행기간, ⓔ 사업시행계획인가일, ⓕ 수용 또는 사용할 토지 또는 건축물의 명세 및 소유권 외의 권리의 명세(해당하는 사업을 시행하는 경우로 한정), ⓖ 건축물의 대지면적·건폐율·용적률·높이·용도 등 건축계획에 관한 사항, ⓗ 주택의 규모 등 주택건설계획, ⓘ 정비기반시설 및 토지 등의 귀속에 관한 사항, ㉡ 변경·중지 또는 폐지인가 : ⓐ ㉠의 ⓐ부터 ⓔ까지의 사항, ⓑ 변경·중지 또는 폐지의 사유 및 내용의 구분에 따른 사항을 해당 지방자치단체의 공보에 고시하여야 한다. 시장·군수등은 고시한 내용을 해당 지방자치단체의 인터넷 홈페이지에 실어야 한다.

외), ⓞ 공공지원민간임대주택 또는 임대관리 위탁주택의 건설계획(필요한 경우로 한정), ⓧ 건축물의 높이 및 용적률 등에 관한 건축계획, ⓩ 정비사업의 시행과정에서 발생하는 폐기물의 처리계획, ⓚ 교육시설의 교육환경 보호에 관한 계획(정비구역부터 200미터 이내에 교육시설이 설치되어 있는 경우로 한정), ⓣ 정비사업비, ⓟ 그 밖에 사업시행을 위한 사항으로서 시·도조례로 정하는 사항.[33] ② 사업시행자가 사업시행계획서에 공공주택 특별법(공공임대주택, 공공분양주택)에 따른 공공주택건설계획을 포함하는 경우에는 공공주택의 구조·기능 및 설비에 관한 기준과 부대시설·복리시설의 범위, 설치기준 등에 필요한 사항은 동법에 따른다.

(3) 시행규정의 작성

시장·군수등, 토지주택공사등 또는 신탁업자가 단독으로 정비사업을 시행하는 경우[㉠ 정비사업의 종류 및 명칭, ㉡ 정비사업의 시행연도 및 시행방법, ㉢ 비용부담 및 회계, ㉣ 토지등소유자의 권리·의무, ㉤ 정비기반시설 및 공동이용시설의 부담, ㉥ 공고·공람 및 통지의 방법, ㉦ 토지 및 건축물에 관한 권리의 평가방법, ㉧ 관리처분계획 및 청산(분할징수 또는 납입에 관한 사항을 포함)(다만, 수용의 방법으로 시행하는 경우는 제외), ㉨ 시행규정의 변경, ㉩ 사업시행계획서의 변경, ㉪ 토지등소유자 전체회의(신탁업자가 사업시행자인 경우로 한정), ㉫ 그 밖에 시·도조례로 정하는 사항]을 포함하는 시행규정을 작성하여야 한다.

(4) 관계 서류의 공람과의견청취

① 시장·군수등은 사업시행계획인가를 하거나 사업시행계획서를 작성하려는 경우에는 관계 서류의 사본을 14일 이상 일반인이 공람할 수 있게 하여야 한다(경미한 사항 변경은 제외). ② 토지등소유자 또는 조합원, 그 밖에 정비사업과 관련하여 이해관계를 가지

33) ⓐ 정비사업의 종류·명칭 및 시행기간, ⓑ 정비구역의 위치 및 면적, ⓒ 사업시행자의 성명 및 주소, ⓓ 설계도서, ⓔ 자금계획, ⓕ 철거할 필요는 없으나 개·보수할 필요가 있다고 인정되는 건축물의 명세 및 개·보수계획, ⓖ 정비사업의 시행에 지장이 있다고 인정되는 정비구역의 건축물 또는 공작물 등의 명세, ⓗ 토지 또는 건축물 등에 관한 권리자 및 그 권리의 명세, ⓘ 공동구의 설치에 관한 사항, ⓙ 정비사업의 시행으로 용도가 폐지되는 정비기반시설의 조서·도면과 새로 설치할 정비기반시설의 조서·도면(토지주택공사등이 사업시행자인 경우만 해당), ⓚ 정비사업의 시행으로 용도가 폐지되는 정비기반시설의 조서·도면 및 그 정비기반시설에 대한 둘 이상의 감정평가업자의 감정평가서와 새로 설치할 정비기반시설의 조서·도면 및 그 설치비용 계산서, ⓛ 사업시행자에게 무상으로 양여되는 국·공유지의 조서, ⓜ 빗물처리계획, ⓝ 기존주택의 철거계획서(석면을 함유한 건축자재가 사용된 경우에는 그 현황과 해당 자재의 철거 및 처리계획을 포함), ⓞ 정비사업 완료 후 상가세입자에 대한 우선 분양 등에 관한 사항.

는 자는 ①의 공람기간 이내에 시장 · 군수등에게 서면으로 의견을 제출할 수 있다. ③ 시장 · 군수등은 제출된의견을 심사하여 채택할 필요가 있다고 인정하는 때에는 이를 채택하고, 그러하지 아니한 경우에는 의견을 제출한 자에게 그 사유를 알려주어야 한다.

2. 기반시설의 기부채납 기준

① 시장 · 군수등은 사업시행계획을 인가하는 경우 사업시행자가 제출하는 사업시행계획에 해당 정비사업과 직접적으로 관련이 없거나 과도한 정비기반시설의 기부채납을 요구하여서는 아니 된다. ② 장관은 정비기반시설의 기부채납과 관련하여 ㉠ 정비기반시설의 기부채납 부담의 원칙 및 수준, ㉡ 정비기반시설의 설치기준 등이 포함된 운영기준을 작성하여 고시할 수 있다. ③ 시장 · 군수등은 운영기준의 범위에서 지역여건 또는 사업의 특성 등을 고려하여 따로 기준을 정할 수 있으며, 이 경우 사전에 장관에게 보고하여야 한다.

3. 재건축사업 소형주택 건설 비율 등

(1) 재건축사업 등의 용적률 완화 및 소형주택 건설비율

① 사업시행자는 ㉠ 과밀억제권역에서 시행하는 재개발사업 및 재건축사업(주거지역으로 한정), ㉡ ㉠외의 경우 시 · 도조례로 정하는 지역에서 시행하는 재개발사업 및 재건축사업에 해당하는 정비사업(재정비촉진지구에서 시행되는 재개발사업 및 재건축사업은 제외)을 시행하는 경우 정비계획(이 법에 따라 정비계획으로 의제되는 계획을 포함)으로 정하여진 용적률에도 불구하고 지방도시계획위원회의 심의를 거쳐 관계 법률에 따른 용적률의 상한(법적상한용적률)까지 건축할 수 있다. ② 사업시행자가 정비계획으로 정하여진 용적률을 초과하여 건축하려는 경우에는 국토계획법에 따라 특광시도, 시 또는 군의 조례로 정한 용적률 제한 및 정비계획으로 정한 허용세대수의 제한을 받지 아니한다. ③ ①의 관계 법률에 따른 용적률의 상한은 ㉠ 건축물의 층수제한, ㉡ 높이제한, ㉢ 일조 등의 확보를 위한 건축물의 높이제한, ㉣ 장애물 제한표면구역 내 건축물의 높이제한, ㉤ 비행안전구역 내 건축물의 높이제한, ㉥ 건설공사 시 문화재 보호를 위한 건축제한, ㉦ 그 밖에 시장 · 군수등이 건축 관계 법률의 건축제한으로 용적률의 완화가 불가능하다고 근거를 제시하고, 지방도시계획위원회 또는 시 · 도에 두는 건축위원회가 심의를 거쳐 용적률 완화가 불가능하다고 인정한 경우에 해당하여 건축행위가 제한되는 경우 건축이 가

능한 용적률을 말한다.

④ 사업시행자는 법적상한용적률에서 정비계획으로 정하여진 용적률을 뺀 용적률(초과용적률)의 [㉠ 과밀억제권역에서 시행하는 재건축사업은 초과용적률의 100분의 30 이상 100분의 50 이하로서 시·도조례로 정하는 비율, ㉡ 과밀억제권역에서 시행하는 재개발사업은 초과용적률의 100분의 50 이상 100분의 75 이하로서 시·도조례로 정하는 비율, ㉢ 과밀억제권역 외의 지역에서 시행하는 재건축사업은 초과용적률의 100분의 50 이하로서 시·도조례로 정하는 비율, ㉣ 과밀억제권역 외의 지역에서 시행하는 재개발사업은 초과용적률의 100분의 75 이하로서 시·도조례로 정하는 비율]에 해당하는 면적에 주거전용면적 60제곱미터 이하의 소형주택을 건설하여야 한다. 다만, 천재지변 등 불가피하고 긴급한 사유에 따른 정비사업을 시행하는 경우에는 그러하지 아니하다.

(2) 소형주택의 공급 및 인수

① 사업시행자는 건설한 소형주택을 장관, 시·도지사, 시장, 군수, 구청장 또는 토지주택공사등(인수자)에 공급하여야 한다.[34] ② 소형주택의 공급가격은 장관이 고시하는 공공건설임대주택의 표준건축비로 하며, 부속 토지는 인수자에게 기부채납한 것으로 본다. ③ 사업시행자는 정비계획상 용적률을 초과하여 건축하려는 경우에는 사업시행계획인가를 신청하기 전에 미리 소형주택에 관한 사항을 인수자와 협의하여 사업시행계획서에 반영하여야 한다. ④ 인수된 소형주택은 장기공공임대주택(공공임대주택으로서 임대의무기간이 20년 이상인 것)으로 활용하여야 한다. 다만, 토지등소유자의 부담 완화 등 ㉠ ⓐ 정비사업 후 대지 및 건축물의 총 가액에서 총사업비를 제외한 가액을 ⓑ 정비사업 전 토지 및 건축물의 총 가액으로 나눈 값이 100분의 80 미만인 경우(이 경우 가목 및 나목의 가액은 사업시행계획인가 고시일을 기준으로 하여 산정하되 구체적인 산정방법은 장관이 정하여 고시), ㉡ 시·도지사가 정비구역의 입지, 토지등소유자의 조합설립 동의율, 정비사업비의 증가규모, 사업기간 등을 고려하여 토지등소유자의 부담이 지나치게 높다고 인정하는 경우에는 인수된 소형주택을 장기공공임대주택이 아닌 임대주택으로 활용

34) **(소형주택의 공급방법 등)** ① 사업시행자는 건설한 소형주택 중 인수자에게 공급하여야 하는 소형주택을 공개추첨의 방법으로 선정하여야 하며, 그 선정결과를 지체 없이 인수자에게 통보하여야 한다. ② 사업시행자가 선정된 소형주택을 공급하는 경우에는 시·도지사, 시장·군수·구청장 순으로 우선하여 인수할 수 있다. 다만, 시·도지사 및 시장·군수·구청장이 소형주택을 인수할 수 없는 경우에는 시·도지사는 장관에게 인수자 지정을 요청하여야 한다. ③ 장관은 ②의 단서에 따라 시·도지사로부터 인수자 지정 요청이 있는 경우에는 30일 이내에 인수자를 지정하여 시·도지사에게 통보하여야 하며, 시·도지사는 지체 없이 이를 시장·군수·구청장에게 보내어 그 인수자와 소형주택의 공급에 관하여 협의하도록 하여야 한다.

할 수 있다. ⑤ 임대주택의 인수자는 임대의무기간에 따라 감정평가액의 100분의 50 이하의 범위에서 ㉠ 임대의무기간이 10년 이상인 경우: 감정평가액(시장·군수등이 지정하는 둘 이상의 감정평가업자가 평가한 금액을 산술평균한 금액)의 100분의 30에 해당하는 가격, ㉡ 임대의무기간이 10년 미만인 경우: 감정평가액의 100분의 50에 해당하는 가격으로 부속 토지를 인수하여야 한다.

4. 인·허가의제 등

(1) 인·허가등의의제 등

① 사업시행자가 사업시행계획인가를 받은 때(시장·군수등이 직접 정비사업을 시행하는 경우에는 사업시행계획서를 작성한 때)에는 인가·허가·승인·신고·등록·협의·동의·심사·지정 또는 해제(인·허가등)가 있은 것으로 보며, 사업시행계획인가의 고시가 있은 때에는 관계 법률에 따른 인·허가등의 고시·공고 등이 있은 것으로 본다.[35] ② 사업시행자가 공장이 포함된 구역에 대하여 재개발사업의 사업시행계획인가를 받은 때에는 ①에 따른 인·허가등 외에 ㉠ 공장설립등의 승인 및 공장설립등의 완료신고, ㉡ 폐기물처리시설의 설치승인 또는 설치신고(변경승인 또는 변경신고를 포함), ㉢ 배출시설설치의 허가 및 신고, ㉣ 화약류저장소 설치의 허가의 인·허가등이 있은 것으로 보며, 사업시행계획인가를 고시한 때에는 관계 법률에 따른 인·허가 등의 고시·공고 등이 있은 것으로 본다. ③ 사업시행자는 정비사업에 대하여 인·허가등의의제를 받으려는 경우에는 사업시행계획인가를 신청하는 때에 해당 법률이 정하는 관계 서류를 함께 제출하여야 한다. 다만, 사업시행계획인가를 신청한 때에 시공자가 선정되어 있지 아니하여 관계 서류를 제출할 수 없거나 사업시행계획인가를 하는 경우에는 시장·군수등이 정하는 기한까지 제출할 수 있다.[36]

35) ⓐ 주택법에 따른 사업계획의 승인, ⓑ 공공주택 특별법에 따른 주택건설사업계획의 승인, ⓒ 건축허가, 가설건축물의 건축허가 또는 축조신고 및 건축협의, ⓓ 도로관리청이 아닌 자에 대한 도로공사 시행의 허가 및 도로의 점용 허가, ⓔ 사방지의 지정해제, ⓕ 농지전용의 허가·협의 및 농지전용신고, ⓖ 산지전용허가 및 산지전용신고, 산지일시사용허가·신고와 입목벌채등의 허가·신고 및 산림보호구역에서의 행위의 허가(다만, 채종림·시험림과 산림유전자원보호구역의 경우는 제외), ⓗ 하천공사 시행의 허가 및 하천공사실시계획의 인가, 하천의 점용허가 및 하천수의 사용허가, ⓘ 일반수도사업의 인가 및 전용상수도 또는 전용공업용수도 설치의 인가, ⓙ 공공하수도 사업의 허가 및 개인하수처리시설의 설치신고, ⓚ 지도등의 간행 심사, ⓛ 대규모점포등의 등록, ⓜ 국유재산법에 따른 사용허가(재개발사업으로 한정), ⓝ 공유재산 및 물품 관리법에 따른 사용·수익허가(재개발사업으로 한정), ⓞ 공간정보관리법에 따른 사업의 착수·변경의 신고, ⓟ 국토계획법에 따른 도시·군계획시설 사업시행자의 지정 및 실시계획의 인가, ⓠ 자가용전기설비의 공사계획의 인가 및 신고, ⓡ 건축허가등의 동의, 제조소등의 설치의 허가(제조소등은 공장건축물 또는 그 부속시설에 관계된 것으로 한정)

(2) 사업시행계획인가의 특례

① 사업시행자는 일부 건축물의 존치 또는 리모델링에 관한 내용이 포함된 사업시행계획서를 작성하여 사업시행계획인가를 신청할 수 있다. ② 시장 · 군수등은 존치 또는 리모델링하는 건축물 및 건축물이 있는 토지가 [㉠ 주택단지의 범위, ㉡ 부대시설 및 복리시설의 설치기준, ㉢ 대지와 도로의 관계, ㉣ 건축선의 지정, ㉤ 일조 등의 확보를 위한 건축물의 높이 제한]의 건축 관련 기준에 적합하지 아니하더라도 대통령령으로 정하는 기준[37]에 따라 사업시행계획인가를 할 수 있다. ③ 사업시행자가 사업시행계획서를 작성하려는 경우에는 존치 또는 리모델링하는 건축물 소유자의 동의(구분소유자가 있는 경우에는 구분소유자의 3분의 2 이상의 동의와 해당 건축물 연면적의 3분의 2 이상의 구분소유자의 동의)를 받아야 한다. 다만, 정비계획에서 존치 또는 리모델링하는 것으로 계획된 경우에는 그러하지 아니한다.

5. 순환정비방식 정비사업

(1) 순환정비방식의 정비사업 등

① 사업시행자는 정비구역의 안과 밖에 새로 건설한 주택 또는 이미 건설되어 있는 주택의 경우 그 정비사업의 시행으로 철거되는 주택의 소유자 또는 세입자(정비구역에서 실제 거주하는 자로 한정)를 임시로 거주하게 하는 등 그 정비구역을 순차적으로 정비하여 주택의 소유자 또는 세입자의 이주대책을 수립하여야 한다. ② 사업시행자는 ①에 따

36) ① 시장 · 군수등은 사업시행계획인가를 하거나 사업시행계획서를 작성하려는 경우 의제되는 인 · 허가등에 해당하는 사항이 있는 때에는 미리 관계 행정기관의 장과 협의하여야 하고, 협의를 요청받은 관계 행정기관의 장은 요청받은 날부터 30일 이내에 의견을 제출하여야 한다. 이 경우 관계 행정기관의 장이 30일 이내에 의견을 제출하지 아니하면 협의된 것으로 본다. ② 시장 · 군수등은 사업시행계획인가를 하려는 경우 정비구역부터 200미터 이내에 교육시설이 설치되어 있는 때에는 해당 지방자치단체의 교육감 또는 교육장과 협의하여야 하며, 인가받은 사항을 변경하는 경우에도 또한 같다. ③ 시장 · 군수등은 천재지변이나 그 밖의 불가피한 사유로 긴급히 정비사업을 시행할 필요가 있다고 인정하는 때에는 관계 행정기관의 장 및 교육감 또는 교육장과 협의를 마치기 전에 사업시행계획인가를 할 수 있다. 이 경우 협의를 마칠 때까지는 인 · 허가등을 받은 것으로 보지 아니한다. ④ 인 · 허가등을 받은 것으로 보는 경우에는 관계 법률 또는 시 · 도조례에 따라 해당 인 · 허가등의 대가로 부과되는 수수료와 해당 국 · 공유지의 사용 또는 점용에 따른 사용료 또는 점용료를 면제한다.

37) ⓐ 대지와 도로의 관계는 존치 또는 리모델링되는 건축물의 출입에 지장이 없다고 인정되는 경우 적용하지 아니할 수 있다. ⓑ 건축선의 지정은 존치 또는 리모델링되는 건축물에 대해서는 적용하지 아니할 수 있다. ⓒ 일조 등의 확보를 위한 건축물의 높이 제한은 리모델링되는 건축물에 대해서는 적용하지 아니할 수 있다. ⓓ 존치 또는 리모델링되는 건축물도 하나의 주택단지에 있는 것으로 본다. ⓔ 부대시설 · 복리시설의 설치기준은 존치 또는 리모델링되는 건축물을 포함하여 적용할 수 있다.

른 방식으로 정비사업을 시행하는 경우에는 임시로 거주하는 주택(순환용주택)을 임시거주시설로 사용하거나 임대할 수 있으며, 토지주택공사등이 보유한 공공임대주택을 순환용주택으로 우선 공급할 것을 요청할 수 있다. ③ 사업시행자는 순환용주택에 거주하는 자가 정비사업이 완료된 후에도 순환용주택에 계속 거주하기를 희망하는 때에는 분양하거나 계속 임대할 수 있다.[38] 이 경우 사업시행자가 소유하는 순환용주택은 인가받은 관리처분계획에 따라 토지등소유자에게 처분된 것으로 본다.

6. 지정개발자의 정비사업비의 예치 등

① 시장 · 군수등은 재개발사업의 사업시행계획인가를 하는 경우 해당 정비사업의 사업시행자가 지정개발자(지정개발자가 토지등소유자인 경우로 한정)인 때에는 정비사업비의 100분의 20의 범위에서 시 · 도조례로 정하는 금액을 예치하게 할 수 있다. ② 예치금은 청산금의 지급이 완료된 때에 반환한다. ③ ① 및 ②에 따른 예치 및 반환 등에 필요한 사항은 시 · 도조례로 정한다.

---

38) **(순환용주택의 우선공급 요청 등)** ① 사업시행자는 관리처분계획의 인가를 신청한 후 ㉠ 사업시행계획인가 고시문 사본, ㉡ 관리처분계획의 인가 신청서 사본, ㉢ 정비구역 내 이주대상 세대수, ㉣ 주택의 소유자 또는 세입자로서 순환용주택 이주 희망 대상자, ㉤ 이주시기 및 사용기간, ㉥ 그 밖에 토지주택공사등이 필요하다고 인정하는 사항의 서류를 첨부하여 토지주택공사등에 토지주택공사등이 보유한 공공임대주택을 순환용주택으로 우선 공급할 것을 요청할 수 있다. ② 토지주택공사등은 사업시행자로부터 공공임대주택의 공급 요청을 받은 경우에는 그 요청을 받은 날부터 30일 이내에 사업시행자에게 ㉠ 해당 정비구역 인근에서 공급 가능한 공공임대주택의 주택 수, 주택 규모 및 공급가능 시기, ㉡ 임대보증금 등 공급계약에 관한 사항, ㉢ 그 밖에 토지주택공사등이 필요하다고 인정하는 사항을 통지하여야 한다. ③ 공급 가능한 주택 수는 요청을 한 날 당시 공급 예정인 물량의 2분의 1 범위로 한다. 다만, 주변 지역에 전세가격 급등 등의 우려가 있어 순환용주택의 확대 공급이 필요한 경우 2분의 1을 초과할 수 있다. ④ 토지주택공사등은 세대주로서 해당 세대 월평균 소득이 전년도 도시근로자 월평균 소득의 70퍼센트 이하인 거주자(요청을 한 날 당시 해당 정비구역에 2년 이상 거주한 사람에 한정)에게 순환용주택을 공급하되, ㉠ 1순위: 정비사업의 시행으로 철거되는 주택의 세입자(정비구역에 실제 거주 자)로서 주택을 소유하지 아니한 사람, ㉡ 2순위: 정비사업의 시행으로 철거되는 주택의 소유자(정비구역에 실제 거주자)로서 그 주택 외에는 주택을 소유하지 아니한 사람의 순위에 따라 공급하여야 한다. 이 경우 같은 순위에서 경쟁이 있는 경우 월평균 소득이 낮은 사람에게 우선 공급한다. ⑤ ①부터 ④까지의 규정에서 정한 사항 외에 공급계약의 체결, 순환용주택의 반환 등 순환용주택의 공급에 필요한 세부사항은 토지주택공사등이 따로 정할 수 있다.

Ⅳ. 정비사업 시행을 위한 조치 등

1. 임시거주시설 · 임시상가의 설치 등

① 사업시행자는 주거환경개선사업 및 재개발사업의 시행으로 철거되는 주택의 소유자 또는 세입자에게 해당 정비구역 안과 밖에 위치한 임대주택 등의 시설에 임시로 거주하게 하거나 주택자금의 융자를 알선하는 등 임시거주에 상응하는 조치를 하여야 한다. ② 사업시행자는 임시거주시설의 설치 등을 위하여 필요한 때에는 국가 · 지방자치단체, 그 밖의 공공단체 또는 개인의 시설이나 토지를 일시 사용할 수 있다. ③ 국가 또는 지방자치단체는 사업시행자로부터 임시거주시설에 필요한 건축물이나 토지의 사용신청을 받은 때에는 ⓐ 임시거주시설의 설치를 위하여 필요한 건축물이나 토지에 대하여 제3자와 이미 매매계약을 체결한 경우, ⓑ 사용신청 이전에 임시거주시설의 설치를 위하여 필요한 건축물이나 토지에 대한 사용계획이 확정된 경우, ⓒ 제3자에게 이미 임시거주시설의 설치를 위하여 필요한 건축물이나 토지에 대한 사용허가를 한 경우가 없으면 이를 거절하지 못한다. 이 경우 사용료 또는 대부료는 면제한다. ④ 사업시행자는 정비사업의 공사를 완료한 때에는 완료한 날부터 30일 이내에 임시거주시설을 철거하고, 사용한 건축물이나 토지를 원상회복하여야 한다. ⑤ 재개발사업의 사업시행자는 사업시행으로 이주하는 상가세입자가 사용할 수 있도록 정비구역 또는 정비구역 인근에 임시상가를 설치할 수 있다.

2. 임시거주시설 · 임시상가의 설치 등에 따른 손실보상

① 사업시행자는 공공단체(지방자치단체는 제외) 또는 개인의 시설이나 토지를 일시 사용함으로써 손실을 입은 자가 있는 경우에는 손실을 보상하여야 하며, 손실을 보상하는 경우에는 손실을 입은 자와 협의하여야 한다. ② 사업시행자 또는 손실을 입은 자는 손실보상에 관한 협의가 성립되지 아니하거나 협의할 수 없는 경우에는 관할 토지수용위원회에 재결을 신청할 수 있다. ③ 손실보상은 이 법에 규정된 사항을 제외하고는 토지보상법을 준용한다.

3. 토지 등의 수용 또는 사용

사업시행자는 정비구역에서 정비사업(재건축사업의 경우에는 천재지변 등 불가피하고 긴급한 사항에 해당하는 사업으로 한정)을 시행하기 위하여 토지보상법에 따른 토지·물건 또는 그 밖의 권리를 취득하거나 사용할 수 있다.

4. 재건축사업에서의 매도청구

① 재건축사업의 사업시행자는 사업시행계획인가의 고시가 있은 날부터 30일 이내에 ㉠ 조합설립에 동의하지 아니한 자, ㉡ 시장·군수등, 토지주택공사등 또는 신탁업자의 사업시행자 지정에 동의하지 아니한 자에게 조합설립 또는 사업시행자의 지정에 관한 동의 여부를 회답할 것을 서면으로 촉구하여야 한다. ② 촉구를 받은 토지등소유자는 촉구를 받은 날부터 2개월 이내에 회답하여야 한다. ③ 기간 내에 회답하지 아니한 경우 그 토지등소유자는 조합설립 또는 사업시행자의 지정에 동의하지 아니하겠다는 뜻을 회답한 것으로 본다. ④ 기간이 지나면 사업시행자는 그 기간이 만료된 때부터 2개월 이내에 조합설립 또는 사업시행자 지정에 동의하지 아니하겠다는 뜻을 회답한 토지등소유자와 건축물 또는 토지만 소유한 자에게 건축물 또는 토지의 소유권과 그 밖의 권리를 매도할 것을 청구할 수 있다.

5. 용적률 및 건축규제 등의 특례

(1) 용적률에 관한 특례

사업시행자가 ㉠ 손실보상의 기준 이상으로 세입자에게 주거이전비를 지급하거나 영업의 폐지 또는 휴업에 따른 손실을 보상하는 경우, ㉡ 손실보상에 더하여 임대주택을 추가로 건설하거나 임대상가를 건설하는 등 추가적인 세입자 손실보상 대책을 수립하여 시행하는 경우에는 국토계획법에도 불구하고 해당 정비구역에 적용되는 용적률의 100분의 125 이하의 범위에서 특별시·광역시·특별자치시·특별자치도·시 또는 군의 조례로 용적률을 완화하여 정할 수 있다.[39)]

39) ① 사업시행자가 완화된 용적률을 적용받으려는 경우에는 사업시행계획인가 신청 전에 ⓐ 정비구역 내 세입자 현황, ⓑ 세입자에 대한 손실보상 계획을 시장·군수등에게 제출하고 사전협의하여야 한다. ② 협의를 요청받은 시장·군수등은 의견을 사업시행자에게 통보하여야 하며, 용적률을 완화받을 수 있다는 통보를 받은 사업시행자는 사업시행계획서를 작성할 때 세입자에 대한 손

(2) 재건축사업의 범위에 관한 특례

① 사업시행자 또는 추진위원회는 ㉠ 사업계획승인을 받아 건설한 둘 이상의 건축물이 있는 주택단지에 재건축사업을 하는 경우, ㉡ 조합설립의 동의요건을 충족시키기 위하여 필요한 경우에는 그 주택단지 안의 일부 토지에 대하여 분할하려는 토지면적이 기준면적에 미달되더라도 토지분할을 청구할 수 있다. ② 사업시행자 또는 추진위원회는 토지분할 청구를 하는 때에는 토지분할 의 대상이 되는 토지 및 그 위의 건축물과 관련된 토지등소유자와 협의하여야 한다. ③ 사업시행자 또는 추진위원회는 토지분할 의 협의가 성립되지 아니한 경우에는 법원에 토지분할을 청구할 수 있다. ④ 시장 · 군수등은 토지분할이 청구된 경우에 분할되어 나가는 토지 및 그 위의 건축물이 ㉠ 해당 토지 및 건축물과 관련된 토지등소유자의 수가 전체의 10분의 1 이하일 것, ㉡ 분할되어 나가는 토지 위의 건축물이 분할선 상에 위치하지 아니할 것, ㉢ 그 밖에 사업시행계획인가를 위하여 분할되어 나가는 토지가 대지와 도로와의 관계(건축법 제44조)에 적합한 경우에 해당할 것의 요건을 충족하는 때에는 토지분할이 완료되지 아니하여 동의요건에 미달되더라도 건축위원회의 심의를 거쳐 조합설립인가와 사업시행계획인가를 할 수 있다.

(3) 건축규제의 완화 등에 관한 특례

① 주거환경개선사업에 따른 건축허가를 받은 때와 소유권 보존등기 또는 이전등기를 하는 때에는 국민주택채권의 매입에 관한 규정을 적용하지 아니한다. ② 사업시행자는 주거환경개선구역에서 ㉠ 건축법에 따른 대지와 도로의 관계(소방활동에 지장이 없는 경우로 한정), ㉡ 건축법에 따른 건축물의 높이 제한(사업시행자가 공동주택을 건설 · 공급하는 경우로 한정)에 해당하는 사항은 시 · 도조례로 정하는 바에 따라 기준을 따로 정할 수 있다. ③ 사업시행자는 재건축구역(재건축사업을 시행하는 정비구역)에서 ㉠ 대지의 조경기준, ㉡ 건폐율의 산정기준, ㉢ 대지 안의 공지 기준, ㉣ 건축물의 높이 제한, ㉤ 부대시설 및 복리시설의 설치기준, ㉥ 재건축사업의 원활한 시행을 위하여 ⓐ 건폐율 산정시 주차장 부분의 면적은 건축면적에서 제외할 수 있다. ⓑ 대지 안의 공지 기준은 2분의 1 범위에서 완화할 수 있다. ⓒ 건축물의 높이 제한 기준은 2분의 1 범위에서 완화할 수 있다. ⓓ 건축물(7층 이하의 건축물에 한정)의 높이 제한 기준은 2분의 1 범위에서 완화할 수 있다. ⓔ 부대시설 및 복리시설의 설치기준은 완화에 해당하는 사항에 대하여

실보상 계획을 포함하여야 한다.

지방건축위원회의 심의를 거쳐 그 기준을 완화받을 수 있다.

6. 다른 법령의 적용 및 배제

① 주거환경개선구역은 해당 정비구역의 지정 · 고시가 있은 날부터 주거지역을 세분하여 정하는 지역 중 ⓐ 주거환경개선사업이 자력정비방법 또는 환지방법으로 시행되는 경우: 제2종일반주거지역, ⓑ 주거환경개선사업이 수용방법 또는 관리처분계획의 방법으로 시행되는 경우: 제3종일반주거지역(공공지원민간임대주택 또는 공공건설임대주택을 200세대 이상 공급하려는 경우로서 해당 임대주택의 건설지역을 포함하여 정비계획에서 따로 정하는 구역은 준주거지역)으로 결정 · 고시된 것으로 본다. 다만, ㉠ 해당 정비구역이 개발제한구역인 경우, ㉡ 시장 · 군수등이 주거환경개선사업을 위하여 필요하다고 인정하여 해당 정비구역의 일부분을 종전 용도지역으로 그대로 유지하거나 동일면적의 범위에서 위치를 변경하는 내용으로 정비계획을 수립한 경우, ㉢ 시장 · 군수등이 주거지역을 세분 또는 변경하는 계획과 용적률에 관한 사항을 포함하는 정비계획을 수립한 경우에는 그러하지 아니하다. ② 정비사업과 관련된 환지에 관하여는 도시개발법 제28조부터 제49조까지의 규정을 준용한다. ③ 주거환경개선사업의 경우에는 토지보상법 이주정착지 시설설치의무사항을 적용하지 아니하며, 주택법을 적용할 때에는 이 법에 따른 사업시행자(토지주택공사등이 공동사업시행자인 경우에는 토지주택공사등)는 주택법에 따른 사업주체로 본다.

7. 지상권 등 계약의 해지

① 정비사업의 시행으로 지상권 · 전세권 또는 임차권의 설정 목적을 달성할 수 없는 때에는 그 권리자는 계약을 해지할 수 있다. ② 계약을 해지할 수 있는 자가 가지는 전세금 · 보증금, 그 밖의 계약상의 금전의 반환청구권은 사업시행자에게 행사할 수 있다. ③ 금전의 반환청구권의 행사로 해당 금전을 지급한 사업시행자는 해당 토지등소유자에게 구상할 수 있다. ④ 사업시행자는 구상이 되지 아니하는 때에는 해당 토지등소유자에게 귀속될 대지 또는 건축물을 압류할 수 있다. 이 경우 압류한 권리는 저당권과 동일한 효력을 가진다. ⑤ 관리처분계획의 인가를 받은 경우 지상권 · 전세권설정계약 또는 임대차계약의 계약기간은 민법, 주택임대차보호법, 상가건물 임대차보호법을 적용하지 아니한다.

8. 소유자의 확인이 곤란한 건축물 등에 대한 처분

① 사업시행자는 ㉠ 조합이 사업시행자가 되는 경우에는 조합설립인가일, ㉡ 토지등소유자가 시행하는 재개발사업의 경우에는 사업시행계획인가일, ㉢ 시장 · 군수등, 토지주택공사등이 정비사업을 시행하는 경우에는 고시일, ㉣ 지정개발자를 사업시행자로 지정하는 경우에는 고시일 현재 건축물 또는 토지의 소유자의 소재 확인이 현저히 곤란한 때에는 전국적으로 배포되는 둘 이상의 일간신문에 2회 이상 공고하고, 공고한 날부터 30일 이상이 지난 때에는 그 소유자의 해당 건축물 또는 토지의 감정평가액에 해당하는 금액을 법원에 공탁하고 정비사업을 시행할 수 있다. ② 재건축사업을 시행하는 경우 조합설립인가일 현재 조합원 전체의 공동소유인 토지 또는 건축물은 조합 소유의 토지 또는 건축물로 본다. ③ 조합 소유로 보는 토지 또는 건축물의 처분에 관한 사항은 관리처분계획에 명시하여야 한다. ④ 토지 또는 건축물의 감정평가는 감정평가업자가 평가한 금액을 산술평균하는 방법을 준용한다.

Ⅴ. 관리처분계획 등

1. 분양공고 및 분양신청

① 사업시행자는 사업시행계획인가의 고시가 있은 날(사업시행계획인가 이후 시공자를 선정한 경우에는 시공자와 계약을 체결한 날)부터 120일 이내에 ㉠ 분양대상자별 종전의 토지 또는 건축물의 명세 및 사업시행계획인가의 고시가 있은 날을 기준으로 한 가격(사업시행계획인가 전에 철거된 건축물은 시장 · 군수등에게 허가를 받은 날을 기준으로 한 가격), ㉡ 분양대상자별 분담금의 추산액, ㉢ 분양신청기간, ㉣ 그 밖에 대통령령으로 정하는 사항을 토지등소유자에게 통지하고, 분양의 대상이 되는 대지 또는 건축물의 내역 등 대통령령으로 정하는 사항을 해당 지역에서 발간되는 일간신문에 공고하여야 한다. 다만, 토지등소유자 1인이 시행하는 재개발사업의 경우에는 그러하지 아니하다. ② 분양신청기간은 통지한 날부터 30일 이상 60일 이내로 하여야 한다. 다만, 사업시행자는 관리처분계획의 수립에 지장이 없다고 판단하는 경우에는 분양신청기간을 20일의 범위에서 한 차례만 연장할 수 있다. ③ 대지 또는 건축물에 대한 분양을 받으려는 토지등소유자는 분양신청기간에 사업시행자에게 대지 또는 건축물에 대한 분양신청을 하여야 한다. ④ 사업

시행자는 분양신청기간 종료 후 사업시행계획인가의 변경(경미한 사항의 변경은 제외)으로 세대수 또는 주택규모가 달라지는 경우 분양공고 등의 절차를 다시 거칠 수 있다. ⑤ 사업시행자는 정관등으로 정하고 있거나 총회의의결을 거친 경우 토지등소유자에게 분양신청을 다시 하게 할 수 있다. ⑥ 투기과열지구의 정비사업에서 관리처분계획에 따라 분양대상자 및 그 세대에 속한 자는 분양대상자 선정일(조합원 분양분의 분양대상자는 최초 관리처분계획 인가일)부터 5년 이내에는 투기과열지구에서 분양신청을 할 수 없다. 다만, 상속, 결혼, 이혼으로 조합원 자격을 취득한 경우에는 분양신청을 할 수 있다.

2. 분양신청을 하지 아니한 자 등에 대한 조치

① 사업시행자는 관리처분계획이 인가·고시된 다음 날부터 90일 이내에 ㉠ 분양신청을 하지 아니한 자, ㉡ 분양신청기간 종료 이전에 분양신청을 철회한 자, ㉢ 투기과열지구 분양대상자의 지위를 가진 자 중 5년 이내 인자로 분양신청을 할 수 없는 자, ㉣ 인가된 관리처분계획에 따라 분양대상에서 제외된 자와 토지, 건축물 또는 그 밖의 권리의 손실보상에 관한 협의를 하여야 한다. 다만, 사업시행자는 분양신청기간 종료일의 다음 날부터 협의를 시작할 수 있다. ② 사업시행자는 협의가 성립되지 아니하면 그 기간의 만료일 다음 날부터 60일 이내에 수용재결을 신청하거나 매도청구소송을 제기하여야 한다. ③ 사업시행자는 기간을 넘겨서 수용재결을 신청하거나 매도청구소송을 제기한 경우에는 해당 토지등소유자에게 지연일수에 따른 이자를 지급하여야 한다. 이 경우 이자는 100분의 15 이하의 범위에서 ⓐ 6개월 이내의 지연일수에 따른 이자의 이율: 100분의 5, ⓑ 6개월 초과 12개월 이내의 지연일수에 따른 이자의 이율: 100분의 10, ⓒ 12개월 초과의 지연일수에 따른 이자의 이율: 100분의 15을 적용하여 산정한다.

3. 관리처분계획 등

(1) 관리처분계획의 인가 등

① 사업시행자는 분양신청기간이 종료된 때에는 분양신청의 현황을 기초로 ㉠ 분양설계, ㉡ 분양대상자의 주소 및 성명, ㉢ 분양대상자별 분양예정인 대지 또는 건축물의 추산액(임대관리 위탁주택에 관한 내용을 포함), ㉣ Ⓐ 일반 분양분, Ⓑ 공공지원민간임대주택, Ⓒ 임대주택, Ⓓ 그 밖에 부대시설·복리시설 등에 해당하는 보류지 등의 명세와 추산액 및 처분방법. 다만, Ⓑ의 경우에는 경쟁입찰 또는 수의계약에 따라 선정된 임대사업자의

성명 및 주소(법인인 경우에는 법인의 명칭 및 소재지와 대표자의 성명 및 주소)를 포함한다. ⓜ 분양대상자별 종전의 토지 또는 건축물 명세 및 사업시행계획인가 고시가 있은 날을 기준으로 한 가격(사업시행계획인가 전에 기존 건축물의 붕괴 등 안전사고의 우려가 있는 경우와 폐공가의 밀집으로 범죄발생의 우려가 있는 경우에 따라 철거된 건축물은 시장·군수등에게 허가를 받은 날을 기준으로 한 가격), ⓑ 정비사업비의 추산액(재건축사업의 경우에는 재건축부담금에 관한 사항을 포함) 및 그에 따른 조합원 분담규모 및 분담시기, ⓢ 분양대상자의 종전 토지 또는 건축물에 관한 소유권 외의 권리명세, ⓞ 세입자별 손실보상을 위한 권리명세 및 그 평가액, ⓙ 그 밖에 정비사업과 관련한 권리 등에 관하여 대통령령으로 정하는 사항[40]이 포함된 관리처분계획을 수립하여 시장·군수등의 인가를 받아야 하며, 관리처분계획을 변경·중지 또는 폐지하려는 경우에도 또한 같다. 다만, 경미한 사항[41]을 변경하려는 경우에는 시장·군수등에게 신고하여야 한다.

② 정비사업에서 ①의 ⓓ·ⓜ 및 ⓞ에 따라 재산 또는 권리를 평가할 때에는 ㉮ 감정평가업자 중 ⓐ 주거환경개선사업 또는 재개발사업: 시장·군수등이 선정·계약한 2인 이상의 감정평가업자, ⓑ 재건축사업: 시장·군수등이 선정·계약한 1인 이상의 감정평가업자와 조합총회의의결로 선정·계약한 1인 이상의 감정평가업자의 구분에 따른 감정평가업자가 평가한 금액을 산술평균하여 산정한다. 다만, 관리처분계획을 변경·중지 또는 폐지하려는 경우 분양예정 대상인 대지 또는 건축물의 추산액과 종전의 토지 또는 건축물의 가격은 사업시행자 및 토지등소유자 전원이 합의하여 산정할 수 있다. ㉯ 시장·군수등은 감정평가업자를 선정·계약하는 경우 감정평가업자의 업무수행능력, 소속 감정평가사의 수, 감정평가 실적, 법규 준수 여부, 평가계획의 적정성 등을 고려하여 객관적이고 투명한 절차에 따라 선정하여야 한다. 이 경우 감정평가업자의 선정·절차 및 방법 등에 필요한 사항은 시·도조례로 정한다. ㉰ 사업시행자는 감정평가를 하려는 경우 시장·군

40) ⓐ 현금으로 청산하여야 하는 토지등소유자별 기존의 토지·건축물 또는 그 밖의 권리의 명세와 이에 대한 청산방법, ⓑ 보류지 등의 명세와 추산가액 및 처분방법, ⓒ 비용의 부담비율에 따른 대지 및 건축물의 분양계획과 그 비용부담의 한도·방법 및 시기(이 경우 비용부담으로 분양받을 수 있는 한도는 정관등에서 따로 정하는 경우를 제외하고는 기존의 토지 또는 건축물의 가격의 비율에 따라 부담할 수 있는 비용의 50퍼센트를 기준으로 정한다), ⓓ 정비사업의 시행으로 인하여 새롭게 설치되는 정비기반시설의 명세와 용도가 폐지되는 정비기반시설의 명세, ⓔ 기존 건축물의 철거 예정시기, ⓕ 그 밖에 시·도조례로 정하는 사항.

41) **(관리처분계획의 경미한 변경)** ⓐ 계산착오·오기·누락 등에 따른 조서의 단순정정인 경우(불이익을 받는 자가 없는 경우에만 해당), ⓑ 정관 및 사업시행계획인가의 변경에 따라 관리처분계획을 변경하는 경우, ⓒ 매도청구에 대한 판결에 따라 관리처분계획을 변경하는 경우, ⓓ 권리·의무의 변동이 있는 경우로서 분양설계의 변경을 수반하지 아니하는 경우, ⓔ 주택분양에 관한 권리를 포기하는 토지등소유자에 대한 임대주택의 공급에 따라 관리처분계획을 변경하는 경우, ⓕ 임대사업자의 주소(법인인 경우에는 법인의 소재지와 대표자의 성명 및 주소)를 변경하는 경우

수등에게 감정평가업자의 선정 · 계약을 요청하고 감정평가에 필요한 비용을 미리 예치하여야 한다. 시장 · 군수등은 감정평가가 끝난 경우 예치된 금액에서 감정평가 비용을 직접 지불한 후 나머지 비용을 사업시행자와 정산하여야 한다.

③ 조합은 관리처분계획의 수립 및 변경의 사항을의결하기 위한 총회의 개최일부터 1개월 전에 ①의 ㉢부터 ㉥까지의 규정에 해당하는 사항을 각 조합원에게 문서로 통지하여야 한다. ④ ①에 따른 관리처분계획의 내용, 관리처분의 방법 등에 필요한 사항은 대통령령으로 정한다.[42] ⑤ ①의 관리처분계획의 내용과 ②부터 ④까지의 규정은 시장 · 군수등이 직접 수립하는 관리처분계획에 준용한다.

(2) 사업시행계획인가 및 관리처분계획인가의 시기 조정

① 정비구역 주변 지역에 주택이 현저하게 부족하거나 주택시장이 불안정하게 되는 등 조례로 정하는 사유가 발생하는 경우에는 사업시행계획인가 또는 관리처분계획인가의 시기를 조정하도록 해당 시장, 군수 또는 구청장에게 요청할 수 있다. 사업시행계획인가 또는 관리처분계획인가의 조정 시기는 인가를 신청한 날부터 1년을 넘을 수 없다. ② 사업

42) **(관리처분의 방법 등)** ① 주거환경개선사업과 재개발사업의 경우 관리처분 방법 : ⓐ 시 · 도조례로 분양주택의 규모를 제한하는 경우에는 그 규모 이하로 주택을 공급할 것, ⓑ 1개의 건축물의 대지는 1필지의 토지가 되도록 정할 것. 다만, 주택단지의 경우에는 그러하지 아니하다. ⓒ 정비구역의 토지등소유자(지상권자는 제외)에게 분양할 것(다만, 공동주택을 분양하는 경우 시 · 도조례로 정하는 금액 · 규모 · 취득 시기 또는 유형에 대한 기준에 부합하지 아니하는 토지등소유자는 시 · 도조례로 정하는 바에 따라 분양대상에서 제외할 수 있다), ⓓ 1필지의 대지 및 그 대지에 건축된 건축물(보류지로 정하거나 조합원 외의 자에게 분양하는 부분은 제외)을 2인 이상에게 분양하는 때에는 기존의 토지 및 건축물의 가격(사업시행방식이 전환된 경우에는 환지예정지의 권리가액)과 토지등소유자가 부담하는 비용(재개발사업의 경우에만 해당)의 비율에 따라 분양할 것, ⓔ 분양대상자가 공동으로 취득하게 되는 건축물의 공용부분은 각 권리자의 공유로 하되, 해당 공용부분에 대한 각 권리자의 지분비율은 그가 취득하게 되는 부분의 위치 및 바닥면적 등의 사항을 고려하여 정할 것, ⓕ 1필지의 대지위에 2인 이상에게 분양될 건축물이 설치된 경우에는 건축물의 분양면적의 비율에 따라 그 대지소유권이 주어지도록 할 것(주택과 그 밖의 용도의 건축물이 함께 설치된 경우에는 건축물의 용도 및 규모 등을 고려하여 대지지분이 합리적으로 배분될 수 있도록 한다). 이 경우 토지의 소유관계는 공유로 한다. ⓖ 주택 및 부대시설 · 복리시설의 공급순위는 기존의 토지 또는 건축물의 가격을 고려하여 정할 것. 이 경우 그 구체적인 기준은 시 · 도조례로 정할 수 있다. ② 재건축사업의 경우 관리처분 방법 : ⓐ ①의 ⓔ 및 ⓕ를 적용할 것, ⓑ 부대시설 · 복리시설(부속토지를 포함)의 소유자에게는 부대시설 · 복리시설을 공급할 것. 다만, Ⓐ 새로운 부대시설 · 복리시설을 건설하지 아니하는 경우로서 기존 부대시설 · 복리시설의 가액이 분양주택 중 최소분양단위규모의 추산액에 정관등으로 정하는 비율(정관등으로 정하지 아니하는 경우에는 1로 한다)을 곱한 가액보다 클 것, Ⓑ 기존 부대시설 · 복리시설의 가액에서 새로 공급받는 부대시설 · 복리시설의 추산액을 뺀 금액이 분양주택 중 최소분양단위규모의 추산액에 정관등으로 정하는 비율을 곱한 가액보다 클 것, Ⓒ 새로 건설한 부대시설 · 복리시설 중 최소분양단위규모의 추산액이 분양주택 중 최소분양단위규모의 추산액보다 클 것에 해당하는 경우에는 1주택을 공급할 수 있다. 다만, 조합이 조합원 전원의 동의를 받아 그 기준을 따로 정하는 경우에는 그에 따른다.

시행계획인가 또는 관리처분계획인가의 시기 조정의 방법 및 절차 등에 필요한 사항은 조례로 정한다.

(3) 관리처분계획의 수립기준

관리처분계획의 내용 : ㉠ 종전의 토지 또는 건축물의 면적 · 이용 상황 · 환경, 그 밖의 사항을 종합적으로 고려하여 대지 또는 건축물이 균형 있게 분양신청자에게 배분되고 합리적으로 이용되도록 한다. ㉡ 지나치게 좁거나 넓은 토지 또는 건축물은 넓히거나 좁혀 대지 또는 건축물이 적정 규모가 되도록 한다. ㉢ 너무 좁은 토지 또는 건축물이나 정비구역 지정 후 분할된 토지를 취득한 자에게는 현금으로 청산할 수 있다. ㉣ 재해 또는 위생상의 위해를 방지하기 위하여 토지의 규모를 조정할 특별한 필요가 있는 때에는 너무 좁은 토지를 넓혀 토지를 갈음하여 보상을 하거나 건축물의 일부와 그 건축물이 있는 대지의 공유지분을 교부할 수 있다. ㉤ 분양설계에 관한 계획은 분양신청기간이 만료하는 날을 기준으로 하여 수립한다. ㉥ 1세대 또는 1명이 하나 이상의 주택 또는 토지를 소유한 경우 1주택을 공급하고, 같은 세대에 속하지 아니하는 2명 이상이 1주택 또는 1토지를 공유한 경우에는 1주택만 공급한다. ㉦ ⓐ 2명 이상이 1토지를 공유한 경우로서 시 · 도조례로 주택공급을 따로 정하고 있는 경우에는 시 · 도조례로 정하는 바에 따라 주택을 공급할 수 있다. ⓑ 과밀억제권역에 위치하지 아니한 재건축사업의 토지등소유자(투기과열지구 또는 조정대상지역 재건축사업의 토지등소유자는 제외), 근로자 숙소, 기숙사용도로 주택을 소유하고 있는 토지등소유자, 국가, 지방자치단체 및 토지주택공사등에 해당하는 토지등소유자에게는 소유한 주택 수만큼 공급할 수 있다. ⓒ 가격의 범위 또는 종전 주택의 주거전용면적의 범위에서 2주택을 공급할 수 있고, 이 중 1주택은 주거전용면적을 60제곱미터 이하로 한다(다만, 60제곱미터 이하로 공급받은 1주택은 이전고시일 다음 날부터 3년이 지나기 전에는 주택을 전매(매매 · 증여나 그 밖에 권리의 변동을 수반하는 모든 행위를 포함하되 상속의 경우는 제외)하거나 전매를 알선할 수 없다). ⓓ 과밀억제권역에 위치한 재건축사업의 경우에는 토지등소유자가 소유한 주택수의 범위에서 3주택까지 공급(투기과열지구 또는 조정대상지역 재건축사업의 경우에는 제외)할 수 있다.

(4) 주택 등 건축물을 분양받을 권리의 산정 기준일

① 정비사업을 통하여 분양받을 건축물이 [㉠ 1필지의 토지가 여러 개의 필지로 분할되는 경우, ㉡ 단독주택 또는 다가구주택이 다세대주택으로 전환되는 경우, ㉢ 하나의 대지 범위에 속하는 동일인 소유의 토지와 주택 등 건축물을 토지와 주택 등 건축물로 각

각 분리하여 소유하는 경우, ㉣ 나대지에 건축물을 새로 건축하거나 기존 건축물을 철거하고 다세대주택, 그 밖의 공동주택을 건축하여 토지등소유자의 수가 증가하는 경우]에는 고시가 있은 날 또는 시·도지사가 투기를 억제하기 위하여 기본계획 수립 후 정비구역 지정·고시 전에 따로 정하는 날(기준일)의 다음 날을 기준으로 건축물을 분양받을 권리를 산정한다. ② 시·도지사는 기준일을 따로 정하는 경우에는 기준일·지정사유·건축물을 분양받을 권리의 산정 기준 등을 해당 지방자치단체의 공보에 고시하여야 한다.

(5) 관리처분계획의 공람 및 인가절차 등

① 사업시행자는 관리처분계획인가를 신청하기 전에 관계 서류의 사본을 30일 이상 토지등소유자에게 공람하게 하고 의견을 들어야 한다(경미한 사항은 제외). ② 시장·군수등은 사업시행자의 관리처분계획인가의 신청이 있은 날부터 30일 이내에 인가 여부를 결정하여 사업시행자에게 통보하여야 한다(관리처분계획의 타당성 검증을 요청하는 경우에는 60일 이내에 결정하여 통지). ③ 시장·군수등은 ㉠ 정비사업비가 정비사업비 기준으로 100분의 10 이상으로서 늘어나는 경우, ㉡ 조합원 분담규모가 분양대상자별 분담금의 추산액 총액 기준으로 100분의 20 이상으로서 늘어나는 경우, ㉢ 조합원 5분의 1 이상이 관리처분계획인가 신청이 있은 날부터 15일 이내에 시장·군수등에게 타당성 검증을 요청한 경우, ㉣ 그 밖에 시장·군수등이 필요하다고 인정하는 경우에는 대통령령으로 정하는 공공기관에 관리처분계획의 타당성 검증을 요청하여야 한다. 이 경우 시장·군수등은 타당성 검증 비용을 사업시행자에게 부담하게 할 수 있다. ④ 시장·군수등이 ②에 따라 관리처분계획을 인가하는 때에는 그 내용을 해당 지방자치단체의 공보에 고시하여야 한다. ⑤ 사업시행자는 공람을 실시하려거나 시장·군수등의 고시가 있은 때에는 토지등소유자에게는 공람계획을 통지하고, 분양신청을 한 자에게는 관리처분계획인가의 내용 등을 통지하여야 한다.

(6) 관리처분계획에 따른 처분 등

① 정비사업의 시행으로 조성된 대지 및 건축물은 관리처분계획에 따라 처분 또는 관리하여야 한다. ② 사업시행자는 정비사업의 시행으로 건설된 건축물을 인가받은 관리처분계획에 따라 토지등소유자에게 공급하여야 한다. ③ 사업시행자는 분양신청을 받은 후 잔여분이 있는 경우에는 정관등 또는 사업시행계획으로 정하는 목적을 위하여 그 잔여분을 보류지(건축물을 포함)로 정하거나 조합원 또는 토지등소유자 이외의 자에게 분양할 수 있다. ④ 장관, 시·도지사, 시장, 군수, 구청장 또는 토지주택공사등은 조합이 요청하는 경

우 재개발사업의 시행으로 건설된 임대주택을 인수하여야 한다. 이 경우 재개발임대주택의 인수 절차 및 방법, 인수 가격 등에 필요한 사항은 대통령령으로 정한다.[43] ⑤ 주택의 공급 방법·절차 등은 주택법을 준용한다. 다만, 사업시행자가 매도청구소송을 통하여 법원의 승소판결을 받은 후 입주예정자에게 피해가 없도록 손실보상금을 공탁하고 분양예정인 건축물을 담보한 경우에는 법원의 승소판결이 확정되기 전이라도 입주자를 모집할 수 있으나, 준공인가 신청 전까지 해당 주택건설 대지의 소유권을 확보하여야 한다.

4. 지분형주택 등의 공급

① 사업시행자가 토지주택공사등인 경우에는 분양대상자와 사업시행자가 공동 소유하는 방식으로 주택(지분형주택)을 공급할 수 있다. 이 경우 공급되는 지분형주택의 규모, 공동 소유기간 및 분양대상자 등 필요한 사항은 대통령령으로 정한다.[44] ② 장관, 시·도지사, 시장, 군수, 구청장 또는 토지주택공사등은 정비구역에 세입자와 ⓐ 면적이 90제곱미터 미만의 토지를 소유한 자로서 건축물을 소유하지 아니한 자, ⓑ 바닥면적이 40제곱미터 미만의 사실상 주거를 위하여 사용하는 건축물을 소유한 자로서 토지를 소유하지 아니한 자의 요청이 있는 경우에는 인수한 임대주택의 일부를 주택법에 따른 토지임대부 분양주택으로 전환하여 공급하여야 한다.

---

43) **(재개발임대주택 인수방법 및 절차 등)** ① 조합이 재개발사업의 시행으로 건설된 임대주택(재개발임대주택)의 인수를 요청하는 경우 시·도지사 또는 시장, 군수, 구청장이 우선하여 인수하여야 하며, 시·도지사 또는 시장, 군수, 구청장이 예산·관리인력의 부족 등 부득이한 사정으로 인수하기 어려운 경우에는 장관에게 토지주택공사등을 인수자로 지정할 것을 요청할 수 있다. ② 재개발임대주택의 인수 가격은 정해진 분양전환가격의 산정기준 중 건축비에 부속토지의 가격을 합한 금액으로 하며, 부속토지의 가격은 사업시행계획인가 고시가 있는 날을 기준으로 감정평가업자 둘 이상이 평가한 금액을 산술평균한 금액으로 한다. 이 경우 건축비 및 부속토지의 가격에 가산할 항목은 인수자가 조합과 협의하여 정할 수 있다. ③ ① 및 ②에서 정한 사항 외에 재개발임대주택의 인수계약 체결을 위한 사전협의, 인수계약의 체결, 인수대금의 지급방법 등 필요한 사항은 인수자가 따로 정하는 바에 따른다.

44) **(지분형주택의 공급)** ① 지분형주택의 규모, 공동 소유기간 및 분양대상자는 ㉠ 지분형주택의 규모는 주거전용면적 60제곱미터 이하인 주택으로 한정한다. ㉡ 지분형주택의 공동 소유기간은 소유권을 취득한 날부터 10년의 범위에서 사업시행자가 정하는 기간으로 한다. ㉢ 지분형주택의 분양대상자는 ⓐ 산정한 종전에 소유하였던 토지 또는 건축물의 가격이 ㉠에 따른 주택의 분양가격 이하에 해당하는 사람, ⓑ 세대주로서 정비계획의 공람 공고일 당시 해당 정비구역에 2년 이상 실제 거주한 사람, ⓒ 정비사업의 시행으로 철거되는 주택 외 다른 주택을 소유하지 아니한 사람의 요건을 모두 충족하는 자로 한다. ② 지분형주택의 공급방법·절차, 지분 취득비율, 지분 사용료 및 지분 취득가격 등에 관하여 필요한 사항은 사업시행자가 따로 정한다.

5. 건축물 등의 사용 · 수익의 중지 및 철거 등

① 종전의 토지 또는 건축물의 소유자 · 지상권자 · 전세권자 · 임차권자 등 권리자는 관리처분계획인가의 고시가 있은 때에는 이전고시가 있는 날까지 종전의 토지 또는 건축물을 사용하거나 수익할 수 없다. 다만, ㉠ 사업시행자의 동의를 받은 경우, ㉡ 손실보상이 완료되지 아니한 경우에는 그러하지 아니하다. ② 사업시행자는 관리처분계획인가를 받은 후 기존의 건축물을 철거하여야 한다. ③ 사업시행자는 ㉠ 관계 법령에서 정하는 기존 건축물의 붕괴 등 안전사고의 우려가 있는 경우, ㉡ 폐공가의 밀집으로 범죄발생의 우려가 있는 경우에는 기존 건축물 소유자의 동의 및 시장 · 군수등의 허가를 받아 해당 건축물을 철거할 수 있다. 이 경우 건축물의 철거는 토지등소유자로서의 권리 · 의무에 영향을 주지 아니한다. ④ 시장 · 군수등은 사업시행자가 기존의 건축물을 철거하는 경우 ㉠ 일출 전과 일몰 후, ㉡ 호우, 대설, 폭풍해일, 지진해일, 태풍, 강풍, 풍랑, 한파 등으로 해당 지역에 중대한 재해발생이 예상되어 기상청장이 특보를 발표한 때, ㉢ 재난이 발생한 때, ㉣ ㉠부터 ㉢까지의 규정에 준하는 시기로 시장 · 군수등이 인정하는 시기에는 건축물의 철거를 제한할 수 있다.

6. 시공보증

① 조합이 정비사업의 시행을 위하여 시장 · 군수등 또는 토지주택공사등이 아닌 자를 시공자로 선정(공동사업시행자가 시공하는 경우를 포함)한 경우 그 시공자는 공사의 시공보증(시공자가 공사의 계약상의무를 이행하지 못하거나 의무이행을 하지 아니할 경우 보증기관에서 시공자를 대신하여 계약이행의무를 부담하거나 총 공사금액의 100분의 50 이하(공사금액의 100분의 30) 이상의 범위에서 사업시행자가 정하는 금액을 납부할 것을 보증하는 것)을 위하여 ⓐ 건설산업기본법에 따른 공제조합이 발행한 보증서, ⓑ 주택도시보증공사(HUG)가 발행한 보증서, ⓒ 금융기관, 한국산업은행, 한국수출입은행 또는 중소기업은행이 발행한 지급보증서, ⓓ 보험사업자가 발행한 보증보험증권를 조합에 제출하여야 한다. ② 시장 · 군수등은 착공신고를 받는 경우에는 시공보증서의 제출 여부를 확인하여야 한다.

Ⅵ. 공사완료에 따른 조치 등

1. 정비사업의 준공인가

① 시장 · 군수등이 아닌 사업시행자가 정비사업 공사를 완료한 때에는 시장 · 군수등의 준공인가를 받아야 한다. ② 준공인가신청을 받은 시장 · 군수등은 지체 없이 준공검사를 실시하여야 한다. 이 경우 시장 · 군수등은 효율적인 준공검사를 위하여 필요한 때에는 관계 행정기관 · 공공기관 · 연구기관, 그 밖의 전문기관 또는 단체에게 준공검사의 실시를 의뢰할 수 있다. ③ 시장 · 군수등은 공사가 완료된 때에는 그 완료를 해당 지방자치단체의 공보에 고시하여야 한다. ④ 시장 · 군수등은 준공인가를 하기 전이라도 완공된 건축물이 사용에 지장이 없는 등 ⓐ 완공된 건축물에 전기 · 수도 · 난방 및 상 · 하수도 시설 등이 갖추어져 있어 해당 건축물을 사용하는 데 지장이 없을 것, ⓑ 완공된 건축물이 관리처분계획에 적합할 것, ⓒ 입주자가 공사에 따른 차량통행 · 소음 · 분진 등의 위해로부터 안전할 것에 적합한 경우에는 입주예정자가 완공된 건축물을 사용할 수 있도록 사업시행자에게 허가할 수 있다. 다만, 시장 · 군수등이 사업시행자인 경우에는 허가를 받지 아니하고 입주예정자가 완공된 건축물을 사용하게 할 수 있다.

2. 준공인가 등에 따른 정비구역의 해제

① 정비구역의 지정은 준공인가의 고시가 있은 날(관리처분계획을 수립하는 경우에는 이전고시가 있은 때)의 다음 날에 해제된 것으로 본다. 이 경우 지방자치단체는 해당 지역을 국토계획법에 따른 지구단위계획으로 관리하여야 한다. ② 정비구역의 해제는 조합의 존속에 영향을 주지 아니한다.

3. 공사완료에 따른 관련 인 · 허가등의의제

① 준공인가를 하거나 공사완료를 고시하는 경우 시장 · 군수등이의제되는 인 · 허가등에 따른 준공검사 · 준공인가 · 사용검사 · 사용승인 등(준공검사 · 인가등)에 관하여 관계 행정기관의 장과 협의한 사항은 해당 준공검사 · 인가등을 받은 것으로 본다. ② 시장 · 군수등은 준공인가를 하거나 공사완료를 고시하는 경우 그 내용에 의제되는 인 · 허가등에

따른 준공검사 · 인가등에 해당하는 사항이 있은 때에는 미리 관계 행정기관의 장과 협의하여야 한다.

4. 이전고시 등

① 사업시행자는 고시가 있은 때에는 지체 없이 대지확정측량을 하고 토지의 분할절차를 거쳐 관리처분계획에서 정한 사항을 분양받을 자에게 통지하고 대지 또는 건축물의 소유권을 이전하여야 한다. 다만, 정비사업의 효율적인 추진을 위하여 필요한 경우에는 해당 정비사업에 관한 공사가 전부 완료되기 전이라도 완공된 부분은 준공인가를 받아 대지 또는 건축물별로 분양받을 자에게 소유권을 이전할 수 있다. ② 사업시행자는 대지 및 건축물의 소유권을 이전하려는 때에는 그 내용을 해당 지방자치단체의 공보에 고시한 후 시장 · 군수등에게 보고하여야 한다. 이 경우 대지 또는 건축물을 분양받을 자는 고시가 있은 날의 다음 날에 그 대지 또는 건축물의 소유권을 취득한다.

5. 대지 및 건축물에 대한 권리의 확정

① 대지 또는 건축물을 분양받을 자에게 소유권을 이전한 경우 종전의 토지 또는 건축물에 설정된 지상권 · 전세권 · 저당권 · 임차권 · 가등기담보권 · 가압류 등 등기된 권리 및 대항력을 갖춘 임차권은 소유권을 이전받은 대지 또는 건축물에 설정된 것으로 본다. ② 취득하는 대지 또는 건축물 중 토지등소유자에게 분양하는 대지 또는 건축물은 도시개발법에 따라 행하여진 환지로 본다. ③ 보류지와 일반에게 분양하는 대지 또는 건축물은 도시개발법에 따른 보류지 또는 체비지로 본다.

6. 등기절차 및 권리변동의 제한

① 사업시행자는 이전고시가 있은 때에는 지체 없이 대지 및 건축물에 관한 등기를 지방법원지원 또는 등기소에 촉탁 또는 신청하여야 한다. ② 등기에 필요한 사항은 대법원규칙으로 정한다. ③ 정비사업에 관하여 이전고시가 있은 날부터 ①에 따른 등기가 있을 때까지는 저당권 등의 다른 등기를 하지 못한다.

7. 청산금 등

(1) 청산금 징수 및 지급대상

① 대지 또는 건축물을 분양받은 자가 종전에 소유하고 있던 토지 또는 건축물의 가격과 분양받은 대지 또는 건축물의 가격 사이에 차이가 있는 경우 사업시행자는 이전고시가 있은 후에 그 차액에 상당하는 금액(청산금)을 분양받은 자로부터 징수하거나 분양받은 자에게 지급하여야 한다. ② 사업시행자는 정관등에서 분할징수 및 분할지급을 정하고 있거나 총회의 의결을 거쳐 따로 정한 경우에는 관리처분계획인가 후부터 이전고시가 있은 날까지 일정 기간별로 분할징수하거나 분할지급할 수 있다. ③ 가격평가의 방법 및 절차 등에 필요한 사항은 대통령령으로 정한다.45)

(2) 청산금의 징수방법 등

① 시장 · 군수등인 사업시행자는 청산금을 납부할 자가 이를 납부하지 아니하는 경우 지방세 체납처분의 예에 따라 징수(분할징수를 포함)할 수 있으며, 시장 · 군수등이 아닌 사업시행자는 시장 · 군수등에게 청산금의 징수를 위탁할 수 있다. ② 청산금을 지급받을 자가 받을 수 없거나 받기를 거부한 때에는 사업시행자는 그 청산금을 공탁할 수 있다. ③ 청산금을 지급(분할지급을 포함)받을 권리 또는 이를 징수할 권리는 이전고시일의 다음 날부터 5년간 행사하지 아니하면 소멸한다.

---

45) **(청산기준가격의 평가)** ① 대지 또는 건축물을 분양받은 자가 종전에 소유하고 있던 토지 또는 건축물의 가격은 ㉠ 주거환경개선사업과 재개발사업의 경우에는 ㉮ 시장 · 군수등이 선정 · 계약한 2인 이상의 감정평가업자가 평가한 금액을 산술평균하여 평가할 것, ㉡ 재건축사업의 경우에는 사업시행자가 정하는 바에 따라 평가할 것(다만, 감정평가업자의 평가를 받으려는 경우에는 ㉯ 시장 · 군수등이 선정 · 계약한 1인 이상의 감정평가업자와 조합총회의의결로 선정 · 계약한 1인 이상의 감정평가업자가 평가한 금액을 산술평균하여 평가)의 구분에 따른 방법으로 평가한다. ② 분양받은 대지 또는 건축물의 가격은 ㉠ 주거환경개선사업과 재개발사업의 경우에는 ㉮를 준용하여 평가할 것, ㉡ 재건축사업의 경우에는 사업시행자가 정하는 바에 따라 평가할 것(다만, 감정평가업자의 평가를 받으려는 경우에는 ㉯ 를 준용할 수 있다)의 구분에 따른 방법으로 평가한다. ③ 평가를 할 때 ㉠ 정비사업의 조사 · 측량 · 설계 및 감리에 소요된 비용, ㉡ 공사비, ㉢ 정비사업의 관리에 소요된 등기비용 · 인건비 · 통신비 · 사무용품비 · 이자 그 밖에 필요한 경비, ㉣ 융자금이 있는 경우에는 그 이자에 해당하는 금액, ㉤ 정비기반시설 및 공동이용시설의 설치에 소요된 비용(시장 · 군수등이 부담한 비용은 제외), ㉥ 안전진단의 실시, 정비사업전문관리업자의 선정, 회계감사, 감정평가, 그 밖에 정비사업 추진과 관련하여 지출한 비용으로서 정관등에서 정한 비용을 가산하여야 하며, 보조금은 공제하여야 한다. ④ 건축물의 가격평가를 할 때 층별 · 위치별 가중치를 참작할 수 있다.

8. 저당권의 물상대위

정비구역에 있는 토지 또는 건축물에 저당권을 설정한 권리자는 사업시행자가 저당권이 설정된 토지 또는 건축물의 소유자에게 청산금을 지급하기 전에 압류절차를 거쳐 저당권을 행사할 수 있다.

제 4 절 비용의 부담 등

Ⅰ. 비용부담

1. 비용부담의 원칙

① 정비사업비는 법령에 특별한 규정이 있는 경우를 제외하고는 사업시행자가 부담한다. ② 시장 · 군수등은 시장 · 군수등이 아닌 사업시행자가 시행하는 정비사업의 정비계획에 따라 설치되는 ㉠ 도시 · 군계획시설 중 대통령령으로 정하는 주요 정비기반시설 및 공동이용시설(도로, 상 · 하수도, 공원, 공용주차장, 공동구, 녹지, 하천, 공공공지, 광장), ㉡ 임시거주시설에 대하여는 그 건설에 드는 비용의 전부 또는 일부를 부담할 수 있다.

2. 비용의 조달

① 사업시행자는 토지등소유자로부터 정비사업에 따른 비용과 정비사업의 시행과정에서 발생한 수입의 차액을 부과금으로 부과 · 징수할 수 있다. ② 부과금 및 연체료의 부과 · 징수에 필요한 사항은 정관등으로 정한다. ③ 시장 · 군수등은 부과 · 징수를 위탁받은 경우에는 지방세 체납처분의 예에 따라 부과 · 징수할 수 있다. 이 경우 사업시행자는 징수한 금액의 100분의 4에 해당하는 금액을 해당 시장 · 군수등에게 교부하여야 한다.

3. 정비기반시설 관리자의 비용부담

① 시장 · 군수등은 자신이 시행하는 정비사업으로 현저한 이익을 받는 정비기반시설의

관리자가 있는 경우에는 해당 정비사업비의 일부를 그 정비기반시설의 관리자와 협의하여 그 관리자에게 부담시킬 수 있다.[46] ② 사업시행자는 정비사업을 시행하는 지역에 전기 · 가스 등의 공급시설을 설치하기 위하여 공동구를 설치하는 경우에는 다른 법령에 따라 그 공동구에 수용될 시설을 설치할 의무가 있는 자에게 공동구의 설치에 드는 비용을 부담시킬 수 있다. ③ 비용부담의 비율 및 부담방법과 공동구의 관리에 필요한 사항은 국토교통부령으로 정한다.[47]

4. 보조 및 융자

① 국가 또는 시 · 도는 시장, 군수, 구청장 또는 토지주택공사등이 시행하는 정비사업에 관한 기초조사 및 정비사업의 시행에 필요한 시설로서 정비기반시설, 임시거주시설 및 주거환경개선사업에 따른 공동이용시설의 건설에 드는 비용의 일부를 보조하거나 융자할 수 있다. 이 경우 국가 또는 시 · 도는 ㉠ 시장 · 군수등 또는 토지주택공사등이 ⓐ 해제된 정비구역등, ⓑ 재정비촉진지구가 해제된 지역에 해당하는 지역에서 시행하는 주거환경개선사업, ㉡ 국가 또는 지방자치단체가 도시영세민을 이주시켜 형성된 낙후지역으로서 대통령령으로 정하는 지역에서 시장 · 군수등 또는 토지주택공사등이 단독으로 시행하는 재개발사업에 우선적으로 보조하거나 융자할 수 있다. ② 시장 · 군수등은 사업시행자가 토지주택공사등인 주거환경개선사업과 관련하여 정비기반시설 및 공동이용시설, 임시거주시설을 건설하는 경우 건설에 드는 비용의 전부 또는 일부를 토지주택공사등에게 보조하여야 한다. ③ 국가 또는 지방자치단체는 시장 · 군수등이 아닌 사업시행자가 시행하는 정비

---

46) **(공동구의 설치비용 등)** ① 공동구의 설치에 드는 비용은 ⓐ 설치공사의 비용, ⓑ 내부공사의 비용, ⓒ 설치를 위한 측량 · 설계비용, ⓓ 공동구의 설치로 인한 보상의 필요가 있는 경우에는 그 보상비용, ⓔ 공동구 부대시설의 설치비용, ⓕ 융자금이 있는 경우에는 그 이자에 해당하는 금액이다. 다만, 보조금이 있는 경우에는 설치에 드는 비용에서 해당 보조금의 금액을 빼야 한다. ② 공동구에 수용될 전기 · 가스 · 수도의 공급시설과 전기통신시설 등의 관리자(공동구점용예정자)가 부담할 공동구의 설치에 드는 비용의 부담비율은 공동구의 점용예정면적비율에 따른다. ③ 사업시행자는 사업시행계획인가의 고시가 있은 후 지체 없이 공동구점용예정자에게 ① 및 ②에 따라 산정된 부담금의 납부를 통지하여야 한다. ④ 부담금의 납부통지를 받은 공동구점용예정자는 공동구의 설치공사가 착수되기 전에 부담금액의 3분의 1 이상을 납부하여야 하며, 그 잔액은 공사완료 고시일전까지 납부하여야 한다.

47) **(공동구의 관리 등)** ① 공동구는 시장 · 군수등이 관리한다. ② 시장 · 군수등은 공동구 관리비용(유지 · 수선비를 말하며, 조명 · 배수 · 통풍 · 방수 · 개축 · 재축 · 그 밖의 시설비 및 인건비를 포함)의 일부를 그 공동구를 점용하는 자에게 부담시킬 수 있으며, 그 부담비율은 점용면적비율을 고려하여 시장 · 군수등이 정한다. ③ 공동구 관리비용은 연도별로 산출하여 부과한다. ④ 공동구 관리비용의 납입기한은 매년 3월 31일까지로 하며, 시장 · 군수등은 납입기한 1개월 전까지 납입통지서를 발부하여야 한다. 다만, 필요한 경우에는 2회로 분할하여 납부하게 할 수 있으며 이 경우 분할금의 납입기한은 3월 31일과 9월 30일로 한다.

사업에 드는 비용의 일부를 보조 또는 융자하거나 융자를 알선할 수 있다. ④ 국가 또는 지방자치단체는 정비사업에 필요한 비용을 보조 또는 융자하는 경우 순환정비방식의 정비사업에 우선적으로 지원할 수 있다.48)

Ⅱ. 정비기반시설

1. 정비기반시설의 설치

사업시행자는 관할 지방자치단체의 장과의 협의를 거쳐 정비구역에 정비기반시설(주거환경개선사업의 경우에는 공동이용시설을 포함)을 설치하여야 한다.

2. 정비기반시설 및 토지 등의 귀속

① 시장·군수등 또는 토지주택공사등이 정비사업의 시행으로 새로 정비기반시설을 설치하거나 기존의 정비기반시설을 대체하는 정비기반시설을 설치한 경우에는 종래의 정비기반시설은 사업시행자에게 무상으로 귀속되고, 새로 설치된 정비기반시설은 그 시설을 관리할 국가 또는 지방자치단체에 무상으로 귀속된다. ② 시장·군수등 또는 토지주택공사등이 아닌 사업시행자가 정비사업의 시행으로 새로 설치한 정비기반시설은 그 시설을 관리할 국가 또는 지방자치단체에 무상으로 귀속되고, 정비사업의 시행으로 용도가 폐지되는 국가 또는 지방자치단체 소유의 정비기반시설은 사업시행자가 새로 설치한 정비기반시설의 설치비용에 상당하는 범위에서 그에게 무상으로 양도된다. ③ 정비기반시설에 해당하는 도로는 ㉠ 도시·군관리계획으로 결정되어 설치된 도로, ㉡ 도로관리청이 관리하는 도로, ㉢ 다른 법률에 따라 설치된 국가 또는 지방자치단체 소유의 도로, ㉣ 공유재산 중 일반인의 교통을 위하여 제공되고 있는 부지(부지의 사용 형태, 규모, 기능 등 기준은 시·도조례로 가능)에 해당하는 도로를 말한다.

48) 이 경우 순환정비방식의 정비사업의 원활한 시행을 위하여 국가 또는 지방자치단체는 ㉠ 순환용주택의 건설비, ㉡ 순환용주택의 단열보완 및 창호교체 등 에너지 성능 향상과 효율개선을 위한 리모델링 비용, ㉢ 공가관리비의 일부를 보조 또는 융자할 수 있다. 국가는 ㉠ 토지주택공사등이 보유한 공공임대주택을 순환용주택으로 조합에게 제공하는 경우 그 건설비 및 공가관리비 등의 비용, ㉡ 시·도지사, 시장, 군수, 구청장 또는 토지주택공사등이 재개발임대주택을 인수하는 경우 그 인수 비용에 해당하는 비용의 전부 또는 일부를 지방자치단체 또는 토지주택공사등에 보조 또는 융자할 수 있다. 국가 또는 지방자치단체는 토지임대부 분양주택을 공급받는 자에게 해당 공급비용의 전부 또는 일부를 보조 또는 융자할 수 있다.

Ⅲ. 국유·공유재산

1. 국유·공유재산의 처분 등

① 시장·군수등은 인가하려는 사업시행계획 또는 직접 작성하는 사업시행계획서에 국유·공유재산의 처분에 관한 내용이 포함되어 있는 때에는 미리 관리청과 협의하여야 한다. 이 경우 관리청이 불분명한 재산 중 도로·하천·구거 등은 장관을, 그 외의 재산은 기획재정부장관을 관리청으로 본다. ② 협의를 받은 관리청은 20일 이내에 의견을 제시하여야 한다. ③ 정비구역의 국유·공유재산은 정비사업 외의 목적으로 매각되거나 양도될 수 없다. ④ 정비구역의 국유·공유재산은 국유재산종합계획 또는 공유재산관리계획과 계약의 방법에도 불구하고 사업시행자 또는 점유자 및 사용자에게 다른 사람에 우선하여 수의계약으로 매각 또는 임대될 수 있다. ⑤ 다른 사람에 우선하여 매각 또는 임대될 수 있는 국유·공유재산은 국유재산법, 공유재산 및 물품 관리법 및 그 밖에 국·공유지의 관리와 처분에 관한 관계 법령에도 불구하고 사업시행계획인가의 고시가 있은 날부터 종전의 용도가 폐지된 것으로 본다. ⑥ 정비사업을 목적으로 우선하여 매각하는 국·공유지는 사업시행계획인가의 고시가 있은 날을 기준으로 평가하며, 주거환경개선사업의 경우 매각가격은 평가금액의 100분의 80으로 한다. 다만, 사업시행계획인가의 고시가 있은 날부터 3년 이내에 매매계약을 체결하지 아니한 국·공유지는 국유재산법 또는 공유재산 및 물품 관리법에서 정한다.

2. 국유·공유재산의 임대

① 지방자치단체 또는 토지주택공사등은 주거환경개선구역 및 재개발구역(재개발사업을 시행하는 정비구역)에서 임대주택을 건설하는 경우에는 국·공유지 관리청과 협의하여 정한 기간 동안 국·공유지를 임대할 수 있다. ② 시장·군수등은 임대하는 국·공유지 위에 공동주택, 그 밖의 영구시설물을 축조하게 할 수 있다. 이 경우 해당 시설물의 임대기간이 종료되는 때에는 임대한 국·공유지 관리청에 기부 또는 원상으로 회복하여 반환하거나 국·공유지 관리청으로부터 매입하여야 한다. ③ 임대하는 국·공유지의 임대료는 국유재산법 또는 공유재산 및 물품 관리법에서 정한다.

3. 공동이용시설 사용료의 면제

① 지방자치단체의 장은 마을공동체 활성화 등 공익 목적을 위하여 주거환경개선구역 내 공동이용시설에 대한 사용 허가를 하는 경우 사용료를 면제할 수 있다. ② 공익 목적의 기준, 사용료 면제 대상 및 그 밖에 필요한 사항은 시 · 도조례로 정한다.

4. 국 · 공유지의 무상양여 등

① ㉠ 주거환경개선구역, ㉡ 국가 또는 지방자치단체가 도시영세민을 이주시켜 형성된 낙후지역으로서 재개발구역(무상양여 대상에서 국유지는 제외하고, 공유지는 시장 · 군수등 또는 토지주택공사등이 단독으로 사업시행자가 되는 경우로 한정)에 해당하는 구역에서 국가 또는 지방자치단체가 소유하는 토지는 사업시행계획인가의 고시가 있은 날부터 종전의 용도가 폐지된 것으로 보며, 해당 사업시행자에게 무상으로 양여된다. 다만, 행정재산과 국가 또는 지방자치단체가 양도계약을 체결하여 정비구역지정 고시일 현재 대금의 일부를 수령한 토지에 대하여는 그러하지 아니하다. ② ①에 해당하는 구역에서 국가 또는 지방자치단체가 소유하는 토지는 정비구역지정의 고시가 있은 날부터 정비사업 외의 목적으로 양도되거나 매각될 수 없다. ③ 무상양여된 토지의 사용수익 또는 처분으로 발생한 수입은 주거환경개선사업 또는 재개발사업 외의 용도로 사용할 수 없다. ④ 시장 · 군수등은 무상양여의 대상이 되는 국 · 공유지를 소유 또는 관리하고 있는 국가 또는 지방자치단체와 협의를 하여야 한다. ⑤ 사업시행자에게 양여된 토지의 관리처분에 필요한 사항은 장관의 승인을 받아 해당 시 · 도조례 또는 토지주택공사등의 시행규정으로 정한다.

제 5 절 정비사업전문관리업

Ⅰ. 정비사업전문관리업 등록 및 업무

1. 정비사업전문관리업의 등록

㉠ 조합설립의 동의 및 정비사업의 동의에 관한 업무의 대행, ㉡ 조합설립인가의 신청에 관한 업무의 대행, ㉢ 사업성 검토 및 정비사업의 시행계획서의 작성, ㉣ 설계자 및 시공자 선정에 관한 업무의 지원, ㉤ 사업시행계획인가의 신청에 관한 업무의 대행, ㉥ 관리처분계획의 수립에 관한 업무의 대행, ㉦ 시장 · 군수등이 정비사업전문관리업자를 선정한 경우에는 추진위원회 설립에 필요한 ⓐ 동의서 제출의 접수, ⓑ 운영규정 작성 지원, ⓒ 그 밖에 시 · 도조례로 정하는 사항의 업무를 추진위원회 또는 사업시행자로부터 위탁받거나 이와 관련한 자문을 하려는 자는 자본 · 기술인력 등의 기준을 갖춰 시 · 도지사에게 등록 또는 변경(경미한 사항의 변경은 제외)등록하여야 한다. 다만, 주택의 건설 등 정비사업 관련 업무를 하는 공공기관 등으로 ⓐ LH, ⓑ 한국부동산원의 경우에는 그러하지 아니하다.

2. 정비사업전문관리업자의 업무제한 등

정비사업전문관리업자는 동일한 정비사업에 대하여 ㉠ 건축물의 철거, ㉡ 정비사업의 설계, ㉢ 정비사업의 시공, ㉣ 정비사업의 회계감사, ㉤ 안전진단업무를 병행하여 수행할 수 없다.

Ⅱ. 결격사유 및 등록 취소 등

1. 정비사업전문관리업자의 결격사유

① ㉠ 미성년자(대표 또는 임원이 되는 경우로 한정) · 피성년후견인 또는 피한정후견

인, ㉡ 파산선고를 받은 자로서 복권되지 아니한 자, ㉢ 정비사업의 시행과 관련한 범죄행위로 인하여 금고 이상의 실형의 선고를 받고 그 집행이 종료(종료된 것으로 보는 경우를 포함)되거나 집행이 면제된 날부터 2년이 경과되지 아니한 자, ㉣ 정비사업의 시행과 관련한 범죄행위로 인하여 금고 이상의 형의 집행유예를 받고 그 유예기간 중에 있는 자, ㉤ 이 법을 위반하여 벌금형 이상의 선고를 받고 2년이 경과되지 아니한 자, ㉥ 등록이 취소된 후 2년이 경과되지 아니한 자(법인인 경우 그 대표자), ㉦ 법인의 업무를 대표 또는 보조하는 임직원 중 ㉠부터 ㉥까지 중 어느 하나에 해당하는 자가 있는 법인에 해당하는 자는 정비사업전문관리업의 등록을 신청할 수 없으며, 정비사업전문관리업자의 업무를 대표 또는 보조하는 임직원이 될 수 없다. ② 정비사업전문관리업자의 업무를 대표 또는 보조하는 임직원이 ①의 어느 하나에 해당하게 되거나 선임 당시 그에 해당하는 자이었음이 판명된 때에는 당연 퇴직한다. ③ 퇴직된 임직원이 퇴직 전에 관여한 행위는 효력을 잃지 아니한다.

2. 정비사업전문관리업의 등록취소 등

시 · 도지사는 정비사업전문관리업자가 ㉠ 거짓, 그 밖의 부정한 방법으로 등록을 한 때, ㉡ 등록기준에 미달하게 된 때, ㉢ 추진위원회, 사업시행자 또는 시장 · 군수등의 위탁이나 자문에 관한 계약 없이 정비사업전문관리업의 업무를 수행한 때, ㉣ 정비사업전문관리업의 업무를 직접 수행하지 아니한 때, ㉤ 고의 또는 과실로 조합에게 계약금액(정비사업전문관리업자가 조합과 체결한 총계약금액)의 3분의 1 이상의 재산상 손실을 끼친 때, ㉥ 보고 · 자료제출을 하지 아니하거나 거짓으로 한 때 또는 조사 · 검사를 거부 · 방해 또는 기피한 때, ㉦ 보고 · 자료제출을 하지 아니하거나 거짓으로 한 때 또는 조사를 거부 · 방해 또는 기피한 때, ㉧ 최근 3년간 2회 이상의 업무정지처분을 받은 자로서 그 정지처분을 받은 기간이 합산하여 12개월을 초과한 때, ㉨ 다른 사람에게 자기의 성명 또는 상호를 사용하여 이 법에서 정한 업무를 수행하게 하거나 등록증을 대여한 때, ㉩ 이 법을 위반하여 벌금형 이상의 선고를 받은 경우(법인의 경우에는 그 소속 임직원을 포함), ㉪ 그 밖에 이 법 또는 이 법에 따른 명령이나 처분을 위반한 때에는 그 등록을 취소하거나 1년 이내의 기간을 정하여 업무의 전부 또는 일부의 정지를 명할 수 있다. 다만, ㉠ · ㉣ · ㉧ 및 ㉨에 해당하는 때에는 그 등록을 취소하여야 한다.

제6절 보칙 및 분쟁조정 등

Ⅰ. 보고 · 감사 · 감독 등

① 시 · 도지사는 정비사업의 추진실적을 분기별로 장관에게, 시장, 군수 또는 구청장은 시 · 도조례로 정하는 바에 따라 정비사업의 추진실적을 특별시장 · 광역시장 또는 도지사에게 보고하여야 한다.[49] ② 시장 · 군수등 또는 토지주택공사등이 아닌 사업시행자는 ㉠ 추진위원회에서 조합으로 인계되기 전 7일 이내, ㉡ 사업시행계획인가의 고시일부터 20일 이내, ㉢ 준공인가의 신청일부터 7일 이내에 해당하는 시기에 외부감사법에 따른 감사인의 회계감사를 받아야 하며, 그 감사결과를 회계감사가 종료된 날부터 15일 이내에 시장 · 군수등 및 해당 조합에 보고하고 조합원이 공람할 수 있도록 하여야 한다. 다만, 지정개발자가 사업시행자인 경우 ㉡ 및 ㉢에 해당하는 시기에 한정한다. ③ 장관, 시 · 도지사, 시장, 군수 또는 구청장은 점검반을 구성하여 정비사업 현장조사를 통하여 분쟁의 조정, 위법사항의 시정요구 등 필요한 조치를 할 수 있다. 이 경우 관할 지방자치단체의 장과 조합 등은 ⓐ 토지등소유자의 동의서, ⓑ 총회의 의사록, ⓒ 정비사업과 관련된 계약에 관한 서류, ⓓ 사업시행계획서 · 관리처분계획서 및 회계감사보고서를 포함한 회계관련 서류, ⓔ 정비사업의 추진과 관련하여 분쟁이 발생한 경우에는 해당 분쟁과 관련된 서류의 제공 등 점검반의 활동에 적극 협조하여야 한다.

49) ① 시 · 도지사는 정비구역의 지정, 사업시행자의 지정 또는 조합설립인가, 사업시행계획인가, 관리처분계획인가 및 정비사업완료의 실적을 매 분기가 끝나는 날부터 15일 이내에 장관에게 보고(전자문서 포함)하여야 한다. ② 장관, 시 · 도지사, 시장 · 군수 또는 구청장으로부터 정비사업과 관련하여 보고 또는 자료의 제출을 요청받은 자는 그 요청을 받은 날부터 15일 이내에 보고(전자문서 포함)하거나 자료를 제출(전자문서 포함)하여야 한다. ③ 장관, 시 · 도지사, 시장 · 군수 또는 구청장은 소속 공무원에게 업무를 조사하게 하려는 때에는 업무조사를 받을 자에게 조사 3일 전까지 조사의 일시 · 목적 등을 서면으로 통지하여야 한다.

Ⅱ. 제재조치 등

1. 시공자 선정 취소 명령 또는 과징금

① 시 · 도지사(해당 정비사업을 관할하는 시 · 도지사)는 건설업자가 ㉠ 건설업자가 조합임원 등의 선임 · 선정 시 행위제한을 위반한 경우, ㉡ 건설업자가 관리 · 감독 등 필요한 조치를 하지 아니한 경우로서 용역업체의 임직원(건설업자가 고용한 개인을 포함)이 조합임원 등의 선임 · 선정 시 행위제한을 위반한 경우 사업시행자에게 건설업자의 해당 정비사업에 대한 시공자 선정을 취소할 것을 명하거나 그 건설업자에게 사업시행자와 시공자 사이의 계약서상 공사비의 100분의 20 이하에 해당하는 금액의 범위에서 과징금을 부과할 수 있다. 이 경우 시공자 선정 취소의 명을 받은 사업시행자는 시공자 선정을 취소하여야 한다. ② 과징금을 부과하는 위반행위의 종류와 위반 정도 등에 따른 과징금의 금액 등에 필요한 사항은 대통령령으로 정한다.[50)]

2. 건설업자의 입찰참가 제한

① 시 · 도지사는 과징금부과대상에 해당하는 건설업자에 대해서는 2년 이내의 범위에서 대통령령으로 정하는 기간 동안 정비사업의 입찰참가를 제한할 수 있다.[51)] ② 시 · 도지사는 ①에 따라 건설업자에 대한 정비사업의 입찰참가를 제한하려는 경우에는 대상, 기간, 사유, 그 밖의 입찰참가 제한과 관련된 내용을 공개하고, 관할 구역의 시장, 군수 또는 구청장 및 사업시행자에게 통보하여야 한다. 이 경우 통보를 받은 사업시행자는 해당 건설업자의 입찰 참가자격을 제한하여야 한다. ③ 사업시행자는 입찰참가를 제한받은 건설업자와 계약(수의계약을 포함)을 체결해서는 아니 된다.

---

50) **(과징금의 부과기준 등)** 과징금 부과 통지를 받은 자는 통지가 있은 날부터 20일 또는 시 · 도지사가 20일 이상의 범위에서 따로 정한 기간 이내에 시 · 도지사가 정하는 수납기관에 과징금을 납부하여야 한다. 다만, 천재지변이나 그 밖에 부득이한 사유로 그 기간에 과징금을 납부할 수 없는 경우에는 그 사유가 없어진 날부터 7일 이내에 납부하여야 한다.

51) **(정비사업의 입찰참가 제한)** ① 정비사업의 입찰참가 제한기준은 별표 5의2(시행령)와 같다. ② 시 · 도지사는 정비사업의 입찰참가를 제한하려는 경우에는 ⓐ 업체(상호)명 · 성명(법인인 경우 대표자의 성명) 및 사업자등록번호(법인인 경우 법인등록번호), ⓑ 입찰참가자격 제한기간, ⓒ 입찰참가자격을 제한하는 구체적인 사유의 사항을 지체 없이 해당 지방자치단체의 공보에 게재하고 일반인이 해당 내용을 열람할 수 있도록 인터넷 홈페이지에 입찰참가 제한기간 동안 게시하여야 한다.

Ⅲ. 정비사업지원 기구 및 공공지원

① 장관은 ㉠ 정비사업 상담지원업무, ㉡ 정비사업전문관리제도의 지원, ㉢ 전문조합관리인의 교육 및 운영지원, ㉣ 소규모 영세사업장 등의 사업시행계획 및 관리처분계획 수립지원, ㉤ 정비사업을 통한 공공지원민간임대주택 공급 업무 지원, ㉥ 그 밖에 장관이 정하는 업무를 수행하기 위하여 정비사업 지원기구를 설치할 수 있다. 이 경우 장관은 한국부동산원 또는 LH에게 정비사업 지원기구의 업무를 대행하게 할 수 있다. ② 시장·군수등은 정비사업의 투명성 강화 및 효율성 제고를 위하여 시·도조례로 정하는 정비사업에 대하여 사업시행 과정을 지원(공공지원)하거나 토지주택공사등, 신탁업자, HUG 또는 이 정비사업전문관리업의 등록예외 규정에 따라 LH, 한국부동산원에 공공지원을 위탁할 수 있다. ③ 정비사업을 공공지원하는 시장·군수등 및 공공지원을 위탁받은 자(위탁지원자)는 ㉠ 추진위원회 또는 주민대표회의 구성, ㉡ 정비사업전문관리업자의 선정(위탁지원자는 선정을 위한 지원으로 한정), ㉢ 설계자 및 시공자 선정 방법 등, ㉣ 세입자의 주거 및 이주 대책(이주 거부에 따른 협의 대책을 포함) 수립, ㉤ 관리처분계획 수립, ㉥ 그 밖에 시·도조례로 정하는 사항의 업무를 수행한다. ④ 공공지원에 필요한 비용은 시장·군수등이 부담하되, 특별시장, 광역시장 또는 도지사는 관할 구역의 시장, 군수 또는 구청장에게 특별시·광역시 또는 도의 조례로 정하는 바에 따라 그 비용의 일부를 지원할 수 있다.

Ⅳ. 분쟁조정위원회

1. 도시분쟁조정위원회의 구성 등

① 정비사업의 시행으로 발생한 분쟁을 조정하기 위하여 정비구역이 지정된 특별자치시, 특별자치도, 또는 시·군·구(자치구)에 도시분쟁조정위원회(조정위원회)를 둔다. 다만, 시장·군수등을 당사자로 하여 발생한 정비사업의 시행과 관련된 분쟁 등의 조정을 위하여 필요한 경우에는 시·도에 조정위원회를 둘 수 있다. ② 조정위원회는 부시장·부지사·부구청장 또는 부군수를 위원장으로 한 10명 이내의 위원으로 구성한다. ③ 조정위원회 위원은 정비사업에 대한 학식과 경험이 풍부한 사람으로서 ㉠ 해당 특별자치시, 특

별자치도 또는 시 · 군 · 구에서 정비사업 관련 업무에 종사하는 5급 이상 공무원, ㉡ 대학이나 연구기관에서 부교수 이상 또는 이에 상당하는 직에 재직하고 있는 사람, ㉢ 판사, 검사 또는 변호사의 직에 5년 이상 재직한 사람, ㉣ 건축사, 감정평가사, 공인회계사로서 5년 이상 종사한 사람, ㉤ 그 밖에 정비사업에 전문적 지식을 갖춘 사람으로서 시 · 도조례로 정하는 자에 해당하는 사람 중에서 시장 · 군수등이 임명 또는 위촉한다. 이 경우 ㉠, ㉢ 및 ㉣에 해당하는 사람이 각 2명 이상 포함되어야 한다. ④ 조정위원회에는 위원 3명으로 구성된 분과위원회를 두며, 분과위원회에는 ③의 ㉠ 및 ㉢에 해당하는 사람이 각 1명 이상 포함되어야 한다.

2. 조정위원회의 조정 등

① 조정위원회는 정비사업의 시행과 관련하여 ㉠ 매도청구권 행사 시 감정가액에 대한 분쟁, ㉡ 공동주택 평형 배정방법에 대한 분쟁, ㉢ 그 밖에 ⓐ 건축물 또는 토지 명도에 관한 분쟁, ⓑ 손실보상 협의에서 발생하는 분쟁, ⓒ 총회의결사항에 대한 분쟁, ⓓ 그 밖에 시 · 도조례로 정하는 사항에 대한 분쟁 사항을 심사 · 조정한다. 다만, 관계 법률에 따라 설치된 위원회의 심사대상에 포함되는 사항은 제외할 수 있다. ② 시장 · 군수등은 ㉠ 분쟁당사자가 정비사업의 시행으로 인하여 발생한 분쟁의 조정을 신청하는 경우, ㉡ 시장 · 군수등이 조정위원회의 조정이 필요하다고 인정하는 경우 조정위원회를 개최할 수 있으며, 조정위원회는 조정신청을 받은 날(㉡의 경우 조정위원회를 처음 개최한 날)부터 60일 이내에 조정절차를 마쳐야 한다. 다만, 조정기간 내에 조정절차를 마칠 수 없는 정당한 사유가 있다고 판단되는 경우에는 조정위원회의의결로 그 기간을 한 차례만 연장할 수 있으며 그 기간은 30일 이내로 한다. ③ 당사자가 강제집행을 승낙하는 취지의 내용이 기재된 조정서에 서명 · 날인한 경우 조정서의 정본은 집행력 있는 집행권원과 같은 효력을 가진다.

Ⅴ. 사업관리 및 청문

1. 정비사업의 정보공개

시장 · 군수등은 정비사업의 투명성 강화를 위하여 조합이 시행하는 정비사업에 관한 ㉠ 관리처분계획의 인가(변경인가를 포함)를 받은 사항 중 제29조에 따른 계약금액, ㉡

관리처분계획의 인가를 받은 사항 중 정비사업에서 발생한 이자, ㉢ 그 밖에 시 · 도조례로 정하는 사항을 매년 1회 이상 인터넷과 그 밖의 방법을 병행하여 공개하여야 한다. 이 경우 공개의 방법 및 시기 등 필요한 사항은 시 · 도조례로 정한다.

2. 청문

장관, 시 · 도지사, 시장, 군수 또는 구청장은 ㉠ 정비사업전문관리업의 등록취소, ㉡ 추진위원회 승인의 취소, 조합설립인가의 취소, 사업시행계획인가의 취소 또는 관리처분계획인가의 취소, ㉢ 시공자 선정 취소 또는 과징금 부과, ㉣ 입찰참가 제한에 해당하는 처분을 하려는 경우에는 청문을 하여야 한다.

Ⅵ. 도시정비기금의 설치 등

1. 토지등소유자의 설명의무

토지등소유자는 자신이 소유하는 정비구역 내 토지 또는 건축물에 대하여 매매 · 전세 · 임대차 또는 지상권 설정 등 부동산 거래를 위한 계약을 체결하는 경우 ㉠ 해당 정비사업의 추진단계, ㉡ 퇴거예정시기(건축물의 경우 철거예정시기를 포함), ㉢ 행위제한, ㉣ 조합원의 자격, ㉤ 계약기간, ㉥ 주택 등 건축물을 분양받을 권리의 산정 기준일, ㉦ 그 밖에 거래 상대방의 권리 · 의무에 중대한 영향을 미치는 사항으로서 ⓐ 분양대상자별 분담금의 추산액, ⓑ 정비사업비의 추산액(재건축사업의 경우에는 재건축부담금에 관한 사항을 포함) 및 그에 따른 조합원 분담규모 및 분담시기를 거래 상대방에게 설명 · 고지하고, 거래 계약서에 기재 후 서명 · 날인하여야 한다.

2. 재개발사업 등의 시행방식의 전환

① 시장 · 군수등은 사업대행자를 지정하거나 토지등소유자의 5분의 4 이상의 요구가 있어 재개발사업의 시행방식의 전환이 필요하다고 인정하는 경우에는 정비사업이 완료되기 전이라도 정비구역의 전부 또는 일부에 대하여 시행방식의 전환을 승인할 수 있다. ② 사업시행자는 시행방식을 전환하기 위하여 관리처분계획을 변경하려는 경우 토지면적의 3분의 2 이상의 토지소유자의 동의와 토지등소유자의 5분의 4 이상의 동의를 받아야 하며,

변경절차에 관하여는 관리처분계획 변경에 관한 규정을 준용한다. ③ 사업시행자는 정비계획이 수립된 주거환경개선사업을 관리처분계획의 시행방법으로 변경하려는 경우에는 토지등소유자의 3분의 2 이상의 동의를 받아야 한다.

3. 도시 · 주거환경정비기금의 설치 등

① 기본계획을 수립하거나 승인하는 특별시장 · 광역시장 · 특별자치시장 · 도지사 · 특별자치도지사 또는 시장은 정비사업의 원활한 수행을 위하여 도시 · 주거환경정비기금(정비기금)을 설치하여야 한다. 다만, 기본계획을 수립하지 아니하는 시장 및 군수도 필요한 경우에는 정비기금을 설치할 수 있다. ② 정비기금은 ㉠ 사업시행자가 현금으로 납부한 금액, ㉡ 시 · 도지사, 시장, 군수 또는 구청장에게 공급된 소형주택의 임대보증금 및 임대료, ㉢ 부담금 및 정비사업으로 발생한 개발부담금 중 지방자치단체 귀속분의 일부, ㉣ 정비구역(재건축구역은 제외) 안의 국 · 공유지 매각대금 중 국유지의 경우에는 20퍼센트, 공유지의 경우에는 30퍼센트 이상의 금액, ㉤ 과징금, ㉥ 재건축부담금 중 지방자치단체 귀속분, ㉦ 부과 · 징수되는 지방소비세 또는 재산세 중 ⓐ 지방소비세의 경우: 3퍼센트, ⓑ 재산세의 경우: 10퍼센트 이상의 금액, ㉧ 그 밖에 시 · 도조례로 정하는 재원에 해당하는 금액을 재원으로 조성한다. ③ 정비기금은 ㉠ 이 법에 따른 정비사업으로서 ⓐ 기본계획의 수립, ⓑ 안전진단 및 정비계획의 수립, ⓒ 추진위원회의 운영자금 대여, ⓓ 그 밖에 이 법과 시 · 도조례로 정하는 사항, ㉡ 임대주택의 건설 · 관리, ㉢ 임차인의 주거안정 지원, ㉣ 재건축부담금의 부과 · 징수, ㉤ 주택개량의 지원, ㉥ 정비구역등이 해제된 지역에서의 정비기반시설의 설치 지원, ㉦ 빈집정비사업 및 소규모주택정비사업에 대한 지원, ㉧ 증축형 리모델링의 안전진단 지원, ㉨ 제142조에 따른 신고포상금의 지급의 어느 하나의 용도 이외의 목적으로 사용하여서는 아니 된다. ④ 정비기금의 관리 · 운용과 개발부담금의 지방자치단체의 귀속분 중 정비기금으로 적립되는 비율 등에 필요한 사항은 시 · 도조례로 정한다.

4. 노후 · 불량주거지 개선계획의 수립

장관은 주택 또는 기반시설이 열악한 주거지의 주거환경개선을 위하여 5년마다 개선대상지역을 조사하고 연차별 재정지원계획 등을 포함한 노후 · 불량주거지 개선계획을 수립하여야 한다.

5. 재건축사업의 안전진단 재실시

시장 · 군수등은 정비구역이 지정 · 고시된 날부터 10년이 되는 날까지 사업시행계획인가를 받지 아니하고 ㉠ 재난이 발생할 위험이 높거나 재난예방을 위하여 계속적으로 관리할 필요가 있다고 인정하여 특정관리대상지역으로 지정하는 경우, ㉡ 재해 및 재난 예방과 시설물의 안전성 확보 등을 위하여 정밀안전진단을 실시하는 경우, ㉢ 공동주택의 구조안전에 중대한 하자가 있다고 인정하여 안전진단을 실시하는 경우에는 안전진단을 다시 실시하여야 한다.

제 6 장
건 축 법

제1절 서 설

Ⅰ. 용어의 정의

1. 대지

공간정보관리법에 따라 각 필지로 나눈 토지를 말한다. 다만, 대통령령으로 정하는 토지는 둘 이상의 필지를 하나의 대지로 하거나 하나 이상의 필지의 일부를 하나의 대지로 할 수 있다.[1)]

1) ① 둘 이상의 필지를 하나의 대지로 할 수 있는 토지 : Ⓐ 하나의 건축물을 두 필지 이상에 걸쳐 건축하는 경우: 그 건축물이 건축되는 각 필지의 토지를 합한 토지, Ⓑ 합병이 불가능한 경우 중 각 필지의 지번부여지역이 서로 다른 경우, 각 필지의 도면의 축척이 다른 경우, 서로 인접하고 있는 필지로서 각 필지의 지반이 연속되지 아니한 경우에 해당하는 경우: 그 합병이 불가능한 필지의 토지를 합한 토지(다만, 토지의 소유자가 서로 다르거나 소유권 외의 권리관계가 서로 다른 경우는 제외), Ⓒ 도시·군계획시설에 해당하는 건축물을 건축하는 경우: 그 도시·군계획시설이 설치되는 일단의 토지, Ⓓ 주택법에 따른 사업계획승인을 받아 주택과 그 부대시설 및 복리시설을 건축하는 경우: 주택법에 따른 주택단지, Ⓔ 도로의 지표 아래에 건축하는 건축물의 경우: 특별시장·광역시장·특별자치시장·특별자치도지사·시장·군수 또는 구청장(자치구의 구청장)이 그 건축물이 건축되는 토지로 정하는 토지, Ⓕ 사용승인을 신청할 때 둘 이상의 필지를 하나의 필지로 합칠 것을 조건으로 건축허가를 하는 경우: 그 필지가 합쳐지는 토지(토지의 소유자가 서로 다른 경우는 제외)와 같다. ② 하나 이상의 필지의 일부를 하나의 대지로 할 수 있는 토지 : ⓐ 도시·군계획시설이 결정·고시된 경우: 그 결정·고시된 부분의 토지, ⓑ 「농지법」에 따른 농지전용허가를 받은 경우: 그 허가받은 부분의 토지, ⓒ 산지관리법에 따른 산지전용허가를 받은 경우: 그 허가받은 부분의 토지, ⓓ 국토계획법에 따른 개발행위허가를 받은 경우: 그 허가받은 부분의 토지, ⓔ 사용승인을 신청할 때 필지를 나눌

2. 건축물

토지에 정착하는 공작물 중 지붕과 기둥 또는 벽이 있는 것과 이에 딸린 시설물, 지하나 고가의 공작물에 설치하는 사무소 · 공연장 · 점포 · 차고 · 창고, 그 밖에 대통령령으로 정하는 것을 말한다.2)

3. 대수선

건축물의 기둥, 보, 내력벽, 주계단 등의 구조나 외부 형태를 수선 · 변경하거나 증설하는 것으로서 대통령령으로 정하는 것을 말한다.3)

4. 도로

보행과 자동차 통행이 가능한 너비 4미터 이상의 도로(지형적으로 자동차 통행이 불가능한 경우와 막다른 도로의 경우에는 대통령령으로 정하는 구조와 너비의 도로)로서 ㉠ 국토계획법, 도로법, 사도법, 그 밖의 관계 법령에 따라 신설 또는 변경에 관한 고시가

것을 조건으로 건축허가를 하는 경우: 그 필지가 나누어지는 토지와 같다.

2) **(건축법의 적용 제외 건축물)** ① Ⓐ 문화재보호법에 따른 지정문화재나 가지정 문화재, Ⓑ 철도나 궤도의 선로 부지에 있는 운전보안시설, 철도 선로의 위나 아래를 가로지르는 보행시설, 플랫폼, 해당 철도 또는 궤도사업용 급수 · 급탄 및 급유 시설, Ⓒ 고속도로 통행료 징수시설, Ⓓ 컨테이너를 이용한 간이창고(산업집적법에 따른 공장의 용도로만 사용되는 건축물의 대지에 설치하는 것으로서 이동이 쉬운 것만 해당), Ⓔ 하천법에 따른 하천구역 내의 수문조작실에 해당하는 건축물에는 이 법을 적용하지 아니한다. ② 국토계획법에 따른 도시지역 및 지구단위계획구역 외의 지역으로서 동이나 읍(동이나 읍에 속하는 섬의 경우에는 인구가 500명 이상인 경우만 해당)이 아닌 지역은 대지와 도로의 접도, 도로의 지정 · 폐지 또는 변경, 건축선의 지정, 건축선에 따른 제한, 방화지구 안의 건축물, 대지분할 제한을 적용하지 아니한다. ③ 국토계획법에 따라 도시 · 군계획시설의 부지를 매수청구하였으나 매수하지 아니하기로 결정한 경우에 따른 건축물이나 공작물을 도시 · 군계획시설로 결정된 도로의 예정지에 건축하는 경우에는 도로의 지정 · 폐지 또는 변경, 건축선의 지정, 건축선에 따른 제한, 방화지구 안의 건축물, 대지분할 제한 규정을 적용하지 아니한다.

3) 대수선은 Ⓐ 내력벽을 증설 또는 해체하거나 그 벽면적을 30제곱미터 이상 수선 또는 변경하는 것, Ⓑ 기둥을 증설 또는 해체하거나 세 개 이상 수선 또는 변경하는 것, Ⓒ 보를 증설 또는 해체하거나 세 개 이상 수선 또는 변경하는 것, Ⓓ 지붕틀(한옥의 경우에는 지붕틀의 범위에서 서까래는 제외)을 증설 또는 해체하거나 세 개 이상 수선 또는 변경하는 것, Ⓔ 방화벽 또는 방화구획을 위한 바닥 또는 벽을 증설 또는 해체하거나 수선 또는 변경하는 것, Ⓕ 주계단 · 피난계단 또는 특별피난계단을 증설 또는 해체하거나 수선 또는 변경하는 것, Ⓖ 미관지구에서 건축물의 외부형태(담장을 포함)를 변경하는 것, Ⓗ 다가구주택의 가구 간 경계벽 또는 다세대주택의 세대 간 경계벽을 증설 또는 해체하거나 수선 또는 변경하는 것, Ⓘ 건축물의 외벽에 사용하는 마감재료를 증설 또는 해체하거나 벽면적 30제곱미터 이상 수선 또는 변경하는 것으로서 증축 · 개축 또는 재축에 해당하지 아니하는 것을 말한다.

된 도로, ㉡ 건축허가 또는 신고 시에 특별시장 · 광역시장 · 특별자치시장 · 도지사 · 특별자치도지사(시 · 도지사) 또는 시장 · 군수 · 구청장(자치구의 구청장)이 위치를 지정하여 공고한 도로나 그 예정도로를 말한다.[4)]

5. 주요 개념 정의

① 건축설비 : 건축물에 설치하는 전기 · 전화 설비, 초고속 정보통신 설비, 지능형 홈네트워크 설비, 가스 · 급수 · 배수(配水) · 배수(排水) · 환기 · 난방 · 냉방 · 소화 · 배연 및 오물처리의 설비, 굴뚝, 승강기, 피뢰침, 국기 게양대, 공동시청 안테나, 유선방송 수신시설, 우편함, 저수조, 방범시설, 그 밖에 국토교통부령으로 정하는 설비를 말한다. ② 지하층 : 건축물의 바닥이 지표면 아래에 있는 층으로서 바닥에서 지표면까지 평균높이가 해당 층 높이의 2분의 1 이상인 것을 말한다. ③ 주요구조부 : 내력벽, 기둥, 바닥, 보, 지붕틀 및 주계단을 말한다. 다만, 사이 기둥, 최하층 바닥, 작은 보, 차양, 옥외 계단, 그 밖에 이와 유사한 것으로 건축물의 구조상 중요하지 아니한 부분은 제외한다. ④ 건축 : 건축물을 신축 · 증축 · 개축 · 재축하거나 건축물을 이전하는 것을 말한다.[5)] ⑤ 리모델링

---

4) ㉮ 특별자치시장 · 특별자치도지사 또는 시장 · 군수 · 구청장이 지형적 조건으로 인하여 차량 통행을 위한 도로의 설치가 곤란하다고 인정하여 그 위치를 지정 · 공고하는 구간의 너비 3미터 이상(길이가 10미터 미만인 막다른 도로인 경우에는 너비 2미터 이상, 10미터 이상 35미터 미만은 3미터, 35미터 이상은 6미터(도시지역 아닌 읍 · 면지역은 4미터))인 도로, ㉯ ㉮에 해당하지 아니하는 막다른 도로로서 그 도로의 너비가 그 길이에 따라 각각 다음 표에 정하는 기준 이상인 도로.

5) **(개념 정의)** ① 신축이란 건축물이 없는 대지(기존 건축물이 해체되거나 멸실된 대지를 포함)에 새로 건축물을 축조하는 것[부속건축물만 있는 대지에 새로 주된 건축물을 축조하는 것을 포함하되, 개축 또는 재축하는 것은 제외]을 말한다. ② 증축이란 기존 건축물이 있는 대지에서 건축물의 건축면적, 연면적, 층수 또는 높이를 늘리는 것을 말한다. ③ 개축이란 기존 건축물의 전부 또는 일부[내력벽 · 기둥 · 보 · 지붕틀(제16호에 따른 한옥의 경우에는 지붕틀의 범위에서 서까래는 제외) 중 셋 이상이 포함되는 경우]를 해체하고 그 대지에 종전과 같은 규모의 범위에서 건축물을 다시 축조하는 것을 말한다. ④ 재축이란 건축물이 천재지변이나 그 밖의 재해로 멸실된 경우 그 대지에 ㉠ 연면적 합계는 종전 규모 이하로 할 것, ㉡ 동(棟)수, 층수 및 높이는 다음의 어느 하나에 해당할 것(ⓐ 동수, 층수 및 높이가 모두 종전 규모 이하일 것, ⓑ 동수, 층수 또는 높이의 어느 하나가 종전 규모를 초과하는 경우에는 해당 동수, 층수 및 높이가 건축법, 이 영 또는 건축조례에 모두 적합할 것)의 요건을 모두 갖추어 다시 축조하는 것을 말한다. ⑤ 이전이란 건축물의 주요구조부를 해체하지 아니하고 같은 대지의 다른 위치로 옮기는 것을 말한다. ⑥ 초고층 건축물이란 층수가 50층 이상이거나 높이가 200미터 이상인 건축물을 말한다. ⑦ 준초고층 건축물이란 고층건축물 중 초고층 건축물이 아닌 것을 말한다. ⑧ 다중이용 건축물이란 ㉠ ⓐ 문화 및 집회시설(동물원 및 식물원은 제외), ⓑ 종교시설, ⓒ 판매시설, ⓓ 운수시설 중 여객용 시설, ⓔ의료시설 중 종합병원, ⓕ 숙박시설 중 관광숙박시설에 해당하는 용도로 쓰는 바닥면적의 합계가 5천제곱미터 이상인 건축물, ㉡ 16층 이상인 건축물을 말한다. ⑨ 준다중이용 건축물이란 다중이용 건축물 외의 건축물로서 ㉠ 문화 및 집회시설(동물원 및 식물원은 제외), ㉡ 종교시설, ㉢ 판매시설, ㉣ 운수시설 중 여객용 시설, ㉤ 의료시설 중 종합병원, ㉥ 교육연구시설, ㉦ 노유자시설, ㉧ 운동시설, ㉨ 숙박시설 중 관광숙박시설, ㉩ 위락시설, ㉪ 관광 휴게시설, ㉫ 장례시설의 용도로 쓰는 바닥면적의 합계가 1천제곱미터 이상인 건축물을 말한다. ⑩ 특수

: 건축물의 노후화를 억제하거나 기능 향상 등을 위하여 대수선하거나 건축물의 일부를 증축 또는 개축하는 행위를 말한다.

⑥ 설계도서 : 건축물의 건축등에 관한 공사용 도면, 구조 계산서, 시방서, 그 밖에 건축설비계산 관계서류, 토질 및 지질 관계서류, 기타 공사에 필요한 서류를 말한다. ⑦ 공사감리자 : 자기의 책임(보조자의 도움을 받는 경우를 포함)으로 이 법으로 정하는 바에 따라 건축물, 건축설비 또는 공작물이 설계도서의 내용대로 시공되는지를 확인하고, 품질관리 · 공사관리 · 안전관리 등에 대하여 지도 · 감독하는 자를 말한다. ⑧ 특별건축구역 : 조화롭고 창의적인 건축물의 건축을 통하여 도시경관의 창출, 건설기술 수준향상 및 건축 관련 제도개선을 도모하기 위하여 이 법 또는 관계 법령에 따라 일부 규정을 적용하지 아니하거나 완화 또는 통합하여 적용할 수 있도록 특별히 지정하는 구역을 말한다. ⑨ 고층건축물 : 층수가 30층 이상이거나 높이가 120미터 이상인 건축물을 말한다. ⑩ 실내건축 : 건축물의 실내를 안전하고 쾌적하며 효율적으로 사용하기 위하여 내부 공간을 칸막이로 구획하거나 벽지, 천장재, 바닥재, 유리 등 ⓐ 벽, 천장, 바닥 및 반자틀의 재료, ⓑ 실내에 설치하는 난간, 창호 및 출입문의 재료, ⓒ 실내에 설치하는 전기 · 가스 · 급수(給水), 배수(排水) · 환기시설의 재료, ⓓ 실내에 설치하는 충돌 · 끼임 등 사용자의 안전사고 방지를 위한 시설의 재료 또는 장식물을 설치하는 것을 말한다. ⑪ 부속구조물 : 건축물의 안전 · 기능 · 환경 등을 향상시키기 위하여 건축물에 추가적으로 설치하는 환기시설물 등 대통령령으로 정하는 구조물을 말한다.

Ⅱ. 건물의 용도

건축물의 용도는 단독주택, 공동주택, 제1종 근린생활시설, 제2종 근린생활시설, 문화 및 집회시설, 종교시설, 판매시설, 운수시설,의료시설, 교육연구시설, 노유자(노인 및 어린이)시설, 수련시설, 운동시설, 업무시설, 숙박시설, 위락시설, 공장, 창고시설, 위험물 저장 및 처리 시설, 자동차 관련 시설, 동물 및 식물 관련 시설, 자원순환 관련 시설, 교정 및 군사 시설, 방송통신시설, 발전시설, 묘지 관련 시설, 관광 휴게시설, 그 밖에 대통령령으

구조 건축물이란 ㉠ 한쪽 끝은 고정되고 다른 끝은 지지(支持)되지 아니한 구조로 된 보 · 차양 등이 외벽(외벽이 없는 경우에는 외곽 기둥을 말한다)의 중심선으로부터 3미터 이상 돌출된 건축물, ㉡ 기둥과 기둥 사이의 거리(기둥의 중심선 사이의 거리를 말하며, 기둥이 없는 경우에는 내력벽과 내력벽의 중심선 사이의 거리를 말한다. 이하 같다)가 20미터 이상인 건축물, ㉢ 특수한 설계 · 시공 · 공법 등이 필요한 건축물로서 국토교통부장관이 정하여 고시하는 구조로 된 건축물을 말한다.

로 정하는 시설과 같이 구분하되, 각 용도에 속하는 건축물의 세부 용도는 대통령령으로 정한다.[6)]

---

6) ① 운수시설 : 여객자동차터미널, 철도시설, 공항시설, 항만시설, ② 의료시설 : 병원(종합병원, 병원, 치과병원, 한방병원, 정신병원 및 요양병원), 격리병원(전염병원, 마약진료소, 그 밖에 이와 비슷한 것), ③ 교육연구시설(제2종 근린생활시설에 해당하는 것은 제외) : 학교(유치원, 초등학교, 중학교, 고등학교, 전문대학, 대학, 대학교, 각종 학교), 교육원(연수원, 그 밖에 이와 비슷한 것을 포함), 직업훈련소(운전 및 정비 관련 직업훈련소는 제외), 학원(원격으로 교습하는 것은 제외), 교습소(원격으로 교습하는 것은 제외), 연구소(연구소에 준하는 시험소와 계측계량소를 포함), 도서관, ④ 노유자시설 : 아동 관련 시설(어린이집, 아동복지시설, 이 밖에 단독주택, 공동주택 및 제1종 근린생활시설에 해당하지 아니하는 것), 노인복지시설(단독주택과 공동주택에 해당하지 아니하는 것), 그 밖에 다른 용도로 분류되지 아니한 사회복지시설 및 근로복지시설, ⑤ 수련시설 : 생활권 수련시설(청소년수련관, 청소년문화의집, 청소년특화시설, 그 밖에 이와 비슷한 것), 자연권 수련시설(청소년수련원, 청소년야영장, 그 밖에 이와 비슷한 것), 유스호스텔, 야영장 시설로서 제29호에 해당하지 아니하는 시설, ⑥ 운동시설 : 탁구장, 체육도장, 테니스장, 체력단련장, 에어로빅장, 볼링장, 당구장, 실내낚시터, 골프연습장, 놀이형시설, 제1종 근린생활시설 및 제2종 근린생활시설에 해당하지 아니하는 것, 체육관으로서 관람석이 없거나 관람석의 바닥면적이 1천제곱미터 미만인 것, 운동장(육상장, 구기장, 볼링장, 수영장, 스케이트장, 롤러스케이트장, 승마장, 사격장, 궁도장, 골프장 등과 이에 딸린 건축물)으로서 관람석이 없거나 관람석의 바닥면적이 1천 제곱미터 미만인 것, ⑦ 업무시설 : 공공업무시설: 국가 또는 지방자치단체의 청사와 외국공관의 건축물로서 제1종 근린생활시설에 해당하지 아니하는 것, 일반업무시설: ⓐ 금융업소, 사무소, 결혼상담소 등 소개업소, 출판사, 신문사, 그 밖에 이와 비슷한 것으로서 제1종 근린생활시설 및 제2종 근린생활시설에 해당하지 않는 것, ⓑ 오피스텔(업무를 주로 하며, 분양하거나 임대하는 구획 중 일부 구획에서 숙식을 할 수 있도록 한 건축물로서 국토교통부장관이 고시하는 기준에 적합한 것) 요건을 갖춘 업무시설, ⑧ 숙박시설 : 일반숙박시설 및 생활숙박시설, 관광숙박시설(관광호텔, 수상관광호텔, 한국전통호텔, 가족호텔, 호스텔, 소형호텔, 의료관광호텔 및 휴양 콘도미니엄), 다중생활시설(제2종 근린생활시설에 해당하지 아니하는 것), ⑨ 위락시설 : 단란주점으로서 제2종 근린생활시설에 해당하지 아니하는 것, 유흥주점이나 그 밖에 이와 비슷한 것, 유원시설업의 시설, 그 밖에 이와 비슷한 시설(제2종 근린생활시설과 운동시설에 해당하는 것은 제외), 무도장, 무도학원, 카지노영업소, ⑩ 공장 : 물품의 제조·가공[염색·도장(塗裝)·표백·재봉·건조·인쇄 등을 포함한다] 또는 수리에 계속적으로 이용되는 건축물로서 제1종 근린생활시설, 제2종 근린생활시설, 위험물저장 및 처리시설, 자동차 관련 시설, 자원순환 관련 시설 등으로 따로 분류되지 아니한 것, ⑪ 창고시설(위험물 저장 및 처리 시설 또는 그 부속용도에 해당하는 것은 제외) : 창고(물품저장시설로서 「물류정책기본법」에 따른 일반창고와 냉장 및 냉동 창고를 포함), 하역장, 물류터미널, 집배송 시설, ⑫ 위험물 저장 및 처리 시설(설치 또는 영업의 허가를 받아야 하는 건축물(다만, 자가난방, 자가발전, 그 밖에 이와 비슷한 목적으로 쓰는 저장시설은 제외) : 주유소(기계식 세차설비를 포함) 및 석유 판매소, 액화석유가스 충전소·판매소·저장소(기계식 세차설비를 포함), 위험물 제조소·저장소·취급소, 액화가스 취급소·판매소, 유독물 보관·저장·판매시설, 고압가스 충전소·판매소·저장소, 도료류 판매소, 도시가스 제조시설, 화약류 저장소, 그 밖에 가목부터 자목까지의 시설과 비슷한 것, ⑬ 자동차 관련 시설(건설기계 관련 시설을 포함) : 주차장, 세차장, 폐차장, 검사장, 매매장, 정비공장, 운전학원 및 정비학원(운전 및 정비 관련 직업훈련시설을 포함), 차고 및 주기장(駐機場), ⑭ 동물 및 식물 관련 시설 : 축사(양잠·양봉·양어·양돈·양계·곤충사육 시설 및 부화장 등을 포함), 가축시설[가축용 운동시설, 인공수정센터, 관리사(管理舍), 가축용 창고, 가축시장, 동물검역소, 실험동물 사육시설, 그 밖에 이와 비슷한 것], 도축장, 도계장, 작물 재배사, 종묘배양시설, 화초 및 분재 등의 온실, 동물 또는 식물과 관련된 가목부터 사목까지의 시설과 비슷한 것(동·식물원은 제외), ⑮ 자원순환 관련 시설 : 하수 등 처리시설, 고물상, 폐기물재활용시설, 폐기물 처분시설, 폐기물감량화시설, ⑯ 교정 및 군사 시설(제1종 근린생활시설에 해당하는 것은 제외) : 교정시설(보호감호소, 구치소 및 교도소), 갱생보호시설, 그 밖에 범죄자의 갱생·보육·교육·보건 등의 용도로 쓰는 시설, 소년원 및 소년분류심사원, 국방·군사시설, ⑰ 방송통신시설(제1종 근린생활시설에

1. 단독주택

단독주택의 형태를 갖춘 가정어린이집·공동생활가정·지역아동센터·공동육아나눔터·작은도서관 및 노인복지시설(노인복지주택은 제외)을 포함하는 것으로, ㉠ 단독주택, ㉡ 다중주택: ⓐ 학생 또는 직장인 등 여러 사람이 장기간 거주할 수 있는 구조로 되어 있는 것, ⓑ 독립된 주거의 형태를 갖추지 아니한 것(각 실별로 욕실은 설치할 수 있으나, 취사시설은 설치하지 아니한 것), ⓒ 1개 동의 주택으로 쓰이는 바닥면적의 합계가 330제곱미터 이하이고 주택으로 쓰는 층수(지하층은 제외)가 3개 층 이하일 것의 요건을 모두 갖춘 주택, ㉢ 다가구주택: ⓐ 주택으로 쓰는 층수(지하층은 제외)가 3개 층 이하일 것(다만, 1층의 전부 또는 일부를 필로티 구조로 하여 주차장으로 사용하고 나머지 부분을 주택 외의 용도로 쓰는 경우에는 해당 층을 주택의 층수에서 제외), ⓑ 1개 동의 주택으로 쓰이는 바닥면적(부설 주차장 면적은 제외)의 합계가 660제곱미터 이하일 것, ⓒ 19세대(대지 내 동별 세대수를 합한 세대) 이하가 거주할 수 있을 것의 요건을 모두 갖춘 주택으로서 공동주택에 해당하지 아니하는 것, ㉣ 공관(公館).

2. 공동주택

공동주택의 형태를 갖춘 가정어린이집·공동생활가정·지역아동센터·공동육아나눔터·작은도서관·노인복지시설(노인복지주택은 제외) 및 원룸형 주택을 포함(다만, 1층 전부를 필로티 구조로 하여 주차장으로 사용하는 경우에는 필로티 부분을 층수에서 제외하고, 1층의 전부 또는 일부를 필로티 구조로 하여 주차장으로 사용하고 나머지 부분을 주택 외의 용도로 쓰는 경우에는 해당 층을 주택의 층수에서 제외하며, 지하층을 주택의 층수에서 제외) : ㉠ 아파트: 주택으로 쓰는 층수가 5개 층 이상인 주택, ㉡ 연립주택: 주택으로 쓰는 1개 동의 바닥면적(2개 이상의 동을 지하주차장으로 연결하는 경우에는 각각

해당하는 것은 제외) : 방송국(방송프로그램 제작시설 및 송신·수신·중계시설을 포함), 전신전화국, 촬영소, 통신용 시설, 데이터센터, 그 밖에 가목부터 마목까지의 시설과 비슷한 것, ⑱ 발전시설 : 발전소(집단에너지 공급시설을 포함)로 사용되는 건축물로서 제1종 근린생활시설에 해당하지 아니하는 것, ⑲ 묘지 관련 시설 : 화장시설, 봉안당(종교시설에 해당하는 것은 제외), 묘지와 자연장지에 부수되는 건축물, 동물화장시설, 동물건조장(乾燥葬)시설 및 동물 전용의 납골시설, ⑳ 관광 휴게시설 : 야외음악당, 야외극장, 어린이회관, 관망탑, 휴게소, 공원·유원지 또는 관광지에 부수되는 시설, ㉑ 장례시설 : 장례식장[의료시설의 부수시설(의료기관의 종류에 따른 시설)에 해당하는 것은 제외], 동물 전용의 장례식장, ㉒ 야영장 시설 : 야영장 시설로서 관리동, 화장실, 샤워실, 대피소, 취사시설 등의 용도로 쓰는 바닥면적의 합계가 300제곱미터 미만인 것(건축법시행령 별표1).

의 동으로 본다) 합계가 660제곱미터를 초과하고, 층수가 4개 층 이하인 주택, ㉢ 다세대주택: 주택으로 쓰는 1개 동의 바닥면적 합계가 660제곱미터 이하이고, 층수가 4개 층 이하인 주택(2개 이상의 동을 지하주차장으로 연결하는 경우에는 각각의 동으로 본다), ㉣ 기숙사: 학교 또는 공장 등의 학생 또는 종업원 등을 위하여 쓰는 것으로서 1개 동의 공동취사시설 이용 세대 수가 전체의 50퍼센트 이상인 것(학생복지주택 포함).

3. 제1종 근린생활시설

식품·잡화·의류·완구·서적·건축자재·의약품·의료기기 등 일용품을 판매하는 소매점으로서 같은 건축물(하나의 대지에 두 동 이상의 건축물이 있는 경우에는 이를 같은 건축물로 본다)에 해당 용도로 쓰는 바닥면적의 합계가 1천 제곱미터 미만인 것, 휴게음식점, 제과점 등 음료·차(茶)·음식·빵·떡·과자 등을 조리하거나 제조하여 판매하는 시설로서 같은 건축물에 해당 용도로 쓰는 바닥면적의 합계가 300제곱미터 미만인 것, 이용원, 미용원, 목욕장, 세탁소 등 사람의 위생관리나의류 등을 세탁·수선하는 시설(세탁소의 경우 공장에 부설되는 것과 배출시설의 설치 허가 또는 신고의 대상인 것은 제외),의원, 치과의원, 한의원, 침술원, 접골원(接骨院), 조산원, 안마원, 산후조리원 등 주민의 진료·치료 등을 위한 시설, 탁구장, 체육도장으로서 같은 건축물에 해당 용도로 쓰는 바닥면적의 합계가 500제곱미터 미만인 것, 지역자치센터, 파출소, 지구대, 소방서, 우체국, 방송국, 보건소, 공공도서관, 건강보험공단 사무소 등 주민의 편의를 위하여 공공업무를 수행하는 시설로서 같은 건축물에 해당 용도로 쓰는 바닥면적의 합계가 1천 제곱미터 미만인 것, 마을회관, 마을공동작업소, 마을공동구판장, 공중화장실, 대피소, 지역아동센터(단독주택과 공동주택에 해당하는 것은 제외) 등 주민이 공동으로 이용하는 시설, 변전소, 도시가스배관시설, 통신용 시설(해당 용도로 쓰는 바닥면적의 합계가 1천제곱미터 미만인 것에 한정), 정수장, 양수장 등 주민의 생활에 필요한에너지공급·통신서비스제공이나 급수·배수와 관련된 시설, 금융업소, 사무소, 부동산중개사무소, 결혼상담소 등 소개업소, 출판사 등 일반업무시설로서 같은 건축물에 해당 용도로 쓰는 바닥면적의 합계가 30제곱미터 미만인 것.

4. 제2종 근린생활시설

공연장(극장, 영화관, 연예장, 음악당, 서커스장, 비디오물감상실, 비디오물소극장, 그 밖에 이와 비슷한 것)으로서 같은 건축물에 해당 용도로 쓰는 바닥면적의 합계가 500제곱미터 미만인 것, 종교집회장[교회, 성당, 사찰, 기도원, 수도원, 수녀원, 제실(祭室), 사당, 그 밖에 이와 비슷한 것]으로서 같은 건축물에 해당 용도로 쓰는 바닥면적의 합계가 500제곱미터 미만인 것, 자동차영업소로서 같은 건축물에 해당 용도로 쓰는 바닥면적의 합계가 1천제곱미터 미만인 것, 서점(제1종 근린생활시설에 해당하지 않는 것), 총포판매소, 사진관, 표구점, 청소년게임제공업소, 복합유통게임제공업소, 인터넷컴퓨터게임시설제공업소, 그 밖에 이와 비슷한 게임 관련 시설로서 같은 건축물에 해당 용도로 쓰는 바닥면적의 합계가 500제곱미터 미만인 것, 휴게음식점, 제과점 등 음료·차(茶)·음식·빵·떡·과자 등을 조리하거나 제조하여 판매하는 시설로서 같은 건축물에 해당 용도로 쓰는 바닥면적의 합계가 300제곱미터 이상인 것, 일반음식점, 장의사, 동물병원, 동물미용실, 동물위탁관리업을 위한 시설, 그 밖에 이와 유사한 것, 학원(자동차학원·무도학원 및 정보통신기술을 활용하여 원격으로 교습하는 것은 제외), 교습소(자동차교습·무도교습 및 정보통신기술을 활용하여 원격으로 교습하는 것은 제외), 직업훈련소(운전·정비 관련 직업훈련소는 제외)로서 같은 건축물에 해당 용도로 쓰는 바닥면적의 합계가 500제곱미터 미만인 것, 독서실, 기원, 테니스장, 체력단련장, 에어로빅장, 볼링장, 당구장, 실내낚시터, 골프연습장, 놀이형시설(「관광진흥법」에 따른 기타유원시설업의 시설) 등 주민의 체육 활동을 위한 시설(제3호마목의 시설은 제외)로서 같은 건축물에 해당 용도로 쓰는 바닥면적의 합계가 500제곱미터 미만인 것, 금융업소, 사무소, 부동산중개사무소, 결혼상담소 등 소개업소, 출판사 등 일반업무시설로서 같은 건축물에 해당 용도로 쓰는 바닥면적의 합계가 500제곱미터 미만인 것(제1종 근린생활시설에 해당하는 것은 제외), 다중생활시설(다중이용업 중 고시원업의 시설로서 국토교통부장관이 고시하는 기준에 적합한 것)로서 같은 건축물에 해당 용도로 쓰는 바닥면적의 합계가 500제곱미터 미만인 것, 제조업소, 수리점 등 물품의 제조·가공·수리 등을 위한 시설로서 같은 건축물에 해당 용도로 쓰는 바닥면적의 합계가 500제곱미터 미만이고, ⓐ 배출시설의 설치 허가 또는 신고의 대상이 아닌 것, ⓑ 배출시설의 설치 허가 또는 신고의 대상 시설로서 발생되는 폐수를 전량 위탁처리하는 것 중 어느 하나에 해당하는 것, 단란주점으로서 같은 건축물에 해당 용도로 쓰는 바닥면적의 합계가 150제곱미터 미만인 것, 안마시술소, 노래연습장.

5. 문화 및 집회시설

공연장으로서 제2종 근린생활시설에 해당하지 아니하는 것, 집회장[예식장, 공회당, 회의장, 마권(馬券) 장외 발매소, 마권 전화투표소, 그 밖에 이와 비슷한 것]으로서 제2종 근린생활시설에 해당하지 아니하는 것, 관람장(경마장, 경륜장, 경정장, 자동차 경기장, 그 밖에 이와 비슷한 것과 체육관 및 운동장으로서 관람석의 바닥면적의 합계가 1천 제곱미터 이상인 것), 전시장(박물관, 미술관, 과학관, 문화관, 체험관, 기념관, 산업전시장, 박람회장, 그 밖에 이와 비슷한 것), 동·식물원(동물원, 식물원, 수족관, 그 밖에 이와 비슷한 것).

6. 종교시설

종교집회장으로서 제2종 근린생활시설에 해당하지 아니하는 것, 종교집회장(제2종 근린생활시설에 해당하지 아니하는 것)에 설치하는 봉안당(奉安堂).

7. 판매시설

도매시장(농수산물도매시장, 농수산물공판장, 그 밖에 이와 비슷한 것을 말하며, 그 안에 있는 근린생활시설을 포함), 소매시장(대규모 점포, 그 밖에 이와 비슷한 것을 말하며, 그 안에 있는 근린생활시설을 포함), 상점(그 안에 있는 근린생활시설을 포함)으로서 ⓐ 일용품판매 소매점의 용도(서점은 제외)로서 제1종 근린생활시설에 해당하지 아니하는 것, ⓑ 청소년게임제공업의 시설, 일반게임제공업의 시설, 인터넷컴퓨터게임시설제공업의 시설 및 복합유통게임제공업의 시설로서 제2종 근린생활시설에 해당하지 아니하는 것에 해당하는 것.

Ⅲ. 건축위원회 및 전문위원회

1. 건축위원회

① 장관, 시·도지사 및 시장·군수·구청장은 Ⓐ이 법과 조례의 제정·개정 및 시행에 관한 중요 사항, Ⓑ건축물의 건축등과 관련된 분쟁의 조정 또는 재정에 관한 사항(다만, 시·도지사 및 시장·군수·구청장이 두는 건축위원회는 제외), Ⓒ건축물의 건축등과 관련된 민원에 관한 사항(다만, 장관이 두는 건축위원회는 제외), Ⓓ건축물의 건축 또는 대수선에 관한 사항, Ⓔ다른 법령에서 건축위원회의 심의를 받도록 규정한 사항을 조사·심

의 · 조정 또는 재정(심의등)하기 위하여 각각 건축위원회를 두어야 한다.[7)][8)] ② 장관, 시 · 도지사 및 시장 · 군수 · 구청장은 건축위원회의 심의등을 효율적으로 수행하기 위하여 필요하면 자신이 설치하는 건축위원회에 건축분쟁전문위원회(국토교통부에 설치하는 건축위원회에 한정), 건축민원전문위원회(시 · 도 및 시 · 군 · 구에 설치하는 건축위원회에 한정), 건축계획 · 건축구조 · 건축설비 등 분야별 전문위원회의 전문위원회를 두어 운영할 수 있다.[9)]

2. 건축민원전문위원회

① 건축민원전문위원회는 건축물의 건축등과 관련된 ㉠ 건축법령의 운영 및 집행에 관한 민원, ㉡ 건축물의 건축등과 복합된 사항으로서 법률 규정의 운영 및 집행에 관한 민원, ㉢ 그 밖에 ⓐ 건축조례의 운영 및 집행에 관한 민원, ⓑ 그 밖에 관계 건축법령에

---

7) **(중앙건축위원회의 설치 등)** ① 중앙건축위원회의 조사 · 심의 · 조정 또는 재정(심의등) : Ⓐ표준설계도서의 인정에 관한 사항, Ⓑ건축물의 건축 · 대수선 · 용도변경, 건축설비의 설치 또는 공작물의 축조(건축물의 건축등)와 관련된 분쟁의 조정 또는 재정에 관한 사항, Ⓒ법과 이 영의 제정 · 개정 및 시행에 관한 중요 사항, Ⓓ다른 법령에서 중앙건축위원회의 심의를 받도록 한 경우 해당 법령에서 규정한 심의사항, Ⓔ그 밖에 장관이 중앙건축위원회의 심의가 필요하다고 인정하여 회의에 부치는 사항. ② 중앙건축위원회의 심의등 생략 : ㉠ 건축물의 규모를 변경하는 것으로서 건축위원회의 심의등의 결과에 위반되지 아니할 것과 심의등을 받은 건축물의 건축면적, 연면적, 층수 또는 높이 중 어느 하나도 10분의 1을 넘지 아니하는 범위에서 변경할 것의 요건을 모두 갖춘 경우, ㉡ 중앙건축위원회의 심의등의 결과를 반영하기 위하여 건축물의 건축등에 관한 사항을 변경하는 경우. ③ 중앙건축위원회는 위원장 및 부위원장 각 1명을 포함하여 70명 이내의 위원으로 구성한다. ④ 중앙건축위원회의 위원은 관계 공무원과 건축에 관한 학식 또는 경험이 풍부한 사람 중에서 장관이 임명하거나 위촉한다. ⑤ 중앙건축위원회의 위원장과 부위원장은 임명 또는 위촉된 위원 중에서 장관이 임명하거나 위촉한다. ⑥ 공무원이 아닌 위원의 임기는 2년으로 하며, 한 차례만 연임할 수 있다.

8) **(지방건축위원회)** ① 지방건축위원회의 심의 사항 : ⓐ 건축선(建築線)의 지정에 관한 사항, ⓑ 조례(해당 지방자치단체의 장이 발의하는 조례만 해당)의 제정 · 개정 및 시행에 관한 중요 사항, ⓒ 다중이용 건축물 및 특수구조 건축물의 구조안전에 관한 사항, ⓓ 분양을 목적으로 하는 건축물로서 건축조례로 정하는 용도 및 규모에 해당하는 건축물의 건축에 관한 사항, ⓔ 다른 법령에서 지방건축위원회의 심의를 받도록 한 경우 해당 법령에서 규정한 심의사항, ⓕ 건축조례로 정하는 건축물의 건축등에 관한 것으로서 특별시장 · 광역시장 · 특별자치시장 · 도지사 또는 특별자치도지사(시 · 도지사) 및 시장 · 군수 · 구청장이 지방건축위원회의 심의가 필요하다고 인정한 사항. ② 심의등을 받은 건축물이 중앙건축위원회의 심의등 생략사유에 해당하는 경우에는 해당 건축물의 건축등에 관한 지방건축위원회의 심의등을 생략할 수 있다. ③ 지방건축위원회는 위원장 및 부위원장 각 1명을 포함하여 25명 이상 150명 이하의 위원으로 성별을 고려하여 구성한다. ④ 지방건축위원회의 위원은 도시계획 및 건축 관계 공무원, 도시계획 및 건축 등에서 학식과 경험이 풍부한 사람 중에서 시 · 도지사 및 시장 · 군수 · 구청장이 임명하거나 위촉한다. ⑤ 지방건축위원회의 위원장과 부위원장은 임명 또는 위촉된 위원 중에서 시 · 도지사 및 시장 · 군수 · 구청장이 임명하거나 위촉한다.

9) **(전문위원회의 구성등)** ① 중앙건축위원회에 구성되는 전문위원회는 중앙건축위원회의 위원 중 5인 이상 15인 이하의 위원으로 구성한다. ② 전문위원회의 위원장은 전문위원회의 위원중에서 장관이 임명 또는 위촉하는 자가 된다. ③ 전문위원회의 운영에 관하여는 중앙건축위원회 운영규정을 준용한다.

따른 처분기준 외의 사항을 요구하는 등 허가권자의 부당한 요구에 따른 민원(허가권자의 처분이 완료되기 전의 것으로 한정하며, 이하 "질의민원"이라 한다)을 심의하며, 시·도지사가 설치하는 건축민원전문위원회(광역지방건축민원전문위원회)와 시장·군수·구청장이 설치하는 건축민원전문위원회(기초지방건축민원전문위원회)로 구분한다.[10] ② 광역지방건축민원전문위원회는 허가권자나 도지사(허가권자등)의 건축허가나 사전승인에 대한 질의민원을 심의하고, 기초지방건축민원전문위원회는 시장(행정시의 시장 포함)·군수·구청장의 건축허가 또는 건축신고와 관련한 질의민원을 심의한다. ③ 건축민원전문위원회의 구성·회의·운영, 그 밖에 필요한 사항은 해당 지방자치단체의 조례로 정한다.

Ⅳ. 적용의 완화 및 특례

1. 적용의 완화

① 건축주, 설계자, 공사시공자 또는 공사감리자(건축관계자)는 업무를 수행할 때 이 법을 적용하는 것이 매우 불합리하다고 인정되는 대지나 건축물로서 이 법의 기준을 완화하여 적용할 것을 허가권자에게 요청할 수 있다. ② 요청을 받은 허가권자는 건축위원회의 심의를 거쳐 완화 여부와 적용 범위를 결정하고 그 결과를 신청인에게 알려야 한다. ③ 요청 및 결정의 절차와 그 밖에 필요한 사항은 해당 지방자치단체의 조례로 정한다.

2. 기존의 건축물 등에 관한 특례

① 허가권자는 법령의 제정·개정이나 그 밖에 도시·군관리계획의 결정·변경 또는 행정구역의 변경이 있는 경우, 도시·군계획시설의 설치, 도시개발사업의 시행 또는 도로법에 따른 도로의 설치가 있는 경우, 그 밖에 이와 비슷한 경우로서 대지나 건축물이 이

10) (질의민원 심의의 신청) ① 건축물의 건축등과 관련된 질의민원의 심의를 신청하려는 자는 관할 건축민원전문위원회에 심의 신청서를 제출하여야 한다. ② 심의를 신청하고자 하는 자는 ㉠ 신청인의 이름과 주소, ㉡ 신청의 취지·이유와 민원신청의 원인이 된 사실내용, ㉢ 그 밖에 행정기관의 명칭 등 대통령령으로 정하는 사항(민원 대상 행정기관의 명칭, 대리인 또는 대표자의 이름과 주소(위원회 출석,의견 제시, 결정내용 통지 수령 및 처리결과 통보 수령 등을 위임한 경우만 해당))의 사항을 기재하여 문서로 신청하여야 한다. 다만, 문서에 의할 수 없는 특별한 사정이 있는 경우에는 구술로 신청할 수 있다. ③ 건축민원전문위원회는 신청인의 질의민원을 받으면 15일 이내에 심의절차를 마쳐야 한다. 다만, 사정이 있으면 건축민원전문위원회의의결로 15일 이내의 범위에서 기간을 연장할 수 있다. 구술로 신청한 질의민원 심의 신청을 접수한 담당 공무원은 신청인이 심의 신청서를 작성할 수 있도록 협조하여야 한다.

법에 맞지 아니하게 된 경우에는 해당 지방자치단체의 조례로 정하는 바에 따라 건축을 허가할 수 있다. ② 허가권자는 기존 건축물 및 대지가 법령의 제정 · 개정이나 법령등에 부적합하더라도 [㉠ 기존 건축물을 재축하는 경우, ㉡ 증축하거나 개축하려는 부분이 법령등에 적합한 경우, ㉢ 기존 건축물의 대지가 도시 · 군계획시설의 설치 또는 도로법에 따른 도로의 설치로 해당 지방자치단체가 정하는 면적에 미달되는 경우로서 그 기존 건축물을 연면적 합계의 범위에서 증축하거나 개축하는 경우, ㉣ 기존 건축물이 도시 · 군계획시설 또는 도로법에 따른 도로의 설치로 부적합하게 된 경우로서 화장실 · 계단 · 승강기의 설치 등 그 건축물의 기능을 유지하기 위하여 그 기존 건축물의 연면적 합계의 범위에서 증축하는 경우, ㉤ 최초로 개정한 해당 지방자치단체의 조례 시행일 이전에 건축된 기존 건축물의 건축선 및 인접 대지경계선으로부터의 거리가 그 조례로 정하는 거리에 미달되는 경우로서 그 기존 건축물을 건축 당시의 법령에 위반하지 아니하는 범위에서 증축하는 경우, ㉥ 기존 한옥을 개축하는 경우, ㉦ 건축물 대지의 전부 또는 일부가 자연재해위험개선지구에 포함되고 사용승인 후 20년이 지난 기존 건축물을 재해로 인한 피해 예방을 위하여 연면적의 합계 범위에서 개축하는 경우]에는 건축을 허가할 수 있다. ③ 허가권자는 기존 공장을 증축하는 경우에는 [㉠ 도시지역에서의 길이 35미터 이상인 막다른 도로의 너비기준은 4미터 이상, ㉡ 연면적 합계가 3천제곱미터 미만인 기존 공장이 증축으로 3천제곱미터 이상이 되는 경우 해당 대지가 접하여야 하는 도로의 너비는 4미터 이상으로 하고, 해당 대지가 도로에 접하여야 하는 길이는 2미터 이상의 기준을 적용하여 해당 공장(기존 공장)의 증축]을 허가할 수 있다.

3. 특수구조 건축물의 특례

① 특수구조 건축물을 건축하거나 대수선하려는 건축주는 착공신고를 하기 전에 허가권자에게 해당 건축물의 구조 안전에 관하여 지방건축위원회의 심의를 신청하여야 한다. 이 경우 건축주는 설계자로부터 미리 구조 안전 확인을 받아야 한다. ② 신청을 받은 허가권자는 심의 신청 접수일부터 15일 이내에 건축구조 분야 전문위원회에 심의 안건을 상정하고, 심의 결과를 심의를 신청한 자에게 통보하여야 한다. ③ 심의 결과에 이의가 있는 자는 심의 결과를 통보받은 날부터 1개월 이내에 허가권자에게 재심의를 신청할 수 있다. ④ 심의 결과 또는 재심의 결과를 통보받은 건축주는 착공신고를 할 때 그 결과를 반영하여야 한다.

4. 부유식 건축물의 특례

① 공유수면관리법(공유수면의 점용・사용허가 규정)에 따른 공유수면 위에 고정된 인공대지를 설치하고 그 위에 설치한 건축물(부유식 건축물)은 건축물의 대지와 도로에 관한 규정을 적용할 때 달리 적용할 수 있다. ② 부유식 건축물의 설계, 시공 및 유지관리 등에 대하여 이 법을 적용하기 어려운 경우에는 변경하여 적용할 수 있다.

5. 리모델링에 대비한 특례 등

리모델링이 쉬운 구조의 공동주택의 건축을 촉진하기 위하여 공동주택을 ⓐ 각 세대는 인접한 세대와 수직 또는 수평 방향으로 통합하거나 분할할 수 있을 것, ⓑ 구조체에서 건축설비, 내부 마감재료 및 외부 마감재료를 분리할 수 있을 것, ⓒ 개별 세대 안에서 구획된 실(室)의 크기, 개수 또는 위치 등을 변경할 수 있을 것으로 하여 건축허가를 신청하면 건축물의 용적률, 건축물의 높이제한, 일조확보를 위한 높이제한에 따른 기준을 100분의 120의 범위에서 완화하여 적용할 수 있다.

6. 다른 법령의 배제

① 건축물의 건축등을 위하여 지하를 굴착하는 경우에는 민법(제244조 제1항, 우물을 파거나 용수, 하수 또는 오물 등을 저치할 지하시설을 하는 때에는 경계로부터 2미터 이상의 거리를 두어야 하며 저수지, 구거 또는 지하실공사에는 경계로부터 그 깊이의 반 이상의 거리를 두어야 한다)의 규정을 적용하지 아니한다. 다만, 필요한 안전조치를 하여 위해(위해)를 방지하여야 한다. ② 건축물에 딸린 개인하수처리시설에 관한 설계의 경우에는 하수도법(개인하수처리시설의 설계・시공) 규정을 적용하지 아니한다.

제 2 절 건축물의 건축

Ⅰ. 건축 관련 입지와 규모의 사전결정

① 건축허가 대상 건축물을 건축하려는 자는 건축허가를 신청하기 전에 허가권자에게 그 건축물의 건축에 관한 ㉠ 해당 대지에 건축하는 것이 이 법이나 관계 법령에서 허용되는지 여부, ㉡ 이 법 또는 관계 법령에 따른 건축기준 및 건축제한, 그 완화에 관한 사항 등을 고려하여 해당 대지에 건축 가능한 건축물의 규모, ㉢ 건축허가를 받기 위하여 신청자가 고려하여야 할 사항에 대한 사전결정을 신청할 수 있다. ② 사전결정을 신청하는 자(사전결정신청자)는 건축위원회 심의와 교통영향평가서의 검토를 동시에 신청할 수 있다. ③ 허가권자는 사전결정이 신청된 건축물의 대지면적이 소규모 환경영향평가 대상사업인 경우 환경부장관이나 지방환경관서의 장과 소규모 환경영향평가에 관한 협의를 하여야 한다. ④ 사전결정 통지를 받은 경우에는 ㉠ 국토계획법에 따른 개발행위허가, ㉡ 산지관리법에 따른 산지전용허가와 산지전용신고, 산지일시사용허가 · 신고(다만, 보전산지인 경우에는 도시지역만 해당), ㉢ 농지법에 따른 농지전용허가 · 신고 및 협의, ㉣ 하천법에 따른 하천점용허가를 받거나 신고 또는 협의를 한 것으로 본다. ⑤ 허가권자는 ④에 해당되는 내용이 포함된 사전결정을 하려면 미리 관계 행정기관의 장과 협의하여야 하며, 협의를 요청받은 관계 행정기관의 장은 요청받은 날부터 15일 이내에 의견을 제출하여야 한다. ⑥ 사전결정신청자는 사전결정을 통지받은 날부터 2년 이내에 건축허가를 신청하여야 하며, 이 기간에 건축허가를 신청하지 아니하면 사전결정의 효력이 상실된다.

Ⅱ. 건축허가 등

1. 건축허가

① 건축물을 건축하거나 대수선하려는 자는 특별자치시장 · 특별자치도지사 또는 시장 · 군수 · 구청장의 허가를 받아야 한다. 다만, 21층 이상이거나 연면적의 합계가 10만 제

곱미터 이상인 건축물의 건축(연면적의 10분의 3 이상을 증축하여 층수가 21층 이상으로 되거나 연면적의 합계가 10만 제곱미터 이상으로 되는 경우를 포함)을 말한다. 다만 ⓐ 공장, ⓑ 창고, ⓒ 지방건축위원회의 심의를 거친 건축물(특별시 또는 광역시의 건축조례로 정하는 바에 따라 해당 지방건축위원회의 심의사항으로 할 수 있는 건축물에 한정하며, 초고층 건축물은 제외))을 특별시나 광역시에 건축하려면 특별시장이나 광역시장의 허가를 받아야 한다. ② 시장 · 군수는 ㉠ ①의 단서에 해당하는 건축물(도시환경, 광역교통 등을 고려하여 해당 도의 조례로 정하는 건축물은 제외), ㉡ 자연환경이나 수질을 보호하기 위하여 도지사가 지정 · 공고한 구역에 건축하는 3층 이상 또는 연면적의 합계가 1천제곱미터 이상인 건축물로서 위락시설과 숙박시설 등 공동주택, 제2종 근린생활시설(일반음식점만 해당), 업무시설(일반업무시설만 해당), 숙박시설, 위락시설, ㉢ 주거환경이나 교육환경 등 주변 환경을 보호하기 위하여 필요하다고 인정하여 도지사가 지정 · 공고한 구역에 건축하는 위락시설 및 숙박시설에 해당하는 건축물의 건축을 허가하려면 미리 건축계획서와 건축물의 용도, 규모 및 형태가 표시된 기본설계도서를 첨부하여 도지사의 승인을 받아야 한다.[11]

③ 허가권자는 허가를 받은 자가 ㉠ 허가를 받은 날부터 2년(산업집적법에 따라 공장의 신설 · 증설 또는 업종변경의 승인을 받은 공장은 3년) 이내에 공사에 착수하지 아니한 경우, ㉡ ㉠의 기간 이내에 공사에 착수하였으나 공사의 완료가 불가능하다고 인정되는 경우, ㉢ 착공신고 전에 경매 또는 공매 등으로 건축주가 대지의 소유권을 상실한 때부터 6개월이 경과한 이후 공사의 착수가 불가능하다고 판단되는 경우에 해당하면 허가를 취소하여야 한다. 다만, ㉠에 해당하는 경우로서 정당한 사유가 있다고 인정되면 1년의 범위에서 공사의 착수기간을 연장할 수 있다. ④ 건축위원회의 심의를 받은 자가 심의결과를 통지 받은 날부터 2년 이내에 건축허가를 신청하지 아니하면 건축위원회 심의의

11) 건축허가를 받으면 [ⓐ 공사용 가설건축물의 축조신고, ⓑ 공작물의 축조신고, ⓒ 개발행위허가, ⓓ 시행자의 지정과 실시계획의 인가, ⓔ 산지전용허가와 산지전용신고, 산지일시사용허가 · 신고(보전산지인 경우에는 도시지역만 해당), ⓕ 사도(私道)개설허가, ⓖ 농지전용허가 · 신고 및 협의, ⓗ 도로관리청이 아닌 자에 대한 도로공사 시행의 허가, 도로와 다른 시설의 연결 허가, ⓘ 도로의 점용 허가, ⓙ 하천점용 등의 허가, ⓚ 배수설비(配水設備)의 설치신고, ⓛ 개인하수처리시설의 설치신고, ⓜ 수도사업자가 지방자치단체인 경우 그 지방자치단체가 정한 조례에 따른 상수도 공급신청, ⓝ 자가용전기설비 공사계획의 인가 또는 신고, ⓞ 수질오염물질 배출시설 설치의 허가나 신고, ⓟ 대기오염물질 배출시설설치의 허가나 신고, ⓠ 소음 · 진동 배출시설 설치의 허가나 신고, ⓡ 가축분뇨의 배출시설 설치허가나 신고, ⓢ 자연공원법에 따른 행위허가, ⓣ 도시공원의 점용허가, ⓤ 특정토양오염관리대상시설의 신고, ⓥ 수산자원관리법에 따른 행위의 허가, ⓦ 초지전용의 허가 및 신고]의 허가 등을 받거나 신고를 한 것으로 보며, 공장건축물의 경우에는 산업집적법에 따라 관련 법률의 인 · 허가등이나 허가등을 받은 것으로 본다.

효력이 상실된다. ⑤ 건축허가를 받으려는 자는 해당 대지의 소유권을 확보하여야 한다.[12)]

2. 건축허가 신청 시 소유권 확보 예외 사유

① 건축물의 노후화 또는 구조안전 문제 등 대통령령으로 정하는 사유 : ⓐ 급수·배수·오수 설비 등의 설비 또는 지붕·벽 등의 노후화나 손상으로 그 기능 유지가 곤란할 것으로 우려되는 경우, ⓑ 건축물의 노후화로 내구성에 영향을 주는 기능적 결함이나 구조적 결함이 있는 경우, ⓒ 건축물이 훼손되거나 일부가 멸실되어 붕괴 등 그 밖의 안전사고가 우려되는 경우, ⓓ 천재지변이나 그 밖의 재해로 붕괴되어 다시 신축하거나 재축하려는 경우. ② 허가권자는 건축주가 ①의 ⓐ부터 ⓒ까지의 어느 하나에 해당하는 사유로 건축물 및 해당 대지의 공유자 수의 100분의 80 이상의 동의요건을 갖추어 건축허가를 신청한 경우에는 그 사유 해당 여부를 확인하기 위하여 현지조사를 하여야 한다. 이 경우 필요한 경우에는 건축주에게 ㉮ 건축사, ㉯ 기술사법에 따라 등록한 건축구조기술사, ㉰ 시설물의 안전 및 유지관리에 관한 특별법에 따라 등록한 건축 분야 안전진단전문기관에 해당하는 자로부터 안전진단을 받고 그 결과를 제출하도록 할 수 있다.

Ⅲ. 건축 공사현장 안전관리

1. 건축 공사현장 안전관리 예치금 등

① 건축허가를 받은 자는 건축물의 건축공사를 중단하고 장기간 공사현장을 방치할 경우 공사현장의 미관 개선과 안전관리 등 필요한 조치를 하여야 한다. ② 허가권자는 연면적이 1천제곱미터 이상인 건축물(HUG가 분양보증을 한 건축물, 건축물의 분양에 관한

12) ㉠ 건축주가 대지의 소유권을 확보하지 못하였으나 그 대지를 사용할 수 있는 권원을 확보한 경우(분양 목적으로 하는 공동주택은 제외), ㉡ 건축주가 건축물의 노후화 또는 구조안전 문제 등 대통령령으로 정하는 사유로 건축물을 신축·개축·재축 및 리모델링을 하기 위하여 건축물 및 해당 대지의 공유자 수의 100분의 80 이상의 동의를 얻고 동의한 공유자의 지분 합계가 전체 지분의 100분의 80 이상인 경우, ㉢ 건축주가 건축허가를 받아 주택과 주택 외의 시설을 동일 건축물로 건축하기 위하여 대지 소유 등의 권리 관계를 증명한 경우(주택법에 따른 대통령령으로 정하는 호수 이상으로 건설·공급하는 경우에 한정), ㉣ 건축하려는 대지에 포함된 국유지 또는 공유지에 대하여 허가권자가 해당 토지의 관리청이 해당 토지를 건축주에게 매각하거나 양여할 것을 확인한 경우, ㉤ 건축주가 집합건물의 공용부분을 변경하기 위하여 집합건물법에 따른 결의가 있었음을 증명한 경우에는 그러하지 아니하다.

법률(건축물분양법)에 따른 분양보증이나 신탁계약을 체결한 건축물은 제외)로서 해당 지방자치단체의 조례로 정하는 건축물에 대하여는 착공신고를 하는 건축주(LH 또는 건축사업을 수행하기 위하여 설립된 지방공사는 제외)에게 장기간 건축물의 공사현장이 방치되는 것에 대비하여 미리 미관 개선과 안전관리에 필요한 비용(ⓐ 보험회사가 발행한 보증보험증권, ⓑ 은행이 발행한 지급보증서, ⓒ 건설산업기본법에 따른 공제조합이 발행한 채무액 등의 지급을 보증하는 보증서, ⓓ 자본시장법령에 따른 상장증권, ⓔ 그 밖에 국토교통부령으로 정하는 보증서를 포함하며, 이하 "예치금"이라 한다)을 건축공사비의 1퍼센트의 범위에서 예치하게 할 수 있다. ③ 허가권자는 방치되는 공사현장의 안전관리를 위하여 긴급한 필요가 있다고 인정하는 경우에는 건축주에게 고지한 후 건축주가 예치한 예치금을 사용하여 허가권자는 착공신고 이후 건축 중에 공사가 중단된 건축물로서 공사중단 기간이 2년을 경과한 경우에는 건축주에게 서면으로 고지한 후 예치금을 사용하여 공사현장의 미관과 안전관리 개선을 위한 ⓐ 공사현장 안전펜스의 설치, ⓑ 대지 및 건축물의 붕괴 방지 조치, ⓒ 공사현장의 미관 개선을 위한 조경 또는 시설물 등의 설치, ⓓ 그 밖에 공사현장의 미관 개선 또는 대지 및 건축물에 대한 안전관리 개선 조치가 필요하여 건축조례로 정하는 사항의 조치를 할 수 있다.

2. 건축물 안전영향평가

① 허가권자는 초고층 건축물 등 ⓐ 초고층 건축물, ⓛ ㉮ 연면적(하나의 대지에 둘 이상의 건축물을 건축하는 경우에는 각각의 건축물의 연면적)이 10만 제곱미터 이상일 것, ㉯ 16층 이상일 것의 요건을 모두 충족하는 건축물에 대하여 건축허가를 하기 전에 건축물의 구조안전과 인접 대지의 안전에 미치는 영향 등을 평가하는 건축물 안전영향평가를 안전영향평가기관에 의뢰하여 실시하여야 한다. ② 안전영향평가기관은 장관이 공공기관의 운영에 관한 법률(공공기관운영법)에 따른 공공기관으로서 건축 관련 업무를 수행하는 기관 중에서 지정하여 고시한다. ③ 안전영향평가 결과는 건축위원회의 심의를 거쳐 확정한다. 이 경우 건축위원회의 심의를 받아야 하는 건축물은 건축위원회 심의에 안전영향평가 결과를 포함하여 심의할 수 있다. ④ 안전영향평가 대상 건축물의 건축주는 건축허가 신청 시 제출하여야 하는 도서에 안전영향평가 결과를 반영하여야 하며, 건축물의 계획상 반영이 곤란하다고 판단되는 경우에는 그 근거 자료를 첨부하여 허가권자에게 건축위원회의 재심의를 요청할 수 있다. ⑤ 안전영향평가의 검토 항목과 건축주의 안전영향평가의뢰, 평가 비용 납부 및 처리 절차 등 그 밖에 필요한 사항은 대통령령으로 정한다.[13] ⑥ 허가권

자는 심의 결과 및 안전영향평가 내용을 즉시 공개하여야 한다. ⑦ 안전영향평가를 실시하여야 하는 건축물이 다른 법률에 따라 구조안전과 인접 대지의 안전에 미치는 영향 등을 평가 받은 경우에는 안전영향평가의 해당 항목을 평가 받은 것으로 본다.

Ⅳ. 건축신고 등

1. 건축신고

① 허가 대상 건축물이라 하더라도 ㉠ 바닥면적의 합계가 85제곱미터 이내의 증축·개축 또는 재축(3층 이상 건축물인 경우에는 증축·개축 또는 재축하려는 부분의 바닥면적의 합계가 건축물 연면적의 10분의 1 이내인 경우로 한정), ㉡ 국토계획법에 따른 관리지역, 농림지역 또는 자연환경보전지역에서 연면적이 200제곱미터 미만이고 3층 미만인 건축물의 건축(ⓐ 지구단위계획구역, ⓑ 방재지구 등 재해취약지역으로서 방재지구, 붕괴위험지역에서의 건축은 제외), ㉢ 연면적이 200제곱미터 미만이고 3층 미만인 건축물의 대수선, ㉣ 주요구조부의 해체가 없는 등 ⓐ 내력벽의 면적을 30제곱미터 이상 수선하는 것, ⓑ 기둥을 세 개 이상 수선하는 것, ⓒ 보를 세 개 이상 수선하는 것, ⓓ 지붕틀을 세 개 이상 수선하는 것, ⓔ 방화벽 또는 방화구획을 위한 바닥 또는 벽을 수선하는 것, ⓕ 주계단·피난계단 또는 특별피난계단을 수선하는 것, ㉤ 그 밖에 소규모 건축물로서 대통령령으로 정하는 건축물[14]의 건축에 해당하는 경우에는 미리 신고를 하면 건축허가

13) ① 초고층, 10만제곱미터 이상, 16층 이상의 건축물을 건축하려는 자는 건축허가를 신청하기 전에 ⓐ 건축계획서 및 기본설계도서 등 국토교통부령으로 정하는 도서, ⓑ 인접 대지에 설치된 상수도·하수도 등 장관이 정하여 고시하는 지하시설물의 현황도, ⓒ 그 밖에 장관이 정하여 고시하는 자료를 첨부하여 허가권자에게 건축물 안전영향평가를 의뢰하여야 한다. ② 허가권자로부터 안전영향평가를 의뢰받은 기관(안전영향평가기관)은 ⓐ 해당 건축물에 적용된 설계 기준 및 하중의 적정성, ⓑ 해당 건축물의 하중저항시스템의 해석 및 설계의 적정성, ⓒ 지반조사 방법 및 지내력(地耐力) 산정결과의 적정성, ⓓ 굴착공사에 따른 지하수위 변화 및 지반 안전성에 관한 사항, ⓔ 그 밖에 건축물의 안전영향평가를 위하여 장관이 필요하다고 인정하는 사항의 항목을 검토하여야 한다. ③ 안전영향평가기관은 안전영향평가를 의뢰받은 날부터 30일 이내에 안전영향평가 결과를 허가권자에게 제출하여야 한다. 다만, 부득이한 경우에는 20일의 범위에서 그 기간을 한 차례만 연장할 수 있다. ④ 안전영향평가를 의뢰한 자가 보완하는 기간 및 공휴일·토요일은 ③에 따른 기간의 산정에서 제외한다. ⑤ 허가권자는 안전영향평가 결과를 제출받은 경우에는 지체 없이 안전영향평가를 의뢰한 자에게 그 내용을 통보하여야 한다. ⑥ 안전영향평가에 드는 비용은 ①에 따라 안전영향평가를 의뢰한 자가 부담한다.

14) ⓐ 연면적의 합계가 100제곱미터 이하인 건축물, ⓑ 건축물의 높이를 3미터 이하의 범위에서 증축하는 건축물, ⓒ 표준설계도서에 따라 건축하는 건축물로서 그 용도 및 규모가 주위환경이나 미관에 지장이 없다고 인정하여 건축조례로 정하는 건축물, ⓓ 공업지역, 지구단위계획구역(산업·유통형만 해당) 및 산업단지에서 건축하는 2층 이하인 건축물로서 연면적 합계 500제곱미터 이하인 공장(제조업소 등 물품의 제조·가공을 위한 시설을 포함), ⓔ 농업이나 수산업을 경영하기 위하여 읍·면지역

를 받은 것으로 본다. ② 특별자치시장 · 특별자치도지사 또는 시장 · 군수 · 구청장은 신고를 받은 날부터 5일 이내에 신고수리 여부 또는 민원 처리 관련 법령에 따른 처리기간의 연장 여부를 신고인에게 통지하여야 한다. 다만, 심의, 동의, 협의, 확인 등이 필요한 경우에는 20일 이내에 통지하여야 한다. ③ 신고가 ②의 단서에 해당하는 경우에는 신고를 받은 날부터 5일 이내에 신고인에게 그 내용을 통지하여야 한다. ④ 신고를 한 자가 신고일부터 1년 이내에 공사에 착수하지 아니하면 그 신고의 효력은 없어진다. 다만, 건축주의 요청에 따라 허가권자가 정당한 사유가 있다고 인정하면 1년의 범위에서 착수기한을 연장할 수 있다.

2. 허가와 신고사항의 변경

① 건축주가 허가를 받았거나 신고한 사항을 변경하려면 변경하기 전에 허가권자의 허가를 받거나 특별자치시장 · 특별자치도지사 또는 시장 · 군수 · 구청장에게 신고하여야 한다.[15] 다만, 경미한 사항의 변경(신축 · 증축 · 개축 · 재축 · 이전 · 대수선 또는 용도변경에 해당하지 아니하는 변경)은 그러하지 아니하다. ② 허가나 신고사항 중 대통령령으로 정하는 사항[16]의 변경은 사용승인을 신청할 때 허가권자에게 일괄하여 신고할 수 있다.

(특별자치시장 · 특별자치도지사 · 시장 · 군수가 지역계획 또는 도시 · 군계획에 지장이 있다고 지정 · 공고한 구역은 제외)에서 건축하는 연면적 200제곱미터 이하의 창고 및 연면적 400제곱미터 이하의 축사, 작물재배사, 종묘배양시설, 화초 및 분재 등의 온실.

15) 허가를 받았거나 신고한 사항을 변경하려면 ⓐ 바닥면적의 합계가 85제곱미터를 초과하는 부분에 대한 신축 · 증축 · 개축에 해당하는 변경인 경우에는 허가를 받고, 그 밖의 경우에는 신고할 것, ⓑ 신고로써 허가를 갈음하는 건축물에 대하여는 변경 후 건축물의 연면적을 각각 신고로써 허가를 갈음할 수 있는 규모에서 변경하는 경우에는 신고할 것, ⓒ 건축주 · 설계자 · 공사시공자 또는 공사감리자(건축관계자)를 변경하는 경우에는 신고할 것의 구분에 따라 허가권자의 허가를 받거나 특별자치시장 · 특별자치도지사 또는 시장 · 군수 · 구청장에게 신고하여야 한다.

16) ⓐ 건축물의 동수나 층수를 변경하지 아니하면서 변경되는 부분의 바닥면적의 합계가 50제곱미터 이하인 경우로서 ㉮ 변경되는 부분의 높이가 1미터 이하이거나 전체 높이의 10분의 1 이하일 것, ㉯ 허가를 받거나 신고를 하고 건축 중인 부분의 위치 변경범위가 1미터 이내일 것, ㉰ 신고를 하면 건축허가를 받은 것으로 보는 규모에서 건축허가를 받아야 하는 규모로의 변경이 아닐 것의 요건을 모두 갖춘 경우, ⓑ 건축물의 동수나 층수를 변경하지 아니하면서 변경되는 부분이 연면적 합계의 10분의 1 이하인 경우(연면적이 5천 제곱미터 이상인 건축물은 각 층의 바닥면적이 50제곱미터 이하의 범위에서 변경되는 경우만 해당), ⓒ 대수선에 해당하는 경우, ⓓ 건축물의 층수를 변경하지 아니하면서 변경되는 부분의 높이가 1미터 이하이거나 전체 높이의 10분의 1 이하인 경우, ⓔ 허가를 받거나 신고를 하고 건축 중인 부분의 위치가 1미터 이내에서 변경되는 경우.

3. 매도청구 및 처분

(1) 매도청구 등

① 건축허가를 받은 건축주는 해당 건축물 또는 대지의 공유자 중 동의하지 아니한 공유자에게 그 공유지분을 시가로 매도할 것을 청구할 수 있다. 이 경우 매도청구를 하기 전에 매도청구 대상이 되는 공유자와 3개월 이상 협의를 하여야 한다. ② 매도청구에 관하여는 집합건물법에 따른 구분소유권의 매도청구 등에 관한 규정을 준용한다. 이 경우 구분소유권 및 대지사용권은 매도청구의 대상이 되는 대지 또는 건축물의 공유지분으로 본다.

(2) 소유자를 확인하기 곤란한 공유지분 등에 대한 처분

① 건축허가를 받은 건축주는 해당 건축물 또는 대지의 공유자가 거주하는 곳을 확인하기가 현저히 곤란한 경우에는 전국적으로 배포되는 둘 이상의 일간신문에 두 차례 이상 공고하고, 공고한 날부터 30일 이상이 지났을 때에는 매도청구 대상이 되는 건축물 또는 대지로 본다. ② 건축주는 매도청구 대상 공유지분의 감정평가액에 해당하는 금액을 법원에 공탁하고 착공할 수 있다. ③ 공유지분의 감정평가액은 허가권자가 추천하는 감정평가업자 2명 이상이 평가한 금액을 산술평균하여 산정한다.

4. 건축허가 제한 등

① 장관은 국토관리를 위하여 특히 필요하다고 인정하거나 주무부장관이 국방, 문화재보존, 환경보전 또는 국민경제를 위하여 특히 필요하다고 인정하여 요청하면 허가권자의 건축허가나 허가를 받은 건축물의 착공을 제한할 수 있다. ② 특별시장 · 광역시장 · 도지사는 지역계획이나 도시 · 군계획에 특히 필요하다고 인정하면 시군구청장의 건축허가나 허가를 받은 건축물의 착공을 제한할 수 있다. ③ 장관이나 시 · 도지사는 건축허가나 건축허가를 받은 건축물의 착공을 제한하려는 경우에는 토지이용규제기본법에 따라 주민의견을 청취한 후 건축위원회의 심의를 거쳐야 한다. ④ 건축허가나 건축물의 착공을 제한하는 경우 제한기간은 2년 이내로 한다(1회에 한하여 1년 이내 연장). ⑤ 특별시장 · 광역시장 · 도지사는 건축허가나 건축물의 착공을 제한한 경우 즉시 장관에게 보고하여야 하며, 보고를 받은 장관은 제한 내용이 지나치다고 인정하면 해제를 명할 수 있다.

5. 용도변경

① 건축물의 용도변경은 변경하려는 용도의 건축기준에 맞게 하여야 한다. ② 사용승인을 받은 건축물의 용도를 변경하려는 자는 ㉠ 허가 대상: ④에 해당하는 시설군에 속하는 건축물의 용도를 상위군(④의 번호가 용도변경하려는 건축물이 속하는 시설군보다 작은 시설군)에 해당하는 용도로 변경하는 경우, ㉡ 신고 대상: ④에 해당하는 시설군에 속하는 건축물의 용도를 하위군(④의 번호가 용도변경하려는 건축물이 속하는 시설군보다 큰 시설군)에 해당하는 용도로 변경하는 경우의 구분에 따라 특별자치시장 · 특별자치도지사 또는 시장 · 군수 · 구청장의 허가를 받거나 신고를 하여야 한다. ③ 시설군 중 같은 시설군 안에서 용도를 변경하려는 자는 건축물대장 기재내용의 변경을 신청하여야 한다. 다만, 대통령령으로 정하는 변경의 경우에는 그러하지 아니하다. ④ 시설군은 [㉠ 자동차 관련 시설군, ㉡ 산업 등의 시설군, ㉢ 전기통신시설군, ㉣ 문화 및 집회시설군, ㉤ 영업시설군, ㉥ 교육 및 복지시설군, ㉦ 근린생활시설군, ㉧ 주거업무시설군, ㉨ 그 밖의 시설군과 같고, 각 시설군에 속하는 건축물의 세부 용도[17]]는 대통령령으로 정한다. ⑤ 허가나 신고 대상인 경우로서 용도변경하려는 부분의 바닥면적의 합계가 100제곱미터 이상인 경우의 사용승인에 관하여는 건축물의 사용승인절차를 준용한다. 다만, 용도변경하려는 부분의 바닥면적의 합계가 500제곱미터 미만으로서 대수선에 해당되는 공사를 수반하지 아니하는 경우에는 그러하지 아니하다. ⑥ 허가 대상인 경우로서 용도변경하려는 부분의 바닥면적의 합계가 500제곱미터 이상인 용도변경(대통령령으로 정하는 경우는 제외)의 설계에 관하여는 건축물의 설계 규정을 준용한다.

6. 복수 용도의 인정

① 건축주는 건축물의 용도를 복수로 하여 건축허가, 건축신고 및 용도변경 허가 · 신고 또는 건축물대장 기재내용의 변경 신청을 할 수 있다. ② 허가권자는 신청한 복수의 용도가 건축기준과 입지기준 등에 모두 적합한 경우에 한정하여 복수 용도를 허용할 수 있다.

---

17) ⓐ 자동차 관련 시설군(자동차 관련 시설), ⓑ 산업 등 시설군(운수시설, 창고시설, 공장, 위험물저장 및 처리시설, 자원순환 관련 시설, 묘지 관련 시설, 장례시설), ⓒ 전기통신시설군(방송통신시설, 발전시설), ⓓ 문화집회시설군(문화 및 집회시설, 종교시설, 위락시설, 관광휴게시설), ⓔ 영업시설군(판매시설, 운동시설, 숙박시설, 제2종 근린생활시설 중 다중생활시설), ⓕ 교육 및 복지시설군(의료시설, 교육연구시설, 노유자시설, 수련시설, 야영장 시설), ⓖ 근린생활시설군(제1종 근린생활시설, 제2종 근린생활시설(다중생활시설은 제외)), ⓗ 주거업무시설군(단독주택, 공동주택, 업무시설, 교정 및 군사시설), ⓘ 그 밖의 시설군(동물 및 식물 관련 시설).

③ 복수 용도는 같은 시설군 내에서 허용할 수 있다. ④ 허가권자는 지방건축위원회의 심의를 거쳐 다른 시설군의 용도간의 복수 용도를 허용할 수 있다.

7. 가설건축물

① 도시·군계획시설 및 도시·군계획시설예정지에서 가설건축물을 건축하려는 자는 특별자치시장·특별자치도지사 또는 시장·군수·구청장의 허가를 받아야 한다. ② 해당 가설건축물의 건축이 ㉠ 국토계획법 도시·군계획시설 부지에서의 개발행위에 위배되는 경우, ㉡ 4층 이상인 경우, ㉢ 구조, 존치기간, 설치목적 및 다른 시설 설치 필요성 등에 관하여 대통령령으로 정하는 기준[18]의 범위에서 조례로 정하는 바에 따르지 아니한 경우, ㉣ 그 밖에 이 법 또는 다른 법령에 따른 제한규정을 위반하는 경우가 아니면 ①에 따른 허가를 하여야 한다. ③ 재해복구, 흥행, 전람회, 공사용 가설건축물 등 대통령령으로 정하는 용도의 가설건축물[19]을 축조하려는 자는 존치 기간, 설치 기준 및 절차에 따

---

18) ⓐ 철근콘크리트조 또는 철골철근콘크리트조가 아닐 것, ⓑ 존치기간은 3년 이내일 것(도시·군계획사업이 시행될 때까지 그 기간을 연장할 수 있다), ⓒ 전기·수도·가스 등 새로운 간선 공급설비의 설치를 필요로 하지 아니할 것, ⓓ 공동주택·판매시설·운수시설 등으로서 분양을 목적으로 건축하는 건축물이 아닐 것.

19) ① 재해복구, 흥행, 전람회, 공사용 가설건축물 등 용도의 가설건축물 : ⓐ 재해가 발생한 구역 또는 그 인접구역으로서 특별자치시장·특별자치도지사 또는 시장·군수·구청장이 지정하는 구역에서 일시사용을 위하여 건축하는 것, ⓑ 특별자치시장·특별자치도지사 또는 시장·군수·구청장이 도시미관이나 교통소통에 지장이 없다고 인정하는 가설흥행장, 가설전람회장, 농·수·축산물 직거래용 가설점포, 그 밖에 이와 비슷한 것, ⓒ 공사에 필요한 규모의 공사용 가설건축물 및 공작물, ⓓ 전시를 위한 견본주택이나 그 밖에 이와 비슷한 것, ⓔ 특별자치시장·특별자치도지사 또는 시장·군수·구청장이 도로변 등의 미관정비를 위하여 지정·공고하는 구역에서 축조하는 가설점포(물건 등의 판매를 목적으로 하는 것)로서 안전·방화 및 위생에 지장이 없는 것, ⓕ 조립식 구조로 된 경비용으로 쓰는 가설건축물로서 연면적이 10제곱미터 이하인 것, ⓖ 조립식 경량구조로 된 외벽이 없는 임시 자동차 차고, ⓗ 컨테이너 또는 이와 비슷한 것으로 된 가설건축물로서 임시사무실·임시창고 또는 임시숙소로 사용되는 것(건축물의 옥상에 축조하는 것은 제외), ⓘ 도시지역 중 주거지역·상업지역 또는 공업지역에 설치하는 농업·어업용 비닐하우스로서 연면적이 100제곱미터 이상인 것, ⓙ 연면적이 100제곱미터 이상인 간이축사용, 가축분뇨처리용, 가축운동용, 가축의 비가림용 비닐하우스 또는 천막(벽 또는 지붕이 합성수지 재질로 된 것과 지붕 면적의 2분의 1 이하가 합성강판으로 된 것을 포함)구조 건축물, ⓚ 농업·어업용 고정식 온실 및 간이작업장, 가축양육실, ⓛ 물품저장용, 간이포장용, 간이수선작업용 등으로 쓰기 위하여 공장 또는 창고시설에 설치하거나 인접 대지에 설치하는 천막(벽 또는 지붕이 합성수지 재질로 된 것을 포함), 그 밖에 이와 비슷한 것, ⓜ 유원지, 종합휴양업 사업지역 등에서 한시적인 관광·문화행사 등을 목적으로 천막 또는 경량구조로 설치하는 것, ⓝ 야외전시시설 및 촬영시설, ⓞ 야외흡연실 용도로 쓰는 가설건축물로서 연면적이 50제곱미터 이하인 것, ⓟ 그 밖에 ⓐ부터 ⓝ까지의 규정에 해당하는 것과 비슷한 것으로서 건축조례로 정하는 건축물. ② 신고하여야 하는 가설건축물의 존치기간은 3년 이내로 한다. 다만, 공사용 가설건축물 및 공작물의 경우에는 해당 공사의 완료일까지의 기간을 말한다. ③ 가설건축물의 건축허가를 받거나 축조신고를 하려는 자는 국토교통부령으로 정하는 가설건축물 건축허가신청서 또는 가설건축물 축조신고서에 관계 서류를 첨부하여 특별자치시장·특별자치도지사 또는 시장·군수·구청장에게 제출하여야 한다. 다만, 건축물

라 신고한 후 착공하여야 한다. ④ ①부터 ③까지의 규정에 따라 가설건축물의 건축을 허가하거나 축조신고를 받은 경우 가설건축물대장에 이를 기재하여 관리하여야 한다. ⑤ ② 또는 ③에 따라 가설건축물의 건축허가 신청 또는 축조신고를 받은 때에는 다른 법령에 따른 제한 규정에 대하여 확인이 필요한 경우 관계 행정기관의 장과 미리 협의하여야 하고, 협의 요청을 받은 관계 행정기관의 장은 요청을 받은 날부터 15일 이내에 의견을 제출하여야 한다. 이 경우 관계 행정기관의 장이 협의 요청을 받은 날부터 15일 이내에 의견을 제출하지 아니하면 협의가 이루어진 것으로 본다.

8. 착공신고 등

① 허가를 받거나 신고를 한 건축물의 공사를 착수하려는 건축주는 허가권자에게 공사계획을 신고하여야 한다. 다만, 건축물의 철거를 신고할 때 착공 예정일을 기재한 경우에는 그러하지 아니하다. ② 공사계획을 신고하거나 변경신고를 하는 경우 해당 공사감리자(공사감리자를 지정한 경우만 해당)와 공사시공자가 신고서에 함께 서명하여야 한다. ③ 허가권자는 신고를 받은 날부터 3일 이내에 신고수리 여부 또는 민원 처리 관련 법령에 따른 처리기간의 연장 여부를 신고인에게 통지하여야 한다. ④ 허가권자가 3일 내에 신고수리 여부 또는 민원 처리 관련 법령에 따른 처리기간의 연장 여부를 신고인에게 통지하지 아니하면 그 기간이 끝난 날의 다음 날에 신고를 수리한 것으로 본다. ⑤ 건축주는 건설산업기본법에 따른 건설공사 시공자의 제한 사항을 위반하여 건축물의 공사를 하거나 하게 할 수 없다. ⑥ 허가를 받은 건축물의 건축주는 신고를 할 때에는 각 계약서의 사본을 첨부하여야 한다.

9. 건축물의 사용승인

① 건축주가 허가를 받았거나 신고를 한 건축물의 건축공사를 완료[하나의 대지에 둘 이상의 건축물을 건축하는 경우 동(棟)별 공사를 완료한 경우를 포함]한 후 그 건축물을 사용하려면 공사감리자가 작성한 감리완료보고서(공사감리자를 지정한 경우만 해당)와 공사완료도서를 첨부하여 허가권자에게 사용승인을 신청하여야 한다.[20] ② 허가권자는

의 건축허가를 신청할 때 건축물의 건축에 관한 사항과 함께 공사용 가설건축물의 건축에 관한 사항을 제출한 경우에는 가설건축물 축조신고서의 제출을 생략한다.

20) ① 건축물의 사용승인을 받으려는 자는 (임시)사용승인 신청서에 ⓐ 공사감리자를 지정한 경우 : 공사감리완료보고서, ⓑ 허가·변경허가를 받았거나 신고·변경신고를 한 도서에 변경이 있는 경우 : 설계변경사항이 반영된 최종 공사완료도서, ⓒ 신고를 하여 건축한 건축물 : 배치 및 평면이 표시된

사용승인신청을 받은 경우 7일이내에 ㉠ 사용승인을 신청한 건축물이 이 법에 따라 허가 또는 신고한 설계도서대로 시공되었는지의 여부, ㉡ 감리완료보고서, 공사완료도서 등의 서류 및 도서가 적합하게 작성되었는지의 여부에 대한 검사를 실시하고, 검사에 합격된 건축물에 대하여는 사용승인서를 내주어야 한다. 다만, 해당 지방자치단체의 조례로 정하는 건축물은 사용승인을 위한 검사를 실시하지 아니하고 사용승인서를 내줄 수 있다. ③ 건축주는 사용승인을 받은 후가 아니면 건축물을 사용하거나 사용하게 할 수 없다. 다만, ㉠ 허가권자가 ②에 따른 기간 내에 사용승인서를 교부하지 아니한 경우, ㉡ 사용승인서를 교부받기 전에 공사가 완료된 부분이 건폐율, 용적률, 설비, 피난·방화 등 기준에 적합한 경우로서 기간을 정하여 임시로 사용의 승인을 한 경우에 해당하는 경우에는 그러하지 아니하다.[21] ④ 건축주가 사용승인을 받은 경우에는 ㉠ 배수설비의 준공검사 및 개인하수처리시설의 준공검사, ㉡ 지적공부의 변동사항 등록신청, ㉢ 승강기 설치검사, ㉣ 보일러 설치검사, ㉤ 전기설비의 사용전검사, ㉥ 정보통신공사의 사용전검사, ㉦ 도로점용공사의 준공확인, ㉧ 개발 행위의 준공검사, ㉨ 도시·군계획시설사업의 준공검사, ㉩ 수질오염물질 배출시설의 가동개시의 신고, ㉪ 대기오염물질 배출시설의 가동개시의 신고에 따른 사용승인·준공검사 또는 등록신청 등을 받거나 한 것으로 보며, 공장건축물의 경우에는 산업집적법에 따라 관련 법률의 검사 등을 받은 것으로 본다(사용승인 등의제). ⑤ 허가권자는 사용승인을 하는 경우 ④에 해당하는 내용이 포함되어 있으면 관계 행정기관의 장과 미리 협의하여야 한다. ⑥ 특별시장 또는 광역시장은 ②에 따라 사용승인을 한 경우 지체 없이 그 사실을 군수 또는 구청장에게 알려서 건축물대장에 적게 하여야 한다. 이 경우 건축물대장에는 설계자, 대통령령으로 정하는 주요 공사의 시공자, 공사감리자를 적어야 한다.

현황도면, ⓓ 사용승인·준공검사 또는 등록신청 등을 받거나 하기 위하여 해당 법령에서 제출하도록 의무화하고 있는 신청서 및 첨부서류(해당 사항이 있는 경우로 한정), ⓔ 감리비용을 지불하였음을 증명하는 서류(해당 사항이 있는 경우로 한정), ⓕ 내진능력을 공개하여야 하는 건축물인 경우: 건축구조기술사가 날인한 근거자료를 첨부하여 허가권자에게 제출하여야 한다. ② 허가권자는 사용승인신청을 받은 경우에는 그 신청서를 받은 날부터 7일 이내에 사용승인을 위한 현장검사를 실시하여야 하며, 현장검사에 합격된 건축물에 대하여는 사용승인서를 신청인에게 발급하여야 한다.

21) ① 건축주는 사용승인서를 받기 전에 공사가 완료된 부분에 대한 임시사용의 승인을 받으려는 경우에는 임시사용승인신청서를 허가권자에게 제출(전자문서 제출 포함)하여야 한다. ② 허가권자는 신청서를 접수한 경우에는 공사가 완료된 부분이 건축법에 따른 기준에 적합한 경우에만 임시사용을 승인할 수 있으며, 식수 등 조경에 필요한 조치를 하기에 부적합한 시기에 건축공사가 완료된 건축물은 허가권자가 지정하는 시기까지 식수 등 조경에 필요한 조치를 할 것을 조건으로 임시사용을 승인할 수 있다. ③ 임시사용승인의 기간은 2년 이내로 한다. 다만, 허가권자는 대형 건축물 또는 암반공사 등으로 인하여 공사기간이 긴 건축물에 대하여는 그 기간을 연장할 수 있다.

V. 건축물 설계 및 시공 등

1. 건축물의 설계

① 건축허가를 받아야 하거나 건축신고를 하여야 하는 건축물 또는 주택법에 따른 리모델링을 하는 건축물의 건축등을 위한 설계는 건축사가 아니면 할 수 없다. 다만, ㉠ 바닥면적의 합계가 85제곱미터 미만인 증축 · 개축 또는 재축, ㉡ 연면적이 200제곱미터 미만이고 층수가 3층 미만인 건축물의 대수선, ㉢ 그 밖에 건축물의 특수성과 용도 등을 고려하여 대통령령으로 정하는 건축물의 건축등에 해당하는 경우에는 그러하지 아니하다. ② 설계도서를 작성한 설계자는 설계가 이 법과 이 법에 따른 명령이나 처분, 그 밖의 관계 법령에 맞게 작성되었는지를 확인한 후 설계도서에 서명날인하여야 한다. ③ 장관이 작성하거나 인정하는 표준설계도서나 특수한 공법을 적용한 설계도서에 따라 건축물을 건축하는 경우에는 ①을 적용하지 아니한다.

2. 건축시공

① 공사시공자는 건축허가나 용도변경허가가 필요한 건축물의 건축공사를 착수한 경우에는 해당 건축공사의 현장에 건축허가 표지판을 설치하여야 한다. ② 건설산업기본법 제41조(건설공사 시공자의 제한)제1항 각 호(연면적200제곱미터 이상의 건축물, 연면적 200제곱미터 미만 중의 건축물 중 공동주택, 다중주택, 다가구주택, 공관, 학교, 병원 등의 건축)시설에 해당하지 아니하는 건축물의 건축주는 공사 현장의 공정 및 안전을 관리하기 위하여 건설기술인 1명을 현장관리인으로 지정하여야 한다. 이 경우 현장관리인은 공정 및 안전 관리 업무를 수행하여야 하며, 건축주의 승낙을 받지 아니하고는 정당한 사유 없이 그 공사 현장을 이탈하여서는 아니 된다. ③ 공동주택, 종합병원, 관광숙박시설 등 대통령령으로 정하는 용도 및 규모의 건축물의 공사시공자는 건축주, 공사감리자 및 허가권자가 설계도서에 따라 적정하게 공사되었는지를 확인할 수 있도록 공사의 공정이 진도에 다다른 때마다 사진 및 동영상을 촬영하고 보관하여야 한다.

3. 건축자재의 제조 및 유통 관리

① 장관, 시 · 도지사 및 시장 · 군수 · 구청장은 건축물의 구조 및 재료의 기준 등이 공사현장에서 준수되고 있는지를 확인하기 위하여 제조업자 및 유통업자에게 필요한 자료의 제출을 요구하거나 건축공사장, 제조업자의 제조현장 및 유통업자의 유통장소 등을 점검할 수 있으며 필요한 경우에는 시료를 채취하여 성능 확인을 위한 시험을 할 수 있다. ② 장관, 시 · 도지사, 시장 · 군수 · 구청장은 ①의 점검업무를 ⓐ 한국건설기술연구원, ⓑ 국토안전관리원, ⓒ LH, ⓓ 그 밖에 점검업무를 수행할 수 있다고 인정하여 장관이 지정하여 고시하는 기관으로 하여금 대행하게 할 수 있다.

4. 건축물의 공사감리

① 건축주는 대통령령으로 정하는 용도 · 규모 및 구조의 건축물을 건축하는 경우 건축사나 대통령령으로 정하는 자를 공사감리자(공사시공자 본인 및 계열회사 제외)로 지정하여 공사감리를 하게 하여야 한다.[22] ② 소규모 건축물로서 건축주가 직접 시공하는 건축물 및 주택으로 사용하는 건축물 중 대통령령으로 정하는 건축물의 경우에는 허가권자가 해당 건축물의 설계에 참여하지 아니한 자 중에서 공사감리자를 지정하여야 한다. 다만, ㉠ 신기술을 적용하여 설계한 건축물, ㉡ 역량 있는 건축사가 설계한 건축물, ㉢ 설계공모를 통하여 설계한 건축물의 건축주가 허가권자에게 신청하는 경우에는 해당 건축물을 설계한 자를 공사감리자로 지정할 수 있다. ③ 공사감리자는 공사감리를 할 때 이 법과 이 법에 따른 명령이나 처분, 그 밖의 관계 법령에 위반된 사항을 발견하거나 공사시공자가 설계도서대로 공사를 하지 아니하면 이를 건축주에게 알린 후 공사시공자에게 시정하거나 재시공하도록 요청하여야 하며, 공사시공자가 시정이나 재시공 요청에 따르지

22) ① 공사감리자를 지정하여 공사감리를 하게 하는 경우에는 ⓐ ㉮ 건축허가를 받아야 하는 건축물(건축신고 대상 건축물 제외)을 건축하는 경우, ㉯ 건축물을 리모델링하는 경우 : 건축사, ⓑ 다중이용 건축물을 건축하는 경우: 건설기술용역업자(공사시공자 본인이거나 계열회사인 건설기술용역업자는 제외) 또는 건축사(건설사업관리기술인을 배치하는 경우만 해당)에 따른 자를 공사감리자로 지정하여야 한다. ② 공사감리자는 수시로 또는 필요할 때 공사현장에서 감리업무를 수행하여야 하며, ⓐ 바닥면적의 합계가 5천 제곱미터 이상인 건축공사(다만, 축사 또는 작물 재배사의 건축공사는 제외), ⓑ 연속된 5개 층(지하층을 포함) 이상으로서 바닥면적의 합계가 3천 제곱미터 이상인 건축공사, ⓒ 아파트 건축공사, ⓓ 준다중이용 건축물 건축공사를 감리하는 경우에는 건축사법에 따른 건축사보 중 건축 분야의 건축사보 한 명 이상을 전체 공사기간 동안, 토목 · 전기 또는 기계 분야의 건축사보 한 명 이상을 각 분야별 해당 공사기간 동안 각각 공사현장에서 감리업무를 수행하게 하여야 한다. 이 경우 건축사보는 해당 분야의 건축공사의 설계 · 시공 · 시험 · 검사 · 공사감독 또는 감리업무 등에 2년 이상 종사한 경력이 있는 자이어야 한다.

아니하면 서면으로 그 건축공사를 중지하도록 요청할 수 있다. 이 경우 공사중지를 요청받은 공사시공자는 정당한 사유가 없으면 즉시 공사를 중지하여야 한다. ④ 허가권자가 공사감리자를 지정하는 건축물[23]의 건축주는 착공신고를 하는 때에 감리비용이 명시된 감리 계약서를 허가권자에게 제출하여야 하고, 사용승인을 신청하는 때에는 감리용역 계약내용에 따라 감리비용을 지불하여야 한다. 이 경우 허가권자는 감리 계약서에 따라 감리비용이 지불되었는지를 확인한 후 사용승인을 하여야 한다. ⑤ 허가권자가 공사감리자를 지정하는 건축물의 건축주는 설계자의 설계의도가 구현되도록 해당 건축물의 설계자를 건축과정에 참여시켜야 한다.

5. 건축관계자등에 대한 업무제한

① 허가권자는 설계자, 공사시공자, 공사감리자 및 관계전문기술자(건축관계자등)가 ㉠ 다중이용 건축물, ㉡ 준다중이용 건축물에 대하여 착공신고 시부터 건설산업기본법에 따른 하자담보책임 기간에 위반하거나 중대한 과실로 건축물의 기초 및 주요구조부에 중대한 손괴를 일으켜 사람을 사망하게 한 경우에는 1년 이내의 기간을 정하여 이 법에 의한 업무를 수행할 수 없도록 업무정지를 명할 수 있다. ② 허가권자는 건축관계자등이 건축물의 기초 및 주요구조부에 중대한 손괴를 일으켜 일정 규모 이상의 재산상의 피해가 발생한 경우(①에 해당하는 위반행위는 제외)에는 ㉠ 최초로 위반행위가 발생한 경우: 업무정지일부터 6개월, ㉡ 2년 이내에 동일한 현장에서 위반행위가 다시 발생한 경우: 다시 업무정지를 받는 날부터 1년 이내의 범위에서 ㉠ 다중이용 건축물, ㉡ 준다중이용 건축물에 대하여 이 법에 의한 업무를 수행할 수 없도록 업무정지를 명할 수 있다. ③ 허가권자는 시정명령 등에도 불구하고 특별한 이유 없이 이를 이행하지 아니한 경우에는 ㉠ 최초의 위반행위가 발생하여 허가권자가 지정한 시정기간 동안 특별한 사유 없이 시정하지 아니하는 경우: 업무정지일부터 3개월, ㉡ 2년 이내에 ②에 따른 위반행위가 동일한 현장에서 2차례 발생한 경우: 업무정지일부터 3개월, ㉢ 2년 이내에 ②에 따른 위반행위가 동일한 현장에서 3차례 발생한 경우: 업무정지일부터 1년 이내의 범위에서 이 법에 의한 업무를 수행할 수 없도록 업무정지를 명할 수 있다. ④ 허가권자는 업무정지처

23) **(허가권자가 공사감리자를 지정하는 건축물 등)** ⓐ 건설산업기본법 제41조제1항 각 호에 해당하지 아니하는 건축물 중 ㉮ 단독주택, ㉯ 농업·임업·축산업 또는 어업용으로 설치하는 창고·저장고·작업장·퇴비사·축사·양어장 및 그 밖에 이와 유사한 용도의 건축물, ㉰ 해당 건축물의 건설공사가 건설산업기본법 시행령 제8조제1항에 해당하는 경미한 건설공사인 경우에 해당하지 아니하는 건축물. ⓑ 주택으로 사용하는 ㉮ 아파트, ㉯ 연립주택, ㉰ 다세대주택, ㉱ 다중주택, ㉲ 다가구주택에 해당하는 건축물(각각에 해당하는 건축물과 그 외의 건축물이 하나의 건축물로 복합된 경우를 포함).

분을 갈음하여 Ⓐ ③의 ㉠ 또는 ㉡에 해당하는 경우: 3억원 이하, Ⓑ ③의 ㉢에 해당하는 경우: 10억원 이하의 구분에 따라 건축관계자등에게 과징금을 부과할 수 있다.

6. 공용건축물에 대한 특례

① 국가나 지방자치단체는 건축물을 건축 · 대수선 · 용도변경하거나 가설건축물을 건축하거나 공작물을 축조하려는 경우에는 미리 건축물의 소재지를 관할하는 허가권자와 협의하여야 한다. ② 국가나 지방자치단체가 ①에 따라 건축물의 소재지를 관할하는 허가권자와 협의한 경우에는 허가를 받았거나 신고한 것으로 본다. ③ ①에 따라 협의한 건축물에는 건축물의 사용승인 규정을 적용하지 아니한다. 다만, 건축물의 공사가 끝난 경우에는 지체 없이 허가권자에게 통보하여야 한다. ④ 국가나 지방자치단체가 소유한 대지의 지상 또는 지하 여유공간에 구분지상권을 설정하여 주민편의시설 등 시설을 설치하고자 하는 경우 허가권자는 구분지상권자를 건축주로 보고 구분지상권이 설정된 부분을 대지로 보아 건축허가를 할 수 있다. 이 경우 구분지상권 설정의 대상 및 범위, 기간 등은 국유재산법 및 공유재산 및 물품 관리법에 적합하여야 한다.

Ⅵ. 건축행정 등

1. 건축통계 등

① 허가권자는 ㉠ 건축허가 현황, ㉡ 건축신고 현황, ㉢ 용도변경허가 및 신고 현황, ㉣ 착공신고 현황, ㉤ 사용승인 현황, ㉥ 그 밖에 건축통계를 장관이나 시 · 도지사에게 보고하여야 한다. ② 건축통계의 작성 등에 필요한 사항은 국토교통부령으로 정한다.

2. 건축행정 전산화 및 건축허가 업무 등의 전산처리 등

장관은 이 법에 따른 건축행정 관련 업무를 전산처리하기 위하여 종합적인 계획을 수립 · 시행할 수 있고, 허가권자는 신청서, 신고서, 첨부서류, 통지, 보고 등을 디스켓, 디스크 또는 정보통신망 등으로 제출하게 할 수 있다.[24)]

24) ① 허가권자는 건축허가 업무 등의 효율적인 처리를 위하여 전자정보처리 시스템을 이용하여 이 법에 규정된 업무를 처리할 수 있다. ② 전자정보처리 시스템에 따라 처리된 자료(전산자료)를 이용하려는 자는 관계 중앙행정기관의 장의 심사를 거쳐 ⓐ 전국 단위의 전산자료: 장관, ⓑ 특별시 · 광역

3. 건축종합민원실의 설치

특별자치시장 · 특별자치도지사 또는 시장 · 군수 · 구청장은 건축허가, 건축신고, 사용승인 등 건축과 관련된 민원을 종합적으로 접수하여 처리할 수 있는 민원실을 설치 · 운영하여야 한다.[25)]

제 3 절 건축물의 유지와 관리

Ⅰ. 건축물의 유지관리 및 점검 등

1. 건축물의 유지 · 관리

① 건축물의 소유자나 관리자는 건축물의 유지 · 관리를 위하여 정기점검 및 수시점검[26)]을 실시하고, 그 결과를 허가권자에게 보고하여야 한다. ② 허가권자는 점검 대상이

시 · 특별자치시 · 도 · 특별자치도(시 · 도) 단위의 전산자료: 시 · 도지사, ⓒ 시 · 군 또는 구(자치구) 단위의 전산자료: 시장 · 군수 · 구청장의 구분에 따라 장관, 시 · 도지사 또는 시장 · 군수 · 구청장의 승인을 받아야 한다. 다만, 지방자치단체의 장이 승인을 신청하는 경우에는 관계 중앙행정기관의 장의 심사를 받지 아니한다.

25) ① 특별자치시 · 특별자치도 또는 시 · 군 · 구에 설치하는 민원실은 ⓐ 사용승인에 관한 업무, ⓑ 건축사가 현장조사 · 검사 및 확인업무를 대행하는 건축물의 건축허가와 사용승인 및 임시사용승인에 관한 업무, ⓒ 건축물대장의 작성 및 관리에 관한 업무, ⓓ 복합민원의 처리에 관한 업무, ⓔ 건축허가 · 건축신고 또는 용도변경에 관한 상담 업무, ⓕ 건축관계자 사이의 분쟁에 대한 상담, ⓖ 그 밖에 특별자치시장 · 특별자치도지사 또는 시장 · 군수 · 구청장이 주민의 편익을 위하여 필요하다고 인정하는 업무를 처리한다. ② 민원실은 민원인의 이용에 편리한 곳에 설치하고, 그 조직 및 기능에 관하여는 특별자치시 · 특별자치도 또는 시 · 군 · 구의 규칙으로 정한다.

26) **(정기점검 및 수시점검 실시)** ① ⓐ 다중이용 건축물, ⓑ 집합건축물로서 연면적의 합계가 3천제곱미터 이상인 건축물(다만, 관리주체 등이 관리하는 공동주택은 제외), ⓒ 다중이용업의 용도로 쓰는 건축물로서 해당 지방자치단체의 건축조례로 정하는 건축물, ⓓ 준다중이용 건축물 중 특수구조 건축물에 해당하는 건축물의 소유자나 관리자는 해당 건축물의 사용승인일을 기준으로 10년이 지난 날(사용승인일을 기준으로 10년이 지난 날 이후 정기점검과 같은 항목과 기준으로 ③에 따른 수시점검을 실시한 경우에는 그 수시점검을 완료한 날을 말하며, "기준일"이라 한다)부터 2년마다 한 번 정기점검을 실시하여야 한다. 다만, 주택법에 따라 안전점검을 실시한 경우에는 해당 주기의 정기점검을 생략할 수 있다. ② 건축물의 소유자나 관리자에게 정기점검 대상 건축물이라는 사실과 정기점검 실시 절차를 기준일부터 2년이 되는 날의 3개월 전까지 미리 알려야 한다. ③ 건축물의 소유자나 관리자는 화재, 침수 등 재해나 재난으로부터 건축물의 안전을 확보하기 위하여 필요한 경우에는 해당 지방자치단체의 건축조례로 정하는 바에 따라 수시점검을 실시하여야 한다. ④ 건축물의 소유자나 관리자가

아닌 건축물 중에서 안전에 취약하거나 재난의 위험이 있다고 판단되는 소규모 노후 건축물 등에 대하여 직권으로 안전점검을 할 수 있고[27], 해당 건축물의 소유자나 관리자에게 안전점검을 요구할 수 있으며, 이 경우 신속한 안전점검이 필요한 때에는 안전점검에 드는 비용을 지원할 수 있다. ③ 특수구조 건축물 및 고층건축물의 소유자나 관리자는 유지 · 관리하는 경우 건축물의 제설(除雪), 홈통 청소 등에 관한 사항이 포함된 유지관리계획을 마련하여야 한다.

2. 주택의 유지 · 관리 지원

시 · 도지사 및 시장 · 군수 · 구청장은 단독주택 및 공동주택(의무관리대상 공동주택은 제외)의 소유자나 관리자가 효율적으로 건축물을 유지 · 관리할 수 있도록 건축물의 점검 및 개량 · 보수에 대한 기술지원, 정보제공[28], 융자 및 보조 등을 할 수 있다. 다만, 융자 및 보조에 대하여는 사용승인 후 20년 이상 된 단독주택으로서 해당 지방자치단체의 조례로 정하는 건축물에 한정한다.

3. 건축물의 철거 등의 신고

① 건축물의 소유자나 관리자는 건축물을 철거하려면 철거를 하기 전에 특별자치시장 · 특별자치도지사 또는 시장 · 군수 · 구청장에게 신고하여야 한다. ② 건축물의 소유자나 관리자는 건축물이 재해로 멸실된 경우 멸실 후 30일 이내에 신고하여야 한다. ③ 신고의 대상이 되는 건축물과 신고 절차 등에 관하여는 국토교통부령으로 정한다.[29]

정기점검이나 수시점검을 실시하는 경우에는 ⓐ 건축사사무소개설신고를 한 자, ⓑ 등록한 건설기술용역업자, ⓒ 등록한 건축 분야 안전진단전문기관에 해당하는 자(유지 · 관리 점검자)로 하여금 정기점검 또는 수시점검 업무를 수행하도록 하여야 한다.

27) **(소규모 노후 건축물에 대한 안전점검)** ① 소규모 노후 건축물 이란 ⓐ 사용승인 후 20년 이상이 지났을 것, ⓑ 정기점검 및 수시점검 대상에 해당하지 아니할 것의 요건을 모두 갖춘 건축물을 말한다. ② 안전점검을 요구받은 건축물의 소유자나 관리자는 Ⓐ 건축사사무소개설신고를 한자, Ⓑ 등록한 건설기술용역사업자, Ⓒ 건축분야 안전진단전문기관에 해당하는 자로 하여금 안전점검 업무를 수행하도록 하여야 한다. ③ 안전점검을 실시한 건축물의 소유자나 관리자는 안전점검을 마친 날부터 20일 이내에 허가권자에게 그 결과를 보고하여야 한다.

28) **주택관리지원센터**는 ⓐ 건축물의에너지효율 및 성능 개선 방법, ⓑ 누전 및 누수 점검 방법, ⓒ 간단한 보수 및 수리 지원, ⓓ 건축물의 유지 · 관리에 대한 법률 상담, ⓔ 건축물의 개량 · 보수에 관한 교육 및 홍보, ⓕ 그 밖에 건축물의 점검 및 개량 · 보수에 관하여 건축조례로 정하는 사항에 관한 기술지원 및 정보제공 등의 업무를 수행한다.

29) ① 허가를 받았거나 신고를 한 건축물을 철거하려는 자는 철거예정일 3일 전까지 건축물철거 · 멸실신고서(전자문서로 된 신고서를 포함)에 ㉠ 층별 · 위치별 해체작업의 방법 및 순서, ㉡ 건설폐기물의 적치 및 반출 계획, ㉢ 공사현장 안전조치 계획을 규정한 해체공사계획서를 첨부하여 특별자치시

4. 건축지도원

특별자치시장 · 특별자치도지사 또는 시장 · 군수 · 구청장은 이 법 또는 이 법에 따른 명령이나 처분에 위반되는 건축물의 발생을 예방하고 건축물을 적법하게 유지 · 관리하도록 지도하기 위하여 건축지도원을 지정할 수 있다.[30)]

Ⅱ. 건축물대장 및 등기

1. 건축물대장

특별자치시장 · 특별자치도지사 또는 시장 · 군수 · 구청장은 건축물의 소유 · 이용 및 유지 · 관리 상태를 확인하거나 건축정책의 기초 자료로 활용하기 위하여 ㉠ 사용승인서를 내준 경우, ㉡ 건축허가 대상 건축물(신고 대상 건축물을 포함) 외의 건축물의 공사를 끝낸 후 기재를 요청한 경우, ㉢ 건축물의 유지 · 관리에 관한 사항, ㉣ 그 밖에 ⓐ 건축물대장의 신규등록 및 변경등록의 신청이 있는 경우, ⓑ 법 시행일 전에 법령등에 적합하게 건축되고 유지 · 관리된 건축물의 소유자가 그 건축물의 건축물관리대장이나 그 밖에 이와 비슷한 공부(公簿)를 건축물대장에 옮겨 적을 것을 신청한 경우, ⓒ 그 밖에 기재 내용의 변경 등이 필요한 경우에 해당하면 건축물대장에 건축물과 그 대지의 현황 및 건축물의 구조내력에 관한 정보를 적어서 보관하고 이를 지속적으로 정비하여야 한다.

장 · 특별자치도지사 또는 시장 · 군수 · 구청장에게 제출하여야 한다. 이 경우 철거 대상 건축물이 기관석면조사 대상 건축물에 해당하는 때에는 산업안전보건법에 따른 기관석면조사결과 사본을 추가로 첨부하여야 한다. ② 허가대상 건축물이 멸실된 경우에는 건축물 철거 · 멸실신고서를 제출(전자문서로 제출하는 것을 포함)하여야 한다. ③ 제출된 건축물철거 · 멸실신고서를 검토하여 석면이 함유된 것으로 확인된 경우에는 지체 없이 위임받은 지방고용노동관서의 장 및 위임받은 특별시장 · 광역시장 · 도지사 또는 유역환경청장 · 지방환경청장에게 해당 사실을 통보하여야 한다. ④ 건축물철거 · 멸실신고서를 제출받은 때에는 건축물철거 · 멸실신고필증을 신고인에게 교부하여야 하며, 건축물의 철거 · 멸실 여부를 확인한 후 건축물대장에서 철거 · 멸실된 건축물의 내용을 말소하여야 한다.

30) ① 건축지도원은 특별자치시 · 특별자치도 또는 시 · 군 · 구에 근무하는 건축직렬의 공무원과 건축에 관한 학식이 풍부한 자로서 건축조례로 정하는 자격을 갖춘 자 중에서 지정한다. ② 건축지도원의 업무는 ⓐ 건축신고를 하고 건축 중에 있는 건축물의 시공 지도와 위법 시공 여부의 확인 · 지도 및 단속, ⓑ 건축물의 대지, 높이 및 형태, 구조 안전 및 화재 안전, 건축설비 등이 법령등에 적합하게 유지 · 관리되고 있는지의 확인 · 지도 및 단속, ⓒ 허가를 받지 아니하거나 신고를 하지 아니하고 건축하거나 용도변경한 건축물의 단속이다. ③ 건축지도원은 업무를 수행할 때에는 권한을 나타내는 증표를 지니고 관계인에게 내보여야 한다. ④ 건축지도원의 지정 절차, 보수 기준 등에 관하여 필요한 사항은 건축조례로 정한다.

2. 등기촉탁

특별자치시장 · 특별자치도지사 또는 시장 · 군수 · 구청장은 ㉠ 지번이나 행정구역의 명칭이 변경된 경우, ㉡ 사용승인을 받은 건축물로서 사용승인 내용 중 건축물의 면적 · 구조 · 용도 및 층수가 변경된 경우, ㉢ 건축물의 철거신고에 따라 철거한 경우, ㉣ 건축물의 멸실 후 멸실신고를 한 경우에 해당하는 사유로 건축물대장의 기재 내용이 변경되는 경우(㉡의 경우 신규 등록은 제외) 관할 등기소에 그 등기를 촉탁하여야 한다. 이 경우 ㉠과 ㉣의 등기촉탁은 지방자치단체가 자기를 위하여 하는 등기로 본다.

제 4 절 건축물의 대지와 도로

Ⅰ. 대지와 공지 및 조경

1. 대지의 안전 등

① 대지는 인접한 도로면보다 낮아서는 아니 된다. 다만, 대지의 배수에 지장이 없거나 건축물의 용도상 방습의 필요가 없는 경우에는 인접한 도로면보다 낮아도 된다. ② 습한 토지, 물이 나올 우려가 많은 토지, 쓰레기, 그 밖에 이와 유사한 것으로 매립된 토지에 건축물을 건축하는 경우에는 성토, 지반 개량 등 필요한 조치를 하여야 한다. ③ 대지에는 빗물과 오수를 배출하거나 처리하기 위하여 필요한 하수관, 하수구, 저수탱크, 그 밖에 이와 유사한 시설을 하여야 한다. ④ 손궤(무너져 내림)의 우려가 있는 토지에 대지를 조성하려면 옹벽을 설치하거나 그 밖에 필요한 조치를 하여야 한다.[31]

31) **(손궤의 우려가 있는 토지에 대지 조성시 조치사항)** ⓐ 성토 또는 절토하는 부분의 경사도가 1:1.5이상으로서 높이가 1미터이상인 부분에는 옹벽을 설치할 것, ⓑ 옹벽의 높이가 2미터이상인 경우에는 이를 콘크리트구조로 할 것(옹벽에 관한 기술적 기준에 적합한 경우에는 그러하지 아니하다), ⓒ 옹벽의 외벽면에는 이의 지지 또는 배수를 위한 시설외의 구조물이 밖으로 튀어 나오지 아니하게 할 것, ⓓ 옹벽의 윗가장자리로부터 안쪽으로 2미터 이내에 묻는 배수관은 주철관, 강관 또는 흡관으로 하고, 이음부분은 물이 새지 아니하도록 할 것, ⓔ 옹벽에는 3제곱미터마다 하나 이상의 배수구멍을 설치하여야 하고, 옹벽의 윗가장자리로부터 안쪽으로 2미터 이내에서의 지표수는 지상으로 또는 배수관으로 배수하여 옹벽의 구조상 지장이 없도록 할 것, ⓕ 성토부분의 높이는 대지의 안전 등에 지장이 없는 한 인접대지의 지표면보다 0.5미터 이상 높게 하지 아니할 것(절토에 의하여 조성된 대지 등 허가권자가 지형조건상 부득이하다고 인정하는 경우에는 그러하지 아니하다)의 조치를 하여야 한

2. 토지 굴착 부분에 대한 조치 등

① 공사시공자는 대지를 조성하거나 건축공사를 하기 위하여 토지를 굴착 · 절토 · 매립 또는 성토 등을 하는 경우 그 변경 부분에는 공사 중 비탈면 붕괴, 토사 유출 등 위험 발생의 방지, 환경 보존, 그 밖에 필요한 조치를 한 후 해당 공사현장에 그 사실을 게시하여야 한다.[32] ② 허가권자는 ①을 위반한 자에게의무이행에 필요한 조치를 명할 수 있다.

3. 대지의 조경

면적이 200제곱미터 이상인 대지에 건축을 하는 건축주는 용도지역 및 건축물의 규모에 따라 해당 지방자치단체의 조례로 정하는 기준에 따라 대지에 조경이나 그 밖에 필요한 조치를 하여야 한다. 다만, 조경이 필요하지 아니한 건축물에 대하여는 조경 등의 조치를 하지 아니할 수 있으며, 옥상 조경 등 대통령령으로 따로 기준을 정하는 경우에는 그 기준에 따른다.[33] 장관은 식재 기준, 조경 시설물의 종류 및 설치방법, 옥상 조경의

다. 다만, 건축사 또는 등록한 건축구조기술사에 의하여 해당 토지의 구조안전이 확인된 경우는 그러하지 아니하다.

32) ① 대지를 조성하거나 건축공사에 수반하는 토지를 굴착하는 경우에는 ⓐ 지하에 묻은 수도관 · 하수도관 · 가스관 또는 케이블등이 토지굴착으로 인하여 파손되지 아니하도록 할 것, ⓑ 건축물 및 공작물에 근접하여 토지를 굴착하는 경우에는 그 건축물 및 공작물의 기초 또는 지반의 구조내력의 약화를 방지하고 급격한 배수를 피하는 등 토지의 붕괴에 의한 위해를 방지하도록 할 것, ⓒ 토지를 깊이 1.5미터 이상 굴착하는 경우에는 그 경사도가 별표 7에 의한 비율이하이거나 주변상황에 비추어 위해방지에 지장이 없다고 인정되는 경우를 제외하고는 토압에 대하여 안전한 구조의 흙막이를 설치할 것, ⓓ 굴착공사 및 흙막이 공사의 시공중에는 항상 점검을 하여 흙막이의 보강, 적절한 배수조치등 안전상태를 유지하도록 하고, 흙막이판을 제거하는 경우에는 주변지반의 내려앉음을 방지하도록 할 것에 따른 위험발생의 방지조치를 하여야 한다. ② 성토부분 · 절토부분 또는 되메우기를 하지 아니하는 굴착부분의 비탈면으로서 옹벽을 설치하지 아니하는 부분에 대하여는 ⓐ 배수를 위한 수로는 돌 또는 콘크리트를 사용하여 토양의 유실을 막을 수 있도록 할 것, ⓑ 높이가 3미터를 넘는 경우에는 높이 3미터 이내마다 그 비탈면적의 5분의 1 이상에 해당하는 면적의 단을 만들 것(허가권자가 그 비탈면의 토질 · 경사도등을 고려하여 붕괴의 우려가 없다고 인정하는 경우에는 제외), ⓒ 비탈면에는 토양의 유실방지와 미관의 유지를 위하여 나무 또는 잔디를 심을 것(나무 또는 잔디를 심는 것으로는 비탈면의 안전을 유지할 수 없는 경우에는 돌붙이기를 하거나 콘크리트블록격자등의 구조물을 설치하여야 한다)에 따른 환경의 보전을 위한 조치를 하여야 한다.

33) ① 조경 등의 조치를 하지 아니할 수 있는 건축물은 ⓐ 녹지지역에 건축하는 건축물, ⓑ 면적 5천제곱미터 미만인 대지에 건축하는 공장, ⓒ 연면적의 합계가 1천500제곱미터 미만인 공장, ⓓ 산업집적법에 따른 산업단지의 공장, ⓔ 대지에 염분이 함유되어 있는 경우 또는 건축물 용도의 특성상 조경 등의 조치를 하기가 곤란하거나 조경 등의 조치를 하는 것이 불합리한 경우로서 건축조례로 정하는 건축물, ⓕ 축사, ⓖ 가설건축물, ⓗ 연면적의 합계가 1천500제곱미터 미만인 물류시설(주거지역 또는 상업지역에 건축하는 것은 제외)로서 국토교통부령으로 정하는 것, ⓘ 국토계획법에 따라 지정

방법 등 조경에 필요한 사항을 정하여 고시할 수 있다.

4. 공개 공지 등의 확보

① ㉠ 일반주거지역, 준주거지역, ㉡ 상업지역, ㉢ 준공업지역, ㉣ 특별자치시장·특별자치도지사 또는 시장·군수·구청장이 도시화의 가능성이 크거나 노후 산업단지의 정비가 필요하다고 인정하여 지정·공고하는 지역의 환경을 쾌적하게 조성하기 위한 건축물은 일반이 사용할 수 있도록 소규모 휴식시설 등의 공개 공지(공터) 또는 공개 공간을 설치하여야 한다. ② 공개 공지나 공개 공간을 설치하는 경우에는 건폐율, 용적률, 높이 제한을 완화하여 적용할 수 있다.34)

된 자연환경보전지역·농림지역 또는 관리지역(지구단위계획구역으로 지정된 지역은 제외)의 건축물, ⓙ ㉮ 관광지 또는 관광단지에 설치하는 관광시설, ㉯ 전문휴양업의 시설 또는 종합휴양업의 시설, ㉰ 관광·휴양형 지구단위계획구역에 설치하는 관광시설, ㉱ 골프장에 해당하는 건축물 중 건축조례로 정하는 건축물이다. ② 조경 등의 조치에 관한 기준은 ⓐ 공장(①의 ⓐ부터 ⓓ까지의 규정에 해당하는 공장은 제외) 및 물류시설(①의 ⓗ에 해당하는 물류시설과 주거지역 또는 상업지역에 건축하는 물류시설은 제외) : ㉮ 연면적의 합계가 2천 제곱미터 이상인 경우: 대지면적의 10퍼센트 이상, ㉯ 연면적의 합계가 1천500 제곱미터 이상 2천 제곱미터 미만인 경우: 대지면적의 5퍼센트 이상, ⓑ 공항시설: 대지면적(활주로·유도로·계류장·착륙대 등 항공기의 이륙 및 착륙시설로 쓰는 면적은 제외)의 10퍼센트 이상, ⓒ 철도 중 역시설: 대지면적(선로·승강장 등 철도운행에 이용되는 시설의 면적은 제외)의 10퍼센트 이상, ⓓ 그 밖에 면적 200제곱미터 이상 300제곱미터 미만인 대지에 건축하는 건축물: 대지면적의 10퍼센트 이상이다. 다만, 건축조례로 이 기준보다 더 완화된 기준을 정한 경우에는 그 기준에 따른다. ③ 건축물의 옥상에 장관이 고시하는 기준에 따라 조경이나 그 밖에 필요한 조치를 하는 경우에는 옥상부분 조경면적의 3분의 2에 해당하는 면적을 대지의 조경면적으로 산정할 수 있다. 이 경우 조경면적으로 산정하는 면적은 조경면적의 100분의 50을 초과할 수 없다.

34) ① ⓐ 문화 및 집회시설, 종교시설, 판매시설(농수산물유통시설은 제외), 운수시설(여객용 시설만 해당), 업무시설 및 숙박시설로서 해당 용도로 쓰는 바닥면적의 합계가 5천 제곱미터 이상인 건축물, ⓑ 그 밖에 다중이 이용하는 시설로서 건축조례로 정하는 건축물의 대지에는 공개 공지 또는 공개 공간(공개공지등)을 확보하여야 한다. ② 공개공지등의 면적은 대지면적의 100분의 10 이하의 범위에서 건축조례로 정한다. 이 경우 조경면적과 매장문화재의 현지보존 조치 면적을 공개공지등의 면적으로 할 수 있다. ③ 공개공지등을 확보할 때에는 공중(公衆)이 이용할 수 있도록 ⓐ 공개공지등에는 물건을 쌓아 놓거나 출입을 차단하는 시설을 설치하지 아니할 것, ⓑ 환경친화적으로 편리하게 이용할 수 있도록 긴의자 또는 파고라 등 건축조례로 정하는 시설을 설치할 것의 사항을 준수하여야 한다. 이 경우 공개 공지는 필로티의 구조로 설치할 수 있다. ④ ①에 따른 건축물(①에 따른 건축물과 ①에 해당되지 아니하는 건축물이 하나의 건축물로 복합된 경우를 포함)에 공개공지등을 설치하는 경우에는 ⓐ 용적률은 해당 지역에 적용하는 용적률의 1.2배 이하, ⓑ 높이 제한은 해당 건축물에 적용하는 높이기준의 1.2배 이하의 범위에서 대지면적에 대한 공개공지등 면적 비율에 따라 완화하여 적용한다. 다만, 이의 범위에서 건축조례로 정한 기준이 완화 비율보다 큰 경우에는 해당 건축조례로 정하는 바에 따른다. ⑤ 공개공지등의 설치대상이 아닌 건축물(주택법에 따른 사업계획승인 대상인 공동주택 중 주택 외의 시설과 주택을 동일 건축물로 건축하는 것 외의 공동주택은 제외)의 대지에 ② 및 ③에 적합한 공개 공지를 설치하는 경우에는 ④를 준용한다. ⑥ 공개공지등에는 연간 60일 이내의 기간 동안 건축조례로 정하는 바에 따라 주민들을 위한 문화행사를 열거나 판촉활동을 할 수 있다. 다만, 울타리를 설치하는 등 공중이 해당 공개공지등을 이용하는데 지장을 주는 행위를 해서는 아니 된다.

Ⅱ. 대지와 도로 및 건축선

1. 대지와 도로의 관계

① 건축물의 대지는 2미터 이상이 도로(자동차만의 통행에 사용되는 도로는 제외)에 접하여야 한다. 다만, ㉠ 해당 건축물의 출입에 지장이 없다고 인정되는 경우, ㉡ 건축물의 주변에 광장, 공원, 유원지, 그 밖에 관계 법령에 따라 건축이 금지되고 공중의 통행에 지장이 없는 공지로서 허가권자가 인정한 것이 있는 경우, ㉢ 농지법에 따른 농막을 건축하는 경우에 해당하면 그러하지 아니하다. ② 건축물의 대지가 접하는 도로의 너비, 대지가 도로에 접하는 부분의 길이, 그 밖에 대지와 도로의 관계에 관하여 필요한 사항은 대통령령으로 정하는 바에 따른다. ③ 연면적의 합계가 2천 제곱미터(공장인 경우에는 3천 제곱미터) 이상인 건축물(축사, 작물 재배사, 그 밖에 이와 비슷한 건축물로서 건축조례로 정하는 규모의 건축물은 제외)의 대지는 너비 6미터 이상의 도로에 4미터 이상 접하여야 한다.

2. 도로의 지정 · 폐지 또는 변경

① 허가권자는 도로의 위치를 지정 · 공고하려면 그 도로에 대한 이해관계인의 동의를 받아야 한다. 다만, ⓐ 허가권자가 이해관계인이 해외에 거주하는 등의 사유로 이해관계인의 동의를 받기가 곤란하다고 인정하는 경우, ⓑ 주민이 오랫 동안 통행로로 이용하고 있는 사실상의 통로로서 해당 지방자치단체의 조례로 정하는 것인 경우에 해당하면 이해관계인의 동의를 받지 아니하고 건축위원회의 심의를 거쳐 도로를 지정할 수 있다. ② 허가권자는 지정한 도로를 폐지하거나 변경하려면 그 도로에 대한 이해관계인의 동의를 받아야 한다. 그 도로에 편입된 토지의 소유자, 건축주 등이 허가권자에게 지정된 도로의 폐지나 변경을 신청하는 경우에도 또한 같다. ③ 허가권자는 도로를 지정하거나 변경하면 도로관리대장에 이를 적어서 관리하여야 한다.

3. 건축선의 지정

도로와 접한 부분에 건축물을 건축할 수 있는 선(건축선)은 대지와 도로의 경계선으로 한다. 다만, 소요 너비에 못 미치는 너비의 도로인 경우에는 그 중심선으로부터 그 소요 너비의 2분의 1의 수평거리만큼 물러난 선을 건축선으로 하되, 그 도로의 반대쪽에 경사지, 하천, 철도, 선로부지, 그 밖에 이와 유사한 것이 있는 경우에는 그 경사지 등이 있는 쪽의 도로경계선에서 소요 너비에 해당하는 수평거리의 선을 건축선으로 하며, 도로의 모퉁이에서는 대통령령으로 정하는 선을 건축선으로 한다.

① 너비 8미터 미만인 도로의 모퉁이에 위치한 대지의 도로모퉁이 부분의 건축선은 그 대지에 접한 도로경계선의 교차점으로부터 도로경계선에 따라 다음의 표에 따른 거리를 각각 후퇴한 두 점을 연결한 선으로 한다.

도로의 교차각	해당도로의 너비		교차되는 도로의 너비
	6미터 이상 8미터 미만	4미터 이상 6미터 미만	
900 미만	4미터	3미터	6미터 이상 8미터 미만
	3미터	2미터	4미터 이상 6미터 미만
900 이상 1200 미만	3미터	2미터	6미터 이상 8미터 미만
	2미터	2미터	4미터 이상 6미터 미만

② 특별자치시장 · 특별자치도지사 또는 시장 · 군수 · 구청장은 도시지역에는 4미터 이하의 범위에서 건축선을 따로 지정할 수 있다. ③ 건축선을 지정하려면 미리 그 내용을 해당 지방자치단체의 공보(公報), 일간신문 또는 인터넷 홈페이지 등에 30일 이상 공고하여야 하며, 공고한 내용에 대하여 의견이 있는 자는 공고기간에 의견을 제출(전자문서에 의한 제출을 포함)할 수 있다.

4. 건축선에 따른 건축제한

① 건축물과 담장은 건축선의 수직면을 넘어서는 아니 된다. 다만, 지표(地表) 아래 부분은 그러하지 아니하다. ② 도로면으로부터 높이 4.5미터 이하에 있는 출입구, 창문, 그 밖에 이와 유사한 구조물은 열고 닫을 때 건축선의 수직면을 넘지 아니하는 구조로 하여야 한다.

제5절 건축물의 구조 및 재료 등

Ⅰ. 건축 구조 내력

1. 구조내력 및 건축물 내진등급의 설정

① 건축물은 고정하중, 적재하중, 적설하중, 풍압, 지진, 그 밖의 진동 및 충격 등에 대하여 안전한 구조를 가져야 한다. ② 건축물을 건축하거나 대수선하는 경우에는 구조의 안전을 확인하여야 한다. ③ 지방자치단체의 장은 구조 안전 확인 대상 건축물에 대하여 허가 등을 하는 경우 내진성능 확보 여부를 확인하여야 한다. ④ 장관은 지진으로부터 건축물의 구조 안전을 확보하기 위하여 건축물의 용도, 규모 및 설계구조의 중요도에 따라 내진등급을 설정하여야 한다.

2. 건축물의 내진능력 공개

(1) 내진능력 공개대상

① 층수가 2층[주요구조부인 기둥과 보를 설치하는 건축물로서 그 기둥과 보가 목재인 목구조 건축물의 경우에는 3층] 이상인 건축물, ② 연면적이 200제곱미터(목구조 건축물의 경우에는 500제곱미터) 이상인 건축물, ③ 그 밖에 건축물의 규모와 중요도를 고려하여 ㉡ 높이가 13미터 이상인 건축물, ㉢ 처마높이가 9미터 이상인 건축물, ㉣ 기둥과 기둥 사이의 거리가 10미터 이상인 건축물, ㉤ 건축물의 용도 및 규모를 고려한 중요도가 높은 건축물로서 국토교통부령으로 정하는 건축물, ㉥ 국가적 문화유산으로 보존할 가치가 있는 건축물로서 국토교통부령으로 정하는 것, ㉦ 중심선으로부터 3미터이상 돌출한 건축물 및 특수구조 건축물, ⓞ 단독주택 및 공동주택에 해당하는 건축물을 건축하고자 하는 자는 사용승인을 받는 즉시 건축물이 지진 발생 시에 견딜 수 있는 능력(내진능력)을 공개하여야 한다.

(2) 내진능력 공개제외대상

구조안전 확인 대상 건축물이 아니거나 내진능력 산정이 곤란한 건축물로서 ① 창고, 축사, 작물 재배사 및 표준설계도서에 따라 건축하는 건축물로서 ㉠ 층수가 2층[주요구조부인 기둥과 보를 설치하는 건축물로서 그 기둥과 보가 목재인 목구조 건축물의 경우에는 3층] 이상인 건축물, ㉡ 높이가 13미터 이상인 건축물, ㉢ 처마높이가 9미터 이상인 건축물, ㉣ 기둥과 기둥 사이의 거리가 10미터 이상인 건축물, ㉤ 건축물의 용도 및 규모를 고려한 중요도가 높은 건축물, ㉥ 국가적 문화유산으로 보존할 가치가 있는 건축물, ㉦ 특수구조 건축물, ㉧ 단독주택 및 공동주택에 해당하지 아니하는 건축물, ② 구조기준 중 국토교통부령으로 정하는 소규모건축구조기준을 적용한 건축물은 공개하지 아니한다.

Ⅱ. 피난시설 등의 설치 등

1. 건축물의 피난시설 및 용도제한 등

① 대통령령으로 정하는 용도 및 규모의 건축물과 그 대지에는 복도, 계단, 출입구, 그 밖의 피난시설과 저수조, 대지 안의 피난과 소화에 필요한 통로를 설치하여야 한다. ② 대통령령으로 정하는 용도 및 규모의 건축물의 안전 · 위생 및 방화 등을 위하여 필요한 용도 및 구조의 제한, 방화구획, 화장실의 구조, 계단 · 출입구, 거실의 반자 높이, 거실의 채광 · 환기와 바닥의 방습 등에 관하여 필요한 사항은 국토교통부령으로 정한다. ③ 대통령령으로 정하는 용도 및 규모의 건축물에 대하여 가구 · 세대 등 간 소음 방지를 위하여 경계벽 및 바닥을 설치하여야 한다. ④ 자연재해위험개선지구 중 침수위험지구에 국가 · 지방자치단체 또는 공공기관이 건축하는 건축물은 침수 방지 및 방수를 위하여 ㉠ 건축물의 1층 전체를 필로티(건축물을 사용하기 위한 경비실, 계단실, 승강기실, 그 밖에 이와 비슷한 것을 포함) 구조로 할 것, ㉡ 침수 방지시설을 설치할 것에 따라야 한다.

(1) 피난시설 등의 설치

1) 직통계단의 설치

① 건축물의 피난층(직접 지상으로 통하는 출입구가 있는 층 및 피난안전구역 외의 층에서는 피난층 또는 지상으로 통하는 직통계단(경사로를 포함)을 거실의 각 부분으로부

터 계단(거실로부터 가장 가까운 거리에 있는 계단)에 이르는 보행거리가 30미터 이하가 되도록 설치하여야 한다. 다만, 건축물(지하층에 설치하는 것으로서 바닥면적의 합계가 300제곱미터 이상인 공연장·집회장·관람장 및 전시장은 제외)의 주요구조부가 내화구조 또는 불연재료로 된 건축물은 그 보행거리가 50미터(층수가 16층 이상인 공동주택은 40미터) 이하가 되도록 설치할 수 있으며, 자동화 생산시설에 스프링클러 등 자동식 소화설비를 설치한 공장으로서 국토교통부령으로 정하는 공장인 경우에는 그 보행거리가 75미터(무인화 공장인 경우에는 100미터) 이하가 되도록 설치할 수 있다. ② 피난층 외의 층이 피난층 또는 지상으로 통하는 직통계단을 2개소 이상 설치.[35] ③ 초고층 건축물에는 피난층 또는 지상으로 통하는 직통계단과 직접 연결되는 피난안전구역(건축물의 피난·안전을 위하여 건축물 중간층에 설치하는 대피공간)을 지상층으로부터 최대 30개 층마다 1개소 이상 설치하여야 한다. ④ 준초고층 건축물에는 피난층 또는 지상으로 통하는 직통계단과 직접 연결되는 피난안전구역을 해당 건축물 전체 층수의 2분의 1에 해당하는 층으로부터 상하 5개층 이내에 1개소 이상 설치하여야 한다. 다만, 피난층 또는 지상으로 통하는 직통계단을 설치하는 경우에는 그러하지 아니하다.

2) 피난계단의 설치

① 5층 이상 또는 지하 2층 이하인 층에 설치하는 직통계단은 피난계단 또는 특별피난계단으로 설치하여야 한다. 다만, 건축물의 주요구조부가 내화구조 또는 불연재료로 되어 있는 경우로서 ⓐ 5층 이상인 층의 바닥면적의 합계가 200제곱미터 이하인 경우, ⓑ 5층 이상인 층의 바닥면적 200제곱미터 이내마다 방화구획이 되어 있는 경우에는 그러하지 아니하다. ② 건축물(갓복도식 공동주택은 제외)의 11층(공동주택의 경우에는 16층) 이상인 층(바닥면적이 400제곱미터 미만인 층은 제외) 또는 지하 3층 이하인 층(바닥면적

35) ㉠ 제2종 근린생활시설 중 공연장·종교집회장, 문화 및 집회시설(전시장 및 동·식물원은 제외), 종교시설, 위락시설 중 주점영업 또는 장례시설의 용도로 쓰는 층으로서 그 층에서 해당 용도로 쓰는 바닥면적의 합계가 200제곱미터(제2종 근린생활시설 중 공연장·종교집회장은 각각 300제곱미터) 이상인 것, ㉡ 단독주택 중 다중주택·다가구주택, 제1종 근린생활시설 중 정신과의원(입원실이 있는 경우로 한정), 제2종 근린생활시설 중 인터넷컴퓨터게임시설제공업소(해당 용도로 쓰는 바닥면적의 합계가 300제곱미터 이상인 경우만 해당)·학원·독서실, 판매시설, 운수시설(여객용 시설만 해당),의료시설(입원실이 없는 치과병원은 제외), 교육연구시설 중 학원, 노유자시설 중 아동 관련 시설·노인복지시설·장애인 거주시설(장애인 거주시설 중 국토교통부령으로 정하는 시설) 및 장애인의료재활시설, 수련시설 중 유스호스텔 또는 숙박시설의 용도로 쓰는 3층 이상의 층으로서 그 층의 해당 용도로 쓰는 거실의 바닥면적의 합계가 200제곱미터 이상인 것, ㉢ 공동주택(층당 4세대 이하인 것은 제외) 또는 업무시설 중 오피스텔의 용도로 쓰는 층으로서 그 층의 해당 용도로 쓰는 거실의 바닥면적의 합계가 300제곱미터 이상인 것, ㉣ ㉠부터 ㉢까지의 용도로 쓰지 아니하는 3층 이상의 층으로서 그 층 거실의 바닥면적의 합계가 400제곱미터 이상인 것, ㉤ 지하층으로서 그 층 거실의 바닥면적의 합계가 200제곱미터 이상인 것.

이 400제곱미터미만인 층은 제외)으로부터 피난층 또는 지상으로 통하는 직통계단은 특별피난계단으로 설치하여야 한다. ③ 판매시설의 용도로 쓰는 층으로부터의 직통계단은 그 중 1개소 이상을 특별피난계단으로 설치하여야 한다. ④ 건축물의 5층 이상인 층으로서 문화 및 집회시설 중 전시장 또는 동·식물원, 판매시설, 운수시설(여객용 시설만 해당), 운동시설, 위락시설, 관광휴게시설(다중이 이용하는 시설만 해당) 또는 수련시설 중 생활권 수련시설의 용도로 쓰는 층에는 직통계단 외에 그 층의 해당 용도로 쓰는 바닥면적의 합계가 2천 제곱미터를 넘는 경우에는 그 넘는 2천 제곱미터 이내마다 1개소의 피난계단 또는 특별피난계단(4층 이하의 층에는 쓰지 아니하는 피난계단 또는 특별피난계단만 해당)을 설치하여야 한다.

(2) 출구 설치 등

1) 관람석 등으로부터의 출구 설치

ⓐ 제2종 근린생활시설 중 공연장·종교집회장(해당 용도로 쓰는 바닥면적의 합계가 각각 300제곱미터 이상인 경우만 해당), ⓑ 문화 및 집회시설(전시장 및 동·식물원은 제외), ⓒ 종교시설, ⓓ 위락시설, ⓔ 장례시설에 해당하는 건축물에는 관람석 또는 집회실로부터의 출구를 설치하여야 한다.

2) 건축물 바깥쪽으로 의 출구 설치

① ⓐ 제2종 근린생활시설 중 공연장·종교집회장·인터넷컴퓨터게임시설제공업소(해당 용도로 쓰는 바닥면적의 합계가 각각 300제곱미터 이상인 경우만 해당), ⓑ 문화 및 집회시설(전시장 및 동·식물원은 제외), ⓒ 종교시설, ⓓ 판매시설, ⓔ 업무시설 중 국가 또는 지방자치단체의 청사, ⓕ 위락시설, ⓖ 연면적이 5천 제곱미터 이상인 창고시설, ⓗ 교육연구시설 중 학교, ⓘ 장례시설, ⓙ 승강기를 설치하여야 하는 건축물에는 그 건축물로부터 바깥쪽으로 나가는 출구를 설치하여야 한다. ② 건축물의 출입구에 설치하는 회전문은 기준에 적합하여야 한다.

3) 계단·복도 및 출입구의 설치

① 연면적 200제곱미터를 초과하는 건축물에 설치하는 계단 및 복도는 기준에 적합하여야 한다. ② ⓐ 제2종 근린생활시설 중 공연장·종교집회장·인터넷컴퓨터게임시설제공업소(해당 용도로 쓰는 바닥면적의 합계가 각각 300제곱미터 이상인 경우만 해당), ⓑ 문화 및 집회시설(전시장 및 동·식물원은 제외), ⓒ 종교시설, ⓓ 판매시설, ⓔ 업무시

설 중 국가 또는 지방자치단체의 청사, ⓕ 위락시설, ⓖ 연면적이 5천 제곱미터 이상인 창고시설, ⓗ 교육연구시설 중 학교, ⓘ 장례시설, ⓙ 승강기를 설치하여야 하는 건축물의 출입구는 기준에 적합하여야 한다.

(3) 방화구획 등의 설치

1) 방화구획 등의 설치

① 주요구조부가 내화구조 또는 불연재료로 된 건축물로서 연면적이 1천 제곱미터를 넘는 것은 내화구조로 된 바닥·벽 및 갑종 방화문(장관이 정하는 기준에 적합한 자동방화셔터를 포함)으로 구획(방화구획)하여야 한다.[36] ② 건축물 일부의 주요구조부를 내화구조로 하거나 건축물의 일부에 ①을 완화하여 적용한 경우에는 내화구조로 한 부분 또는 ①을 완화하여 적용한 부분과 그 밖의 부분을 방화구획으로 구획하여야 한다. ③ 공동주택 중 아파트로서 4층 이상인 층의 각 세대가 2개 이상의 직통계단을 사용할 수 없는 경우에는 발코니에 인접 세대와 공동으로 또는 각 세대별로 ⓐ 대피공간은 바깥의 공기와 접할 것, ⓑ 대피공간은 실내의 다른 부분과 방화구획으로 구획될 것, ⓒ 대피공간의 바닥면적은 인접 세대와 공동으로 설치하는 경우에는 3제곱미터 이상, 각 세대별로 설치하는 경우에는 2제곱미터 이상일 것, ⓓ 장관이 정하는 기준에 적합할 것의 요건을 모두 갖춘 대피공간을 하나 이상 설치하여야 한다. 이 경우 인접 세대와 공동으로 설치하는 대피공간은 인접 세대를 통하여 2개 이상의 직통계단을 쓸 수 있는 위치에 우선 설치되어야 한다. ④ 요양병원, 정신병원, 노인요양시설, 장애인 거주시설 및 장애인의료재활시설

36) **(방화구획 완화)** ⓐ 문화 및 집회시설(동·식물원은 제외), 종교시설, 운동시설 또는 장례시설의 용도로 쓰는 거실로서 시선 및 활동공간의 확보를 위하여 불가피한 부분, ⓑ 물품의 제조·가공·보관 및 운반 등에 필요한 고정식 대형기기 설비의 설치를 위하여 불가피한 부분(지하층인 경우에는 지하층의 외벽 한쪽 면(지하층의 바닥면에서 지상층 바닥 아래면까지의 외벽 면적 중 4분의 1 이상이 되는 면) 전체가 건물 밖으로 개방되어 보행과 자동차의 진입·출입이 가능한 경우에 한정), ⓒ 계단실 부분·복도 또는 승강기의 승강로 부분(해당 승강기의 승강을 위한 승강로비 부분을 포함)으로서 그 건축물의 다른 부분과 방화구획으로 구획된 부분, ⓓ 건축물의 최상층 또는 피난층으로서 대규모 회의장·강당·스카이라운지·로비 또는 피난안전구역 등의 용도로 쓰는 부분으로서 그 용도로 사용하기 위하여 불가피한 부분, ⓔ 복층형 공동주택의 세대별 층간 바닥 부분, ⓕ 주요구조부가 내화구조 또는 불연재료로 된 주차장, ⓖ 단독주택, 동물 및 식물 관련 시설 또는 교정 및 군사시설 중 군사시설(집회, 체육, 창고 등의 용도로 사용되는 시설만 해당)로 쓰는 건축물의 부분에는 방화구획을 적용하지 아니하거나 그 사용에 지장이 없는 범위에서 방화구획을 완화하여 적용할 수 있다. (대피공간의 설치제외) 아파트의 4층 이상인 층에서 발코니에 ⓐ 인접 세대와의 경계벽이 파괴하기 쉬운 경량구조 등인 경우, ⓑ 경계벽에 피난구를 설치한 경우, ⓒ 발코니의 바닥에 국토교통부령으로 정하는 하향식 피난구를 설치한 경우, ⓓ 장관이 중앙건축위원회의 심의를 거쳐 대피공간과 동일하거나 그 이상의 성능이 있다고 인정하여 고시하는 구조 또는 시설(대체시설)을 설치한 경우(이 경우 대체시설 성능의 판단기준 및 중앙건축위원회의 심의 절차 등에 관한 사항은 장관이 정하여 고시할 수 있다)에 해당하는 구조 또는 시설을 설치한 경우에는 대피공간을 설치하지 아니할 수 있다.

의 피난층 외의 층에는 ⓐ 각 층마다 별도로 방화구획된 대피공간, ⓑ 거실에 접하여 설치된 노대등, ⓒ 계단을 이용하지 아니하고 건물 외부의 지상으로 통하는 경사로 또는 인접 건축물로 피난할 수 있도록 설치하는 연결복도 또는 연결통로에 해당하는 시설을 설치하여야 한다.

2) 방화에 장애가 되는 용도의 제한

① 의료시설, 노유자시설(아동 관련 시설 및 노인복지시설만 해당), 공동주택, 장례시설 또는 제1종 근린생활시설(산후조리원만 해당)과 위락시설, 위험물저장 및 처리시설, 공장 또는 자동차 관련 시설(정비공장만 해당)은 같은 건축물에 함께 설치할 수 없다.[37) ② ⓐ 노유자시설 중 아동 관련 시설 또는 노인복지시설과 판매시설 중 도매시장 또는 소매시장, ⓑ 단독주택(다중주택, 다가구주택에 한정), 공동주택, 제1종 근린생활시설 중 조산원 또는 산후조리원과 제2종 근린생활시설 중 다중생활시설에 해당하는 용도의 시설은 같은 건축물에 함께 설치할 수 없다.

(4) 거실 및 배연설비 등

1) 거실반자의 설치

공장, 창고시설, 위험물저장 및 처리시설, 동물 및 식물 관련 시설, 자원순환 관련 시설 또는 묘지 관련시설 외의 용도로 쓰는 건축물 거실의 반자(반자가 없는 경우에는 보 또는 바로 위층의 바닥판의 밑면, 그 밖에 이와 비슷한 것)는 기준에 적합하여야 한다.

2) 거실의 채광 및 배연설비 등

① 단독주택 및 공동주택의 거실, 교육연구시설 중학교의 교실, 의료시설의 병실 및 숙박시설의 객실에는 채광 및 환기를 위한 창문 등이나 설비를 설치하여야 한다. ② ㉮ 6층 이상인 건축물로서 ⓐ 제2종 근린생활시설 중 공연장, 종교집회장, 인터넷컴퓨터게임시설제공업소 및 다중생활시설(공연장, 종교집회장 및 인터넷컴퓨터게임시설제공업소는 해당 용도로 쓰는 바닥면적의 합계가 각각 300제곱미터 이상인 경우만), ⓑ 문화 및 집회시설, ⓒ 종교시설, ⓓ 판매시설, ⓔ 운수시설, ⓕ의료시설(요양병원 및 정신병원은 제

---

37) ⓐ 공동주택(기숙사만 해당)과 공장이 같은 건축물에 있는 경우, ⓑ 중심상업지역 · 일반상업지역 또는 근린상업지역에서 재개발사업을 시행하는 경우, ⓒ 공동주택과 위락시설이 같은 초고층 건축물에 있는 경우(사생활을 보호하고 방범 · 방화 등 주거 안전을 보장하며 소음 · 악취 등으로부터 주거환경을 보호할 수 있도록 주택의 출입구 · 계단 및 승강기 등을 주택 외의 시설과 분리된 구조로 하여야 함), ⓓ 지식산업센터와 직장어린이집이 같은 건축물에 있는 경우로서 국토교통부령으로 정하는 경우에는 그러하지 아니하다.

외), ⓖ 교육연구시설 중 연구소, ⓗ 노유자시설 중 아동 관련 시설, 노인복지시설(노인요양시설은 제외), ⓘ 수련시설 중 유스호스텔, ⓙ 운동시설, ⓚ 업무시설, ⓛ 숙박시설, ⓜ 위락시설, ⓝ 관광휴게시설, ⓞ 장례시설에 해당하는 용도로 쓰는 건축물, ㉯ ⓐ의료시설 중 요양병원 및 정신병원, ⓑ 노유자시설 중 노인요양시설 · 장애인 거주시설 및 장애인의료재활시설에 해당하는 용도로 쓰는 건축물의 거실(피난층의 거실은 제외)에는 배연설비를 하여야 한다. ③ 오피스텔에 거실 바닥으로부터 높이 1.2미터 이하 부분에 여닫을 수 있는 창문을 설치하는 경우에는 추락방지를 위한 안전시설을 설치하여야 한다. ④ 11층 이하의 건축물에는 소방관이 진입할 수 있는 곳을 정하여 외부에서 주 · 야간 식별할 수 있는 표시를 하여야 한다.

3) 거실 등의 방습

ⓐ 건축물의 최하층에 있는 거실(바닥이 목조인 경우만 해당), ⓑ 제1종 근린생활시설 중 목욕장의 욕실과 휴게음식점 및 제과점의 조리장, ⓒ 제2종 근린생활시설 중 일반음식점, 휴게음식점 및 제과점의 조리장과 숙박시설의 욕실에 해당하는 거실 · 욕실 또는 조리장의 바닥 부분에는 방습을 위한 조치를 하여야 한다.

2. 경계벽 등의 설치

① ⓐ 단독주택 중 다가구주택의 각 가구 간 또는 공동주택(기숙사는 제외)의 각 세대 간 경계벽(거실 · 침실 등의 용도로 쓰지 아니하는 발코니 부분은 제외), ⓑ 공동주택 중 기숙사의 침실,의료시설의 병실, 교육연구시설 중 학교의 교실 또는 숙박시설의 객실 간 경계벽, ⓒ 제2종 근린생활시설 중 다중생활시설의 호실 간 경계벽, ⓓ 노유자시설 중 노인복지주택의 각 세대 간 경계벽, ⓔ 노유자시설 중 노인요양시설의 호실 간 경계벽에 해당하는 건축물의 경계벽은 설치하여야 한다. ② ⓐ 단독주택 중 다가구주택, ⓑ 공동주택(주택법에 따른 주택건설사업계획승인 대상은 제외), ⓒ 업무시설 중 오피스텔, ⓓ 제2종 근린생활시설 중 다중생활시설, ⓔ 숙박시설 중 다중생활시설에 해당하는 건축물의 층간바닥(화장실의 바닥은 제외)은 설치하여야 한다.

Ⅲ. 건축물의 내화구조 등

1. 건축물의 내화구조와 방화벽

① 문화 및 집회시설, 의료시설, 공동주택 등 대통령령으로 정하는 건축물은 주요구조부를 내화구조로 하여야 한다.[38] ② 대통령령으로 정하는 용도 및 규모의 건축물은 방화벽으로 구획하여야 한다.[39]

2. 방화지구 안의 건축물

① 방화지구 안에서는 건축물의 주요구조부와 외벽을 내화구조로 하여야 한다. 다만,

38) **(건축물의 내화구조)** ① ⓐ 제2종 근린생활시설 중 공연장·종교집회장(해당 용도로 쓰는 바닥면적의 합계가 각각 300제곱미터 이상인 경우만 해당), 문화 및 집회시설(전시장 및 동·식물원은 제외), 종교시설, 위락시설 중 주점영업 및 장례시설의 용도로 쓰는 건축물로서 관람석 또는 집회실의 바닥면적의 합계가 200제곱미터(옥외관람석의 경우에는 1천 제곱미터) 이상인 건축물, ⓑ 문화 및 집회시설 중 전시장 또는 동·식물원, 판매시설, 운수시설, 교육연구시설에 설치하는 체육관·강당, 수련시설, 운동시설 중 체육관·운동장, 위락시설(주점영업의 용도로 쓰는 것은 제외), 창고시설, 위험물저장 및 처리시설, 자동차 관련 시설, 방송통신시설 중 방송국·전신전화국·촬영소, 묘지 관련 시설 중 화장시설·동물화장시설 또는 관광휴게시설의 용도로 쓰는 건축물로서 그 용도로 쓰는 바닥면적의 합계가 500제곱미터 이상인 건축물, ⓒ 공장의 용도로 쓰는 건축물로서 그 용도로 쓰는 바닥면적의 합계가 2천 제곱미터 이상인 건축물(화재의 위험이 적은 공장으로서 국토교통부령으로 정하는 공장은 제외), ⓓ 건축물의 2층이 단독주택 중 다중주택 및 다가구주택, 공동주택, 제1종 근린생활시설(의료의 용도로 쓰는 시설만 해당), 제2종 근린생활시설 중 다중생활시설, 의료시설, 노유자시설 중 아동 관련 시설 및 노인복지시설, 수련시설 중 유스호스텔, 업무시설 중 오피스텔, 숙박시설 또는 장례시설의 용도로 쓰는 건축물로서 그 용도로 쓰는 바닥면적의 합계가 400제곱미터 이상인 건축물, ⓔ 3층 이상인 건축물 및 지하층이 있는 건축물(단독주택(다중주택 및 다가구주택은 제외), 동물 및 식물 관련 시설, 발전시설(발전소의 부속용도로 쓰는 시설은 제외), 교도소·감화원 또는 묘지 관련 시설(화장시설 및 동물화장시설은 제외)의 용도로 쓰는 건축물과 철강 관련 업종의 공장 중 제어실로 사용하기 위하여 연면적 50제곱미터 이하로 증축하는 부분은 제외)에 해당하는 건축물(ⓔ에 해당하는 건축물로서 2층 이하인 건축물은 지하층 부분만 해당)의 주요구조부는 내화구조로 하여야 한다. 다만, 연면적이 50제곱미터 이하인 단층의 부속건축물로서 외벽 및 처마 밑면을 방화구조로 한 것과 무대의 바닥은 그러하지 아니하다. ② ①의 ⓐ 및 ⓑ에 해당하는 용도로 쓰지 아니하는 건축물로서 그 지붕틀을 불연재료로 한 경우에는 그 지붕틀을 내화구조로 아니할 수 있다.

39) **(대규모 건축물의 방화벽 등)** ① 연면적 1천 제곱미터 이상인 건축물은 방화벽으로 구획하되, 각 구획된 바닥면적의 합계는 1천 제곱미터 미만이어야 한다. 다만, 주요구조부가 내화구조이거나 불연재료인 건축물과 단독주택(다중주택 및 다가구주택은 제외), 동물 및 식물 관련 시설, 발전시설(발전소의 부속용도로 쓰는 시설은 제외), 교도소·감화원 또는 묘지 관련 시설(화장시설 및 동물화장시설은 제외)의 용도로 쓰는 건축물과 철강 관련 업종의 공장 중 제어실로 사용하기 위하여 연면적 50제곱미터 이하로 증축하는 부분의 건축물 또는 내부설비의 구조상 방화벽으로 구획할 수 없는 창고시설의 경우에는 그러하지 아니하다. ② 연면적 1천 제곱미터 이상인 목조 건축물의 구조는 방화구조로 하거나 불연재료로 하여야 한다.

ⓐ 연면적 30제곱미터 미만인 단층 부속건축물로서 외벽 및 처마면이 내화구조 또는 불연재료로 된 것, ⓑ 도매시장의 용도로 쓰는 건축물로서 그 주요구조부가 불연재료로 된 것에는 그러하지 아니하다. ② 방화지구 안의 공작물로서 간판, 광고탑, 그 밖에 공작물 중 건축물의 지붕 위에 설치하는 공작물이나 높이 3미터 이상의 공작물은 주요부를 불연재료로 하여야 한다. ③ 방화지구 안의 지붕·방화문 및 인접 대지 경계선에 접하는 외벽은 국토교통부령으로 정하는 구조 및 재료로 하여야 한다.

Ⅳ. 건축재료 등

1. 건축물의 마감재료

① ⓐ 상업지역(근린상업지역은 제외)의 건축물 : 제1종 근린생활시설, 제2종 근린생활시설, 문화 및 집회시설, 종교시설, 판매시설, 의료시설, 교육연구시설, 노유자시설, 운동시설 및 위락시설의 용도로 쓰는 건축물로서 그 용도로 쓰는 바닥면적의 합계가 2천제곱미터 이상인 건축물, 공장(국토교통부령으로 정하는 화재 위험이 적은 공장은 제외)의 용도로 쓰는 건축물로부터 6미터 이내에 위치한 건축물, ⓑ 6층 이상 또는 높이 22미터 이상인 건축물의 외벽에 사용하는 마감재료는 방화에 지장이 없는 재료로 하여야 한다. 이 경우 마감재료의 기준은 국토교통부령으로 정한다. ② 욕실, 화장실, 목욕장 등의 바닥 마감재료는 미끄럼을 방지할 수 있도록 기준에 적합하여야 한다.

2. 실내건축

① ⓐ 다중이용 건축물, ⓑ 건축물의 분양에 관한 법률에 따른 건축물의 실내건축은 방화에 지장이 없고 사용자의 안전에 문제가 없는 구조 및 재료로 시공하여야 한다. ② 실내건축의 구조·시공방법 등에 관한 기준[40]은 국토교통부령으로 정한다. ③ 특별자치시장·특별자치도지사 또는 시장·군수·구청장은 실내건축이 적정하게 설치 및 시공되었는지를 검사하여야 한다. 이 경우 검사하는 대상 건축물과 주기는 건축조례로 정한다. 실

40) ⓐ 실내에 설치하는 칸막이는 피난에 지장이 없고, 구조적으로 안전할 것, ⓑ 실내에 설치하는 벽, 천장, 바닥 및 반자틀(노출된 경우에 한정)은 방화에 지장이 없는 재료를 사용할 것, ⓒ 바닥 마감재료는 미끄럼을 방지할 수 있는 재료를 사용할 것, ⓓ 실내에 설치하는 난간, 창호 및 출입문은 방화에 지장이 없고, 구조적으로 안전할 것, ⓔ 실내에 설치하는 전기·가스·급수·배수·환기시설은 누수·누전 등 안전사고가 없는 재료를 사용하고, 구조적으로 안전할 것, ⓕ 실내의 돌출부 등에는 충돌, 끼임 등 안전사고를 방지할 수 있는 완충재료를 사용할 것.

내건축의 구조 · 시공방법 등에 관한 세부 사항은 장관이 정하여 고시한다.

3. 복합자재의 품질관리 등

① 건축물에 마감재료 중 복합자재[불연성 재료인 양면 철판 또는 이와 유사한 재료와 불연성이 아닌 재료인 심재(心材)로 구성된 것]를 공급하는 자(공급업자), 공사시공자 및 공사감리자는 복합자재품질관리서를 허가권자에게 제출하여야 한다. ② 허가권자는 대통령령으로 정하는 건축물에 사용하는 복합자재에 대하여 공사시공자로 하여금 한국건설기술연구원에 난연(難燃)성분 분석시험을 의뢰하여 난연성능을 확인하도록 할 수 있다.

4. 건축물의 범죄예방

① 장관은 범죄를 예방하고 안전한 생활환경을 조성하기 위하여 건축물, 건축설비 및 대지에 관한 범죄예방 기준을 정하여 고시할 수 있다. ② 범죄예방 기준에 따라 건축하여야 하는 건축물은 ㉠ 공동주택 중 세대수가 500세대 이상인 아파트, ㉡ 제1종 근린생활시설 중 일용품을 판매하는 소매점, ㉢ 제2종 근린생활시설 중 다중생활시설, ㉣ 문화 및 집회시설(동 · 식물원은 제외), ㉤ 교육연구시설(연구소 및 도서관은 제외), ㉥ 노유자시설, ㉦ 수련시설, ㉧ 업무시설 중 오피스텔, ㉨ 숙박시설 중 다중생활시설 등이다.

제 6 절 지역 및 지구의 건축물

Ⅰ. 건축물

1. 건축물의 대지가 지역 · 지구 또는 구역에 걸치는 경우의 조치

① 대지가 지역 · 지구(녹지지역과 방화지구는 제외) 또는 구역에 걸치는 경우에는 그 건축물과 대지의 전부에 대하여 대지의 과반이 속하는 지역 · 지구 또는 구역 안의 건축물 및 대지 등에 관한 이 법의 규정을 적용한다. ② 하나의 건축물이 방화지구와 그 밖의 구역에 걸치는 경우에는 그 전부에 대하여 방화지구 안의 건축물에 관한 이 법의 규정을 적용한다. 다만, 건축물의 방화지구에 속한 부분과 그 밖의 구역에 속한 부분의 경

계가 방화벽으로 구획되는 경우 그 밖의 구역에 있는 부분에 대하여는 그러하지 아니하다. ③ 대지가 녹지지역과 그 밖의 지역 · 지구 또는 구역에 걸치는 경우에는 각 지역 · 지구 또는 구역 안의 건축물과 대지에 관한 이 법의 규정을 적용한다. 다만, 녹지지역 안의 건축물이 방화지구에 걸치는 경우에는 ②에 따른다. ④ ①에도 불구하고 해당 대지의 규모와 그 대지가 속한 용도지역 · 지구 또는 구역의 성격 등 그 대지에 관한 주변여건상 필요하다고 인정하여 해당 지방자치단체의 조례로 적용방법을 따로 정하는 경우에는 그에 따른다.

2. 건축물의 건폐율 및 용적률

① 대지면적에 대한 건축면적(대지에 건축물이 둘 이상 있는 경우에는 이들 건축면적의 합계)의 비율(건폐율)의 최대한도는 국토계획법상 용도지역의 건폐율(제77조) 기준에 따른다. 다만, 이 법에서 기준을 완화하거나 강화하여 적용하도록 규정한 경우에는 그에 따른다. ② 대지면적에 대한 연면적(대지에 건축물이 둘 이상 있는 경우에는 이들 연면적의 합계)의 비율(용적률)의 최대한도는 국토계획법상 용도지역의 용적률(제78조) 기준에 따른다. 다만, 이 법에서 기준을 완화하거나 강화하여 적용하도록 규정한 경우에는 그에 따른다.

Ⅱ. 대 지

1. 대지의 분할 제한

① 건축물이 있는 대지는 ⓐ 주거지역 : 60제곱미터, ⓑ 상업지역 : 150제곱미터, ⓒ 공업지역 : 150제곱미터, ⓓ 녹지지역 : 200제곱미터, ⓔ ⓐ부터 ⓓ까지의 규정에 해당하지 아니하는 지역 : 60제곱미터에서 해당 지방자치단체의 조례로 정하는 면적에 못 미치게 분할할 수 없다. ② 건축물이 있는 대지는 대지와 도로의 관계(제44조), 건축물의 건폐율(제55조), 건축물의 용적률(제56조), 대지안의 공지(제58조), 건축물의 높이제한(제60조) 및 일조 등의 확보를 위한 건축물의 높이제한(제61조)에 따른 기준에 못 미치게 분할할 수 없다. ③ ①과 ②에도 불구하고 건축협정이 인가된 경우 그 건축협정의 대상이 되는 대지는 분할할 수 있다.

2. 대지 안의 공지

건축물을 건축하는 경우에는 용도지역 · 용도지구, 건축물의 용도 및 규모 등에 따라 건축선 및 인접 대지경계선으로부터 6미터 이내의 범위에서 해당 지방자치단체의 조례로 정하는 거리 이상을 띄워야 한다. 건축선 및 인접 대지경계선(대지와 대지 사이에 공원, 철도, 하천, 광장, 공공공지, 녹지, 그 밖에 건축이 허용되지 아니하는 공지가 있는 경우에는 그 반대편의 경계선)으로부터 건축물의 각 부분까지 띄어야 하는 거리의 기준은 대지의공지기준(건축법시행령 별표2)에 따른다.

3. 맞벽 건축과 연결복도

① ㉠ ⓐ 상업지역(다중이용 건축물 및 공동주택은 스프링클러나 그 밖에 이와 비슷한 자동식 소화설비를 설치한 경우로 한정), ⓑ 주거지역(건축물 및 토지의 소유자 간 맞벽 건축을 합의한 경우에 한정), ⓒ 허가권자가 도시미관 또는 한옥 보전 · 진흥을 위하여 건축조례로 정하는 구역, ⓓ 건축협정구역에서 도시미관 등을 위하여 둘 이상의 건축물 벽을 맞벽(대지경계선으로부터 50센티미터 이내인 경우)으로 하여 건축하는 경우, ㉡ ⓐ 주요구조부가 내화구조일 것, ⓑ 마감재료가 불연재료일 것, ⓒ 밀폐된 구조인 경우 벽면적의 10분의 1 이상에 해당하는 면적의 창문을 설치할 것(지하층으로서 환기설비를 설치하는 경우는 제외), ⓓ 너비 및 높이가 각각 5미터 이하일 것(허가권자가 건축물의 용도나 규모 등을 고려할 때 원활한 통행을 위하여 필요하다고 인정하면 지방건축위원회의 심의를 거쳐 그 기준을 완화하여 적용가능), ⓔ 건축물과 복도 또는 통로의 연결부분에 방화셔터 또는 방화문을 설치할 것, ⓕ 연결복도가 설치된 대지 면적의 합계가 개발행위의 최대 규모 이하일 것(지구단위계획구역은 제외))에 따라 인근 건축물과 이어지는 연결복도나 연결통로를 설치하는 경우에는 대지안의 공지(제58조), 일조 등의 확보를 위한 건축물의 높이제한(제61조) 및 민법 제242조(경계선 부근의 건축, 경계로부터 반미터 이상의 거리)를 적용하지 아니한다. ② 맞벽은 ⓐ 주요구조부가 내화구조일 것, ⓑ 마감재료가 불연재료일 것의 기준에 적합하여야 한다. ③ ①의 ⓐ부터 ⓓ까지의 지역(건축협정구역은 제외)에서 맞벽건축을 할 때 맞벽 대상 건축물의 용도, 맞벽 건축물의 수 및 층수 등 맞벽에 필요한 사항은 건축조례로 정한다. ④ 연결복도나 연결통로는 건축사 또는 건축구조기술사로부터 안전에 관한 확인을 받아야 한다.

Ⅲ. 건축물의 높이와 일조

1. 건축물의 높이 제한

① 허가권자는 가로구역(도로로 둘러싸인 일단의 지역)을 단위로 하여 건축물의 높이를 지정 · 공고할 수 있다. 다만, 특별자치시장 · 특별자치도지사 또는 시장 · 군수 · 구청장은 가로구역의 높이를 완화하여 적용할 필요가 있다고 판단되는 대지에 대하여는 건축위원회의 심의를 거쳐 높이를 완화하여 적용할 수 있다.41) ② 특별시장이나 광역시장은 도시의 관리를 위하여 필요하면 가로구역별 건축물의 높이를 특별시나 광역시의 조례로 정할 수 있다.

2. 일조 등의 확보를 위한 건축물의 높이 제한

① 전용주거지역과 일반주거지역 안에서 건축하는 건축물의 높이는 일조 등의 확보를 위하여 정북방향의 인접 대지경계선으로부터의 거리에 따라 대통령령으로 정하는 높이 이하로 하여야 한다.42) ② ㉠ 인접 대지경계선 등의 방향으로 채광을 위한 창문 등을 두

41) ① 허가권자는 가로구역별로 건축물의 높이를 지정 · 공고할 때에는 ⓐ 도시 · 군관리계획 등의 토지이용계획, ⓑ 해당 가로구역이 접하는 도로의 너비, ⓒ 해당 가로구역의 상 · 하수도 등 간선시설의 수용능력, ⓓ 도시미관 및 경관계획, ⓔ 해당 도시의 장래 발전계획의 사항을 고려하여야 한다. ② 허가권자는 가로구역별 건축물의 높이를 지정하려면 지방건축위원회의 심의를 거쳐야 한다. 이 경우 주민의의견청취 절차 등은 토지이용규제 기본법(제8조)에 따른다. ③ 허가권자는 같은 가로구역에서 건축물의 용도 및 형태에 따라 건축물의 높이를 다르게 정할 수 있다. ④ 가로구역의 높이를 완화하여 적용하는 경우에 대한 구체적인 완화기준은 ①의 사항을 고려하여 건축조례로 정한다.

42) Ⓐ 전용주거지역이나 일반주거지역에서 건축물을 건축하는 경우에는 건축물의 각 부분을 정북방향으로 의 인접 대지경계선으로부터 ⓐ 높이 9미터 이하인 부분: 인접 대지경계선으로부터 1.5미터 이상, ⓑ 높이 9미터를 초과하는 부분: 인접 대지경계선으로부터 해당 건축물 각 부분 높이의 2분의 1 이상의 범위에서 건축조례로 정하는 거리 이상을 띄어 건축하여야 한다. Ⓑ ⓐ ㉮ 지구단위계획구역, 경관지구, ㉯ 중점경관관리구역, ㉰ 특별가로구역, ㉱ 도시미관 향상을 위하여 허가권자가 지정 · 공고하는 구역 안의 대지 상호간에 건축하는 건축물로서 해당 대지가 너비 20미터 이상의 도로(자동차 · 보행자 · 자전거 전용도로를 포함하며, 도로에 공공공지, 녹지, 광장, 그 밖에 건축미관에 지장이 없는 도시 · 군계획시설이 접한 경우 해당 시설을 포함)에 접한 경우, ⓑ 건축협정구역 안에서 대지 상호간에 건축하는 건축물(건축협정에 일정 거리 이상을 띄어 건축하는 내용이 포함된 경우만 해당)의 경우, ⓒ 건축물의 정북 방향의 인접 대지가 전용주거지역이나 일반주거지역이 아닌 용도지역에 해당하는 경우에는 Ⓐ를 적용하지 아니한다. Ⓒ 공동주택은 ⓐ 건축물(기숙사는 제외)의 각 부분의 높이는 그 부분으로부터 채광을 위한 창문 등이 있는 벽면에서 직각 방향으로 인접 대지경계선까지의 수평거리의 2배(근린상업지역 또는 준주거지역의 건축물은 4배) 이하로 할 것, ⓑ 같은 대지에서 두 동(棟) 이상의 건축물이 서로 마주보고 있는 경우(한 동의 건축물 각 부분이 서로 마주보고 있는 경우를 포함)에 건축물 각 부분 사이의 거리는 기준에 적합하여야 한다. 다만, 채광을 위한 창문 등이 있

는 경우, ㉡ 하나의 대지에 두 동(棟) 이상을 건축하는 경우에 해당하는 공동주택(일반상업지역과 중심상업지역에 건축하는 것은 제외)은 채광 등의 확보를 위하여 대통령령으로 정하는 높이 이하로 하여야 한다. ③ ㉠ 택지개발지구인 경우, ㉡ 대지조성사업지구인 경우, ㉢ 지역개발사업구역인 경우, ㉣ 국가산업단지, 일반산업단지, 도시첨단산업단지 및 농공단지인 경우, ㉤ 도시개발구역인 경우, ㉥ 정비구역인 경우, ㉦ 정북방향으로 도로, 공원, 하천 등 건축이 금지된 공지에 접하는 대지인 경우, ㉧ 정북방향으로 접하고 있는 대지의 소유자와 합의한 경우나 그 밖에 대통령령으로 정하는 경우에 해당하면 건축물의 높이를 정남방향의 인접 대지경계선으로부터의 거리에 따라 대통령령으로 정하는 높이 이하로 할 수 있다. ④ 2층 이하로서 높이가 8미터 이하인 건축물에는 해당 지방자치단체의 조례로 정하는 바에 따라 ①부터 ③까지의 규정을 적용하지 아니할 수 있다. ⑤ 건축물을 건축하려는 대지와 다른 대지 사이에 ⓐ 공원(도시공원 중 지방건축위원회의 심의를 거쳐 허가권자가 공원의 일조 등을 확보할 필요가 있다고 인정하는 공원은 제외), 도로, 철도, 하천, 광장, 공공공지, 녹지, 유수지, 자동차 전용도로, 유원지, ⓑ ㉮ 너비(대지경계선에서 가장 가까운 거리)가 2미터 이하인 대지, ㉯ 면적이 분할제한 기준 이하인 대지, ⓒ ⓐ 및 ⓑ외에 건축이 허용되지 아니하는 공지의 시설 또는 부지가 있는 경우에는 그 반대편의 대지경계선(공동주택은 인접 대지경계선과 그 반대편 대지경계선의 중심선)을 인접 대지경계선으로 한다.

제 7 절 건축설비

Ⅰ. 승강기 등

1. 승강기

① 건축주는 6층 이상으로서 연면적이 2천제곱미터 이상인 건축물(층수가 6층인 건축물로서 각 층 거실의 바닥면적 300제곱미터 이내마다 1개소 이상의 직통계단을 설치한 건축물은 제외)을 건축하려면 승강기를 설치하여야 한다. ② 높이 31미터를 초과하는 건

는 벽면에서 직각 방향으로 인접 대지경계선까지의 수평거리가 1미터 이상으로서 건축조례로 정하는 거리 이상인 다세대주택은 Ⓐ를 적용하지 아니한다.

축물에는 승강기뿐만 아니라 비상용승강기를 추가로 설치하여야 한다. 다만, 국토교통부령으로 정하는 건축물의 경우에는 그러하지 아니하다. ③ 고층건축물에는 건축물에 설치하는 승용승강기 중 1대 이상을 피난용승강기로 설치하여야 한다.

2. 비상용 승강기의 설치

① 높이 31미터를 넘는 건축물에는 ⓐ 높이 31미터를 넘는 각 층의 바닥면적 중 최대 바닥면적이 1천500제곱미터 이하인 건축물: 1대 이상, ⓑ 높이 31미터를 넘는 각 층의 바닥면적 중 최대 바닥면적이 1천500제곱미터를 넘는 건축물: 1대에 1천500제곱미터를 넘는 3천 제곱미터 이내마다 1대씩 더한 대수 이상의 기준에 따른 대수 이상의 비상용 승강기(비상용 승강기의 승강장 및 승강로를 포함)를 설치하여야 한다. 다만, 설치되는 승강기를 비상용 승강기의 구조로 하는 경우에는 그러하지 아니하다. ② 2대 이상의 비상용 승강기를 설치하는 경우에는 화재가 났을 때 소화에 지장이 없도록 일정한 간격을 두고 설치하여야 한다.

3. 피난용승강기의 설치

피난용승강기(피난용승강기의 승강장 및 승강로를 포함)는 ⓐ 승강장의 바닥면적은 승강기 1대당 6제곱미터 이상으로 할 것, ⓑ 각 층으로부터 피난층까지 이르는 승강로를 단일구조로 연결하여 설치할 것, ⓒ 예비전원으로 작동하는 조명설비를 설치할 것, ⓓ 승강장의 출입구 부근의 잘 보이는 곳에 해당 승강기가 피난용승강기임을 알리는 표지를 설치할 것, ⓔ 그 밖에 화재예방 및 피해경감을 위하여 국토교통부령으로 정하는 구조 및 설비 등의 기준에 맞을 것의 기준에 맞게 설치하여야 한다.

Ⅱ. 지능형건축물 및 전문기술자 등

1. 지능형건축물의 인증

① 장관은 지능형건축물의 건축을 활성화하기 위하여 지능형건축물 인증제도를 실시한다. ② 장관은 지능형건축물의 인증을 위하여 인증기관을 지정할 수 있다. ③ 지능형건축물의 인증을 받으려는 자는 인증기관에 인증을 신청하여야 한다. ④ 장관은 건축물을 구

성하는 설비 및 각종 기술을 최적으로 통합하여 건축물의 생산성과 설비 운영의 효율성을 극대화할 수 있도록 ㉠ 인증기준 및 절차, ㉡ 인증표시 홍보기준, ㉢ 유효기간, ㉣ 수수료, ㉤ 인증 등급 및 심사기준 등의 사항을 포함하여 지능형건축물 인증기준을 고시한다. ⑤ 허가권자는 지능형건축물로 인증을 받은 건축물에 대하여 조경설치면적을 100분의 85까지 완화하여 적용할 수 있으며, 용적률 및 건축물의 높이를 100분의 115의 범위에서 완화하여 적용할 수 있다.

2. 관계전문기술자

설계자와 공사감리자는 대지의 안전, 건축물의 구조상 안전, 부속구조물 및 건축설비의 설치 등을 위한 설계 및 공사감리를 할 때 ㉠ 기술사사무소를 개설등록한 자, ㉡ 건설기술용역업자로 등록한 자, ㉢ 엔지니어링사업자의 신고를 한 자, ㉣ 설계업 및 감리업으로 등록한 자의 자격을 갖춘 관계전문기술자(기술사법에 따라 벌칙을 받은 후 2년이 경과되지 아니한 자는 제외)의 협력을 받아야 한다.[43)]

3. 건축물의 구조 및 재료 등에 관한 기준의 관리

① 장관은 기후 변화나 건축기술의 변화 등에 따라 건축물의 구조 및 재료 등에 관한 기준이 적정한지를 검토하는 모니터링(건축모니터링)을 3년마다 실시하여야 한다. ② 장관은 전문기관을 지정하여 건축모니터링을 하게 할 수 있다. ② 장관은 ⓐ 인력: 국가기

43) **(관계전문기술자와의 협력)** ① ⓐ 6층 이상인 건축물, ⓑ 특수구조 건축물, ⓒ 다중이용 건축물, ⓓ 준다중이용 건축물, ⓔ 3층 이상의 필로티형식 건축물, ⓕ 건축물의 용도 및 규모를 고려한 중요도가 높은 건축물 중 국토교통부령으로 정하는 건축물의 설계자는 해당 건축물에 대한 구조의 안전을 확인하는 경우에는 건축구조기술사의 협력을 받아야 한다. ② 연면적 1만제곱미터 이상인 건축물(창고시설은 제외) 또는에너지를 대량으로 소비하는 건축물로서 국토교통부령으로 정하는 건축물에 건축설비를 설치하는 경우에는 ⓐ 전기, 승강기(전기 분야만 해당) 및 피뢰침: 기술사법에 따라 등록한 건축전기설비기술사 또는 발송배전기술사, ⓑ 급수·배수·배수·환기·난방·소화·배연·오물처리 설비 및 승강기(기계 분야만 해당): 기술사법에 따라 등록한 건축기계설비기술사 또는 공조냉동기계기술사, ⓒ 가스설비: 기술사법에 따라 등록한 건축기계설비기술사, 공조냉동기계기술사 또는 가스기술사의 구분에 따른 관계전문기술자의 협력을 받아야 한다. ③ 깊이 10미터 이상의 토지 굴착공사 또는 높이 5미터 이상의 옹벽 등의 공사를 수반하는 건축물의 설계자 및 공사감리자는 토지 굴착 등에 관하여 기술사법에 따라 등록한 토목 분야 기술사 또는 국토개발 분야의 지질 및 기반 기술사의 협력을 받아야 한다. ④ 특수구조 건축물 및 고층건축물의 공사감리자는 해당하는 공정에 다다를 때 건축구조기술사의 협력을 받아야 한다. ⑤ 3층 이상인 필로티형식 건축물의 공사감리자는 건축물의 구조상 안전을 위한 공사감리를 할 때 공사가 단계에 다다른 경우마다 관계전문기술자의 협력을 받아야 한다. ⑥ 구조 안전의 확인에 관하여 설계자에게 협력한 건축구조기술사는 구조의 안전을 확인한 건축물의 구조도 등 구조 관련 서류에 설계자와 함께 서명날인하여야 한다.

술자격법에 따른 건축분야 기사 이상의 자격을 갖춘 인력 5명 이상, ⓑ 조직: 건축모니터링을 수행할 수 있는 전담조직의 인력 및 조직을 갖춘 자를 건축모니터링 전문기관으로 지정할 수 있다.

제 8 절 특별건축구역 및 건축협정 등

Ⅰ. 특별건축구역

1. 특별건축구역의 지정

① 장관 또는 시 · 도지사는 ㉠ 장관이 지정하는 경우 : ⓐ 국가가 국제행사 등을 개최하는 도시 또는 지역의 사업구역, ⓑ 관계법령에 따른 국가정책사업으로서 ㉮ 행정중심복합도시의 사업구역, ㉯ 혁신도시의 사업구역, ㉰ 경제자유구역, ㉱ 택지개발사업구역, ㉲ 공공주택지구, ㉳ 도시개발구역, ㉴ 국립아시아문화전당 건설사업구역, ㉵ 지구단위계획구역 중 현상설계 등에 따른 창의적 개발을 위한 특별계획구역, ㉡ 시 · 도지사가 지정하는 경우 : ⓐ 지방자치단체가 국제행사 등을 개최하는 도시 또는 지역의 사업구역, ⓑ 도시개발 · 도시재정비 및 건축문화 진흥사업으로서 건축물 또는 공간환경을 조성하기 위한 ㉮ 경제자유구역, ㉯ 택지개발사업구역, ㉰ 정비구역, ㉱ 도시개발구역, ㉲ 재정비촉진구역, ㉳ 국제자유도시의 사업구역, ㉴ 지구단위계획구역 중 현상설계 등에 따른 창의적 개발을 위한 특별계획구역, ㉵ 관광지, 관광단지 또는 관광특구, ㉶ 문화지구, ⓒ 그 밖에 ㉮ 건축문화 진흥을 위하여 국토교통부령으로 정하는 건축물 또는 공간환경을 조성하는 지역, ㉯ 주거, 상업, 업무 등 다양한 기능을 결합하는 복합적인 토지 이용을 증진시킬 필요가 있는 지역으로서 Ⓐ 도시지역일 것, Ⓑ 용도지역 안에서의 건축제한 적용을 배제할 필요가 있을 것의 요건을 모두 갖춘 지역, ㉰ 그 밖에 도시경관의 창출, 건설기술 수준향상 및 건축 관련 제도개선을 도모하기 위하여 특별건축구역으로 지정할 필요가 있다고 시 · 도지사가 인정하는 도시 또는 지역을 도시나 지역의 일부가 특별건축구역으로 특례 적용이 필요하다고 인정하는 경우에는 특별건축구역을 지정할 수 있다. ② ㉠ 개발제한구역, ㉡ 자연공원, ㉢ 접도구역, ㉣ 보전산지에 해당하는 지역 · 구역 등에 대하여는 특별건축구역으로 지정할 수 없다. ③ 장관 또는 시 · 도지사는 특별건축구역으로 지정하고

자 하는 지역이 군사기지 및 군사시설 보호법(군사기지법)에 따른 군사기지 및 군사시설 보호구역에 해당하는 경우에는 국방부장관과 사전에 협의하여야 한다.

2. 특별건축구역의 건축물

특별건축구역에서 건축기준 등의 특례사항을 적용하여 건축할 수 있는 건축물은 ㉠ 국가 또는 지방자치단체가 건축하는 건축물, ㉡ 공공기관 중 ⓐ LH, ⓑ 한국수자원공사, ⓒ 한국도로공사, ⓓ 한국철도공사, ⓔ 국가철도관리공단, ⓕ 한국관광공사, ⓖ 한국농어촌공사이 건축하는 건축물, ㉢ 그 밖에 도시경관의 창출, 건설기술 수준향상 및 건축 관련 제도개선을 위하여 특례 적용이 필요하다고 허가권자가 인정하는 건축물에 해당되어야 한다.

3. 특별건축구역의 지정절차 등

① 중앙행정기관의 장, 특별건축구역의 지정대상에 해당하는 사업구역을 관할하는 시·도지사 또는 시장·군수·구청장(지정신청기관)은 특별건축구역의 지정이 필요한 경우에는 ㉠ 특별건축구역의 위치·범위 및 면적 등에 관한 사항, ㉡ 특별건축구역의 지정 목적 및 필요성, ㉢ 특별건축구역 내 건축물의 규모 및 용도 등에 관한 사항, ㉣ 특별건축구역의 도시·군관리계획에 관한 사항[44], ㉤ 건축물의 설계, 공사감리 및 건축시공 등의 발주방법 등에 관한 사항, ㉥ 특별건축구역 전부 또는 일부를 대상으로 통합하여 적용하는 미술작품, 부설주차장, 공원 등의 시설에 대한 운영관리 계획서, ㉦ 그 밖에 특별건축구역의 지정에 필요한 대통령령으로 정하는 사항[45]의 자료를 갖추어 중앙행정기관의 장 또는 시·도지사는 장관에게, 시장·군수·구청장은 특별시장·광역시장·도지사에게 각각 특별건축구역의 지정을 신청할 수 있다.[46] ② 지정신청기관은 특별건축구역 지정 이후 변경

44) ⓐ 용도지역, 용도지구 및 용도구역에 관한 사항, ⓑ 도시·군관리계획으로 결정되었거나 설치된 도시·군계획시설의 현황 및 도시·군계획시설의 신설·변경 등에 관한 사항, ⓒ 지구단위계획구역의 지정, 지구단위계획의 내용 및 지구단위계획의 수립·변경 등에 관한 사항.

45) ⓐ 특별건축구역의 주변지역에 도시·군관리계획으로 결정되었거나 설치된 도시·군계획시설에 관한 사항, ⓑ 특별건축구역의 주변지역에 대한 지구단위계획구역의 지정 및 지구단위계획의 내용 등에 관한 사항, ⓒ 건축디자인 기준의 반영에 관한 사항, ⓓ 민간전문가를 위촉한 경우 그에 관한 사항, ⓔ 복합적인 토지 이용에 관한 사항.

46) ① 장관 또는 특별시장·광역시장·도지사는 지정신청이 접수된 경우에는 특별건축구역 지정의 필요성, 타당성 및 공공성 등과 피난·방재 등의 사항을 검토하고, 지정 여부를 결정하기 위하여 지정신청을 받은 날부터 30일 이내에 장관이 지정신청을 받은 경우에는 장관이 두는 건축위원회(중앙건축위원회), 특별시장·광역시장·도지사가 지정신청을 받은 경우에는 각각 특별시장·광역시장·도지사가 두는 건축위원회의 심의를 거쳐야 한다. ② 장관 또는 시·도지사는 필요한 경우 직권으로 특별건

이 있는 경우 변경지정을 받아야 한다. 이 경우 변경지정을 받아야 하는 변경의 범위, 변경지정의 절차 등 필요한 사항은 대통령령으로 정한다.[47] ③ 장관 또는 시·도지사는 ㉠ 지정신청기관의 요청이 있는 경우, ㉡ 거짓이나 그 밖의 부정한 방법으로 지정을 받은 경우, ㉢ 특별건축구역 지정일부터 5년 이내에 특별건축구역 지정목적에 부합하는 건축물의 착공이 이루어지지 아니하는 경우, ㉣ 특별건축구역 지정요건 등을 위반하였으나 시정이 불가능한 경우에는 특별건축구역의 전부 또는 일부에 대하여 지정을 해제할 수 있다. 이 경우 장관 또는 특별시장·광역시장·도지사는 지정신청기관의의견을 청취하여야 한다. ④ 특별건축구역을 지정하거나 변경한 경우에는 국토계획법에 따른 도시·군관리계획의 결정(용도지역·지구·구역의 지정 및 변경을 제외)이 있는 것으로 본다.

4. 특별건축구역 내 건축물의 심의 등

① 특별건축구역에서 건축기준 등의 특례사항을 적용하여 건축허가를 신청하고자 하는 자(허가신청자)는 ㉠ 기준을 완화하여 적용할 것을 요청하는 사항, ㉡ 특별건축구역의 지정요건에 관한 사항, ㉢ 적용배제 특례를 적용한 사유 및 예상효과 등, ㉣ 완화적용 특례의 동등 이상의 성능에 대한 증빙내용, ㉤ 건축물의 공사 및 유지·관리 등에 관한 계획이 포함된 특례적용계획서를 첨부하여 해당 허가권자에게 건축허가를 신청하여야 한다. ② 건축허가는 해당 건축물이 특별건축구역의 지정 목적에 적합한지의 여부와 특례적용계획서 등 해당 사항에 대하여 시·도지사 및 시장·군수·구청장이 설치하는 건축위원회(지방건축위원회)의 심의를 거쳐야 한다. ③ 허가신청자는 건축허가 시 교통영향평가서의 검토를 동시에 진행하고자 하는 경우에는 교통영향평가서에 관한 서류를 첨부하여 허가권자에게 심의를 신청할 수 있다. ④ 교통영향평가서에 대하여 지방건축위원회에서 통합심의한 경우에는 교통영향평가서의 심의를 한 것으로 본다. ⑤ 심의된 내용에 대하여 대통령령으로 정하는 변경사항이 발생한 경우에는 지방건축위원회의 변경심의를 받아야

축구역을 지정할 수 있다.

47) ① 장관 또는 시·도지사는 특별건축구역을 지정하거나 변경·해제하는 경우에는 ⓐ 지정·변경 또는 해제의 목적, ⓑ 특별건축구역의 위치, 범위 및 면적, ⓒ 특별건축구역 내 건축물의 규모 및 용도 등에 관한 주요 사항, ⓓ 건축물의 설계, 공사감리 및 건축시공 등 발주방법에 관한 사항, ⓔ 도시·군계획시설의 신설·변경 및 지구단위계획의 수립·변경 등에 관한 사항, ⓕ 그 밖에 장관 또는 시·도지사가 필요하다고 인정하는 사항을 즉시 관보(시·도지사의 경우에는 공보)에 고시하여야 한다. ② 특별건축구역의 지정신청기관이 ⓐ 특별건축구역의 범위가 10분의 1(특별건축구역의 면적이 10만 제곱미터 미만인 경우에는 20분의 1) 이상 증가하거나 감소하는 경우, ⓑ 특별건축구역의 도시·군관리계획에 관한 사항이 변경되는 경우, ⓒ 건축물의 설계, 공사감리 및 건축시공 등 발주방법이 변경되는 경우, ⓓ 그 밖에 특별건축구역의 지정 목적이 변경되는 등 특별건축구역의 변경지정을 받으려는 경우에는 장관 또는 특별시장·광역시장·도지사에게 변경지정 신청을 하여야 한다.

한다.[48)]

5. 통합적용계획의 수립 및 시행

① 특별건축구역에서는 ㉠ 문화예술진흥법에 따른 건축물에 대한 미술작품의 설치, ㉡ 주차장법에 따른 부설주차장의 설치, ㉢ 도시공원법에 따른 공원의 설치의 관계 법령의 규정에 대하여는 개별 건축물마다 적용하지 아니하고 특별건축구역 전부 또는 일부를 대상으로 통합하여 적용할 수 있다. ② 지정신청기관이 통합적용계획을 수립하는 때에는 해당 구역을 관할하는 허가권자와 협의하여야 하며, 협의요청을 받은 허가권자는 요청받은 날부터 20일 이내에 지정신청기관에게 의견을 제출하여야 한다.

6. 건축주 및 허가권자 등의의무

① 특별건축구역에서 건축기준 등의 적용 특례사항을 적용하여 건축허가를 받은 건축물의 공사감리자, 시공자, 건축주, 소유자 및 관리자는 시공 중이거나 건축물의 사용승인 이후에도 당초 허가를 받은 건축물의 형태, 재료, 색채 등이 원형을 유지하도록 필요한 조치를 하여야 한다. ② 허가권자는 특별건축구역의 건축물에 대하여 설계자의 창의성 · 심미성 등의 발휘와 제도개선 · 기술발전 등이 유도될 수 있도록 노력하여야 한다. ③ 허가권자는 모니터링 결과를 장관 또는 특별시장 · 광역시장 · 도지사에게 제출하여야 하며, 장관 또는 특별시장 · 광역시장 · 도지사는 검사 및 모니터링 결과 등을 분석하여 필요한 경우 이 법 또는 관계 법령의 제도개선을 위하여 노력하여야 한다.

7. 특별가로구역의 지정

① 장관 및 허가권자는 도로에 인접한 건축물의 건축을 통한 조화로운 도시경관의 창출을 위하여 이 법 및 관계 법령에 따라 일부 규정을 적용하지 아니하거나 완화하여 적용할 수 있도록 ㉠ 경관지구, ㉡ 지구단위계획구역 중 미관유지를 위하여 필요하다고 인정하는 구역에 해당하는 지구 또는 구역에서 대통령령으로 정하는 도로[49)]에 접한 대지의

48) ① 지방건축위원회의 변경심의를 받아야 하는 경우는 ㉠ 변경허가를 받아야 하는 경우, ㉡ 변경허가를 받거나 변경신고를 하여야 하는 경우, ㉢ 건축물 외부의 디자인, 형태 또는 색채를 변경하는 경우, ㉣ 그 밖에 건축기준 등의 특례사항을 적용하여 건축허가 신청하는 사항(제72조제1항) 중 국토교통부령으로 정하는 사항을 변경하는 경우와 같다. ② 설계자의 업무내용은 ⓐ 모니터링, ⓑ 설계변경에 대한 자문, ⓒ 건축디자인 및 도시경관 등에 관한 설계의도의 구현을 위한 자문, ⓓ 그 밖에 발주청이 위탁하는 업무와 같다.

일정 구역을 특별가로구역으로 지정할 수 있다. ② 장관 및 허가권자는 특별가로구역을 지정하려는 경우에는 ㉠ 특별가로구역의 위치 · 범위 및 면적 등에 관한 사항, ㉡ 특별가로구역의 지정 목적 및 필요성, ㉢ 특별가로구역 내 건축물의 규모 및 용도 등에 관한 사항, ㉣ 그 밖에 특별가로구역의 지정에 필요한 사항으로서 대통령령으로 정하는 사항[50]의 자료를 갖추어 장관 또는 허가권자가 두는 건축위원회의 심의를 거쳐야 한다. ③ 장관 및 허가권자는 특별가로구역을 지정하거나 변경 · 해제하는 경우에는 이를 지역 주민에게 알려야 한다.[51]

Ⅱ. 건축협정

1. 건축협정의 체결

① 토지 또는 건축물의 소유자, 토지 또는 건축물의 지상권자, 그 밖에 해당 토지 또는 건축물에 이해관계가 있는 자로서 건축조례로 정하는 자 중 그 토지 또는 건축물 소유자의 동의를 받은 자는 전원의 합의로 ㉠ 지구단위계획구역, ㉡ 주거환경개선사업을 시행하기 위하여 지정 · 고시된 정비구역, ㉢ 존치지역, ㉣ 도시재생활성화지역, ㉤ 그 밖에 시 · 도지사 및 시장 · 군수 · 구청장(건축협정인가권자)이 도시 및 주거환경개선이 필요하다고 인정하여 해당 지방자치단체의 조례로 정하는 구역에 해당하는 지역 또는 구역에서 건축물의 건축 · 대수선 또는 리모델링에 관한 협정(건축협정)을 체결할 수 있다. ② 지역 또는 구역에서 둘 이상의 토지를 소유한 자가 1인인 경우에도 그 토지 소유자는 해당 토지

---

49) ⓐ 건축선을 후퇴한 대지에 접한 도로로서 허가권자(허가권자가 구청장인 경우에는 특별시장이나 광역시장)가 건축조례로 정하는 도로, ⓑ 허가권자가 리모델링 활성화가 필요하다고 인정하여 지정 · 공고한 지역 안의 도로, ⓒ 보행자전용도로로서 도시미관 개선을 위하여 허가권자가 건축조례로 정하는 도로, ⓓ 지역문화진흥법에 따른 문화지구 안의 도로, ⓔ 그 밖에 조화로운 도시경관 창출을 위하여 필요하다고 인정하여 장관이 고시하거나 허가권자가 건축조례로 정하는 도로.

50) ⓐ 특별가로구역에서 이 법 또는 관계 법령의 규정을 적용하지 아니하거나 완화하여 적용하는 경우에 해당 규정과 완화 등의 범위에 관한 사항, ⓑ 건축물의 지붕 및 외벽의 형태나 색채 등에 관한 사항, ⓒ 건축물의 배치, 대지의 출입구 및 조경의 위치에 관한 사항, ⓓ 건축선 후퇴 공간 및 공개공지 등의 관리에 관한 사항, ⓔ 그 밖에 특별가로구역의 지정에 필요하다고 인정하여 장관이 고시하거나 허가권자가 건축조례로 정하는 사항.

51) ① 장관 및 허가권자는 특별가로구역을 지정하거나 변경 또는 해제하는 경우에는 이를 관보(허가권자의 경우에는 공보)에 공고하여야 한다. ② 장관 및 허가권자는 특별가로구역을 지정, 변경 또는 해제한 경우에는 해당 내용을 관보 또는 공보에 공고한 날부터 30일 이상 일반이 열람할 수 있도록 하여야 한다. 이 경우 장관, 특별시장 또는 광역시장은 관계 서류를 특별자치시장 · 특별자치도 또는 시장 · 군수 · 구청장에게 송부하여 일반이 열람할 수 있도록 하여야 한다.

의 구역을 건축협정 대상 지역으로 하는 건축협정을 정할 수 있다. 이 경우 그 토지 소유자 1인을 건축협정 체결자로 보며, 건축협정은 ㉠ 건축물의 건축 · 대수선 또는 리모델링에 관한 사항, ㉡ 건축물의 위치 · 용도 · 형태 및 부대시설에 관하여 대통령령으로 정하는 사항[52]을 포함하여야 한다. ③ 소유자등이 건축협정을 체결하는 경우에는 건축협정서를 작성하여야 하며, 건축협정서에는 ㉠ 건축협정의 명칭, ㉡ 건축협정 대상 지역의 위치 및 범위, ㉢ 건축협정의 목적, ㉣ 건축협정의 내용, ㉤ 건축협정을 체결하는 자(협정체결자)의 성명, 주소 및 생년월일(법인, 법인 아닌 사단이나 재단 및 외국인의 경우에는 부동산등기법에 따라 부여된 등록번호), ㉥ 건축협정운영회가 구성되어 있는 경우에는 그 명칭, 대표자 성명, 주소 및 생년월일, ㉦ 건축협정의 유효기간, ㉧ 건축협정 위반 시 제재에 관한 사항, ㉨ 그 밖에 건축협정에 필요한 사항으로서 해당 지방자치단체의 조례로 정하는 사항이 명시되어야 한다.

2. 건축협정운영회의 설립

① 협정체결자는 건축협정서 작성 및 건축협정 관리 등을 위하여 필요한 경우 협정체결자 간의 자율적 기구로서 운영회(건축협정운영회)를 설립할 수 있다. ② 건축협정운영회를 설립하려면 협정체결자 과반수의 동의를 받아 건축협정운영회의 대표자를 선임하고, 건축협정인가권자에게 신고하여야 한다. 다만, 건축협정 인가 신청 시 건축협정운영회에 관한 사항을 포함한 경우에는 그러하지 아니하다. 건축협정운영회의 대표자는 건축협정운영회를 설립한 날부터 15일 이내에 건축협정인가권자에게 신고하여야 한다.

3. 건축협정의 인가 및 건축협정의 변경

① 협정체결자 또는 건축협정운영회의 대표자는 건축협정서를 작성하여 해당 건축협정인가권자의 인가를 받아야 한다(인가 전 건축위원회의 심의). ② 건축협정 체결 대상 토지가 둘 이상의 특별자치시 또는 시 · 군 · 구에 걸치는 경우 건축협정 체결 대상 토지면적의 과반이 속하는 건축협정인가권자에게 인가를 신청할 수 있다. 이 경우 인가 신청을 받은 건축협정인가권자는 건축협정을 인가하기 전에 다른 특별자치시장 또는 시장 · 군수

52) ⓐ 건축선, ⓑ 건축물 및 건축설비의 위치, ⓒ 건축물의 용도, 높이 및 층수, ⓓ 건축물의 지붕 및 외벽의 형태, ⓔ 건폐율 및 용적률, ⓕ 담장, 대문, 조경, 주차장 등 부대시설의 위치 및 형태, ⓖ 차양시설, 차면시설 등 건축물에 부착하는 시설물의 형태, ⓗ 맞벽 건축의 구조 및 형태, ⓘ 그 밖에 건축물의 위치, 용도, 형태 또는 부대시설에 관하여 건축조례로 정하는 사항.

· 구청장과 협의하여야 한다. ③ 건축협정인가권자는 건축협정을 인가하였을 때에는 그 내용을 공고하여야 한다.

4. 건축협정의 관리 및 건축협정의 폐지

건축협정인가권자는 건축협정을 인가하거나 변경인가하였을 때에는 건축협정 관리대장을 작성하여 관리하여야 한다. 협정체결자 또는 건축협정운영회의 대표자는 건축협정을 폐지하려는 경우에는 협정체결자 과반수의 동의를 받아 건축협정인가권자의 인가를 받아야 한다. 다만, 특례를 적용하여 착공신고를 한 경우에는 착공신고를 한 날부터 20년이 경과한 후에 건축협정의 폐지 인가를 신청할 수 있다.[53] 건축협정의 폐지에 관하여는 공고하여야 한다.

5. 건축협정의 효력 및 승계

① 건축협정이 체결된 지역 또는 구역(건축협정구역)에서 건축물의 건축 · 대수선 또는 리모델링을 하거나 그 밖에 대통령령으로 정하는 행위를 하려는 소유자등은 인가 · 변경인가된 건축협정에 따라야 한다. ② 건축협정이 공고된 후 건축협정구역에 있는 토지나 건축물 등에 관한 권리를 협정체결자인 소유자등으로부터 이전받거나 설정받은 자는 협정체결자로서의 지위를 승계한다. 다만, 건축협정에서 달리 정한 경우에는 그에 따른다.

6. 건축협정에 관한 계획 수립 및 지원

① 건축협정인가권자는 소유자등이 건축협정을 효율적으로 체결할 수 있도록 건축협정구역에서 건축물의 건축 · 대수선 또는 리모델링에 관한 계획을 수립할 수 있다. ② 건축협정인가권자는 도로 개설 및 정비 등 건축협정구역 안의 주거환경개선을 위한 사업비용의 일부를 지원할 수 있다.[54]

---

53) ⓐ 분할된 대지를 기준에 적합하게 할 것, ⓑ 특례를 적용받지 아니하는 내용으로 건축협정 변경인가를 받고 그에 따라 건축허가를 받을 것(특례적용을 받은 내용대로 사용승인을 받은 경우에는 특례를 적용받지 아니하는 내용으로 건축협정 변경인가를 받고 그에 따라 건축허가를 받은 후 해당 건축물의 사용승인을 받아야 한다). ⓒ 지원받은 사업비용을 반환할 것의 요건을 모두 갖춘 경우에는 착공신고를 한 날부터 20년이 지난 것으로 본다.

54) 건축협정인가권자가 건축협정구역 안의 주거환경개선을 위한 사업비용을 지원하려는 경우에는 건축협정을 체결한 자(협정체결자) 또는 건축협정운영회의 대표자에게 ⓐ 주거환경개선사업의 목표, ⓑ 협정체결자 또는 건축협정운영회 대표자의 성명, ⓒ 주거환경개선사업의 내용 및 추진방법, ⓓ 주거환경개선사업의 비용, ⓔ 그 밖에 건축조례로 정하는 사항이 포함된 사업계획서를 요구할 수 있다.

7. 경관협정과의 관계

① 소유자등은 건축협정을 체결할 때 경관법에 따른 경관협정을 함께 체결하려는 경우에는 경관법에 관한 사항을 반영하여 건축협정인가권자에게 인가를 신청할 수 있다. ② 인가 신청을 받은 건축협정인가권자는 건축협정에 대한 인가를 하기 전에 건축위원회의 심의를 하는 때에 경관법에 따라 경관위원회와 공동으로 하는 심의를 거쳐야 한다. ③ ②에 따른 절차를 거쳐 건축협정을 인가받은 경우에는 경관법에 따른 경관협정의 인가를 받은 것으로 본다.

8. 건축협정에 따른 특례

① 건축협정을 체결하여 둘 이상의 건축물 벽을 맞벽으로 하여 건축하려는 경우 개별 건축물마다 적용하지 아니하고 허가를 신청한 건축물 전부 또는 일부를 대상으로 통합하여 적용할 수 있다. ② 건축협정의 인가를 받은 건축협정구역에서 연접한 대지에 대하여는 ㉠ 대지의 조경, ㉡ 대지와 도로와의 관계, ㉢ 지하층의 설치, ㉣ 건폐율, ㉤ 부설주차장의 설치, ㉥ 개인하수처리시설의 설치의 관계 법령의 규정을 개별 건축물마다 적용하지 아니하고 건축협정구역의 전부 또는 일부를 대상으로 통합하여 적용할 수 있다. ③ 건축협정구역 전부 또는 일부에 대하여 조경 및 부설주차장에 대한 기준을 이 법 및 주차장법에서 정한 기준 이상으로 산정하여 적용하여야 한다. ④ 건축협정을 체결하여 둘 이상 건축물의 경계벽을 전체 또는 일부를 공유하여 건축하는 경우에는 ①부터 ③까지의 특례를 적용하며, 해당 대지를 하나의 대지로 보아 허가를 신청한 건축물의 전부 또는 일부를 대상으로 통합하여 적용할 수 있다. ⑤ 건축협정구역에 건축하는 건축물에 대하여는 완화하여 적용할 수 있다.[55] 다만, 건축물의 용적률을 완화하여 적용하는 경우에는 건축위원회의 심의와 지방도시계획위원회의 심의를 통합하여 거쳐야 한다.

---

55) **건축협정구역에서 건축하는 건축물**에 대해서는 [ⓐ 대지의 조경 면적: 대지의 조경을 도로에 면하여 통합적으로 조성하는 건축협정구역에 한정하여 해당 지역에 적용하는 조경 면적기준의 100분의 20의 범위에서 완화, ⓑ 건폐율: 해당 지역에 적용하는 건폐율의 100분의 20의 범위에서 완화(이 경우 건폐율의 최대한도를 초과할 수 없다), ⓒ 용적률: 해당 지역에 적용하는 용적률의 100분의 20의 범위에서 완화(이 경우 용적률의 최대한도를 초과할 수 없다), ⓓ 높이 제한: 너비 6미터 이상의 도로에 접한 건축협정구역에 한정하여 해당 건축물에 적용하는 높이 기준의 100분의 20의 범위에서 완화, ⓔ 일조 등의 확보를 위한 건축물의 높이 제한: 건축협정구역 안에서 대지 상호간에 건축하는 공동주택에 한정하여 100분의 20의 범위에서 완화]하여 적용할 수 있다.

9. 건축협정 집중구역 지정 등

① 건축협정인가권자는 건축협정의 효율적인 체결을 통한 도시의 기능 및 미관의 증진을 위하여 건축협정 체결 대상 구역 및 지역(제77조의4제1항)에 해당하는 지역 및 구역의 전체 또는 일부를 건축협정 집중구역으로 지정할 수 있다. ② 건축협정인가권자는 건축협정 집중구역을 지정하는 경우에는 미리 ㉠ 건축협정 집중구역의 위치, 범위 및 면적 등에 관한 사항, ㉡ 건축협정 집중구역의 지정 목적 및 필요성, ㉢ 건축협정 집중구역에서 건축협정인가권자가 도시의 기능 및 미관 증진을 위하여 세부적으로 규정하는 사항, ㉣ 건축협정 집중구역에서 건축협정의 특례 적용에 관하여 세부적으로 규정하는 사항에 대하여 건축협정인가권자가 두는 건축위원회의 심의를 거쳐야 한다. ③ 건축협정 집중구역 내의 건축협정이 ②에 관한 심의내용에 부합하는 경우에는 건축위원회의 심의를 생략할 수 있다.

Ⅲ. 결합건축

1. 결합건축 대상지

① ㉠ 상업지역, ㉡ 역세권개발구역, ㉢ 정비구역 중 주거환경개선사업의 시행을 위한 구역, ㉣ 그 밖에 도시 및 주거환경 개선과 효율적인 토지이용이 필요한 ⓐ 건축협정구역, ⓑ 특별건축구역, ⓒ 리모델링 활성화 구역, ⓓ 도시재생활성화지역, ⓔ 건축자산 진흥구역에서 대지간의 최단거리가 100미터 이내의 범위에서 2개의 대지(ⓐ 2개의 대지 모두가 동일한 지역에 속할 것, ⓑ 2개의 대지 모두가 너비 12미터 이상인 도로로 둘러싸인 하나의 구역 안에 있을 것(이 경우 그 구역 안에 너비 12미터 이상인 도로로 둘러싸인 더 작은 구역이 있어서는 않됨))의 건축주가 서로 합의한 경우 용적률을 개별 대지마다 적용하지 아니하고, 2개의 대지를 대상으로 통합적용하여 건축물을 건축(결합건축)할 수 있다. 다만, 도시경관의 형성, 기반시설 부족 등의 사유로 해당 지방자치단체의 조례로 정하는 지역 안에서는 결합건축을 할 수 없다. ② 결합건축 대상지에서 2개의 대지를 소유한 자가 1명인 경우는 소유자 1인을 협정체결자로 본다.

2. 결합건축의 절차

① 결합건축을 하고자 하는 건축주는 건축허가를 신청하는 때에는 ㉠ 결합건축 대상 대지의 위치 및 용도지역, ㉡ 결합건축협정서를 체결하는 자(결합건축협정체결자)의 성명, 주소 및 생년월일(법인, 법인 아닌 사단이나 재단 및 외국인의 경우에는 부동산등기법에 따라 부여된 등록번호), ㉢ 조례로 정한 용적률과 결합건축으로 조정되어 적용되는 대지별 용적률, ㉣ 결합건축 대상 대지별 건축계획서의 사항을 명시한 결합건축협정서를 첨부하여야 하며 국토교통부령으로 정하는 도서를 제출하여야 한다. ② 허가권자는 건축허가를 하기 전에 건축위원회의 심의를 거쳐야 한다. 다만, 결합건축으로 조정되어 적용되는 대지별 용적률이 해당 대지에 적용되는 도시계획조례의 용적률의 100분의 20을 초과하는 경우에는 건축위원회 심의와 도시계획위원회 심의를 공동으로 하여 거쳐야 한다.

3. 결합건축의 관리

① 허가권자는 결합건축을 포함하여 건축허가를 한 경우 그 내용을 공고하고, 결합건축 관리대장을 작성하여 관리하여야 한다. ② 허가권자는 결합건축과 관련된 건축물의 사용승인 신청이 있는 경우 해당 결합건축협정서상의 다른 대지에서 착공신고 또는 ⓐ 공사의 착수기간 연장 신청(다만, 착공이 지연된 것에 건축주의 귀책사유가 없고 착공 지연에 따른 건축허가 취소의 가능성이 없다고 인정하는 경우로 한정), ⓑ 국토계획법에 따른 도시·군계획시설의 결정이 이행되었는지를 확인한 후 사용승인을 하여야 한다. ③ 허가권자는 결합건축을 허용한 경우 건축물대장에 결합건축에 관한 내용을 명시하여야 한다. ④ 결합건축협정서에 따른 협정체결 유지기간은 최소 30년으로 한다. 다만, 결합건축협정서의 용적률 기준을 종전대로 환원하여 신축·개축·재축하는 경우에는 그러하지 아니한다. ⑤ 결합건축협정서를 폐지하려는 경우에는 결합건축협정체결자 전원이 동의하여 허가권자에게 신고하여야 하며, 허가권자는 용적률을 이전받은 건축물이 멸실된 것을 확인한 후 결합건축의 폐지를 수리하여야 한다.

제9절 보 칙

Ⅰ. 감독 및 이행강제금 등

1. 감독 및 조치

① 특별시장 · 광역시장 · 도지사는 시장 · 군수 · 구청장이 한 명령이나 처분이 이 법 또는 이 법에 따른 명령이나 처분 또는 조례에 위반되거나 부당하다고 인정하면 그 명령이나 처분의 취소 · 변경, 그 밖에 필요한 조치를 명할 수 있다. ② 장관 또는 시 · 도지사는 연 1회 이상 건축행정의 건실한 운영을 지도 · 감독하기 위하여 ⓐ 건축허가 등 건축민원 처리실태, ⓑ 건축통계의 작성에 관한 사항, ⓒ 건축부조리 근절대책, ⓓ 위반건축물의 정비계획 및 실적, ⓔ 기타 건축행정과 관련하여 필요한 사항의 내용이 포함된 지도 · 점검 계획을 수립하여야 한다. ③ 허가권자는 대지나 건축물이 이 법 또는 이 법에 따른 명령이나 처분에 위반되면 이 법에 따른 허가 또는 승인을 취소하거나 그 건축물의 건축주 · 공사시공자 · 현장관리인 · 소유자 · 관리자 또는 점유자(건축주등)에게 공사의 중지를 명하거나 상당한 기간을 정하여 그 건축물의 철거 · 개축 · 증축 · 수선 · 용도변경 · 사용금지 · 사용제한, 그 밖에 필요한 조치를 명할 수 있다. ④ 허가권자가 기간을 정하여 그 사용 또는 영업, 그 밖의 행위를 허용한 주택과 바닥면적의 합계가 400제곱미터 미만인 축사와 바닥면적의 합계가 400제곱미터 미만인 농업용 · 임업용 · 축산업용 및 수산업용 창고에는 그러하지 아니하다.

2. 이행강제금

① 허가권자는 시정명령을 받은 후 시정기간 내에 시정명령을 이행하지 아니한 건축주등에 대하여는 그 시정명령의 이행에 필요한 상당한 이행기한을 정하여 그 기한까지 시정명령을 이행하지 아니하면 ㉠ 건축물이 건폐율이나 용적률을 초과하여 건축된 경우 또는 허가를 받지 아니하거나 신고를 하지 아니하고 건축된 경우에는 지방세법에 따라 해당 건축물에 적용되는 1제곱미터의 시가표준액의 100분의 50에 해당하는 금액에 위반면

적을 곱한 금액 이하의 범위에서 위반 내용에 따라 ⓐ 신고를 하지 아니하고 건축한 경우: 100분의 70, ⓑ 건폐율을 초과하여 건축한 경우: 100분의 80, ⓒ 용적률을 초과하여 건축한 경우: 100분의 90, ⓓ 허가를 받지 아니하고 건축한 경우: 100분의 100(건축조례로 비율을 낮추어 정할 수 있되, 낮추는 경우에도 그 비율은 100분의 60 이상이어야 한다)을 곱한 금액, ㉡ 건축물이 ㉠외의 위반 건축물에 해당하는 경우에는 지방세법에 따라 그 건축물에 적용되는 시가표준액에 해당하는 금액의 100분의 10의 범위에서 위반내용에 따라 이행강제금을 부과한다. 다만, 연면적(공동주택의 경우에는 세대 면적 기준)이 60제곱미터 이하인 주거용 건축물과 주거용 건축물로서 ⓐ 사용승인을 받지 아니하고 건축물을 사용한 경우, ⓑ 대지의 조경에 관한 사항을 위반한 경우, ⓒ 건축물의 높이 제한을 위반한 경우, ⓓ 일조 등의 확보를 위한 건축물의 높이 제한을 위반한 경우, ⓔ 그 밖에 법 또는 법에 따른 명령이나 처분을 위반한 경우로서 건축조례로 정하는 경우에는 상기 각 호에 해당하는 금액의 2분의 1의 범위에서 해당 지방자치단체의 조례로 정하는 금액을 부과한다.

② 허가권자는 영리목적을 위한 위반이나 상습적 위반 등 ⓐ 임대 등 영리를 목적으로 용도변경을 한 경우(위반면적이 50제곱미터를 초과하는 경우로 한정), ⓑ 임대 등 영리를 목적으로 허가나 신고 없이 신축 또는 증축한 경우(위반면적이 50제곱미터를 초과하는 경우로 한정), ⓒ 임대 등 영리를 목적으로 허가나 신고 없이 다세대주택의 세대수 또는 다가구주택의 가구수를 증가시킨 경우(5세대 또는 5가구 이상 증가시킨 경우로 한정), ⓓ 동일인이 최근 3년 내에 2회 이상 법 또는 법에 따른 명령이나 처분을 위반한 경우, ⓔ ⓐ부터 ⓓ까지의 규정과 비슷한 경우로서 건축조례로 정하는 경우)에 ①에 따른 금액을 100분의 100의 범위에서 가중할 수 있다. ③ 허가권자는 이행강제금을 부과하기 전에 이행강제금을 부과·징수한다는 뜻을 미리 문서로써 계고하여야 한다. ④ 허가권자는 이행강제금을 부과하는 경우 금액, 부과 사유, 납부기한, 수납기관, 이의제기 방법 및 이의제기 기관 등을 구체적으로 밝힌 문서로 하여야 한다. ⑤ 허가권자는 최초의 시정명령이 있었던 날을 기준으로 하여 1년에 2회 이내의 범위에서 해당 지방자치단체의 조례로 정하는 횟수만큼 그 시정명령이 이행될 때까지 반복하여 이행강제금을 부과·징수할 수 있다. ⑥ 허가권자는 시정명령을 받은 자가 이를 이행하면 새로운 이행강제금의 부과를 즉시 중지하되, 이미 부과된 이행강제금은 징수하여야 한다. ⑦ 허가권자는 이행강제금 부과처분을 받은 자가 이행강제금을 납부기한까지 내지 아니하면 지방세외수입금의 징수 등에 관한 법률에 따라 징수한다.[56)]

3. 기존의 건축물에 대한 안전점검 및 시정명령 등

① 특별자치시장 · 특별자치도지사 또는 시장 · 군수 · 구청장은 기존 건축물이 국가보안상 이유가 있거나 제4장(제40조부터 제47조까지)을 위반하여 대통령령으로 정하는 기준[57]에 해당하면 해당 건축물의 철거 · 개축 · 증축 · 수선 · 용도변경 · 사용금지 · 사용제한, 그 밖에 필요한 조치를 명할 수 있다. ② 경관지구 안의 건축물로서 도시미관이나 주거환경상 현저히 장애가 된다고 인정하면 건축위원회의의견을 들어 개축이나 수선을 하게 할 수 있다. ③ 필요한 조치를 명하면 정당한 보상을 하여야 한다.[58] ④ 위해의 우려가 있다고 인정하여 지정하는 건축물과 특수구조 건축물 중 장관이 고시하는 건축물의 건축주등은 건축사협회나 그 밖에 장관이 인정하는 전문 인력을 갖춘 법인 또는 단체로 하여금 건축물의 구조안전 여부를 조사하게 하고, 그 결과를 특별자치시장 · 특별자치도지사 또는 시장 · 군수 · 구청장에게 보고하여야 한다. ⑤ 조사결과에 따라 필요하다고 인정하면 해당 건축물의 철거 ·

56) **(이행강제금 부과에 관한 특례)** ① 허가권자는 이행강제금을 ㉠ 축사 등 농업용 · 어업용 시설로서 500제곱미터(수도권 외의 지역에서는 1천제곱미터) 이하인 경우는 5분의 1을 감경, ㉡ 그 밖에 위반동기, 위반 범위 및 위반 시기 등을 고려하여 ⓐ 위반행위 후 소유권이 변경된 경우, ⓑ 차인이 있어 현실적으로 임대기간 중에 위반내용을 시정하기 어려운 경우(최초의 시정명령 전에 이미 임대차계약을 체결한 경우로서 해당 계약이 종료되거나 갱신되는 경우는 제외) 등 상황의 특수성이 인정되는 경우, ⓒ 위반면적이 30제곱미터 이하인 경우(집합건축물은 제외), ⓓ 집합건축물의 구분소유자가 위반한 면적이 5제곱미터 이하인 경우, ⓔ 사용승인 당시 존재하던 위반사항으로서 사용승인 이후 확인된 경우, ⓕ 가축분뇨법에 따른 허가 또는 변경허가를 받거나 신고 또는 변경신고를 하려는 배출시설(처리시설을 포함)의 경우, ⓖ 가축분뇨법 부칙에 따른 기한까지 환경부장관이 정하는 바에 따라 허가신청을 하였거나 신고한 배출시설(개 사육시설은 제외하되, 처리시설은 포함)의 경우, ⓗ 그 밖에 위반행위의 정도와 위반 동기 및 공중에 미치는 영향 등을 고려하여 감경이 필요한 경우로서 건축조례로 정하는 경우(영리목적의 위반이나 상습적인 위반에 해당하는 경우는 제외)에는 2분의 1의 범위에서 대통령령으로 정하는 비율을 감경할 수 있다. 다만, 지방자치단체의 조례로 정하는 기간까지 위반내용을 시정하지 아니한 경우는 제외한다. ② 허가권자는 건축법개정법률의 시행일(1992년 6월 1일을 말한다) 이전에 이 법 또는 이 법에 따른 명령이나 처분을 위반한 주거용 건축물에 관하여는 ⓐ 연면적 85제곱미터 이하 주거용 건축물의 경우: 100분의 80, ⓑ 연면적 85제곱미터 초과 주거용 건축물의 경우: 100분의 60에 따라 이행강제금을 감경할 수 있다.

57) ⓐ 지방건축위원회의 심의 결과 도로 등 공공시설의 설치에 장애가 된다고 판정된 건축물인 경우, ⓑ 허가권자가 지방건축위원회의 심의를 거쳐 붕괴되거나 쓰러질 우려가 있어 다중에게 위해를 줄 우려가 크다고 인정하는 건축물인 경우, ⓒ 군사작전구역에 있는 건축물로서 국가안보상 필요하여 국방부장관이 요청하는 건축물인 경우.

58) ① 보상하는 경우에는 국가보안상 이유로 건축물의 철거 · 개축 · 증축 · 수선 · 용도변경 · 사용금지 · 사용제한, 그 밖에 필요한 조치에 따른 처분으로 생길 수 있는 손실을 시가로 보상하여야 한다. ② 보상금액에 관하여 협의가 성립되지 아니한 경우 특별자치시장 · 특별자치도지사 또는 시장 · 군수 · 구청장은 그 보상금액을 지급하거나 공탁하고 그 사실을 해당 건축물의 건축주에게 알려야 한다. 이 경우 그 건축주가 원하면 전자문서로 알릴 수 있다. ③ 보상금의 지급 또는 공탁에 불복하는 자는 지급 또는 공탁의 통지를 받은 날부터 20일 이내에 관할 토지수용위원회에 재결을 신청(전자문서로 신청하는 것을 포함)할 수 있다.

개축 · 수선 · 용도변경 · 사용금지 · 사용제한, 그 밖에 필요한 조치를 명할 수 있다.

Ⅱ. 옹벽 등 공작물의 축조신고 등

1. 옹벽 등 공작물의 축조신고 등

① 대지를 조성하기 위한 옹벽, 굴뚝, 광고탑, 고가수조, 지하 대피호, 그 밖에 이와 유사한 것으로서 공작물을 축조하려는 자는 특별자치시장 · 특별자치도지사 또는 시장 · 군수 · 구청장에게 신고하여야 한다.59) ② 공작물의 소유자나 관리자는 공작물의 유지 · 관리 상태를 점검하고 그 결과를 특별자치시장 · 특별자치도지사 또는 시장 · 군수 · 구청장에게 보고하여야 한다.

2. 면적 · 높이 및 층수의 산정

① 대지면적: 대지의 수평투영면적으로 한다. 다만, ㉠ 대지에 건축선이 정하여진 경우: 그 건축선과 도로 사이의 대지면적, ㉡ 대지에 도시 · 군계획시설인 도로 · 공원 등이 있는 경우: 그 도시 · 군계획시설에 포함되는 대지(건축물 또는 공작물을 설치하는 도시 · 군계획시설의 부지는 제외)면적은 제외한다. ② 건축면적: 건축물의 외벽(외벽이 없는 경우에는 외곽 부분의 기둥)의 중심선으로 둘러싸인 부분의 수평투영면적으로 한다.60)

---

59) ① 공작물을 축조(건축물과 분리하여 축조하는 것)할 때 특별자치시장 · 특별자치도지사 또는 시장 · 군수 · 구청장에게 신고를 하여야 하는 공작물은 [ⓐ 높이 6미터를 넘는 굴뚝, ⓑ 높이 6미터를 넘는 장식탑, 기념탑, 그 밖에 이와 비슷한 것, ⓒ 높이 4미터를 넘는 광고탑, 광고판, 그 밖에 이와 비슷한 것, ⓓ 높이 8미터를 넘는 고가수조나 그 밖에 이와 비슷한 것, ⓔ 높이 2미터를 넘는 옹벽 또는 담장, ⓕ 바닥면적 30제곱미터를 넘는 지하대피호, ⓖ 높이 6미터를 넘는 골프연습장 등의 운동시설을 위한 철탑, 주거지역 · 상업지역에 설치하는 통신용 철탑, 그 밖에 이와 비슷한 것, ⓗ 높이 8미터(위험을 방지하기 위한 난간의 높이는 제외) 이하의 기계식 주차장 및 철골 조립식 주차장(바닥면이 조립식이 아닌 것을 포함)으로서 외벽이 없는 것, ⓘ 건축조례로 정하는 제조시설, 저장시설(시멘트사일로를 포함), 유희시설, 그 밖에 이와 비슷한 것, ⓙ 건축물의 구조에 심대한 영향을 줄 수 있는 중량물로서 건축조례로 정하는 것, ⓚ 높이 5미터를 넘는 태양에너지를 이용하는 발전설비와 그 밖에 이와 비슷한 것]이다. ② ①에 해당하는 공작물을 축조하려는 자는 공작물 축조신고서와 국토교통부령으로 정하는 설계도서를 제출(전자문서에 의한 제출을 포함)하여야 한다. ③ 옹벽 등 공작물의 축조신고를 하려는 자는 공작물축조신고서에 ⓐ 공작물의 배치도, ⓑ 공작물의 구조도를 첨부하여 제출(전자문서 제출 포함)하여야 한다. 다만, 건축허가를 신청할 때 건축물의 건축에 관한 사항과 함께 공작물의 축조신고에 관한 사항을 제출한 경우에는 공작물축조신고서의 제출을 생략한다. ④ 공작물의 소유자나 관리자는 공작물축조신고필증을 발급받은 날부터 3년마다 공작물의 유지 · 관리 상태를 점검하고, 그 결과를 제출하여야 한다.

60) 처마, 차양, 부연, 그 밖에 이와 비슷한 것으로서 그 외벽의 중심선으로부터 수평거리 1미터 이상 돌출된 부분이 있는 건축물의 건축면적은 그 돌출된 끝부분으로부터 ⓐ 전통사찰: 4미터 이하의 범위

③ 바닥면적: 건축물의 각 층 또는 그 일부로서 벽, 기둥, 그 밖에 이와 비슷한 구획의 중심선으로 둘러싸인 부분의 수평투영면적으로 한다. ④ 연면적: 하나의 건축물 각 층의 바닥면적의 합계로 하되, 용적률을 산정할 때에는 ㉠ 지하층의 면적, ㉡ 지상층의 주차용(해당 건축물의 부속용도인 경우만 해당)으로 쓰는 면적, ㉢ 초고층 건축물과 준초고층 건축물에 설치하는 피난안전구역의 면적, ㉣ 건축물의 경사지붕 아래에 설치하는 대피공간의 면적은 제외한다. ⑤ 건축물의 높이: 지표면으로부터 그 건축물의 상단까지의 높이[건축물의 1층 전체에 필로티(건축물을 사용하기 위한 경비실, 계단실, 승강기실, 그 밖에 이와 비슷한 것을 포함)가 설치되어 있는 경우에는 필로티의 층고를 제외한 높이]로 한다.[61] ⑥ 처마높이: 지표면으로부터 건축물의 지붕틀 또는 이와 비슷한 수평재를 지지하는 벽·깔도리 또는 기둥의 상단까지의 높이로 한다. ⑦ 반자높이: 방의 바닥면으로부터 반자까지의 높이로 한다. 다만, 한 방에서 반자높이가 다른 부분이 있는 경우에는 그 각 부분의 반자면적에 따라 가중평균한 높이로 한다. ⑧ 층고: 방의 바닥구조체 윗면으로부터 위층 바닥구조체의 윗면까지의 높이로 한다. 다만, 한 방에서 층의 높이가 다른 부분이 있는 경우에는 그 각 부분 높이에 따른 면적에 따라 가중평균한 높이로 한다. ⑨ 층수: 승강기탑(옥상 출입용 승강장을 포함), 계단탑, 망루, 장식탑, 옥탑, 그 밖에 이와 비슷한 건축물의 옥상 부분으로서 그 수평투영면적의 합계가 해당 건축물 건축면적의 8분의 1(사업계획승인 대상인 공동주택 중 세대별 전용면적이 85제곱미터 이하인 경우에는 6분의 1) 이하인 것과 지하층은 건축물의 층수에 산입하지 아니하고, 층의 구분이 명확하지 아니한 건축물은 그 건축물의 높이 4미터마다 하나의 층으로 보고 그 층수를 산정하며, 건축물이 부분에 따라 그 층수가 다른 경우에는 그 중 가장 많은 층수를 그 건축물의 층수로 본다. ⑩ 지하층의 지표면: 지하층의 지표면은 각 층의 주위가 접하는 각

에서 외벽의 중심선까지의 거리, ⓑ 사료 투여, 가축 이동 및 가축 분뇨 유출 방지 등을 위하여 상부에 한쪽 끝은 고정되고 다른 쪽 끝은 지지되지 아니한 구조로 된 돌출차양이 설치된 축사: 3미터 이하의 범위에서 외벽의 중심선까지의 거리, ⓒ 한옥: 2미터 이하의 범위에서 외벽의 중심선까지의 거리, ⓓ 충전시설의 설치를 목적으로 처마, 차양, 부연, 그 밖에 이와 비슷한 것이 설치된 공동주택: 2미터 이하의 범위에서 외벽의 중심선까지의 거리, ⓔ 그 밖의 건축물: 1미터에 따른 수평거리를 후퇴한 선으로 둘러싸인 부분의 수평투영면적으로 한다.

61) ㉠ 건축물의 높이는 전면도로의 중심선으로부터의 높이로 산정한다. ㉡ 건축물 높이를 산정할 때 건축물 대지의 지표면과 인접 대지의 지표면 간에 고저차가 있는 경우에는 그 지표면의 평균 수평면을 지표면으로 본다. 다만, 해당 대지가 인접 대지의 높이보다 낮은 경우에는 해당 대지의 지표면을 지표면으로 보고, 공동주택을 다른 용도와 복합하여 건축하는 경우에는 공동주택의 가장 낮은 부분을 그 건축물의 지표면으로 본다. ㉢ 건축물의 옥상에 설치되는 승강기탑·계단탑·망루·장식탑·옥탑 등으로서 그 수평투영면적의 합계가 해당 건축물 건축면적의 8분의 1이하인 경우로서 그 부분의 높이가 12미터를 넘는 경우에는 그 넘는 부분만 해당 건축물의 높이에 산입한다. ㉣ 지붕마루장식·굴뚝·방화벽의 옥상돌출부나 그 밖에 이와 비슷한 옥상돌출물과 난간벽은 그 건축물의 높이에 산입하지 아니한다.

지표면 부분의 높이를 그 지표면 부분의 수평거리에 따라 가중평균한 높이의 수평면을 지표면으로 산정한다. ⑪ 건축물의 면적 · 높이 및 층수 등을 산정할 때 지표면에 고저차가 있는 경우에는 건축물의 주위가 접하는 각 지표면 부분의 높이를 그 지표면 부분의 수평거리에 따라 가중평균한 높이의 수평면을 지표면으로 본다. 이 경우 그 고저차가 3미터를 넘는 경우에는 그 고저차 3미터 이내의 부분마다 그 지표면을 정한다.

3. 행정대집행법 적용의 특례 및 청문

① 허가권자는 필요한 조치를 할 때 ㉠ 재해가 발생할 위험이 절박한 경우, ㉡ 건축물의 구조 안전상 심각한 문제가 있어 붕괴 등 손괴의 위험이 예상되는 경우, ㉢ 허가권자의 공사중지명령을 받고도 불응하여 공사를 강행하는 경우, ㉣ 도로통행에 현저하게 지장을 주는 불법건축물인 경우, ㉤ 그 밖에 공공의 안전 및 공익에 심히 저해되어 신속하게 실시할 필요가 있다고 인정되는 경우로서 대기오염물질 또는 수질오염물질을 배출하는 건축물로서 주변 환경을 심각하게 오염시킬 우려가 있는 경우로서 행정대집행법에 따른 절차에 의하면 그 목적을 달성하기 곤란한 때에는 해당 절차를 거치지 아니하고 대집행할 수 있다. ② 대집행은 건축물의 관리를 위하여 필요한 최소한도에 그쳐야 한다. ③ 허가권자는 허가나 승인을 취소하려면 청문을 실시하여야 한다.

4. 지역건축안전센터 설립

① 시 · 도지사 및 시장 · 군수 · 구청장은 ㉠ 기술적인 사항에 대한 보고 · 확인 · 검토 · 심사 및 점검, ㉡ 공사감리에 대한 관리 · 감독, ㉢ 기술지원 및 정보제공, ㉣ 그 밖에 관할 구역 내 건축물의 안전에 관한 사항으로서 해당 지방자치단체의 조례로 정하는 사항의 업무를 수행하기 위하여 관할 구역에 지역건축안전센터를 둘 수 있다. ② 체계적이고 전문적인 업무 수행을 위하여 지역건축안전센터에 건축사 또는 기술사 등 전문인력을 배치하여야 한다.

5. 건축안전특별회계의 설치

① 시 · 도지사 또는 시장 · 군수 · 구청장은 관할 구역의 지역건축안전센터 설치 · 운영 등을 지원하기 위하여 건축안전특별회계(특별회계)를 설치할 수 있다. ② 특별회계는 ㉠ 일반회계로부터의 전입금, ㉡ 부과 · 징수되는 이행강제금 중 해당 지방자치단체의 조례로

정하는 비율의 금액, ㉢ 그 밖의 수입금의 재원으로 조성한다. ③ 특별회계는 ㉠ 지역건축안전센터의 설치 · 운영에 필요한 경비, ㉡ 지역건축안전센터의 전문인력 배치에 필요한 인건비, ㉢ 지역건축안전센터 설립의 업무 수행을 위한 조사 · 연구비, ㉣ 특별회계의 조성 · 운용 및 관리를 위하여 필요한 경비, ㉤ 그 밖에 건축물 안전에 관한 기술지원 및 정보제공을 위하여 해당 지방자치단체의 조례로 정하는 사업의 수행에 필요한 비용의 용도로 사용한다.

Ⅲ. 건축분쟁관리

1. 건축분쟁전문위원회

건축등과 관련된 ㉠ 건축관계자와 해당 건축물의 건축등으로 피해를 입은 인근주민 간의 분쟁, ㉡ 관계전문기술자와 인근주민 간의 분쟁, ㉢ 건축관계자와 관계전문기술자 간의 분쟁, ㉣ 건축관계자 간의 분쟁, ㉤ 인근주민 간의 분쟁, ㉥ 관계전문기술자 간의 분쟁, ㉦ 그 밖에 대통령령으로 정하는 사항의 분쟁(건설산업기본법 제69조에 따른 조정의 대상이 되는 분쟁은 제외)의 조정 및 재정을 하기 위하여 국토교통부에 건축분쟁전문위원회(분쟁위원회)를 둔다.

2. 분쟁위원회의 구성

① 분쟁위원회는 위원장과 부위원장 각 1명을 포함한 15명 이내의 위원으로 구성한다. ② 분쟁위원회의 위원은 건축이나 법률에 관한 학식과 경험이 풍부한 자로서 ㉠ 3급 상당 이상의 공무원으로 1년 이상 재직한 자, ㉡ 대학에서 건축공학이나 법률학을 가르치는 조교수 이상의 직(職)에 3년 이상 재직한 자, ㉢ 판사, 검사 또는 변호사의 직에 6년 이상 재직한 자, ㉣ 건축분야 기술사 또는 건축사사무소개설신고를 하고 건축사로 6년 이상 종사한 자, ㉤ 건설공사나 건설업에 대한 학식과 경험이 풍부한 자로서 그 분야에 15년 이상 종사한 자 중에서 장관이 임명하거나 위촉한다. 이 경우 ㉣에 해당하는 자가 2명 이상 포함되어야 한다. ③ 분쟁위원회의 위원장과 부위원장은 위원 중에서 장관이 위촉한다. ④ 공무원이 아닌 위원의 임기는 3년으로 하되, 연임할 수 있으며, 보궐위원의 임기는 전임자의 남은 임기로 한다. ⑤ 분쟁위원회의 회의는 재적위원 과반수의 출석으로 열고 출석위원 과반수의 찬성으로 의결한다. ⑥ ㉠ 피성년후견인, 피한정후견인 또는 파산

선고를 받고 복권되지 아니한 자, ㉡ 금고 이상의 실형을 선고받고 그 집행이 끝나거나(집행이 끝난 것으로 보는 경우를 포함)되거나 집행이 면제된 날부터 2년이 지나지 아니한 자, ㉢ 법원의 판결이나 법률에 따라 자격이 정지된 자는 분쟁위원회의 위원이 될 수 없다. ⑦ 위원의 제척·기피·회피 및 위원회의 운영, 조정 등의 거부와 중지 등 그 밖에 필요한 사항은 대통령령으로 정한다.[62]

3. 대리인

① 당사자는 ㉠ 당사자의 배우자, 직계존·비속 또는 형제자매, ㉡ 당사자인 법인의 임직원, ㉢ 변호사를 대리인으로 선임할 수 있다. ② 대리인의 권한은 서면으로 소명하여야 한다. ③ 대리인은 ㉠ 신청의 철회, ㉡ 조정안의 수락, ㉢ 복대리인의 선임의 행위를 하기 위하여는 당사자의 위임을 받아야 한다.

4. 조정등의 신청

① 건축물의 건축등과 관련된 분쟁의 조정 또는 재정(조정등)을 신청하려는 자는 분쟁위원회에 조정등의 신청서를 제출하여야 한다. ② 조정신청은 해당 사건의 당사자 중 1명 이상이 하며, 재정신청은 해당 사건 당사자 간의 합의로 한다. 다만, 분쟁위원회는 조정신청을 받으면 해당 사건의 모든 당사자에게 조정신청이 접수된 사실을 알려야 한다. ③ 분쟁위원회는 당사자의 조정신청을 받으면 60일 이내에, 재정신청을 받으면 120일 이내에 절차를 마쳐야 한다. 다만, 부득이한 사정이 있으면 분쟁위원회의의결로 기간을 연장할 수 있다.

5. 조정등의 신청에 따른 공사중지

시·도지사 또는 시장·군수·구청장은 위해 방지를 위하여 긴급한 상황이거나 그 밖에 특별한 사유가 없으면 조정등의 신청이 있다는 이유만으로 해당 공사를 중지하게 하여서는 아니 된다.

---

62) ① 분쟁위원회의 위원이 ⓐ 위원 또는 그 배우자나 배우자였던 자가 해당 분쟁사건(사건)의 당사자가 되거나 그 사건에 관하여 당사자와 공동권리자 또는의무자의 관계에 있는 경우, ⓑ 위원이 해당 사건의 당사자와 친족이거나 친족이었던 경우, ⓒ 위원이 해당 사건에 관하여 진술이나 감정을 한 경우, ⓓ 위원이 해당 사건에 당사자의 대리인으로서 관여하였거나 관여한 경우, ⓔ 위원이 해당 사건의 원인이 된 처분이나 부작위에 관여한 경우에 해당하면 그 직무의 집행에서 제외된다.

6. 조정위원회와 재정위원회

① 조정은 3명의 위원으로 구성되는 조정위원회에서 하고, 재정은 5명의 위원으로 구성되는 재정위원회에서 한다. ② 조정위원회의 위원(조정위원)과 재정위원회의 위원(재정위원)은 사건마다 분쟁위원회의 위원 중에서 위원장이 지명한다. 이 경우 재정위원회에는 건축분야 기술사 또는 건축사사무소개설신고를 하고 건축사로 6년 이상 종사한 자에 해당하는 위원이 1명 이상 포함되어야 한다. ③ 조정위원회와 재정위원회의 회의는 구성원 전원의 출석으로 열고 과반수의 찬성으로 의결한다.

7. 조정의 효력

① 조정위원회는 조정안을 작성하면 지체 없이 각 당사자에게 조정안을 제시하여야 한다. ② 조정안을 제시받은 당사자는 제시를 받은 날부터 15일 이내에 수락 여부를 조정위원회에 알려야 한다. ③ 조정위원회는 당사자가 조정안을 수락하면 즉시 조정서를 작성하여야 하며, 조정위원과 각 당사자는 이에 기명날인하여야 한다. ④ 당사자가 조정안을 수락하고 조정서에 기명날인하면 당사자 간에 조정서와 동일한 내용의 합의가 성립된 것으로 본다.

8. 재정의 효력 등

재정위원회가 재정을 한 경우 재정 문서의 정본이 당사자에게 송달된 날부터 60일 이내에 당사자 양쪽이나 어느 한쪽으로부터 그 재정의 대상인 건축물의 건축등의 분쟁을 원인으로 하는 소송이 제기되지 아니하거나 그 소송이 철회되면 당사자 간에 재정 내용과 동일한 합의가 성립된 것으로 본다.

9. 분쟁위원회의 운영 및 사무처리 위탁

① 장관은 분쟁위원회의 운영 및 사무처리를 국토안전관리원에 위탁할 수 있다. ② 분쟁위원회의 운영 및 사무처리를 위한 조직 및 인력 등은 대통령령으로 정한다. ③ 장관은 예산의 범위에서 분쟁위원회의 운영 및 사무처리에 필요한 경비를 국토안전관리원에 출연 또는 보조할 수 있다.

제 7 장
주 택 법

제1절 서 설

Ⅰ. 주택의 정의 등

1. 주택의 여러 유형

① 주택 : 세대의 구성원이 장기간 독립된 주거생활을 할 수 있는 구조로 된 건축물의 전부 또는 일부 및 그 부속토지를 말하며, 단독주택과 공동주택으로 구분한다. ② 단독주택 : 1세대가 하나의 건축물 안에서 독립된 주거생활을 할 수 있는 구조로 된 주택을 말하며, 그 종류와 범위는 단독주택, 다중주택, 다가구주택. ③ 공동주택 : 건축물의 벽·복도·계단이나 그 밖의 설비 등의 전부 또는 일부를 공동으로 사용하는 각 세대가 하나의 건축물 안에서 각각 독립된 주거생활을 할 수 있는 구조로 된 주택을 말하며, 그 종류와 범위는 아파트, 연립주택, 다세대주택이다. ④ 준주택 : 주택 외의 건축물과 그 부속토지로서 주거시설로 이용가능한 시설 등을 말하며, 그 범위와 종류는 기숙사, 다중생활시설, 노인복지시설 중 노인복지주택, 오피스텔이다. ⑤ 국민주택 : ㉠ 국가·지방자치단체, LH 또는 주택사업을 목적으로 설립된 지방공사가 건설하는 주택, ㉡ 국가·지방자치단체의 재정 또는 주택도시기금으로부터 자금을 지원받아 건설되거나 개량되는 주택에 해당하는 주택으로서 국민주택규모 이하인 주택을 말한다. ⑥ 국민주택규모 : 주거의 용도로만 쓰이는 면적(주거전용면적)이 1호(戶) 또는 1세대당 85제곱미터 이하인 주택(수도권을 제

외한 도시지역이 아닌 읍 또는 면 지역은 1호 또는 1세대당 주거전용면적이 100제곱미터 이하인 주택)을 말한다. 이 경우 주거전용면적의 산정방법은 국토교통부령으로 정한다. ⑦ 민영주택 : 국민주택을 제외한 주택을 말한다. ⑧ 임대주택 : 임대를 목적으로 하는 주택으로서, 공공임대주택(임대목적으로 ⓐ 국가 또는 지자체, ⓑ LH, ⓒ 지방공사, ⓓ 대통령령으로 정하는 기관과 이들이 총지분의 100분의 50을 초과하여 출자·설립한 법인, 주택도시기금 또는 ⓐ부터 ⓓ에 해당하는 자가 총지분의 전부를 출자하여 설립한 부동산 신탁회사 등(공공주택사업자)이 국가 또는 지자체 재정, 주택도시기금의 지원을 받아 건설, 매입, 임차하여 공급하는 주택)과 민간임대주택으로 구분한다.

2. 특수한 형태의 주택유형

① 토지임대부 분양주택 : 토지의 소유권은 사업계획의 승인을 받아 토지임대부 분양주택 건설사업을 시행하는 자가 가지고, 건축물 및 복리시설 등에 대한 소유권[건축물의 전유부분에 대한 구분소유권은 이를 분양받은 자가 가지고, 건축물의 공용부분·부속건물 및 복리시설은 분양받은 자들이 공유]은 주택을 분양받은 자가 가지는 주택을 말한다. ② 세대구분형 공동주택 : 공동주택의 주택 내부 공간의 일부를 세대별로 구분하여 생활이 가능한 구조로 하되, 그 구분된 공간의 일부를 구분소유 할 수 없는 주택으로서 건설기준, 설치기준, 면적기준 등에 적합한 주택을 말한다.1) 건설 또는 설치되는 주택과 관련하여 주택건설기준 등을 적용하는 경우 세대구분형 공동주택의 세대수는 그 구분된 공간의 세대수에 관계없이 하나의 세대로 산정한다. ③ 도시형 생활주택 : 300세대 미만의 국민주택규모에 해당하는 주택으로서 대통령령으로 정하는 주택을 말한다. ㉮ 도시지역에 건설하는 ㉠ 원룸형 주택 : ⓐ 세대별 주거전용면적은 50제곱미터 이하일 것, ⓑ 세대별로

1) (세대구분형 공동주택의 요건)으로는 ㉠ 사업계획의 승인을 받아 건설하는 공동주택의 경우 : ⓐ 세대별로 구분된 각각의 공간마다 별도의 욕실, 부엌과 현관을 설치할 것, ⓑ 하나의 세대가 통합하여 사용할 수 있도록 세대 간에 연결문 또는 경량구조의 경계벽 등을 설치할 것, ⓒ 세대구분형 공동주택의 세대수가 해당 주택단지 안의 공동주택 전체 세대수의 3분의 1을 넘지 않을 것, ⓓ 세대별로 구분된 각각의 공간의 주거전용면적(주거의 용도로만 쓰이는 면적) 합계가 해당 주택단지 전체 주거전용면적 합계의 3분의 1을 넘지 않는 등 장관이 정하여 고시하는 주거전용면적의 비율에 관한 기준을 충족할 것의 요건을 모두 충족할 것, ㉡ 공동주택관리법 제35조에 따른 행위의 허가를 받거나 신고를 하고 설치하는 공동주택의 경우 : ⓐ 구분된 공간의 세대수는 기존 세대를 포함하여 2세대 이하일 것, ⓑ 세대별로 구분된 각각의 공간마다 별도의 욕실, 부엌과 구분 출입문을 설치할 것, ⓒ 세대구분형 공동주택의 세대수가 해당 주택단지 안의 공동주택 전체 세대수의 10분의 1과 해당 동의 전체 세대수의 3분의 1을 각각 넘지 않을 것(다만, 시장·군수·구청장이 부대시설의 규모 등 해당 주택단지의 여건을 고려하여 인정하는 범위에서 세대수의 기준을 넘을 수 있다), ⓓ 구조, 화재, 소방 및 피난안전 등 관계 법령에서 정하는 안전 기준을 충족할 것의 요건을 모두 충족할 것

독립된 주거가 가능하도록 욕실 및 부엌을 설치할 것, ⓒ 욕실 및 보일러실을 제외한 부분을 하나의 공간으로 구성할 것(다만, 주거전용면적이 30제곱미터 이상인 경우에는 두 개의 공간으로 구성할 수 있다), ⓓ 지하층에는 세대를 설치하지 아니할 것의 요건을 모두 갖춘 공동주택, ㉡ 단지형 연립주택 : 원룸형 주택이 아닌 연립주택(건축위원회의 심의를 받은 경우에는 주택으로 쓰는 층수를 5개층까지 건축), ㉢ 단지형 다세대주택 : 원룸형 주택이 아닌 다세대주택(건축위원회의 심의를 받은 경우에는 주택으로 쓰는 층수를 5개층까지 건축)을 말한다. ㈏ 하나의 건축물에는 도시형 생활주택과 그 밖의 주택을 함께 건축할 수 없다. 다만, ㉠ 원룸형 주택과 주거전용면적이 85제곱미터를 초과하는 주택 1세대를 함께 건축하는 경우, ㉡ 준주거지역 또는 상업지역에서 원룸형 주택과 도시형 생활주택 외의 주택을 함께 건축하는 경우는 예외로 한다. ㈐ 하나의 건축물에는 단지형 연립주택 또는 단지형 다세대주택과 원룸형 주택을 함께 건축할 수 없다. ④ 에너지절약형 친환경주택 : 저에너지 건물 조성기술 등 대통령령으로 정하는 기술을 이용하여에너지 사용량을 절감하거나 이산화탄소 배출량을 저감할 수 있도록 건설된 주택을 말하며, 그 종류와 범위는 대통령령으로 정한다. ⑤ 건강친화형 주택 : 건강하고 쾌적한 실내환경의 조성을 위하여 실내공기의 오염물질 등을 최소화할 수 있도록 건설된 주택을 말한다. ⑥ 장수명 주택 : 구조적으로 오랫동안 유지·관리될 수 있는 내구성을 갖추고, 입주자의 필요에 따라 내부 구조를 쉽게 변경할 수 있는 가변성과 수리 용이성 등이 우수한 주택을 말한다.

Ⅱ. 각종 시설

1. 부대시설

주택에 딸린 ㉠ 주차장, 관리사무소, 담장 및 주택단지 안의 도로, ㉡ 건축법(제2조)에 따른 건축설비, ㉢ ㉠ 및 ㉡의 시설·설비에 준하는 것으로서 대통령령으로 정하는 시설 또는 설비(ⓐ 보안등, 대문, 경비실 및 자전거보관소, ⓑ 조경시설, 옹벽 및 축대, ⓒ 안내표지판 및 공중화장실, ⓓ 저수시설, 지하양수시설 및 대피시설, ⓔ 쓰레기 수거 및 처리시설, 오수처리시설, 정화조, ⓕ 소방시설, 냉난방공급시설(지역난방공급시설은 제외) 및 방범설비, ⓖ 전기자동차에 전기를 충전하여 공급하는 시설, ⓗ 그 밖에 ⓐ부터 ⓖ까지의 시설 또는 설비와 비슷한 것으로서 국토교통부령으로 정하는 시설 또는 설비)의 시설 또는 설비를 말한다.

2. 복리시설

주택단지의 입주자 등의 생활복리를 위한 ㉠ 어린이놀이터, 근린생활시설, 유치원, 주민운동시설 및 경로당, ㉡ 그 밖에 입주자 등의 생활복리를 위한 ⓐ 근린생활시설, ⓑ 근린생활시설(총포판매소, 장의사, 다중생활시설, 단란주점 및 안마시술소는 제외), ⓒ 종교시설, ⓓ 판매시설 중 소매시장 및 상점, ⓔ 교육연구시설, ⓕ 노유자시설, ⓖ 수련시설, ⓗ 업무시설 중 금융업소, ⓘ 지식산업센터, ⓙ 사회복지관, ⓚ 공동작업장, ⓛ 주민공동시설, ⓜ 도시 · 군계획시설인 시장, ⓝ 그 밖에 ⓐ부터 ⓜ까지의 시설과 비슷한 시설로서 국토교통부령으로 정하는 공동시설 또는 사업계획승인권자가 거주자의 생활복리 또는 편익을 위하여 필요하다고 인정하는 시설의 공동시설을 말한다.

3. 기반시설

국토계획법(제2조 제6호)에 따른 기반시설(도로 · 철도 · 항만 · 공항 · 주차장 등 교통시설, 광장 · 공원 · 녹지 등 공간시설, 유통업무설비, 수도 · 전기 · 가스공급설비, 방송 · 통신시설, 공동구 등 유통 · 공급시설, 학교 · 공공청사 · 문화시설 및 공공필요성이 인정되는 체육시설 등 공공 · 문화체육시설, 하천 · 유수지 · 방화설비 등 방재시설, 장사시설 등 보건위생시설, 하수도, 폐기물처리 및 재활용시설, 빗물저장 및 이용시설 등 환경기초시설)을 말한다.

4. 기간시설

도로 · 상하수도 · 전기시설 · 가스시설 · 통신시설 · 지역난방시설 등을 말한다.

5. 간선시설

도로 · 상하수도 · 전기시설 · 가스시설 · 통신시설 및 지역난방시설 등 주택단지(둘 이상의 주택단지를 동시에 개발하는 경우에는 각각의 주택단지) 안의 기간시설을 그 주택단지 밖에 있는 같은 종류의 기간시설에 연결시키는 시설을 말한다. 다만, 가스시설 · 통신시설 및 지역난방시설의 경우에는 주택단지 안의 기간시설을 포함한다.

Ⅲ. 사업주체

1. 사업주체

주택건설사업계획 또는 대지조성사업계획의 승인을 받아 그 사업을 시행하는 ㉠ 국가·지방자치단체, ㉡ LH 또는 지방공사, ㉢ 등록한 주택건설사업자 또는 대지조성사업자, ㉣ 그 밖에 이 법에 따라 주택건설사업 또는 대지조성사업을 시행하는 자를 말한다.

2. 주택조합

많은 수의 구성원이 사업계획의 승인을 받아 주택을 마련하거나 리모델링하기 위하여 결성하는 ㉠ 지역주택조합 : ⓐ 서울특별시·인천광역시 및 경기도, ⓑ 대전광역시·충청남도 및 세종특별자치시, ⓒ 충청북도, ⓓ 광주광역시 및 전라남도, ⓔ 전라북도, ⓕ 대구광역시 및 경상북도, ⓖ 부산광역시·울산광역시 및 경상남도, ⓗ 강원도, ⓘ 제주특별자치도 구분에 따른 지역에 거주하는 주민이 주택을 마련하기 위하여 설립한 조합, ㉡ 직장주택조합 : 같은 직장의 근로자가 주택을 마련하기 위하여 설립한 조합, ㉢ 리모델링주택조합 : 공동주택의 소유자가 그 주택을 리모델링하기 위하여 설립한 조합을 말한다.

Ⅳ. 주택단지 등

1. 주택단지

주택건설사업계획 또는 대지조성사업계획의 승인을 받아 주택과 그 부대시설 및 복리시설을 건설하거나 대지를 조성하는데 사용되는 일단의 토지를 말한다. 다만, ㉠ 철도·고속도로·자동차전용도로, ㉡ 폭 20미터 이상인 일반도로, ㉢ 폭 8미터 이상인 도시계획예정도로, ㉣ ㉠부터 ㉢까지의 시설에 준하는 것으로서 대통령령으로 정하는 시설로 분리된 토지는 각각 별개의 주택단지로 본다. 주택단지의 기준이 되는 도로는 보행자 및 자동차의 통행이 가능한 도로로서 ⓐ 도시·군계획시설인 도로로서 국토교통부령으로 정하는 도로, ⓑ 일반국도·특별시도·광역시도 또는 지방도, ⓒ 그 밖에 관계 법령에 따라 설치된 도로로서 ⓐ 및 ⓑ에 준하는 도로를 말한다.

2. 공구

하나의 주택단지에서 둘 이상으로 구분되는 일단의 구역으로, 착공신고 및 사용검사를 별도로 수행할 수 있는 구역을 말한다. 공구의 구분 기준으로는 ㉠ ⓐ 주택단지 안의 도로, ⓑ 주택단지 안의 지상에 설치되는 부설주차장, ⓒ 주택단지 안의 옹벽 또는 축대, ⓓ 식재·조경이 된 녹지, ⓔ 그 밖에 어린이놀이터 등 부대시설이나 복리시설로서 사업계획 승인권자가 적합하다고 인정하는 시설을 설치하거나 공간을 조성하여 6미터 이상의 너비로 공구 간 경계를 설정할 것, ㉡ 공구별 세대수는 300세대 이상으로 할 것이다.

3. 공공택지

㉠ 국민주택건설사업 또는 대지조성사업, ㉡ 택지개발사업(주택건설등 사업자가 활용하는 택지는 제외), ㉢ 산업단지개발사업, ㉣ 공공주택지구조성사업, ㉤ 공공지원민간임대주택 공급촉진지구 조성사업(수용 또는 사용의 방식으로 시행하는 사업만 해당), ㉥ 도시개발사업(수용 또는 사용의 방식으로 시행하는 사업과 혼용방식 중 수용 또는 사용의 방식이 적용되는 구역에서 시행하는 사업만 해당), ㉦ 경제자유구역개발사업(수용 또는 사용의 방식으로 시행하는 사업과 혼용방식 중 수용 또는 사용의 방식이 적용되는 구역에서 시행하는 사업만 해당), ㉧ 혁신도시개발사업, ㉨ 행정중심복합도시건설사업, ㉩ 공익사업으로서 공공사업에 의하여 개발·조성되는 공동주택이 건설되는 용지를 말한다.

4. 리모델링 및 리모델링 기본계획

① 건축물의 노후화 억제 또는 기능 향상 등을 위한 다음에 해당하는 행위를 말한다. ㉠ 대수선, ㉡ 사용검사일(주택단지 안의 공동주택 전부에 대하여 임시사용승인을 받은 경우에는 그 임시사용승인일) 또는 사용승인일부터 15년[15년 이상 20년 미만의 연수 중 특별시·광역시·특별자치시·도 또는 특별자치도(시·도)의 조례로 정하는 경우에는 그 연수]이 경과된 공동주택을 각 세대의 주거전용면적(건축물대장 중 집합건축물대장의 전유부분의 면적)의 30퍼센트 이내(세대의 주거전용면적이 85제곱미터 미만인 경우에는 40퍼센트 이내)에서 증축하는 행위(이 경우 공동주택의 기능 향상 등을 위하여 공용부분에 대하여도 별도로 증축할 수 있다), ㉢ ㉡에 따른 각 세대의 증축 가능 면적을 합산한 면적의 범위에서 기존 세대수의 15퍼센트 이내에서 세대수를 증가하는 증축 행위(세대수

증가형 리모델링). 다만, 수직으로 증축하는 행위(수직증축형 리모델링)는 ⓐ 최대 3개층 이하로서 대통령령으로 정하는 범위에서 증축할 것, ⓑ 리모델링 대상 건축물의 구조도(수직증축형 리모델링의 대상이 되는 기존 건축물의 신축 당시 구조도를 보유하고 있는 것) 보유 등 Ⓐ 수직으로 증축하는 행위(수직증축형 리모델링)의 대상이 되는 기존 건축물의 층수가 15층 이상인 경우 : 3개층, Ⓑ 수직증축형 리모델링의 대상이 되는 기존 건축물의 층수가 14층 이하인 경우 : 2개층의 요건을 모두 충족하는 경우로 한정한다. ② (리모델링 기본계획)세대수 증가형 리모델링으로 인한 도시과밀, 이주수요 집중 등을 체계적으로 관리하기 위하여 수립하는 계획을 말한다.

5. 입주자

㉠ 주택을 공급받는 자, ㉡ 리모델링의 경우: 주택의 소유자 또는 그 소유자를 대리하는 배우자 및 직계존비속의 구분에 따른 자를 말한다.

6. 주거전용면적의 산정방법

① 단독주택의 경우: 그 바닥면적에서 지하실(거실로 사용되는 면적은 제외), 본 건축물과 분리된 창고·차고 및 화장실의 면적을 제외한 면적(그 주택이 다가구주택에 해당하는 경우 그 바닥면적에서 본 건축물의 지상층에 있는 부분으로서 복도, 계단, 현관 등 2세대 이상이 공동으로 사용하는 부분의 면적도 제외). ② 공동주택의 경우: 외벽의 내부선을 기준으로 산정한 면적. 다만, 2세대 이상이 공동으로 사용하는 부분으로서 ⓐ 복도, 계단, 현관 등 공동주택의 지상층에 있는 공용면적, ⓑ ⓐ의 공용면적을 제외한 지하층, 관리사무소 등 그 밖의 공용면적에 해당하는 공용면적은 제외하며, 이 경우 바닥면적에서 주거전용면적을 제외하고 남는 외벽면적은 공용면적에 가산한다.

제 2 절 주택의 건설 등

Ⅰ. 주택건설사업자 등

1. 주택건설사업 등의 등록

① 연간 ⓐ 단독주택의 경우: 20호, ⓑ 공동주택의 경우: 20세대(도시형 생활주택은 30세대) 이상의 주택건설사업을 시행하려는 자 또는 연간 1만제곱미터 이상의 대지조성사업을 시행하려는 자는 장관에게 등록하여야 한다. 다만, ㉠ 국가 · 지방자치단체, ㉡ LH, ㉢ 지방공사, ㉣ 주택건설사업을 목적으로 설립된 공익법인, ㉤ 주택조합(등록사업자와 공동으로 주택건설사업을 하는 주택조합만 해당), ㉥ 근로자를 고용하는 자(등록사업자와 공동으로 주택건설사업을 시행하는 고용자만 해당, 고용자)의 사업주체의 경우에는 그러하지 아니하다. ② ①에 따라 등록하여야 할 사업자의 자본금과 기술인력 및 사무실면적에 관한 등록의 기준 · 절차 · 방법 등에 필요한 사항은 대통령령으로 정한다. ③ 주택건설사업 또는 대지조성사업의 등록을 하려는 자는 [㉠ 자본금: 3억원(개인인 경우에는 자산평가액 6억원) 이상, ㉡ ⓐ 주택건설사업: 건축 분야 기술인 1명 이상, ⓑ 대지조성사업: 토목 분야 기술인 1명 이상의 구분에 따른 기술인력, ㉢ 사무실면적: 사업의 수행에 필요한 사무장비를 갖출 수 있는 면적의 요건을 모두 갖추어야 한다]. 이 경우 하나의 사업자가 주택건설사업과 대지조성사업을 함께 할 때에는 ㉠ 및 ㉢의 기준은 중복하여 적용하지 아니한다. ④ ㉠ 건설산업기본법(제9조)에 따라 건설업(건축공사업 또는 토목건축공사업만 해당)의 등록을 한 자가 주택건설사업 또는 대지조성사업의 등록을 하려는 경우: 이미 보유하고 있는 자본금, 기술인력 및 사무실면적, ㉡ 위탁관리 부동산투자회사가 주택건설사업의 등록을 하려는 경우: 부동산투자회사가 자산의 투자 · 운용업무를 위탁한 자산관리회사가 보유하고 있는 기술인력 및 사무실면적에 해당하는 경우에는 자본금, 기술인력 또는 사무실면적을 ③의 기준에 포함하여 산정한다.

2. 공동사업주체

① 토지소유자가 주택을 건설하는 경우에는 등록사업자와 공동으로 사업을 시행할 수 있다.[2] 이 경우 토지소유자와 등록사업자를 공동사업주체로 본다. ② 주택조합(세대수를 증가하지 아니하는 리모델링주택조합은 제외)이 그 구성원의 주택을 건설하는 경우에는 등록사업자(지방자치단체 · LH 및 지방공사를 포함)와 공동으로 사업을 시행할 수 있다. 이 경우 주택조합과 등록사업자를 공동사업주체로 본다.[3] ③ 고용자가 그 근로자의 주택을 건설하는 경우에는 등록사업자와 공동으로 사업을 시행하여야 한다.[4] 이 경우 고용자와 등록사업자를 공동사업주체로 본다. ④ 공동사업주체 간의 구체적인 업무 · 비용 및 책임의 분담 등에 관하여는 대통령령으로 정하는 범위에서 당사자 간의 협약에 따른다.

---

2) **토지소유자와 등록사업자** : ㉠ 등록사업자가 ⓐ 자본금이 5억원(개인인 경우 자산평가액 10억원)이상일 것, 건축분야 및 토목분야 기술인 3인이상을 보유할고 있을 것(건축시공 기술사 또는 건축기사, 토목분야 기술인 각 1명 포함), 최근 5년간의 주택건설 실적이 100호 또는 100세대 이상일 것의 요건을 모두 갖춘 자, ⓑ 건설산업기본법에 따른 건설업(건축공사업 또는 토목건축공사업만 해당)의 등록을 한 자에 해당하는 자일 것, ㉡ 주택건설대지가 저당권 · 가등기담보권 · 가압류 · 전세권 · 지상권 등(저당권등)의 목적으로 되어 있는 경우에는 그 저당권등을 말소할 것(저당권등의 권리자로부터 해당 사업의 시행에 대한 동의를 받은 경우 예외), ㉢ 토지소유자와 등록사업자 간에 ⓐ 대지 및 주택(부대시설 및 복리시설 포함)의 사용 · 처분, ⓑ 사업비의 부담, ⓒ 공사기간, ⓓ 그 밖에 사업 추진에 따르는 각종 책임 등 사업 추진에 필요한 사항에 대하여 법 및 이 영이 정하는 범위에서 협약이 체결되어 있을 것의 요건을 모두 갖추어 사업계획승인을 신청하여야 한다.

3) **주택조합**(세대수를 늘리지 아니하는 리모델링주택조합은 제외)**과 등록사업자, 지방자치단체, LH 또는 지방공사** : ㉠ 등록사업자와 공동으로 사업을 시행하는 경우에는 해당 등록사업자가 ⓐ 자본금이 5억원(개인인 경우 자산평가액 10억원)이상일 것, 건축분야 및 토목분야 기술인 3인 이상을 보유할고 있을 것(건축시공 기술사 또는 건축기사, 토목분야 기술인 각 1명 포함), 최근 5년간의 주택건설 실적이 100호 또는 100세대 이상일 것의 요건을 모두 갖춘 자, ⓑ 건설산업기본법에 따른 건설업(건축공사업 또는 토목건축공사업만 해당)의 등록을 한 자에 해당하는 자일 것의 요건을 갖출 것, ㉡ 주택조합이 주택건설대지의 소유권을 확보하고 있을 것(지역주택조합 또는 직장주택조합이 등록사업자와 공동으로 사업을 시행하는 경우로서 지구단위계획의 결정이 필요한 사업인 경우에는 95퍼센트 이상의 소유권을 확보하여야 한다), ㉢ ㉮ 주택건설대지가 저당권 · 가등기담보권 · 가압류 · 전세권 · 지상권 등(저당권등)의 목적으로 되어 있는 경우에는 그 저당권등을 말소할 것(저당권등의 권리자로부터 해당 사업의 시행에 대한 동의를 받은 경우는 예외), ㉯ 토지소유자와 등록사업자 간에 ⓐ 대지 및 주택(부대시설 및 복리시설을 포함)의 사용 · 처분, ⓑ 사업비의 부담, ⓒ 공사기간, ⓓ 그 밖에 사업 추진에 따르는 각종 책임 등 사업 추진에 필요한 사항에 대하여 법 및 이 영이 정하는 범위에서 협약이 체결되어 있을 것의 요건을 갖출 것(이 경우 ㉮의 요건은 소유권을 확보한 대지에 대해서만 적용)의 요건을 모두 갖추어 사업계획승인을 신청하여야 한다.

4) **고용자가 등록사업자와 공동**으로 주택을 건설하려는 경우에는 ㉠ 토지소유자와 등록사업자의 요건을 모두 갖추고 있을 것, ㉡ 고용자가 해당 주택건설대지의 소유권을 확보하고 있을 것의 요건을 모두 갖추어 사업계획승인을 신청하여야 한다.

3. 등록사업자의 결격사유

㉠ 미성년자 · 피성년후견인 또는 피한정후견인, ㉡ 파산선고를 받은 자로서 복권되지 아니한 자, ㉢ 부정수표 단속법 또는 이 법을 위반하여 금고 이상의 실형을 선고받고 그 집행이 끝나거나(집행이 끝난 것으로 보는 경우를 포함) 집행이 면제된 날부터 2년이 지나지 아니한 자, ㉣ 부정수표 단속법 또는 이 법을 위반하여 금고 이상의 형의 집행유예를 선고받고 그 유예기간 중에 있는 자, ㉤ 등록이 말소(㉠ 및 ㉡에 해당하여 말소된 경우는 제외)된 후 2년이 지나지 아니한 자, ㉥ 임원 중에 ㉠부터 ㉤까지의 규정 중 어느 하나에 해당하는 자가 있는 법인에 해당하는 자는 주택건설사업 등의 등록을 할 수 없다.

4. 등록사업자의 시공

등록사업자가 사업계획승인(공동주택건축허가 포함)을 받아 분양 또는 임대를 목적으로 주택을 건설하는 경우로서 그 기술능력, 주택건설 실적 및 주택규모 등이 기준에 해당하는 경우에는 그 등록사업자를 건설업자로 보며 주택건설공사를 시공할 수 있다. ① 주택건설공사를 시공하려는 등록사업자는 ⓐ 자본금이 5억원(개인인 경우에는 자산평가액 10억원) 이상일 것, ⓑ 건축 분야 및 토목 분야 기술인 3명 이상을 보유하고 있을 것(건축기사 및 토목 분야 기술인 각 1명이 포함), ⓒ 최근 5년간의 주택건설 실적이 100호 또는 100세대 이상일 것의 요건을 모두 갖추어야 한다. ② 등록사업자가 건설할 수 있는 주택은 주택으로 쓰는 층수가 5개층 이하인 주택으로 한다. 다만, 각층 거실의 바닥면적 300제곱미터 이내마다 1개소 이상의 직통계단을 설치한 경우에는 주택으로 쓰는 층수가 6개층인 주택을 건설할 수 있다. ③ ⓐ 주택으로 쓰는 층수가 6개층 이상인 아파트를 건설한 실적이 있는 자, ⓑ 최근 3년간 300세대 이상의 공동주택을 건설한 실적이 있는 자에 해당하는 등록사업자는 주택으로 쓰는 층수가 6개층 이상인 주택을 건설할 수 있다. ④ 주택건설공사를 시공하는 등록사업자는 건설공사비(총공사비에서 대지구입비를 제외한 금액)가 자본금과 자본준비금 · 이익준비금을 합한 금액의 10배(개인인 경우에는 자산평가액의 5배)를 초과하는 건설공사는 시공할 수 없다.

5. 주택건설사업의 등록말소 등

장관은 등록사업자가 ㉠ 거짓이나 그 밖의 부정한 방법으로 등록한 경우, ㉡ 등록기준에 미달하게 된 경우(법원이 회생절차개시의 결정을 하고 그 절차가 진행 중이거나 일시적으로 등록기준에 미달하는 등 대통령령으로 정하는 경우[5]는 예외), ㉢ 고의 또는 과실로 공사를 잘못 시공하여 공중에게 위해를 끼치거나 입주자에게 재산상 손해를 입힌 경우, ㉣ 등록사업자 결격사유(등록이 말소된 후 2년이 지나지 아니한 자는 제외)에 해당하게 된 경우(법인의 임원 중 등록사업자 결격사유에 해당하는 사람이 있는 경우 6개월 이내에 그 임원을 다른 사람으로 임명한 경우 제외), ㉤ 등록증의 대여 등을 한 경우, ㉥ ⓐ 시공상세도면의 작성의무를 위반하거나 건설사업관리를 수행하는 건설기술인 또는 공사감독자의 검토·확인을 받지 아니하고 시공한 경우, ⓑ 건설기술 진흥법에 따른 시정명령을 이행하지 아니한 경우, ⓒ 품질시험 및 검사를 하지 아니한 경우, ⓓ 안전점검을 하지 아니한 경우, ㉦ 택지를 전매한 경우, ㉧ 표시·광고의 공정화에 관한 법률(표시광고법)에 따른 처벌을 받은 경우, ㉨ 약관의 규제에 관한 법률(약관법)에 따른 처분을 받은 경우, ㉩ 그 밖에 이 법 또는 이 법에 따른 명령이나 처분을 위반한 경우에 해당하면 그 등록을 말소하거나 1년 이내의 기간을 정하여 영업의 정지를 명할 수 있다. 다만, ㉠ 또는 ㉤에 해당하는 경우에는 그 등록을 말소하여야 한다.

6. 등록말소 처분 등을 받은 자의 사업 수행

등록말소 또는 영업정지 처분을 받은 등록사업자는 그 처분 전에 사업계획승인을 받은 사업은 계속 수행할 수 있다. 다만, 등록말소 처분을 받은 등록사업자가 그 사업을 계속 수행할 수 없는 중대하고 명백한 사유가 있을 경우에는 그러하지 아니하다.

7. 영업실적 등의 제출

① 등록사업자는 매년 영업실적(개인인 사업자가 해당 사업에 1년 이상 사용한 사업용 자산을 현물출자하여 법인을 설립한 경우에는 그 개인인 사업자의 영업실적을 포함한 실적을 말하며, 등록말소 후 다시 등록한 경우에는 다시 등록한 이후의 실적)과 영업계획

---

5) 법원이 회생절차개시의 결정을 하고 그 절차가 진행 중이거나 일시적으로 등록기준에 미달하는 경우란 ㉠ 자본금 또는 자산평가액 기준에 미달한 경우 중 ⓐ 법원이 회생절차개시의 결정을 하고 그 절차가 진행 중인 경우, ⓑ 회생계획의 수행에 지장이 없다고 인정되는 경우로서 해당 등록사업자가 법원으로부터 회생절차종결의 결정을 받고 회생계획을 수행 중인 경우, ⓒ 채권금융기관이 채권금융기관협의회의의결을 거쳐 채권금융기관 공동관리절차를 개시하고 그 절차가 진행 중인 경우, ㉡ 등록기준 미달 당시 직전의 사업연도말을 기준으로 자산총액의 감소로 인하여 자본금 기준에 미달하게 된 기간이 50일 이내인 경우, ㉢ 기술인력의 사망·실종 또는 퇴직으로 인하여 기술인력 기준에 미달하게 된 기간이 50일 이내인 경우를 말한다.

및 기술인력 보유 현황을 장관에게 제출하여야 한다. ② 등록사업자는 월별 주택분양계획 및 분양 실적을 장관에게 제출하여야 한다.6)

Ⅱ. 주택조합

1. 주택조합의 설립 등

① 많은 수의 구성원이 주택을 마련하거나 리모델링하기 위하여 주택조합을 설립하려는 경우(직장주택조합의 경우는 제외)에는 관할 특별자치시장, 특별자치도지사, 시장, 군수 또는 구청장(구청장은 자치구의 구청장, 이하 "시장 · 군수 · 구청장"이라 한다)의 인가를 받아야 한다. 인가받은 내용을 변경하거나 주택조합을 해산하려는 경우에도 또한 같다. ② 주택을 마련하기 위하여 주택조합설립인가를 받으려는 자는 해당 주택건설대지의 80퍼센트 이상에 해당하는 토지의 사용권원을 확보하여야 한다. 다만, ① 후단의 경우에는 그러하지 아니하다. ③ 주택을 리모델링하기 위하여 주택조합을 설립하려는 경우에는 ㉠ 주택단지 전체를 리모델링하고자 하는 경우에는 주택단지 전체의 구분소유자와 의결권의 각 3분의 2 이상의 결의 및 각 동의 구분소유자와의결권의 각 과반수의 결의, ㉡ 동을 리모델링하고자 하는 경우에는 그 동의 구분소유자 및 의결권의 각 3분의 2 이상의 결의에 따른 구분소유자와 의결권의 결의를 증명하는 서류를 첨부하여 관할 시장 · 군수 · 구청장의 인가를 받아야 한다.7)

6) ① 등록사업자는 전년도의 영업실적과 해당 연도의 영업계획 및 기술인력 보유현황을 매년 1월 10일까지 협회에 제출(전자문서에 따른 제출을 포함)하여야 한다. 이 경우 보유 기술인력의 명세서를 첨부하여야 한다. ② 협회는 제출받은 영업실적 등을 종합한 후 매년 1월 31일까지 장관에게 제출(전자문서에 따른 제출을 포함)하여야 한다. ③ 협회는 제출받은 영업실적의 내용 중 주택건설사업 실적에 대하여 등록사업자가 확인을 요청하는 경우에는 확인한 후 확인서를 발급(전자문서에 따른 발급을 포함)할 수 있다. ④ 등록사업자는 월별 주택분양계획 및 분양실적을 매월 5일까지 협회에 제출(전자문서에 따른 제출을 포함)하여야 하며, 협회는 그 내용을 특별시 · 광역시 · 특별자치시 · 도 또는 특별자치도(시 · 도)별로 종합하여 매월 15일까지 시 · 도지사에게 통보(전자문서에 따른 통보를 포함)하고 장관에게 보고(전자문서에 따른 보고를 포함)하여야 한다.

7) ① 주택조합과 등록사업자가 공동으로 사업을 시행하면서 시공할 경우 등록사업자는 시공자로서의 책임뿐만 아니라 자신의 귀책사유로 사업 추진이 불가능하게 되거나 지연됨으로 인하여 조합원에게 입힌 손해를 배상할 책임이 있다. ② 국민주택을 공급받기 위하여 직장주택조합을 설립하려는 자는 관할 시장 · 군수 · 구청장에게 신고하여야 한다. 신고한 내용을 변경하거나 직장주택조합을 해산하려는 경우에도 또한 같다. ③ 주택조합(리모델링주택조합은 제외)은 그 구성원을 위하여 건설하는 주택을 그 조합원에게 우선 공급할 수 있으며, 직장주택조합에 대하여는 사업주체가 국민주택을 그 직장주택조합원에게 우선 공급할 수 있다. ④ 조합원은 조합규약으로 정하는 바에 따라 조합에 탈퇴의사를 알리고 탈퇴할 수 있고, 탈퇴한 조합원(제명된 조합원을 포함)은 조합규약으로 정하는 바에 따라 부담한 비용의 환급을 청구할 수 있다.

(1) 주택조합의 설립인가 등

① 주택조합의 설립 · 변경 또는 해산의 인가를 받으려는 자는 신청서에 ㉠ 설립인가신청 : ⓐ 지역주택조합 또는 직장주택조합의 경우(창립총회 회의록, 조합장선출동의서, 조합원 전원이 자필로 연명한 조합규약, 조합원 명부, 사업계획서, 해당 주택건설대지의 80퍼센트 이상에 해당하는 토지의 사용권원을 확보하였음을 증명하는 서류, 그 밖에 국토교통부령으로 정하는 서류), ⓑ 리모델링주택조합의 경우(창립총회 회의록, 조합장선출동의서, 조합원 전원이 자필로 연명한 조합규약, 조합원 명부, 사업계획서, 결의를 증명하는 서류, 건축기준의 완화 적용이 결정된 경우에는 그 증명서류, 해당 주택이 사용검사일(주택단지 안의 공동주택 전부에 대하여 임시 사용승인을 받은 경우에는 그 임시 사용승인일) 또는 사용승인일부터 대수선인 리모델링: 10년, 증축인 리모델링: 사용검사일 또는 사용승인으로부터 15년의 기간이 지났음을 증명하는 서류), ㉡ 변경인가신청: 변경의 내용을 증명하는 서류, ㉢ 해산인가신청: 조합원의 동의를 받은 정산서의 구분에 따른 서류를 첨부하여 주택건설대지(리모델링주택조합의 경우에는 해당 주택의 소재지)를 관할하는 특별자치시장, 특별자치도지사, 시장, 군수 또는 구청장에게 제출하여야 한다. ② 국토교통부령으로 정하는 사항은 반드시 총회의의결을 거쳐야 한다. ③ 총회의의결을 하는 경우에는 조합원의 100분의 10 이상이 직접 출석하여야 한다. 다만, 창립총회 또는 국토교통부령으로 정하는 사항을의결하는 총회의 경우에는 조합원의 100분의 20 이상이 직접 출석하여야 한다. ④ 주택조합(리모델링주택조합은 제외)은 주택건설 예정 세대수(설립인가 당시의 사업계획서상 주택건설 예정 세대수를 말하되, 임대주택으로 건설 · 공급하는 세대수는 제외)의 50퍼센트 이상의 조합원으로 구성하되, 조합원은 20명 이상이어야 한다. 다만, 사업계획승인 등의 과정에서 세대수가 변경된 경우에는 변경된 세대수를 기준으로 한다.[8)]

---

8) ① 리모델링주택조합 설립에 동의한 자로부터 건축물을 취득한 자는 리모델링주택조합 설립에 동의한 것으로 본다. ② 시장 · 군수 · 구청장은 해당 주택건설대지에 대한 ㉠ 건축기준 및 건축제한 등을 고려하여 해당 주택건설대지에 주택건설이 가능한지 여부, ㉡ 국토계획법에 따라 수립되었거나 해당 주택건설사업기간에 수립될 예정인 도시 · 군계획에 부합하는지 여부, ㉢ 이미 수립되어 있는 토지이용계획, ㉣ 주택건설대지 중 토지 사용에 관한 권원을 확보하지 못한 토지가 있는 경우 해당 토지의 위치가 사업계획서상의 사업시행에 지장을 줄 우려가 있는지 여부를 종합적으로 검토하여 주택조합의 설립인가 여부를 결정하여야 한다. 이 경우 그 주택건설대지가 이미 인가를 받은 다른 주택조합의 주택건설대지와 중복되지 아니하도록 하여야 한다.

(2) 조합원의 자격

① 주택조합의 조합원이 될 수 있는 사람은 다음 각 호의 구분에 따른 사람으로 한다. 다만, 조합원의 사망으로 그 지위를 상속받는 자는 다음의 요건에도 불구하고 조합원이 될 수 있다. ㉠ 지역주택조합 조합원: [ⓐ 조합설립인가 신청일(해당 주택건설대지가 투기과열지구 안에 있는 경우에는 조합설립인가 신청일 1년 전의 날)부터 해당 조합주택의 입주 가능일까지 주택을 소유(주택의 유형, 입주자 선정방법 등을 고려하여 국토교통부령으로 정하는 지위에 있는 경우를 포함)하는지에 대하여 ㉮ 국토교통부령으로 정하는 기준에 따라 세대주를 포함한 세대원[세대주와 동일한 세대별 주민등록표에 등재되어 있지 아니한 세대주의 배우자 및 그 배우자와 동일한 세대를 이루고 있는 사람을 포함] 전원이 주택을 소유하고 있지 아니한 세대의 세대주일 것, ㉯ 국토교통부령으로 정하는 기준에 따라 세대주를 포함한 세대원 중 1명에 한정하여 주거전용면적 85제곱미터 이하의 주택 1채를 소유한 세대의 세대주일 것에 해당할 것, ⓑ 조합설립인가 신청일 현재 해당 지역에 6개월 이상 계속하여 거주하여 온 사람일 것]의 요건을 모두 갖춘 사람, ㉡ 직장주택조합 조합원: ⓐ ㉠의 ⓐ에 해당하는 사람일 것(다만, 국민주택을 공급받기 위한 직장주택조합의 경우에는 ㉠의 ⓐ에 해당하는 세대주로 한정), ⓑ 조합설립인가 신청일 현재 동일한 특별시·광역시·특별자치시·특별자치도·시 또는 군(광역시의 관할구역에 있는 군은 제외) 안에 소재하는 동일한 국가기관·지방자치단체·법인에 근무하는 사람일 것의 요건을 모두 갖춘 사람, ㉢ 리모델링주택조합 조합원: ⓐ 사업계획승인을 받아 건설한 공동주택의 소유자, ⓑ 복리시설을 함께 리모델링하는 경우에는 해당 복리시설의 소유자, ⓒ 건축허가를 받아 분양을 목적으로 건설한 공동주택의 소유자(해당 건축물에 공동주택 외의 시설이 있는 경우에는 해당 시설의 소유자를 포함)에 해당하는 사람(이 경우 해당 공동주택, 복리시설 또는 공동주택 외의 시설의 소유권이 여러 명의 공유에 속할 때에는 그 여러 명을 대표하는 1명을 조합원으로 본다). ② 주택조합의 조합원이 근무·질병치료·유학·결혼 등 부득이한 사유로 세대주 자격을 일시적으로 상실한 경우로서 시장·군수·구청장이 인정하는 경우에는 조합원 자격이 있는 것으로 본다.

(3) 조합 가입 철회 및 가입비 등의 반환

① 모집주체는 주택조합의 가입을 신청한 자가 주택조합 가입을 신청하는 때에 납부하여야 하는 일체의 금전(가입비등)을 예치기관에 예치하도록 하여야 한다. ② 주택조합의 가입을 신청한 자는 가입비등을 예치한 날부터 30일 이내에 주택조합 가입에 관한 청약

을 철회할 수 있다. ③ 청약 철회를 서면으로 하는 경우에는 청약 철회의 의사를 표시한 서면을 발송한 날에 그 효력이 발생한다. ④ 모집주체는 주택조합의 가입을 신청한 자가 청약 철회를 한 경우 청약 철회의사가 도달한 날부터 7일 이내에 예치기관의 장에게 가입비등의 반환을 요청하여야 한다. ⑤ 예치기관의 장은 가입비등의 반환 요청을 받은 경우 요청일부터 10일 이내에 그 가입비등을 예치한 자에게 반환하여야 한다. ⑥ 모집주체는 주택조합의 가입을 신청한 자에게 청약 철회를 이유로 위약금 또는 손해배상을 청구할 수 없다.

2. 주택조합업무의 대행 등

① 주택조합(리모델링주택조합은 제외) 및 그 조합의 구성원(주택조합의 발기인을 포함)은 조합원 가입 알선 등 주택조합의 업무를 공동사업주체인 등록사업자 또는 ㉠ 등록사업자, ㉡ 중개업자, ㉢ 정비사업전문관리업자, ㉣ 부동산개발업의 관리 및 육성에 관한 법률(부동산개발업법)에 따른 등록사업자, ㉤ 신탁업자, ㉥ 그 밖에 다른 법률에 따라 등록한 자로서 대통령령으로 정하는 자에게만 대행하도록 하여야 한다. ② 업무대행자의 업무범위는 ㉠ 조합원 모집, 토지 확보, 조합설립인가 신청 등 조합설립을 위한 업무의 대행, ㉡ 사업성 검토 및 사업계획서 작성업무의 대행, ㉢ 설계자 및 시공자 선정에 관한 업무의 지원, ㉣ 사업계획승인 신청 등 사업계획승인을 위한 업무의 대행, ㉤ 그 밖에 총회의 운영업무 지원 등이다. ③ 주택조합의 업무를 대행하는 자는 신의에 따라 성실하게 업무를 수행하여야 하고, 거짓 또는 과장 등의 방법으로 주택조합의 가입을 알선하여서는 아니 되며, 자신의 귀책사유로 조합 또는 조합원에게 손해를 입힌 경우에는 그 손해를 배상할 책임이 있다. ④ 장관은 주택조합의 원활한 사업추진 및 조합원의 권리 보호를 위하여 공정거래위원회 위원장과 협의를 거쳐 표준업무대행계약서를 작성 · 보급할 수 있다.

3. 조합원 모집 신고 및 공개모집

① 지역주택조합 또는 직장주택조합의 설립인가를 받거나 인가받은 내용을 변경하기 위하여 조합원을 모집하려는 자는 관할 시장 · 군수 · 구청장에게 신고하고, 공개모집의 방법으로 조합원을 모집하여야 한다. 조합 설립인가를 받기 전에 신고한 내용을 변경하는 경우에도 또한 같다. ② 공개모집 이후 조합원의 사망 · 자격상실 · 탈퇴 등으로 인한 결원을 충원하거나 미달된 조합원을 재모집하는 경우에는 신고하지 아니하고 선착순의 방법

으로 조합원을 모집할 수 있다. ③ 모집 시기, 모집 방법 및 모집 절차 등 조합원 모집의 신고, 공개모집 및 조합 가입 신청자에 대한 정보 공개 등에 필요한 사항은 국토교통부령으로 정한다.[9] ④ 신고를 받은 시장 · 군수 · 구청장은 신고내용이 이 법에 적합한 경우에는 신고를 수리하고 그 사실을 신고인에게 통보하여야 한다. ⑤ 시장 · 군수 · 구청장은 ㉠ 이미 신고된 사업대지와 전부 또는 일부가 중복되는 경우, ㉡ 이미 수립되었거나 수립 예정인 도시 · 군계획, 이미 수립된 토지이용계획 또는 이 법이나 관계 법령에 따른 건축기준 및 건축제한 등에 따라 해당 주택건설대지에 조합주택을 건설할 수 없는 경우, ㉢ 조합업무를 대행할 수 있는 자가 아닌 자와 업무대행계약을 체결한 경우 등 신고내용이 법령에 위반되는 경우, ㉣ 신고한 내용이 사실과 다른 경우에는 조합원 모집 신고를 수리할 수 없다.

4. 관련 자료의 공개

① 주택조합의 발기인 또는 임원은 주택조합사업의 시행에 관한 ㉠ 조합규약, ㉡ 공동사업주체의 선정 및 주택조합이 공동사업주체인 등록사업자와 체결한 협약서, ㉢ 설계자

---

9) **(조합원 모집 신고)** ① 조합원 모집 신고를 하려는 자는 신고서에 ㉠ 조합 발기인 명단 등 조합원 모집 주체에 관한 자료, ㉡ 주택건설예정지의 지번 · 지목 · 등기명의자 및 도시 · 군관리계획상의 용도, ㉢ ⓐ 주택 건설 · 공급 계획 등이 포함된 사업의 개요, ⓑ 토지확보 현황(확보면적, 확보비율 등) 및 계획과 이를 증명할 수 있는 토지사용승낙서 등의 자료, ⓒ 조합 자금관리의 주체 및 계획의 사항이 모두 포함된 조합원 모집공고안, ㉣ 조합가입 신청서 및 계약서의 서식, ㉤ 업무대행자를 선정한 경우에는 업무대행계약서의 서류를 첨부하여 관할 시장 · 군수 · 구청장에게 제출하여야 한다. ② 시장 · 군수 · 구청장은 신고서가 접수된 날부터 15일 이내에 신고의 수리 여부를 결정 · 통지하여야 한다. ③ 신고를 수리하는 경우에는 신고대장에 관련 내용을 적고, 신고인에게 신고필증을 발급하여야 한다. **(조합원 공개모집)** ① 조합원을 모집하려는 자는 조합원 모집 신고가 수리된 이후 ㉠ 지역주택조합: 조합원 모집 대상 지역의 주민이 널리 볼 수 있는 일간신문 및 관할 시 · 군 · 자치구의 인터넷 홈페이지에 게시, ㉡ 직장주택조합: 조합원 모집 대상 직장의 인터넷 홈페이지에 게시의 구분에 따른 방법으로 모집공고를 하여야 한다. ② 조합원 모집공고에는 ⓐ 조합 발기인 등 조합원 모집 주체의 성명 및 주소(법인의 경우에는 법인명, 대표자의 성명, 법인의 주소 및 법인등록번호), ⓑ 업무대행자를 선정한 경우에는 업무대행자의 성명 및 주소(법인의 경우에는 법인명, 대표자의 성명, 법인의 주소 및 법인등록번호), ⓒ 주택건설예정지의 지번 · 지목 및 면적, ⓓ 토지확보 현황(확보면적, 확보비율 등) 및 계획, ⓔ 주택건설 예정세대수 및 주택건설 예정기간, ⓕ 조합원 모집세대수 및 모집기간, ⓖ 조합원을 분할하여 모집하는 경우에는 분할 모집시기별 모집세대수 등 조합원 모집에 관한 정보, ⓗ 호당 또는 세대당 주택공급면적 및 대지면적, ⓘ 조합가입 신청자격, 신청시의 구비서류, 신청일시 및 장소, ⓙ 계약금 · 분담금의 납부시기 및 납부방법 등 조합원의 비용부담에 관한 사항, ⓚ 조합 자금관리의 주체 및 계획, ⓛ 조합원 당첨자 발표의 일시 · 장소 및 방법, ⓜ 부적격자의 처리 및 계약 취소에 관한 사항, ⓝ 조합가입 계약일 · 계약장소 등의 계약사항, ⓞ 동 · 호수의 배정 시기 및 방법 등에 관한 사항, ⓟ 조합설립인가 신청일(또는 신청예정일), 사업계획승인 신청예정일, 착공예정일 및 입주예정일, ⓠ 조합원의 권리 · 의무에 관한 사항, ⓡ 그 밖에 추가분담금 등 조합가입 시 유의할 사항으로서 시장 · 군수 · 구청장이 필요하다고 인정하는 사항이 포함되어야 한다.

등 용역업체 선정 계약서, ㉣ 조합총회 및 이사회, 대의원회 등의의사록, ㉤ 사업시행계획서, ㉥ 해당 주택조합사업의 시행에 관한 공문서, ㉦ 회계감사보고서, ㉧ 그 밖에 주택조합사업 시행에 관하여 서류 및 관련 자료가 작성되거나 변경된 후 15일 이내에 이를 조합원이 알 수 있도록 인터넷과 그 밖의 방법을 병행하여 공개하여야 한다. ② ①에 따른 서류 및 ㉠ 조합 구성원 명부, ㉡ 토지사용승낙서 등 토지 확보 관련 자료, ㉢ 그 밖에 대통령령으로 정하는 서류 및 관련 자료를 포함하여 주택조합사업의 시행에 관한 서류와 관련 자료를 조합의 구성원이 열람·복사 요청을 한 경우 주택조합의 발기인 또는 임원은 15일 이내에 그 요청에 따라야 한다. 이 경우 복사에 필요한 비용은 실비의 범위에서 청구인이 부담한다.

5. 조합임원의 결격사유

① ㉠ 미성년자·피성년후견인 또는 피한정후견인, ㉡ 파산선고를 받은 사람으로서 복권되지 아니한 사람, ㉢ 금고 이상의 실형을 선고받고 그 집행이 종료(종료된 것으로 보는 경우를 포함)되거나 집행이 면제된 날부터 2년이 경과되지 아니한 사람, ㉣ 금고 이상의 형의 집행유예를 선고받고 그 유예기간 중에 있는 사람, ㉤ 금고 이상의 형의 선고유예를 받고 그 선고유예기간 중에 있는 사람, ㉥ 법원의 판결 또는 다른 법률에 따라 자격이 상실 또는 정지된 사람, ㉦ 해당 주택조합의 공동사업주체인 등록사업자 또는 업무대행사의 임직원에 해당하는 사람은 조합의 임원이 될 수 없다. ② ①의 사유가 발생하면 해당 임원은 당연히 퇴직된다. ③ 퇴직된 임원이 퇴직 전에 관여한 행위는 그 효력을 상실하지 아니한다.

6. 주택조합에 대한 감독 등

① 장관 또는 시장·군수·구청장은 주택공급에 관한 질서를 유지하기 위하여 특히 필요하다고 인정되는 경우에는 국가가 관리하고 있는 행정전산망 등을 이용하여 주택조합 구성원의 자격 등에 관하여 필요한 사항을 확인할 수 있다. ② 시장·군수·구청장은 주택조합 또는 주택조합의 구성원이 ㉠ 거짓이나 그 밖의 부정한 방법으로 설립인가를 받은 경우, ㉡ 사업주체에 대한 지도·감독에 따른 명령이나 처분을 위반한 경우에 해당하는 경우에는 주택조합의 설립인가를 취소할 수 있다. ③ 주택조합은 회계감사를 받아야 하며, 그 감사결과를 관할 시장·군수·구청장에게 보고하고, 인터넷에 게재하는 등 해당

조합원이 열람할 수 있도록 하여야 한다.[10)]

7. 주택조합사업의 시공보증

① 주택조합이 공동사업주체인 시공자를 선정한 경우 그 시공자는 공사의 시공보증(시공자가 공사의 계약상의무를 이행하지 못하거나 의무이행을 하지 아니할 경우 보증기관에서 시공자를 대신하여 계약이행의무를 부담하거나 총 공사금액의 50퍼센트 이하(공사금액의 30퍼센트 이상의 범위)에서 주택조합이 정하는 금액을 납부할 것을 보증하는 것)을 위하여 국토교통부령으로 정하는 기관의 시공보증서를 조합에 제출하여야 한다. ② 사업계획승인권자는 착공신고를 받는 경우에는 시공보증서 제출 여부를 확인하여야 한다.

Ⅲ. 사업계획의 승인 등

1. 사업계획의 승인

① ㉮ 단독주택: 30호. 다만, ⓐ 공공사업에 따라 조성된 용지를 개별 필지로 구분하지 아니하고 일단의 토지로 공급받아 해당 토지에 건설하는 단독주택, ⓑ 한옥에 해당하는 단독주택의 경우에는 50호, ㉯ 공동주택: 30세대(리모델링의 경우에는 증가하는 세대수를 기준). 다만, ⓐ 세대별 주거전용면적이 30제곱미터 이상일 것과 해당 주택단지 진입도로의 폭이 6미터 이상일 것(다만, 해당 주택단지의 진입도로가 두 개 이상인 경우에는 두 개의 진입도로 폭의 합계가 10미터 이상일 것과 폭 4미터 이상 6미터 미만인 진입도로는 주택단지의 구분기준이 되는 도로와 통행거리가 200미터 이내일 것을 모두 갖추면 진입도로의 폭을 4미터 이상 6미터 미만으로 할 수 있다)의 요건을 모두 갖춘 단지형 연립주택 또는 단지형 다세대주택, ⓑ 정비구역에서 주거환경개선사업(토지소유자가 스스로 정비하는 방법으로 시행하는 경우만 해당)을 시행하기 위하여 건설하는 공동주택(다만, 정비기반시설의 설치계획대로 정비기반시설 설치가 이루어지지 아니한 지역으로서

---

10) ① 주택조합은 ⓐ 주택조합 설립인가를 받은 날부터 3개월이 지난 날, ⓑ 사업계획승인(사업계획승인 대상이 아닌 리모델링인 경우에는 허가)을 받은 날부터 3개월이 지난 날, ⓒ 사용검사 또는 임시사용승인을 신청한 날에 해당하는 날부터 30일 이내에 감사인의 회계감사를 받아야 한다. ② 회계감사에 대해서는 회계감사기준을 적용한다. ③ 회계감사를 한 자는 회계감사 종료일부터 15일 이내에 회계감사 결과를 관할 시장·군수·구청장과 해당 주택조합에 각각 통보하여야 한다. ④ 시장·군수·구청장은 통보받은 회계감사 결과의 내용을 검토하여 위법 또는 부당한 사항이 있다고 인정되는 경우에는 그 내용을 해당 주택조합에 통보하고 시정을 요구할 수 있다.

시장 · 군수 · 구청장이 지정 · 고시하는 지역에서 건설하는 공동주택은 제외)에 해당하는 공동주택을 건설(리모델링의 경우는 제외)하는 경우에는 50세대 이상의 주택건설사업을 시행하려는 자 또는 1만제곱미터 이상의 대지조성사업을 시행하려는 자는 ㉠ 주택건설사업 또는 대지조성사업으로서 해당 대지면적이 10만제곱미터 이상인 경우: 시 · 도지사 또는 서울특별시 · 광역시 및 특별자치시를 제외한 인구 50만 이상의 대도시의 시장, ㉡ 주택건설사업 또는 대지조성사업으로서 해당 대지면적이 10만제곱미터 미만인 경우: 특별시장 · 광역시장 · 특별자치시장 · 특별자치도지사 또는 시장 · 군수의 사업계획승인권자(국가 및 LH가 시행하는 경우와 대통령령으로 정하는 경우[11]에는 장관)에게 사업계획승인을 받아야 한다. 다만, 주택 외의 시설과 주택을 동일 건축물로 건축하는 경우 등 Ⓐ ⓐ 준주거지역 또는 상업지역(유통상업지역은 제외)에서 300세대 미만의 주택과 주택 외의 시설을 동일 건축물로 건축하는 경우일 것과 ⓑ해당 건축물의 연면적에서 주택의 연면적이 차지하는 비율이 90퍼센트 미만일 것의 요건을 모두 갖춘 사업의 경우, Ⓑ 생활환경정비사업 중 농업협동조합중앙회가 조달하는 자금으로 시행하는 사업인 경우에는 그러하지 아니하다. ② 사업계획승인을 받으려는 자는 사업계획승인신청서에 주택과 그 부대시설 및 복리시설의 배치도, 대지조성공사 설계도서 등 대통령령으로 정하는 서류를 첨부하여 사업계획승인권자에게 제출하여야 한다. ③ 주택건설사업을 시행하려는 자는 600세대 이상의 주택단지를 공구별로 분할하여 주택을 건설 · 공급할 수 있다. 이 경우 ②에 따른 서류와 함께 ㉠ 공구별 공사계획서, ㉡ 입주자모집계획서, ㉢ 사용검사계획서를 첨부하여 사업계획승인권자에게 제출하고 사업계획승인을 받아야 한다. ④ 승인받은 사업계획을 변경하려면 사업계획승인권자로부터 변경승인을 받아야 한다. 다만, 경미한 사항[12]을 변경

---

11) ㉮ 330만제곱미터 이상의 규모로 택지개발사업 또는 도시개발사업을 추진하는 지역 중 장관이 지정 · 고시하는 지역에서 주택건설사업을 시행하는 경우, ㉯ 수도권 또는 광역시 지역의 긴급한 주택난 해소가 필요하거나 지역균형개발 또는 광역적 차원의 조정이 필요하여 장관이 지정 · 고시하는 지역에서 주택건설사업을 시행하는 경우, ㉰ ⓐ 국가, ⓑ 지방자치단체, ⓒ LH, ⓓ 지방공사가 단독 또는 공동으로 총지분의 50퍼센트를 초과하여 출자한 위탁관리 부동산투자회사(자산관리회사가 LH인 경우만 해당)가 공공주택건설사업을 시행하는 경우.

12) ㉠ 총사업비의 20퍼센트의 범위에서의 사업비 증감(국민주택을 건설하는 경우로서 지원받는 주택도시기금이 증가되는 경우는 제외), ㉡ 건축물이 아닌 부대시설 및 복리시설의 설치기준 변경으로서 ⓐ 해당 부대시설 및 복리시설 설치기준 이상으로 의 변경일 것과 ⓑ 위치변경(건축설비의 위치변경은 제외)이 발생하지 아니하는 변경일 것의 요건을 모두 갖춘 변경, ㉢ 대지면적의 20퍼센트의 범위에서의 면적 증감(지구경계의 변경을 수반하거나 토지 또는 토지에 정착된 물건 및 그 토지나 물건에 관한 소유권 외의 권리를 수용할 필요를 발생시키는 경우는 제외), ㉣ 세대수 또는 세대당 주택공급면적을 변경하지 아니하는 범위에서의 내부구조의 위치나 면적 변경(사업계획승인을 받은 면적의 10퍼센트 범위에서의 변경으로 한정), ㉤ 내장 재료 및 외장 재료의 변경(재료의 품질이 사업계획승인을 받을 당시의 재료와 같거나 그 이상인 경우로 한정), ㉥ 사업계획승인의 조건으로 부과된 사항을 이행함에 따라 발생되는 변경(공공시설 설치계획의 변경이 필요한 경우는 제외), ㉦ 건축물의 설계와

하는 경우에는 그러하지 아니하다.

2. 사업계획의 이행 및 취소 등

① 사업주체는 승인받은 사업계획대로 사업을 시행하여야 하고, ㉠ 일정 세대(호수) 및 면적 기준에 따라 승인을 받은 경우: 승인받은 날부터 5년 이내, ㉡ 주택단지의 공구별 분할에 따라 승인을 받은 경우 : ⓐ 최초로 공사를 진행하는 공구: 승인받은 날부터 5년 이내, ⓑ 최초로 공사를 진행하는 공구 외의 공구: 해당 주택단지에 대한 최초 착공신고일부터 2년 이내에 따라 공사를 시작하여야 한다. 다만, 사업계획승인권자는 대통령령으로 정하는 정당한 사유[13]가 있다고 인정하는 경우에는 사업주체의 신청을 받아 그 사유가 없어진 날부터 1년의 범위에서 ㉠ 또는 ㉡의 ⓐ에 따른 공사의 착수기간을 연장할 수 있다. ② 사업주체가 ①에 따라 공사를 시작하려는 경우에는 사업계획승인권자에게 신고하여야 한다. ③ 사업계획승인권자는 ㉠ 사업주체가 ①(① ㉡의 ⓑ는 제외)을 위반하여 공사를 시작하지 아니한 경우, ㉡ 사업주체가 경매·공매 등으로 인하여 대지소유권을 상실한 경우, ㉢ 사업주체의 부도·파산 등으로 공사의 완료가 불가능한 경우 그 사업계획의 승인을 취소(㉡ 또는 ㉢에 해당하는 경우 주택분양보증이 된 사업은 제외) 할 수 있다.

용도별 위치를 변경하지 아니하는 범위에서의 건축물의 배치조정 및 주택단지 안 도로의 선형변경, ⓞ ⓐ 건축물의 동수나 층수를 변경하지 아니하면서 변경되는 부분의 바닥면적의 합계가 50제곱미터 이하인 경우로서 (㉮ 변경되는 부분의 높이가 1미터 이하이거나 전체 높이의 10분의 1 이하일 것, ㉯ 허가를 받거나 신고를 하고 건축 중인 부분의 위치 변경범위가 1미터 이내일 것, ㉰ 신고를 하면 건축허가를 받은 것으로 보는 규모에서 건축허가를 받아야 하는 규모로의 변경이 아닐 것)의 요건을 모두 갖춘 경우, ⓑ 건축물의 동수나 층수를 변경하지 아니하면서 변경되는 부분이 연면적 합계의 10분의 1 이하인 경우(연면적이 5천 제곱미터 이상인 건축물은 각 층의 바닥면적이 50제곱미터 이하의 범위에서 변경되는 경우만 해당), ⓒ 대수선에 해당하는 경우, ⓓ 건축물의 층수를 변경하지 아니하면서 변경되는 부분의 높이가 1미터 이하이거나 전체 높이의 10분의 1 이하인 경우, ⓔ 허가를 받거나 신고를 하고 건축 중인 부분의 위치가 1미터 이내에서 변경되는 경우에 해당하는 사항의 변경.

13) Ⓐ 문화재청장의 매장문화재 발굴허가를 받은 경우, Ⓑ 해당 사업시행지에 대한 소유권 분쟁(소송절차가 진행 중인 경우만 해당)으로 인하여 공사 착수가 지연되는 경우, Ⓒ 사업계획승인의 조건으로 부과된 사항을 이행함에 따라 공사 착수가 지연되는 경우, Ⓓ 천재지변 또는 사업주체에게 책임이 없는 불가항력적인 사유로 인하여 공사 착수가 지연되는 경우, Ⓔ 공공택지의 개발·조성을 위한 계획에 포함된 기반시설의 설치 지연으로 공사 착수가 지연되는 경우, Ⓕ 해당 지역의 미분양주택 증가 등으로 사업성이 악화될 우려가 있거나 주택건설경기가 침체되는 등 공사에 착수하지 못할 부득이한 사유가 있다고 사업계획승인권자가 인정하는 경우.

3. 사업계획의 통합심의 등

① 사업계획승인권자는 필요하다고 인정하는 경우에 도시계획 · 건축 · 교통 등 사업계획승인과 관련된 ㉠ 건축심의, ㉡ 도시 · 군관리계획 및 개발행위 관련 사항, ㉢ 광역교통 개선대책, ㉣ 교통영향평가, ㉤ 경관심의, ㉥ 그 밖에 사업계획승인권자가 필요하다고 인정하여 통합심의에 부치는 사항을 통합하여 검토 및 심의(통합심의)할 수 있다. ② 사업계획승인권자가 통합심의를 하는 경우에는 ㉠ 중앙건축위원회 및 지방건축위원회, ㉡ 해당 주택단지가 속한 시 · 도에 설치된 지방도시계획위원회, ㉢ 광역교통 개선대책에 대하여 심의권한을 가진 국가교통위원회, ㉣ 교통영향평가심의위원회, ㉤ 경관위원회, ㉥ ①의 ㉥에 대하여 심의권한을 가진 관련 위원회에 속하고 해당 위원회의 위원장의 추천을 받은 위원들과 사업계획승인권자가 속한 지방자치단체 소속 공무원으로 소집된 공동위원회를 구성하여 통합심의를 하여야 한다. 이 경우 공동위원회의 구성, 통합심의의 방법 및 절차에 관한 사항은 대통령령으로 정한다.[14] ③ 사업계획승인권자는 통합심의를 한 경우 특별한 사유가 없으면 심의 결과를 반영하여 사업계획을 승인하여야 한다. ④ 통합심의를 거친 경우에는 ①에 대한 검토 · 심의 · 조사 · 협의 · 조정 또는 재정을 거친 것으로 본다.

4. 다른 법률에 따른 인가 · 허가 등의의제 등

① 사업계획승인권자가 사업계획을 승인 또는 변경 승인할 건축허가 등[15]의 허가 · 인

14) ① 공동위원회는 위원장 및 부위원장 1명씩을 포함하여 25명 이상 30명 이하의 위원으로 구성한다. ② 공동위원회 위원장은 통합심의에 해당하는 위원회 위원장의 추천을 받은 위원 중에서 호선한다. ③ 공동위원회 부위원장은 사업계획승인권자가 속한 지방자치단체 소속 공무원 중에서 위원장이 지명한다. ④ 공동위원회 위원은 통합심의 위원회의 위원이 각각 5명 이상이 되어야 한다.

15) ⓐ 건축허가, 건축신고, 허가 · 신고사항의 변경 및 가설건축물의 건축허가 또는 신고, ⓑ 지도등의 간행 심사, ⓒ 공유수면법에 따른 공유수면의 점용 · 사용허가, 협의 또는 승인, 점용 · 사용 실시계획의 승인 또는 신고, 공유수면의 매립면허, 국가 등이 시행하는 매립의 협의 또는 승인 및 공유수면매립실시계획의 승인, ⓓ 채굴계획의 인가, ⓔ 도시 · 군관리계획(계획 및 계획 중 지구단위계획구역 및 지구단위계획만 해당)의 결정, 개발행위의 허가, 도시 · 군계획시설사업시행자의 지정, 실시계획의 인가 및 타인의 토지에 의 출입허가, ⓕ 농업생산기반시설의 사용허가, 농지전용의 허가 또는 협의, ⓖ 도로공사 시행의 허가, 도로점용의 허가, 사도의 개설허가, ⓗ 도시개발구역의 지정, 시행자의 지정, 실시계획의 인가 및 타인의 토지에 의 출입허가, ⓘ 토지의 형질변경 등의 허가, 사방지 지정의 해제, ⓙ 산림보호구역에서의 행위의 허가 · 신고(채종림 및 시험림과 산림유전자원보호구역의 경우는 제외), 입목벌채등의 허가 · 신고(채종림 및 시험림과 산림유전자원보호구역의 경우는 제외), 산지전용허가 및 산지전용신고, 산지일시사용허가 · 신고, ⓚ 소하천공사 시행의 허가, 소하천 점용 등의 허가 또는 신고, ⓛ 수도사업의 인가, 전용상수도 설치의 인가, ⓜ 연안정비사업실시계획의 승인, ⓝ 대규모점포

가 · 결정 · 승인 또는 신고 등(인 · 허가등)에 관하여 관계 행정기관의 장과 협의한 사항에 대하여는 해당 인 · 허가등을 받은 것으로 보며, 사업계획의 승인고시가 있은 때에는 관계 법률에 따른 고시가 있은 것으로 본다. ② 사업계획승인권자는 사업계획을 승인하려는 경우 그 사업계획에 ①에 해당하는 사항이 포함되어 있는 경우에는 해당 법률에서 정하는 관계 서류를 미리 관계 행정기관의 장에게 제출한 후 협의하여야 한다. 이 경우 협의 요청을 받은 관계 행정기관의 장은 사업계획승인권자의 협의 요청을 받은 날부터 20일 이내에 의견을 제출하여야 하며, 그 기간 내에 의견을 제출하지 아니한 경우에는 협의가 완료된 것으로 본다. ③ 사업계획승인권자의 협의 요청을 받은 관계 행정기관의 장은 해당 법률에서 규정한 인 · 허가등의 기준을 위반하여 협의에 응하여서는 아니 된다. ④ 50퍼센트 이상의 국민주택을 건설하는 사업주체가 다른 법률에 따른 인 · 허가등을 받은 것으로 보는 경우에는 관계 법률에 따라 부과되는 수수료 등을 면제한다.

5. 주택건설사업 등에 의한 임대주택의 건설 등

① 사업주체(리모델링을 시행하는 자는 제외)가 ㉠ 30호(30세대) 이상의 주택과 주택 외의 시설을 동일 건축물로 건축하는 계획, ㉡ 임대주택의 건설 · 공급에 관한 사항을 포함한 사업계획승인신청서를 제출하는 경우 사업계획승인권자(건축허가권자를 포함)는 국토계획법의 용도지역별 용적률 범위에서 조례로 정하는 기준에 따라 용적률을 완화하여 적용할 수 있다. ② 용적률을 완화하여 적용하는 경우 사업주체는 완화된 용적률의 60퍼센트 이하의 범위에서 30퍼센트 이상 60퍼센트 이하의 범위에서 시 · 도의 조례로 정하는 비율 이상에 해당하는 면적을 임대주택으로 공급하여야 한다. 이 경우 사업주체는 임대주택을 장관, 시 · 도지사, LH 또는 지방공사(인수자)에 공급하여야 하며 시 · 도지사가 우선 인수할 수 있다. 다만, 시 · 도지사가 임대주택을 인수하지 아니하는 경우 ㉠ 특별시장, 광역시장 또는 도지사가 인수하지 아니하는 경우: 관할 시장, 군수 또는 구청장이 사업계획승인(「건축법」의 건축허가 포함)신청 사실을 특별시장, 광역시장 또는 도지사에게 통보한 후 장관에게 인수자 지정 요청, ㉡ 특별자치시장 또는 특별자치도지사가 인수하지 아니하는 경우: 특별자치시장 또는 특별자치도지사가 직접 장관에게 인수자 지정 요청의 구분에 따라 장관에게 인수자 지정을 요청하여야 한다. 장관은 시장 · 군수 · 구청장으로부

의 등록, ⓞ 무연분묘의 개장허가, ⓟ 지하수 개발 · 이용의 허가 또는 신고, ⓠ 초지전용의 허가, ⓡ 행위의 허가, ⓢ 공공하수도에 관한 공사 시행의 허가, 개인하수처리시설의 설치신고, 하천공사 시행의 허가 및 하천공사실시계획의 인가, 하천의 점용허가 및 하천수의 사용허가, ⓣ 토지거래계약에 관한 허가.

터 인수자를 지정하여 줄 것을 요청받은 경우에는 30일 이내에 인수자를 지정하여 시·도지사에게 통보하여야 한다. 시·도지사는 통보를 받은 경우에는 지체 없이 장관이 지정한 인수자와 임대주택의 인수에 관하여 협의하여야 한다.[16)]

6. 대지의 소유권

(1) 대지의 소유권 확보 등

① 주택건설사업계획의 승인을 받으려는 자는 해당 주택건설대지의 소유권을 확보하여야 한다. 다만, ㉠ 지구단위계획의 결정(의제되는 경우를 포함)이 필요한 주택건설사업의 해당 대지면적의 80퍼센트 이상을 사용할 수 있는 권원[등록사업자와 공동으로 사업을 시행하는 주택조합(리모델링주택조합은 제외)의 경우에는 95퍼센트 이상의 소유권]을 확보하고(국공유지가 포함된 경우에는 해당 토지의 관리청이 해당 토지를 사업주체에게 매각하거나 양여할 것을 확인한 서류를 사업계획승인권자에게 제출하는 경우에는 확보한 것으로 본다), 확보하지 못한 대지가 매도청구 대상이 되는 대지에 해당하는 경우, ㉡ 사업주체가 주택건설대지의 소유권을 확보하지 못하였으나 그 대지를 사용할 수 있는 권원을 확보한 경우, ㉢ 국가·지방자치단체·LH 또는 지방공사가 주택건설사업을 하는 경우에는 그러하지 아니하다. ② 사업주체가 신고한 후 공사를 시작하려는 경우 사업계획승인을 받은 해당 주택건설대지에 매도청구 대상이 되는 대지가 포함되어 있으면 해당 매도청구 대상 대지에 대하여는 그 대지의 소유자가 매도에 대하여 합의를 하거나 매도청구에 관한 법원의 승소판결(판결이 확정될 것을 요하지 아니한다)을 받은 경우에만 공사를 시작할 수 있다.

(2) 매도청구 등

① 사업계획승인을 받은 사업주체는 ㉠ 주택건설대지면적의 95퍼센트 이상의 사용권원을 확보한 경우: 사용권원을 확보하지 못한 대지의 모든 소유자에게 매도청구 가능, ㉡

---

16) ① 임대주택의 공급가격은 공공건설임대주택의 분양전환가격 산정기준에서 정하는 건축비로 하고, 그 부속토지는 인수자에게 기부채납한 것으로 본다. ② 사업주체는 사업계획승인을 신청하기 전에 미리 용적률의 완화로 건설되는 임대주택의 규모 등에 관하여 인수자와 협의하여 사업계획승인신청서에 반영하여야 한다. ③ 사업주체는 공급되는 주택의 전부(주택조합이 설립된 경우에는 조합원에게 공급하고 남은 주택)를 대상으로 공개추첨의 방법에 의하여 인수자에게 공급하는 임대주택을 선정하여야 하며, 그 선정 결과를 지체 없이 인수자에게 통보하여야 한다. ④ 사업주체는 임대주택의 준공인가(건축법의 사용승인을 포함)를 받은 후 지체 없이 인수자에게 등기를 촉탁 또는 신청하여야 한다. 이 경우 사업주체가 거부 또는 지체하는 경우에는 인수자가 등기를 촉탁 또는 신청할 수 있다.

㉠ 외의 경우: 사용권원을 확보하지 못한 대지의 소유자 중 지구단위계획구역 결정고시일 10년 이전에 해당 대지의 소유권을 취득하여 계속 보유하고 있는 자(대지의 소유기간을 산정할 때 대지소유자가 직계존속 · 직계비속 및 배우자로부터 상속받아 소유권을 취득한 경우에는 피상속인의 소유기간을 합산한다)를 제외한 소유자에게 매도청구 가능에 따라 해당 주택건설대지 중 사용할 수 있는 권원을 확보하지 못한 대지(건축물을 포함)의 소유자에게 그 대지를 시가(市價)로 매도할 것을 청구할 수 있다. 이 경우 매도청구 대상이 되는 대지의 소유자와 매도청구를 하기 전에 3개월 이상 협의를 하여야 한다. ② 인가를 받아 설립된 리모델링주택조합은 그 리모델링 결의에 찬성하지 아니하는 자의 주택 및 토지에 대하여 매도청구를 할 수 있다. ③ 매도청구에 관하여는 집합건물법상 구분소유권의 매도청구 등을 준용한다. 이 경우 구분소유권 및 대지사용권은 주택건설사업 또는 리모델링사업의 매도청구의 대상이 되는 건축물 또는 토지의 소유권과 그 밖의 권리로 본다.

(3) 소유자를 확인하기 곤란한 대지 등에 대한 처분

① 사업계획승인을 받은 사업주체는 해당 주택건설대지 중 사용할 수 있는 권원을 확보하지 못한 대지의 소유자가 있는 곳을 확인하기가 현저히 곤란한 경우에는 전국적으로 배포되는 둘 이상의 일간신문에 두 차례 이상 공고하고, 공고한 날부터 30일 이상이 지났을 때에는 매도청구 대상의 대지로 본다. ② 사업주체는 매도청구 대상 대지의 감정평가액에 해당하는 금액을 법원에 공탁하고 주택건설사업을 시행할 수 있다. ③ 대지의 감정평가액은 사업계획승인권자가 추천하는 감정평가업자 2명 이상이 평가한 금액을 산술평균하여 산정한다.

7. 토지에 의 출입 등

(1) 토지에 의 출입 등

① 국가 · 지방자치단체 · LH 및 지방공사인 사업주체가 사업계획의 수립을 위한 조사 또는 측량을 하려는 경우와 국민주택사업을 시행하기 위하여 필요한 경우에는 ㉠ 타인의 토지에 출입하는 행위, ㉡ 특별한 용도로 이용되지 아니하고 있는 타인의 토지를 재료적치장 또는 임시도로로 일시 사용하는 행위, ㉢ 특히 필요한 경우 죽목(竹木) · 토석이나 그 밖의 장애물을 변경하거나 제거하는 행위를 할 수 있다. ② 사업주체가 국민주택을 건설하거나 국민주택을 건설하기 위한 대지를 조성하는 경우에는 토지나 토지에 정착한 물

건 및 그 토지나 물건에 관한 소유권 외의 권리(토지등)를 수용하거나 사용할 수 있다.

(2) 토지에 의 출입 등에 따른 손실보상

① 사업주체가 사업계획의 수립을 위한 조사 또는 측량에 따른 행위로 인하여 손실을 입은 자가 있는 경우에는 그 행위를 한 사업주체가 그 손실을 보상하여야 한다. ② 손실보상에 관하여는 그 손실을 보상할 자와 손실을 입은 자가 협의하여야 한다. ③ 손실을 보상할 자 또는 손실을 입은 자는 협의가 성립되지 아니하거나 협의를 할 수 없는 경우에는 토지보상법에 따른 관할 토지수용위원회에 재결을 신청할 수 있다. ④ 토지수용위원회의 재결에 관하여는 토지보상법의 규정을 준용한다.

(3) 토지매수 업무 등의 위탁

① 국가 또는 LH인 사업주체는 주택건설사업 또는 대지조성사업을 위한 토지매수 업무와 손실보상 업무를 관할 지방자치단체의 장에게 위탁할 수 있다. ② 사업주체가 토지매수 업무와 손실보상 업무를 위탁할 때에는 그 토지매수 금액과 손실보상 금액의 2퍼센트의 범위에서 대통령령으로 정하는 요율의 위탁수수료를 해당 지방자치단체에 지급하여야 한다. 사업주체(국가 또는 LH인 경우로 한정)는 토지매수업무와 손실보상업무를 지방자치단체의 장에게 위탁하는 경우에는 매수할 토지 및 위탁조건을 명시하여야 한다.

8. 간선시설의 설치 및 비용의 상환

① 사업주체가 ⓐ 단독주택인 경우: 100호, ⓑ 공동주택인 경우: 100세대(리모델링의 경우에는 늘어나는 세대수 기준)의 주택건설사업을 시행하는 경우 또는 1만6천500제곱미터 이상의 대지조성사업을 시행하는 경우 ㉠ 지방자치단체: 도로 및 상하수도시설, ㉡ 해당 지역에 전기·통신·가스 또는 난방을 공급하는 자: 전기시설·통신시설·가스시설 또는 지역난방시설, ㉢ 국가: 우체통 각각 해당 간선시설을 설치하여야 한다. 다만, ㉠에 해당하는 시설로서 사업주체가 30호(세대)이상의 주택공급 및 1만제곱미터이상의 대지조성 또는 공구별 단지분할에 따른 주택건설사업계획 또는 대지조성사업계획에 포함하여 설치하려는 경우에는 그러하지 아니하다. ② 간선시설은 특별한 사유가 없으면 사용검사일까지 설치를 완료하여야 한다. ③ 간선시설의 설치 비용은 설치의무자가 부담한다. 이 경우 간선시설의 설치 비용은 그 비용의 50퍼센트의 범위에서 국가가 보조할 수 있다. ④ 전기간선시설을 지중선로로 설치하는 경우에는 전기를 공급하는 자와 지중에 설치할

것을 요청하는 자가 각각 50퍼센트의 비율로 그 설치 비용을 부담한다. 다만, 사업지구 밖의 기간시설로부터 그 사업지구 안의 가장 가까운 주택단지(사업지구 안에 1개의 주택단지가 있는 경우에는 그 주택단지)의 경계선까지 전기간선시설을 설치하는 경우에는 전기를 공급하는 자가 부담한다. 간선시설 설치의무자가 간선시설의 설치를 완료하지 못할 특별한 사유가 있는 경우에는 사업주체가 그 간선시설을 자기부담으로 설치하고 간선시설 설치의무자에게 그 비용의 상환을 요구할 수 있다.[17)]

9. 공공시설의 귀속 등

① 사업주체가 사업계획승인을 받은 사업지구의 토지에 새로 공공시설을 설치하거나 기존의 공공시설에 대체되는 공공시설을 설치하는 경우 그 공공시설의 귀속에 관하여는 국토계획법(제65조 및 제99조)을 준용한다. ② 행정청인 시행자로 보는 LH 및 지방공사는 해당 공사에 귀속되는 공공시설을 해당 국민주택사업을 시행하는 목적 외로는 사용하거나 처분할 수 없다.

10. 국공유지 등의 우선 매각 및 임대

① 국가 또는 지방자치단체는 그가 소유하는 토지를 매각하거나 임대하는 경우에는 ㉠ 국민주택규모의 주택을 50퍼센트 이상으로 건설하는 주택의 건설, ㉡ 주택조합이 건설하는 주택(조합주택)의 건설, ㉢ ㉠ 또는 ㉡의 주택을 건설하기 위한 대지의 조성의 목적으로 그 토지의 매수 또는 임차를 원하는 자가 있으면 그에게 우선적으로 그 토지를 매각하거나 임대할 수 있다. ② 국가 또는 지방자치단체는 국가 또는 지방자치단체로부터 토지를 매수하거나 임차한 자가 그 매수일 또는 임차일부터 2년 이내에 국민주택규모의 주택 또는 조합주택을 건설하지 아니하거나 그 주택을 건설하기 위한 대지조성사업을 시행하지 아니한 경우에는 환매하거나 임대계약을 취소할 수 있다.

---

17) **(간선시설 설치비의 상환)** ① 사업주체가 간선시설을 자기부담으로 설치하려는 경우 간선시설 설치의무자는 사업주체와 간선시설의 설치비 상환계약을 체결하여야 한다. ② 상환계약에서 정하는 설치비의 상환기한은 해당 사업의 사용검사일부터 3년 이내로 하여야 한다. ③ 간선시설 설치의무자가 상환계약에 따라 상환하여야 하는 금액은 ⓐ 설치비용, ⓑ 상환 완료 시까지의 설치비용에 대한 이자를 합산한 금액으로 한다.

11. 환지 방식에 의한 도시개발사업으로 조성된 대지의 활용

① 사업주체가 국민주택용지로 사용하기 위하여 도시개발사업시행자[도시개발법에 따른 환지 방식에 의하여 사업을 시행하는 도시개발사업의 시행자]에게 체비지의 매각을 요구한 경우 그 도시개발사업시행자는 체비지의 총면적의 50퍼센트의 범위에서 이를 우선적으로 사업주체에게 매각할 수 있다. ② 사업주체가 환지 계획의 수립 전에 체비지의 매각을 요구하면 도시개발사업시행자는 사업주체에게 매각할 체비지를 그 환지 계획에서 하나의 단지로 정하여야 한다. ③ 체비지의 양도가격은 감정평가업자가 감정평가한 감정가격을 기준으로 한다. 다만, 임대주택을 건설하는 경우 등 조성원가를 기준으로 할 수 있다. 도시개발사업시행자(환지 방식에 의하여 사업을 시행하는 도시개발사업의 시행자)는 체비지를 사업주체에게 국민주택용지로 매각하는 경우에는 경쟁입찰로 하여야 한다. 다만, 매각을 요구하는 사업주체가 하나일 때에는 수의계약으로 매각할 수 있다. 체비지의 양도가격은 감정평가업자 2인 이상의 감정평가가격을 산술평균한 가격을 기준으로 산정한다.

Ⅳ. 주택의 건설

1. 주택의 설계 및 시공

사업계획승인을 받아 건설되는 주택(부대시설과 복리시설을 포함)을 설계하는 자는 ⓐ 설계도서는 설계도 · 시방서 · 구조계산서 · 수량산출서 · 품질관리계획서 등으로 구분하여 작성할 것, ⓑ 설계도 및 시방서에는 건축물의 규모와 설비 · 재료 · 공사방법 등을 적을 것, ⓒ 설계도 · 시방서 · 구조계산서는 상호 보완관계를 유지할 수 있도록 작성할 것, ⓓ 품질관리계획서에는 설계도 및 시방서에 따른 품질 확보를 위하여 필요한 사항을 정할 것에 맞게 설계하여야 한다.

2. 주택건설공사의 시공 제한 등

① 사업계획승인을 받은 주택의 건설공사는 건설산업기본법(제9조)에 따른 건설업자로서 대통령령으로 정하는 자 또는 건설업자로 간주하는 등록사업자가 아니면 이를 시공할

수 없다. ② 공동주택의 방수·위생 및 냉난방 설비공사는 건설산업기본법(제9조)에 따른 건설업자로서 특정열사용기자재를 설치·시공하는 경우에는 에너지이용 합리화법에 따른 시공업자가 아니면 이를 시공할 수 없다. ③ 국가 또는 지방자치단체인 사업주체는 사업계획승인을 받은 주택건설공사의 설계와 시공을 분리하여 발주하여야 한다. 다만, 주택건설공사 중 대지구입비를 제외한 총공사비가 500억원 이상인 공사로서 기술관리상 설계와 시공을 분리하여 발주할 수 없는 공사의 경우에는 일괄입찰로 시행할 수 있다.

3. 주택건설기준

① 사업주체가 건설·공급하는 주택의 건설 등에 관한 ㉠ 주택 및 시설의 배치, 주택과의 복합건축 등에 관한 주택건설기준, ㉡ 세대 간의 경계벽, 바닥충격음 차단구조, 구조내력 등 주택의 구조·설비기준, ㉢ 부대시설의 설치기준, ㉣ 복리시설의 설치기준, ㉤ 대지조성기준, ㉥ 주택의 규모 및 규모별 건설비율의 기준(주택건설기준등)은 대통령령으로 정한다.[18] ② 지방자치단체는 그 지역의 특성, 주택의 규모 등을 고려하여 주택건설기준등의 범위에서 조례로 구체적인 기준을 정할 수 있다.

4. 공동주택성능등급의 표시

사업주체가 500세대 이상의 공동주택을 공급할 때에는 주택의 성능 및 품질을 입주자

---

18) ① 장관은 적정한 주택수급을 위하여 필요하다고 인정하는 경우에는 사업주체가 건설하는 주택의 75퍼센트(주택조합이나 고용자가 건설하는 주택은 100퍼센트) 이하의 범위에서 일정 비율 이상을 국민주택규모로 건설하게 할 수 있다. ② 국민주택규모 주택의 건설 비율은 주택단지별 사업계획에 적용한다. **(도시형 생활주택의 건설기준)** ① 사업주체(건축법에 따른 건축주를 포함)가 도시형 생활주택을 건설하려는 경우에는 도시지역에 대통령령으로 정하는 유형과 규모 등에 적합하게 건설하여야 한다. ② 하나의 건축물에는 도시형 생활주택과 그 밖의 주택을 복합하여 건축할 수 없다. 다만, 대통령령으로 정하는 요건을 갖춘 경우에는 그러하지 아니하다. **(에너지절약형 친환경주택 등의 건설기준)** ① 사업주체가 사업계획승인을 받아 주택을 건설하려는 경우에는 에너지 고효율 설비기술 및 자재 적용 등에너지절약형 친환경주택으로 건설하여야 한다. 이 경우 사업주체는 사업계획승인 신청서류에에너지절약형 친환경주택 건설기준 적용 현황 등 서류를 첨부하여야 한다. ② 사업주체가 일정 호수 이상의 주택을 건설하려는 경우에는 친환경 건축자재 사용 등 건강친화형 주택으로 건설하여야 한다. **(장수명 주택의 건설기준 및 인증제도 등)** ① 장관은 장수명 주택의 건설기준을 정하여 고시할 수 있다. ② 장관은 장수명 주택의 공급 활성화를 유도하기 위하여 건설기준에 따라 장수명 주택 인증제도를 시행할 수 있다. ③ 사업주체가 대통령령으로 정하는 호수 이상의 주택을 공급하고자 하는 때에는 인증제도에 따라 대통령령으로 정하는 기준 이상의 등급을 인정받아야 한다. ④ 국가, 지방자치단체 및 공공기관의 장은 장수명 주택을 공급하는 사업주체 및 장수명 주택 취득자에게 법률 등에서 정하는 바에 따라 행정상·세제상의 지원을 할 수 있다. ⑤ 장관은 인증제도를 시행하기 위하여 인증기관을 지정하고 관련 업무를 위탁할 수 있다. ⑥ 인증제도에 따라 기준 이상의 등급을 인정받은 경우 건폐율·용적률·높이제한을 완화할 수 있다.

가 알 수 있도록 녹색건축물 조성 지원법에 따라 ㉠ 경량충격음 · 중량충격음 · 화장실소음 · 경계소음 등 소음 관련 등급, ㉡ 리모델링 등에 대비한 가변성 및 수리 용이성 등 구조 관련 등급, ㉢ 조경 · 일조확보율 · 실내공기질 · 에너지절약 등 환경 관련 등급, ㉣ 커뮤니티시설, 사회적 약자 배려, 홈네트워크, 방범안전 등 생활환경 관련 등급, ㉤ 화재 · 소방 · 피난안전 등 화재 · 소방 관련 등급의 공동주택성능에 대한 등급을 발급받아 입주자 모집공고에 표시하여야 한다.

5. 바닥충격음 성능등급 인정 등

① 장관은 주택건설기준 중 공동주택 바닥충격음 차단구조의 성능등급을 바닥충격음 성능등급 인정기관을 지정할 수 있다. ② 바닥충격음 성능등급 인정기관은 성능등급을 인정받은 제품(인정제품)이 ㉠ 거짓이나 그 밖의 부정한 방법으로 인정받은 경우, ㉡ 인정받은 내용과 다르게 판매 · 시공한 경우, ㉢ 인정제품이 국토교통부령으로 정한 품질관리기준을 준수하지 아니한 경우, ㉣ 인정의 유효기간을 연장하기 위한 시험결과를 제출하지 아니한 경우에 해당하면 그 인정을 취소할 수 있다. 다만, ㉠에 해당하는 경우에는 그 인정을 취소하여야 한다. ③ 장관은 바닥충격음 성능등급 인정기관이 ㉠ 거짓이나 그 밖의 부정한 방법으로 바닥충격음 성능등급 인정기관으로 지정을 받은 경우, ㉡ 바닥충격음 차단구조의 성능등급의 인정기준을 위반하여 업무를 수행한 경우, ㉢ 바닥충격음 성능등급 인정기관의 지정 요건에 맞지 아니한 경우, ㉣ 정당한 사유 없이 2년 이상 계속하여 인정업무를 수행하지 아니한 경우에 해당하는 경우 그 지정을 취소할 수 있다. 다만, ㉠에 해당하는 경우에는 그 지정을 취소하여야 한다.

6. 소음방지대책의 수립

① 사업계획승인권자는 주택의 건설에 따른 소음의 피해를 방지하고 주택건설 지역 주민의 평온한 생활을 유지하기 위하여 주택건설사업을 시행하려는 사업주체에게 소음방지대책을 수립하도록 하여야 한다. ② 사업계획승인권자는 주택건설 지역이 도로와 인접한 경우에는 해당 도로의 관리청과 소음방지대책을 미리 협의하여야 한다. 이 경우 해당 도로의 관리청은 소음 관계 법률에서 정하는 소음기준 범위에서 필요한 의견을 제시할 수 있다. ③ 장관은 실외소음도를 측정할 수 있는 측정기관(실외소음도 측정기관)을 지정할 수 있다. ④ 장관은 실외소음도 측정기관이 ㉠ 거짓이나 그 밖의 부정한 방법으로 실외소

음도 측정기관으로 지정을 받은 경우, ㉡ 실외소음도 측정기준을 위반하여 업무를 수행한 경우, ㉢ 실외소음도 측정기관의 지정 요건에 미달하게 된 경우에는 그 지정을 취소할 수 있다. 다만, ㉠에 해당하는 경우 그 지정을 취소하여야 한다.

Ⅴ. 주택의 감리 및 사용검사

1. 주택의 감리자 지정 등

① 사업계획승인권자가 주택건설사업계획을 승인하였을 때와 시장 · 군수 · 구청장이 리모델링의 허가를 하였을 때에는 건축사법 또는 건설기술 진흥법에 따른 감리자격이 있는 자[19]를 해당 주택건설공사의 감리자로 지정하여야 한다.[20] 다만, 사업주체가 국가 · 지방자치단체 · LH · 지방공사 또는 대통령령으로 정하는 자(㉠ ⓐ 국가, ⓑ 지방자치단체, ⓒ LH, ⓓ 지방공사가 단독 또는 공동으로 총지분의 50퍼센트를 초과하여 출자한 부동산투자회사일 것, ㉡ 해당 부동산투자회사의 자산관리회사가 LH일 것, ㉢ 사업계획승인 대상 주택건설사업이 공공주택건설사업일 것의 요건을 모두 갖춘 위탁관리 부동산투자회사)인 경우와 건축법에 따라 공사감리를 하는 도시형 생활주택의 경우에는 그러하지 아니하다.

---

19) ㉠ **감리업무를 총괄하는 총괄감리원의 경우** : ⓐ 1천세대 미만의 주택건설공사: 건설사업관리 업무를 수행하는 특급기술인 또는 고급기술인. 다만, 300세대 미만의 주택건설공사인 경우에는 Ⓐ건축사 또는 건축사보일 것, Ⓑ건설기술인 역량지수에 따라 등급을 산정한 결과 건설사업관리 업무를 수행하는 특급기술인 또는 고급기술인에 준하는 등급에 해당할 것, Ⓒ건설기술 진흥법 시행령에 따른 기본교육 및 전문교육을 받았을 것의 요건을 모두 갖춘 사람을 포함한다. ⓑ 1천세대 이상의 주택건설공사: 건설사업관리 업무를 수행하는 특급기술인, ㉡ **공사분야별 감리원의 경우**: 건설사업관리 업무를 수행하는 건설기술인. 다만, 300세대 미만의 주택건설공사인 경우에는 ⓐ 건축사 또는 건축사보일 것, ⓑ 건설기술인 역량지수에 따라 등급을 산정한 결과 건설사업관리 업무를 수행하는 초급 이상의 건설기술인에 준하는 등급에 해당할 것, ⓒ 건설기술 진흥법 시행령에 따른 기본교육 및 전문교육을 받았을 것의 요건을 모두 갖춘 사람을 포함한다.

20) **(감리자의 지정 및 감리원의 배치 등)** ① 사업계획승인권자는 ㉠ 300세대 미만의 주택건설공사: ⓐ 건축사사무소개설신고를 한 자, ⓑ 건설기술 진흥법에 따라 등록한 건설기술용역업자에 해당하는 자[해당 주택건설공사를 시공하는 자의 계열회사(공정거래법에 따른 계열회사)는 제외], ㉡ 300세대 이상의 주택건설공사: 건설기술 진흥법에 따라 등록한 건설기술용역업자를 주택건설공사의 감리자로 지정하여야 한다. 이 경우 인접한 둘 이상의 주택단지에 대해서는 감리자를 공동으로 지정할 수 있다. ② 지정된 감리자는 ㉠ 국토교통부령으로 정하는 감리자격이 있는 자를 공사현장에 상주시켜 감리할 것, ㉡ 장관이 정하여 고시하는 바에 따라 공사에 대한 감리업무를 총괄하는 총괄감리원 1명과 공사분야별 감리원을 각각 배치할 것, ㉢ 총괄감리원은 주택건설공사 전기간에 걸쳐 배치하고, 공사분야별 감리원은 해당 공사의 기간 동안 배치할 것, ㉣ 감리원을 해당 주택건설공사 외의 건설공사에 중복하여 배치하지 아니할 것에 따라 감리원을 배치하여 감리를 하여야 한다. ③ 감리자는 착공신고를 하거나 감리업무의 범위에 속하는 각종 시험 및 자재확인 등을 하는 경우에는 서명 또는 날인을 하여야 한다.

② 사업계획승인권자는 감리자가 감리자의 지정에 관한 서류를 부정 또는 거짓으로 제출하거나, 업무 수행 중 위반 사항이 있음을 알고도 묵인하는 등 대통령령으로 정하는 사유[ⓐ 감리업무 수행 중 발견한 위반 사항을 묵인한 경우, ⓑ 이의신청 결과 시정 통지가 3회 이상 잘못된 것으로 판정된 경우, ⓒ 공사기간 중 공사현장에 1개월 이상 감리원을 상주시키지 아니한 경우(이 경우 기간 계산은 감리원별로 상주시켜야 할 기간에 각 감리원이 상주하지 아니한 기간을 합산), ⓓ 감리자 지정에 관한 서류를 거짓이나 그 밖의 부정한 방법으로 작성·제출한 경우, ⓔ 감리자 스스로 감리업무 수행의 포기의사를 밝힌 경우]에 해당하는 경우에는 감리자를 교체하고, 그 감리자에 대하여는 1년의 범위에서 감리업무의 지정을 제한할 수 있다.[21] ③ 사업주체(리모델링의 허가만 받은 자도 포함)와 감리자 간의 책임 내용 및 범위는 이 법에서 규정한 것 외에는 당사자 간의 계약으로 정한다. ④ 장관은 계약을 체결할 때 사업주체와 감리자 간에 공정하게 계약이 체결되도록 하기 위하여 감리용역표준계약서를 정하여 보급할 수 있다.

2. 감리자의 업무 등

① 감리자는 자기에게 소속된 자를 감리원으로 배치하고, ㉠ 시공자가 설계도서에 맞게 시공하는지 여부의 확인, ㉡ 시공자가 사용하는 건축자재가 관계 법령에 따른 기준에 맞는 건축자재인지 여부의 확인, ㉢ 주택건설공사에 대하여 품질시험을 하였는지 여부의 확인, ㉣ 시공자가 사용하는 마감자재 및 제품이 사업주체가 시장·군수·구청장에게 제출한 마감자재 목록표 및 영상물 등과 동일한지 여부의 확인, ㉤ 그 밖에 ⓐ 설계도서가 해당 지형 등에 적합한지에 대한 확인, ⓑ 설계변경에 관한 적정성 확인, ⓒ 시공계획·예정공정표 및 시공도면 등의 검토·확인, ⓓ 방수·방음·단열시공의 적정성 확보, 재해의 예방, 시공상의 안전관리 및 그 밖에 건축공사의 질적 향상을 위하여 장관이 정하여 고시하는 사항에 대한 검토·확인의 업무를 수행하여야 한다. ② 감리자는 업무의 수행 상황을 사업계획승인권자(리모델링의 허가만 받은 경우는 허가권자) 및 사업주체에게 보고하여야 한다. ③ 감리자는 업무를 수행하면서 위반 사항을 발견하였을 때에는 지체 없이 시공자 및 사업주체에게 위반 사항을 시정할 것을 통지하고, 7일 이내에 사업계획승인권자에게 그 내용을 보고하여야 한다. ④ 시공자 및 사업주체는 시정 통지를 받은 경우에

21) ① 사업계획승인권자는 감리자를 교체하려는 경우에는 해당 감리자 및 시공자·사업주체의 의견을 들어야 한다. ② 사업계획승인권자는 감리자가 ⓐ 사업주체의 부도·파산 등으로 인한 공사 중단, ⓑ 1년 이상의 착공 지연, ⓒ 그 밖에 천재지변 등 부득이한 사유로 감리업무 수행을 포기한 경우에는 그 감리자에 대하여 감리업무 지정제한을 하여서는 아니 된다.

는 즉시 해당 공사를 중지하고 위반 사항을 시정한 후 감리자의 확인을 받아야 한다. 이 경우 감리자의 시정 통지에 이의가 있을 때에는 즉시 그 공사를 중지하고 사업계획승인권자에게 서면으로 이의신청을 할 수 있다. ⑤ 사업주체는 계약에 따른 공사감리비를 사업계획승인권자에게 예치하여야 한다.

3. 건축구조기술사와의 협력

① 수직증축형 리모델링(세대수가 증가되지 아니하는 리모델링을 포함)의 감리자는 감리업무 수행 중에 ㉠ 수직증축형 리모델링 허가 시 제출한 구조도 또는 구조계산서와 다르게 시공하고자 하는 경우, ㉡ 내력벽, 기둥, 바닥, 보 등 건축물의 주요 구조부에 대하여 수직증축형 리모델링 허가 시 제출한 도면보다 상세한 도면 작성이 필요한 경우, ㉢ 내력벽, 기둥, 바닥, 보 등 건축물의 주요 구조부의 철거 또는 보강 공사를 하는 경우로서 ⓐ 내력벽, 기둥, 바닥, 보 등 건축물의 주요 구조부의 철거 공사를 하는 경우로서 철거 범위나 공법의 변경이 필요한 경우, ⓑ 내력벽, 기둥, 바닥, 보 등 건축물의 주요 구조부의 보강 공사를 하는 경우로서 공법이나 재료의 변경이 필요한 경우, ⓒ 내력벽, 기둥, 바닥, 보 등 건축물의 주요 구조부의 보강 공사에 신기술 또는 신공법을 적용하는 경우로서 전문기관의 안전성 검토결과 건축구조기술사의 협력을 받을 필요가 있다고 인정되는 경우, ㉣ 그 밖에 건축물의 구조에 영향을 미치는 사항으로서 ⓐ 수직 · 수평 증축에 따른 골조 공사시 기존 부위와 증축 부위의 접합부에 대한 공법이나 재료의 변경이 필요한 경우, ⓑ 건축물 주변의 굴착공사로 구조안전에 영향을 주는 경우에 해당하는 사항이 확인된 경우에는 건축구조기술사(해당 건축물의 리모델링 구조설계를 담당한 자)의 협력을 받아야 한다. 다만, ⓐ 구조설계를 담당한 건축구조기술사(건축구조기술사로서 해당 건축물의 리모델링을 담당한 자)의 사망 또는 실종으로 감리자가 협력을 받을 수 없는 경우, ⓑ 구조설계를 담당한 건축구조기술사의 해외 체류, 장기 입원 등으로 감리자가 즉시 협력을 받을 수 없는 경우, ⓒ 구조설계를 담당한 건축구조기술사가 국가기술자격이 취소되거나 정지되어 감리자가 협력을 받을 수 없는 경우에는 리모델링주택조합 등 리모델링을 하는 자(리모델링주택조합등)가 추천하는 건축구조기술사의 협력을 받아야 한다. ② 감리자에게 협력한 건축구조기술사는 분기별 감리보고서 및 최종 감리보고서에 감리자와 함께 서명날인하여야 한다.

4. 부실감리자 등에 대한 조치 및 감리자에 대한 실태점검 등

사업계획승인권자는 지정·배치된 감리자 또는 감리원(다른 법률에 따른 감리자 또는 그에게 소속된 감리원을 포함)이 그 업무를 수행할 때 고의 또는 중대한 과실로 감리를 부실하게 하거나 관계 법령을 위반하여 감리를 함으로써 해당 사업주체 또는 입주자 등에게 피해를 입히는 등 주택건설공사가 부실하게 된 경우에는 그 감리자의 등록 또는 감리원의 면허나 그 밖의 자격인정 등을 한 행정기관의 장에게 등록말소·면허취소·자격정지·영업정지나 그 밖에 필요한 조치를 하도록 요청할 수 있다.

사업계획승인권자는 주택건설공사의 부실방지, 품질 및 안전 확보를 위하여 해당 주택건설공사의 감리자를 대상으로 각종 시험 및 자재확인 업무에 대한 이행 실태 등 ⓐ 감리원의 적정자격 보유 여부 및 상주이행 상태 등 감리원 구성 및 운영에 관한 사항, ⓑ 시공 상태 확인 등 시공관리에 관한 사항, ⓒ 각종 시험 및 자재품질 확인 등 품질관리에 관한 사항, ⓓ 안전관리 등 현장관리에 관한 사항, ⓔ 그 밖에 사업계획승인권자가 실태점검이 필요하다고 인정하는 사항에 대하여 실태점검을 실시할 수 있다. 사업계획승인권자는 실태점검 결과 시정명령, 감리자 교체를 하여야 한다. 이 경우 시정명령 또는 교체지시를 한 날부터 7일 이내에 장관에게 보고하여야 한다.

5. 사용검사 등

① 사업주체는 사업계획승인을 받아 시행하는 주택건설사업 또는 대지조성사업을 완료한 경우에는 주택 또는 대지에 대하여 시장·군수·구청장(국가 또는 LH가 사업주체인 경우와 장관으로부터 사업계획의 승인을 받은 경우에는 장관)의 사용검사를 받아야 한다. 다만, 공구별 단지분할에 따라 사업계획을 승인받은 경우에는 완공된 주택에 대하여 공구별로 사용검사(분할 사용검사)를 받을 수 있고, 사업계획승인 조건의 미이행 등 ⓐ 사업계획승인의 조건으로 부과된 사항의 미이행, ⓑ 하나의 주택단지의 입주자를 분할 모집하여 전체 단지의 사용검사를 마치기 전에 입주가 필요한 경우, ⓒ 그 밖에 사업계획승인권자가 동별로 사용검사를 받을 필요가 있다고 인정하는 경우에는 공사가 완료된 주택에 대하여 동별로 사용검사(동별 사용검사)를 받을 수 있다. ② 사업주체가 사용검사를 받았을 때에는 의제되는 인·허가등에 따른 해당 사업의 사용승인·준공검사 또는 준공인가 등을 받은 것으로 본다. 이 경우 사용검사를 하는 시장·군수·구청장(사용검사권자)은

미리 관계 행정기관의 장과 협의하여야 한다. ③ ㉠ 사업주체가 파산 등으로 사용검사를 받을 수 없는 경우에는 해당 주택의 시공을 보증한 자 또는 입주예정자, ㉡ 사업주체가 정당한 이유 없이 사용검사를 위한 절차를 이행하지 아니하는 경우에는 해당 주택의 시공을 보증한 자, 해당 주택의 시공자 또는 입주예정자(이 경우 사용검사권자는 사업주체가 사용검사를 받지 아니하는 정당한 이유를 밝히지 못하면 사용검사를 거부하거나 지연할 수 없다)의 구분에 따라 해당 주택의 시공을 보증한 자, 해당 주택의 시공자 또는 입주예정자는 사용검사를 받을 수 있다.[22] ④ 사업주체 또는 입주예정자는 사용검사를 받은 후가 아니면 주택 또는 대지를 사용하게 하거나 이를 사용할 수 없다. 다만, ⓐ 주택건설사업의 경우: 건축물의 동별로 공사가 완료된 경우, ⓑ 대지조성사업의 경우: 구획별로 공사가 완료된 경우로서 사용검사권자의 임시 사용승인[23]을 받은 경우에는 제외한다. ⑤ 사용검사는 신청일부터 15일 이내에 하여야 한다. ⑥ 협의 요청을 받은 관계 행정기관의 장은 정당한 사유가 없으면 그 요청을 받은 날부터 10일 이내에 의견을 제시하여야 한다.

Ⅵ. 공업화주택의 인정 등

① 장관은 ㉠ 주요 구조부의 전부 또는 일부, ㉡ 세대별 주거 공간의 전부 또는 일부[거실·화장실·욕조 등 일부로서의 기능이 가능한 단위 공간]에 해당하는 부분을 국토교통부령으로 정하는 성능기준 및 생산기준에 따라 맞춤식 등 공업화공법으로 건설하는 주택을 공업화주택으로 인정할 수 있다. ② 장관, 시·도지사 또는 시장·군수는 ㉠ 장관: 장관이 고시한 새로운 건설기술을 적용하여 건설하는 공업화주택, ㉡ 시·도지사 또

22) **(시공보증자 등의 사용검사)** ① 사업주체가 파산 등으로 주택건설사업을 계속할 수 없는 경우에는 해당 주택의 시공보증자가 잔여공사를 시공하고 사용검사를 받아야 한다. 다만, 시공보증자가 없거나 파산 등으로 시공을 할 수 없는 경우에는 입주예정자대표회의가 시공자를 정하여 잔여공사를 시공하고 사용검사를 받아야 한다. ② 사용검사를 받은 경우에는 사용검사를 받은 자의 구분에 따라 시공보증자 또는 세대별 입주자의 명의로 건축물관리대장 등재 및 소유권보존등기를 할 수 있다. ③ 입주예정자대표회의의 구성·운영 등에 필요한 사항은 국토교통부령으로 정한다. ④ 시공보증자, 해당 주택의 시공자 또는 입주예정자가 사용검사를 신청하는 경우 사용검사권자는 사업주체에게 사용검사를 받지 아니하는 정당한 이유를 제출할 것을 요청하여야 한다. 이 경우 사업주체는 요청받은 날부터 7일 이내에 의견을 통지하여야 한다.

23) **(임시 사용승인)** ① 임시 사용승인을 받으려는 자는 사용검사권자에게 임시 사용승인을 신청하여야 한다. ② 사용검사권자는 임시사용 신청을 받은 때에는 임시 사용승인대상인 주택 또는 대지가 사업계획의 내용에 적합하고 사용에 지장이 없는 경우에만 임시사용을 승인할 수 있다. 이 경우 임시 사용승인의 대상이 공동주택인 경우에는 세대별로 임시 사용승인을 할 수 있다.

는 시장·군수: 공업화주택의 구분에 따라 주택을 건설하려는 자에 대하여 해당 주택을 건설하게 할 수 있다. ③ 공업화주택의 인정에 필요한 사항은 대통령령으로 정한다.24)

제3절 주택의 공급 등

Ⅰ. 주택의 공급 및 분양가격

1. 주택의 공급

① 사업주체(건축법에 따른 건축허가를 받아 주택 외의 시설과 주택을 동일 건축물로 하여 30(호, 세대) 호수 이상으로 건설·공급하는 건축주와 사용검사를 받은 주택을 사업주체로부터 일괄하여 양수받은 자를 포함)는 ㉠ 사업주체(공공주택사업자는 제외)가 입주자를 모집하려는 경우 : 시장·군수·구청장의 승인(복리시설의 경우에는 신고)을 받을 것, ㉡ 사업주체가 건설하는 주택을 공급하려는 경우 : ⓐ 입주자모집의 시기(사업주체 또는 시공자가 영업정지를 받거나 건설기술 진흥법에 따른 벌점이 국토교통부령으로 정하는 기준에 해당하는 경우 등에 달리 정한 입주자모집의 시기를 포함)·조건·방법·절차, 입주금(입주예정자가 사업주체에게 납입하는 주택가격)의 납부 방법·시기·절차, 주택공급계약의 방법·절차 등에 적합할 것, ⓑ 벽지·바닥재·주방용구·조명기구 등을 제외한 부분의 가격을 따로 제시하고, 이를 입주자가 선택할 수 있도록 할 것에 따라 주택을 건설·공급하여야 한다. 이 경우 국가유공자, 보훈보상대상자, 장애인, 철거주택의 소유자, 그 밖에 국토교통부령으로 정하는 대상자에게는 입주자 모집조건 등을 달리 정하여 별도로 공급할 수 있다. ② 사업주체가 ①의 ㉠에 따라 시장·군수·구청장의 승인을 받으려는 경우(사업주체가 국가·지방자치단체·LH 및 지방공사인 경우에는 견본

---

24) **(공업화주택의 인정취소)** 장관은 공업화주택을 인정받은 자가 ㉠ 거짓이나 그 밖의 부정한 방법으로 인정을 받은 경우, ㉡ 인정을 받은 기준보다 낮은 성능으로 공업화주택을 건설한 경우에는 공업화주택의 인정을 취소할 수 있다. 다만, ㉠에 해당하는 경우에는 그 인정을 취소하여야 한다. **(공업화주택의 건설 촉진)** ① 장관, 시·도지사 또는 시장·군수는 사업주체가 건설할 주택을 공업화주택으로 건설하도록 사업주체에게 권고할 수 있다. ② 공업화주택의 건설 및 품질 향상과 관련하여 국토교통부령으로 정하는 기술능력을 갖추고 있는 자가 공업화주택을 건설하는 경우에는 주택의 설계 및 시공(제33조)·주택의 감리자지정 등(제43조)·감리자의 업무 등(제44조) 및 건축사법 설계 또는 공사감리 등(제4조)를 적용하지 아니한다.

주택을 건설하는 경우)에는 건설하는 견본주택에 사용되는 마감자재의 규격·성능 및 재질을 적은 목록표(마감자재 목록표)와 견본주택의 각 실의 내부를 촬영한 영상물 등을 제작하여 승인권자에게 제출하여야 한다. ③ 사업주체는 주택공급계약을 체결할 때 입주예정자에게 ㉠ 견본주택에 사용된 마감자재 목록표, ㉡ 공동주택 발코니의 세대 간 경계벽에 피난구를 설치하거나 경계벽을 경량구조로 건설한 경우 그에 관한 정보의 자료 또는 정보를 제공하여야 한다. 다만, 입주자 모집공고에 이를 표시(인터넷에 게재하는 경우를 포함)한 경우에는 그러하지 아니하다. ④ 시장·군수·구청장은 받은 마감자재 목록표와 영상물 등을 사용검사가 있은 날부터 2년 이상 보관하여야 하며, 입주자가 열람을 요구하는 경우에는 이를 공개하여야 한다.

2. 입주자저축

① 이 법에 따라 주택을 공급받으려는 자에게는 미리 입주금의 전부 또는 일부를 저축(입주자저축)하게 할 수 있다. ② 입주자저축이란 국민주택과 민영주택을 공급받기 위하여 가입하는 주택청약종합저축을 말한다.

3. 주택의 분양가격 제한 등

① 사업주체가 일반인에게 공급하는 공동주택 중 ㉠ 공공택지, ㉡ 공공택지 외의 택지에서 주택가격 상승 우려가 있어 장관이 주거정책심의위원회 심의를 거쳐 지정하는 지역에 해당하는 지역에서 공급하는 주택의 경우에는 이 조에서 정하는 기준에 따라 산정되는 분양가격 이하로 공급(분양가상한제 적용주택)하여야 한다. ② ㉠ 도시형 생활주택, ㉡ 지정·고시된 경제자유구역에서 건설·공급하는 공동주택으로서 경제자유구역위원회에서 외자유치 촉진과 관련이 있다고 인정하여 분양가격 제한을 적용하지 아니하기로 심의·의결한 경우, ㉢ 지정된 관광특구에서 건설·공급하는 공동주택으로서 해당 건축물의 층수가 50층 이상이거나 높이가 150미터 이상인 경우, ㉣ LH 또는 지방공사가 도시정비법에 따른 정비사업으로서 면적, 세대수 등이 대통령령으로 정하는 요건에 해당되는 사업과 빈집정비법에 따른 소규모주택정비사업의 시행자로 참여하는 등 대통령령으로 정하는 공공성 요건을 충족하는 경우로서 해당 사업에서 건설·공급하는 주택에는 ①을 적용하지 아니한다. ③ 분양가격은 택지비와 건축비로 구성(토지임대부 분양주택의 경우에는 건축비만 해당)되며, 구체적인 명세, 산정방식, 감정평가기관 선정방법 등은 국토교통부령으

로 정한다. 이 경우 택지비는 ㉠ 공공택지에서 주택을 공급하는 경우에는 해당 택지의 공급가격에 택지와 관련된 비용을 가산한 금액, ㉡ 공공택지 외의 택지에서 분양가상한제 적용주택을 공급하는 경우에는 감정평가한 가액에 택지와 관련된 비용을 가산한 금액. 다만, 택지 매입가격이 ⓐ 경매 · 공매 낙찰가격, ⓑ 국가 · 지방자치단체 등 공공기관(국가기관, 지방자치단체, 공기업, 준정부기관 또는 기타공공기관으로 지정된 기관, 지방직영기업, 지방공사 또는 지방공단)으로부터 매입한 가격, ⓒ 그 밖에 실제 매매가격을 확인할 수 있는 경우로서 감정평가한 가액의 120퍼센트에 상당하는 금액 또는 개별공시지가의 150퍼센트에 상당하는 금액에는 해당 매입가격에 국토교통부령으로 정하는 택지와 관련된 비용을 가산한 금액을 택지비로 볼 수 있다(이 경우 택지비는 주택단지 전체에 동일하게 적용)에 따라 산정한 금액으로 한다. ④ 분양가격 구성항목 중 건축비는 장관이 정하여 고시하는 건축비(기본형건축비)에 국토교통부령으로 정하는 금액을 더한 금액으로 한다. ⑤ 사업주체는 분양가상한제 적용주택으로서 공공택지에서 공급하는 주택에 대하여 입주자모집 승인을 받았을 때에는 입주자 모집공고에 ㉠ 택지비, ㉡ 공사비, ㉢ 간접비, ㉣ 그 밖에 국토교통부령으로 정하는 비용에 대하여 분양가격을 공시하여야 한다. ⑥ 시장 · 군수 · 구청장이 공공택지 외의 택지에서 공급되는 분양가상한제 적용주택 중 분양가 상승 우려가 큰 지역으로서 ㉮ 수도권 안의 투기과열지구, ㉯ Ⓐ 수도권 밖의 투기과열지구 중 그 지역의 주택가격의 상승률 및 주택의 청약경쟁률 등을 고려하여 장관이 정하여 고시하는 기준에 해당하는 지역, Ⓑ 해당 지역을 관할하는 시장 · 군수 · 구청장이 주택가격의 상승률 및 주택의 청약경쟁률이 지나치게 상승할 우려가 크다고 판단하여 장관에게 지정을 요청하는 지역으로서 주거정책심의위원회의 심의를 거쳐 장관이 지정하는 지역에서 공급되는 주택의 입주자모집 승인을 하는 경우에는 ㉠ 택지비, ㉡ 직접공사비, ㉢ 간접공사비, ㉣ 설계비, ㉤ 감리비, ㉥ 부대비, ㉦ 그 밖에 국토교통부령으로 정하는 비용의 구분에 따라 분양가격을 공시하여야 한다. 이 경우 ㉡부터 ㉥까지의 금액은 기본형건축비(특별자치시 · 특별자치도 · 시 · 군 · 구별 기본형건축비가 따로 있는 경우에는 시 · 군 · 구별 기본형건축비)의 항목별 가액으로 한다.

4. 분양가상한제 적용주택의 입주자의 거주의무 등

① 사업주체가 수도권정비계획법에 따른 수도권에서 건설 · 공급하는 분양가상한제 적용주택의 입주자(상속받은 자는 제외, 거주의무자)는 해당 주택의 최초 입주가능일부터 5년 이내의 범위에서 해당 주택의 분양가격과 국토교통부장관이 고시한 방법으로 결정된

인근지역 주택매매가격의 비율에 따라 거주의무기간 동안 계속하여 해당 주택에 거주하여야 한다. 다만, 해외 체류 등 부득이한 사유가 있는 경우 그 기간은 해당 주택에 거주한 것으로 본다. ② 거주의무자가 ①의 단서에 따른 사유 없이 거주의무기간 이내에 거주를 이전하려는 경우 거주의무자는 LH(사업주체가 공공주택사업자인 경우에는 공공주택사업자)에 해당 주택의 매입을 신청하여야 한다. ③ LH는 ②에 따라 매입신청을 받거나 거주의무자가 ①을 위반하였다는 사실을 알게 된 경우 위반사실에 대한의견청취를 하는 등 절차를 거쳐 특별한 사유가 없으면 해당 주택을 매입하여야 한다. ④ LH가 ③에 따라 주택을 매입하는 경우 거주의무자에게 그가 납부한 입주금과 그 입주금에 은행법에 따른 은행의 1년 만기 정기예금의 평균이자율을 적용한 이자를 합산한 금액(매입비용)을 지급한 때에는 그 지급한 날에 LH가 해당 주택을 취득한 것으로 본다. ⑤ 거주의무자는 거주의무기간 동안 계속하여 거주하여야 함을 소유권에 관한 등기에 부기등기하여야 한다. ⑥ ⑤에 따른 부기등기는 주택의 소유권보존등기와 동시에 하여야 하며, 부기등기에 포함되어야 할 표기내용 등은 대통령령으로 정한다. ⑦ ③ 및 ④에 따라 LH가 취득한 주택을 공급받은 사람은 전매제한기간 중 잔여기간 동안 그 주택을 전매할 수 없으며 거주의무기간 중 잔여기간 동안 계속하여 그 주택에 거주하여야 한다. ⑧ LH가 ③ 및 ④에 따라 주택을 취득하거나 ⑦에 따라 주택을 공급하는 경우에는 전매제한기간을 적용하지 아니한다.

5. 분양가상한제 적용주택의 거주실태 조사 등

① 국토교통부장관 또는 지방자치단체의 장은 거주의무자 및 분양가상한제 적용주택을 공급받은 사람(거주의무자등)의 실제 거주 여부를 확인하기 위하여 거주의무자등에게 필요한 서류 등의 제출을 요구할 수 있으며, 소속 공무원으로 하여금 해당 주택에 출입하여 조사하게 하거나 관계인에게 필요한 질문을 하게 할 수 있다. 이 경우 서류 등의 제출을 요구받거나 해당 주택의 출입 · 조사 또는 필요한 질문을 받은 거주의무자등은 모든 세대원의 해외출장 등 특별한 사유가 없으면 이에 따라야 한다. ② 국토교통부장관 또는 지방자치단체의 장은 ①에 따른 조사를 위하여 필요한 경우 주민등록 전산정보(주민등록번호 · 외국인등록번호 등 고유식별번호를 포함), 가족관계 등록사항 등 실제 거주 여부를 확인하기 위하여 필요한 자료 또는 정보의 제공을 관계 기관의 장에게 요청할 수 있다. 이 경우 자료의 제공을 요청받은 관계 기관의 장은 특별한 사유가 없으면 이에 따라야 한다. ③ ①에 따라 출입 · 조사 · 질문을 하는 사람은 국토교통부령으로 정하는 증표를 지니고

이를 관계인에게 내보여야 하며, 조사자의 이름·출입시간 및 출입목적 등이 표시된 문서를 관계인에게 교부하여야 한다. ④ 국토교통부 또는 지방자치단체의 소속 공무원 또는 소속 공무원이었던 사람은 ①과 ②에 따라 얻은 정보와 자료를 이 법에서 정한 목적 외의 다른 용도로 사용하거나 다른 사람 또는 기관에 제공하거나 누설하여서는 아니 된다.

6. 분양가상한제 적용 지역의 지정 및 해제

① 장관은 주택가격상승률이 물가상승률보다 현저히 높은 지역으로서 그 지역의 주택가격·주택거래 등과 지역 주택시장 여건 등을 고려하였을 때 주택가격이 급등하거나 급등할 우려가 있는 지역 중 대통령령으로 정하는 기준을 충족하는 지역(분양가상한제 적용 지역으로 지정하는 날이 속하는 달의 바로 전 달(직전월)부터 소급하여 3개월간의 해당 지역 주택가격상승률이 해당 지역이 포함된 시·도 소비자물가상승률(물가상승률)의 2배를 초과한 지역으로서 ㉠ 직전월부터 소급하여 12개월간의 아파트 분양가격상승률이 물가상승률의 2배를 초과한 지역, ㉡ 직전월부터 소급하여 3개월간의 주택매매거래량이 전년 동기 대비 20퍼센트 이상 증가한 지역, ㉢ 직전월부터 소급하여 주택공급이 있었던 2개월 동안 해당 지역에서 공급되는 주택의 월평균 청약경쟁률이 모두 5대 1을 초과하였거나 해당 지역에서 공급되는 국민주택규모 주택의 월평균 청약경쟁률이 모두 10대 1을 초과한 지역)은 주거정책심의위원회 심의를 거쳐 분양가상한제 적용 지역으로 지정할 수 있다. ② 장관이 분양가상한제 적용 지역을 지정하는 경우에는 미리 시·도지사의의견을 들어야 한다. ③ 장관은 분양가상한제 적용 지역을 지정하였을 때에는 지체 없이 이를 공고하고, 그 지정 지역을 관할하는 시장·군수·구청장에게 공고 내용을 통보하여야 한다. 이 경우 시장·군수·구청장은 사업주체로 하여금 입주자 모집공고 시 해당 지역에서 공급하는 주택이 분양가상한제 적용주택이라는 사실을 공고하게 하여야 한다. ④ 장관은 분양가상한제 적용 지역으로 계속 지정할 필요가 없다고 인정하는 경우에는 주거정책심의위원회 심의를 거쳐 분양가상한제 적용 지역의 지정을 해제하여야 한다. ⑤ 분양가상한제 적용 지역으로 지정된 지역의 시·도지사, 시장, 군수 또는 구청장은 분양가상한제 적용 지역의 지정 후 해당 지역의 주택가격이 안정되는 등 분양가상한제 적용 지역으로 계속 지정할 필요가 없다고 인정하는 경우에는 장관에게 그 지정의 해제를 요청할 수 있다. ⑥ 분양가상한제 적용 지역 지정의 해제를 요청하는 경우의 절차 등 필요한 사항은 대통령령으로 정한다.[25)]

---

25) ① 장관이 지정기준을 충족하는 지역 중에서 분양가상한제 적용 지역을 지정하는 경우 해당 지역에

7. 분양가심사위원회의 운영 등

① 시장·군수·구청장은 주택분양가격제한에 관한 사항을 심의하기 위하여 분양가심사위원회를 설치·운영하여야 한다. ② 입주자모집 승인을 할 때에는 분양가심사위원회의 심사결과에 따라 승인 여부를 결정하여야 한다. ③ 분양가심사위원회는 주택 관련 분야 교수, 주택건설 또는 주택관리 분야 전문직 종사자, 관계 공무원 또는 변호사·회계사·감정평가사 등 관련 전문가 10명 이내로 구성한다. ④ 사업계획승인 신청(사업시행계획인가 및 건축허가를 포함)이 있는 날부터 20일 이내에 분양가심사위원회(위원회)를 설치·운영하여야 한다. 사업주체가 국가, 지방자치단체, LH 또는 지방공사인 경우에는 해당 기관의 장이 위원회를 설치·운영하여야 한다.

8. 견본주택의 건축기준

① 사업주체가 주택의 판매촉진을 위하여 견본주택을 건설하려는 경우 견본주택의 내부에 사용하는 마감자재 및 가구는 사업계획승인의 내용과 같은 것으로 시공·설치하여야 한다. ② 사업주체는 견본주택의 내부에 사용하는 마감자재를 사업계획승인 또는 마감자재 목록표와 다른 마감자재로 설치하는 경우로서 ㉠ 분양가격에 포함되지 아니하는 품목을 견본주택에 전시하는 경우, ㉡ 마감자재 생산업체의 부도 등으로 인한 제품의 품귀 등 부득이한 경우에는 일반인이 그 해당 사항을 알 수 있도록 그 공급가격을 표시하여야 한다. ③ 견본주택에는 마감자재 목록표와 사업계획승인을 받은 서류 중 평면도와 시방서를 갖춰 두어야 한다.

Ⅱ. 저당권설정 제한 및 매도청구

1. 저당권설정 등의 제한

① 사업주체는 주택건설사업에 의하여 건설된 주택 및 대지에 대하여는 입주자 모집공

서 공급되는 주택의 분양가격 제한 등에 관한 공고일 이후 최초로 입주자모집승인[주택조합(리모델링 주택조합은 제외)이 공급하는 주택의 경우에는 사업계획의 승인을 말하고, 정비사업에 따라 공급되는 주택의 경우에는 관리처분계획의 인가]을 신청하는 분부터 적용한다. ② 장관은 분양가상한제 적용지역 지정의 해제를 요청받은 경우에는 주거정책심의위원회의 심의를 거쳐 요청받은 날부터 40일 이내에 해제 여부를 결정하고, 그 결과를 시·도지사, 시장, 군수 또는 구청장에게 통보하여야 한다.

고 승인 신청일(주택조합의 경우에는 사업계획승인 신청일) 이후부터 입주예정자가 그 주택 및 대지의 소유권이전등기를 신청할 수 있는 날(사업주체가 입주예정자에게 통보한 입주가능일) 이후 60일까지의 기간 동안 입주예정자의 동의 없이 ㉠ 해당 주택 및 대지에 저당권 또는 가등기담보권 등 담보물권을 설정하는 행위, ㉡ 해당 주택 및 대지에 전세권·지상권 또는 등기되는 부동산임차권을 설정하는 행위, ㉢ 해당 주택 및 대지를 매매 또는 증여 등의 방법으로 처분하는 행위를 하여서는 아니 된다. 다만, 그 주택의 건설을 촉진하기 위하여 대통령령으로 정하는 경우[26]에는 그러하지 아니하다. ② 저당권설정 등의 제한을 할 때 사업주체는 해당 주택 또는 대지가 입주예정자의 동의 없이는 양도하거나 제한물권을 설정하거나 압류·가압류·가처분 등의 목적물이 될 수 없는 재산임을 소유권등기에 부기등기(㉠ 대지의 경우: "이 토지는 주택법에 따라 입주자를 모집한 토지(주택조합의 경우에는 주택건설사업계획승인이 신청된 토지)로서 입주예정자의 동의 없이는 양도하거나 제한물권을 설정하거나 압류·가압류·가처분 등 소유권에 제한을 가하는 일체의 행위를 할 수 없음"이라는 내용, ㉡ 주택의 경우: "이 주택은 부동산등기법에 따라 소유권보존등기를 마친 주택으로서 입주예정자의 동의 없이는 양도하거나 제한물권을 설정하거나 압류·가압류·가처분 등 소유권에 제한을 가하는 일체의 행위를 할 수 없음"이라는 내용을 명시)하여야 한다. 다만, 사업주체가 국가·지방자치단체 및 LH 등 공공기관이거나 해당 대지가 사업주체의 소유가 아닌 경우 등 대통령령으로 정하는 경우[27]에는 그러하지 아니하다.

---

26) ⓐ 해당 주택의 입주자에게 주택구입자금의 일부를 융자해 줄 목적으로 주택도시기금이나 ㉮ 은행, ㉯ 중소기업은행, ㉰ 상호저축은행, ㉱ 보험업법에 따른 보험회사, ㉲ 그 밖의 법률에 따라 금융업무를 수행하는 기관으로서 국토교통부령으로 정하는 기관의 금융기관으로부터 주택건설자금의 융자를 받는 경우, ⓑ 해당 주택의 입주자에게 주택구입자금의 일부를 융자해 줄 목적으로 금융기관으로부터 주택구입자금의 융자를 받는 경우, ⓒ 사업주체가 파산(법원의 결정·인가를 포함), 합병, 분할, 등록말소 또는 영업정지 등의 사유로 사업을 시행할 수 없게 되어 사업주체가 변경되는 경우.

27) ㉠ **대지의 경우**: ⓐ 사업주체가 국가·지방자치단체·LH 또는 지방공사인 경우, ⓑ 사업주체가 관계 법령에 따라 조성된 택지를 공급받아 주택을 건설하는 경우로서 해당 대지의 지적정리가 되지 아니하여 소유권을 확보할 수 없는 경우(이 경우 대지의 지적정리가 완료된 때에는 지체 없이 부기등기를 하여야 한다), ⓒ 조합원이 주택조합에 대지를 신탁한 경우, ⓓ 해당 대지가 ㉮ 매도청구소송을 제기하여 법원의 승소판결(판결이 확정될 것을 요구하지 아니한다)을 받은 경우, ㉯ 해당 대지의 소유권 확인이 곤란하여 매도청구소송을 제기한 경우, ㉰ 사업주체가 소유권을 확보하지 못한 대지로서 최초로 주택건설사업계획승인을 받은 날 이후 소유권이 제3자에게 이전된 대지에 대하여 매도청구소송을 제기한 경우(다만, ㉮ 및 ㉯의 경우에는 감정평가액을 공탁하여야 한다), ⓔ 사업주체가 소유권을 확보한 대지에 저당권, 가등기담보권, 전세권, 지상권 및 등기되는 부동산임차권이 설정된 경우로서 이들 권리의 말소소송을 제기하여 승소판결(판결이 확정될 것을 요구하지 아니한다)을 받은 경우(이 경우 ⓓ 또는 ⓔ에 해당하는 경우로서 법원의 판결이 확정되어 소유권을 확보하거나 권리가 말소되었을 때에는 지체 없이 부기등기를 하여야 한다. ㉡ **주택의 경우**: 해당 주택의 입주자로 선정된 지위를 취득한 자가 없는 경우(다만, 소유권보존등기 이후 입주자모집공고의 승인을 신청하는 경우는

③ 부기등기는 주택건설대지에 대하여는 입주자 모집공고 승인 신청(주택건설대지 중 주택조합이 사업계획승인 신청일까지 소유권을 확보하지 못한 부분이 있는 경우에는 그 부분에 대한 소유권이전등기)과 동시에 하여야 하고, 건설된 주택에 대하여는 소유권보존등기와 동시에 하여야 한다. ④ 부기등기일 이후에 해당 대지 또는 주택을 양수하거나 제한물권을 설정받은 경우 또는 압류·가압류·가처분 등의 목적물로 한 경우에는 그 효력을 무효로 한다. 다만, 사업주체의 경영부실로 입주예정자가 그 대지를 양수받는 경우 등 ⓐ ①의 ㉢의 ⓐ 또는 ⓑ에 해당하여 해당 대지에 저당권, 가등기담보권, 전세권, 지상권 및 등기되는 부동산임차권을 설정하는 경우, ⓑ ①의 ㉢의 ⓒ에 해당하여 다른 사업주체가 해당 대지를 양수하거나 시공보증자 또는 입주예정자가 해당 대지의 소유권을 확보하거나 압류·가압류·가처분 등을 하는 경우에는 그러하지 아니하다. ⑤ 사업주체의 재무상황 및 금융거래 상황이 극히 불량한 경우 등 ⓐ 최근 2년간 연속된 경상손실로 인하여 자기자본이 잠식된 경우, ⓑ 자산에 대한 부채의 비율이 500퍼센트를 초과하는 경우, ⓒ 사업주체가 부기등기를 하지 아니하고 HUG에 해당 대지를 신탁하려는 경우에 해당되어 HUG가 분양보증을 하면서 주택건설대지를 HUG에 신탁하게 할 경우에는 사업주체는 그 주택건설대지를 신탁할 수 있다. ⑥ 사업주체가 주택건설대지를 신탁하는 경우 신탁등기일 이후부터 입주예정자가 해당 주택건설대지의 소유권이전등기를 신청할 수 있는 날 이후 60일까지의 기간 동안 해당 신탁의 종료를 원인으로 하는 사업주체의 소유권이전등기청구권에 대한 압류·가압류·가처분 등은 효력이 없음을 신탁계약조항에 포함하여야 한다. ⑦ 신탁등기일 이후부터 입주예정자가 해당 주택건설대지의 소유권이전등기를 신청할 수 있는 날 이후 60일까지의 기간 동안 해당 신탁의 종료를 원인으로 하는 사업주체의 소유권이전등기청구권을 압류·가압류·가처분 등의 목적물로 한 경우에는 그 효력을 무효로 한다. ⑧ 사업주체는 사업계획승인이 취소되거나 입주예정자가 소유권이전등기를 신청한 경우를 제외하고는 부기등기를 말소할 수 없다. 다만, 소유권이전등기를 신청할 수 있는 날부터 60일이 지나면 부기등기를 말소할 수 있다.

2. 사용검사 후 매도청구 등

① 주택(복리시설을 포함)의 소유자들은 주택단지 전체 대지에 속하는 일부의 토지에 대한 소유권이전등기 말소소송 등에 따라 사용검사(동별 사용검사를 포함)를 받은 이후에 해당 토지의 소유권을 회복한 자(실소유자)에게 해당 토지를 시가로 매도할 것을 청

제외).

구할 수 있다. ② 주택의 소유자들은 대표자를 선정하여 매도청구에 관한 소송을 제기할 수 있다. 이 경우 대표자는 주택의 소유자 전체의 4분의 3 이상의 동의를 받아 선정한다. ③ 매도청구에 관한 소송에 대한 판결은 주택의 소유자 전체에 대하여 효력이 있다. ④ 매도청구를 하려는 경우에는 해당 토지의 면적이 주택단지 전체 대지 면적의 5퍼센트 미만이어야 한다. ⑤ 매도청구의의사표시는 실소유자가 해당 토지 소유권을 회복한 날부터 2년 이내에 해당 실소유자에게 송달되어야 한다. ⑥ 주택의 소유자들은 매도청구로 인하여 발생한 비용의 전부를 사업주체에게 구상할 수 있다.

Ⅲ. 공급질서 교란 금지 등

1. 투기과열지구의 지정 및 해제

① 장관 또는 시 · 도지사는 주택가격의 안정을 위하여 필요한 경우에는 주거정책심의위원회(시 · 도지사의 경우에는 시 · 도 주거정책심의위원회)의 심의를 거쳐 일정한 지역을 투기과열지구로 지정하거나 이를 해제할 수 있다. 이 경우 투기과열지구의 지정은 그 지정 목적을 달성할 수 있는 최소한의 범위로 한다. ② 투기과열지구는 해당 지역의 주택가격상승률이 물가상승률보다 현저히 높은 지역으로서 그 지역의 청약경쟁률 · 주택가격 · 주택보급률 및 주택공급계획 등과 지역 주택시장 여건 등을 고려하였을 때 주택에 대한 투기가 성행하고 있거나 성행할 우려가 있는 지역 중 기준을 충족하는 곳[28]이어야 한다. ③ 장관 또는 시 · 도지사는 투기과열지구를 지정하였을 때에는 지체 없이 이를 공고하고, 장관은 그 투기과열지구를 관할하는 시장 · 군수 · 구청장에게, 특별시장, 광역시장 또는 도지사는 그 투기과열지구를 관할하는 시장, 군수 또는 구청장에게 각각 공고 내용을 통보하여야 한다. 이 경우 시장 · 군수 · 구청장은 사업주체로 하여금 입주자 모집공고 시 해당 주택건설 지역이 투기과열지구에 포함된 사실을 공고하게 하여야 한다. 투기과열지구 지정을 해제하는 경우에도 또한 같다. ④ 장관 또는 시 · 도지사는 투기과열지구에서 지정

28) ⓐ 직전월(투기과열지구로 지정하는 날이 속하는 달의 바로 전 달)부터 소급하여 주택공급이 있었던 2개월 동안 해당 지역에서 공급되는 주택의 월평균 청약경쟁률이 모두 5대 1을 초과하였거나 국민주택규모 주택의 월평균 청약경쟁률이 모두 10대 1을 초과한 곳, ⓑ ㉮ 주택의 분양계획이 직전월보다 30퍼센트 이상 감소한 곳, ㉯ 주택건설사업계획의 승인이나 건축허가 실적이 직전년도보다 급격하게 감소한 곳에 해당하여 주택공급이 위축될 우려가 있는 곳, ⓒ 신도시 개발이나 주택의 전매행위 성행 등으로 투기 및 주거불안의 우려가 있는 곳으로서 ㉮ 시 · 도별 주택보급률이 전국 평균 이하인 경우, ㉯ 시 · 도별 자가주택비율이 전국 평균 이하인 경우, ㉰ 해당 지역의 주택공급물량이 입주자저축 가입자 중 주택청약 제1순위자에 비하여 현저하게 적은 경우에 해당하는 곳.

사유가 없어졌다고 인정하는 경우에는 지체 없이 투기과열지구 지정을 해제하여야 한다. ⑤ 장관이 투기과열지구를 지정하거나 해제할 경우에는 미리 시 · 도지사의의견을 듣고 그 의견에 대한 검토의견을 회신하여야 하며, 시 · 도지사가 투기과열지구를 지정하거나 해제할 경우에는 장관과 협의하여야 한다. ⑥ 장관은 1년마다 주거정책심의위원회의 회의를 소집하여 투기과열지구로 지정된 지역별로 해당 지역의 주택가격 안정 여건의 변화 등을 고려하여 투기과열지구 지정의 유지 여부를 재검토하여야 한다. 이 경우 재검토 결과 투기과열지구 지정의 해제가 필요하다고 인정되는 경우에는 지체 없이 투기과열지구 지정을 해제하고 이를 공고하여야 한다. ⑦ 투기과열지구로 지정된 지역의 시 · 도지사, 시장, 군수 또는 구청장은 투기과열지구 지정 후 해당 지역의 주택가격이 안정되는 등 지정 사유가 없어졌다고 인정되는 경우에는 장관 또는 시 · 도지사에게 투기과열지구 지정의 해제를 요청할 수 있다. ⑧ 투기과열지구 지정의 해제를 요청받은 장관 또는 시 · 도지사는 요청받은 날부터 40일 이내에 주거정책심의위원회의 심의를 거쳐 투기과열지구 지정의 해제 여부를 결정하여 그 투기과열지구를 관할하는 지방자치단체의 장에게 심의결과를 통보하여야 한다. ⑨ 장관 또는 시 · 도지사는 심의결과 투기과열지구에서 그 지정 사유가 없어졌다고 인정될 때에는 지체 없이 투기과열지구 지정을 해제하고 이를 공고하여야 한다.

2. 조정대상지역의 지정 및 해제

① 장관은 ㉠ 주택가격, 청약경쟁률, 분양권 전매량 및 주택보급률 등을 고려하였을 때 주택 분양 등이 과열되어 있거나 과열될 우려가 있는 지역, ㉡ 주택가격, 주택거래량, 미분양주택의 수 및 주택보급률 등을 고려하여 주택의 분양 · 매매 등 거래가 위축되어 있거나 위축될 우려가 있는 지역으로서 국토교통부령으로 정하는 기준을 충족하는 지역[29]을 주거정책심의위원회의 심의를 거쳐 조정대상지역으로 지정할 수 있다. 이 경우 ㉠에

29) ⓐ **과열지역(조정대상지역)**: 직전월(조정대상지역으로 지정하는 날이 속하는 달의 바로 전 달)부터 소급하여 3개월간의 해당 지역 주택가격상승률이 해당 지역이 포함된 시 · 도 소비자물가상승률의 1.3배를 초과한 지역으로서 ㉮ 직전월부터 소급하여 주택공급이 있었던 2개월 동안 해당 지역에서 공급되는 주택의 월평균 청약경쟁률이 모두 5대1을 초과하였거나 국민주택규모 주택의 월평균 청약경쟁률이 모두 10대 1을 초과한 지역, ㉯ 직전월부터 소급하여 3개월간의 분양권(주택의 입주자로 선정된 지위) 전매거래량이 전년 동기 대비 30퍼센트 이상 증가한 지역, ㉰ 시 · 도별 주택보급률 또는 자가주택비율이 전국 평균 이하인 지역을 말한다. ⓑ **위축지역(조정대상지역)**: 직전월부터 소급하여 6개월간의 평균 주택가격상승률이 마이너스 1.0퍼센트 이하인 지역으로서 ㉮ 직전월부터 소급하여 3개월 연속 주택매매거래량이 전년 동기 대비 20퍼센트 이상 감소한 지역, ㉯ 직전월부터 소급하여 3개월간의 평균 미분양주택(사업계획승인을 받아 입주자를 모집을 하였으나 입주자가 선정되지 아니한 주택)의 수가 전년 동기 대비 2배 이상인 지역, ㉰ 시 · 도별 주택보급률 또는 자가주택비율이 전국 평균을 초과하는 지역을 말한다.

해당하는 조정대상지역의 지정은 그 지정 목적을 달성할 수 있는 최소한의 범위로 한다. ② 장관은 조정대상지역을 지정하는 경우 ㉠ HUG의 보증업무 및 주택도시기금의 지원 등에 관한 사항, ㉡ 주택 분양 및 거래 등과 관련된 금융·세제 조치 등에 관한 사항, ㉢ 그 밖에 주택시장의 안정 또는 실수요자의 주택거래 활성화를 위하여 대통령령으로 정하는 사항을 미리 관계 기관과 협의할 수 있다. ③ 장관은 조정대상지역을 지정하는 경우에는 미리 시·도지사의의견을 들어야 한다. ④ 장관은 조정대상지역을 지정하였을 때에는 지체 없이 이를 공고하고, 그 조정대상지역을 관할하는 시장·군수·구청장에게 공고 내용을 통보하여야 한다. 이 경우 시장·군수·구청장은 사업주체로 하여금 입주자 모집공고 시 해당 주택건설 지역이 조정대상지역에 포함된 사실을 공고하게 하여야 한다. ⑤ 장관은 조정대상지역으로 유지할 필요가 없다고 판단되는 경우에는 주거정책심의위원회의 심의를 거쳐 조정대상지역의 지정을 해제하여야 한다. ⑥ 조정대상지역으로 지정된 지역의 시·도지사 또는 시장·군수·구청장은 조정대상지역 지정 후 해당 지역의 주택가격이 안정되는 등 조정대상지역으로 유지할 필요가 없다고 판단되는 경우에는 장관에게 그 지정의 해제를 요청할 수 있다. ⑦ 장관은 조정대상지역 지정의 해제를 요청받은 경우에는 주거기본법(제8조)에 따른 주거정책심의위원회의 심의를 거쳐 요청받은 날부터 40일 이내에 해제 여부를 결정하고, 그 결과를 해당 지역을 관할하는 시·도지사 또는 시장·군수·구청장에게 통보하여야 한다.

3. 주택의 전매행위 제한 등

① 사업주체가 건설·공급하는 주택 또는 주택의 입주자로 선정된 지위(입주자로 선정되어 그 주택에 입주할 수 있는 권리·자격·지위 등)로서 ㉠ 투기과열지구에서 건설·공급되는 주택, ㉡ 조정대상지역에서 건설·공급되는 주택(조정대상지역 중 주택의 수급 상황 등을 고려하여 대통령령으로 정하는 지역에서 건설·공급되는 주택는 제외), ㉢ 분양가상한제 적용주택(수도권 외의 지역 중 주택의 수급 상황 및 투기 우려 등을 고려하여 대통령령으로 정하는 지역으로서 투기과열지구가 지정되지 아니하거나 지정 해제된 지역 중 공공택지 외의 택지에서 건설·공급되는 분양가상한제 적용주택은 제외), ㉣ 공공택지 외의 택지에서 건설·공급되는 주택(주택 분양가격제한 대상 등의 주택 또는 그 주택의 입주자로 선정된 지위 및 수도권 외의 지역 중 주택의 수급 상황 및 투기 우려 등을 고려하여 대통령령으로 정하는 지역으로서 공공택지 외의 택지에서 건설·공급되는 주택은 제외)에 해당하는 경우에는 10년 이내의 범위에서 대통령령으로 정하는 기간이

지나기 전에는 그 주택 또는 지위를 전매(매매 · 증여나 그 밖에 권리의 변동을 수반하는 모든 행위를 포함하되, 상속의 경우는 제외)하거나 이의 전매를 알선할 수 없다. 이 경우 전매제한기간은 주택의 수급 상황 및 투기 우려 등을 고려하여 대통령령으로 지역별로 달리 정할 수 있다. ② ①에 해당하여 입주자로 선정된 자 또는 ①의 ㉢ 및 ㉣에 해당하는 주택을 공급받은 자의 생업상의 사정 등으로 전매가 불가피하다고 인정되는 경우로서 대통령령으로 정하는 경우[30]에는 ①을 적용하지 아니한다. 다만, ①의 ㉢ 및 ㉣에 해당하는 주택을 공급받은 자가 전매하는 경우에는 LH(사업주체가 지방공사인 경우에는 지방공사)가 그 주택을 우선 매입할 수 있다. ③ ①을 위반하여 주택의 입주자로 선정된 지위의 전매가 이루어진 경우, 사업주체가 이미 납부된 입주금에 대하여 은행법에 따른 은행의 1년 만기 정기예금 평균이자율을 합산한 금액(매입비용)을 그 매수인에게 지급한 경우에는 그 지급한 날에 사업주체가 해당 입주자로 선정된 지위를 취득한 것으로 보며, ② 단서에 따라 LH가 분양가상한제 적용주택을 우선 매입하는 경우의 매입비용에 관하여도 이를 준용한다. ④ 사업주체가 ①의 ㉢ 및 ㉣에 해당하는 주택을 공급하는 경우에는 그 주택의 소유권을 제3자에게 이전할 수 없음을 소유권에 관한 등기에 부기등기하여야 한다. ⑤ 부기등기는 주택의 소유권보존등기와 동시에 하여야 하며, 부기등기에는 "이 주택은 최초로 소유권이전등기가 된 후에는 ①에서 정한 기간(10년)이 지나기 전에 LH(LH가 우선 매입한 주택을 공급받는 자를 포함) 외의 자에게 소유권을 이전하는 어떠한 행위도 할 수 없음"을 명시하여야 한다. ⑥ LH가 ② 단서에 따라 우선 매입한 주택을 공급하는 경우에는 ④를 준용한다. ⑦ 국토교통부장관은 ①을 위반한 자에 대하여 10년의 범위에서 주택의 입주자자격을 제한할 수 있다.

4. 공급질서 교란 금지

① 누구든지 이 법에 따라 건설 · 공급되는 주택을 공급받거나 공급받게 하기 위하여 ㉠ 주택을 공급받을 수 있는 지위, ㉡ 입주자저축 증서, ㉢ 주택상환사채, ㉣ 그 밖에 주

30) ⓐ 세대원(세대주가 포함된 세대의 구성원)이 근무 또는 생업상의 사정이나 질병치료 · 취학 · 결혼으로 인하여 세대원 전원이 다른 광역시, 특별자치시, 특별자치도, 시 또는 군(광역시의 관할구역에 있는 군은 제외)으로 이전하는 경우(다만, 수도권으로 이전하는 경우는 제외), ⓑ 상속에 따라 취득한 주택으로 세대원 전원이 이전하는 경우, ⓒ 세대원 전원이 해외로 이주하거나 2년 이상의 기간 동안 해외에 체류하려는 경우, ⓓ 이혼으로 인하여 입주자로 선정된 지위 또는 주택을 배우자에게 이전하는 경우, ⓔ 공익사업의 시행으로 주거용 건축물을 제공한 자가 사업시행자로부터 이주대책용 주택을 공급받은 경우(사업시행자의 알선으로 공급받은 경우를 포함)로서 시장 · 군수 · 구청장이 확인하는 경우, ⓕ 주택의 소유자가 국가 · 지방자치단체 및 금융기관에 대한 채무를 이행하지 못하여 경매 또는 공매가 시행되는 경우, ⓖ 입주자로 선정된 지위 또는 주택의 일부를 배우자에게 증여하는 경우.

택을 공급받을 수 있는 증서 또는 지위로서 ⓐ 시장 · 군수 · 구청장이 발행한 무허가건물 확인서, 건물철거예정 증명서 또는 건물철거 확인서, ⓑ 공공사업의 시행으로 인한 이주대책에 따라 주택을 공급받을 수 있는 지위 또는 이주대책대상자 확인서에 해당하는 증서 또는 지위를 양도 · 양수(매매 · 증여나 그 밖에 권리 변동을 수반하는 모든 행위를 포함하되, 상속 · 저당의 경우는 제외) 또는 이를 알선하거나 양도 · 양수 또는 이를 알선할 목적으로 하는 광고(각종 간행물 · 유인물 · 전화 · 인터넷, 그 밖의 매체를 통한 행위를 포함)를 하여서는 아니 되며, 누구든지 거짓이나 그 밖의 부정한 방법으로 이 법에 따라 건설 · 공급되는 증서나 지위 또는 주택을 공급받거나 공급받게 하여서는 아니 된다. ② 장관 또는 사업주체는 ㉠ 증서 또는 지위를 양도하거나 양수한 자, ㉡ 거짓이나 그 밖의 부정한 방법으로 증서나 지위 또는 주택을 공급받은 자에 대하여는 그 주택 공급을 신청할 수 있는 지위를 무효로 하거나 이미 체결된 주택의 공급계약을 취소할 수 있다. ③ 사업주체가 ①을 위반한 자에게 산정한 주택가격에 해당하는 금액을 지급한 경우에는 그 지급한 날에 그 주택을 취득한 것으로 본다. 즉, 사업주체가 ①을 위반한 자에게 ⓐ 입주금, ⓑ 융자금의 상환 원금, ⓒ ⓐ 및 ⓑ의 금액을 합산한 금액에 생산자물가상승률을 곱한 금액을 합산한 금액에서 감가상각비(정액법에 준하는 방법으로 계산한 금액)를 공제한 금액을 지급하였을 때에는 그 지급한 날에 해당 주택을 취득한 것으로 본다. ④ ③의 경우 사업주체가 매수인에게 주택가격을 지급하거나, 매수인을 알 수 없어 주택가격의 수령 통지를 할 수 없는 경우 등 ⓐ 매수인을 알 수 없어 주택가격의 수령 통지를 할 수 없는 경우, ⓑ 매수인에게 주택가격의 수령을 3회 이상 통지하였으나 매수인이 수령을 거부한 경우(이 경우 각 통지일 간에는 1개월 이상의 간격이 있어야 한다), ⓒ 매수인이 주소지에 3개월 이상 살지 아니하여 주택가격의 수령이 불가능한 경우, ⓓ 주택의 압류 또는 가압류로 인하여 매수인에게 주택가격을 지급할 수 없는 경우에 해당하는 경우로서 주택가격을 그 주택이 있는 지역을 관할하는 법원에 공탁한 경우에는 그 주택에 입주한 자에게 기간을 정하여 퇴거를 명할 수 있다. ⑤ 장관은 ①을 위반한 자에 대하여 10년의 범위에서 주택의 입주자자격을 제한할 수 있다.

제 4 절 리모델링

Ⅰ. 리모델링의 허가 및 안전진단

1. 리모델링의 허가 등

① 공동주택(부대시설과 복리시설을 포함)의 입주자 · 사용자 또는 관리주체가 공동주택을 리모델링하려고 하는 경우에는 허가와 관련된 면적, 세대수 또는 입주자 등의 동의 비율에 관하여 시장 · 군수 · 구청장의 허가를 받아야 한다. ② 리모델링주택조합이나 소유자 전원의 동의를 받은 입주자대표회의가 시장 · 군수 · 구청장의 허가를 받아 리모델링을 할 수 있다. ③ 설립인가를 받은 리모델링주택조합의 총회 또는 소유자 전원의 동의를 받은 입주자대표회의에서 건설업자 또는 건설업자로 보는 등록사업자를 시공자로 선정하여야 한다. ④ 시공자를 선정하는 경우에는 장관이 정하는 경쟁입찰의 방법으로 하여야 한다. 다만, 경쟁입찰의 방법으로 시공자를 선정하는 것이 곤란하다고 인정되는 경우 등 장관이 정하는 경쟁입찰의 방법으로 2회 이상 경쟁입찰을 하였으나 입찰자의 수가 해당 경쟁입찰의 방법에서 정하는 최저 입찰자 수에 미달하여 경쟁입찰의 방법으로 시공자를 선정할 수 없게 된 경우에는 그러하지 아니하다. ⑤ 리모델링에 관하여 시장 · 군수 · 구청장이 관계 행정기관의 장과 협의하여 허가받은 사항에 관하여는 인허가의제 규정을 준용한다. ⑥ 시장 · 군수 · 구청장이 세대수 증가형 리모델링(50세대 이상으로 세대수가 증가하는 경우로 한정)을 허가하려는 경우에는 기반시설에 의 영향이나 도시 · 군관리계획과의 부합 여부 등에 대하여 시 · 군 · 구도시계획위원회의 심의를 거쳐야 한다. ⑦ 공동주택의 입주자 · 사용자 · 관리주체 · 입주자대표회의 또는 리모델링주택조합이 리모델링에 관하여 시장 · 군수 · 구청장의 허가를 받은 후 그 공사를 완료하였을 때에는 시장 · 군수 · 구청장의 사용검사를 받아야 한다.

2. 권리변동계획의 수립

세대수가 증가되는 리모델링을 하는 경우에는 기존 주택의 권리변동, 비용분담 등 ⓐ

리모델링 전후의 대지 및 건축물의 권리변동 명세, ⓑ 조합원의 비용분담, ⓒ 사업비, ⓓ 조합원 외의 자에 대한 분양계획, ⓔ 그 밖에 리모델링과 관련된 권리 등에 대하여 해당 시 · 도 또는 시 · 군의 조례로 정하는 사항에 대한 계획(권리변동계획)을 수립하여 사업계획승인 또는 행위허가를 받아야 한다. 대지 및 건축물의 권리변동 명세를 작성하거나 조합원의 비용분담 금액을 산정하는 경우에는 감정평가업자가 리모델링 전후의 재산 또는 권리에 대하여 평가한 금액을 기준으로 할 수 있다.

3. 증축형 리모델링의 안전진단

① 증축하는 리모델링(증축형 리모델링)을 하려는 자는 시장 · 군수 · 구청장에게 안전진단을 요청하여야 하며, 안전진단을 요청받은 시장 · 군수 · 구청장은 해당 건축물의 증축 가능 여부의 확인 등을 위하여 안전진단을 실시하여야 한다. ② 시장 · 군수 · 구청장은 안전진단을 실시하는 경우에는 ⓐ 안전진단전문기관, ⓑ 국토안전관리원, ⓒ 한국건설기술연구원에 안전진단을 의뢰하여야 하며, 안전진단을 의뢰받은 기관은 리모델링을 하려는 자가 추천한 건축구조기술사(구조설계를 담당할 자)와 함께 안전진단을 실시하여야 한다. ③ 시장 · 군수 · 구청장이 안전진단으로 건축물 구조의 안전에 위험이 있다고 평가하여 재건축사업 및 소규모재건축사업의 시행이 필요하다고 결정한 건축물은 증축형 리모델링을 하여서는 아니 된다. ④ 시장 · 군수 · 구청장은 수직증축형 리모델링을 허가한 후에 해당 건축물의 구조안전성 등에 대한 상세 확인을 위하여 안전진단을 실시하여야 한다. 이 경우 안전진단을 의뢰받은 기관은 건축구조기술사와 함께 안전진단을 실시하여야 하며, 리모델링을 하려는 자는 안전진단 후 구조설계의 변경 등이 필요한 경우에는 건축구조기술사로 하여금 이를 보완하도록 하여야 한다. ⑤ 안전진단을 의뢰받은 기관은 장관이 정하여 고시하는 기준에 따라 안전진단을 실시하고, 안전진단 결과보고서를 작성하여 안전진단을 요청한 자와 시장 · 군수 · 구청장에게 제출하여야 한다.[31] ⑥ 시장 · 군수 · 구청장은 안전진단을 실시하는 비용의 전부 또는 일부를 리모델링을 하려는 자에게 부담하게 할 수 있다.

31) ① 시장 · 군수 · 구청장은 필요하다고 인정하는 경우에는 제출받은 날부터 7일 이내에 국토안전관리원 또는 한국건설기술연구원에 안전진단 결과보고서의 적정성에 대한 검토를 의뢰할 수 있다. ② 시장 · 군수 · 구청장은 안전진단을 한 경우에는 제출받은 안전진단 결과보고서, 적정성 검토 결과 및 리모델링 기본계획을 고려하여 안전진단을 요청한 자에게 증축 가능 여부를 통보하여야 한다.

4. 전문기관의 안전성 검토 등

① 시장 · 군수 · 구청장은 수직증축형 리모델링을 하려는 자가 건축위원회의 심의를 요청하는 경우 구조계획상 증축범위의 적정성 등에 대하여 국토안전관리원 또는 한국건설기술연구원에 안전성 검토를 의뢰하여야 한다. ② 시장 · 군수 · 구청장은 수직증축형 리모델링을 하려는 자의 허가 신청이 있거나 안전진단 결과 장관이 정하여 고시하는 설계도서의 변경이 있는 경우 제출된 설계도서상 구조안전의 적정성 여부 등에 대하여 검토를 수행한 전문기관에 안전성 검토를 의뢰하여야 한다. ③ 검토의뢰를 받은 전문기관은 장관이 정하여 고시하는 검토기준에 따라 검토한 결과를 의뢰받은 날부터 30일(검토의뢰를 받은 전문기관이 부득이하게 검토기간의 연장이 필요하다고 인정하여 20일의 범위에서 그 기간을 연장. 기간을 산정할 때 보완기간, 공휴일 및 토요일은 산정대상에서 제외) 이내에 시장 · 군수 · 구청장에게 제출하여야 하며, 시장 · 군수 · 구청장은 특별한 사유가 없는 경우 이 법 및 관계 법률에 따른 위원회의 심의 또는 허가 시 제출받은 안전성 검토결과를 반영하여야 한다. ④ 시장 · 군수 · 구청장은 전문기관의 안전성 검토비용의 전부 또는 일부를 리모델링을 하려는 자에게 부담하게 할 수 있다. ⑤ 장관은 시장 · 군수 · 구청장에게 제출받은 자료의 제출을 요청할 수 있으며, 필요한 경우 시장 · 군수 · 구청장으로 하여금 안전성 검토결과의 적정성 여부에 대하여 중앙건축위원회의 심의를 받도록 요청할 수 있다. ⑥ 시장 · 군수 · 구청장은 특별한 사유가 없으면 심의결과를 반영하여야 한다.

Ⅱ. 리모델링 기본계획

1. 리모델링 기본계획의 수립권자 및 대상지역 등

① 특별시장 · 광역시장 및 대도시의 시장은 관할구역에 대하여 ㉠ 계획의 목표 및 기본방향, ㉡ 도시기본계획 등 관련 계획 검토, ㉢ 리모델링 대상 공동주택 현황 및 세대수 증가형 리모델링 수요 예측, ㉣ 세대수 증가에 따른 기반시설의 영향 검토, ㉤ 일시집중 방지 등을 위한 단계별 리모델링 시행방안, ㉥ 그 밖에 대통령령으로 정하는 사항을 포함한 리모델링 기본계획을 10년 단위로 수립하여야 한다. 다만, 세대수 증가형 리모델링에 따른 도시과밀의 우려가 적은 경우 등 ⓐ 특별시 · 광역시의 경우: 세대수 증가형 리모델링(세대수를 증가하는 증축행위)에 따른 도시과밀이나 이주수요의 일시집중 우려가 적은

경우로서 특별시장 · 광역시장이 시 · 도도시계획위원회의 심의를 거쳐 리모델링 기본계획을 수립할 필요가 없다고 인정하는 경우, ⓑ 대도시: 세대수 증가형 리모델링에 따른 도시과밀이나 이주수요의 일시집중 우려가 적은 경우로서 대도시 시장의 요청으로 도지사가 시 · 도도시계획위원회의 심의를 거쳐 리모델링 기본계획을 수립할 필요가 없다고 인정하는 경우에는 리모델링 기본계획을 수립하지 아니할 수 있다. ② 대도시가 아닌 시의 시장은 세대수 증가형 리모델링에 따른 도시과밀이나 일시집중 등이 우려되어 도지사가 리모델링 기본계획의 수립이 필요하다고 인정한 경우 리모델링 기본계획을 수립하여야 한다. ③ 특별시장 · 광역시장 및 대도시의 시장(대도시가 아닌 시의 시장을 포함)은 주민공람을 실시할 때에는 미리 공람의 요지 및 장소를 해당 지방자치단체의 공보 및 인터넷 홈페이지에 공고하고, 공람 장소에 관계 서류를 갖추어 두어야 한다.

2. 리모델링 기본계획 수립절차

① 특별시장 · 광역시장 및 대도시의 시장(대도시가 아닌 시의 시장)은 리모델링 기본계획을 수립하거나 변경하려면 14일 이상 주민에게 공람하고, 지방의회의 의견을 들어야 한다. 이 경우 지방의회는 의견제시를 요청받은 날부터 30일 이내에 의견을 제시하여야 하며, 30일 이내에 의견을 제시하지 아니하는 경우에는 이의가 없는 것으로 본다. 다만, 경미한 변경인 경우(ⓐ 세대수 증가형 리모델링 수요 예측 결과에 따른 세대수 증가형 리모델링 수요(세대수 증가형 리모델링을 하려는 주택의 총 세대수)가 감소하거나 10퍼센트 범위에서 증가하는 경우, ⓑ 세대수 증가형 리모델링 수요의 변동으로 기반시설의 영향 검토나 단계별 리모델링 시행 방안이 변경되는 경우, ⓒ 도시 · 군기본계획 등 관련 계획의 변경에 따라 리모델링 기본계획이 변경되는 경우)에는 주민공람 및 지방의회의견 청취 절차를 거치지 아니할 수 있다. ② 특별시장 · 광역시장 및 대도시의 시장은 리모델링 기본계획을 수립하거나 변경하려면 관계 행정기관의 장과 협의한 후 설치된 시 · 도도시계획위원회 또는 시 · 군 · 구도시계획위원회의 심의를 거쳐야 한다. ③ 협의를 요청받은 관계 행정기관의 장은 특별한 사유가 없으면 그 요청을 받은 날부터 30일 이내에 의견을 제시하여야 한다. ④ 대도시의 시장은 리모델링 기본계획을 수립하거나 변경하려면 도지사의 승인을 받아야 하며, 도지사는 리모델링 기본계획을 승인하려면 시 · 도도시계획위원회의 심의를 거쳐야 한다.

3. 리모델링 기본계획의 고시 등

① 특별시장 · 광역시장 및 대도시의 시장은 리모델링 기본계획을 수립하거나 변경한 때에는 이를 지체 없이 해당 지방자치단체의 공보에 고시하여야 한다. ② 특별시장 · 광역시장 및 대도시의 시장은 5년마다 리모델링 기본계획의 타당성 여부를 검토하여 그 결과를 리모델링 기본계획에 반영하여야 한다.

4. 세대수 증가형 리모델링의 시기 조정

① 장관은 세대수 증가형 리모델링의 시행으로 주변 지역에 현저한 주택부족이나 주택시장의 불안정 등이 발생될 우려가 있는 때에는 주거정책심의위원회의 심의를 거쳐 특별시장, 광역시장, 대도시의 시장에게 리모델링 기본계획을 변경하도록 요청하거나, 시장 · 군수 · 구청장에게 세대수 증가형 리모델링의 사업계획 승인 또는 허가의 시기를 조정하도록 요청할 수 있으며, 요청을 받은 특별시장, 광역시장, 대도시의 시장 또는 시장 · 군수 · 구청장은 특별한 사유가 없으면 그 요청에 따라야 한다. ② 시 · 도지사는 세대수 증가형 리모델링의 시행으로 주변 지역에 현저한 주택부족이나 주택시장의 불안정 등이 발생될 우려가 있는 때에는 시 · 도 주거정책심의위원회의 심의를 거쳐 대도시의 시장에게 리모델링 기본계획을 변경하도록 요청하거나, 시장 · 군수 · 구청장에게 세대수 증가형 리모델링의 사업계획 승인 또는 허가의 시기를 조정하도록 요청할 수 있으며, 요청을 받은 대도시의 시장 또는 시장 · 군수 · 구청장은 특별한 사유가 없으면 그 요청에 따라야 한다. ③ 시기조정에 관한 방법 및 절차 등에 관하여 필요한 사항은 국토교통부령 또는 시 · 도의 조례로 정한다.

Ⅲ. 리모델링 특례 등

1. 리모델링 지원센터의 설치 · 운영

① 시장 · 군수 · 구청장은 리모델링의 원활한 추진을 지원하기 위하여 리모델링 지원센터를 설치하여 운영할 수 있다. ② 리모델링 지원센터는 ㉠ 리모델링주택조합 설립을 위한 업무 지원, ㉡ 설계자 및 시공자 선정 등에 대한 지원, ㉢ 권리변동계획 수립에 관한

지원, ㉣ 그 밖에 지방자치단체의 조례로 정하는 사항의 업무를 수행할 수 있다. ③ 리모델링 지원센터의 조직, 인원 등 리모델링 지원센터의 설치 · 운영에 필요한 사항은 지방자치단체의 조례로 정한다.

2. 공동주택 리모델링에 따른 특례

① 공동주택의 소유자가 리모델링에 의하여 전유부분의 면적이 늘거나 줄어드는 경우에는 대지사용권은 변하지 아니하는 것으로 본다. 다만, 세대수 증가를 수반하는 리모델링의 경우에는 권리변동계획에 따른다. ② 공동주택의 소유자가 리모델링에 의하여 일부 공용부분의 면적을 전유부분의 면적으로 변경한 경우에는 그 소유자의 나머지 공용부분의 면적은 변하지 아니하는 것으로 본다. ③ 대지사용권 및 공용부분의 면적에 관하여는 소유자가 규약으로 달리 정한 경우에는 그 규약에 따른다. ④ 임대차계약 당시 ㉠ 임대차계약 당시 해당 건축물의 소유자들(입주자대표회의를 포함)이 리모델링주택조합 설립인가를 받은 경우, ㉡ 임대차계약 당시 해당 건축물의 입주자대표회의가 직접 리모델링을 실시하기 위하여 관할 시장 · 군수 · 구청장에게 안전진단을 요청한 경우에 해당하여 그 사실을 임차인에게 고지한 경우로서 리모델링 허가를 받은 경우에는 해당 리모델링 건축물에 관한 임대차계약에 대하여 주택임대차보호법 및 상가건물 임대차보호법상 기간을 정하지 아니한 임대차기간규정을 적용하지 아니한다.

3. 부정행위 금지

공동주택의 리모델링과 관련하여 ㉠ 입주자, ㉡ 사용자, ㉢ 관리주체, ㉣ 입주자대표회의 또는 그 구성원, ㉤ 리모델링주택조합 또는 그 구성원에 해당하는 자는 부정하게 재물 또는 재산상의 이익을 취득하거나 제공하여서는 아니 된다.

제5절 보 칙

Ⅰ. 토지임대부 분양주택

1. 토지임대부 분양주택의 토지에 관한 임대차 관계

① 토지임대부 분양주택의 토지에 대한 임대차기간은 40년 이내로 한다. 이 경우 토지임대부 분양주택 소유자의 75퍼센트 이상이 계약갱신을 청구하는 경우 40년의 범위에서 이를 갱신할 수 있다. ② 토지임대부 분양주택을 공급받은 자가 토지소유자와 임대차계약을 체결한 경우 해당 주택의 구분소유권을 목적으로 그 토지 위에 임대차기간 동안 지상권이 설정된 것으로 본다. ③ 토지임대부 분양주택의 토지에 대한 임대차계약을 체결하고자 하는 자는 표준임대차계약서를 사용하여야 한다. ④ 토지임대부 분양주택을 양수한 자 또는 상속받은 자는 임대차계약을 승계한다. ⑤ 토지임대부 분양주택의 토지임대료는 해당 토지의 조성원가 또는 감정가격 등을 기준으로 산정하되, 구체적인 토지임대료의 책정 및 변경기준, 납부 절차 등에 관한 사항은 대통령령으로 정한다.[32] ⑥ 토지임대료는 월별 임대료를 원칙으로 하되, 토지소유자와 주택을 공급받은 자가 합의한 경우 임대료를 보증금으로 전환하여 납부할 수 있다. ⑦ ①부터 ⑥까지에서 정한 사항 외에 토지임대부 분양주택 토지의 임대차 관계는 토지소유자와 주택을 공급받은 자 간의 임대차계약에 따른다. ⑧ 토지임대부 분양주택에 관하여 이 법에서 정하지 아니한 사항은 집합건물법, 민법 순으로 적용한다.

32) ① 토지임대부 분양주택의 월별 토지임대료는 ㉠ 공공택지에 토지임대주택을 건설하는 경우: 해당 공공택지의 조성원가에 입주자모집공고일이 속하는 달의 전전달의 은행의 3년 만기 정기예금 평균이자율을 적용하여 산정한 금액, ㉡ 공공택지 외의 택지에 토지임대주택을 건설하는 경우: 감정평가한 가액에 입주자모집공고일이 속하는 달의 전전달의 은행의 3년 만기 정기예금 평균이자율을 적용하여 산정한 금액(이 경우 감정평가액의 산정시기와 산정방법 등은 국토교통부령으로 정한다)에 따라 산정한 금액을 12개월로 분할한 금액 이하로 한다. ② 토지소유자는 토지임대주택을 분양받은 자와 토지임대료에 관한 약정(토지임대료약정)을 체결한 후 2년이 지나기 전에는 토지임대료의 증액을 청구할 수 없다. ③ 토지소유자는 토지임대료약정 체결 후 2년이 지나 토지임대료의 증액을 청구하는 경우에는 시·군·구의 평균지가상승률을 고려하여 증액률을 산정하되, 차임 등의 증액청구 한도 비율을 초과해서는 아니 된다. ④ 토지소유자는 산정한 월별 토지임대료의 납부기한을 정하여 토지임대주택 소유자에게 고지하되, 구체적인 납부 방법, 연체료율 등에 관한 사항은 표준임대차계약서에서 정하는 바에 따른다.

2. 토지임대부 분양주택의 재건축

① 토지임대부 분양주택의 소유자가 임대차기간이 만료되기 전에 도시개발 관련 법률에 따라 해당 주택을 철거하고 재건축을 하고자 하는 경우 토지소유자의 동의를 받아 재건축할 수 있다. 이 경우 토지소유자는 정당한 사유 없이 이를 거부할 수 없다. ② 토지임대부 분양주택을 재건축하는 경우 해당 주택의 소유자를 토지등소유자로 본다. ③ 재건축한 주택은 토지임대부 분양주택으로 한다. 이 경우 재건축한 주택의 준공인가일부터 임대차기간 동안 토지소유자와 재건축한 주택의 조합원 사이에 토지의 임대차기간에 관한 계약이 성립된 것으로 본다. ④ 토지소유자와 주택소유자가 합의한 경우에는 토지임대부 분양주택이 아닌 주택으로 전환할 수 있다.

Ⅱ. 주택상환사채

1. 주택상환사채의 발행

① LH와 등록사업자는 주택으로 상환하는 사채(주택상환사채)를 발행할 수 있다.[33] 이 경우 등록사업자는 자본금·자산평가액 및 기술인력 등이 ⓐ 법인으로서 자본금이 5억원 이상일 것, ⓑ 건설업 등록을 한 자일 것, ⓒ 최근 3년간 연평균 주택건설 실적이 300호 이상일 것에 맞고 금융기관 또는 HUG의 보증을 받은 경우에만 주택상환사채를 발행할 수 있다. ② 주택상환사채를 발행하려는 자는 주택상환사채발행계획을 수립하여 장관의 승인을 받아야 한다.[34]

---

33) ① 주택상환사채는 액면 또는 할인의 방법으로 발행한다. ② 주택상환사채권에는 기호와 번호를 붙이고 국토교통부령으로 정하는 사항을 적어야 한다. ③ 주택상환사채의 발행자는 주택상환사채대장을 갖추어 두고 주택상환사채권의 발행 및 상환에 관한 사항을 적어야 한다. 등록사업자가 발행할 수 있는 주택상환사채의 규모는 최근 3년간의 연평균 주택건설 호수 이내로 한다.

34) ① 주택상환사채발행계획의 승인을 받으려는 자는 주택상환사채발행계획서에 ⓐ 주택상환사채 상환용 주택의 건설을 위한 택지에 대한 소유권 또는 그 밖에 사용할 수 있는 권리를 증명할 수 있는 서류, ⓑ 주택상환사채에 대한 금융기관 또는 HUG의 보증서, ⓒ 금융기관과의 발행대행계약서 및 납입금 관리계약서를 첨부하여 장관에게 제출하여야 한다. 다만, ⓒ의 서류는 주택상환사채 모집공고 전까지 제출할 수 있다. ② 주택상환사채발행계획서에는 ⓐ 발행자의 명칭, ⓑ 회사의 자본금 총액, ⓒ 발행할 주택상환사채의 총액, ⓓ 여러 종류의 주택상환사채를 발행하는 경우에는 각 주택상환사채의 권종별 금액 및 권종별 발행가액, ⓔ 발행조건과 방법, ⓕ 분납발행일 때에는 분납금액과 시기, ⓖ 상환 절차와 시기, ⓗ 주택의 건설위치·형별·단위규모·총세대수·착공예정일·준공예정일 및 입주예정일, ⓘ 주택가격의 추산방법, ⓙ 할인발행일 때에는 그 이자율과 산정 명세, ⓚ 중도상환에 필요한 사항, ⓛ 보증부 발행일 때에는 보증기관과 보증의 내용, ⓜ 납입금의 사용계획, ⓝ 그 밖에 장관이

2. 발행책임과 조건 등

① 주택상환사채를 발행한 자는 발행조건에 따라 주택을 건설하여 사채권자에게 상환하여야 한다. ② 주택상환사채는 기명증권으로 하고, 사채권자의 명의변경은 취득자의 성명과 주소를 사채원부에 기록하는 방법으로 하며, 취득자의 성명을 채권에 기록하지 아니하면 사채발행자 및 제3자에게 대항할 수 없다. ③ 장관은 사채의 납입금이 택지의 구입 등 사채발행 목적에 맞게 사용될 수 있도록 그 사용 방법 · 절차 등에 관하여 필요한 조치를 하여야 한다.

3. 주택상환사채의 효력 및 상법의 적용

① 등록사업자의 등록이 말소된 경우에도 등록사업자가 발행한 주택상환사채의 효력에는 영향을 미치지 아니한다. ② 주택상환사채의 발행에 관하여 이 법에서 규정한 것 외에는 상법 중 사채발행에 관한 규정을 적용한다. 다만, LH가 발행하는 경우와 금융기관 등이 상환을 보증하여 등록사업자가 발행하는 경우에는 상법(제478조제1항)을 적용하지 아니한다.

Ⅲ. 국민주택사업특별회계의 설치 등

① 지방자치단체는 국민주택사업을 시행하기 위하여 국민주택사업특별회계를 설치 · 운용하여야 한다. ② 국민주택사업특별회계의 자금은 ㉠ 자체 부담금, ㉡ 주택도시기금으로부터의 차입금, ㉢ 정부로부터의 보조금, ㉣ 농협은행으로부터의 차입금, ㉤ 외국으로부터의 차입금, ㉥ 국민주택사업특별회계에 속하는 재산의 매각 대금, ㉦ 국민주택사업특별회계자금의 회수금 · 이자수입금 및 그 밖의 수익, ㉧ 재건축부담금 중 지방자치단체 귀속분의 재원으로 조성한다. ③ 지방자치단체는 국민주택사업특별회계의 운용 상황을 장관에게 보고하여야 한다.[35)]

정하여 고시하는 사항이 기재되어야 한다. ③ 장관은 주택상환사채발행계획을 승인하였을 때에는 주택상환사채발행 대상지역을 관할하는 시 · 도지사에게 그 내용을 통보하여야 한다. ④ 주택상환사채발행계획을 승인받은 자는 주택상환사채를 모집하기 전에 주택상환사채 모집공고안을 작성하여 장관에게 제출하여야 한다.

35) ① 지방자치단체에 설치하는 국민주택사업특별회계의 편성 및 운용에 필요한 사항은 해당 지방자치단체의 조례로 정할 수 있다. ② 국민주택을 건설 · 공급하는 지방자치단체의 장은 국민주택사업특별

Ⅳ. 협회

1. 협회의 설립인가 등

① 협회를 설립하려면 회원자격을 가진 자 50인 이상을 발기인으로 하여 정관을 마련(변경 포함)한 후 창립총회의의결을 거쳐 장관의 인가를 받아야 한다. ② 장관은 인가 시 이를 지체 없이 공고하여야 한다. 협회에 관하여 이 법에서 규정한 것 외에는 민법 중 사단법인에 관한 규정을 준용한다.

2. 주택정책 관련 자료 등의 종합관리

① 장관 또는 시 · 도지사는 적절한 주택정책의 수립 및 시행을 위하여 주택(준주택을 포함)의 건설 · 공급 · 관리 및 이와 관련된 자금의 조달, 주택가격 동향 등 주택과 관련된 사항에 관한 정보를 종합적으로 관리하고 이를 관련 기관 · 단체 등에 제공할 수 있다. ② 사업주체 또는 관리주체는 주택을 건설 · 공급 · 관리할 때 필요한 ⓐ 주택의 소유 여부 확인, ⓑ 입주자의 자격 확인, ⓒ 지방자치단체 · LH 등 공공기관이 법률에 따라 개발 · 공급하는 택지의 현황, 공급계획 및 공급일정, ⓓ 주택이 건설되는 해당 지역과 인근지역에 대한 입주자저축의 가입자현황, ⓔ 주택이 건설되는 해당 지역과 인근지역에 대한 주택건설사업계획승인현황, ⓕ 주택관리업자 등록현황에 대하여 관련 기관 · 단체 등에 자료 제공 또는 확인을 요청할 수 있다.

3. 권한의 위임 · 위탁

① 이 법에 따른 장관의 권한은 그 일부를 시 · 도지사 또는 국토교통부 소속 기관의 장에게 위임할 수 있다.[36] ② 장관 또는 지방자치단체의 장은 이 법에 따른 권한 중 ㉠ 주택건설사업 등의 등록, ㉡ 영업실적 등의 접수, ㉢ 부실감리자 현황에 대한 종합관리,

회계의 분기별 운용 상황을 그 분기가 끝나는 달의 다음 달 20일까지 장관에게 보고하여야 한다. 이 경우 시장 · 군수 · 구청장의 경우에는 시 · 도지사를 거쳐(특별자치시장 또는 특별자치도지사가 보고하는 경우는 제외) 보고하여야 한다.

36) ① 장관은 ⓐ 주택건설사업 및 대지조성사업의 등록, ⓑ 영업실적 등의 접수의 업무를 주택사업자단체(협회)에 위탁한다. ② 장관은 주택관련 정보의 종합관리업무를 ⓐ 주택거래 관련 정보체계의 구축 · 운용: 한국부동산원, ⓑ 주택공급 관련 정보체계의 구축 · 운용: LH, ⓒ 주택가격의 동향 조사: 한국부동산원의 구분에 따른 기관에 위탁한다.

㉣ 주택정책 관련 자료의 종합관리의 권한을 주택산업 육성과 주택관리의 전문화, 시설물의 안전관리 및 자격검정 등을 목적으로 설립된 법인 또는 주택도시기금 운용 · 관리에 관한 사무를 위탁받은 자 중 장관 또는 지방자치단체의 장이 인정하는 자에게 위탁할 수 있다. ③ 장관은 관계 기관의 장에 대한 자료제공 요청에 관한 사무를 보건복지부장관 또는 지방자치단체의 장에게 위탁할 수 있다.

V. 금지사항 및 보고, 검사 등

1. 체납된 분양대금 등의 강제징수

① 국가 또는 지방자치단체인 사업주체가 건설한 국민주택의 분양대금 · 임대보증금 및 임대료가 체납된 경우에는 국가 또는 지방자치단체가 국세 또는 지방세 체납처분의 예에 따라 강제징수할 수 있다. 다만, 입주자가 장기간의 질병이나 그 밖의 부득이한 사유로 분양대금 · 임대보증금 및 임대료를 체납한 경우에는 강제징수하지 아니할 수 있다. ② LH 또는 지방공사는 그가 건설한 국민주택의 분양대금 · 임대보증금 및 임대료가 체납된 경우에는 주택의 소재지를 관할하는 시장 · 군수 · 구청장에게 그 징수를 위탁할 수 있다. ③ 징수를 위탁받은 시장 · 군수 · 구청장은 지방세 체납처분의 예에 따라 이를 징수하여야 한다. 이 경우 LH 또는 지방공사는 시장 · 군수 · 구청장이 징수한 금액의 2퍼센트에 해당하는 금액을 해당 시 · 군 · 구에 위탁수수료로 지급하여야 한다.

2. 분양권 전매 등에 대한 신고포상금

시 · 도지사는 분양권 등을 전매하거나 알선하는 자를 주무관청에 신고한 자에게 포상금을 지급할 수 있다.[37)]

37) ① 분양권 등을 전매하거나 알선하는 행위(부정행위)를 하는 자를 신고하려는 자는 신고서에 부정행위를 입증할 수 있는 자료를 첨부하여 시 · 도지사에게 신고하여야 한다. ② 시 · 도지사는 신고를 받은 경우에는 관할 수사기관에 수사를 의뢰하여야 하며, 수사기관은 해당 수사결과(벌칙 부과 등 확정판결의 결과를 포함)를 시 · 도지사에게 통보하여야 한다. ③ 시 · 도지사는 수사결과를 신고자에게 통지하여야 한다. ④ 통지를 받은 신고자는 신청서에 ⓐ 수사결과통지서 사본 1부, ⓑ 통장 사본 1부의 서류를 첨부하여 시 · 도지사에게 포상금 지급을 신청할 수 있다. 이 경우 시 · 도지사는 신청일부터 30일 이내에 지급기준에 따라 포상금을 지급하여야 한다.

3. 보고 · 검사 및 청문

① 장관 또는 지방자치단체의 장은 필요하다고 인정할 때에는 이 법에 따른 인가 · 승인 또는 등록을 한 자에게 필요한 보고를 하게 하거나, 관계 공무원으로 하여금 사업장에 출입하여 필요한 검사를 하게 할 수 있다. ② 검사를 할 때에는 검사 7일 전까지 검사 일시, 검사 이유 및 검사 내용 등 검사계획을 검사를 받을 자에게 알려야 한다. 다만, 긴급한 경우나 사전에 통지하면 증거인멸 등으로 검사 목적을 달성할 수 없다고 인정하는 경우에는 그러하지 아니하다. ③ 검사를 하는 공무원은 그 권한을 나타내는 증표를 지니고 이를 관계인에게 내보여야 한다. ④ 장관 또는 지방자치단체의 장은 ㉠ 주택건설사업 등의 등록말소, ㉡ 주택조합의 설립인가취소, ㉢ 사업계획승인의 취소, ㉣ 리모델링허가에서 거짓이나 부정한 방법으로 허가를 받은 경우에 따른 행위허가의 취소에 해당하는 처분을 하려면 청문을 하여야 한다.

제 8 장
농 지 법

제1절 서 설

Ⅰ. 정 의

1. 농지

㉠ 전 · 답, 과수원, 그 밖에 법적 지목(地目)을 불문하고 실제로 농작물 경작지 또는 다년생식물 재배지(ⓐ 목초 · 종묘 · 인삼 · 약초 · 잔디 및 조림용 묘목, ⓑ 과수 · 뽕나무 · 유실수 그 밖의 생육기간이 2년 이상인 식물, ⓒ 조경 또는 관상용 수목과 그 묘목(조경 목적으로 식재한 것을 제외))로 이용되는 토지(ⓐ 공간정보관리법에 따른 지목이 전 · 답, 과수원이 아닌 토지(지목이 임야인 토지는 제외)로서 농작물 경작지 또는 다년생식물 재배지로 계속하여 이용되는 기간이 3년 미만인 토지, ⓑ 공간정보관리법에 따른 지목이 임야인 토지로서 산지관리법에 따른 산지전용허가(다른 법률에 따라 산지전용허가가 의제되는 인가 · 허가 · 승인 등을 포함)를 거치지 아니하고 농작물의 경작 또는 다년생식물의 재배에 이용되는 토지, ⓒ 초지법에 따라 조성된 초지)는 제외), ㉡ ㉠의 토지의 개량시설과 가목의 토지에 설치하는 농축산물 생산시설로서 대통령령으로 정하는 시설[1]의 부지

1) ⓐ 토지의 개량시설로서 ㉮ 유지(溜池), 양 · 배수시설, 수로, 농로, 제방, ㉯ 그 밖에 농지의 보전이나 이용에 필요한 시설로서 농림축산식품부령으로 정하는 시설의 어느 하나에 해당하는 시설, ⓑ 토지에 설치하는 농축산물 생산시설로서 농작물 경작지 또는 다년생식물의 재배지에 설치한 ㉮ 고정식온실 · 버섯재배사 및 비닐하우스와 농림축산식품부령으로 정하는 그 부속시설, ㉯ 축사 · 곤충사육사와 농림

에 해당하는 토지를 말한다.

2. 농업인 및 자경

① 농업인은 농업에 종사하는 개인으로서 ⓐ 1천제곱미터 이상의 농지에서 농작물 또는 다년생식물을 경작 또는 재배하거나 1년 중 90일 이상 농업에 종사하는 자, ⓑ 농지에 330제곱미터 이상의 고정식온실 · 버섯재배사 · 비닐하우스, 그 밖의 농림축산식품부령으로 정하는 농업생산에 필요한 시설을 설치하여 농작물 또는 다년생식물을 경작 또는 재배하는 자, ⓒ 대가축 2두, 중가축 10두, 소가축 100두, 가금 1천수 또는 꿀벌 10군 이상을 사육하거나 1년 중 120일 이상 축산업에 종사하는 자, ⓓ 농업경영을 통한 농산물의 연간 판매액이 120만원 이상인 자를 말한다. ② 자경은 농업인이 그 소유 농지에서 농작물 경작 또는 다년생식물 재배에 상시 종사(ⓐ 농업인이 그 노동력의 2분의 1 이상으로써 농작물을 경작하거나 다년생식물을 재배하는 경우, ⓑ ⓐ에 준하는 경우로서 시장(구를 두지 아니한 시의 시장을 말하며 도농복합형태의 시에 있어서는 농지의 소재지가 동지역인 경우만) · 구청장(도농복합형태의 시의 구에 있어서는 농지의 소재지가 동지역인 경우만) · 읍장 또는 면장(시 · 구 · 읍 · 면장)이 인정하는 경우)하거나 농작업의 2분의 1 이상을 자기의 노동력으로 경작 또는 재배하는 것과 농업법인이 그 소유 농지에서 농작물을 경작하거나 다년생식물을 재배하는 것을 말한다.

3. 농업법인과 농업경영 및 위탁경영

① 농어업경영체 육성 및 지원에 관한 법률(농어업경영체법)에 따라 설립된 영농조합법인과 같은 법에 따라 설립되고 업무집행권을 가진 자 중 3분의 1 이상이 농업인인 농업회사법인을 말한다. ② 농업경영은 농업인이나 농업법인이 자기의 계산과 책임으로 농업을 영위하는 것을 말하고, 위탁경영은 농지 소유자가 타인에게 일정한 보수를 지급하기로 약정하고 농작업의 전부 또는 일부를 위탁하여 행하는 농업경영을 말한다.

4. 농지의 전용

농지를 농작물의 경작이나 다년생식물의 재배 등 농업생산 또는 농지개량(농지개량의

축산식품부령으로 정하는 그 부속시설, ㉰ 간이퇴비장, ㉱ 농막 · 간이저온저장고 및 간이액비저장조 중 농림축산식품부령으로 정하는 시설의 어느 하나에 해당하는 시설.

범위는 농지의 생산성을 높이기 위하여 농지의 형질을 변경하는 ⓐ 농지의 이용가치를 높이기 위하여 농지의 구획을 정리하거나 개량시설을 설치하는 행위, ⓑ 해당 농지의 토양개량이나 관개 · 배수 · 농업기계이용의 개선을 위하여 농지에서 객토 · 성토 · 절토하거나 암석을 채굴하는 행위로서 인근 농지의 관개 · 배수 · 통풍 및 농작업에 영향을 미치지 아니하는 것) 외의 용도로 사용하는 것을 말한다. 다만, 토지의 개량시설과 토지에 설치하는 농축산물 개량설비의 용도로 사용하는 경우에는 전용(轉用)으로 보지 아니한다.

Ⅱ. 농지의 기본 이념 등

1. 농지에 관한 기본 이념

① 농지는 국민에게 식량을 공급하고 국토 환경을 보전(保全)하는 데에 필요한 기반이며 농업과 국민경제의 조화로운 발전에 영향을 미치는 한정된 귀중한 자원이므로 소중히 보전되어야 하고 공공복리에 적합하게 관리되어야 하며, 농지에 관한 권리의 행사에는 필요한 제한과의무가 따른다. ② 농지는 농업 생산성을 높이는 방향으로 소유 · 이용되어야 하며, 투기의 대상이 되어서는 아니된다.

2. 국가 등의의무 및 국민의의무

① 국가와 지방자치단체는 농지에 관한 기본 이념이 구현되도록 농지에 관한 시책을 수립하고 시행하여야 한다. ② 국가와 지방자치단체는 농지에 관한 시책을 수립할 때 필요한 규제와 조정을 통하여 농지를 보전하고 합리적으로 이용할 수 있도록 함으로써 농업을 육성하고 국민경제를 균형 있게 발전시키는 데에 이바지하도록 하여야 한다. ③ 모든 국민은 농지에 관한 기본 이념을 존중하여야 하며, 국가와 지방자치단체가 시행하는 농지에 관한 시책에 협력하여야 한다.

제2절 농지의 소유

Ⅰ. 농지소유제한 및 상한

1. 농지 소유 제한

① 농지는 자기의 농업경영에 이용하거나 이용할 자가 아니면 소유하지 못한다. ② 자기의 농업경영에 이용하지 아니할지라도 농지를 소유할 수 있는 경우는 : ㉠ 국가나 지방자치단체가 농지를 소유하는 경우, ㉡ 학교, 농림축산식품부령으로 정하는 공공단체 · 농업연구기관 · 농업생산자단체 또는 종묘나 그 밖의 농업 기자재 생산자가 그 목적사업을 수행하기 위하여 필요한 시험지 · 연구지 · 실습지 · 종묘생산지 또는 과수 인공수분용 꽃가루 생산지로 쓰기 위하여 농지를 취득하여 소유하는 경우[2], ㉢ 주말 · 체험영농(농업인이 아닌 개인이 주말 등을 이용하여 취미생활이나 여가활동으로 농작물을 경작하거나 다년생식물을 재배하는 것)을 하려고 농지를 소유하는 경우, ㉣ 상속[상속인에게 한 유증을 포함]으로 농지를 취득하여 소유하는 경우, ㉤ 8년 이상 농업경영을 하던 자가 이농한 후에도 이농 당시 소유하고 있던 농지를 계속 소유하는 경우, ㉥ 담보농지를 취득하여 소유하는 경우(유동화전문회사등이 저당권자로부터 농지를 취득하는 경우 포함), ㉦ 농지전용허가[농지전용허가가의제되는 인가 · 허가 · 승인 등을 포함]를 받거나 농지전용신고를 한 자가 그 농지를 소유하는 경우, ㉧ 농지전용협의를 마친 농지를 소유하는 경우, ㉨ 농지의 개발사업지구에 있는 농지로서 1천500제곱미터 미만의 농지나 농지를 취득하여 소유하는 경우(한국농어촌공사가 개발하여 매도하는 ⓐ 도 · 농간의 교류촉진을 위한 1천500제곱미터 미만의 농원부지, ⓑ 농어촌관광휴양지에 포함된 1천500제곱미터 미만의 농

2) **(시험지·연구지·실습지 등으로 쓰일 농지의 취득인정)** ① 초 · 중등교육법 및 고등교육법에 따른 학교 또는 공공단체 등이 시험지 · 연구지 · 실습지 · 종묘생산지 또는 과수 인공수분용 꽃가루 생산지로 농지를 취득하려는 경우에는 소관 중앙행정기관의 장(소관 사무에 관한 권한을 위임받은 자를 포함)의 추천을 거쳐 농지소재지를 관할하는 특별시장 · 광역시장 또는 도지사(시 · 도지사)의 농지취득인정을 받아야 한다. ② 농지취득인정을 받으려는 자는 농지취득인정신청서에 ⓐ 취득하려는 농지의 활용계획이 포함되어 있는 사업계획서, ⓑ 신청당시 소유하고 있는 농지의 명세와 활용현황, ⓒ 허가증 · 인가증 · 등록증 등 농지취득자격이 있음을 입증하는 서류, ⓓ 소관 중앙행정기관의 장의 농지취득인정 추천서를 첨부하여 소관 중앙행정기관의 장에게 제출하여야 한다.

지), ㉧ 농업진흥지역 밖의 농지 중 최상단부부터 최하단부까지의 평균경사율이 15퍼센트 이상인 농지로서 ㉠ 시 · 군의 읍 · 면 지역의 농지일 것, ㉡ 집단화된 농지의 규모가 2만 제곱미터 미만인 농지일 것, ㉢ 시장 · 군수가 ㉮ 농업용수 · 농로 등 농업생산기반의 정비 정도, ㉯ 농기계의 이용 및 접근 가능성, ㉰ 통상적인 영농 관행을 고려하여 영농 여건이 불리하고 생산성이 낮다고 인정하는 농지일 것를 소유하는 경우. 시장 · 군수는 영농여건 불리농지를 고시한 때에는 그 내용을 관할 광역시장 또는 도지사를 거쳐 농림축산식품부 장관에게 보고하여야 한다. ㉪ ⓐ 한국농어촌공사가 농지를 취득하여 소유하는 경우, ⓑ 농지를 취득하여 소유하는 경우, ⓒ 매립농지를 취득하여 소유하는 경우, ⓓ 토지수용으로 농지를 취득하여 소유하는 경우, ⓔ 농림축산식품부장관과 협의를 마치고 농지를 취득하여 소유하는 경우, ⓕ 토지 중 공공토지비축심의위원회가 비축이 필요하다고 인정하는 토지로서 계획관리지역과 자연녹지지역 안의 농지를 LH가 취득하여 소유하는 경우(이 경우 그 취득한 농지를 전용하기 전까지는 한국농어촌공사에 지체 없이 위탁하여 임대하거나 사용대하여야 한다)에 해당하는 경우이다. ③ 농지를 임대하거나 사용대하는 경우에는 자기의 농업경영에 이용하지 아니할지라도 그 기간 중에는 농지를 계속 소유할 수 있다. ④ 이 법에서 허용된 경우 외에는 농지 소유에 관한 특례를 정할 수 없다.

2. 농지 소유 상한

① 상속으로 농지를 취득한 자로서 농업경영을 하지 아니하는 자는 그 상속 농지 중에서 총 1만제곱미터까지만 소유할 수 있다. ② 8년 이상 농업경영을 한 후 이농한 자는 이농 당시 소유 농지 중에서 총 1만제곱미터까지만 소유할 수 있다. ③ 주말 · 체험영농을 하려는 자는 총 1천제곱미터 미만의 농지를 소유할 수 있다. 이 경우 면적 계산은 그 세대원 전부가 소유하는 총 면적으로 한다. ④ 농지를 임대하거나 사용대하는 경우에는 소유 상한을 초과할지라도 그 기간에는 그 농지를 계속 소유할 수 있다.

3. 농지취득자격증명의 발급

① 농지를 취득하려는 자는 농지 소재지를 관할하는 시장(구를 두지 아니한 시의 시장, 도농 복합 형태의 시는 농지 소재지가 동지역인 경우만), 구청장(도농 복합 형태의 시의 구에서는 농지 소재지가 동지역인 경우만), 읍장 또는 면장(시 · 구 · 읍 · 면의 장)에게서 농지취득자격증명을 발급받아야 한다.[3] 다만, ㉠ 상기 농지소유제한의 ②의 ㉠ · ㉣ · ㉥ ·

ⓞ 또는 ㉪(ⓕ는 제외)에 따라 농지를 취득하는 경우, ㉡ 농업법인의 합병으로 농지를 취득하는 경우, ㉢ 공유 농지의 분할이나 그 밖에 ⓐ 시효의 완성으로 농지를 취득하는 경우, ⓑ 환매권자가 환매권에 따라 농지를 취득하는 경우, ⓒ 환매권자 등이 환매권 등에 따라 농지를 취득하는 경우, ⓓ 농지이용증진사업 시행계획에 따라 농지를 취득하는 경우로 농지를 취득하는 경우에 해당하면 농지취득자격증명을 발급받지 아니하고 농지를 취득할 수 있다. ② 농지취득자격증명을 발급받으려는 자는 ㉠ 취득 대상 농지의 면적, ㉡ 취득 대상 농지에서 농업경영을 하는 데에 필요한 노동력 및 농업 기계 · 장비 · 시설의 확보 방안, ㉢ 소유 농지의 이용 실태(농지 소유자에게만 해당)의 사항이 모두 포함된 농업경영계획서를 작성하여 농지 소재지를 관할하는 시 · 구 · 읍 · 면의 장에게 발급신청을 하여야 한다. 다만, 상기 농지소유제한의 ②의 ㉡ · ㉢ · ㉦ · ㉧ · ㉨ 또는 ㉪의 ⓕ에 따라 농지를 취득하는 자는 농업경영계획서를 작성하지 아니하고 발급신청을 할 수 있다. ③ 농지취득자격증명을 발급받아 농지를 취득하는 자가 그 소유권에 관한 등기를 신청할 때에는 농지취득자격증명을 첨부하여야 한다.[4)]

---

3) **(농지취득자격증명의 발급)** ① 농지취득자격증명을 발급받으려는 자는 농지취득자격증명신청서류(ⓐ 농지취득인정서, ⓑ 농지취득자격증명신청서, ⓒ 농업경영계획서(농지를 농업경영 목적으로 취득하는 경우에 한정), ⓓ 농지임대차계약서 또는 농지사용대차계약서, ⓔ 농지전용허가를 받거나 농지전용신고를 한 사실을 입증하는 서류)를 농지의 소재지를 관할하는 시장(구를 두지 아니한 시의 시장을 말하며, 도농복합형태의 시에 있어서는 농지의 소재지가 동지역인 경우만) · 구청장(도농복합형태의 시의 구에 있어서는 농지의 소재지가 동지역인 경우만) · 읍장 또는 면장(시 · 구 · 읍 · 면의 장)에게 제출하여야 한다. 이 경우 농림축산식품부장관이 정하는 전자적인 방법을 활용하여 제출할 수 있다. ② 시 · 구 · 읍 · 면의 장은 농지취득자격증명의 발급신청을 받은 때에는 그 신청을 받은 날부터 4일(농업경영계획서를 작성하지 아니하고 농지취득자격증명의 발급신청을 할 수 있는 경우에는 2일) 이내에 ⓐ 법에 따른 취득요건에 적합할 것, ⓑ 농업인이 아닌 개인이 주말 · 체험영농에 이용하고자 농지를 취득하는 경우에는 신청 당시 소유하고 있는 농지의 면적에 취득하려는 농지의 면적을 합한 면적이 농지의 소유상한 이내일 것, ⓒ 농업경영계획서를 제출하여야 하는 경우에는 그 계획서에 같은 항 각 호의 사항이 포함되어야 하고, 그 내용이 신청인의 농업경영능력 등을 참작할 때 실현가능하다고 인정될 것, ⓓ 신청인이 소유농지의 전부를 타인에게 임대 또는 사용대(使用貸)하거나 농작업의 전부를 위탁하여 경영하고 있지 아니할 것(주말체험농장, 농지개발사업지구에 따라 농지를 취득하는 경우 제외), ⓔ 신청당시 농업경영을 하지 아니하는 자가 자기의 농업경영에 이용하고자 하여 농지를 취득하는 경우에는 해당 농지의 취득 후 농업경영에 이용하려는 농지의 총면적이 ㉮ 고정식온실 · 버섯재배사 · 비닐하우스 · 축사 그 밖의 농업생산에 필요한 시설로서 농림축산식품부령으로 정하는 시설이 설치되어 있거나 설치하려는 농지의 경우 : 330제곱미터 이상, ㉯ 곤충사육사가 설치되어 있거나 곤충사육사를 설치하려는 농지의 경우: 165제곱미터 이상, ㉰ ㉮ 및 ㉯ 외의 농지의 경우 : 1천제곱미터 이상에 해당할 것의 요건에 적합한지의 여부를 확인하여 이에 적합한 경우에는 신청인에게 농지취득자격증명을 발급하여야 한다.

4) **(농지취득자격증명신청서 등)** ① 신청서 제출 시 시 · 구 · 읍 · 면장은 행정정보의 공동이용을 통하여 토지(임야)대장, 주민등록표등본, 법인 등기사항증명서(신청인이 법인인 경우)를 확인하여야 한다. ② 농지취득자격을 확인할 때에는 ⓐ 취득대상 농지의 면적, ⓑ 취득대상 농지를 농업경영에 이용하기 위한 노동력 및 농업기계 · 장비 등의 확보여부 또는 확보방안, ⓒ 소유농지의 이용실태(농지를 소유하고 있는 자의 경우에 한정), ⓓ 경작하려는 농작물 또는 재배하고자 다년생식물의 종류, ⓔ 농작물

Ⅱ. 농지의 위탁경영 및 처분 등

1. 농지의 위탁경영

농지 소유자는 [㉠ 징집 또는 소집된 경우, ㉡ 3개월 이상 국외 여행 중인 경우, ㉢ 농업법인이 청산 중인 경우, ㉣ 질병, 취학, 선거에 따른 공직 취임, 그 밖에 ⓐ 부상으로 3월 이상의 치료가 필요한 경우, ⓑ 교도소 · 구치소 또는 보호감호시설에 수용 중인 경우로 자경할 수 없는 경우, ㉤ 농지이용증진사업 시행계획에 따라 위탁경영하는 경우, ㉥ 농업인이 자기 노동력이 부족하여 농작업의 일부를 위탁하는 경우] 외에는 소유 농지를 위탁경영할 수 없다. ② 자기노동력이 부족한 경우는 ㉠ ⓐ 벼 : 이식 또는 파종, 재배관리 및 수확, ⓑ 과수 : 가지치기 또는 열매솎기, 재배관리 및 수확, ⓒ ⓐ 및 ⓑ 외의 농작물 또는 다년생식물 : 파종 또는 육묘, 이식, 재배관리 및 수확에 해당하는 작목별 주요 농작업의 3분의 1 이상을 자기 또는 세대원의 노동력에 의하는 경우, ㉡ 자기의 농업경영에 관련된 ㉠에 해당하는 농작업에 1년 중 30일 이상 직접 종사하는 경우로서 통상적인 농업경영관행에 따라 농업경영을 함에 있어서 자기 또는 세대원의 노동력으로는 해당 농지의 농업경영에 관련된 농작업의 전부를 행할 수 없는 경우로 한다.

2. 농업경영에 이용하지 아니하는 농지 등의 처분

① 농지 소유자는 ㉠ 소유 농지를 자연재해 · 농지개량 · 질병 등 정당한 사유[5] 없이

의 경작지 또는 다년생식물의 재배지 등으로 이용되고 있지 아니하는 농지의 경우에는 농지의 복구가능성 등 취득대상 토지의 상태, ⓕ 신청자의 연령 · 직업 또는 거주지 등 영농여건, ⓖ 신청자의 영농의지의 사항을 종합적으로 고려하여야 한다. 이 경우 정보 · 통신매체를 통한 교육으로 학력을 인정받는 학교에 재학 중인 학생 또는 야간수업을 받는 학생 등 통상적인 농업경영 관행에 따라 농업경영을 할 수 있다고 인정되는 학생, 농업경영을 하고 있는 학생 또는 주말체험농장으로 농지를 취득하려는 학교에 재학 중인 학생을 제외한 학교에 재학 중인 학생은 농지취득자격이 없는 것으로 본다.

5) **(농지처분의무가 면제되는 정당한 사유)** ⓐ 소유농지를 임대 또는 사용대하는 경우, ⓑ 임대인의 지위를 승계한 양수인이 그 임대차 잔여기간 동안 계속하여 임대하는 경우, ⓒ 자연재해 등으로 인하여 영농이 불가능하게 되어 휴경(休耕)하는 경우, ⓓ 농지개량 또는 영농준비를 위하여 휴경하는 경우, ⓔ 징집 또는 소집되어 휴경하는 경우, ⓕ 질병 또는 취학으로 인하여 휴경하는 경우, ⓖ 선거에 따른 공직취임으로 휴경하는 경우, ⓗ ㉮ 부상으로 3월 이상의 치료가 필요한 경우, ㉯ 교도소 · 구치소 또는 보호감호시설에 수용 중인 경우, ㉰ 3월 이상 국외여행을 하는 경우, ㉱ 농업법인이 청산 중인 경우에 해당하는 사유로 휴경하는 경우, ⓘ 농산물의 생산조정 또는 출하조절을 위하여 휴경하는 경우, ⓙ 연작으로 인한 피해가 예상되는 작목의 경작이나 재배 전후에 피해예방을 위하여 필요한 기간 동안 휴경하는 경우, ⓚ 가축사육시설이 폐쇄되거나 가축의 사육이 제한되어 해당 축사에서 가축을

자기의 농업경영에 이용하지 아니하거나 이용하지 아니하게 되었다고 시장(구를 두지 아니한 시의 시장)·군수 또는 구청장이 인정한 경우, ㉡ 농지를 소유하고 있는 농업회사법인의 요건에 맞지 아니하게 된 후 3개월이 지난 경우, ㉢ 농지를 취득한 자가 그 농지를 해당 목적사업에 이용하지 아니하게 되었다고 시장·군수 또는 구청장이 인정한 경우, ㉣ 농지를 취득한 자가 자연재해·농지개량·질병 등 정당한 사유 없이 그 농지를 주말·체험영농에 이용하지 아니하게 되었다고 시장·군수 또는 구청장이 인정한 경우, ㉤ 농지를 취득한 자가 취득한 날부터 2년 이내에 그 목적사업에 착수하지 아니한 경우, ㉥ 농림축산식품부장관과의 협의를 마치지 아니하고 농지를 소유한 경우, ㉦ 소유한 농지를 한국농어촌공사에 지체 없이 위탁하지 아니한 경우, ㉧ 농지 소유 상한을 초과하여 농지를 소유한 것이 판명된 경우, ㉨ 거짓이나 그 밖의 부정한 방법으로 농지취득자격증명을 발급받아 농지를 소유한 것이 판명된 경우, ㉩ 자연재해·농지개량·질병 등 정당한 사유 없이 농업경영계획서 내용을 이행하지 아니하였다고 시장·군수 또는 구청장이 인정한 경우에 해당하게 되면 그 사유가 발생한 날부터 1년 이내에 해당 농지(㉧의 경우에는 농지 소유 상한을 초과하는 면적에 해당하는 농지)를 처분하여야 한다. ② 시장·군수 또는 구청장은 농지의 처분의무가 생긴 농지의 소유자에게 처분 대상 농지, 처분의무 기간 등을 구체적으로 밝혀 그 농지를 처분하여야 함을 알려야 한다. 시장·군수 또는 구청장은 주소불명의 사유로 처분통지를 할 수 없는 때에는 그 내용을 시청·군청 또는 구청의 게시판에 14일 이상 공고함으로써 처분통지에 대신할 수 있다.

3. 처분명령과 매수 청구

① 시장(구를 두지 아니한 시의 시장)·군수 또는 구청장은 처분의무 기간에 처분 대상 농지를 처분하지 아니한 농지 소유자에게 6개월 이내에 그 농지를 처분할 것을 명할 수 있다. ② 농지 소유자는 처분명령을 받으면 한국농어촌공사에 그 농지의 매수를 청구할 수 있다. ③ 한국농어촌공사는 매수 청구를 받으면 공시지가(해당 토지의 공시지가가 없으면 산정한 개별 토지 가격)를 기준으로 해당 농지를 매수할 수 있다. 이 경우 인근 지역의 실제 거래 가격이 공시지가보다 낮으면 실제 거래 가격을 기준으로 매수할 수 있다. ④ 한국농어촌공사가 농지를 매수하는 데에 필요한 자금은 농지관리기금에서 융자한다. 농지의 매수를 청구하려는 자는 ⓐ 농지소유자의 성명(법인인 경우에는 그 명칭 및

사육하지 못하게 된 경우, ⓛ 곤충의 사육 및 유통이 제한되거나 폐기 명령을 받은 경우, ⓜ 소유농지가 공원자연보존지구로 지정된 경우, ⓝ 위탁경영하는 경우.

대표자의 성명) 및 주소, ⓑ 농지의 표시 및 이용현황, ⓒ 해당 농지에 소유권 외의 권리가 설정된 때에는 그 종류 · 내용과 권리자의 성명(법인인 경우에는 그 명칭 및 대표자의 성명) 및 주소, ⓓ 농지에 설치한 농업용시설 등에 관한 사항을 기재한 농지매수청구서에 농림축산식품부령으로 정하는 서류를 첨부하여 한국농어촌공사에 제출하여야 한다.

4. 처분명령의 유예

① 시장(구를 두지 아니한 시의 시장다) · 군수 또는 구청장은 처분의무 기간에 처분대상 농지를 처분하지 아니한 농지 소유자가 ㉠ 해당 농지를 자기의 농업경영에 이용하는 경우, ㉡ 한국농어촌공사나 그 밖에 대통령령으로 정하는 자와 해당 농지의 매도위탁계약을 체결한 경우에 해당하면 처분의무 기간이 지난 날부터 3년간 처분명령을 직권으로 유예할 수 있다. ② 시장 · 군수 또는 구청장은 처분명령을 유예 받은 농지 소유자가 처분명령 유예 기간에 ①에도 해당하지 아니하게 되면 지체 없이 그 유예한 처분명령을 하여야 한다. ③ 농지 소유자가 처분명령을 유예 받은 후 처분명령을 받지 아니하고 그 유예 기간이 지난 경우에는 처분의무에 대하여 처분명령이 유예된 농지의 그 처분의무만 없어진 것으로 본다.

Ⅲ. 담보 농지의 취득

① 농지의 저당권자로서 ㉠ 지역농업협동조합, 지역축산업협동조합, 품목별 · 업종별협동조합 및 그 중앙회와 농협은행, 지구별 수산업협동조합, 업종별 수산업협동조합, 수산물가공 수산업협동조합 및 그 중앙회와 수협은행, 지역산림조합, 품목별 · 업종별산림조합 및 그 중앙회, ㉡ 한국농어촌공사, ㉢ 은행이나 그 밖에 ⓐ 상호저축은행, ⓑ 신용협동조합, ⓒ 새마을금고 및 그 중앙회, ⓓ 한국농수산식품유통공사, ㉣ 한국자산관리공사, ㉤ 유동화전문회사등, ㉥ 농업협동조합자산관리회사에 해당하는 자는 농지 저당권 실행을 위한 경매기일을 2회 이상 진행하여도 경락인(競落人)이 없으면 그 후의 경매에 참가하여 그 담보 농지를 취득할 수 있다. ② ①의 ㉠ 및 ㉢에 따른 농지 저당권자는 ①에 따라 취득한 농지의 처분을 한국농어촌공사에 위임할 수 있다.[6)]

6) ① 담보농지를 취득한 농지의 저당권자가 농지의 처분을 위임하려는 경우에는 농지처분위임증서에 농림축산식품부령으로 정하는 서류를 첨부하여 한국농어촌공사에 제출하여야 한다. ② 한국농어촌공사는 농지의 처분을 위임받은 경우에는 해당 농지를 공매의 방법으로 처분하여야 한다. ③ 한국농어촌공사는 농지를 처분하려는 때에는 감정평가업자가 감정평가한 가액을 기준으로 한 최초 공매예정가격과

제 3 절 농지의 이용

Ⅰ. 농지의 이용 증진 등

1. 농지이용계획의 수립

① 시장 · 군수 또는 자치구구청장(그 관할 구역의 농지가 관할구역 안의 농지의 면적이 3천만제곱미터 이하인 시 또는 자치구. 단, 시장 또는 자치구구청장이 해당 지역의 여건을 감안하여 농지이용계획을 수립할 필요가 있다고 인정하는 경우는 제외인 시의 시장 또는 자치구의 구청장은 제외)은 농지를 효율적으로 이용하기 위하여 지역 주민의의견을 들은 후, 시 · 군 · 구 농업 · 농촌 및 식품산업정책심의회의 심의를 거쳐 관할 구역의 농지를 종합적으로 이용하기 위한 계획(농지이용계획)을 수립하여야 한다. 수립한 계획을 변경하려고 할 때에도 또한 같다. ② 농지이용계획에는 ㉠ 농지의 지대별 · 용도별 이용계획, ㉡ 농지를 효율적으로 이용하고 농업경영을 개선하기 위한 경영 규모 확대계획, ㉢ 농지를 농업 외의 용도로 활용하는 계획이 포함되어야 한다. ③ 시장 · 군수 또는 자치구구청장은 농지이용계획을 수립(변경한 경우를 포함)하면 관할 특별시장 · 광역시장 또는 도지사(시 · 도지사)의 승인을 받아 그 내용을 확정하고 고시[7]하여야 하며, 일반인이 열람할 수 있도록 하여야 한다. ④ 농지이용계획 수립[8]에 필요한 사항은 농림축산식품부령으로 정한다.

수회차의 최저공매가격 등 처분조건을 일괄하여 농지의 처분을 위임한 자와 협의하여야 한다. ④ ②에 따른 농지의 처분에 필요한 비용 및 수수료는 그 처분을 위임한 자가 이를 부담한다.

7) **(농지이용계획의 고시)** 농지이용계획의 고시에 포함되어야 할 사항은 ⓐ 농지이용계획의 목적, ⓑ 농지이용계획의 내용, ⓒ 농지이용계획의 내용이 표시된 축척 2만5천분의 1 이상의 지형도, ⓓ 그 밖에 농림축산식품부장관이 정하는 사항이다.

8) **(농지이용계획의 수립)** 농지이용계획에 포함되어야 할 세부사항은 ⓐ 농지이용계획의 목표와 기본방향에 관한 사항, ⓑ 농지의 지대구분 및 용도구분에 관한 사항, ⓒ 농업생산기반의 정비방향 및 계획에 관한 사항, ⓓ 농업경영규모확대 목표 및 계획에 관한 사항, ⓔ 농지의 농업환경보전에 관한 사항, ⓕ 농지의 농업 외 용도로의 이용에 관한 사항, ⓖ 농지이용계획의 집행 및 관리에 관한 사항, ⓗ 그 밖에 농림축산식품부장관이 정하는 사항이다.

2. 농지이용증진사업의 시행

(사업시행자) 시장 · 군수 · 자치구구청장, 한국농어촌공사, 그 밖에 ⓐ 농업협동조합법에 따른 조합, ⓑ 엽연초생산협동조합, ⓒ 농지의 공동이용 또는 집단이용을 목적으로 구성된 단체로서 농지의 공동이용 또는 집단이용에 관한 사항이 규약으로 정하여 지고 그 구성원인 농업인 또는 농업법인의 수가 10 이상인 단체는 농지이용계획에 따라 농지 이용을 증진하기 위하여 ㉠ 농지의 매매 · 교환 · 분합 등에 의한 농지 소유권 이전을 촉진하는 사업, ㉡ 농지의 장기 임대차, 장기 사용대차에 따른 농지 임차권(사용대차에 따른 권리를 포함) 설정을 촉진하는 사업, ㉢ 위탁경영을 촉진하는 사업, ㉣ 농업인이나 농업법인이 농지를 공동으로 이용하거나 집단으로 이용하여 농업경영을 개선하는 농업 경영체 육성사업에 해당하는 사업(농지이용증진사업)을 시행할 수 있다.

3. 농지이용증진사업의 요건

농지이용증진사업은 ㉠ 농업경영을 목적으로 농지를 이용할 것, ㉡ 농지 임차권 설정, 농지 소유권 이전, 농업경영의 수탁 · 위탁이 농업인 또는 농업법인의 경영규모를 확대하거나 농지이용을 집단화하는 데에 기여할 것, ㉢ 기계화 · 시설자동화 등으로 농산물 생산비용과 유통 비용을 포함한 농업경영 비용을 절감하는 등 농업경영 효율화에 기여할 것의 모든 요건을 갖추어야 한다.

4. 농지이용증진사업 시행계획의 수립

① 시장 · 군수 또는 자치구구청장이 농지이용증진사업을 시행하려고 할 때에는 농지이용증진사업 시행계획을 수립(변경 포함)하여 시 · 군 · 구 농업 · 농촌 및 식품산업정책심의회의 심의를 거쳐 확정하여야 한다. ② 농지이용증진사업 시행계획에는 ㉠ 농지이용증진사업의 시행 구역, ㉡ 농지 소유권이나 임차권을 가진 자, 임차권을 설정받을 자, 소유권을 이전받을 자 또는 농업경영을 위탁하거나 수탁할 자에 관한 사항, ㉢ 임차권이 설정되는 농지, 소유권이 이전되는 농지 또는 농업경영을 위탁하거나 수탁하는 농지에 관한 사항, ㉣ 설정하는 임차권의 내용, 농업경영 수탁 · 위탁의 내용 등에 관한 사항, ㉤ 소유권 이전 시기, 이전 대가, 이전 대가 지불 방법, 그 밖에 ⓐ 임차권을 설정하는 경우에는 임차료 및 그 지불방법, ⓑ 농업경영을 위탁하거나 수탁하는 경우에는 보수 및 그 지불방

법, ⓒ 소유권을 이전하는 농지에 다른 권리가 설정되어 있는 경우에는 그 권리에 관한 사항이 포함되어야 한다.

5. 농지이용증진사업 시행계획의 고시와 효력

① 시장·군수 또는 자치구구청장이 농지이용증진사업 시행계획을 확정하거나 그 계획을 제출받은 경우(보완을 요구한 경우에는 그 보완이 끝난 때)에는 지체 없이 이를 고시[9]하고 관계인에게 열람하게 하여야 한다. ② 사업시행자는 농지이용증진사업 시행계획이 고시되면 농지이용증진사업 시행계획에 포함된 농지 소유권이나 임차권을 가진 자, 임차권을 설정받을 자, 소유권을 이전받을 자 또는 농업경영을 위탁하거나 수탁할 자의 동의를 얻어 해당 농지에 관한 등기를 촉탁하여야 한다. ③ 사업시행자가 등기를 촉탁하는 경우에는 농지이용증진사업 시행계획을 확정한 문서 또는 농지이용증진사업 시행계획이 고시된 문서와 동의서를 부동산등기법에 따른 등기원인을 증명하는 서면으로 본다. ④ 농지이용증진사업 시행계획에 따른 등기의 촉탁에 대하여는 부동산등기 특별조치법(제3조)를 적용하지 아니한다.

6. 대리경작자의 지정 등

① 시장(구를 두지 아니한 시의 시장)·군수 또는 구청장은 유휴농지(농작물 경작이나 다년생식물 재배에 이용되지 아니하는 농지로서 대통령령으로 정하는 농지[10])에 대하여 그 농지의 소유권자나 임차권자를 대신하여 농작물을 경작할 자(대리경작자)를 직권으로 지정하거나 유휴농지를 경작하려는 자의 신청[11]을 받아 대리경작자를 지정할 수 있다.

---

9) ① 농지이용증진사업시행계획의 고시에 포함되어야 할 사항은 ⓐ 농지이용증진사업을 시행하는 목적, ⓑ 농지이용증진사업시행계획의 내용, ⓒ 그 밖에 농림축산식품부장관이 정하는 사항이다. ② 시장·군수 또는 자치구구청장은 농지이용증진사업시행계획을 고시한 때에는 농지이용증진사업시행계획과 이에 관련되는 농림축산식품부장관이 정하는 서식에 의한 도표 등을 읍·면 또는 동에 송부하여 관계인이 이를 열람할 수 있도록 하여야 한다.

10) ⓐ 지력의 증진이나 토양의 개량·보전을 위하여 필요한 기간 동안 휴경하는 농지, ⓑ 연작으로 인하여 피해가 예상되는 작목의 경작 또는 재배 전후에 지력의 증진 또는 회복을 위하여 필요한 기간 동안 휴경하는 농지, ⓒ 농지전용허가를 받거나 농지전용협의(다른 법률에 따라 농지전용허가가의제되는 협의를 포함)를 거친 농지, ⓓ 농지전용신고를 한 농지, ⓔ 농지의 타용도 일시사용허가를 받거나 협의를 거친 농지, ⓕ 농지의 타용도 일시사용신고를 하거나 협의를 거친 농지, ⓖ 그 밖에 농림축산식품부장관이 정하는 ⓐ부터 ⓕ까지의 농지에 준하는 농지.

11) **(대리경작자 지정 신청)** ① 신청서를 받은 시장(구를 두지 아니한 시의 시장)·군수 또는 구청장은 행정정보의 공동이용을 통하여 신청자의 주민등록표등본(법인인 경우에는 법인 등기사항증명서)을 확인하여야 한다. 다만, 신청인이 확인에 동의하지 아니하는 경우(주민등록표등본의 경우만 해당)에는 이를 첨부하도록 하여야 한다. ② 대리경작자 지정 신청서를 제출받은 시장·군수 또는 구청장은 제

② 시장 · 군수 또는 구청장은 대리경작자를 지정하려면 그 농지의 소유권자 또는 임차권자에게 예고[12]하여야 하며, 대리경작자를 지정하면 그 농지의 대리경작자와 소유권자 또는 임차권자에게 지정통지서를 보내야 한다. ③ 대리경작 기간은 따로 정하지 아니하면 3년으로 한다. ④ 대리경작자는 수확량의 100분의 10을 그 농지의 소유권자나 임차권자에게 토지사용료[13]로 지급하여야 한다. 이 경우 수령을 거부하거나 지급이 곤란한 경우에는 토지사용료를 공탁할 수 있다. ⑤ 대리경작 농지의 소유권자 또는 임차권자가 그 농지를 스스로 경작하려면 대리경작 기간이 끝나기 3개월 전까지, 그 대리경작 기간이 끝난 후에는 대리경작자 지정을 중지할 것을 시장 · 군수 또는 구청장에게 신청하여야 하며, 신청을 받은 시장 · 군수 또는 구청장은 신청을 받은 날부터 1개월 이내에 대리경작자 지정 중지를 그 대리경작자와 그 농지의 소유권자 또는 임차권자에게 알려야 한다. ⑥ 시장 · 군수 또는 구청장은 ㉠ 대리경작 농지의 소유권자나 임차권자가 정당한 사유를 밝히고 지정 해지신청을 하는 경우, ㉡ 대리경작자가 경작을 게을리하는 경우, ㉢ 그 밖에 ㉮ 대리경작자로 지정된 자가 토지사용료를 지급 또는 공탁하지 아니하는 경우, ㉯ 대리경작자로 지정된 자가 대리경작자의 지정해지를 신청하는 경우에 해당하면 대리경작 기간이 끝나기 전이라도 대리경작자 지정을 해지할 수 있다.

6. 토양의 개량 · 보전

① 국가와 지방자치단체는 농업인이나 농업법인이 환경보전적인 농업경영을 지속적으로 할 수 있도록 토양의 개량 · 보전에 관한 사업(㉠ 객토, 깊이갈이 및 경사지토양보전, ㉡ 농림축산식품부장관이 정하는 퇴비 또는 토양개량제의 사용, ㉢ 화학비료의 합리적인 사용, ㉣ 중금속등으로 오염된 농지의 토양개량, ㉤ 유기농법 등을 이용한 환경보전적인

출받은 날부터 21일 이내에 처리결과를 신청인에게 통보하여야 한다.

12) **(대리경작자 지정예고에 대한 이의)** ① 대리경작자의 지정예고에 대하여 이의가 있는 농지의 소유권자나 임차권자는 지정예고를 받은 날부터 10일 이내에 시장(구를 두지 아니한 시의 시장) · 군수 또는 구청장에게 이의를 신청할 수 있다. ② 시장 · 군수 또는 구청장은 이의신청을 받은 날부터 7일 이내에 이를 심사하여 그 결과를 신청인에게 알려야 한다.

13) **(토지사용료의 지급)** ① 대리경작자는 대리경작농지에서 경작한 농작물의 수확일부터 2월 이내에 토지사용료를 해당 농지의 소유권 또는 임차권을 가진 자에게 지급하여야 한다. ② 대리경작자가 특별한 사유 없이 ①의 기간에 토지사용료를 지급하지 아니한 때에는 토지사용료에 그 기간 만료일의 다음날부터 토지사용료를 지급하는 날까지의 기간에 연리 12퍼센트로 계산한 금액을 가산하여 지급하여야 한다. ③ 토지사용료를 현금으로 지급하는 경우 그 금액은 지급 당시 해당 농작물의 농가판매가격(국가 · 지방자치단체 및 농업생산자단체에서 매입하는 작물의 경우에는 2등품의 매입가격)을 기준으로 산정한 금액으로 한다. 다만, 해당 농지의 소유권 또는 임차권을 가진 자와 대리경작자가 토지사용료의 지급방법에 관하여 따로 합의한 경우에는 그에 따른다.

농업경영 그 밖에 농림축산식품부장관이 정하는 토양의 개량·보전)을 시행하여야 하고 토양의 개량·보전에 관한 시험·연구·조사 등에 관한 시책을 마련하여야 한다.[14] ② 국가는 ①의 목적을 달성하기 위하여 토양을 개량·보전하는 사업 등을 시행하는 지방자치단체, 농림축산식품부령으로 정하는 농업생산자단체(농협법에 따른 조합, 엽연초생산협동조합), 농업인 또는 농업법인에 대하여 예산의 범위에서 필요한 자금의 일부를 지원할 수 있다.

7. 농지 소유의 세분화 방지

① 국가와 지방자치단체는 농업인이나 농업법인의 농지 소유가 세분화되는 것을 막기 위하여 농지를 어느 한 농업인 또는 하나의 농업법인이 일괄적으로 상속·증여 또는 양도받도록 필요한 지원을 할 수 있다. ② 농어촌정비법에 따른 농업생산기반정비사업이 시행된 농지는 ㉠ 도시지역의 주거지역·상업지역·공업지역 또는 도시·군계획시설부지에 포함되어 있는 농지를 분할하는 경우, ㉡ 농지전용허가(다른 법률에 따라 농지전용허가가 의제되는 인가·허가·승인 등을 포함)를 받거나 농지전용신고를 하고 전용한 농지를 분할하는 경우, ㉢ 분할 후의 각 필지의 면적이 2천제곱미터를 넘도록 분할하는 경우, ㉣ ⓐ 농지를 개량하는 경우, ⓑ 인접 농지와 분합(分合)하는 경우, ⓒ 농지의 효율적인 이용을 저해하는 인접 토지와의 불합리한 경계를 시정하는 경우, ⓓ 농업생산기반 정비사업을 시행하는 경우, ⓔ 농지의 교환·분합을 시행하는 경우, ⓕ 농지이용증진사업을 시행하는 경우 외에는 분할할 수 없다.

Ⅱ. 농지의 임대차 등

1. 농지의 임대차 또는 사용대차

① [㉠ 농지를 임대하거나 사용대하는 경우, ㉡ 농지이용증진사업 시행계획에 따라 농

14) ① 시장·군수 또는 자치구구청장은 토양을 개량·보전하는 사업을 시행할 필요가 있다고 인정할 때에는 ㉠ 해당 지역에 대한 토양의 개량·보전사업의 시행이 기술적으로 가능하고 경제성이 있을 것, ㉡ 농림축산식품부장관이 정하는 규모 이상으로 토양의 이화학적 성질이 불량한 농지가 집단화되어 있을 것, ㉢ 농지의 토양이 중금속 등으로 오염되어 개량이 필요하다고 인정될 것, ㉣ 유기농법 등 환경보전적인 농업경영의 육성이 필요하다고 인정될 것의 기준에 적합한 지역을 토양개량·보전사업 시행지역으로 지정할 수 있다. ② 시장·군수 또는 자치구구청장은 ①에 따라 토양개량·보전사업시행지역을 지정한 때에는 해당 지역에 적합한 토양개량·보전사업시행계획을 수립·시행하여야 한다.

지를 임대하거나 사용대하는 경우, ㉢ 질병, 징집, 취학, 선거에 따른 공직취임, 그 밖에 ⓐ 부상으로 3월 이상의 치료가 필요한 경우, ⓑ 교도소·구치소 또는 보호감호시설에 수용 중인 경우, ⓒ 3월 이상 국외여행을 하는 경우, ⓓ 농업법인이 청산 중인 경우로 인하여 일시적으로 농업경영에 종사하지 아니하게 된 자가 소유하고 있는 농지를 임대하거나 사용대하는 경우, ㉣ 60세 이상이 되어 더 이상 농업경영에 종사하지 아니하게 된 자로서 대통령령으로 정하는 자가 소유하고 있는 농지 중에서 자기의 농업경영에 이용한 기간이 5년이 넘은 농지를 임대하거나 사용대하는 경우, ㉤ 소유하고 있는 농지를 주말·체험영농을 하려는 자에게 임대하거나 사용대하는 경우, 또는 주말·체험영농을 하려는 자에게 임대하는 것을 업으로 하는 자에게 임대하거나 사용대하는 경우, ㉥ 개인이 소유하고 있는 농지를 한국농어촌공사나 그 밖에 대통령령으로 정하는 자에게 위탁하여 임대하거나 사용대하는 경우, ㉦ ⓐ 상속으로 농지를 취득한 자로서 농업경영을 하지 아니하는 자가 소유 상한을 초과하여 소유하고 있는 농지, ⓑ 8년 이상 농업경영을 한 후 이농한 자가 소유 상한을 초과하여 소유하고 있는 농지를 한국농어촌공사나 그 밖에 대통령령으로 정하는 자에게 위탁하여 임대하거나 사용대하는 경우, ㉧ 자경 농지를 농림축산식품부장관이 정하는 이모작을 위하여 8개월 이내로 임대하거나 사용대하는 경우] 외에는 농지를 임대하거나 사용대할 수 없다. ② 농지를 임차하거나 사용대차한 임차인 또는 사용대차인이 그 농지를 정당한 사유 없이 농업경영에 사용하지 아니할 때에는 시장·군수·구청장이 임대차 또는 사용대차의 종료를 명할 수 있다. ③ 종료 명령을 받은 임차인 또는 사용대차인은 그 종료 명령을 받은 날부터 3개월 이내에 해당 계약을 종료하여야 한다. 시장·군수·구청장은 종료 명령을 한 경우에는 임대인에게 그 사실을 즉시 알려야 한다.

2. 임대차·사용대차 계약 방법과 확인

① 임대차계약(농업경영을 하려는 자에게 임대하는 경우만)과 사용대차계약(농업경영을 하려는 자에게 사용대하는 경우만)은 서면계약을 원칙으로 한다. ② 임대차계약은 그 등기가 없는 경우에도 임차인이 농지소재지를 관할하는 시·구·읍·면의 장의 확인을 받고, 해당 농지를 인도받은 경우에는 그 다음 날부터 제삼자에 대하여 효력이 생긴다. ③ 시·구·읍·면의 장은 농지임대차계약 확인대장을 갖추어 두고, 임대차계약증서를 소지한 임대인 또는 임차인의 확인 신청이 있는 때에는 임대차계약을 확인[15] 한 후 대장에

15) **(임대차계약의 확인)** ① 시·구·읍·면의 장은 제출받은 계약증서가 ⓐ 임대인과 임차인의 인적사항, 임대차계약 농지의 소재지 및 면적, 임대차계약 기간, 임차료 등이 적혀 있는 완성된 문서일 것, ⓑ 계약당사자의 서명 또는 기명날인이 있을 것, ⓒ 계약증서에 정정한 부분이 있는 경우에는 계약당

그 내용을 기록하여야 한다.

3. 임대차 기간

① 자경 농지를 농림축산식품부장관이 정하는 이모작을 위하여 8개월 이내로 임대하거나 사용대하는 경우를 제외한 임대차 기간은 3년 이상으로 하여야 한다. ② 임대차 기간을 정하지 아니하거나 3년보다 짧은 경우에는 3년으로 약정된 것으로 본다. ③ 임대인은 ⓐ 질병, 징집, 취학의 경우, ⓑ 선거에 의한 공직(公職)에 취임하는 경우, ⓒ 부상으로 3개월 이상의 치료가 필요한 경우, ⓓ 교도소 · 구치소 또는 보호감호시설에 수용 중인 경우, ⓔ 농업법인이 청산 중인 경우, ⓕ 농지전용허가(다른 법률에 따라 농지전용허가가 의제되는 인가 · 허가 · 승인 등을 포함)를 받았거나 농지전용신고를 하였으나 농지전용목적사업에 착수하지 않은 경우에는 임대차 기간을 3년 미만으로 정할 수 있다. 이 경우 임차인은 3년 미만으로 정한 기간이 유효함을 주장할 수 있다. ④ ①부터 ③까지의 규정은 임대차계약을 연장 또는 갱신하거나 재계약을 체결하는 경우 그 임대차 기간에 대하여도 동일하게 적용한다.

4. 임대차계약에 관한 조정 등

① 임대차계약의 당사자는 임대차 기간, 임차료 등 임대차계약에 관하여 서로 협의가 이루어지지 아니한 경우에는 농지소재지를 관할하는 시장 · 군수 또는 자치구구청장에게 조정을 신청할 수 있다. ② 시장 · 군수 또는 자치구구청장은 조정의 신청이 있으면 지체 없이 농지임대차조정위원회[16]를 구성하여 조정절차를 개시하여야 한다. ③ 농지임대차조

사자가 그 부분에 서명하거나 날인 하였을 것의 요건을 갖추었는지를 확인하여야 한다. ② 시 · 구 · 읍 · 면의 장은 확인한 계약증서의 내용을 농지임대차계약 확인대장에 등재하고, 계약증서 여백에 확인일자인을 찍고, 인영안에 확인일자와 농지임대차계약 확인대장의 등재번호를 부여하여야 한다. ③ 시 · 구 · 읍 · 면의 장은 농지임대차계약 확인대장의 작성방법, 보존기간 등에 관하여는 ⓐ 농지임대차계약 확인대장은 전산정보처리조직을 이용할 수 있다. ⓑ 농지임대차계약 확인대장의 등재번호는 청구한 순서대로 부여하여야 한다. ⓒ 농지임대차계약 확인대장은 1년을 단위로 매년 만들고, 사용기간이 지난 농지임대차계약 확인대장은 마지막으로 적힌 등재번호의 다음 줄에 폐쇄의 뜻을 표시한 후 폐쇄하여야 한다. ⓓ 폐쇄한 농지임대차계약 확인대장은 등재되어 있는 임대차계약 기간이 끝난 다음 년도부터 10년간 보존하여야 한다.

16) **(농지임대차조정위원회의 운영 등)** ① 농지임대차조정위원회가 임대차계약에 관한 조정을 하는 경우에는 신청자 등 임대차계약의 당사자 및 이해관계인의의견을 들어야 한다. ② 농지임대차조정위원회가의견을 들은 경우에는 조정안을 작성하여 임대차계약의 당사자에게 제시하고 2일 이상의 기간을 정하여 그 수락을 권고하여야 한다. ③ 임대차계약 당사자가 농지임대차조정위원회가 제시한 조정안을 수락한 경우에는 농지임대차조정위원회는 조정서를 작성하여야 한다. ④ 농지임대차조정위원회의 위원장 및 위원 전원과 임대차계약의 당사자는 작성된 조정서에 서명 또는 날인하여야 한다. ⑤ 농지임대

정위원회에서 작성한 조정안을 임대차계약 당사자가 수락한 때에는 이를 해당 임대차의 당사자 간에 체결된 계약의 내용으로 본다. ④ 농지임대차조정위원회는 위원장 1명을 포함한 3명의 위원으로 구성하며, 위원장은 부시장 · 부군수 또는 자치구의 부구청장이 되고, 위원은 시 · 군 · 구 농업 · 농촌및식품산업정책심의회의 위원으로서 조정의 이해당사자와 관련이 없는 사람 중에서 시장 · 군수 또는 자치구구청장이 위촉한다.

5. 묵시의 갱신 등

① 임대인이 임대차 기간이 끝나기 3개월 전까지 임차인에게 임대차계약을 갱신하지 아니한다는 뜻이나 임대차계약 조건을 변경한다는 뜻을 통지하지 아니하면 그 임대차 기간이 끝난 때에 이전의 임대차계약과 같은 조건으로 다시 임대차계약을 한 것으로 본다. ② (임대인의 지위 승계)임대 농지의 양수인은 이 법에 따른 임대인의 지위를 승계한 것으로 본다. ③ (강행규정)이 법에 위반된 약정으로서 임차인에게 불리한 것은 그 효력이 없다. ④ (국유농지와 공유농지의 임대차 특례)국유재산법과 공유재산 및 물품 관리법에 따른 국유재산과 공유재산인 농지에 대하여는 임대차 · 사용대차확인, 임대차기간, 임대차계약조정, 묵시의갱신, 임대인의지위승계 및 임차인에게 불리한약정을 적용하지 아니한다.

제 4 절　농지의 보전 등

Ⅰ. 농업진흥지역의 지정과 운용

1. 농업진흥지역의 지정

① 시 · 도지사는 농지를 효율적으로 이용하고 보전하기 위하여 농업진흥지역을 지정한다. ② 농업진흥지역은 ㉠ 농업진흥구역: 농업의 진흥을 도모하여야 하는 ⓐ 농지조성사업 또는 농업기반정비사업이 시행되었거나 시행 중인 지역으로서 농업용으로 이용하고

차조정위원회는 임대차계약의 당사자가 수락을 거부하여 더 이상 임대차계약에 관한 조정이 이루어질 여지가 없다고 판단되는 경우에는 임대차계약에 관한 조정의 종료를 결정하고 이를 임대차계약의 당사자에게 통보하여야 한다. ⑥ 농지임대차조정위원회는 임대차계약에 관한 조정의 신청이 있은 날부터 10일 이내에 임대차계약에 관한 조정을 종료하여야 한다. 다만, 사실 확인이 필요한 경우 등 불가피한 사유가 있는 경우에는 10일의 범위에서 그 기간을 연장할 수 있다.

있거나 이용할 토지가 집단화되어 있는 지역, ⓑ ⓐ에 해당하는 지역 외의 지역으로서 농업용으로 이용하고 있는 토지가 집단화되어 있는 지역으로서 농림축산식품부장관이 정하는 규모로 농지가 집단화되어 농업 목적으로 이용할 필요가 있는 지역, ㉡ 농업보호구역: 농업진흥구역의 용수원 확보, 수질 보전 등 농업 환경을 보호하기 위하여 필요한 지역의 용도구역으로 구분하여 지정할 수 있다.

2. 농업진흥지역의 지정 대상

농업진흥지역 지정은 국토계획법에 따른 녹지지역 · 관리지역 · 농림지역 및 자연환경보전지역을 대상으로 한다. 다만, 특별시의 녹지지역은 제외한다.

3. 농업진흥지역의 지정 절차

① 시 · 도지사는 시 · 도 농업 · 농촌 및 식품산업정책심의회의 심의를 거쳐 농림축산식품부장관의 승인을 받아 농업진흥지역을 지정한다. ② 시 · 도지사는 농업진흥지역을 지정하면 지체 없이 이 사실을 고시하고 관계 기관에 통보하여야 하며, 시장 · 군수 또는 자치구구청장으로 하여금 일반인에게 열람하게 하여야 한다. ③ 농림축산식품부장관은 녹지지역이나 계획관리지역이 농업진흥지역에 포함되면 ①에 따른 농업진흥지역 지정을 승인하기 전에 장관과 협의하여야 한다. ④ 농업진흥지역의 지정 절차나 그 밖에 지정에 필요한 사항은 대통령령으로 정한다.[17)]

4. 농업진흥지역 등의 변경과 해제

① 시 · 도지사는 대통령령으로 정하는 사유가 있으면 농업진흥지역 또는 용도구역을 변경하거나 해제할 수 있다. ② 농업진흥지역 또는 용도구역의 변경 절차나 해제 절차 등

---

17) **(농업진흥지역의 지정승인 요청)** 시 · 도지사는 농림축산식품부장관에게 농업진흥지역의 지정승인을 요청하려는 경우에는 ⓐ 농업진흥지역지정계획서, ⓑ 농업진흥지역의 용도구역별 토지의 지번 · 지목 및 면적을 표시한 토지조서, ⓒ 지적이 표시된 지형도에 농업진흥지역의 용도구역을 표시한 도면, ⓓ 그 밖에 농림축산식품부장관이 정하는 농업진흥지역 지정승인에 참고가 될 사항을 기재한 서류를 제출하여야 한다. **(농업진흥지역 등의 고시)** ① 농업진흥지역 또는 용도구역의 지정 또는 변경고시에 포함되어야 할 사항은 ⓐ 지정 또는 변경 연월일, ⓑ 광역시 · 도 및 시 · 군 · 자치구별 농업진흥지역 또는 용도구역의 면적, ⓒ 지적이 표시된 지형도에 농업진흥지역 또는 용도구역을 표시한 도면과 같다. ② 시 · 도지사는 농업진흥지역 또는 용도구역의 지정 또는 변경고시를 한 때에는 지체 없이 그 결과를 농림축산식품부장관에게 보고하고, 해당 지역을 관할하는 시장 · 군수 또는 자치구구청장에게 통지하여야 한다.

에 관하여는 농업진흥지역의 지정절차를 준용한다. 다만, 농업보호구역을 농업진흥구역으로 변경하는 경우 등은 시 · 도 농업 · 농촌 및 식품산업정책심의회의 심의나 농림축산식품부장관의 승인 없이 할 수 있다.18)

5. 주민의견청취

시 · 도지사는 농업진흥지역을 지정 · 변경 및 해제하려는 때에는 미리 해당 토지의 소유자에게 그 내용을 개별통지하고 해당 지역주민의 의견을 청취하여야 한다.19) 다만, ㉠ 다른 법률에 따라 토지소유자에게 개별 통지한 경우, ㉡ 통지를 받을 자를 알 수 없거나

---

18) ① 시 · 도지사가 농업진흥지역 또는 용도구역을 변경 또는 해제할 수 있는 경우는 [ⓐ ㉮ 용도지역을 변경하는 경우(농지의 전용을 수반하는 경우에 한), ㉯ 미리 농지의 전용에 관한 협의를 하는 경우, ㉰ 해당 지역의 여건변화로 농업진흥지역의 지정요건에 적합하지 아니하게 된 경우(이 경우 그 토지의 면적이 3만제곱미터 이하인 때에 한)로서 농업진흥지역을 해제하는 경우, ⓑ 해당 지역의 여건변화로 농업진흥지역 밖의 지역을 농업진흥지역으로 편입하는 경우, ⓒ 해당 지역의 여건변화로 농업보호구역의 전부 또는 일부를 농업진흥구역으로 변경하거나 농업진흥구역 안의 3만제곱미터 이하의 토지를 농업보호구역으로 변경하는 경우]이다. ② 시 · 도지사는 농림축산식품부장관이 해당 지역의 여건변화로 농업진흥지역을 해제하거나 농업진흥구역을 농업보호구역으로 변경할 특별한 필요가 있다고 인정하여 농업진흥지역의 해제 또는 변경 기간을 고시한 경우에는 면적 제한을 적용하지 아니하고 농업진흥지역을 해제하거나 농업진흥구역을 농업보호구역으로 변경할 수 있다. ③ 시 · 도 농업 · 농촌 및 식품산업정책심의회의 심의 또는 농림축산식품부장관의 승인 없이 농업진흥지역 또는 용도구역을 변경할 수 있는 경우는 ⓐ 시 · 도 농업 · 농촌 및 식품산업정책심의회의 심의 없이 할 수 있는 경우 : 농업보호구역을 농업진흥구역으로 변경하거나 농업진흥구역 안의 3만제곱미터 이하의 토지를 농업보호구역으로 변경하는 경우, ⓑ 농림축산식품부장관의 승인 없이 할 수 있는 경우 : ㉮ 1만 제곱미터 이하의 농업진흥지역을 해제하는 경우(다만, 농업진흥지역을 해제하는 경우로서 농림축산식품부장관과의 협의를 거쳐 지정되거나 결정된 지역 · 지구 · 구역 · 단지 등 안에서 농업진흥지역을 해제하는 경우와 농업진흥지역을 해제하는 경우로서 미리 농림축산식품부장관과 전용협의를 거친 지역에서 농업진흥지역을 해제하는 경우에는 면적에 제한이 없는 것으로 한다), ㉯ 농업보호구역을 농업진흥구역으로 변경하거나 농업진흥구역 안의 1만 제곱미터 이하의 토지를 농업보호구역으로 변경하는 경우와 같다. ④ 시 · 도지사는 농림축산식품부장관의 승인없이 농업진흥지역 또는 용도구역을 변경한 경우에는 그 결과를 농림축산식품부장관에게 보고하여야 한다.

19) ㉠ **해당 토지의 소유자에 대한의견청취** : ⓐ 시장 · 군수 또는 자치구구청장은 농업진흥지역의 지정 · 변경 또는 해제 계획안의 주요내용을 서면으로 해당 토지의 소유자에게 개별통지하여야 한다. ⓑ 개별통지한 내용에 대하여 의견이 있는 해당 토지의 소유자는 서면으로 통보를 받은 날부터 14일 이내에 시장 · 군수 또는 자치구구청장에게 의견서를 제출하여야 한다. ⓒ 시장 · 군수 또는 자치구구청장은 나목에 따라 제출된 의견을 검토하여 그 결과를 해당의견을 받은 날부터 60일 이내에 의견을 제출한 토지의 소유자에게 서면으로 통보하여야 한다. ㉡ **해당 지역주민에 대한의견 청취** : ⓐ 시장 · 군수 또는 자치구구청장은 농업진흥지역의 지정 · 변경 또는 해제 계획안의 주요내용을 해당 시 · 군 또는 자치구를 주된 보급지역으로 하는 둘 이상의 일반 일간신문에 공고하고 그 계획안을 14일 이상 열람할 수 있도록 하여야 한다. ⓑ 공고된 농업진흥지역의 지정 · 변경 또는 해제 계획안에 대하여 의견이 있는 자는 열람기간 내에 시장 · 군수 또는 자치구구청장에게 의견서를 제출하여야 한다. ⓒ 시장 · 군수 또는 자치구구청장은 나목에 따라 제출된 의견을 농업진흥지역의 지정 · 변경 또는 해제 계획안에 반영할 것인지를 검토하여 그 결과를 열람기간이 종료된 날부터 60일 이내에 해당의견을 제출한 자에게 서면으로 통보하여야 한다.

그 주소 · 거소, 그 밖에 통지할 장소를 알 수 없는 경우에는 그러하지 아니하다.

6. 용도구역에서의 행위 제한

① 농업진흥구역에서는 농업 생산 또는 농지 개량과 직접적으로 관련되지 아니한 토지이용행위를 할 수 없다. 다만, [㉠ 농산물 · 임산물 · 축산물 · 수산물의 가공 · 처리 시설의 설치 및 농수산업(농업 · 임업 · 축산업 · 수산업) 관련 시험 · 연구 시설의 설치, ㉡ 어린이 놀이터, 마을회관, 그 밖에 농업인의 공동생활에 필요한 편의 시설 및 이용 시설의 설치, ㉢ 농업인 주택, 어업인 주택이나 그 밖에 농업용 시설, 축산업용 시설 또는 어업용 시설의 설치, ㉣ 국방 · 군사 시설의 설치, ㉤ 하천, 제방, 그 밖에 이에 준하는 국토 보존 시설의 설치, ㉥ 문화재의 보수 · 복원 · 이전, 매장 문화재의 발굴, 비석이나 기념탑, 그 밖에 이와 비슷한 공작물의 설치, ㉦ 도로, 철도, 그 밖에 ⓐ 상하수도(하수종말처리시설 및 정수시설을 포함), 운하, 공동구, 가스공급설비, 전주(유 · 무선송신탑을 포함), 통신선로, 전선로, 변전소, 소수력 · 풍력발전설비, 송유설비, 방수설비, 유수지시설, 하천부속물 및 기상관측을 위한 무인의 관측시설, ⓑ 사도법에 따른 사도의 설치, ㉧ 지하자원 개발을 위한 탐사 또는 지하광물 채광과 광석의 선별 및 적치를 위한 장소로 사용하는 행위, ㉨ 농어촌 소득원 개발 등 농어촌 발전에 필요한 시설의 설치]의 토지이용행위는 그러하지 아니하다. ② 농업보호구역에서는 ㉠ ①에 따른 토지이용행위, ㉡ 농업인 소득 증대에 필요한 시설로서 대통령령으로 정하는 건축물 · 공작물, 그 밖의 시설의 설치, ㉢ 농업인의 생활 여건을 개선하기 위하여 필요한 시설로서 대통령령으로 정하는 건축물 · 공작물, 그 밖의 시설의 설치 외의 토지이용행위를 할 수 없다. ③ 농업진흥지역 지정 당시 관계 법령에 따라 인가 · 허가 또는 승인 등을 받거나 신고하고 설치한 기존의 건축물 · 공작물과 그 밖의 시설에 대하여는 ①과 ②의 행위 제한 규정을 적용하지 아니한다. ④ 농업진흥지역 지정 당시 관계 법령에 따라 ㉠ 건축물의 건축, ㉡ 공작물이나 그 밖의 시설의 설치, ㉢ 토지의 형질변경, ㉣ 그 밖에 ㉠부터 ㉢까지의 행위에 준하는 행위에 대하여 인가 · 허가 · 승인 등을 받거나 신고하고 공사 또는 사업을 시행 중인 자(관계 법령에 따라 인가 · 허가 · 승인 등을 받거나 신고할 필요가 없는 경우에는 시행 중인 공사 또는 사업에 착수한 자)는 그 공사 또는 사업에 대하여만 ①과 ②의 행위 제한 규정을 적용하지 아니한다.

(1) 농업진흥구역에서 할 수 있는 행위

① 농업진흥구역에서 허용되는 농업생산 또는 농지개량과 직접 관련되는 토지이용행위[20], ② 농수산물(농산물 · 임산물 · 축산물 · 수산물)의 가공 · 처리 시설 및 농수산업(농업 · 임업 · 축산업 · 수산업) 관련 시험 · 연구 시설 설치[21], ③ 농업인의 공동생활에 필요한 편의 시설 및 이용 시설 설치[22], ④ 농업인 주택 및 어업인 주택(농어업인 주택)[23], ⑤ 농업용 시설, 축산업용 시설 또는 어업용 시설[24]의 설치이다.

---

20) ⓐ 농작물의 경작, ⓑ 다년생식물의 재배, ⓒ 고정식온실 · 버섯재배사 및 비닐하우스와 농림축산식품부령으로 정하는 그 부속시설의 설치, ⓓ 축사 · 곤충사육사와 농림축산식품부령으로 정하는 그 부속시설의 설치, ⓔ 간이퇴비장의 설치, ⓕ 농지개량사업 또는 농업용수개발사업의 시행, ⓖ 농막 · 간이저온저장고 및 간이액비 저장조 중에서 농림축산식품부령으로 정하는 시설의 설치이다.

21) ㉠ ㉮ 국내에서 생산된 농수산물(농수산물을 말하며, 임산물 중 목재와 그 가공품 및 토석은 제외) 및 농림축산식품부장관이 정하여 고시하는 농수산가공품을 주된 원료로 하여 가공하거나 건조 · 절단 등 처리를 거쳐 식품을 생산하기 위한 시설일 것, ㉯ 농업진흥구역 안의 부지 면적이 1만5천제곱미터[미곡의 건조 · 선별 · 보관 및 가공시설(미곡종합처리장)의 경우에는 3만제곱미터] 미만인 시설(판매시설이 포함된 시설의 경우에는 그 판매시설의 면적이 전체 시설 면적의 100분의 20 미만인 시설에 한정)일 것의 요건을 모두 갖춘 농수산물의 가공 · 처리 시설(제조업소 또는 공장에 해당하는 시설을 말하며, 그 시설에서 생산된 제품을 판매하는 시설을 포함), ㉡ 농수산업 관련 시험 · 연구 시설: 육종연구를 위한 농수산업에 관한 시험 · 연구 시설로서 그 부지의 총면적이 3천제곱미터 미만인 시설

22) ⓐ 농업인이 공동으로 운영하고 사용하는 창고 · 작업장 · 농기계수리시설 · 퇴비장, ⓑ 경로당, 어린이집, 유치원, 정자, 보건지소, 보건진료소, 응급의료 목적에 이용되는 항공기의 이착륙장 및 비상대피시설, ⓒ 농업인이 공동으로 운영하고 사용하는 일반목욕장 · 화장실 · 구판장 · 운동시설 · 마을공동주차장 및 마을공동취수장, ⓓ 국가 · 지방자치단체 또는 농업생산자단체가 농업인으로 하여금 사용하게 할 목적으로 설치하는 일반목욕장, 화장실, 운동시설, 구판장, 농기계 보관시설 및 농업인 복지회관

23) ⓐ 농업인 또는 어업인(어업인을 말한다) 1명 이상으로 구성되는 농업 · 임업 · 축산업 또는 어업을 영위하는 세대로서 ㉮ 해당 세대의 농업 · 임업 · 축산업 또는 어업에 따른 수입액이 연간 총수입액의 2분의 1을 초과하는 세대, ㉯ 해당 세대원의 노동력의 2분의 1 이상으로 농업 · 임업 · 축산업 또는 어업을 영위하는 세대에 해당하는 세대의 세대주가 설치하는 것일 것, ⓑ ⓐ에 해당하는 세대의 세대원이 장기간 독립된 주거생활을 영위할 수 있는 구조로 된 건축물(별장 또는 고급주택을 제외) 및 해당 건축물에 부속한 창고 · 축사 등 농업 · 임업 · 축산업 또는 어업을 영위하는데 필요한 시설로서 그 부지의 총면적이 1세대 당 660제곱미터 이하일 것, ⓒ ⓐ에 해당하는 세대의 농업 · 임업 · 축산업 또는 어업의 경영의 근거가 되는 농지 · 산림 · 축사 또는 어장 등이 있는 시(구를 두지 아니한 시, 도농복합형태의 시에 있어서는 동지역에 한) · 구(도농복합형태의 시의 구에 있어서는 동지역에 한) · 읍 · 면(시 · 구 · 읍 · 면) 또는 이에 연접한 시 · 구 · 읍 · 면 지역에 설치하는 것일 것의 요건을 모두 갖춘 건축물 및 시설물로 한다. 다만, ⓑ에 따른 부지면적을 적용함에 있어서 농지를 전용하여 농어업인 주택을 설치하는 경우에는 그 전용하려는 면적에 해당 세대주가 그 전용허가신청일 또는 협의신청일 이전 5년간 농어업인 주택의 설치를 위하여 부지로 전용한 농지면적을 합산한 면적(공공사업으로 인하여 철거된 농어업인 주택의 설치를 위하여 전용하였거나 전용하려는 농지면적을 제외)을 해당 농어업인 주택의 부지면적으로 본다.

24) ⓐ 농업인 또는 농업법인이 자기가 생산한 농산물을 건조 · 보관하기 위하여 설치하는 시설, ⓑ 야생동물의 인공사육시설(다만, ㉮ 포획 등이 금지된 야생동물(허가를 받은 경우는 제외), ㉯ 포획이 금지된 야생동물(허가를 받은 경우는 제외), ㉰ 수입등이 금지된 생태계교란 생물(허가를 받은 경우는 제외)에 해당하는 야생동물의 인공사육시설은 제외), ⓒ 건축허가 또는 건축신고의 대상 시설이 아닌 간이양축시설, ⓓ 농업인 또는 농업법인이 농업 또는 축산업을 영위하거나 자기가 생산한 농산물을

(2) 농업보호구역에서 할 수 있는 행위

농업인 소득 증대에 필요한 시설로서 건축물·공작물, 그 밖의 시설 : ⓐ 관광농원사업으로 설치하는 시설로서 농업보호구역 안의 부지 면적이 2만제곱미터 미만인 것, ⓑ 주말농원사업으로 설치하는 시설로서 농업보호구역 안의 부지 면적이 3천제곱미터 미만인 것, ⓒ 태양에너지 발전설비로서 농업보호구역 안의 부지 면적이 1만제곱미터 미만인 것, ⓓ 그 밖에 농촌지역 경제활성화를 통하여 농업인 소득증대에 기여하는 농수산업 관련 시설로서 농림축산식품부령으로 정하는 시설

7. 농업진흥지역에 대한 개발투자 확대 및 우선 지원

① 국가와 지방자치단체는 농업진흥지역에 대하여 농지 및 농업시설의 개량·정비, 농어촌도로·농산물유통시설의 확충, 그 밖에 농업 발전을 위한 사업에 우선적으로 투자하여야 한다.[25) ② 국가와 지방자치단체는 농업진흥지역의 농지에 농작물을 경작하거나 다년생식물을 재배하는 농업인 또는 농업법인에게 자금 지원이나 조세 경감 등 필요한 지원을 우선 실시하여야 한다.

8. 농업진흥지역의 농지매수 청구

① 농업진흥지역의 농지를 소유하고 있는 농업인 또는 농업법인은 한국농어촌공사에 그 농지의 매수를 청구할 수 있다. ② 한국농어촌공사는 매수 청구를 받으면 감정평가업자가 평가한 금액을 기준으로 해당 농지를 매수할 수 있다. ③ 한국농어촌공사가 농지를 매수하는 데에 필요한 자금은 농지관리기금에서 융자한다. 농지의 매수를 청구하려는 자는 ⓐ 농지소유자의 성명(법인인 경우에는 그 명칭 및 대표자의 성명) 및 주소, ⓑ 농지

처리하는데 필요한 농업용 또는 축산업용시설로서 농림축산식품부령으로 정하는 시설, ⓔ 부지의 총 면적이 3만제곱미터 미만인 양어장·양식장, 그 밖에 농림축산식품부령으로 정하는 어업용 시설, ⓕ 가축분뇨의 관리 및 이용에 관한 법률의 처리시설, ⓖ 시·도지사, 시장·군수·구청장 또는 농업협동조합법에 따른 조합이 설치하는 가축 방역을 위한 소독시설을 말한다. 다만, ⓐ 및 ⓓ의 시설은 자기의 농업 또는 축산업의 경영의 근거가 되는 농지·축사 등이 있는 시·구·읍·면 또는 이에 연접한 시·구·읍·면 지역에 설치하는 경우에 한한다.

25) **(농업진흥지역에 대한 우선적 투자)** 국가와 지방자치단체가 농업진흥지역 및 해당 지역의 농업인 등에 대하여 우선적으로 투자 및 자금지원 등 필요한 지원을 하여야 하는 사업은 [ⓐ 농지 및 농업시설을 개량·정비하기 위한 사업, ⓑ 농업용수를 개발하기 위한 사업, ⓒ 농어촌도로를 확충하기 위한 사업, ⓓ 농업기계화를 촉진하는 사업, ⓔ 농업인 또는 농업법인의 경영규모 확대를 지원하는 사업, ⓕ 후계농업경영인과 전업농업인을 육성하는 사업, ⓖ 농산물의 집하장·선과장(選果場), 그 밖의 농산물유통시설을 확충하기 위한 사업, ⓗ 농업인의 생활환경을 개선하기 위한 사업]이다.

의 표시 및 이용현황, ⓒ 해당 농지에 소유권 외의 권리가 설정된 때에는 그 종류·내용과 권리자의 성명(법인인 경우에는 그 명칭 및 대표자의 성명) 및 주소, ⓓ 농지에 설치한 농업용시설 등에 관한 사항을 기재한 농지매수청구서에 농림축산식품부령으로 정하는 서류를 첨부하여 한국농어촌공사에 제출하여야 한다.

Ⅱ. 농지의 전용

1. 농지의 전용허가·협의

① 농지를 전용하려는 자는 ㉠ 다른 법률에 따라 농지전용허가가 의제되는 협의를 거쳐 농지를 전용하는 경우, ㉡ 도시지역 또는 계획관리지역에 있는 농지로서 협의를 거친 농지나 협의 대상에서 제외되는 농지를 전용하는 경우, ㉢ 농지전용신고를 하고 농지를 전용하는 경우, ㉣ 산지전용허가를 받지 아니하거나 산지전용신고를 하지 아니하고 불법으로 개간한 농지를 산림으로 복구하는 경우, ㉤ 하천관리청의 허가를 받고 농지의 형질을 변경하거나 공작물을 설치하기 위하여 농지를 전용하는 경우 외에는 농림축산식품부장관의 허가를 받아야 한다. ⓐ 전용허가를 받은 농지의 면적 또는 경계, ⓑ 전용허가를 받은 농지의 위치(동일 필지 안에서 위치를 변경하는 경우), ⓒ 전용허가를 받은 자의 명의, ⓓ 설치하려는 시설의 용도 또는 전용목적사업을 변경하려는 경우에도 또한 같다. ② 주무부장관이나 지방자치단체의 장은 ㉠ 도시지역에 주거지역·상업지역 또는 공업지역을 지정하거나 도시·군계획시설을 결정할 때에 해당 지역 예정지 또는 시설 예정지에 농지가 포함되어 있는 경우(다만, 이미 지정된 주거지역·상업지역·공업지역을 다른 지역으로 변경하거나 이미 지정된 주거지역·상업지역·공업지역에 도시·군계획시설을 결정하는 경우는 제외), ㉡ 계획관리지역에 지구단위계획구역을 지정할 때에 해당 구역 예정지에 농지가 포함되어 있는 경우, ㉢ 도시지역의 녹지지역 및 개발제한구역의 농지에 대하여 개발행위를 허가하거나 토지의 형질변경허가를 하는 경우에 해당하면 농림축산식품부장관과 미리 농지전용에 관한 협의를 하여야 한다.

2. 농지전용신고

농지를 ㉠ 농업인 주택, 어업인 주택, 농축산업용 시설(개량시설과 농축산물 생산시설은 제외), 농수산물 유통·가공 시설, ㉡ 어린이놀이터·마을회관 등 농업인의 공동생활

편의 시설, ㉢ 농수산 관련 연구 시설과 양어장·양식장 등 어업용 시설의 부지로 전용하려는 자는 시장·군수 또는 자치구구청장에게 신고하여야 하며, 신고한 사항을 변경하려는 경우에도 같다. 농지전용의 신고 또는 변경신고를 하려는 자는 해당 농지의 소재지를 관할하는 시장·군수 또는 자치구구청장에게 제출하여야 한다.

3. 농지의 타용도 일시사용허가 등

① 농지를 ㉠ 건축허가 또는 건축신고 대상시설이 아닌 간이 농수축산업용 시설(개량시설과 농축산물 생산시설은 제외)과 농수산물의 간이 처리 시설을 설치하는 경우, ㉡ 주(主)목적사업(해당 농지에서 허용되는 사업만 해당한다)을 위하여 현장 사무소나 부대시설, 그 밖에 이에 준하는 시설을 설치하거나 물건을 적치하거나 매설하는 경우, ㉢ Ⓐ 골재, Ⓑ 광물, Ⓒ 적조방제·농지개량 또는 토목공사용으로 사용하거나 공업용 원료로 사용하기 위한 토석을 채굴하는 경우에 해당하는 용도로 일시 사용하려는 자는 일정 기간 사용한 후 농지로 복구한다는 조건으로 시장·군수 또는 자치구구청장의 허가를 받아야 한다. 허가받은 사항을 변경하려는 경우에도 또한 같다. 다만, 국가나 지방자치단체의 경우에는 시장·군수 또는 자치구구청장과 협의하여야 한다. ② 시장·군수 또는 자치구구청장은 주무부장관이나 지방자치단체의 장이 다른 법률에 따른 사업 또는 사업계획 등의 인가·허가 또는 승인 등과 관련하여 농지의 타용도 일시사용 협의를 요청하면, 그 인가·허가 또는 승인 등을 할 때에 해당 사업을 시행하려는 자에게 일정 기간 그 농지를 사용한 후 농지로 복구한다는 조건을 붙일 것을 전제로 협의할 수 있다. ③ 시장·군수 또는 자치구구청장은 허가를 하거나 협의를 할 때에는 사업을 시행하려는 자에게 농지로의 복구계획을 제출하게 하고 복구비용을 예치하게 할 수 있다. ④ 복구비용의 산출 기준, 납부 시기, 납부 절차, 그 밖에 필요한 사항은 대통령령으로 정한다.[26)]

---

26) **(복구비용의 산출기준·납부시기·납부절차 등)** ① 시장·군수등은 복구비용을 예치하게 하는 경우에는 산출기준에 따라 복구비용을 결정하고 20일 이상의 납부기간을 정하여 이를 예치하게 하여야 한다. ② 복구비용은 세입세출외현금출납공무원계좌에 현금(체신관서 또는 은행이 발행하는 자기앞수표를 포함)으로 예치하거나 현금을 갈음하여 보증서등을 시장·군수등을 수취인으로 하여 예치하여야 한다. 이 경우 보증서등의 보증기간은 농지의 타용도 일시사용기간과 복구에 필요한 기간에 2개월을 가산한 기간을 기준으로 한다. **(복구비용예치금 등의 사용)** ① 시장·군수등은 농지의 타용도 일시사용허가를 받거나 농지의 타용도 일시사용신고를 한 자(농지의 타용도 일시사용에 관한 협의를 거친 다른 법률에 따른 사업 또는 사업계획 등의 인가·허가 또는 승인 등을 받은 자를 포함. 복구의무자)가 복구계획에 따라 농지로 복구하지 아니하면 복구의무자를 대신하여 해당 토지를 농지로 복구하거나 복구의무자로 하여금 복구하게 할 수 있다. ② 시장·군수등은 예치된 복구비용을 복구대행비로 충당하고, 잔액이 있는 경우에는 ⓐ 현금·정기예금증서·수익증권으로 예치된 경우 : 복구비를 예치한 자에게 반환, ⓑ ⓐ 외의 경우 : 보증보험증권발행자나 그 밖의 지급보증서 등의 발행자에게 반환의 구분에

4. 농지의 타용도 일시사용신고 등

① 농지를 ㉠ 썰매장, 지역축제장 등으로 일시적으로 사용하는 경우, ㉡ ㉮ 건축허가 또는 건축신고 대상시설이 아닌 간이 농수축산업용 시설(개량시설과 농축산물 생산시설은 제외)과 농수산물의 간이 처리 시설을 설치하는 경우, ㉯ 주목적사업(해당 농지에서 허용되는 사업만)을 위하여 현장 사무소나 부대시설, 그 밖에 이에 준하는 시설을 설치하거나 물건을 적치하거나 매설하는 경우의 시설을 일시적으로 설치하는 경우에 해당하는 용도로 일시사용하려는 자는 지력을 훼손하지 아니하는 범위에서 일정 기간 사용한 후 농지로 원상복구한다는 조건으로 시장·군수 또는 자치구구청장에게 신고하여야 한다. 신고한 사항을 변경하려는 경우에도 또한 같다. 다만, 국가나 지방자치단체의 경우에는 시장·군수 또는 자치구구청장과 협의하여야 한다. ② 시장·군수 또는 자치구구청장은 신고를 받은 날부터 10일 이내에 신고수리 여부를 신고인에게 통지하여야 한다. ③ 시장·군수 또는 자치구구청장이 정한 기간 내에 신고수리 여부 또는 민원 처리 관련 법령에 따른 처리기간의 연장을 신고인에게 통지하지 아니하면 그 기간이 끝난 날의 다음 날에 신고를 수리한 것으로 본다.[27)]

5. 농지전용허가 등의 제한

① 농림축산식품부장관은 농지전용허가를 결정할 경우 ㉠ 대기오염배출시설로서 대통령령으로 정하는 시설, ㉡ 폐수배출시설로서 대통령령으로 정하는 시설, ㉢ 농업의 진흥이나 농지의 보전을 해칠 우려가 있는 시설로서 대통령령으로 정하는 시설의 부지로 사용하려는 농지는 전용을 허가할 수 없다. 다만, 도시지역·계획관리지역 및 개발진흥지구에 있는 농지는 전용을 허가할 수 있다. ② 농림축산식품부장관, 시장·군수 또는 자치구구청장은 농지전용허가 및 협의를 하거나 농지의 타용도 일시사용허가 및 협의를 할 때

따라 이를 반환하여야 한다.

27) **(농지의 타용도 일시사용허가신고의 기간 등)** ① 허가·협의, 신고·협의 및 협의의 경우 농지의 타용도 일시사용기간은 ⓐ 간이 농수축산업용 시설과 농수산물의 간이 처리 시설 : 7년 이내, ⓑ 현장 사무소나 부대시설 등 : 그 주목적 사업의 시행에 필요한 기간 이내, ⓒ 썰매장, 지역축제장: 6개월 이내, ⓓ ⓐ부터 ⓑ까지 외의 경우: 5년 이내이다. ② 시장·군수 또는 자치구구청장은 ① (ⓒ는 제외)에 따른 농지의 타용도 일시사용기간을 합산하여 Ⓐ간이 농수축산업용 시설과 농수산물의 간이 처리 시설: 5년, Ⓑ도시·군계획시설의 설치예정지 안의 농지에 대하여 타용도 일시사용허가를 한 경우: 그 도시·군계획시설의 설치시기 등을 고려하여 필요한 기간, Ⓒ Ⓐ 및 Ⓑ 외의 경우: 3년의 기간을 초과하지 아니하는 범위에서 연장할 수 있다.

그 농지가 ㉠ 전용하려는 농지가 농업생산기반이 정비되어 있거나 농업생산기반 정비사업 시행예정 지역으로 편입되어 우량농지로 보전할 필요가 있는 경우, ㉡ 해당 농지를 전용하거나 다른 용도로 일시사용하면 일조·통풍·통작에 매우 크게 지장을 주거나 농지개량시설의 폐지를 수반하여 인근 농지의 농업경영에 매우 큰 영향을 미치는 경우, ㉢ 해당 농지를 전용하거나 타용도로 일시 사용하면 토사가 유출되는 등 인근 농지 또는 농지개량시설을 훼손할 우려가 있는 경우, ㉣ 전용 목적을 실현하기 위한 사업계획 및 자금조달계획이 불확실한 경우, ㉤ 전용하려는 농지의 면적이 전용 목적 실현에 필요한 면적보다 지나치게 넓은 경우에 해당하면 전용을 제한하거나 타용도 일시사용을 제한할 수 있다.

6. 농지보전부담금

① ㉠ 농지전용허가를 받는 자, ㉡ 농지전용협의를 거친 지역 예정지 또는 시설 예정지에 있는 농지(같은 호 단서에 따라 협의 대상에서 제외되는 농지를 포함)를 전용하려는 자, ㉢ 농지전용에 관한 협의를 거친 구역 예정지에 있는 농지를 전용하려는 자, ㉣ 농지전용협의를 거친 농지를 전용하려는 자, ㉤ 다른 법률에 따라 농지전용허가가 의제되는 협의를 거친 농지를 전용하려는 자, ㉥ 농지전용신고를 하고 농지를 전용하려는 자는 농지의 보전·관리 및 조성을 위한 부담금(농지보전부담금)을 농지관리기금을 운용·관리하는 자에게 내야 한다. ② 농림축산식품부장관은 ⓐ 공공기관과 지방공기업이 산업단지의 시설용지로 농지를 전용하는 경우, ⓑ 사업시행자(국가와 지방자치단체를 제외)가 도시개발사업(환지방식으로 시행하는 경우)의 부지로 농지를 전용하는 경우, ⓒ 개발사업시행자(지방자치단체는 제외)가 관광지 또는 관광단지의 시설용지로 농지를 전용하는 경우, ⓓ 중소기업을 영위하려는 자가 중소기업의 공장용지로 농지를 전용하는 경우, ⓔ 공장설립 등의 승인을 받으려는 자가 공장용지로 농지를 전용하는 경우), ㉡ 농지보전부담금이 농림축산식품부령으로 정하는 금액 이상인 경우에 해당하는 사유로 농지보전부담금을 한꺼번에 내기 어렵다고 인정되는 경우에는 농지보전부담금을 나누어 내게 할 수 있다. ③ 농지관리기금을 운용·관리하는 자는 ㉠ 농지보전부담금을 낸 자의 허가가 취소된 경우, ㉡ 농지보전부담금을 낸 자의 사업계획이 변경된 경우, ㉢ 농지보전부담금을 납부하고 허가를 받지 못한 경우, ㉣ 그 밖에 이에 준하는 사유로 전용하려는 농지의 면적이 당초보다 줄어든 경우에 해당하는 경우 그에 해당하는 농지보전부담금을 환급[28]하여야

28) **(농지보전부담금의 환급)** ① 농림축산식품부장관은 납부의무자가 농지보전부담금으로 납부한 금액 중

한다. ④ 농림축산식품부장관은 ㉠ 국가나 지방자치단체가 공용 목적이나 공공용 목적으로 농지를 전용하는 경우, ㉡ 대통령령으로 정하는 중요 산업 시설을 설치하기 위하여 농지를 전용하는 경우, ㉢ 농지전용신고대상 시설이나 그 밖에 대통령령으로 정하는 시설을 설치하기 위하여 농지를 전용하는 경우에 해당하면 농지보전부담금을 감면할 수 있다. ⑤ 농지보전부담금은 부동산 가격공시에 관한 법률에 따른 해당 농지의 개별공시지가의 범위에서 대통령령으로 정하는 부과기준[29]을 적용하여 산정한 금액으로 한다.[30]

과오납입한 금액이 있거나 환급하여야 할 금액이 있으면 지체 없이 그 과오납액 또는 환급금액을 농지보전부담금환급금으로 결정하고 이를 농지보전부담금납부자와 한국농어촌공사에 각각 통지하여야 한다(다만, 농지의 원상회복을 명한 경우는 농지의 원상회복 여부를 확인한 후에 통지). ② 농림축산식품부장관은 제1항에 따라 농지보전부담금환급금을 통지하는 때에는 농지보전부담금환급금에 ⓐ 착오납입 · 이중납입 또는 납입 후의 그 부과의 취소 · 정정으로 인한 농지보전부담금환급금에 있어서는 그 납입일(다만, 그 농지보전부담금이 2회 이상 분할납입된 것인 때에는 그 최후의 납입일로 하되, 농지보전부담금환급금이 최후에 납입된 금액을 초과하는 경우에는 그 금액에 달할 때까지의 납입일의 순서로 소급하여 계산한 농지보전부담금환급금의 각 납입일), ⓑ 납입자에게 책임이 있는 사유로 인하여 농지전용허가가 취소된 경우의 농지보전부담금환급금에 있어서는 그 취소일(다만, 농지의 원상회복을 명한 경우에는 농지의 원상회복일), ⓒ 농지보전부담금을 납부하고 농지전용허가 또는 농지전용신고(다른 법률에 따라 농지전용허가 또는 농지전용신고가 의제되는 인가 · 허가 · 승인 등을 포함) 등이 되지 아니한 경우의 농지보전부담금환급금에 있어서는 농지보전부담금의 납부일, ⓓ 납입자의 사업계획의 변경 그 밖에 이에 준하는 사유로 인한 농지보전부담금환급금에 있어서는 그 변경허가일 또는 이에 준하는 행정처분의 결정일(다만, 농지의 원상회복을 명한 경우에는 농지의 원상회복일)에 해당하는 날의 다음 날부터 환급결정을 하는 날까지의 기간과 국세환급가산금의 이율에 따라 계산한 금액을 환급가산금으로 결정하고 이를 농지보전부담금환급금과 함께 통지하여야 한다. ③ 농지보전부담금환급금과 환급가산금은 한국농어촌공사 및 농지관리기금법에 따른 농지관리기금에서 이를 지급한다.

29) **(부과기준)** ① 농지보전부담금의 제곱미터당 금액은 해당 농지의 개별공시지가의 100분의 30으로 한다. ② 농지보전부담금의 제곱미터당 금액이 농림축산식품부령으로 정하는 금액을 초과하는 경우에는 농림축산식품부령으로 정하는 금액을 농지보전부담금의 제곱미터당 금액으로 한다.

30) ① 농림축산식품부장관은 농지보전부담금을 내야 하는 자가 납부기한까지 내지 아니하면 납부기한이 지난 후 10일 이내에 10일 이내의 기간을 정한 독촉장을 발급하여야 한다. ② 농림축산식품부장관은 농지보전부담금을 내야 하는 자가 납부기한까지 부담금을 내지 아니한 경우에는 납부기한이 지난 날부터 체납된 농지보전부담금의 100분의 3에 상당하는 금액을 가산금으로 부과한다. ③ 농림축산식품부장관은 농지보전부담금을 체납한 자가 체납된 농지보전부담금을 납부하지 아니한 때에는 납부기한이 지난 날부터 1개월이 지날 때마다 체납된 농지보전부담금의 1천분의 12에 상당하는 가산금(중가산금)을 가산금에 더하여 부과하되, 체납된 농지보전부담금의 금액이 100만원 미만인 경우는 중가산금을 부과하지 아니한다. 이 경우 중가산금을 가산하여 징수하는 기간은 60개월을 초과하지 못한다. ④ 농림축산식품부장관은 ㉠ 체납처분이 종결되고 체납액에 충당된 배분금액이 그 체납액에 미치지 못한 경우, ㉡ 농지보전부담금을 받을 권리에 대한 소멸시효가 완성된 경우, ㉢ 체납처분의 목적물인 총재산의 추산가액이 체납처분비에 충당하고 남을 여지가 없는 경우, ㉣ 체납자가 사망하거나 행방불명되는 등 징수할 가능성이 없다고 인정되는 경우에 해당하는 사유가 있으면 해당 농지보전부담금에 관하여 결손처분을 할 수 있다. 다만, ㉠ · ㉢ 및 ㉣의 경우 결손처분을 한 후에 압류할 수 있는 재산을 발견하면 지체 없이 결손처분을 취소하고 체납처분을 하여야 한다.

7. 전용허가의 취소 등

① 농림축산식품부장관, 시장 · 군수 또는 자치구구청장은 농지전용허가 또는 농지의 타용도 일시사용허가를 받았거나 농지전용신고 또는 농지의 타용도 일시사용신고를 한 자가 ㉠ 거짓이나 그 밖의 부정한 방법으로 허가를 받거나 신고한 것이 판명된 경우, ㉡ 허가 목적이나 허가 조건을 위반하는 경우, ㉢ 허가를 받지 아니하거나 신고하지 아니하고 사업계획 또는 사업 규모를 변경하는 경우, ㉣ 허가를 받거나 신고를 한 후 농지전용 목적사업과 관련된 사업계획의 변경 등 ⓐ 농지전용 목적사업과 관련된 사업계획의 변경에 따른 행정기관의 허가 또는 인가를 얻기 위하여 농지전용 목적사업이 지연되는 경우, ⓑ 공공사업으로서 정부의 재정여건으로 인하여 농지전용 목적사업이 지연되는 경우, ⓒ 장비의 수입 또는 제작이 지체되어 농지전용 목적사업이 지연되는 경우, ⓓ 천재지변 · 화재, 그 밖의 재해로 인하여 농지전용 목적사업이 지연되는 경우 없이 2년 이상 대지의 조성, 시설물의 설치 등 농지전용 목적사업에 착수하지 아니하거나 농지전용 목적사업에 착수한 후 1년 이상 공사를 중단한 경우, ㉤ 농지보전부담금을 내지 아니한 경우, ㉥ 허가를 받은 자나 신고를 한 자가 허가취소를 신청하거나 신고를 철회하는 경우, ㉦ 허가를 받은 자가 관계 공사의 중지 등 조치명령을 위반한 경우에 해당하면 허가를 취소하거나 관계 공사의 중지, 조업의 정지, 사업규모의 축소 또는 사업계획의 변경, 그 밖에 필요한 조치를 명할 수 있다. 다만, ㉦에 해당하면 그 허가를 취소하여야 한다. ② 농림축산식품부장관은 다른 법률에 따라 농지의 전용이 의제되는 협의를 거쳐 농지를 전용하려는 자가 농지보전부담금 부과 후 농지보전부담금을 납부하지 아니하고 2년 이내에 농지전용의 원인이 된 목적사업에 착수하지 아니하는 경우 관계 기관의 장에게 그 목적사업에 관련된 승인 · 허가 등의 취소를 요청할 수 있다. 이 경우 취소를 요청받은 관계 기관의 장은 특별한 사유가 없으면 이에 따라야 한다.

8. 용도변경의 승인

① ㉠ 농지전용허가, ㉡ 농지전용협의, ㉢ 농지전용신고에 해당하는 절차를 거쳐 농지전용 목적사업에 사용되고 있거나 사용된 토지를 5년 이내에 다른 목적으로 사용하려는 경우에는 시장 · 군수 또는 자치구구청장의 승인을 받아야 한다. ② 승인을 받아야 하는 자 중 농지보전부담금이 감면되는 시설의 부지로 전용된 토지를 농지보전부담금 감면 비

율이 다른 시설의 부지로 사용하려는 자는 그에 해당하는 농지보전부담금을 내야 한다.

9. 농지의 지목 변경 제한

㉠ 농지전용허가(다른 법률에 따라 농지전용허가가 의제되는 협의를 포함)를 받거나 농지를 전용한 경우, ㉡ 산지전용허가를 받지 아니하거나 산지전용신고를 하지 아니하고 불법으로 개간한 농지를 산림으로 복구하는 경우, 하천관리청의 허가를 받고 농지의 형질을 변경하거나 공작물을 설치하기 위하여 농지를 전용하는 경우에 규정된 목적으로 농지를 전용한 경우, ㉢ 농지전용신고를 하고 농지를 전용한 경우, ㉣ 농어촌용수의 개발사업이나 농업생산기반 개량사업의 시행으로 토지의 개량 시설의 부지로 변경되는 경우, ㉤ 시장 · 군수 또는 자치구구청장이 천재지변이나 그 밖의 불가항력의 사유로 그 농지의 형질이 현저히 달라져 원상회복이 거의 불가능하다고 인정하는 경우에 해당하는 경우 외에는 농지를 전 · 답 · 과수원 외의 지목으로 변경하지 못한다.

10. 원상회복 등

① 농림축산식품부장관, 시장 · 군수 또는 자치구구청장은 ㉠ 농지전용허가 또는 농지의 타용도 일시사용허가를 받지 아니하고 농지를 전용하거나 다른 용도로 사용한 경우, ㉡ 농지전용신고 또는 농지의 타용도 일시사용신고를 하지 아니하고 농지를 전용하거나 다른 용도로 사용한 경우, ㉢ 허가가 취소된 경우, ㉣ 농지전용신고를 한 자가 전용허가의 취소 등 조치명령을 위반한 경우에 해당하면 그 행위를 한 자에게 기간을 정하여 원상회복을 명할 수 있다. ② 농림축산식품부장관, 시장 · 군수 또는 자치구구청장은 원상회복명령을 위반하여 원상회복을 하지 아니하면 대집행으로 원상회복을 할 수 있다.

11. 농지전용허가의 특례

농지전용허가를 받아야 하는 자가 평균경사율이 15퍼센트인 농지에 해당하는 농지를 전용하려면 시장 · 군수 또는 자치구구청장에게 신고하고 농지를 전용할 수 있다.[31)]

---

31) ① 농지전용을 신고하려는 자는 농지전용신고서에 농림축산식품부령으로 정하는 서류를 첨부하여 해당 농지의 소재지를 관할하는 시장 · 군수 또는 자치구구청장에게 제출하여야 한다. ② 시장 · 군수 또는 자치구구청장은 ①에 따라 농지전용신고서 등을 제출받은 때에는 신고내용이 ⓐ 영농여건불리농지인지의 여부, ⓑ 인근농지피행 및 농촌생활피해가 없는지에 적합한지의 여부, ⓒ 용도지역 및 용도지구에서 허용되는 토지이용행위에 적합한지의 여부를 검토하여 농지전용에 적합하다고 인정하는 경우에는 농지전용신고증을 신고인에게 내주어야 하며, 적합하지 아니하다고 인정하는 경우에는 그 사유

Ⅲ. 농지원부

1. 농지원부의 작성과 비치

① 시 · 구 · 읍 · 면의 장은 농지 소유 실태와 농지 이용 실태를 파악하여 이를 효율적으로 이용하고 관리하기 위하여 농지원부를 작성하여 갖추어 두어야 한다.[32] ② 시 · 구 · 읍 · 면의 장은 농지원부를 작성 · 정리하거나 농지 이용 실태를 파악하기 위하여 필요하면 해당 농지 소유자에게 필요한 사항을 보고하게 하거나 관계 공무원에게 그 상황을 조사하게 할 수 있다. ③ 시 · 구 · 읍 · 면의 장은 농지원부의 내용에 변동사항이 생기면 그 변동사항을 지체 없이 정리하여야 한다. ④ 농지원부에 적을 사항을 전산정보처리조직으로 처리하는 경우 그 농지원부 파일(자기디스크나 자기테이프, 그 밖에 이와 비슷한 방법으로 기록하여 보관하는 농지원부를 말한다)은 농지원부로 본다. ⑤ 농지원부의 서식 · 작성 · 관리와 전산정보처리조직 등에 필요한 사항은 농림축산식품부령으로 정한다.[33]

2. 농지원부의 열람 또는 등본 등의 교부

① 시 · 구 · 읍 · 면의 장은 농지원부의 열람신청 또는 등본 교부신청을 받으면 농지원부를 열람하게 하거나 그 등본을 내주어야 한다. ② 시 · 구 · 읍 · 면의 장은 자경(自耕)하

를 구체적으로 밝혀 제출받은 서류를 반려하여야 한다.

32) **(농지원부의 작성)** ① 농지원부는 ⓐ 1천제곱미터 이상의 농지에서 농작물을 경작하거나 다년생식물을 재배하는 자, ⓑ 농지에 330제곱미터 이상의 고정식온실 등 농업용 시설을 설치하여 농작물을 경작하거나 다년생식물을 재배하는 자에 해당하는 농업인(1세대에 2인 이상의 농업인이 있는 경우에는 그 세대) · 농업법인 또는 준농업법인별로 작성한다. ② 준농업법인은 직접 농지에 농작물을 경작하거나 다년생식물을 재배하는 국가기관 · 지방자치단체 · 학교 · 공공단체 · 농업생산자단체 · 농업연구기관 또는 농업기자재를 생산하는 자 등으로 한다.

33) **(농지원부 등의 관리)** ① 시 · 구 · 읍 · 면장은 농지원부에 기재할 사항을 전산정보처리조직에 따라 처리할 수 있다. ② 농지원부(농지원부 파일을 포함)의 관리자는 법에 따른 비치 또는 이용 외의 목적으로 농지원부를 사용하거나 이를 이용한 전산처리를 하여서는 아니 된다. ③ 농지원부의 작성 · 관리에 종사하거나 종사하였던 자 또는 그 밖의 자로서 직무상 농지원부기재사항을 알게 된 자는 다른 사람에게 이를 누설하여서는 아니 된다. ④ 시 · 구 · 읍 · 면장은 관할구역 안에 거주하던 농업인의 거주지 이동으로 신거주지의 시 · 구 · 읍 · 면장에게 주민등록표를 이송하는 경우에는 농지원부를 첨부하여 이송하여야 한다. ⑤ 시 · 구 · 읍 · 면장은 농지원부가 작성된 농업인 · 농업법인 또는 준농업법인이 ⓐ 1천제곱미터 이상의 농지에서 농작물을 경작하거나 다년생식물을 재배하는 자, ⓑ 농지에 330제곱미터 이상의 고정식온실 등 농업용시설을 설치하여 농작물을 경작하거나 다년생식물을 재배하는 자에 해당하지 아니하는 자로 된 경우에는 그 농지원부를, 농지원부를 이송한 경우에는 그 농지원부의 사본을 각각 따로 편철하여 10년간 보존하여야 한다. 이 경우 전산정보처리조직에 따라 관리하는 농지원부 파일은 이를 농지원부 또는 농지원부의 사본으로 본다.

고 있는 농업인 또는 농업법인이 신청하면 자경증명을 발급하여야 한다.

Ⅳ. 보 칙

1. 포상금

농림축산식품부장관은 ㉠ 농지 소유 제한이나 농지 소유 상한을 위반하여 농지를 소유할 목적으로 거짓이나 그 밖의 부정한 방법으로 농지취득자격증명을 발급받은 자, ㉡ 용도구역에서의 행위제한을 위반한 자, ㉢ 농지전용허가를 받지 아니하고 농지를 전용한 자 또는 거짓이나 그 밖의 부정한 방법으로 농지전용허가를 받은 자, ㉣ 신고를 하지 아니하고 농지를 전용한 자, ㉤ 농지의 타용도 일시사용허가를 받지 아니하고 농지를 다른 용도로 사용한 자, ㉥ 농지의 타용도 일시사용신고를 하지 아니하고 농지를 다른 용도로 사용한 자, ㉦ 전용된 토지를 승인 없이 다른 목적으로 사용한 자에 해당하는 자를 주무관청이나 수사기관에 신고하거나 고발한 자에게 포상금을 지급할 수 있다. 포상금의 1명당 연간(1월 1일부터 12월 31일까지를 말한다) 지급상한은 100만원으로 한다. 행정기관에 의하여 발각되기 전에 주무관청이나 수사기관에 고발 또는 신고한 자에 대하여 해당 고발 또는 신고사건에 대하여 검사가 공소제기·기소중지 및 기소유예의 결정을 한 경우에 한하여 지급한다.

2. 진흥구역과 보호구역에 걸치는 한 필지의 토지 등에 대한 행위 제한의 특례

① 한 필지의 토지가 농업진흥구역과 농업보호구역에 걸쳐 있으면서 농업진흥구역에 속하는 토지 부분이 330제곱미터 이하이면 그 토지 부분에 대하여는 용도구역에서의 행위 제한을 적용할 때 농업보호구역에 관한 규정을 적용한다. ② 한 필지의 토지 일부가 농업진흥지역에 걸쳐 있으면서 농업진흥지역에 속하는 토지 부분의 면적이 330제곱미터 이하이면 그 토지 부분에 대하여는 용도구역에서의 행위 제한을 적용하지 아니한다.

3. 농지의 소유 등에 관한 조사

농림축산식품부장관, 시장·군수 또는 자치구구청장은 Ⓐ 농업법인, Ⓑ 농지의 위탁경영자, Ⓒ 농지의 임대인, Ⓓ 농지의 사용대주, Ⓔ 농지전용허가를 받은 자, Ⓕ 농지이용증진사업의 사업시행자에 해당하는 자의 농지의 소유·거래·이용 또는 전용 등에 관한 사실을 확인하기 위하여 소속 공무원에게 그 실태를 검사하거나 조사하게 할 수 있다.

4. 청문

농림축산식품부장관, 시장·군수 또는 자치구구청장은 Ⓐ 농업경영에 이용하지 아니하는 농지 등의 처분의무 발생의 통지, Ⓑ 농지전용허가의 취소에 해당하는 행위를 하려면 청문을 하여야 한다.

5. 수수료

㉠ 농지취득자격증명 발급을 신청하는 자, ㉡ 허가를 신청하는 자, ㉢ 농지전용을 신고하는 자, ㉣ 용도변경의 승인을 신청하는 자, ㉤ 농지원부 등본 교부를 신청하거나 자경증명 발급을 신청하는 자는 수수료를 내야 한다.[34] 수수료는 해당 농지의 소재지를 관할하거나 해당 농지원부를 작성비치하고 있는 시(특별시 및 광역시를 제외)·군 또는 자치구의 수입증지로 납부하여야 한다. 다만, 시장·군수 또는 자치구구청장은 정보통신망을 이용하여 전자화폐·전자결제 등의 방법으로 이를 납부하게 할 수 있다.

---

34) ㉠ 농지취득자격증명의 신청 : 1천원, ㉡ 농지전용허가의 신청 및 농지전용의 신고 : ⓐ 허가신청농지의 면적이 3천500제곱미터 이하인 경우에는 2만원, ⓑ 허가신청농지의 면적이 3천500제곱미터를 초과할 경우에는 2만원에 그 초과면적 350제곱미터마다 2천원을 가산한 금액, ㉢ 농지의 타용도일시사용허가의 신청 : ⓐ 허가신청농지의 면적이 3천500제곱미터 이하인 경우에는 1만원, ⓑ 허가신청농지의 면적이 3천500제곱미터를 초과하는 경우에는 1만원에 그 초과면적 350제곱미터마다 1천원을 가산한 금액, ㉣ 농지전용의 신고 : 5천원, ㉤ 용도변경의 승인 : 5천원, ㉥ 농지원부 등본 및 자경증명의 교부신청: 1천원. 다만, 전자민원창구 또는 통합전자민원창구를 통하여 발급받는 경우에는 수수료를 면제한다.

제3편

부동산민사법

제 9 장

민 법

제1절 법률행위

Ⅰ. 법률행위 일반

민법은 개인 간의 법률관계를 규율하는 법으로, 사법이며, 일반법이고 실체법에 해당한다. 민사에 관하여 법률규정이 없으면 관습법에 의하고, 관습법이 없으면 조리에 의한다(제1조). 민법에서 권리변동의 원인체계로 법률사실(법률요건을 이루는 개개의 사실)[35], 법률요건(권리변동의 원인), 법률효과(권리변동의 결과)의 관계로 설명되고, 권리변동은 ① 권리의 발생(원시취득, 승계취득(이전적 승계(특정승계, 포괄승계), 설정적 승계)), ② 권리의 변경(주체의 변경, 내용의 변경(질적 변경, 양적 변경), 작용의 변경), ③ 권리의 소멸(절대적 소멸, 상대적 소멸)의 형태를 가진다.

법률행위는의사표시를 필수불가결의 요소로 하는 법률요건이다. 법률행위는 행위자가의

35) 법률사실은 사건과 용태로 구분되는데, 사건은 출생, 사망, 실종, 기간의 경과, 부합, 혼화, 혼동, 부당이득을 들 수 있다. 용태는 외부적 용태[적법행위(의사표시, 준법률행위)표현행위(의사의 통지, 관념의 통지, 감정의 표시), 비표현행위(순수사실행위, 혼합사실행위)], 위법행위, 내부적 용태(의사적 용태, 관념적 용태)로 구분된다. 용태의 분류에서 ⓐ 의사표시(청약, 승낙, 유언, 취소), ⓑ 의사의 통지(각종 최고·거절, 청약의 유인), ⓒ 관념의 통지(각종의 통지, 채권양도의 통지·승낙, 대리권수여의 표시, 시효완성 전에 하는 채무의 승인), ⓓ 감정의 표시(수증자의 배은행위에 대한 용서, 배우자의 부정행위에 대한 용서), ⓔ 순수사실행위(매장물 발견, 가공, 주소 설정, 발명), ⓕ 혼합사실행위(사무관리, 부부 간의 동거, 무주물선점, 물건의 인도), ⓖ 위법행위(채무불이행, 불법행위), ⓗ 의사적 용태(소유의 의사, 변제의사, 사무관리의사), ⓘ 관념적 용태(선의·악의, 정당한 대리인이라는 신뢰)으로 구분할 수 있다.

욕한 대로 법률효과가 발생한다. 이러한 법률행위는 단독행위, 계약, 합동행위, 채권행위, 물권행위, 준물권행위 등으로 구분된다. ① 단독행위는 상대방없는 단독행위(유언, 유증, 재단법인설립행위, 소유권의 포기, 점유권의 포기, 상속의 승인과 포기), 상대방 있는 단독행위(최고권, 동의권, 철회권, 상계권, 추인권, 취소권, 해제권, 해지권, 채권의 포기, 제한물권의 포기, 수권행위)로 구분된다. ② 계약은 채권계약, 물권계약, 준물권계약, 가족법상의 계약으로 구분되고, ③ 합동행위는 사단법인 설립행위, 공유자 전원에 의한 공유물의 포기로 구분된다. ④ 채권행위는 채권발생을 목적으로 하는 법률행위로 이행의 문제를 남긴다. ⑤ 물권행위는 물권변동을 목적으로 하는 법률행위로 이행의 문제를 남기지 않는다. ⑥ 준물권행위는 물권 이외의 권리의 변동을 목적으로 하는 법률행위(채권양도, 채무면제, 지적재산권의 양도 등)를 말한다. 이외에도 법률행위는 ⑦ 요식행위(법인설립행위, 유언, 혼인, 이혼, 인지, 입양, 어음행위, 수표행위, 등기신청 등), 유상행위, 무상행위 등으로도 구분된다.

선량한 풍속 기타 사회질서에 위반한 사항을 내용으로 하는 법률행위(제103조, 반사회적 법률행위)와 당사자의 궁박, 경솔 또는 무경험으로 인하여 현저하게 공정을 잃은 법률행위(제104조, 불공정한 법률행위)는 무효로 한다. 법률행위의 당사자가 법령 중의 선량한 풍속 기타 사회질서에 관계없는 규정과 다른의사를 표시한 때에는 그의사에 의하고(제105조, 임의규정), 법령 중의 선량한 풍속 기타 사회질서에 관계없는 규정과 다른 관습이 있는 경우에 당사자의의사가 명확하지 아니한 때에는 그 관습에 의한다(제106조, 사실인 관습).

Ⅱ. 법률행위의 요건 등

1. 법률행위의 요건

(1) 성립요건

① (일반적 성립요건)법률행위가 성립하기 위해서는 ⓐ 당사자가 있어야 하고, ⓑ 법률행위의 목적이 있어야 하며, ⓒ 의사표시가 있어야 한다. ② (특별 성립요건)특별성립요건으로 법인설립행위에서의 설립등기, 유언에서의 일정한 방식, 형성적 신분행위(혼인, 이혼, 인지, 입양 등)에서의 신고, 요물계약에서의 물건의 인도와 지정행위의 완료, 계약에서의 청약과 승낙의 의사표시의 합치가 있어야 한다.

(2) 효력요건

① (일반적 효력요건)법률행위가 효력을 가지기 위해서 당사자는 권리능력, 행위능력,의사능력을 가져야 하고, 법률행위의 목적은 확정성, 가능성, 적법성, 사회적 타당성이 있어야 하며, 의사표시는 의사와 표시가 일치하고 하자가 없어야 한다. ② (특별 효력요건)법률행위의 특별 효력요건으로 들 수 있는 예는 법률행위의 대리에 있어 대리권의 존재, 조건부·기한부 법률행위에서는 조건의 성취, 기한의 도래가 있어야 한다. 유언에 있어서는 유언자의 사망, 물권변동에 있어서는 등기, 학교법인의 기본재산 처분 시 관할관청의 허가, 국토계획법상의 토지거래허가구역 내의 토지거래계약은 관할관청의 허가가 있어야 한다.

2. 법률행위의 목적

(1) 확정성 및 가능성

확정성은 법률행위의 성립 당시에 확정되지 않아도 이행기까지 확정할 수 있어야 하고, 가능성은 법률행위 성립 당시를 기준으로 사회통념에 따라 결정되는 바, 원시적 불능은 무효가 되고, 후발적 불능은 유효하지만 채무불이행의 문제와 위험부담의 문제를 갖는다. 즉, 원시적 불능을 목적으로 한 법률행위는 무효이나 계약체결상의 과실책임이 문제가 될 수 있고, 채무자의 귀책사유 있는 후발적 불능은 채무불이행, 채무자의 귀책사유 없는 후발적 불능은 위험부담이 문제가 된다. 아울러, 타인권리의 매매도 채권행위로서는 유효하다.

(2) 적법성

① (단속법규)행정상 단속에만 목적이 있는 규정으로 법률행위 자체는 유효하다. 단속법규의 예로는 중간생략등기를 금지하는 부동산등기 특별조치법 관련규정(대판), 투자일임매매를 제한하는 증권거래법 관련규정(대판), 구 주택건설촉진법상의 전매금지규정(대판), 비실명 금융거래계약을 금지하는 금융실명거래 및 비밀보장에 관한 법률 관련규정(대판), 무허가·무신고·무검사 영업을 금지하는 규정 등을 들 수 있다.

② (효력규정)사법상 행위의 효력에도 영향을 미치는 규정으로 위반 시 무효이다. 효력법규에 해당하는 예로는 부동산중개보수의 상한을 초과하는 약정(대판), 투기를 방지하기 위하여 중간생략등기를 금지하는 국토계획법상의 토지거래허가규정(대판), 의료인이나 의료법인 등이 아닌 자가의료기관을 개설하여 운영하는 것을 금지하는 의료법 관련규정(대판), 증권회사 또는 그 임직원의 부당권유행위를 금지하는 증권거래법 관련규정(대

판), 광업권·어업권의 대차 등을 들 수 있다.

(3) 사회적 타당성

사회적 타당성의 문제는 반사회적 법률행위로 설명된다. 반사회적 법률행위는 무효가 원칙이다. 반사회적 법률행위에 대해서는 불법원인급여규정이 적용되어 급여자의 반환청구가 부정된다. 또한 급여물의 소유권이 자기에게 있음을 이유로 한 소유권에 기한 반환청구도 부정된다. 반사회적 법률행위에 대해서는 무효행위의 추인·전환이 인정되지 않는다. 이러한 예로는, ① 인륜에 반하는 행위 : 첩계약은 처의 동의가 있어도 무효이고, 부첩계약을 맺음에 있어 처의 사망 또는 이혼이 있을 경우 첩과 혼인신고를 통해 입적하게 한다는 부수적 약정도 무효이다. 그러나 불륜관계를 단절하면서 첩의 생활비, 자녀의 양육비를 지급하겠다는 계약은 유효하고, 부정행위를 용서받는 대가로 손해배상을 함과 동시에 가정에 충실하겠다는 서약의 취지에서 처에게 부동산을 양도하되 부부관계가 유지되는 동안에 처가 임의로 처분할 수 없도록 제한을 붙인 약정은 유효하다. ② 지나치게 사행적인 행위 : 동기가 표시된 사안에 대하여 도박자금을 대여하는 계약은 무효, 도박채무를 변제하기 위해 채무자로부터 부동산의 처분을 위임받은 채권자가 그 부동산을 제3자에게 매도한 경우에 도박채무행위와 그 변제의 약정 및 변제약정의 이행행위(부동산처분대금으로 도박채무의 변제에 충당)는 무효이다. 그러나 부동산처분에 관한 대리권을 도박채권자에게 수여한 행위는 유효하고 도박채권자로부터 부동산을 매수한 제3자는 유효하게 소유권을 취득한다. ③ 정의관념에 반하는 행위 : 밀수자금에 사용될 줄 알면서 금원을 대출하는 행위는 무효, 제2매수인이 매도인의 배임행위에 적극 가담한 이중매매는 무효, 부첩관계의 종료를 해제조건으로 하는 증여계약은 무효이다. 그러나 국가기관이 헌법상 보장된 국민의 기본권을 침해하는 위헌적인 공권력을 행사한 결과 자유롭지 못한 상태에서의사표시를 하였더라도 그 강박에 의한 의사표시가 항상 반사회성을 띠게 되어 무효로 된다고 볼 수 없다. ④ 개인의 자유를 심히 제한하는 행위 : 일생 동안 혼인 또는 이혼하지 않겠다는 계약은 무효, 근무기간 중 혼인하지 않겠다는 계약은 무효이나, 해외연수 후 일정기간 회사에 근무하지 않으면 해외파견소요경비를 배상한다는 약정은 유효하다. ⑤ 생존의 기초가 되는 재산의 처분행위 : 사찰이 그 존립에 필요불가결한 재산인 임야를 증여하는 행위는 무효, 장차 취득하게 될 전 재산을 양도한다는 계약도 무효이다. ⑥ 기타 반사회적인 법률행위 : 소송사건에서 증언의 대가로 금전을 지급하기로 약정한 경우 그것이 통상적인 용인한도를 넘는 수준이면 무효이며, 일반적으로 부녀와의 성행위 자체는 경제적으로 평가할 수 없고 부녀가 상대방으로부터 금품이나 재산상 이익을 받을 것을 약속하고 성행위를 하는 약속 자체는 선량한 풍속 기타 사회질서에 위반한 사항을 내용으로 하는 법률행위는 무효이다. 그러나 양도소득세 회피를 목적으로 하는 명의신탁이나 상속세를 면탈한 목적으로 피상속인의 명의에서 타인 명의를 직접 소유권이전등기를 한 경우라 하더라도 반사회적 법률행위로서 무효라고 할 수 없고, 단지 법률행위의 성립과정에서 강박이라는 불법적인 방법이 사용된 데 불과한 경우에는 강박에 의한의사표시의 하자나의사의 흠결을 이유로 효력을 논할 수는 있을지언정 무효라고 할 수 없으며, 전통사찰의 주지직을 거액의 금품을 대가로 양도·양수하기로 하는 약정이 있음을 알고도 이를 묵인 또는 방조한 상태에서 한 종교법인의 주지임명행위는 반회적인 법률행위에 해당하지 않는다.

3. 이중매매와 불공정한 법률행위

(1) 이중매매

이중매매는 계약자유의 원칙상 유효성이 인정된다. 그러나 배임행위에 적극 가담한 경우에는 반사회적 법률행위에 해당하여 무효가 된다. 여기에서 적극 가담의 정도는 매도사실을 알고 적극적으로 매도를 요청하거나 유도하여 계약에 이르게 하는 정도여야 한다. 결국 이중매매가 반사회적 법률행위에 해당되어 무효가 되는 경우 부동산을 제2매수인에게 다시 취득한 제3자는 선의이더라도 소유권을 취득하지 못하고, 제1매수인은 제2매수인에 대하여 직접 그 명의의 소유권이전등기의 말소를 청구할 수 없고, 매도인을 대위하여 제2매수인에 대해 소유권이전등기의 말소를 청구할 수 있으며, 채권자취소권 행사는 불가하다.

(2) 불공정한 법률행위

불공정한 법률행위의 객관적인 요건으로는 급부와 반대급부 사이의 현저한 불균형이 요구되며, 주관적 요건으로 피해자의 궁박, 경솔 또는 무경험의 사실이 존재하여야 한다. 판례는 폭리자의 이용의사(악의)를 요한다. 불공정한 법률행위의 판단시점은 주관적 요건과 객관적 요건 모두 법률행위의 성립 당시를 기준으로 한다. 궁박, 경솔 또는 무경험을 모두 구비해야 하는 것은 아니고 이중 어느 하나만 갖추어도 인정된다. 무경험은 특정 영역에서의 경험부족이 아니고 일반사회생활상의 경험 부족을 의미한다. 또 궁박은 본인을 표준으로 판단하고, 경솔 무경험은 대리인을 표준으로 판단한다. 불공정한 법률행위는 유상행위, 단독행위, 합동행위에는 적용되나 무상행위(증여, 기부행위), 경매에는 적용되지 않는다.

Ⅲ. 의사표시

의사표시는 법률효과의 발생을 목적으로 하는 행위로 효과의사를 표시하는 행위이다. 동기는 원칙적으로 의사표시의 내용이 되지 않으며, 표시의사도의사표시의 내용이 되지 않는다는 것이 다수설이다. 의사주의는 표의자의 이익보호에 중점을 두고, 표시주의는 상대방의 신뢰보호에 중점을 둔다. 우리 민법은 표시주의에 가까운 절충주의를 취하고 있으며, 가족법상의 행위는 원칙적으로 의사주의라고 할 수 있다. 의사표시와 관련하여 ㉠의사와 표시가 불일치하는 경우 : 비진의표시(표의자가 불일치를 알고 있는 경우), 통정허위표시(표의자가 불일치를 알고 상대방과 합의한 경우), 착오(표의자가 불일치를 모르는 경우), ㉡ 하자 있는 의사표시 : 사기·강박(의사와 표시가 일치하나 의사결정과정에 하자가 있는 경우)을 들 수 있다. 민법의 의사표시 규정(제107조 내지 제110조)은 가족법상의 행위, 공법행위, 소송행위, 단체법상의 행위, 주식인수의 청약, 어음행위에는 원칙적으로 적용되지 않는다.

1. 의사와 표시가 불일치하는 경우

(1) 진의 아닌 의사표시(비진의 표시)

(제107조) ① 의사표시는 표의자가 진의 아님을 알고 한 것이라도 그 효력(유효)이 있다. 그러나 상대방이 표의자의 진의 아님을 알았거나 이를 알 수 있었을 경우에는 무효로 한다. 이에 대한 ② 의사표시의 무효는 선의의 제3자에게 대항하지 못한다.

비진의 표시는 원칙적으로 유효하나 상대방이 표의자의 진의 아님을 알았거나 알 수 있었을 경우에는 무효이다. 무효를 가지고 선의의 제3자에게 대항 할 수 없다. 비진의 표시는 상대방 없는 단독행위에 대해서는 제107조 제1항 본문은 적용되나, 단서는 적용되지 않으므로 언제나 유효하다. 상대방 있는 단독행위와 계약에 대해서는 제107조 제1항 본문 및 단서 모두가 적용된다.

판례는 경영방침에 따라 사직원을 제출하고 즉시 재입사한 근로자의 사직원 제출이 비진의 표시이므로 사직의 효과가 발생하지 않는다고 보았다. 그러나 물의를 일으킨 교수가 사태수습용으로 사직원을 제출한 것은 의사표시에 따라 효력이 발생하고, 공무원이 사직할 의도가 아님에도 사직원을 제출하여 의원면직처분한 경우는 표시된 대로 효력이 발생한다고 보았다.

(2) 통정한 허위의 의사표시(통정허의표시)

(제108조) ① 상대방과 통정한 허위의 의사표시는 무효로 한다. ② 전항의 의사표시의 무효는 선의의 제3자에게 대항하지 못한다.

통정허위표시는 진의 아닌 의사표시에 대하여 상대방이 알고 있는 것은 물론 상대방과의 합의 또는 양해가 있는 것을 의미하며, 통정의 결여된 경우에는 비진의표시의 무효사유에 해당한다. 통정허위표시는 당사자 사이에서는 언제나 무효이며, 무효를 선의의 제3자에게 대항할 수 없다. 허위표시는 불법원인급여의 불법은 아니므로 상대방에 대해 부당이득반환청구를 할 수 있으며, 허위표시가 채권자취소권의 요건을 갖춘 경우 통정허위표시를 한 채무자의 채권자는 채권자 취소권을 행사 할 수 있다.

통정허위표시의 제3자와 관련하여 그 제3자가 선의인 경우 대항하지 못하므로 제3자에게는 허위표시도 표시된 대로 효력이 있다(제3자가 스스로 무효를 주장하는 것은 가능). 제3자는 선의이면 족하고 무과실을 요하지 않으며, 제3자의 선의추정은 제3자의 악의를 주장하는 자가 입증할 책임이 있고, 제3자가 선의인 경우 제3자로부터 권리를 취득한 전득자는 악의인 경우에도 유효하게 권리를 취득한다. 아울러, 제3자란 당사자 및 그 포괄승계인을 제외하고 허위표시를 기초로 법률상 새로운 실질적 이해관계를 맺은 자이다. 이러한 예로는 가장매매의 매수인으로부터 목적부동산의 소유권을 취득한 자와 저당권을 설정받은 자, 가장매매에 기한 대금채권의 양수인, 가장매매의 매수인에 대한 압류채권자 또는 전부채권자, 가장매매의 매수인으로부터 매매계약에 기한 소유권이전등기청구권을 보전하기 위하여 가등기를 경료한 자, 가장전세권에 대하여 저당권을 취득한 자, 가장저당권설정행위에 기한 저당권실행에 의해 목적부동산을 경락받은 자, 가장소비대차에 기한 대여금채권의 양수인, 가장저당권설정계약이 유효하다고 믿고 그 피담보채권에 대해 가압류를 한 자, 파산자가 상대방과 통정한 허위의 의사표시에 의해 성립된 가장채권을 보유하고 있다가 파산선고가 된 경우의 파산관재인을 들 수 있다.

(3) 착오로 인한 의사표시

(제109조) ① 의사표시는 법률행위의 내용의 중요부분에 착오가 있는 때에는 취소할 수 있다. 그러나 그 착오가 표의자의 중대한 과실로 인한 때에는 취소하지 못한다. ② 전

항의의사표시의 취소는 선의의 제3자에게 대항하지 못한다. 착오에 대한 취소요건으로 법률행위 내용의 중요부분에 착오가 있는 것은 표의자가 입증하고, 표의자에게 중과실이 없을 것은 상대방이 입증하여야 한다. 중요부분은 주관적·객관적 표준으로 결정하는 바, 중요부분에 해당하는 예로는 사람의 동일성에 관한 착오(현실매매에서 상대방이 누구냐의 문제는 중요부분의 착오가 아님), 목적물의 동일성에 관한 착오, 토지의 현황·경계에 관한 착오, 법률행위의 성질에 관한 착오, 부동산매매에서 양도소득세가 부과되지 않을 것이라는 매수인의 설명을 믿고 한 매도인의 착오, 매매에 따른 양도소득세를 매수인이 부담하기로 하고 그 세액을 매수인이 계산하여 이를 따로 지급하였는데 후에 양도소득세가 더 부과된 경우, 금융기관이 연체가 발생하여 보증제한 대상이 되는 기업에 대한 거래상황확인서를 발급함에 연체가 없는 것처럼 기재함으로써 신용보증을 하게 된 경우 등을 들 수 있다. 그러나 사람의 신분·경력·직업·재산상태에 관한 착오, 목적물의 소유권·성질·상태·시가·수량에 관한 착오, 토지의 지적부족에 관한 착오, 매수인이 대출을 받아 잔금을 지급하기로 한 잔금지급계획, 계약금으로 지급받은 수표가 부도가 된 경우, 착오로 인하여 표의자가 경제적 불이익을 입지 아니한 경우, 공리스에 있어서 리스물건의 존재여부에 대한 보증인의 착오 등은 중요부분의 착오에 해당하지 않는다. 한편, 동기의 착오는 의사표시에는 착오가 없고 동기에만 착오가 있는 경우로 원칙적으로 동기의 착오를 이유로의사표시를 취소할 수는 없으나 동기가 표시되고 착오의 요건을 갖추는 경우에는 취소할 수 있으며, 동기가 표시되면 족하고 의사표시의 내용으로 삼기로 하는 합의까지 요하는 것은 아니다.

2. 하자있는 의사표시

(제110조, 사기, 강박에 의한 의사표시) ① 사기나 강박에 의한 의사표시는 취소할 수 있다. ② 상대방 있는 의사표시에 관하여 제3자가 사기나 강박을 행한 경우에는 상대방이 그 사실을 알았거나 알 수 있었을 경우에 한하여 그 의사표시를 취소할 수 있다. ③ 전2항의의사표시의 취소는 선의의 제3자에게 대항하지 못한다.

사기는 2단의 고의(과실의 경우는 사기 불성립)가 필요하며, 침묵도 기망행위가 될 수 있다. 강박도 2단의 고의가 필요하다. 강박의 정도가 극심하면 무효가 된다. 상대방의 사기·강박의 경우에는 취소할 수 있다. 제3자의 사기·강박의 경우는 상대방 없는 의사표시는 언제나 취소할 수 있고, 상대방 있는 의사표시에는 상대방이 그 사실을 알았거나 알 수 있었을 경우에 한하여 취소할 수 있다. 사기·강박에서 제3자와 관련하여 상대방의 대리인은 제3자에 해당하지 않으나, 상대방의 피용자는 제3자에 해당한다.

3. 의사표시의 효력발생시기

(제111조) ① 상대방이 있는 의사표시는 상대방에게 도달한 때(도달주의)에 그 효력이 생긴다. ② 의사표시자가 그 통지를 발송한 후 사망하거나 제한능력자가 되어도 의사표시의 효력에 영향을 미치지 아니한다. (제112조, 제한능력자에 대한의사표시의 효력)의사표시의 상대방이의사표시를 받은 때에 제한능력자인 경우에는 의사표시자는 그 의사표시로써 대항할 수 없다. 다만, 그 상대방의 법정대리인이 의사표시가 도달한 사실을 안 후에는 그러하지 아니하다. (제113조, 의사표시의 공시송달)표의자가 과실없이 상대방을 알지 못하거나 상대방의 소재를 알지 못하는 경우에는 의사표시는 민사소송법 공시송달의 규정에 의하여 송달할 수 있다.

의사표시의 도달주의와 관련하여 의사표시의 불착 또는 연착의 불이익은 모두 표의자가 부담한다. 의사표시는 발신 후 도달 전에 철회할 수 있고,의사표시가 그 통지를 발송한 후 표의자가 사망하거나 제한능력자가 되어도 의사표시의 효력에는 영향을 미치지 못한다. 한편 수령무능력자인 경우 표의자는 의사표시의 도달을 주장 할 수 없으나, 제한능력자 스스로의사표시의 도달을 주장할 수는 있다. 제한능력자의 법정대리인이 의사표시의 도달을 안 후에는 법정대리인이 안 때로부터 표의자는 의사표시의 도달을 주장 할 수 있다. 아울러 의사표시의 도달여부와 관련하여 상대방이 내용을 확인하지 않은 상태에서의 사표시의 수령을 거절하는 경우, 우편물이 내용증명우편이나 등기취급의 방법으로 발송되고 반송되지 않은 경우, 동거 중인 배우자나 가족·대리인·피용인이 수령하였으나 본인에게 전달하지 않은 경우 등은 의사표시가 도달한 것으로 본다. 그러나 매도인이 소유권유보의 의사표시를 상품송부서에 잘 알아볼 수 없게 기재한 경우, 우편물이 보통우편의 방법으로 발송된 경우, 수신인의 기재가 명료하지 않아 서신을 개봉하지 않은 경우, 채권양도의 통지서를 가정부가 수령한 직후 한집에 사는 채권양도인이 우편물을 바로 회수한 경우 등은 도달로 인정되지 않는다.

(의사표시의 발신주의)의사표시는 도달주의가 원칙이나 예외적으로 제한능력자의 상대방의 최고에 대한 제한능력자 측의 확답(제15조), 사원총회의 소집통지(제71조), 무권대리인의 상대방의 최고에 대한 본인의 확답(제131조), 채무인수에 있어서 채무자 또는 양수인의 최고에 대한 채권자의 확답(제455조), 격지가 간의 계약성립에 있어서 승낙의 통지(제531조)는 발신주의를 취하고 있다.

Ⅳ. 대 리

1. 대리제도

대리란 대리인이 본인의 이름으로 법률행위를 하거나의사표시를 수령하고 그 법률효과가 직접 본인에게 귀속하도록 하는 제도이다. 대리에서 임의대리는 사적자치를 확장하고, 법정대리는 사적자치를 보충하며 행위능력을 보충하는 제도이다. 이러한 대리는 재산상의 법률행위에만 인정되며, 의사의 통지와 관념의 통지에 대해서도 인정된다. 그러나 신분행위(부양청구권은 인정)와 준법률행위는 원칙적으로 인정되지 않으며, 현실의 인도와 불법행위에는 대리가 인정되지 않는다. 대리와 유사한 사자는 효과의사를 본인이 결정하지만 대리는 대리인이 직접 효과의사를 결정한다. 사자와 대리인 모두 행위능력자임을 요하지 않는다(제117조).

(제114조, 대리행위의 효력) ① 대리인이 그 권한내에서 본인을 위한 것임을 표시한 의사표시는 직접 본인에게 대하여 효력이 생긴다. ② 전항의 규정은 대리인에게 대한 제3자의의사표시에 준용한다. (제115조, 본인을 위한 것임을 표시하지 아니한 행위) 대리인이 본인을 위한 것임을 표시하지 아니한 때에는 그 의사표시는 자기를 위한 것으로 본다. 그러나 상대방이 대리인으로서 한 것임을 알았거나 알 수 있었을 때에는 제114조 제1항의 규정을 준용한다. (제116조, 대리행위의 하자) ① 의사표시의 효력이 의사의 흠결, 사기, 강박 또는 어느 사정을 알았거나 과실로 알지 못한 것으로 인하여 영향을 받을 경우에 그 사실의 유무는 대리인을 표준하여 결정한다. ② 특정한 법률행위를 위임한 경우에 대리인이 본인의 지시에 좇아 그 행위를 한 때에는 본인은 자기가 안 사정 또는 과실로 인하여 알지 못한 사정에 관하여 대리인의 부지를 주장하지 못한다.

2. 대리권과 대리행위

대리권은 법률규정(법정대리권)과 수권행위(임의대리권)에 의하여 발생하며, 수권행위는 상대방 있는 단독행위이며 불요식행위이다. 토지매각의 대리권은 중도금, 잔금을 수령하고 소유권이전등기를 할 권한을 포함하며, 소비대차계약의 대리권은 기한을 연기하고 이자와 잔금을 수령할 권한을 포함한다. 그러나 부동산관리인에게 인감을 보관시킨 것은 처분권의 부여가 아니며, 대여금의 영수권한에는 면제권한이 포함되지 않고, 매매계약 체결의 대리권에는 계약해제권 등의 처분권이 포함되지 않고, 금전소비대차계약과 그 담보를 위한 담보권설정계약이 체결된 후에 이를 해제할 권한까지 당연히 갖는 것은 아니다. 대리인이 대리권의 범위 내에서 대리행위를 하였지만 그것이 자기 또는 제3자의 사익을 도모하기 위한 경우 대리권의 남용이 되는데, 대리권의 남용은 임의대리와 법정대리 모두에 적용된다.

대리행위는 본인을 위한 것임을 표시하는 현명주의에 의하며, 본인에게 법률행위의 효과를 귀속시키려는 것이다. 상행위에는 현명주의가 적용되지 않는다. 대리인은 권리능력과의사능력이 필요하나, 행위능력은 요하지 않는다. 대리인은 자신이 행위능력이 제한됨을 이유로 위임계약을 취소할 수 있으나 본인은 대리인이 제한능력자임을 이유로 위임계약을 취소 할 수 없다.

(제118조, 대리권의 범위) 권한을 정하지 아니한 대리인은 ㉠ 보존행위, ㉡ 대리의 목적인 물건이나 권리의 성질을 변하지 아니하는 범위에서 그 이용 또는 개량하는 행위만을 할 수 있다. 여기에서 보존행위는 가옥의 수선, 부패하기 쉬운 물건의 매각, 미등기부동산의 등기, 시효중단을 위한 소제기, 기한이 도래한 채권의 추심, 기한이 도래한 채무의 변제 등을 들 수 있고, 이용행위는 물건을 임대하는 것, 금전을 이자부로 대여하는 것 등을 말한다. 그러나 예금을 주식으로 전환하는 것은 허용되지 않는다. 또 개량행위는 가옥에 부가시설을 설치하거나 무이자소비대차를 이자부로 전환하는 것은 허용되나 농지를 대지로 용도변경하는 것은 허용되지 않는다. (제119조, 각자대리) 대리인이 수인인 때에는 각자가 본인을 대리한다. 그러나 법률 또는 수권행위에 다른 정한 바가 있는 때에는 그러하지 아니하다. (제124조, 자기계약, 쌍방대리) 대리인은 본인의 허락이 없으면 본인을 위하여 자기와 법률행위를 하거나 동일한 법률행위에 관하여 당사자쌍방을 대리하지 못한다. 그러나 채무의 이행은 할 수 있다. 자기계약과 쌍방대리는 원칙적으로 금지되나, 본인의 허락이 있거나 채무의 이행에는 허용된다. 즉 사채알선업자가 채권자와 채무자 양쪽을 대리하는 경우, 소유권이전등기신청, 상계, 주식의 명의개서 등에는 자기계약과 쌍방대리가 허용되나, 대물변제, 경계, 다툼이 있는 채무의 이행, 기한미도래 채무의 변제에는 허용되지 않는다. 자기계약·쌍방대리금지규정과 공동대리제한규정에 위반한 대리행위는 무권대리행위가 된다. (제127조, 대리권의 소멸사유) 대리권은 ㉠ 본인의 사망, ㉡ 대리인의 사망, 성년후견의 개시 또는 파산에 해당하는 사유가 있으면 소멸된다. (제128조, 임의대리의 종료) 법률행위에 의하여 수여된 대리권은 제127조의 경우 외에 그 원인된 법률관계의 종료에 의하여 소멸한다. 법률관계의 종료 전에 본인이 수권행위를 철회한 경우에도

같다.

3. 복대리

(제120조, 임의대리인의 복임권) 대리권이 법률행위에 의하여 부여된 경우에는 대리인은 본인의 승낙이 있거나 부득이한 사유있는 때가 아니면 복대리인을 선임하지 못한다. (제121조, 임의대리인의 복대리인선임의 책임) ① 제120조의 규정에 의하여 대리인이 복대리인을 선임한 때에는 본인에게 대하여 그 선임감독에 관한 책임이 있다. ② 대리인이 본인의 지명에 의하여 복대리인을 선임한 경우에는 그 부적임 또는 불성실함을 알고 본인에게 대한 통지나 그 해임을 태만한 때가 아니면 책임이 없다. (제122조, 법정대리인의 복임권과 그 책임) 법정대리인은 그 책임으로 복대리인을 선임할 수 있다. 그러나 부득이한 사유로 인한 때에는 제121조 제1항에 정한 책임만이 있다. (제123조, 복대리인의 권한) ① 복대리인은 그 권한내에서 본인을 대리한다. ② 복대리인은 본인이나 제3자에 대하여 대리인과 동일한 권리의무가 있다.

4. 무권대리

무권대리란 대리권 없이 행한 대리행위로 협의의 무권대리와 표현대리로 구분된다. 무권대리에 대하여 본인은 추인권과 추인거절권을 가지고, 상대방은 최고권, 철회권, 무권대리의 책임주장권을 가진다.

본인의 추인은 무권대리행위가 있음을 알고 그 행위의 효과를 본인에게 발생하게 하는 것을 목적으로 하는의사표시로 사후 대리권의 수여가 아니다. 추인의 상대방은 무권대리인, 상대방 및 상대방의 승계인이다. 추인의 방법은 서면, 구두, 명시적, 묵시적, 재판상, 재판 외 모두 가능하다. 일부에 대한 추인이나 조건·변경을 가한 추인은 상대방의 동의가 없는 한 무효이다. 추인의 효과는 계약 시에 소급하여 유효로 되나 제3자의 권리를 해하지 못한다. 묵시적 추인의 예로는 본인이 무권대리인 행위를 알고 상대방으로부터 매매대금의 전부 또는 일부를 수령한 경우, 무권대리인이 차용한 금원의 변제기일에 채권자가 본인에게 그 변제를 독촉하자 본인이 변제기간의 유예를 요청한 경우, 본인이 자신의 장남이 서류를 위조하여 매도한 부동산을 상대방에게 인도하고 10여 년간 아무런 이의를 제기하지 않은 경우를 들 수 있다. 그러나 본인이 무권대리행위 사실을 알고 있으면서 이의제기하지 않았거나 장시간 방치하였다는 것만으로는 묵시적 추인이 있는 것으로 볼 수 없다. 추인거절은 본인의 추인의사가 없음을 표시하는 것으로 무권대리행위는 확정적으로 무효가 된다. 추인거절권은 상대방 있는 단독행위이고, 형성권이며, 의사의 통지이다.

(제130조, 무권대리) 대리권없는 자가 타인의 대리인으로 한 계약은 본인이 이를 추인하지 아니하면 본인에 대하여 효력이 없다. (제132조, 추인, 거절의 상대방) 추인 또는 거절의의사표시는 상대방에 대하여 하지 아니하면 그 상대방에 대항하지 못한다. 그러나 상대방이 그 사실을 안 때에는 그러하지 아니하다. (제133조, 추인의 효력) 추인은 다른의사표시가 없는 때에는 계약시에 소급하여 그 효력이 생긴다. 그러나 제3자의 권리를 해하지 못한다. (제131조, 상대방의 최고권) 대리권없는 자가 타인의 대리인으로 계약을 한 경우에 상대방은 상당한 기간을 정하여 본인에게 그 추인여부의 확답을 최고할 수 있다. 본인이 그 기간내에 확답을 발하지 아니한 때에는 추인을 거절한 것으로 본다. 선의·악의를 불문하고 최고권을 행사할 수 있다. (제134조, 상대방의 철회권) 대리권없는 자가 한 계약은 본인의 추인이 있을 때까지 상대방은 본인이나 그 대리인에 대하여 이를 철회할 수 있다. 그러나 계약당시에 상대방이 대리권 없음을 안 때에는 그러하지 아니하다. 선의자만 철회권을 행사할 수 있다.

(제135조, 상대방에 대한 무권대리인의 책임) ① 다른 자의 대리인으로서 계약을 맺은 자가 그 대리권을 증명하지 못하고 또 본인의 추인을 받지 못한 경우에는 그는 상대방의 선택에 따라 계약을 이행할 책임 또는 손해를 배상할 책임(무과실책임)이 있다. 상대방이 선의·무과실이고, 무권대리인이 행위능력자이며, 상대방이 계약을 철회하지 않고, 표현대리가 성립하지 않아야 한다. ② 대리인으로서 계약을 맺은 자에게 대리권이 없다는 사실을 상대방이 알았거나 알 수 있었을 때 또는 대리인으로서 계약을 맺은 사람이 제한능력자일 때에는 제1항을 적용하지 아니한다. (제136조, 단독행위와 무권대리) 단독행위에는 그 행위당시에 상대방이 대리인이라 칭하는 자의 대리권없는 행위에 동의하거나 그 대리권을 다투지 아니한 때에 한하여 제130조부터 제135조까지의 규정을 준용한다. 대리권없는 자에 대하여 그 동의를 얻어 단독행위를 한 때에도 같다.

5. 표현대리

표현대리는 대리권이 있는 것 같은 외관이 존재하고 그 외관에 본인이 원인을 제공하여 상대방이 정당한 대리권이 있는 것으로 신뢰한 경우 법률효과에 대해 본인이 법정무과실책임을 지는 것으로 상대방보호의 취지로써 상대방이 표현대리를 주장할 수는 있어도 본인이 표현대리를 주장할 수는 없다. 표현대리는 공법행위나 소송행위에는 적용되지 않고, 어음행위나 상행위에는 적용된다. 제125조는 임의대리에만 적용되고, 제126조와 제129조는 임의대리와 법정대리 모두에 적용되며, 복대리는 제125조, 제126조, 제129조 모두에 적용된다. 상대방의 선의·무과실에 대한 입증책임은 모두 본인에게 있다는 것이 다수설이나 판례는 제126조는 상대방이 입증하여야 한다는 입장이다. 표현대리의 성립은 직접 상대방에 한하고, 유권대리에 관한 주장 속에 무권대리에 속하는 표현대리에 관한 주장이 포함되지 않으며, 표현대리가 성립하는 경우 상대방에게 과실이 있다고 하더라도 과실상계의 법리를 유추적용하여 본인의 책임을 경감할 수 없으며, 대리행위가 강행법규를 위반한 경우 표현대리는 적용될 여지가 없다.

(1) 대리권수여의 표시에 의한 표현대리(표시대리)

(제125조) 제3자에 대하여 타인에게 대리권을 수여함을 표시한 자는 그 대리권의 범위내에서 행한 그 타인과 그 제3자간의 법률행위에 대하여 책임이 있다. 그러나 제3자가 대리권없음을 알았거나 알 수 있었을 때에는 그러하지 아니하다. 즉 상대방은 선의·무과실을 요한다. 대리권수여 표시는 관념의 통지에 해당하며, 대리권수여의 표시방법은 불문한다. 표시대리는 반드시 대리권 또는 대리인이라는 말을 사용하여야 하는 것이 아니라 사회통념상 대리권을 추단할 수 있는 명칭, 직함 등의 사용을 승낙·묵인한 경우도 해당하며, 명의대여, 백지위임장의 교부도 대리권수여 표시에 해당한다.

(2) 권한을 넘은 표현대리(월권행위)

(제126조) 대리인이 그 권한 외의 법률행위를 한 경우에 제3자가 그 권한이 있다고 믿을 만한 정당한 이유(선의·무과실)가 있는 때에는 본인은 그 행위에 대하여 책임이 있다. 월권행위는 기본적인 대리권이 존재하며, 월권행위는 기본대리권의 이종행위라도 무방하다. 기본대리권에는 임의대리권, 법정대리권, 표시대리권, 멸권대리권, 일상가사대리권, 복대리권, 사자권, 사인의 공법행위를 할 권한 등을 포함한다. 서류를 위조한 경우는 기본대리권이 부인된다. 대리인이 권리관계서류를 소지하고 있으면 원칙적으로 정당한 이유가 인정되지만, 부부관계인 경우에는 서류입수가 용이하므로 본인의 확인절차 등이 없이는 부인된다. 등기신청권을 수여받은 자가 대물변제로 제공한 경우 월권행위는 성립할 수 없다.

(3) 대리권소멸후의 표현대리(멸권대리)

(제129조) 대리권의 소멸은 선의의 제3자에게 대항하지 못한다. 그러나 제3자가 과실로 인하여 그 사실을 알지 못한 때에는 그러하지 아니하다. 존재하던 대리권이 소멸하고, 소

멸된 대리권의 범위 내에서의 대리행위로 상대방의 선의·무과실을 요한다. 대리인이 대리권 소멸 후 직접 상대방과 대리행위를 하는 경우는 물론 대리권 소멸 후 복대리인을 선임하여 상대방과 대리행위를 하도록 한 경우에도 멸권대리가 성립할 수 있다.

Ⅴ. 무효와 취소

무효는 처음부터 당연히 효력이 발생하지 않는 것이고, 취소는 유효한 법률행위를 소급적으로 소멸시키는 것이다. 무효는 누구든지 주장할 수 있으나, 취소는 취소권자에 한하여 주장 할 수 있다. 무효는 주장기간에 제한이 없으나, 취소는 추인할 수 있는 날로부터 3년, 법률행위를 한 날로부터 10년내에만 가능하다. 취소할 수 있는 법률행위로는 제한능력자의 행위, 착오, 사기, 강박에 의한 행위이고, 무효의 사유로는 권리능력 흠결, 의사무능력, 확정불가능한 목적, 강행법규 위반, 반사회적 법률행위, 불공정한 법률행위, 비진의표시의 단서규정, 통정허위표시, 불법조건부 법률행위, 기성조건이 해제조건인 법률행위, 불능조건이 정지조건인 법률행위, 원시적·객관적·전부불능인 경우를 들 수 있다.

1. 무효

(제137조, 법률행위의 일부무효)법률행위의 일부분이 무효인 때에는 그 전부를 무효로 한다. 그러나 그 무효부분이 없더라도 법률행위를 하였을 것이라고 인정될 때에는 나머지 부분은 무효가 되지 아니한다. 일부무효의 법리를 유추적용하여 일부취소도 가능하다. 일부취소의 법률행위가 가분적이거나 목적물의 일부가 특정될 수 있고 나머지 부분만이라도 유지하려는 당사자의 가상적의사가 인정되는 경우는 일부만의 취소도 가능하다. (제138조, 무효행위의 전환)무효인 법률행위가 다른 법률행위의 요건을 구비하고 당사자가 그 무효를 알았더라면 다른 법률행위를 하는 것을 의욕하였으리라고 인정될 때에는 다른 법률행위로서 효력을 가진다. 이러한 예로는 타인의 자를 자기의 자로 출생신고한 경우 입양의 요건을 갖춘 경우 입양의 효력이, 혼인 외의 출생자를 혼인 중의 출생자로 출생신고한 경우 인지의 요건을 갖추는 경우 인지로서의 효력이 있다. (제139조, 무효행위의 추인)무효인 법률행위는 추인하여도 그 효력이 생기지 아니한다. 그러나 당사자가 그 무효임을 알고 추인한 때에는 새로운 법률행위로 본다. 절대적 무효인 경우는 추인해도 무효이며, 무효행위의 추인에 의하여 무효행위 자체가 유효로 되는 것은 아니다.

유동적 무효는 추후에 허가·인가·추인 등에 의하여 유효로 확정될 수 있는 법적상태를 말하는데, 무권대리행위, 무권한자의 처분행위, 무허가 매매계약 등을 예로 들 수 있다. 유동적 무효인 상태에서 채권적 효력이 없으므로 계약의 이행청구, 계약금 등의 부당이득반환청구, 강제이행, 채무불이행으로 인한 계약해제 및 손해배상청구는 불가능하다. 그러나 해약금에 의한 계약해제는 가능하다. 유동적 무효상태에서 계약당사자 사이에 허가신청 협력의무는 인정된다. 중간생략등기를 금지하는 국토계획법에 위반한 행위는 무효이며, 토지거래허가구역에서의 토지와 지상건물을 일괄하여 매매한 경우 건물만의 소유권이전등기청구는 부인되며, 토지거래허가구역의 지정해제 또는 지정기간 만료 후 재지정하지 않은 경우에는 유효로 된다. 유동적 무효상태에서도 무효·취소의 주장은 가능하며, 국토계획법상의 토지거래허가규정을 위반한 자가 스스로 무효를 주정하더라도 신의칙에 반하는 것은 아니며, 계약내용과 다른 이용목적이 기재된 토지거래허가신청서가 제출되어 불허가처분된 경우에도 당해 거래계약은 여전히 유동적 무효이다. 아울러 토지거래허가신청에 대한 불허가처분을 유도할 의도로 사실과 다르게 계약내용을 기재하여 토지거래허가신청에 대한 불허가처분이 있었더라도 토지거래계약은 무효이다.

2. 취소

(제140조, 법률행위의 취소권자) 취소할 수 있는 법률행위는 제한능력자, 착오로 인하거나 사기·강박에 의하여 의사표시를 한 자, 그의 대리인 또는 승계인만이 취소할 수 있다. 여기에서 취소의 상대방은 당해 취소할 수 있는 법률행위의 직접 상대방이며, 법률행위 성립 당시에 소급하여 무효로 되므로 부당이득반환의무가 발생한다. 임의대리인은 본인이 특별수권이 있어야 취소할 수 있고, 특정승계인은 취소할 수 있는 행위에 의해 취득한 권리의 승계가 있는 경우에만 취소할 수 있다. 취소는 제한능력자도 단독으로 할 수 있다. (제142조, 취소의 상대방) 취소할 수 있는 법률행위의 상대방이 확정한 경우에는 그 취소는 그 상대방에 대한의사표시로 하여야 한다. (제141조, 취소의 효과) 취소된 법률행위는 처음부터 무효인 것으로 본다. 다만, 제한능력자는 그 행위로 인하여 받은 이익이 현존하는 한도에서 상환(償還)할 책임이 있다. 즉 선의의 경우는 현존이익 한도에서 반환하고, 악의의 경우는 전손해를 반환한다. 그러나 제한능력자의 경우는 선의·악의를 불문하고 현존이익 한도에서 반환하고, 금전의 경우에는 이익의 현존을 추정하므로 제한능력자 측에서 현존이익이 없음을 입증하여야 한다. (제146조, 취소권의 소멸) 취소권은 추인할 수 있는 날로부터 3년내에 법률행위를 한 날로부터 10년내에 행사하여야 한다. 취소의 원인이 종료한 때를 말하며, 이 기간은 제척기간이다. 판례는 행사기간으로 보고

있다.

(제143조, 추인의 방법, 효과) ① 취소할 수 있는 법률행위는 제140조에 규정한 자가 추인할 수 있고 추인후에는 취소하지 못한다. ② 제141조 및 제142조의 규정은 제1항의 경우에 준용한다. (제144조, 추인의 요건) ① 추인은 취소의 원인이 소멸된 후에 하여야만 효력이 있다. ② ①은 법정대리인 또는 후견인이 추인하는 경우에는 적용하지 아니한다. 취소권자가 수인인 경우 1인이 추인을 하면 다른 취소권자는 취소할 수 없으며, 취소의 원인이 종료하기 전에 한 추인은 효력이 없다. 그러나 법정대리인은 취소의 원인이 종료하기 전이라도 추인할 수 있다. (제145조, 법정추인) 취소할 수 있는 법률행위에 관하여 전조의 규정에 의하여 추인할 수 있는 후에 ㉠ 전부나 일부의 이행, ㉡ 이행의 청구, ㉢ 경개, ㉣ 담보의 제공, ㉤ 취소할 수 있는 행위로 취득한 권리의 전부나 일부의 양도, ㉥ 강제집행의 사유가 있으면 추인한 것으로 본다. 그러나 이의를 보류한 때에는 그러하지 아니하다. 법정추인은 일정한 사실이 존재하는 경우 취소권의 포기로 간주하는 것으로 이행청구와 양도는 취소권자가 한 경우에만 법정추인에 해당한다.

Ⅵ. 조건과 기한

조건은 법률행위효력의 발생 또는 소멸을 장래의 불확실한 사실에 의존하는 법률행위 부관이고, 기한은 법률행위효과의 발생 또는 소멸을 장래의 확실한 사실에 의존하는 법률행위 부관이다.

1. 조건

신분행위는 조건을 붙일 수 없으나 약혼, 유언은 가능하다. 어음·수표행위는 원칙적으로 조건을 붙일 수 없으나 시기는 붙일 수 있고, 어음보증도 조건을 붙일 수 있다. 단독행위는 상대방의 동의가 있는 경우, 상대방에게 이익만 주는 경우(채무면제, 유증), 상대방이 결정할 수 있는 사실을 조건으로 하는 경우는 예외적으로 조건을 붙일 수 있다. 약혼예물의 수수는 혼인불성립을 해제조건으로 하는 증여계약, 장래 불하받을 것을 조건으로 하는 귀속재산의 매매는 정지조건부 매매이다.

(제147조, 조건성취의 효과) ① 정지조건 있는 법률행위는 조건이 성취한 때로부터 그 효력이 생긴다. ② 해제조건 있는 법률행위는 조건이 성취한 때로부터 그 효력을 잃는다. ③ 당사자가 조건성취의 효력을 그 성취전에 소급하게 할 의사를 표시한 때에는 그의사

에 의한다. (제148조, 조건부권리의 침해금지) 조건있는 법률행위의 당사자는 조건의 성부가 미정한 동안에 조건의 성취로 인하여 생길 상대방의 이익을 해하지 못한다. (제149조, 조건부권리의 처분 등)조건의 성취가 미정한 권리의무는 일반규정에 의하여 처분, 상속, 보존 또는 담보로 할 수 있다. (제150조, 조건성취, 불성취에 대한 반신의행위) ① 조건의 성취로 인하여 불이익을 받을 당사자가 신의성실에 반하여 조건의 성취를 방해한 때에는 상대방은 그 조건이 성취한 것으로 주장할 수 있다. ② 조건의 성취로 인하여 이익을 받을 당사자가 신의성실에 반하여 조건을 성취시킨 때에는 상대방은 그 조건이 성취하지 아니한 것으로 주장할 수 있다. (제151조, 불법조건, 기성조건) ① 조건이 선량한 풍속 기타 사회질서에 위반한 것인 때에는 그 법률행위는 무효로 한다. ② 조건이 법률행위의 당시 이미 성취한 것인 경우에는 그 조건이 정지조건이면 조건없는 법률행위로 하고 해제조건이면 그 법률행위는 무효로 한다. ③ 조건이 법률행위의 당시에 이미 성취할 수 없는 것인 경우에는 그 조건이 해제조건이면 조건없는 법률행위로 하고 정지조건이면 그 법률행위는 무효로 한다.

2. 기한

(제152조, 기한도래의 효과) ① 시기있는 법률행위는 기한이 도래한 때로부터 그 효력이 생긴다. ② 종기있는 법률행위는 기한이 도래한 때로부터 그 효력을 잃는다. (제153조, 기한의 이익과 그 포기) ① 기한은 채무자의 이익을 위한 것으로 추정한다. ② 기한의 이익은 이를 포기할 수 있다. 그러나 상대방의 이익을 해하지 못한다. 채권자만 가지는 기한이익(무상임치), 채무자만 가지는 기한이익(무이자 소비대차, 사용대차), 쌍방이 가지는 기한이익(이자부 소비대차, 임대차)이 있다. 채무자가 담보를 손상, 감소, 멸실하게 한 때, 채무자가 담보제공의무를 이행하지 아니한 때, 채무자가 파산한 때에는 기한이익이 상실된다. (제154조, 기한부권리와 준용규정) 제148조와 제149조의 규정은 기한있는 법률행위에 준용한다.

제2절 물 권

Ⅰ. 물권 일반론

1. 물권법정주의와 물권의 객체

(제185조, 물권의 종류) 물권은 법률 또는 관습법에 의하는 외에는 임의로 창설하지 못한다(물권법정주의). 민법상 물권은 점유권과 본권으로 구분되고, 본권은 소유권(사용가치와 교환가치를 모두 지배)과 제한물권으로 구분되며, 제한물권은 사용가치를 지배하는 용익물권(지상권, 지역권, 전세권), 교환가치를 지배하는 담보물권(유치권, 질권, 저당권)으로 구분된다. 물권은 배타성으로부터 공시제도와 일물일권주의가 도출되고, 물권의 절대성으로부터 우선변제적 효력과 물권적 청구권이 도출되고, 본권은 관념적인 권리이나 점유권은 사실적인 권리이다. 그리고 상린관계, 유치권규정, 관습법상의 법정지상권은 임의규정이며, 전세권, 분묘기지권은 고유권성이 강하다.

물권의 객체로 되는 물건은 현존하는 특정의 독립한 물건이어야 한다. 물권은 일물일권주의를 원칙으로 하는데, 그 예외로 1필 토지의 일부에 용익물권이 가능하고, 1동 건물의 일부에 구분소유권 및 전세권이 가능하고, 명인방법을 갖춘 수목의 집단·미분리과실에 소유권의 객체가 가능하며, 권원 없이 타인의 토지에 심어 수확기에 이른 농작물은 경작자의 소유로 인정되고, 입목은 소유권과 저당권의 객체가 가능하다. 권리에 물권이 성립하는 경우로는 재산권의 준점유, 재산권을 목적으로 하는 권리질권, 지상권과 전세권을 목적으로 하는 저당권 등이 있다. 성장 중인 어류도 그 종류, 장소 또는 수량지정으로 특정되어 있으면 전부를 하나의 물건으로 보아 양도담보계약이 유효하다. 토지의 개수는 지적공부상의 필수를 표준으로 결정된다.

2. 물권의 효력

물권은 원칙적으로 채권에 대하여 우선적 효력이 있다. 다만, 예외적(주택임차권, 상가임차권 등)으로 채권이 우선하는 경우도 있다. 물권과 물권관계에서 본권과 점유권은 병존하며, 제한물권은 언제나 소유권에 우선하고, 제한물권 상호간에는 성립의 선후, 등기의 선후에 의한 순위의 원칙이 적용된다.

물권은 물권의 내용이 침해당하거나 침해당할 염려가 있는 경우에 물권자가 침해자에 대해 물권의 반환, 방해제거, 방해예방을 청구할 수 있는 권리를 물권적 청구권이라 한다. 이는 물권의 실효성 확보를 위하여 인정된다. 물권적 청구권은 부종성이 있고, 물권적 청구권만의 양도는 허용되지 않으며, 소유권을 상실한 전소유자는 소유권에 기한 물권적 청구권을 행사하지 못하고, 소유권에 기한 물권적 청구권은 소멸시효에 걸리지 않는다. 지역권과 저당권은 반환청구권이 없다. 유치권은 점유권에 기한 물권적 청구권만 인정되고 유치권 자체에 기한 물권적 청구권은 인정되지 않는다. 물권적 청구권의 요건으로는 침해 또는 침해의 염려가 있어야 하고(침해자의 고의·과실 불요), 권리자는 침해된 물권의 정당한 소지자여야 하며, 상대방은 현재 방해상태를 지배하는 자(직접점유, 간접점유 불문)여야 한다.

3. 물권의 변동

물권의 변동원인은 물권행위와 공시방법(등기, 인도, 명인방법)의 법률행위에 의한 물권변동, 취득시효, 선의취득, 무주물선점, 유실물습득, 매장물발견, 첨부, 소멸시효, 혼동, 상속, 공용징수, 경매, 몰수 등 법률규정에 의한 물권변동이 있다. ① 공시의 원칙은 물권변동에는 공시방법을 갖추어야 한다는 원칙으로 실현방법으로 성립요건주의(형식주의 : 의사표시 외에 공시방법을 갖추어야 효력발생)와 대항요건주의(의사주의 : 당사자의의사표시만으로 효력발생하고 공시방법을 갖추어야 제3자에게 대항 가능)로 구분된다. 민법은 성립요건주의를 취하고, 동산·부동산 모두에 공시의 원칙을 인정하고 있다. 공시방법으로는 부동산물권변동과 입목에 관한 물권변동은 등기, 동산물권변동은 인도(점유의 이전), 수목의 집단과 미분리과실은 명인방법을 취한다. ② 공신의 원칙은 공시내용이 진실한 권리관계와 일치하지 않더라도 공시방법을 신뢰하여 거래한 자를 보호하여야 한다는 원칙으로 민법은 동산에만 인정하고 있다.

4. 등기

① 등기의 유형은 ㉠ 기능에 따라 사실의 등기(표제부의 등기로서 부동산의 현황을 기재)와 권리의 등기(갑구, 을구의 등기로서 부동산의 권리관계를 기재하는 것)으로 구분되

고, ㉡ 내용에 따라 기입등기(새로운 등기원인에 의해 새로 기입하는 등기), 경정등기(등기관의 착오나 탈루로 인한 원시적 불일치를 시정하는 등기), 변경등기(등기와 실체적 권리관계 사이의 후발적 불일치를 시정하는 등기), 말소등기(기존등기를 전부 말소하는 등기), 말소회복등기(등기사항이 불법하게 말소된 경우에 행해지는 등기), 멸실등기(부동산이 전부 멸실한 경우에 행해지는 등기)로 구분하고, ㉢ 방식에 따라 주등기(표시번호란 또는 순위번호란에 독립된 번호를 붙여서 하는 등기), 부기등기(독립된 번호 없이 주등기의 번호에 따라서 행해지는 등기)로 구분하고, ㉣ 효력에 따라 본등기(물권변동의 효력이 직접 발생하는 등기), 가등기(청구권보전의 가등기, 담보가등기)로 구분된다. 이러한 등기에서 경정등기와 변경등기는 실체적 권리관계와의 동일성이 인정되어야 하고, 말소회복등기청구의 상대방은 말소 당시의 소유자이다.

② 등기청구권은 ㉠ 물권적 청구권인 경우는 실체적 권리관계와 등기가 일치하지 않는 경우, 법정지상권의 법정지상권설정청구권, 매매계약이 해제·취소된 경우 물권적 효과설에 따른 등기청구권을 들 수 있고, ㉡ 채권적 청구권인 경우는 법률행위에 의한 등기청구권, 취득시효완성으로 인한 등기청구권, 부동산임차인의 등기청구권, 환매에 있어서 등기청구권을 들 수 있다. 등기청구권은 등기권리자가 등기의무자에 대하여 등기에 협력할 것을 청구할 수 있는 실체법상의 권리로 공동신청의 경우에만 문제가 발생한다. 한편 판례는 미등기매수인의 등기청구권은 채권적 청구권이며, 매수인이 부동산을 인도받아 사용·수익하고 있는 한 등기청구권은 소멸시효에 걸리지 않고, 제3자에게 부동산을 처분하고 점유를 승계하여 준 경우에도 소유권이전등기청구권의 소멸시효는 진행하지 않는다고 보고 있다.

③ 청구권보전의 가등기의 효력으로 본등기 전에는 가등기인 채로는 아무런 실체법적 효력이 없고, 가등기가 되어 있더라도 권리추정력이 없으므로 청구권존재의 추정력도 없다. 본등기가 없는 한 가등기의무자는 자신의 권리를 처분할 수 있으나 가등기권리자는 가등기만으로써는 가등기 후의 본등기를 취득한 제3자에게 대항 할 수 없다. 본등기 후에는 물권변동의 효력은 본등기를 한 때 발생하고 본등기의 순위는 가등기의 순위에 의한다. 가등기권리자는 현재의 등기명의인이 아니라 가등기의무자인 전소유자를 상대방으로 본등기를 청구하여 하며, 본등기가 되면 가등기 이후에 있었던 제3자의 본등기는 직권말소되고, 제3자는 전소유자를 상대로 담보책임을 물을 수 있다.

④ 우리 민법은 등기의 공신력을 인정하지 않으며, 본등기를 통하여 권리변동적 효력(창설적 효력), 대항적 효력, 순위확정적 효력, 추정적 효력이 발생한다. ⑤ 등기가 형식

적으로 존재하면 무효인 등기라도 실체적 권리가 존재하는 것으로 추정하는 힘을 추정적 효력이라고 한다. 등기는 등기된 권리가 등기명의인에게 있는 것으로 추정되고, 저당권설정등기의 경우 피담보채권의 존재도 추정되며, 등기원인도 적법한 것으로 추정되고, 대리인을 통하여 매수한 경우는 대리권이 존재하는 것으로 추정되고, 등기의 추정력은 물권변동의 당사자 사이에도 미친다. 소유권보존등기의 추정력은 약하여 소유권이 진실하게 보존되어 있다는 사실만 추정된다. 부동산등기특별조치법에 의한 소유권보존등기의 추정력은 강하여 위조사실까지 입증하여야 추정이 번복될 수 있다.

⑥ 등기의 형식적 유효요건은 등기가 존재할 것, 관할등기소에서 행해지고 등기사항일 것, 물권변동의 대상인 부동산에 대한 등기일 것, 1부동산1등기기록의 원칙에 따라 편성될 것, 부동산등기법이 정하는 절차에 따를 것이다. 물권의 존부문제와 관련하여서는 등기신청이 있더라도 등기부에 기록되지 않으면 물권변동의 효력은 발생하지 않으며, 관할위반의 등기는 무효이다. 등기의 불법말소, 등기부의 멸실, 등기의 후발적 탈루의 경우 물권은 그대로 존재하고, 저당권설정등기가 불법말소된 후 그 부동산이 경매절차에서 경락된 경우 저당권은 소멸한다. 이중으로 경료된 소유권보존등기는 표시란이 이중등기인 경우 부동산의 실제상황과 일치하는 보존등기만 유효하고, 사항란의 이중등기는 등기명의인이 동일인인 경우는 절차적으로 먼저 이루어진 보존등기만 유효하고, 등기명의인이 동일인이 아닌 경우는 먼저 이루어진 보존등기가 원인무효로 되지 않는 한 후에 이루어진 등기는 1부동산1등기기록의 원칙에 위반되므로 무효이다.

⑦ 등기의 실질적 유효요건에서 시간적 불합치는 당사자가 사망한 경우 물권행위는 유효하고 상속인이 등기를 하여야 하며, 당사자가 제한능력자가 된 경우는 법정대리인이 등기신청을 하여야 하고, 당사자가 교체된 경우는 새 권리자와 다시 물권행위를 하고 등기신청을 하여야 하며, 등기가 먼저 경료된 경우는 물권행위가 효력을 발생하는 때에 물권변동의 효력이 생긴다. 내용적 불합치는 객체의 불합치는 무효이며, 등기원인의 불일치는 실체적 권리관계와 부합하면 유효하고, 물권행위 또는 등기원인의 부존재시는 무효이다. 양적 불합치에서 등기의 양이 물권행위 양보다 크면 물권행위의 한도 내에서 유효하고 물권행위의 양이 크면 일부무효의 법리에 따라 해결한다. 무효등기의 유용과 관련하여서는 표제부의 등기유용은 절대 불가하다. 중간생략등기는 甲과 乙이 매매계약을 하고 乙과 丙이 전매를 한 경우 乙에게 등기를 하지 않고 丙에게 소유권을 이전하는 것이다. 이 경우 최종양수인 앞으로 중간생략등기가 경료된 경우 그 등기는 유효하다. 그러나 국토계획법상의 토지거래허가규정을 위반하여 이루어진 중간생략등기는 무효이다. 중간생략등기의

경우 중간생략등기의 합의가 있는 경우는 최종양수인이 최초양도인에게 직접 자기 명의로의 등기청구가 가능하고, 합의가 없는 경우는 최종양수인은 중간자를 대위하여 등기청구가 가능하다. 판례는 채권양도의 법리에 의한 중간생략등기청구권을 명시적으로 부정하고 있다.

5. 부동산물권변동

(제186조, 부동산물권변동의 효력) 부동산에 관한 법률행위로 인한 물권의 득실변경은 등기하여야 그 효력이 생긴다. (제187조, 등기를 요하지 아니하는 부동산물권취득) 상속, 공용징수, 판결, 경매 기타 법률의 규정에 의한 부동산에 관한 물권의 취득은 등기를 요하지 아니한다. 그러나 등기를 하지 아니하면 이를 처분하지 못한다.

상속의 경우는 피상속인이 사망한 때에 물권변동의 효력이 발생하고, 공용징수의 경우 협의수용에서는 협의에서 정한 시기에, 재결수용의 경우에는 수용개시일에 물권변동의 효력이 발생한다. 판결에 의한 경우는 형성판결의 판결확정시에 물권변동의 효력이 발생하고, 경매의 경우는 매수인이 매각대금을 완납한때에 물권변동의 효력이 발생하는데 이 경우는 공경매만을 적용한다. 부동산소유권이전등기청구소송에서 승소판결이 확정된 경우에는 등기하여야 소유권을 취득한다. 분배농지의 상환완료로 인한 소유권취득은 법률규정에 의한 부동산물권변동에 해당한다.

6. 동산물권변동

인도방법으로는 현실의 인도, 간이인도, 점유개정, 목적물반환청구권의 양도에 의한 인도가 있다. (제188조, 동산물권양도의 효력, 간이인도) ① 동산에 관한 물권의 양도는 그 동산을 인도하여야 효력이 생긴다. ② 양수인이 이미 그 동산을 점유한 때에는 당사자의 의사표시만으로 그 효력이 생긴다. (제189조, 점유개정)동산에 관한 물권을 양도하는 경우에 당사자의 계약으로 양도인이 그 동산의 점유를 계속하는 때에는 양수인이 인도받은 것으로 본다. (제190조, 목적물반환청구권의 양도)제3자가 점유하고 있는 동산에 관한 물권을 양도하는 경우에는 양도인이 그 제3자에 대한 반환청구권을 양수인에게 양도함으로써 동산을 인도한 것으로 본다.

7. 물권의 혼동

(제191조, 혼동으로 인한 물권의 소멸) ① 동일한 물건에 대한 소유권과 다른 물권이 동일한 사람에게 귀속한 때에는 다른 물권은 소멸한다. 그러나 그 물권이 제3자의 권리의 목적이 된 때에는 소멸하지 아니한다. ② ①의 규정은 소유권이외의 물권과 그를 목적으로 하는 다른 권리가 동일한 사람에게 귀속한 경우에 준용한다. ③ 점유권에 관하여는 제1항 및 제2항의 규정을 적용하지 아니한다.

서로 대립하는 두 개의 법률상 지위 또는 자격이 동일인에게 귀속되는 것을 혼동이라고 한다. 혼동은 원칙적으로 소유권과 제한물권의 경우 제한물권이 소멸하고, 제한물권과 그 제한물권을 목적으로 하는 다른 제한물권의 경우 다른 제한물권이 소멸한다. 혼동으로 인한 물권의 소멸은 절대적이고 혼동을 생기게 한 원인이 부존재하거나 원인행위가 무효, 취소, 해제된 경우에는 소멸한 물권은 부활한다. 점유권과 광업권은 혼동으로 소멸하지 않는다. 지상권자가 매수, 상속 등으로 소유권을 취득한 경우 지상권은 소멸하고, 지상권이 저당권의 목적이 된 때 지상권자가 소유권을 취득하여도 지상권은 소멸하지 않는데 이는 제3자의 이익보호를 위한 것이다. 한편 甲소유의 토지를 乙이 1번 저당권자, 丙이 2번 저당권자인 경우 丙이 토지소유권을 취득한 경우 2번 저당권은 소멸하고, 乙이 토지소유권을 매수하여 취득한 경우 본인의 이익보호를 위해 1번 저당권은 소멸하지 않으며, 이 경우 乙이 토지소유권을 상속받아 취득한 경우 1번 저당권은 소멸한다.

Ⅱ. 점유권

1. 점유권과 간접점유 등

(제192조, 점유권의 취득과 소멸) ① 물건을 사실상 지배하는 자는 점유권이 있다. ② 점유자가 물건에 대한 사실상의 지배를 상실한 때에는 점유권이 소멸한다. 그러나 점유를 회수한 때에는 그러하지 아니하다(제204조의 규정). (제193조, 상속으로 인한 점유권의 이전) 점유권은 상속인에 이전한다. (제194조, 간접점유) 지상권, 전세권, 질권, 사용대차, 임대차, 임치 기타의 관계로 타인으로 하여금 물건을 점유하게 한 자는 간접으로 점유권이 있다. (제195조, 점유보조자) 가사상, 영업상 기타 유사한 관계에 의하여 타인의 지시를 받어 물건에 대한 사실상의 지배를 하는 때에는 그 타인만을 점유자로 한다. (제196

조, 점유권의 양도) ① 점유권의 양도는 점유물의 인도로 그 효력이 생긴다. ② 제1항의 점유권의 양도에는 제188조제2항, 제189조, 제190조의 규정을 준용한다.

2. 점유의 태양 등

(제197조, 점유의 태양) ① 점유자는 소유의의사로 선의, 평온 및 공연하게 점유한 것으로 추정한다. ② 선의의 점유자라도 본권에 관한 소에 패소한 때에는 그 소가 제기된 때로부터 악의의 점유자로 본다. (제198조, 점유계속의 추정)전후양시에 점유한 사실이 있는 때에는 그 점유는 계속한 것으로 추정한다. (제199조, 점유의 승계의 주장과 그 효과) ① 점유자의 승계인은 자기의 점유만을 주장하거나 자기의 점유와 전점유자의 점유를 아울러 주장할 수 있다. ② 전점유자의 점유를 아울러 주장하는 경우에는 그 하자도 계승한다.

점유는 소유의의사 유무에 따라 자주점유와 타주점유로, 본권이 있다고 오신하였는지에 따라 선의점유와 악의점유로, 오신의 과실이 있는지에 따라 과실 있는 점유와 과실 없는 점유로, 강폭행위를 썼는지에 따라 평온점유와 폭력점유로, 남몰래 점유하였는지에 따라 공연점유와 은비점유로, 점유가 계속되었는지에 따라 계속점유와 불계속점유로 구분된다. 자주점유와 타주점유의 구분에서 타인의 토지위에 분묘를 설치·소유하는 자의 점유와 귀속재산의 점유자의 점유, 명의신탁에서 수탁자의 점유는 타주점유에 해당하고, 착오로 인접토지의 일부를 자기가 매수·획득한 토지에 속하는 것으로 믿고 점유한 매수인의 점유는 자주점유에 해당한다. 상속의 경우는 그 자체는 타주점유가 자주점유로 전환되기 위한 새로운 권원에 해당하지 않는다.

3. 점유권의 효력

(1) 권리의 적법 추정

(제200조, 권리의 적법의 추정) 점유자가 점유물에 대하여 행사하는 권리는 적법하게 보유한 것으로 추정한다. 이는 동산에만 적용되고 부동산에는 적용되지 않는다. 부동산의 등기명의인과 점유자가 다른 경우에 등기의 추정력이 적용되므로 등기명의인이 적법한 권리자로 추정된다. 부동산에 대한 등기가 없고 점유만 있는 경우는 점유의 권리적법 추정력이 적용되지 않으므로 통상의 입증을 통해 권리자를 가려야 한다. 점유의 권리적법 추정력은 소유자와 그로부터 점유를 취득한 자 사이에는 미치지 않는다.

(2) 점유자와 과실 등

(제201조, 점유자와 과실) ① 선의의 점유자는 점유물의 과실을 취득한다. ② 악의의 점유자는 수취한 과실을 반환하여야 하며 소비하였거나 과실로 인하여 훼손 또는 수취하지 못한 경우에는 그 과실의 대가를 보상하여야 한다. ③ 전항의 규정은 폭력 또는 은비에 의한 점유자에 준용한다. 선의점유가자 점유물의 과실을 취득하기 위해서는 과실취득권이 있는 본권에 관하여 오신을 하여야 하는데, 소유권, 지상권, 임차권 등이 없음에도 불구하고 있다고 오신한 경우에는 과실을 취득하지만 유치권, 질권 등에 관해 오신한 경우는 과실을 취득할 수 없다. 점유자가 점유물의 과실 취득을 위해서는 선의이면 족하고 무과실까지 필요하지 않다. (제202조, 점유자의 회복자에 대한 책임) 점유물이 점유자의 책임있는 사유로 인하여 멸실 또는 훼손한 때에는 악의의 점유자는 그 손해의 전부를 배상하여야 하며 선의의 점유자는 이익이 현존하는 한도에서 배상하여야 한다. 소유의의사가 없는 점유자는 선의인 경우에도 손해의 전부를 배상하여야 한다.

(제203조, 점유자의 상환청구권) ① 점유자가 점유물을 반환할 때에는 회복자에 대하여 점유물을 보존하기 위하여 지출한 금액 기타 필요비의 상환을 청구할 수 있다. 그러나 점유자가 과실을 취득한 경우에는 통상의 필요비는 청구하지 못한다. ② 점유자가 점유물을 개량하기 위하여 지출한 금액 기타 유익비에 관하여는 그 가액의 증가가 현존한 경우에 한하여 회복자의 선택에 좇아 그 지출금액이나 증가액의 상환을 청구할 수 있다. ③ 전항의 경우에 법원은 회복자의 청구에 의하여 상당한 상환기간을 허여할 수 있다. 선의점유자가 점유물에 대한 과실을 취득하여 타인에게 손해를 입혔더라도 이를 반환할 의무는 없고, 목적물의 멸실·훼손의 경우 선의이면서 자주점유자만 현존하는 이익 한도에서 배상책임을 진다. 비용상환청구권은 선의·악의를 불문하고 행사할 수 있고, 비용상환청구권은 점유자가 회복자로부터 반환청구를 받거나 회복자에게 점유물을 반환한 때에 발생한다.

(3) 점유의 보호

(제204조, 점유의 회수) ① 점유자가 점유의 침탈을 당한 때에는 그 물건의 반환 및 손해의 배상을 청구할 수 있다. ② 전항의 청구권은 침탈자의 특별승계인에 대하여는 행사하지 못한다. 그러나 승계인이 악의인 때에는 그러하지 아니하다. ③ 제1항의 청구권은

침탈을 당한 날로부터 1년내에 행사하여야 한다. 절취와 강취는 점유의 침탈에 해당하나 사기는 점유의 침탈에 해당하지 않는다. (제205조, 점유의 보유) ① 점유자가 점유의 방해를 받은 때에는 그 방해의 제거 및 손해의 배상을 청구할 수 있다. ② 전항의 청구권은 방해가 종료한 날로부터 1년내에 행사하여야 한다. ③ 공사로 인하여 점유의 방해를 받은 경우에는 공사착수 후 1년을 경과하거나 그 공사가 완성한 때에는 방해의 제거를 청구하지 못한다. (제206조, 점유의 보전) ① 점유자가 점유의 방해를 받을 염려가 있는 때에는 그 방해의 예방 또는 손해배상의 담보를 청구할 수 있다. ② 공사로 인하여 점유의 방해를 받을 염려가 있는 경우에는 전조제3항의 규정을 준용한다.

(제207조, 간접점유의 보호) ① 전3조의 청구권은 제194조의 규정에 의한 간접점유자도 이를 행사할 수 있다. ② 점유자가 점유의 침탈을 당한 경우에 간접점유자는 그 물건을 점유자에게 반환할 것을 청구할 수 있고 점유자가 그 물건의 반환을 받을 수 없거나 이를 원하지 아니하는 때에는 자기에게 반환할 것을 청구할 수 있다. (제208조, 점유의 소와 본권의 소와의 관계) ① 점유권에 기인한 소와 본권에 기인한 소는 서로 영향을 미치지 아니한다. ② 점유권에 기인한 소는 본권에 관한 이유로 재판하지 못한다. (제209조, 자력구제) ① 점유자는 그 점유를 부정히 침탈 또는 방해하는 행위에 대하여 자력으로써 이를 방위할 수 있다. ② 점유물이 침탈되었을 경우에 부동산일 때에는 점유자는 침탈후 직시 가해자를 배제하여 이를 탈환할 수 있고 동산일 때에는 점유자는 현장에서 또는 추적하여 가해자로부터 이를 탈환할 수 있다. (제210조, 준점유) 본장의 규정은 재산권을 사실상 행사하는 경우에 준용한다.

Ⅲ. 소유권

소유권은 법률의 범위 내에서 그 소유물을 사용·수익·처분할 수 있는 권리로 소유권의 객체는 물건에 한한다. 소유권은 관념성, 전면성, 혼일성(운일성), 탄력성, 항구성의 성질을 갖는다. 토지소유권은 정당한 이익이 있는 범위 내에서 토지의 상하에 미치며, 토사, 토석, 지하수는 토지의 구성부분이다. 입목과 명인방법을 갖춘 수목의 집단은 토지와 별개의 독립한 부동산이고, 임야 내의 자연석을 조각하여 제작한 석불은 임야와는 독립한 소유권의 객체이며, 성숙한 농작물은 경작자의 소유이고, 미채굴의 광물은 국유이다.

1. 소유권의 한계

(제211조, 소유권의 내용) 소유자는 법률의 범위내에서 그 소유물을 사용, 수익, 처분할 권리가 있다. (제212조, 토지소유권의 범위) 토지의 소유권은 정당한 이익있는 범위내에서 토지의 상하에 미친다. (제213조, 소유물반환청구권) 소유자는 그 소유에 속한 물건을 점유한 자에 대하여 반환을 청구할 수 있다. 그러나 점유자가 그 물건을 점유할 권리가 있는 때에는 반환을 거부할 수 있다. (제214조, 소유물방해제거, 방해예방청구권)소유자는 소유권을 방해하는 자에 대하여 방해의 제거를 청구할 수 있고 소유권을 방해할 염려있는 행위를 하는 자에 대하여 그 예방이나 손해배상의 담보를 청구할 수 있다. (제215조, 건물의 구분소유) ① 수인이 한 채의 건물을 구분하여 각각 그 일부분을 소유한 때에는 건물과 그 부속물중 공용하는 부분은 그의 공유로 추정한다. ② 공용부분의 보존에 관한 비용 기타의 부담은 각자의 소유부분의 가액에 비례하여 분담한다. (제216조, 인지사용청구권) ① 토지소유자는 경계나 그 근방에서 담 또는 건물을 축조하거나 수선하기 위하여 필요한 범위내에서 이웃 토지의 사용을 청구할 수 있다. 그러나 이웃 사람의 승낙이 없으면 그 주거에 들어가지 못한다. ② 전항의 경우에 이웃 사람이 손해를 받은 때에는 보상을 청구할 수 있다.

(제217조, 매연 등에 의한 인지에 대한 방해금지) ① 토지소유자는 매연, 열기체, 액체, 음향, 진동 기타 이에 유사한 것으로 이웃 토지의 사용을 방해하거나 이웃 거주자의 생활에 고통을 주지 아니하도록 적당한 조처를 할 의무가 있다. ② 이웃 거주자는 전항의 사태가 이웃 토지의 통상의 용도에 적당한 것인 때에는 이를 인용할 의무가 있다. (제218조, 수도 등 시설권) ① 토지소유자는 타인의 토지를 통과하지 아니하면 필요한 수도, 소수관, 까스관, 전선 등을 시설할 수 없거나 과다한 비용을 요하는 경우에는 타인의 토지를 통과하여 이를 시설할 수 있다. 그러나 이로 인한 손해가 가장 적은 장소와 방법을 선택하여 이를 시설할 것이며 타토지의 소유자의 요청에 의하여 손해를 보상하여야 한다. ② 전항에 의한 시설을 한 후 사정의 변경이 있는 때에는 타토지의 소유자는 그 시설의 변경을 청구할 수 있다. 시설변경의 비용은 토지소유자가 부담한다.

(제219조, 주위토지통행권) ① 어느 토지와 공로사이에 그 토지의 용도에 필요한 통로가 없는 경우에 그 토지소유자는 주위의 토지를 통행 또는 통로로 하지 아니하면 공로에 출입할 수 없거나 과다한 비용을 요하는 때에는 그 주위의 토지를 통행할 수 있고 필요한 경우에는 통로를 개설할 수 있다. 그러나 이로 인한 손해가 가장 적은 장소와 방법을

선택하여야 한다. ② 전항의 통행권자는 통행지소유자의 손해를 보상하여야 한다. 이미 통로가 있는 경우는 다른 장소로의 통행권이 인정되지 않으며, 통로가 있더라도 통로로서의 충분한 기능을 하지 못하는 경우 주위통행권이 인정된다. 나중에 그 토지에 접하는 공로가 개설된 경우 주위토지통행권은 소멸하고, 현재의 토지의 용법에 따른 이용의 범위에서 인정되고 장래의 이용상황까지 미리 통행로를 정할 것은 아니다. 무상의 주위토지통행권은 토지의 직접 분할자 또는 일부양도의 당사자 사이에만 적용된다. (제220조, 분할, 일부양도와 주위통행권) ① 분할로 인하여 공로에 통하지 못하는 토지가 있는 때에는 그 토지소유자는 공로에 출입하기 위하여 다른 분할자의 토지를 통행할 수 있다. 이 경우에는 보상의의무가 없다. ② 전항의 규정은 토지소유자가 그 토지의 일부를 양도한 경우에 준용한다.

(제221조, 자연유수의 승수의무와 권리) ① 토지소유자는 이웃 토지로부터 자연히 흘러오는 물을 막지 못한다. ② 고지소유자는 이웃 저지에 자연히 흘러내리는 이웃 저지에서 필요한 물을 자기의 정당한 사용범위를 넘어서 이를 막지 못한다. (제222조, 소통공사권) 흐르는 물이 저지에서 폐색된 때에는 고지소유자는 자비로 소통에 필요한 공사를 할 수 있다. (제223조, 저수, 배수, 인수를 위한 공작물에 대한 공사청구권)토지소유자가 저수, 배수 또는 인수하기 위하여 공작물을 설치한 경우에 공작물의 파손 또는 폐색으로 타인의 토지에 손해를 가하거나 가할 염려가 있는 때에는 타인은 그 공작물의 보수, 폐색의 소통 또는 예방에 필요한 청구를 할 수 있다. (제224조, 관습에 의한 비용부담) 전2조의 경우에 비용부담에 관한 관습이 있으면 그 관습에 의한다.

(제225조, 처마물에 대한 시설의무) 토지소유자는 처마물이 이웃에 직접 낙하하지 아니하도록 적당한 시설을 하여야 한다. (제226조, 여수소통권) ① 고지소유자는 침수지를 건조하기 위하여 또는 가용이나 농, 공업용의 여수를 소통하기 위하여 공로, 공류 또는 하수도에 달하기까지 저지에 물을 통과하게 할 수 있다. ② 전항의 경우에는 저지의 손해가 가장 적은 장소와 방법을 선택하여야 하며 손해를 보상하여야 한다. (제227조, 유수용 공작물의 사용권) ① 토지소유자는 그 소유지의 물을 소통하기 위하여 이웃 토지소유자의 시설한 공작물을 사용할 수 있다. ② 전항의 공작물을 사용하는 자는 그 이익을 받는 비율로 공작물의 설치와 보존의 비용을 분담하여야 한다. (제228조, 여수급여청구권) 토지소유자는 과다한 비용이나 노력을 요하지 아니하고는 가용이나 토지이용에 필요한 물을 얻기 곤란한 때에는 이웃 토지소유자에게 보상하고 여수의 급여를 청구할 수 있다. (제229조, 수류의 변경) ① 구거 기타 수류지의 소유자는 대안의 토지가 타인의 소유인

때에는 그 수로나 수류의 폭을 변경하지 못한다. ② 양안의 토지가 수류지소유자의 소유인 때에는 소유자는 수로와 수류의 폭을 변경할 수 있다. 그러나 하류는 자연의 수로와 일치하도록 하여야 한다. ③ 전2항의 규정은 다른 관습이 있으면 그 관습에 의한다. (제230조, 언의 설치, 이용권) ① 수류지의 소유자가 언을 설치할 필요가 있는 때에는 그 언을 대안에 접촉하게 할 수 있다. 그러나 이로 인한 손해를 보상하여야 한다. ② 대안의 소유자는 수류지의 일부가 자기소유인 때에는 그 언을 사용할 수 있다. 그러나 그 이익을 받는 비율로 언의 설치, 보존의 비용을 분담하여야 한다.

(제231조, 공유하천용수권) ① 공유하천의 연안에서 농, 공업을 경영하는 자는 이에 이용하기 위하여 타인의 용수를 방해하지 아니하는 범위내에서 필요한 인수를 할 수 있다. ② 전항의 인수를 하기 위하여 필요한 공작물을 설치할 수 있다. (제232조, 하류 연안의 용수권보호) 전조의 인수나 공작물로 인하여 하류연안의 용수권을 방해하는 때에는 그 용수권자는 방해의 제거 및 손해의 배상을 청구할 수 있다. (제233조, 용수권의 승계) 농, 공업의 경영에 이용하는 수로 기타 공작물의 소유자나 몽리자의 특별승계인은 그 용수에 관한 전소유자나 몽리자의 권리의무를 승계한다. (제234조, 용수권에 관한 다른 관습) 전3조의 규정은 다른 관습이 있으면 그 관습에 의한다. (제235조, 공용수의 용수권) 상린자는 그 공용에 속하는 원천이나 수도를 각 수요의 정도에 응하여 타인의 용수를 방해하지 아니하는 범위내에서 각각 용수할 권리가 있다. (제236조, 용수장해의 공사와 손해배상, 원상회복) ① 필요한 용도나 수익이 있는 원천이나 수도가 타인의 건축 기타 공사로 인하여 단수, 감수 기타 용도에 장해가 생긴 때에는 용수권자는 손해배상을 청구할 수 있다. ② 전항의 공사로 인하여 음료수 기타 생활상 필요한 용수에 장해가 있을 때에는 원상회복을 청구할 수 있다.

(제237조, 경계표, 담의 설치권) ① 인접하여 토지를 소유한 자는 공동비용으로 통상의 경계표나 담을 설치할 수 있다. ② 전항의 비용은 쌍방이 절반하여 부담한다. 그러나 측량비용은 토지의 면적에 비례하여 부담한다. ③ 전2항의 규정은 다른 관습이 있으면 그 관습에 의한다. (제238조, 담의 특수시설권) 인지소유자는 자기의 비용으로 담의 재료를 통상보다 양호한 것으로 할 수 있으며 그 높이를 통상보다 높게 할 수 있고 또는 방화벽 기타 특수시설을 할 수 있다. (제239조, 경계표 등의 공유추정) 경계에 설치된 경계표, 담, 구거 등은 상린자의 공유로 추정한다. 그러나 경계표, 담, 구거 등이 상린자일방의 단독비용으로 설치되었거나 담이 건물의 일부인 경우에는 그러하지 아니하다. (제240조, 수지, 목근의 제거권) ① 인접지의 수목가지가 경계를 넘은 때에는 그 소유자에 대하여 가

지의 제거를 청구할 수 있다. ② 전항의 청구에 응하지 아니한 때에는 청구자가 그 가지를 제거할 수 있다. ③ 인접지의 수목뿌리가 경계를 넘은 때에는 임의로 제거할 수 있다. (제241조, 토지의 심굴금지) 토지소유자는 인접지의 지반이 붕괴할 정도로 자기의 토지를 심굴하지 못한다. 그러나 충분한 방어공사를 한 때에는 그러하지 아니하다.

(제242조, 경계선부근의 건축) ① 건물을 축조함에는 특별한 관습이 없으면 경계로부터 반미터 이상의 거리를 두어야 한다. ② 인접지소유자는 전항의 규정에 위반한 자에 대하여 건물의 변경이나 철거를 청구할 수 있다. 그러나 건축에 착수한 후 1년을 경과하거나 건물이 완성된 후에는 손해배상만을 청구할 수 있다. (제243조, 차면시설의무) 경계로부터 2미터 이내의 거리에서 이웃 주택의 내부를 관망할 수 있는 창이나 마루를 설치하는 경우에는 적당한 차면시설을 하여야 한다. (제244조, 지하시설 등에 대한 제한) ① 우물을 파거나 용수, 하수 또는 오물 등을 저치할 지하시설을 하는 때에는 경계로부터 2미터 이상의 거리를 두어야 하며 저수지, 구거 또는 지하실공사에는 경계로부터 그 깊이의 반 이상의 거리를 두어야 한다. ② 전항의 공사를 함에는 토사가 붕괴하거나 하수 또는 오액이 이웃에 흐르지 아니하도록 적당한 조처를 하여야 한다.

2. 소유권의 취득

(1) 취득시효의 대상 및 법률관계

물건 또는 권리를 점유하는 사실상태가 일정기간 계속된 경우에 그 상태가 진실한 권리관계와 일치하는가의 여부를 묻지 않고 권리취득의 효과가 생기는 것으로 하는 제도를 취득시효라고 한다. 시효취득의 대상은 소유권, 지상권, 지역권, 전세권, 질권이다. ① 취득시효완성으로 인한 등기청구권은 법률규정에 의해 발생하는 채권적 청구권으로 등기청구권의 상대방은 취득시효완성 당시의 소유자이다. 시효취득자가 목적물을 계속 점유하고 있는 한 등기청구권은 소멸시효에 걸리지 않으며, 시효완성 후 점유자가 부동산을 매도한 경우 점유상실 시부터 소멸시효가 진행한다. 시효완성자로부터 점유를 승계한 자는 소유자를 상대로 직접 소유권이전등기를 청구할 수는 없고, 시효완성자의 소유권이전등기청구권을 대위행사할 수 있다. 시효완성자로부터 점유를 승계한 자는 취득시효완성으로 인한 효과까지 승계하는 것은 아니다. ② 소유자가 취득시효완성 전에 제3자에게 부동산을 양도한 경우 시효취득자는 제3자에 대해 소유권취득을 주장할 수 있다. 소유자가 취득시효완성 후에 제3자에게 부동산을 양도한 경우 시효취득자와 제3자의 법률관계는 시효취득자는 제3자에 대해 소유권취득을 주장할 수 없다. 시효취득자와 종전의 소유자의 법률관계는 시효취득자가 시효취득사실을 주장하지 않는 한 그 사실을 모르기 때문에 목적부동산을 제3자에게 처분하더라도 원칙적으로 채무불이행이나 불법행위를 구성하지 않으나, 시효취득자가 취득시효을 주장하면서 소유권이전등기청구소송을 제기하여 입증까지 마친 경우 부동산소유자는 시효취득사실을 알 수 있으므로 제3자에게 부동산을 처분한 경우 불법행위를 구성한다. 더하여 제3자가 부동산소유자의 불법행위에 적극 가담한 경우에는 반사회적 법률행위로 무효가 된다. ③ 이행불능(토지수용) 전에 취득시효가 완성되었음을 이유로 그 권리를 주장하거나 등기청구권을 행사하였어야 대상청구권을 행사할 수 있다.

(2) 점유와 취득시효 등

(제245조, 점유로 인한 부동산소유권의 취득기간) ① 20년간 소유의의사로 평온, 공연하게 부동산을 점유하는 자는 등기함으로써 그 소유권을 취득한다. ② 부동산의 소유자로 등기한 자가 10년간 소유의의사로 평온, 공연하게 선의이며 과실 없이 그 부동산을 점유한 때에는 소유권을 취득한다. (제246조, 점유로 인한 동산소유권의 취득기간) ① 10년간 소유의의사로 평온, 공연하게 동산을 점유한 자는 그 소유권을 취득한다. ② 전항의 점유가 선의이며 과실 없이 개시된 경우에는 5년을 경과함으로써 그 소유권을 취득한다. (제247조, 소유권취득의 소급효, 중단사유) ① 전2조의 규정에 의한 소유권취득의 효력은 점유를 개시한 때에 소급한다. ② 소멸시효의 중단에 관한 규정은 전2조의 소유권취득기간에 준용한다. (제248조, 소유권 이외의 재산권의 취득시효) 전3조의 규정은 소유권 이외의 재산권의 취득에 준용한다.

(3) 원시취득 등

(제249조, 선의취득) 평온, 공연하게 동산을 양수한 자가 선의이며 과실 없이 그 동산을 점유한 경우에는 양도인이 정당한 소유자가 아닌 때에도 즉시 그 동산의 소유권을 취득한다. (제250조, 도품, 유실물에 대한 특례) 전조의 경우에 그 동산이 도품이나 유실물인 때에는 피해자 또는 유실자는 도난 또는 유실한 날로부터 2년내에 그 물건의 반환을 청구할 수 있다. 그러나 도품이나 유실물이 금전인 때에는 그러하지 아니하다. (제251조, 도품, 유실물에 대한 특례) 양수인이 도품 또는 유실물을 경매나 공개시장에서 또는 동종류의 물건을 판매하는 상인에게서 선의로 매수한 때에는 피해자 또는 유실자는 양수인이 지급한 대가를 변상하고 그 물건의 반환을 청구할 수 있다. (제252조, 무주물의 귀속) ① 무주의 동산을 소유의의사로 점유한 자는 그 소유권을 취득한다. ② 무주의 부동산은

국유로 한다. ③ 야생하는 동물은 무주물로 하고 사양하는 야생동물도 다시 야생상태로 돌아가면 무주물로 한다.

(제253조, 유실물의 소유권취득) 유실물은 법률에 정한 바에 의하여 공고한 후 6개월 내에 그 소유자가 권리를 주장하지 아니하면 습득자가 그 소유권을 취득한다. (제254조, 매장물의 소유권취득) 매장물은 법률에 정한 바에 의하여 공고한 후 1년내에 그 소유자가 권리를 주장하지 아니하면 발견자가 그 소유권을 취득한다. 그러나 타인의 토지 기타 물건으로부터 발견한 매장물은 그 토지 기타 물건의 소유자와 발견자가 절반하여 취득한다. (제255조, 문화재의 국유) ① 학술, 기예 또는 고고의 중요한 재료가 되는 물건에 대하여는 제252조제1항 및 전2조의 규정에 의하지 아니하고 국유로 한다. ② 전항의 경우에 습득자, 발견자 및 매장물이 발견된 토지 기타 물건의 소유자는 국가에 대하여 적당한 보상을 청구할 수 있다.

(4) 첨부

첨부는 어떤 물건에 타인의 물건이 결합하거나 타인의 노력이 가하여지는 것을 말한다. (제256조, 부동산에 의 부합) 부동산의 소유자는 그 부동산에 부합한 물건의 소유권을 취득한다. 그러나 타인의 권원에 의하여 부속된 것은 그러하지 아니하다. 부동산에 의 부합에 있어서 부합물은 동산에 한하지 않고 부동산도 포함된다. 건물, 입목과 명인방법을 갖춘 수목의 집단, 성숙한 농작물은 토지에 부합하지 않는다. 기존 건물을 증축 또는 개축한 경우 그 증축 또는 개축한 부분이 기존 건물과 독립한 건물인 경우에는 부합하지 않는다. (제257조, 동산간의 부합) 동산과 동산이 부합하여 훼손하지 아니하면 분리할 수 없거나 그 분리에 과다한 비용을 요할 경우에는 그 합성물의 소유권은 주된 동산의 소유자에게 속한다. 부합한 동산의 주종을 구별할 수 없는 때에는 동산의 소유자는 부합당시의 가액의 비율로 합성물을 공유한다. (제258조, 혼화) 전조의 규정은 동산과 동산이 혼화하여 식별할 수 없는 경우에 준용한다. (제259조, 가공) ① 타인의 동산에 가공한 때에는 그 물건의 소유권은 원재료의 소유자에게 속한다. 그러나 가공으로 인한 가액의 증가가 원재료의 가액보다 현저히 다액인 때에는 가공자의 소유로 한다. ② 가공자가 재료의 일부를 제공하였을 때에는 그 가액은 전항의 증가액에 가산한다. (제260조, 첨부의 효과) ① 전4조의 규정에 의하여 동산의 소유권이 소멸한 때에는 그 동산을 목적으로 한 다른 권리도 소멸한다. ② 동산의 소유자가 합성물, 혼화물 또는 가공물의 단독소유자가 된 때에는 전항의 권리는 합성물, 혼화물 또는 가공물에 존속하고 그 공유자가 된 때에는 그 지분에 존속한다. (제261조, 첨부로 인한 구상권) 전5조의 경우에 손해를 받은 자는 부당이득에 관한 규정에 의하여 보상을 청구할 수 있다.

3. 공동소유

(1) 공동 소유형태 등

공동소유형태	공유	합유	총유
소유지분	공유지분	합유지분	지분없음
지분처분	자유 (지분처분금지특약가능)	합유자 전원동의	없음
지분분할청구	자유	조합존속 시 불가	불가
보존행위	각자 단독	각자 단독	총회결의로 사단명의, 구성원 전원이름
관리행위	지분의 과반수	조합원 과반수	사원총회 결의
처분행위/변경행위	전원 동의	전원 동의	사원총회 결의
사용/수익	지분의 비율로 전부	지분비율, 조합계약	정관, 규약

① 지분확인청구는 공유자 자신의 지분을 부인하는 다른 공유자 또는 제3자에 대해 단독으로 지분확인을 청구할 수 있고, 공유자가 다른 공유자의 지분권을 대외적으로 주장하는 것은 공유물의 보존행위가 아니므로 공유자 일부가 제3자를 상대로 다른 공유자의 지분 확인을 구하는 소송은 허용되지 않는다. ② 지분이전 또는 말소등기청구는 수인이 공동으로 부동산을 매수하였는데 매도인이 소유권이전등기를 하지 않는 경우 각 공유자는 단독으로 자신의 지분에 대해 소유권이전등기를 청구할 수 있고, 공유물이 원인 없이 제3자 명의로 등기되어 있는 경우 각 공유자는 보존행위를 근거로 그 제3자에게 등기의 전부말소를 청구할 수 있다. 공유자의 1인은 자신의 공유지분이 아닌 다른 공유자의 공유지분을 침해하는 원인무효의 등기가 이루어졌더라도 공유물에 관한 보존행위로서 그 부분 등기의 말소를 청구할 수 없다. 여러 사람의 공유로 된 부동산에 대해 그 공유자 중 1인이 부정한 방법으로 공유물 전부에 대해 소유권이전등기를 그 단독명의로 경료한 경우 공유자 중 1인은 공유물의 보존행위로서 단독명의로 등기를 경료하고 있는 공유자에 대해 그 공유자의 공유지분을 제외한 나머지 공유지분 전부에 대해 소유권이전등기말소등기절차의 이행을 구할 수 있다. ③ 공유물의 반환청구와 부당이득반환청구는 다른 공유자가 또는 제3자가 공유물을 불법점유하는 경우 각 공유자는 보존행위를 근거로 단독으로 방해의 제거를 청구할 수 있으며 공유물 전부를 자신에게 반환할 것을 청구할 수 있다.

단, 부당이득반환청구 내지 손해배상청구는 자신의 지분의 범위 내에서만 가능하다.

(2) 공유

(제262조, 물건의 공유) ① 물건이 지분에 의하여 수인의 소유로 된 때에는 공유로 한다. ② 공유자의 지분은 균등한 것으로 추정한다. (제263조, 공유지분의 처분과 공유물의 사용, 수익) 공유자는 그 지분을 처분할 수 있고 공유물 전부를 지분의 비율로 사용, 수익할 수 있다. (제264조, 공유물의 처분, 변경) 공유자는 다른 공유자의 동의없이 공유물을 처분하거나 변경하지 못한다. (제265조, 공유물의 관리, 보존) 공유물의 관리에 관한 사항은 공유자의 지분의 과반수로써 결정한다. 그러나 보존행위는 각자가 할 수 있다. (제266조, 공유물의 부담) ① 공유자는 그 지분의 비율로 공유물의 관리비용 기타의무를 부담한다. ② 공유자가 1년 이상 전항의의무이행을 지체한 때에는 다른 공유자는 상당한 가액으로 지분을 매수할 수 있다. (제267조, 지분포기 등의 경우의 귀속) 공유자가 그 지분을 포기하거나 상속인 없이 사망한 때에는 그 지분은 다른 공유자에게 각 지분의 비율로 귀속한다.

(3) 공유물 분할

(제268조, 공유물의 분할청구) ① 공유자는 공유물의 분할을 청구할 수 있다. 그러나 5년내의 기간으로 분할하지 아니할 것을 약정할 수 있다. ② 전항의 계약을 갱신한 때에는 그 기간은 갱신한 날로부터 5년을 넘지 못한다. ③ 전2항의 규정은 제215조(건물의 구분소유), 제239조(경계표등의 공유추정)의 공유물에는 적용하지 아니한다. (제269조, 분할 의 방법) ① 분할 의 방법에 관하여 협의가 성립되지 아니한 때에는 공유자는 법원에 그 분할을 청구할 수 있다. ② 현물로 분할할 수 없거나 분할로 인하여 현저히 그 가액이 감손될 염려가 있는 때에는 법원은 물건의 경매를 명할 수 있다. 분할 의 방법은 협의에 의한 분할과 재판에 의한 분할로 구분된다. 협의에 의한 경우 현물분할 의 원칙에 따라 공유물을 그대로 약정으로 분할하는 방법이다. 대금분할은 공유물을 매각하여 그 대금을 분할하는 방법, 가격배상은 공유자의 한 사람이 단독소유권을 취득하고 다른 공유자에게 지분의 가격을 지급하는 방법이다. 재판에 의한 경우는 필수적 공동소송에 해당하는데 현물분할 의 원칙을 적용하되, 대금분할 의 경우 현물분할이 불가능 또는 현저한 가액감소의 염려가 있는 때에 활용된다. 분할은 이미 분할에 협의가 성립된 경우 공유물분할의 소를 제기하거나 공유물분할 의 소를 유지하는 것은 허용되지 않는다. (제270조, 분할로 인한 담보책임) 공유자는 다른 공유자가 분할로 인하여 취득한 물건에 대하여 그 지

분의 비율로 매도인과 동일한 담보책임이 있다.

(4) 합유

(제271조, 물건의 합유) ① 법률의 규정 또는 계약에 의하여 수인이 조합체로서 물건을 소유하는 때에는 합유로 한다. 합유자의 권리는 합유물 전부에 미친다. ② 합유에 관하여는 전항의 규정 또는 계약에 의하는 외에 다음 3조의 규정에 의한다. (제272조, 합유물의 처분, 변경과 보존) 합유물을 처분 또는 변경함에는 합유자 전원의 동의가 있어야 한다. 그러나 보존행위는 각자가 할 수 있다. (제273조, 합유지분의 처분과 합유물의 분할금지) ① 합유자는 전원의 동의없이 합유물에 대한 지분을 처분하지 못한다. ② 합유자는 합유물의 분할을 청구하지 못한다. (제274조, 합유의 종료) ① 합유는 조합체의 해산 또는 합유물의 양도로 인하여 종료한다. ② 전항의 경우에 합유물의 분할에 관하여는 공유물의 분할에 관한 규정을 준용한다.

(5) 총유

(제275조, 물건의 총유) ① 법인이 아닌 사단의 사원이 집합체로서 물건을 소유할 때에는 총유로 한다. ② 총유에 관하여는 사단의 정관 기타 계약에 의하는 외에 다음 2조의 규정에 의한다. (제276조, 총유물의 관리, 처분과 사용, 수익) ① 총유물의 관리 및 처분은 사원총회의 결의에 의한다. ② 각 사원은 정관 기타의 규약에 좇아 총유물을 사용, 수익할 수 있다. (제277조, 총유물에 관한 권리의무의 득상) 총유물에 관한 사원의 권리의무는 사원의 지위를 취득상실함으로써 취득상실된다. (제278조, 준공동소유) 본절의 규정은 소유권 이외의 재산권에 준용한다. 그러나 다른 법률에 특별한 규정이 있으면 그에 의한다.

Ⅳ. 용익물권

1. 지상권

(1) 지상권의 내용 등

(제279조, 지상권의 내용) 지상권자는 타인의 토지에 건물 기타 공작물이나 수목을 소유하기 위하여 그 토지를 사용하는 권리가 있다. 지상권은 1필 토지의 일부에 대해서도

성립하고, 영구무한의 지상권설정도 가능하다. 최단존속기간보다 짧은 기간을 정한 때에는 최단존속기간까지 연장된다. 지상권에는 부종성이 없으므로 현재 건물 기타 공작물 또는 수목이 없더라도 지상권은 유효하게 성립하고 기존의 건물 기타 공작물 또는 수목이 멸실하더라도 존속한다.

(2) 지상권의 존속기간

(제280조, 존속기간을 약정한 지상권) ① 계약으로 지상권의 존속기간을 정하는 경우에는 그 기간은 ㉠ 석조, 석회조, 연와조 또는 이와 유사한 견고한 건물이나 수목의 소유를 목적으로 하는 때에는 30년, ㉡ ㉠ 이외의 건물의 소유를 목적으로 하는 때에는 15년, ㉢ 건물 이외의 공작물의 소유를 목적으로 하는 때에는 5년의 연한보다 단축하지 못한다. ② 전항의 기간보다 단축한 기간을 정한 때에는 전항의 기간까지 연장한다. (제281조, 존속기간을 약정하지 아니한 지상권) ① 계약으로 지상권의 존속기간을 정하지 아니한 때에는 그 기간은 전조의 최단존속기간으로 한다. ② 지상권설정당시에 공작물의 종류와 구조를 정하지 아니한 때에는 지상권은 전조제2호(15년 대상)의 건물의 소유를 목적으로 한 것으로 본다. (제284조, 갱신과 존속기간) 당사자가 계약을 갱신하는 경우에는 지상권의 존속기간은 갱신한 날로부터 제280조의 최단존속기간보다 단축하지 못한다. 그러나 당사자는 이보다 장기의 기간을 정할 수 있다.

(3) 지상권의 처분 등

(제282조, 지상권의 양도, 임대) 지상권자는 타인에게 그 권리를 양도하거나 그 권리의 존속기간 내에서 그 토지를 임대할 수 있다. 지상권자는 지상권설정자의 동의 없이 양도, 임대, 담보로 제공할 수 있고, 설정행위로써 지상권의 처분성을 금지할 수 없으며, 지상권의 양도, 임대, 담보제공금지특약은 무효이다. (제283조, 지상권자의 갱신청구권, 매수청구권) ① 지상권이 소멸한 경우에 건물 기타 공작물이나 수목이 현존한 때에는 지상권자는 계약의 갱신을 청구할 수 있다. 이때 갱신청구권은 청구권이다. 지상권자의 갱신청구로 곧바로 계약갱신의 효과가 발생하는 것은 아니다. ② 지상권설정자가 계약의 갱신을 원하지 아니하는 때에는 지상권자는 상당한 가액으로 전항의 공작물이나 수목의 매수를 청구할 수 있다. 지상물매수청구권은 형성권이며, 매수청구를 할 수 있는 지상물에는 제한이 없다. 지료체납 기타 지상권자의의무위반으로 약정소멸사유가 발생한 경우 지상물매수청구권은 행사 할 수 없다. (제285조, 수거의무, 매수청구권) ① 지상권이 소멸한 때에는 지상권자는 건물 기타 공작물이나 수목을 수거하여 토지를 원상에 회복하여야 한다.

② 전항의 경우에 지상권설정자가 상당한 가액을 제공하여 그 공작물이나 수목의 매수를 청구한 때에는 지상권자는 정당한 이유없이 이를 거절하지 못한다. (제286조, 지료증감청구권) 지료가 토지에 관한 조세 기타 부담의 증감이나 지가의 변동으로 인하여 상당하지 아니하게 된 때에는 당사자는 그 증감을 청구할 수 있다. 지료는 금전에 한하지 않으며, 지료증감청구권은 형성권이다. (제287조, 지상권소멸청구권) 지상권자가 2년(연속된 2년간이 아닌 체납한 지료의 합산액이 2년분) 이상의 지료를 지급하지 아니한 때에는 지상권설정자는 지상권의 소멸을 청구할 수 있다. 지상권소멸청구권은 형성권이다. (제288조, 지상권소멸청구와 저당권자에 대한 통지) 지상권이 저당권의 목적인 때 또는 그 토지에 있는 건물, 수목이 저당권의 목적이 된 때에는 전조의 청구는 저당권자에게 통지한 후 상당한 기간이 경과함으로써 그 효력이 생긴다. (제289조, 강행규정) 제280조 내지 제287조의 규정에 위반되는 계약으로 지상권자에게 불리한 것은 그 효력이 없다.

(4) 특수한 지상권

1) 구분지상권

(제289조의2, 구분지상권) ① 지하 또는 지상의 공간은 상하의 범위를 정하여 건물 기타 공작물을 소유하기 위한 지상권의 목적으로 할 수 있다. 이 경우 설정행위로써 지상권의 행사를 위하여 토지의 사용을 제한할 수 있다. ② 제1항의 규정에 의한 구분지상권은 제3자가 토지를 사용·수익할 권리를 가진 때에도 그 권리자 및 그 권리를 목적으로 하는 권리를 가진 자 전원의 승낙이 있으면 이를 설정할 수 있다. 이 경우 토지를 사용·수익할 권리를 가진 제3자는 그 지상권의 행사를 방해하여서는 아니된다.

구분지상권에서 토지사용권은 설정행위에서 정해진 구분층에 한정하고, 설정행위로 토지소유자의 사용권을 제한할 수 있으며, 수목을 소유하기 위한 구분지상권은 설정할 수 없다. 구분지상권은 등기 시에 반드시 토지의 상하의 범위를 정하여야 하고, 기존의 이용권이 존재하는 경우 구분지상권설정에 대해 이용권자 전원의 승낙을 얻어야 한다.

2) 분묘기지권

타인의 토지 위에 분묘를 소유하기 위한 지상권 유사의 물권이다. 이는 판례에 의해 인정된 관습법상의 물권으로 토지소유자의 승낙을 얻어 분묘를 설치한 경우, 자기 소유토지에 분묘를 설치하고 그 토지를 타인에게 양도한 경우, 분묘기지권을 시효취득한 경우에 성립한다. 분묘기지권이 침해된 경우 분묘소유자는 침해배제청구가 가능하다. 분묘기지권은 분묘가 설치된 토지와 분묘의 수호 및 제사의 봉행에 필요한 주위의 빈 토지에도 효력이 미친다. 분묘기지권은 시효취득한 경우 지료지급의무가 없고, 존속기간을 약정하지 않은 경우 권리자가 분묘의 수호와 봉사를 계속하는 동안 존속한다. 평장되거나 암장된 경우는 분묘기지권을 취득할 수 없고, 기존의 분묘기지권의 효력이 미치는 범위내에서 부부합장을 위한 쌍분형태의 분묘를 새로 설치할 수 없고, 단분형태의 분묘도 설치할 수 없다.

3) 법정지상권

법정지상권은 ㉠ 제305조 제1항(건물의 전세권과 법정지상권) 대지와 건물이 동일한 소유자에 속한 경우에 건물에 전세권을 설정한 때에는 그 대지소유권의 특별승계인은 전세권설정자에 대하여 지상권을 설정한 것으로 본다. 그러나 지료는 당사자의 청구에 의하여 법원이 이를 정한다에 따른 토지와 건물이 동일인의 소유에 속한 경우에 건물에 대해서만 전세권이 설정된 후 토지의 소유자가 변경된 경우 그 토지소유권의 특별승계인은 전세권설정자(건물소유자)에 대해 지상권을 설정한 것으로 본다. ㉡ 제366조(법정지상권) 저당물의 경매로 인하여 토지와 그 지상건물이 다른 소유자에 속한 경우에는 토지소유자는 건물소유자에 대하여 지상권을 설정한 것으로 본다. 그러나 지료는 당사자의 청구에 의하여 법원이 이를 정한다)에 따라 토지와 건물이 동일인의 소유에 속한 경우에 토지 또는 건물에 저당권이 설정된 후 토지와 건물의 소유자가 다르게 된 경우 토지소유자는 건물소유자에 대해 지상권을 설정한 것으로 본다. ㉢ 가등기담보등에관한법률 제10조에 따라 토지와 그 지상건물이 동일인의 소유에 속한 경우 토지 또는 건물에 가등기담보권, 양도담보권, 매도담보권이 설정된 후 그 담보권의 실행으로 토지와 건물의 소유자가 다르게 된 경우 토지소유자는 건물소유자에 대해 지상권을 설정한 것으로 본다. ㉣ 입목에관한법률 제6조에 따라 토지와 입목이 동일인의 소유에 속한 경우 경매 기타의 사유로 토지와 입목의 소유자가 다르게 된 경우 토지소유자는 입목소유자에 대해 지상권을 설정한 것으로 본다. 이러한 법정지상권은 강행규정으로 당사자의 특약으로 배제가 불가능하다.

4) 관습법상의 법정지상권

토지와 건물이 동일인의 소유였다가 토지와 건물 중 하나가 매매 기타 사유로 토지와 건물 소유자가 다르게 된 경우 건물을 철거한다는 특약이 없는 한 건물소유자가 당연히 취득하게 되는 지상권을 말한다. 관습법상의 법정지상권은 임의규정으로 판례에 의해 인정된 관습법의 물권이다. 성립요건으로 토지와 건물이 동일인의 소유에 속할 것, 토지와 건물 중 어느 하나가 매매 기타 사유로 소유자가 다르게 될 것, 당사자 사이에 건물을 철거한다는 특약이 없을 것을 요한다. 관습법상의 법정지상권의 효력에 관해서는 지상권에 관한 규정이 유추 적용되고 관습법상의 법정지상권은 법률규정에 의한 물권변동이므로 등기 없이 취득한다. 다만 관습법상의 법정지상권을 처분하는 경우는 등기하여야 한다. 관습법상의 법정지상권은 미등기건물, 무허가건물에도 성립하고, 매매, 증여, 공유물분할, 귀속재산의 불하, 강제경매, 국세징수법에 의한 경매 등에 의한 소유자변경인 경우이지만, 토지와 건물을 함께 매매하면서 대지만을 소유권이전등기하고 건물은 이전등기하지 않아 형식적으로 소유자가 다르게 된 경우는 관습법상의 법정지상권이 인정되지 않는다.

2. 지역권

(1) 지역권의 내용

(제291조, 지역권의 내용) 지역권자는 일정한 목적을 위하여 타인의 토지를 자기토지의 편익에 이용하는 권리가 있다. 지역권은 법률행위에 의한 취득(지역권설정계약과 등기)과 법률규정에 의한 취득(상속, 취득시효)으로 구분된다. 지역권은 존속기간에 대한 규정이 없어 영구무한의 설정도 가능하다. 지역권자는 승역지이용권, 지역권에 기한 물권적 청구권을 가지며, 승역지소유자는 부작위의무와 공작물의 설치 또는 수선의무를 부담한다. 지역권에서 편익을 받는 것은 사람이 아니고 토지이다. 토지소유자, 지상권자, 전세권자, 임차권자 모두 지역권자가 될 수 있다. 요역지는 반드시 1필의 토지이어야 하며, 승역지는 1필의 토지와 일부이어도 무방하고, 요역지와 승역지는 반드시 인접할 필요가 없다.

(2) 지역권의 특성

하나의 승역지에 여러 개의 지역권이 설정될 수 있다. 지역권은 요역지소유권에 부종하여 이전하며 요역지에 대한 소유권 이외의 권리의 목적이 된다. 지역권은 요역지와 분리하여 지역권만을 양도하거나 다른 권리의 목적으로 할 수 없다. 토지소유자의 1인은 그의 지분에 관하여 그 토지를 위한 지역권 또는 그 토지가 부담한 지역권을 소멸하게 할 수 없다. 요역지 또는 승역지가 분할하거나 일부 양도된 경우 지역권은 요역지의 각 부분을 위하여 또는 승역지의 각 부분에 존속한다. 공유자 1인이 지역권을 취득한 때에는 다른 공유자도 이를 취득한다. 점유로 인한 지역권취득기간의 중단은 지역권을 행사하는 모든 공유자에 대하여 하여야 효력이 발생한다. 요역지의 공유자1인에 의한 지역권소멸시효의 중단 또는 정지는 다른 공유자에 대하여 효력이 있다. 지역권은 계속되고 표현된 지역권에 한해 시효취득이 가능하다. 통행지역권의 경우 요역지소유자가 승역지상의 통로를 개설하여 승역지를 항시 사용하고 있다는 객관적 상태가 제245조(점유로 인한 부동산 소유권의 취득기간)에 규정된 기간 동안 계속된 사실이 있어야 시효취득할 수 있다.

(제292조, 부종성) ① 지역권은 요역지소유권에 부종하여 이전하며 또는 요역지에 대한 소유권이외의 권리의 목적이 된다. 그러나 다른 약정이 있는 때에는 그 약정에 의한다. ② 지역권은 요역지와 분리하여 양도하거나 다른 권리의 목적으로 하지 못한다. (제293조, 공유관계, 일부양도와 불가분성) ① 토지공유자의 1인은 지분에 관하여 그 토지를 위한 지역권 또는 그 토지가 부담한 지역권을 소멸하게 하지 못한다. ② 토지의 분할이나 토지의 일부양도의 경우에는 지역권은 요역지의 각 부분을 위하여 또는 그 승역지의 각 부분에 존속한다. 그러나 지역권이 토지의 일부분에만 관한 것인 때에는 다른 부분에 대하여는 그러하지 아니하다. (제294조, 지역권취득기간) 지역권은 계속되고 표현된 것에 한하여 제245조의 규정을 준용한다. (제295조, 취득과 불가분성) ① 공유자의 1인이 지역권을 취득한 때에는 다른 공유자도 이를 취득한다. ② 점유로 인한 지역권취득기간의 중단은 지역권을 행사하는 모든 공유자에 대한 사유가 아니면 그 효력이 없다. (제296조, 소멸시효의 중단, 정지와 불가분성) 요역지가 수인의 공유인 경우에 그 1인에 의한 지역권소멸시효의 중단 또는 정지는 다른 공유자를 위하여 효력이 있다.

(제297조, 용수지역권) ① 용수승역지의 수량이 요역지 및 승역지의 수요에 부족한 때에는 그 수요정도에 의하여 먼저 가용에 공급하고 다른 용도에 공급하여야 한다. 그러나 설정행위에 다른 약정이 있는 때에는 그 약정에 의한다. ② 승역지에 수개의 용수지역권이 설정된 때에는 후순위의 지역권자는 선순위의 지역권자의 용수를 방해하지 못한다. (제298조, 승역지소유자의 의무와 승계)계약에 의하여 승역지소유자가 자기의 비용으로 지역권의 행사를 위하여 공작물의 설치 또는 수선의의무를 부담한 때에는 승역지소유자의 특별승계인도 그의무를 부담한다. (제299조, 위기에 의한 부담면제) 승역지의 소유자는 지역권에 필요한 부분의 토지소유권을 지역권자에게 위기하여 전조의 부담을 면할 수 있다. (제300조, 공작물의 공동사용) ① 승역지의 소유자는 지역권의 행사를 방해하지 아니하는 범위내에서 지역권자가 지역권의 행사를 위하여 승역지에 설치한 공작물을 사용할 수 있다. ② 전항의 경우에 승역지의 소유자는 수익정도의 비율로 공작물의 설치, 보존의 비용을 분담하여야 한다. (제301조, 준용규정) 제214조(소유물 방해제거, 방해예방 청구권)의 규정은 지역권에 준용한다. (제302조, 특수지역권) 어느 지역의 주민이 집합체의 관계로 각자가 타인의 토지에서 초목, 야생물 및 토사의 채취, 방목 기타의 수익을 하

는 권리가 있는 경우에는 관습에 의하는 외에 본장의 규정을 준용한다.

3. 전세권

(1) 전세권의 내용 등

전세금을 지급하고 타인의 부동산을 점유하여 부동산의 용도에 따라 사용 수익하는 용익물권으로서 전세권이 소멸하면 목적부동산으로부터 전세금의 우선변제를 받을 수 있는 권리이다. 전세권은 타물권, 용익물권, 담보물권의 성격을 갖으며, 1필 토지의 일부, 1동 건물의 일부에 대하여도 전세권이 성립할 수 있다. 지상권과 동일한 목적을 위해 전세권을 설정하는 것이 가능하고, 전세금의 지급은 전세권의 성립요건이며, 전세금이 현실적으로 수수되어야 하는 것은 아니고 기존채권으로 전세금의 지급에 갈음하는 것도 가능하다.

(제303조, 전세권의 내용) ① 전세권자는 전세금을 지급하고 타인의 부동산을 점유하여 그 부동산의 용도에 좇아 사용·수익하며, 그 부동산 전부에 대하여 후순위권리자 기타 채권자보다 전세금의 우선변제를 받을 권리가 있다. ② 농경지는 전세권의 목적으로 하지 못한다. (제304조, 건물의 전세권, 지상권, 임차권에 대한 효력) ① 타인의 토지에 있는 건물에 전세권을 설정한 때에는 전세권의 효력은 그 건물의 소유를 목적으로 한 지상권 또는 임차권에 미친다. ② 전항의 경우에 전세권설정자는 전세권자의 동의없이 지상권 또는 임차권을 소멸하게 하는 행위를 하지 못한다. (제305조, 건물의 전세권과 법정지상권) ① 대지와 건물이 동일한 소유자에 속한 경우에 건물에 전세권을 설정한 때에는 그 대지소유권의 특별승계인은 전세권설정자에 대하여 지상권을 설정한 것으로 본다. 그러나 지료는 당사자의 청구에 의하여 법원이 이를 정한다. ② 전항의 경우에 대지소유자는 타인에게 그 대지를 임대하거나 이를 목적으로 한 지상권 또는 전세권을 설정하지 못한다.

(제306조, 전세권의 양도, 임대 등) 전세권자는 전세권을 타인에게 양도 또는 담보로 제공할 수 있고 그 존속기간내에서 그 목적물을 타인에게 전전세 또는 임대할 수 있다. 그러나 설정행위로 이를 금지한 때에는 그러하지 아니하다. (제307조, 전세권양도의 효력) 전세권양수인은 전세권설정자에 대하여 전세권양도인과 동일한 권리의무가 있다. (제308조, 전전세 등의 경우의 책임) 전세권의 목적물을 전전세 또는 임대한 경우에는 전세권자는 전전세 또는 임대하지 아니하였으면 면할 수 있는 불가항력으로 인한 손해에 대하여 그 책임을 부담한다.

(제309조, 전세권자의 유지, 수선의무) 전세권자는 목적물의 현상을 유지하고 그 통상의 관리에 속한 수선을 하여야 한다. (제310조, 전세권자의 상환청구권) ① 전세권자가 목적물을 개량하기 위하여• 지출한 금액 기타 유익비에 관하여는 그 가액의 증가가 현존한 경우에 한하여 소유자의 선택에 좇아 그 지출액이나 증가액의 상환을 청구할 수 있다. ② 전항의 경우에 법원은 소유자의 청구에 의하여 상당한 상환기간을 허여할 수 있다. (제311조, 전세권의 소멸청구) ① 전세권자가 전세권설정계약 또는 그 목적물의 성질에 의하여 정하여진 용법으로 이를 사용, 수익하지 아니한 경우에는 전세권설정자는 전세권의 소멸을 청구할 수 있다. ② 전항의 경우에는 전세권설정자는 전세권자에 대하여 원상회복 또는 손해배상을 청구할 수 있다. (제312조, 전세권의 존속기간) ① 전세권의 존속기간은 10년을 넘지 못한다. 당사자의 약정기간이 10년을 넘는 때에는 이를 10년으로 단축한다. ② 건물에 대한 전세권의 존속기간을 1년 미만으로 정한 때에는 이를 1년으로 한다. ③ 전세권의 설정은 이를 갱신할 수 있다. 그 기간은 갱신한 날로부터 10년을 넘지 못한다. ④ 건물의 전세권설정자가 전세권의 존속기간 만료전 6월부터 1월까지 사이에 전세권자에 대하여 갱신거절의 통지 또는 조건을 변경하지 아니하면 갱신하지 아니한다는 뜻의 통지를 하지 아니한 경우에는 그 기간이 만료된 때에 전전세권과 동일한 조건으로 다시 전세권을 설정한 것으로 본다. 이 경우 전세권의 존속기간은 그 정함이 없는 것으로 본다. 전세권은 건물전세권 외에는 최단존속기간의 제한규정이 없다. 법정갱신은 법률규정에 의한 전세권의 존속기간의 변경이므로 등기할 필요가 없다.

(제312조의2, 전세금 증감청구권) 전세금이 목적 부동산에 관한 조세·공과금 기타 부담의 증감이나 경제사정의 변동으로 인하여 상당하지 아니하게 된 때에는 당사자는 장래에 대하여 그 증감을 청구할 수 있다. 그러나 증액의 경우에는 대통령령이 정하는 기준에 따른 비율을 초과하지 못한다. (제313조, 전세권의 소멸통고) 전세권의 존속기간을 약정하지 아니한 때에는 각 당사자는 언제든지 상대방에 대하여 전세권의 소멸을 통고할 수 있고 상대방이 이 통고를 받은 날로부터 6월이 경과하면 전세권은 소멸한다. (제314조, 불가항력으로 인한 멸실) ① 전세권의 목적물의 전부 또는 일부가 불가항력으로 인하여 멸실된 때에는 그 멸실된 부분의 전세권은 소멸한다. ② 전항의 일부멸실의 경우에 전세권자가 그 잔존부분으로 전세권의 목적을 달성할 수 없는 때에는 전세권설정자에 대하여 전세권전부의 소멸을 통고하고 전세금의 반환을 청구할 수 있다.

(제315조, 전세권자의 손해배상책임) ① 전세권의 목적물의 전부 또는 일부가 전세권자에 책임있는 사유로 인하여 멸실된 때에는 전세권자는 손해를 배상할 책임이 있다. ②

전항의 경우에 전세권설정자는 전세권이 소멸된 후 전세금으로써 손해의 배상에 충당하고 잉여가 있으면 반환하여야 하며 부족이 있으면 다시 청구할 수 있다. (제316조, 원상회복의무, 매수청구권) ① 전세권이 그 존속기간의 만료로 인하여 소멸한 때에는 전세권자는 그 목적물을 원상에 회복하여야 하며 그 목적물에 부속시킨 물건은 수거할 수 있다. 그러나 전세권설정자가 그 부속물건의 매수를 청구한 때에는 전세권자는 정당한 이유없이 거절하지 못한다. ② 전항의 경우에 그 부속물건이 전세권설정자의 동의를 얻어 부속시킨 것인 때에는 전세권자는 전세권설정자에 대하여 그 부속물건의 매수를 청구할 수 있다. 그 부속물건이 전세권설정자로부터 매수한 것인 때에도 같다. (제317조, 전세권의 소멸과 동시이행) 전세권이 소멸한 때에는 전세권설정자는 전세권자로부터 그 목적물의 인도 및 전세권설정등기의 말소등기에 필요한 서류의 교부를 받는 동시에 전세금을 반환하여야 한다. (제318조, 전세권자의 경매청구권) 전세권설정자가 전세금의 반환을 지체한 때에는 전세권자는 민사집행법의 정한 바에 의하여 전세권의 목적물의 경매를 청구할 수 있다. (제319조, 준용규정) 제213조(소유물반환청구), 제214조(소유물방해제거, 방해예방청구권), 제216조 내지 제244조의 규정[36]은 전세권자간 또는 전세권자와 인지소유자 및 지상권자간에 이를 준용한다.

(2) 전세권의 효력과 전전세

전세권은 전세계약내용이 범위에 미친다. 다만 타인의 토지에 있는 건물에 전세권을 설정한 때에는 그 건물의 소유를 목적으로 한 지상권 또는 임차권에 미친다. 대지와 건물이 동일한 소유자에 속한 경우 건물에 전세권을 설정한 때는 그 대지소유권의 특별승계인은 전세권설정자에 대해 지상권을 설정한 것으로 본다(법정지상권). 전세권자는 사용·수익할 권리, 현상유지·수선의무, 상린관계규정의 준용, 물권적 청구권의 권리와의무를 가진다. 전세권의 처분방법은 양도, 임대, 전전세, 담보제공을 들 수 있고, 전세권처분 시 전

---

36) (제216조, 인지사용청구권), (제217조, 매연 등에 의한 인지에 대한 방해금지), (제218조, 수도 등 시설권), (제219조, 주위토지통행권), (제220조, 분할, 일부양도와 주위통행권), (제221조, 자연유수의 승수의무와 권리), (제222조, 소통공사권), (제223조, 저수, 배수, 인수를 위한 공작물에 대한 공사청구권), (제224조, 관습에 의한 비용부담), (제225조, 처마물에 대한 시설의무), (제226조, 여수소통권), (제227조, 유수용공작물의 사용권), (제228조, 여수급여청구권), (제229조, 수류의 변경), (제230조, 언의 설치, 이용권), (제231조, 공유하천용수권), (제232조, 하류 연안의 용수권보호), (제233조, 용수권의 승계), (제234조, 용수권에 관한 다른 관습), (제235조, 공용수의 용수권), (제236조, 용수장해의 공사와 손해배상, 원상회복), (제237조, 경계표, 담의 설치권), (제238조, 담의 특수시설권), (제239조, 경계표 등의 공유추정), (제240조, 수지, 목근의 제거권), (제241조, 토지의 심굴금지), (제242조, 경계선부근의 건축), (제243조, 차면시설의무), (제244조, 지하시설 등에 대한 제한).

세권설정자의 동의는 필요치 않다. 한편 설정행위로써 전세권의 처분을 금지할 수 있다.

전전세는 원전세권은 그대로 유지하면서 그 전세권을 목적으로 하는 전세권을 다시 설정하는 것으로, 전전세권설정계약과 등기가 있어야 성립한다. 당사자는 전전세권설정자(원전세권자)와 전전세권자이고, 전전세금의 지급은 전전세금의 성립요소이며, 전전세권은 원전세권에 종속한다. 전전세권자는 전세권자로서의 모든 권리를 가지나 원전세권설정자에 대해서는 아무런 권리의무를 가지지 않고, 전세권자는 전전세하지 아니하였으면 면할 수 있는 불가항력으로 인한 손해에 대해 책임을 부담한다. 전전세권자도 경매권과 우선변제권을 가지나 전전세권의 존속기간이 만료한 경우 전전세권자는 즉시 경매를 청구할 수 있는 것은 아니다.

(3) 전세권소멸의 법률관계

일반적인 전세권의 소멸원인은 목적물의 멸실, 공용징수, 혼동, 소멸시효, 존속기간의 만료, 약정소멸사유의 발생, 전세권에 우선하는 저당권의 실행에 의한 경매를 들 수 있고, 특수한 원인으로는 전세권설정자의 소멸청구, 각 당사자의 소멸통고, 전세권의 포기, 목적물의 멸실을 들 수 있다. 전세권설정자의 전세금반환의무와 전세권자의 목적물 인도 및 전세권설정등기의 말소등기에 필요한 서류의 교부는 동시이행관계에 있으며, 부동산이 일부에 대해 전세권이 설정된 경우 전세권자는 전세권의 목적물이 아닌 나머지 부분에 대해서는 경매신청권은 없다. 전세권이 존속기간의 만료로 인해 소멸한 때는 전세권설정자가 그 부속물의 매수청구를 한 경우 전세권자는 정당한 이유없이 거절할 수 없고, 전세권이 존속기간이 만료로 인해 소멸한 때에 전세권자는 그 부속물이 전세권설정자의 동의를 얻어 부속시키거나 전세권설정자로부터 매수한 때에 한해 전세권설정자에 대해 부속물매수청구를 할 수 있다.

V. 담보물권

1. 담보물권 일반

담보물권의 통유성은 네 가지로 정리할 수 있는데, 부종성은 성립상의 부종성(피담보채권이 성립해야 담보물권도 성립), 존속상의 부종성(피담보채권이 소멸하면 담보물권도 소멸)을 가지고, 수반성은 피담보채권이 이전하면 담보물권도 함께 이전되며, 물상대위성은 담보물권의 목적물이 멸실, 훼손, 공용징수로 인해 소멸한 경우 담보물권은 그 변형물 또는 대표물 위에 효력이 미치고, 불가분성은 채권전부를 변제받을 때까지 목적물 전부에 대해 권리를 행사할 수 있다. 여기에서 물상대위는 우선변제적 효력이 인정되는 질권과 저당권에만 인정되고 유치권에는 인정되지 않으며, 추급력이 끝나는 곳에서 시작되므로 목적물의 매매로 인한 매매대금에 대해서는 물상대위를 할 수 없고, 물상대위를 행사하기 위해서는 목적물에 갈음하는 금전 기타 물건의 지급 또는 인도 받기 전에 압류해야 하며, 압류는 특정성을 보존하기 위한 것이므로 제3자에 의해 이루어져도 무방하다.

<table>
<tr><th>구분</th><th>성질</th><th>경매권</th><th>별제권</th><th>간이변제충당</th><th>유치적효력</th><th>우선변제적효력</th></tr>
<tr><td>유치권</td><td>법정</td><td rowspan="4">있음</td><td rowspan="4">있음</td><td rowspan="2">가능</td><td rowspan="2">있음</td><td>없음</td></tr>
<tr><td>질권</td><td rowspan="3">약정</td><td rowspan="3">있음</td></tr>
<tr><td>저당권</td><td>불가</td><td>없음</td></tr>
<tr><td>전세권</td><td>수익적 효력</td><td>있음</td></tr>
</table>

2. 유치권

(1) 유치권의 성립과 내용

유치권은 법정담보물권이며, 유치권규정은 임의규정이므로 특약으로 배제 가능하다. 유치권의 성립요건은 타인의 물건 또는 유가증권일 것, 적법한 점유일 것, 채권과 목적물 사이에 견련성이 있을 것, 피담보채권의 변제기가 도래할 것, 유치권배제의 특약이 없을 것을 요한다. 유치권은 부동산에 대해서도 성립하고, 점유는 유치권의 존속요건이므로 점유를 상실하면 유치권은 소멸한다. 점유를 침탈당한 후 1년내에 점유를 회수한 경우 처음부터 점유를 상실하지 않은 것으로 되므로 유치권도 소멸하지 않은 것으로 된다. 불법행위에 의해 점유를 개시한 경우는 유치권은 성립하지 않으며, 유치권 행사기간 중의 점유에 대해서는 유치권 성립이 가능하다. 유익비상환청구권에 대해 법원이 상당한 상환기간을 허여한 경우에는 유치권은 성립하지 않는다.

(제320조, 유치권의 내용) ① 타인의 물건 또는 유가증권을 점유한 자는 그 물건이나 유가증권에 관하여 생긴 채권이 변제기에 있는 경우에는 변제를 받을 때까지 그 물건 또는 유가증권을 유치할 권리가 있다. ② 전항의 규정은 그 점유가 불법행위로 인한 경우에 적용하지 아니한다. (제321조, 유치권의 불가분성) 유치권자는 채권전부의 변제를 받을 때까지 유치물 전부에 대하여 그 권리를 행사할 수 있다. (제322조, 경매, 간이변제충당)

① 유치권자는 채권의 변제를 받기 위하여 유치물을 경매할 수 있다. ② 정당한 이유있는 때에는 유치권자는 감정인의 평가에 의하여 유치물로 직접 변제에 충당할 것을 법원에 청구할 수 있다. 이 경우에는 유치권자는 미리 채무자에게 통지하여야 한다. (제323조, 과실수취권) ① 유치권자는 유치물의 과실을 수취하여 다른 채권보다 먼저 그 채권의 변제에 충당할 수 있다. 그러나 과실이 금전이 아닌 때에는 경매하여야 한다. ② 과실은 먼저 채권의 이자에 충당하고 그 잉여가 있으면 원본에 충당한다. (제324조, 유치권자의 선관의무) ① 유치권자는 선량한 관리자의 주의로 유치물을 점유하여야 한다. ② 유치권자는 채무자의 승낙없이 유치물의 사용, 대여 또는 담보제공을 하지 못한다. 그러나 유치물의 보존에 필요한 사용은 그러하지 아니하다. ③ 유치권자가 전2항의 규정에 위반한 때에는 채무자는 유치권의 소멸을 청구할 수 있다. (제325조, 유치권자의 상환청구권) ① 유치권자가 유치물에 관하여 필요비를 지출한 때에는 소유자에게 그 상환을 청구할 수 있다. ② 유치권자가 유치물에 관하여 유익비를 지출한 때에는 그 가액의 증가가 현존한 경우에 한하여 소유자의 선택에 좇아 그 지출한 금액이나 증가액의 상환을 청구할 수 있다. 그러나 법원은 소유자의 청구에 의하여 상당한 상환기간을 허여할 수 있다. (제326조, 피담보채권의 소멸시효) 유치권의 행사는 채권의 소멸시효의 진행에 영향을 미치지 아니한다. (제327조, 타담보제공과 유치권소멸) 채무자는 상당한 담보를 제공하고 유치권의 소멸을 청구할 수 있다. (제328조, 점유상실과 유치권소멸) 유치권은 점유의 상실로 인하여 소멸한다.

(2) 채권과 목적물과의 견련성

수리대금채권, 목적물에 지출한 비용상환청구권, 목적물로부터 받은 손해에 대한 손해배상청구권, 도급인 소유의 완성물에 대한 수급인의 공사대금채권, 매매계약이 무효·취소된 경우, 우연히 물건을 서로 바꾸어 간 경우 등은 견련성이 인정되고, 보증금반환채권, 권리금반환채권, 부속물매수청구권의 행사로 취득한 매매대금채권, 사람의 배신행위에 기한 손해배상청구권을 담보하기 위한 경우 등은 견련성이 인정되지 않는다.

(3) 유치권의 효력

유치권의 효력에는 목적물의 유치권, 경매권, 간이변제충당권, 우선변제권의 여부(법률상 우선변제권 없다), 과실수취권, 유치물사용권(승낙에 의한 사용권, 보존에 필요한 사용권), 비용상환청구권(필요비, 유익비), 선관주의의무의 효력이 있다. 부동산임차인은 비용상환청구권에 관한 유치권을 행사하기 위해 종전대로 그 부동산을 사용할 수 있으나 그 동안의 사용이익은 부당이득으로 채무자에게 반환하여야 하며, 원고의 목적물인도청구의 소에 대해 피고가 유치권을 주장하는 경우 법원은 상환이행판결을 하고, 유치물이 경락된 경우 유치권자는 매수인에게도 유치권이 효력을 주장할 수 있다. 유치권자는 법률상 우선 변제권은 없으나 사실상 우선 변제받는 경우는 있다. 유치권자는 채무자의 승낙이 있는 때에는 유치물을 사용, 대여, 담보로 제공할 수 있으나 보존에 필요한 사용은 승낙이 없어도 가능하다.

(4) 유치권의 소멸

일반적인 소멸원인은 목적물의 멸실, 공용징수, 혼동, 몰수, 포기, 피담보채권의 소멸을 들 수 있고, 특별한 소멸원인은 유치권소멸청구, 점유의 상실을 들 수 있다. 유치권은 유치권자가 점유하는 동안은 시효로 소멸하지 않으며, 채권자가 유치권을 행사하더라도 피담보채권의 소멸시효는 그와 관계없이 진행한다. 유치권자가 선관주의의무나 사용금지의무를 위반할 경우 채무자는 유치권소멸청구를 할 수 있고, 채무자는 상당한 담보를 제공하고 유치권의 소멸을 청구할 수 있다.

3. 저당권

(1) 저당권 일반

저당권은 공시의 원칙(저당권은 등기, 등록에 의해 공시하여야 함), 특정의 원칙(현존하는 특정의 목적물 위에만 성립한다), 순위확정의 원칙(먼저 등기한 저당권은 후에 등기된 저당권에 의해 그 순위가 내려가지 않고, 주어진 저당권의 순위는 선순위 저당권이 소멸하더라도 순위가 상승하지 않음), 독립의 원칙(피담보채권으로부터의 독립, 후순위저당권으로부터의 독립), 유통성확보의 원칙(저당권을 증권화하여 금융시장에 유통시켜야 함)의 특질이 있다. 우리 민법은 공시의 원칙과 특정의 원칙, 순위확정의 원칙 중 순위가 내려가지 않는다는 점을 인정하고 있다.

(제356조, 저당권의 내용) 저당권자는 채무자 또는 제3자가 점유를 이전하지 아니하고 채무의 담보로 제공한 부동산에 대하여 다른 채권자보다 자기채권의 우선변제를 받을 권리가 있다. (제357조, 근저당) ① 저당권은 그 담보할 채무의 최고액만을 정하고 채무의 확정을 장래에 보류하여 이를 설정할 수 있다. 이 경우에는 그 확정될 때까지의 채무의 소멸 또는 이전은 저당권에 영향을 미치지 아니한다. ② 전항의 경우에는 채무의 이자는 최고액 중에 산입한 것으로 본다. (제358조, 저당권의 효력의 범위) 저당권의 효력은 저

당부동산에 부합된 물건과 종물에 미친다. 그러나 법률에 특별한 규정 또는 설정행위에 다른 약정이 있으면 그러하지 아니하다. (제359조, 과실에 대한 효력) 저당권의 효력은 저당부동산에 대한 압류가 있은 후에 저당권설정자가 그 부동산으로부터 수취한 과실 또는 수취할 수 있는 과실에 미친다. 그러나 저당권자가 그 부동산에 대한 소유권, 지상권 또는 전세권을 취득한 제3자에 대하여는 압류한 사실을 통지한 후가 아니면 이로써 대항하지 못한다. (제360조, 피담보채권의 범위) 저당권은 원본, 이자, 위약금, 채무불이행으로 인한 손해배상 및 저당권의 실행비용을 담보한다. 그러나 지연배상에 대하여는 원본의 이행기일을 경과한 후의 1년분에 한하여 저당권을 행사할 수 있다.

(제361조, 저당권의 처분제한) 저당권은 그 담보한 채권과 분리하여 타인에게 양도하거나 다른 채권의 담보로 하지 못한다. (제362조, 저당물의 보충) 저당권설정자의 책임있는 사유로 인하여 저당물의 가액이 현저히 감소된 때에는 저당권자는 저당권설정자에 대하여 그 원상회복 또는 상당한 담보제공을 청구할 수 있다. (제363조, 저당권자의 경매청구권, 경매인) ① 저당권자는 그 채권의 변제를 받기 위하여 저당물의 경매를 청구할 수 있다. ② 저당물의 소유권을 취득한 제삼자도 경매인이 될 수 있다. (제364조, 제3취득자의 변제) 저당부동산에 대하여 소유권, 지상권 또는 전세권을 취득한 제3자는 저당권자에게 그 부동산으로 담보된 채권을 변제하고 저당권의 소멸을 청구할 수 있다. (제365조, 저당지상의 건물에 대한 경매청구권) 토지를 목적으로 저당권을 설정한 후 그 설정자가 그 토지에 건물을 축조한 때에는 저당권자는 토지와 함께 그 건물에 대하여도 경매를 청구할 수 있다. 그러나 그 건물의 경매대가에 대하여는 우선변제를 받을 권리가 없다. (제366조, 법정지상권) 저당물의 경매로 인하여 토지와 그 지상건물이 다른 소유자에 속한 경우에는 토지소유자는 건물소유자에 대하여 지상권을 설정한 것으로 본다. 그러나 지료는 당사자의 청구에 의하여 법원이 이를 정한다. (제367조, 제3취득자의 비용상환청구권) 저당물의 제3취득자가 그 부동산의 보존, 개량을 위하여 필요비 또는 유익비를 지출한 때에는 제203조[37] 제1항, 제2항의 규정에 의하여 저당물의 경매대가에서 우선상환을 받을 수 있다. (제368조, 공동저당과 대가의 배당, 차순위자의 대위) ① 동일한 채권의 담보로 수개의 부동산에 저당권을 설정한 경우에 그 부동산의 경매대가를 동시에 배당하는 때에

37) **제203조(점유자의 상환청구권)** ① 점유자가 점유물을 반환할 때에는 회복자에 대하여 점유물을 보존하기 위하여 지출한 금액 기타 필요비의 상환을 청구할 수 있다. 그러나 점유자가 과실을 취득한 경우에는 통상의 필요비는 청구하지 못한다. ② 점유자가 점유물을 개량하기 위하여 지출한 금액 기타 유익비에 관하여는 그 가액의 증가가 현존한 경우에 한하여 회복자의 선택에 좇아 그 지출금액이나 증가액의 상환을 청구할 수 있다. ③ 전항의 경우에 법원은 회복자의 청구에 의하여 상당한 상환기간을 허여할 수 있다.

는 각부동산의 경매대가에 비례하여 그 채권의 분담을 정한다. ② 전항의 저당부동산중 일부의 경매대가를 먼저 배당하는 경우에는 그 대가에서 그 채권전부의 변제를 받을 수 있다. 이 경우에 그 경매한 부동산의 차순위저당권자는 선순위저당권자가 전항의 규정에 의하여 다른 부동산의 경매대가에서 변제를 받을 수 있는 금액의 한도에서 선순위자를 대위하여 저당권을 행사할 수 있다.

(제369조, 부종성) 저당권으로 담보한 채권이 시효의 완성 기타 사유로 인하여 소멸한 때에는 저당권도 소멸한다. (제370조, 준용규정) 제214조(소유물방해제거, 방해예방청구권), 제321조(유치권의 불가분성), 제333조[38], 제340조[39], 제341조[40] 및 제342조[41]의 규정은 저당권에 준용한다. (제371조, 지상권, 전세권을 목적으로 하는 저당권) ① 본장의 규정은 지상권 또는 전세권을 저당권의 목적으로 한 경우에 준용한다. ② 지상권 또는 전세권을 목적으로 저당권을 설정한 자는 저당권자의 동의없이 지상권 또는 전세권을 소멸하게 하는 행위를 하지 못한다. (제372조, 타법률에 의한 저당권) 본장의 규정은 다른 법률에 의하여 설정된 저당권에 준용한다.

(2) 저당권의 성립 및 효력범위 등

1) 저당권의 성립

저당권은 저당권설정계약으로 등기하면 성립하는데 이를 약정저당권이라고 한다. 아울러 법률의 규정에 따라 법정저당권이 성립하는데, 이러한 예로 제649조(임차지상의 건물에 대한 법정저당권)에서는 토지임대인이 변제기를 경과한 최후 2년의 차임채권에 의하여 그 지상에 있는 임차인소유의 건물을 압류한 때에는 저당권과 동일한 효력이 있다. 제666조(수급인의 목적부동산에 대한 저당권설정청구권)부동산공사의 수급인은 전조[42]의

38) **제330조(설정계약의 요물성)** 질권의 설정은 질권자에게 목적물을 인도함으로써 그 효력이 생긴다.

39) **제340조(질물 이외의 재산으로부터의 변제)** ① 질권자는 질물에 의하여 변제를 받지 못한 부분의 채권에 한하여 채무자의 다른 재산으로부터 변제를 받을 수 있다. ② 전항의 규정은 질물보다 먼저 다른 재산에 관한 배당을 실시하는 경우에는 적용하지 아니한다. 그러나 다른 채권자는 질권자에게 그 배당금액의 공탁을 청구할 수 있다

40) **제341조(물상보증인의 구상권)** 타인의 채무를 담보하기 위한 질권설정자가 그 채무를 변제하거나 질권의 실행으로 인하여 질물의 소유권을 잃은 때에는 보증채무에 관한 규정에 의하여 채무자에 대한 구상권이 있다.

41) **제342조(물상대위)** 질권은 질물의 멸실, 훼손 또는 공용징수로 인하여 질권설정자가 받을 금전 기타 물건에 대하여도 이를 행사할 수 있다. 이 경우에는 그 지급 또는 인도전에 압류하여야 한다.

42) **제665조(보수의 지급시기)** ① 보수는 그 완성된 목적물의 인도와 동시에 지급하여야 한다. 그러나 목적물의 인도를 요하지 아니하는 경우에는 그 일을 완성한 후 지체없이 지급하여야 한다. ② 전항의 보수에 관하여는 제656조제2항의 규정을 준용한다. 제656조(보수액과 그 지급시기) ① 보수 또는 보수액의 약정이 없는 때에는 관습에 의하여 지급하여야 한다. ② 보수는 약정한 시기에 지급하여야 하

보수에 관한 채권을 담보하기 위하여 그 부동산을 목적으로 한 저당권의 설정을 청구할 수 있다고 규정하고 있다. 민법상 저당권의 객체는 토지, 건물, 지상권, 전세권이며, 특별법상 저당권의 객체로는 선박, 자동차, 항공기, 건설기계, 입목, 광업권, 어업권, 각종 재단저당 등이다. 피담보채권은 금전채권이어야 하는 것은 아니며, 장래의 특정, 불특정채권을 위해서도 저당권설정이 가능하다. 저당권설정자는 채무자뿐만 아니라 물상보증인도 포함되며 저당권자는 피담보채권의 채권자에 한하지만 판례는 합의가 있으면 제3자도 가능하다고 판단하고 있다.

2) 저당권의 효력이 미치는 범위

저당권의 효력이 미치는 목적물의 범위는 부합물과 종물(저당권설정 전후를 불문하고 효력, 법률에 특별규정이 있거나 설정행위에서 다른 약정을 한 경우는 미치치 않는다), 과실(원칙적으로 미치지 않으나 예외적으로 저당부동산에 대한 압류가 있은 후에는 저당권의 효력이 미친다)이다. 피담보채권의 범위로는 원본, 이자, 위약금은 등기하여야 담보가 되고, 채무불이행으로 인한 손해배상청구권, 저당권실행비용은 등기하지 않아도 담보된다. 지연배상(지연이자)는 1년분에 한하고, 이자는 무제한 담보된다. 저당물의 보존비용과 저당물의 하자로 인한 손해배상청구권은 피담보채권의 범위에 속하지 않는다.

토지저당권의 효력은 저당토지 위의 건물과 입목 및 명인방법을 갖춘 수목의 집단에는 미치지 않으며, 건물에 대한 저당권의 효력은 그 건물의 소유를 목적으로 하는 지상권, 전세권, 임차권에도 미친다. 저당건물이 증측된 경우 종전 건물과 동일성을 유지하면 저당권의 효력이 미친다.

3) 저당권과 용익권의 관계

저당권의 등기와 용익권의 등기 또는 대항력의 선후 결정과 관련하여 용익권이 저당권실행에 의해 소멸하는 지의 여부는 최고 순위의 저당권과 비교해 결정한다. 예를 들어 甲이 주택소유자, 乙이 1번 저당권자, 丙이 대항력 있는 주택임차인, 丁이 2번 저당권인 경우 丁이 저당권을 실행하여 戊에게 경락된 경우 丙은 戊에 대해 자신의 주택임차권을 주장할 수 없다. 그러나 우선변제요건을 갖춘 경우 그 한도 내에서는 가능하다.

4) 제3취득자의 지위

제3취득자란 저당권이 설정된 후에 저당목적물을 양도받은 양수인 또는 저당부동산 위

며 시기의 약정이 없으면 관습에 의하고 관습이 없으면 약정한 노무를 종료한 후 지체없이 지급하여야 한다.

에 지상권이나 전세권을 취득한자를 말한다. 매수인(경락인)이 될 수 있는 권리, 변제권(지연배상은 1년분만 변제하면 됨), 비용상환청구권(필요비와 유익비), 담보책임을 통하여 보호된다.

5) 저당권의 침해와 구제

침해로 인하여 목적물의 가치가 피담보채권액 이하로 내려가야 저당권자에게 손해가 발생하는 침해의 특수성을 가진다. 물권적 청구권은 반환청구권이 없으며, 불법행위로 인한 손해배상청구권은 피담보채권의 완전한 만족을 얻을 수 없을 때에만 발생하고, 담보물보충청구권은 저당권설정자의 책임 있는 사유로 인해 저당물의 가액이 현저히 감소된 때에는 원상회복 또는 상당한 담보제공을 청구할 수 있고, 기한이익상실로 인한 즉시변제청구권을 가진다. 이들 상호간의 관계는 손해배상청구권, 담보물보충청구권, 즉시변제청구권이 병존한다.

(3) 피담보채권의 변제를 받는 방법 및 우선변제 순위

1) 저당권자가 피담보채권의 변제를 받는 방법

피담보채권의 변제를 받는 방법은 저당권을 실행하는 방법(담보권실행경매, 유저당), 이미 개시된 집행에 참가하는 방법, 채무자의 일반재산에 대해 강제집행을 하는 방법을 통하여 할 수 있다. 담보권의 실행을 위한 경매절차는 경매신청, 경매개시결정, 감정평가, 최저매각가격 결정, 매각기일과 매각결정기일 공고, 매각허가결정 확정, 대금납부명령, 배당절차의 순으로 진행된다. 이러한 담보권의 실행은 통상의 강제경매의 경우 집행권원이 필요하나 담보권실행경매 시에는 집행권원이 필요없다. 저당권자는 저당권을 실행하지 않고 먼저 채무자의 일반재산에 대해 강제집행을 할 수 있으나 일반채권자가 이의를 신청한 경우 강제집행이 저지된다.

2) 우선변제의 순위

임차보증금 중 일정액은 주택임대차보호법과 상가건물 임대차보호법에 따라 보호되는 금액과 근로기준법에 따라 최종 3월분의 임금과 재해보상금은 제1순위변제에 해당되는 이들 동순위 내에서는 채권액에 비례하여 배당된다. 제2순위는 저당물 자체에 부과된 국세와 가산금(당해세)으로 상속세, 재산세, 자동차세 등이 이에 해당한다. 제3순위는 국세와 지방세의 법정기일 전에 설정된 저당권, 전세권으로 담보되는 채권, 국세와 지방세의 법정기일 전에 설정된 대항요건과 확정일자를 갖춘 임차보증금채권이다. 이들 중 전당권과 저당권 및 저당권과 전세권간에는 등기의 선후로 결정하고, 저당권과 임차보증금채권은 등기와 확정일자를 비교하여 결정한다. 제4순위는 근로기준법에 의한 임금채권, 제5순위는 국세와 지방세, 제6순위는 각종 공과금(의료보험료, 연금보험료 등), 제7순위는 일반채권이다.

(4) 법정지상권과의 문제

1) 저당권과 법정지상권

토지와 건물이 동일인의 소유에 속한 경우에 토지 또는 건물에 저당권이 설정된 후 토지와 건물의 소유자가 다르게 된 경우 건물소유자가 당연히 취득하게 되는 지상권으로 법정지상권에 관한 규정(제366조)은 강행규정으로 당사자의 특약으로 배제할 수 없다. 성립요건으로는 저당권설정 당시에 토지위에 건물이 있을 것, 저당권설정 당시에 토지와 건물이 동일인 소유일 것, 토지 또는 건물에 저당권이 설정되었을 것, 담보권실행경매로 토지소유자와 건물소유자가 달라질 것을 요한다. 매수인이 매각대금을 완납한 때에 법정지상권이 성립하며, 법정지상권의 취득 시에는 등기가 필요 없으나 이를 처분하는 경우에는 등기가 필요하다. 법정지상권의 범위는 반드시 그 건물의 대지에 한정되는 것은 아니며, 건물 이용에 필요한 한도 내에서 대지 이외의 부분까지 미치고, 법정지상권의 존속기간에 대해서는 지상권에 관한 규정이 유추 적용되고, 지료는 당사자의 협의로 이를 정하나 협의가 않되는 경우 당사자의 청구에 의하여 법원이 정한다.

이러한 법정지상권은 건물이 없는 토지에 저당권을 설정한 후에 건물이 신축된 경우에는 성립하지 않으며, 건물은 미등기건물, 무허가건물이라도 법정지상권이 성립하고, 건물은 증축, 개축, 신축, 재축, 건축 중인 경우도 성립하나 법정지상권의 범위는 구건물을 기준으로 결정한다. 동일인 소유에 속하는 토지와 건물에 대해 공동저당이 설정된 후 그 건물이 철거되고 신축된 경우에는 특별한 사정이 없는 한 저당물의 경매로 인해 토지소유자와 그 신축건물의 소유자가 다르게 되더라도 그 신축건물을 위한 법정지상권이 성립하지 않는다. 저당권설정 후에 토지 또는 건물이 제3자에게 양도된 경우에도 법정지상권이 성립한다.

2) 법정지상권 성립 후의 법률관계

토지가 양도된 경우에는 건물소유자는 법정지상권을 취득할 당시의 토지소유자로부터 토지소유권을 전득한 제3자에 대하여도 등기 없이 법정지상권을 주장할 수 있다. 건물이 양도된 경우 법정지상권을 처분하려면 등기하여야 하고, 법정지상권설정등기를 경료하지 않고 건물만 양도한 경우에는 건물소유권이전의 합의에는 지상권이전의 합의는 당연히 포함되며, 건물양수인은 등기하여야 지상권을 취득하고, 건물양수인 양도인을 대위하여 토지소유자에게 지상권설정등기를 청구할 수 있고(직접 청구 불가), 토지소유권자는 법정지상권부 건물양수인에 대해 건물철거를 청구하는 것은 신의칙에 반한다. 다만 부당이득반환청구는 가능하다.

(5) 일괄매수청구권

토지를 목적으로 하는 저당권을 설정한 후 설정자가 그 토지에 건물을 축조한 경우 저당권자가 토지와 함께 그 건물에 대해서도 경매를 청구할 수 있는 권리로 토지만을 경매하여 그 대금으로부터 충분히 피담보채권의 변제를 받을 수 있는 경우에도 일괄경매청구권은 인정된다. 이러한 권리는 저당권설정 당시에 토지 위에 건물이 없을 것, 저당권설정자가 건물을 축조하여 소유하고 있을 것의 성립요건을 요한다. 건물의 매각대금에 대해서는 우선변제권이 없다. 결국 저당권설정 당시 토지 위에 건물이 있는 경우는 제366조의 법정지상권 문제이고, 건물이 없는 경우는 제365조 일괄경매청구권의 문제가 된다. 저당권설정자 이외의 제3자가 건물을 축조한 경우와 저당권설정자가 건물을 축조한 후 이를 제3자에게 양도한 경우에는 일괄경매청구권이 인정되지 않는다. 저당권설정자로부터 저당토지에 용익권을 설정받은 자가 그 토지에 건물을 축조한 경우라도 그 후 저당권설정자가 그 건물의 소유권을 취득한 경우에는 일괄경매청구권이 인정된다.

(6) 공동저당과 근저당

1) 공동저당

동일한 채권을 담보하기 위해 여러 개의 부동산에 저당권을 설정한 경우로 공동저당은 목적물의 수만큼 저당권이 존재한다. 공동저당은 공동저당설정계약에 의한 등기, 공동저당은 때를 달리하여 설정되는 경우도 있고, 여러 개의 목적물의 소유자 내지 여러 개의 저당권의 순위를 달리하여 설정되는 경우도 있으며, 각 부동산에 관하여 저당권설정등기를 하여야 하며, 각 부동산이 하나의 채권의 공동담보로 되어 있다는 것을 아울러 기재하여야 성립한다.

이러한 공동저당은 동시배당의 경우 동일한 채권의 담보로 여러 개의 부동산에 저당권을 설정한 경우에 그 부동산의 경매대가를 동시에 배당하는 때에는 각 부동산의 경매대가에 비례하여 그 채권의 분담을 정한다. 이시배당의 경우는 공동저당부동산 중 일부의 경매대가를 먼저 배당하는 경우에는 그 대가에서 그 채권 전액의 변제를 받을 수 있다. 이 경우 그 경매한 부동산의 차순위저당권자는 선순위저당권자가 동시에 경매하여 배당하였더라면 다른 부동산의 경매대가에서 변제를 받을 수 있는 금액의 한도에서 선순위자를 대위하여 저당권을 행사할 수 있다.

후순위 저당권자의 대위는 채무자 소유의 여러 개의 부동산에 저당권이 설정된 경우에 한하여 적용되고, 채무자 소유라도 동일한 채권의 담보로 부동산과 선박에 대해 저당권이 설정된 경우에는 후순위저당권의 대위규정이 적용되지 않는다. 물상보증인과 채무자 소유의 부동산에 대한 후순위저당권자의 이익충돌 시 항상 물상보증이 우선한다. 즉 채무자와 물상보증인 소유의 부동산에 대해 각각 1번 저당권을 가진 자가 채무자 소유의 부동산에 대해 경매를 실행한 경우 채무자 소유의 부동산에 대한 후순위저당권자는 물상보증인 소유의 부동산에 대해 대위권을 행사할 수 없다. 채무자와 물상보증인 소유의 부동산에 대해 각각 1번 저당권을 가진 자가 물상보증인 소유의 부동산에 대해 경매를 실행한 경우 물상보증인이 공동저당권자를 대위한다.

2) 근저당

계속적 거래관계로부터 발생하는 장래의 불특정채권을 일정한 한도액까지 담보하는 저당권으로, 채권최고액은 담보목적물로부터 우선변제를 받을 수 있는 한도액을의미한다. 근저당은 피담보채권의 불특정성, 소멸상의 부종성 불요의 특수성을 가진다. 성립은 근저당설정계약과 등기, 근저당이라는 취지와 채권최고액은 반드시 등기하여야 하고, 원본, 이자, 위약금 모두 채권최고액에 포함되며, 지연배상도 1년분에 한하지 않고, 근저당권실행비용은 채권최고액에 포함되지 않는다. 피담보채권이 확정되면 근저당은 보통 저당권으로 전환되어 실행할 수 있게 된다. 근저당권말소청구는 채무자 겸 근저당권설정자는 확정된 피담보채권 전액을 변제하고 근저당권말소를 청구할 수 있고, 제3자는 채권최고액까지만 변제하고 근저당권말소를 청구할 수 있다.

피담보채권이 확정되는 경우로는 결산기의 도래, 존속기간의 만료, 기본계약 또는 근저당권설정계약의 해제/해지, 채무자 또는 물상보증인의 파산선고, 채무자 또는 물상보증인에 대한 회사정리절차개시결정, 근저당권자가 경매를 신청하는 경우(경매신청 시에 확정), 후순위근저당권자가 경매를 신청하는 경우(선순위근저당권자의 피담보채권은 매수인이 매각대금을 다 낸 때에 확정)이다.

제3절 채 권

Ⅰ. 계 약

① 전형계약은 ㉠ 재산을 대상으로 하는 계약으로 재산권의 이전을 목적으로 하는 증여(무상으로 양도), 매매(유상양도, 반대급부가 금전), 교환(유상양도, 반대급부가 금전 이외의 것), 물건의 이용을 목적으로 하는 계약으로 소비대차(동종, 동량, 동질의 물건으로 반환), 사용대차(빌린 물건 자체를 반환해야 하는 것, 무상), 임대차(빌린 물건 자체를 반환해야 하는 것, 유상), ㉡ 노무를 대상으로 하는 계약으로 종속적 노무 제공계약인 고용, 노무가 일의 완성에 목적이 있는 도급, 여행 관련 용역을 결합하여 제공하는 여행, 광고에 정한 행위를 완료하는 것을 목적으로 하는 현상광고, 일정한 사무처리가 목적인 위임, 물건의 보관이 목적인 임치, 기타의 계약으로 공동사업의 경영을 목적으로 하는 조합, 특정인의 사망 시까지 정기적으로 금전 기타 물건의 급부를 약정하는 종신정기금, 당사자 사이의 분쟁을 서로 양보하여 해결하는 것을 목적으로 하는 화해 등이다. ② 무상계약은 증여, 사용대차가 있고, 유상과 무상의 성격을 갖는 것으로 소비대차, 위임, 임치, 종신정기금이 있다. ③ 쌍무계약은 모두 유상계약에 해당하나, 유상계약이 모두 쌍무계약에 해당하는 것은 아니며, 쌍무계약에 대해서는 동시이행의 항변권과 위험부담의 문제가 발생한다. ④ 요물계약에는 현상광고, 대물변제, 계약금계약, 보증금계약이 있다. ⑤ 계속적 계약은 당사자 사이의 인적 신뢰관계가 존재하고 사정변경의 원칙이 고려되어야 할 필요성이 크며 계약의 해소는 해지에 의한다. ⑥ 예약은 언제나 채권계약이다

1. 계약의 성립

계약은 청약과 승낙으로 성립하는데 객관적 합치(내용적 일치), 주관적 합치(상대방의 일치)를 요한다. 청약은 승낙과 결합하여 계약을 성립시킬 것을 목적으로 하는 일방적, 확정적 의사표시로 법률사실에 해당하며, 청약의 주체는 특정인이고 청약의 상대방은 특정인·불특정인 이며 청약의 성질은 확정적 의사표시이다. 청약의 효력은 상대방에게 도달한 때에 발생하고 임의로 철회하지 못한다. 승낙은 청약에 대응하여 계약을 성립시킬

목적으로 청약자에 대하여 하는 승낙자의 의사표시로 법률사실에 해당한다. 승낙여부는 자유이며 청약이 내용과 일치하여야 하고 승낙의 상대방은 특정의 청약자이다. 승낙의 효력발생은 승낙기간을 정한 경우 청약자가 그 기간 내에 승낙의 통지를 받지 못할 때에는 효력상실하고, 승낙기간을 정하지 않은 경우는 청약자가 상당한 기간 내에 승낙의 통지를 받지 못한 때에 효력상실한다. 한편, 청약의 유인은 타인을 꾀어 청약하게 하려는 행위로 그러한 예로는 구인광고, 주택임대광고, 상품목록의 배부, 기차표의 시간게시 등을 들 수 있다. 이에 대하여 청약은 계약성립을 목적으로 하는 확정적 의사표시로 정찰가격을 붙인 상품의 진열, 자동판매기의 설치 등을 들 수 있다.

(제527조, 계약의 청약의 구속력)계약의 청약은 이를 철회하지 못한다. 그러나 청약의 의사표시가 상대방에게 도달하기 전인 경우, 청약자가 처음부터 철회의 자유를 유보한 경우, 승낙기간을 정하지 않은 대화자 사이의 청약은 철회가 가능하다. 한편, 청약자가 사망 또는 제한능력자가 된 경우에 청약의 효력에는 영향이 없으며, 상대방이 사망 또는 제한능력자가 된 경우 사망의 경우에는 상속문제로 처리되고, 제한능력자가 된 경우에는 수령무능력의 문제로 처리된다. (제528조, 승낙기간을 정한 계약의 청약) ① 승낙의 기간을 정한 계약의 청약은 청약자가 그 기간 내에 승낙의 통지를 받지 못한 때에는 그 효력을 잃는다. ② 승낙의 통지가 전항의 기간후에 도달한 경우에 보통 그 기간내에 도달할 수 있는 발송인 때에는 청약자는 지체없이 상대방에게 그 연착의 통지를 하여야 한다. 그러나 그 도달전에 지연의 통지를 발송한 때에는 그러하지 아니하다. ③ 청약자가 전항의 통지를 하지 아니한 때에는 승낙의 통지는 연착되지 아니한 것으로 본다. (제529조, 승낙기간을 정하지 아니한 계약의 청약)승낙의 기간을 정하지 아니한 계약의 청약은 청약자가 상당한 기간내에 승낙의 통지를 받지 못한 때에는 그 효력을 잃는다. (제530조, 연착된 승낙의 효력)전2조의 경우에 연착된 승낙은 청약자가 이를 새 청약으로 볼 수 있다. 연착된 승낙은 도달 가능하게 보냈으나 연착된 경우와 아예 늦게 보내 연착된 경우로 나누어 볼 수 있다. 전자는 승낙의 통지가 승낙기간 후에 도달한 경우 보통 그 기간 내에 도달할 수 있는 발송인 때에는 청약자는 지체 없이 상대방에게 그 연착을 통지하여야 한다. 청약자가 연착의 통지를 하지 아니한 때에는 승낙의 통지는 연착되지 아니한 것으로 계약은 성립된 것으로 간주된다. 연착의 통지 또는 지연의 통지를 한 경우 청약자는 연착된 승낙을 새 청약으로 볼 수 있다. 후자는 승낙기간을 정한 청약에 대해 승낙기간을 경과하여 승낙의의사표시가 도달한 경우라든가 승낙기간을 정하지 않은 청약에 대해 상당한 기간을 경과하여 승낙이 도달한 경우에는 계약이 성립하지 않고 청약자가 이를 새로운 청

약으로 볼 수 있다.

(제531조, 격지자간의 계약성립시기) 격지자간의 계약은 승낙의 통지를 발송한 때에 성립한다. (제532조, 의사실현에 의한 계약성립) 청약자의의사표시나 관습에 의하여 승낙의 통지가 필요하지 아니한 경우에는 계약은 승낙의의사표시로 인정되는 사실이 있는 때에 성립한다. (제533조, 교차청약) 당사자간에 동일한 내용의 청약이 상호교차된 경우에는 양 청약이 상대방에게 도달한 때에 계약이 성립한다. (제534조, 변경을 가한 승낙) 승낙자가 청약에 대하여 조건을 붙이거나 변경을 가하여 승낙한 때에는 그 청약의 거절과 동시에 새로 청약한 것으로 본다. (제535조, 계약체결상의 과실) ① 목적이 불능한 계약을 체결할 때에 그 불능을 알았거나 알 수 있었을 자는 상대방이 그 계약의 유효를 믿었음으로 인하여 받은 손해를 배상하여야 한다. 그러나 그 배상액은 계약이 유효함으로 인하여 생길 이익액을 넘지 못한다. ② 전항의 규정은 상대방이 그 불능을 알았거나 알 수 있었을 경우에는 적용하지 아니한다. 계약체결상의 과실책임은 불능을 알았거나 알 수 있었을 자는 상대방이 입은 신뢰이익을 배상하여야 하고 신뢰이익의 배상액은 이행이익을 넘지 못한다. 판례는 원시적 불능의 경우에 한하여 계약체결상의 과실책임을 인정하고 나머지는 불법행위책임의 성립문제로 해결한다.

2. 계약의 효력

(1) 동시이행의 항변권

(제536조, 동시이행의 항변권) ① 쌍무계약의 당사자 일방은 상대방이 그 채무이행을 제공할 때까지 자기의 채무이행을 거절할 수 있다. 그러나 상대방의 채무가 변제기에 있지 아니하는 때에는 그러하지 아니하다. ② 당사자 일방이 상대방에게 먼저 이행하여야 할 경우에 상대방의 이행이 곤란할 현저한 사유가 있는 때에는 전항 본문과 같다. 동시이행의 항변권은 채권자가 자기채무를 이행하지 않고 채무자에게 이행을 청구한 경우 채무자는 일시적으로 자기채무의 이행을 거절할 수 있는 권리로 연기적 항변권의 성질을 가진다. 성립요건으로 쌍무계약일 것, 상대방 채무의 변제기가 도래할 것, 상대방이 자기채무의 이행 또는 이행제공을 하지 않고 청구할 것을 요한다. 동시이행 항변권은 자기채무의 이행거절권능, 자기채무에 대한 이행지체저지, 상계금지(수동채권으로 상계가능) 효력을 가진다. 경개의 경우는 동일성이 유지되지 않으므로 동시이행의 항변권이 인정되지 않으며, 채권양도, 채무인수, 상속 등으로 당사자가 변경된 경우 동일성이 유지되는 한 동시

이행의 항변권이 인정된다. 쌍무계약의 당사자는 자기채무를 이행하지 않고 먼저 상대방에게 이행을 청구할 수 있으나 당사자 일방이 먼저 한 번의 현실의 제공을 하고 상대방을 수령지체에 빠지게 하였더라도 그 이행의 제공이 계속되지 않는 경우는 과거에 이행의 제공이 있었다는 사실만으로 상대방이 가지는 동시이행의 항변권이 소멸하는 것은 아니다. 한편, 선이행의무자가 그 이행을 지체하고 있는 동안에 상대방의 채무의 이행기가 도달한 경우 선이행의무자도 동시이행의 항변권을 행사할 수 있고, 선이행의무자라 하더라도 타방당사자의 채무의 이행이 곤란한 정도의 현저한 사유가 존재하는 경우에는 동시이행의 항변권을 가진다.

① 명문규정에 의해 인정되는 경우로는 전세권이 소멸한 경우에 전세권자의 목적물인도 및 전세권설정등기의 말소에 필요한 서류의 교부의무와 전세권설정자의 전세금반환의무, 계약해제에 있어 각 당사자의 원상회복의무, 부담부증여에서 증여자의 재산권이전의무와 수증자의 부담이행의무, 매매에서 매도인의 재산권이전의무와 매수인의 대금지급의무, 매도인의 담보책임과 매수인의 반환의무, 도급에서 수급인의 목적물인도의무와 도급인의 보수지급의무, 도급에서 도급인의 보수지급의무와 수급인의 하자보수의무, 종신정기금의 해제에서 쌍방의 반환채무, 가등기담보에서 청산금지급채무와 목적물인도 및 등기의무, 주택임대차보호법상 주택인도의무와 보증금반환의무를 들 수 있다.

② 해석상 인정되는 경우로는 임대차에서 목적물인도의무와 보증금반환의무, 변제와 영수증교부, 매매계약이 무효 또는 취소된 경우 각 당사자의 부당이득반환의무, 채무의 변제와 어음·수표의 반환, 부동산매매 시 매수인의 양도소득세를 부담하기로 한 경우에 매도인의 소유권이전등기의무와 매수인의 양도소득세제공의무, 토지임대차에 있어서 토지임차인이 지상물매수청구권을 행사한 경우 토지임차인의 지상물이전의무와 토지임대인의 매매대금지급의무, 가압류가 된 부동산의 매매계약에서 매도인의 가압류등기말소 및 소유권이전의무와 매수인의 대금지급의무를 들 수 있다.

③ 동시이행관계가 아닌 경우로는 변제와 담보권(저당권, 양도담보물 등) 소멸, 변제와 채권증서의 반환, 토지거래허가 신청절차협력의무와 매수인의 대금지급의무, 수급인의 일을 완성할 도급인의 보수지급의무 등을 들 수 있다.

(2) 위험부담

(제537조, 채무자위험부담주의) 쌍무계약의 당사자 일방의 채무가 당사자쌍방의 책임없는 사유로 이행할 수 없게 된 때에는 채무자는 상대방의 이행을 청구하지 못한다. (제

538조, 채권자귀책사유로 인한 이행불능) ① 쌍무계약의 당사자 일방의 채무가 채권자의 책임있는 사유로 이행할 수 없게 된 때에는 채무자는 상대방의 이행을 청구할 수 있다. 채권자의 수령지체 중에 당사자쌍방의 책임없는 사유로 이행할 수 없게 된 때에도 같다. ② 전항의 경우에 채무자는 자기의 채무를 면함으로써 이익을 얻은 때에는 이를 채권자에게 상환하여야 한다. 위험부담은 물건의 위험(급부의 위험)에서 재산권이라는 급부가 당사자 쌍방의 귀책사유없이 불능이 된 경우 그 목적물에 대한 재산권을 이전받지 못하는 불이익을 받는다. 대가의 위험(반대급부의 위험)은 재산권이전이라는 급부가 당사자 쌍방의 귀책사유없이 불능이 된 경우 반대급부인 대금지급을 받지 못하는 불이익을 말한다. 물건의 위험은 항상 채권자가 부담하고, 보통위험이라고 하면 대가의 위험을 말한다. 통상 천재지변, 원인불명의 사유로 발생하는 위험부담은 채무자가 부담하는 경우에 해당하며, 채권자가 위험을 부담하는 경우는 주로 채권자가 수령을 지체하는 경우에 발생하고 이 경우 채무자는 채권자에게 반대급부의 대금지급을 청구할 수 있다. 소유권유보부 매매에서 목적물이 당사자 쌍방의 책임없는 아유로 멸실된 경우에도 동산을 인도받은 매수인은 위험을 부담하므로 대금지급의무를 부담한다.

(3) 제3자를 위한 계약

제3자를 위한 계약은 계약당사자 이외의 제3자에게 직접 권리를 취득시키는 계약이다. 甲(요약자, 채권자)과 乙(낙약자, 채무자)의 계약(보상관계)을 통하여 丙(제3자, 수익자)에게 취득시키는 계약을 체결한 경우 甲과 丙은 대가관계, 乙과 丙은 수익관계의 지위를 가진다. 이러한 3면관계에서 제3자의 권리는 제3자가 낙약자에 대하여 수익의의사표시를 하는 때에 발생한다. 이때 제3자의 수익의 의사표시는 권리발생요건이다. ① 수익자의 수익의 의사표시 전의 제3자의 지위와 관련하여, 수익의의사표시의 법적성질은 형성권이며 재산권이므로 양도·상속·채권자대위권의 객체가 된다. 채무자는 상당한 기간을 정하여 계약의 이익의 향수 여부의 확답을 최고하였는데 채무자가 그 기간 내에 확답을 받지 못한 때에는 제3자가 계약의 이익을 받을 것을 거절한 것으로 본다. 수익자의 수익의 의사표시 후의 제3자의 지위와 관련하여, 제3자의 권리가 확정된 후에 당사자는 이를 변경 또는 소멸시키지 못하고, 제3자는 의사표시규정에서 말하는 제3자에 해당하지 않는다. ② 요약자의 지위와 관련하여 요약자는 낙약자에 대해 제3자에 대한 채무의 이행을 청구할 권리를 가지고, 요약자는 낙약자가 채무를 불이행하는 경우 자기 또는 제3자에게 손해배상을 할 것을 청구할 수 있고, 요약자는 계약의 당사자이므로 취소권, 해제권 등을 행사할 수 있다. 제3자가 수익의의사표시를 한 후일지라도 요약자가 계약해제권을 행사함에 있어서 제3자의 동의는 필요 없다. ③ 낙약자의 지위와 관련하여 낙약자는 요약자와의 계약 자체에 기한 보상관계에 기한 항변으로 제3자에게 대항할 수 있다. 제3자가 수익을 거절하는 경우 요약자에게 대신 급부함으로써 채무의 이행을 완료할 수 있다. 3면관계에서 보상관계의 흠결이나 하자는 제3자를 위한 계약에 영향을 미치며, 대가관계의 흠결이나 하자는 제3자를 위한 계약에 영향을 미치지 않는다. 제3자는 계약의 당사자가 아니므로 취소권, 해제권, 원상회복청구권, 해지권을 행사할 수 없다. 요약자가 계약을 해제한 경우 제3자는 낙약자에게 손해배상을 청구할 수 있다.

(제539조, 제3자를 위한 계약) ① 계약에 의하여 당사자 일방이 제3자에게 이행할 것을 약정한 때에는 그 제3자는 채무자에게 직접 그 이행을 청구할 수 있다. ② 전항의 경우에 제3자의 권리는 그 제3자가 채무자에 대하여 계약의 이익을 받을의사를 표시한 때에 생긴다. (제540조, 채무자의 제3자에 대한 최고권) 전조의 경우에 채무자는 상당한 기간을 정하여 계약의 이익의 향수여부의 확답을 제3자에게 최고할 수 있다. 채무자가 그 기간내에 확답을 받지 못한 때에는 제3자가 계약의 이익을 받을 것을 거절한 것으로 본다. (제541조, 제3자의 권리의 확정) 제539조의 규정에 의하여 제3자의 권리가 생긴 후에는 당사자는 이를 변경 또는 소멸시키지 못한다. (제542조, 채무자의 항변권) 채무자는 제539조의 계약에 기한 항변으로 그 계약의 이익을 받을 제3자에게 대항할 수 있다.

3. 계약의 해지 및 해제

(1) 해제권의 발생원인과 해제권의 행사

계약의 해제조건으로는 조건이 성취하는 경우 장래에 대하여 특별한의사표시 없이 효력이 소멸하는 것, 중도금을 제때에 지급하지 않으면 계약이 해제되는 것으로 하는 실권약관은 자동해제로 볼 수 있으나 잔금을 제때에 지급하지 않으면 계약이 해제되는 것으로 하는 실권약관은 자동해제된다고 볼 수 없다. 해제권의 발생원인은 약정해제권, 법정해제권으로 구분할 수 있다. ① 약정해제권은 약정사유가 발생한 경우 일방이 계약을 해제할 수 있다고 약정한 경우, 계약체결 후 별개의 계약으로 해제권유보의 약정을 할 수 있다. ② 법정해제권의 발생원인으로는 이행지체(보통의 이행지체(최고와 해제), 정기행위의 이행지체(최고없이 해제 가능)), 이행불능(최고없이 해제가능), 불완전이행(추완가능(최고와 해제), 추완불가능(최고없이 해제가능)), 채권자지체(계약해제와 손해배상청구가능), 사정변경의 원칙(판례는 해제는 불인정하지만 해지는 인정), 부수적 주의의무위반(해제는 원칙적으로 불인정하지만 손해배상청구는 가능) 등이다. 약정해제권을 행사한 경우 계약은 소급적으로 소멸하고 각 당사자는 원상회복의무가 주어진다. 약정해제의 경우 해제권의 발생에 관한 규정과 손해배상청구에 관한 규정은 적용되지 않는다. 그러므로 약정해제권을 행사하더라도 손해배상청구권을 행사할 수 없다.

최고 없이 해제권을 행사할 수 있는 경우로는 정기행위, 이행불능과 추완이 불가능한 불완전이행, 채무자가 미리 이행하지 아니할 의사를 표시한 경우, 당사자 사이에 최고 배제의 특약이 있는 경우, 사정변경의 원칙, 약정해제 등이다. 해제권의 행사는 상대방에 의한의사표시로 하며, 해제의의사표시가 그 효력을 발생한 후에는 철회하지 못한다. 해제권은 당사자의 일방 또는 쌍방이 수인인 경우 계약의 해제는 그 전원으로부터 또는 전원에 대하여 하여야 한다. 당사자의 일방 또는 쌍방이 수인인 경우 해제의 권리가 당사자 1인에 대하여 소멸한 때에는 다른 당사자에 대하여도 소멸한다. 해제의 불가분성에 관한 규정은 임의규정이므로 당사자의 특약으로 해제할 수 있다. 해제권의 행사는 형성권이므로 10년이 제척기간에 걸린다.

(제543조, 해지, 해제권) ① 계약 또는 법률의 규정에 의하여 당사자의 일방이나 쌍방이 해지 또는 해제의 권리가 있는 때에는 그 해지 또는 해제는 상대방에 대한의사표시로 한다. ② 전항의의사표시는 철회하지 못한다. (제544조, 이행지체와 해제)당사자 일방이 그 채무를 이행하지 아니하는 때에는 상대방은 상당한 기간을 정하여 그 이행을 최고하고 그 기간내에 이행하지 아니한 때에는 계약을 해제할 수 있다. 그러나 채무자가 미리 이행하지 아니할 의사를 표시한 경우에는 최고를 요하지 아니한다. (제545조, 정기행위와 해제)계약의 성질 또는 당사자의의사표시에 의하여 일정한 시일 또는 일정한 기간내에 이행하지 아니하면 계약의 목적을 달성할 수 없을 경우에 당사자 일방이 그 시기에 이행하지 아니한 때에는 상대방은 전조의 최고를 하지 아니하고 계약을 해제할 수 있다. (제546조, 이행불능과 해제)채무자의 책임있는 사유로 이행이 불능하게 된 때에는 채권자는 계약을 해제할 수 있다. (제547조, 해지, 해제권의 불가분성) ① 당사자의 일방 또는 쌍방이 수인인 경우에는 계약의 해지나 해제는 그 전원으로부터 또는 전원에 대하여 하여야 한다. ② 전항의 경우에 해지나 해제의 권리가 당사자 1인에 대하여 소멸한 때에는 다른 당사자에 대하여도 소멸한다.

(2) 해제의 효과와 제3자

해제의 효과와 관련하여 여러 학설이 있다. ① 직접효과설은 계약을 해제하는 경우 직접적으로 계약은 소급적으로 소멸하고, 이행하기 전이면 이행할 필요가 없고 이행한 후면 부당이득으로서 반환하여야 하나 제548조(해제의 효과, 원상회복의무)에 따라 원상회복의무가 주어진다고 본다. ② 청산관계설은 계약은 장래에 대하여 소멸하고 원계약관계는 청산관계로 그 성질이 변경된다고 본다. ③ 채권적 효과설은 물권행위의 무인설의 입장으로서 채권행위인 매매계약이 실효되더라도 물권행위는 영향을 받지 않고 그대로 유효하다고 보는 견해이다. ④ 물권적 효과설은 물권행위의 유인설의 입장으로서 채권행위인 매매계약이 실효된 경우 물권행위도 영향을 받아 그 효력을 상실한다고 보는 견해이다. 이러한 설들의 입장을 정리하면, 채권적 효과설에 의하면 물권은 여전히 상대방이 보유하므로 상대방으로부터 물권을 취득한 제3자는 유효하게 물권을 취득하게 된다(제3자는 선악을 불문하고 보호). 따라서 채권적 효과설에서는 제548조 제1항 단서를 주의규정으로 해석한다. 물권적 효과설에 의하면 물권이 물권자에게 당연히 복귀하므로 제3자는 유효하게 물권을 취득할 수 없게 된다. 다만 제548조 제1항 단서에 의하여 제3자는 보호받을 수 있다. 따라서 물권적 효과설에서는 제548조 제1항 단서를 제3자 보호를 위한 특별규정으로 해석한다. 아울러 제548조 제1항 단서에서 말하는 제3자는 해제의의사표시 전에 이행관계를 맺은자로서 선악을 불문한다. 해제의 의사표시 후 말소등기 전 새로운 이해관계를 맺은 선의의 제3자는 보호된다는 것이 판례의 입장이다.

한편, 제548조 제1항 단서의 제3자는 원칙적으로 해제의의사표시가 있기 이전에 해제된 계약을 기초로 법률상 새로운 이해관계를 맺은 자를 말한다. 이때 제3자는 선악을 불문하고, 등기나 인도 등으로 완전한 권리를 취득한 자를 의미한다. ① 제3자에 해당하는 경우로는 계약에 기한 급부의 목적인 물건이나 권리를 취득한 양수인, 급부목적물의 저당권자 또는 질권자, 해제된 계약에 의하여 채무자의 책임재산이 된 계약의 목적물을 가압류한 가압류 채권자, 소유권을 취득하였다가 계약해제로 소유권을 상실하게 된 매수인으로부터 그 계약이 해제되기 전에 주택을 임차하여 주택임대차보호법상의 대항요건을 갖춘 임차인이다. ② 제3자에 해당하지 않는 경우로는 해제에 의해 소멸하는 채권 그 자체의 양수인(아파트 분양신청권이 전전 매매된 후 최초의 매매 당사자가 계약을 합의해제한 경우 그 분양신청권을 전전 매수한 자), 해제의하여 소멸하는 채권에 대해 압류명령이나 전부명령을 받은 압류채권자 또는 전부채권자, 제3자를 위한 계약에 있어서의 수익자,

매도인의 매매대금수령 이전에 해제조건부로 임대권한을 부여받은 매수인으로부터 그 계약이 해제되기 전에 주택을 임차하여 주택임대차보호법상의 대항요건을 갖춘 임차인, 토지를 매도하였다가 대금지급을 받지 못하여 그 매매계약을 해제한 경우에 그 토지 위해 신축된 건물의 매수인, 계약이 해제되기 전에 계약상의 채권을 양수하여 이를 피보전권리로 하여 처분금지가처분결정을 받은 자 등을 들 수 있다.

(3) 해제와 해지

해제와 해지 모두 형성권이고, 약정 또는 법률규정에 의하여 발생하고, 손해배상청구가 가능하며, 철회가 불가하다는 공통점이 있다. 해제는 일시적 계약관계에서 인정되고, 계약이 소급적으로 소멸하며, 원상회복의무를 부담한다. 반면에 해지는 계속적 계약관계에서 인정되고, 계약의 장래를 향해서만 소멸하고, 청산의무를 부담한다.

(제548조, 해제의 효과, 원상회복의무) ① 당사자 일방이 계약을 해제한 때에는 각 당사자는 그 상대방에 대하여 원상회복의의무가 있다. 그러나 제3자의 권리를 해하지 못한다. ② 전항의 경우에 반환할 금전에는 그 받은 날로부터 이자를 가하여야 한다. (제549조, 원상회복의무와 동시이행) 제536조(동시이행의 항변권)의 규정은 전조의 경우에 준용한다. (제550조, 해지의 효과)당사자 일방이 계약을 해지한 때에는 계약은 장래에 대하여 그 효력을 잃는다. (제551조, 해지, 해제와 손해배상) 계약의 해지 또는 해제는 손해배상의 청구에 영향을 미치지 아니한다. (제552조, 해제권행사여부의 최고권) ① 해제권의 행사의 기간을 정하지 아니한 때에는 상대방은 상당한 기간을 정하여 해제권행사여부의 확답을 해제권자에게 최고할 수 있다. ② 전항의 기간내에 해제의 통지를 받지 못한 때에는 해제권은 소멸한다. (제553조, 훼손 등으로 인한 해제권의 소멸) 해제권자의 고의나 과실로 인하여 계약의 목적물이 현저히 훼손되거나 이를 반환할 수 없게 된 때 또는 가공이나 개조로 인하여 다른 종류의 물건으로 변경된 때에는 해제권은 소멸한다.

Ⅱ. 매 매

1. 매매의의의 등

(1) 매매의의의 및 비용부담 등

(제563조, 매매의의의)매매는 당사자 일방이 재산권을 상대방에게 이전할 것을 약정하

고 상대방이 그 대금을 지급할 것을 약정함으로써 그 효력이 생긴다. 법적성질은 유상계약, 쌍무계약, 낙성계약, 불요식계약이다. 매매는 재산권이전과 대금지급에 관한 합의가 있으면 성립하고, 매매계약의 세부사항인 계약비용, 채무의 이행시기, 이행장소 등에 관한 합의까지 필요하지 않다. 재산권의 이전은 타인 소유의 물건이나 권리도 가능하며, 장래에 생길 물권이나 권리도 가능하다. 대금의 지급은 매매에 있어 반대급부는 금전에 한한다. 현실매매도 매매의 일종이다. 매매계약에서 비용은 쌍방이 균분하여 부담하고, 등기비용은 계약비용이 아니므로 매수인이 부담한다. (제564조, 매매의 일방예약) ① 매매의 일방예약은 상대방이 매매를 완결할 의사를 표시하는 때에 매매의 효력이 생긴다. ② 전항의의사표시의 기간을 정하지 아니한 때에는 예약자는 상당한 기간을 정하여 매매완결여부의 확답을 상대방에게 최고할 수 있다. ③ 예약자가 전항의 기간내에 확답을 받지 못한 때에는 예약은 그 효력을 잃는다. (제565조, 해약금) ① 매매의 당사자 일방이 계약당시에 금전 기타 물건을 계약금, 보증금등의 명목으로 상대방에게 교부한 때에는 당사자간에 다른 약정이 없는 한 당사자의 일방이 이행에 착수할 때까지 교부자는 이를 포기하고 수령자는 그 배액을 상환하여 매매계약을 해제할 수 있다. ② 제551조(해지, 해제와 손해배상)의 규정은 전항의 경우에 이를 적용하지 아니한다. (제566조, 매매계약의 비용의 부담) 매매계약에 관한 비용은 당사자 쌍방이 균분하여 부담한다. (제567조, 유상계약에 의 준용) 본절의 규정은 매매 이외의 유상계약에 준용한다. 그러나 그 계약의 성질이 이를 허용하지 아니하는 때에는 그러하지 아니하다.

(2) 매매의 예약 및 계약금계약

매매의 예약이란 장차 본계약을 체결할 것을 미리 약속하는 계약으로 본계약은 채권계약, 물권계약, 가족법상의 계약일 수 있으나 예약은 언제나 채권계약이다. 계약은 본계약 체결의무를 누가 부담하느냐에 따라 편무계약, 쌍무계약으로 구분하고, 예약완결권을 누가 가지느냐에 따라 일방계약, 쌍방계약으로 구분한다. 계약은 특약 또는 관습이 없는 한 일방예약으로 추정한다. 매매의 일방예약의 법적 성질은 예약완결권 행사를 정지조건으로 하는 매매계약으로, 예약완결권은 형성권, 양도성 및 가등기가 가능한 성질을 가진다. 예약자는 상당한 기간을 정하여 매매완결 여부의 확답을 상대방(예약완결권자)에게 최고할 수 있고, 상당한 기간 내에 확답을 받지 못한 경우에는 그 예약은 효력을 상실한다.

계약금은 계약을 체결하면서 그에 부수하여 당사자 일방이 상대방에 대하여 교부하는 금전 기타 유가물로 계약금계약의 성격은 요물계약이면서 종된 계약이다. 계약금은 계약

체결의 증거로서의 성격인 증약금, 계약해제의 유보수단으로서의 성격인 해약금, 계약위반에 대한 손해배상의 성격(반드시 특약 필요)인 위약금으로 보는데 민법은 계약금을 해약금으로 추정한다. 해약금에 의한 계약해제는 당사자 일방이 이행에 착수할 때까지 교부자는 이를 포기하고 수령자는 배액을 상환하여 계약을 해제할 수 있다. 여기에서 당사자 일방은 매매계약의 쌍방 중 어느 일방을 말하고, 이행의 착수란 채무이행의 일부를 행하거나 이행에 필요한 전제행위를 하는 것을 말하고(중도금 지급, 잔금 준비하고 등기소 동행 촉구, 완전한 이행준비를 완료하고 수령이 가능하도록 한 상태), 이행의 준비만으로는 부족하다. 교부자는 해제권을 행사하면 당연히 계약금포기의 효력이 발생하므로 별도의 포기의사가 필요하지 않다. 수령자는 반드시 현실적으로 배액을 상환하여야만 해제권을 행사할 수 있다. 해약금에 의한 계약해제 역시 소급적으로 실효되나 원상회복의무나 손해배상청구권의 문제가 원칙적으로 발생하지 않는다. 매도인이 전혀 계약의 이행에 착수한 바 없더라도 중도금을 지급한 매수인은 계약금을 포기하고 매매계약을 해제할 수 없다. 이행기의 약정이 있더라도 당사자가 채무의 이행기 전에는 착수하지 않기로 특약을 하는 등의 특별한 사정이 없는 한 이행기 전에 이행에 착수할 수 있다.

2. 매매의 효력 및 담보책임 등

(1) 매매의 효력

(제568조, 매매의 효력) ① 매도인은 매수인에 대하여 매매의 목적이 된 권리를 이전하여야 하며 매수인은 매도인에게 그 대금을 지급하여야 한다. ② 전항의 쌍방의무는 특별한 약정이나 관습이 없으면 동시에 이행하여야 한다. (제569조, 타인의 권리의 매매) 매매의 목적이 된 권리가 타인에게 속한 경우에는 매도인은 그 권리를 취득하여 매수인에게 이전하여야 한다.

(2) 매도인의 담보책임

매도인의 담보책임은 매매의 목적물인 권리 또는 물건에 하자가 있는 경우 매도인이 매수인에 대해 부담하는 책임이다. 그 성질은 법정책임(매매계약의 유상성에 비추어 매수인을 보호하고 거래안전을 보호하기 위해 인정되는 책임(채무불이행책임이 아님)), 무과실책임(매도인은 목적물의 하자에 대한 고의·과실이 없어도 책임을 짐), 임의규정(담보책임의 내용을 가중, 감경, 면제하는 특약은 원칙적으로 유효)이다. 적용범위로는 담보책임은 모두 유상계약에 준용되고, 특정물매매뿐만 아니라 종류물매매에 있어서도 담보책임이 인정되며, 경매의 경우에는 권리에 하자가 있는 때에만 담보책임을 물을 수 있고, 법률상의 장애의 경우 판례는 물건의 하자로 보아 경매에 담보책임규정이 적용되지 않는다. 담보책임의 사례로 ① 전부타인의 권리, ② 일부타인의 권리, ③ 수량부족·일부멸실, ④ 용익권에 의한 제한, ⑤ 저당권에 의한 제한, ⑥ 특정물매매, ⑦ 종류물매매에 관한 것이 있다.

(제570조, 매도인의 담보책임) 전조의 경우에 매도인이 그 권리를 취득하여 매수인에게 이전할 수 없는 때에는 매수인은 계약을 해제할 수 있다. 그러나 매수인이 계약당시 그 권리가 매도인에게 속하지 아니함을 안 때에는 손해배상을 청구하지 못한다. (제571조, 선의의 매도인의 담보책임) ① 매도인이 계약당시에 매매의 목적이 된 권리가 자기에게 속하지 아니함을 알지 못한 경우에 그 권리를 취득하여 매수인에게 이전할 수 없는 때에는 매도인은 손해를 배상하고 계약을 해제할 수 있다. ② 전항의 경우에 매수인이 계약당시 그 권리가 매도인에게 속하지 아니함을 안 때에는 매도인은 매수인에 대하여 그 권리를 이전할 수 없음을 통지하고 계약을 해제할 수 있다. (제572조, 권리의 일부가 타인에게 속한 경우와 매도인의 담보책임) ① 매매의 목적이 된 권리의 일부가 타인에게 속함으로 인하여 매도인이 그 권리를 취득하여 매수인에게 이전할 수 없는 때에는 매수인은 그 부분의 비율로 대금의 감액을 청구할 수 있다. ② 전항의 경우에 잔존한 부분만이면 매수인이 이를 매수하지 아니하였을 때에는 선의의 매수인은 계약전부를 해제할 수 있다. ③ 선의의 매수인은 감액청구 또는 계약해제외에 손해배상을 청구할 수 있다. (제573조, 전조의 권리행사의 기간)전조의 권리는 매수인이 선의인 경우에는 사실을 안 날로부터, 악의인 경우에는 계약한 날로부터 1년내에 행사하여야 한다. (제574조, 수량부족, 일부멸실의 경우와 매도인의 담보책임) 전2조의 규정은 수량을 지정한 매매의 목적물이 부족되는 경우와 매매목적물의 일부가 계약당시에 이미 멸실된 경우에 매수인이 그 부족 또는 멸실을 알지 못한 때에 준용한다.

(제575조, 제한물권있는 경우와 매도인의 담보책임) ① 매매의 목적물이 지상권, 지역권, 전세권, 질권 또는 유치권의 목적이 된 경우에 매수인이 이를 알지 못한 때에는 이로 인하여 계약의 목적을 달성할 수 없는 경우에 한하여 매수인은 계약을 해제할 수 있다. 기타의 경우에는 손해배상만을 청구할 수 있다. ② 전항의 규정은 매매의 목적이 된 부동산을 위하여 존재할 지역권이 없거나 그 부동산에 등기된 임대차계약이 있는 경우에 준용한다. ③ 전2항의 권리는 매수인이 그 사실을 안 날로부터 1년내에 행사하여야 한다. (제576조, 저당권, 전세권의 행사와 매도인의 담보책임) ① 매매의 목적이 된 부동산에

설정된 저당권 또는 전세권의 행사로 인하여 매수인이 그 소유권을 취득할 수 없거나 취득한 소유권을 잃은 때에는 매수인은 계약을 해제할 수 있다. ② 전항의 경우에 매수인의 출재로 그 소유권을 보존한 때에는 매도인에 대하여 그 상환을 청구할 수 있다. ③ 전2항의 경우에 매수인이 손해를 받은 때에는 그 배상을 청구할 수 있다. (제577조, 저당권의 목적이 된 지상권, 전세권의 매매와 매도인의 담보책임) 전조의 규정은 저당권의 목적이 된 지상권 또는 전세권이 매매의 목적이 된 경우에 준용한다.

(제578조, 경매와 매도인의 담보책임) ① 경매의 경우에는 경락인은 전8조의 규정에 의하여 채무자에게 계약의 해제 또는 대금감액의 청구를 할 수 있다. ② 전항의 경우에 채무자가 자력이 없는 때에는 경락인은 대금의 배당을 받은 채권자에 대하여 그 대금전부나 일부의 반환을 청구할 수 있다. ③ 전2항의 경우에 채무자가 물건 또는 권리의 흠결을 알고 고지하지 아니하거나 채권자가 이를 알고 경매를 청구한 때에는 경락인은 그 흠결을 안 채무자나 채권자에 대하여 손해배상을 청구할 수 있다. 경매에서의 담보책임의 성립요건으로는 경매목적물의 권리에 하자가 있을 것(물건에 하자 불인정), 통상의 강제경매, 담보권실행경매, 국세징수법에 의한 경매인 공경매에 한하고, 담보책임의 내용으로는 채무자가 제1차적 책임자로 매각받은 권리에 하자가 있는 경우 그 하자의 유형에 따라 매수인은 채무자에게 계약의 해제 또는 대금감액을 청구할 수 있다. 채권자는 제2차적 책임자로 담보책임을 지는 채무자에게 자력이 없는 때에는 매수인은 대금의 배당을 받은 채권자에 대해 그 대금 전부나 일부의 반환을 청구할 수 있다. 원칙적으로 손해배상청구권은 불가한데 채무자가 물건 또는 권리의 흠결을 알고 고지하지 아니하거나 채권자가 이를 알고 경매를 청구한 때에는 매수인은 그 흠결을 안 채무자나 채권자에 대해 손해배상을 청구할 수 있다.

(제579조, 채권매매와 매도인의 담보책임) ① 채권의 매도인이 채무자의 자력을 담보한 때에는 매매계약당시의 자력을 담보한 것으로 추정한다. ② 변제기에 도달하지 아니한 채권의 매도인이 채무자의 자력을 담보한 때에는 변제기의 자력을 담보한 것으로 추정한다. 성립요건으로는 채권매도인이 채무자의 자력을 담보하는 특약을 하였을 것, 채무자의 자력이 없거나 부족할 것을 요한다. 담보시기의 추정으로는 변제기에 도달한 채권의 매도인이 채무자의 자력을 담보한 때에는 매매계약 당시의 자력을 담보한 것으로 추정, 변제기에 도달하지 아니한 채권의 매도인이 채무자의 자력을 담보한 때에는 변제기의 자력을 담보한 것으로 추정, 변제기가 이미 도래한 채권의 매도인이 채무자의 장래의 자력을 담보하거나 변제기의 약정이 없는 채권에 관해 채무자의 장래의 자력을 담보한 경우에는

실제 변제 시까지의 자력을 담보한 것으로 보아야 한다.

(3) 하자담보책임 등

권리의 하자에 대한 담보책임으로 ① 전부타인의 권리에서는 선의의 경우 계약해제권, 손해배상청구권이 있고, 악의의 경우는 계약해제권은 있으나 손해배상청구권이 없다. ② 일부타인의 권리에서는 선의의 경우 대금감액청구권, 계약해제권, 손해배상청구권이 있고, 제척기간은 1년이다. 악의의 경우는 대금감액청구권은 있으나 계약해제권과 손해배상청구권은 없고 제척기간은 1년이다. ③ 수량부족과 일부멸실에서 선의의 경우는 대금감액청구권, 계약해제권, 손해배상청구권이 있고, 제척기간은 1년이다. 악의의 경우는 대금감액청구권, 계약해제권, 손해배상청구권 모두 없다. ④ 용익권에 의한 제한에서 선의의 경우는 계약해제권(목적달성 불능시), 손해배상청구권이 있고, 제척기간은 1년이다. 악의의 경우는 계약해제권, 손해배상청구권 모두 없다. ⑤ 저당권에 의한 제한에서 선의 및 악의 모두 일정한 경우에 계약해제권, 손해배상청구권이 있다. 물건의 하자에 대한 담보책임에서 ⑥ 특정물매매의 선의·무과실의 경우 목적달성 불능시 계약해제권, 손해배상청구권이 있고, 제척기간은 6월이다. 악의의 경우는 모두 없다. ⑦ 종류물매매에서 선의·무과실의 경우 목적달성 불능 시 계약해제권, 손해배상청구권이 있고, 제척기간은 6월이다. 악의의 경우 모두 없다.

(제580조, 매도인의 하자담보책임) ① 매매의 목적물에 하자가 있는 때에는 제575조제1항의 규정을 준용한다. 그러나 매수인이 하자있는 것을 알았거나 과실로 인하여 이를 알지 못한 때에는 그러하지 아니하다. ② 전항의 규정은 경매의 경우에 적용하지 아니한다. (제581조, 종류매매와 매도인의 담보책임) ① 매매의 목적물을 종류로 지정한 경우에도 그 후 특정된 목적물에 하자가 있는 때에는 전조의 규정을 준용한다. ② 전항의 경우에 매수인은 계약의 해제 또는 손해배상의 청구를 하지 아니하고 하자없는 물건을 청구할 수 있다. (제582조, 전2조의 권리행사기간) 전2조에 의한 권리는 매수인이 그 사실을 안 날로부터 6월내에 행사하여야 한다. (제583조, 담보책임과 동시이행) 제536(동시이행의 항변권)조의 규정은 제572조 내지 제575조, 제580조 및 제581조의 경우에 준용한다.

(4) 담보책임면제 특약 등

(제584조, 담보책임면제의 특약) 매도인은 전15조에 의한 담보책임을 면하는 특약을 한 경우에도 매도인이 알고 고지하지 아니한 사실 및 제3자에게 권리를 설정 또는 양도한 행위에 대하여는 책임을 면하지 못한다. (제585조, 동일기한의 추정) 매매의 당사자

일방에 대한의무이행의 기한이 있는 때에는 상대방의의무이행에 대하여도 동일한 기한이 있는 것으로 추정한다. (제586조, 대금지급장소) 매매의 목적물의 인도와 동시에 대금을 지급할 경우에는 그 인도장소에서 이를 지급하여야 한다. (제587조, 과실의 귀속, 대금의 이자) 매매계약있은 후에도 인도하지 아니한 목적물로부터 생긴 과실은 매도인에게 속한다. 매수인은 목적물의 인도를 받은 날로부터 대금의 이자를 지급하여야 한다. 그러나 대금의 지급에 대하여 기한이 있는 때에는 그러하지 아니하다. (제588조, 권리주장자가 있는 경우와 대금지급거절권) 매매의 목적물에 대하여 권리를 주장하는 자가 있는 경우에 매수인이 매수한 권리의 전부나 일부를 잃을 염려가 있는 때에는 매수인은 그 위험의 한도에서 대금의 전부나 일부의 지급을 거절할 수 있다. 그러나 매도인이 상당한 담보를 제공한 때에는 그러하지 아니하다. (제589조, 대금공탁청구권) 전조의 경우에 매도인은 매수인에 대하여 대금의 공탁을 청구할 수 있다.

3. 환매

환매의 법적성질은 해제권유보부 매매이며, 그 목적물은 동산, 부동산, 채권, 지적재산권 모두 가능하고, 환매특약은 매매계약과 동시에 하여야 하며, 환매대금은 매매대금과 매수인이 부담한 매매비용에 한정된다. 환매특약의 등기는 매매등기와 동시에 환매권을 등기하면 대항력이 발생한다. 환매권은 형성권이며 양도성이 있고, 상속성도 있고, 환매권은 채권자대위권의 객체가 된다.

(제590조, 환매의의의) ① 매도인이 매매계약과 동시에 환매할 권리를 보류한 때에는 그 영수한 대금 및 매수인이 부담한 매매비용을 반환하고 그 목적물을 환매할 수 있다. ② 전항의 환매대금에 관하여 특별한 약정이 있으면 그 약정에 의한다. ③ 전2항의 경우에 목적물의 과실과 대금의 이자는 특별한 약정이 없으면 이를 상계한 것으로 본다. (제591조, 환매기간) ① 환매기간은 부동산은 5년, 동산은 3년을 넘지 못한다. 약정기간이 이를 넘는 때에는 부동산은 5년, 동산은 3년으로 단축한다. ② 환매기간을 정한 때에는 다시 이를 연장하지 못한다. ③ 환매기간을 정하지 아니한 때에는 그 기간은 부동산은 5년, 동산은 3년으로 한다. (제592조, 환매등기) 매매의 목적물이 부동산인 경우에 매매등기와 동시에 환매권의 보류를 등기한 때에는 제3자에 대하여 그 효력이 있다. (제593조, 환매권의 대위행사와 매수인의 권리) 매도인의 채권자가 매도인을 대위하여 환매하고자 하는 때에는 매수인은 법원이 선정한 감정인의 평가액에서 매도인이 반환할 금액을 공제한 잔액으로 매도인의 채무를 변제하고 잉여액이 있으면 이를 매도인에게 지급하여 환매

권을 소멸시킬 수 있다. (第594조, 환매의 실행) ① 매도인은 기간내에 대금과 매매비용을 매수인에게 제공하지 아니하면 환매할 권리를 잃는다. ② 매수인이나 전득자가 목적물에 대하여 비용을 지출한 때에는 매도인은 第203조[43]의 규정에 의하여 이를 상환하여야 한다. 그러나 유익비에 대하여는 법원은 매도인의 청구에 의하여 상당한 상환기간을 허여할 수 있다. (第595조, 공유지분의 환매) 공유 자의 1인이 환매할 권리를 보류하고 그 지분을 매도한 후 그 목적물의 분할이나 경매가 있는 때에는 매도인은 매수인이 받은 또는 받을 부분이나 대금에 대하여 환매권을 행사할 수 있다. 그러나 매도인에게 통지하지 아니한 매수인은 그 분할이나 경매로써 매도인에게 대항하지 못한다.

Ⅲ. 교환

교환의 법적 성질은 유상계약, 쌍무계약, 낙성계약, 불요식 계약이며,의사표시의 합치(금전 이외의 재산권 이전과 금전 이외의 재산권이전), 보충금 지급을 약정한 경우 매매대금에 관한 규정이 준용된다. 환금은 교환이 아니다. 환매는 유상계약으로 매매에 관한 규정, 특히 담보책임규정이 준용되고, 쌍무계약이므로 동시이행의 항변권과 위험부담에 관한 규정이 준용된다.

(第596조, 교환의의의) 교환은 당사자 쌍방이 금전 이외의 재산권을 상호이전할 것을 약정함으로써 그 효력이 생긴다. (第597조, 금전의 보충지급의 경우) 당사자 일방이 전조의 재산권이전과 금전의 보충지급을 약정한 때에는 그 금전에 대하여는 매매대금에 관한 규정을 준용한다.

Ⅳ. 임대차

1. 임대차의의의

임차권의 보호방법으로 대항력을 인정, 최단존속기간의 보장, 임차권 자체에 기한 방해

43) 第203조(점유자의 상환청구권) ① 점유자가 점유물을 반환할 때에는 회복자에 대하여 점유물을 보존하기 위하여 지출한 금액 기타 필요비의 상환을 청구할 수 있다. 그러나 점유자가 과실을 취득한 경우에는 통상의 필요비는 청구하지 못한다. ② 점유자가 점유물을 개량하기 위하여 지출한 금액 기타 유익비에 관하여는 그 가액의 증가가 현존한 경우에 한하여 회복자의 선택에 좇아 그 지출금액이나 증가액의 상환을 청구할 수 있다. ③ 전항의 경우에 법원은 회복자의 청구에 의하여 상당한 상환기간을 허여할 수 있다.

제거청구권의 인정, 임차권의 처분권 인정, 차임 및 보증금의 제한을 하고 있다. 제3자의 불법점유 제거방법으로 임차권이 대항력을 갖춘 경우 임차인은 임차권 자체에 기한 방해제거청구권 행사, 임차권이 대항력을 갖추지 못했으나 임차인이 목적물을 점유하는 경우 임차인은 점유권에 기한 방해제거청구권 행사, 임차권이 대항력과 점유를 모두 갖추지 못한 경우 임차인은 임대인의 소유권에 기한 물권적 청구권을 대위행사 할 수 있다. 임대차는 유상, 쌍무, 낙성, 불요식계약으로 계속적 채권계약이다.

(제618조, 임대차의의의) 임대차는 당사자 일방이 상대방에게 목적물을 사용, 수익하게 할 것을 약정하고 상대방이 이에 대하여 차임을 지급할 것을 약정함으로써 그 효력이 생긴다. 민법상 임대차의 목적물은 물건이다. 부동산 중 농지에 대한 임대차는 원칙적으로 금지된다. 차임은 임대차의 요소이고 금전에 한하지 않는다.

2. 임대차의 존속기간 등

민법상 임대차의 최단존속기간 및 최장존속기간 제한이 없다. 일정한 토지임대차에 대해서는 계약갱신이 간접적으로 강제된다. 건물 기타 공작물의 소유 또는 식목, 채염, 목축을 목적으로 한 토지임대차의 기간이 만료된 경우에 건물, 수목, 기타 지상시설이 현존한 때에는 임차인은 계약의 갱신을 청구할 수 있다. 임대인이 계약의 갱신을 원하지 않는 경우 임차인은 임대인에 대해 상당한 가액으로 지상물의 매수를 청구할 수 있다. 약정갱신은 당사자의 합의에 의하여 갱신이 가능하고 토지임차인의 갱신청구권 및 지상물매수청구권을 인정한다. 법정갱신규정은 강행규정이다. 법정갱신이 성립하는 경우 전 임대차에 대해 제3자가 제공한 담보는 기간의 만료로 소멸하나 당사자가 제공한 담보는 존속한다.

(제619조, 처분능력, 권한없는 자의 할 수 있는 단기임대차) 처분의 능력 또는 권한없는 자가 임대차를 하는 경우에는 그 임대차는 ㉠ 식목, 채염 또는 석조, 석회조, 연와조 및 이와 유사한 건축을 목적으로 한 토지의 임대차는 10년, ㉡ 기타 토지의 임대차는 5년, ㉢ 건물 기타 공작물의 임대차는 3년, ㉣ 동산의 임대차는 6월의 기간을 넘지 못한다. (제620조, 단기임대차의 갱신) 전조의 기간은 갱신할 수 있다. 그러나 그 기간만료 전 토지에 대하여는 1년, 건물 기타 공작물에 대하여는 3월, 동산에 대하여는 1월내에 갱신하여야 한다. (제635조, 기간의 약정없는 임대차의 해지통고) ① 임대차기간의 약정이 없는 때에는 당사자는 언제든지 계약해지의 통고를 할 수 있다. ② 상대방이 전항의 통고를 받은 날로부터 ㉠ 토지, 건물 기타 공작물에 대하여는 임대인이 해지를 통고한 경우에는 6월, 임차인이 해지를 통고한 경우에는 1월, ㉡ 동산에 대하여는 5일의 기간이 경

과하면 해지의 효력이 생긴다. (제636조, 기간의 약정있는 임대차의 해지통고) 임대차기간의 약정이 있는 경우에도 당사자일방 또는 쌍방이 그 기간내에 해지할 권리를 보류한 때에는 전조의 규정을 준용한다. (제637조, 임차인의 파산과 해지통고) ① 임차인이 파산선고를 받은 경우에는 임대차기간의 약정이 있는 때에도 임대인 또는 파산관재인은 제635조(기간의 약정없는 임대차의 해지통고)의 규정에 의하여 계약해지의 통고를 할 수 있다. ② 전항의 경우에 각 당사자는 상대방에 대하여 계약해지로 인하여 생긴 손해의 배상을 청구하지 못한다.

3. 임대인과 임차인의 권리와의무

① 임대인은 그 권리로 차임지급청구권(차임증감청구권, 법정질권, 법정저당권), 목적물반환청구권을 가지고, ② 임대인의 의무로는 목적물을 사용·수익하게 할 의무(목적물인도의무, 방해제거의무, 수선의무, 비용상환의무, 담보책임)를 진다. ③ 임차인은 그 권리로 임차권, 비용상환청구권, 갱신청구권, 매수청구권, 차임감액청구권을 가지고, ④ 임차인의 의무로는 차임지급의무, 목적물보관의무, 목적물반환의무를 진다.

(제621조, 임대차의 등기) ① 부동산임차인은 당사자간에 반대약정이 없으면 임대인에 대하여 그 임대차등기절차에 협력할 것을 청구할 수 있다. ② 부동산임대차를 등기한 때에는 그때부터 제3자에 대하여 효력이 생긴다. (제622조, 건물등기있는 차지권의 대항력) ① 건물의 소유를 목적으로 한 토지임대차는 이를 등기하지 아니한 경우에도 임차인이 그 지상건물을 등기한 때에는 제3자에 대하여 임대차의 효력이 생긴다. ② 건물이 임대차기간만료전에 멸실 또는 후폐한 때에는 전항의 효력을 잃는다. (제623조, 임대인의의무) 임대인은 목적물을 임차인에게 인도하고 계약존속 중 그 사용·수익에 필요한 상태를 유지하게 할 의무를 부담한다. 임대인의 의무 중 수선의무를 부담하는데 이는 임대인이 임대차존속 중 그 사용·수익에 필요한 상태를 유지하게 할 의무를 부담하는 것을 말한다. 수선의무는 임차목적물에 파손이 생길 것, 수선이 가능할 것, 수선하지 않으면 계약에서 정한 목적물을 사용·수익할 수 없을 것의 발생요건을 요한다. 수선의무는 당사자의 특약에 의해 면제될 수 있는데, 판례는 임대인에 대한 소규모 수선은 면제 가능하고 대규모 수선은 임대인이 부담한다는 입장이다. 임대차목적물에 약간의 균열이 있고 외벽에 금이 가는 정도의 파손은 임차인의 통상의 수선·관리의무에 속한다. 천재지변 기타 불가항력으로 목적물이 파손된 경우에도 임대인의 수선의무는 면제되지 않는다. (제624조, 임대인의 보존행위, 인용의무) 임대인이 임대물의 보존에 필요한 행위를 하는 때에는 임차인은

이를 거절하지 못한다. (제625조, 임차인의의사에 반하는 보존행위와 해지권) 임대인이 임차인의의사에 반하여 보존행위를 하는 경우에 임차인이 이로 인하여 임차의 목적을 달성할 수 없는 때에는 계약을 해지할 수 있다.

4. 임차인의 임차권

임차권은 임차인이 임대인에게 목적물을 사용·수익하게 해 줄 것을 요구할 수 있는 권리로, 사용·수익의 범위로는 임차인은 계약 또는 목적물의 성질에 의해 정해진 용법으로 임차물을 사용·수익하여야 한다. 임차인이 이를 위반한 경우 임대인은 위반행위의 정지를 청구하거나 손해가 있으면 손해배상을 청구할 수 있고 그 밖에 계약을 해지할 수 있으며, 임차인은 임대인의 동의 없이 그 권리를 양도하거나 임차물을 전대하지 못하며 임차인이 이를 위반한 경우 임대인은 계약을 해지할 수 있다. 임차권의 대항력은 부동산임차인은 당사자 간에 반대약정이 없으면 임대인에 대하여 그 임대차등기절차에 협력할 것을 청구할 수 있고, 부동산임대차를 등기한 때에는 그때부터 제3자에 대해 효력이 생긴다. 건물의 소유를 목적으로 한 토지임대차는 이를 등기하지 아니한 경우에도 임차인이 그 지상건물을 등기한 때에는 제3자에 대하여 임대차의 효력이 생긴다. 주택임대차는 그 등기가 없는 경우에도 임차인이 주택의 인도와 주민등록을 마친 때에는 그 다음 날부터 제3자에 대해 효력이 생긴다. 상가건물임대차는 그 등기가 없는 경우에도 임차인이 건물의 인도와 사업자등록을 신청한 때에는 그 다음 날부터 제3자에 대하여 효력이 생긴다.

5. 임차인의 필요비 및 유익비 상환청구권 등

임차인의 비용상환청구권은 필요비와 유익비상환청구권으로 ① 필요비상환청구권은 임차물의 보존을 위해 지출한 비용(수선비 등)으로 목적물 자체의 현상을 유지하기 위하여 지출된 비용, 목적물의 원상을 회복하기 위해 지출된 비용, 목적물을 통상의 용도에 적합한 상태로 보존하기 위해 지출된 비용을 범위로 한다. 필요비상환청구의 시기는 필요비 지출 즉시 임대차존속 중에도 가능하다. 가액 증가의 현존 여부는 가액의 증가가 현존할 필요가 없다. 법원의 상환기간의 허여는 불가하다. ② 유익비상환청구권은 목적물을 개량하기 위해 지출한 비용으로 목적물의 객관적 가치를 증가하게 하는 것이어야 하고, 임차인의 주관적인 취미나 특수한 영업목적을 위해 지출된 비용은 유익비가 아니고, 지출에 의한 개량이 임차물의 구성부분이 되어 임대인이 그 소유권을 취득하는 경우여야 한다.

유익비의 상환청구는 임대차 종료시이며, 가액의 증가의 현존 여부는 가액의 증가가 현존한 경우에 한하여 청구가능 하다. 법원의 상환기간 허여가 가능하고, 필요비와 유익비의 행사기간은 필요비 및 유익비상환청구권은 임대인이 목적물을 반환받은 날로부터 6월 내(제척기간)에 행사하여야 하며, 필요비상환청구는 필요비를 지출한 즉시 가능하므로 위 제척기간과 관계없이 지출한 때로부터 소멸시효가 진행한다.

임차인의 비용상환청구권에 관한 규정은 임의규정이므로 비용상환면제특약은 가능하다. 판례는 간판설비, 인테리어비는 유익비가 아니며, 임대차계약에서 원상복구 특약이 있는 경우 이는 유익비상환청구권을 미리 포기한 것으로 보고 있다. 임차인은 비용상환청구권을 담보하기 위해 유치권을 행사할 수 있다. 그러나 임대인의 청구에 의해 법원이 상환기간을 허여한 경우에는 유치권을 행사할 수 없다. (제626조, 임차인의 상환청구권) ① 임차인이 임차물의 보존에 관한 필요비를 지출한 때에는 임대인에 대하여 그 상환을 청구할 수 있다. ② 임차인이 유익비를 지출한 경우에는 임대인은 임대차종료시에 그 가액의 증가가 현존한 때에 한하여 임차인의 지출한 금액이나 그 증가액을 상환하여야 한다. 이 경우에 법원은 임대인의 청구에 의하여 상당한 상환기간을 허여할 수 있다. (제627조, 일부멸실 등과 감액청구, 해지권) ① 임차물의 일부가 임차인의 과실없이 멸실 기타 사유로 인하여 사용, 수익할 수 없는 때에는 임차인은 그 부분의 비율에 의한 차임의 감액을 청구할 수 있다. ② 전항의 경우에 그 잔존부분으로 임차의 목적을 달성할 수 없는 때에는 임차인은 계약을 해지할 수 있다.

6. 임차권의 양도 및 전대

임차권의 양도는 임차인이 임차권을 양수인에게 이전하고 자신은 종래의 임대차관계에서 탈락하는 것이고, 임차권의 전대는 임차인이 자신의 임차권을 그대로 유지하면서 임차인이 임대인의 지위에서 다시 임대차하는 것이다. 이러한 임차권은 임대인의 동의 없이 무단으로 양도하거나 전대하지 못하는데 이는 임대인에 대한 배신행위이기 때문이다. 판례는 배신행위가 아니라고 볼 수 있는 특별한 사정이 있는 경우(부부, 경락)에 임대인은 임대차계약을 해지할 수 없다고 판단하고 있다. 여기에서 임대인의 동의는 제3자에 대한 대항요건에 해당하며, 동의방식은 불요식이고, 상대방은 임차인, 양수인, 전차인이며, 한번한 동의는 철회할 수 없다. 임대인의 동의에 따라 전대한 경우 전차인은 직접 임대인에 대해의무를 부담한다. 이 경우 전차인은 전대인에 대한 차임의 지급으로써 임대인에게 대항하지 못한다. 임차인의 전대행위에 대해 임대인의 동의가 있더라도 임대인의 임차인에 대한 권리행사는 영향이 없다. 예를들어 甲(임대인)과 乙(임차인)이 임대차계약을 하고 이를 丙(전차인)에게 乙이 무단으로 전대한 경우 甲의 동의가 없더라도 전대차계약 자체는 유효하다. 이 경우 乙은 丙에게 임대인 甲의 동의를 얻어 줄 의무를 부담한다. 무단전대에서 甲과 丙사이에는 아무런 계약관계가 없으므로 甲은 丙에게 차임지급을 청구할 수 없다. 무단전대를 하더라도 甲이 임대차를 해지하지 않는 한 乙과의 임대차관계는 그대로 존속하므로 甲은 乙에게 차임지급을 청구할 수 있고, 丙은 전차권을 가지고 甲에게 대항할 수 없으므로 甲에 대한 관계에서는 불법점유자이다. 따라서 甲은 丙을 상대로 소유권에 기한 물권적 청구권을 행사할 수 있으나, 甲은 丙에 대해 불법행위를 이유로 한 손해배상은 청구할 수 없다.

(제629조, 임차권의 양도, 전대의 제한) ① 임차인은 임대인의 동의없이 그 권리를 양도하거나 임차물을 전대하지 못한다. ② 임차인이 전항의 규정에 위반한 때에는 임대인은 계약을 해지할 수 있다. (제630조, 전대의 효과) ① 임차인이 임대인의 동의를 얻어 임차물을 전대한 때에는 전차인은 직접 임대인에 대하여 의무를 부담한다. 이 경우에 전차인은 전대인에 대한 차임의 지급으로써 임대인에게 대항하지 못한다. ② 전항의 규정은 임대인의 임차인에 대한 권리행사에 영향을 미치지 아니한다. (제631조, 전차인의 권리의 확정) 임차인이 임대인의 동의를 얻어 임차물을 전대한 경우에는 임대인과 임차인의 합의로 계약을 종료한 때에도 전차인의 권리는 소멸하지 아니한다. (제632조, 임차건물의 소부분을 타인에게 사용케 하는 경우) 전3조의 규정은 건물의 임차인이 그 건물의 소부분을 타인에게 사용하게 하는 경우에 적용하지 아니한다.

7. 임차인의 차임지급의무 및 차임증감청구 등

차임은 금전에 한하지 않으며, 차임의 액수는 자유로이 약정할 수 있다. 차임의 지급시기는 후불이 원칙이며, 2기(건물 기타 공작물)의 차임연체시 계약해지가 가능하다. 공동임차인의 경우 임차인은 연대하여 차임지급의무를 부담한다. 한편, 차임증감청구권은 임대물에 대한 공과부담의 증감 기타 경제사정의 변동으로 인해 약정한 차임이 상당하지 아니하게 된 때에 당사자는 장래에 대한 차임의 증감을 청구할 수 있다. 차임증감청구권에 관한 규정은 편면적 강행규정으로 차임불감액의 특약은 언제나 무효이고, 차임불증액의 특약은 원칙적으로 유효하다. 판례는 차임불증액의 특약이 있더라도 그 특약을 그대로 유지시키는 것이 신의칙에 반한다고 인정될 정도의 사정변경이 있는 경우에는 임대인에게 차임증액청구를 인정하고 있다. 임차물의 일부가 임차인의 과실 없이 멸실 기타 사유로 인하여 사용·수익할 수 없는 때에는 임차인은 그 부분의 비율에 의한 차임의 감액을 청구(차임감액청구권)할 수 있다.

(제628조, 차임증감청구권) 임대물에 대한 공과부담의 증감 기타 경제사정의 변동으로 인하여 약정한 차임이 상당하지 아니하게 된 때에는 당사자는 장래에 대한 차임의 증감을 청구할 수 있다. (제633조, 차임지급의 시기) 차임은 동산, 건물이나 대지에 대하여는 매월말에, 기타 토지에 대하여는 매년말에 지급하여야 한다. 그러나 수확기 있는 것에 대하여는 그 수확후 지체없이 지급하여야 한다.

(제634조, 임차인의 통지의무) 임차물의 수리를 요하거나 임차물에 대하여 권리를 주장하는 자가 있는 때에는 임차인은 지체없이 임대인에게 이를 통지하여야 한다. 그러나 임대인이 이미 이를 안 때에는 그러하지 아니하다. (제638조, 해지통고의 전차인에 대한 통지) ① 임대차계약이 해지의 통고로 인하여 종료된 경우에 그 임대물이 적법하게 전대되었을 때에는 임대인은 전차인에 대하여 그 사유를 통지하지 아니하면 해지로써 전차인에게 대항하지 못한다. ② 전차인이 전항의 통지를 받은 때에는 제635조제2항(상대방이 통고를 받은 날로부터 ㉠ 토지, 건물 기타 공작물에 대하여는 임대인이 해지를 통고한 경우에는 6월, 임차인이 해지를 통고한 경우에는 1월, ㉡ 동산에 대하여는 5일의 기간이 경과하면 해지의 효력이 생긴다)의 규정을 준용한다.

(제639조, 묵시의 갱신) ① 임대차기간이 만료한 후 임차인이 임차물의 사용, 수익을 계속하는 경우에 임대인이 상당한 기간내에 이의를 하지 아니한 때에는 전임대차와 동일한 조건으로 다시 임대차한 것으로 본다. 그러나 당사자는 제635조(기간의 약정없는 임대차의 해지통고)의 규정에 의하여 해지의 통고를 할 수 있다. ② 전항의 경우에 전임대차에 대하여 제3자가 제공한 담보는 기간의 만료로 인하여 소멸한다. (제640조, 차임연체와 해지) 건물 기타 공작물의 임대차에는 임차인의 차임연체액이 2기의 차임액에 달하는 때에는 임대인은 계약을 해지할 수 있다. (제641조)건물 기타 공작물의 소유 또는 식목, 채염, 목축을 목적으로 한 토지임대차의 경우에도 전조의 규정을 준용한다. (제642조, 토지임대차의 해지와 지상건물 등에 대한 담보물권자에 의 통지) 전조의 경우에 그 지상에 있는 건물 기타 공작물이 담보물권의 목적이 된 때에는 제288조(지상권소멸청구와 저당권자에 대한 통지)의 규정을 준용한다.

8. 토지임차인의 갱신청구권과 지상물매수청구권 등

갱신청구권의 요건은 존속기간의 만료와 지상물의 현존이며, 그 성질은 청구권이다. 한편, 매수청구권은 형성권으로 매수청구의 주체는 지상물의 소유자이며, 매수청구의 상대방은 임차권 소멸 당시의 임대인과 임차권 소멸 후의 토지양수인이다. 매수청구권의 대상은 토지 위의 지상물로 임대차계약 당시의 기존 건물에 한하지 않고 임대인의 동의를 얻어 신축한 것에 한하지 않는다. 매수청구의 요건으로 존속기간의 만료와 지상물의 현존, 토지소유자의 갱신거절이며, 지상물의 객관적인 경제적 가치나 임대인에 대한 효용여부는 요건이 아니다. 판례는 건물소유를 목적으로 하는 토지임대차에서 임차인 소유건물의 임대인이 임대한 토지 외에 임차인 또는 제3자 소유의 토지 위에 걸쳐서 건립되어 있는 경우에는 임차지상에 서있는 건물부분 중 구분소유의 객체가 될 수 있는 부분에 한하여 임차인에게 매수청구가 허용된다고 판단하고 있다. 임차인의 지상물매수청구권의 행사에 의해 임대인과 임차인 사이에는 지상물에 관한 매매계약이 성립한다. 기간의 약정이 없는 토지임대차계약을 해지한 경우에는 계약갱신을 거절 한 것이라고 할 수 있어 임차인은 곧바로 지상물매수청구를 할 수 있다. 판례는 임차인의 채무불이행으로 임대차계약이 해지된 경우 지상물매수청구권을 행사할 수 없다고 판단하였다. 지상물매수청구권에 관한 규정은 편면적 강행규정이므로 이에 위반한 약정으로 임차인에게 불리한 것은 효력이 없다. 임차인은 지상물매수청구권을 담보하기 위해 유치권 행사는 할 수 없다.

(제643조, 임차인의 갱신청구권, 매수청구권) 건물 기타 공작물의 소유 또는 식목, 채염, 목축을 목적으로 한 토지임대차의 기간이 만료한 경우에 건물, 수목 기타 지상시설이 현존한 때에는 제283조(지상권자의 갱신청구권, 매수청구권)의 규정을 준용한다. (제644조, 전차인의 임대청구권, 매수청구권) ① 건물 기타 공작물의 소유 또는 식목, 채염, 목축을 목적으로 한 토지임차인이 적법하게 그 토지를 전대한 경우에 임대차 및 전대차의 기간이 동시에 만료되고 건물, 수목 기타 지상시설이 현존한 때에는 전차인은 임대인에 대하여 전전대차와 동일한 조건으로 임대할 것을 청구할 수 있다. ② 전항의 경우에 임대인이 임대할 것을 원하지 아니하는 때에는 제283조제2항(지상권설정자가 계약의 갱신을 원하지 아니하는 때에는 지상권자는 상당한 가액으로 전항의 공작물이나 수목의 매수를 청구할 수 있다)의 규정을 준용한다. (제645조, 지상권목적토지의 임차인의 임대청구권, 매수청구권) 전조의 규정은 지상권자가 그 토지를 임대한 경우에 준용한다.

9. 건물임차인의 부속물매수청구권 등

부속물이 되기 위해서는 건물에 부속된 물건으로서 임차인의 소유에 속할 것, 건물의 구성부분으로는 되지 아니할 것, 건물의 사용에 객관적인 편익을 가져올 것을 요한다, 부속물매수청구권은 형성권이며, 행사시기는 임대차 종료 후 언제든지 가능하다. 오로지 임차인의 특수목적에 사용하기 위해 부속된 물건은 부속물이 아니다. 임차인의 부속물매수청구권의 행사에 의해 임대인과 임차인 사이에는 부속물에 관한 매매계약이 성립한다. 판례는 임차인의 채무불이행으로 임대차계약이 해지된 경우에는 부속물매수청구권을 행사할 수 없다고 보고 있다. 부속물매수청구권에 관한 규정은 편면적 강행규정이므로 이에 위반한 약정으로 임차인에게 불리한 것은 효력이 없다. 임차인은 부속물매수청구권을 담보하기 위해 유치권을 행사할 수 없다.

(제646조, 임차인의 부속물매수청구권) ① 건물 기타 공작물의 임차인이 그 사용의 편익을 위하여 임대인의 동의를 얻어 이에 부속한 물건이 있는 때에는 임대차의 종료시에 임대인에 대하여 그 부속물의 매수를 청구할 수 있다. ② 임대인으로부터 매수한 부속물에 대하여도 전항과 같다. (제647조, 전차인의 부속물매수청구권) ① 건물 기타 공작물의 임차인이 적법하게 전대한 경우에 전차인이 그 사용의 편익을 위하여 임대인의 동의를 얻어 이에 부속한 물건이 있는 때에는 전대차의 종료시에 임대인에 대하여 그 부속물의 매수를 청구할 수 있다. ② 임대인으로부터 매수하였거나 그 동의를 얻어 임차인으로부터 매수한 부속물에 대하여도 전항과 같다. (제648조, 임차지의 부속물, 과실 등에 대한 법정질권) 토지임대인이 임대차에 관한 채권에 의하여 임차지에 부속 또는 그 사용의 편익에 공용한 임차인의 소유동산 및 그 토지의 과실을 압류한 때에는 질권과 동일한 효력이 있다. (제649조, 임차지상의 건물에 대한 법정저당권)토지임대인이 변제기를 경과한 최후 2년의 차임채권에 의하여 그 지상에 있는 임차인소유의 건물을 압류한 때에는 저당권과 동일한 효력이 있다. (제650조, 임차건물등의 부속물에 대한 법정질권) 건물 기타 공작물의 임대인이 임대차에 관한 채권에 의하여 그 건물 기타 공작물에 부속한 임차인소유의 동산을 압류한 때에는 질권과 동일한 효력이 있다.

10. 강행규정 및 특례 등

(제652조, 강행규정) 제627조(일부멸실 등과 감액청구, 해지권), 제628조(차임증감청구권), 제631조(전차인의 권리의 확정), 제635조(기간의 약정없는 임대차의 해지통고), 제638조(해지통고의 전차인에 대한 통지), 제640조(차임연체와 해지), 제641조(차임연체와 해지), 제643조(임차인의 갱신청구권, 매수청구권), 제644조(전차인의 임대청구권, 매수청구권), 제645조(지상권목적토지의 임차인의 임대청구권, 매수청구권), 제646조(임차인의 부속물매수청구권), 제647조(전차인의 부속물매수청구권)의 규정에 위반하는 약정으

로 임차인이나 전차인에게 불리한 것은 그 효력이 없다. (제653조, 일시사용을 위한 임대차의 특례) 제628조(차임증감청구권), 제638조(해지통고의 전차인에 대한 통지), 제640조(차임연체와 해지), 제646조 내지 제648조(임차지의 부속물, 과실 등에 대한 법정질권), 제650조(임차건물등의 부속물에 대한 법정질권) 및 전조(제652조)의 규정은 일시사용하기 위한 임대차 또는 전대차인 것이 명백한 경우에는 적용하지 아니한다. (제654조, 준용규정) 제610조제1항[44], 제615조 내지 제617조의 규정[45]은 임대차에 이를 준용한다.

44) 제610조(차주의 사용, 수익권) ① 차주는 계약 또는 그 목적물의 성질에 의하여 정하여진 용법으로 이를 사용, 수익하여야 한다. ② 차주는 대주의 승낙이 없으면 제삼자에게 차용물을 사용, 수익하게 하지 못한다. ③ 차주가 전2항의 규정에 위반한 때에는 대주는 계약을 해지할 수 있다.

45) 제615조(차주의 원상회복의무와 철거권) 차주가 차용물을 반환하는 때에는 이를 원상에 회복하여야 한다. 이에 부속시킨 물건은 철거할 수 있다. 제616조(공동차주의 연대의무) 수인이 공동하여 물건을 차용한 때에는 연대하여 그의무를 부담한다. 제617조(손해배상, 비용상환청구의 기간) 계약 또는 목적물의 성질에 위반한 사용, 수익으로 인하여 생긴 손해배상의 청구와 차주가 지출한 비용의 상환청구는 대주가 물건의 반환을 받은 날로부터 6월내에 하여야 한다.

제 10 장

민사특별법

제 1 절 가등기담보법

Ⅰ. 서 설

이 법은 차용물의 반환에 관하여 차주가 차용물을 갈음하여 다른 재산권을 이전할 것을 예약할 때 그 재산의 예약 당시 가액이 차용액과 이에 붙인 이자를 합산한 액수를 초과하는 경우에 이에 따른 담보계약과 그 담보의 목적으로 마친 가등기 또는 소유권이전등기의 효력을 정함을 목적으로 한다.

① 담보계약 : 민법 제608조[1]에 따라 그 효력이 상실되는 대물반환의 예약[환매, 양도담보 등 명목이 어떠하든 그 모두를 포함]에 포함되거나 병존하는 채권담보 계약을 말한다. ② 채무자등 : ㉠ 채무자, ㉡ 담보가등기목적 부동산의 물상보증인, ㉢ 담보가등기 후 소유권을 취득한 제3자를 말한다. ③ 담보가등기 : 채권담보의 목적으로 마친 가등기를 말한다. ④ 강제경매등 : 강제경매와 담보권의 실행 등을 위한 경매를 말한다. ⑤ 후순위 권리자 : 담보가등기 후에 등기된 저당권자·전세권자 및 담보가등기권리자를 말한다.

---

1) 제608조(차주에 불이익한 약정의 금지) 전2조(제606조(대물대차) 금전대차의 경우에 차주가 금전에 갈음하여 유가증권 기타 물건의 인도를 받은 때에는 그 인도시의 가액으로써 차용액으로 한다. 제607조(대물반환의 예약) 차용물의 반환에 관하여 차주가 차용물에 갈음하여 다른 재산권을 이전할 것을 예약한 경우에는 그 재산의 예약당시의 가액이 차용액 및 이에 붙인 이자의 합산액을 넘지 못한다)의 규정에 위반한 당사자의 약정으로서 차주에 불리한 것은 환매 기타 여하한 명목이라도 그 효력이 없다.

Ⅱ. 가등기담보권의 실행 등

1. 담보권 실행의 통지와 청산기간

① 채권자가 담보계약에 따른 담보권을 실행하여 그 담보목적부동산의 소유권을 취득하기 위하여는 그 채권의 변제기 후에 청산금의 평가액을 채무자등에게 통지하고, 그 통지가 채무자등에게 도달한 날부터 2개월(청산기간)이 지나야 한다. 이 경우 청산금이 없다고 인정되는 경우에는 그 뜻을 통지하여야 한다. ② 통지에는 통지 당시의 담보목적부동산의 평가액과 채권액을 밝혀야 한다. 이 경우 부동산이 둘 이상인 경우에는 각 부동산의 소유권이전에 의하여 소멸시키려는 채권과 그 비용을 밝혀야 한다.

2. 청산금의 지급과 소유권의 취득

① 채권자는 통지 당시의 담보목적부동산의 가액에서 그 채권액을 뺀 금액(청산금)을 채무자등에게 지급하여야 한다. 이 경우 담보목적부동산에 선순위담보권 등의 권리가 있을 때에는 그 채권액을 계산할 때에 선순위담보 등에 의하여 담보된 채권액을 포함한다. ② 채권자는 담보목적부동산에 관하여 이미 소유권이전등기를 마친 경우에는 청산기간이 지난 후 청산금을 채무자등에게 지급한 때에 담보목적부동산의 소유권을 취득하며, 담보가등기를 마친 경우에는 청산기간이 지나야 그 가등기에 따른 본등기를 청구할 수 있다. ③ 청산금의 지급채무와 부동산의 소유권이전등기 및 인도채무의 이행에 관하여는 동시이행의 항변권에 관한 민법 제536조(동시이행의 항변권)를 준용한다. ④ ①부터 ③까지의 규정에 어긋나는 특약으로서 채무자등에게 불리한 것은 그 효력이 없다. 다만, 청산기간이 지난 후에 행하여진 특약으로서 제3자의 권리를 침해하지 아니하는 것은 그러하지 아니하다.

3. 후순위권리자의 권리행사

① 후순위권리자는 그 순위에 따라 채무자등이 지급받을 청산금에 대하여 통지된 평가액의 범위에서 청산금이 지급될 때까지 그 권리를 행사할 수 있고, 채권자는 후순위권리자의 요구가 있는 경우에는 청산금을 지급하여야 한다. ② 후순위권리자는 권리를 행사할

때에는 그 피담보채권의 범위에서 그 채권의 명세와 증서를 채권자에게 교부하여야 한다. ③ 채권자가 명세와 증서를 받고 후순위권리자에게 청산금을 지급한 때에는 그 범위에서 청산금채무는 소멸한다. ④ 권리행사를 막으려는 자는 청산금을 압류하거나 가압류하여야 한다. ⑤ 담보가등기 후에 대항력 있는 임차권을 취득한 자에게는 청산금의 범위에서 동시이행의 항변권에 관한 민법 제536조를 준용한다.

4. 채무자등 외의 권리자에 대한 통지

① 채권자는 통지가 채무자등에게 도달하면 지체 없이 후순위권리자에게 그 통지의 사실과 내용 및 도달일을 통지하여야 한다. ② 통지가 채무자등에게 도달한 때에는 담보가등기 후에 등기한 제3자(통지를 받을 자를 제외하고, 대항력 있는 임차권자를 포함)가 있으면 채권자는 지체 없이 그 제3자에게 통지를 한 사실과 그 채권액을 통지하여야 한다. ③ 통지를 받을 자의 등기부상의 주소로 발송함으로써 그 효력이 있다. 그러나 대항력 있는 임차권자에게는 그 담보목적부동산의 소재지로 발송하여야 한다.

5. 청산금에 대한 처분 제한

① 채무자가 청산기간이 지나기 전에 한 청산금에 관한 권리의 양도나 그 밖의 처분은 이로써 후순위권리자에게 대항하지 못한다. ② 채권자가 청산기간이 지나기 전에 청산금을 지급한 경우 또는 통지를 하지 아니하고 청산금을 지급한 경우에도 ①과 같다.

6. 청산금의 공탁

① 청산금채권이 압류되거나 가압류된 경우에 채권자는 청산기간이 지난 후 이에 해당하는 청산금을 채무이행지를 관할하는 지방법원이나 지원에 공탁하여 그 범위에서 채무를 면할 수 있다. ② 공탁이 있는 경우에는 채무자등의 공탁금출급청구권이 압류되거나 가압류된 것으로 본다. ③ 채권자는 제14조(강제경매등의 경우의 담보가등기)에 따른 경우 외에는 공탁금의 회수(回收)를 청구할 수 없다. ④ 채권자는 공탁을 한 경우에는 채무자등과 압류채권자 또는 가압류채권자에게 지체 없이 공탁의 통지를 하여야 한다.

7. 통지의 구속력

채권자는 그가 통지한 청산금의 금액에 관하여 다툴 수 없다.

8. 법정지상권

토지와 그 위의 건물이 동일한 소유자에게 속하는 경우 그 토지나 건물에 대하여 소유권을 취득하거나 담보가등기에 따른 본등기가 행하여진 경우에는 그 건물의 소유를 목적으로 그 토지 위에 지상권이 설정된 것으로 본다. 이 경우 그 존속기간과 지료는 당사자의 청구에 의하여 법원이 정한다.

9. 채무자등의 말소청구권

채무자등은 청산금채권을 변제받을 때까지 그 채무액(반환할 때까지의 이자와 손해금을 포함)을 채권자에게 지급하고 그 채권담보의 목적으로 마친 소유권이전등기의 말소를 청구할 수 있다. 다만, 그 채무의 변제기가 지난 때부터 10년이 지나거나 선의의 제삼자가 소유권을 취득한 경우에는 그러하지 아니하다.

Ⅲ. 경매청구 등

1. 경매의 청구

① 담보가등기권리자는 그 선택에 따라 담보권을 실행하거나 담보목적부동산의 경매를 청구할 수 있다. 이 경우 경매에 관하여는 담보가등기권리를 저당권으로 본다. ② 후순위권리자는 청산기간에 한정하여 그 피담보채권의 변제기 도래 전이라도 담보목적부동산의 경매를 청구할 수 있다.

2. 우선변제청구권

담보가등기를 마친 부동산에 대하여 강제경매등이 개시된 경우에 담보가등기권리자는 다른 채권자보다 자기채권을 우선변제 받을 권리가 있다. 이 경우 그 순위에 관하여는 그 담보가등기권리를 저당권으로 보고, 그 담보가등기를 마친 때에 그 저당권의 설정등기가 행하여진 것으로 본다.

3. 강제경매등의 경우의 담보가등기

담보가등기를 마친 부동산에 대하여 강제경매등의 개시 결정이 있는 경우에 그 경매의 신청이 청산금을 지급하기 전에 행하여진 경우(청산금이 없는 경우에는 청산기간이 지나기 전)에는 담보가등기권리자는 그 가등기에 따른 본등기를 청구할 수 없다.

4. 담보가등기권리의 소멸

담보가등기를 마친 부동산에 대하여 강제경매등이 행하여진 경우에는 담보가등기권리는 그 부동산의 매각에 의하여 소멸한다.

5. 강제경매등에 관한 특칙

① 법원은 소유권의 이전에 관한 가등기가 되어 있는 부동산에 대한 강제경매등의 개시결정이 있는 경우에는 가등기권리자에게 ㉠ 해당 가등기가 담보가등기인 경우 : 그 내용과 채권(이자나 그 밖의 부수채권을 포함)의 존부·원인 및 금액, ㉡ 해당 가등기가 담보가등기가 아닌 경우 : 해당 내용의 구분에 따른 사항을 법원에 신고하도록 적당한 기간을 정하여 최고하여야 한다. ② 압류등기 전에 이루어진 담보가등기권리가 매각에 의하여 소멸되면 채권신고를 한 경우에만 그 채권자는 매각대금을 배당받거나 변제금을 받을 수 있다. 이 경우 그 담보가등기의 말소에 관하여는 매수인이 인수하지 아니한 부동산의 부담에 관한 기입을 말소하는 등기의 촉탁에 관한 민사집행법 제144조제1항제2호[2]를 준용한다. ③ 소유권의 이전에 관한 가등기권리자는 강제경매등 절차의 이해관계인으로 본다.

6. 파산등 경우의 담보가등기

① 파산재단에 속하는 부동산에 설정한 담보가등기권리에 대하여는 채무자회생법 중 저당권에 관한 규정을 적용한다. ② 파산재단에 속하지 아니하는 파산자의 부동산에 대하여 설정되어 있는 담보가등기권리자에 관하여는 준별제권자에 관한 채무자회생법 제414

---

2) **제144조(매각대금 지급 뒤의 조치)** 매각대금이 지급되면 법원사무관등은 매각허가결정의 등본을 붙여 "매수인이 인수하지 아니한 부동산의 부담에 관한 기입을 말소하는 등기"를 촉탁하여야 한다.

조[3]를 준용한다. ③ 담보가등기권리는 국세기본법, 국세징수법, 지방세기본법, 지방세징수법, 채무자회생법을 적용할 때에는 저당권으로 본다.

제2절 부동산실명법

Ⅰ. 서 설

이 법은 부동산에 관한 소유권과 그 밖의 물권을 실체적 권리관계와 일치하도록 실권리자 명의로 등기하게 함으로써 부동산등기제도를 악용한 투기·탈세·탈법행위 등 반사회적 행위를 방지하고 부동산 거래의 정상화와 부동산 가격의 안정을 도모하여 국민경제의 건전한 발전에 이바지함을 목적으로 한다. ① 명의신탁약정이란 부동산에 관한 소유권이나 그 밖의 물권(부동산에 관한 물권)을 보유한 자 또는 사실상 취득하거나 취득하려고 하는 자(실권리자)가 타인과의 사이에서 대내적으로는 실권리자가 부동산에 관한 물권을 보유하거나 보유하기로 하고 그에 관한 등기(가등기를 포함)는 그 타인의 명의로 하기로 하는 약정(위임·위탁매매의 형식에 의하거나 추인에 의한 경우를 포함)을 말한다. 다만, ㉠ 채무의 변제를 담보하기 위하여 채권자가 부동산에 관한 물권을 이전받거나 가등기하는 경우, ㉡ 부동산의 위치와 면적을 특정하여 2인 이상이 구분소유하기로 하는 약정을 하고 그 구분소유자의 공유로 등기하는 경우, ㉢ 신탁재산인 사실을 등기한 경우는 제외한다. ② 명의신탁자란 명의신탁약정에 따라 자신의 부동산에 관한 물권을 타인의 명의로 등기하게 하는 실권리자를 말한다. ③ 명의수탁자란 명의신탁약정에 따라 실권리자의 부동산에 관한 물권을 자신의 명의로 등기하는 자를 말한다. ④ 실명등기란 부동산실명법 시행 전에 명의신탁약정에 따라 명의수탁자의 명의로 등기된 부동산에 관한 물권을 동법 시행일 이후 명의신탁자의 명의로 등기하는 것을 말한다.

---

3) **채무자회생 및 파산에 관한 법률(채무자회생법) 제414조(준별제권자)** ① 파산재단에 속하지 아니하는 채무자의 재산상에 질권·저당권 또는 「동산·채권 등의 담보에 관한 법률」에 따른 담보권을 가진 자는 그 권리의 행사에 의하여 변제를 받을 수 없는 채권액에 한하여 파산채권자로서 그 권리를 행사할 수 있다. ② 제1항의 규정에 의한 권리를 가진 자에 대하여는 별제권에 관한 규정을 준용한다.

Ⅱ. 실권리자명의 등기의무 등

1. 실권리자명의 등기의무 등

① 누구든지 부동산에 관한 물권을 명의신탁약정에 따라 명의수탁자의 명의로 등기하여서는 아니 된다. ② 채무의 변제를 담보하기 위하여 채권자가 부동산에 관한 물권을 이전받는 경우에는 채무자, 채권금액 및 채무변제를 위한 담보라는 뜻이 적힌 서면을 등기신청서와 함께 등기관에게 제출하여야 한다.

2. 명의신탁약정의 효력

① 명의신탁약정은 무효로 한다. ② 명의신탁약정에 따른 등기로 이루어진 부동산에 관한 물권변동은 무효로 한다. 다만, 부동산에 관한 물권을 취득하기 위한 계약에서 명의수탁자가 어느 한쪽 당사자가 되고 상대방 당사자는 명의신탁약정이 있다는 사실을 알지 못한 경우에는 그러하지 아니하다. ③ ① 및 ②의 무효는 제3자에게 대항하지 못한다.

3. 기존 명의신탁약정에 따른 등기의 실명등기 등

① 부동산실명법 시행 전에 명의신탁약정에 따라 부동산에 관한 물권을 명의수탁자의 명의로 등기하거나 등기하도록 한 명의신탁자(기존 명의신탁자)는 동법 시행일부터 1년의 기간(유예기간) 이내에 실명등기하여야 한다. 다만, 공용징수, 판결, 경매 또는 그 밖에 법률에 따라 명의수탁자로부터 제3자에게 부동산에 관한 물권이 이전된 경우(상속에 의한 이전은 제외)와 종교단체, 향교 등(ⓐ 법인 또는 부동산등기법에 따라 등록번호를 부여받은 법인 아닌 사단 · 재단으로서 종교의 보급 기타 교화를 목적으로 설립된 종단 · 교단 · 유지재단 또는 이와 유사한 연합종교단체(종단) 및 개별단체, ⓑ 종단에 소속된 법인 또는 단체로서 종교의 보급 기타 교화를 목적으로 설립된 것(소속종교단체), ⓒ 향교재단법인 및 개별 향교와 문화재로 지정된 서원)이 조세 포탈, 강제집행의 면탈을 목적으로 하지 아니하고 명의신탁한 부동산으로서 ⓐ 종단과 소속종교단체간에 명의신탁한 부동산, ⓑ 종교단체 및 향교 등이 그 고유목적을 위하여 사용하는 농지(농지에 정착된 건축물을 포함)는 그러하지 아니하다.

② ㉠ 기존 명의신탁자가 해당 부동산에 관한 물권에 대하여 매매나 그 밖의 처분행위를 하고 유예기간 이내에 그 처분행위로 인한 취득자에게 직접 등기를 이전한 경우, ㉡ 기존 명의신탁자가 유예기간 이내에 다른 법률에 따라 해당 부동산의 소재지를 관할하는 특별자치도지사 · 특별자치시장 · 시장 · 군수 또는 구청장에게 매각을 위탁하거나 한국자산관리공사에 매각을 의뢰한 경우(매각위탁 또는 매각의뢰를 철회한 경우에는 그러하지 아니하다)에는 실명등기를 한 것으로 본다. ③ 실권리자의 귀책사유 없이 다른 법률에 따라 실명등기 또는 매각처분 등을 할 수 없는 경우에는 그 사유가 소멸한 때부터 1년 이내에 실명등기 또는 매각처분 등을 하여야 한다. ④ 부동산실명법 시행 전 또는 유예기간 중에 부동산물권에 관한 쟁송이 법원에 제기된 경우에는 그 쟁송에 관한 확정판결(이와 동일한 효력이 있는 경우를 포함)이 있은 날부터 1년 이내에 실명등기 또는 매각처분 등을 하여야 한다.

4. 실명등기의무 위반의 효력 등

① 기간 이내(1년)에 실명등기 또는 매각처분 등을 하지 아니한 경우 그 기간이 지난 날 이후의 명의신탁약정 등의 효력에 관하여는 명의신탁약정의 효력(제4조)를 적용한다. ② 기존 명의신탁약정에 따른 등기의 실명등기 등(제11조)를 위반한 자에 대하여는 실권리자명의 등기의무 등(제3조제1항)을 위반한 자에 준하여 과징금(제5조), 과징금 납부기한의 연장 및 분할 납부(제5조의2) 및 이행강제금(제6조)을 적용한다. ③ 부동산실명법 시행 전에 명의신탁약정에 따른 등기를 한 사실이 없는 자가 실명등기를 가장하여 등기한 경우에는 5년 이하의 징역 또는 2억원 이하의 벌금에 처한다.

5. 실명등기에 대한 조세부과의 특례

① 실명등기를 한 부동산이 1건이고 그 가액이 5천만원 이하인 경우로서 ㉠ 명의신탁자 및 그와 생계를 같이 하는 1세대가 1세대1주택 양도에 따른 비과세를 받은 경우로서 실명등기로 인하여 해당 주택을 양도한 날에 비과세에 해당하지 아니하게 되는 경우, ㉡ 명의자에게 납세의무가 성립된 증여세를 부과하는 경우에는 이미 면제되거나 적게 부과된 조세 또는 부과되지 아니한 조세는 추징하지 아니한다. ② 실명등기를 한 부동산이 비업무용 부동산에 해당하는 경우로서 유예기간(사유가 소멸한 때부터 1년의 기간) 종료시까지 해당 법인의 고유업무에 직접 사용할 때에는 법률 제6312호 지방세법중개정법률

부칙 제10조에도 불구하고 종전의 지방세법(법률 제6312호로 개정되기 전의 법률을 말한다) 제112조제2항[4]의 세율을 적용하지 아니한다.

Ⅲ. 벌칙 등

1. 과징금

① ㉠ 제3조제1항을 위반한 명의신탁자, ㉡ 제3조제2항을 위반한 채권자 및 서면에 채무자를 거짓으로 적어 제출하게 한 실채무자에게는 해당 부동산 가액(價額)의 100분의 30에 해당하는 금액의 범위에서 과징금을 부과한다. ② 부동산 가액은 과징금을 부과하는 날 현재의 ㉠ 소유권의 경우에는 기준시가, ㉡ 소유권 외의 물권의 경우에는 대통령령으로 정하는 방법으로 평가한 금액에 따른다. 다만, 제3조제1항 또는 제11조제1항을 위반한 자가 과징금을 부과받은 날 이미 명의신탁관계를 종료하였거나 실명등기를 하였을 때에는 명의신탁관계 종료 시점 또는 실명등기 시점의 부동산 가액으로 한다. ③ 과징금의 부과기준은 부동산 가액(부동산평가액), 제3조를 위반한 기간, 조세를 포탈하거나 법령에 따른 제한을 회피할 목적으로 위반하였는지 여부 등을 고려하여 대통령령으로 정한다. ④ 과징금이 1천만원을 초과하는 경우에는 그 초과하는 부분은 물납할 수 있다. ⑤ 과징금은 해당 부동산의 소재지를 관할하는 특별자치도지사 · 특별자치시장 · 시장 · 군수 또는 구청장이 부과 · 징수한다. 이 경우 과징금은 위반사실이 확인된 후 지체 없이 부과하여야 한다. ⑥ 과징금을 납부기한까지 내지 아니하면 「지방세외수입금의 징수 등에 관한 법률」에 따라 징수한다.[5]

---

4) 지방세법 제112조(재산세 도시지역분) ①항 2호. 제110조에 따른 토지등의 과세표준에 1천분의 1.4를 적용하여 산출한 세액. ② 지방자치단체의 장은 해당 연도분의 제1항제2호의 세율을 조례로 정하는 바에 따라 1천분의 2.3을 초과하지 아니하는 범위에서 다르게 정할 수 있다.

5) ① 고지를 받은 자는 납부고지일부터 3개월 이내에 과징금을 납부하여야 한다. 다만, 천재 · 지변 기타 부득이한 사유로 인하여 그 기간내에 과징금을 납부할 수 없는 때에는 그 사유에 해당되는 기간은 이를 납부기간의 계산에서 제외한다. ② 물납신청서를 제출받은 특별자치도지사 · 특별자치시장 · 시장 · 군수 또는 구청장은 그 신청서를 받은 날부터 15일 이내에 신청인에게 그 허가여부를 서면으로 통지하여야 한다. ③ 물납을 신청한 부동산의 수납가격이 과징금의 금액을 초과하거나 그 부동산이 관리 · 처분상 물납받기가 심히 곤란한 경우에는 특별자치도지사 · 특별자치시장 · 시장 · 군수 또는 구청장은 그 물납의 청구를 거부할 수 있다. ④ 물납의 절차에 관하여 필요한 사항은 법무부령으로 정한다.

2. 과징금 납부기한의 연장 및 분할 납부

① 특별자치도지사 · 특별자치시장 · 시장 · 군수 또는 구청장은 과징금을 부과받은 자(과징금 납부의무자)가 과징금의 금액이 1천만원을 초과하는 경우로서 ㉠ 재해 또는 도난 등으로 재산에 현저한 손실을 입은 경우, ㉡ 사업 여건의 악화로 사업이 중대한 위기에 처한 경우, ㉢ 과징금을 일시에 내면 자금사정에 현저한 어려움이 예상되는 경우, ㉣ 과징금 납부의무자 또는 동거 가족이 질병이나 중상해(重傷害)로 장기 치료가 필요한 경우, ㉤ 그 밖에 ㉠부터 ㉣까지의 규정에 준하는 사유가 있는 경우에 해당하여 과징금의 전액을 일시에 납부하기가 어렵다고 인정할 때에는 그 납부기한을 연장하거나 분할 납부하게 할 수 있다. 이 경우 필요하다고 인정할 때에는 담보를 제공하게 할 수 있다. ② 과징금 납부의무자가 과징금 납부기한의 연장 또는 분할 납부를 신청하려는 경우에는 과징금 납부를 통지받은 날부터 30일 이내에 특별자치도지사 · 특별자치시장 · 시장 · 군수 또는 구청장에게 신청하여야 한다. ③ 특별자치도지사 · 특별자치시장 · 시장 · 군수 또는 구청장은 납부기한이 연장되거나 분할 납부가 허용된 과징금 납부의무자가 ㉠ 납부기한의 연장 또는 분할 납부 결정된 과징금을 그 납부기한 내에 납부하지 아니한 때, ㉡ 담보의 변경, 그 밖에 담보 보전에 필요한 특별자치도지사 · 특별자치시장 · 시장 · 군수 또는 구청장의 요구를 이행하지 아니한 때, ㉢ 강제집행, 경매의 개시, 파산선고, 법인의 해산, 국세 또는 지방세의 체납처분을 받은 때 등 과징금의 전부 또는 잔여분을 징수할 수 없다고 인정되는 때에는 그 납부기한의 연장 또는 분할 납부 결정을 취소하고 일시에 징수할 수 있다. ④ 과징금 납부기한의 연장은 그 납부기한의 다음 날부터 1년을 초과할 수 없다. ⑤ 분할 납부를 하게 하는 경우 각 분할된 납부기한 간의 간격은 6개월 이내로 하며, 분할 횟수는 3회 이내로 한다.

3. 이행강제금

① 과징금을 부과받은 자는 지체 없이 해당 부동산에 관한 물권을 자신의 명의로 등기하여야 한다. 다만, 부동산에 관한 물권을 취득하기 위한 계약에서 명의수탁자가 어느 한쪽 당사자가 되고 상대방 당사자는 명의신탁약정이 있다는 사실을 알지 못한 경우에는 그러하지 아니하며, 자신의 명의로 등기할 수 없는 정당한 사유가 있는 경우에는 그 사유가 소멸된 후 지체 없이 자신의 명의로 등기하여야 한다. ② ①을 위반한 자에 대하여는

과징금 부과일(① 단서 후단의 경우에는 등기할 수 없는 사유가 소멸한 때)부터 1년이 지난 때에 부동산평가액의 100분의 10에 해당하는 금액을, 다시 1년이 지난 때에 부동산평가액의 100분의 20에 해당하는 금액을 각각 이행강제금으로 부과한다.

4. 벌칙

① ㉠ 명의신탁약정에 따라 명의수탁자의 명의로 등기금지를 위반한 명의신탁자, ㉡ 채무의 변제를 담보하기 위하여 채권자가 부동산에 관한 물권을 이전받는 경우의 채권자 및 서면에 채무자를 거짓으로 적어 제출하게 한 실채무자는 5년 이하의 징역 또는 2억원 이하의 벌금에 처한다. ② 명의신탁약정에 따라 명의수탁자의 명의로 등기금지를 위반한 명의수탁자는 3년 이하의 징역 또는 1억원 이하의 벌금에 처한다.

5. 종중과 배우자 및 종교단체에 대한 특례

㉠ 종중(宗中)이 보유한 부동산에 관한 물권을 종중(종중과 그 대표자를 같이 표시하여 등기한 경우를 포함) 외의 자의 명의로 등기한 경우, ㉡ 배우자 명의로 부동산에 관한 물권을 등기한 경우, ㉢ 종교단체의 명의로 그 산하 조직이 보유한 부동산에 관한 물권을 등기한 경우로서 조세 포탈, 강제집행의 면탈(免脫) 또는 법령상 제한의 회피를 목적으로 하지 아니하는 경우에는 명의신탁약정의 효력 및 벌칙 등을 적용하지 아니한다.

6. 장기미등기자에 대한 벌칙 등

① 부동산등기 특별조치법 제2조제1항, 제11조 및 법률 제4244호 부동산등기특별조치법 부칙 제2조를 적용받는 자로서 ㉠ 계약당사자가 서로 대가적(代價的)인 채무를 부담하는 경우에는 반대급부의 이행이 사실상 완료된 날, ㉡ 계약당사자의 어느 한쪽만이 채무를 부담하는 경우에는 그 계약의 효력이 발생한 날부터 3년 이내에 소유권이전등기를 신청하지 아니한 등기권리자(장기미등기자)에게는 부동산평가액의 100분의 30의 범위에서 과징금(부동산등기 특별조치법에 따른 과태료가 이미 부과된 경우에는 그 과태료에 상응하는 금액을 뺀 금액)을 부과한다. 다만, 등기의 효력이 발생하지 아니하여 새로 등기를 신청하여야 할 사유가 발생한 경우와 등기를 신청하지 못할 정당한 사유가 있는 경우에는 그러하지 아니하다. ② 과징금의 부과기준은 부동산평가액, 소유권이전등기를 신청하지 아니한 기간, 조세를 포탈하거나 법령에 따른 제한을 회피할 목적으로 하였는지

여부, 부동산등기 특별조치법 제11조에 따른 과태료가 부과되었는지 여부 등을 고려하여 대통령령으로 정한다. ③ 장기미등기자가 과징금을 부과받고도 소유권이전등기를 신청하지 아니하면 이행강제금을 부과한다. ④ 장기미등기자(①의 단서에 해당하는 자는 제외)는 5년 이하의 징역 또는 2억원 이하의 벌금에 처한다.

제 3 절 집합건물법

Ⅰ. 개념정의

① 구분소유권이란 건물부분[공용부분으로 된 것은 제외]을 목적으로 하는 소유권을 말한다. ② 구분소유자란 구분소유권을 가지는 자를 말한다. ③ 전유부분이란 구분소유권의 목적인 건물부분을 말한다. ④ 공용부분이란 전유부분 외의 건물부분, 전유부분에 속하지 아니하는 건물의 부속물 및 공용부분으로 된 부속의 건물을 말한다. ⑤ 건물의 대지란 전유부분이 속하는 1동의 건물이 있는 토지 및 건물의 대지로 된 토지를 말한다. ⑥ 대지사용권이란 구분소유자가 전유부분을 소유하기 위하여 건물의 대지에 대하여 가지는 권리를 말한다.

Ⅱ. 구분소유와 공용부분 및 대지권사용권

1. 구분소유

(1) 건물의 구분소유 및 상가건물의 구분소유

① 1동의 건물 중 구조상 구분된 여러 개의 부분이 독립한 건물로서 사용될 수 있을 때에는 그 각 부분은 이 법에서 정하는 바에 따라 각각 소유권의 목적으로 할 수 있다. ② 1동의 건물이 ㉠ 구분점포의 용도가 판매시설 및 운수시설(집배송시설은 제외)일 것, ㉡ 경계를 명확하게 알아볼 수 있는 표지를 바닥에 견고하게 설치할 것[6], ㉢ 구분점포별

6) ① 경계표지는 바닥에 너비 3센티미터 이상의 동판, 스테인리스강판, 석재 또는 그 밖에 쉽게 부식·손상 또는 마모되지 아니하는 재료로서 구분점포의 바닥재료와는 다른 재료로 설치하여야 한다. ② 경계표지 재료의 색은 건물바닥의 색과 명확히 구분되어야 한다.

로 부여된 건물번호표지[7])를 견고하게 붙일 것의 방식으로 여러 개의 건물부분으로 이용상 구분된 경우에 그 건물부분(구분점포)은 이 법에서 정하는 바에 따라 각각 소유권의 목적으로 할 수 있다.[8])

(2) 구분소유권 매도청구권 및 대지공유자의 분할청구 금지

① 대지사용권을 가지지 아니한 구분소유자가 있을 때에는 그 전유부분의 철거를 청구할 권리를 가진 자는 그 구분소유자에 대하여 구분소유권을 시가로 매도할 것을 청구할 수 있다. ② 대지 위에 구분소유권의 목적인 건물이 속하는 1동의 건물이 있을 때에는 그 대지의 공유자는 그 건물 사용에 필요한 범위의 대지에 대하여는 분할을 청구하지 못한다.

(3) 담보책임

① 건물을 건축하여 분양한 자(분양자)와 분양자와의 계약에 따라 건물을 건축한 자로서 건물의 전부 또는 일부를 시공하여 완성한 자 및 그 자로부터 건물의 시공을 일괄 도급받은 자는 구분소유자에 대하여 담보책임을 진다. 이 경우 그 담보책임에 관하여는 민법 제667조 및 제668조[9])를 준용한다. ② 시공자가 분양자에게 부담하는 담보책임에 관하여 다른 법률에 특별한 규정이 있으면 시공자는 그 법률에서 정하는 담보책임의 범위에서 구분소유자에게 담보책임을 진다. ③ 시공자의 담보책임 중 민법 제667조제2항에 따른 손해배상책임은 분양자에게 회생절차개시 신청, 파산 신청, 해산, 무자력 또는 그 밖

---

7) ① 건물번호표지는 구분점포 내 바닥의 잘 보이는 곳에 설치하여야 한다. ② 건물번호표지 글자의 가로규격은 5센티미터 이상, 세로규격은 10센티미터 이상이 되어야 한다. ③ 구분점포의 위치가 표시된 현황도를 건물 각 층 입구의 잘 보이는 곳에 견고하게 설치하여야 한다.

8) **(제5조, 구분소유자의 권리·의무 등)** ① 구분소유자는 건물의 보존에 해로운 행위나 그 밖에 건물의 관리 및 사용에 관하여 구분소유자 공동의 이익에 어긋나는 행위를 하여서는 아니 된다. ② 전유부분이 주거의 용도로 분양된 것인 경우에는 구분소유자는 정당한 사유 없이 그 부분을 주거 외의 용도로 사용하거나 그 내부 벽을 철거하거나 파손하여 증축·개축하는 행위를 하여서는 아니 된다. ③ 구분소유자는 그 전유부분이나 공용부분을 보존하거나 개량하기 위하여 필요한 범위에서 다른 구분소유자의 전유부분 또는 자기의 공유에 속하지 아니하는 공용부분의 사용을 청구할 수 있다. 이 경우 다른 구분소유자가 손해를 입었을 때에는 보상하여야 한다. ④ 전유부분을 점유하는 자로서 구분소유자가 아닌 자(점유자)에 대하여는 제1항부터 제3항까지의 규정을 준용한다.

9) **제667조(수급인의 담보책임)** ① 완성된 목적물 또는 완성전의 성취된 부분에 하자가 있는 때에는 도급인은 수급인에 대하여 상당한 기간을 정하여 그 하자의 보수를 청구할 수 있다. 그러나 하자가 중요하지 아니한 경우에 그 보수에 과다한 비용을 요할 때에는 그러하지 아니하다. ② 도급인은 하자의 보수에 갈음하여 또는 보수와 함께 손해배상을 청구할 수 있다. ③ 전항의 경우에는 제536조(동시이행의 항변권)의 규정을 준용한다. **제668조(동전-도급인의 해제권)** 도급인이 완성된 목적물의 하자로 인하여 계약의 목적을 달성할 수 없는 때에는 계약을 해제할 수 있다. 그러나 건물 기타 토지의 공작물에 대하여는 그러하지 아니하다.

에 이에 준하는 사유가 있는 경우에만 지며, 시공자가 이미 분양자에게 손해배상을 한 경우에는 그 범위에서 구분소유자에 대한 책임을 면한다. ④ 분양자와 시공자의 담보책임에 관하여 이 법과 민법에 규정된 것보다 매수인에게 불리한 특약은 효력이 없다.

(4) 담보책임의 존속기간

① 담보책임에 관한 구분소유자의 권리는 ㉠ 건물의 주요구조부 및 지반공사의 하자: 10년, ㉡ ㉠에 규정된 하자 외의 하자: 하자의 중대성, 내구연한, 교체가능성 등을 고려하여 5년의 범위에서 : ⓐ ②의 각 호에 따른 기산일 전에 발생한 하자: 5년, ⓑ ②의 각 호에 따른 기산일 이후에 발생한 하자: ㉮ 대지조성공사, 철근콘크리트공사, 철골공사, 조적공사, 지붕 및 방수공사의 하자 등 건물의 구조상 또는 안전상의 하자: 5년, ㉯ 건축설비 공사, 목공사, 창호공사 및 조경공사의 하자 등 건물의 기능상 또는 미관상의 하자: 3년, ㉰ 마감공사의 하자 등 하자의 발견·교체 및 보수가 용이한 하자: 2년 내에 행사하여야 한다. ② ①의 기간은 ㉠ 전유부분: 구분소유자에게 인도한 날, ㉡ 공용부분: 사용검사일(집합건물 전부에 대하여 임시 사용승인을 받은 경우에는 그 임시 사용승인일, 분할 사용검사나 동별 사용검사를 받은 경우에는 분할 사용검사일 또는 동별 사용검사일 또는 사용승인일의 날부터 기산한다. ③ 하자로 인하여 건물이 멸실되거나 훼손된 경우에는 그 멸실되거나 훼손된 날부터 1년 이내에 권리를 행사하여야 한다.

(5) 분양자의 관리의무 등

① 분양자는 선임된 관리인이 사무를 개시할 때까지 선량한 관리자의 주의로 건물과 대지 및 부속시설을 관리하여야 한다. ② 분양자는 표준규약을 참고하여 공정증서로써 규약에 상응하는 것을 정하여 분양계약을 체결하기 전에 분양을 받을 자에게 주어야 한다. ③ 분양자는 예정된 매수인의 2분의 1 이상이 이전등기를 한 때에는 규약 설정 및 관리인 선임을 위한 관리단집회를 소집할 것을 구분소유자에게 통지하여야 한다. 이 경우 통지받은 날부터 3개월 이내에 관리단집회를 소집할 것을 명시하여야 한다. ④ 분양자는 구분소유자가 ③의 통지를 받은 날부터 3개월 이내에 관리단집회를 소집하지 아니하는 경우에는 지체 없이 관리단집회를 소집하여야 한다.

2. 공용부분

(1) 공용부분 및 공용부분의 귀속 등

① 여러 개의 전유부분으로 통하는 복도, 계단, 그 밖에 구조상 구분소유자 전원 또는 일부의 공용에 제공되는 건물부분은 구분소유권의 목적으로 할 수 없다. ② 건물부분과 부속의 건물은 규약으로써 공용부분으로 정할 수 있다. ③ 건물부분의 전부 또는 부속건물을 소유하는 자는 공정증서로써 규약에 상응하는 것을 정할 수 있다. ④ ②와 ③의 경우에는 공용부분이라는 취지를 등기하여야 한다. ⑤ 공용부분은 구분소유자 전원의 공유에 속한다. 다만, 일부의 구분소유자만이 공용하도록 제공되는 것임이 명백한 공용부분(일부공용부분)은 그들 구분소유자의 공유에 속한다.

(2) 공유자의 사용권 및 공유자의 지분권

① 각 공유자는 공용부분을 그 용도에 따라 사용할 수 있다. ② 각 공유자의 지분은 그가 가지는 전유부분의 면적 비율에 따른다. ③ 일부공용부분으로서 면적이 있는 것은 그 공용부분을 공용하는 구분소유자의 전유부분의 면적 비율에 따라 배분하여 그 면적을 각 구분소유자의 전유부분 면적에 포함한다.

(3) 전유부분과 공용부분에 대한 지분의 일체성

① 공용부분에 대한 공유자의 지분은 그가 가지는 전유부분의 처분에 따른다. ② 공유자는 그가 가지는 전유부분과 분리하여 공용부분에 대한 지분을 처분할 수 없다. ③ 공용부분에 관한 물권의 득실변경은 등기가 필요하지 아니하다.

(4) 건물의 설치 · 보존상의 흠 추정

전유부분이 속하는 1동의 건물의 설치 또는 보존의 흠으로 인하여 다른 자에게 손해를 입힌 경우에는 그 흠은 공용부분에 존재하는 것으로 추정한다.

(5) 공용부분의 변경

① 공용부분의 변경에 관한 사항은 관리단집회에서 구분소유자의 3분의 2 이상 및의결권의 3분의 2 이상의 결의로써 결정한다. 다만, ㉠ 공용부분의 개량을 위한 것으로서 지나치게 많은 비용이 드는 것이 아닐 경우, ㉡ 휴양 콘도미니엄업의 운영을 위한 휴양 콘

도미니엄의 공용부분 변경에 관한 사항인 경우에는 통상의 집회결의로써 결정할 수 있다. ② 공용부분의 변경이 다른 구분소유자의 권리에 특별한 영향을 미칠 때에는 그 구분소유자의 승낙을 받아야 한다.

(6) 권리변동 있는 공용부분의 변경

① 공용부분의 변경결의에도 불구하고 건물의 노후화 억제 또는 기능 향상 등을 위한 것으로 구분소유권 및 대지사용권의 범위나 내용에 변동을 일으키는 공용부분의 변경에 관한 사항은 관리단집회에서 구분소유자의 5분의 4 이상 및 의결권의 5분의 4 이상의 결의로써 결정한다. ② ①의 결의에서는 ㉠ 설계의 개요, ㉡ 예상 공사 기간 및 예상 비용(특별한 손실에 대한 전보 비용을 포함), ㉢ ㉡에 따른 비용의 분담 방법, ㉣ 변경된 부분의 용도, ㉤ 전유부분 수의 증감이 발생하는 경우에는 변경된 부분의 귀속에 관한 사항, ㉥ 전유부분이나 공용부분의 면적에 증감이 발생하는 경우에는 변경된 부분의 귀속에 관한 사항, ㉦ 대지사용권의 변경에 관한 사항, ㉧ 그 밖에 규약으로 정한 사항을 정하여야 한다. 이 경우 ㉢부터 ㉦까지의 사항은 각 구분소유자 사이에 형평이 유지되도록 정하여야 한다. ③ ①의 결의를 위한 관리단집회의 의사록에는 결의에 대한 각 구분소유자의 찬반의사를 적어야 한다. ④ ①의 결의가 있는 경우에는 구분소유권의 매도청구 및 재건축에 관한 합의를 준용한다

(7) 공용부분의 관리 등

(제14조, 일부공용부분의 관리) 일부공용부분의 관리에 관한 사항 중 구분소유자 전원에게 이해관계가 있는 사항과 규약으로써 정한 사항은 구분소유자 전원의 집회결의로써 결정하고, 그 밖의 사항은 그것을 공용하는 구분소유자만의 집회결의로써 결정한다. (제16조, 공용부분의 관리) ① 공용부분의 관리에 관한 사항은 공용부분의 변경결의(제15조) 및 권리변동있는 공용부분의 변경결의(제15조의2)의 경우를 제외하고는 통상의 집회결의로써 결정한다. 다만, 보존행위는 각 공유자가 할 수 있다. ② 구분소유자의 승낙을 받아 전유부분을 점유하는 자는 집회에 참석하여 그 구분소유자의 의결권을 행사할 수 있다. 다만, 구분소유자와 점유자가 달리 정하여 관리단에 통지한 경우에는 그러하지 아니하며, 구분소유자의 권리·의무에 특별한 영향을 미치는 사항을 결정하기 위한 집회인 경우에는 점유자는 사전에 구분소유자에게 의결권 행사에 대한 동의를 받아야 한다. (제17조, 공용부분의 부담·수익) 각 공유자는 규약에 달리 정한 바가 없으면 그 지분의 비율에 따라 공용부분의 관리비용과 그 밖의 의무를 부담하며 공용부분에서 생기는 이익을

취득한다. (제18조, 공용부분에 관하여 발생한 채권의 효력) 공유자가 공용부분에 관하여 다른 공유자에 대하여 가지는 채권은 그 특별승계인에 대하여도 행사할 수 있다. (제19조, 공용부분에 관한 규정의 준용) 건물의 대지 또는 공용부분 외의 부속시설(이들에 대한 권리를 포함)을 구분소유자가 공유하는 경우에는 그 대지 및 부속시설에 관하여 공용부분의 변경결의 및 권리변동있는 공용부분의 변경결의, 공용부분의 관리(제16조) 및 공용부분의 부담·수익(제17조)의 규정을 준용한다.

3. 대지사용권

(1) 규약에 따른 건물의 대지

① 통로, 주차장, 정원, 부속건물의 대지, 그 밖에 전유부분이 속하는 1동의 건물 및 그 건물이 있는 토지와 하나로 관리되거나 사용되는 토지는 규약으로써 건물의 대지로 할 수 있다. ② 건물이 있는 토지가 건물이 일부 멸실함에 따라 건물이 있는 토지가 아닌 토지로 된 경우에는 그 토지는 규약으로써 건물의 대지로 정한 것으로 본다. 건물이 있는 토지의 일부가 분할로 인하여 건물이 있는 토지가 아닌 토지로 된 경우에도 같다.

(2) 전유부분과 대지사용권의 일체성

① 구분소유자의 대지사용권은 그가 가지는 전유부분의 처분에 따른다. ② 구분소유자는 그가 가지는 전유부분과 분리하여 대지사용권을 처분할 수 없다. 다만, 규약으로써 달리 정한 경우에는 그러하지 아니하다. ③ 분리처분금지는 그 취지를 등기하지 아니하면 선의로 물권을 취득한 제3자에게 대항하지 못한다.

(3) 전유부분의 처분에 따르는 대지사용권의 비율

구분소유자가 둘 이상의 전유부분을 소유한 경우에는 각 전유부분의 처분에 따르는 대지사용권은 전유부분의 면적 비율에 따른다. 다만, 규약으로써 달리 정할 수 있다.

Ⅲ. 관리단 및 관리단의 기관

1. 관리단

(1) 관리단의 당연 설립 등

① 건물에 대하여 구분소유 관계가 성립되면 구분소유자 전원을 구성원으로 하여 건물과 그 대지 및 부속시설의 관리에 관한 사업의 시행을 목적으로 하는 관리단이 설립된다. ② 일부공용부분이 있는 경우 그 일부의 구분소유자는 규약에 따라 그 공용부분의 관리에 관한 사업의 시행을 목적으로 하는 관리단을 구성할 수 있다.

(2) 관리단의의무 및 관리단의 채무에 대한 구분소유자의 책임

관리단은 건물의 관리 및 사용에 관한 공동이익을 위하여 필요한 구분소유자의 권리와 의무를 선량한 관리자의 주의로 행사하거나 이행하여야 한다. 관리단이 그의 재산으로 채무를 전부 변제할 수 없는 경우에는 구분소유자는 지분비율에 따라 관리단의 채무를 변제할 책임을 진다. 다만, 규약으로써 그 부담비율을 달리 정할 수 있다. 구분소유자의 특별승계인은 승계 전에 발생한 관리단의 채무에 관하여도 책임을 진다.

(3) 단지관리단

① 한 단지에 여러 동의 건물이 있고 그 단지 내의 토지 또는 부속시설(이들에 관한 권리를 포함)이 그 건물 소유자(전유부분이 있는 건물에서는 구분소유자)의 공동소유에 속하는 경우에는 이들 소유자는 그 단지 내의 토지 또는 부속시설을 관리하기 위한 단체를 구성하여 이 법에서 정하는 바에 따라 집회를 개최하고 규약을 정하며 관리인을 둘 수 있다. ② 한 단지에 여러 동의 건물이 있고 단지 내의 토지 또는 부속시설(이들에 관한 권리를 포함)이 그 건물 소유자(전유부분이 있는 건물에서는 구분소유자) 중 일부의 공동소유에 속하는 경우에는 이들 소유자는 그 단지 내의 토지 또는 부속시설을 관리하기 위한 단체를 구성하여 이 법에서 정하는 바에 따라 집회를 개최하고 규약을 정하며 관리인을 둘 수 있다. ③ 단지관리단은 단지관리단의 구성원이 속하는 각 관리단의 사업의 전부 또는 일부를 그 사업 목적으로 할 수 있다. 이 경우 각 관리단의 구성원의 4분의 3 이상 및의결권의 4분의 3 이상에 의한 관리단집회의 결의가 있어야 한다.

(4) 수선적립금

① 관리단은 규약에 달리 정한 바가 없으면 관리단집회 결의에 따라 건물이나 대지 또는 부속시설의 교체 및 보수에 관한 수선계획을 수립할 수 있다. ② 관리단은 규약에 달리 정한 바가 없으면 관리단집회의 결의에 따라 수선적립금을 징수하여 적립할 수 있다. 다만, 다른 법률에 따라 장기수선을 위한 계획이 수립되어 충당금 또는 적립금이 징수·적립된 경우에는 그러하지 아니하다. ③ ②에 따른 수선적립금은 구분소유자로부터 징수하며 관리단에 귀속된다. ④ 관리단은 규약에 달리 정한 바가 없으면 수선적립금을 ㉠ ①의 수선계획에 따른 공사, ㉡ 자연재해 등 예상하지 못한 사유로 인한 수선공사, ㉢ ㉠ 및 ㉡의 용도로 사용한 금원의 변제의 용도로 사용하여야 한다.

2. 관리인

(1) 관리인의 선임 등

① 구분소유자가 10인 이상일 때에는 관리단을 대표하고 관리단의 사무를 집행할 관리인을 선임하여야 한다. ② 관리인은 구분소유자일 필요가 없으며, 그 임기는 2년의 범위에서 규약으로 정한다. ③ 관리인은 관리단집회의 결의로 선임되거나 해임된다. 다만, 규약으로 관리위원회의 결의로 선임되거나 해임되도록 정한 경우에는 그에 따른다. ④ 구분소유자의 승낙을 받아 전유부분을 점유하는 자는 ③의 본문에 따른 관리단집회에 참석하여 그 구분소유자의의결권을 행사할 수 있다. 다만, 구분소유자와 점유자가 달리 정하여 관리단에 통지하거나 구분소유자가 집회 이전에 직접의결권을 행사할 것을 관리단에 통지한 경우에는 그러하지 아니하다. ⑤ 관리인에게 부정한 행위나 그 밖에 그 직무를 수행하기에 적합하지 아니한 사정이 있을 때에는 각 구분소유자는 관리인의 해임을 법원에 청구할 수 있다. ⑥ 전유부분이 50개 이상인 건물(공동주택관리법에 따른 의무관리대상 공동주택 및 임대주택과 유통산업발전법에 따라 신고한 대규모점포등관리자가 있는 대규모점포 및 준대규모점포는 제외)의 관리인으로 선임된 자는 선임된 사실을 특별자치시장, 특별자치도지사, 시장, 군수 또는 자치구의 구청장(소관청)에게 신고하여야 한다.

(2) 임시관리인의 선임 등

① 구분소유자, 그의 승낙을 받아 전유부분을 점유하는 자, 분양자 등 이해관계인은 선

임된 관리인이 없는 경우에는 법원에 임시관리인의 선임을 청구할 수 있다. ② 임시관리인은 선임된 날부터 6개월 이내에 관리인 선임을 위하여 관리단집회 또는 관리위원회를 소집하여야 한다. ③ 임시관리인의 임기는 선임된 날부터 관리인이 선임될 때까지로 하되, 규약으로 정한 임기를 초과할 수 없다.

(3) 관리인의 권한과의무

① 관리인은 ㉠ 공용부분의 보존행위, ㉡ 공용부분의 관리 및 변경에 관한 관리단집회 결의를 집행하는 행위, ㉢ 공용부분의 관리비용 등 관리단의 사무 집행을 위한 비용과 분담금을 각 구분소유자에게 청구 · 수령하는 행위 및 그 금원을 관리하는 행위, ㉣ 관리단의 사업 시행과 관련하여 관리단을 대표하여 하는 재판상 또는 재판 외의 행위, ㉤ 소음 · 진동 · 악취 등을 유발하여 공동생활의 평온을 해치는 행위의 중지 요청 또는 분쟁 조정절차 권고 등 필요한 조치를 하는 행위, ㉥ 그 밖에 규약에 정하여진 행위를 할 권한과의무를 가진다. ② 관리인의 대표권은 제한할 수 있다. 다만, 이로써 선의의 제3자에게 대항할 수 없다.

(4) 관리인의 보고의무 등

① 관리인은 ⓐ 관리단의 사무 집행을 위한 분담금액과 비용의 산정방법, 징수 · 지출 · 적립내역에 관한 사항, ⓑ 관리단이 얻은 수입 및 그 사용 내역에 관한 사항, ⓒ 관리위탁계약 등 관리단이 체결하는 계약의 당사자 선정과정 및 계약조건에 관한 사항, ⓓ 규약 및 규약에 기초하여 만든 규정의 설정 · 변경 · 폐지에 관한 사항, ⓔ 관리단 임직원의 변동에 관한 사항, ⓕ 건물의 대지, 공용부분 및 부속시설의 보존 · 관리 · 변경에 관한 사항, ⓖ 관리단을 대표한 재판상 행위에 관한 사항, ⓗ 그 밖에 규약, 규약에 기초하여 만든 규정이나 관리단집회의 결의에서 정하는 사항에 따라 매년 1회 이상 구분소유자에게 그 사무에 관한 보고를 하여야 한다. ② 이해관계인은 관리인에게 보고 자료의 열람을 청구하거나 자기 비용으로 등본의 교부를 청구할 수 있다. ③ 이 법 또는 규약에서 규정하지 아니한 관리인의 권리의무에 관하여는 민법의 위임에 관한 규정을 준용한다. ④ 관리인은 규약에 달리 정한 바가 없으면 월 1회 구분소유자에게 관리단의 사무 집행을 위한 분담금액과 비용의 산정방법을 서면으로 보고하여야 한다. ⑤ 관리인은 정기 관리단집회에 출석하여 관리단이 수행한 사무의 주요 내용과 예산 · 결산 내역을 보고하여야 한다.

(5) 회계감사

① 전유부분이 150개 이상으로서 대통령령으로 정하는 건물의 관리인은 주식회사 등의 외부감사에 관한 법률에 따른 감사인의 회계감사를 매년 1회 이상 받아야 한다. 다만, 관리단집회에서 구분소유자의 3분의 2 이상 및의결권의 3분의 2 이상이 회계감사를 받지 아니하기로 결의한 연도에는 그러하지 아니하다. ② 구분소유자의 승낙을 받아 전유부분을 점유하는 자는 ①의 단서에 따른 관리단집회에 참석하여 그 구분소유자의의결권을 행사할 수 있다. 다만, 구분소유자와 점유자가 달리 정하여 관리단에 통지하거나 구분소유자가 집회 이전에 직접의결권을 행사할 것을 관리단에 통지한 경우에는 그러하지 아니하다. ③ 전유부분이 50개 이상 150개 미만으로서 대통령령으로 정하는 건물의 관리인은 구분소유자의 5분의 1 이상이 연서(連署)하여 요구하는 경우에는 감사인의 회계감사를 받아야 한다. 이 경우 구분소유자의 승낙을 받아 전유부분을 점유하는 자가 구분소유자를 대신하여 연서할 수 있다. ④ 관리인은 ① 또는 ③에 따라 회계감사를 받은 경우에는 감사보고서 등 회계감사의 결과를 구분소유자 및 그의 승낙을 받아 전유부분을 점유하는 자에게 보고하여야 한다. ⑤ ① 또는 ③에 따라 회계감사를 받는 관리인은 ㉠ 정당한 사유 없이 감사인의 자료열람·등사·제출 요구 또는 조사를 거부·방해·기피하는 행위, ㉡ 감사인에게 거짓 자료를 제출하는 등 부정한 방법으로 회계감사를 방해하는 행위를 하여서는 아니 된다. ⑥ 공동주택관리법에 따른 의무관리대상 공동주택 및 임대주택과 유통산업발전법에 따라 신고한 대규모점포등관리자가 있는 대규모점포 및 준대규모점포에는 ①부터 ⑤까지의 규정을 적용하지 아니한다.

3. 관리인위원회

(1) 관리위원회의 설치 및 기능

① 관리단에는 규약으로 정하는 바에 따라 관리위원회를 둘 수 있다. ② 관리위원회는 이 법 또는 규약으로 정한 관리인의 사무 집행을 감독한다. ③ ①에 따라 관리위원회를 둔 경우 관리인은 관리인의 권한과 의무의 행위를 하려면 관리위원회의 결의를 거쳐야 한다. 다만, 규약으로 달리 정한 사항은 그러하지 아니하다.

(2) 관리위원회의 구성 및 운영

① 관리위원회의 위원은 구분소유자 중에서 관리단집회의 결의에 의하여 선출한다. 다

만, 규약으로 관리단집회의 결의에 관하여 달리 정한 경우에는 그에 따른다. ② 관리인은 규약에 달리 정한 바가 없으면 관리위원회의 위원이 될 수 없다. ③ 관리위원회 위원의 임기는 2년의 범위에서 규약으로 정한다. ④ ①부터 ③까지에서 규정한 사항 외에 관리위원회의 구성 및 운영에 필요한 사항은 대통령령으로 정한다.[10] ⑤ 구분소유자의 승낙을 받아 전유부분을 점유하는 자는 ①의 본문에 따른 관리단집회에 참석하여 그 구분소유자의의결권을 행사할 수 있다. 다만, 구분소유자와 점유자가 달리 정하여 관리단에 통지하거나 구분소유자가 집회 이전에 직접의결권을 행사할 것을 관리단에 통지한 경우에는 그러하지 아니하다.

Ⅳ. 규약 및 집회

1. 규약

(1) 규약의 범위

① 건물과 대지 또는 부속시설의 관리 또는 사용에 관한 구분소유자들 사이의 사항 중 이 법에서 규정하지 아니한 사항은 규약으로써 정할 수 있다. ② 일부공용부분에 관한 사항으로써 구분소유자 전원에게 이해관계가 있지 아니한 사항은 구분소유자 전원의 규약에 따로 정하지 아니하면 일부공용부분을 공용하는 구분소유자의 규약으로써 정할 수 있다. ③ ①과 ②의 경우에 구분소유자 외의 자의 권리를 침해하지 못한다. ④ 특별시장·광역시장·특별자치시장·도지사 및 특별자치도지사(시·도지사)는 이 법을 적용받는 건물과 대지 및 부속시설의 효율적이고 공정한 관리를 위하여 표준규약을 마련하여 보급하여야 한다.[11]

10) ① 관리위원회의 위원은 선거구별로 선출할 수 있다. 이 경우 선거구 및 선거구별 관리위원회 위원의 수는 규약으로 정한다. ② 규약으로 관리위원회의 위원 선출에 대한 관리단집회의 결의에 관하여 달리 정하는 경우에는 구분소유자의 수 및의결권의 비율을 합리적이고 공평하게 고려하여야 한다. ③ 관리위원회에는 위원장 1명을 두며, 위원장은 관리위원회의 위원 중에서 선출하되 그 선출에 관하여는 구분소유자 중에서 관리단집회의 결의에 의하여 선출한다. 다만, 규약으로 관리단집회의 결의에 관하여 달리 정한 경우에는 그에 따른다. ④ 관리위원회의 위원은 규약에서 정한 사유가 있는 경우에 해임할 수 있다.

11) 특별시장·광역시장·특별자치시장·도지사 및 특별자치도지사(시·도지사)가 마련해야 하는 표준규약에는 ⓐ 구분소유자의 권리와 의무에 관한 사항, ⓑ 규약의 설정·변경·폐지에 관한 사항, ⓒ 구분소유자 공동의 이익과 관련된 전유부분의 사용에 관한 사항, ⓓ 건물의 대지, 공용부분 및 부속시설의 사용 및 보존·관리·변경에 관한 사항, ⓔ 관리위탁계약 등 관리단이 체결하는 계약에 관한 사항, ⓕ 관리단집회의 운영에 관한 사항, ⓖ 관리인의 선임 및 해임에 관한 사항, ⓗ 관리위원회에 관

(2) 규약의 설정 · 변경 · 폐지

① 규약의 설정 · 변경 및 폐지는 관리단집회에서 구분소유자의 4분의 3 이상 및 의결권의 4분의 3 이상의 찬성을 얻어서 한다. 이 경우 규약의 설정 · 변경 및 폐지가 일부 구분소유자의 권리에 특별한 영향을 미칠 때에는 그 구분소유자의 승낙을 받아야 한다. ② 구분소유자 전원의 규약의 설정 · 변경 또는 폐지는 그 일부공용부분을 공용하는 구분소유자의 4분의 1을 초과하는 자 또는의결권의 4분의 1을 초과하는 의결권을 가진 자가 반대할 때에는 할 수 없다.

(3) 규약의 보관 및 열람

① 규약은 관리인 또는 구분소유자나 그 대리인으로서 건물을 사용하고 있는 자 중 1인이 보관하여야 한다. ② 규약을 보관할 구분소유자나 그 대리인은 규약에 다른 규정이 없으면 관리단집회의 결의로써 정한다. ③ 이해관계인은 규약을 보관하는 자에게 규약의 열람을 청구하거나 자기 비용으로 등본의 발급을 청구할 수 있다.

2. 집회

(1) 집회의 권한 및 소집

(제31조, 집회의 권한)관리단의 사무는 이 법 또는 규약으로 관리인에게 위임한 사항 외에는 관리단집회의 결의에 따라 수행한다. (제34조, 집회소집통지) ① 관리단집회를 소집하려면 관리단집회일 1주일 전에 회의의 목적사항을 구체적으로 밝혀 각 구분소유자에게 통지하여야 한다. 다만, 이 기간은 규약으로 달리 정할 수 있다. ② 전유부분을 여럿이 공유하는 경우에 통지는 정하여진의결권을 행사할 자(그가 없을 때에는 공유자 중 1인)에게 통지하여야 한다. ③ 통지는 구분소유자가 관리인에게 따로 통지장소를 제출하였으면 그 장소로 발송하고, 제출하지 아니하였으면 구분소유자가 소유하는 전유부분이 있는 장소로 발송한다. 이 경우 통지는 통상적으로 도달할 시기에 도달한 것으로 본다. ④ 건물 내에 주소를 가지는 구분소유자 또는 통지장소를 제출하지 아니한 구분소유자에 대한 ①의 통지는 건물 내의 적당한 장소에 게시함으로써 소집통지를 갈음할 수 있음을 규

한 사항, ⓘ 관리단의 임직원에 관한 사항, ⓙ 관리단의 사무 집행을 위한 분담금액과 비용의 산정방법, 징수 · 지출 · 적립내역에 관한 사항, ⓚ 관리단이 얻은 수입의 사용방법에 관한 사항, ⓛ 회계처리기준 및 회계관리 · 회계감사에 관한 사항, ⓜ의무위반자에 대한 조치에 관한 사항, ⓝ 그 밖에 집합건물의 관리에 필요한 사항이 포함되어야 한다.

약으로 정할 수 있다. 이 경우 통지는 게시한 때에 도달한 것으로 본다. ⑤ 회의의 목적사항이 제15조제1항(공용부분의 변경에 관한 사항 관리단집회), 제29조제1항(규약의 설정 · 변경 및 폐지는 관리단집회), 제47조제1항(재건축결의 관리단 집회) 및 제50조제4항(멸실 공용부분 복구 결의 관리단집회)인 경우에는 그 통지에 그의안 및 계획의 내용을 적어야 한다. (제35조, 소집절차의 생략)관리단집회는 구분소유자 전원이 동의하면 소집절차를 거치지 아니하고 소집할 수 있다.

(2) 정기 관리단집회 및 임시 관리단집회

(정기관리단집회)관리인은 매년 회계연도 종료 후 3개월 이내에 정기 관리단집회를 소집하여야 한다. (임시관리단집회) ① 관리인은 필요하다고 인정할 때에는 관리단집회를 소집할 수 있다. ② 구분소유자의 5분의 1 이상이 회의의 목적 사항을 구체적으로 밝혀 관리단집회의 소집을 청구하면 관리인은 관리단집회를 소집하여야 한다. 이 정수는 규약으로 감경할 수 있다. ③ 청구가 있은 후 1주일 내에 관리인이 청구일부터 2주일 이내의 날을 관리단집회일로 하는 소집통지 절차를 밟지 아니하면 소집을 청구한 구분소유자는 법원의 허가를 받아 관리단집회를 소집할 수 있다. ④ 관리인이 없는 경우에는 구분소유자의 5분의 1 이상은 관리단집회를 소집할 수 있다. 이 정수는 규약으로 감경할 수 있다.

(3) 결의사항 및의결

(제36조, 결의사항) ① 관리단집회는 통지한 사항에 관하여만 결의할 수 있다. ② 관리단집회의 결의에 관하여 특별한 정수가 규정된 사항을 제외하고는 규약으로 달리 정할 수 있다. ③ ①과 ②는 제35조(구분소유자 전원 동의로 소집절차 생략)에 따른 관리단집회에 관하여는 적용하지 아니한다. (제37조,의결권) ① 각 구분소유자의의결권은 규약에 특별한 규정이 없으면 지분비율에 따른다. ② 전유부분을 여럿이 공유하는 경우에는 공유자는 관리단집회에서의결권을 행사할 1인을 정한다. ③ 구분소유자의 승낙을 받아 동일한 전유부분을 점유하는 자가 여럿인 경우에는 제16조제2항, 제24조제4항, 제26조의2제2항 또는 제26조의4제5항에 따라 해당 구분소유자의의결권을 행사(구분소유자의 승낙을 받아 전유부분을 점유하는 자는 관리단집회에 참석하여 그 구분소유자의의결권을 행사할 수 있다. 다만, 구분소유자와 점유자가 달리 정하여 관리단에 통지하거나 구분소유자가 집회 이전에 직접의결권을 행사할 것을 관리단에 통지한 경우에는 제외)할 1인을 정하여야 한다. (제38조,의결 방법) ① 관리단집회의의사는 이 법 또는 규약에 특별한 규정이 없으면 구분소유자의 과반수 및의결권의 과반수로써의결한다. ②의결권은 서면이나 전자적 방법

(전자정보처리조직을 사용하거나 그 밖에 정보통신기술을 이용하는 방법으로서 ㉠ 공인전자서명 또는 공인인증서를 통하여 본인 확인을 거쳐의결권을 행사하는 방법, ㉡ 규약에서 전자문서를 제출하는 방법 등 본인 확인절차를 완화한 방법으로 의결권을 행사할 수 있도록 달리 정하고 있는 경우에는 그에 따른 방법으로 또는 대리인을 통하여 행사할 수 있다. ③ 관리단집회의 소집통지나 소집통지를 갈음하는 게시를 할 때에는 의결권을 행사할 수 있다는 내용과 구체적인의결권 행사 방법을 명확히 밝혀야 한다. ④의결권 행사를 위하여 필요한 사항은 대통령령으로 정한다.12)

(4) 집회의의장과의사록

① 관리단집회의 의장은 관리인 또는 집회를 소집한 구분소유자 중 연장자가 된다. 다만, 규약에 특별한 규정이 있거나 관리단집회에서 다른 결의를 한 경우에는 그러하지 아니하다. ② 관리단집회의 의사에 관하여는의사록을 작성하여야 한다. ③ 의사록에는 의사의 경과와 그 결과를 적고 의장과 구분소유자 2인 이상이 서명날인하여야 한다. ④ 의사록에 관하여는 규약의 보관 및 열람(제30조)을 준용한다.

(5) 점유자의의견진술권

① 구분소유자의 승낙을 받아 전유부분을 점유하는 자는 집회의 목적사항에 관하여 이해관계가 있는 경우에는 집회에 출석하여 의견을 진술할 수 있다. ② 집회를 소집하는 자는 소집통지를 한 후 지체 없이 집회의 일시, 장소 및 목적사항을 건물 내의 적당한 장소에 게시하여야 한다.

(6) 서면 또는 전자적 방법에 의한 결의 등

① 이 법 또는 규약에 따라 관리단집회에서 결의할 것으로 정한 사항에 관하여 구분소유자의 5분의 4 이상 및 의결권의 5분의 4 이상이 서면이나 전자적 방법 또는 서면과 전자적 방법으로 합의하면 관리단집회에서 결의한 것으로 본다. 다만, 제15조제1항제2호(관광진흥법에 따른 휴양 콘도미니엄업의 운영을 위한 휴양 콘도미니엄의 공용부분 변경에 관한 사항인 경우)의 경우에는 구분소유자의 과반수 및의결권의 과반수가 서면이나

---

12) ① 전자적 방법(전자투표)으로 의결권을 행사할 수 있도록 하는 경우에는 관리단집회의 소집통지에 ⓐ 전자투표를 할 인터넷 주소, ⓑ 전자투표를 할 기간, ⓒ 그 밖에 전자투표에 필요한 기술적인 사항을 구체적으로 밝혀야 한다. ② 전자투표는 규약 또는 관리단집회의 결의로 달리 정한 바가 없으면 관리단집회일 전날까지 하여야 한다. ③ 관리단은 전자투표를 관리하는 기관을 지정하여 본인 확인 등의결권 행사 절차의 운영을 위탁할 수 있다.

전자적 방법 또는 서면과 전자적 방법으로 합의하면 관리단집회에서 결의한 것으로 본다. ② 구분소유자들은 미리 그들 중 1인을 대리인으로 정하여 관리단에 신고한 경우에는 그 대리인은 그 구분소유자들을 대리하여 관리단집회에 참석하거나 서면 또는 전자적 방법으로 의결권을 행사할 수 있다. ③ 서면 또는 전자적 방법으로 기록된 정보에 관하여는 제30조를 준용한다.

3. 규약 및 집회의 효력 등

(1) 규약 및 집회의 결의의 효력

① 규약 및 관리단집회의 결의는 구분소유자의 특별승계인에 대하여도 효력이 있다. ② 점유자는 구분소유자가 건물이나 대지 또는 부속시설의 사용과 관련하여 규약 또는 관리단집회의 결의에 따라 부담하는 의무와 동일한의무를 진다.

(2) 결의취소의 소

구분소유자는 ㉠ 집회의 소집 절차나 결의 방법이 법령 또는 규약에 위반되거나 현저하게 불공정한 경우, ㉡ 결의 내용이 법령 또는 규약에 위배되는 경우에는 집회 결의 사실을 안 날부터 6개월 이내에, 결의한 날부터 1년 이내에 결의취소의 소를 제기할 수 있다.

Ⅴ. 의무위반자에 대한 조치

1. 행위정지 및 사용금지 청구

(1) 공동의 이익에 어긋나는 행위의 정지청구 등

① 구분소유자가 제5조제1항(구분소유자는 건물의 보존에 해로운 행위나 그 밖에 건물의 관리 및 사용에 관하여 구분소유자 공동의 이익에 어긋나는 행위)를 한 경우 또는 그 행위를 할 우려가 있는 경우에는 관리인 또는 관리단집회의 결의로 지정된 구분소유자는 구분소유자 공동의 이익을 위하여 그 행위를 정지하거나 그 행위의 결과를 제거하거나 그 행위의 예방에 필요한 조치를 할 것을 청구할 수 있다. ② 소송의 제기는 관리단집회의 결의가 있어야 한다. ③ 점유자가 공동의 이익에 어긋나는 행위를 한 경우 또는 그

행위를 할 우려가 있는 경우에도 ①과 ②를 준용한다.

(2) 사용금지의 청구

① 공동의 이익에 어긋나는 행위로 구분소유자의 공동생활상의 장해가 현저하여 그 행위의 정지청구로는 그 장해를 제거하여 공용부분의 이용 확보나 구분소유자의 공동생활 유지를 도모함이 매우 곤란할 때에는 관리인 또는 관리단집회의 결의로 지정된 구분소유자는 소(訴)로써 적당한 기간 동안 해당 구분소유자의 전유부분 사용금지를 청구할 수 있다. ② ①의 청구는 구분소유자의 4분의 3 이상 및의결권의 4분의 3 이상의 관리단집회 결의가 있어야 한다. ③ 결의를 할 때에는 미리 해당 구분소유자에게 변명할 기회를 주어야 한다.

2. 경매 및 인도청구

(1) 구분소유권의 경매

① 구분소유자가 건물의 보존에 해로운 행위나 그 밖에 건물의 관리 및 사용에 관하여 구분소유자 공동의 이익에 어긋나는 행위, 전유부분이 주거의 용도로 분양된 것인 경우에는 구분소유자는 정당한 사유 없이 그 부분을 주거 외의 용도로 사용하거나 그 내부 벽을 철거하거나 파손하여 증축·개축하는 행위를 하여서는 아니된다는 것을 위반하거나 규약에서 정한의무를 현저히 위반한 결과 공동생활을 유지하기 매우 곤란하게 된 경우에는 관리인 또는 관리단집회의 결의로 지정된 구분소유자는 해당 구분소유자의 전유부분 및 대지사용권의 경매를 명할 것을 법원에 청구할 수 있다. ② 청구는 구분소유자의 4분의 3 이상 및 의결권의 4분의 3 이상의 관리단집회 결의가 있어야 한다. ③ 결의를 할 때에는 미리 해당 구분소유자에게 변명할 기회를 주어야 한다. ④ 청구에 따라 경매를 명한 재판이 확정되었을 때에는 그 청구를 한 자는 경매를 신청할 수 있다. 다만, 그 재판 확정일부터 6개월이 지나면 그러하지 아니하다. ⑤ ①의 해당 구분소유자는 ④ 본문의 신청에 의한 경매에서 경락인이 되지 못한다.

(2) 전유부분의 점유자에 대한 인도청구

① 점유자가 공동의 이익에 어긋나는 행위 등으로 의무위반을 한 결과 공동생활을 유지하기 매우 곤란하게 된 경우에는 관리인 또는 관리단집회의 결의로 지정된 구분소유자는 그 전유부분을 목적으로 하는 계약의 해제 및 그 전유부분의 인도를 청구할 수 있다.

② 전유부분을 인도받은 자는 지체 없이 그 전유부분을 점유할 권원(權原)이 있는 자에게 인도하여야 한다.

Ⅵ. 재건축 및 복구

1. 재건축

(1) 재건축 결의

① 건물 건축 후 상당한 기간이 지나 건물이 훼손되거나 일부 멸실되거나 그 밖의 사정으로 건물 가격에 비하여 지나치게 많은 수리비·복구비나 관리비용이 드는 경우 또는 부근 토지의 이용 상황의 변화나 그 밖의 사정으로 건물을 재건축하면 재건축에 드는 비용에 비하여 현저하게 효용이 증가하게 되는 경우에 관리단집회는 그 건물을 철거하여 그 대지를 구분소유권의 목적이 될 새 건물의 대지로 이용할 것을 결의할 수 있다. 다만, 재건축의 내용이 단지 내 다른 건물의 구분소유자에게 특별한 영향을 미칠 때에는 그 구분소유자의 승낙을 받아야 한다. ② 결의는 구분소유자의 5분의 4 이상 및 의결권의 5분의 4 이상의 결의에 따른다. ③ 재건축을 결의할 때에는 ㉠ 새 건물의 설계 개요, ㉡ 건물의 철거 및 새 건물의 건축에 드는 비용을 개략적으로 산정한 금액, ㉢ 비용의 분담에 관한 사항, ㉣ 새 건물의 구분소유권 귀속에 관한 사항을 정하여야 한다. ④ ③의 ㉢ 및 ㉣의 사항은 각 구분소유자 사이에 형평이 유지되도록 정하여야 한다. ⑤ 결의를 위한 관리단집회의 의사록에는 결의에 대한 각 구분소유자의 찬반의사를 적어야 한다.

(2) 구분소유권 등의 매도청구 등

① 재건축의 결의가 있으면 집회를 소집한 자는 지체 없이 그 결의에 찬성하지 아니한 구분소유자(그의 승계인을 포함)에 대하여 그 결의 내용에 따른 재건축에 참가할 것인지 여부를 회답할 것을 서면으로 촉구하여야 하며, 촉구를 받은 구분소유자는 촉구를 받은 날부터 2개월 이내에 회답하여야 하고, 기간 내에 회답하지 아니한 경우 그 구분소유자는 재건축에 참가하지 아니하겠다는 뜻을 회답한 것으로 본다. ② ①의 기간이 지나면 재건축 결의에 찬성한 각 구분소유자, 재건축 결의 내용에 따른 재건축에 참가할 뜻을 회답한 각 구분소유자(그의 승계인을 포함) 또는 이들 전원의 합의에 따라 구분소유권과 대지사용권을 매수하도록 지정된 자(매수지정자)는 회답기간(2개월) 만료일부터 2개월 이내에

재건축에 참가하지 아니하겠다는 뜻을 회답한 구분소유자(그의 승계인을 포함)에게 구분소유권과 대지사용권을 시가로 매도할 것을 청구할 수 있다. 재건축 결의가 있은 후에 이 구분소유자로부터 대지사용권만을 취득한 자의 대지사용권에 대하여도 또한 같다.

③ ②에 따른 청구가 있는 경우에 재건축에 참가하지 아니하겠다는 뜻을 회답한 구분소유자가 건물을 명도하면 생활에 현저한 어려움을 겪을 우려가 있고 재건축의 수행에 큰 영향이 없을 때에는 법원은 그 구분소유자의 청구에 의하여 대금 지급일 또는 제공일부터 1년을 초과하지 아니하는 범위에서 건물 명도에 대하여 적당한 기간을 허락할 수 있다. ④ 재건축 결의일부터 2년 이내에 건물 철거공사가 착수되지 아니한 경우에는 구분소유권이나 대지사용권을 매도한 자는 이 기간이 만료된 날부터 6개월 이내에 매수인이 지급한 대금에 상당하는 금액을 그 구분소유권이나 대지사용권을 가지고 있는 자에게 제공하고 이들의 권리를 매도할 것을 청구할 수 있다. 다만, 건물 철거공사가 착수되지 아니한 타당한 이유가 있을 경우에는 그러하지 아니하다. ⑤ ④의 단서에 따른 건물 철거공사가 착수되지 아니한 타당한 이유가 없어진 날부터 6개월 이내에 공사에 착수하지 아니하는 경우에는 ④의 본문을 준용한다. 이 경우 같은 항 본문 중 "이 기간이 만료된 날부터 6개월 이내에"는 "건물 철거공사가 착수되지 아니한 타당한 이유가 없어진 것을 안 날부터 6개월 또는 그 이유가 없어진 날부터 2년 중 빠른 날까지"로 본다.

(3) 재건축에 관한 합의

재건축 결의에 찬성한 각 구분소유자, 재건축 결의 내용에 따른 재건축에 참가할 뜻을 회답한 각 구분소유자 및 구분소유권 또는 대지사용권을 매수한 각 매수지정자(이들의 승계인을 포함)는 재건축 결의 내용에 따른 재건축에 합의한 것으로 본다.

2. 건물이 일부 멸실된 경우의 복구

① 건물가격의 2분의 1 이하에 상당하는 건물 부분이 멸실되었을 때에는 각 구분소유자는 멸실한 공용부분과 자기의 전유부분을 복구할 수 있다. 다만, 공용부분의 복구에 착수하기 전에 제47조제1항(재건축 결의를 위한 관리단집회)의 결의나 공용부분의 복구에 대한 결의가 있는 경우에는 그러하지 아니하다. ② 공용부분을 복구한 자는 다른 구분소유자에게 지분비율에 따라 복구에 든 비용의 상환을 청구할 수 있다. ③ 건물이 일부 멸실된 경우로서 ①의 본문의 경우를 제외한 경우에 관리단집회는 구분소유자의 5분의 4 이상 및 의결권의 5분의 4 이상으로 멸실한 공용부분을 복구할 것을 결의할 수 있다. ④

결의가 있는 경우에는 제47조제5항(의사록에 찬반의사 기록)을 준용한다. ⑤ 결의가 있을 때에는 그 결의에 찬성한 구분소유자(그의 승계인을 포함) 외의 구분소유자는 결의에 찬성한 구분소유자(그의 승계인을 포함)에게 건물 및 그 대지에 관한 권리를 시가로 매수할 것을 청구할 수 있다. ⑥ ④의 경우에 건물 일부가 멸실한 날부터 6개월 이내에 결의가 없을 때에는 각 구분소유자는 다른 구분소유자에게 건물 및 그 대지에 관한 권리를 시가로 매수할 것을 청구할 수 있다. ⑦ 법원은 상환 또는 매수청구를 받은 구분소유자의 청구에 의하여 상환금 또는 대금의 지급에 관하여 적당한 기간을 허락할 수 있다.

Ⅶ. 집합건물분쟁조정위원회

1. 위원회 구성 등

(1) 집합건물분쟁조정위원회

① 이 법을 적용받는 건물과 관련된 분쟁을 심의·조정하기 위하여 특별시·광역시·특별자치시·도 또는 특별자치도(시·도)에 집합건물분쟁조정위원회(조정위원회)를 둔다. ② 조정위원회는 분쟁 당사자의 신청에 따라 ㉠ 이 법을 적용받는 건물의 하자에 관한 분쟁(공동주택의 담보책임 및 하자보수 등과 관련된 분쟁은 제외), ㉡ 관리인·관리위원의 선임·해임 또는 관리단·관리위원회의 구성·운영에 관한 분쟁, ㉢ 공용부분의 보존·관리 또는 변경에 관한 분쟁, ㉣ 관리비의 징수·관리 및 사용에 관한 분쟁, ㉤ 규약의 제정·개정에 관한 분쟁, ㉥ 재건축과 관련된 철거, 비용분담 및 구분소유권 귀속에 관한 분쟁, ㉦ 소음·진동·악취 등 공동생활과 관련된 분쟁, ㉧ 그 밖에 이 법을 적용받는 건물과 관련된 분쟁으로서 ⓐ 건물의 대지와 부속시설의 보존·관리 또는 변경에 관한 분쟁, ⓑ 규약에서 정한 전유부분의 사용방법에 관한 분쟁, ⓒ 관리비 외에 관리단이 얻은 수입의 징수·관리 및 사용에 관한 분쟁, ⓓ 관리위탁계약 등 관리단이 체결한 계약에 관한 분쟁, ⓔ 그 밖에 집합건물분쟁조정위원회(조정위원회)가 분쟁의 조정이 필요하다고 인정하는 분쟁의 분쟁(집합건물분쟁)을 심의·조정한다.

(2) 조정위원회의 구성과 운영

① 조정위원회는 위원장 1명과 부위원장 1명을 포함한 10명 이내의 위원으로 구성한다. ② 조정위원회의 위원은 집합건물분쟁에 관한 법률지식과 경험이 풍부한 사람으로서

㉠ 법학 또는 조정·중재 등의 분쟁조정 관련 학문을 전공한 사람으로서 대학에서 조교수 이상으로 3년 이상 재직한 사람, ㉡ 변호사 자격이 있는 사람으로서 3년 이상 법률에 관한 사무에 종사한 사람, ㉢ 건설공사, 하자감정 또는 공동주택관리에 관한 전문적 지식을 갖춘 사람으로서 해당 업무에 3년 이상 종사한 사람, ㉣ 해당 시·도 소속 5급 이상 공무원으로서 관련 업무에 3년 이상 종사한 사람 중에서 시·도지사가 임명하거나 위촉한다. 이 경우 ㉠ 및 ㉡에 해당하는 사람이 각각 2명 이상 포함되어야 한다. ③ 조정위원회의 위원장은 해당 시·도지사가 위원 중에서 임명하거나 위촉한다. ④ 조정위원회에는 분쟁을 효율적으로 심의·조정하기 위하여 3명 이내의 위원으로 구성되는 소위원회를 둘 수 있다. 이 경우 소위원회에는 ② ㉠ 및 ㉡에 해당하는 사람이 각각 1명 이상 포함되어야 한다. ⑤ 조정위원회는 재적위원 과반수의 출석과 출석위원 과반수의 찬성으로 의결하며, 소위원회는 재적위원 전원 출석과 출석위원 과반수의 찬성으로 의결한다. ⑥ ①부터 ⑤까지에서 규정한 사항 외에 조정위원회와 소위원회의 구성 및 운영에 필요한 사항과 조정 절차에 관한 사항은 대통령령으로 정한다.[13]

(3) 위원의 제척 등

① 조정위원회의 위원이 ㉠ 위원 또는 그 배우자나 배우자이었던 사람이 해당 집합건물분쟁의 당사자가 되거나 그 집합건물분쟁에 관하여 당사자와 공동권리자 또는 공동의무자의 관계에 있는 경우, ㉡ 위원이 해당 집합건물분쟁의 당사자와 친족이거나 친족이었던

13) **제17조(조정위원회의 구성)** ① 조정위원회의 부위원장은 해당 시·도지사가 조정위원회의 위원장(이하 "위원장"이라 한다)의 추천을 받아 위원 중에서 임명하거나 위촉한다. ② 조정위원회 위원의 임기는 2년으로 한다. ③ 제1항 및 제2항에서 규정한 사항 외에 조정위원회의 구성에 필요한 사항은 조정위원회의의결을 거쳐 위원장이 정한다. **제18조(조정위원회의 운영)** ① 위원장은 회의를 소집하고 주재한다. ② 위원장이 부득이한 사유로 직무를 수행할 수 없는 경우에는 부위원장이 직무를 대행하고, 조정위원회의 부위원장도 직무를 대행할 수 없는 경우에는 위원 중 연장자가 직무를 대행한다. ③ 위원장이 회의를 소집하려면 회의 개최 3일 전까지 회의의 일시·장소 및 안건을 각 위원에게 알려야 한다. ④ 위원 전원이 동의하면 제3항의 소집절차를 거치지 아니하고 조정위원회를 소집할 수 있다. ⑤ 법 제52조의9에 따른 비용을 제외한 조정 비용에 관하여 필요한 사항은 특별시·광역시·특별자치시·도 및 특별자치도의 조례로 정한다. ⑥ 제1항부터 제5항까지에서 규정한 사항 외에 조정위원회의 운영에 필요한 사항은 조정위원회의의결을 거쳐 위원장이 정한다. **제19조(소위원회의 운영 등)** ① 법 제52조의3 제4항에 따른 소위원회는 조정위원회의의결로 위임한 분쟁을 심의·조정한다. ② 소위원회에 위원장 1명을 두며, 위원장은 해당 시·도지사가 위원장의 추천을 받아 소위원회 위원 중에서 임명하거나 위촉한다. ③ 제1항 및 제2항에서 규정한 사항 외에 소위원회의 구성 및 운영에 필요한 사항은 조정위원회의의결을 거쳐 위원장이 정한다. **제20조(조정절차)** ① 조정위원회는 조정을 효율적으로 하기 위하여 필요하다고 인정하면 사건들을 분리하거나 병합할 수 있다. ② 조정위원회는 제1항에 따라 사건들을 분리하거나 병합한 경우에는 당사자에게 지체 없이 서면으로 통보하여야 한다. ③ 조정위원회는 조정을 위하여 필요하다고 인정하면 당사자에게 증거서류 등 관련 자료의 제출을 요청하거나 당사자 또는 참고인에게 출석을 요청할 수 있다. ④ 제1항부터 제3항까지에서 규정한 사항 외에 조정절차에 필요한 사항은 조정위원회의의결을 거쳐 위원장이 정한다.

경우, ㉢ 위원이 해당 집합건물분쟁에 관하여 진술이나 감정을 한 경우, ㉣ 위원이 해당 집합건물분쟁에 당사자의 대리인으로서 관여한 경우, ㉤ 위원이 해당 집합건물분쟁의 원인이 된 처분이나 부작위에 관여한 경우에는 그 사건의 심의·조정에서 제척된다. ② 조정위원회는 위원에게 제척 원인이 있는 경우에는 직권이나 당사자의 신청에 따라 제척의 결정을 한다. ③ 당사자는 위원에게 공정한 직무집행을 기대하기 어려운 사정이 있으면 조정위원회에 해당 위원에 대한 기피신청을 할 수 있다. ④ 위원은 ① 또는 ③의 사유에 해당하면 스스로 그 집합건물분쟁의 심의·조정을 회피할 수 있다.

2. 분쟁조정 등

(1) 분쟁조정신청과 통지

① 조정위원회는 당사자 일방으로부터 분쟁의 조정신청을 받은 경우에는 지체 없이 그 신청내용을 상대방에게 통지하여야 한다. ② 통지를 받은 상대방은 그 통지를 받은 날부터 7일 이내에 조정에 응할 것인지에 관한의사를 조정위원회에 통지하여야 한다. ③ 분쟁의 조정신청을 받은 조정위원회는 분쟁의 성질 등 조정에 적합하지 아니한 사유가 있다고 인정하는 경우에는 해당 조정의 불개시 결정을 할 수 있다. 이 경우 조정의 불개시 결정 사실과 그 사유를 당사자에게 통보하여야 한다.

(2) 조정의 절차

① 조정위원회는 조정신청을 받으면 조정 불응 또는 조정의 불개시 결정이 있는 경우를 제외하고는 지체 없이 조정 절차를 개시하여야 하며, 신청을 받은 날부터 60일 이내에 그 절차를 마쳐야 한다. ② 조정위원회는 기간 내에 조정을 마칠 수 없는 경우에는 조정위원회의 의결로 그 기간을 30일의 범위에서 한 차례만 연장할 수 있다. 이 경우 그 사유와 기한을 분명히 밝혀 당사자에게 서면으로 통지하여야 한다. ③ 조정위원회는 조정의 절차를 개시하기 전에 이해관계인 등의 의견을 들을 수 있다. ④ 조정위원회는 절차를 마쳤을 때에는 조정안을 작성하여 지체 없이 각 당사자에게 제시하여야 한다. ⑤ 조정안을 제시받은 당사자는 제시받은 날부터 14일 이내에 조정안의 수락 여부를 조정위원회에 통보하여야 한다. 이 경우 당사자가 그 기간 내에 조정안에 대한 수락 여부를 통보하지 아니한 경우에는 조정안을 수락한 것으로 본다.[14)]

---

14) **(출석 및 자료제출 요구)** ① 조정위원회는 조정을 위하여 필요하다고 인정하는 경우 분쟁당사자, 분쟁 관련 이해관계인 또는 참고인에게 출석하여 진술하게 하거나 조정에 필요한 자료나 물건 등을 제

(3) 조정의 효력

① 당사자가 조정안을 수락하면 조정위원회는 지체 없이 조정서 3부를 작성하여 위원장 및 각 당사자로 하여금 조정서에 서명날인하게 하여야 한다. ② ①의 경우 당사자 간에 조정서와 같은 내용의 합의가 성립된 것으로 본다.

(4) 하자 등의 감정

① 조정위원회는 당사자의 신청으로 또는 당사자와 협의하여 안전진단기관, 하자감정전문기관 등(ⓐ 대학 및 산업대학의 주택 관련 부설 연구기관(상설기관에 한정), ⓑ 한국건설기술연구원, ⓒ 국립 또는 공립의 주택 관련 시험·검사기관, ⓓ 한국시설안전공단, ⓔ 신고한 건축사, ⓕ 등록한 기술사, ⓖ 등록한 건축 분야 안전진단전문기관, ⓗ 신고한 해당 분야의 엔지니어링사업자. 다만, 하자감정전문기관은 ⓐ부터 ⓓ까지의 기관만 해당)에 하자진단 또는 하자감정 등을 요청할 수 있다. ② 조정위원회는 당사자의 신청으로 또는 당사자와 협의하여 공동주택관리법에 따른 하자심사·분쟁조정위원회에 하자판정을 요청할 수 있다. ③ ① 및 ②에 따른 비용은 대통령령으로 정하는 바에 따라 당사자가 부담한다(하자진단 또는 하자감정 비용은 당사자 간의 합의로 정하는 비율에 따라 당사자가 미리 내야 한다. 다만, 당사자 간에 비용 부담에 대하여 합의가 되지 아니하면 조정위원회에서 부담 비율을 정한다).

Ⅷ. 구분건물의 건축물대장

1. 건축물대장의 편성

① 소관청은 이 법을 적용받는 건물에 대하여는 이 법에서 정하는 건축물대장과 건물의 도면 및 각 층의 평면도를 갖추어 두어야 한다. ② 대장은 1동의 건물을 표시할 용지와 그 1동의 건물에 속하는 전유부분의 건물을 표시할 용지로 편성한다. ③ 1동의 건물

출하도록 요구할 수 있다. ② 조정위원회는 해당 조정업무에 참고하기 위하여 시·도지사 및 관련기관에 해당 분쟁과 관련된 자료를 요청할 수 있다. (조정의 중지 등) ① 조정위원회는 당사자가 조정에 응하지 아니할 의사를 통지하거나 조정안을 거부한 경우에는 조정을 중지하고 그 사실을 상대방에게 서면으로 통보하여야 한다. ② 조정위원회는 당사자 중 일방이 소를 제기한 경우에는 조정을 중지하고 그 사실을 상대방에게 통보하여야 한다. ③ 조정위원회는 법원에 소송계속 중인 당사자 중 일방이 조정을 신청한 때에는 해당 조정 신청을 결정으로 각하하여야 한다.

에 대하여는 각 1용지를 사용하고 전유부분의 건물에 대하여는 구분한 건물마다 1용지를 사용한다. ④ 1동의 건물에 속하는 구분한 건물의 대장은 1책에 편철하고 1동의 건물을 표시할 용지 다음에 구분한 건물을 표시할 용지를 편철한다. ⑤ ④의 경우에 편철한 용지가 너무 많을 때에는 여러 책으로 나누어 편철할 수 있다.

2. 건축물대장 등록

(1) 건축물대장의 등록사항

① 1동의 건물을 표시할 용지에는 ㉠ 1동의 건물의 소재지와 지번, ㉡ 1동의 건물에 번호가 있을 때에는 그 번호, ㉢ 1동의 건물의 구조와 면적, ㉣ 1동의 건물에 속하는 전유부분의 번호, ㉤ 그 밖에 국토교통부령으로 정하는 사항을 등록하여야 한다. ② 전유부분을 표시할 용지에는 ㉠ 전유부분의 번호, ㉡ 전유부분이 속하는 1동의 건물의 번호, ㉢ 전유부분의 종류, 구조와 면적, ㉣ 부속건물이 있을 때에는 부속건물의 종류, 구조, 면적, ㉤ 소유자의 성명 또는 명칭과 주소 또는 사무소. 이 경우 소유자가 둘 이상일 때에는 그 지분, ㉥ 그 밖에 국토교통부령으로 정하는 사항을 등록하여야 한다. ③ 부속건물이 있을 때에는 부속건물의 종류, 구조, 면적의 경우에 부속건물이 그 전유부분과 다른 별채의 건물이거나 별채인 1동의 건물을 구분한 것일 때에는 그 1동의 건물의 소재지, 지번, 번호, 종류, 구조 및 면적을 등록하여야 하며, 이 경우 건물의 표시 및 소유자의 표시에 관한 사항을 등록할 때에는 원인 및 그 연월일과 등록연월일을 적어야 한다. ④ 공용부분의 등록에 관하여는 ② 를 준용한다. 이 경우 그 건물의 표시란에 공용부분이라는 취지를 등록한다. ⑤ 구분점포의 경우에는 전유부분 용지의 구조란에 경계벽이 없다는 뜻을 적어야 한다.

(2) 건축물대장의 등록절차

(제55조, 건축물대장의 등록절차) 건축물대장의 등록은 소유자 등의 신청이나 소관청의 조사결정에 의한다. (제56조, 건축물대장의 신규 등록신청) ① 이 법을 적용받는 건물을 신축한 자는 1개월 이내에 1동의 건물에 속하는 전유부분 전부에 대하여 동시에 건축물대장 등록신청을 하여야 한다.

(3) 건축물대장의 변경등록신청

① 건축물대장에 등록한 사항이 변경된 경우에는 소유자는 1개월 이내에 변경등록신청

을 하여야 한다. ② 1동의 건물을 표시할 사항과 공용부분의 표시에 관한 사항의 변경등록은 전유부분 소유자 중 1인 또는 여럿이 ①의 기간까지 신청할 수 있다. ③ 신청서에는 변경된 사항과 1동의 건물을 표시하기에 충분한 사항을 적고 그 변경을 증명하는 서면을 첨부하여야 하며 건물의 소재지, 구조, 면적이 변경되거나 부속건물을 신축한 경우에는 건물도면 또는 각 층의 평면도도 첨부하여야 한다. ④ 구분점포는 판매시설 및 운수시설 용도 외의 다른 용도로 변경할 수 없다. (제58조, 신청의무의 승계) 소유자가 변경된 경우에는 전 소유자가 하여야 할 건축물대장 신규등록과 변경등록의 등록신청은 소유자가 변경된 날부터 1개월 이내에 새로운 소유자가 하여야 한다.

3. 소관청의 직권조사 및 조사 후 처리

(제59조) ① 소관청은 신청을 받아 또는 직권으로 건축물대장에 등록할 때에는 소속 공무원에게 건물의 표시에 관한 사항을 조사하게 할 수 있다. ② 소관청은 구분점포에 관하여 신청을 받으면 신청 내용이 제1조의2제1항 각 호의 요건을 충족하는지와 건축물의 실제 현황과 일치하는지를 조사하여야 한다. ③ 조사를 하는 경우 해당 공무원은 일출 후 일몰 전까지 그 건물에 출입할 수 있으며, 점유자나 그 밖의 이해관계인에게 질문하거나 문서의 제시를 요구할 수 있다. 이 경우 관계인에게 그 신분을 증명하는 증표를 보여주어야 한다. (제60조) ① 소관청은 관계 공무원의 조사 결과 그 신고 내용이 부당하다고 인정할 때에는 그 취지를 적어 정정할 것을 명하고, 그 신고 내용을 정정하여도 그 건물의 상황이 제1조 또는 제1조의2의 규정에 맞지 아니하다고 인정할 때에는 그 등록을 거부하고 그 건물 전체를 하나의 건물로 하여 일반건축물대장에 등록하여야 한다. ② 일반건축물대장에 등록한 날부터 7일 이내에 신고인에게 그 등록거부 사유를 서면으로 통지하여야 한다.

Ⅸ. 벌 칙

1. 벌금

① 경계표지 또는 건물번호표지를 파손, 이동 또는 제거하거나 그 밖의 방법으로 경계를 알아볼 수 없게 한 사람은 3년 이하의 징역 또는 1천만원 이하의 벌금에 처한다. ② 건축사 또는 측량기술자가 제56조제2항(건축물대장의 신규등록신청)에서 정한 평면도에

측량성과를 사실과 다르게 적었을 때에는 2년 이하의 징역 또는 500만원 이하의 벌금에 처한다.

2. 과태료

① ㉠ 회계감사를 받지 아니하거나 부정한 방법으로 받은 자, ㉡ 회계감사를 방해하는 등에 해당하는 행위를 한 자에게는 500만원 이하의 과태료를 부과한다. ② Ⓐ 회계감사 결과를 보고하지 아니하거나 거짓으로 보고한 자, Ⓑ 제59조제1항에 따른 조사를 거부·방해 또는 기피한 자, Ⓒ 질문 및 문서 제시 요구에 응하지 아니하거나 거짓으로 응한 자에게는 300만원 이하의 과태료를 부과한다.15) 과태료는 소관청이 부과·징수한다.

제 4 절　주택임대차보호법

Ⅰ. 서　설

이 법은 주거용 건물의 임대차에 관하여 민법에 대한 특례를 규정함으로써 국민 주거생활의 안정을 보장함을 목적으로 하며, 주거용 건물(주택)의 전부 또는 일부의 임대차에 관하여 적용한다. 그 임차주택의 일부가 주거 외의 목적으로 사용되는 경우에도 또한 같다.

15) **(200만원 이하의 과태료)** ⓐ 제9조의3제3항을 위반 통지를 하지 아니한 자, ⓑ 제9조의3제4항을 위반 관리단집회를 소집하지 아니한 자, ⓒ 제24조제6항(제52조에서 준용하는 경우 포함)에 따른 신고를 하지 아니한 자, ⓓ 제26조제1항(제52조에서 준용하는 경우 포함)을 위반하여 보고를 하지 아니하거나 거짓으로 보고한 자, ⓔ 제30조제1항, 제39조제4항, 제41조제3항(제52조에서 준용하는 경우 포함)을 위반하여 규약,의사록 또는 서면(전자적 방법으로 기록된 정보를 포함)을 보관하지 아니한 자, ⓕ 제30조제3항, 제39조제4항, 제41조제3항(제52조에서 준용하는 경우 포함)을 위반하여 정당한 사유 없이 규약,의사록 또는 서면(전자적 방법으로 기록된 정보를 포함)의 열람이나 등본의 발급청구를 거부한 자, ⓖ 제39조제2항 및 제3항(제52조에서 준용하는 경우 포함)을 위반하여 의사록을 작성하지 아니하거나의사록에 적어야 할 사항을 적지 아니하거나 거짓으로 적은 자, ⓗ 제56조제1항, 제57조제1항, 제58조에 따른 등록신청을 게을리 한 자

Ⅱ. 대항력 등

1. 대항력

① 임대차는 그 등기가 없는 경우에도 임차인이 주택의 인도와 주민등록을 마친 때에는 그 다음 날부터 제삼자에 대하여 효력이 생긴다. 이 경우 전입신고를 한 때에 주민등록이 된 것으로 본다. ② 주택도시기금을 재원으로 하여 저소득층 무주택자에게 주거생활 안정을 목적으로 전세임대주택을 지원하는 법인이 주택을 임차한 후 지방자치단체의 장 또는 그 법인이 선정한 입주자가 그 주택을 인도받고 주민등록을 마쳤을 때에는 ① 을 준용한다. 이 경우 대항력이 인정되는 법인 : ⓐ 한국토지주택공사, ⓑ 주택사업을 목적으로 설립된 지방공사. ③ 중소기업에 해당하는 법인이 소속 직원의 주거용으로 주택을 임차한 후 그 법인이 선정한 직원이 해당 주택을 인도받고 주민등록을 마쳤을 때에는 ①을 준용한다. 임대차가 끝나기 전에 그 직원이 변경된 경우에는 그 법인이 선정한 새로운 직원이 주택을 인도받고 주민등록을 마친 다음 날부터 제3자에 대하여 효력이 생긴다. ④ 임차주택의 양수인(그 밖에 임대할 권리를 승계한 자를 포함)은 임대인의 지위를 승계한 것으로 본다. ⑤ 이 법에 따라 임대차의 목적이 된 주택이 매매나 경매의 목적물이 된 경우에는 민법 제575조제1항 · 제3항 및 같은 법 제578조를 준용한다. ⑥ ⑤의 경우에는 동시이행의 항변권에 관한 민법 제536조를 준용한다.

2. 보증금의 회수

① 임차인(상기 대항력이 인정되는 법인을 포함)이 임차주택에 대하여 보증금반환청구소송의 확정판결이나 그 밖에 이에 준하는 집행권원에 따라서 경매를 신청하는 경우에는 집행개시요건에 관한 반대의무의 이행이나 이행의 제공을 집행개시의 요건으로 하지 아니한다. ② 대항요건과 임대차계약증서상의 확정일자를 갖춘 임차인은 민사집행법에 따른 경매 또는 국세징수법에 따른 공매를 할 때에 임차주택(대지를 포함)의 환가대금에서 후순위권리자나 그 밖의 채권자보다 우선하여 보증금을 변제받을 권리가 있다. ③ 임차인은 임차주택을 양수인에게 인도하지 아니하면 보증금을 받을 수 없다. ④ 우선변제의 순위와 보증금에 대하여 이의가 있는 이해관계인은 경매법원이나 체납처분청에 이의를 신청할 수 있다. ⑤ 경매법원에 이의를 신청하는 경우에는 민사집행법 제152조부터 제161조까지

의 규정을 준용한다. ⑥ 이의신청을 받은 체납처분청은 이해관계인이 이의신청일부터 7일 이내에 임차인 또는 우선변제권을 승계한 금융기관 등을 상대로 소를 제기한 것을 증명하면 해당 소송이 끝날 때까지 이의가 신청된 범위에서 임차인 또는 우선변제권을 승계한 금융기관 등에 대한 보증금의 변제를 유보하고 남은 금액을 배분하여야 한다. 이 경우 유보된 보증금은 소송의 결과에 따라 배분한다.

⑦ ㉠ 은행법에 따른 은행, ㉡ 중소기업은행, ㉢ 한국산업은행, ㉣ 농협은행, ㉤ 수협은행, ㉥ 체신관서, ㉦ 한국주택금융공사, ㉧ 보증보험을 보험종목으로 허가받은 보험회사, ㉨ 주택도시보증공사, ㉩ 그 밖에 ㉠부터 ㉨까지에 준하는 것으로서 대통령령으로 정하는 기관 등이 우선변제권을 취득한 임차인의 보증금반환채권을 계약으로 양수한 경우에는 양수한 금액의 범위에서 우선변제권을 승계한다. ⑧ 우선변제권을 승계한 금융기관 등은 ㉠ 임차인이 대항요건을 상실한 경우, ㉡ 임차권등기가 말소된 경우, ㉢ 임대차등기가 말소된 경우에는 우선변제권을 행사할 수 없다. ⑨ 금융기관등은 우선변제권을 행사하기 위하여 임차인을 대리하거나 대위하여 임대차를 해지할 수 없다.

3. 임차권등기명령

① 임대차가 끝난 후 보증금이 반환되지 아니한 경우 임차인은 임차주택의 소재지를 관할하는 지방법원 · 지방법원지원 또는 시 · 군 법원에 임차권등기명령을 신청할 수 있다. ② 임차권등기명령의 신청서에는 ㉠ 신청의 취지 및 이유, ㉡ 임대차의 목적인 주택(임대차의 목적이 주택의 일부분인 경우에는 해당 부분의 도면을 첨부), ㉢ 임차권등기의 원인이 된 사실(임차인이 대항력을 취득하였거나 우선변제권을 취득한 경우에는 그 사실), ㉣ 그 밖에 대법원규칙으로 정하는 사항을 적어야 하며, 신청의 이유와 임차권등기의 원인이 된 사실을 소명하여야 한다. ③ 임차권등기명령의 신청을 기각하는 결정에 대하여 임차인은 항고할 수 있다. ④ 임차인은 임차권등기명령의 집행에 따른 임차권등기를 마치면 대항력과 우선변제권을 취득한다. 다만, 임차인이 임차권등기 이전에 이미 대항력이나 우선변제권을 취득한 경우에는 그 대항력이나 우선변제권은 그대로 유지되며, 임차권등기 이후에는 대항요건을 상실하더라도 이미 취득한 대항력이나 우선변제권을 상실하지 아니한다. ⑤ 임차권등기명령의 집행에 따른 임차권등기가 끝난 주택(임대차의 목적이 주택의 일부분인 경우에는 해당 부분으로 한정)을 그 이후에 임차한 임차인은 우선변제를 받을 권리가 없다. ⑥ 임차권등기의 촉탁, 등기관의 임차권등기 기입 등 임차권등기명령을 시행하는 데에 필요한 사항은 대법원규칙으로 정한다. ⑦ 임차인은 임차권등기명령의 신청

과 그에 따른 임차권등기와 관련하여 든 비용을 임대인에게 청구할 수 있다. ⑧ 금융기관 등은 임차인을 대위하여 임차권등기명령을 신청할 수 있다.

4. 민법에 따른 주택임대차등기의 효력 등

① 민법 제621조에 따른 주택임대차등기의 효력에 관하여는 상기 임차권등기명령의 ④ 및 ⑤를 준용한다. ② 임차인이 대항력이나 우선변제권을 갖추고 민법 제621조제1항에 따라 임대인의 협력을 얻어 임대차등기를 신청하는 경우에는 신청서에 부동산등기법 제74조제1호부터 제6호까지의 사항(ⓐ 차임(借賃), ⓑ 범위, ⓒ 차임지급시기, ⓓ 존속기간(다만, 처분능력 또는 처분권한 없는 임대인에 의한 민법 제619조의 단기임대차인 경우에는 그 뜻도 기록한다), ⓔ 임차보증금, ⓕ 임차권의 양도 또는 임차물의 전대에 대한 임대인의 동의)외에 ㉠ 주민등록을 마친 날, ㉡ 임차주택을 점유한 날, ㉢ 임대차계약증서상의 확정일자를 받은 날을 적어야 하며, 이를 증명할 수 있는 서면(임대차의 목적이 주택의 일부분인 경우에는 해당 부분의 도면을 포함)을 첨부하여야 한다.

5. 경매에 의한 임차권의 소멸

임차권은 임차주택에 대하여 민사집행법에 따른 경매가 행하여진 경우에는 그 임차주택의 경락에 따라 소멸한다. 다만, 보증금이 모두 변제되지 아니한, 대항력이 있는 임차권은 그러하지 아니하다.

6. 확정일자 부여 및 임대차 정보제공 등

① 확정일자는 주택 소재지의 읍·면사무소, 동 주민센터 또는 시(특별시·광역시·특별자치시는 제외, 특별자치도는 포함)·군·구(자치구)의 출장소, 지방법원 및 그 지원과 등기소 또는 공증인(확정일자부여기관)이 부여한다. ② 확정일자부여기관은 해당 주택의 소재지, 확정일자 부여일, 차임 및 보증금 등을 기재한 확정일자부를 작성하여야 한다. 이 경우 전산처리정보조직을 이용할 수 있다. ③ 주택의 임대차에 이해관계가 있는 자는 확정일자부여기관에 해당 주택의 확정일자 부여일, 차임 및 보증금 등 정보의 제공을 요청할 수 있다. 이 경우 요청을 받은 확정일자부여기관은 정당한 사유 없이 이를 거부할 수 없다. ④ 임대차계약을 체결하려는 자는 임대인의 동의를 받아 확정일자부여기관에 정보제공을 요청할 수 있다. ⑤ 확정일자를 부여받거나 정보를 제공받으려는 자는 수수료를

내야 한다. ⑥ 확정일자부에 기재하여야 할 사항[16], 주택의 임대차에 이해관계가 있는 자의 범위[17], 확정일자부여기관에 요청할 수 있는 정보의 범위 및 수수료, 그 밖에 확정일자부여사무와 정보제공 등에 필요한 사항[18]은 대통령령 또는 대법원규칙으로 정한다. ⓐ 시장(제주특별자치도 행정시장을 포함하며, 특별시장 · 광역시장 · 특별자치시장은 제외), 군수 또는 구청장(자치구의 구청장), ⓑ 읍 · 면 · 동의 장, ⓒ 공증인은 확정일자 부여 및 임대차 정보제공 등에 관한 사무를 수행하기 위하여 불가피한 경우 주민등록번호 및 외국인등록번호를 처리할 수 있다.

Ⅲ. 임대차시간 및 계약 등

1. 임대차기간 등

① 기간을 정하지 아니하거나 2년 미만으로 정한 임대차는 그 기간을 2년으로 본다. 다만, 임차인은 2년 미만으로 정한 기간이 유효함을 주장할 수 있다. ② 임대차기간이 끝난 경우에도 임차인이 보증금을 반환받을 때까지는 임대차관계가 존속되는 것으로 본다.

2. 계약의 갱신

① 임대인이 임대차기간이 끝나기 6개월 전부터 1개월 전까지의 기간에 임차인에게 갱

16) **(확정일자부 기재사항 등)** ① 확정일자부여기관(지방법원 및 그 지원과 등기소는 제외)이 작성하는 확정일자부에 기재하여야 할 사항은 ⓐ 확정일자번호, ⓑ 확정일자 부여일, ⓒ 임대인 · 임차인의 인적사항 : ㉮ 자연인인 경우 : 성명, 주소, 주민등록번호(외국인은 외국인등록번호), ㉯ 법인이거나 법인 아닌 단체인 경우 : 법인명 · 단체명, 법인등록번호 · 부동산등기용등록번호, 본점 · 주사무소 소재지, ⓓ 주택 소재지, ⓔ 임대차 목적물, ⓕ 임대차 기간, ⓖ 차임 · 보증금, ⓗ 신청인의 성명과 주민등록번호 앞 6자리(외국인은 외국인등록번호 앞 6자리)와 같다. ② 확정일자는 확정일자번호, 확정일자 부여일 및 확정일자부여기관을 주택임대차계약증서에 표시하는 방법으로 부여한다. ③ 확정일자부 작성방법 및 확정일자 부여 시 확인사항 등 확정일자 부여 사무에 관하여 필요한 사항은 법무부령으로 정한다.

17) **(주택의 임대차에 이해관계가 있는 자의 범위)** 정보제공을 요청할 수 있는 주택의 임대차에 이해관계가 있는 자(이해관계인)는 ⓐ 해당 주택의 임대인 · 임차인, ⓑ 해당 주택의 소유자, ⓒ 해당 주택 또는 그 대지의 등기기록에 기록된 권리자 중 법무부령으로 정하는 자, ⓓ 우선변제권을 승계한 금융기관, ⓔ ⓐ부터 ⓑ까지에 준하는 지위 또는 권리를 가지는 자로서 법무부령으로 정하는 자로 한다.

18) **(요청할 수 있는 정보의 범위 및 제공방법)** ① 임대차계약의 당사자는 확정일자부여기관에 해당 임대차계약에 관한 ⓐ 임대차목적물, ⓑ 임대인 · 임차인의 인적사항, ⓒ 확정일자 부여일, ⓓ 차임 · 보증금, ⓔ 임대차기간의 열람 또는 그 내용을 기록한 서면의 교부를 요청할 수 있다. ② 임대차계약의 당사자가 아닌 이해관계인 또는 임대차계약을 체결하려는 자는 확정일자부여기관에 ⓐ 임대차목적물, ⓑ 확정일자 부여일, ⓒ 차임 · 보증금, ⓓ 임대차기간의 열람 또는 그 내용을 기록한 서면의 교부를 요청할 수 있다. ③ 정보제공 요청에 필요한 사항은 법무부령으로 정한다.

신거절의 통지를 하지 아니하거나 계약조건을 변경하지 아니하면 갱신하지 아니한다는 뜻의 통지를 하지 아니한 경우에는 그 기간이 끝난 때에 전 임대차와 동일한 조건으로 다시 임대차한 것으로 본다. 임차인이 임대차기간이 끝나기 1개월 전까지 통지하지 아니한 경우에도 또한 같다. ② ①의 경우 임대차의 존속기간은 2년으로 본다. ③ 2기의 차임액에 달하도록 연체하거나 그 밖에 임차인으로서의 의무를 현저히 위반한 임차인에 대하여는 ①을 적용하지 아니한다.

3. 묵시적 갱신의 경우 계약의 해지

① 계약이 갱신된 경우 임차인은 언제든지 임대인에게 계약해지를 통지할 수 있다. ② 해지는 임대인이 그 통지를 받은 날부터 3개월이 지나면 그 효력이 발생한다.

4. 계약갱신 요구 등

① 임대인은 임차인이 기간 이내에 계약갱신을 요구할 경우 정당한 사유 없이 거절하지 못한다. 다만, ㉠ 임차인이 2기의 차임액에 해당하는 금액에 이르도록 차임을 연체한 사실이 있는 경우, ㉡ 임차인이 거짓이나 그 밖의 부정한 방법으로 임차한 경우, ㉢ 서로 합의하여 임대인이 임차인에게 상당한 보상을 제공한 경우, ㉣ 임차인이 임대인의 동의 없이 목적 주택의 전부 또는 일부를 전대(轉貸)한 경우, ㉤ 임차인이 임차한 주택의 전부 또는 일부를 고의나 중대한 과실로 파손한 경우, ㉥ 임차한 주택의 전부 또는 일부가 멸실되어 임대차의 목적을 달성하지 못할 경우, ㉦ 임대인이 ⓐ 임대차계약 체결 당시 공사시기 및 소요기간 등을 포함한 철거 또는 재건축 계획을 임차인에게 구체적으로 고지하고 그 계획에 따르는 경우, ⓑ 건물이 노후·훼손 또는 일부 멸실되는 등 안전사고의 우려가 있는 경우, ⓒ 다른 법령에 따라 철거 또는 재건축이 이루어지는 경우에 해당하는 사유로 목적 주택의 전부 또는 대부분을 철거하거나 재건축하기 위하여 목적 주택의 점유를 회복할 필요가 있는 경우, ㉧ 임대인(임대인의 직계존속·직계비속을 포함한다)이 목적 주택에 실제 거주하려는 경우, ㉨ 그 밖에 임차인이 임차인으로서의 의무를 현저히 위반하거나 임대차를 계속하기 어려운 중대한 사유가 있는 경우에는 그러하지 아니하다.

② 임차인은 ①에 따른 계약갱신요구권을 1회에 한하여 행사할 수 있다. 이 경우 갱신되는 임대차의 존속기간은 2년으로 본다. ③ 갱신되는 임대차는 전 임대차와 동일한 조건으로 다시 계약된 것으로 본다. 다만, 차임과 보증금은 제7조(차임 등의 증감청구권)의

범위에서 증감할 수 있다. ④ ①에 따라 갱신되는 임대차의 해지에 관하여는 제6조의2(묵시적 갱신의 경우 계약의 해지)를 준용한다. ⑤ 임대인이 ①의 ⓞ의 사유로 갱신을 거절하였음에도 불구하고 갱신요구가 거절되지 아니하였더라면 갱신되었을 기간이 만료되기 전에 정당한 사유 없이 제3자에게 목적 주택을 임대한 경우 임대인은 갱신거절로 인하여 임차인이 입은 손해를 배상하여야 한다. ⑥ ⑤에 따른 손해배상액은 거절 당시 당사자 간에 손해배상액의 예정에 관한 합의가 이루어지지 않는 한 Ⓐ 갱신거절 당시 월차임(차임 외에 보증금이 있는 경우에는 그 보증금을 제7조의2(월차임 전환 시 산정률의 제한)의 낮은 비율에 따라 월 단위의 차임으로 전환한 금액을 포함한다. 이하 "환산월차임"이라 한다)의 3개월분에 해당하는 금액, Ⓑ 임대인이 제3자에게 임대하여 얻은 환산월차임과 갱신거절 당시 환산월차임 간 차액의 2년분에 해당하는 금액, Ⓒ ①의 ⓞ의 사유로 인한 갱신거절로 인하여 임차인이 입은 손해액 중 큰 금액으로 한다.

5. 차임 등의 증감청구권

① 당사자는 약정한 차임이나 보증금이 임차주택에 관한 조세, 공과금, 그 밖의 부담의 증감이나 경제사정의 변동으로 인하여 적절하지 아니하게 된 때에는 장래에 대하여 그 증감을 청구할 수 있다. 이 경우 증액청구는 임대차계약 또는 약정한 차임이나 보증금의 증액이 있은 후 1년 이내에는 하지 못한다. ② ①에 따른 증액청구는 약정한 차임이나 보증금의 20분의 1의 금액을 초과하지 못한다. 다만, 특별시 · 광역시 · 특별자치시 · 도 및 특별자치도는 관할 구역 내의 지역별 임대차 시장 여건 등을 고려하여 본문의 범위에서 증액청구의 상한을 조례로 달리 정할 수 있다.

6. 월차임 전환 시 산정률의 제한

보증금의 전부 또는 일부를 월 단위의 차임으로 전환하는 경우에는 그 전환되는 금액에 ㉠ 은행에서 적용하는 대출금리와 해당 지역의 경제 여건 등을 고려하여 대통령령으로 정하는 비율(연 1할), ㉡ 한국은행에서 공시한 기준금리에 대통령령으로 정하는 이율을 더한 비율(연 3.5퍼센트) 중 낮은 비율을 곱한 월차임의 범위를 초과할 수 없다.

Ⅳ. 우선변제권 등

1. 보증금 중 일정액의 보호

① 임차인은 보증금 중 일정액을 다른 담보물권자보다 우선하여 변제받을 권리가 있다. 이 경우 임차인은 주택에 대한 경매신청의 등기 전에 대항력을 갖추어야 한다. ② ①의 경우에는 보증금의 회수의 규정을 준용한다. ③ 우선변제를 받을 임차인 및 보증금 중 일정액의 범위와 기준은 주택임대차위원회의 심의를 거쳐 대통령령으로 정한다. 다만, 보증금 중 일정액의 범위와 기준은 주택가액(대지의 가액을 포함)의 2분의 1을 넘지 못한다.

2. 보증금 중 일정액의 범위 등

① 우선변제를 받을 보증금 중 일정액의 범위는 ⓐ 서울특별시: 3천700만원, ⓑ 과밀억제권역(서울특별시는 제외), 세종특별자치시, 용인시 및 화성시: 3천400만원, ⓒ 광역시(수도권정비계획법에 따른 과밀억제권역에 포함된 지역과 군지역은 제외), 안산시, 김포시, 광주시 및 파주시: 2천만원, ⓓ 그 밖의 지역: 1천700만원 이하로 한다. ② 임차인의 보증금 중 일정액이 주택가액의 2분의 1을 초과하는 경우에는 주택가액의 2분의 1에 해당하는 금액까지만 우선변제권이 있다. ③ 하나의 주택에 임차인이 2명 이상이고, 그 각 보증금 중 일정액을 모두 합한 금액이 주택가액의 2분의 1을 초과하는 경우에는 그 각 보증금 중 일정액을 모두 합한 금액에 대한 각 임차인의 보증금 중 일정액의 비율로 그 주택가액의 2분의 1에 해당하는 금액을 분할한 금액을 각 임차인의 보증금 중 일정액으로 본다. ④ 하나의 주택에 임차인이 2명 이상이고 이들이 그 주택에서 가정공동생활을 하는 경우에는 이들을 1명의 임차인으로 보아 이들의 각 보증금을 합산한다.

3. 우선변제를 받을 임차인의 범위

우선변제를 받을 임차인은 보증금이 ⓐ 서울특별시: 1억1천만원, ⓑ 과밀억제권역(서울특별시는 제외), 세종특별자치시, 용인시 및 화성시: 1억원, ⓒ 광역시(과밀억제권역에 포함된 지역과 군지역은 제외), 안산시, 김포시, 광주시 및 파주시: 6천만원, ⓓ 그 밖의 지역: 5천만원 금액 이하인 임차인으로 한다.

V. 주택임대차분쟁조정 등

1. 주택임대차위원회

① 우선변제를 받을 임차인 및 보증금 중 일정액의 범위와 기준을 심의하기 위하여 법무부에 주택임대차위원회(위원회)를 둔다. ② 위원회는 위원장 1명을 포함한 9명 이상 15명 이하의 위원으로 구성한다. ③ 위원회의 위원장은 법무부차관이 된다. ④ 위원회의 위원은 ㉠ 법학 · 경제학 또는 부동산학 등을 전공하고 주택임대차 관련 전문지식을 갖춘 사람으로서 공인된 연구기관에서 조교수 이상 또는 이에 상당하는 직에 5년 이상 재직한 사람, ㉡ 변호사 · 감정평가사 · 공인회계사 · 세무사 또는 공인중개사로서 5년 이상 해당 분야에서 종사하고 주택임대차 관련 업무경험이 풍부한 사람, ㉢ 기획재정부에서 물가 관련 업무를 담당하는 고위공무원단에 속하는 공무원, ㉣ 법무부에서 주택임대차 관련 업무를 담당하는 고위공무원단에 속하는 공무원(이에 상당하는 특정직 공무원을 포함), ㉤ 국토교통부에서 주택사업 또는 주거복지 관련 업무를 담당하는 고위공무원단에 속하는 공무원, ㉥ 그 밖에 주택임대차 관련 학식과 경험이 풍부한 사람으로서 ⓐ 특별시 · 광역시 · 특별자치시 · 도 및 특별자치도(시 · 도)에서 주택정책 또는 부동산 관련 업무를 담당하는 주무부서의 실 · 국장, ⓑ 법무사로서 5년 이상 해당 분야에서 종사하고 주택임대차 관련 업무 경험이 풍부한 사람 중에서 위원장이 위촉하되, 다음 ㉠부터 ㉤까지에 해당하는 위원을 각각 1명 이상 위촉하여야 하고, 위원 중 2분의 1 이상은 ㉠ · ㉡ 또는 ㉥에 해당하는 사람을 위촉하여야 한다.[19)]

2. 주택 임차권의 승계

① 임차인이 상속인 없이 사망한 경우에는 그 주택에서 가정공동생활을 하던 사실상의 혼인 관계에 있는 자가 임차인의 권리와의무를 승계한다. ② 임차인이 사망한 때에 사망 당시 상속인이 그 주택에서 가정공동생활을 하고 있지 아니한 경우에는 그 주택에서 가

19) ① 주택임대차위원회(위원회)의 위원의 임기는 2년으로 하되, 한 차례만 연임할 수 있다. 다만, 공무원인 위원의 임기는 그 직위에 재직하는 기간으로 한다. ② 위원장은 위촉된 위원이 ⓐ 심신장애로 인하여 직무를 수행할 수 없게 된 경우, ⓑ 직무와 관련한 형사사건으로 기소된 경우, ⓒ 직무태만, 품위손상, 그 밖의 사유로 인하여 위원으로 적합하지 아니하다고 인정되는 경우, ⓓ 위원 스스로 직무를 수행하는 것이 곤란하다고의사를 밝히는 경우에는 해당 위원을 해촉할 수 있다.

정공동생활을 하던 사실상의 혼인 관계에 있는 자와 2촌 이내의 친족이 공동으로 임차인의 권리와 의무를 승계한다. ③ 임차인이 사망한 후 1개월 이내에 임대인에게 승계 대상자가 반대의사를 표시한 경우에는 그러하지 아니하다. ④ 임대차 관계에서 생긴 채권 · 채무는 임차인의 권리의무를 승계한 자에게 귀속된다.

3. 강행규정 및 준용 등

(제10조, 강행규정)이 법에 위반된 약정(約定)으로서 임차인에게 불리한 것은 그 효력이 없다. (제10조의2, 초과 차임 등의 반환청구)임차인이 증액비율을 초과하여 차임 또는 보증금을 지급하거나 월차임 산정률을 초과하여 차임을 지급한 경우에는 초과 지급된 차임 또는 보증금 상당금액의 반환을 청구할 수 있다. (제11조, 일시사용을 위한 임대차)이 법은 일시사용하기 위한 임대차임이 명백한 경우에는 적용하지 아니한다. (제12조, 미등기 전세에 의 준용)주택의 등기를 하지 아니한 전세계약에 관하여는 이 법을 준용한다. 이 경우 "전세금"은 "임대차의 보증금"으로 본다. (제13조, 소액사건심판법의 준용)임차인이 임대인에 대하여 제기하는 보증금반환청구소송에 관하여는 소액사건심판법 제6조, 제7조, 제10조 및 제11조의2를 준용한다.

4. 주택임대차분쟁조정위원회 등

(1) 주택임대차분쟁조정위원회

① 이 법의 적용을 받는 주택임대차와 관련된 분쟁을 심의 · 조정하기 위하여 대한법률구조공단, LH, 한국부동산원에 주택임대차분쟁조정위원회(조정위원회)를 둔다.[20) 특별시 · 광역시 · 특별자치시 · 도 및 특별자치도(시 · 도)는 그 지방자치단체의 실정을 고려하여 조정위원회를 둘 수 있다. ② 조정위원회는 ㉠ 차임 또는 보증금의 증감에 관한 분쟁, ㉡ 임대차 기간에 관한 분쟁, ㉢ 보증금 또는 임차주택의 반환에 관한 분쟁, ㉣ 임차주택의 유지 · 수선의무에 관한 분쟁, ㉤ 그 밖에 대통령령으로 정하는 주택임대차에 관한 분쟁(ⓐ 임대차계약의 이행 및 임대차계약 내용의 해석에 관한 분쟁, ⓑ 임대차계약 갱신 및

20) 공단, 공사, 한국부동산원에 두는 분쟁조정업무를 담당하는 사무소(관할지역)로는 ① 대한법률구조공단 : 서울중앙지부(서울, 강원), 수원지부(인천, 경기), 대전지부(대전, 세종, 충북, 충남), 대구지부(대구, 경북), 부산지부(부산, 울산, 경남), 광주지부(광주, 전북, 전남, 제주), ② LH : 인천지역본부(인천), 충북지역본부(충북), 경남지역본부(경남), 경기지역본부(경기), 부산울산지역본부(울산), 제주지역본부(제주), ③ 한국부동산원 : 서울동부지사(서울), 전주지사(전북), 춘천지사(강원), 경기서부지사(경기), 대전지사(세종), 포항지사(경북).

종료에 관한 분쟁, ⓒ 임대차계약의 불이행 등에 따른 손해배상청구에 관한 분쟁, ⓓ 공인중개사 보수 등 비용부담에 관한 분쟁, ⓔ 주택임대차표준계약서 사용에 관한 분쟁, ⓕ 그 밖에 ⓐ부터 ⓔ까지의 규정에 준하는 분쟁으로서 조정위원회의 위원장이 조정이 필요하다고 인정하는 분쟁)사항을 심의·조정한다. ③ 조정위원회의 사무를 처리하기 위하여 조정위원회에 사무국을 두고, 사무국의 조직 및 인력 등에 필요한 사항은 대통령령으로 정한다.[21] ④ 사무국의 조정위원회 업무담당자는 상가건물 임대차보호법 제20조에 따른 상가건물임대차분쟁조정위원회 사무국의 업무를 제외하고 다른 직위의 업무를 겸직하여서는 아니 된다. (제15조, 예산의 지원)국가는 조정위원회의 설치·운영에 필요한 예산을 지원할 수 있다.

(2) 조정위원회의 구성 및 운영

① 조정위원회는 위원장 1명을 포함하여 5명 이상 30명 이하의 위원으로 구성한다. ② 공단 조정위원회 위원은 공단 이사장이 임명 또는 위촉하고, 시·도 조정위원회 위원은 해당 지방자치단체의 장이 임명하거나 위촉한다. ③ 조정위원회의 위원은 주택임대차에 관한 학식과 경험이 풍부한 사람으로서 ㉠ 법학·경제학 또는 부동산학 등을 전공하고 대학이나 공인된 연구기관에서 부교수 이상 또는 이에 상당하는 직에 재직한 사람, ㉡ 판사·검사 또는 변호사로 6년 이상 재직한 사람, ㉢ 감정평가사·공인회계사·법무사 또는 공인중개사로서 주택임대차 관계 업무에 6년 이상 종사한 사람, ㉣ 사회복지법인과 그 밖의 비영리법인에서 주택임대차분쟁에 관한 상담에 6년 이상 종사한 경력이 있는 사람, ㉤ 해당 지방자치단체에서 주택임대차 관련 업무를 담당하는 4급 이상의 공무원, ㉥ 그 밖에 주택임대차 관련 학식과 경험이 풍부한 사람으로서 세무사·주택관리사·건축사로서 주택임대차 관계 업무에 6년 이상 종사한 사람으로 한다. 이 경우 ㉠부터 ㉣까지에 해당하는 위원을 각 1명 이상 위촉하여야 하고, 위원 중 5분의 2 이상은 ㉡에 해당하는 사람이어

---

21) (공단의 지부 등에 두는 조정위원회 사무국) ① 공단, 공사 및 한국부동산원의 지부, 지사 또는 사무소에 두는 조정위원회 사무국(이하 "사무국"이라 한다)에는 사무국장 1명을 두며, 사무국장 밑에 심사관 및 조사관을 둔다. ② 사무국장은 공단 이사장, 공사 사장 및 한국부동산원 원장이 각각 임명하며, 조정위원회의 위원(조정위원)을 겸직할 수 있다. ③ 심사관 및 조사관은 공단 이사장, 공사 사장 및 한국부동산원 원장이 각각 임명한다. ④ 사무국장은 사무국의 업무를 총괄하고, 소속 직원을 지휘·감독한다. ⑤ 심사관은 ⓐ 분쟁조정신청 사건에 대한 쟁점정리 및 법률적 검토, ⓑ 조사관이 담당하는 업무에 대한 지휘·감독, ⓒ 그 밖에 위원장이 조정위원회의 사무 처리를 위하여 필요하다고 인정하는 업무를 담당한다. ⑥ 조사관은 ㉠ 조정신청의 접수, ㉡ 분쟁조정 신청에 관한 민원의 안내, ㉢ 조정당사자에 대한 송달 및 통지, ㉣ 분쟁의 조정에 필요한 사실조사, ㉤ 그 밖에 위원장이 조정위원회의 사무 처리를 위하여 필요하다고 인정하는 업무를 담당한다. ⑦ 사무국장 및 심사관은 변호사의 자격이 있는 사람으로 한다.

야 한다. ④ 조정위원회의 위원장은 위원 중에서 위원들이 호선한다. ⑤ 조정위원회위원장은 조정위원회를 대표하여 그 직무를 총괄한다. ⑥ 조정위원회위원장이 부득이한 사유로 직무를 수행할 수 없는 경우에는 조정위원회위원장이 미리 지명한 조정위원이 그 직무를 대행한다. ⑦ 조정위원의 임기는 3년으로 하되 연임할 수 있으며, 보궐위원의 임기는 전임자의 남은 임기로 한다. ⑧ 조정위원회는 조정위원회위원장 또는 ③의 ㉡에 해당하는 조정위원 1명 이상을 포함한 재적위원 과반수의 출석과 출석위원 과반수의 찬성으로 의결한다.

(3) 조정부의 구성 및 운영

① 조정위원회는 분쟁의 효율적 해결을 위하여 3명의 조정위원으로 구성된 조정부를 둘 수 있다. ② 조정부에는 판사·검사 또는 변호사로 6년 이상 재직한 사람이 1명 이상 포함되어야 하며, 그 중에서 조정위원회위원장이 조정부의 장을 지명한다. ③ 조정부는 ㉠ 주택임대차분쟁 중 ⓐ 임대차계약의 보증금이 ㉮ 수도권 지역: 5억원, ㉯ ㉮에 따른 지역 외의 지역: 3억원 이하의 분쟁, ⓑ 조정으로 주장하는 이익의 값(조정목적의 값)이 2억원 이하인 분쟁(이 경우 조정목적의 값 산정은 「민사소송 등 인지법」에 따른 소송목적의 값에 관한 산정 방식을 준용), ㉡ 조정위원회가 사건을 특정하여 조정부에 심의·조정을 위임한 분쟁을 심의·조정한다. ④ 조정부는 조정부의 장을 포함한 재적위원 과반수의 출석과 출석위원 과반수의 찬성으로 의결한다. ⑤ ④에 따라 조정부가 내린 결정은 조정위원회가 결정한 것으로 본다. ⑥ 그 밖에 조정부의 설치, 구성 및 운영 등에 필요한 사항은 대통령령으로 정한다.

(4) 조정위원

(제18조, 조정위원의 결격사유)국가공무원법 제33조 각 호(결격사유)의 어느 하나에 해당하는 사람은 조정위원이 될 수 없다. (제19조, 조정위원의 신분보장) ① 조정위원은 자신의 직무를 독립적으로 수행하고 주택임대차분쟁의 심리 및 판단에 관하여 어떠한 지시에도 구속되지 아니한다. ② 조정위원은 ㉠ 제18조(조정위원 결격사유)에 해당하는 경우, ㉡ 신체상 또는 정신상의 장애로 직무를 수행할 수 없게 된 경우를 제외하고는 그의 사에 반하여 해임 또는 해촉되지 아니한다. (제20조, 조정위원의 제척 등) ① 조정위원이 ㉠ 조정위원 또는 그 배우자나 배우자이었던 사람이 해당 분쟁사건의 당사자가 되는 경우, ㉡ 조정위원이 해당 분쟁사건의 당사자와 친족관계에 있거나 있었던 경우, ㉢ 조정위원이 해당 분쟁사건에 관하여 진술, 감정 또는 법률자문을 한 경우, ㉣ 조정위원이 해당

분쟁사건에 관하여 당사자의 대리인으로서 관여하거나 관여하였던 경우 그 직무의 집행에서 제척된다. ② 사건을 담당한 조정위원에게 제척의 원인이 있는 경우에는 조정위원회는 직권 또는 당사자의 신청에 따라 제척의 결정을 한다. ③ 당사자는 사건을 담당한 조정위원에게 공정한 직무집행을 기대하기 어려운 사정이 있는 경우 조정위원회에 기피신청을 할 수 있다. ④ 기피신청에 관한 결정은 조정위원회가 하고, 해당 조정위원 및 당사자 쌍방은 그 결정에 불복하지 못한다. ⑤ 기피신청이 있는 때에는 조정위원회는 그 신청에 대한 결정이 있을 때까지 조정절차를 정지하여야 한다. ⑥ 조정위원은 ① 또는 ③에 해당하는 경우 조정위원회의 허가를 받지 아니하고 해당 분쟁사건의 직무집행에서 회피할 수 있다.

(5) 조정

(제21조, 조정의 신청 등) ① 주택임대차분쟁의 당사자는 해당 주택이 소재하는 공단 또는 시 · 도 조정위원회에 분쟁의 조정을 신청할 수 있다. ② 조정위원회는 신청인이 조정을 신청할 때 조정 절차 및 조정의 효력 등 분쟁조정에 관하여 ⓐ 조정 신청의 각하사유, ⓑ 조정절차의 개시 요건, ⓒ 처리기간, ⓓ 필요한 경우 신청인, 피신청인, 분쟁 관련 이해관계인 또는 참고인에게 출석하여 진술하게 하거나 필요한 자료나 물건 등의 제출을 요구할 수 있다는 사실, ⓔ 조정성립의 요건 및 효력, ⓕ 당사자가 부담하는 비용을 안내하여야 한다. ③ 조정위원회의 위원장은 ㉠ 이미 해당 분쟁조정사항에 대하여 법원에 소가 제기되거나 조정 신청이 있은 후 소가 제기된 경우, ㉡ 이미 해당 분쟁조정사항에 대하여 조정이 신청된 경우나 조정신청이 있은 후 같은 법에 따른 조정이 신청된 경우, ㉢ 이미 해당 분쟁조정사항에 대하여 이 법에 따른 조정위원회에 조정이 신청된 경우나 조정신청이 있은 후 조정이 성립된 경우, ㉣ 조정신청 자체로 주택임대차에 관한 분쟁이 아님이 명백한 경우, ㉤ 피신청인이 조정절차에 응하지 아니한다는 의사를 통지하거나 조정신청서를 송달받은 날부터 7일 이내에 아무런 의사를 통지하지 아니한 경우, ㉥ 신청인이 정당한 사유 없이 조사에 응하지 아니하거나 2회 이상 출석요구에 응하지 아니한 경우 신청을 각하한다. 이 경우 그 사유를 신청인에게 통지하여야 한다.

신청인이 ⓐ 우선변제를 받을 수 있는 임차인, ⓑ 국민기초생활 보장법에 따른 수급자, ⓒ 등록된 독립유공자 또는 그 유족(선순위자 1명만 해당), ⓓ 등록된 국가유공자 또는 그 유족, ⓔ 등록된 고엽제후유증환자, 고엽제후유의증환자 또는 고엽제후유증 2세환자, ⓕ 등록된 참전유공자, ⓖ 등록 결정된 5 · 18민주유공자 또는 그 유족, ⓗ 등록된 특수임

무유공자 또는 그 유족, ⓘ 인정된 의상자 또는 의사자유족, ⓙ 한부모가족지원법에 따른 지원대상자, ⓚ 그 밖에 ⓐ부터 ⓙ까지의 규정에 준하는 사람으로서 공단 규칙 또는 시·도 조례로 정하는 사람의 경우에는 수수료를 면제할 수 있다.

(제22조, 조정절차) ① 조정위원회의 위원장은 조정신청을 접수하면 피신청인에게 조정신청서를 송달하여야 한다. ② 조정신청서를 송달받은 피신청인이 조정에 응하고자 하는의사를 조정위원회에 통지하면 조정절차가 개시된다. (제23조, 처리기간) ① 조정위원회는 분쟁의 조정신청을 받은 날부터 60일 이내에 그 분쟁조정을 마쳐야 한다. 다만, 부득이한 사정이 있는 경우에는 조정위원회의의결을 거쳐 30일의 범위에서 그 기간을 연장할 수 있다. ② 조정위원회는 기간을 연장한 경우에는 기간 연장의 사유와 그 밖에 기간 연장에 관한 사항을 당사자에게 통보하여야 한다. (제24조, 조사 등) ① 조정위원회는 조정을 위하여 필요하다고 인정하는 경우 신청인, 피신청인, 분쟁 관련 이해관계인 또는 참고인에게 출석하여 진술하게 하거나 조정에 필요한 자료나 물건 등을 제출하도록 요구할 수 있다. ② 조정위원회는 조정을 위하여 필요하다고 인정하는 경우 조정위원 또는 사무국의 직원으로 하여금 조정 대상물 및 관련 자료에 대하여 조사하게 하거나 자료를 수집하게 할 수 있다. ③ 조정위원회위원장은 특별시장, 광역시장, 특별자치시장, 도지사 및 특별자치도지사(시·도지사)에게 해당 조정업무에 참고하기 위하여 인근지역의 확정일자 자료, 보증금의 월차임 전환율 등 적정 수준의 임대료 산정을 위한 자료를 요청할 수 있다.

(제25조, 조정을 하지 아니하는 결정) ① 조정위원회는 해당 분쟁이 그 성질상 조정을 하기에 적당하지 아니하다고 인정하거나 당사자가 부당한 목적으로 조정을 신청한 것으로 인정할 때에는 조정을 하지 아니할 수 있다. ② 조정위원회는 조정을 하지 아니하기로 결정하였을 때에는 그 사실을 당사자에게 통지하여야 한다. (제26조, 조정의 성립) ① 조정위원회가 조정안을 작성한 경우에는 그 조정안을 지체 없이 각 당사자에게 통지하여야 한다. ② 조정안을 통지받은 당사자가 통지받은 날부터 7일 이내에 수락의의사를 서면으로 표시하지 아니한 경우에는 조정을 거부한 것으로 본다. ③ 각 당사자가 조정안을 수락한 경우에는 조정안과 동일한 내용의 합의가 성립된 것으로 본다. ④ 합의가 성립한 경우 조정위원회위원장은 조정안의 내용을 조정서로 작성한다. 조정위원회위원장은 각 당사자 간에 금전, 그 밖의 대체물의 지급 또는 부동산의 인도에 관하여 강제집행을 승낙하는 취지의 합의가 있는 경우에는 그 내용을 조정서에 기재하여야 한다. (제27조, 집행력의 부여)강제집행을 승낙하는 취지의 내용이 기재된 조정서의 정본은 집행력 있는 집행권원과

같은 효력을 가진다. 다만, 청구에 관한 이의의 주장에 대하여는 적용하지 아니한다. (제29조, 다른 법률의 준용)조정위원회의 운영 및 조정절차에 관하여 이 법에서 규정하지 아니한 사항에 대하여는 민사조정법을 준용한다.

5. 주택임대차표준계약서 사용

주택임대차계약을 서면으로 체결할 때에는 법무부장관이 서식을 정하여 권고하는 주택임대차표준계약서를 우선적으로 사용한다(다만, 당사자가 다른 서식을 사용하기로 합의한 경우는 제외).

제 5 절 상가건물 임대차보호법

Ⅰ. 서 설

① 이 법은 상가건물(사업자등록의 대상이 되는 건물)의 임대차(임대차 목적물의 주된 부분을 영업용으로 사용하는 경우를 포함)에 대하여 적용한다. 다만, 대통령령으로 정하는 보증금액(㉠ 서울특별시 : 9억원, ㉡ 과밀억제권역(서울특별시는 제외) 및 부산광역시: 6억9천만원, ㉢ 광역시(과밀억제권역에 포함된 지역과 군지역, 부산광역시는 제외), 세종특별자치시, 파주시, 화성시, 안산시, 용인시, 김포시 및 광주시: 5억4천만원, ㉣ 그 밖의 지역 : 3억7천만원)을 초과하는 임대차에 대하여는 그러하지 아니하다. ② 보증금액을 정할 때에는 해당 지역의 경제 여건 및 임대차 목적물의 규모 등을 고려하여 지역별로 구분하여 규정하되, 보증금 외에 차임이 있는 경우(월 단위의 차임액)에는 그 차임액에 은행의 대출금리 등을 고려하여 대통령령으로 정하는 비율(1분의 100)을 곱하여 환산한 금액을 포함하여야 한다. ③ ①의 단서에도 불구하고 보증금액을 초과하는 임대차에 대하여도 적용한다.

Ⅱ. 대항력 등

1. 대항력

① 임대차는 그 등기가 없는 경우에도 임차인이 건물의 인도와 사업자등록을 신청하면 그 다음 날부터 제3자에 대하여 효력이 생긴다. ② 임차건물의 양수인(그 밖에 임대할 권리를 승계한 자를 포함)은 임대인의 지위를 승계한 것으로 본다. ③ 이 법에 따라 임대차의 목적이 된 건물이 매매 또는 경매의 목적물이 된 경우에는 민법 제575조제1항·제3항 및 제578조를 준용한다.[22] ④ ③의 경우에는 민법 제536조(동시이행의 항변권)를 준용한다.

2. 확정일자 부여 및 임대차정보의 제공 등

① 확정일자는 상가건물의 소재지 관할 세무서장이 부여한다. ② 관할 세무서장은 해당 상가건물의 소재지, 확정일자 부여일, 차임 및 보증금 등을 기재한 확정일자부를 작성하여야 한다. 이 경우 전산정보처리조직을 이용할 수 있다. ③ 상가건물의 임대차에 이해관계가 있는 자는 관할 세무서장에게 해당 상가건물의 확정일자 부여일, 차임 및 보증금 등 정보의 제공을 요청할 수 있다. 이 경우 요청을 받은 관할 세무서장은 정당한 사유 없이 이를 거부할 수 없다. ④ 임대차계약을 체결하려는 자는 임대인의 동의를 받아 관할 세무서장에게 정보제공을 요청할 수 있다. ⑤ 확정일자부에 기재하여야 할 사항[23], 상가건물의 임대차에 이해관계가 있는 자의 범위[24], 관할 세무서장에게 요청할 수

22) **제575조(제한물권있는 경우와 매도인의 담보책임)** ① 매매의 목적물이 지상권, 지역권, 전세권, 질권 또는 유치권의 목적이 된 경우에 매수인이 이를 알지 못한 때에는 이로 인하여 계약의 목적을 달성할 수 없는 경우에 한하여 매수인은 계약을 해제할 수 있다. 기타의 경우에는 손해배상만을 청구할 수 있다. ② 전항의 규정은 매매의 목적이 된 부동산을 위하여 존재할 지역권이 없거나 그 부동산에 등기된 임대차계약이 있는 경우에 준용한다. ③ 전2항의 권리는 매수인이 그 사실을 안 날로부터 1년 내에 행사하여야 한다. **제578조(경매와 매도인의 담보책임)** ① 경매의 경우에는 경락인은 전8조의 규정에 의하여 채무자에게 계약의 해제 또는 대금감액의 청구를 할 수 있다. ② 전항의 경우에 채무자가 자력이 없는 때에는 경락인은 대금의 배당을 받은 채권자에 대하여 그 대금전부나 일부의 반환을 청구할 수 있다. ③ 전2항의 경우에 채무자가 물건 또는 권리의 흠결을 알고 고지하지 아니하거나 채권자가 이를 알고 경매를 청구한 때에는 경락인은 그 흠결을 안 채무자나 채권자에 대하여 손해배상을 청구할 수 있다.

23) **(확정일자부 기재사항 등)** ① 상가건물 임대차 계약증서 원본을 소지한 임차인은 상가건물의 소재지 관할 세무서장에게 확정일자 부여를 신청할 수 있다. 다만, 사업자 단위 과세가 적용되는 사업자의 경우 해당 사업자의 본점 또는 주사무소 관할 세무서장에게 확정일자 부여를 신청할 수 있다. ② 확

있는 정보의 범위 및 그 밖에 확정일자 부여사무와 정보제공 등에 필요한 사항은 대통령령으로 정한다.

3. 보증금의 회수

① 임차인이 임차건물에 대하여 보증금반환청구소송의 확정판결, 그 밖에 이에 준하는 집행권원에 의하여 경매를 신청하는 경우에는 반대의무의 이행이나 이행의 제공을 집행개시의 요건으로 하지 아니한다. ② 대항요건을 갖추고 관할 세무서장으로부터 임대차계약서상의 확정일자를 받은 임차인은 경매 또는 공매 시 임차건물(임대인 소유의 대지를 포함)의 환가대금에서 후순위권리자나 그 밖의 채권자보다 우선하여 보증금을 변제받을 권리가 있다. ③ 임차인은 임차건물을 양수인에게 인도하지 아니하면 보증금을 받을 수 없다. ④ 우선변제의 순위와 보증금에 대하여 이의가 있는 이해관계인은 경매법원 또는 체납처분청에 이의를 신청할 수 있다. ⑤ 경매법원에 이의를 신청하는 경우에는 민사집행법 제152조부터 제161조까지의 규정을 준용한다. ⑥ 이의신청을 받은 체납처분청은 이해관계인이 이의신청일부터 7일 이내에 임차인 또는 우선변제권을 승계한 금융기관 등을 상대로 소를 제기한 것을 증명한 때에는 그 소송이 종결될 때까지 이의가 신청된 범위에서 임차인 또는 우선변제권을 승계한 금융기관 등에 대한 보증금의 변제를 유보하고 남은 금액을 배분하여야 한다. 이 경우 유보된 보증금은 소송 결과에 따라 배분한다. ⑦ ㉠ 은행, ㉡ 중소기업은행, ㉢ 한국산업은행, ㉣ 농협은행, ㉤ 수협은행, ㉥ 체신관서, ㉦ 보증보험을 보험종목으로 허가받은 보험회사, ㉧ 그 밖에 ㉠부터 ㉦까지에 준하는 것으로서 대통령령으로 정하는 기관의 금융기관 등이 우선변제권을 취득한 임차인의 보증금반

정일자는 확정일자 부여의 신청을 받은 세무서장(관할 세무서장)이 확정일자 번호, 확정일자 부여일 및 관할 세무서장을 상가건물 임대차 계약증서 원본에 표시하고 관인을 찍는 방법으로 부여한다. ③ 관할 세무서장은 임대차계약이 변경되거나 갱신된 경우 임차인의 신청에 따라 새로운 확정일자를 부여한다. ④ 관할 세무서장이 작성하는 확정일자부에 기재하여야 할 사항은 ㉠ 확정일자 번호, ㉡ 확정일자 부여일, ㉢ 임대인·임차인의 인적사항(ⓐ 자연인인 경우: 성명, 주민등록번호(외국인은 외국인등록번호), ⓑ 법인인 경우: 법인명, 대표자 성명, 법인등록번호, ⓒ 법인 아닌 단체인 경우: 단체명, 대표자 성명, 사업자등록번호·고유번호), ㉣ 임차인의 상호 및 법 제3조제1항에 따른 사업자등록번호, ㉤ 상가건물의 소재지, 임대차 목적물 및 면적, ㉥ 임대차기간, ㉦ 보증금·차임과 같다. ⑤ ①부터 ④까지에서 규정한 사항 외에 확정일자 부여 사무에 관하여 필요한 사항은 법무부령으로 정한다.

24) **(이해관계인의 범위)** 정보의 제공을 요청할 수 있는 상가건물의 임대차에 이해관계가 있는 자(이해관계인)는 ⓐ 해당 상가건물 임대차계약의 임대인·임차인, ⓑ 해당 상가건물의 소유자, ⓒ 해당 상가건물 또는 그 대지의 등기부에 기록된 권리자 중 법무부령으로 정하는 자, ⓓ 우선변제권을 승계한 금융기관 등, ⓔ ⓐ부터 ⓓ까지에서 규정한 자에 준하는 지위 또는 권리를 가지는 자로서 임대차 정보의 제공에 관하여 법원의 판결을 받은 자로 한다.

환채권을 계약으로 양수한 경우에는 양수한 금액의 범위에서 우선변제권을 승계한다. ⑧ 우선변제권을 승계한 금융기관 등(금융기관등)은 ㉠ 임차인이 대항요건을 상실한 경우, ㉡ 임차권등기가 말소된 경우, ㉢ 임대차등기가 말소된 경우에는 우선변제권을 행사할 수 없다. ⑨ 금융기관등은 우선변제권을 행사하기 위하여 임차인을 대리하거나 대위하여 임대차를 해지할 수 없다.

4. 임차권등기명령

① 임대차가 종료된 후 보증금이 반환되지 아니한 경우 임차인은 임차건물의 소재지를 관할하는 지방법원, 지방법원지원 또는 시·군법원에 임차권등기명령을 신청할 수 있다. ② 임차권등기명령을 신청할 때에는 ㉠ 신청 취지 및 이유, ㉡ 임대차의 목적인 건물(임대차의 목적이 건물의 일부분인 경우에는 그 부분의 도면을 첨부), ㉢ 임차권등기의 원인이 된 사실(임차인이 대항력을 취득하였거나 우선변제권을 취득한 경우에는 그 사실), ㉣ 그 밖에 대법원규칙으로 정하는 사항을 기재하여야 하며, 신청 이유 및 임차권등기의 원인이 된 사실을 소명하여야 한다. ③ 임차권등기명령신청을 기각하는 결정에 대하여 임차인은 항고할 수 있다. ④ 임차권등기명령의 집행에 따른 임차권등기를 마치면 임차인은 대항력과 우선변제권을 취득한다. 다만, 임차인이 임차권등기 이전에 이미 대항력 또는 우선변제권을 취득한 경우에는 그 대항력 또는 우선변제권이 그대로 유지되며, 임차권등기 이후에는 대항요건을 상실하더라도 이미 취득한 대항력 또는 우선변제권을 상실하지 아니한다. ⑤ 임차권등기명령의 집행에 따른 임차권등기를 마친 건물(임대차의 목적이 건물의 일부분인 경우에는 그 부분으로 한정)을 그 이후에 임차한 임차인은 우선변제를 받을 권리가 없다. ⑥ 임차권등기의 촉탁, 등기관의 임차권등기 기입 등 임차권등기명령의 시행에 관하여 필요한 사항은 대법원규칙으로 정한다. ⑦ 임차인은 임차권등기명령의 신청 및 그에 따른 임차권등기와 관련하여 든 비용을 임대인에게 청구할 수 있다. ⑧ 금융기관등은 임차인을 대위하여 ①의 임차권등기명령을 신청할 수 있다.

5. 민법에 따른 임대차등기의 효력 등

① 민법 제621조에 따른 건물임대차등기의 효력에 관하여는 상기 임차권등기명령의 ④ 및 ⑤를 준용한다. ② 임차인이 대항력 또는 우선변제권을 갖추고 민법 제621조제1항에 따라 임대인의 협력을 얻어 임대차등기를 신청하는 경우에는 신청서에 부동산등기법 제

74조제1호부터 제6호까지의 사항(ⓐ 차임(借賃), ⓑ 범위, ⓒ 차임지급시기, ⓓ 존속기간(처분능력 또는 처분권한 없는 임대인에 의한 민법 제619조의 단기임대차인 경우에는 그 뜻도 기록), ⓔ 임차보증금, ⓕ 임차권의 양도 또는 임차물의 전대에 대한 임대인의 동의) 외에 ㉠ 사업자등록을 신청한 날, ㉡ 임차건물을 점유한 날, ㉢ 임대차계약서상의 확정일자를 받은 날의 사항을 기재하여야 하며, 이를 증명할 수 있는 서면(임대차의 목적이 건물의 일부분인 경우에는 그 부분의 도면을 포함)을 첨부하여야 한다.

6. 경매에 의한 임차권의 소멸

임차권은 임차건물에 대하여 민사집행법에 따른 경매가 실시된 경우에는 그 임차건물이 매각되면 소멸한다. 다만, 보증금이 전액 변제되지 아니한 대항력이 있는 임차권은 그러하지 아니하다.

Ⅲ. 임대차계약 및 우선변제권 등

1. 임대차기간 등

① 기간을 정하지 아니하거나 기간을 1년 미만으로 정한 임대차는 그 기간을 1년으로 본다. 다만, 임차인은 1년 미만으로 정한 기간이 유효함을 주장할 수 있다. ② 임대차가 종료한 경우에도 임차인이 보증금을 돌려받을 때까지는 임대차 관계는 존속하는 것으로 본다.

2. 계약갱신

(1) 계약갱신 요구 등

① 임대인은 임차인이 임대차기간이 만료되기 6개월 전부터 1개월 전까지 사이에 계약갱신을 요구할 경우 정당한 사유 없이 거절하지 못한다. 다만, ㉠ 임차인이 3기의 차임액에 해당하는 금액에 이르도록 차임을 연체한 사실이 있는 경우, ㉡ 임차인이 거짓이나 그 밖의 부정한 방법으로 임차한 경우, ㉢ 서로 합의하여 임대인이 임차인에게 상당한 보상을 제공한 경우, ㉣ 임차인이 임대인의 동의 없이 목적 건물의 전부 또는 일부를 전대한 경우, ㉤ 임차인이 임차한 건물의 전부 또는 일부를 고의나 중대한 과실로 파손한 경우,

ⓗ 임차한 건물의 전부 또는 일부가 멸실되어 임대차의 목적을 달성하지 못할 경우, ⓢ 임대인이 ⓐ 대차계약 체결 당시 공사시기 및 소요기간 등을 포함한 철거 또는 재건축 계획을 임차인에게 구체적으로 고지하고 그 계획에 따르는 경우, ⓑ 건물이 노후·훼손 또는 일부 멸실되는 등 안전사고의 우려가 있는 경우, ⓒ 다른 법령에 따라 철거 또는 재건축이 이루어지는 경우로 목적 건물의 전부 또는 대부분을 철거하거나 재건축하기 위하여 목적 건물의 점유를 회복할 필요가 있는 경우, ⓞ 그 밖에 임차인이 임차인으로서의 의무를 현저히 위반하거나 임대차를 계속하기 어려운 중대한 사유가 있는 경우에는 그러하지 아니하다. ② 임차인의 계약갱신요구권은 최초의 임대차기간을 포함한 전체 임대차 기간이 10년을 초과하지 아니하는 범위에서만 행사할 수 있다. ③ 갱신되는 임대차는 전 임대차와 동일한 조건으로 다시 계약된 것으로 본다. 다만, 차임과 보증금은 범위에서 증감할 수 있다. ④ 임대인이 ①의 기간 이내에 임차인에게 갱신 거절의 통지 또는 조건 변경의 통지를 하지 아니한 경우에는 그 기간이 만료된 때에 전 임대차와 동일한 조건으로 다시 임대차한 것으로 본다. 이 경우에 임대차의 존속기간은 1년으로 본다. ⑤ 임차인은 언제든지 임대인에게 계약해지의 통고를 할 수 있고, 임대인이 통고를 받은 날부터 3개월이 지나면 효력이 발생한다.

(2) 계약갱신의 특례 및 차임연체와 해지

① 보증금액을 초과하는 임대차의 계약갱신의 경우에는 당사자는 상가건물에 관한 조세, 공과금, 주변 상가건물의 차임 및 보증금, 그 밖의 부담이나 경제사정의 변동 등을 고려하여 차임과 보증금의 증감을 청구할 수 있다. ② 임차인의 차임연체액이 3기의 차임액에 달하는 때에는 임대인은 계약을 해지할 수 있다.

(3) 계약 갱신요구 등에 관한 임시 특례

임차인이 이 법시행일부터 6개월까지의 기간 동안 연체한 차임액은 차임연체액으로 보지 아니한다. 이 경우 연체한 차임액에 대한 임대인의 그 밖의 권리는 영향을 받지 아니한다.

3. 차임 등의 증감청구권

① 차임 또는 보증금이 임차건물에 관한 조세, 공과금, 그 밖의 부담의 증감이나 감염병의 예방 및 관리에 관한 법률에 따른 제1급감염병 등에 의한 경제사정의 변동으로 인하여 상당하지 아니하게 된 경우에는 당사자는 장래의 차임 또는 보증금에 대하여 증감

을 청구할 수 있다. 그러나 증액의 경우에는 대통령령으로 정하는 기준에 따른 비율(청구 당시의 차임 또는 보증금의 100분의 5)을 초과하지 못한다. ② ①에 따른 증액 청구는 임대차계약 또는 약정한 차임 등의 증액이 있은 후 1년 이내에는 하지 못한다. ③ 감염병의 예방 및 관리에 관한 법률에 따른 제1급감염병에 의한 경제사정의 변동으로 차임 등이 감액된 후 임대인이 ①에 따라 증액을 청구하는 경우에는 증액된 차임 등이 감액 전 차임 등의 금액에 달할 때까지는 같은 항 단서를 적용하지 아니한다.

4. 월 차임 전환 시 산정률의 제한

보증금의 전부 또는 일부를 월 단위의 차임으로 전환하는 경우에는 그 전환되는 금액에 ㉠ 은행의 대출금리 및 해당 지역의 경제 여건 등을 고려하여 연 1할2푼, ㉡ 한국은행에서 공시한 기준금리에 4.5배를 곱한 비율 중 낮은 비율을 곱한 월 차임의 범위를 초과할 수 없다.

5. 전대차관계에 대한 적용 등

① 갱신계약, 차임등의 증감청구권, 월 차임 전환 시 산정률의 제한은 전대인과 전차인의 전대차관계에 적용한다. ② 임대인의 동의를 받고 전대차계약을 체결한 전차인은 임차인의 계약갱신요구권 행사기간 이내에 임차인을 대위하여 임대인에게 계약갱신요구권을 행사할 수 있다.

6. 보증금 중 일정액의 보호

① 임차인은 보증금 중 일정액을 다른 담보물권자보다 우선하여 변제받을 권리가 있다. 이 경우 임차인은 건물에 대한 경매신청의 등기 전에 대항력을 갖추어야 한다. ② ①의 경우에 보증금의 회수규정(제5조)을 준용한다. ③ 우선변제를 받을 임차인 및 보증금 중 일정액의 범위와 기준은 임대건물가액(임대인 소유의 대지가액을 포함)의 2분의 1 범위에서 해당 지역의 경제 여건, 보증금 및 차임 등을 고려하여 대통령령으로 정한다.

(1) 우선변제를 받을 임차인의 범위

우선변제를 받을 임차인은 보증금과 차임이 있는 경우 월차임을 환산한 금액의 합계가 ⓐ 서울특별시 : 6천500만원, ⓑ 과밀억제권역(서울특별시는 제외): 5천500만원, ⓒ 광역시(과밀억제권역에 포함된 지역과 군지역은 제외), 안산시, 용인시, 김포시 및 광주시: 3천8백만원, ⓓ 그 밖의 지역 : 3천만원 이하인 임차인으로 한다.

(2) 우선변제를 받을 보증금의 범위 등

① 우선변제를 받을 보증금중 일정액의 범위는 ⓐ 서울특별시 : 2천200만원, ⓑ 과밀억제권역(서울특별시는 제외): 1천900만원, ⓒ 광역시(과밀억제권역에 포함된 지역과 군지역은 제외), 안산시, 용인시, 김포시 및 광주시: 1천300만원, ⓓ 그 밖의 지역 : 1천만원 이하로 한다. ② 임차인의 보증금중 일정액이 상가건물의 가액의 2분의 1을 초과하는 경우에는 상가건물의 가액의 2분의 1에 해당하는 금액에 한하여 우선변제권이 있다. ③ 하나의 상가건물에 임차인이 2인 이상이고, 그 각 보증금중 일정액의 합산액이 상가건물의 가액의 2분의 1을 초과하는 경우에는 그 각 보증금 중 일정액의 합산액에 대한 각 임차인의 보증금중 일정액의 비율로 그 상가건물의 가액의 2분의 1에 해당하는 금액을 분할한 금액을 각 임차인의 보증금중 일정액으로 본다.

7. 강행규정 등

① (제15조, 강행규정) 이 법의 규정에 위반된 약정으로서 임차인에게 불리한 것은 효력이 없다. ② (제16조, 일시사용을 위한 임대차) 이 법은 일시사용을 위한 임대차임이 명백한 경우에는 적용하지 아니한다. ③ (제17조, 미등기전세에 의 준용) 목적건물을 등기하지 아니한 전세계약에 관하여 이 법을 준용한다. 이 경우 "전세금"은 "임대차의 보증금"으로 본다. ④ (제18조, 소액사건심판법의 준용) 임차인이 임대인에게 제기하는 보증금반환청구소송에 관하여는 소액사건심판법 제6조 · 제7조 · 제10조 및 제11조의2를 준용한다. ⑤ (제19조, 표준계약서의 작성 등) 법무부장관은 보증금, 차임액, 임대차기간, 수선비 분담 등의 내용이 기재된 상가건물임대차표준계약서를 정하여 그 사용을 권장할 수 있다.

Ⅳ. 권리금의 보호 등

1. 권리금의 정의 등

① 권리금이란 임대차 목적물인 상가건물에서 영업을 하는 자 또는 영업을 하려는 자가 영업시설·비품, 거래처, 신용, 영업상의 노하우, 상가건물의 위치에 따른 영업상의 이점 등 유형·무형의 재산적 가치의 양도 또는 이용대가로서 임대인, 임차인에게 보증금과 차임 이외에 지급하는 금전 등의 대가를 말한다. ② 권리금 계약이란 신규임차인이 되려는 자가 임차인에게 권리금을 지급하기로 하는 계약을 말한다.

2. 권리금 회수기회 보호 등

① 임대인은 임대차기간이 끝나기 6개월 전부터 임대차 종료 시까지 ㉠ 임차인이 주선한 신규임차인이 되려는 자에게 권리금을 요구하거나 임차인이 주선한 신규임차인이 되려는 자로부터 권리금을 수수하는 행위, ㉡ 임차인이 주선한 신규임차인이 되려는 자로 하여금 임차인에게 권리금을 지급하지 못하게 하는 행위, ㉢ 임차인이 주선한 신규임차인이 되려는 자에게 상가건물에 관한 조세, 공과금, 주변 상가건물의 차임 및 보증금, 그 밖의 부담에 따른 금액에 비추어 현저히 고액의 차임과 보증금을 요구하는 행위, ㉣ 그 밖에 정당한 사유 없이 임대인이 임차인이 주선한 신규임차인이 되려는 자와 임대차계약의 체결을 거절하는 행위를 함으로써 권리금 계약에 따라 임차인이 주선한 신규임차인이 되려는 자로부터 권리금을 지급받는 것을 방해하여서는 아니 된다. 다만, 갱신계약요구거절사유(제10조제1항 각 호)의 어느 하나에 해당하는 경우에는 그러하지 아니하다. ② ㉠ 임차인이 주선한 신규임차인이 되려는 자가 보증금 또는 차임을 지급할 자력이 없는 경우, ㉡ 임차인이 주선한 신규임차인이 되려는 자가 임차인으로서의의무를 위반할 우려가 있거나 그 밖에 임대차를 유지하기 어려운 상당한 사유가 있는 경우, ㉢ 임대차 목적물인 상가건물을 1년 6개월 이상 영리목적으로 사용하지 아니한 경우, ㉣ 임대인이 선택한 신규임차인이 임차인과 권리금 계약을 체결하고 그 권리금을 지급한 경우에는 ① 제4호의 정당한 사유가 있는 것으로 본다. ③ 임대인이 임차인에게 손해를 발생하게 한 때에는 그 손해를 배상할 책임이 있다. 이 경우 그 손해배상액은 신규임차인이 임차인에게 지급하기로 한 권리금과 임대차 종료 당시의 권리금 중 낮은 금액을 넘지 못한다. ④ 임대

인에게 손해배상을 청구할 권리는 임대차가 종료한 날부터 3년 이내에 행사하지 아니하면 시효의 완성으로 소멸한다. ⑤ 임차인은 임대인에게 임차인이 주선한 신규임차인이 되려는 자의 보증금 및 차임을 지급할 자력 또는 그 밖에 임차인으로서의 의무를 이행할 의사 및 능력에 관하여 자신이 알고 있는 정보를 제공하여야 한다.

3. 권리금 적용 제외 등

(제10조의5, 권리금 적용 제외)권리금회수기회보호 등은 ㉠ 임대차 목적물인 상가건물이 대규모점포 또는 준대규모점포의 일부인 경우(다만, 전통시장은 제외), ㉡ 임대차 목적물인 상가건물이 국유재산 또는 공유재산인 경우에 해당하는 상가건물 임대차의 경우에는 적용하지 아니한다. (제10조의6, 표준권리금계약서의 작성 등)국토교통부장관은 임차인과 신규임차인이 되려는 자가 권리금 계약을 체결하기 위한 표준권리금계약서를 정하여 그 사용을 권장할 수 있다. (제10조의7, 권리금 평가기준의 고시)국토교통부장관은 권리금에 대한 감정평가의 절차와 방법 등에 관한 기준을 고시할 수 있다.

Ⅴ. 분쟁조정 등

1. 상가건물임대차분쟁조정위원회

① 이 법의 적용을 받는 상가건물 임대차와 관련된 분쟁을 심의 · 조정하기 위하여 ㉠ 서울중앙지부, ㉡ 수원지부, ㉢ 대전지부, ㉣ 대구지부, ㉤ 부산지부, ㉥ 광주지부에 따라 대한법률구조공단의 지부에 상가건물임대차분쟁조정위원회(조정위원회)를 둔다. 특별시 · 광역시 · 특별자치시 · 도 및 특별자치도는 그 지방자치단체의 실정을 고려하여 조정위원회를 둘 수 있다. ② 조정위원회는 ㉠ 차임 또는 보증금의 증감에 관한 분쟁, ㉡ 임대차 기간에 관한 분쟁, ㉢ 보증금 또는 임차상가건물의 반환에 관한 분쟁, ㉣ 임차상가건물의 유지 · 수선의무에 관한 분쟁, ㉤ 권리금에 관한 분쟁, ㉥ 그 밖에 ⓐ 임대차계약의 이행 및 임대차계약 내용의 해석에 관한 분쟁, ⓑ 임대차계약 갱신 및 종료에 관한 분쟁, ⓒ 임대차계약의 불이행 등에 따른 손해배상청구에 관한 분쟁, ⓓ 공인중개사 보수 등 비용부담에 관한 분쟁, ⓔ 상가건물임대차표준계약서의 사용에 관한 분쟁, ⓕ 그 밖에 ⓐ부터 ⓔ까지의 규정에 준하는 분쟁으로서 조정위원회의 위원장(위원장)이 조정이 필요하다고 인정하는 분쟁의 사항을 심의 · 조정한다. ③ 조정위원회의 사무를 처리하기 위하여 조정

위원회에 사무국을 두고, 사무국의 조직 및 인력 등에 필요한 사항은 대통령령으로 정한다. ④ 사무국의 조정위원회 업무담당자는 주택임대차분쟁조정위원회 사무국의 업무를 제외하고 다른 직위의 업무를 겸직하여서는 아니 된다.

2. 주택임대차분쟁조정위원회 준용

조정위원회는 이 법에 규정한 사항 외에는 주택임대차분쟁조정위원회에 관한 주택임대차보호법의 규정을 준용한다. 이 경우 "주택임대차분쟁조정위원회"는 "상가건물임대차분쟁조정위원회"로 본다.

제4편

부동산거래법

제 11 장

거래신고법

제1절 서 설

부동산 거래신고 등에 관한 법률(거래신고법)은 부동산 거래 등의 신고 및 허가에 관한 사항을 정하여 건전하고 투명한 부동산 거래질서를 확립하고 국민경제에 이바지함을 목적으로 한다.

거래신고법에서 ① 부동산이란 토지 또는 건축물을 말하고, ② 부동산등이란 부동산 또는 부동산을 취득할 수 있는 권리를 말한다. 또한, ③ 거래당사자란 부동산등의 매수인과 매도인을 말하며, 외국인등을 포함한다. 여기에서 ④ 외국인등이란 Ⓐ 대한민국의 국적을 보유하고 있지 아니한 개인, Ⓑ 외국의 법령에 따라 설립된 법인 또는 단체, Ⓒ 사원 또는 구성원의 2분의 1이상이 Ⓐ에 해당하는 자인 법인 또는 단체, Ⓓ 업무를 집행하는 사원이나 이사 등 임원의 2분의 1이상이 Ⓐ에 해당하는 자인 법인 또는 단체, Ⓔ Ⓐ에 해당하는 사람이나 Ⓑ에 해당하는 법인 또는 단체가 자본금의 2분의 1이상이나의결권의 2분의 1이상을 가지고 있는 법인 또는 단체, Ⓕ 외국 정부, Ⓖ ⓐ 국제연합과 그 산하기구·전문기구, ⓑ 정부간 기구, ⓒ 준정부간 기구, ⓓ 비정부간 국제기구에 해당하는 개인·법인 또는 단체를 말한다.

제 2 절 부동산 거래의 신고

Ⅰ. 부동산 거래의 신고 등

1. 부동산 거래 및 거래해제 신고

(1) 부동산 거래의 신고

거래당사자는 [Ⓐ 부동산의 매매계약, Ⓑ 택지개발촉진법, 주택법, 건축물의 분양에 관한 법률, 공공주택 특별법, 도시개발법, 도시정비법, 소규모주택정비법, 산업입지 및 개발에 관한 법률에 따른 부동산에 대한 공급계약, Ⓒ 공급계약을 통하여 부동산을 공급받는 자로 선정된 지위의 매매계약, Ⓓ 도시정비법에 따른 관리처분계획의 인가 및 소규모주택정비법에 따른 사업시행계획인가로 취득한 입주자로 선정된 지위의 매매계약을 체결한 경우] 그 실제 거래가격 등 ⓐ 거래당사자의 인적사항, ⓑ 계약 체결일, 중도금 지급일 및 잔금 지급일, ⓒ 거래대상 부동산등(부동산을 취득할 수 있는 권리에 관한 계약의 경우에는 그 권리의 대상인 부동산)의 소재지 · 지번 · 지목 및 면적, ⓓ 거래대상 부동산등의 종류(부동산을 취득할 수 있는 권리에 관한 계약의 경우에는 그 권리의 종류), ⓔ 실제 거래가격, ⓕ 거래대상 주택의 취득에 필요한 자금의 조달계획, ⓖ 거래대상 주택에 매수자 본인이 입주할지 여부와 입주 예정 시기, ⓗ 계약의 조건이나 기한이 있는 경우에는 그 조건 또는 기한, ⓘ 공인중개사법에 따른 개업공인중개사가 거래계약서를 작성 · 교부한 경우에는 개업공인중개사의 인적사항과 개업공인중개사가 공인중개사법에 따라 개설등록한 중개사무소의 상호 · 전화번호 및 소재지를 거래계약의 체결일부터 30일 이내에 그 권리의 대상인 부동산등(권리에 관한 계약의 경우에는 그 권리의 대상인 부동산)의 소재지를 관할하는 시장(구가 설치되지 아니한 시의 시장 및 특별자치시장과 특별자치도 행정시의 시장) · 군수 또는 구청장(신고관청)에게 공동으로 신고하여야 한다. 다만, 거래당사자 중 일방이 국가, 지방자치단체, 공공기관, 지방직영기업 · 지방공사 또는 지방공단의 경우(국가등)에는 국가등이 신고를 하여야 한다.

한편, 거래당사자 중 일방이 신고를 거부하는 경우에는 단독으로 신고할 수 있고, 공인중개사법에 따른 개업공인중개사가 거래계약서를 작성·교부한 경우에는 해당 개업공인중개사가 신고를 하여야 한다. 이 경우 공동으로 중개를 한 경우에는 해당 개업공인중개사가 공동으로 신고하여야 한다. 개업공인중개사 중 일방이 신고를 거부한 경우에는 이를 준용하고, 신고를 받은 신고관청은 그 신고 내용을 확인한 후 신고인에게 신고필증을 지체 없이 발급하여야 한다. 부동산등의 매수인은 신고인이 신고필증을 발급받은 때에 부동산등기 특별조치법에 따른 검인을 받은 것으로 본다.

(2) 부동산 거래의 해제 신고

① 거래당사자는 거래신고한 후 해당 거래계약이 해제, 무효 또는 취소(해제등)된 경우 해제등이 확정된 날부터 30일 이내에 해당 신고관청에 공동으로 신고하여야 한다. 다만, 거래당사자 중 일방이 신고를 거부하는 경우에는 단독으로 신고할 수 있다. ② 개업공인중개사가 신고를 한 경우에는 개업공인중개사가 신고(공동으로 중개를 한 경우에는 해당 개업공인중개사가 공동으로 신고하는 것)를 할 수 있다. 다만, 개업공인중개사 중 일방이 신고를 거부한 경우에는 단독으로 신고할 수 있다.

2. 부동산 거래의 신고 방법

부동산 거래계약을 체결하고 해당 거래계약을 신고하려는 ㉠ 거래당사자는 부동산거래계약 신고서에 공동으로 서명 또는 날인하여 신고관청에 제출하여야 한다. 단독으로 부동산 거래계약을 신고하려는 ㉡ 국가, 지방자치단체 또는 공공기관, 지방직영기업·지방공사 또는 지방공단은 부동산거래계약 신고서에 단독으로 서명 또는 날인하여 신고관청에 제출하여야 한다. 단독으로 부동산 거래계약을 신고하려는 자는 부동산거래계약 신고서에 단독으로 서명 또는 날인한 후 부동산 거래계약서 사본, 단독신고사유서의 서류를 첨부하여 신고관청에 제출하여야 한다. 이 경우 신고관청은 단독신고 사유에 해당하는지 여부를 확인하여야 한다. 부동산 거래계약을 신고하려는 ㉢ 개업공인중개사는 부동산거래계약 신고서에 서명 또는 날인하여 신고관청에 제출하여야 한다. 이 경우 공동으로 중개를 한 후 신고하는 경우에는 해당 개업공인중개사가 공동으로 서명 또는 날인하여야 한다.

ⓐ 거래대상 주택의 취득에 필요한 자금의 조달계획, ⓑ 거래대상 주택에 매수자 본인이 입주할지 여부와 입주 예정 시기를 신고하여야 하는 경우에는 신고서를 제출할 때 매수인이 단독으로 서명 또는 날인한 주택취득자금 조달 및 입주계획서를 신고관청에 함께 제출하여야 하며, 매수인이 자금조달·입주계획서를 부동산거래계약 신고서와 분리하여

제출하기를 희망하는 경우 매수인은 자금조달 · 입주계획서를 별도로 제출할 수 있다. 부동산거래계약을 신고하려는 자 중 매수인 외의 자가 자금조달 · 입주계획서를 제출하는 경우 매수인은 부동산거래계약을 신고하려는 자에게 거래계약의 체결일부터 50일 이내에 자금조달 · 입주계획서를 제공하여야 하며, 이 기간 내에 제공하지 아니한 경우에는 매수인이 별도로 자금조달 · 입주계획서를 제출하여야 한다.[1)]

3. 부동산 거래계약 신고 내용의 정정 및 변경

① 거래당사자 또는 개업공인중개사는 부동산 거래계약 신고 내용 중 [㉠ 거래당사자의 주소 · 전화번호 또는 휴대전화번호, ㉡ 거래 지분 비율, ㉢ 개업공인중개사의 전화번호 · 상호 또는 사무소 소재지, ㉣ 거래대상 건축물의 종류, ㉤ 거래대상 부동산등(부동산을 취득할 수 있는 권리에 관한 계약의 경우에는 그 권리의 대상인 부동산)의 지목, 면적, 거래 지분 및 대지권비율이 잘못 기재된 경우]에는 신고관청에 신고 내용의 정정을 신청할 수 있다. 정정신청을 하려는 거래당사자 또는 개업공인중개사는 발급받은 신고필증에 정정 사항을 표시하고 해당 정정 부분에 서명 또는 날인을 하여 신고관청에 제출하여야 한다. 다만, 거래당사자의 주소 · 전화번호 또는 휴대전화번호의 사항을 정정하는 경우에는 해당 거래당사자 일방이 단독으로 서명 또는 날인하여 정정을 신청할 수 있다.

② 거래당사자 또는 개업공인중개사는 부동산 거래계약 신고 내용 중 ㉮ 거래 지분 비율, ㉯ 거래 지분, ㉰ 거래대상 부동산등의 면적, ㉱ 계약의 조건 또는 기한, ㉲ 거래가격, ㉳ 중도금 · 잔금 및 지급일, ㉴ 공동매수의 경우 일부 매수인의 변경(매수인 중 일부가 제외되는 경우만 해당), ㉵ 거래대상 부동산등이 다수인 경우 일부 부동산등의 변경(거래대상 부동산등 중 일부가 제외되는 경우만 해당)에 해당하는 사항이 변경된 경우에는 부동산등기법에 따른 부동산에 관한 등기신청 전에 신고관청에 신고 내용의 변경을 신고할 수 있고, 이에 따른 변경신고를 하는 거래당사자 또는 개업공인중개사는 부동산거래계약 변경 신고서에 서명 또는 날인하여 신고관청에 제출하여야 한다. 다만, 부동산등의 면적 변경이 없는 상태에서 거래가격이 변경된 경우에는 거래계약서 사본 등 그 사실을 증명할 수 있는 서류를 첨부하여야 한다. ③ 정정신청 또는 변경신고를 받은 신고관청

1) 신고를 하려는 사람은 주민등록증, 운전면허증, 여권 등 본인의 신분을 증명할 수 있는 증명서(신분증명서)를 신고관청에 보여주어야 한다. 신고관청은 부동산거래계약 신고서(자금조달 · 입주계획서를 제출하여야 하는 경우에는 자금조달 · 입주계획서를 포함)가 제출된 때 신고필증을 발급한다. 아울러 구축된 부동산 거래계약 관련 정보시스템(부동산거래계약시스템)을 통하여 부동산 거래계약을 체결한 경우에는 부동산 거래계약이 체결된 때에 부동산거래계약 신고서를 제출한 것으로 본다.

은 정정사항 또는 변경사항을 확인한 후 지체 없이 해당 내용을 정정 또는 변경하고, 정정사항 또는 변경사항을 반영한 신고필증을 재발급하여야 한다.

4. 금지행위

누구든지 신고에 관하여 [Ⓐ 개업공인중개사에게 신고를 하지 아니하게 하거나 거짓으로 신고하도록 요구하는 행위, Ⓑ ⓐ 부동산의 매매계약, ⓑ 택지개발촉진법, 주택법, 건축물의 분양에 관한 법률, 공공주택 특별법, 도시개발법, 도시정비법, 소규모주택정비법, 산업입지 및 개발에 관한 법률에 따른 부동산에 대한 공급계약, ⓒ ⓑ에 따른 계약을 통하여 부동산을 공급받는 자로 선정된 지위와 도시정비법에 따른 관리처분계획의 인가 및 소규모주택정비법에 따른 사업시행계획인가로 취득한 입주자로 선정된 지위의 매매계약에 해당하는 계약을 체결한 후 신고의무자가 아닌 자가 거짓으로 신고를 하는 행위, Ⓒ 거짓으로 신고를 하는 행위를 조장하거나 방조하는 행위, Ⓓ Ⓑ에 해당하는 계약을 체결하지 아니하였음에도 불구하고 거짓으로 신고를 하는 행위, Ⓔ 신고 후 해당 계약이 해제등이 되지 아니하였음에도 불구하고 거짓으로 해제 신고를 하는 행위]를 하여서는 아니 된다.

Ⅱ. 신고 내용의 검증 및 조사

1. 신고 내용의 검증

국토교통부장관은 신고받은 내용, 부동산 가격공시에 관한 법률에 따라 공시된 토지 및 주택의 가액, 그 밖의 부동산 가격정보를 활용하여 부동산거래가격 검증체계를 구축·운영하여야 한다.

신고관청은 신고를 받은 경우 부동산거래가격 검증체계를 활용하여 그 적정성을 검증하여야 하며, 신고관청은 검증 결과를 해당 부동산의 소재지를 관할하는 세무관서의 장에게 통보하여야 하며, 통보받은 세무관서의 장은 해당 신고 내용을 국세 또는 지방세 부과를 위한 과세자료로 활용할 수 있다. 검증의 절차, 검증체계의 구축·운영, 그 밖에 필요한 세부 사항은 국토교통부장관이 정한다.

2. 신고 내용의 조사 등

① 신고관청은 신고 받은 내용이 누락되어 있거나 정확하지 아니하다고 판단하는 경우에는 신고인에게 신고 내용을 보완하게 하거나 신고한 내용의 사실 여부를 확인하기 위하여 소속 공무원으로 하여금 거래당사자 또는 개업공인중개사에게 거래계약서, 거래대금 지급을 증명할 수 있는 자료 등 관련 자료의 제출을 요구하는 등 필요한 조치를 취할 수 있다.[2] ② 신고 내용을 조사(신고내용조사)한 경우 신고관청은 조사 결과를 특별시장, 광역시장, 특별자치시장, 도지사, 특별자치도지사(시 · 도지사)에게 보고하여야 하며, 시 · 도지사는 신고관청이 보고한 내용을 취합하여 매월 1회 국토교통부장관에게 보고(전자서명법에 따른 전자문서에 의한 보고 또는 부동산정보체계에 입력하는 것을 포함)하여야 한다. ③ 국토교통부장관은 신고 받은 내용의 확인을 위하여 필요한 때에는 신고내용조사를 직접 또는 신고관청과 공동으로 실시할 수 있다. ④ 국토교통부장관 및 신고관청은 신고내용조사를 위하여 국세 · 지방세에 관한 자료, 소득 · 재산에 관한 자료 등 대통령령으로 정하는 자료를 관계 행정기관의 장에게 요청할 수 있다. 이 경우 요청을 받은 관계 행정기관의 장은 정당한 사유가 없으면 그 요청에 따라야 한다. ⑤ 국토교통부장관 및 신고관청은 신고내용조사 결과 그 내용이 이 법 또는 주택법, 공인중개사법, 상속세 및 증여세법 등 다른 법률을 위반하였다고 판단되는 때에는 이를 수사기관에 고발하거나 관계 행정기관에 통보하는 등 필요한 조치를 할 수 있다.

2) 신고관청은 신고 내용을 조사하기 위하여 거래당사자 또는 개업공인중개사에게 [Ⓐ 거래계약서 사본, Ⓑ 거래대금의 지급을 확인할 수 있는 입금표 또는 통장 사본, Ⓒ 매수인이 거래대금의 지급을 위하여 ⓐ 대출, ⓑ 정기예금 등의 만기수령 또는 해약, ⓒ 주식 · 채권 등의 처분의 행위를 하였음을 증명할 수 있는 자료, Ⓓ 매도인이 매수인으로부터 받은 거래대금을 예금 외의 다른 용도로 지출한 경우 이를 증명할 수 있는 자료, Ⓔ그 밖에 신고 내용의 사실 여부를 확인하기 위하여 필요한 자료]를 제출하도록 요구할 수 있으며, 자료제출 요구는 요구사유, 자료의 범위와 내용, 제출기한 등을 명시한 서면으로 하여야 한다. 이 외에 신고 내용의 조사에 필요한 세부사항은 국토교통부장관이 정한다.

제 3 절 외국인등의 부동산 취득 등에 관한 특례

Ⅰ. 외국인의 부동산 취득신고

1. 상호주의

국토교통부장관은 대한민국국민, 대한민국의 법령에 따라 설립된 법인 또는 단체나 대한민국정부에 대하여 자국 안의 토지의 취득 또는 양도를 금지하거나 제한하는 국가의 개인 · 법인 · 단체 또는 정부에 대하여 대한민국 안의 토지의 취득 또는 양도를 금지하거나 제한할 수 있다. 다만, 헌법과 법률에 따라 체결된 조약의 이행에 필요한 경우에는 그러하지 아니하다.

2. 외국인등의 부동산 취득 · 보유 신고

외국인등이 대한민국 안의 부동산등을 취득하는 계약을 체결하였을 때에는 계약체결일부터 60일 이내에 신고관청에 신고하여야 하며, 외국인등이 계약 외의 원인(ⓐ 상속 · 경매, ⓑ 토지보상법 및 그 밖의 법률에 따른 환매권의 행사, ⓒ 법원의 확정판결, ⓓ 법인의 합병)으로 대한민국 안의 부동산등을 취득한 때에는 부동산등을 취득한 날부터 6개월 이내에 신고관청에 신고하여야 한다. 대한민국 안의 부동산등을 가지고 있는 대한민국국민이나 대한민국의 법령에 따라 설립된 법인 또는 단체가 외국인등으로 변경된 경우 그 외국인등이 해당 부동산등을 계속보유하려는 경우에는 외국인등으로 변경된 날부터 6개월 이내에 신고관청에 신고하여야 한다.[3] 부동산등의 취득 또는 계속보유에 관한 신고를

3) 부동산등 취득 · 계속보유 신고 또는 토지 취득 허가 신청을 하려는 외국인등은 외국인 부동산등 취득 · 계속보유 신고서 또는 외국인 토지 취득 허가신청서에 서명 또는 날인한 후 [㉮ 부동산등 취득 신고를 하는 경우: 취득 원인에 따른 Ⓐ 증여의 경우: 증여계약서, Ⓑ 상속의 경우: 상속인임을 증명할 수 있는 서류, Ⓒ 경매의 경우: 경락결정서, Ⓓ 환매권 행사의 경우: 환매임을 증명할 수 있는 서류, Ⓔ 법원의 확정판결의 경우: 확정판결문, Ⓕ 법인의 합병의 경우: 합병사실을 증명할 수 있는 서류, ㉯ 부동산등 계속보유 신고를 하는 경우: 대한민국국민이나 대한민국의 법령에 따라 설립된 법인 또는 단체가 외국인등으로 변경되었음을 증명할 수 있는 서류, ㉰ 토지 취득 허가를 신청하는 경우: 토지 거래계약 당사자 간의 합의서]의 구분에 따른 서류를 첨부하여 신고관청에 제출하여야 한다. 신고 또는 신청을 받은 신고관청은 전자정부법에 따라 행정정보의 공동이용을 통하여 토지등기사항증명서 및 건물등기사항증명서를 확인하여야 하며, 신고 또는 신청을 받은 신고관청은 제출된 첨부서류를

하려는 외국인등은 신고서에 국토교통부령으로 정하는 서류를 첨부하여 신고관청에 제출하여야 하며, 신고관청은 신고내용을 매 분기 종료일부터 1개월 이내에 특별시장 · 광역시장 · 도지사 또는 특별자치도지사에게 제출(전자문서에 의한 제출 포함)하여야 한다. 다만, 특별자치시장은 직접 국토교통부장관에게 제출하여야 한다. 신고내용을 제출받은 특별시장 · 광역시장 · 도지사 또는 특별자치도지사는 제출받은 날부터 1개월 이내에 그 내용을 국토교통부장관에게 제출하여야 한다.

Ⅱ. 외국인등의 토지거래 허가

1. 외국인등의 토지거래 허가 대상

외국인등이 취득하려는 토지가 [Ⓐ 군사기지 및 군사시설 보호구역, 그 밖에 국방목적을 위하여 외국인등의 토지취득을 특별히 제한할 필요가 있는 지역으로서 국방목적상 필요한 섬 지역으로서 국토교통부장관이 국방부장관 등 관계 중앙행정기관의 장과 협의하여 고시하는 지역, Ⓑ 지정문화재와 이를 위한 보호물 또는 보호구역, Ⓒ 생태 · 경관보전지역, Ⓓ 야생생물 특별보호구역]에 해당하는 구역 · 지역 등에 있으면 토지를 취득하는 계약(토지취득계약)을 체결하기 전에 신고관청으로부터 토지취득의 허가를 받아야 한다. 이에 위반하여 체결한 토지취득계약은 그 효력이 발생하지 아니한다. 다만, 토지거래계약에 관한 허가를 받은 경우에는 그러하지 아니하다. 신고관청은 관계 행정기관의 장과 협의를 거쳐 외국인등이 상기에 해당하는 구역 · 지역 등의 토지를 취득하는 것이 해당 구역 · 지역 등의 지정목적 달성에 지장을 주지 아니한다고 인정하는 경우에는 허가를 하여야 한다.

2. 외국인등의 토지거래 허가 신청

토지취득의 허가를 받으려는 외국인등은 신청서에 국토교통부령으로 정하는 서류를 첨부하여 신고관청에 제출하여야 하며, 이에 따른 신청서를 받은 신고관청은 신청서를 받은

확인한 후 외국인 부동산등 취득 · 계속보유 신고확인증 또는 외국인 토지 취득 허가증을 발급하여야 한다. 한편, 외국인등의 위임을 받은 사람은 외국인 부동산등 취득 · 계속보유 신고서 또는 외국인 토지 취득 허가신청서의 작성 및 제출을 대행할 수 있다. 이 경우 ⓐ 신고서 또는 신청서 제출을 위임한 외국인등의 서명 또는 날인이 있는 위임장, ⓑ 신고서 또는 신청서 제출을 위임한 외국인등의 신분증명서 사본의 서류를 함께 제출하여야 한다. 신고 · 신청을 하려는 사람 또는 신고 · 신청을 대행하려는 사람은 본인의 신분증명서를 신고관청에 보여주어야 한다.

날부터 15일 이내에 허가 또는 불허가 처분을 하여야 한다. 신고관청은 허가내용을 매 분기 종료일부터 1개월 이내에 특별시장 · 광역시장 · 도지사 또는 특별자치도지사에게 제출(전자문서에 의한 제출 포함)하여야 한다. 다만, 특별자치시장은 직접 국토교통부장관에게 제출하여야 한다. 허가내용을 제출받은 특별시장 · 광역시장 · 도지사 또는 특별자치도지사는 제출받은 날부터 1개월 이내에 그 내용을 국토교통부장관에게 제출하여야 한다.

제 4 절 토지거래허가구역 등

Ⅰ. 토지거래허가구역의 지정

국토교통부장관 또는 시 · 도지사는 국토의 이용 및 관리에 관한 계획의 원활한 수립과 집행, 합리적인 토지 이용 등을 위하여 토지의 투기적인 거래가 성행하거나 지가가 급격히 상승하는 지역과 그러한 우려가 있는 지역으로서 ㉠ 국토계획법에 따른 광역도시계획, 도시 · 군기본계획, 도시 · 군관리계획 등 토지이용계획이 새로 수립되거나 변경되는 지역, ㉡ 법령의 제정 · 개정 또는 폐지나 그에 따른 고시 · 공고로 인하여 토지이용에 대한 행위제한이 완화되거나 해제되는 지역, ㉢ 법령에 따른 개발사업이 진행 중이거나 예정되어 있는 지역과 그 인근지역, ㉣ 그 밖에 국토교통부장관 또는 특별시장 · 광역시장 · 특별자치시장 · 도지사 · 특별자치도지사(시 · 도지사)가 투기우려가 있다고 인정하는 지역 또는 관계 행정기관의 장이 특별히 투기가 성행할 우려가 있다고 인정하여 국토교통부장관 또는 시 · 도지사에게 요청하는 지역에 대해서는 ㉮ 허가구역이 둘 이상의 시 · 도의 관할 구역에 걸쳐 있는 경우: 국토교통부장관이 지정, ㉯ 허가구역이 동일한 시 · 도 안의 일부지역인 경우: 시 · 도지사가 지정(단, 국가가 시행하는 개발사업 등에 따라 투기적인 거래가 성행하거나 지가가 급격히 상승하는 지역과 그러한 우려가 있는 지역 등 대통령령으로 정하는 경우에는 국토교통부장관이 지정할 수 있다)의 구분에 따라 5년 이내의 기간을 정하여 토지거래계약에 관한 허가구역으로 지정할 수 있다.

국토교통부장관 또는 시 · 도지사는 허가구역을 지정하려면 국토계획법에 따른 중앙도시계획위원회 또는 시 · 도도시계획위원회의 심의를 거쳐야 한다. 다만, 지정기간이 끝나는 허가구역을 계속하여 다시 허가구역으로 지정하려면 중앙도시계획위원회 또는 시 · 도도시계획위원회의 심의 전에 미리 시·도지사(국토교통부장관이 허가구역을 지정하는 경우만) 및 시장·군수 또는 구청장의의견을 들어야 한다. 국토교통부장관 또는 시·도지사는 허가구역으로 지정한 때에는 지체 없이 ⓐ 토지거래계약에 관한 허가구역의 지정기간, ⓑ 허가구역 내 토지의 소재지·지번·지목·면적 및 용도지역(국토계획법에 따른 용도지역), ⓒ 허가구역에 대한 축척 5만분의 1 또는 2만5천분의 1의 지형도, ⓓ 허가 면제 대상 토지면적을 공고하고, 그 공고 내용을 국토교통부장관은 시·도지사를 거쳐 시장·군수 또는 구청장에게 통지하고, 시·도지사는 국토교통부장관, 시장·군수 또는 구청장에게 통지하여야 하며, 통지를 받은 시장·군수 또는 구청장은 지체 없이 그 공고 내용을 그 허가구역을 관할하는 등기소의 장에게 통지하여야 하며, 지체 없이 그 사실을 7일 이상 공고하고, 그 공고 내용을 15일간 일반이 열람할 수 있도록 하여야 한다.

허가구역의 지정은 허가구역의 지정을 공고한 날부터 5일 후에 그 효력이 발생한다. 국토교통부장관 또는 시·도지사는 허가구역의 지정 사유가 없어졌다고 인정되거나 관계 시·도지사, 시장·군수 또는 구청장으로부터 받은 허가구역의 지정 해제 또는 축소 요청이 이유 있다고 인정되면 지체 없이 허가구역의 지정을 해제하거나 지정된 허가구역의 일부를 축소하여야 하며, 해제 또는 축소의 경우에는 지정시 심의,의견사항을 준용한다. 투기적인 거래가 성행하거나 지가가 급격히 상승하는 지역과 그러한 우려가 있는 지역 등 대통령령으로 정하는 경우란 [Ⓐ 국가 또는 공공기관의 운영에 관한 법률(공공기관운영법)에 따른 공공기관이 관련 법령에 따른 개발사업을 시행하는 경우일 것, Ⓑ 해당 지역의 지가변동률 등이 인근지역 또는 전국 평균에 비하여 급격히 상승하거나 상승할 우려가 있는 경우일 것]의 요건을 모두 충족하는 경우를 말한다.

Ⅱ. 허가구역 내 토지거래 허가 등

1. 허가구역 내 토지거래에 대한 허가

허가구역에 있는 토지에 관한 소유권·지상권(소유권·지상권의 취득을 목적으로 하는 권리를 포함)을 이전하거나 설정(대가를 받고 이전하거나 설정하는 경우만 해당)하는 계약(예약을 포함. 토지거래계약)을 체결하려는 당사자는 공동으로 시장·군수 또는 구청장의 허가를 받아야 한다. 허가받은 사항을 변경하려는 경우에도 또한 같다.[4] 경제 및 지

4) 허가를 받으려는 자는 그 허가신청서에 계약내용과 그 토지의 이용계획, 취득자금 조달계획 등을 적어 시장·군수 또는 구청장에게 제출하여야 한다. 이 경우 토지이용계획, 취득자금 조달계획 등에 포

가의 동향과 거래단위면적 등을 종합적으로 고려하여 용도별 면적[국토계획법에 따른 ㉮ 도시지역: ㉠ 주거지역: 180제곱미터, ㉡ 상업지역: 200제곱미터, ㉢ 공업지역: 660제곱미터, ㉣ 녹지지역: 100제곱미터, ㉤ ㉠부터 ㉣까지의 구분에 따른 용도지역의 지정이 없는 구역: 90제곱미터, ㉯ 도시지역 외의 지역: 250제곱미터. 다만, 농지의 경우에는 500제곱미터로 하고, 임야의 경우에는 1천제곱미터] 이하의 토지에 대한 토지거래계약에 관하여는 허가가 필요하지 아니하다. 허가를 받지 아니하고 체결한 토지거래계약은 그 효력이 발생하지 아니한다.

2. 토지거래계약의 허가절차

① 토지거래계약의 허가를 받으려는 자는 공동으로 Ⓐ 당사자의 성명 및 주소(법인은 법인의 명칭 및 소재지와 대표자의 성명 및 주소), Ⓑ 토지의 지번 · 지목 · 면적 · 이용현황 및 권리설정현황, Ⓒ 토지의 정착물인 건축물 · 공작물 및 입목 등에 관한 사항, Ⓓ 이전 또는 설정하려는 권리의 종류, Ⓔ 계약예정금액, Ⓕ 토지의 이용에 관한 계획, Ⓖ 토지를 취득(토지에 관한 소유권 · 지상권 또는 소유권 · 지상권의 취득을 목적으로 하는 권리를 이전하거나 설정하는 것)하는 데 필요한 자금조달계획의 사항을 기재한 신청서에 국토교통부령으로 정하는 서류를 첨부하여 허가관청(허가권자)에 제출하여야 한다.

② 토지거래계약 변경허가를 받으려는 자는 공동으로 ⓐ 당사자의 성명 및 주소(법인인 경우에는 법인의 명칭 및 소재지와 대표자의 성명 및 주소), ⓑ 토지의 지번 · 지목 · 면적 · 이용현황 및 권리설정현황, ⓒ 토지의 정착물인 건축물 · 공작물 및 입목 등에 관한 사항, ⓓ 토지거래계약 허가번호, ⓔ 변경내용, ⓕ 변경사유의 사항을 기재한 신청서에 토지이용계획서(농지법에 따라 농지취득자격증명을 발급받아야 하는 농지의 경우에는 농업경영계획서), 토지취득자금조달계획서를 첨부하여 허가관청에 제출하여야 한다. ③ 토지거래허가 및 변경허가를 받으려는 자의 신청서를 받은 허가관청은 지체 없이 필요한 조사를 하고 신청서를 받은 날부터 15일 이내에 허가 · 변경허가 또는 불허가 처분을 하여

함되어야 할 사항은 국토교통부령으로 정한다. 다만, 시장 · 군수 또는 구청장에게 제출한 취득자금 조달계획이 변경된 경우에는 취득토지에 대한 등기일까지 시장 · 군수 또는 구청장에게 그 변경 사항을 제출할 수 있다. 시장 · 군수 또는 구청장은 이에 따른 허가신청서를 받으면 「민원 처리에 관한 법률」에 따른 처리기간에 허가 또는 불허가의 처분을 하고, 그 신청인에게 허가증을 발급하거나 불허가처분 사유를 서면으로 알려야 한다. 다만, 선매협의 절차가 진행 중인 경우에는 위의 기간 내에 그 사실을 신청인에게 알려야 한다. 처리기간에 허가증의 발급 또는 불허가처분 사유의 통지가 없거나 선매협의 사실의 통지가 없는 경우에는 그 기간이 끝난 날의 다음날에 허가가 있는 것으로 본다. 이 경우 시장 · 군수 또는 구청장은 지체 없이 신청인에게 허가증을 발급하여야 한다.

야 한다.

3. 토지거래계약허가 면제 대상 토지면적 등

국토교통부장관 또는 시 · 도지사가 허가구역을 지정할 당시 해당 지역에서의 거래실태 등을 고려하여 국토계획법에 따른 도시지역: ㉠ 주거지역: 180제곱미터, ㉡ 상업지역: 200제곱미터, ㉢ 공업지역: 660제곱미터, ㉣ 녹지지역: 100제곱미터, ㉤ ㉠부터 ㉣까지의 구분에 따른 용도지역의 지정이 없는 구역: 90제곱미터, 도시지역 외의 지역: 250제곱미터(다만, 농지의 경우에는 500제곱미터로 하고, 임야의 경우에는 1천제곱미터)의 면적으로 하는 것이 타당하지 아니하다고 인정하여 해당 기준면적의 10퍼센트 이상 300퍼센트 이하의 범위에서 따로 정하여 공고한 경우에는 그에 따르며, 면적을 산정할 때 일단의 토지이용을 위하여 토지거래계약을 체결한 날부터 1년 이내에 일단의 토지 일부에 대하여 토지거래계약을 체결한 경우에는 그 일단의 토지 전체에 대한 거래로 본다.

허가구역 지정 당시 상기에 따른 면적을 초과하는 토지가 허가구역 지정 후에 분할(국토계획법에 따른 도시 · 군계획사업의 시행 등 공공목적으로 인한 분할은 제외)로 상기에 따른 면적 이하가 된 경우 분할된 해당 토지에 대한 분할 후 최초의 토지거래계약은 허가면제 면적을 초과하는 토지거래계약으로 본다. 허가구역 지정 후 해당 토지가 공유지분으로 거래되는 경우에도 또한 같다.

4. 토지이용계획 및 허가기준

(1) 토지이용계획 등에 포함할 사항

① ㉠ 토지를 주거용 · 복지시설용 · 사업용 건축물 또는 공작물을 건축(신축 · 증축 · 개축 또는 재축만 해당)하는데 이용하는 경우 또는 그 밖의 형질변경을 수반하는 용도로 이용하는 경우 : ⓐ 토지의 개발 및 이용계획(착공일 · 준공일 등 추진일정을 포함), ⓑ 소요자금의 개략적인 산출내역, ㉡ 토지를 축산업 또는 어업용으로 이용하고자 하는 경우 : ⓐ 토지의 개발 및 이용계획(착공일 · 준공일 등 추진일정을 포함), ⓑ 시설의 설치 또는 기계 · 기구의 구입이 필요한 경우에는 그 내역 및 설치 · 구입 일정, ⓒ 소요자금의 개략적인 산출내역, ㉢ 토지를 임업용으로 이용하고자 하는 경우 : ⓐ 토지에 대한 2년 이상의 산림경영계획(반기별로 구체적인 작업일정을 포함), ⓑ 소요자금의 개략적인 산출내역, ㉣ 토지를 ㉠부터 ㉢까지 외의 용도로 이용하고자 하는 경우 : ⓐ 토지의 이용 및

관리계획(필요한 경우 추진일정을 포함), ⓑ 소요자금의 개략적인 산출내역. ② 토지의 개발 및 이용계획 중 착공일은 토지를 취득한 날부터 2년을 초과하지 아니하는 범위 내에서만 정할 수 있다. 이 경우 관계 법령에 따른 허가·인가·승인 또는 심의 등에 소요되는 기간은 산입하지 아니한다.

(2) 허가기준

시장·군수 또는 구청장은 허가신청이 ① 토지거래계약을 체결하려는 자의 토지이용목적이 Ⓐ 자기의 거주용 주택용지로 이용하려는 경우, Ⓑ 허가구역을 포함한 지역의 주민을 위한 복지시설 또는 편익시설로서 관할 시장·군수 또는 구청장이 확인한 시설의 설치에 이용하려는 경우, Ⓒ 허가구역에 거주하는 농업인·임업인·어업인 또는 대통령령으로 정하는 자[5]가 그 허가구역에서 농업·축산업·임업 또는 어업을 경영하기 위하여 필요한 경우, Ⓓ 토지보상법이나 그 밖의 법률에 따라 토지를 수용하거나 사용할 수 있는 사업을 시행하는 자가 그 사업을 시행하기 위하여 필요한 경우, Ⓔ 허가구역을 포함한 지역의 건전한 발전을 위하여 필요하고 관계 법률에 따라 지정된 지역·지구·구역 등의 지정목적에 적합하다고 인정되는 사업을 시행하는 자나 시행하려는 자가 그 사업에 이용하려는 경우, Ⓕ 허가구역의 지정 당시 그 구역이 속한 특별시·광역시·특별자치시·시(제주특별법에 따른 행정시를 포함)·군 또는 인접한 특별시·광역시·특별자치시·시·군에서 사업을 시행하고 있는 자가 그 사업에 이용하려는 경우나 그 자의 사업과 밀접한 관련이 있는 사업을 하는 자가 그 사업에 이용하려는 경우, Ⓖ 허가구역이 속한 특별시·광역시·특별자치시·시 또는 군에 거주하고 있는 자의 일상생활과 통상적인 경제활동에 필요한 것 등으로서 대통령령으로 정하는 용도에 이용하려는 경우[6], ② 토지거래계약을

5) ㉮ ㉠ 농업인, ㉡ 어업인, ㉢ 임업인(농업인등)으로서 본인이 거주하는 특별시·광역시(광역시의 관할구역에 있는 군은 제외)·특별자치시·특별자치도·시 또는 군(광역시의 관할구역에 있는 군을 포함)에 소재하는 토지를 취득하려는 사람, ㉯ 농업인등으로서 본인이 거주하는 주소지로부터 30킬로미터 이내에 소재하는 토지를 취득하려는 사람, ㉰ ㉣ 토지보상법 또는 그 밖의 법령에 따라 공익사업용으로 농지를 협의양도하거나 농지가 수용된 사람(실제 경작자로 한정), ㉤ ㉣에 해당하는 농지를 임차하거나 사용차하여 경작하던 사람으로서 토지보상법에 따른 농업의 손실에 대한 보상을 받은 사람에 해당하는 농업인등으로서 협의양도하거나 수용된 날부터 3년 이내에 협의양도하거나 수용된 농지를 대체하기 위하여 본인이 거주하는 주소지로부터 80킬로미터 안에 소재하는 농지[행정기관의 장이 관계 법령에서 정하는 바에 따라 구체적인 대상을 정하여 대체농지의 취득을 알선하는 경우를 제외하고는 종전의 토지가액(개별공시지가를 기준으로 하는 가액) 이하인 농지로 한정]를 취득하려는 사람, ㉱ ㉮부터 ㉯까지에 해당하지 아니하는 자로서 그 밖에 거주지·거주기간 등에 관하여 국토교통부령으로 정하는 요건을 갖춘 자

6) ⓐ 토지보상법 또는 그 밖의 법령에 따라 농지 외의 토지를 공익사업용으로 협의양도하거나 수용된 사람이 그 협의양도하거나 수용된 날부터 3년 이내에 그 허가구역에서 협의양도하거나 수용된 토지에 대체되는 토지(종전의 토지가액 이하인 토지로 한정)를 취득하려는 경우, ⓑ 관계 법령에 따라 개발

체결하려는 자의 토지이용목적이 ⓐ 국토계획법에 따른 도시·군계획이나 그 밖에 토지의 이용 및 관리에 관한 계획에 맞지 아니한 경우, ⓑ 생태계의 보전과 주민의 건전한 생활환경 보호에 중대한 위해를 끼칠 우려가 있는 경우에 해당되는 경우, ③ 그 면적이 그 토지의 이용목적에 적합하지 아니하다고 인정되는 경우를 제외하고는 허가하여야 한다.

(3) 이의신청

허가구역 내 토지거래에 대한 허가처분에 이의가 있는 자는 그 처분을 받은 날부터 1개월 이내에 시장·군수 또는 구청장에게 이의를 신청할 수 있으며, 이에 따른 이의신청을 받은 시장·군수 또는 구청장은 국토계획법에 따른 시·군·구도시계획위원회의 심의를 거쳐 그 결과를 이의신청인에게 알려야 한다.

5. 토지거래계약에 관한 특례

(1) 국가 등의 토지거래계약에 관한 특례 등

허가구역 내 토지거래에 대한 허가 토지거래계약을 적용할 때에 그 당사자의 한쪽 또는 양쪽이 국가, 지방자치단체, 한국토지주택공사, 그 밖에 공공기관 또는 공공단체[7]인 경우에는 그 기관의 장이 시장·군수 또는 구청장과 협의할 수 있고, 그 협의가 성립된 때에는 그 토지거래계약에 관한 허가를 받은 것으로 본다. 국유재산법에 따른 총괄청 또는 중앙관서의 장등이 국유재산종합계획에 따라 국유재산을 취득하거나 처분하는 경우로서 허가기준에 적합하게 취득하거나 처분한 후 허가관청에 그 내용을 통보한 때에는 이 법에 따른 협의가 성립된 것으로 본다.

(2) 허가구역 내 토지거래에 대한 허가 적용제외

[Ⓐ 토지보상법에 따라 토지를 협의취득·사용하거나 환매하는 경우, Ⓑ 국유재산법에 따른 국유재산종합계획에 따라 국유재산을 일반경쟁입찰로 처분하는 경우, Ⓒ 공유재산

·이용행위가 제한되거나 금지된 토지로서 국토교통부령으로 정하는 토지에 대하여 현상 보존의 목적으로 토지를 취득하려는 경우, ⓒ 민간임대주택에 관한 특별법에 따른 임대사업자 등 관계 법령에 따라 임대사업을 할 수 있는 자가 임대사업을 위하여 건축물과 그에 딸린 토지를 취득하려는 경우에 해당되지 아니하는 경우.

7) 한국농수산식품유통공사, 대한석탄공사, 한국토지주택공사, 한국관광공사, 한국농어촌공사, 한국도로공사, 한국석유공사, 한국수자원공사, 한국전력공사, 한국철도공사, 산림조합 및 산림조합중앙회, 농업협동조합·축산업협동조합 및 농업협동조합중앙회, 수산업협동조합 및 수산업협동조합중앙회, 중소벤처기업진흥공단, 한국은행, 지방공사와 지방공단, 공무원연금공단, 인천국제공항공사, 국민연금공단, 사립학교교직원연금공단, 한국자산관리공사, 항만공사

및 물품 관리법에 따른 공유재산의 관리계획에 따라 공유재산을 일반경쟁입찰로 처분하는 경우, Ⓓ 도시정비법에 따른 관리처분계획 또는 소규모주택정비법에 따른 사업시행계획에 따라 분양하거나 보류지 등을 매각하는 경우, Ⓔ 도시개발법에 따른 조성토지등의 공급계획에 따라 토지를 공급하는 경우, 환지 예정지로 지정된 종전 토지를 처분하는 경우, 환지처분을 하는 경우 또는 체비지 등을 매각하는 경우, Ⓕ 주택법에 따른 사업계획의 승인을 받아 조성한 대지를 공급하는 경우 또는 주택(부대시설 및 복리시설을 포함하며, 주택과 주택 외의 시설을 동일 건축물로 건축하여 공급하는 경우에는 그 주택 외의 시설을 포함)을 공급하는 경우, Ⓖ 택지개발촉진법에 따라 택지를 공급하는 경우, Ⓗ산업입지 및 개발에 관한 법률에 따른 산업단지개발사업 또는 준산업단지를 개발하기 위한 사업으로 조성된 토지를 사업시행자(사업시행자로부터 분양에 관한 업무를 위탁받은 산업단지관리공단을 포함)가 분양하는 경우, Ⓘ 농어촌정비법에 따른 환지계획에 따라 환지처분을 하는 경우 또는 농지 등의 교환 · 분할 · 합병을 하는 경우, Ⓙ 농어촌정비법에 따른 사업시행자가 농어촌정비사업을 시행하기 위하여 농지를 매입하는 경우, Ⓚ 상법, 채무자회생법의 절차에 따라 법원의 허가를 받아 권리를 이전하거나 설정하는 경우, Ⓛ 국세 및 지방세의 체납처분 또는 강제집행을 하는 경우, Ⓜ 국가 또는 지방자치단체가 법령에 따라 비상재해시 필요한 응급조치를 위하여 권리를 이전하거나 설정하는 경우, Ⓝ한국농어촌공사가 농지의 매매 · 교환 및 분할을 하는 경우, Ⓞ 이 법에 따라 외국인등이 토지취득의 허가를 받은 경우, Ⓟ 한국자산관리공사가 자산관리공사법에 따라 토지를 취득하거나 경쟁입찰을 거쳐서 매각하는 경우 또는 한국자산관리공사에 매각이의뢰되어 3회 이상 공매하였으나 유찰된 토지를 매각하는 경우, Ⓠ 국토계획법 또는 개발제한구역법에 따라 매수청구된 토지를 취득하는 경우, Ⓡ 행복도시법, 혁신도시법 또는 기업도시개발 특별법에 따라 조성된 택지 또는 주택을 공급하는 경우, Ⓢ건축물의 분양에 관한 법률에 따라 건축물을 분양하는 경우, Ⓣ 산업집적법에 따라 지식산업센터를 분양하는 경우, Ⓤ 법령에 따라 조세 · 부담금 등을 토지로 물납하는 경우, Ⓥ 토지보상법에 따른 토지의 수용, Ⓦ 민사집행법에 따른 경매]는 적용 제외된다.

Ⅲ. 선매 및 매수청구

1. 선매

시장 · 군수 또는 구청장은 토지거래계약에 관한 허가신청이 있는 경우 Ⓐ 공익사업용 토지, Ⓑ 토지거래계약허가를 받아 취득한 토지를 그 이용목적대로 이용하고 있지 아니한 토지에 해당하는 토지에 대하여 국가, 지방자치단체, 한국토지주택공사, 한국농수산식품유통공사, 대한석탄공사, 한국토지주택공사, 한국관광공사, 한국농어촌공사, 한국도로공사, 한국석유공사, 한국수자원공사, 한국전력공사, 한국철도공사가 그 매수를 원하는 경우에는 이들 중에서 해당 토지를 매수할 자(선매자)를 지정하여 그 토지를 협의 매수하게 할 수 있다. 시장 · 군수 또는 구청장은 Ⓐ, Ⓑ에 해당하는 토지에 대하여 토지거래계약 허가신청이 있는 경우에는 그 신청이 있는 날부터 1개월 이내에 선매자를 지정하여 토지 소유자에게 알려야 하며, 선매자는 지정 통지를 받은 날부터 1개월 이내에 그 토지 소유자와 선매협의를 끝내야 한다. 선매자가 이에 따라 토지를 매수할 때의 가격은 감정평가업자가 감정평가한 감정가격을 기준으로 하되, 토지거래계약 허가신청서에 적힌 가격이 감정가격보다 낮은 경우에는 허가신청서에 적힌 가격으로 할 수 있다. 시장 · 군수 또는 구청장은 선매협의가 이루어지지 아니한 경우에는 지체 없이 허가 또는 불허가의 여부를 결정하여 통보하여야 한다. 선매자로 지정된 자는 지정 통지를 받은 날부터 15일 이내에 매수가격 등 선매조건을 기재한 서면을 토지소유자에게 통지하여 선매협의를 하여야 하며, 지정 통지를 받은 날부터 1개월 이내에 국토교통부령으로 정하는 바에 따라 선매협의조서를 허가관청에 제출하여야 한다.

2. 불허가처분 토지에 관한 매수 청구

허가신청에 대하여 불허가처분을 받은 자는 그 통지를 받은 날부터 1개월 이내에 시장 · 군수 또는 구청장에게 해당 토지에 관한 권리의 매수를 청구할 수 있으며, 이에 따른 매수 청구를 받은 시장 · 군수 또는 구청장은 국가, 지방자치단체, 한국토지주택공사, 그 밖에 대통령령으로 정하는 공공기관 또는 공공단체 중에서 매수할 자를 지정하여, 매수할 자로 하여금 예산의 범위에서 공시지가를 기준으로 하여 해당 토지를 매수하게 하여야 한다. 다만, 토지거래계약 허가신청서에 적힌 가격이 공시지가보다 낮은 경우에는 허가신청서에 적힌 가격으로 매수할 수 있다.

3. 토지에 관한 매수청구

토지의 매수청구를 하려는 자는 Ⓐ 토지에 관한 권리의 종류 및 내용, Ⓑ 토지의 면적, Ⓒ 그 밖에 국토교통부령으로 정하는 사항을 기재한 청구서를 허가관청에 제출하여야 한다.

Ⅳ. 토지 이용에 관한의무 등

1. 토지 이용에 관한의무 등

토지거래계약을 허가받은 자는 대통령령으로 정하는 사유[8]가 있는 경우 외에는 5년의 범위에서 대통령령으로 정하는 기간[㉠ ⓐ 자기의 거주용 주택용지로 이용하려는 경우, ⓑ 허가구역을 포함한 지역의 주민을 위한 복지시설 또는 편익시설로서 관할 시장 · 군수 또는 구청장이 확인한 시설의 설치에 이용하려는 경우, ⓒ 허가구역에 거주하는 농업인 · 임업인 · 어업인 또는 대통령령으로 정하는 자가 그 허가구역에서 농업 · 축산업 · 임업 또는 어업을 경영하기 위하여 필요한 경우의 목적으로 허가를 받은 경우: 토지 취득일부터 2년, ㉡ ⓓ 토지보상법이나 그 밖의 법률에 따라 토지를 수용하거나 사용할 수 있는 사업을 시행하는 자가 그 사업을 시행하기 위하여 필요한 경우, ⓔ 허가구역을 포함한 지역의 건전한 발전을 위하여 필요하고 관계 법률에 따라 지정된 지역 · 지구 · 구역 등의 지정목적에 적합하다고 인정되는 사업을 시행하는 자나 시행하려는 자가 그 사업에 이용하

---

8) Ⓐ 토지를 취득한 후 국토계획법 또는 관계 법령에 따라 용도지역 등 토지의 이용 및 관리에 관한 계획이 변경됨으로써 국토계획법 또는 관계 법령에 따른 행위제한으로 인하여 당초의 목적대로 이용할 수 없게 된 경우, Ⓑ 토지를 이용하기 위하여 관계 법령에 따른 허가 · 인가 등을 신청하였으나 국가 또는 지방자치단체가 국토교통부령으로 정하는 사유로 일정 기간 허가 · 인가 등을 제한하는 경우로서 그 제한기간 내에 있는 경우, Ⓒ 허가기준에 맞게 당초의 이용목적을 변경하는 경우로서 허가관청의 승인을 받은 경우, Ⓓ 다른 법률에 따른 행위허가를 받아 허가기준에 맞게 당초의 이용목적을 변경하는 경우로서 해당 행위의 허가권자가 이용목적 변경에 관하여 허가관청과 협의를 한 경우, Ⓔ 해외이주법에 따라 이주하는 경우, Ⓕ 병역법에 따라 복무하는 경우, Ⓖ 자연재해대책법에 따른 재해로 인하여 허가받은 목적대로 이행하는 것이 불가능한 경우, Ⓗ 공익사업의 시행 등 토지거래계약허가를 받은 자에게 책임 없는 사유로 허가받은 목적대로 이용하는 것이 불가능한 경우, Ⓘ ⓐ 단독주택[다중주택 및 공관은 제외], ⓑ 공동주택(기숙사는 제외), ⓒ 제1종 근린생활시설, ⓓ 제2종 근린생활시설의 건축물을 취득하여 실제로 이용하는 자가 해당 건축물의 일부를 임대하는 경우, Ⓙ 산업집적법에 따른 공장을 취득하여 실제로 이용하는 자가 해당 공장의 일부를 임대하는 경우, Ⓚ 그 밖에 토지거래계약허가를 받은 자가 불가피한 사유로 허가받은 목적대로 이용하는 것이 불가능하다고 국토계획법에 따른 시 · 군 · 구도시계획위원회에서 인정한 경우

려는 경우, ⓕ 허가구역의 지정 당시 그 구역이 속한 특별시 · 광역시 · 특별자치시 · 시(제주특별법에 따른 행정시 포함) · 군 또는 인접한 특별시 · 광역시 · 특별자치시 · 시 · 군에서 사업을 시행하고 있는 자가 그 사업에 이용하려는 경우나 그 자의 사업과 밀접한 관련이 있는 사업을 하는 자가 그 사업에 이용하려는 경우의 목적으로 허가를 받은 경우: 토지 취득일부터 4년(다만, 분양을 목적으로 허가를 받은 토지로서 개발에 착수한 후 토지 취득일부터 4년 이내에 분양을 완료한 경우에는 분양을 완료한 때에 4년이 지난 것으로 본다), ㉢ 대체토지를 취득하기 위하여 허가를 받은 경우: 토지 취득일부터 2년, ㉣ 현상보존의 목적으로 토지를 취득하기 위하여 허가를 받은 경우: 토지 취득일부터 5년, ㉤ ㉠부터 ㉣까지의 경우 외의 경우: 토지 취득일부터 5년]에 그 토지를 허가받은 목적대로 이용하여야 한다. 시장 · 군수 또는 구청장은 토지거래계약을 허가받은 자가 허가받은 목적대로 이용하고 있는지를 조사하여야 한다.

2. 이행강제금

시장 · 군수 또는 구청장은 토지의 이용의무를 이행하지 아니한 자에 대하여는 상당한 기간을 정하여 토지의 이용의무를 이행하도록 명할 수 있다. 다만, 대통령령으로 정하는 사유(농지법에 따른 이행강제금을 부과한 경우)가 있는 경우에는 이용의무의 이행을 명하지 아니할 수 있다. 시장 · 군수 또는 구청장은 이에 따른 이행명령이 정하여진 기간에 이행되지 아니한 경우에는 토지 취득가액의 100분의 10의 범위에서 Ⓐ 토지거래계약허가를 받아 토지를 취득한 자가 당초의 목적대로 이용하지 아니하고 방치한 경우: 토지 취득가액의 100분의 10에 상당하는 금액, Ⓑ 토지거래계약허가를 받아 토지를 취득한 자가 직접 이용하지 아니하고 임대한 경우: 토지 취득가액의 100분의 7에 상당하는 금액, Ⓒ 토지거래계약허가를 받아 토지를 취득한 자가 허가관청의 승인 없이 당초의 이용목적을 변경하여 이용하는 경우: 토지 취득가액의 100분의 5에 상당하는 금액, Ⓓ Ⓐ부터 Ⓒ까지에 해당하지 아니하는 경우: 토지 취득가액의 100분의 7에 상당하는 금액의 이행강제금을 부과하며, 시장 · 군수 또는 구청장은 최초의 이행명령이 있었던 날을 기준으로 1년에 한 번씩 그 이행명령이 이행될 때까지 반복하여 이행강제금을 부과 · 징수할 수 있다. 그러나 시장 · 군수 또는 구청장은 이용의무기간이 지난 후에는 이행강제금을 부과할 수 없다. 시장 · 군수 또는 구청장은 이행명령을 받은 자가 그 명령을 이행하는 경우에는 새로운 이행강제금의 부과를 즉시 중지하되, 명령을 이행하기 전에 이미 부과된 이행강제금은 징수하여야 하고, 이행강제금의 부과처분에 불복하는 자는 시장 · 군수 또는 구청장에게 이의를 제기할 수 있으며, 이행강제금 부과처분을 받은 자가 이행강제금을 납부기한까지 납부하지 아니한 경우에는 국세 체납처분의 예 또는 「지방세외수입금의 징수 등에 관한 법률」에 따라 징수한다.

3. 이행강제금의 부과

이행명령은 문서로 하여야 하며, 이행기간은 3개월 이내로 정하여야 하며, 부과금에서 토지 취득가액은 실제 거래가격으로 한다. 다만, 실제 거래가격이 확인되지 아니하는 경우에는 취득 당시를 기준으로 가장 최근에 발표된 개별공시지가를 기준으로 산정한다. 허가관청은 이행강제금을 부과하기 전에 이행기간 내에 이행명령을 이행하지 아니하면 이행강제금을 부과 · 징수한다는 뜻을 미리 문서로 계고하여야 하고, 이행강제금을 부과하는 경우에는 이행강제금의 금액 · 부과사유 · 납부기한 및 수납기관, 이의제기방법 및 이의제기기관 등을 명시한 문서로 하여야 하며, 이행강제금 부과처분을 받은 자는 이의를 제기하려는 경우에는 부과처분을 고지받은 날부터 30일 이내에 하여야 한다.

Ⅴ. 토지 이용 등의 조사 및 제재 등

1. 토지의 개발 · 이용 등의 실태조사

허가관청은 매년 1회 이상 토지의 개발 및 이용 등의 실태를 조사하여야 하며, 이에 규정한 사항 외에 토지의 개발 및 이용 등의 실태조사에 필요한 사항은 국토교통부장관이 정한다.

2. 지가 동향의 조사

국토교통부장관이나 시 · 도지사는 토지거래허가 제도를 실시하거나 그 밖에 토지정책을 수행하기 위한 자료를 수집하기 위하여 지가의 동향과 토지거래의 상황을 조사하여야 하며, 관계 행정기관이나 그 밖의 필요한 기관에 이에 필요한 자료를 제출하도록 요청할 수 있다. 이 경우 자료 제출을 요청받은 기관은 특별한 사유가 없으면 요청에 따라야 한다.

3. 인가 · 허가 등의의제

농지에 대하여 토지거래계약 허가를 받은 경우에는 농지법에 따른 농지취득자격증명을 받은 것으로 본다. 이 경우 시장 · 군수 또는 구청장은 「농업 · 농촌 및 식품산업 기본법」에 따른 농촌(국토계획법에 따른 도시지역의 경우에는 녹지지역만 해당)의 농지에 대하여 토지거래계약을 허가하는 경우에는 농지취득자격증명의 발급 요건에 적합한지를 확인하여야 하며, 허가한 내용을 농림축산식품부장관에게 통보하여야 한다. 허가증을 발급받은 경우에는 「부동산등기 특별조치법」에 따른 검인을 받은 것으로 본다.

4. 권리 · 의무의 승계 등

토지의 소유권자, 지상권자 등에게 발생되거나 부과된 권리 · 의무는 그 토지 또는 건축물에 관한 소유권이나 그 밖의 권리의 변동과 동시에 그 승계인에게 이전한다. 이 법 또는 이 법에 따른 명령에 의한 처분, 그 절차 및 그 밖의 행위는 그 행위와 관련된 토지 또는 건축물에 대하여 소유권이나 그 밖의 권리를 가진 자의 승계인에 대하여 효력을 가진다.

5. 제재처분 및 청문

① 국토교통부장관, 시 · 도지사, 시장 · 군수 또는 구청장은 Ⓐ토지거래계약에 관한 허가 또는 변경허가를 받지 아니하고 토지거래계약 또는 그 변경계약을 체결한 자, Ⓑ토지거래계약에 관한 허가를 받은 자가 그 토지를 허가받은 목적대로 이용하지 아니한 자, Ⓒ부정한 방법으로 토지거래계약에 관한 허가를 받은 자에 해당하는 자에게 허가 취소 또는 그 밖에 필요한 처분을 하거나 조치를 명할 수 있다. ② 국토교통부장관, 시 · 도지사, 시장 · 군수 또는 구청장은 토지거래계약 허가의 취소 처분을 하려면 청문을 하여야 한다.

제 5 절 부동산 정보 관리 및 보칙

Ⅰ. 부동산 정보 관리

1. 부동산정책 관련 자료 등 종합관리

국토교통부장관 또는 시장 · 군수 · 구청장은 적절한 부동산정책의 수립 및 시행을 위하여 부동산 거래상황, 외국인 부동산 취득현황, 부동산 가격 동향 등 이 법에 규정된 사항에 관한 정보를 종합적으로 관리하고, 이를 관련 기관 · 단체 등에 제공할 수 있다.

국토교통부장관 또는 시장 · 군수 · 구청장은 정보의 관리를 위하여 관계 행정기관이나 그 밖에 필요한 기관에 필요한 자료를 요청할 수 있다. 이 경우 관계 행정기관 등은 특별한 사유가 없으면 요청에 따라야 한다. 정보의 관리 · 제공 및 자료요청은 「개인정보 보호법」에 따라야 한다.

2. 부동산정보체계의 구축 · 운영

국토교통부장관은 효율적인 정보의 관리 및 국민편의 증진을 위하여 부동산거래의 계약 · 신고 · 허가 · 관리 등의 업무와 관련된 정보체계를 구축 · 운영할 수 있다.

Ⅱ. 보 칙

1. 신고포상금

(1) 신고포상금의 지급

시장 · 군수 또는 구청장은 Ⓐ 부동산등의 실제 거래가격을 거짓으로 신고한 자, Ⓑ 허가 또는 변경허가를 받지 아니하고 토지거래계약을 체결한 자 또는 거짓이나 그 밖의 부정한 방법으로 토지거래계약허가를 받은 자, Ⓒ 토지거래계약허가를 받아 취득한 토지에 대하여 허가받은 목적대로 이용하지 아니한 자, Ⓓ 거짓으로 거래신고를 한 자, Ⓔ 거짓으로 거래해제 신고를 한 자에 해당하는 자를 관계 행정기관이나 수사기관에 신고하거나 고발한 자에게 예산의 범위에서 포상금을 지급할 수 있다. 포상금의 지급에 드는 비용은 시·군이나 구의 재원으로 충당한다.

(2) 포상금 지급대상 및 기준

신고관청 또는 허가관청은 Ⓐ 신고관청이 적발하기 전에 부동산 등의 실제 거래가격을 거짓으로 신고한 자를 신고하고 이를 입증할 수 있는 증거자료를 제출한 경우로서 그 신고사건에 대하여 과태료가 부과된 경우, Ⓑ 허가관청 또는 수사기관이 적발하기 전에 허가 또는 변경허가를 받지 아니하고 토지거래계약을 체결한 자 또는 거짓이나 그 밖의 부정한 방법으로 토지거래계약허가를 받은 자를 신고하거나 고발한 경우로서 그 신고 또는 고발사건에 대한 공소제기 또는 기소유예 결정이 있는 경우, Ⓒ 허가관청이 적발하기 전에 토지거래계약허가를 받아 취득한 토지에 대하여 허가받은 목적대로 이용하지 아니한 자를 신고한 경우로서 그 신고사건에 대한 허가관청의 이행명령이 있는 경우에 해당하는 경우에는 포상금을 지급하여야 한다. 그러나 ⓐ 공무원이 직무와 관련하여 발견한 사실을 신고하거나 고발한 경우, ⓑ 해당 위반행위를 하거나 위반행위에 관여한 자가 신고하거나 고발한 경우, ⓒ 익명이나 가명으로 신고 또는 고발하여 신고인 또는 고발인을 확인할 수 없는 경우에는 포상금을 지급하지 아니할 수 있다. 포상금은 신고 또는 고발 건별로 구분에 따라 지급하되, Ⓐ에 따른 포상금은 부과되는 과태료의 100분의 20에 해당하는 금액(이 경우 지급한도액은 1천만원), Ⓑ 또는 Ⓒ에 따른 포상금은 50만원. 이 경우 같은 목적을 위하여 취득한 일단의 토지에 대한 신고 또는 고발은 1건으로 본다.

(3) 포상금 지급절차 등

① 포상금지급대상 사유에 해당하는 자를 신고하려는 자는 국토교통부령으로 정하는 신고서 및 증거자료를 신고관청 또는 허가관청에 제출하여야 한다. ② 수사기관은 신고 또는 고발 사건을 접수하여 수사를 종료하거나 공소제기 또는 기소유예의 결정을 하였을 때에는 지체 없이 허가관청에 통보하여야 한다. ③ 신고서를 제출받거나 수사기관의 통보를 받은 신고관청 또는 허가관청은 포상금 지급 여부를 결정하고 이를 신고인 또는 고발인에게 알려야 한다. ④ 포상금 지급 결정을 통보받은 신고인 또는 고발인은 국토교통부령으로 정하는 포상금 지급신청서를 작성하여 신고관청 또는 허가관청에 제출하여야 한다. ⑤ 신고관청 또는 허가관청은 신청서가 접수된 날부터 2개월 이내에 포상금을 지급하

여야 한다. ⑥ 신고관청 또는 허가관청은 하나의 위반행위에 대하여 2명 이상이 공동으로 신고 또는 고발한 경우에는 포상금을 균등하게 배분하여 지급한다. 다만, 포상금을 지급받을 사람이 배분방법에 관하여 미리 합의하여 포상금의 지급을 신청한 경우에는 그 합의된 방법에 따라 지급한다. ⑦ 신고관청 또는 허가관청은 하나의 위반행위에 대하여 2명 이상이 각각 신고 또는 고발한 경우에는 최초로 신고 또는 고발한 사람에게 포상금을 지급한다. ⑧ 신고관청 또는 허가관청은 자체조사 등에 따라 위반행위를 알게 된 때에는 지체 없이 그 내용을 부동산정보체계에 기록하여야 한다.

2. 권한 등의 위임 및 위탁

이 법에 따른 국토교통부장관의 권한은 그 일부를 시·도지사, 시장·군수 또는 구청장에게 위임할 수 있다. 국토교통부장관은 부동산거래가격 검증체계 구축·운영 및 부동산정보체계의 구축·운영 업무를 부동산시장 관련 전문성이 있는 공공기관에 위탁할 수 있다.

Ⅲ. 벌칙 및 과태료

1. 벌칙

① 허가를 받지 아니하고 토지취득계약을 체결하거나 부정한 방법으로 허가를 받아 토지취득계약을 체결한 외국인등은 2년 이하의 징역 또는 2천만원 이하의 벌금에 처한다. ② 허가 또는 변경허가를 받지 아니하고 토지거래계약을 체결하거나, 속임수나 그 밖의 부정한 방법으로 토지거래계약 허가를 받은 자는 2년 이하의 징역 또는 계약 체결 당시의 개별공시지가에 따른 해당 토지가격의 100분의 30에 해당하는 금액 이하의 벌금에 처한다. ③ 제재처분에 따른 허가 취소, 처분 또는 조치명령을 위반한 자는 1년 이하의 징역 또는 1천만원 이하의 벌금에 처한다.

2. 양벌규정

법인의 대표자나 법인 또는 개인의 대리인, 사용인, 그 밖의 종업원이 그 법인 또는 개인의 업무에 관하여 벌칙규정 위반행위를 하면 그 행위자를 벌하는 외에 그 법인 또는 개인에게도 해당 조문의 벌금형을 과(科)한다. 다만, 법인 또는 개인이 그 위반행위를 방지하기 위하여 해당 업무에 관하여 상당한 주의와 감독을 게을리하지 아니한 경우에는 그러하지 아니하다.

3. 과태료

① ㉠ 거짓으로 거래 신고한 자, ㉡ 거짓으로 거래 해제 신고한 자, ㉢ 거래대금 지급을 증명할 수 있는 자료를 제출하지 아니하거나 거짓으로 제출한 자 또는 그 밖의 필요한 조치를 이행하지 아니한 자에게는 3천만원 이하의 과태료를 부과한다. ② ㉠ 부동산거래신고의 규정을 위반하여 신고를 하지 아니한 자(공동신고를 거부한 자를 포함), ㉡ 부동산거래의 해제등 신고를 위반하여 신고를 하지 아니한 자(공동신고를 거부한 자를 포함), ㉢ 개업공인중개사에게 거래 신고를 하지 아니하게 하거나 거짓으로 신고하도록 요구한 자, ㉣ 거짓으로 부동산거래신고 또는 부동산거래해제등 신고에 따른 신고를 하는 행위를 조장하거나 방조하는 금지행위를 위반하여 거짓으로 부동산거래 신고를 하는 행위를 조장하거나 방조한 자, ㉤ 거래대금 지급을 증명할 수 있는 자료 외의 자료를 제출하지 아니하거나 거짓으로 제출한 자에게는 500만원 이하의 과태료를 부과한다. ③ 부동산의 매매계약, 법률에 따른 부동산에 대한 공급계약, 부동산을 공급받는 자로 선정된 지위의 매매계약, 관리처분계획의 인가 및 사업시행계획인가로 취득한 입주자로 선정된 지위의 매매계약의 신고 또는 개업공인중개사에게 부동산거래신고를 하지 아니하게 하거나 거짓으로 신고하도록 요구하는 행위로 그 신고를 거짓으로 한 자에게는 해당 부동산등의 취득가액의 100분의 5 이하에 상당하는 금액의 과태료를 부과한다. ④ 외국인등의 부동산거래 및 보유 신고를 하지 아니하거나 거짓으로 신고한 자에게는 300만원 이하의 과태료를 부과한다. ⑤ ㉠ 취득의 신고를 하지 아니하거나 거짓으로 신고한 자, ㉡ 토지의 계속보유 신고를 하지 아니하거나 거짓으로 신고한 자에게는 100만원 이하의 과태료를 부과한다. ⑥ ①부터 ②까지에 따른 과태료는 신고관청이 부과 · 징수한다. 이 경우 개업공인중개사에게 과태료를 부과한 신고관청은 부과일부터 10일 이내에 해당 개업공인중개사의 중개사무소(법인의 경우에는 주된 중개사무소)를 관할하는 시장 · 군수 또는 구청장에 과태료 부과 사실을 통보하여야 한다.

4. 자진 신고자에 대한 감면 등

신고관청은 위반사실을 자진 신고한 자에 대하여 과태료를 감경 또는 면제할 수 있다.

① 과태료의 감경 또는 면제 기준 : ㉠ 신고관청의 조사가 시작되기 전에 자진 신고한 자로서 ⓐ 자진 신고한 위반행위가 거짓으로 신고하도록 요구한 자 및 거짓으로 신고를 하는 행위를 조장하거나 방조한 자, 과태료 부과금액이 부동산등의 취득가액의 100분의 5 이하에 상당하는 금액, 300만원 이하, 100만원 이하에 해당할 것, ⓑ 신고관청에 단독으로 신고한 최초의 자일 것, ⓒ 위반사실 입증에 필요한 자료 등을 제공하는 등 조사가 끝날 때까지 성실하게 협조하였을 것의 요건을 모두 충족한 경우: 과태료 면제, ㉡ 조사가 시작된 후 자진 신고한 자로서 ⓐ ㉠의 ⓐ부터 ⓒ까지에 해당할 것, ⓑ 신고관청이 허위신고 사실 입증에 필요한 증거를 충분히 확보하지 못한 상태에서 조사에 협조하였을 것의 요건을 모두 충족한 경우: 과태료의 100분의 50 감경. ② ㉠ 자진 신고하려는 부동산등의 거래계약과 관련하여 국세기본법 또는 지방세법 등 관련 법령을 위반한 사실 등이 관계기관으로부터 신고관청에 통보된 경우, ㉡ 자진 신고한 날부터 과거 1년 이내에 ①의 ㉠ 및 ㉡에 따른 자진 신고를 하여 3회 이상 과태료의 감경 또는 면제를 받은 경우에는 과태료를 감경·면제하지 아니한다. ③ 자진 신고를 하려는 자는 신고서 및 위반행위를 입증할 수 있는 서류를 신고관청에 제출하여야 한다. ④ ①부터 ③까지에서 규정한 사항 외에 자진 신고자에 대한 과태료의 감경 또는 면제에 대한 세부운영절차 등은 국토교통부령으로 정한다.

제 12 장 공인중개사법

제1절 서 설

Ⅰ. 용어의 정의

1. 중개와 중개업

① "중개"라 함은 중개대상물(Ⓐ 토지, Ⓑ 건축물 그 밖의 토지의 정착물, Ⓒ 입목에 관한 법률에 따른 입목, Ⓓ 공장 및 광업재단 저당법에 따른 공장재단 및 광업재단)에 대하여 거래당사자간의 매매·교환·임대차 그 밖의 권리의 득실변경에 관한 행위를 알선하는 것을 말하고, ② "중개업"이라 함은 다른 사람의 의뢰에 의하여 일정한 보수를 받고 중개를 업으로 행하는 것을 말한다.

2. 공인중개사

① "공인중개사"라 함은 이 법에 의한 공인중개사자격을 취득한 자를 말하고, ② "개업공인중개사"라 함은 이 법에 의하여 중개사무소의 개설등록을 한 자를 말하며, ③ "소속공인중개사"라 함은 개업공인중개사에 소속된 공인중개사(개업공인중개사인 법인의 사원 또는 임원으로서 공인중개사인 자 포함)로서 중개업무를 수행하거나 개업공인중개사의 중개업무를 보조하는 자를 말한다.

3. 중개보조원

"중개보조원"이라 함은 공인중개사가 아닌 자로서 개업공인중개사에 소속되어 중개대상물에 대한 현장안내 및 일반서무 등 개업공인중개사의 중개업무와 관련된 단순한 업무를 보조하는 자를 말한다.

Ⅱ. 공인중개사 정책심의위원회

1. 위원회 업무

공인중개사의 업무(ⓐ 공인중개사의 시험 등 공인중개사의 자격취득에 관한 사항(시 · 도지사는 위원회의 결정에 따라야 함), ⓑ 부동산 중개업의 육성에 관한 사항, ⓒ 중개보수 변경에 관한 사항, ⓓ 손해배상책임의 보장 등)에 관한 사항을 심의하기 위하여 국토교통부에 공인중개사 정책심의위원회를 둘 수 있다.

2. 위원회 구성과 임기

공인중개사 정책심의위원회는 위원장 1명을 포함하여 7명 이상 11명 이내의 위원으로 구성하며, 심의위원회 위원장은 국토교통부 제1차관이 되고, 위원은 Ⓐ 국토교통부의 4급 이상 또는 이에 상당하는 공무원이나 고위공무원단에 속하는 일반직공무원, Ⓑ 고등교육법에 따른 학교에서 부교수 이상의 직에 재직하고 있는 사람, Ⓒ 변호사 또는 공인회계사의 자격이 있는 사람, Ⓓ 공인중개사협회에서 추천하는 사람, Ⓔ 공인중개사자격시험의 시행에 관한 업무를 위탁받은 기관의 장이 추천하는 사람, Ⓕ 등록한 비영리민간단체에서 추천한 사람, Ⓖ 등록한 소비자단체 또는 한국소비자원의 임직원으로 재직하고 있는 사람, Ⓗ 그 밖에 부동산 · 금융 관련 분야에 학식과 경험이 풍부한 사람의 어느 하나에 해당하는 사람 중에서 국토교통부장관이 임명하거나 위촉한다. Ⓑ부터 Ⓗ까지의 규정에 따른 위원의 임기는 2년으로 하되, 위원의 사임 등으로 새로 위촉된 위원의 임기는 전임위원 임기의 남은 기간으로 한다.

제 2 절 부동산거래 중개인

Ⅰ. 공인중개사 자격

1. 자격시험

공인중개사가 되려는 자는 시 · 도지사가 시행하는 공인중개사자격시험에 합격하여야 한다. 한편, 국토교통부장관은 공인중개사자격시험 수준의 균형유지 등을 위하여 필요하다고 인정하는 때에는 직접 시험문제를 출제하거나 시험을 시행할 수 있고, 국토교통부장관이 이 법에 따라 직접 시험문제를 출제하거나 시험을 시행하려는 경우에는 심의위원회의의결을 미리 거쳐야 한다. 공인중개사자격시험의 시험과목 · 시험방법 및 시험의 일부면제 그 밖에 시험에 관하여 필요한 사항은 대통령령으로 정하며, 시험은 제1차시험 및 제2차시험으로 구분하여 시행하고, 제2차시험은 제1차시험에 합격한 자를 대상으로 시행한다. 시험을 시행하는 특별시장 · 광역시장 · 도지사 · 특별자치도지사(시 · 도지사) 또는 국토교통부장관(시험시행기관장)이 필요하다고 인정하는 경우에는 제1차시험과 제2차시험을 구분하되 동시에 시행할 수 있으며(이 경우 제2차시험은 제1차시험의 유형에 따른다), 제1차시험과 제2차시험을 동시에 시행하는 경우에는 제1차시험에 불합격한 자의 제2차시험은 무효로 한다. 제1차시험은 선택형으로 출제하는 것을 원칙으로 하되, 주관식 단답형 또는 기입형을 가미할 수 있고, 제2차시험은 논문형으로 출제하는 것을 원칙으로 하되, 주관식 단답형 또는 기입형을 가미할 수 있다. 아울러, 제1차시험에 합격한 자에 대하여는 다음 회의 시험에 한하여 제1차시험을 면제한다.

2. 부정행위자에 대한 제재

시험을 시행하는 시 · 도지사 또는 국토교통부장관(시험시행기관장)은 시험에서 부정한 행위를 한 응시자에 대하여는 그 시험을 무효로 하고, 그 처분이 있은 날부터 5년간 시험응시자격을 정지한다. 이 경우 시험시행기관장은 지체 없이 이를 다른 시험시행기관장에게 통보하여야 한다.

3. 자격증의 교부 등

공인중개사자격시험을 시행하는 시험시행기관의 장은 공인중개사자격시험의 합격자가 결정된 때에는 이를 공고하여야 하고, 시·도지사는 합격자에게 공인중개사자격증을 교부하여야 한다. 공인중개사자격증을 교부받은 자는 공인중개사자격증을 잃어버리거나 못쓰게 된 경우에는 시·도지사에게 재교부를 신청할 수 있다.

Ⅱ. 결격사유 및 금지행위

1. 결격사유

Ⓐ 부정한 방법으로 공인중개사의 자격을 취득한 경우, Ⓑ 이 법의 규정을 위반하여 다른 사람에게 자기의 성명을 사용하여 중개업무를 하게 하거나 공인중개사자격증을 양도 또는 대여한 경우, Ⓒ 이 법의 규정에 의한 자격정지처분을 받고 그 자격정지기간 중에 중개업무를 행한 경우(다른 개업공인중개사의 소속공인중개사·중개보조원 또는 법인인 개업공인중개사의 사원·임원이 되는 경우를 포함), Ⓓ 이 법을 위반하여 징역형의 선고를 받은 경우에 해당되어 공인중개사의 자격이 취소된 후 3년이 경과되지 아니한 자는 공인중개사가 될 수 없다.

2. 자격증 대여 등의 금지 및 유사명칭의 사용금지

공인중개사는 다른 사람에게 자기의 성명을 사용하여 중개업무를 하게 하거나 자기의 공인중개사자격증을 양도 또는 대여하여서는 아니되며, 누구든지 다른 사람의 공인중개사 자격증을 양수하거나 대여받아 이를 사용하여서는 아니된다. 아울러, 공인중개사가 아닌 자는 공인중개사 또는 이와 유사한 명칭을 사용하지 못한다.

제3절 중개업 등

Ⅰ. 중개업 등록

1. 중개사무소의 개설등록

중개업을 영위하려는 자는 중개사무소(법인의 경우에는 주된 중개사무소)를 두려는 지역을 관할하는 시장(구가 설치되지 아니한 시의 시장과 특별자치도 행정시의 시장)·군수 또는 구청장(등록관청)에게 중개사무소의 개설등록을 하여야 하며, 공인중개사(소속공인중개사 제외) 또는 법인이 아닌 자는 중개사무소의 개설등록을 신청할 수 없다.

2. 중개사무소 개설등록의 기준 등

(1) 공인중개사가 중개사무소를 개설하고자 하는 경우

① 실무교육을 받았을 것, ② 건축물대장(가설건축물대장은 제외)에 기재된 건물(준공검사, 준공인가, 사용승인, 사용검사 등을 받은 건물로서 건축물대장에 기재되기 전의 건물을 포함)에 중개사무소를 확보(소유·전세·임대차 또는 사용대차 등의 방법에 의하여 사용권을 확보하여야 한다)할 것

(2) 법인이 중개사무소를 개설하려는 경우

① 상법상 회사 또는 협동조합 기본법에 따른 협동조합(사회적협동조합 제외)으로서 자본금이 5천만원 이상일 것, ② 다른 법률에 규정된 경우를 제외하고는 Ⓐ 중개업, Ⓑ 상업용 건축물 및 주택의 임대관리 등 부동산의 관리대행, Ⓒ 부동산의 이용·개발 및 거래에 관한 상담, Ⓓ 개업공인중개사를 대상으로 한 중개업의 경영기법 및 경영정보의 제공, Ⓔ 상업용 건축물 및 주택의 분양대행, Ⓕ 중개의뢰인의 의뢰에 따른 도배·이사업체의 소개 등 주거이전에 부수되는 용역의 알선, Ⓖ 개업공인중개사는 민사집행법에 의한 경매 및 국세징수법 그 밖의 법령에 의한 공매대상 부동산에 대한 권리분석 및 취득의 알선과 매수신청 또는 입찰신청의 대리 업무를 영위할 목적으로 설립된 법인일 것, ③ 대

표자는 공인중개사이어야 하며, 대표자를 제외한 임원 또는 사원(합명회사 또는 합자회사의 무한책임사원)의 3분의 1 이상은 공인중개사일 것, ④ 대표자, 임원 또는 사원 전원 및 분사무소의 책임자(이 법에 따라 분사무소를 설치하려는 경우에만 해당)가 이 법에 따른 실무교육을 받았을 것, ⑤ 건축물대장에 기재된 건물에 중개사무소를 확보(소유 · 전세 · 임대차 또는 사용대차 등의 방법에 의하여 사용권을 확보하여야 한다)할 것

3. 개설등록제외

시장(구가 설치되지 아니한 시의 시장과 특별자치도의 행정시장) · 군수 또는 구청장(등록관청)은 이 법에 따른 개설등록 신청이 Ⓐ 공인중개사 또는 법인이 아닌 자가 중개사무소의 개설등록을 신청한 경우, Ⓑ 중개사무소의 개설등록을 신청한 자가 이 법에서 규정한 등록결격사유에 해당하는 경우, Ⓒ 개설등록 기준에 적합하지 아니한 경우, Ⓓ 그 밖에 이 법 또는 다른 법령에 따른 제한에 위반되는 경우의 어느 하나에 해당하는 경우를 제외하고는 개설등록을 해 주어야 한다.

4. 중개사무소 개설등록의 신청

(1) 개설등록신청서류

① 개설등록신청서, ② 실무교육의 수료확인증 사본, ③ 여권용 사진, ④ 건축물대장에 기재된 건물(준공검사, 준공인가, 사용승인, 사용검사 등을 받은 건물로서 건축물대장에 기재되기 전의 건물을 포함)에 중개사무소를 확보(소유 · 전세 · 임대차 또는 사용대차 등의 방법에 의하여 사용권을 확보)하였음을 증명하는 서류(다만, 건축물대장에 기재되지 아니한 건물에 중개사무소를 확보하였을 경우에는 건축물대장 기재가 지연되는 사유를 적은 서류도 함께 내야 한다), ⑤ 외국인이나 외국에 주된 영업소를 둔 법인의 경우에는 이 법에서 규정한 등록결격사유에 해당되지 아니함을 증명하는 ⓐ 외국 정부나 그 밖에 권한 있는 기관이 발행한 서류 또는 공증인(법률에 따른 공증인의 자격을 가진 자만 해당)이 공증한 신청인의 진술서로서 「재외공관 공증법」에 따라 그 국가에 주재하는 대한민국공관의 영사관이 확인한 서류, ⓑ 「외국공문서에 대한 인증의 요구를 폐지하는 협약」을 체결한 국가의 경우에는 해당 국가의 정부나 공증인, 그 밖의 권한이 있는 기관이 발행한 것으로서 해당 국가의 아포스티유(Apostille) 확인서 발급 권한이 있는 기관이 그 확인서를 발급한 서류와 상법에 따른 영업소의 등기를 증명할 수 있는 서류

(2) 등록신청 처리

중개사무소 개설등록의 신청을 받은 등록관청은 Ⓐ 법인인 개업공인중개사, Ⓑ 공인중개사인 개업공인중개사의 개업공인중개사의 종별에 따라 구분하여 개설등록을 하고, 개설등록 신청을 받은 날부터 7일 이내에 등록신청인에게 서면으로 통지하여야 한다. 한편, 중개사무소의 개설등록을 한 개업공인중개사가 Ⓐ 법인인 개업공인중개사, Ⓑ 공인중개사인 개업공인중개사의 종별을 달리하여 업무를 하고자 하는 경우에는 등록신청서를 다시 제출하여야 한다. 이 경우 종전에 제출한 서류 중 변동사항이 없는 서류는 제출하지 아니할 수 있으며, 종전의 등록증은 이를 반납하여야 한다.

5. 등록의 결격사유 등

Ⓐ 미성년자, Ⓑ 피성년후견인 또는 피한정후견인, Ⓒ 파산선고를 받고 복권되지 아니한 자, Ⓓ 금고 이상의 실형의 선고를 받고 그 집행이 종료(집행이 종료된 것으로 보는 경우를 포함)되거나 집행이 면제된 날부터 3년이 경과되지 아니한 자, Ⓔ 금고 이상의 형의 집행유예를 받고 그 유예기간 중에 있는 자, Ⓕ 공인중개사의 자격이 취소된 후 3년이 경과되지 아니한 자, Ⓖ 공인중개사의 자격이 정지된 자로서 자격정지기간중에 있는 자, Ⓗ 이 법 위반으로 중개사무소의 개설등록이 취소된 후 3년이 경과되지 아니한 자, Ⓘ 업무정지처분을 받고 폐업신고를 한 자로서 업무정지기간(폐업에 불구하고 진행되는 것으로 본다)이 경과되지 아니한 자, Ⓙ 업무정지처분을 받은 개업공인중개사인 법인의 업무정지의 사유가 발생한 당시의 사원 또는 임원이었던 자로서 당해 개업공인중개사에 대한 업무정지기간이 경과되지 아니한 자, Ⓚ 이 법을 위반하여 300만원 이상의 벌금형의 선고를 받고 3년이 경과되지 아니한 자, Ⓛ 사원 또는 임원 중 Ⓐ 내지 Ⓚ의 어느 하나에 해당하는 자가 있는 법인에 해당하는 자는 중개사무소의 개설등록을 할 수 없다. 아울러, Ⓐ 내지 Ⓚ의 어느 하나에 해당하는 자는 소속공인중개사 또는 중개보조원이 될 수 없으며, 등록관청은 개업공인중개사·소속공인중개사·중개보조원 및 개업공인중개사인 법인의 사원·임원(개업공인중개사등)이 Ⓐ 내지 Ⓚ의 어느 하나에 해당하는지 여부를 확인하기 위하여 관계 기관에 조회할 수 있다.

6. 등록증의 교부 등

등록관청은 중개사무소의 개설등록을 한 자에 대하여 중개사무소등록증을 교부하여야 한다. 중개사무소등록증을 교부받은 자는 중개사무소등록증을 잃어버리거나 못쓰게 된 경우에는 시장 · 군수 또는 구청장에게 재교부를 신청할 수 있다.

7. 이중등록의 금지 등

개업공인중개사는 이중으로 중개사무소의 개설등록을 하여 중개업을 할 수 없으며, 개업공인중개사등은 다른 개업공인중개사의 소속공인중개사 · 중개보조원 또는 개업공인중개사인 법인의 사원 · 임원이 될 수 없다.

Ⅱ. 중개사무소의 설치기준 등

1. 중개사무소의 설치기준

개업공인중개사는 그 등록관청의 관할 구역안에 중개사무소를 두되, 1개의 중개사무소만을 둘 수 있고, 개업공인중개사는 천막 그 밖에 이동이 용이한 임시 중개시설물을 설치하여서는 아니된다. 법인인 개업공인중개사는 대통령령이 정하는 기준과 절차에 따라 등록관청에 신고하고 그 관할 구역 외의 지역에 분사무소를 둘 수 있다. 중개사무소의 설치기준 및 운영 등에 관하여 필요한 사항은 대통령령으로 정한다.

2. 분사무소설치기준 등

분사무소는 주된 사무소의 소재지가 속한 시(구가 설치되지 아니한 시와 특별자치도의 행정시를 말함) · 군 · 구를 제외한 시 · 군 · 구별로 설치하되, 시 · 군 · 구별로 1개소를 초과할 수 없으며, 분사무소에는 공인중개사를 책임자로 두어야 한다. 다만, 다른 법률의 규정에 따라 중개업을 할 수 있는 법인의 분사무소인 경우에는 그러하지 아니하다.

3. 분사무소설치 서류

분사무소의 설치신고를 하려는 자는 분사무소설치신고서에 Ⓐ 분사무소 책임자의 실무교육의 수료확인증 사본, Ⓑ 보증의 설정을 증명할 수 있는 서류, Ⓒ 건축물대장에 기재된 건물에 분사무소를 확보(소유 · 전세 · 임대차 또는 사용대차 등의 방법에 의하여 사용권을 확보)하였음을 증명하는 서류(다만, 건축물대장에 기재되지 아니한 건물에 분사무소를 확보하였을 경우에는 건축물대장 기재가 지연되는 사유를 적은 서류)를 첨부하여 주된 사무소의 소재지를 관할하는 등록관청에 제출하여야 한다. 이 경우 등록관청은 공인중개사 자격증을 발급한 시 · 도지사에게 분사무소 책임자의 공인중개사 자격 확인을 요청하여야 하고, 전자정부법에 따른 행정정보의 공동이용을 통하여 법인 등기사항증명서를 확인하여야 한다. 분사무소 설치신고를 받은 등록관청은 그 신고내용이 적합한 경우에는 신고필증을 교부하고 지체 없이 그 분사무소설치예정지역을 관할하는 시장 · 군수 또는 구청장에게 이를 통보하여야 한다. 신고필증을 교부받은 자는 신고필증을 잃어버리거나 못쓰게 된 경우에는 시장 · 군수 또는 구청장에게 재교부를 신청할 수 있다. 개업공인중개사는 그 업무의 효율적인 수행을 위하여 다른 개업공인중개사와 중개사무소를 공동으로 사용할 수 있다. 다만, 개업공인중개사가 업무의 정지기간 중에 있는 경우로서 대통령령으로 정하는 때에는 그러하지 아니하다.

4. 중개사무소의 공동사용

중개사무소를 공동으로 사용하려는 개업공인중개사는 중개사무소의 개설등록 또는 중개사무소의 이전신고를 하는 때에 그 중개사무소를 사용할 권리가 있는 다른 개업공인중개사의 승낙서를 첨부하여야 한다. 업무의 정지기간 중에 있는 개업공인중개사는 Ⓐ 업무의 정지기간 중에 있는 개업공인중개사가 다른 개업공인중개사에게 중개사무소의 공동사용을 위하여 승낙서를 주는 방법(다만, 업무의 정지기간 중에 있는 개업공인중개사가 영업정지 처분을 받기 전부터 중개사무소를 공동사용 중인 다른 개업공인중개사는 제외), Ⓑ 업무의 정지기간 중에 있는 개업공인중개사가 다른 개업공인중개사의 중개사무소를 공동으로 사용하기 위하여 중개사무소의 이전신고를 하는 방법으로 다른 개업공인중개사와 중개사무소를 공동으로 사용할 수 없다.

Ⅲ. 개업공인중개사의 겸업제한 등

1. 법인인 개업공인중개사

다른 법률에 규정된 경우를 제외하고는 [Ⓐ 중개업, Ⓑ 상업용 건축물 및 주택의 임대관리 등 부동산의 관리대행, Ⓒ 부동산의 이용 · 개발 및 거래에 관한 상담, Ⓓ 개업공인중개사를 대상으로 한 중개업의 경영기법 및 경영정보의 제공, Ⓔ 상업용 건축물 및 주택의 분양대행, Ⓕ 중개의뢰인의의뢰에 따른 도배 · 이사업체의 소개 등 주거이전에 부수되는 용역의 알선, Ⓖ 민사집행법에 의한 경매 및 국세징수법 그 밖의 법령에 의한 공매대상 부동산에 대한 권리분석 및 취득의 알선과 매수신청 또는 입찰신청의 대리] 외에 다른 업무를 함께 할 수 없다.

2. 개업공인중개사

민사집행법에 의한 경매대상 부동산의 매수신청 또는 입찰신청의 대리를 하고자 하는 때에는 대법원규칙이 정하는 요건을 갖추어 법원에 등록을 하고 그 감독을 받아야 한다.

Ⅳ. 개업공인중개사의 고용인의 신고 등

개업공인중개사는 소속공인중개사 또는 중개보조원을 고용하거나 고용관계가 종료된 때에는 등록관청에 신고하여야 한다. 소속공인중개사 또는 중개보조원의 업무상 행위는 그를 고용한 개업공인중개사의 행위로 본다. 개업공인중개사는 소속공인중개사 또는 중개보조원을 고용한 경우에는 실무교육을 받도록 한 후 업무개시 전까지 등록관청에 신고(전자문서에 의한 신고를 포함)하여야 하며, 고용 신고를 받은 등록관청은 공인중개사 자격증을 발급한 시 · 도지사에게 그 소속공인중개사의 공인중개사 자격 확인을 요청하여야 하며, 고용 신고를 받은 등록관청은 결격사유 해당 여부와 교육 수료 여부를 확인하여야 한다. 개업공인중개사는 소속공인중개사 또는 중개보조원과의 고용관계가 종료된 때에는 고용관계가 종료된 날부터 10일 이내에 등록관청에 신고하여야 한다.

소속공인중개사 또는 중개보조원의 고용 · 고용관계종료 신고서식에 따른다. 이 경우 소속공인중개사 또는 중개보조원으로 외국인을 고용하는 경우에는 ⓐ 외국 정부나 그 밖에 권한 있는 기관이 발행한 서류 또는 공증인(법률에 따른 공증인의 자격을 가진 자만 해당)이 공증한 신청인의 진술서로서 「재외공관 공증법」에 따라 그 국가에 주재하는 대한민국공관의 영사관이 확인한 서류, ⓑ 「외국공문서에 대한 인증의 요구를 폐지하는 협약」을 체결한 국가의 경우에는 해당 국가의 정부나 공증인, 그 밖의 권한이 있는 기관이 발행한 것으로서 해당 국가의 아포스티유(Apostille) 확인서 발급 권한이 있는 기관이 그 확인서를 발급한 서류를 첨부하여야 한다.

V. 인장 및 표시행위 등

1. 인장의 등록 등

개업공인중개사 및 소속공인중개사는 중개행위에 사용할 인장을 등록관청에 등록하여야 한다. 등록한 인장을 변경한 경우에도 또한 같다. 개업공인중개사 및 소속공인중개사는 중개행위를 함에 있어서는 등록한 인장을 사용하여야 하며, 개업공인중개사 및 소속공인중개사는 업무를 개시하기 전에 중개행위에 사용할 인장을 등록관청에 등록(전자문서에 의한 등록을 포함)하여야 하고, 등록한 인장을 변경한 경우에는 개업공인중개사 및 소속공인중개사는 변경일부터 7일 이내에 그 변경된 인장을 등록관청에 등록(전자문서에 의한 등록을 포함)하여야 한다.

개업공인중개사 및 소속공인중개사가 등록하여야 할 인장은 공인중개사인 개업공인중개사, 부칙 제6조제2항에 규정된 개업공인중개사 및 소속공인중개사의 경우에는 가족관계의 등록 등에 관한 법률(가족관계등록법)에 따른 가족관계등록부 또는 주민등록법에 따른 주민등록표에 기재되어 있는 성명이 나타난 인장으로서 그 크기가 가로 · 세로 각각 7밀리미터 이상 30밀리미터 이내인 인장이어야 하며, 법인인 개업공인중개사의 경우에는 상업등기규칙에 따라 신고한 법인의 인장이어야 한다. 다만, 분사무소에서 사용할 인장의 경우에는 상업등기규칙에 따라 법인의 대표자가 보증하는 인장을 등록할 수 있다. 한편, 법인인 개업공인중개사의 인장 등록은 상업등기규칙에 따른 인감증명서의 제출로 갈음한다. 인장의 등록은 ⓐ 중개사무소 개설등록신청, ⓑ 소속공인중개사 · 중개보조원에 대한 고용 신고와 같이 할 수 있다.

2. 중개사무소등록증 등의 게시

개업공인중개사는 중개사무소등록증 · 중개보수표 그 밖에 ㉮ 중개사무소등록증 원본(법인인 개업공인중개사의 분사무소의 경우에는 분사무소설치신고필증 원본을 말함), ㉯ 중개보수 · 실비의 요율 및 한도액표, ㉰ 개업공인중개사 및 소속공인중개사의 공인중개사 자격증 원본(해당되는 자가 있는 경우로 한정), ㉱ 보증의 설정을 증명할 수 있는 서류를 당해 중개사무소 안의 보기 쉬운 곳에 게시하여야 한다.

3. 중개사무소 명칭 및 성명 표기 방법 등

(1) 중개사무소 명칭

개업공인중개사는 그 사무소의 명칭에 공인중개사사무소 또는 부동산중개라는 문자를 사용하여야 하며, 개업공인중개사가 아닌 자는 공인중개사사무소, 부동산중개 또는 이와 유사한 명칭을 사용하여서는 아니된다. 개업공인중개사가 옥외광고물법에 따른 옥외광고물을 설치하는 경우 중개사무소등록증에 표기된 개업공인중개사(법인의 경우에는 대표자, 법인 분사무소의 경우에는 신고필증에 기재된 책임자를 말함)의 성명을 표기하여야 하며, 개업공인중개사 성명의 표기방법 등에 관하여 필요한 사항은 국토교통부령으로 정한다. 등록관청은 명칭사용 및 옥외설치, 성명 표기방법 등의 규정을 위반한 사무소의 간판 등에 대하여 철거를 명할 수 있다. 이 경우 그 명령을 받은 자가 철거를 이행하지 아니하는 경우에는 행정대집행법에 의하여 대집행을 할 수 있다.

(2) 성명의 표기방법 등

개업공인중개사는 옥외광고물을 설치하는 경우 옥외광고물법 시행령에 따른 옥외광고물 중 가로형간판, 세로형간판, 돌출간판 또는 옥상간판에 개업공인중개사(법인의 경우에는 대표자, 법인 분사무소의 경우에는 신고필증에 기재된 책임자를 말함)의 성명을 인식할 수 있는 정도의 크기로 표기하여야 한다.

4. 중개대상물의 표시 · 광고

① 개업공인중개사가 의뢰받은 중개대상물에 대하여 표시 · 광고(표시광고법에 따른 표시 · 광고를 말함)를 하려면 중개사무소, 개업공인중개사에 관한 사항으로서 Ⓐ 중개사무소의 명칭, 소재지 및 연락처, Ⓑ 개업공인중개사의 성명(법인인 경우에는 대표자의 성명)을 명시하여야 하며, 중개보조원에 관한 사항은 명시해서는 아니 된다. ② 개업공인중개사가 인터넷을 이용하여 중개대상물에 대한 표시 · 광고를 하는 때에는 ①에서 정하는 사항 외에 중개대상물의 종류별로 소재지, 면적, 가격 등의 사항을 명시하여야 한다. ③ 개업공인중개사가 아닌 자는 중개대상물에 대한 표시 · 광고를 하여서는 아니 된다. ④ 개업공인중개사는 중개대상물에 대하여 ⓐ 중개대상물이 존재하지 않아서 실제로 거래를 할 수 없는 중개대상물에 대한 표시 · 광고, ⓑ 중개대상물의 가격 등 내용을 사실과 다르

게 거짓으로 표시 · 광고하거나 사실을 과장되게 하는 표시 · 광고, ⓒ 그 밖에 표시 · 광고의 내용이 부동산거래질서를 해치거나 중개의뢰인에게 피해를 줄 우려가 있는 것의 표시 · 광고에 해당하는 부당한 표시 · 광고를 하여서는 아니 된다. ⑤ ④에 따른 부당한 표시 · 광고의 세부적인 유형 및 기준 등에 관한 사항은 국토교통부장관이 정하여 고시한다.[1)]

5. 중개사무소등록증 대여 등의 금지

개업공인중개사는 다른 사람에게 자기의 성명 또는 상호를 사용하여 중개업무를 하게 하거나 자기의 중개사무소등록증을 양도 또는 대여하는 행위를 하여서는 아니되며, 누구든지 다른 사람의 성명 또는 상호를 사용하여 중개업무를 하거나 다른 사람의 중개사무소등록증을 양수 또는 대여받아 이를 사용하는 행위를 하여서는 아니된다.

6. 사무소이전 및 휴폐업 등

(1) 중개사무소의 이전신고

개업공인중개사는 중개사무소를 이전한 때에는 이전한 날부터 10일 이내에 국토교통부령이 정하는 바에 따라 등록관청에 이전사실을 신고하여야 한다. 다만, 중개사무소를 등록관청의 관할 지역 외의 지역으로 이전한 경우에는 이전 후의 중개사무소를 관할하는 시장 · 군수 또는 구청장(이전후 등록관청)에게 신고하여야 하며, 신고를 받은 이전 후 등록관청은 종전의 등록관청에 관련 서류를 송부하여 줄 것을 요청하여야 한다. 이 경우 종전의 등록관청은 지체없이 ㉮ 이전신고를 한 중개사무소의 부동산중개사무소등록대장, ㉯ 부동산중개사무소 개설등록 신청서류, ㉰ 최근 1년간의 행정처분 및 행정처분절차가 진행중인 경우 그 관련서류를 이전 후 등록관청에 송부하여야 한다. 이에 따라 신고 전에 발생한 사유로 인한 개업공인중개사에 대한 행정처분은 이전 후 등록관청이 이를 행한다.

---

1) **(인터넷 표시 · 광고 모니터링)** ① 국토교통부장관은 인터넷을 이용한 중개대상물에 대한 표시 · 광고가 법 규정을 준수하는지 여부를 모니터링 할 수 있다. ② 국토교통부장관은 모니터링을 위하여 필요한 때에는 정보통신서비스 제공자에게 관련 자료의 제출을 요구할 수 있다. 이 경우 관련 자료의 제출을 요구받은 정보통신서비스 제공자는 정당한 사유가 없으면 이에 따라야 한다. ③ 국토교통부장관은 모니터링 결과에 따라 정보통신서비스 제공자에게 이 법 위반이의심되는 표시 · 광고에 대한 확인 또는 추가정보의 게재 등 필요한 조치를 요구할 수 있다. 이 경우 필요한 조치를 요구받은 정보통신서비스 제공자는 정당한 사유가 없으면 이에 따라야 한다. ④ 국토교통부장관은 모니터링 업무를 대통령령으로 정하는 기관에 위탁할 수 있다. ⑤ 국토교통부장관은 업무위탁기관에 예산의 범위에서 위탁업무 수행에 필요한 예산을 지원할 수 있다. ⑥ 모니터링의 내용, 방법, 절차 등에 관한 사항은 국토교통부령으로 정한다.

중개사무소의 이전신고를 하고자 하는 자는 중개사무소이전신고서에 Ⓐ 중개사무소등록증(분사무소의 경우에는 분사무소설치신고필증을 말함), Ⓑ 건축물대장에 기재된 건물에 중개사무소를 확보(소유 · 전세 · 임대차 또는 사용대차 등의 방법에 의하여 사용권을 확보)하였음을 증명하는 서류(다만, 건축물대장에 기재되지 아니한 건물에 중개사무소를 확보하였을 경우에는 건축물대장 기재가 지연되는 사유를 적은 서류도 함께 내야 함)를 첨부하여 등록관청(분사무소의 경우에는 주된 사무소의 소재지를 관할하는 등록관청을 말함)에 제출하여야 한다.

중개사무소의 이전신고를 받은 등록관청은 그 내용이 적합한 경우에는 중개사무소등록증 또는 분사무소설치신고필증을 재교부하여야 한다. 다만, 개업공인중개사가 등록관청의 관할지역 내로 이전한 경우에는 등록관청은 중개사무소등록증 또는 분사무소설치신고필증에 변경사항을 기재하여 이를 교부할 수 있다. 등록관청은 분사무소의 이전신고를 받은 때에는 지체 없이 그 분사무소의 이전 전 및 이전 후의 소재지를 관할하는 시장 · 군수 또는 구청장에게 이를 통보하여야 한다.

(2) 휴업 또는 폐업의 신고

개업공인중개사는 3월을 초과하는 휴업(중개사무소의 개설등록 후 업무를 개시하지 아니하는 경우를 포함), 폐업 또는 휴업한 중개업을 재개하고자 하는 때에는 등록관청에 그 사실을 신고하여야 한다. 휴업기간을 변경하고자 하는 때에도 또한 같다. 이 경우 국토교통부령이 정하는 신고서에 중개사무소등록증을 첨부(휴업 또는 폐업의 경우에 한함)하여 등록관청에 미리 신고(부동산중개업재개 · 휴업기간 변경신고의 경우에는 전자문서에 의한 신고를 포함)하여야 한다. 법인인 개업공인중개사의 분사무소의 경우에도 또한 같다. 중개사무소재개신고를 받은 등록관청은 반납을 받은 중개사무소등록증을 즉시 반환하여야 한다. 휴업은 6월을 초과할 수 없다. 다만, Ⓐ 질병으로 인한 요양, Ⓑ 징집으로 인한 입영, Ⓒ 취학, Ⓓ 그 밖에 Ⓐ 내지 Ⓒ에 준하는 부득이한 사유가 있는 경우에는 그러하지 아니하다.

(3) 간판의 철거

개업공인중개사는 Ⓐ 등록관청에 중개사무소의 이전사실을 신고한 경우, Ⓑ 등록관청에 폐업사실을 신고한 경우, Ⓒ 중개사무소의 개설등록 취소처분을 받은 경우에는 지체 없이 사무소의 간판을 철거하여야 한다. 등록관청은 간판의 철거를 개업공인중개사가 이행하지 아니하는 경우에는 행정대집행법에 따라 대집행을 할 수 있다.

Ⅵ. 중개거래 등

1. 중개계약

(1) 일반중개계약

중개의뢰인은 중개의뢰내용을 명확하게 하기 위하여 필요한 경우에는 개업공인중개사에게 Ⓐ 중개대상물의 위치 및 규모, Ⓑ 거래예정가격, Ⓒ 거래예정가격에 대하여 정한 중개보수, Ⓓ 그 밖에 개업공인중개사와 중개의뢰인이 준수하여야 할 사항을 기재한 일반중개계약서의 작성을 요청할 수 있다.

(2) 전속중개계약

중개의뢰인은 중개대상물의 중개를 의뢰함에 있어서 특정한 개업공인중개사를 정하여 그 개업공인중개사에 한하여 당해 중개대상물을 중개하도록 하는 계약(전속중개계약)을 체결할 수 있다. 전속중개계약은 국토교통부령이 정하는 계약서에 의하여야 하며, 개업공인중개사는 전속중개계약을 체결한 때에는 당해 계약서를 국토교통부령이 정하는 기간(3년) 동안 보존하여야 한다. 개업공인중개사는 전속중개계약을 체결한 때에는 부동산거래정보망 또는 일간신문에 당해 중개대상물에 관한 정보를 공개하여야 한다. 다만, 중개의뢰인이 비공개를 요청한 경우에는 이를 공개하여서는 아니된다.

전속중개계약의 유효기간은 3월로 한다. 다만, 당사자간에 다른 약정이 있는 경우에는 그 약정에 따르며, 전속중개계약을 체결한 개업공인중개사가 공개하여야 할 중개대상물에 관한 정보의 내용은 [㉮ 중개대상물의 종류, 소재지, 지목 및 면적, 건축물의 용도·구조 및 건축연도 등 중개대상물을 특정하기 위하여 필요한 사항, ㉯ 벽면 및 도배의 상태, ㉰ 수도·전기·가스·소방·열공급·승강기 설비, 오수·폐수·쓰레기 처리시설 등의 상태, ㉱ 도로 및 대중교통수단과의 연계성, 시장·학교 등과의 근접성, 지형 등 입지조건, 일조·소음·진동 등 환경조건, ㉲ 소유권·전세권·저당권·지상권 및 임차권 등 중개대상물의 권리관계에 관한 사항(다만, 각 권리자의 주소·성명 등 인적 사항에 관한 정보는 공개하여서는 아니 된다), ㉳ 공법상의 이용제한 및 거래규제에 관한 사항, ㉴ 중개대상물의 거래예정금액 및 공시지가(다만, 임대차의 경우에는 공시지가를 공개하지 아니할 수 있다)]와 같다.

2. 부동산거래정보망

(1) 부동산거래정보망의 지정 및 이용

국토교통부장관은 개업공인중개사 상호간에 부동산매매 등에 관한 정보의 공개와 유통을 촉진하고 공정한 부동산거래질서를 확립하기 위하여 부동산거래정보망을 설치·운영할 자를 지정할 수 있다. 지정을 받을 수 있는 자는 「전기통신사업법」의 규정에 의한 부가통신사업자로서 요건을 갖춘 자로 하며, 지정을 받은 자(거래정보사업자)는 지정받은 날부터 3월 이내에 부동산거래정보망의 이용 및 정보제공방법 등에 관한 운영규정을 정하여 국토교통부장관의 승인을 얻어야 한다. 이를 변경하고자 하는 때에도 또한 같다. 거래정보사업자는 개업공인중개사로부터 공개를 의뢰받은 중개대상물의 정보에 한하여 이를 부동산거래정보망에 공개하여야 하며, 의뢰받은 내용과 다르게 정보를 공개하거나 어떠한 방법으로든지 개업공인중개사에 따라 정보가 차별적으로 공개되도록 하여서는 아니된다.

(2) 거래정보사업자 지정취소사유

국토교통부장관은 거래정보사업자가 [ⓐ 거짓 그 밖의 부정한 방법으로 지정을 받은 경우, ⓑ 운영규정의 승인 또는 변경승인을 받지 아니하거나 운영규정을 위반하여 부동산거래정보망을 운영한 경우, ⓒ 의뢰받은 중개대상물의 정보에 한하여 이를 부동산거래정보망에 공개하여야 하며,의뢰받은 내용과 다르게 정보를 공개하거나 어떠한 방법으로든지 개업공인중개사에 따라 정보가 차별적 공개금지를 위반하여 정보를 공개한 경우, ⓓ 정당한 사유 없이 지정받은 날부터 1년 이내에 부동산거래정보망을 설치·운영하지 아니한 경우, ⓔ 개인인 거래정보사업자의 사망 또는 법인인 거래정보사업자의 해산 그 밖의 사유로 부동산거래정보망의 계속적인 운영이 불가능한 경우]에는 그 지정을 취소할 수 있다. 이 경우 국토교통부장관은 ⓐ 내지 ⓓ의 규정에 의하여 거래정보사업자 지정을 취소하고자 하는 경우에는 청문을 실시하여야 한다.

개업공인중개사는 부동산거래정보망에 중개대상물에 관한 정보를 거짓으로 공개하여서는 아니되며, 당해 중개대상물의 거래가 완성된 때에는 지체 없이 이를 당해 거래정보사업자에게 통보하여야 한다. 거래정보사업자의 지정절차, 운영규정에 정할 내용 그 밖에 필요한 사항은 국토교통부령으로 정하며, 운영규정에는 ㉮ 부동산거래정보망에 의 등록절차, ㉯ 자료의 제공 및 이용방법에 관한 사항, ㉰ 가입자에 대한 회비 및 그 징수에 관한 사항, ㉱ 거래정보사업자 및 가입자의 권리·의무에 관한 사항, ㉲ 그 밖에 부동산거래정보망의 이용에 관하여 필요한 사항을 정하여야 한다.

(3) 거래정보사업자의 지정 등

1) 지정 신청서류

부동산거래정보망을 설치 · 운영할 자로 지정받으려는 자는 거래정보사업자지정신청서에 Ⓐ 지정요건에 따른 수 이상의 개업공인중개사로부터 받은 부동산거래정보망가입 · 이용신청서 및 그 개업공인중개사의 중개사무소등록증 사본, Ⓑ 정보처리기사 자격증 사본, Ⓒ 공인중개사 자격증 사본, Ⓓ 주된 컴퓨터의 용량 및 성능 등을 확인할 수 있는 서류, Ⓔ 전기통신사업법에 따라 부가통신사업신고서를 제출하였음을 확인할 수 있는 서류를 첨부하여 국토교통부장관에게 제출하여야 한다. 이 경우 국토교통부장관은 전자정부법에 따라 행정정보의 공동이용을 통하여 법인 등기사항증명서(신청인이 법인인 경우로 한정)을 확인하여야 한다.

2) 부동산거래정보망 설치 · 운영 지정요건

ⓐ 그 부동산거래정보망의 가입 · 이용신청을 한 개업공인중개사의 수가 500명 이상이고 2개 이상의 특별시 · 광역시 · 도 및 특별자치도(시 · 도)에서 각각 30인 이상의 개업공인중개사가 가입 · 이용신청을 하였을 것, ⓑ 정보처리기사 1명 이상을 확보할 것, ⓒ 공인중개사 1명 이상을 확보할 것, ⓓ 부동산거래정보망의 가입자가 이용하는데 지장이 없는 정도로서 국토교통부장관이 정하는 용량 및 성능을 갖춘 컴퓨터설비를 확보할 것

3) 지정서 교부 및 관리

국토교통부장관은 지정신청을 받은 때에는 지정신청을 받은 날부터 30일 이내에 이를 검토하여 지정기준에 적합하다고 인정되는 경우에는 거래정보사업자로 지정하고, ㉠ 지정번호 및 지정 연월일, ㉡ 상호 또는 명칭 및 대표자의 성명, ㉢ 사무소의 소재지, ㉣ 주된 컴퓨터설비의 내역, ㉤ 전문자격자의 보유에 관한 사항을 거래정보사업자지정대장에 기재한 후에 거래정보사업자지정서를 교부하여야 한다. 거래정보사업자지정대장은 전자적 처리가 불가능한 특별한 사유가 없으면 전자적 처리가 가능한 방법으로 작성 · 관리하여야 한다.

3. 중개행위 절차 등

(1) 중개대상물의 확인 · 설명

개업공인중개사는 중개를 의뢰받은 경우에는 중개가 완성되기 전에 ⓐ 당해 중개대상물의 상태 · 입지 및 권리관계, ⓑ 법령의 규정에 의한 거래 또는 이용제한사항, ⓒ 중개대상물의 종류 · 소재지 · 지번 · 지목 · 면적 · 용도 · 구조 및 건축연도 등 중개대상물에 관한 기본적인 사항, ⓓ 소유권 · 전세권 · 저당권 · 지상권 및 임차권 등 중개대상물의 권리관계에 관한 사항, ⓔ 거래예정금액 · 중개보수 및 실비의 금액과 그 산출내역, ⓕ 토지이용계획, 공법상의 거래규제 및 이용제한에 관한 사항, [실제권리관계 또는 공시되지 않은 물건의 권리사항, ⓖ 수도 · 전기 · 가스 · 소방 · 열공급 · 승강기 및 배수 등 시설물의 상태, ⓗ 벽면 및 도배의 상태, ⓘ 일조 · 소음 · 진동 등 환경조건], ⓙ 도로 및 대중교통수단과의 연계성, 시장 · 학교와의 근접성 등 입지조건, ⓚ 중개대상물에 대한 권리를 취득함에 따라 부담하여야 할 조세의 종류 및 세율의 사항을 확인하여 이를 당해 중개대상물에 관한 권리를 취득하고자 하는 중개의뢰인에게 성실 · 정확하게 설명하고, 토지대장 등본 또는 부동산종합증명서, 등기사항증명서 등 설명의 근거자료를 제시하여야 한다.2)

개업공인중개사는 확인 · 설명을 위하여 필요한 경우에는 중개대상물의 매도의뢰인 · 임대의뢰인 등에게 당해 중개대상물의 상태에 관한 자료를 요구할 수 있으며, 매도의뢰인 · 임대의뢰인 등이 중개대상물의 상태에 관한 자료요구에 불응한 경우에는 그 사실을 매수의뢰인 · 임차의뢰인 등에게 설명하고, 중개대상물확인 · 설명서에 기재하여야 한다. 아울러, 중개가 완성되어 거래계약서를 작성하는 때에는 확인 · 설명사항을 서면으로 작성하여 거래당사자에게 교부하고 그 원본, 사본 또는 전자문서를 3년간 보존하여야 한다. 다만, 확인 · 설명사항이 전자문서 및 전자거래 기본법에 따른 공인전자문서센터에 보관된 경우

2) 확인설명서는 ㉮ 주거용, ㉯ 비주거용, ㉰ 토지, ㉱ 입목, 광업재단, 공장재단의 4가지형식이 있다. ㉮의 경우 ① 기본사항으로 ㉠ 대상물건의 표시(면적, 지목 등, 내진설계적용 여부), ㉡ 권리관계(소유권등), ㉢ 입지조건(도로, 교통, 주차장, 교육, 판매,의료), ㉣ 관리, ㉤ 비선호시설, ㉥ 거래예정금액 등, ㉦ 조세 및 세율, ② 세부확인사항으로 ⓐ 실제권리관계 또는 공시되지 않은 물건의 권리사항(4형식 모두 해당), ⓑ 시설(수도, 전기, 단독경보감지기(아파트제외) 등), ⓒ 벽면 및 도배상태, ⓓ 환경조건(일조, 소음, 진동), ③ 중개보수사항을 규정하고 있고, ⓐⓑⓒ의 경우는 자료요구 대상이다. ㉯의 경우는 기본확인사항에 입지조건(도로, 교통, 주차장, 접근성), 비선호시설은 대상이 아니며, 세부확인사항으로는 시설의 소방(소화전, 비상벨), 도배상태와 환경조건은 대상이 아니다. ㉰의 경우는 기본사항에 입지조건(도로, 교통, 접근성), 비선호시설과 관리 및 세부확인사항의 시설, 벽면 및 도배상태, 환경조건은 대상이 아니다. ㉱의 경우는 기본사항에 대상물 표시(종별-입목, 광업재단, 공장재단), 재단목록 또는 입목의 생육상태, 그 밖의 참고사항이 추가되고, 토지이용계획, 관리, 비선호시설, 입조조건은 대상이 아니다. 세부확인사항에는 시설, 벽면 및 도배상태, 환경조건은 대상이 아니다.

에는 그러하지 아니하다. 또한, 확인 · 설명서에는 개업공인중개사(법인인 경우에는 대표자를 말하며, 법인에 분사무소가 설치되어 있는 경우에는 분사무소의 책임자)가 서명 및 날인하되, 당해 중개행위를 한 소속공인중개사가 있는 경우에는 소속공인중개사가 함께 서명 및 날인하여야 한다.

(2) 소유자 등의 확인

개업공인중개사는 중개업무의 수행을 위하여 필요한 경우에는 중개의뢰인에게 주민등록증 등 신분을 확인할 수 있는 증표를 제시할 것을 요구할 수 있다.

(3) 거래계약서의 작성 및 기재사항

1) 거래계약서 작성행위 등

개업공인중개사는 중개대상물에 관하여 중개가 완성된 때에는 거래계약서를 작성하여 거래당사자에게 교부하고 5년 동안 그 원본, 사본 또는 전자문서를 보존하여야 한다(다만, 거래계약서가 공인전자문서센터에 보관된 경우에는 제외). 거래계약서의 작성에는 개업공인중개사(법인인 경우에는 대표자를 말하며, 법인에 분사무소가 설치되어 있는 경우에는 분사무소의 책임자)가 서명 및 날인하되, 당해 중개행위를 한 소속공인중개사가 있는 경우에는 소속공인중개사가 함께 서명 및 날인하여야 하며, 개업공인중개사는 거래계약서를 작성하는 때에는 거래금액 등 거래내용을 거짓으로 기재하거나 서로 다른 2 이상의 거래계약서를 작성하여서는 아니된다.

2) 거래계약서 기재사항 등

거래계약서에는 [ⓐ 거래당사자의 인적 사항, ⓑ 물건의 표시, ⓒ 계약일, ⓓ 거래금액 · 계약금액 및 그 지급일자 등 지급에 관한 사항, ⓔ 물건의 인도일시, ⓕ 권리이전의 내용, ⓖ 계약의 조건이나 기한이 있는 경우에는 그 조건 또는 기한, ⓗ 중개대상물확인 · 설명서 교부일자, ⓘ 그 밖의 약정내용을 기재]하여야 한다. 한편, 국토교통부장관은 개업공인중개사가 작성하는 거래계약서의 표준이 되는 서식을 정하여 그 사용을 권장할 수 있다.

(4) 개업공인중개사등의 기본윤리

개업공인중개사 및 소속공인중개사는 전문직업인으로서의 품위를 유지하고 신의와 성실로써 공정하게 중개 관련 업무를 수행하여야 하며, 개업공인중개사등은 이 법 및 다른 법률에 특별한 규정이 있는 경우를 제외하고는 그 업무상 알게 된 비밀을 누설하여서는 아니된다. 개업공인중개사등이 그 업무를 떠난 후에도 또한 같다.

4. 중개행위에 대한 배상

(1) 손해배상책임의 보장

개업공인중개사는 중개행위를 함에 있어서 고의 또는 과실로 인하여 거래당사자에게 재산상의 손해를 발생하게 한 때에는 그 손해를 배상할 책임이 있고, 자기의 중개사무소를 다른 사람의 중개행위의 장소로 제공함으로써 거래당사자에게 재산상의 손해를 발생하게 한 때에는 그 손해를 배상할 책임이 있다. 개업공인중개사는 업무를 개시하기 전에 손해배상책임을 보장하기 위하여 보증보험 또는 이 법의 규정에 의한 공제에 가입하거나 공탁을 하여야 하며, 공탁한 공탁금은 개업공인중개사가 폐업 또는 사망한 날부터 3년 이내에는 이를 회수할 수 없다.

개업공인중개사는 중개가 완성된 때에는 거래당사자에게 손해배상책임의 보장에 관한 ⓐ 보장금액, ⓑ 보증보험회사, 공제사업을 행하는 자, 공탁기관 및 그 소재지, ⓒ 보장기간의 사항을 설명하고 관계 증서의 사본을 교부하거나 관계 증서에 관한 전자문서를 제공하여야 한다. 개업공인중개사 중 ⓐ 법인인 개업공인중개사는 2억원 이상(다만, 분사무소를 두는 경우에는 분사무소마다 1억원 이상을 추가로 설정), ⓑ 법인이 아닌 개업공인중개사는 1억원 이상에 해당하는 금액을 보장하는 보증보험 또는 공제에 가입하거나 공탁을 하여야 한다. 개업공인중개사는 중개사무소 개설등록을 한 때에는 업무를 시작하기 전에 손해배상책임을 보장하기 위한 조치를 한 후 그 증명서류를 갖추어 등록관청에 신고하여야 한다. 다만, 보증보험회사·공제사업자 또는 공탁기관(보증기관)이 보증사실을 등록관청에 직접 통보한 경우에는 신고를 생략할 수 있다.

한편, 농업협동조합법의 규정에 따라 지역농업협동조합이 부동산중개업을 하는 때에는 중개업무를 개시하기 전에 보장금액 1천만원 이상의 보증을 보증기관에 설정하고 그 증명서류를 갖추어 등록관청에 신고하여야 한다.

(2) 계약금관리 등

1) 계약금등의 반환채무이행의 보장

개업공인중개사는 거래의 안전을 보장하기 위하여 필요하다고 인정하는 경우에는 거래계약의 이행이 완료될 때까지 계약금 · 중도금 또는 잔금(계약금등)을 [개업공인중개사 또는 ⓐ 은행, ⓑ 보험회사, ⓒ 신탁업자, ⓓ 체신관서, ⓔ 이 법(제42조)에 따라 공제사업을 하는 자, ⓕ 부동산 거래계약의 이행을 보장하기 위하여 계약금 · 중도금 또는 잔금(계약금등) 및 계약 관련서류를 관리하는 업무를 수행하는 전문회사)로 금융기관 등]에 예치하도록 거래당사자에게 권고할 수 있다. 예치한 계약금등의 관리 · 인출 및 반환절차 등에 관하여 필요한 사항은 대통령령으로 정한다.

계약금등을 예치한 경우 매도인 · 임대인 등 계약금등을 수령할 수 있는 권리가 있는 자는 당해 계약을 해제한 때에 계약금등의 반환을 보장하는 내용의 금융기관 또는 보증보험회사가 발행하는 보증서를 계약금등의 예치명의자에게 교부하고 계약금등을 미리 수령할 수 있다.

2) 계약금등의 예치 · 관리 등

개업공인중개사는 거래당사자가 이 법의 규정에 따라 계약금등을 개업공인중개사의 명의로 금융기관 등에 예치할 것을의뢰하는 경우에는 계약이행의 완료 또는 계약해제 등의 사유로 인한 계약금등의 인출에 대한 거래당사자의 동의 방법, 반환채무이행 보장에 소요되는 실비 그 밖에 거래안전을 위하여 필요한 사항을 약정하여야 한다.

개업공인중개사는 거래계약과 관련된 계약금등을 자기 명의로 금융기관 등에 예치하는 경우에는 자기 소유의 예치금과 분리하여 관리될 수 있도록 하여야 하며, 예치된 계약금등은 거래당사자의 동의 없이 인출하여서는 아니 되며, 계약금등을 자기 명의로 금융기관 등에 예치하는 경우에는 그 계약금등을 거래당사자에게 지급할 것을 보장하기 위하여 예치대상이 되는 계약금등에 해당하는 금액을 보장하는 보증보험 또는 이 법의 규정에 따른 공제에 가입하거나 공탁을 하여야 하며, 거래당사자에게 관계증서의 사본을 교부하거나 관계증서에 관한 전자문서를 제공하여야 한다.

5. 중개보수

(1) 중개보수 등

개업공인중개사는 중개업무에 관하여 중개의뢰인으로부터 소정의 보수를 받는다. 다만, 개업공인중개사의 고의 또는 과실로 인하여 중개의뢰인간의 거래행위가 무효 · 취소 또는 해제된 경우에는 그러하지 아니하다. 개업공인중개사는 중개의뢰인으로부터 중개대상물의 권리관계 등의 확인 또는 계약금등의 반환채무이행 보장에 소요되는 실비를 받을 수 있다. 보수의 지급시기는 개업공인중개사와 중개의뢰인간의 약정에 따르되, 약정이 없을 때에는 중개대상물의 거래대금 지급이 완료된 날로 한다.

(2) 중개보수 및 실비의 한도

1) 중개보수 및 실비

① 주택(부속토지를 포함)의 중개에 대한 보수와 실비의 한도 등에 관하여 필요한 사항은 특별시·광역시·도 또는 특별자치도(시·도)의 조례로 정하고, 주택 외의 중개대상물의 중개에 대한 보수는 국토교통부령으로 정한다. 주택의 중개에 대한 보수는 중개의뢰인 쌍방으로부터 각각 받되, 그 일방으로부터 받을 수 있는 한도는 매매·교환의 경우에는 거래금액의 1천분의 9이내로 하고, 임대차 등의 경우에는 거래금액의 1천분의 8이내로 한다. ② 실비의 한도는 중개대상물의 권리관계 등의 확인 또는 계약금 등의 반환채무이행 보장에 드는 비용으로 하되, 개업공인중개사가 영수증 등을 첨부하여 매도·임대 그 밖의 권리를 이전하고자 하는 중개의뢰인(계약금 등의 반환채무이행 보장에 소요되는 실비의 경우에는 매수·임차 그 밖의 권리를 취득하고자 하는 중개의뢰인)에게 청구할 수 있다. 중개대상물의 소재지와 중개사무소의 소재지가 다른 경우에는 개업공인중개사는 중개사무소의 소재지를 관할하는 시·도의 조례에서 정한 기준에 따라 중개보수 및 실비를 받아야 한다. ③ 주택 외의 중개대상물 중 ㉮ 오피스텔(Ⓐ전용면적이 85제곱미터 이하일 것과 Ⓑ상·하수도 시설이 갖추어진 전용입식 부엌, 전용수세식 화장실 및 목욕시설(전용수세식 화장실에 목욕시설을 갖춘 경우를 포함)을 갖출 것에 한정)은 중개의뢰인 쌍방으로부터 각각 받되, 매매 및 교환은 1천분의5, 임대차 등은 1천분의 4의 요율 범위에서 중개보수를 결정한다. ㉯ 그 외의 경우는 중개의뢰인 쌍방으로부터 각각 받되, 거래금액의 1천분의 9 이내에서 중개의뢰인과 개업공인중개사가 서로 협의하여 결정한다.

2) 거래금액의 계산

Ⓐ 임대차 중 보증금 외에 차임이 있는 경우에는 월 단위의 차임액에 100을 곱한 금액을 보증금에 합산한 금액을 거래금액으로 한다. 다만, 합산한 금액이 5천만원 미만인 경우에는 월 단위의 차임액에 70을 곱한 금액과 보증금을 합산한 금액을 거래금액으로 한다. Ⓑ 교환계약의 경우에는 교환대상 중개대상물 중 거래금액이 큰 중개대상물의 가액을 거래금액으로 한다. Ⓒ 동일한 중개대상물에 대하여 동일 당사자간에 매매를 포함한 둘 이상의 거래가 동일 기회에 이루어지는 경우에는 매매계약에 관한 거래금액만을 적용한다.

3) 적용의제 등

중개대상물인 건축물 중 주택의 면적이 2분의 1이상인 경우에는 주택의 규정을 적용하고, 주택의 면적이 2분의 1미만인 경우에는 주택 외의 규정을 적용한다. 개업공인중개사는 주택 외의 중개대상물에 대한 중개보수 요율의 범위 안에서 실제 자기가 받고자 하는 중개보수의 상한요율을 중개보수 · 실비의 요율 및 한도액표에 명시하여야 하며, 이를 초과하여 중개보수를 받아서는 아니 된다.

6. 금지행위

개업공인중개사등은 [Ⓐ 중개대상물의 매매를 업으로 하는 행위, Ⓑ 중개사무소의 개설등록을 하지 아니하고 중개업을 영위하는 자인 사실을 알면서 그를 통하여 중개를 의뢰받거나 그에게 자기의 명의를 이용하게 하는 행위, Ⓒ 사례 · 증여 그 밖의 어떠한 명목으로도 보수 또는 실비를 초과하여 금품을 받는 행위, Ⓓ 당해 중개대상물의 거래상의 중요사항에 관하여 거짓된 언행 그 밖의 방법으로 중개의뢰인의 판단을 그르치게 하는 행위, Ⓔ관계 법령에서 양도 · 알선 등이 금지된 부동산의 분양 · 임대 등과 관련 있는 증서 등의 매매 · 교환 등을 중개하거나 그 매매를 업으로 하는 행위, Ⓕ 중개의뢰인과 직접 거래를 하거나 거래당사자 쌍방을 대리하는 행위, Ⓖ 탈세 등 관계 법령을 위반할 목적으로 소유권보존등기 또는 이전등기를 하지 아니한 부동산이나 관계 법령의 규정에 의하여 전매 등 권리의 변동이 제한된 부동산의 매매를 중개하는 등 부동산투기를 조장하는 행위]를 하여서는 아니된다.

7. 공인중개사 등의 교육

(1) 개업공인중개사등의 교육

① 중개사무소의 개설등록을 신청하려는 자(법인의 경우에는 사원 · 임원을 말하며, 분사무소의 설치신고를 하려는 경우에는 분사무소의 책임자)는 등록신청일(분사무소 설치신고의 경우에는 신고일)전 1년 이내에 시 · 도지사가 실시하는 실무교육(실무수습 포함)을 받아야 한다(다만, Ⓐ 폐업신고 후 1년 이내에 중개사무소의 개설등록을 다시 신청하려는 자, Ⓑ 소속공인중개사로서 고용관계 종료 신고 후 1년 이내에 중개사무소의 개설등록을 신청하려는 자 제외).

② 소속공인중개사는 고용 신고일 전 1년 이내에 시·도지사가 실시하는 실무교육을 받아야 한다(다만, Ⓐ 고용관계 종료 신고 후 1년 이내에 고용 신고를 다시 하려는 자, Ⓑ 개업공인중개사로서 폐업신고를 한 후 1년 이내에 소속공인중개사로 고용 신고를 하려는 자 제외). 중개보조원은 고용 신고일 전 1년 이내에 시·도지사 또는 등록관청이 실시하는 직무교육을 받아야 한다(다만, 고용관계 종료 신고 후 1년 이내에 고용 신고를 다시 하려는 자 제외).

③ 실무교육을 받은 개업공인중개사 및 소속공인중개사는 실무교육을 받은 후 2년마다 시·도지사가 실시하는 연수교육을 받아야 한다. 국토교통부장관은 시·도지사가 실시하는 실무교육, 직무교육 및 연수교육의 전국적인 균형유지를 위하여 필요하다고 인정하면 해당 교육의 지침을 마련하여 시행할 수 있으며, 교육 및 교육지침(교육지침사항 : Ⓐ 교육의 목적, Ⓑ 교육대상, Ⓒ 교육과목 및 교육시간, Ⓓ 강사의 자격, Ⓔ 수강료, Ⓕ 수강신청, 출결 확인, 교육평가, 교육수료증 발급 등 학사 운영 및 관리, Ⓖ 그 밖에 균형있는 교육의 실시에 필요한 기준과 절차)에 관하여 필요한 사항은 대통령령으로 정한다. 시·도지사는 연수교육을 실시하려는 경우 실무교육 또는 연수교육을 받은 후 2년이 되기 2개월 전까지 연수교육의 일시·장소·내용 등을 대상자에게 통지하여야 한다.

(2) 개업공인중개사 등의 교육 등

① 실무교육의 내용 및 시간 : ㉠ 교육내용: 개업공인중개사 및 소속공인중개사의 직무수행에 필요한 법률지식, 부동산 중개 및 경영 실무, 직업윤리 등, ㉡ 교육시간: 28시간 이상 32시간 이하

② 직무교육의 내용 및 시간 : ㉠ 교육내용: 중개보조원의 직무수행에 필요한 직업윤리 등, ㉡ 교육시간: 3시간 이상 4시간 이하

③ 연수교육의 내용 및 시간 : ㉠ 교육내용: 부동산중개 관련 법·제도의 변경사항, 부동산 중개 및 경영 실무, 직업윤리 등, ㉡ 교육시간: 12시간 이상 16시간 이하

(3) 개업공인중개사의 고용인의 신고

개업공인중개사는 소속공인중개사 또는 중개보조원을 고용한 경우에는 교육을 받도록 한 후 업무개시 전까지 등록관청에 신고(전자문서에 의한 신고를 포함)하여야 하며, 고용 신고를 받은 등록관청은 공인중개사 자격증을 발급한 시·도지사에게 그 소속공인중개사의 공인중개사 자격 확인을 요청하여야 하고, 고용 신고를 받은 등록관청은 결격사유 해당 여부와 교육 수료 여부를 확인하여야 한다. 아울러, 개업공인중개사는 소속공인중개사

또는 중개보조원과의 고용관계가 종료된 때에는 고용관계가 종료된 날부터 10일 이내에 등록관청에 신고하여야 한다.

(4) 개업공인중개사등에 대한 거래사고예방 등 교육비 지원

① 국토교통부장관, 시 · 도지사 및 등록관청은 Ⓐ개업공인중개사등이 부동산거래사고 예방 등을 위하여 교육을 받는 경우에는 필요한 비용을 지원할 수 있고, Ⓑ필요하다고 인정하면 개업공인중개사등의 부동산거래사고 예방을 위한 교육을 실시할 수 있다. ② 개업공인중개사 등에 대한 부동산거래사고 예방 등의 교육을 위하여 지원할 수 있는 비용은 ⓐ 교육시설 및 장비의 설치에 필요한 비용, ⓑ 교육자료의 개발 및 보급에 필요한 비용, ⓒ 교육 관련 조사 및 연구에 필요한 비용, ⓓ 교육 실시에 따른 강사비이다. ③ 국토교통부장관, 시 · 도지사 및 등록관청은 부동산 거래질서를 확립하고, 부동산거래사고로 인한 피해를 방지하기 위하여 부동산거래사고 예방을 위한 교육을 실시하려는 경우에는 교육일 10일 전까지 ⓐ 교육일시, ⓑ 교육장소, ⓒ 교육내용, ⓓ 그 밖에 교육에 필요한 사항을 공고하거나 교육대상자에게 통지하여야 한다.

제 4 절 지도 · 감독 등

Ⅰ. 지도감독명령

1. 감독상의 명령 등

국토교통부장관, 시 · 도지사 및 등록관청(법인인 개업공인중개사의 분사무소 소재지의 시장 · 군수 또는 구청장을 포함)은 Ⓐ 부동산투기 등 거래동향의 파악을 위하여 필요한 경우, Ⓑ 이 법 위반행위의 확인, 공인중개사의 자격취소 · 정지 및 개업공인중개사에 대한 등록취소 · 업무정지 등 행정처분을 위하여 필요한 경우에는 개업공인중개사 또는 거래정보사업자에 대하여 그 업무에 관한 사항을 보고하게 하거나 자료의 제출 그 밖에 필요한 명령을 할 수 있으며, 소속 공무원으로 하여금 중개사무소(중개사무소의 개설등록을 하지 아니하고 중개업을 하는 자의 사무소 포함)에 출입하여 장부 · 서류 등을 조사 또는 검사하게 할 수 있다. 출입 · 검사 등을 하는 공무원은 국토교통부령으로 정하는 증표(공무원증 및 중개사무소조사 · 검사증명서)를 지니고 상대방에게 이를 내보여야 한다.

국토교통부장관, 시 · 도지사 및 등록관청은 불법 중개행위 등에 대한 단속을 함에 있어서 필요한 때에는 공인중개사협회 및 관계 기관에 협조를 요청할 수 있다. 이 경우 공인중개사협회는 특별한 사정이 없는 한 이에 따라야 한다.

2. 공인중개사의 자격취소 또는 자격정지

공인중개사의 자격취소처분 및 자격정지처분은 그 공인중개사자격증을 교부한 시 · 도지사가 행한다. 자격증을 교부한 시 · 도지사와 공인중개사 사무소의 소재지를 관할하는 시 · 도지사가 서로 다른 경우에는 공인중개사 사무소의 소재지를 관할하는 시 · 도지사가 자격취소처분 또는 자격정지처분에 필요한 절차를 모두 이행한 후 자격증을 교부한 시 · 도지사에게 통보하여야 한다. 시 · 도지사는 공인중개사의 자격취소처분을 한 때에는 5일 이내에 이를 국토교통부장관에게 보고하고 다른 시 · 도지사에게 통지하여야 한다.

Ⅱ. 자격의 취소

1. 자격취소 사유 등

시 · 도지사는 공인중개사가 [Ⓐ 부정한 방법으로 공인중개사의 자격을 취득한 경우, Ⓑ 이 법의 규정을 위반하여 다른 사람에게 자기의 성명을 사용하여 중개업무를 하게 하거나 공인중개사자격증을 양도 또는 대여한 경우, Ⓒ 이 법의 규정에 의한 자격정지처분을 받고 그 자격정지기간 중에 중개업무를 행한 경우(다른 개업공인중개사의 소속공인중개사 · 중개보조원 또는 법인인 개업공인중개사의 사원 · 임원이 되는 경우를 포함), Ⓓ 이 법을 위반하여 징역형의 선고를 받은 경우]에는 그 자격을 취소하여야 하며, 공인중개사의 자격을 취소하고자 하는 경우에는 청문을 실시하여야 한다.

공인중개사의 자격이 취소된 자는 공인중개사자격증을 시 · 도지사에게 반납하여야 하며, 분실 등의 사유로 인하여 공인중개사자격증을 반납할 수 없는 자는 자격증 반납을 대신하여 그 이유를 기재한 사유서를 시 · 도지사에게 제출하여야 한다.

2. 공인중개사자격증의 반납

공인중개사자격증을 반납하고자 하는 자는 자격취소처분을 받은 날부터 7일 이내에 그 공인중개사자격증을 교부한 시 · 도지사에게 공인중개사자격증을 반납하여야 한다.

Ⅲ. 자격의 정지

시 · 도지사는 공인중개사가 소속공인중개사로서 업무를 수행하는 기간 중에 [Ⓐ 2 이상의 중개사무소에 소속된 경우, Ⓑ 인장등록을 하지 아니하거나 등록하지 아니한 인장을 사용한 경우, Ⓒ 성실 · 정확하게 중개대상물의 확인 · 설명을 하지 아니하거나 설명의 근거자료를 제시하지 아니한 경우, Ⓓ 중개대상물확인 · 설명서에 서명 및 날인을 하지 아니한 경우, Ⓔ 거래계약서에 서명 및 날인을 하지 아니한 경우, Ⓕ 거래계약서에 거래금액 등 거래내용을 거짓으로 기재하거나 서로 다른 2 이상의 거래계약서를 작성한 경우, Ⓖ 이 법에 규정된 금지행위를 한 경우]에는 6월의 범위 안에서 기간을 정하여 그 자격을 정지할 수 있다. 등록관청은 공인중개사가 자격정지사유에 해당하는 사실을 알게 된 때에는 지체 없이 그 사실을 시 · 도지사에게 통보하여야 한다. 자격정지의 기준은 국토교통부령으로 정한다. 시 · 도지사는 위반행위의 동기 · 결과 및 횟수 등을 참작하여 자격정지기간의 2분의 1의 범위 안에서 가중 또는 감경할 수 있다. 이 경우 가중하여 처분하는 때에도 자격정지기간은 6월을 초과할 수 없다.

Ⅳ. 등록의 취소

1. 절대적 등록 취소사유

등록관청은 개업공인중개사가 [Ⓐ 개인인 개업공인중개사가 사망하거나 개업공인중개사인 법인이 해산한 경우, Ⓑ 거짓 그 밖의 부정한 방법으로 중개사무소의 개설등록을 한 경우, Ⓒ 결격사유에 해당하게 된 경우(다만, 결격사유가 발생한 날부터 2월 이내에 그 사유를 해소한 경우 제외), Ⓓ 이중으로 중개사무소의 개설등록을 한 경우, Ⓔ 다른 개업공인중개사의 소속공인중개사 · 중개보조원 또는 개업공인중개사인 법인의 사원 · 임원이 된 경우, Ⓕ 다른 사람에게 자기의 성명 또는 상호를 사용하여 중개업무를 하게 하거나 중개사무소등록증을 양도 또는 대여한 경우, Ⓖ 업무정지기간 중에 중개업무를 하거나 자격정지처분을 받은 소속공인중개사로 하여금 자격정지기간 중에 중개업무를 하게 한 경우, Ⓗ 최근 1년 이내에 이 법에 의하여 2회 이상 업무정지처분을 받고 다시 업무정지처분에 해당하는 행위를 한 경우]에는 중개사무소의 개설등록을 취소하여야 한다.

2. 상대적 등록 취소사유

등록관청은 개업공인중개사가 [Ⓐ 등록기준에 미달하게 된 경우, Ⓑ 2 이상의 중개사무소를 둔 경우, Ⓒ 임시 중개시설물을 설치한 경우, Ⓓ 겸업을 한 경우, Ⓔ 계속하여 6월을 초과하여 휴업한 경우, Ⓕ 중개대상물에 관한 정보를 공개하지 아니하거나 중개의뢰인의 비공개요청에도 불구하고 정보를 공개한 경우, Ⓖ 거래계약서에 거래금액 등 거래내용을 거짓으로 기재하거나 서로 다른 2 이상의 거래계약서를 작성한 경우, Ⓗ 손해배상책임을 보장하기 위한 조치를 이행하지 아니하고 업무를 개시한 경우, Ⓘ 금지행위를 한 경우, Ⓙ 최근 1년 이내에 이 법에 의하여 3회 이상 업무정지 또는 과태료의 처분을 받고 다시 업무정지 또는 과태료의 처분에 해당하는 행위를 한 경우, Ⓚ 개업공인중개사가 조직한 사업자단체 또는 그 구성원인 개업공인중개사가 공정거래법 제26조(사업자단체의 금지행위)를 위반하여 같은 법 제27조(시정조치) 또는 제28조(과징금)에 따른 처분을 최근 2년 이내에 2회 이상 받은 경우]에는 중개사무소의 개설등록을 취소할 수 있다.

3. 중개사무소등록증의 반납

등록관청은 절대적 등록 취소사유 중 Ⓑ 내지 Ⓗ 및 상대적 등록취소사유로 중개사무소의 개설등록을 취소하고자 하는 경우에는 청문을 실시하여야 하며, 중개사무소의 개설등록이 취소된 자는 중개사무소등록증을 등록관청에 반납하여야 한다. 중개사무소등록증을 반납하고자 하는 자는 등록취소처분을 받은 날부터 7일 이내에 등록관청에 그 중개사무소등록증을 반납하여야 하며, 법인인 개업공인중개사가 해산한 경우에는 그 법인의 대표자이었던 자가 등록취소처분을 받은 날부터 7일 이내에 등록관청에 중개사무소등록증을 반납하여야 한다.

V. 업무의 정지

등록관청은 개업공인중개사가 [Ⓐ 등록결격사유에 해당하는 자를 소속공인중개사 또는 중개보조원으로 둔 경우(다만, 그 사유가 발생한 날부터 2월 이내에 그 사유를 해소한 경우 제외), Ⓑ 인장등록을 하지 아니하거나 등록하지 아니한 인장을 사용한 경우, Ⓒ 국토교통부령이 정하는 전속중개계약서에 의하지 아니하고 전속중개계약을 체결하거나 계약서를 보존하지 아니한 경우, Ⓓ 중개대상물에 관한 정보를 거짓으로 공개하거나 거래정보사업자에게 공개를 의뢰한 중개대상물의 거래가 완성된 사실을 당해 거래정보사업자에게 통보하지 아니한 경우, Ⓔ 중개대상물확인 · 설명서를 교부하지 아니하거나 보존하지 아니한 경우, Ⓕ 중개대상물확인 · 설명서에 서명 및 날인을 하지 아니한 경우, Ⓖ 적정하게 거래계약서를 작성 · 교부하지 아니하거나 보존하지 아니한 경우, Ⓗ 거래계약서에 서명 및 날인을 하지 아니한 경우, Ⓘ 보고, 자료의 제출, 조사 또는 검사를 거부 · 방해 또는 기피하거나 그 밖의 명령을 이행하지 아니하거나 거짓으로 보고 또는 자료제출을 한 경우, Ⓙ 등록취소사유에 해당하는 경우, Ⓚ 최근 1년 이내에 이 법에 의하여 2회 이상 업무정지 또는 과태료의 처분을 받고 다시 과태료의 처분에 해당하는 행위를 한 경우, Ⓛ 개업공인중개사가 조직한 사업자단체 또는 그 구성원인 개업공인중개사가 공정거래법 제26조(사업자단체의 금지행위)를 위반하여 같은 법 제27조(시정조치) 또는 제28조(과징금)에 따른 처분을 받은 경우, Ⓜ 그 밖에 이 법 또는 이 법에 의한 명령이나 처분을 위반한 경우]에는 6월의 범위 안에서 기간을 정하여 업무의 정지를 명할 수 있다. 이 경우 법인인 개업공인중개사에 대하여는 법인 또는 분사무소별로 업무의 정지를 명할 수 있다.

업무의 정지에 관한 기준은 국토교통부령으로 정하며, 업무정지처분은 각 사유가 발생한 날부터 3년이 경과한 때에는 이를 할 수 없다. 등록관청은 위반행위의 동기 · 결과 및 횟수 등을 참작하여 업무정지기간의 2분의 1의 범위 안에서 가중 또는 감경할 수 있다. 이 경우 가중하여 처분하는 경우에도 업무정지기간은 6월을 초과할 수 없다.

Ⅵ. 자료제공 및 행정처분의 효과 등

1. 자료제공의 요청

국토교통부장관, 시 · 도지사 및 등록관청은 개업공인중개사가 조직한 사업자단체(공정거래법의 사업자단체) 또는 그 구성원인 개업공인중개사가 공정거래법 제26조(사업자단체의 금지행위)를 위반하여 같은 법 제27조(시정조치) 또는 제28조(과징금)에 따른 처분을 최근 2년 이내에 2회 이상 받은 경우 또는 개업공인중개사가 조직한 사업자단체 또는 그 구성원인 개업공인중개사가 공정거래법 제26조를 위반하여 시정조치 또는 과징금 처분을 받은 경우에 따라 처분하고자 하는 경우에는 미리 공정거래위원회에 처분과 관련된 자료의 제공을 요청할 수 있으며 공정거래위원회는 특별한 사유가 없으면 이에 따라야 한다.

2. 행정제재처분효과의 승계 등

개업공인중개사가 폐업신고후 다시 중개사무소의 개설등록을 한 때에는 폐업신고 전의 개업공인중개사의 지위를 승계하고, 폐업신고 전의 개업공인중개사에 대하여 업무정지 및 과태료의 위반행위를 사유로 행한 행정처분의 효과는 그 처분일부터 1년간 다시 중개사무소의 개설등록을 한 자(재등록 개업공인중개사)에게 승계되며, 재등록 개업공인중개사에 대하여 폐업신고 전의 등록취소 및 업무정지의 위반행위에 대한 행정처분을 할 수 있다(다만, Ⓐ 폐업신고를 한 날부터 다시 중개사무소의 개설등록을 한 날까지의 기간(폐업기간)이 3년을 초과한 경우 및 Ⓑ 폐업신고 전의 위반행위에 대한 행정처분이 업무정지에 해당하는 경우로서 폐업기간이 1년을 초과한 경우 제외). 처분효과 승계는 개업공인중개사인 법인의 대표자에 관하여 준용한다. 이 경우 개업공인중개사는 법인의 대표자로 본다. 한편, 행정처분을 함에 있어서는 폐업기간과 폐업의 사유 등을 고려하여야 한다.

제5절 공인중개사협회

Ⅰ. 협의의 설립 및 업무

1. 협회의 설립

개업공인중개사인 공인중개사(부칙 제6조제2항의 규정에 의하여 이 법에 의한 중개사무소의 개설등록을 한 것으로 보는 자를 포함)는 그 자질향상 및 품위유지와 중개업에 관한 제도의 개선 및 운용에 관한 업무를 효율적으로 수행하기 위하여 공인중개사협회(협회)를 설립할 수 있으며, 협회는 법인(이 법에 규정된 것 외에는 민법중 사단법인에 관한 규정을 적용)으로 하고, 회원 300인 이상이 발기인이 되어 정관을 작성하여 창립총회의의결을 거친 후 국토교통부장관의 인가를 받아 그 주된 사무소의 소재지에서 설립등기를 함으로써 성립한다. 협회는 정관으로 정하는 바에 따라 시 · 도에 지부를, 시(구가 설치되지 아니한 시와 특별자치도의 행정시를 말함) · 군 · 구에 지회를 둘 수 있고, 협회의 설립 및 설립인가의 신청 등에 관하여 필요한 사항은 대통령령으로 정한다.

협회를 설립하고자 하는 때에는 발기인이 작성하여 서명 · 날인한 정관에 대하여 회원 600인 이상이 출석한 창립총회에서 출석한 회원 과반수의 동의를 얻어 국토교통부장관의 설립인가를 받아야 한다. 창립총회에는 서울특별시에서는 100인 이상, 광역시 · 도 및 특별자치도에서는 각각 20인 이상의 회원이 참여하여야 한다. 협회의 설립인가신청에 필요한 서류는 국토교통부령으로 정한다.

2. 협회의 업무

협회는 설립 목적을 달성하기 위하여 [Ⓐ 회원의 품위유지를 위한 업무, Ⓑ 부동산중개제도의 연구 · 개선에 관한 업무, Ⓒ 회원의 자질향상을 위한 지도 및 교육 · 연수에 관한 업무, Ⓓ 회원의 윤리헌장 제정 및 그 실천에 관한 업무, Ⓔ 부동산 정보제공에 관한 업무, Ⓕ 개업공인중개사의 손해배상책임을 보장하기 위하여 공제사업 등(이 경우 공제사업은 비영리사업으로서 회원간의 상호부조를 목적으로 함), Ⓖ 그 밖에 협회의 설립목적

달성을 위하여 필요한 업무]를 수행할 수 있다.

3. 협회의 공제사업

(1) 공제사업 승인

협회는 개업공인중개사의 손해배상책임을 보장하기 위하여 공제사업을 할 수 있으며, 공제사업을 하고자 하는 때에는 공제규정을 제정하여 국토교통부장관의 승인(변경하는 경우 포함)을 얻어야 한다. 공제규정에는 공제사업의 범위, 공제계약의 내용, 공제금, 공제료, 회계기준 및 책임준비금의 적립비율 등 공제사업의 운용에 관하여 필요한 사항을 정하여야 한다. 협회는 공제사업을 다른 회계와 구분하여 별도의 회계로 관리하여야 하며, 책임준비금을 다른 용도로 사용하고자 하는 경우에는 국토교통부장관의 승인을 얻어야 하며, 매년도의 공제사업 운용실적을 일간신문·협회보 등을 통하여 공제계약자에게 공시하여야 한다.

(2) 공제사업의 범위 및 공제규정 사항

협회가 할 수 있는 공제사업의 범위는 공인중개사가 중개업무에 따른 손해배상책임을 보장하기 위한 공제기금의 조성 및 공제금의 지급에 관한 사업, 공제사업의 부대업무로서 공제규정으로 정하는 사업이다. ① 공제계약의 내용 : 협회의 공제책임, 공제금, 공제료, 공제기간, 공제금의 청구와 지급절차, 구상 및 대위권, 공제계약의 실효 그 밖에 공제계약에 필요한 사항(이 경우 공제료는 공제사고 발생률, 보증보험료 등을 종합적으로 고려하여 결정한 금액으로 한다). ② 회계기준 : 공제사업을 손해배상기금과 복지기금으로 구분하여 각 기금별 목적 및 회계원칙에 부합되는 세부기준을 정한다. ③ 책임준비금의 적립비율 : 공제사고 발생률 및 공제금 지급액 등을 종합적으로 고려하여 정하되, 공제료 수입액의 100분의 10이상으로 정한다.

(3) 공제사업 운용실적의 공시

협회는 Ⓐ 결산서인 요약 대차대조표, 손익계산서 및 감사보고서, Ⓑ 공제료 수입액, 공제금 지급액, 책임준비금 적립액, Ⓒ 그 밖에 공제사업의 운용과 관련된 참고사항을 매 회계연도 종료 후 3개월 이내에 일간신문 또는 협회보에 공시하고 협회의 인터넷 홈페이지에 게시하여야 한다.

Ⅱ. 공제사업 운영위원회

공제사업에 관한 사항을 심의하고 그 업무집행을 감독하기 위하여 협회에 운영위원회를 두며, 운영위원회의 위원은 협회의 임원, 중개업 · 법률 · 회계 · 금융 · 보험 · 부동산 분야 전문가, 관계 공무원 및 그 밖에 중개업 관련 이해관계자로 구성하되, 그 수는 19명 이내로 하며, 운영위원회의 구성과 운영에 필요한 세부 사항은 대통령령으로 정한다.

1. 공제사업 운영위원회 심의사항

운영위원회는 공제사업에 관하여 [Ⓐ 사업계획 · 운영 및 관리에 관한 기본 방침, Ⓑ예산 및 결산에 관한 사항, Ⓒ 차입금에 관한 사항, Ⓓ 주요 예산집행에 관한 사항, Ⓔ 공제약관 · 공제규정의 변경과 공제와 관련된 내부규정의 제정 · 개정 및 폐지에 관한 사항, Ⓕ 공제금, 공제가입금, 공제료 및 그 요율에 관한 사항, Ⓖ 정관으로 정하는 사항, Ⓗ 그 밖에 위원장이 필요하다고 인정하여 회의에 부치는 사항]을 심의하며 그 업무집행을 감독한다.

2. 공제사업 운영위원회 위원구성

운영위원회는 [Ⓐ 국토교통부장관이 소속 공무원 중에서 지명하는 사람 1명, Ⓑ 협회의 회장, Ⓒ 협회 이사회가 협회의 임원 중에서 선임하는 사람, Ⓓ 협회의 회장이 추천(ⓐ 대학 또는 정부출연연구기관에서 부교수 또는 책임연구원 이상으로 재직하고 있거나 재직하였던 사람으로서 부동산 분야 또는 법률 · 회계 · 금융 · 보험 분야를 전공한 사람, ⓑ 변호사 · 공인회계사 또는 공인중개사의 자격이 있는 사람, ⓒ 금융감독원 또는 금융기관에서 임원 이상의 직에 있거나 있었던 사람, ⓓ 공제조합 관련 업무에 관한 학식과 경험이 풍부한 사람으로서 해당 업무에 5년 이상 종사한 사람, ⓔ 소비자기본법에 따라 등록한 소비자단체 및 한국소비자원의 임원으로 재직 중인 사람)]하여 국토교통부장관의 승인을 받아 위촉하는 사람으로 구성하며, Ⓑ 협회의 회장 및 Ⓒ 협회 이사회가 협회의 임원 중에서 선임하는 사람에 해당하는 위원의 수는 전체 위원 수의 3분의 1 미만으로 한다. Ⓒ 협회 이사회가 협회의 임원 중에서 선임하는 사람, Ⓓ 협회의 회장이 추천에 따른 위원의 임기는 2년으로 하되 1회에 한하여 연임할 수 있으며, 보궐위원의 임기는 전임자 임기의 남은 기간으로 하고, 운영위원회에는 위원장과 부위원장 각각 1명을 두되, 위원장 및 부위원장은 위원 중에서 각각 호선한다.

3. 공제사업 운영위원회 회의 등

운영위원회의 위원장은 운영위원회의 회의를 소집하며 그 의장이 되며, 운영위원회의 부위원장은 위원장을 보좌하며, 위원장이 부득이한 사유로 그 직무를 수행할 수 없을 때에는 그 직무를 대행한다.

운영위원회의 회의는 재적위원 과반수의 출석으로 개의하고, 출석위원 과반수의 찬성으로 심의사항을 의결한다. 운영위원회의 사무를 처리하기 위하여 간사 및 서기를 두되, 간사 및 서기는 공제업무를 담당하는 협회의 직원 중에서 위원장이 임명하며, 간사는 회의 때마다 회의록을 작성하여 다음 회의에 보고하고 이를 보관하여야 한다. 한편, 상기 사항 외에 운영위원회의 운영에 필요한 사항은 운영위원회의 심의를 거쳐 위원장이 정한다.

Ⅲ. 협회에 대한 지도감독 등

1. 조사 · 검사 또는 지도 · 감독 등

① 금융감독원의 원장은 국토교통부장관의 요청이 있는 경우에는 공제사업에 관하여 조사 또는 검사를 할 수 있다. ② 국토교통부장관은 협회와 그 지부 및 지회에 대하여 감독상 필요한 때에는 그 업무에 관한 사항을 보고하게 하거나 자료의 제출 그 밖에 필요한 명령을 할 수 있으며, 소속 공무원으로 하여금 그 사무소에 출입하여 장부 · 서류 등을 조사 또는 검사하게 할 수 있으며, 출입 · 검사 등을 하는 공무원은 국토교통부령이 정하는 증표(공무원증 및 공인중개사협회조사 · 검사증명서)를 지니고 상대방에게 이를 내보여야 한다.

2. 공제사업 운영의 개선명령

국토교통부장관은 협회의 공제사업 운영이 적정하지 아니하거나 자산상황이 불량하여 중개사고 피해자 및 공제 가입자 등의 권익을 해칠 우려가 있다고 인정하면 [Ⓐ 업무집행방법의 변경, Ⓑ 자산예탁기관의 변경, Ⓒ 자산의 장부가격의 변경, Ⓓ 불건전한 자산에 대한 적립금의 보유, Ⓔ 가치가 없다고 인정되는 자산의 손실 처리, Ⓕ 그 밖에 이 법 및 공제규정을 준수하지 아니하여 공제사업의 건전성을 해할 우려가 있는 경우] 이에 대한 개선명령의 조치를 명할 수 있다.

3. 임원에 대한 제재 등

국토교통부장관은 협회의 임원이 Ⓐ 공제규정을 위반하여 업무를 처리한 경우, Ⓑ 개선명령을 이행하지 아니한 경우, Ⓒ 재무건전성 기준을 지키지 아니한 경우에 해당하여 공제사업을 건전하게 운영하지 못할 우려가 있는 경우 그 임원에 대한 징계·해임을 요구하거나 해당 위반행위를 시정하도록 명할 수 있다.

Ⅳ. 협회의 재무건전성

1. 재무건전성의 유지

협회는 공제금 지급능력과 경영의 건전성을 확보하기 위하여 Ⓐ 자본의 적정성에 관한 사항, Ⓑ 자산의 건전성에 관한 사항, Ⓒ 유동성의 확보에 관한 사항에 관하여 대통령령으로 정하는 재무건전성 기준을 지켜야 한다.

2. 재무건전성 기준

협회는 Ⓐ 지급여력비율은 100분의 100이상을 유지할 것, Ⓑ 구상채권 등 보유자산의 건전성을 정기적으로 분류하고 대손충당금을 적립할 것의 재무건전성기준을 모두 준수하여야 한다.

지급여력비율은 ⓐ 지급여력금액(자본금, 대손충당금, 이익잉여금, 그 밖에 이에 준하는 것으로서 국토교통부장관이 정하는 금액을 합산한 금액에서 영업권, 선급비용 등 국토교통부장관이 정하는 금액을 뺀 금액)을 ⓑ 지급여력기준금액(공제사업을 운영함에 따라 발생하게 되는 위험을 국토교통부장관이 정하는 방법에 따라 금액으로 환산한 것)으로 나눈 비율로 한다. 한편, 국토교통부장관은 재무건전성 기준에 관하여 필요한 세부기준을 정할 수 있다.

제6절 보칙 및 벌칙

Ⅰ. 업무위탁

국토교통부장관, 시 · 도지사 또는 등록관청은 그 업무의 일부를 협회 또는 대통령령이 정하는 기관에 위탁할 수 있다.

1. 교육업무 위탁

시 · 도지사는 이 법의 규정에 따른 실무교육, 직무교육 및 연수교육에 관한 업무를 위탁하는 때에는 Ⓐ 부동산 관련 학과가 개설된 고등교육법에 따른 학교, Ⓑ 협회, Ⓒ 공공기관의 운영에 관한 법률에 따른 공기업 또는 준정부기관 중 국토교통부령으로 정하는 인력 및 시설을 갖춘 기관 또는 단체를 지정하여 위탁하여야 한다.

2. 공인중개사자격시험 시행 위탁

시험시행기관장은 공인중개사시험의 시행에 관한 업무를 공공기관의 운영에 관한 법률에 따른 공기업, 준정부기관 또는 협회에 위탁할 수 있다(현재 한국산업인력공단에 위탁).

3. 업무위탁의 고시

시 · 도지사 또는 시험시행기관장은 교육업무 및 시험시행의 업무를 위탁한 때에는 위탁받은 기관의 명칭 · 대표자 및 소재지와 위탁업무의 내용 등을 관보에 고시하여야 한다.

Ⅱ. 신고 및 고발에 대한 포상금

등록관청은 [Ⓐ 중개사무소의 개설등록을 하지 아니하고 중개업을 한 자, Ⓑ 거짓 그 밖의 부정한 방법으로 중개사무소의 개설등록을 한 자, Ⓒ 중개사무소등록증 또는 공인중개사자격증을 다른 사람에게 양도 · 대여하거나 다른 사람으로부터 양수 · 대여받은 자]에 해당하는 자를 등록관청이나 수사기관에 신고 또는 고발한 자에 대하여 포상금을 지급할 수 있으며, 포상금의 지급에 소요되는 비용은 그 일부(100분의 50 이내)를 국고에서 보조할 수 있다. 포상금은 1건당 50만원으로 하며, 포상금은 신고, 고발사유에 해당하는 자가 행정기관에 의하여 발각되기 전에 등록관청이나 수사기관에 신고 또는 고발한 자에게 그 신고 또는 고발사건에 대하여 검사가 공소제기 또는 기소유예의 결정을 한 경우에 한하여 지급한다. 포상금의 지급방법 및 절차 등에 관하여 필요한 사항은 국토교통부령으로 정한다.

Ⅲ. 수수료

Ⓐ 공인중개사자격시험에 응시하는 자, Ⓑ 공인중개사자격증의 재교부를 신청하는 자, Ⓒ 중개사무소의 개설등록을 신청하는 자, Ⓓ 중개사무소등록증의 재교부를 신청하는 자, Ⓔ 분사무소설치의 신고를 하는 자, Ⓕ 분사무소설치신고필증의 재교부를 신청하는 자는 당해 지방자치단체의 조례가 정하는 바에 따라 수수료를 납부하여야 한다. 다만, 공인중개사자격시험을 국토교통부장관이 시행하는 경우(공인중개사자격시험에 응시하는 자)에 해당하는 자는 국토교통부장관이 결정 · 공고하는 수수료를 납부하여야 한다.

공인중개사자격시험 또는 공인중개사자격증 재교부업무를 위탁한 경우에는 당해 업무를 위탁받은 자가 위탁한 자의 승인을 얻어 결정 · 공고하는 수수료를 각각 납부하여야 한다.

Ⅳ. 벌칙 및 과태료

1. 벌칙

(1) 3년 이하의 징역 또는 3천만원 이하의 벌금

Ⓐ 중개사무소의 개설등록을 하지 아니하고 중개업을 한 자, Ⓑ 거짓 그 밖의 부정한 방법으로 중개사무소의 개설등록을 한 자, Ⓒ 관계 법령에서 양도 · 알선 등이 금지된 부동산의 분양 · 임대 등과 관련 있는 증서 등의 매매 · 교환 등을 중개하거나 그 매매를 업으로 하는 행위, Ⓓ 중개의뢰인과 직접 거래를 하거나 거래당사자 쌍방을 대리하는 행위,

Ⓔ 탈세 등 관계 법령을 위반할 목적으로 소유권보존등기 또는 이전등기를 하지 아니한 부동산이나 관계 법령의 규정에 의하여 전매 등 권리의 변동이 제한된 부동산의 매매를 중개하는 등 부동산투기를 조장하는 행위, Ⓕ 부당한 이익을 얻거나 제3자에게 부당한 이익을 얻게 할 목적으로 거짓으로 거래가 완료된 것처럼 꾸미는 등 중개대상물의 시세에 부당한 영향을 주거나 줄 우려가 있는 행위, Ⓖ 단체를 구성하여 특정 중개대상물에 대하여 중개를 제한하거나 단체 구성원 이외의 자와 공동중개를 제한하는 행위, Ⓗ 안내문, 온라인 커뮤니티 등을 이용하여 특정 개업공인중개사등에 대한 중개의뢰를 제한하거나 제한을 유도하는 행위, Ⓘ 안내문, 온라인 커뮤니티 등을 이용하여 중개대상물에 대하여 시세보다 현저하게 높게 표시·광고 또는 중개하는 특정 개업공인중개사등에게만 중개의뢰를 하도록 유도함으로써 다른 개업공인중개사등을 부당하게 차별하는 행위, Ⓙ 안내문, 온라인 커뮤니티 등을 이용하여 특정 가격 이하로 중개를 의뢰하지 아니하도록 유도하는 행위, Ⓚ 정당한 사유 없이 개업공인중개사등의 중개대상물에 대한 정당한 표시·광고 행위를 방해하는 행위, Ⓛ 개업공인중개사등에게 중개대상물을 시세보다 현저하게 높게 표시·광고하도록 강요하거나 대가를 약속하고 시세보다 현저하게 높게 표시·광고하도록 유도하는 행위

(2) 1년 이하의 징역 또는 1천만원 이하의 벌금

ⓐ 다른 사람에게 자기의 성명을 사용하여 중개업무를 하게 하거나 공인중개사자격증을 양도·대여한 자 또는 다른 사람의 공인중개사자격증을 양수·대여받은 자, ⓑ 공인중개사가 아닌 자로서 공인중개사 또는 이와 유사한 명칭을 사용한 자, ⓒ 이중으로 중개사무소의 개설등록을 하거나 2 이상의 중개사무소에 소속된 자, ⓓ 2 이상의 중개사무소를 둔 자, ⓔ 임시 중개시설물을 설치한 자, ⓕ 개업공인중개사가 아닌 자로서 "공인중개사사무소", "부동산중개" 또는 이와 유사한 명칭을 사용한 자, ⓖ 개업공인중개사가 아닌 자로서 중개업을 하기 위하여 중개대상물에 대한 표시·광고를 한 자, ⓗ 다른 사람에게 자기의 성명 또는 상호를 사용하여 중개업무를 하게 하거나 중개사무소등록증을 다른 사람에게 양도·대여한 자 또는 다른 사람의 성명·상호를 사용하여 중개업무를 하거나 중개사무소등록증을 양수·대여받은 자, ⓘ 규정을 위반하여 정보를 공개한 자, ⓙ 업무상 비밀을 누설한 자(피해자의 명시한의사에 반하여 벌하지 아니한다), ⓚ 중개대상물의 매매를 업으로 하는 행위, ⓛ 중개사무소의 개설등록을 하지 아니하고 중개업을 영위하는 자인 사실을 알면서 그를 통하여 중개를 의뢰받거나 그에게 자기의 명의를 이용하게 하

는 행위, ⓜ 사례·증여 그 밖의 어떠한 명목으로도 보수 또는 실비를 초과하여 금품을 받는 행위, ⓝ 당해 중개대상물의 거래상의 중요사항에 관하여 거짓된 언행 그 밖의 방법으로 중개의뢰인의 판단을 그르치게 하는 행위

2. 양벌규정

소속공인중개사·중개보조원 또는 개업공인중개사인 법인의 사원·임원이 중개업무에 관하여 이 법 벌칙규정인 3년 이하의 징역 또는 3천만원 이하의 벌금 및 1년 이하의 징역 또는 1천만원 이하의 벌금에 해당하는 위반행위를 한 때에는 그 행위자를 벌하는 외에 그 개업공인중개사에 대하여도 해당 조에 규정된 벌금형을 과한다. 다만, 그 개업공인중개사가 그 위반행위를 방지하기 위하여 해당 업무에 관하여 상당한 주의와 감독을 게을리하지 아니한 경우에는 그러하지 아니하다.

3. 과태료

(1) 500만원 이하의 과태료(국토교통부장관이 부과·징수)

Ⓐ 부당한 표시·광고를 한 자(등록관청이 부과·징수), Ⓑ 정당한 사유 없이 정보통신서비스 제공자에 대한 자료제출 요구에 따르지 아니하여 관련 자료를 제출하지 아니한 자, Ⓒ 정당한 사유 없이 표시·광고에 대한 확인 또는 추가정보의 게재 등 조치 요구에 따르지 아니하여 필요한 조치를 하지 아니한 자, Ⓓ 운영규정의 승인 또는 변경승인을 얻지 아니하거나 운영규정의 내용을 위반하여 부동산거래정보망을 운영한 자, Ⓔ 성실·정확하게 중개대상물의 확인·설명을 하지 아니하거나 설명의 근거자료를 제시하지 아니한 자, Ⓕ 연수교육을 정당한 사유 없이 받지 아니한 자(시·도지사가 부과·징수), Ⓖ 보고, 자료의 제출, 조사 또는 검사를 거부·방해 또는 기피하거나 그 밖의 명령을 이행하지 아니하거나 거짓으로 보고 또는 자료제출을 한 거래정보사업자, Ⓗ 공제사업 운용실적을 공시하지 아니한 자, Ⓘ 공제업무의 개선명령을 이행하지 아니한 자, Ⓙ 임원에 대한 징계·해임의 요구를 이행하지 아니하거나 시정명령을 이행하지 아니한 자, Ⓚ 보고, 자료의 제출, 조사 또는 검사를 거부·방해 또는 기피하거나 그 밖의 명령을 이행하지 아니하거나 거짓으로 보고 또는 자료제출을 한 자

(2) 100만원 이하의 과태료(등록관청이 부과 · 징수)

ⓐ 중개사무소등록증 등을 게시하지 아니한 자, ⓑ 사무소의 명칭에 "공인중개사사무소", "부동산중개"라는 문자를 사용하지 아니한 자 또는 옥외 광고물에 성명을 표기하지 아니하거나 거짓으로 표기한 자, ⓒ 중개사무소, 개업공인중개사 명시(중개보조원은 불명시) 및 중개대상물의 종류별로 소재지, 면적, 가격 명시를 위반하여 중개대상물의 중개에 관한 표시 · 광고를 한 자, ⓓ 중개사무소의 이전신고를 하지 아니한 자, ⓔ 휴업, 폐업, 휴업한 중개업의 재개 또는 휴업기간의 변경 신고를 하지 아니한 자, ⓕ 손해배상책임에 관한 사항을 설명하지 아니하거나 관계 증서의 사본 또는 관계 증서에 관한 전자문서를 교부하지 아니한 자, ⓖ 공인중개사자격증을 반납하지 아니하거나 공인중개사자격증을 반납할 수 없는 사유서를 제출하지 아니한 자 또는 거짓으로 공인중개사자격증을 반납할 수 없는 사유서를 제출한 자(시 · 도지사가 부과 · 징수), ⓗ 중개사무소등록증을 반납하지 아니한 자

공인중개사 자격정지의 기준(제22조 관련)

위반행위	해당법조문	자격정지 기준
1. 2 이상의 중개사무소에 소속된 경우	법 제36조제1항제1호	자격정지 6월
2. 인장등록을 하지 아니하거나 등록하지 아니한 인장을 사용한 경우	법 제36조제1항제2호	자격정지 3월
3. 성실 · 정확하게 중개대상물의 확인 · 설명을 하지 아니하거나 설명의 근거자료를 제시하지 아니한 경우	법 제36조제1항제3호	자격정지 3월
4. 중개대상물확인 · 설명서에 서명 · 날인을 하지 아니한 경우	법 제36조제1항제4호	자격정지 3월
5. 래계약서에 서명 · 날인을 하지 아니한 경우	법 제36조제1항제5호	자격정지 3월
6. 거래계약서에 거래금액 등 거래내용을 거짓으로 기재하거나 서로 다른 2 이상의 거래계약서를 작성한 경우	법 제36조제1항제6호	자격정지 6월
7. 법 제33조 각 호에 규정된 금지행위를 한 경우	법 제36조제1항제7호	자격정지 6월

개업공인중개사 업무정지의 기준(제25조 관련)

위반행위	해당법조문	업무정지 기준
1. 법 제10조제2항의 규정을 위반하여 동조제1항제1호 내지 제11호의 어느 하나에 해당하는 자를 소속공인중개사 또는 중개보조원으로 둔 경우. 다만, 그 사유가 발생한 날부터 2월 이내에 그 사유를 해소한 경우 제외	법 제39조제1항제1호	업무정지 6월
2. 인장등록을 하지 아니하거나 등록하지 아니한 인장을 사용한 경우	법 제39조제1항제2호	업무정지 3월
3. 국토교통부령이 정하는 전속중개계약서에 의하지 아니하고 전속중개계약을 체결하거나 계약서를 보존하지 아니한 경우	법 제39조제1항제3호	업무정지 3월
4. 중개대상물에 관한 정보를 거짓으로 공개한 경우	법 제39조제1항제4호	업무정지 6월
5. 거래정보사업자에게 공개를 의뢰한 중개대상물의 거래가 완성된 사실을 그 거래정보사업자에게 통보하지 아니한 경우	법 제39조제1항제4호	업무정지 3월
7. 중개대상물확인·설명서를 교부하지 아니하거나 보존하지 아니한 경우	법 제39조제1항제6호	업무정지 3월
8. 중개대상물확인·설명서에 서명·날인을 하지 아니한 경우	법 제39조제1항제7호	업무정지 3월
9. 적정하게 거래계약서를 작성·교부하지 아니하거나 보존하지 아니한 경우	법 제39조제1항제8호	업무정지 3월
10. 거래계약서에 서명·날인을 하지 아니한 경우	법 제39조제1항제9호	업무정지 3월
11. 보고, 자료의 제출, 조사 또는 검사를 거부·방해 또는 기피하거나 그 밖의 명령을 이행하지 아니하거나 거짓으로 보고 또는 자료제출을 한 경우	법 제39조제1항제10호	업무정지 3월
12. 법 제38조제2항 각 호의 어느 하나를 최근 1년 이내에 1회 위반한 경우	법 제39조제1항제11호	업무정지 6월
13. 최근 1년 이내에 이 법에 의하여 2회 이상 업무정지 또는 과태료의 처분을 받고 다시 과태료의 처분에 해당하는 행위를 한 경우	법 제39조제1항제12호	업무정지 6월
13의2. 개업공인중개사가 조직한 사업자단체 또는 그 구성원인 개업공인중개사가 다음 각 목에 따라 「공정거래법」 제26조를 위반하여 같은 법 제27조 또는 제28조에 따른 처분을 받은 경우	법 제39조제1항제13호	
가. 「공정거래법」 제26조제1항제1호를 위반하여 같은 법 제27조에 따른 처분을 받은 경우		업무정지 3월
나. 「공정거래법」 제26조제1항제1호를 위반하여 같은 법 제28조에 따른 처분을 받은 경우 또는 같은 법 제27조와 제28조에 따른 처분을 동시에 받은 경우		업무정지 6월
다. 「공정거래법」 제26조제1항제2호 또는 제4호를 위반하여 같은 법 제27조에 따른 처분을 받은 경우		업무정지 1월
라. 「공정거래법」 제26조제1항제2호 또는 제4호를 위반하여 같은 법 제28조에 따른 처분을 받은 경우 또는 같은 법 제27조와 제28조에 따른 처분을 동시에 받은 경우		업무정지 2월
마. 「공정거래법」 제26조제1항제3호를 위반하여 같은 법 제27조에 따른 처분을 받은 경우		업무정지 2월
바. 「공정거래법」 제26조제1항제3호를 위반하여 같은 법 제28조에 따른 처분을 받은 경우 또는 같은 법 제27조와 제28조에 따른 처분을 동시에 받은 경우		업무정지 4월
14. 부칙 제6조제6항에 규정된 업무지역의 범위를 위반하여 중개행위를 한 경우	부칙 제6조제7항	업무정지 3월
15. 그 밖에 이 법 또는 이 법에 의한 명령이나 처분에 위반한 경우로서 위의 각 호에 해당되지 아니하는 경우	법 제39조제1항제14호	업무정지 1월

제 13 장
거래중개실무법규

제1절 서 설

거래중개실무법규로 공인중개사법에서 규정하고 있는 내용은 거래중개업무를 수행하는 데 필요한 내용을 대부분 정하고 있어 거래중개업무의 기본적인 법규라고 할 수 있다. 아울러, 거래신고법, 민법 중 관련규정, 가등기담보법, 주택임대차보호법, 상가건물 임대차보호법, 집합건물법, 부동산실명자법 등 민사특별법도 중개실무에서 중요한 법규이다. 이러한 법규의 내용은 앞서 다루었으므로 이를 참조하면 된다. 본장에서는 경·공매 실무법규로 공인중개사의 매수신청대리인 등록 등에 관한 규칙, 민사집행법, 국세징수법 및 부동산등기 특별조치법, 부동산가격공시에관한법률을 중심으로 다루기로 한다.

제2절 매수신청대리인 등록 등에 관한 규칙

부동산경매에 있어서 매수신청 대리는 변호사와 법무사, 개업공인중개사와 중개법인 등이 가능하다. 여기서 개업공인중개사와 중개법인이 매수신청 대리를 하고자 할 때는 반드시 대법원규칙이 정하는 요건을 갖추어 법원에 등록하고 그 규정에 따라야 한다. 또한 법원행정처장이 지정하는 교육기관에서 부동산경매에 관한 실무교육을 이수해야 하고 손해배상책임을 위해 보증보험 또는 협회의 공제가입을 해야 한다.

Ⅰ. 총 칙

1. 매수신청대리권의 범위

법원에 매수신청대리인으로 등록된 개업공인중개사가 매수신청대리의 위임을 받은 경우 ㉠ 민사집행법에 따른 매수신청 보증의 제공, ㉡ 입찰표의 작성 및 제출, ㉢ 민사집행법에 따른 차순위매수신고, ㉣ 민사집행법에 따라 매수신청의 보증을 돌려 줄 것을 신청하는 행위, ㉤ 민사집행법에 따른 공유자의 우선매수신고, ㉥ 구 임대주택법에 따른 임차인의 임대주택 우선매수신고, ㉦ 공유자 또는 임대주택 임차인의 우선매수신고에 따라 차순위매수신고인으로 보게 되는 경우 그 차순위매수신고인의 지위를 포기하는 행위를 할 수 있다.

2. 매수신청대리의 대상물

이 규칙에 의한 매수신청대리의 대상물은 ㉠ 토지, ㉡ 건물 그 밖의 토지의 정착물, ㉢ 「입목에 관한 법률」에 따른 입목, ㉣ 「공장 및 광업재단 저당법」에 따른 공장재단, 광업재단 이다.

Ⅱ. 매수신청대리인 등록

1. 매수신청대리인 등록

매수신청대리인이 되고자 하는 개업공인중개사는 중개사무소(법인인 개업공인중개사의 경우에는 주된 중개사무소)가 있는 곳을 관할하는 지방법원의 장(지방법원장)에게 매수신청대리인 등록을 하여야 한다.

2. 등록요건

공인중개사가 매수신청대리인으로 등록하기 위한 요건은 ㉠ 개업공인중개사이거나 법인인 개업공인중개사일 것, ㉡ 부동산경매에 관한 실무교육을 이수하였을 것, ㉢ 보증보험 또는 공제에 가입하였거나 공탁을 하였을 것이다.

3. 등록의 결격사유

㉠ 매수신청대리인 등록이 취소된 후 3년이 지나지 아니한 자(단, 폐업신고에 의한 등록 취소는 제외), ㉡ 민사집행절차에서 매각에 관한 유죄판결을 받고 그 판결확정일부터 2년이 지나지 아니한 사람, ㉢ 매수신청대리업무정지처분을 받고 폐업신고를 한 자로서 업무정지기간(폐업에 불구하고 진행되는 것으로 본다)이 경과되지 아니한 자, ㉣ 매수신청대리업무정지처분을 받은 개업공인중개사인 법인의 업무정지의 사유가 발생한 당시의 사원 또는 임원이었던 자로서 당해 개업공인중개사에 대한 업무정지기간이 경과되지 아니한 자, ㉤ ㉠부터 ㉣까지 중 어느 하나에 해당하는 자가 사원 또는 임원으로 있는 법인인 개업공인중개사에 해당하는 자는 매수신청대리인 등록을 할 수 없다.

4. 행정정보의 제공요청

① 법원행정처장은 국토교통부장관, 시장·군수·구청장 또는 공인중개사협회(협회)가 보유·관리하고 있는 개업공인중개사에 관한 행정정보가 필요한 경우에는 국토교통부장관, 시장·군수·구청장 또는 협회에게 이용목적을 밝혀 당해 행정정보의 제공, 정보통신망의 연계, 행정정보의 공동이용 등의 협조를 요청할 수 있다. ② 협조요청을 받은 국토교통부장관, 시장·군수·구청장 또는 협회는 정당한 사유가 없는 한 이에 응하여야 한다.

5. 등록증의 교부 등

① 지방법원장은 매수신청대리인 등록을 한 자에 대해서는 매수신청대리인 등록증을 교부하여야 한다. ② 등록증을 교부받은 자가 등록증을 잃어버리거나 못쓰게 된 경우와 등록증의 기재사항의 변경으로 인하여 다시 등록증을 교부받고자 하는 경우에는 재교부를 신청할 수 있다.

6. 등록증 등의 게시

개업공인중개사는 등록증·매수신청대리 등 보수표 그 밖에 예규가 정하는 사항을 당해 중개사무소 안의 보기 쉬운 곳에 게시하여야 한다.

7. 실무교육

① 매수신청대리인 등록을 하고자 하는 개업공인중개사(다만, 법인인 개업공인중개사의 경우에는 공인중개사인 대표자)는 등록신청일 전 1년 이내에 법원행정처장이 지정하는 교육기관에서 부동산 경매에 관한 실무교육(32시간 이상 44시간 이내)을 이수하여야 한다. 다만, 폐업신고 후 1년 이내에 다시 등록신청을 하고자 하는 자는 그러하지 아니하다. ② 실무교육에는 평가가 포함되어야 하며, 교육시간, 교육과목 및 교육기관 지정에 관한 사항은 예규로 정한다.

8. 손해배상책임의 보장

① 매수신청대리인이 된 개업공인중개사는 매수신청대리를 함에 있어서 고의 또는 과실로 인하여 위임인에게 재산상 손해를 발생하게 한 때에는 그 손해를 배상할 책임이 있다. ② 매수신청대리인이 되고자 하는 개업공인중개사는 손해배상책임을 보장하기 위하여 보증보험 또는 협회의 공제에 가입하거나 공탁(보증)을 하여야 한다. ③ 공탁한 공탁금은 매수신청대리인이 된 개업공인중개사가 폐업, 사망 또는 해산한 날부터 3년 이내에는 이를 회수할 수 없다. ④ 매수신청의 위임을 받은 개업공인중개사는 매수신청인에게 손해배상책임의 보장에 관한 ㉠ 보장금액, ㉡ 보증보험회사, 공제사업을 행하는 자, 공탁기관 및 그 소재지, ㉢ 보장기간을 설명하고 관계증서의 사본을 교부하거나 관계증서에 관한 전자문서를 제공하여야 한다.

9. 공제사업

① 협회는 개업공인중개사의 손해배상책임을 보장하기 위하여 공제사업을 할 수 있다. ② 협회는 공제사업을 하고자 하는 때에는 공제규정을 제정하여 법원행정처장의 승인을 얻어야 한다. 공제규정을 변경하고자 하는 때에도 또한 같다. ③ 공제규정에는 예규에 정하는 바에 따라 공제사업의 범위, 공제계약의 내용, 공제금, 공제료, 회계기준 및 책임준비금의 적립비율 등 공제사업의 운용에 관하여 필요한 사항을 정하여야 한다. ④ 협회는 공제사업을 다른 회계와 구분하여 별도의 회계로 관리하여야 하며, 책임준비금을 다른 용도로 사용하고자 하는 경우에는 법원행정처장의 승인을 얻어야 한다. ⑤ 협회는 예규에 정하는 바에 따라 매년도의 공제사업 운용실적을 일간신문 또는 협회보 등을 통하여 공

제계약자에게 공시하여야 한다. ⑥ 법원행정처장은 협회가 이 규칙 및 공제규정을 준수하지 아니하여 공제사업의 건전성을 해할 우려가 있다고 인정되는 경우에는 이에 대한 시정을 명할 수 있다. ⑦ 금융감독원의 원장은 법원행정처장으로부터 요청이 있는 경우에는 협회의 공제사업에 관하여 검사를 할 수 있다.

10. 보증금액

① 개업공인중개사가 손해배상책임을 보장하기 위한 보증을 설정하여야 하는 금액은 ㉠ 법인인 개업공인중개사 : 2억 원 이상(다만, 분사무소를 두는 경우에는 분사무소마다 1억 원 이상을 추가로 설정), ㉡ 개업공인중개사 : 1억 원 이상이다. ② 보증기간의 만료로 인한 새로운 보증의 설정 및 다른 보증으로 변경하고자 하는 경우의 보증설정방법 등 보증의 변경에 관한 사항은 예규로 정한다. 또한 ③ 보증금액을 지급받는 방법은 예규로 정한다.

11. 휴업 또는 폐업의 신고

① 매수신청대리인은 매수신청대리업을 휴업(3월을 초과하는 경우), 폐업 또는 휴업한 매수신청대리업을 재개하고자 하는 때에는 감독법원에 그 사실을 미리 신고하여야 한다. 휴업기간을 변경하고자 하는 때에도 같다. ② 휴업은 6월을 초과할 수 없다.

Ⅲ. 매수신청대리행위

1. 대리행위의 방식

① 개업공인중개사는 대리행위를 하는 경우 각 대리행위마다 대리권을 증명하는 문서(본인의 인감증명서가 첨부된 위임장과 대리인등록증 사본 등)를 제출하여야 한다. 다만, 같은 날 같은 장소에서 대리행위를 동시에 하는 경우에는 하나의 서면으로 갈음할 수 있다. ② 법인인 개업공인중개사의 경우에는 ①에 규정된 문서 이외에 대표자의 자격을 증명하는 문서를 제출하여야 한다. ③ 개업공인중개사는 대리행위를 함에 있어서 매각장소 또는 집행법원에 직접 출석하여야 한다.

2. 사건카드의 작성 · 보존

① 개업공인중개사는 매수신청대리 사건카드를 비치하고, 사건을 위임받은 때에는 사건카드에 위임받은 순서에 따라 일련번호, 경매사건번호, 위임받은 연월일, 보수액과 위임인의 주소 · 성명 기타 필요한 사항을 기재하고, 서명날인 한 후 5년간 이를 보존하여야 한다. ② 서명날인에는 등록한 인장을 사용하여야 한다.

3. 매수신청대리 대상물의 확인 · 설명

① 개업공인중개사가 매수신청대리를 위임받은 경우 매수신청대리 대상물의 권리관계, 경제적 가치, 매수인이 부담하여야 할 사항 등에 대하여 위임인에게 성실 · 정확하게 설명하고 등기사항증명서 등 설명의 근거자료를 제시하여야 한다. ② 개업공인중개사는 위임계약을 체결한 경우 확인 · 설명 사항을 서면으로 작성하여 서명날인한 후 위임인에게 교부하고, 그 사본을 사건카드에 철하여 5년간 보존하여야 한다. ③ 서명날인에는 등록한 인장을 사용하여야 한다.

4. 보수 및 영수증

① 개업공인중개사는 매수신청대리에 관하여 위임인으로부터 예규에서 정한 보수표의 범위 안에서 소정의 보수를 받는다. 이때 보수 이외의 명목으로 돈 또는 물건을 받거나 예규에서 정한 보수 이상을 받아서는 아니된다. ② 개업공인중개사는 보수표와 보수에 대하여 이를 위임인에게 위임계약 전에 설명하여야 한다. ③ 개업공인중개사는 보수를 받은 경우 예규에서 정한 양식에 의한 영수증을 작성하여 서명날인한 후 위임인에게 교부하여야 한다. ④ 서명날인에는 등록한 인장을 사용하여야 한다. ⑤ 보수의 지급시기는 매수신청인과 매수신청대리인의 약정에 따르며, 약정이 없을 때에는 매각대금의 지급기한일로 한다.

5. 의무 및 금지행위

① 개업공인중개사는 신의와 성실로써 공정하게 매수신청대리업무를 수행하여야 한다. ② 개업공인중개사는 다른 법률에서 특별한 규정이 있는 경우를 제외하고는 그 업무상 알게 된 비밀을 누설하여서는 아니된다. 개업공인중개사가 그 업무를 떠난 경우에도 같

다. ③ 개업공인중개사는 매각절차의 적정과 매각장소의 질서유지를 위하여 민사집행법의 규정 및 집행관의 조치에 따라야 한다.

④ 개업공인중개사는 [㉠ 중개사무소를 이전한 경우, ㉡ 중개업을 휴업 또는 폐업한 경우, ㉢ 공인중개사 자격이 취소된 경우, ㉣ 공인중개사 자격이 정지된 경우, ㉤ 중개사무소 개설등록이 취소된 경우, ㉥ 중개업무가 정지된 경우, ㉦ 분사무소를 설치한 경우]에는 그 사유가 발생한 날로부터 10일 이내에 지방법원장에게 그 사실을 신고하여야 한다.

⑤ 개업공인중개사는 [㉠ 이중으로 매수신청대리인 등록신청을 하는 행위, ㉡ 매수신청대리인이 된 사건에 있어서 매수신청인으로서 매수신청을 하는 행위, ㉢ 동일 부동산에 대하여 이해관계가 다른 2인 이상의 대리인이 되는 행위, ㉣ 명의대여를 하거나 등록증을 대여 또는 양도하는 행위, ㉤ 다른 개업공인중개사의 명의를 사용하는 행위, ㉥ 형법(제315조)에 규정된 경매·입찰방해죄에 해당하는 행위, ㉦ 사건카드 또는 확인·설명서에 허위기재하거나 필수적 기재사항을 누락하는 행위, ㉧ 그 밖에 다른 법령에 따라 금지되는 행위]를 하여서는 아니된다.

Ⅳ. 지도 및 감독

1. 협회·개업공인중개사 등의 감독

① 법원행정처장은 매수신청대리업무에 관하여 협회를 감독한다. ② 지방법원장은 매수신청대리업무에 관하여 관할 안에 있는 협회의 시·도지부와 매수신청대리인 등록을 한 개업공인중개사를 감독한다. ③ 지방법원장은 매수신청대리업무에 대한 감독의 사무를 지원장과 협회의 시·도지부에 위탁할 수 있고, 이를 위탁받은 지원장과 협회의 시·도지부는 그 실시 결과를 지체 없이 지방법원장에게 보고하여야 한다. ④ 지방법원장은 법규를 위반하였다고 인정되는 개업공인중개사에 대하여 해당법규에 따른 상당한 처분을 하여야 한다. ⑤ 협회는 등록관청으로부터 중개사무소의 개설등록, 휴업·폐업의 신고, 자격의 취소, 자격의 정지, 등록의 취소, 업무의 정지 등에 관한 사항을 통보받은 후 10일 이내에 법원행정처장에게 통지하여야 한다.

2. 감독상의 명령

① 지방법원장 또는 감독의 사무를 행하는 지원장은 매수신청대리인 등록을 한 개업공인중개사에게 매수신청대리업무에 관한 사항에 대하여 보고하게 하거나 자료의 제출 그 밖에 필요한 명령을 할 수 있고, 소속공무원으로 하여금 중개사무소에 출입하여 장부·서류 등을 조사 또는 검사하게 할 수 있다. ② 감독의 사무를 행하는 협회의 시·도지부는 ①의 규정에 따른 중개사무소 출입·조사 또는 검사를 할 수 있다.

3. 등록취소 사유 등

① 지방법원장은 [㉠ 중개사무소 등록 결격사유에 해당하는 경우, ㉡ 폐업신고를 한 경우, ㉢ 공인중개사 자격이 취소된 경우, ㉣ 중개사무소 개설등록이 취소된 경우, ㉤ 등록당시 등록요건을 갖추지 않았던 경우, ㉥ 등록당시 결격사유가 있었던 경우]에는 매수신청대리인 등록을 취소하여야 한다(절대적). ② 지방법원장은 [㉠ 등록 후 등록요건을 갖추지 못하게 된 경우, ㉡ 등록 후 결격사유가 있게 된 경우, ㉢ 사건카드를 작성하지 아니하거나 보존하지 아니한 경우, ㉣ 확인·설명서를 교부하지 아니하거나 보존하지 아니한 경우, ㉤ 보수 이외의 명목으로 돈 또는 물건을 받은 경우, 예규에서 정한 보수를 초과하여 받은 경우, 보수의 영수증을 교부하지 아니한 경우, ㉥ 비밀누설금지, 매각질서유지, 금지행위 규정을 위반한 경우, ㉦ 감독상의 명령이나 중개사무소의 출입, 조사 또는 검사에 대하여 기피, 거부 또는 방해하거나 거짓으로 보고 또는 제출한 경우, ㉧ 최근 1년 이내에 이 규칙에 따라 2회 이상 업무정지처분을 받고 다시 업무정지처분에 해당하는 행위를 한 경우]에는 매수신청대리인 등록을 취소할 수 있다(상대적). ③ 매수신청대리인 등록이 취소된 자는 등록증을 관할 지방법원장에게 반납하여야 한다.

4. 업무정지 사유 등

① 지방법원장은 개업공인중개사(분사무소 포함)가 [㉠ 휴업하였을 경우, ㉡ 공인중개사 자격을 정지당한 경우, ㉢ 업무의 정지를 당한 경우, ㉣ 상대적 등록취소사유(감독상의 명령이나 중개사무소의 출입, 조사 또는 검사에 대하여 기피, 거부 또는 방해하거나 거짓으로 보고 또는 제출한 경우는 제외)에 해당하는 경우]에는 기간을 정하여 매수신청대리업무를 정지하는 처분을 하여야 한다(절대적). ② 지방법원장은 매수신청대리인 등록

을 한 개업공인중개사(분사무소 포함)가 [㉠ 다른 사람의 매수신청을 방해한 사람, 부당하게 다른 사람과 담합하거나 그 밖에 매각의 적정한 실시를 방해한 사람 및 이러한 행위를 교사한 사람, ㉡ 등록증 등을 게시하지 아니한 경우, ㉢ 등록한 인장사용 규정을 위반한 경우, ㉣ 사무소 이전 등의 신고를 하지 아니한 경우, ㉤ 감독상의 명령이나 중개사무소의 출입, 조사 또는 검사에 대하여 기피, 거부 또는 방해하거나 거짓으로 보고 또는 제출한 경우, ㉥ 법원의 명칭이나 휘장 등을 표시하였을 경우, ㉦ 그 밖에 이 규칙에 따른 명령이나 처분에 위반한 경우]에는 기간을 정하여 매수신청대리업무의 정지를 명할 수 있다(상대적). ③ 업무정지기간은 1월 이상 2년 이하로 한다.

5. 명칭의 표시 등

① 매수신청대리인 등록을 한 개업공인중개사는 그 사무소의 명칭이나 간판에 고유한 지명 등 법원행정처장이 인정하는 특별한 경우를 제외하고는 “법원”의 명칭이나 휘장 등을 표시하여서는 아니된다. ② 개업공인중개사는 매수신청대리인 등록이 취소된 때에는 사무실 내·외부에 매수신청대리업무에 관한 표시 등을 제거하여야 하며, 업무정지처분을 받은 때에는 업무정지사실을 당해 중개사사무소의 출입문에 표시하여야 한다.

제 3 절 민사집행법(경매부분)

민사집행법은 경매에 관한 집행절차부터 경매신청, 매각기일, 배당, 소유권이전촉탁 등과 같은 중요한 내용을 담고 있는데, 강제집행, 담보권 실행을 위한 경매, 민법 등에 의한 경매 및 보전처분의 절차를 규정하기 위해 제정되어 2002년부터 시행되었다. 민사소송법에서 집행 부분을 분리하여 만들었고, 매각부동산의 인도명령 대상을 권원이 없는 모든 점유자로 확대하여 매각허가결정이 확정되면 즉시 대금을 지급하고 쉽게 부동산을 인도받을 수 있도록 하였다. 항고이유서 제출 강제제도를 도입하고, 매각허가결정에 대한 항고시 모두에게 보증금을 공탁하게 하여 항고의 남발이나 항고심의 심리지연을 방지함으로써 집행절차가 신속하게 진행되도록 하였다. 또한, 배당요구 종기를 첫 매각기일 이전으로 앞당기는 등 매각조건이 확정된 상태에서 입찰예정자들이 경매에 참여할 수 있게 하였고, 매각대금 지급기한 제도를 도입하여 매수인에게 매각허가결정이 확정되면 법원은 대금지급 기한을 정하고 통지하여 소유권을 취득하도록 하고 있다.

Ⅰ. 총 칙

1. 집행신청의 방식 및 집행실시자

① 민사집행의 신청은 서면으로 하여야 한다. ② 민사집행은 특별한 규정이 없으면 집행관이 실시한다.

2. 집행법원

① 이 법에서 규정한 집행행위에 관한 법원의 처분이나 그 행위에 관한 법원의 협력사항을 관할하는 집행법원은 법률에 특별히 지정되어 있지 아니하면 집행절차를 실시할 곳이나 실시한 곳을 관할하는 지방법원이 된다. ② 집행법원의 재판은 변론 없이 할 수 있다.

3. 집행관의 강제력 사용

① 집행관은 집행을 하기 위하여 필요한 경우에는 채무자의 주거·창고 그 밖의 장소를 수색하고, 잠근 문과 기구를 여는 등 적절한 조치를 할 수 있다. ② 저항을 받으면 집행관은 경찰 또는 국군의 원조를 요청할 수 있다.

4. 즉시항고

① 집행절차에 관한 집행법원의 재판에 대하여는 특별한 규정이 있어야만 즉시항고를 할 수 있다. ② 항고인은 재판을 고지 받은 날부터 1주의 불변기간 이내에 항고장을 원심법원에 제출하여야 한다. ③ 항고장에 항고이유를 적지 아니한 때에는 항고인은 항고장을 제출한 날부터 10일 이내에 항고이유서를 원심법원에 제출하여야 한다.

5. 집행비용의 예납 등

① 민사집행의 신청을 하는 때에는 채권자는 민사집행에 필요한 비용으로서 법원이 정하는 금액을 미리 내야 한다. 법원이 부족한 비용을 미리 내라고 명하는 때에도 또한 같

다. ② 채권자가 비용을 미리 내지 아니한 때에는 법원은 결정으로 신청을 각하하거나 집행절차를 취소할 수 있다.

Ⅱ. 강제집행

1. 집행력 있는 정본

① 강제집행은 집행문이 있는 판결정본이 있어야 할 수 있다. ② 집행문은 신청에 따라 제1심 법원의 법원서기관 · 법원사무관 · 법원주사 또는 법원주사보가 내어 주며, 소송기록이 상급심에 있는 때에는 그 법원의 법원사무관 등이 내어 준다.

2. 집행문과 집행문부여 및 승계집행문

① 집행문은 판결정본의 끝에 덧붙여 적는다. ② 집행문에는 "이 정본은 피고 아무개 또는 원고 아무개에 대한 강제집행을 실시하기 위하여 원고 아무개 또는 피고 아무개에게 준다."라고 적고 법원사무관 등이 기명날인하여야 한다. ③ 집행문은 판결이 확정되거나 가집행의 선고가 있는 때에만 내어 준다. ④ 판결을 집행하는 데에 조건이 붙어 있어 그 조건이 성취되었음을 채권자가 증명하여야 하는 때에는 이를 증명하는 서류를 제출하여야만 집행문을 내어 준다. ⑤ 집행문은 판결에 표시된 채권자의 승계인을 위하여 내어 주거나 판결에 표시된 채무자의 승계인에 대한 집행을 위하여 내어 줄 수 있다.

3. 집행개시의 요건

① 강제집행은 이를 신청한 사람과 집행을 받을 사람의 성명이 판결이나 이에 덧붙여 적은 집행문에 표시되어 있고 판결을 이미 송달하였거나 동시에 송달한 때에만 개시할 수 있다. ② 판결의 집행이 취지에 따라 채권자가 증명할 사실에 매인 때 또는 판결에 표시된 채권자의 승계인을 위하여 하는 것이거나 판결에 표시된 채무자의 승계인에 대하여 하는 것일 때에는 집행할 판결 외에, 이에 덧붙여 적은 집행문을 강제집행을 개시하기 전에 채무자의 승계인에게 송달하여야 한다.

4. 집행관의 권한

① 집행관은 집행력 있는 정본을 가지고 있으면 채무자와 제3자에 대하여 강제집행을 하고 규정된 행위를 할 수 있는 권한을 가지며, 채권자는 그에 대하여 위임의 흠이나 제한을 주장하지 못한다. ② 집행관은 집행력 있는 정본을 가지고 있다가 관계인이 요청할 때에는 그 자격을 증명하기 위하여 이를 내보여야 한다.

5. 집행비용의 부담

① 강제집행에 필요한 비용은 채무자가 부담하고 그 집행에 의하여 우선적으로 변상을 받는다. ② 강제집행의 기초가 된 판결이 파기된 때에는 채권자는 채무자에게 변상하여야 한다.

Ⅲ. 부동산에 대한 강제집행

1. 집행법원

① 부동산에 대한 강제집행은 부동산이 있는 곳의 지방법원이 관할한다. ② 부동산이 여러 지방법원의 관할구역에 있는 때에는 각 지방법원에 관할권이 있다. 사건을 다른 관할 지방법원으로 이송할 수 있다.

2. 강제경매 신청 및 개시결정 등

(1) 강제경매신청서

강제경매신청서에는 ㉠ 채권자·채무자와 법원의 표시, ㉡ 부동산의 표시, ㉢ 경매의 이유가 된 일정한 채권과 집행할 수 있는 일정한 집행권원의 사항을 적어야 한다.

(2) 경매개시결정 등

① 경매절차를 개시하는 결정에는 동시에 그 부동산의 압류를 명하여야 한다. ② 압류는 부동산에 대한 채무자의 관리·이용에 영향을 미치지 아니한다. ③ 경매절차를 개시하는 결정을 한 뒤에는 법원은 직권으로 또는 이해관계인의 신청에 따라 부동산에 대한 침

해행위를 방지하기 위하여 필요한 조치를 할 수 있다. ④ 압류는 채무자에게 그 결정이 송달된 때 또는 등기가 된 때에 효력이 생긴다. ⑤ 강제경매신청을 기각하거나 각하하는 재판에 대하여는 즉시항고를 할 수 있다.

(3) 배당요구의 종기결정 및 공고

① 경매개시결정에 따른 압류의 효력이 생긴 때에는 집행법원은 절차에 필요한 기간을 감안하여 배당요구를 할 수 있는 종기를 첫 매각기일 이전으로 정한다. ② 배당요구의 종기가 정하여진 때에는 법원은 경매개시결정을 한 취지 및 배당요구의 종기를 공고하고, 전세권자 및 법원에 알려진 채권자에게 이를 고지하여야 한다. ③ 배당요구의 종기결정 및 공고는 경매개시결정에 따른 압류의 효력이 생긴 때부터 1주 이내에 하여야 한다. ④ 법원사무관등은 채권자 및 조세, 그 밖의 공과금을 주관하는 공공기관에 대하여 채권의 유무, 그 원인 및 액수를 배당요구의 종기까지 법원에 신고하도록 최고하여야 한다. ⑤ 채권자가 최고에 대한 신고를 하지 아니한 때에는 그 채권자의 채권액은 등기사항증명서 등 집행기록에 있는 서류와 증빙에 따라 계산한다. 이 경우 다시 채권액을 추가하지 못한다. ⑥ 법원은 특별히 필요하다고 인정하는 경우에는 배당요구의 종기를 연기할 수 있다.

(4) 현황조사

법원은 경매개시결정을 한 뒤에 바로 집행관에게 부동산의 현상, 점유관계, 차임 또는 보증금의 액수, 그 밖의 현황에 관하여 조사하도록 명하여야 한다.

(5) 경매개시결정에 대한 이의신청

이해관계인은 매각대금이 모두 지급될 때까지 법원에 경매개시결정에 대한 이의신청을 할 수 있다.

(6) 압류의 경합

① 강제경매절차 또는 담보권 실행을 위한 경매절차를 개시하는 결정을 한 부동산에 대하여 다른 강제경매의 신청이 있는 때에는 법원은 다시 경매개시결정을 하고, 먼저 경매개시결정을 한 집행절차에 따라 경매한다. ② 먼저 경매개시결정을 한 경매신청이 취하되거나 그 절차가 취소된 때에는 뒤의 경매개시결정에 따라 절차를 계속 진행하여야 한다. ③ ②의 경우에 뒤의 경매개시결정이 배당요구의 종기 이후의 신청에 의한 것인 때에는 집행법원은 새로이 배당요구를 할 수 있는 종기를 정하여야 한다. ④ 먼저 경매개시결

정을 한 경매절차가 정지된 때에는 법원은 신청에 따라 결정으로 뒤의 경매개시결정에 기초하여 절차를 계속하여 진행할 수 있다.

(7) 배당요구

① 집행력 있는 정본을 가진 채권자, 경매개시결정이 등기된 뒤에 가압류를 한 채권자, 민법·상법, 그 밖의 법률에 의하여 우선변제청구권이 있는 채권자는 배당요구를 할 수 있다. ② 배당요구에 따라 매수인이 인수하여야 할 부담이 바뀌는 경우 배당요구를 한 채권자는 배당요구의 종기가 지난 뒤에 이를 철회하지 못한다.

(8) 경매절차의 이해관계인

경매절차의 이해관계인은 ㉠ 압류채권자와 집행력 있는 정본에 의하여 배당을 요구한 채권자, ㉡ 채무자 및 소유자, ㉢ 등기부에 기입된 부동산 위의 권리자, ㉣ 부동산 위의 권리자로서 권리를 증명한 사람으로 한다.

(9) 인수주의와 잉여주의의 선택 등

① 압류채권자의 채권에 우선하는 채권에 관한 부동산의 부담을 매수인에게 인수하게 하거나, 매각대금으로 그 부담을 변제하는 데 부족하지 아니하다는 것이 인정된 경우가 아니면 그 부동산을 매각하지 못한다. ② 매각부동산 위의 모든 저당권은 매각으로 소멸된다. ③ 지상권·지역권·전세권 및 등기된 임차권은 저당권·압류채권·가압류채권에 대항할 수 없는 경우에는 매각으로 소멸된다. ④ ③의 경우 외의 지상권·지역권·전세권 및 등기된 임차권은 매수인이 인수한다. 다만, 그 중 전세권의 경우에는 전세권자가 배당요구를 하면 매각으로 소멸된다. ⑤ 매수인은 유치권자에게 그 유치권으로 담보하는 채권을 변제할 책임이 있다.

3. 경매신청 취하 등

(1) 경매신청의 취하

① 경매신청이 취하되면 압류의 효력은 소멸된다. ② 매수신고가 있은 뒤 경매신청을 취하하는 경우에는 최고가매수신고인 또는 매수인과 차순위매수신고인의 동의를 받아야 그 효력이 생긴다.

(2) 경매개시결정의 등기

① 법원이 경매개시결정을 하면 법원사무관등은 즉시 그 사유를 등기부에 기입하도록 등기관에게 촉탁하여야 한다. ② 등기관은 촉탁에 따라 경매개시결정사유를 기입하여야 한다.

(3) 부동산의 평가와 최저매각가격의 결정

법원은 감정인에게 부동산을 평가하게 하고 평가액을 참작하여 최저매각가격을 정하여야 한다.

(4) 일괄매각결정

법원은 ① 여러 개의 부동산의 위치·형태·이용관계 등을 고려하여 이를 일괄매수하게 하는 것이 알맞다고 인정하는 경우와 ② 부동산을 매각할 경우에 그 위치·형태·이용관계 등을 고려하여 다른 종류의 재산을 그 부동산과 함께 일괄매수하게 하는 것이 알맞다고 인정하는 때에는 직권으로 또는 이해관계인의 신청에 따라 일괄매각하도록 결정할 수 있다.

(5) 남을 가망이 없을 경우의 경매취소

① 법원은 최저매각가격으로 압류채권자의 채권에 우선하는 부동산의 모든 부담과 절차비용을 변제하면 남을 것이 없겠다고 인정한 때에는 압류채권자에게 이를 통지하여야 한다. ② 압류채권자가 ①의 통지를 받은 날부터 1주 이내에 ①의 부담과 비용을 변제하고 남을 만한 가격을 정하여 그 가격에 맞는 매수신고가 없을 때에는 자기가 그 가격으로 매수하겠다고 신청하면서 충분한 보증을 제공하지 아니하면, 법원은 경매절차를 취소하여야 한다.

(6) 강제경매의 매각방법

① 부동산의 매각은 집행법원이 정한 매각방법에 따른다. ② 부동산의 매각은 매각기일에 하는 호가경매, 매각기일에 입찰 및 개찰하게 하는 기일입찰 또는 입찰기간 이내에 입찰하게 하여 매각기일에 개찰하는 기간입찰의 세 가지 방법으로 한다.

4. 매각기일 등

(1) 매각기일과 매각결정기일 등의 지정

① 법원은 최저매각가격으로 압류채권자의 채권에 우선하는 부동산의 모든 부담과 절차비용의 부담과 비용을 변제하고도 남을 것이 있다고 인정하거나 압류채권자가 자기가 그 가격으로 매수하겠다고 신청을 하고 충분한 보증을 제공한 때에는 직권으로 매각기일과 매각결정기일을 정하여 대법원규칙이 정하는 방법으로 공고한다. ② 법원은 매각기일과 매각결정기일을 이해관계인에게 통지하여야 한다.

(2) 매각물건명세서 등

① 법원은 ㉠ 부동산의 표시, ㉡ 부동산의 점유자와 점유의 권원, 점유할 수 있는 기간, 차임 또는 보증금에 관한 관계인의 진술, ㉢ 등기된 부동산에 대한 권리 또는 가처분으로서 매각으로 효력을 잃지 아니하는 것, ㉣ 매각에 따라 설정된 것으로 보게 되는 지상권의 개요 사항의 매각물건명세서를 작성하여야 한다. ② 법원은 매각물건명세서 · 현황조사보고서 및 평가서의 사본을 법원에 비치하여 누구든지 볼 수 있도록 하여야 한다.

(3) 매각기일의 공고내용 및 매각장소

① 매각기일의 공고내용에는 ㉠ 부동산의 표시, ㉡ 강제집행으로 매각한다는 취지, ㉢ 부동산의 점유자 차임, ㉣ 매각기일의 일시 · 장소, ㉤ 최저매각가격, ㉥ 매각결정기일의 일시, 장소, ㉦ 매각물건명세서, 현황조사보고서 및 평가서의 사본을 매각기일 전에 법원에 비치하여 누구든지 볼 수 있도록 제공한다는 취지, ㉧ 등기부에 기입할 필요가 없는 부동산에 대한 권리를 가진 사람은 채권을 신고하여야 한다는 취지, ㉨ 이해관계인은 매각기일에 출석할 수 있다는 취지를 적어야 한다. ② 매각기일은 ㉠ 법원 안에서 진행하여야 한다. 다만, 집행관은 ㉡ 법원의 허가를 얻어 다른 장소에서 매각기일을 진행할 수 있다.

(4) 매각결정기일 및 매각기일의 진행

① 매각결정기일은 매각기일부터 1주 이내로 정하여야 한다. ② 매각결정절차는 법원 안에서 진행하여야 한다. ③ 집행관은 기일입찰 또는 호가경매의 방법에 의한 매각기일에는 매각물건명세서 · 현황조사보고서 및 평가서의 사본을 볼 수 있게 하고, 특별한 매각조

건이 있는 때에는 이를 고지하며, 법원이 정한 매각방법에 따라 매수가격을 신고하도록 최고하여야 한다.

(5) 매수신청의 보증 및 차순위매수신고

① 매수신청인은 대법원규칙이 정하는 바에 따라 집행법원이 정하는 금액과 방법에 맞는 보증을 집행관에게 제공하여야 한다. ② 최고가매수신고인 외의 매수신고인은 매각기일을 마칠 때까지 집행관에게 최고가매수신고인이 대금지급기한까지의무를 이행하지 아니하면 자기의 매수신고에 대하여 매각을 허가하여 달라는 취지의 신고를 할 수 있다. ③ 차순위매수신고는 신고액이 최고가매수신고액에서 그 보증액을 뺀 금액을 넘는 때에만 할 수 있다.

(6) 매각기일의 종결

① 집행관은 ㉠ 최고가매수신고인의 성명과 그 가격을 부르고 차순위매수신고를 최고한 뒤, 적법한 차순위매수신고가 있으면 ㉡ 차순위매수신고인을 정하여 그 성명과 가격을 부른 다음 매각기일을 종결한다고 고지하여야 한다. ② 차순위매수신고를 한 사람이 둘 이상인 때에는 ㉢ 신고한 매수가격이 높은 사람을 차순위매수신고인으로 정한다. 신고한 매수가격이 같은 때에는 ㉣ 추첨으로 차순위매수신고인을 정한다. ③ 최고가매수신고인과 차순위매수신고인을 제외한 다른 매수신고인은 ①의 고지에 따라 매수의 책임을 벗게 되고, 즉시 매수신청의 보증을 돌려 줄 것을 신청할 수 있다.

(7) 매각기일조서

① 최고가매수신고인 및 차순위매수신고인과 출석한 이해관계인은 조서에 서명 날인하여야 한다. 그들이 서명 날인할 수 없을 때에는 집행관이 그 사유를 적어야 한다. ② 집행관이 매수신청의 보증을 돌려 준 때에는 영수증을 받아 조서에 붙여야 한다.

(8) 새 매각기일 및 매각결정기일에서의 진술

① 허가할 매수가격의 신고가 없이 매각기일이 최종적으로 마감된 때에는 법원은 최저매각가격을 상당히 낮추고 새 매각기일을 정하여야 한다. 그 기일에 허가할 매수가격의 신고가 없는 때에도 또한 같다. ② 법원은 매각결정기일에 출석한 이해관계인에게 매각허가에 관한의견을 진술하게 하여야 한다. ③ 매각허가에 관한 이의는 매각허가가 있을 때까지 신청하여야 한다. 이미 신청한 이의에 대한 진술도 또한 같다.

5. 매각허가 등

(1) 매각허가에 대한 이의신청사유

매각허가에 관한 이의는 ㉠ 강제집행을 허가할 수 없거나 집행을 계속 진행할 수 없을 때, ㉡ 최고가매수신고인이 부동산을 매수할 능력이나 자격이 없는 때, ㉢ 부동산을 매수할 자격이 없는 사람이 최고가매수신고인을 내세워 매수신고를 한 때, ㉣ 최저매각가격의 결정, 일괄매각의 결정 또는 매각물건명세서의 작성에 중대한 흠이 있는 때, ㉤ 천재지변, 그 밖에 자기가 책임을 질 수 없는 사유로 부동산이 현저하게 훼손된 사실 또는 부동산에 관한 중대한 권리관계가 변동된 사실이 경매절차의 진행 중에 밝혀진 때, ㉥ 경매절차에 그 밖의 중대한 잘못이 있는 때에 해당하는 이유가 있어야 신청할 수 있다.

(2) 매각의 불허 및 과잉매각되는 경우의 매각불허가

① 법원은 이의신청이 정당하다고 인정한 때에는 매각을 허가하지 아니한다. ② 매각허가에 대한 이의신청 사유가 있는 때에는 직권으로 매각을 허가하지 아니한다. ③ 여러 개의 부동산을 매각하는 경우에 한 개의 부동산의 매각대금으로 모든 채권자의 채권액과 강제집행비용을 변제하기에 충분하면 다른 부동산의 매각을 허가하지 아니한다.

(3) 매각허가결정 및 이해관계인 등의 즉시항고

① 매각허가결정에는 매각한 부동산, 매수인과 매각가격을 적고 특별한 매각조건으로 매각한 때에는 그 조건을 적어야 한다. ② 이해관계인은 매각허가여부의 결정에 따라 ㉠ 손해를 볼 경우에만 그 결정에 대하여 즉시항고를 할 수 있다. ③ 매각허가에 ㉡ 정당한 이유가 없거나 결정에 적은 것 외의 조건으로 허가하여야 한다고 주장하는 매수인 또는 매각허가를 주장하는 매수신고인도 즉시항고를 할 수 있다.

(4) 매각허가여부에 대한 항고 및 부동산의 인도명령

① 매각허가결정에 대한 항고는 이 법에 규정한 매각허가에 대한 ㉠ 이의신청사유가 있다거나, 그 ㉡ 결정절차에 중대한 잘못이 있다는 것의 이유에만 할 수 있다. ② 매각허가결정에 대하여 항고를 하고자 하는 사람은 보증으로 매각대금의 10분의 1에 해당하는 금전 또는 법원이 인정한 유가증권을 공탁하여야 한다. ③ 법원은 매수인이 대금을 낸 뒤 6월 이내에 신청하면 채무자·소유자 또는 부동산 점유자에 대하여 부동산을 매수인에게

인도하도록 명할 수 있다.

(5) 재매각

① 매수인이 대금지급기한까지 그 의무를 완전히 이행하지 아니하였고, 차순위매수신고인이 없는 때에는 법원은 직권으로 부동산의 재매각을 명하여야 한다. ② 재매각절차에도 종전에 정한 최저매각가격, 그 밖의 매각조건을 적용한다. ③ 매수인이 재매각기일의 3일 이전까지 대금, 그 지급기한이 지난 뒤부터 지급일까지의 대금에 대한 대법원규칙이 정하는 이율에 따른 지연이자와 절차비용을 지급한 때에는 재매각절차를 취소하여야 한다. 이 경우 차순위매수신고인이 매각허가결정을 받았던 때에는 위 금액을 먼저 지급한 매수인이 매매목적물의 권리를 취득한다. ④ 재매각절차에서는 전의 매수인은 매수신청을 할 수 없으며 매수신청의 보증을 돌려 줄 것을 요구하지 못한다.

(6) 공유물지분에 대한 경매

① 공유물지분을 경매하는 경우에는 채권자의 채권을 위하여 채무자의 지분에 대한 경매개시결정이 있음을 등기부에 기입하고 다른 공유자에게 그 경매개시결정이 있다는 것을 통지하여야 한다. ② 최저매각가격은 공유물 전부의 평가액을 기본으로 채무자의 지분에 관하여 정하여야 한다.

(7) 공유자의 우선매수권

① 공유자는 매각기일까지 보증을 제공하고 최고 매수신고가격과 같은 가격으로 채무자의 지분을 우선매수하겠다는 신고를 할 수 있다. ② 법원은 최고가매수신고가 있더라도 그 공유자에게 매각을 허가하여야 한다. ③ 여러 사람의 공유자가 우선매수하겠다는 신고를 하고 특별한 협의가 없으면 공유지분의 비율에 따라 채무자의 지분을 매수하게 한다. ④ 공유자가 우선매수신고를 한 경우에는 최고가매수신고인을 차순위매수신고인으로 본다.

6. 대금지급 등

(1) 대금의 지급

① 매각허가결정이 확정되면 법원은 대금의 지급기한을 정하고, 이를 매수인과 차순위매수신고인에게 통지하여야 한다. ② 매수인은 대금지급기한까지 매각대금을 지급하여야

한다. ③ 매수신청의 보증으로 금전이 제공된 경우에 그 금전은 매각대금에 넣는다. ④ 매수신청의 보증으로 금전 외의 것이 제공된 경우로서 매수인이 매각대금중 보증액을 뺀 나머지 금액만을 낸 때에는, 법원은 보증을 현금화하여 그 비용을 뺀 금액을 보증액에 해당하는 매각대금 및 이에 대한 지연이자에 충당하고, 모자라는 금액이 있으면 다시 대금 지급기한을 정하여 매수인으로 하여금 내게 한다. ⑤ 차순위매수신고인은 매수인이 대금을 모두 지급한 때 매수의 책임을 벗게 되고 즉시 매수신청의 보증을 돌려 줄 것을 요구할 수 있다.

(2) 특별한 지급방법

① 매수인은 매각조건에 따라 부동산의 부담을 인수하는 외에 배당표의 실시에 관하여 매각대금의 한도에서 관계채권자의 승낙이 있으면 대금의 지급에 갈음하여 채무를 인수할 수 있다. ② 채권자가 매수인인 경우에는 매각결정기일이 끝날 때까지 법원에 신고하고 배당받아야 할 금액을 제외한 대금을 배당기일에 낼 수 있다. ③ 매수인이 인수한 채무나 배당 받아야 할 금액에 대하여 이의가 제기된 때에는 매수인은 배당기일이 끝날 때까지 이에 해당하는 대금을 내야 한다.

(3) 매각대금 지급 뒤의 조치

매각대금이 지급되면 법원사무관 등은 매각허가결정의 등본을 붙여 ㉠ 매수인 앞으로 소유권을 이전하는 등기, ㉡ 매수인이 인수하지 아니한 부동산의 부담에 관한 기입을 말소하는 등기, ㉢ 경매개시결정등기를 말소하는 등기를 촉탁하여야 한다.

7. 배당 등

(1) 매각대금의 배당 및 배당기일

① 매각대금이 지급되면 법원은 배당절차를 밟아야 한다. ② 매각대금으로 배당에 참가한 모든 채권자를 만족하게 할 수 없는 때에는 법원은 민법·상법, 그 밖의 법률에 의한 우선순위에 따라 배당하여야 한다. ③ 매수인이 매각대금을 지급하면 법원은 배당에 관한 진술 및 배당을 실시할 기일을 정하고 이해관계인과 배당을 요구한 채권자에게 이를 통지하여야 한다.

(2) 배당할 금액 등

배당할 금액은 ㉠ 대금, ㉡ 대금지급기한이 지난 뒤부터 대금의 지급·충당까지의 지연이자, ㉢ 항고인이 돌려 줄 것을 요구하지 못하는 금액, ㉣ 매수인이 돌려줄 것을 요구할 수 없는 보증 금액으로 한다.

(3) 배당받을 채권자의 범위

㉠ 배당요구의 종기까지 경매신청을 한 압류채권자, ㉡ 배당요구의 종기까지 배당요구를 한 채권자, ㉢ 첫 경매개시결정등기 전에 등기된 가압류채권자, ㉣ 저당권·전세권, 그 밖의 우선변제청구권으로서 첫 경매개시결정등기 전에 등기되었고 매각으로 소멸하는 것을 가진 채권자

(4) 배당표의 확정 및 배당표의 기재 등

① 법원은 채권자와 채무자에게 보여 주기 위하여 배당기일의 3일전에 배당표원안을 작성하여 법원에 비치하여야 한다. ② 법원은 출석한 이해관계인과 배당을 요구한 채권자를 심문하여 배당표를 확정하여야 한다. ③ 배당표에는 매각대금, 채권자의 채권의 원금, 이자, 비용, 배당의 순위와 비율을 적어야 한다.

(5) 배당표에 대한 이의 및 배당이의의 소 등

① 기일에 출석한 채무자는 채권자의 채권 또는 채권의 순위에 대하여 이의할 수 있다. ② 채무자는 법원에 배당표원안이 비치된 이후 배당기일이 끝날 때까지 채권자의 채권 또는 그 채권의 순위에 대하여 서면으로 이의할 수 있다. ③ 기일에 출석한 채권자는 자기의 이해에 관계되는 범위 안에서는 다른 채권자를 상대로 그의 채권 또는 채권의 순위에 대하여 이의할 수 있다. ④ 집행력 있는 집행권원의 정본을 가지지 아니한 채권자에 대하여 이의한 채무자와 다른 채권자에 대하여 이의한 채권자는 배당이의의 소를 제기하여야 한다. ⑤ 집행력 있는 집행권원의 정본을 가진 채권자에 대하여 이의한 채무자는 청구이의의 소를 제기하여야 한다.

(6) 불출석한 채권자

① 기일에 출석하지 아니한 채권자는 배당표와 같이 배당을 실시하는 데에 동의한 것으로 본다. ② 기일에 출석하지 아니한 채권자가 다른 채권자가 제기한 이의에 관계된 때

에는 채권자는 이의를 정당하다고 인정하지 아니한 것으로 본다.

(7) 배당실시절차 · 배당조서

① 법원은 배당표에 따라 절차에 의하여 배당을 실시하여야 한다. ② 채권 전부의 배당을 받을 채권자에게는 배당액 지급증을 교부하는 동시에 그가 가진 집행력 있는 정본 또는 채권증서를 받아 채무자에게 교부하여야 한다. ③ 채권 일부의 배당을 받을 채권자에게는 집행력 있는 정본 또는 채권증서를 제출하게 한 뒤 배당액을 적어서 돌려주고 배당액 지급증을 교부하는 동시에 영수증을 받아 채무자에게 교부하여야 한다.

(8) 배당금액의 공탁

① 배당을 받아야 할 채권자의 채권에 대하여 사유(㉠ 채권에 정지조건 또는 불확정기한이 붙어 있는 때, ㉡ 가압류채권자의 채권인 때, ㉢ 저당권설정의 가등기가 마쳐져 있는 때, ㉣ 배당이의의 소가 제기된 때)가 있으면 배당액을 공탁하여야 한다. ② 채권자가 배당기일에 출석하지 아니한 때에는 그에 대한 배당액을 공탁하여야 한다.

Ⅳ. 담보권 실행 등을 위한 경매

1. 부동산에 대한 경매신청

① 부동산을 목적으로 하는 담보권을 실행하기 위한 경매신청을 함에는 담보권이 있다는 것을 증명하는 서류를 내야 한다. ② 담보권을 승계한 경우에는 승계를 증명하는 서류를 내야 한다.

2. 경매절차의 정지

㉠ 담보권의 등기가 말소된 등기사항증명서, ㉡ 담보권 등기를 말소하도록 명한 확정판결의 정본, ㉢ 담보권이 없거나 소멸되었다는 취지의 확정판결의 정본, ㉣ 채권자가 담보권을 실행하지 아니하기로 하거나 경매신청을 취하하겠다는 취지 또는 피담보채권을 변제받았거나 그 변제를 미루도록 승낙한다는 취지를 적은 서류, ㉤ 담보권 실행을 일시정지 하도록 명한 재판의 정본에 해당하는 문서가 경매법원에 제출되면 경매절차를 정지하여야 한다.

3. 유체동산에 대한 경매

유체동산을 목적으로 하는 담보권 실행을 위한 경매는 ㉠ 채권자가 그 목적물을 제출하거나, ㉡ 그 목적물의 점유자가 압류를 승낙한 때에 개시한다.

4. 유치권 등에 의한 경매

① 유치권에 의한 경매와 민법·상법, 그 밖의 법률이 규정하는 바에 따른 경매는 담보권 실행을 위한 경매의 예에 따라 실시한다. ② 유치권 등에 의한 경매절차는 목적물에 대하여 강제경매 또는 담보권 실행을 위한 경매절차가 개시된 경우에는 이를 정지하고, 채권자 또는 담보권자를 위하여 그 절차를 계속하여 진행한다.

제 4 절 국세징수법(공매부분)

Ⅰ. 공매준비 등

1. 공매

① 세무서장은 압류한 동산, 유가증권, 부동산, 무체재산권등과 체납자를 대위하여 받은 물건[통화는 제외]을 공매한다. ② 세무서장은 압류된 재산이 자본시장법에 따른 증권시장에 상장된 증권일 때에는 해당 시장에서 직접 매각할 수 있다. ③ 압류한 재산은 그 압류에 관계되는 국세의 납세의무가 확정되기 전에는 공매할 수 없다. ④ 국세기본법에 따른 이의신청·심사청구 또는 심판청구 절차가 진행 중이거나 행정소송이 계속 중인 국세의 체납으로 압류한 재산은 그 신청 또는 청구에 대한 결정이나 소(訴)에 대한 판결이 확정되기 전에는 공매할 수 없다. 다만, 그 재산이 부패·변질 또는 감량되기 쉬운 재산으로서 속히 매각하지 아니하면 그 재산가액이 줄어들 우려가 있는 경우에는 예외로 한다. ⑤ 세무서장은 압류한 재산의 공매에 전문 지식이 필요하거나 그 밖에 특수한 사정이 있어 직접 공매하기에 적당하지 아니하다고 인정할 때에는 한국자산관리공사로 하여금 공매를 대행하게 할 수 있으며 이 경우의 공매는 세무서장이 한 것으로 본다.

2. 전문매각기관의 매각대행 등

① 세무서장은 압류한 재산이 예술적 · 역사적 가치가 있어 가격을 일률적으로 책정하기 어렵고, 그 매각에 전문적인 식견이 필요하여 직접 매각하기에 적당하지 아니한 물품(예술품등)인 경우에는 직권이나 납세자의 신청에 따라 예술품등의 매각에 전문성과 경험이 있는 기관 중에서 전문매각기관을 선정하여 예술품등의 매각을 대행하게 할 수 있다. ② 선정된 전문매각기관 및 전문매각기관의 임직원은 직접적으로든 간접적으로든 매각을 대행하는 예술품등을 매수하지 못한다.

3. 수의계약

① 압류재산이 ㉠ 수의계약으로 매각하지 아니하면 매각대금이 체납처분비에 충당하고 남을 여지가 없는 경우, ㉡ 부패 · 변질 또는 감량되기 쉬운 재산으로서 속히 매각하지 아니하면 그 재산가액이 줄어들 우려가 있는 경우, ㉢ 압류한 재산의 추산 가격이 1천만원 미만인 경우, ㉣ 법령으로 소지 또는 매매가 규제된 재산인 경우, ㉤ 제1회 공매 후 1년간 5회 이상 공매하여도 매각되지 아니한 경우, ㉥ 공매하는 것이 공익을 위하여 적절하지 아니한 경우에는 수의계약으로 매각할 수 있다. ② 세무서장은 필요한 경우 수의계약을 한국자산관리공사로 하여금 대행하게 할 수 있다. 이 경우 수의계약은 세무서장이 한 것으로 본다.

4. 공매대상 재산에 대한 현황조사

① 세무서장은 매각예정가격을 결정하기 위하여 공매대상 재산의 현상(現狀), 점유관계, 차임 또는 보증금의 액수, 그 밖의 현황을 조사하여야 한다. ② 세무공무원은 조사를 위하여 건물에 출입할 수 있고, 체납자 또는 건물을 점유하는 제3자에게 질문하거나 문서를 제시하도록 요구할 수 있다. ③ 세무공무원은 건물에 출입하기 위하여 필요한 때에는 잠긴 문을 여는 등 적절한 처분을 할 수 있다.

5. 매각예정가격의 결정

① 세무서장은 압류재산을 공매하려면 그 매각예정가격을 결정하여야 한다. ② 세무서장은 매각예정가격을 결정하기 어려울 때에는 감정인에게 평가를 의뢰하여 그 가액을 참

고할 수 있다.

6. 공매 장소 및 매수인의 제한

① 공매는 지방국세청, 세무서, 세관 또는 재산소재지의 특별자치도 · 시 · 군 · 자치구에서 한다. 다만, 세무서장이 필요하다고 인정할 때에는 다른 장소에서 공매할 수 있다. ② 체납자 또는 세무공무원은 직접적으로든 간접적으로든 압류재산을 매수하지 못한다.

7. 공매보증금

① 세무서장은 압류재산을 공매하는 경우에 필요하다고 인정하면 공매보증금을 받을 수 있다. ② 공매보증금은 매각예정가격의 100분의 10 이상으로 한다. ③ 공매보증금은 국공채 또는 증권시장에 상장된 증권 또는 보험업법에 따른 보험회사가 발행한 보증보험증권으로 갈음할 수 있다. ④ 낙찰자 또는 경락자가 매수계약을 체결하지 아니하였을 때에는 세무서장은 공매보증금을 체납처분비, 압류와 관계되는 국세의 순으로 충당한 후 남은 금액은 체납자에게 지급한다.

Ⅱ. 공매진행 등

1. 공매의 방법과 공고

① 공매는 입찰 또는 경매(정보통신망을 이용한 것을 포함)의 방법으로 한다. ② 세무서장은 공매를 하려면 ㉠ 매수대금의 납부기한, ㉡ 공매재산의 명칭, 소재, 수량, 품질, 매각예정가격, 그 밖의 중요한 사항, ㉢ 입찰 또는 경매의 장소와 일시(기간입찰의 경우에는 그 입찰기간), ㉣ 개찰의 장소와 일시, ㉤ 공매보증금을 받을 때에는 그 금액, ㉥ 공매재산이 공유물의 지분인 경우 공유자(체납자는 제외)에게 우선매수권이 있다는 사실, ㉦ 배분요구의 종기, ㉧ 배분요구의 종기까지 배분을 요구하여야 배분받을 수 있는 채권, ㉨ 매각결정 기일, ㉩ 매각으로도 소멸하지 아니하는 공매재산에 대한 지상권, 전세권, 대항력 있는 임차권 또는 가등기가 있는 경우 그 사실, ㉪ 공매재산의 매수인으로서 일정한 자격을 필요로 하는 경우 그 사실, ㉫ ⓐ 공매재산명세서, ⓑ 감정인이 평가한 가액에 관한 자료, ⓒ 그 밖에 입찰가격을 결정하는 데 필요한 자료의 제공 내용 및 기간, ㉬ 차순

위 매수신고의 기간과 절차를 공고하여야 한다. 이 경우 동일한 재산에 대한 공매·재공매 등 여러 차례의 공매에 관한 사항을 한꺼번에 공고할 수 있다.[1] ③ 매각결정 기일은 개찰일부터 3일 이내로 정하여야 한다.

2. 공매공고에 대한 등기 또는 등록의 촉탁 및 공매 통지

① 세무서장은 공매공고를 한 압류재산이 등기 또는 등록을 필요로 하는 경우에는 공매공고를 한 즉시 그 사실을 등기부 또는 등록부에 기입하도록 관계 관서에 촉탁하여야 한다. ② 공매공고의 등기 또는 등록과 공매공고 등기 또는 등록의 말소에 관하여는 등록면허세를 면제한다. ③ 세무서장은 공매공고를 하였을 때에는 즉시 그 내용을 ㉠ 체납자, ㉡ 납세담보물 소유자, ㉢ 공매재산이 공유물의 지분인 경우 공매공고의 등기 또는 등록 전일(前日) 현재의 공유자, ㉣ 공매재산에 대하여 공매공고의 등기 또는 등록 전일 현재 전세권·질권·저당권 또는 그 밖의 권리를 가진 자에게 통지하여야 한다.

3. 배분요구 등

① 공매공고의 등기 또는 등록 전까지 등기되지 아니하거나 등록되지 아니한 ㉠ 압류재산에 관계되는 체납액, ㉡ 교부청구와 관계되는 체납액·지방세 또는 공과금, ㉢ 압류재산에 관계되는 전세권·질권 또는 저당권에 의하여 담보된 채권, ㉣ 주택임대차보호법 또는 상가건물 임대차보호법에 따라 우선변제권이 있는 임차보증금 반환채권, ㉤ 근로기준법 또는 근로자퇴직급여 보장법에 따라 우선변제권이 있는 임금, 퇴직금, 재해보상금 및 그 밖에 근로관계로 인한 채권, ㉥ 압류재산에 관계되는 가압류채권, ㉦ 집행력 있는 정본에 의한 채권을 가진 자는 배분을 받으려면 배분요구의 종기까지 세무서장에게 배분을 요구하여야 한다. ② 매각으로 소멸되지 아니하는 전세권을 가진 자가 배분을 받으려면 배분요구의 종기까지 배분을 요구하여야 한다. ③ 배분요구에 따라 매수인이 인수하여야 할 부담이 달라지는 경우 배분요구를 한 자는 배분요구의 종기가 지난 뒤에 이를 철회하지 못한다. ④ 세무서장은 공매공고의 등기 또는 등록 전에 등기되거나 등록된 ①의

1) ① 공매공고는 지방국세청, 세무서, 세관, 특별자치시·특별자치도·시·군·자치구, 그 밖의 적절한 장소에 게시한다. 다만, 필요에 따라 관보 또는 일간신문에 게재할 수 있다. ② 공매공고를 할 때에는 게시 또는 게재와 함께 정보통신망을 통하여 그 공고 내용을 알려야 한다. ③ 배분요구의 종기는 절차에 필요한 기간을 고려하여 정하되, 최초의 입찰기일 이전으로 하여야 한다. 다만, 공매공고에 대한 등기 또는 등록이 지연되거나 누락되는 등 대통령령으로 정하는 사유로 공매절차가 진행되지 못하는 경우 세무서장은 배분요구의 종기를 최초의 입찰기일 이후로 연기할 수 있다. ④ 경매의 방법으로 재산을 공매할 때에는 경매인을 선정하여 이를 취급하게 할 수 있다.

채권을 가진 자(채권신고대상채권자)로 하여금 채권의 유무, 그 원인 및 액수(원금, 이자, 비용, 그 밖의 부대채권을 포함)를 배분요구의 종기까지 세무서장에게 신고하도록 최고하여야 한다. ⑤ 세무서장은 채권신고대상채권자가 ④에 따른 신고를 하지 아니할 때에는 등기부 등본 등 공매 집행기록에 있는 증명자료에 따라 해당 채권신고대상채권자의 채권액을 계산한다. 이 경우 해당 채권신고대상채권자는 채권액을 추가하지 못한다. ⑥ 세무서장은 ① 및 ②에 해당하는 자와 ㉠ 행정안전부, ㉡ 국세청, ㉢ 관세청, ㉣ 국민건강보험공단, ㉤ 국민연금공단, ㉥ 근로복지공단의 장에게 배분요구의 종기까지 배분요구를 하여야 한다는 사실을 안내하여야 한다. ⑦ 세무서장은 공매 통지를 할 때 채권 신고의 최고 또는 배분요구의 안내에 관한 사항을 포함한 경우에는 각 해당 항에 따른 최고 또는 안내를 한 것으로 본다.

4. 공매재산명세서의 작성 및 비치 등

① 세무서장은 공매재산에 대하여 현황조사를 기초로 ㉠ 공매재산의 명칭, 소재, 수량, 품질, 매각예정가격, 그 밖의 중요한 사항, ㉡ 공매재산의 점유자 및 점유 권원, 점유할 수 있는 기간, 차임 또는 보증금에 관한 관계인의 진술, ㉢ 배분요구 현황 및 채권신고 현황, ㉣ 공매재산에 대하여 등기된 권리 또는 가처분으로서 매각으로 효력을 잃지 아니하는 것, ㉤ 매각에 따라 설정된 것으로 보게 되는 지상권의 개요 사항이 포함된 공매재산명세서를 작성하여야 한다. ② 세무서장은 ㉠ 공매재산명세서, ㉡ 감정인이 평가한 가액에 관한 자료, ㉢ 그 밖에 입찰가격을 결정하는 데 필요한 자료를 입찰 시작 7일 전부터 입찰 마감 전까지 세무서에 갖추어 두거나 정보통신망을 이용하여 게시함으로써 입찰에 참가하려는 자가 열람할 수 있게 하여야 한다.

5. 공매의 취소 및 공고

① 세무서장은 ㉠ 해당 재산의 압류를 해제한 경우, ㉡ 체납처분을 유예한 때, ㉢ 행정소송법에 따라 법원이 체납처분에 대한 집행정지의 결정을 한 때, ㉣ 그 밖에 공매를 진행하기 곤란한 경우로서 대통령령으로 정하는 경우에는 공매를 취소할 수 있다. ② 세무서장은 ①에 따라 공매를 취소한 후 그 사유가 소멸되어 공매를 계속할 필요가 있다고 인정할 때에는 재공매할 수 있다. ③ 매각결정 기일 전에 공매를 취소한 때에는 그 공매의 취소를 공고하여야 한다.

6. 공매공고 기간 및 공매의 중지

① 공매는 공고한 날부터 10일이 지난 후에 한다. 다만, 그 재산을 보관하는 데에 많은 비용이 들거나 재산의 가액이 현저히 줄어들 우려가 있으면 10일이 지나기 전이라도 할 수 있다. ② 공매를 집행하는 공무원은 매각결정 기일 전에 체납자 또는 제3자가 그 체납액을 완납하면 공매를 중지하여야 한다. 이 경우 매수하려는 자들에게 구술이나 그 밖의 방법으로 알림으로써 공고를 갈음한다. ③ 여러 재산을 한꺼번에 공매하는 경우에 그 일부의 공매대금으로 체납액 전액에 충당될 때에는 남은 재산의 공매는 중지하여야 한다.

7. 공매공고 등기 또는 등록 말소

세무서장은 ㉠ 공매취소의 공고를 한 경우, ㉡ 공매를 중지한 경우, ㉢ 매각결정을 취소한 경우에는 공매공고의 등기 또는 등록을 말소할 것을 관계 관서에 촉탁하여야 한다.

8. 공매참가의 제한 및 입찰과 개찰

① 세무서장은 ㉠ 입찰을 하려는 자의 공매참가, 최고가격 입찰자의 결정 또는 매수인의 매수대금 납부를 방해한 사실, ㉡ 공매에서 부당하게 가격을 떨어뜨릴 목적으로 담합한 사실, ㉢ 거짓 명의로 매수신청을 한 사실에 해당한다고 인정되는 사실이 있는 자에 대하여는 그 사실이 있은 후 2년간 공매장소 출입을 제한하거나 입찰에 참가시키지 아니할 수 있다. 그 사실이 있은 후 2년이 지나지 아니한 자를 사용인이나 그 밖의 종업원으로 사용한 자와 이러한 자를 입찰 대리인으로 한 자에 대하여도 또한 같다. ② 입찰하려는 자는 그 주소·거소·성명, 매수하려는 재산의 명칭, 입찰가격, 공매보증금, 그 밖에 필요한 사항을 적어 개찰이 시작되기 전에 공매를 집행하는 공무원에게 제출하여야 한다. ③ 개찰은 공매를 집행하는 공무원이 공개하여 하고 각각 적힌 입찰가격을 불러 입찰조서에 기록하여야 한다. ④ 매각예정가격 이상인 최고액의 입찰자를 낙찰자로 한다. ⑤ 낙찰이 될 가격의 입찰을 한 자가 둘 이상일 때에는 즉시 추첨으로 낙찰자를 정한다. ⑥ ⑤의 경우에 해당 입찰자 중 출석하지 아니한 자 또는 추첨을 하지 아니한 자가 있을 때에는 입찰 사무에 관계없는 공무원으로 하여금 이를 대신하여 추첨하게 할 수 있다. ⑦ 매각예정가격 이상으로 입찰한 자가 없을 때에는 즉시 그 장소에서 재입찰에 부칠 수 있다.

Ⅲ. 우선매수권 및 신고

1. 공유자의 우선매수권

① 공매재산이 공유물의 지분인 경우 공유자는 매각결정 기일 전까지 공매보증금을 제공하고 매각예정가격 이상인 최고입찰가격과 같은 가격으로 공매재산을 우선매수하겠다는 신고를 할 수 있다. ② ①의 경우에 세무서장은 그 공유자에게 매각결정을 하여야 한다. ③ 여러 사람의 공유자가 우선매수하겠다는 신고를 하고 ②의 절차를 마쳤을 때에는 특별한 협의가 없으면 공유지분의 비율에 따라 공매재산을 매수하게 한다. ④ 세무서장은 ②에 따라 매각결정된 경우에 매수인이 매각대금을 납부하지 아니하였을 때에는 매각예정가격 이상인 최고액의 입찰자에게 다시 매각결정을 할 수 있다.

2. 차순위 매수신고

① 낙찰자가 결정된 후에 해당 낙찰자 외의 입찰자는 매각결정 기일 전까지 공매보증금을 제공하고 Ⓐ매수인이 매수대금을 납부하기 전에 체납자가 매수인의 동의를 받아 압류와 관련된 체납액을 납부하고 매각결정의 취소를 신청하는 경우의 사유로 매각결정이 취소되는 경우에 최고입찰가격(매각예정가격 아님)에서 공매보증금을 뺀 금액 이상의 가격으로 공매재산을 매수하겠다는 신고(차순위 매수신고)를 할 수 있다. ② ①에 따라 차순위 매수신고를 한 자가 둘 이상인 경우에 세무서장은 최고액의 매수신고자를 차순위 매수신고자로 정한다. 다만, 최고액의 매수신고자가 둘 이상인 경우에는 추첨으로 차순위 매수신고자를 정한다. ③ 세무서장은 차순위 매수신고가 있는 경우에 Ⓐ에 해당하는 사유로 매각결정을 취소한 날부터 3일 이내에 차순위 매수신고자를 매수인으로 정하여 매각결정을 할 것인지 여부를 결정하여야 한다. 다만, ㉠ ⓐ 매각결정 전에 공매 중지 사유가 있는 경우, ⓑ 공유자가 우선매수의 신고를 한 경우, ⓒ 그 밖에 매각결정을 할 수 없는 중대한 사실이 있다고 세무서장이 인정하는 경우, ㉡ 차순위 매수신고자가 공매참가의 제한을 받는 자로 확인된 경우에는 차순위 매수신고자에게 매각결정을 할 수 없다.

Ⅳ. 재공매

① 재산을 공매하여도 매수 희망자가 없거나 입찰가격이 매각예정가격 미만일 때에는 재공매한다. ② 공매재산의 매수인이 매수대금의 납부기한까지 대금을 납부하지 아니하였을 때에는 그 매매를 해약하고 재공매한다. ③ 세무서장은 재공매할 때마다 매각예정가격의 100분의 10에 해당하는 금액을 차례로 줄여 공매하며, 매각예정가격의 100분의 50에 해당하는 금액까지 차례로 줄여 공매하여도 매각되지 아니할 때에는 새로 매각예정가격을 정하여 재공매할 수 있다. 다만, 즉시 재입찰에 부친 때에는 그러하지 아니하다. ④ 재공매의 경우에는 공매절차를 준용한다. 다만, 세무서장은 공매공고 기간을 5일까지 단축할 수 있다.

Ⅴ. 매각결정 등

1. 매각결정 및 매수대금의 납부기한 등

① 세무서장은 낙찰자를 결정한 때에는 낙찰자를 매수인으로 정하여 ㉠ 매각결정 전에 공매 중지 사유가 있는 경우, ㉡ 낙찰자가 공매참가의 제한을 받는 자로 확인된 경우, ㉢ 공유자가 우선매수의 신고를 한 경우, ㉣ 그 밖에 매각결정을 할 수 없는 중대한 사실이 있다고 세무서장이 인정하는 경우의 사유가 없으면 매각결정 기일에 매각결정을 하여야 한다. ② 매각결정의 효력은 매각결정 기일에 매각결정을 한 때에 발생한다. ③ 세무서장은 매각결정을 하였을 때에는 매수인에게 매수대금의 납부기한을 정하여 매각결정 통지서를 발급하여야 한다. 다만, 권리 이전에 등기 또는 등록을 필요로 하지 아니하는 재산의 매수대금을 즉시 납부시킬 때에는 구술로 통지할 수 있다. ④ ③의 납부기한은 매각결정을 한 날부터 7일 내로 한다. 다만, 세무서장이 필요하다고 인정할 때에는 그 납부기한을 30일을 한도로 연장할 수 있다.

2. 매수대금의 납부최고

세무서장은 매수인이 매수대금을 지정된 기한까지 납부하지 아니하였을 때에는 다시 기한을 지정하여 최고하여야 한다.

3. 매수대금 납부의 효과

① 매수인은 매수대금을 납부한 때에 매각재산을 취득한다. ② 세무서장이 매수대금을 수령한 때에는 그 한도에서 체납자로부터 체납액을 징수한 것으로 본다.

4. 매각결정의 취소

① 세무서장은 ㉠ 매각결정을 한 후 매수인이 매수대금을 납부하기 전에 체납자가 매수인의 동의를 받아 압류와 관련된 체납액을 납부하고 매각결정의 취소를 신청하는 경우, ㉡ 최고하여도 매수인이 매수대금을 지정된 기한까지 납부하지 아니하는 경우에는 압류재산의 매각결정을 취소하고 그 사실을 매수인에게 통지하여야 한다. ② ㉠에 따라 압류재산의 매각결정을 취소하는 경우 공매보증금은 매수인에게 반환하고, ㉡에 따라 압류재산의 매각결정을 취소하는 경우 공매보증금은 체납처분비, 압류와 관계되는 국세의 순으로 충당하고 그 남은 금액은 체납자에게 지급한다.

5. 매각재산의 권리이전 절차

매각재산에 대하여 체납자가 권리이전의 절차를 밟지 아니할 때에는 세무서장이 대신하여 그 절차를 밟는다. 다만, 한국자산관리공사가 그 절차를 대행할 수 있으며, 이 경우 절차 이행은 세무서장이 한 것으로 본다.

제 5 절　부동산등기 특별조치법

Ⅰ. 등기 신청의무

1. 소유권이전등기 신청

① 부동산의 소유권이전을 내용으로 하는 계약을 체결한 자는 ㉠ 계약의 당사자가 서로 대가적인 채무를 부담하는 경우에는 반대급부의 이행이 완료된 날, ㉡ 계약당사자의

일방만이 채무를 부담하는 경우에는 그 계약의 효력이 발생한 날부터 60일 이내에 소유권이전등기를 신청하여야 한다(다만, 그 계약이 취소·해제되거나 무효인 경우에는 그러하지 아니하다). ② 이 경우에 부동산의 소유권을 이전받을 것을 내용으로 하는 계약을 체결한 자가 이에 정하여진 날 이후 그 부동산에 대하여 다시 제3자와 소유권이전을 내용으로 하는 계약이나 제3자에게 계약당사자의 지위를 이전하는 계약을 체결하고자 할 때에는 그 제3자와 계약을 체결하기 전에 먼저 체결된 계약에 따라 소유권이전등기를 신청하여야 한다. 또한 ③ 이 경우에 부동산의 소유권을 이전받을 것을 내용으로 하는 계약을 체결한 자가 이에 정하여진 날 전에 그 부동산에 대하여 다시 제3자와 소유권이전을 내용으로 하는 계약을 체결한 때에는 먼저 체결된 계약의 반대급부의 이행이 완료되거나 계약의 효력이 발생한 날부터 60일 이내에 먼저 체결된 계약에 따라 소유권이전등기를 신청하여야 한다.

2. 소유권보존등기 신청

소유권보존등기가 되어 있지 아니한 부동산에 대하여 소유권이전을 내용으로 하는 계약을 체결한 자는 ㉠ 부동산등기법에 따라 소유권보존등기를 신청할 수 있음에도 이를 하지 아니한 채 계약을 체결한 경우에는 그 계약을 체결한 날, ㉡ 계약을 체결한 후에 부동산등기법에 따라 소유권보존등기를 신청할 수 있게 된 경우에는 소유권보존등기를 신청할 수 있게 된 날부터 60일 이내에 소유권보존등기를 신청하여야 한다.

3. 등기신청기간의 산정

시장·군수·구청장(시장등)은 등기권리자가 ㉠ 천재·지변등 불가항력적인 경우, ㉡ 목적부동산에 대한 소송이 계속중인 경우, ㉢ 등기의무자가 정당한 사유없이 등기신청에 필요한 서면을 등기권리자에게 교부하지 아니한 경우, ㉣ 기타 시장등이 등기신청해태에 관하여 상당한 사유가 있다고 인정하는 경우에 해당하는 사유로 등기신청을 해태한 경우에는 등기권리자에게 등기신청을 해태한 상당한 사유가 있는 것으로 보아 그 사유가 존재하고 있는 기간은 등기신청기간에 이를 산입하지 아니한다.

Ⅱ. 매매계약서 등 검인

1. 검인대상 및 검인신청 등

검인계약서란 매매계약서 등에 대해 시장등 또는 시장등으로부터 위임을 받은 자로부터 검인을 받은 계약서를 말한다. 토지 및 건물에 대한 소유권이전등기를 신청하는 때에 검인계약서를 등기소에 제출하여야 하여야 한다. 검인신청인은 계약당사자 중 1인, 그 위임을 받은 자, 개업공인중개사, 법무사, 변호사이다. 검인이 필요한 경우로는 [㉠ 매매·교환 및 증여계약서, ㉡ 신탁계약서 및 신탁해지약정서, ㉢ 공유물분할약정서, ㉣ 양도담보계약서, ㉤ 이행판결서 및 조서, ㉥ 상가분양권 매매계약서, ㉦ 가등기에 의한 본등기, ㉧ 미등기 건물에 대한 아파트 분양계약서, ㉨ 공공용지 취득 협의서에 따른 소유권 이전, ㉩ 재산분할판결에 의해 이혼 당사자 중 일방의 지분에 대한 농지소유이전등기신청, ㉪ 무허가건물 매매계약서] 등이다. 검인이 필요하지 않은 경우로는 [ⓐ 입목, 광업재단, 공장재단, ⓑ 소유권 외의 권리이전(임대차, 지상권, 저당권 등), ⓒ 가등기를 하는 경우, ⓓ 법률규정에 의한 물권변동(상속, 경매, 압류공매 등), ⓔ 당사자 중 1인이 국가나 지방자치단체인 경우, ⓕ 검인을 받은 것으로 보는 경우(토지거래허가증을 교부받은 경우, 부동산거래신고필증을 교부받은 경우)] 등이다.[2)]

2. 계약서등의 검인에 대한 특례

① 계약을 원인으로 소유권이전등기를 신청할 때에는 ㉠ 당사자, ㉡ 목적부동산, ㉢ 계약연월일, ㉣ 대금 및 그 지급일자등 지급에 관한 사항 또는 평가액 및 그 차액의 정산에 관한 사항, ㉤ 부동산중개업자가 있을 때에는 부동산중개업자, ㉥ 계약의 조건이나 기

2) ① 검인신청을 할 때에는 계약서의 원본 또는 판결서등의 정본과 그 사본 2통(④의 규정에 의한 검인신청의 경우에는 시·군·구의 수에 1을 더한 통수)을 제출하여야 한다. ② 검인신청을 받은 경우 시장·군수·구청장(시장등)은 계약서 또는 판결서등의 형식적 요건의 구비 여부만을 확인하고 그 기재에 흠결이 없다고 인정한 때에는 지체없이 검인을 하여 검인신청인에게 교부하여야 한다. ③ 계약서 또는 판결서등의 검인에는 검인인 취지, 검인의 번호, 연월일의 기재와 시장등의 표시가 있어야 한다. ④ 2개이상의 시·군·구에 있는 수개의 부동산의 소유권이전을 내용으로 하는 계약서 또는 판결서등을 검인받고자 하는 경우에는 그중 1개의 시·군·구를 관할하는 시장등에게 검인을 신청할 수 있다. 이 경우 검인을 한 시장등은 그 각 부동산의 소재지를 관할하는 세무서장에게 그 계약서 또는 판결서등의 사본 1통을 각각 송부하여야 한다. ⑤ 시장등으로부터 검인의 권한을 위임받을 수 있는 자는 읍·면·동장으로 한다. 시장등이 읍·면·동장에게 검인의 권한을 위임한 때에는 지체없이 관할등기소장에게 그 뜻을 통지하여야 한다.

한이 있을 때에는 그 조건 또는 기한의 사항이 기재된 계약서에 검인신청인을 표시하여 부동산의 소재지를 관할하는 시장(구가 설치된 시는 구청장)·군수(시장등) 또는 그 권한의 위임을 받은 자의 검인을 받아 관할등기소에 이를 제출하여야 한다. ② 이 경우에 등기원인을 증명하는 서면이 집행력 있는 판결서 또는 판결과 같은 효력을 갖는 조서(판결서등)인 때에는 판결서등에 검인을 받아 제출하여야 한다. ③ 시장등 또는 그 권한의 위임을 받은 자가 검인을 한 때에는 그 계약서 또는 판결서등의 사본 2통을 작성하여 1통은 보관하고 1통은 부동산의 소재지를 관할하는 세무서장에게 송부하여야 한다. ④ 계약서등의 검인에 관하여 필요한 사항은 대법원규칙으로 정한다.

3. 검인신청에 대한 특례

부동산의 소유권을 이전받을 것을 내용으로 소유권이전계약을 체결한 자는 그 부동산에 대하여 다시 제3자와 소유권이전을 내용으로 하는 계약이나 제3자에게 계약당사자의 지위를 이전하는 계약을 체결하고자 할 때에는 먼저 체결된 계약의 계약서에 검인을 받아야 한다.

4. 허가등에 대한 특례

① 등기원인에 대하여 행정관청의 허가, 동의 또는 승낙을 받을 것이 요구되는 때에는 소유권이전등기를 신청할 때에 그 허가, 동의 또는 승낙을 증명하는 서면을 제출하여야 한다. ② 등기원인에 대하여 행정관청에 신고할 것이 요구되는 때에는 소유권이전등기를 신청할 때에 신고를 증명하는 서면을 제출하여야 한다.

5. 등기원인 허위기재등의 금지

소유권이전등기를 신청하여야 할 자는 그 등기를 신청함에 있어서 등기신청서에 등기원인을 허위로 기재하여 신청하거나 소유권이전등기외의 등기를 신청하여서는 아니된다.

Ⅲ. 벌칙 등

1. 벌칙

① ㉠ 조세부과를 면하려 하거나 다른 시점간의 가격변동에 따른 이득을 얻으려 하거나 소유권등 권리변동을 규제하는 법령의 제한을 회피할 목적으로 미등기전매를 한 경우, ㉡ 등기신청서에 등기원인을 허위로 기재하여 신청하거나 소유권이전등기외의 등기를 신청한 경우에 해당하는 자는 3년 이하의 징역이나 1억원 이하의 벌금에 처한다. ② 조세포탈 목적은 없으나 검인받지 않고 미등기전매를 한 경우에 해당하는 자는 1년 이하의 징역이나 3천만원 이하의 벌금에 처한다.

2. 양벌규정

법인의 대표자나 법인 또는 개인의 대리인, 사용인, 그 밖의 종업원이 그 법인 또는 개인의 업무에 관하여 벌칙규정에 해당하는 위반행위를 하면 그 행위자를 벌하는 외에 그 법인 또는 개인에게도 해당 조문의 벌금형을 과(科)한다. 다만, 법인 또는 개인이 그 위반행위를 방지하기 위하여 해당 업무에 관하여 상당한 주의와 감독을 게을리하지 아니한 경우에는 그러하지 아니하다.

3. 과태료

① 등기권리자가 상당한 사유없이 소유권이전 및 보존등기신청을 해태한 때에는 그 해태한 날 당시의 부동산에 대하여 지방세법의 과세표준에 표준세율(조례로 세율을 달리 정하는 경우에는 그 세율)에서 1천분의 20을 뺀 세율을 적용하여 산출한 금액의 5배 이하에 상당하는 금액의 과태료에 처한다. 다만, 부동산실권리자명의등기에관한법률의 규정에 의하여 과징금을 부과한 경우에는 그러하지 아니하다.

② 과태료는 행정안전부령으로 정하는 바에 따라 그 부동산의 소재지를 관할하는 시장등이 부과·징수한다. 등기관은 과태료에 처할 사유가 있다고 인정된 때에는 지체없이 목적부동산의 소재지를 관할하는 시장등에게 이를 통지하여야 한다. 시장등은 ㉠ 소유권보존등기를 신청하지 아니한 경우, ㉡ 생활보호법에 의한 보호대상자가 소유권이전등기신청

또는 소유권보존등기신청을 하지 아니한 경우, ㉢ 농어민이 자기가 경작할 목적으로 농지를 취득한 결과 소유하게 되는 농지의 전체면적이 3만제곱미터이하인 경우 그 취득농지에 대하여 소유권이전 등기신청을 하지 아니한 경우에는 과태료금액의 100분의 50을 감경할 수 있다.

③ 시장등은 과태료를 부과하는 때에는 납기개시 15일 이전에 ⓐ 처분대상자의 주소·성명·주민등록번호, ⓑ 목적부동산의 표시, ⓒ 부동산등기신청사항, ⓓ 위반사항, ⓔ 과태료금액, ⓕ 납부기한, ⓖ 납부장소, ⓗ 기타 필요한 사항을 기재한 부동산등기신청해태과태료처분통지서에 부동산등기신청해태과태료납입고지서를 첨부하여 처분대상자에게 이를 발부하여야 한다. 과태료의 납부기한은 납부개시일부터 20일간으로 한다. ④ 시장등은 과태료를 납부하여야 할 자가 이의신청을 하지 아니하고 납부기한내에 과태료를 납부하지 아니한 때에는 납부기한이 경과한 날부터 15일이내(은행납입인 경우에는 20일이내)에 10일이내의 납부기한을 정하여 과태료납부독촉장을 발부하여야 한다.

제 6 절 부동산가격공시에관한법률

Ⅰ. 지가의 공시

1. 표준지공시지가의 조사·평가 및 공시 등

① 국토교통부장관(장관)은 토지이용상황이나 주변 환경, 그 밖의 자연적·사회적 조건이 일반적으로 유사하다고 인정되는 일단의 토지 중에서 선정한 표준지에 대하여 매년 공시기준일(1월 1일) 현재의 단위면적당(1제곱미터) 적정가격(표준지공시지가)을 조사·평가하고, 중앙부동산가격공시위원회의의 심의를 거쳐 이를 공시하여야 한다. ② 장관은 표준지공시지가를 공시하기 위하여 표준지의 가격을 조사·평가할 때에는 해당 토지 소유자의의견을 들어야 한다. ③ 장관이 표준지공시지가를 조사·평가하는 경우에는 인근 유사토지의 거래가격·임대료 및 해당 토지와 유사한 이용가치를 지닌다고 인정되는 토지의 조성에 필요한 비용추정액, 인근지역 및 다른 지역과의 형평성·특수성, 표준지공시지가 변동의 예측 가능성 등 제반사항을 종합적으로 참작하여야 한다. ④ 장관이 표준지공시지가를 조사·평가할 때에는 업무실적, 신인도 등을 고려하여 둘 이상의 감정평가법

인등에게 이를 의뢰하여야 한다. 다만, 지가 변동이 작은 경우 등 표준지에 대해서는 하나의 감정평가법인등에 의뢰할 수 있다. ⑤ 장관은 표준지공시지가 조사·평가를 의뢰받은 감정평가업자가 공정하고 객관적으로 해당 업무를 수행할 수 있도록 하여야 한다. ⑥ 장관은 개별공시지가의 산정을 위하여 필요하다고 인정하는 경우에는 표준지와 산정대상 개별 토지의 가격형성요인에 관한 표준적인 비교표(토지가격비준표)를 작성하여 시장·군수 또는 구청장에게 제공하여야 한다.

2. 표준지공시지가의 공시사항

공시에는 ㉠ 표준지의 지번, ㉡ 표준지의 단위면적당 가격, ㉢ 표준지의 면적 및 형상, ㉣ 표준지 및 주변토지의 이용상황, ㉤ 그 밖에 대통령령으로 정하는 사항이 포함되어야 한다.

3. 표준지공시지가에 대한 이의신청

① 표준지공시지가에 이의가 있는 자는 그 공시일부터 30일 이내에 서면(전자문서 포함)으로 장관에게 이의를 신청할 수 있다. ② 장관은 이의신청 기간이 만료된 날부터 30일 이내에 이의신청을 심사하여 그 결과를 신청인에게 서면으로 통지하여야 한다. 이 경우 장관은 이의신청의 내용이 타당하다고 인정될 때에는 해당 표준지공시지가를 조정하여 다시 공시하여야 한다.

4. 표준지공시지가의 적용

① 지가 산정의 주체(Ⓐ 국가 또는 지방자치단체, Ⓑ 공공기관운영법에 따른 공공기관, Ⓒ 산림조합 및 산림조합중앙회, 농협 및 농협중앙회, 수협 및 수협중앙회, 한국농어촌공사, 중소벤처기업진흥공단, 산업단지관리공단)의 자가 ② 지가 산정의 목적(ⓐ 공공용지의 매수 및 토지의 수용·사용에 대한 보상, ⓑ 국유지·공유지의 취득 또는 처분, ⓒ 국토계획법 등에 따라 조성된 용지 등의 공급 또는 분양, 도시개발사업, 정비사업, 농업생산기반 정비사업을 위한 환지·체비지의 매각 또는 환지신청, 토지의 관리·매입·매각·경매 또는 재평가)을 위하여 지가를 산정할 때에는 그 토지와 이용가치가 비슷하다고 인정되는 하나 또는 둘 이상의 표준지의 공시지가를 기준으로 토지가격비준표를 사용하여 지가를 직접 산정하거나 감정평가법인등에 감정평가를 의뢰하여 산정할 수 있다. 다만, 필

요하다고 인정할 때에는 산정된 지가를 ②의 목적에 따라 가감 조정하여 적용할 수 있다.

5. 표준지공시지가의 효력

표준지공시지가는 토지시장에 지가정보를 제공하고 일반적인 토지거래의 지표가 되며, 국가 · 지방자치단체 등이 그 업무와 관련하여 지가를 산정하거나 감정평가법인등이 개별적으로 토지를 감정평가하는 경우에 기준이 된다.

6. 개별공시지가의 결정 · 공시 등

① 시장 · 군수 또는 구청장은 국세 · 지방세 등 각종 세금의 부과, 그 밖의 다른 법령에서 정하는 목적을 위한 지가산정에 사용되도록 하기 위하여 시 · 군 · 구부동산가격공시위원회의 심의를 거쳐 매년 공시지가의 공시기준일 현재 관할 구역 안의 개별토지의 단위면적당(1제곱미터) 가격(개별공시지가)을 결정 · 공시하고, 이를 관계 행정기관 등에 제공하여야 한다. ② 표준지로 선정된 토지, 조세 또는 부담금 등의 부과대상이 아닌 토지, 표준지로 선정된 토지, 농지보전부담금 또는 개발부담금 등의 부과대상이 아닌 토지, 국세 또는 지방세 부과대상이 아닌 토지(국공유지의 경우 공공용 토지만 해당)에 대하여는 개별공시지가를 결정 · 공시하지 아니할 수 있다. 이 경우 표준지로 선정된 토지에 대하여는 해당 토지의 표준지공시지가를 개별공시지가로 본다. ③ 시장 · 군수 또는 구청장은 공시기준일 이후에 분할 · 합병 등이 발생한 토지(분할 또는 합병된 토지, 공유수면 매립 등으로 신규등록이 된 토지, 토지의 형질변경 또는 용도변경으로 지목변경이 된 토지, 국유 · 공유에서 매각 등에 따라 사유로 된 토지로서 개별공시지가가 없는 토지)에 대하여는 1월 1일부터 6월 30일까지의 사이에 사유가 발생한 토지 : 그 해 7월 1일, 7월 1일부터 12월 31일까지의 사이에 사유가 발생한 토지 : 다음 해 1월 1일로 하여 개별공시지가를 결정 · 공시하여야 한다. ④ 시장 · 군수 또는 구청장이 개별공시지가를 결정 · 공시(매년 5월 31일까지)하는 경우에는 해당 토지와 유사한 이용가치를 지닌다고 인정되는 하나 또는 둘 이상의 표준지의 공시지가를 기준으로 토지가격비준표를 사용하여 지가를 산정하되, 해당 토지의 가격과 표준지공시지가가 균형을 유지하도록 하여야 한다. ⑤ 시장 · 군수 또는 구청장은 개별공시지가를 결정 · 공시하기 위하여 개별토지의 가격을 산정할 때에는 그 타당성에 대하여 감정평가법인등의 검증을 받고 토지소유자, 그 밖의 이해관계인의 의견을 들어야 한다. 다만, 시장 · 군수 또는 구청장은 감정평가법인등의 검증이 필요

없다고 인정되는 때에는 지가의 변동상황 등을 고려하여 감정평가법인등의 검증을 생략할 수 있다. ⑥ 시장 · 군수 또는 구청장이 검증을 받으려는 때에는 해당 지역의 표준지의 공시지가를 조사 · 평가한 감정평가법인등 또는 감정평가실적 등이 우수한 감정평가법인등에 의뢰하여야 한다. ⑦ 장관은 지가공시 행정의 합리적인 발전을 도모하고 표준지공시지가와 개별공시지가와의 균형유지 등 적정한 지가형성을 위하여 필요하다고 인정하는 경우에는 개별공시지가의 결정 · 공시 등에 관하여 시장 · 군수 또는 구청장을 지도 · 감독할 수 있다.

7. 개별공시지가에 대한 이의신청 및 정정

① 개별공시지가에 이의가 있는 자는 그 결정 · 공시일부터 30일 이내에 서면으로 시장 · 군수 또는 구청장에게 이의를 신청할 수 있다. ② 시장 · 군수 또는 구청장은 이의신청 기간이 만료된 날부터 30일 이내에 이의신청을 심사하여 그 결과를 신청인에게 서면으로 통지하여야 한다. 이 경우 시장 · 군수 또는 구청장은 이의신청의 내용이 타당하다고 인정될 때에는 해당 개별공시지가를 조정하여 다시 결정 · 공시하여야 한다. ③ 시장 · 군수 또는 구청장은 개별공시지가에 틀린 계산, 오기, 표준지 선정의 착오, 그 밖에 명백한 오류가 있음을 발견한 때에는 지체 없이 이를 정정하여야 한다.

Ⅱ. 주택가격의 공시

1. 표준주택가격의 조사 · 산정 및 공시 등

① 장관은 용도지역, 건물구조 등이 일반적으로 유사하다고 인정되는 일단의 단독주택 중에서 선정한 표준주택에 대하여 매년 공시기준일(1월 1일) 현재의 적정가격(표준주택가격)을 조사 · 산정하고, 중앙부동산가격공시위원회의 심의를 거쳐 이를 공시하여야 한다. ② 공시에는 ㉠ 표준주택의 지번, ㉡ 표준주택가격, ㉢ 표준주택의 대지면적 및 형상, ㉣ 표준주택의 용도, 연면적, 구조 및 사용승인일(임시사용승인일 포함) 등의 사항이 포함되어야 한다. ③ 장관은 표준주택가격을 조사 · 산정하고자 할 때에는 한국부동산원(부동산원)에 의뢰한다. ④ 장관이 표준주택가격을 조사 · 산정하는 경우에는 인근 유사 단독주택의 거래가격 · 임대료 및 해당 단독주택과 유사한 이용가치를 지닌다고 인정되는 단독주택의 건설에 필요한 비용추정액, 인근지역 및 다른 지역과의 형평성 · 특수성, 표준주택가

격 변동의 예측 가능성 등 제반사항을 종합적으로 참작하여야 한다. ⑤ 장관은 개별주택가격의 산정을 위하여 필요하다고 인정하는 경우에는 표준주택과 산정대상 개별주택의 가격형성요인에 관한 표준적인 비교표(주택가격비준표)를 작성하여 시장 · 군수 또는 구청장에게 제공하여야 한다.

2. 개별주택가격의 결정 · 공시 등

① 시장 · 군수 또는 구청장은 시 · 군 · 구부동산가격공시위원회의 심의를 거쳐 매년 표준주택가격의 공시기준일(1월1일) 현재 관할 구역 안의 개별주택의 가격(개별주택가격)을 결정 · 공시(매년 4월 30일까지)하고, 이를 관계 행정기관 등에 제공하여야 한다. ② 표준주택으로 선정된 단독주택, 국세 또는 지방세 부과대상이 아닌 단독주택에 대하여는 개별주택가격을 결정 · 공시하지 아니할 수 있다. 이 경우 표준주택으로 선정된 주택에 대하여는 해당 주택의 표준주택가격을 개별주택가격으로 본다. ③ 개별주택가격의 공시에는 ㉠ 개별주택의 지번, ㉡ 개별주택가격 등의 사항이 포함되어야 한다. ④ 시장 · 군수 또는 구청장은 공시기준일 이후에 토지의 분할 · 합병이나 건축물의 신축 등이 발생한 경우(대지가 분할 또는 합병된 단독주택, 건축 · 대수선 또는 용도변경이 된 단독주택, 국유 · 공유에서 매각 등에 따라 사유로 된 단독주택으로서 개별주택가격이 없는 단독주택)에는 1월 1일부터 5월 31일까지의 사이에 사유가 발생한 단독주택 : 그 해 6월 1일, 6월 1일부터 12월 31일까지의 사이에 사유가 발생한 단독주택 : 다음 해 1월 1일을 기준으로 하여 개별주택가격을 결정 · 공시하여야 한다. ⑤ 시장 · 군수 또는 구청장이 개별주택가격을 결정 · 공시하는 경우에는 해당 주택과 유사한 이용가치를 지닌다고 인정되는 표준주택가격을 기준으로 주택가격비준표를 사용하여 가격을 산정하되, 해당 주택의 가격과 표준주택가격이 균형을 유지하도록 하여야 한다. ⑥ 시장 · 군수 또는 구청장은 개별주택가격을 결정 · 공시하기 위하여 개별주택의 가격을 산정할 때에는 표준주택가격과의 균형 등 그 타당성에 대하여 부동산원의 검증을 받고 토지소유자, 그 밖의 이해관계인의의견을 들어야 한다. 다만, 시장 · 군수 또는 구청장은 부동산원의 검증이 필요 없다고 인정되는 때에는 주택가격의 변동상황 등을 고려하여 부동산원의 검증을 생략할 수 있다. ⑦ 장관은 공시행정의 합리적인 발전을 도모하고 표준주택가격과 개별주택가격과의 균형유지 등 적정한 가격형성을 위하여 필요하다고 인정하는 경우에는 개별주택가격의 결정 · 공시 등에 관하여 시장 · 군수 또는 구청장을 지도 · 감독할 수 있다.

3. 공동주택가격의 조사 · 산정 및 공시 등

① 장관은 공동주택에 대하여 매년 공시기준일(1월 1일) 현재의 적정가격(공동주택가격)을 조사 · 산정하여 중앙부동산가격공시위원회의 심의를 거쳐 공시(매년 4월 30일까지)하고, 이를 관계 행정기관 등에 제공(행정안전부장관, 국세청장, 시장 · 군수 또는 구청장)하여야 한다. 다만, 국세청장이 장관과 협의하여 공동주택가격을 별도로 결정 · 고시하는 경우는 제외한다. ② 장관은 공동주택가격을 공시하기 위하여 그 가격을 산정할 때에는 공동주택소유자와 그 밖의 이해관계인의의견을 들어야 한다. ③ 장관은 공시기준일 이후에 토지의 분할 · 합병이나 건축물의 신축 등이 발생한 경우에는 공동주택가격을 결정 · 공시하여야 한다. ④ 장관이 공동주택가격을 조사 · 산정하는 경우에는 인근 유사 공동주택의 거래가격 · 임대료 및 해당 공동주택과 유사한 이용가치를 지닌다고 인정되는 공동주택의 건설에 필요한 비용추정액, 인근지역 및 다른 지역과의 형평성 · 특수성, 공동주택가격 변동의 예측 가능성 등 제반사항을 종합적으로 참작하여야 한다. ⑤ 장관이 공동주택가격을 조사 · 산정하고자 할 때에는 부동산원에 의뢰한다. ⑥ 장관은 공시한 가격에 틀린 계산, 오기, 그 밖에 명백한 오류가 있음을 발견한 때에는 지체 없이 이를 정정하여야 한다.

4. 주택가격 공시의 효력

① 표준주택가격은 국가 · 지방자치단체 등이 그 업무와 관련하여 개별주택가격을 산정하는 경우에 그 기준이 된다. ② 개별주택가격 및 공동주택가격은 주택시장의 가격정보를 제공하고, 국가 · 지방자치단체 등이 과세 등의 업무와 관련하여 주택의 가격을 산정하는 경우에 그 기준으로 활용될 수 있다.

Ⅲ. 비주거용 부동산가격의 공시

1. 비주거용 표준부동산가격의 조사 · 산정 및 공시 등

① 장관은 용도지역, 이용상황, 건물구조 등이 일반적으로 유사하다고 인정되는 일단의 비주거용 일반부동산 중에서 선정한 비주거용 표준부동산에 대하여 매년 공시기준일(1월

1일) 현재의 적정가격(비주거용 표준부동산가격)을 조사 · 산정하고, 중앙부동산가격공시위원회의 심의를 거쳐 이를 공시(매년 4월 30일까지)할 수 있다. ② 비주거용 표준부동산가격의 공시에는 ㉠ 비주거용 표준부동산의 지번, ㉡ 비주거용 표준부동산가격, ㉢ 비주거용 표준부동산의 대지면적 및 형상, ㉣ 비주거용 표준부동산의 용도, 연면적, 구조 및 사용승인일(임시사용승인일 포함) 등의 사항이 포함되어야 한다. ③ 장관은 비주거용 표준부동산가격을 조사 · 산정하려는 경우 감정평가법인등 또는 부동산 가격의 조사 · 산정에 관한 전문성이 있는 자에게 의뢰한다. ④ 장관이 비주거용 표준부동산가격을 조사 · 산정하는 경우에는 인근 유사 비주거용 일반부동산의 거래가격 · 임대료 및 해당 비주거용 일반부동산과 유사한 이용가치를 지닌다고 인정되는 비주거용 일반부동산의 건설에 필요한 비용추정액 등을 종합적으로 참작하여야 한다. ⑤ 장관은 비주거용 개별부동산가격의 산정을 위하여 필요하다고 인정하는 경우에는 비주거용 표준부동산과 산정대상 비주거용 개별부동산의 가격형성요인에 관한 표준적인 비교표(비주거용 부동산가격비준표)를 작성하여 시장 · 군수 또는 구청장에게 제공하여야 한다.

2. 비주거용 개별부동산가격의 결정 · 공시 등

① 시장 · 군수 또는 구청장은 시 · 군 · 구부동산가격공시위원회의 심의를 거쳐 매년 비주거용 표준부동산가격의 공시기준일 현재 관할 구역 안의 비주거용 개별부동산의 가격(비주거용 개별부동산가격)을 결정 · 공시할 수 있다. 다만, 행정안전부장관 또는 국세청장이 장관과 협의하여 비주거용 개별부동산의 가격을 별도로 결정 · 고시하는 경우는 제외한다. ② 비주거용 표준부동산으로 선정된 비주거용 일반부동산 등 비주거용 일반부동산에 대하여는 비주거용 개별부동산가격을 결정 · 공시하지 아니할 수 있다. 이 경우 비주거용 표준부동산으로 선정된 비주거용 일반부동산에 대하여는 해당 비주거용 표준부동산가격을 비주거용 개별부동산가격으로 본다. ③ 비주거용 개별부동산가격의 공시에는 ㉠ 비주거용 부동산의 지번, ㉡ 비주거용 부동산가격 등의 사항이 포함되어야 한다. ④ 시장 · 군수 또는 구청장은 공시기준일 이후에 토지의 분할 · 합병이나 건축물의 신축 등이 발생한 경우에는 비주거용 개별부동산가격을 결정 · 공시하여야 한다. ⑤ 시장 · 군수 또는 구청장이 비주거용 개별부동산가격을 결정 · 공시하는 경우에는 해당 비주거용 일반부동산과 유사한 이용가치를 지닌다고 인정되는 비주거용 표준부동산가격을 기준으로 비주거용 부동산가격비준표를 사용하여 가격을 산정하되, 해당 비주거용 일반부동산의 가격과 비주거용 표준부동산가격이 균형을 유지하도록 하여야 한다. ⑥ 시장 · 군수 또는 구청장은 비

주거용 개별부동산가격을 결정 · 공시하기 위하여 비주거용 일반부동산의 가격을 산정할 때에는 비주거용 표준부동산가격과의 균형 등 그 타당성에 대하여 비주거용 표준부동산가격의 조사 · 산정을의뢰 받은 자 등의 검증을 받고 비주거용 일반부동산의 소유자와 그 밖의 이해관계인의의견을 들어야 한다. 다만, 시장 · 군수 또는 구청장은 비주거용 개별부동산가격에 대한 검증이 필요 없다고 인정하는 때에는 비주거용 부동산가격의 변동상황 등을 고려하여 검증을 생략할 수 있다. ⑦ 장관은 공시행정의 합리적인 발전을 도모하고 비주거용 표준부동산가격과 비주거용 개별부동산가격과의 균형유지 등 적정한 가격형성을 위하여 필요하다고 인정하는 경우에는 비주거용 개별부동산가격의 결정 · 공시 등에 관하여 시장 · 군수 또는 구청장을 지도 · 감독할 수 있다.

3. 비주거용 집합부동산가격의 조사 · 산정 및 공시 등

① 장관은 비주거용 집합부동산에 대하여 매년 공시기준일 현재의 적정가격을 조사 · 산정하여 중앙부동산가격공시위원회의 심의를 거쳐 공시할 수 있다. 이 경우 시장 · 군수 또는 구청장은 비주거용 집합부동산가격을 결정 · 공시한 경우에는 이를 관계 행정기관 등에 제공하여야 한다. ② 행정안전부장관 또는 국세청장이 장관과 협의하여 비주거용 집합부동산의 가격을 별도로 결정 · 고시하는 경우에는 해당 비주거용 집합부동산의 비주거용 개별부동산가격을 결정 · 공시하지 아니한다. ③ 장관은 비주거용 집합부동산가격을 공시하기 위하여 비주거용 집합부동산의 가격을 산정할 때에는 비주거용 집합부동산의 소유자와 그 밖의 이해관계인의의견을 들어야 한다. ④ 장관은 공시기준일 이후에 토지의 분할 · 합병이나 건축물의 신축 등이 발생한 경우에는 비주거용 집합부동산가격을 결정 · 공시하여야 한다. ⑤ 장관이 비주거용 집합부동산가격을 조사 · 산정하는 경우에는 인근 유사 비주거용 집합부동산의 거래가격 · 임대료 및 해당 비주거용 집합부동산과 유사한 이용가치를 지닌다고 인정되는 비주거용 집합부동산의 건설에 필요한 비용추정액 등을 종합적으로 참작하여야 한다. ⑥ 장관은 비주거용 집합부동산가격을 조사 · 산정할 때에는 부동산원 또는 부동산 가격의 조사 · 산정에 관한 전문성이 있는 자에게의뢰한다. ⑦ 장관은 공시한 가격에 틀린 계산, 오기, 그 밖에 명백한 오류가 있음을 발견한 때에는 지체 없이 이를 정정하여야 한다.

4. 비주거용 부동산가격공시의 효력

① 비주거용 표준부동산가격은 국가·지방자치단체 등이 그 업무와 관련하여 비주거용 개별부동산가격을 산정하는 경우에 그 기준이 된다. ② 비주거용 개별부동산가격 및 비주거용 집합부동산가격은 비주거용 부동산시장에 가격정보를 제공하고, 국가·지방자치단체 등이 과세 등의 업무와 관련하여 비주거용 부동산의 가격을 산정하는 경우에 그 기준으로 활용될 수 있다.

Ⅳ. 부동산가격공시위원회

1. 중앙부동산가격공시위원회

① ⓐ 부동산 가격공시 관계 법령의 제정·개정에 관한 사항 중 장관이 심의에 부치는 사항, ⓑ 표준지의 선정 및 관리지침, ⓒ 조사·평가된 표준지공시지가, ⓓ 표준지공시지가에 대한 이의신청에 관한 사항, ⓔ 표준주택의 선정 및 관리지침, ⓕ 조사·산정된 표준주택가격, ⓖ 표준주택가격에 대한 이의신청에 관한 사항, ⓗ 공동주택의 조사 및 산정지침, ⓘ 조사·산정된 공동주택가격, ⓙ 공동주택가격에 대한 이의신청에 관한 사항, ⓚ 비주거용 표준부동산의 선정 및 관리지침, ⓛ 조사·산정된 비주거용 표준부동산가격, ⓜ 비주거용 표준부동산가격에 대한 이의신청에 관한 사항, ⓝ 비주거용 집합부동산의 조사 및 산정 지침, ⓞ 조사·산정된 비주거용 집합부동산가격, ⓟ 비주거용 집합부동산가격에 대한 이의신청에 관한 사항, ⓠ 적정가격반영을 위한 계획 수립에 관한 사항, ⓡ 그 밖에 부동산정책에 관한 사항 등 장관이 심의에 부치는 사항을 심의하기 위하여 장관 소속으로 중앙부동산가격공시위원회를 둔다. ② 위원회는 위원장을 포함한 20명 이내의 위원으로 구성한다. ③ 위원회의 위원장은 국토교통부 제1차관이 된다. ④ 위원회의 위원은 중앙행정기관의 장이 지명하는 6명 이내의 공무원과 ㉠ 대학에서 토지·주택 등에 관한 이론을 가르치는 조교수 이상으로 재직하고 있거나 재직하였던 사람, ㉡ 판사, 검사, 변호사 또는 감정평가사의 자격이 있는 사람, ㉢ 부동산가격공시 또는 감정평가 관련 분야에서 10년 이상 연구 또는 실무경험이 있는 사람 중 장관이 위촉하는 사람이 된다. ⑤ 공무원이 아닌 위원의 임기는 2년으로 하되, 한차례 연임할 수 있다. ⑥ 장관은 필요하다고 인정하면 위원회의 심의에 부치기 전에 미리 관계 전문가의의견을 듣거나 조사·연구를 의

퇴할 수 있다.

2. 시 · 군 · 구부동산가격공시위원회

개별공시지가의 결정에 관한 사항, 개별공시지가에 대한 이의신청에 관한 사항, 개별주택가격의 결정에 관한 사항, 별주택가격에 대한 이의신청에 관한 사항, 비주거용 개별부동산가격의 결정에 관한 사항, 비주거용 개별부동산가격에 대한 이의신청에 관한 사항, 그 밖에 시장 · 군수 또는 구청장이 심의에 부치는 사항을 심의하기 위하여 시장 · 군수 또는 구청장 소속으로 시 · 군 · 구부동산가격공시위원회를 둔다.

V. 업무위탁

장관은 ⓐ 표준지공시지가의 조사 · 평가, 표준주택가격의 조사 · 산정, 공동주택가격의 조사 · 산정, 비주거용 표준부동산가격의 조사 · 산정, 비주거용 집합부동산가격의 조사 · 산정의 업무 수행에 필요한 부대업무, ⓑ 표준지공시지가, 표준주택가격, 공동주택가격, 비주거용 표준부동산가격 및 비주거용 집합부동산가격에 관한 도서 · 도표 등 작성 · 공급, ⓒ 토지가격비준표, 주택가격비준표 및 비주거용 부동산가격비준표의 작성 · 제공, ⓓ 부동산 가격정보 등의 조사, ⓔ 공시가격정보체계의 구축 및 관리, ⓕ ⓐ부터 ⓔ까지의 업무와 관련된 업무를 부동산원 또는 장관이 정하는 기관에 위탁할 수 있다.

제5편

부동산공시법

제14장　공간정보관리법
제15장　부동산등기법

제 14 장

공간정보관리법

제 1 절 지적측량

Ⅰ. 지적측량 및 성과검사

1. 지적측량의 실시 등

지적측량은 Ⓐ 지적기준점을 정하는 경우(기초측량), Ⓑ 지적측량성과를 검사하는 경우(검사측량), Ⓒ 지적공부를 복구하는 경우(복구측량), Ⓓ 토지를 신규등록하는 경우(신규등록측량), Ⓔ 토지를 등록전환하는 경우(등록전환측량), Ⓕ 토지를 분할하는 경우(분할측량), Ⓖ 바다가 된 토지의 등록을 말소하는 경우(해면성 토지의 말소측량), Ⓗ 축척을 변경하는 경우(축척변경측량), Ⓘ 지적공부의 등록사항을 정정하는 경우(등록사항정정측량), Ⓙ 도시개발사업 등의 시행지역에서 토지의 이동이 있는 경우(지적확정측량), Ⓚ 지적재조사에 관한 특별법에 따른 지적재조사사업에 따라 토지의 이동이 있는 경우(지적재조사측량), Ⓛ 경계점을 지상에 복원하는 경우(경계복원측량), Ⓜ 그 밖에 지상건축물 등의 현황을 지적도 및 임야도에 등록된 경계와 대비하여 표시하는 데에 필요한 경우(지적현황측량)에는 지적측량을 하여야 한다. 이중 경계복원측량과 지적현황측량은 지적소관청 또는 시・도지사, 대도시 시장의 검사를 요하지 않으며, Ⓒ에서 Ⓚ까지는 지적측량성과를 검사하는 경우에 해당한다.

2. 지적측량의뢰 등

① 토지소유자 등 이해관계인은 상기 지적측량실시 사유 중 Ⓐ부터 Ⓜ까지(Ⓑ(검사측량)와 Ⓚ(재조사측량)제외)의 사유로 지적측량을 할 필요가 있는 경우에는 ⓐ 지적측량업의 등록을 한 자, ⓑ 한국국토정보공사(지적측량수행자)에게 지적측량을의뢰하여야 하며, 지적측량수행자는 지적측량의뢰를 받으면 지적측량을 하여 그 측량성과를 결정하여야 한다. ② 중앙지적위원회가 현지조사를 하려는 경우에는 관계 공무원을 지정하여 지적측량 및 자료조사 등 현지조사를 하고 그 결과를 보고하게 할 수 있으며, 필요할 때에는 지적측량수행자(ⓐ 지적측량업의 등록을 한 자, ⓑ 한국국토정보공사)에게 그 소속 측량기술자 중 지적분야 측량기술자(지적기술자)를 참여시키도록 요청할 수 있다. ③ 지적측량을의뢰하려는 자는 지적측량의뢰서(전자문서로 된의뢰서 포함)에 의뢰 사유를 증명하는 서류(전자문서 포함)를 첨부하여 지적측량수행자에게 제출하여야 하며, 지적측량수행자는 지적측량의뢰를 받은 때에는 측량기간, 측량일자 및 측량 수수료 등을 적은 지적측량 수행계획서를 그 다음 날까지 지적소관청에 제출하여야 한다. 제출한 지적측량 수행계획서를 변경한 경우에도 같다. ④ 지적측량의 측량기간은 5일로 하며, 측량검사기간은 4일로 한다. 그러나 지적측량의뢰인과 지적측량수행자가 서로 합의하여 따로 기간을 정하는 경우에는 그 기간에 따르되, 전체 기간의 4분의 3은 측량기간으로, 전체 기간의 4분의 1은 측량검사기간으로 본다. [다만, 지적기준점을 설치하여 측량 또는 측량검사를 하는 경우 지적기준점이 15점 이하인 경우에는 4일을, 15점을 초과하는 경우에는 4일에 15점을 초과하는 4점마다 1일을 가산한다].

3. 지적측량성과의 검사

지적측량수행자가 지적측량을 하였으면 시·도지사, 대도시 시장(서울특별시·광역시 및 특별자치시를 제외한 인구 50만 이상의 시의 시장을 말함) 또는 지적소관청으로부터 측량성과에 대한 검사를 받아야 한다. 다만, 지적공부를 정리하지 아니하는 측량으로서 국토교통부령으로 정하는 측량의 경우에는 그러하지 아니하다. 지적측량성과의 검사방법 및 검사절차 등에 필요한 사항은 국토교통부령으로 정한다.

4. 토지의 이동에 따른 면적 등의 결정방법

합병에 따른 경계·좌표 또는 면적은 따로 지적측량을 하지 아니하고 Ⓐ 합병 후 필지의 경계 또는 좌표 : 합병 전 각 필지의 경계 또는 좌표 중 합병으로 필요 없게 된 부분을 말소하여 결정, Ⓑ 합병 후 필지의 면적 : 합병 전 각 필지의 면적을 합산하여 결정의 구분에 따라 결정한다.

5. 등록전환·분할 면적오차의 허용범위 및 배분 등

(1) 등록전환을 하는 경우

Ⓐ 임야대장의 면적과 등록전환될 면적의 오차 허용범위는 다음의 계산식에 따른다. 이 경우 오차의 허용범위를 계산할 때 축척이 3천분의 1인 지역의 축척분모는 6천으로 한다.

[표 4-1] $A = 0.0262^2 M \sqrt{F}$	A는 오차 허용면적, M은 임야도 축척분모, F는 등록전환될 면적

Ⓑ 임야대장의 면적과 등록전환될 면적의 차이가 가목의 계산식에 따른 허용범위 이내인 경우에는 등록전환될 면적을 등록전환 면적으로 결정하고, 허용범위를 초과하는 경우에는 임야대장의 면적 또는 임야도의 경계를 지적소관청이 직권으로 정정하여야 한다.

(2) 토지를 분할하는 경우

ⓐ 분할 후의 각 필지의 면적의 합계와 분할 전 면적과의 오차의 허용범위는 상기 등록전환하는 경우 상기 Ⓐ의 계산식에 따른다. 이 경우 A는 오차 허용면적, M은 축척분모, F는 원면적으로 하되, 축척이 3천분의 1인 지역의 축척분모는 6천으로 한다. ⓑ 분할 전후 면적의 차이가 ⓐ의 계산식에 따른 허용범위 이내인 경우에는 그 오차를 분할 후의 각 필지의 면적에 따라 나누고, 허용범위를 초과하는 경우에는 지적공부상의 면적 또는 경계를 정정하여야 한다. ⓒ 분할 전후 면적의 차이를 배분한 산출면적은 다음의 계산식에 따라 필요한 자리까지 계산하고, 결정면적은 원면적과 일치하도록 산출면적의 구하려는 끝자리의 다음 숫자가 큰 것부터 순차로 올려서 정하되, 구하려는 끝자리의 다음 숫자가 서로 같을 때에는 산출면적이 큰 것을 올려서 정한다.

[표 4-2] $r = \frac{F}{A} \times a$	r은 각 필지의 산출면적, F는 원면적, A는 측정면적 합계 또는 보정면적 합계, a는 각 필지의 측정면적 또는 보정면적

경계점좌표등록부가 있는 지역의 토지분할을 위하여 면적을 정할 때에는 ㉠ 분할 후 각 필지의 면적합계가 분할 전 면적보다 많은 경우에는 구하려는 끝자리의 다음 숫자가 작은 것부터 순차적으로 버려서 정하되, 분할 전 면적에 증감이 없도록 할 것, ㉡ 분할 후 각 필지의 면적합계가 분할 전 면적보다 적은 경우에는 구하려는 끝자리의 다음 숫자가 큰 것부터 순차적으로 올려서 정하되, 분할 전 면적에 증감이 없도록 할 것의 기준에 따른다.

6. 지적기준점성과의 보관 및 열람 등

① 시 · 도지사나 지적소관청은 지적기준점성과(지적기준점에 의한 측량성과를 말함)와 그 측량기록을 보관하고 일반인이 열람할 수 있도록 하여야 하며, 지적기준점성과의 등본이나 그 측량기록의 사본을 발급받으려는 자는 국토교통부령으로 정하는 바에 따라 시 · 도지사나 지적소관청에 그 발급을 신청하여야 한다. ② 지적측량기준점성과 또는 그 측량부를 열람하거나 등본을 발급받으려는 자는 지적삼각점성과에 대해서는 특별시장 · 광역시장 · 특별자치시장 · 도지사 · 특별자치도지사(시 · 도지사) 또는 지적소관청에 신청하고, 지적삼각보조점성과 및 지적도근점성과에 대해서는 지적소관청에 신청하여야 한다.

Ⅱ. 지적위원회

1. 지적위원회 설치

Ⓐ 지적 관련 정책 개발 및 업무 개선 등에 관한 사항, Ⓑ 지적측량기술의 연구 · 개발 및 보급에 관한 사항, Ⓒ 지적측량 적부심사에 대한 재심사, Ⓓ 측량기술자 중 지적분야 측량기술자(지적기술자)의 양성에 관한 사항, Ⓔ 지적기술자의 업무정지 처분 및 징계요구에 관한 사항을 심의 · 의결하기 위하여 국토교통부에 중앙지적위원회를 둔다. 아울러, 지적측량에 대한 적부심사 청구사항을 심의 · 의결하기 위하여 특별시 · 광역시 · 특별자치시 · 도 또는 특별자치도(시 · 도)에 지방지적위원회[1]를 둔다.

---

1) **(지방지적위원회-지적측량의 적부심사 청구 등)** ① 지적측량 적부심사를 청구하려는 자는 심사청구서

2. 중앙지적위원회의 구성 등

① 중앙지적위원회는 위원장 1명과 부위원장 1명을 포함하여 5명 이상 10명 이하의 위원으로 구성하며, 위원장은 국토교통부의 지적업무 담당 국장이, 부위원장은 국토교통부의 지적업무 담당 과장이 된다. ② 위원은 지적에 관한 학식과 경험이 풍부한 사람 중에서 국토교통부장관이 임명하거나 위촉하며[2], 위원장 및 부위원장을 제외한 위원의 임기는 2년으로 한다. ③ 중앙지적위원회의 간사는 국토교통부의 지적업무 담당 공무원 중에서 국토교통부장관이 임명하며, 회의 준비, 회의록 작성 및 회의 결과에 따른 업무 등 중앙지적위원회의 서무를 담당하며, 중앙지적위원회의 위원에게는 예산의 범위에서 출석수당과 여비, 그 밖의 실비를 지급할 수 있다. 다만, 공무원인 위원이 그 소관 업무와 직접적으로 관련되어 출석하는 경우에는 그러하지 아니하다.

3. 중앙지적위원회의 회의 등

① 중앙지적위원회 위원장은 회의를 소집하고 그 의장이 되며, 위원장이 부득이한 사유로 직무를 수행할 수 없을 때에는 부위원장이 그 직무를 대행하고, 위원장 및 부위원장이 모두 부득이한 사유로 직무를 수행할 수 없을 때에는 위원장이 미리 지명한 위원이 그 직무를 대행한다. ② 중앙지적위원회의 회의는 재적위원 과반수의 출석으로 개의하고, 출석위원 과반수의 찬성으로 의결하고, 중앙지적위원회는 관계인을 출석하게 하여 의견을 들을 수 있으며, 필요하면 현지조사를 할 수 있다. ③ 위원장이 중앙지적위원회의 회의를 소집할 때에는 회의 일시 · 장소 및 심의 안건을 회의 5일 전까지 각 위원에게 서면으로 통지하여야 하며, 위원이 재심사 시 그 측량 사안에 관하여 관련이 있는 경우에는 그 안건의 심의 또는의결에 참석할 수 없다.[3]

에 ⓐ 토지소유자 또는 이해관계인 : 지적측량을 의뢰하여 발급받은 지적측량성과, ⓑ 지적측량수행자(지적측량수행자 소속 지적기술자가 청구하는 경우만 해당) : 직접 실시한 지적측량성과 서류를 첨부하여 특별시장 · 광역시장 · 특별자치시장 · 도지사 또는 특별자치도지사(시 · 도지사)를 거쳐 지방지적위원회에 제출하여야 한다. ② 시 · 도지사는 현황 실측도를 작성하기 위하여 필요한 경우에는 관계 공무원을 지정하여 지적측량을 하게 할 수 있으며, 필요하면 지적측량수행자에게 그 소속 지적기술자를 참여시키도록 요청할 수 있다.

2) **(위원의 해임 · 해촉)** 국토교통부장관은 중앙지적위원회의 위원이 ① 심신장애로 인하여 직무를 수행할 수 없게 된 경우, ② 직무태만, 품위손상이나 그 밖의 사유로 인하여 위원으로 적합하지 아니하다고 인정되는 경우, ③ 위원의 제척 · 기피 · 회피 사유에 해당하는 데에도 불구하고 회피하지 아니한 경우에는 해당 위원을 해임하거나 해촉할 수 있다.

3) **(위원의 제척 · 기피 · 회피)** ① 중앙지적위원회의 위원이 ⓐ 위원 또는 그 배우자나 배우자이었던 사람이 해당 안건의 당사자가 되거나 그 안건의 당사자와 공동권리자 또는 공동의무자인 경우, ⓑ 위원이

Ⅲ. 지적측량의 적부심사

1. 지적측량의 적부심사 등

① 토지소유자, 이해관계인 또는 지적측량수행자는 지적측량성과에 대하여 다툼이 있는 경우에는 관할 시 · 도지사를 거쳐 지방지적위원회에 지적측량 적부심사를 청구할 수 있으며, 지적측량 적부심사청구를 받은 시 · 도지사는 30일 이내에 Ⓐ 다툼이 되는 지적측량의 경위 및 그 성과, Ⓑ 해당 토지에 대한 토지이동 및 소유권 변동 연혁, Ⓒ 해당 토지 주변의 측량기준점, 경계, 주요 구조물 등 현황 실측도의 사항을 조사하여 지방지적위원회에 회부하여야 한다. ② 지적측량 적부심사청구를 회부받은 지방지적위원회는 그 심사청구를 회부받은 날부터 60일 이내에 심의 · 의결하여야 한다. 다만, 부득이한 경우에는 그 심의기간을 해당 지적위원회의 의결을 거쳐 30일 이내에서 한 번만 연장할 수 있다. ③ 지방지적위원회는 지적측량 적부심사를 의결하였으면 의결서를 작성하여 시 · 도지사에게 송부하여야 하고, 시 · 도지사는 의결서를 받은 날부터 7일 이내에 지적측량 적부심사 청구인 및 이해관계인에게 그 의결서를 통지하여야 한다. 의결서를 받은 자가 지방지적위원회의의결에 불복하는 경우에는 그 의결서를 받은 날부터 90일 이내에 국토교통부장관을 거쳐 중앙지적위원회에 재심사를 청구할 수 있으며, 재심사청구에 관하여는 지방지적위원회의 적부심사 절차 규정을 준용한다. ④ 시 · 도지사는 지방지적위원회의 의결서를 받은 후 해당 지적측량 적부심사 청구인 및 이해관계인이 기간내에 재심사를 청구하지 아니하면 그 의결서 사본을 지적소관청에 보내야 하며, 중앙지적위원회의 의결서를 받은 경우에는 그 의결서 사본에 지방지적위원회의의결서 사본을 첨부하여 지적소관청에 보내야 하고, 지방지적위원회 또는 중앙지적위원회의의결서 사본을 받은 지적소관청은 그 내용에 따라 지적공부의 등록사항을 정정하거나 측량성과를 수정하여야 한다. ⑤ 한편, 특별자치시장은 지방지적위원회의 의결서를 받은 후 해당 지적측량 적부심사 청구인 및 이

해당 안건의 당사자와 친족이거나 친족이었던 경우, ⓒ 위원이 해당 안건에 대하여 증언, 진술 또는 감정을 한 경우, ⓓ 위원이나 위원이 속한 법인 · 단체 등이 해당 안건의 당사자의 대리인이거나 대리인이었던 경우, ⓔ 위원이 해당 안건의 원인이 된 처분 또는 부작위에 관여한 경우에는 중앙지적위원회의 심의 · 의결에서 제척된다. ② 해당 안건의 당사자는 위원에게 공정한 심의 · 의결을 기대하기 어려운 사정이 있는 경우에는 중앙지적위원회에 기피 신청을 할 수 있고, 중앙지적위원회는 의결로 이를 결정한다. 이 경우 기피 신청의 대상인 위원은 그 의결에 참여하지 못한다. ③ 위원이 ①에 따른 제척 사유에 해당하는 경우에는 스스로 해당 안건의 심의 · 의결에서 회피하여야 한다.

해관계인이 기간내에 재심사를 청구하지 아니하거나 중앙지적위원회의 의결서를 받은 경우에는 직접 그 내용에 따라 지적공부의 등록사항을 정정하거나 측량성과를 수정하여야 한다. ⑥ 지방지적위원회의 의결이 있은 후 기간내에 재심사를 청구하지 아니하거나 중앙지적위원회의의결이 있는 경우에는 해당 지적측량성과에 대하여 다시 지적측량 적부심사 청구를 할 수 없다.

2. 지적측량의 적부심사 청구

지적측량 적부심사를 청구하려는 자는 심사청구서에 ⓐ 토지소유자 또는 이해관계인 : 지적측량을 의뢰하여 발급받은 지적측량성과, ⓑ 지적측량수행자(지적측량수행자 소속 지적기술자가 청구하는 경우만 해당) : 직접 실시한 지적측량성과의 구분에 따른 서류를 첨부하여 특별시장 · 광역시장 · 특별자치시장 · 도지사 또는 특별자치도지사(시 · 도지사)를 거쳐 지방지적위원회에 제출하여야 한다. 시 · 도지사는 현황 실측도를 작성하기 위하여 필요한 경우에는 관계 공무원을 지정하여 지적측량을 하게 할 수 있으며, 필요하면 지적측량수행자에게 그 소속 지적기술자를 참여시키도록 요청할 수 있다.

3. 지적측량의 적부심사의결

지방지적위원회는 지적측량 적부심사를 의결하였으면 위원장과 참석위원 전원이 서명 및 날인한 지적측량 적부심사의결서를 지체 없이 시 · 도지사에게 송부하여야 하고, 시 · 도지사가 지적측량 적부심사의결서를 지적측량 적부심사 청구인 및 이해관계인에게 통지할 때에는 재심사를 청구할 수 있음을 서면으로 알려야 한다.

4. 지적측량의 적부심사에 관한 재심사 청구

지적측량 적부심사의 재심사 청구를 하려는 자는 재심사청구서에 지방지적위원회의 지적측량 적부심사의결서 사본을 첨부하여 국토교통부장관을 거쳐 중앙지적위원회에 제출하여야 하며, 중앙지적위원회가 재심사를 의결하였을 때에는 위원장과 참석위원 전원이 서명 및 날인한 의결서를 지체 없이 국토교통부장관에게 송부하여야 한다.

제2절 토지의 등록

Ⅰ. 토지의 조사 및 지상경계

1. 토지의 조사·등록 등

① 국토교통부장관은 모든 토지에 대하여 필지별로 소재·지번·지목·면적·경계 또는 좌표 등을 조사·측량하여 지적공부에 등록하여야 한다. ② 지적공부에 등록하는 지번·지목·면적·경계 또는 좌표는 토지의 이동이 있을 때 토지소유자(법인이 아닌 사단이나 재단의 경우에는 그 대표자나 관리인을 말함)의 ㉠ 신청을 받아 지적소관청이 결정한다. 다만, 신청이 없으면 지적소관청이 ㉡ 직권으로 조사·측량하여 결정할 수 있다. ③ 지적소관청은 토지의 이동현황을 직권으로 조사·측량하여 토지의 지번·지목·면적·경계 또는 좌표를 결정하려는 때에는 ㉮ 토지이동현황조사계획을 수립하여야 한다. 이 경우 토지이동현황조사계획은 ㉠ 시·군·구별로 수립하되, 부득이한 사유가 있는 때에는 ㉡ 읍·면·동별로 수립할 수 있으며, 지적소관청은 토지이동현황조사계획에 따라 토지의 이동현황을 조사한 때에는 ㉯ 토지이동조사부에 토지의 이동현황을 적어야 하고, 지적소관청은 토지이동현황 조사 결과에 따라 토지의 지번·지목·면적·경계 또는 좌표를 결정한 때에는 이에 따라 지적공부를 정리하여야 한다. ④ 아울러, 지적소관청은 지적공부를 정리하려는 때에는 토지이동조사부를 근거로 ㉰ 토지이동조서를 작성하여 ㉱ 토지이동정리결의서에 첨부하여야 하며, 토지이동조서의 아래 부분 여백에 "공간정보관리법 제64조 제2항 단서(신청이 없으면 지적소관청이 직권으로 조사·측량하여 결정)에 따른 직권정리"라고 적어야 한다.

2. 지상경계의 구분 등

토지의 지상경계는 둑, 담장이나 그 밖에 구획의 목표가 될 만한 구조물 및 경계점표지 등으로 구분하고, 지상경계의 결정 기준 등 지상경계의 결정에 필요한 사항은 대통령령으로 정하고, 경계점표지의 규격과 재질 등에 필요한 사항은 국토교통부령으로 정한다.

(1) 지상경계의 결정기준 등

① Ⓐ 연접되는 토지 간에 높낮이 차이가 없는 경우 : 그 구조물 등의 중앙, Ⓑ 연접되는 토지 간에 높낮이 차이가 있는 경우 : 그 구조물 등의 하단부, Ⓒ 도로·구거 등의 토지에 절토(切土)된 부분이 있는 경우 : 그 경사면의 상단부, Ⓓ 토지가 해면 또는 수면에 접하는 경우 : 최대만조위 또는 최대만수위가 되는 선, Ⓔ공유수면매립지의 토지 중 제방 등을 토지에 편입하여 등록하는 경우 : 바깥쪽 어깨부분을 지상경계로 하며, 지상경계의 구획을 형성하는 구조물 등의 소유자가 다른 경우에는 그 소유권에 따라 지상경계를 결정한다. ② ⓐ 도시개발사업 등의 사업시행자가 사업지구의 경계를 결정하기 위하여 토지를 분할하려는 경우, ⓑ 사업시행자와 행정기관의 장 또는 지방자치단체의 장이 토지를 취득하기 위하여 분할하려는 경우, ⓒ 국토계획법에 따른 도시·군관리계획 결정고시와 지형도면 고시가 된 지역의 도시·군관리계획선에 따라 토지를 분할하려는 경우, ⓓ 토지를 분할하려는 경우, ⓔ 관계 법령에 따라 인가·허가 등을 받아 토지를 분할하려는 경우에는 지상경계점에 경계점표지를 설치하여 측량할 수 있다. ③ 분할에 따른 지상경계는 지상건축물을 걸리게 결정해서는 아니 된다. 다만, ㉠ 법원의 확정판결이 있는 경우, ㉡ 공공사업 등에 따라 학교용지·도로·철도용지·제방·하천·구거·유지·수도용지 등의 지목으로 되는 토지를 분할하는 경우, ㉢ 도시개발사업 등의 사업시행자가 사업지구의 경계를 결정하기 위하여 토지를 분할하려는 경우, ㉣ 국토계획법에 따른 도시·군관리계획 결정고시와 지형도면 고시가 된 지역의 도시·군관리계획선에 따라 토지를 분할하려는 경우에는 그러하지 아니하다. ④ 지적확정측량의 경계는 공사가 완료된 현황대로 결정하되, 공사가 완료된 현황이 사업계획도와 다를 때에는 미리 사업시행자에게 그 사실을 통지하여야 한다.

(2) 지상경계점등록부 작성·관리

지적소관청은 토지의 이동에 따라 지상경계를 새로 정한 경우에는 Ⓐ 토지의 소재, Ⓑ 지번, Ⓒ 경계점 좌표(경계점좌표등록부 시행지역에 한정), Ⓓ 경계점 위치 설명도(경계점 위치 설명도의 작성 등에 관하여 필요한 사항은 국토교통부장관이 정한다), Ⓔ 공부상 지목과 실제 토지이용 지목, Ⓕ 경계점의 사진 파일, Ⓖ 경계점표지의 종류 및 경계점 위치를 등록한 지상경계점등록부를 작성·관리하여야 하며, 경계점 위치 설명도의 작성 등에 관하여 필요한 사항은 국토교통부장관이 정한다.

Ⅱ. 지번

1. 지번의 부여 등

지번은 지적소관청이 지번부여지역별로 차례대로 부여하며, 지적소관청은 지적공부에 등록된 지번을 변경할 필요가 있다고 인정하면 시·도지사나 대도시 시장의 승인을 받아 지번부여지역의 전부 또는 일부에 대하여 지번을 새로 부여할 수 있다.

2. 지번의 구성 및 부여방법 등

① 지번은 아라비아숫자로 표기하되, 임야대장 및 임야도에 등록하는 토지의 지번은 숫자 앞에 "산"자를 붙이고, 지번은 본번과 부번으로 구성하되, 본번과 부번 사이에 "－" 표시로 연결한다. 이 경우 "－" 표시는 "의"라고 읽는다. ② 지번의 부여방법 : Ⓐ 지번은 북서에서 남동으로 순차적으로 부여할 것, Ⓑ 신규등록 및 등록전환의 경우에는 그 지번부여지역에서 인접토지의 본번에 부번을 붙여서 지번을 부여할 것의 방법에 따른다. 다만, ⓐ 대상토지가 그 지번부여지역의 최종 지번의 토지에 인접하여 있는 경우, ⓑ 대상토지가 이미 등록된 토지와 멀리 떨어져 있어서 등록된 토지의 본번에 부번을 부여하는 것이 불합리한 경우, ⓒ 대상토지가 여러 필지로 되어 있는 경우에는 그 지번부여지역의 최종 본번의 다음 순번부터 본번으로 하여 순차적으로 지번을 부여할 수 있다.

③ 분할 의 경우에는 분할 후의 필지 중 1필지의 지번은 분할 전의 지번으로 하고, 나머지 필지의 지번은 본번의 최종 부번 다음 순번으로 부번을 부여할 것. 이 경우 주거·사무실 등의 건축물이 있는 필지에 대해서는 분할 전의 지번을 우선하여 부여하여야 한다. ④ 합병의 경우에는 합병 대상 지번 중 선순위의 지번을 그 지번으로 하되, 본번으로 된 지번이 있을 때에는 본번 중 선순위의 지번을 합병 후의 지번으로 할 것. 이 경우 토지소유자가 합병 전의 필지에 주거·사무실 등의 건축물이 있어서 그 건축물이 위치한 지번을 합병 후의 지번으로 신청할 때에는 그 지번을 합병 후의 지번으로 부여하여야 한다. ⑤ 지적확정측량을 실시한 지역의 각 필지에 지번을 새로 부여하는 경우에는 ㉠ 지적확정측량을 실시한 지역의 종전의 지번과 지적확정측량을 실시한 지역 밖에 있는 본번이 같은 지번이 있을 때에는 그 지번, ㉡ 지적확정측량을 실시한 지역의 경계에 걸쳐 있는 지번을 제외한 본번으로 부여할 것. 다만, 부여할 수 있는 종전 지번의 수가 새로 부여할

지번의 수보다 적을 때에는 블록 단위로 하나의 본번을 부여한 후 필지별로 부번을 부여하거나, 그 지번부여지역의 최종 본번 다음 순번부터 본번으로 하여 차례로 지번을 부여할 수 있으며, ㉮ 지번부여지역의 지번을 변경할 때, ㉯ 행정구역 개편에 따라 새로 지번을 부여할 때, ㉰ 축척변경 시행지역의 필지에 지번을 부여할 때에도 같다.

한편, 도시개발사업 등이 준공되기 전에 사업시행자가 지번부여 신청을 하면 국토교통부령으로 정하는 바에 따라 지번을 부여할 수 있다.

3. 지번변경 승인신청 등

① 지적소관청은 지번을 변경하려면 지번변경 사유를 적은 승인신청서에 지번변경 대상지역의 지번·지목·면적·소유자에 대한 상세한 내용(지번등 명세)을 기재하여 시·도지사 또는 대도시 시장에게 제출하여야 한다. 이 경우 시·도지사 또는 대도시 시장은 전자정부법에 따른 행정정보의 공동이용을 통하여 지번변경 대상지역의 지적도 및 임야도를 확인하여야 한다. ② ①에 따라 신청을 받은 시·도지사 또는 대도시 시장은 지번변경 사유 등을 심사한 후 그 결과를 지적소관청에 통지하여야 한다.

Ⅲ. 지목

1. 지목의 종류

지목은 전·답·과수원·목장용지·임야·광천지·염전·대(垈)·공장용지·학교용지·주차장·주유소용지·창고용지·도로·철도용지·제방·하천·구거·유지(溜池)·양어장·수도용지·공원·체육용지·유원지·종교용지·사적지·묘지·잡종지로 구분하여 정한다.

2. 지목의 구분기준

① 전 : 물을 상시적으로 이용하지 않고 곡물·원예작물(과수류는 제외)·약초·뽕나무·닥나무·묘목·관상수 등의 식물을 주로 재배하는 토지와 식용으로 죽순을 재배하는 토지. ② 답 : 물을 상시적으로 직접 이용하여 벼·연(蓮)·미나리·왕골 등의 식물을 주로 재배하는 토지. ③ 과수원 : 사과·배·밤·호두·귤나무 등 과수류를 집단적으로

재배하는 토지와 이에 접속된 저장고 등 부속시설물의 부지. 다만, 주거용 건축물의 부지는 "대"로 한다. ④ 임야 : 산림 및 원야(原野)를 이루고 있는 수림지 · 죽림지 · 암석지 · 자갈땅 · 모래땅 · 습지 · 황무지 등의 토지. ⑤ 광천지 : 지하에서 온수 · 약수 · 석유류 등이 용출되는 용출구와 그 유지(維持)에 사용되는 부지(다만, 온수 · 약수 · 석유류 등을 일정한 장소로 운송하는 송수관 · 송유관 및 저장시설의 부지는 제외). ⑥ 염전 : 바닷물을 끌어들여 소금을 채취하기 위하여 조성된 토지와 이에 접속된 제염장 등 부속시설물의 부지(다만, 천일제염 방식으로 하지 아니하고 동력으로 바닷물을 끌어들여 소금을 제조하는 공장시설물의 부지는 제외). ⑦ 대 : ⓐ 영구적 건축물 중 주거 · 사무실 · 점포와 박물관 · 극장 · 미술관 등 문화시설과 이에 접속된 정원 및 부속시설물의 부지, ⓑ 국토계획법 등 관계 법령에 따른 택지조성공사가 준공된 토지. ⑧ 주차장 : 자동차 등의 주차에 필요한 독립적인 시설을 갖춘 부지와 주차전용 건축물 및 이에 접속된 부속시설물의 부지, 시설물의 부지 인근에 설치된 부설주차장(다만, ⓐ 주차장법에 따른 노상주차장 및 부설주차장, ⓑ 자동차 등의 판매 목적으로 설치된 물류장 및 야외전시장에 해당하는 시설의 부지는 제외).

⑨ 도로 : ⓐ 일반 공중의 교통 운수를 위하여 보행이나 차량운행에 필요한 일정한 설비 또는 형태를 갖추어 이용되는 토지, ⓑ 도로법 등 관계 법령에 따라 도로로 개설된 토지, ⓒ 고속도로의 휴게소 부지, ⓓ 2필지 이상에 진입하는 통로로 이용되는 토지(다만, 아파트 · 공장 등 단일 용도의 일정한 단지 안에 설치된 통로 등은 제외). ⑩ 제방 : 조수 · 자연유수 · 모래 · 바람 등을 막기 위하여 설치된 방조제 · 방수제 · 방사제 · 방파제 등의 부지. ⑪ 하천 : 자연의 유수가 있거나 있을 것으로 예상되는 토지. ⑫ 구거 : 용수(用水) 또는 배수를 위하여 일정한 형태를 갖춘 인공적인 수로 · 둑 및 그 부속시설물의 부지와 자연의 유수가 있거나 있을 것으로 예상되는 소규모 수로부지. ⑬ 유지(溜池) : 물이 고이거나 상시적으로 물을 저장하고 있는 댐 · 저수지 · 소류지(沼溜地) · 호수 · 연못 등의 토지와 연 · 왕골 등이 자생하는 배수가 잘 되지 아니하는 토지. ⑭ 양어장 : 육상에 인공으로 조성된 수산생물의 번식 또는 양식을 위한 시설을 갖춘 부지와 이에 접속된 부속시설물의 부지. ⑮ 공원 : 일반 공중의 보건 · 휴양 및 정서생활에 이용하기 위한 시설을 갖춘 토지로서 국토계획법에 따라 공원 또는 녹지로 결정 · 고시된 토지. ⑯ 유원지 : 일반 공중의 위락 · 휴양 등에 적합한 시설물을 종합적으로 갖춘 수영장 · 유선장(遊船場) · 낚시터 · 어린이놀이터 · 동물원 · 식물원 · 민속촌 · 경마장 · 야영장 등의 토지와 이에 접속된 부속시설물의 부지(다만, 이들 시설과의 거리 등으로 보아 독립적인 것으로 인정

되는 숙식시설 및 유기장(遊技場)의 부지와 하천·구거 또는 유지[공유인 것으로 한정]로 분류되는 것은 제외). ⑰ 사적지 : 문화재로 지정된 역사적인 유적·고적·기념물 등을 보존하기 위하여 구획된 토지(다만, 학교용지·공원·종교용지 등 다른 지목으로 된 토지에 있는 유적·고적·기념물 등을 보호하기 위하여 구획된 토지는 제외). ⑱ 묘지 : 사람의 시체나 유골이 매장된 토지, 공원녹지법에 따른 묘지공원으로 결정·고시된 토지 및 「장사 등에 관한 법률」에 따른 봉안시설과 이에 접속된 부속시설물의 부지(다만, 묘지의 관리를 위한 건축물의 부지는 "대"로 한다). ⑲ 잡종지 : ⓐ 갈대밭, 실외에 물건을 쌓아두는 곳, 돌을 캐내는 곳, 흙을 파내는 곳, 야외시장, 공동우물, ⓑ 변전소, 송신소, 수신소, 송유시설 등의 부지, ⓒ 여객자동차 터미널, 자동차 운전학원, 폐차장 등 자동차 관련 독립적인 시설을 갖춘 부지, ⓓ 공항시설 및 항만시설 부지, ⓔ 도축장, 쓰레기 및 오물처리장 등의 부지, ⓕ 그 밖에 다른 지목에 속하지 않는 토지(다만, 원상회복을 조건으로 돌을 캐내는 곳 또는 흙을 파내는 곳으로 허가된 토지는 제외).

⑳ 목장용지 : ⓐ 축산업 및 낙농업을 하기 위하여 초지를 조성한 토지, ⓑ 축산법에 따른 가축을 사육하는 축사 등의 부지, ⓒ 가목 및 나목의 토지와 접속된 부속시설물의 부지(다만, 주거용 건축물의 부지는 "대"로 한다). ㉑ 공장용지 : ⓐ 제조업을 하고 있는 공장시설물의 부지, ⓑ 산업집적법 등 관계 법령에 따른 공장부지 조성공사가 준공된 토지, ⓒ ⓐ 및 ⓑ의 토지와 같은 구역에 있는의료시설 등 부속시설물의 부지. ㉒ 학교용지 : 학교의 교사(校舍)와 이에 접속된 체육장 등 부속시설물의 부지. ㉓ 주유소용지 : ⓐ 석유·석유제품, 액화석유가스, 전기 또는 수소 등의 판매를 위하여 일정한 설비를 갖춘 시설물의 부지, ⓑ 저유소(貯油所) 및 원유저장소의 부지와 이에 접속된 부속시설물의 부지(다만, 자동차·선박·기차 등의 제작 또는 정비공장 안에 설치된 급유·송유시설 등의 부지는 제외). ㉔ 창고용지 : 물건 등을 보관하거나 저장하기 위하여 독립적으로 설치된 보관시설물의 부지와 이에 접속된 부속시설물의 부지. ㉕ 철도용지 : 교통 운수를 위하여 일정한 궤도 등의 설비와 형태를 갖추어 이용되는 토지와 이에 접속된 역사(驛舍)·차고·발전시설 및 공작창(工作廠) 등 부속시설물의 부지. ㉖ 수도용지 : 물을 정수하여 공급하기 위한 취수·저수·도수(導水)·정수·송수 및 배수 시설의 부지 및 이에 접속된 부속시설물의 부지. ㉗ 체육용지 : 국민의 건강증진 등을 위한 체육활동에 적합한 시설과 형태를 갖춘 종합운동장·실내체육관·야구장·골프장·스키장·승마장·경륜장 등 체육시설의 토지와 이에 접속된 부속시설물의 부지(다만, 체육시설로서의 영속성과 독립성이 미흡한 정구장·골프연습장·실내수영장 및 체육도장, 유수(流水)를 이용한

요트장 및 카누장 등의 토지는 제외). ㉘ 종교용지 : 일반 공중의 종교의식을 위하여 예배·법요·설교·제사 등을 하기 위한 교회·사찰·향교 등 건축물의 부지와 이에 접속된 부속시설물의 부지.

3. 지목의 설정방법 등

지목의 설정은 Ⓐ 필지마다 하나의 지목을 설정할 것, Ⓑ 1필지가 둘 이상의 용도로 활용되는 경우에는 주된 용도에 따라 지목을 설정할 것의 방법에 따르며, 토지가 일시적 또는 임시적인 용도로 사용될 때에는 지목을 변경하지 아니한다. 면적의 단위는 제곱미터로 한다.

4. 면적의 결정 및 측량계산의 끝수처리

① 면적의 결정은 ㉠ 토지의 면적에 1제곱미터 미만의 끝수가 있는 경우 0.5제곱미터 미만일 때에는 버리고 0.5제곱미터를 초과하는 때에는 올리며, 0.5제곱미터일 때에는 구하려는 끝자리의 숫자가 0 또는 짝수이면 버리고 홀수이면 올린다. 다만, 1필지의 면적이 1제곱미터 미만일 때에는 1제곱미터로 한다. ㉡ 지적도의 축척이 600분의 1인 지역과 경계점좌표등록부에 등록하는 지역의 토지 면적은 ㉠에도 불구하고 제곱미터 이하 한 자리 단위로 하되, 0.1제곱미터 미만의 끝수가 있는 경우 0.05제곱미터 미만일 때에는 버리고 0.05제곱미터를 초과할 때에는 올리며, 0.05제곱미터일 때에는 구하려는 끝자리의 숫자가 0 또는 짝수이면 버리고 홀수이면 올린다. 다만, 1필지의 면적이 0.1제곱미터 미만일 때에는 0.1제곱미터로 한다. ② 방위각의 각치(角値), 종횡선의 수치 또는 거리를 계산하는 경우 구하려는 끝자리의 다음 숫자가 5 미만일 때에는 버리고 5를 초과할 때에는 올리며, 5일 때에는 구하려는 끝자리의 숫자가 0 또는 짝수이면 버리고 홀수이면 올린다. 다만, 전자계산조직을 이용하여 연산할 때에는 최종수치에만 이를 적용한다.

5. 지목의 표기방법

지목을 지적도 및 임야도(지적도면)에 등록하는 때에는 지목 명칭의 두문자를 사용한다. 다만 예외적으로 차문자(4개)로 표기한다.

지목	부호	지목	부호	지목	부호	지목	부호
전	전	대	대	구거	구	주유소용지	주
답	답	양어장	양	유지	유	창고용지	창
과수원	과	사적지	사	학교용지	학	철도용지	철
공원	공	묘지	묘	수도용지	수	하천	천
임야	임	도로	도	목장용지	목	유원지	원
광천지	광	잡종지	잡	체육용지	체	주차장	차
염전	염	제방	제	종교용지	종	공장용지	장

제 3 절 지적공부

Ⅰ. 지적공부 관리

1. 지적공부의 보존 등

지적소관청은 해당 청사에 지적서고를 설치하고 그 곳에 지적공부(정보처리시스템을 통하여 기록·저장한 경우는 제외)를 영구히 보존하여야 하며, [Ⓐ 천재지변이나 그 밖에 이에 준하는 재난을 피하기 위하여 필요한 경우, Ⓑ 관할 시·도지사 또는 대도시 시장의 승인을 받은 경우] 외에는 해당 청사 밖으로 지적공부를 반출할 수 없다. 지적공부를 정보처리시스템을 통하여 기록·저장한 경우 관할 시·도지사, 시장·군수 또는 구청장은 그 지적공부를 지적정보관리체계에 영구히 보존하여야 하며, 국토교통부장관은 보존하여야 하는 지적공부가 멸실되거나 훼손될 경우를 대비하여 지적공부를 복제하여 관리하는 정보관리체계를 구축하여야 하며, 지적서고의 설치기준, 지적공부의 보관방법 및 반출승인 절차 등에 필요한 사항은 국토교통부령으로 정한다.

2. 지적서고의 설치기준 및 관리기준

지적서고는 지적사무를 처리하는 사무실과 연접(連接)하여 설치하여야 한다. 지적서고의 구조로 Ⓐ 골조는 철근콘크리트 이상의 강질로 할 것, Ⓑ 지적서고의 면적은 아래의 기준면적에 따를 것, Ⓒ 바닥과 벽은 2중으로 하고 영구적인 방수설비를 할 것, Ⓓ 창문과 출입문은 2중으로 하되, 바깥쪽 문은 반드시 철제로 하고 안쪽 문은 곤충 · 쥐 등의 침입을 막을 수 있도록 철망 등을 설치할 것, Ⓔ 온도 및 습도 자동조절장치를 설치하고, 연중 평균온도는 섭씨 20±5도를, 연중평균습도는 65±5퍼센트를 유지할 것, Ⓕ 전기시설을 설치하는 때에는 단독퓨즈를 설치하고 소화장비를 갖춰 둘 것, Ⓖ 열과 습도의 영향을 받지 아니하도록 내부공간을 넓게 하고 천장을 높게 설치할 것의 기준에 따라야 한다.

ⓐ 지적서고는 제한구역으로 지정하고, 출입자를 지적사무담당공무원으로 한정할 것, ⓑ 지적서고에는 인화물질의 반입을 금지하며, 지적공부, 지적 관계 서류 및 지적측량장비만 보관할 것의 기준에 따라 관리하여야 한다. 지적공부 보관상자는 벽으로부터 15센티미터 이상 띄워야 하며, 높이 10센티미터 이상의 깔판 위에 올려놓아야 한다.

등록필지수	지적서고 기준면적
10만필지 이하	80제곱미터
10만필지 초과 20만필지 이하	110제곱미터
20만필지 초과 30만필지 이하	130제곱미터
30만필지 초과 40만필지 이하	150제곱미터
40만필지 초과 50만필지 이하	165제곱미터
50만필지 초과	180제곱미터에 60만 필지를 초과하는 10만필지마다 10제곱미터 가산

3. 지적공부의 보관방법 등

① 부책(簿冊)으로 된 토지대장 · 임야대장 및 공유지연명부는 지적공부 보관상자에 넣어 보관하고, ② 카드로 된 토지대장 · 임야대장 · 공유지연명부 · 대지권등록부 및 경계점좌표등록부는 100장 단위로 바인더(binder)에 넣어 보관하여야 한다. ③ 일람도 · 지번색인표 및 지적도면은 지번부여지역별로 도면번호순으로 보관하되, 각 장별로 보호대에 넣어야 한다. ④ 지적공부를 정보처리시스템을 통하여 기록 · 보존하는 때에는 그 지적공부를 공공기관의 기록물 관리에 관한 법률에 따라 기록물관리기관에 이관할 수 있다.

4. 지적공부의 반출승인 절차

지적소관청이 지적공부를 그 시 · 군 · 구의 청사 밖으로 반출하려는 경우에는 시 · 도지사 또는 대도시 시장에게 지적공부 반출사유를 적은 승인신청서를 제출하여야 하며, 신청을 받은 시 · 도지사 또는 대도시 시장은 지적공부 반출사유 등을 심사한 후 그 승인 여부를 지적소관청에 통지하여야 한다.

5. 지적정보 전담 관리기구의 설치

국토교통부장관은 지적공부의 효율적인 관리 및 활용을 위하여 지적정보 전담 관리기구를 설치 · 운영한다. 국토교통부장관은 지적공부를 과세나 부동산정책자료 등으로 활용하기 위하여 주민등록전산자료, 가족관계등록전산자료, 부동산등기전산자료 또는 공시지가전산자료 등을 관리하는 기관에 그 자료를 요청할 수 있으며 요청을 받은 관리기관의 장은 특별한 사정이 없는 한 이에 응하여야 한다.

Ⅱ. 지적대장 등록

1. 토지대장 등의 등록사항

① 토지대장과 임야대장 등록사항 : Ⓐ 토지의 소재, Ⓑ 지번, Ⓒ 지목, Ⓓ 면적, Ⓔ 소유자의 성명 또는 명칭, 주소 및 주민등록번호(국가, 지방자치단체, 법인, 법인 아닌 사단이나 재단 및 외국인의 경우에는 부동산등기법에 따라 부여된 등록번호를 말함), Ⓕ 토지의 고유번호(각 필지를 서로 구별하기 위하여 필지마다 붙이는 고유한 번호), Ⓖ토지소유자가 변경된 날과 그 원인, Ⓗ 토지의 이동사유, Ⓘ 지적도 또는 임야도의 번호와 필지별 토지대장 또는 임야대장의 장번호 및 축척, Ⓙ 토지등급 또는 기준수확량등급과 그 설정 · 수정 연월일, Ⓚ 개별공시지가와 그 기준일, Ⓛ 그 밖에 국토교통부장관이 정하는 사항. ② 공유지연명부 등록사항(소유자가 둘 이상) : ⓐ 토지의 소재, ⓑ 지번, ⓒ 토지소유자가 변경된 날과 그 원인, ⓓ 소유자의 성명 또는 명칭, 주소 및 주민등록번호, ⓔ 토지의 고유번호, ⓕ 필지별 공유지연명부의 장번호, ⓖ 소유권 지분. ③ 대지권등록부 등록사항 : 토지대장이나 임야대장에 등록하는 토지가 부동산등기법에 따라 대지권 등기가 되어 있는 경우에는 ㉠ 토지의 소재, ㉡ 지번, ㉢ 토지소유자가 변경된 날과 그 원인, ㉣ 소유자의 성명 또는 명칭, 주소 및 주민등록번호, ㉤ 토지의 고유번호, ㉥ 전유부분의 건물표시, ㉦ 건물의 명칭, ㉧ 집합건물별 대지권등록부의 장번호, ㉨ 대지권 비율, ㉩ 소유권 지분이다. ④ 토지의 고유번호를 붙이는 데에 필요한 사항은 국토교통부장관이 정한다.

2. 지적도 및 임야도 등록사항

① 지적도 및 임야도에는 Ⓐ 토지의 소재, Ⓑ 지번, Ⓒ 지목, Ⓓ 경계, Ⓔ 지적도면의 색인도(인접도면의 연결 순서를 표시하기 위하여 기재한 도표와 번호를 말한다), Ⓕ지적도면의 제명 및 축척, Ⓖ 도곽선(圖廓線)과 그 수치, Ⓗ 좌표에 의하여 계산된 경계점 간의 거리(경계점좌표등록부를 갖춰 두는 지역으로 한정), Ⓘ 삼각점 및 지적기준점의 위치, Ⓙ 건축물 및 구조물 등의 위치, Ⓚ 그 밖에 국토교통부장관이 정하는 사항을 등록하여야 한다. ② 경계점좌표등록부를 갖춰 두는 지역의 지적도에는 해당 도면의 제명 끝에 "(좌표)"라고 표시하고, 도곽선의 오른쪽 아래 끝에 "이 도면에 의하여 측량을 할 수 없음"이라고 적어야 하며, 지적도면에는 지적소관청의 직인을 날인하여야 한다. 다만, 정보처리시스템을 이용하여 관리하는 지적도면의 경우에는 그러하지 아니하다. ③ 지적소관청은 지적도면의 관리에 필요한 경우에는 지번부여지역마다 일람도와 지번색인표를 작성하여 갖춰 둘 수 있으며, 지적도면의 축척은 Ⓐ 지적도의 축척(1/500, 1/600, 1/1000, 1/1200, 1/2400, 1/3000, 1/6000), Ⓑ 임야도의 축척(1/3000, 1/6000)의 구분에 따른다.

3. 경계점좌표등록부의 등록사항

지적소관청은 도시개발사업 등에 따라 새로이 지적공부에 등록하는 토지에 대하여는 Ⓐ 토지의 소재, Ⓑ 지번, Ⓒ 토지의 고유번호, Ⓓ 좌표, Ⓔ 지적도면의 번호, Ⓕ 필지별 경계점좌표등록부의 장번호, Ⓖ 부호 및 부호도를 등록한 경계점좌표등록부를 작성하고 갖춰 두어야 한다. 경계점좌표등록부를 갖춰 두는 토지는 지적확정측량 또는 축척변경을 위한 측량을 실시하여 경계점을 좌표로 등록한 지역의 토지로 한다.

Ⅲ. 지적공부의 복구 및 열람

1. 지적공부의 복구

① 지적소관청(지적공부를 정보처리시스템을 통하여 기록·저장한 경우 관할 시·도지사, 시장·군수 또는 구청장은 그 지적공부를 지적정보관리체계에 영구히 보존하여야 하는 지적공부의 경우에는 시·도지사, 시장·군수 또는 구청장)은 지적공부의 전부 또는

일부가 멸실되거나 훼손된 경우에는 지체 없이 이를 복구하여야 한다. ② 지적소관청이 지적공부를 복구할 때에는 멸실·훼손 당시의 지적공부와 가장 부합된다고 인정되는 관계 자료에 따라 토지의 표시에 관한 사항을 복구하여야 한다. 다만, 소유자에 관한 사항은 부동산등기부나 법원의 확정판결에 따라 복구하여야 한다.

2. 지적공부의 복구절차 등

① 지적소관청은 지적공부를 복구하려는 경우에는 지적도 등의 등록사항의 ㉮ 복구자료를 조사하여야 한다. 지적소관청은 조사된 복구자료 중 토지대장·임야대장 및 공유지연명부의 등록 내용을 증명하는 서류 등에 따라 ㉯ 지적복구자료 조사서를 작성하고, 지적도면의 등록 내용을 증명하는 서류 등에 따라 ㉰ 복구자료도를 작성하여야 한다. ② 작성된 복구자료도에 따라 측정한 면적과 지적복구자료 조사서의 조사된 면적의 증감이 [등록전환의 오차 계산식, [표 4-1]]에 따른 허용범위를 초과하거나 복구자료도를 작성할 복구자료가 없는 경우에는 ㉱ 복구측량을 하여야 한다. 이 경우 계산식 중 A는 오차 허용면적, M은 축척분모, F는 조사된 면적을 말한다. ③ 작성된 지적복구자료 조사서의 조사된 면적이 허용범위 이내인 경우에는 그 면적을 복구면적으로 결정하여야 한다. 복구측량을 한 결과가 복구자료와 부합하지 아니하는 때에는 토지소유자 및 이해관계인의 동의를 받어 경계 또는 면적 등을 조정할 수 있다. 이 경우 경계를 조정한 때에는 ㉲ 경계점표지를 설치하여야 한다. ④ 지적소관청은 복구자료의 조사 또는 복구측량 등이 완료되어 지적공부를 복구하려는 경우에는 복구하려는 토지의 표시 등을 시·군·구 게시판 및 인터넷 홈페이지에 ㉳ 15일 이상 게시하여야 한다. ⑤ 복구하려는 토지의 표시 등에 이의가 있는 자는 게시기간 내에 지적소관청에 ㉴ 이의신청을 할 수 있다. 이의신청을 받은 지적소관청은 이의사유를 검토하여 이유 있다고 인정되는 때에는 그 시정에 필요한 조치를 하여야 하고, 이러한 절차를 이행한 때에는 ㉵ 지적복구자료 조사서, 복구자료도 또는 복구측량 결과도 등에 따라 토지대장·임야대장·공유지연명부 또는 지적도면을 복구하여야 한다. ⑥ 토지대장·임야대장 또는 공유지연명부는 복구되고 지적도면이 복구되지 아니한 토지가 축척변경 시행지역이나 도시개발사업 등의 시행지역에 편입된 때에는 지적도면을 복구하지 아니할 수 있다.

3. 지적공부의 열람 및 등본 발급

① 지적공부를 열람하거나 그 등본을 발급받으려는 자는 해당 지적소관청에 그 열람 또는 발급을 신청하여야 한다. 다만, 정보처리시스템을 통하여 기록 · 저장된 지적공부(지적도 및 임야도는 제외)를 열람하거나 그 등본을 발급받으려는 경우에는 특별자치시장, 시장 · 군수 또는 구청장이나 읍 · 면 · 동의 장에게 신청할 수 있다. ② 지적공부의 열람 및 등본 발급의 절차 등에 필요한 사항은 국토교통부령으로 정하며, 지적공부를 열람하거나 그 등본을 발급받으려는 자는 지적공부 · 부동산종합공부 열람 · 발급 신청서(전자문서로 된 신청서 포함)를 지적소관청 또는 읍 · 면 · 동장에게 제출하여야 한다. ③ 부동산종합증명서의 건축물현황도 중 평면도 및 단위세대별 평면도의 열람 · 발급의 방법과 절차에 관하여는 「건축물대장의 기재 및 관리 등에 관한 규칙」에 따른다.

4. 지적전산자료의 이용 등

① 지적공부에 관한 전산자료(연속지적도를 포함하며, 이하 "지적전산자료"라 한다)를 이용하거나 활용하려는 자는 Ⓐ 전국 단위의 지적전산자료 : 국토교통부장관, 시 · 도지사 또는 지적소관청, Ⓑ 시 · 도 단위의 지적전산자료 : 시 · 도지사 또는 지적소관청, Ⓒ 시 · 군 · 구(자치구가 아닌 구를 포함) 단위의 지적전산자료 : 지적소관청에 지적전산자료를 신청하여야 한다. ② 지적전산자료를 신청하려는 자는 대통령령으로 정하는 바에 따라 지적전산자료의 이용 또는 활용 목적 등에 관하여 미리 관계 중앙행정기관의 심사를 받아야 한다(다만, 중앙행정기관의 장, 그 소속 기관의 장 또는 지방자치단체의 장이 신청하는 경우에는 제외). 그러나 Ⓐ 토지소유자가 자기 토지에 대한 지적전산자료를 신청하는 경우, Ⓑ 토지소유자가 사망하여 그 상속인이 피상속인의 토지에 대한 지적전산자료를 신청하는 경우, Ⓒ 개인정보 보호법(성명, 주민등록번호 및 영상 등을 통하여 개인을 알아볼 수 있는 정보)에 따른 개인정보를 제외한 지적전산자료를 신청하는 경우에는 관계 중앙행정기관의 심사를 받지 아니할 수 있다. ③ 지적공부에 관한 전산자료(지적전산자료)를 이용하거나 활용하려는 자는 ⓐ 자료의 이용 또는 활용 목적 및 근거, ⓑ 자료의 범위 및 내용, ⓒ 자료의 제공 방식, 보관 기관 및 안전관리대책 등의 사항을 적은 신청서를 관계 중앙행정기관의 장에게 제출하여 심사를 신청하여야 하며, 심사 신청을 받은 관계 중앙행정기관의 장은 ⓐ 신청 내용의 타당성, 적합성 및 공익성, ⓑ 개인의 사생활

침해 여부, ⓒ 자료의 목적 외 사용 방지 및 안전관리대책 사항을 심사한 후 그 결과(심사 결과)를 신청인에게 통지하여야 한다. ④ 지적전산자료의 이용 또는 활용에 관한 승인을 받으려는 자는 승인신청을 할 때에 심사 결과를 제출(다만, 중앙행정기관의 장이 승인을 신청하는 경우에는 심사 결과를 제출하지 아니할 수 있다)하며, 승인신청을 받은 국토교통부장관, 시 · 도지사 또는 지적소관청은 ⓐ 신청 내용의 타당성, 적합성 및 공익성, ⓑ 개인의 사생활 침해 여부, ⓒ 자료의 목적 외 사용 방지 및 안전관리대책, ⓓ 신청한 사항의 처리가 전산정보처리조직으로 가능한지 여부, ⓔ 신청한 사항의 처리가 지적업무수행에 지장을 주지 않는지 여부를 심사하여야 한다. ⑤ 국토교통부장관, 시 · 도지사 또는 지적소관청은 심사를 거쳐 지적전산자료의 이용 또는 활용을 승인하였을 때에는 지적전산자료 이용 · 활용 승인대장에 그 내용을 기록 · 관리하고 승인한 자료를 제공하여야 한다. 지적전산자료의 이용 또는 활용에 관한 승인을 받은 자는 국토교통부령으로 정하는 사용료를 내야 한다. 다만, 국가 나 지방자치단체에 대해서는 사용료를 면제한다.

Ⅳ. 부동산종합공부

1. 부동산종합공부의 관리 및 운영

지적소관청은 부동산의 효율적 이용과 부동산과 관련된 정보의 종합적 관리 · 운영을 위하여 부동산종합공부를 관리 · 운영한다. 지적소관청은 부동산종합공부를 영구히 보존하여야 하며, 부동산종합공부의 멸실 또는 훼손에 대비하여 이를 별도로 복제하여 관리하는 정보관리체계를 구축하여야 한다. 부동산종합공부의 등록사항을 관리하는 기관의 장은 지적소관청에 상시적으로 관련 정보를 제공하여야 한다. 지적소관청은 부동산종합공부의 정확한 등록 및 관리를 위하여 필요한 경우에는 부동산종합공부의 등록사항을 관리하는 기관의 장에게 관련 자료의 제출을 요구할 수 있다. 이 경우 자료의 제출을 요구받은 기관의 장은 특별한 사유가 없으면 자료를 제공하여야 한다.

2. 부동산종합공부의 등록사항 등

① 지적소관청은 부동산종합공부에 Ⓐ 토지의 표시와 소유자에 관한 사항 : 이 법에 따른 지적공부의 내용, Ⓑ 건축물의 표시와 소유자에 관한 사항(토지에 건축물이 있는 경우만 해당) : 건축물대장의 내용, Ⓒ 토지의 이용 및 규제에 관한 사항 : 토지이용계획확

인서의 내용, Ⓓ 부동산의 가격에 관한 사항 : 개별공시지가, 개별주택가격 및 공동주택가격 공시내용, Ⓔ 그 밖에 부동산의 효율적 이용과 부동산과 관련된 정보의 종합적 관리·운영을 위하여 필요한 사항으로서 대통령령으로 정하는 사항(부동산등기법 제48조(등기사항)[4]에 따른 부동산의 권리에 관한 사항)을 등록하여야 한다. ② 지적소관청은 부동산종합공부의 등록사항 정정을 위하여 등록사항 상호 간에 일치하지 아니하는 사항(불일치 등록사항)을 확인 및 관리하여야 하며, 불일치 등록사항에 대해서는 등록사항을 관리하는 기관의 장에게 그 내용을 통지하여 등록사항 정정을 요청할 수 있다.

3. 부동산종합공부의 열람 및 증명서 발급

부동산종합공부를 열람하거나 부동산종합공부 기록사항의 전부 또는 일부에 관한 증명서(부동산종합증명서)를 발급받으려는 자는 지적공부·부동산종합공부 열람·발급 신청서(전자문서로 된 신청서 포함)를 지적소관청 또는 읍·면·동장에게 제출하여야 한다. 부동산종합공부의 등록사항 정정에 관하여는 등록사항의 정정(제84조)을 준용한다.

제 4 절 토지의 이동 신청 및 지적정리 등

Ⅰ. 토지의 등록 신청 등

1. 신규등록 신청

토지소유자는 신규등록할 토지가 있으면 그 사유가 발생한 날부터 60일 이내에 지적소관청에 신규등록을 신청하여야 하며, 신규등록을 신청할 때에는 신규등록 사유를 적은 신청서에 국토교통부령으로 정하는 서류를 첨부하여 지적소관청에 제출하여야 한다. 아울러,

4) **(등기사항)** ① 등기관이 갑구 또는 을구에 권리에 관한 등기를 할 때에는 Ⓐ 순위번호, Ⓑ 등기목적, Ⓒ 접수연월일 및 접수번호, Ⓓ 등기원인 및 그 연월일, Ⓔ 권리자의 사항을 기록하여야 한다. ② 권리자에 관한 사항을 기록할 때에는 권리자의 성명 또는 명칭 외에 주민등록번호 또는 부동산등기용등록번호와 주소 또는 사무소 소재지를 함께 기록하여야 하며, 권리자가 2인 이상인 경우에는 권리자별 지분을 기록하여야 하고 등기할 권리가 합유인 때에는 그 뜻을 기록하여야 한다. ③ 법인 아닌 사단이나 재단 명의의 등기를 할 때에는 그 대표자나 관리인의 성명, 주소 및 주민등록번호를 함께 기록하여야 한다.

신규등록 신청, 등록전환 신청, 분할 신청, 합병 신청, 지목변경 신청, 바다가 된 토지의 등록말소 신청, 축척변경 신청 및 등록사항의 정정 신청은 토지이동신청서(시행령 제75호 서식)에 따른다.

2. 등록전환 신청

① 토지소유자는 등록전환할 토지(등록전환을 신청할 수 있는 토지는 관계 법령에 따른 토지의 형질변경 또는 건축물의 사용승인 등으로 인하여 지목을 변경하여야 할 토지)가 있으면 그 사유가 발생한 날부터 60일 이내에 지적소관청에 등록전환을 신청하여야 한다. 그러나 Ⓐ대부분의 토지가 등록전환되어 나머지 토지를 임야도에 계속 존치하는 것이 불합리한 경우, Ⓑ임야도에 등록된 토지가 사실상 형질변경되었으나 지목변경을 할 수 없는 경우, Ⓒ도시 · 군관리계획선에 따라 토지를 분할하는 경우, Ⓓ관계법령에 따라 인·허가 등을 받은 경우에는 지목변경 없이 등록전환을 신청할 수 있다. ② 토지소유자는 등록전환을 신청할 때에는 등록전환 사유를 적은 신청서에 국토교통부령으로 정하는 서류를 첨부하여 지적소관청에 제출하여야 한다.

3. 분할 신청

토지소유자는 토지를 분할하려면 대통령령으로 정하는 바(분할신청사유 : ⓐ 소유권이전, 매매 등을 위하여 필요한 경우, ⓑ 토지이용상 불합리한 지상 경계를 시정하기 위한 경우)에 따라 지적소관청에 분할을 신청(다만, 관계 법령에서 토지분할이 포함된 개발행위허가 등을 요구하는 경우 이를 받은 후 신청)하여야 하며, 토지소유자는 지적공부에 등록된 1필지의 일부가 형질변경 등으로 용도가 변경된 경우에는 토지의 분할을 신청할 때에는 분할 사유를 적은 신청서에 국토교통부령으로 정하는 서류를 첨부하여 지적소관청에 제출하여야 한다. 이 경우 1필지의 일부가 형질변경 등으로 용도가 변경되어 분할을 신청할 때에는 지목변경 신청서를 함께 제출에 따라 용도가 변경된 날부터 60일 이내에 지적소관청에 토지의 분할을 신청하여야 한다.

4. 합병 신청

토지소유자는 토지를 합병하려면 합병 사유를 적은 신청서를 지적소관청에 제출에 따라 지적소관청에 합병을 신청하여야 하며, 주택법에 따른 공동주택의 부지, 도로, 제방,

하천, 구거, 유지, 그 밖에 대통령령으로 정하는 토지(공장용지 · 학교용지 · 철도용지 · 수도용지 · 공원 · 체육용지 등 다른 지목의 토지)로서 합병하여야 할 토지가 있으면 그 사유가 발생한 날부터 60일 이내에 지적소관청에 합병을 신청하여야 한다. 그러나, Ⓐ 합병하려는 토지의 지번부여지역, 지목 또는 소유자가 서로 다른 경우, Ⓑ 합병하려는 토지에 ⓐ 소유권 · 지상권 · 전세권 또는 임차권의 등기, ⓑ 승역지에 대한 지역권의 등기, ⓒ 합병하려는 토지 전부에 대한 등기원인 및 그 연월일과 접수번호가 같은 저당권의 등기 외의 등기가 있는 경우, ⓓ 합병하려는 토지 전부에 대한 부동산등기법 제81조제1항 각 호(신탁등기의 등기사항)[5]의 등기사항이 동일한 신탁등기, Ⓒ 그 밖에 ⓐ 합병하려는 토지의 지적도 및 임야도의 축척이 서로 다른 경우, ⓑ 합병하려는 각 필지가 서로 연접하지 않은 경우, ⓒ 합병하려는 토지가 등기된 토지와 등기되지 아니한 토지인 경우, ⓓ 합병하려는 각 필지의 지목은 같으나 일부 토지의 용도가 다르게 되어 분할대상 토지인 경우(다만, 합병 신청과 동시에 토지의 용도에 따라 분할 신청을 하는 경우는 제외), ⓔ 합병하려는 토지의 소유자별 공유지분이 다르거나 소유자의 주소가 서로 다른 경우, ⓕ 합병하려는 토지가 구획정리, 경지정리 또는 축척변경을 시행하고 있는 지역의 토지와 그 지역 밖의 토지인 경우에는 합병신청을 할 수 없다.

5. 지목변경 신청

토지소유자는 지목변경을 할 토지가 있으면 그 사유(Ⓐ 국토계획법 등 관계 법령에 따른 토지의 형질변경 등의 공사가 준공된 경우, Ⓑ 토지나 건축물의 용도가 변경된 경우, Ⓒ도시개발사업 등의 원활한 추진을 위하여 사업시행자가 공사 준공 전에 토지의 합병을 신청하는 경우)가 발생한 날부터 60일 이내에 지적소관청에 지목변경을 신청하여야 하며, 지목변경을 신청할 때에는 지목변경 사유를 적은 신청서에 국토교통부령으로 정하는 서류를 첨부하여 지적소관청에 제출하여야 한다.

---

5) **(신탁등기의 등기사항)** Ⓐ 위탁자, 수탁자 및 수익자의 성명 및 주소(법인인 경우에는 그 명칭 및 사무소 소재지를 말함), Ⓑ 수익자를 지정하거나 변경할 수 있는 권한을 갖는 자를 정한 경우에는 그 자의 성명 및 주소(법인인 경우에는 그 명칭 및 사무소 소재지를 말함), Ⓒ 수익자를 지정하거나 변경할 방법을 정한 경우에는 그 방법, Ⓓ 수익권의 발생 또는 소멸에 관한 조건이 있는 경우에는 그 조건, Ⓔ 신탁관리인이 선임된 경우에는 신탁관리인의 성명 및 주소(법인인 경우에는 그 명칭 및 사무소 소재지를 말함), Ⓕ 수익자가 없는 특정의 목적을 위한 신탁인 경우에는 그 뜻, Ⓖ 수탁자가 타인에게 신탁을 설정하는 경우에는 그 뜻, Ⓗ 유언대용신탁인 경우에는 그 뜻, Ⓘ 수익자연속신탁인 경우에는 그 뜻, Ⓙ 수익증권발행신탁인 경우에는 그 뜻, Ⓚ 공익신탁인 경우에는 그 뜻, Ⓛ 유한책임신탁인 경우에는 그 뜻, Ⓜ 신탁의 목적, Ⓝ 신탁재산의 관리, 처분, 운용, 개발, 그 밖에 신탁 목적의 달성을 위하여 필요한 방법, Ⓞ 신탁종료의 사유, Ⓟ 그 밖의 신탁 조항.

6. 바다로 된 토지의 등록말소 신청

① 지적소관청은 지적공부에 등록된 토지가 지형의 변화 등으로 바다로 된 경우로서 원상으로 회복될 수 없거나 다른 지목의 토지로 될 가능성이 없는 경우에는 지적공부에 등록된 토지소유자에게 지적공부의 등록말소 신청을 하도록 통지하여야 한다. ② 지적소관청은 토지소유자가 통지를 받은 날부터 90일 이내에 등록말소 신청을 하지 아니하면 지적소관청이 직권으로 그 지적공부의 등록사항을 말소하고, 말소한 토지가 지형의 변화 등으로 다시 토지가 된 경우에는 회복등록을 하려면 그 지적측량성과 및 등록말소 당시의 지적공부 등 관계 자료에 따라 토지로 회복등록을 할 수 있다. ③ 지적공부의 등록사항을 말소하거나 회복등록하였을 때에는 그 정리 결과를 토지소유자 및 해당 공유수면의 관리청에 통지하여야 한다.

Ⅱ. 변경 · 정정 · 신청 등

1. 축척변경

① 축척변경에 관한 사항을 심의 · 의결하기 위하여 지적소관청에 축척변경위원회를 둔다. 지적소관청은 지적도가 Ⓐ 잦은 토지의 이동으로 1필지의 규모가 작아서 소축척으로는 지적측량성과의 결정이나 토지의 이동에 따른 정리를 하기가 곤란한 경우, Ⓑ 하나의 지번부여지역에 서로 다른 축척의 지적도가 있는 경우, Ⓒ 그 밖에 지적공부를 관리하기 위하여 필요하다고 인정되는 경우에는 토지소유자의 신청 또는 지적소관청의 직권으로 일정한 지역을 정하여 그 지역의 축척을 변경할 수 있다. ② 지적소관청은 축척변경을 하려면 축척변경 시행지역의 토지소유자 3분의 2 이상의 동의를 받아 축척변경위원회의 의결을 거친 후 시 · 도지사 또는 대도시 시장의 승인을 받아야 한다. 다만, ⓐ 합병하려는 토지가 축척이 다른 지적도에 각각 등록되어 있어 축척변경을 하는 경우, ⓑ 도시개발사업 등의 시행지역에 있는 토지로서 그 사업 시행에서 제외된 토지의 축척변경을 하는 경우에는 축척변경위원회의의결 및 시 · 도지사 또는 대도시 시장의 승인 없이 축척변경을 할 수 있다.

(1) 축척변경의 신청 및 승인신청

① 지적소관청은 축척변경을 할 때에는 축척변경 사유를 적은 승인신청서에 ㉠ 축척변경의 사유, ㉡ 지번등 명세, ㉢ 토지소유자의 동의서, ㉣ 축척변경위원회의의결서 사본, ㉤ 그 밖에 축척변경 승인을 위하여 시·도지사 또는 대도시 시장이 필요하다고 인정하는 서류를 첨부하여 시·도지사 또는 대도시 시장에게 제출하여야 한다. 이 경우 시·도지사 또는 대도시 시장은 행정정보의 공동이용을 통하여 축척변경 대상지역의 지적도를 확인하여야 한다. ② 이에 따른 신청을 받은 시·도지사 또는 대도시 시장은 축척변경 사유 등을 심사한 후 그 승인 여부를 지적소관청에 통지하여야 한다.

(2) 축척변경 시행공고 등

① 지적소관청은 시·도지사 또는 대도시 시장으로부터 축척변경 승인을 받았을 때에는 지체 없이 ㉠ 축척변경의 목적, 시행지역 및 시행기간, ㉡ 축척변경의 시행에 관한 세부계획, ㉢ 축척변경의 시행에 따른 청산방법, ㉣ 축척변경의 시행에 따른 토지소유자 등의 협조에 관한 사항을 20일 이상 공고하여야 한다. ② 이에 따른 시행공고는 시·군·구(자치구가 아닌 구를 포함) 및 축척변경 시행지역 동·리의 게시판에 주민이 볼 수 있도록 게시하여야 한다. ③ 축척변경 시행지역의 토지소유자 또는 점유자는 시행공고가 된 날(시행공고일)부터 30일 이내에 시행공고일 현재 점유하고 있는 경계에 경계점표지를 설치하여야 한다.

(3) 청산금의 산정 등

1) 청산금의 산정

① 지적소관청은 축척변경에 관한 측량을 한 결과 측량 전에 비하여 면적의 증감이 있는 경우에는 그 증감면적에 대하여 청산을 하여야 한다. 다만, ㉠ 필지별 증감면적이 등록전환에 따른 오차의 허용범위 이내인 경우(다만, 축척변경위원회의의결이 있는 경우는 제외), ㉡ 토지소유자 전원이 청산하지 아니하기로 합의하여 서면으로 제출한 경우에는 그러하지 아니하다. ② ①의 본문에 따라 청산을 할 때에는 축척변경위원회의의결을 거쳐 지번별로 제곱미터당 금액을 정하여야 한다. 이 경우 지적소관청은 시행공고일 현재를 기준으로 그 축척변경 시행지역의 토지에 대하여 지번별 제곱미터당 금액을 미리 조사하여 축척변경위원회에 제출하여야 한다. ③ 청산금은 작성된 축척변경 지번별 조서의 필지별 증감면적에 ②에 따라 결정된 지번별 제곱미터당 금액을 곱하여 산정한다. ④ 지적소관청

은 청산금을 산정하였을 때에는 청산금 조서(축척변경 지번별 조서에 필지별 청산금 명세를 적은 것)를 작성하고, 청산금이 결정되었다는 뜻을 15일 이상 공고하여 일반인이 열람할 수 있게 하여야 한다. ⑤ 청산금을 산정한 결과 증가된 면적에 대한 청산금의 합계와 감소된 면적에 대한 청산금의 합계에 차액이 생긴 경우 초과액은 그 지방자치단체의 수입으로 하고, 부족액은 그 지방자치단체가 부담한다.

2) 청산금의 납부고지 등

① 지적소관청은 청산금의 결정을 공고한 날부터 20일 이내에 토지소유자에게 청산금의 납부고지 또는 수령통지를 하여야 한다. ② 납부고지를 받은 자는 그 고지를 받은 날부터 6개월 이내에 청산금을 지적소관청에 내야 한다. ③ 지적소관청은 수령통지를 한 날부터 6개월 이내에 청산금을 지급하여야 한다. ④ 지적소관청은 청산금을 지급받을 자가 행방불명 등으로 받을 수 없거나 받기를 거부할 때에는 그 청산금을 공탁할 수 있다. ⑤ 지적소관청은 청산금을 내야 하는 자가 기간 내에 청산금에 관한 이의신청을 하지 아니하고 기간 내에 청산금을 내지 아니하면 지방세 체납처분의 예에 따라 징수할 수 있다.

3) 청산금에 관한 이의신청

① 납부고지되거나 수령통지된 청산금에 관하여 이의가 있는 자는 납부고지 또는 수령통지를 받은 날부터 1개월 이내에 지적소관청에 이의신청을 할 수 있다. ② 이의신청을 받은 지적소관청은 1개월 이내에 축척변경위원회의 심의·의결을 거쳐 그 인용(認容) 여부를 결정한 후 지체 없이 그 내용을 이의신청인에게 통지하여야 한다.

(4) 축척변경의 확정공고

① 청산금의 납부 및 지급이 완료되었을 때에는 지적소관청은 지체 없이 축척변경의 확정공고를 하여야 한다. ② 지적소관청은 확정공고를 하였을 때에는 지체 없이 축척변경에 따라 확정된 사항을 지적공부에 등록하여야 한다. ③ 축척변경 시행지역의 토지는 확정공고일에 토지의 이동이 있는 것으로 본다.

(5) 축척변경위원회

1) 축척변경위원회의 구성 등

① 축척변경위원회는 5명 이상 10명 이하의 위원으로 구성하되, 위원의 2분의 1 이상을 토지소유자로 하여야 한다. 이 경우 그 축척변경 시행지역의 토지소유자가 5명 이하일

때에는 토지소유자 전원을 위원으로 위촉하여야 한다. ② 위원장은 위원 중에서 지적소관청이 지명한다. ③ 위원은 ⓐ 해당 축척변경 시행지역의 토지소유자로서 지역 사정에 정통한 사람, ⓑ 지적에 관하여 전문지식을 가진 사람 중에서 지적소관청이 위촉한다. ④ 축척변경위원회의 위원에게는 예산의 범위에서 출석수당과 여비, 그 밖의 실비를 지급할 수 있다. 다만, 공무원인 위원이 그 소관 업무와 직접적으로 관련되어 출석하는 경우에는 그러하지 아니하다.

2) 축척변경위원회의 기능

축척변경위원회는 지적소관청이 회부하는 ㉠ 축척변경 시행계획에 관한 사항, ㉡ 지번별 제곱미터당 금액의 결정과 청산금의 산정에 관한 사항, ㉢ 청산금의 이의신청에 관한 사항, ㉣ 그 밖에 축척변경과 관련하여 지적소관청이 회의에 부치는 사항을 심의·의결한다.

3) 축척변경위원회의 회의

① 축척변경위원회의 회의는 지적소관청이 소관사항에 해당하는 사항을 축척변경위원회에 회부하거나 위원장이 필요하다고 인정할 때에 위원장이 소집한다. ② 축척변경위원회의 회의는 위원장을 포함한 재적위원 과반수의 출석으로 개의(開議)하고, 출석위원 과반수의 찬성으로 의결한다. ③ 위원장은 축척변경위원회의 회의를 소집할 때에는 회의일시·장소 및 심의안건을 회의 개최 5일 전까지 각 위원에게 서면으로 통지하여야 한다.

2. 토지의 표시 등

① 지적소관청은 축척변경 시행지역의 각 필지별 지번·지목·면적·경계 또는 좌표를 새로 정하여야 한다. 지적소관청이 축척변경을 위한 측량을 할 때에는 토지소유자 또는 점유자가 설치한 경계점표지를 기준으로 새로운 축척에 따라 면적·경계 또는 좌표를 정하여야 한다. ⓐ 합병하려는 토지가 축척이 다른 지적도에 각각 등록되어 있어 축척변경을 하는 경우, ⓑ 도시개발사업 등의 시행지역에 있는 토지로서 그 사업 시행에서 제외된 토지의 축척변경을 하는 경우에 따라 축척을 변경할 때에는 각 필지별 지번·지목 및 경계는 종전의 지적공부에 따르고 면적만 새로 정하여야 하며, 축척변경절차 및 면적결정방법 등에 관하여 필요한 사항은 국토교통부령으로 정한다. ② 지적소관청은 축척변경에 관한 측량을 완료하였을 때에는 시행공고일 현재의 지적공부상의 면적과 측량 후의 면적을 비교하여 그 변동사항을 표시한 축척변경 지번별 조서를 작성하여야 한다. ③ 지적소관청은 축척변경 시행기간 중에는 축척변경 시행지역의 지적공부정리와 경계복원측량(경계점

표지의 설치를 위한 경계복원측량은 제외)을 축척변경 확정공고일까지 정지하여야 한다. 다만, 축척변경위원회의의결이 있는 경우에는 그러하지 아니하다.

3. 등록사항의 정정

① 토지소유자는 지적공부의 등록사항에 잘못이 있음을 발견하면 지적소관청에 그 정정을 신청할 수 있으며, 이 경우 정정으로 인접 토지의 경계가 변경되는 경우에는 Ⓐ 인접 토지소유자의 승낙서, Ⓑ 인접 토지소유자가 승낙하지 아니하는 경우에는 이에 대항할 수 있는 확정판결서 정본에 해당하는 서류를 지적소관청에 제출하여야 한다. ② 지적소관청은 지적공부의 등록사항에 잘못이 있음을 발견하면 직권으로 조사·측량하여 정정할 수 있다.[6] ③ 지적소관청이 등록사항을 정정할 때 그 정정사항이 토지소유자에 관한 사항인 경우에는 등기필증, 등기완료통지서, 등기사항증명서 또는 등기관서에서 제공한 등기전산정보자료에 따라 정정하여야 한다. 다만, 미등기 토지에 대하여 토지소유자의 성명 또는 명칭, 주민등록번호, 주소 등에 관한 사항의 정정을 신청한 경우로서 그 등록사항이 명백히 잘못된 경우에는 가족관계 기록사항에 관한 증명서에 따라 정정하여야 한다.

4. 등록사항의 정정 신청

토지소유자는 지적공부의 등록사항에 대한 정정을 신청할 때에는 정정사유를 적은 신청서에 ㉠ 경계 또는 면적의 변경을 가져오는 경우 : 등록사항 정정 측량성과도, ㉡ 그 밖의 등록사항을 정정하는 경우 : 변경사항을 확인할 수 있는 서류의 구분에 따른 서류를 첨부하여 지적소관청에 제출하여야 하며, 이러한 서류를 해당 지적소관청이 관리하는 경우에는 지적소관청의 확인으로 해당 서류의 제출을 갈음할 수 있다.

---

6) **(등록사항의 직권정정 등)** ① 지적소관청이 지적공부의 등록사항에 잘못이 있는지를 직권으로 조사·측량하여 정정할 수 있는 경우는 ⓐ 토지이동정리 결의서의 내용과 다르게 정리된 경우, ⓑ 지적도 및 임야도에 등록된 필지가 면적의 증감 없이 경계의 위치만 잘못된 경우, ⓒ 1필지가 각각 다른 지적도나 임야도에 등록되어 있는 경우로서 지적공부에 등록된 면적과 측량한 실제면적은 일치하지만 지적도나 임야도에 등록된 경계가 서로 접합되지 않아 지적도나 임야도에 등록된 경계를 지상의 경계에 맞추어 정정하여야 하는 토지가 발견된 경우, ⓓ 지적공부의 작성 또는 재작성 당시 잘못 정리된 경우, ⓔ 지적측량성과와 다르게 정리된 경우, ⓕ 지적공부의 등록사항을 정정하여야 하는 경우, ⓖ 지적공부의 등록사항이 잘못 입력된 경우, ⓗ 부동산등기법의 합필제한 위반사유에 해당하는 등기신청의 각하에 따른 통지가 있는 경우(지적소관청의 착오로 잘못 합병한 경우만 해당), ⓘ 면적 환산이 잘못된 경우이다. 이 경우 지적소관청은 지체 없이 관계 서류에 따라 지적공부의 등록사항을 정정하여야 한다. ② 지적공부의 등록사항 중 경계나 면적 등 측량을 수반하는 토지의 표시가 잘못된 경우에는 지적소관청은 그 정정이 완료될 때까지 지적측량을 정지시킬 수 있다. 다만, 잘못 표시된 사항의 정정을 위한 지적측량은 그러하지 아니하다.

5. 행정구역의 명칭변경 등

행정구역의 명칭이 변경되었으면 지적공부에 등록된 토지의 소재는 새로운 행정구역의 명칭으로 변경된 것으로 본다. 지번부여지역의 일부가 행정구역의 개편으로 다른 지번부여지역에 속하게 되었으면 지적소관청은 새로 속하게 된 지번부여지역의 지번을 부여하여야 한다.

Ⅲ. 도시개발사업의 특례

1. 도시개발사업 등 시행지역의 토지이동 신청에 관한 특례

① 도시개발법에 따른 도시개발사업, 농어촌정비법에 따른 농어촌정비사업, 그 밖에 대통령령으로 정하는 토지개발사업의 시행자는 그 사업의 착수·변경 및 완료 사실을 지적소관청에 신고하여야 하며, 사업과 관련하여 토지의 이동이 필요한 경우에는 해당 사업의 시행자가 지적소관청에 토지의 이동을 신청하여야 하고, 토지의 이동은 토지의 형질변경 등의 공사가 준공된 때에 이루어진 것으로 본다. ② 사업의 착수 또는 변경의 신고가 된 토지의 소유자가 해당 토지의 이동을 원하는 경우에는 해당 사업의 시행자에게 그 토지의 이동을 신청하도록 요청하여야 하며, 요청을 받은 시행자는 해당 사업에 지장이 없다고 판단되면 지적소관청에 그 이동을 신청하여야 한다.

2. 토지개발사업 등의 범위 및 신고

① 토지개발사업은 Ⓐ 주택법에 따른 주택건설사업, Ⓑ 택지개발촉진법에 따른 택지개발사업, Ⓒ 산업입지법에 따른 산업단지개발사업, Ⓓ 도시정비법에 따른 정비사업, Ⓔ 지역개발법에 따른 지역개발사업, Ⓕ 체육시설법에 따른 체육시설 설치를 위한 토지개발사업, Ⓖ 관광진흥법에 따른 관광단지 개발사업, Ⓗ 공유수면관리법에 따른 매립사업, Ⓘ 항만법 및 신항만건설촉진법에 따른 항만개발사업, Ⓙ 공공주택 특별법에 따른 공공주택지구조성사업, Ⓚ 물류시설법 및 경제자유구역법에 따른 개발사업, Ⓛ 철도시설법에 따른 고속철도, 일반철도 및 광역철도 건설사업, Ⓜ도로법에 따른 고속국도 및 일반국도 건설사업, Ⓝ 그 밖에 Ⓐ부터 Ⓜ까지의 사업과 유사한 경우로서 국토교통부장관이 고시하는

요건에 해당하는 토지개발사업을 말한다.

② 도시개발사업 등의 착수·변경 또는 완료 사실의 신고는 그 사유가 발생한 날부터 15일 이내에 하여야 하며, 토지의 이동 신청은 그 신청대상지역이 환지(換地)를 수반하는 경우에는 사업완료 신고로써 이를 갈음할 수 있다. 이 경우 사업완료 신고서에 토지의 이동 신청을 갈음한다는 뜻을 적어야 한다. 한편, 주택법에 따른 주택건설사업의 시행자가 파산 등의 이유로 토지의 이동 신청을 할 수 없을 때에는 그 주택의 시공을 보증한 자 또는 입주예정자 등이 신청할 수 있다. ③ 도시개발사업 등의 착수 또는 변경의 신고를 하려는 자는 도시개발사업 등의 착수(시행)·변경·완료 신고서에 ⓐ 사업인가서, ⓑ 지번별 조서, ⓒ 사업계획도의 서류를 첨부하여야 한다. 다만, 변경신고의 경우에는 변경된 부분으로 한정한다. ④ 도시개발사업 등의 완료신고를 하려는 자는 신청서에 ⓐ 확정될 토지의 지번별 조서 및 종전 토지의 지번별 조서, ⓑ 환지처분과 같은 효력이 있는 고시된 환지계획서(다만, 환지를 수반하지 아니하는 사업인 경우에는 사업의 완료를 증명하는 서류를 말함)의 서류를 첨부하여야 한다. 이 경우 지적측량수행자가 지적소관청에 측량검사를 의뢰하면서 미리 제출한 서류는 첨부하지 아니할 수 있다.

3. 신청의 대위

Ⓐ 공공사업 등에 따라 학교용지·도로·철도용지·제방·하천·구거·유지·수도용지 등의 지목으로 되는 토지인 경우 : 해당 사업의 시행자, Ⓑ 국가나 지방자치단체가 취득하는 토지인 경우 : 해당 토지를 관리하는 행정기관의 장 또는 지방자치단체의 장, Ⓒ 주택법에 따른 공동주택의 부지인 경우 : 집합건물법에 따른 관리인(관리인이 없는 경우에는 공유자가 선임한 대표자) 또는 해당 사업의 시행자, Ⓓ 민법 제404조(채권자대위권)에 따른 채권자는 이 법에 따라 토지소유자가 하여야 하는 신청을 대신할 수 있다. 다만, 등록사항 정정 대상토지(제84조)는 제외한다.

Ⅳ. 소유자정리 및 등기 등

1. 토지소유자의 정리

① 지적공부에 등록된 토지소유자의 변경사항은 등기관서에서 등기한 것을 증명하는 등기필증, 등기완료통지서, 등기사항증명서 또는 등기관서에서 제공한 등기전산정보자료에

따라 정리한다(다만, 신규등록하는 토지의 소유자는 지적소관청이 직접 조사하여 등록한다). 그러나 등기부에 적혀 있는 토지의 표시가 지적공부와 일치하지 아니하면 토지소유자를 정리할 수 없다. 이 경우 토지의 표시와 지적공부가 일치하지 아니하다는 사실을 관할 등기관서에 통지하여야 한다. ② 국유재산법에 따른 총괄청이나 중앙관서의 장이 소유자 없는 부동산에 대한 소유자 등록을 신청하는 경우 지적소관청은 지적공부에 해당 토지의 소유자가 등록되지 아니한 경우에만 등록할 수 있다. ③ 지적소관청은 필요하다고 인정하는 경우에는 관할 등기관서의 등기부를 열람하여 지적공부와 부동산등기부가 일치하는지 여부를 조사·확인하여야 하며, 일치하지 아니하는 사항을 발견하면 등기사항증명서 또는 등기관서에서 제공한 등기전산정보자료에 따라 지적공부를 직권으로 정리하거나, 토지소유자나 그 밖의 이해관계인에게 그 지적공부와 부동산등기부가 일치하게 하는 데에 필요한 신청 등을 하도록 요구할 수 있다. ④ 지적소관청 소속 공무원이 지적공부와 부동산등기부의 부합 여부를 확인하기 위하여 등기부를 열람하거나, 등기사항증명서의 발급을 신청하거나, 등기전산정보자료의 제공을 요청하는 경우 그 수수료는 무료로 한다.

2. 등기촉탁

지적소관청은 신규등록을 제외하고 토지의 표시 변경에 관한 등기를 할 필요가 있는 경우에는 지체 없이 관할 등기관서에 그 등기를 촉탁하여야 한다. 이 경우 등기촉탁은 국가가 국가를 위하여 하는 등기로 보며, 등기촉탁에 필요한 사항은 국토교통부령으로 정한다.

Ⅴ. 지적공부정리

1. 지적공부정리 등의 정지

지적소관청은 축척변경 시행기간 중에는 축척변경 시행지역의 지적공부정리와 경계복원측량(경계점표지의 설치를 위한 경계복원측량은 제외)을 축척변경 확정공고일까지 정지하여야 한다. 다만, 축척변경위원회의의결이 있는 경우에는 그러하지 아니하다.

2. 지적공부의 정리 등

① 지적소관청은 지적공부가 ⓐ 지번을 변경하는 경우, ⓑ 지적공부를 복구하는 경우,

ⓒ 신규등록 · 등록전환 · 분할 · 합병 · 지목변경 등 토지의 이동이 있는 경우에는 지적공부를 정리하여야 한다. 이 경우 이미 작성된 지적공부에 정리할 수 없을 때에는 새로 작성하여야 한다. ② 지적소관청은 ①에 따른 토지의 이동이 있는 경우에는 토지이동정리 결의서를 작성하여야 하고, 토지소유자의 변동 등에 따라 지적공부를 정리하려는 경우에는 소유자정리 결의서를 작성하여야 한다.

3. 지적정리 등의 통지

① 지적소관청이 지적공부에 등록하거나 지적공부를 복구 또는 말소하거나 등기촉탁을 하였으면 해당 토지소유자에게 통지하여야 한다. 다만, 통지받을 자의 주소나 거소를 알 수 없는 경우에는 국토교통부령으로 정하는 바에 따라 일간신문, 해당 시 · 군 · 구의 공보 또는 인터넷홈페이지에 공고하여야 한다. ② 지적소관청이 토지소유자에게 지적정리 등을 통지하여야 하는 시기는 Ⓐ 토지의 표시에 관한 변경등기가 필요한 경우(그 등기완료의 통지서를 접수한 날부터 15일 이내), Ⓑ 토지의 표시에 관한 변경등기가 필요하지 아니한 경우(지적공부에 등록한 날부터 7일 이내)의 구분에 따른다.

제 15 장

부동산등기법

제1절 서 설

Ⅰ. 용어의 정의

부동산등기에 관한 사항을 규정함을 목적으로 하는 부동산등기법에서, ㉠ "등기부"란 전산정보처리조직에 의하여 입력·처리된 등기정보자료를 대법원규칙으로 정하는 바에 따라 편성한 것, ㉡ "등기부부본자료"란 등기부와 동일한 내용으로 보조기억장치에 기록된 자료, ㉢ "등기기록"이란 1필의 토지 또는 1개의 건물에 관한 등기정보자료, ㉣ "등기필정보"란 등기부에 새로운 권리자가 기록되는 경우에 그 권리자를 확인하기 위하여 등기관이 작성한 정보를 말한다.

Ⅱ. 등기할 권리와 순위

1. 등기할 수 있는 권리

등기는 [부동산의 표시와 Ⓐ 소유권, Ⓑ 지상권, Ⓒ 지역권, Ⓓ 전세권, Ⓔ 저당권, Ⓕ 권리질권, Ⓖ 채권담보권, Ⓗ 임차권에 해당하는 권리의 보존, 이전, 설정, 변경, 처분의 제한 또는 소멸]에 대하여 한다.

2. 권리의 순위

같은 부동산에 관하여 등기한 권리의 순위는 ㉠ 법률에 다른 규정이 없으면 ㉡ 등기한 순서에 따르고, 등기의 순서는 등기기록 중 같은 구에서 한 등기 상호간에는 ㉢ 순위번호에 따르고, 다른 구에서 한 등기 상호간에는 ㉣ 접수번호에 따른다.

3. 부기등기의 순위

부기등기의 순위는 ㉠ 주등기의 순위에 따른다. 다만, 같은 주등기에 관한 부기등기 상호간의 순위는 그 ㉡ 등기 순서에 따른다.

Ⅲ. 등기신청의 접수시기 및 등기의 효력발생시기

ⓐ 등기신청은 대법원규칙으로 정하는 등기신청정보가 전산정보처리조직에 저장된 때 접수된 것으로 본다. ⓑ 대법원규칙으로 정하는 등기신청정보란 해당 부동산이 다른 부동산과 구별될 수 있게 하는 정보를 말하며, 같은 토지 위에 있는 여러 개의 구분건물에 대한 등기를 동시에 신청하는 경우에는 그 건물의 소재 및 지번에 관한 정보가 전산정보처리조직에 저장된 때 등기신청이 접수된 것으로 본다. ⓒ 등기관이 등기를 마친 경우 그 등기는 접수한 때부터 효력을 발생한다. 여기서 등기관이 등기를 마친 경우란 등기사무를 처리한 등기관이 누구인지 알 수 있는 조치를 하였을 때를 말한다.

제 2 절 등기소와 등기관

Ⅰ. 관 할

1. 관할 등기소

등기사무는 부동산의 소재지를 관할하는 지방법원, 그 지원 또는 등기소에서 담당한다. 부동산이 여러 등기소의 관할구역에 걸쳐 있을 때에는 대법원규칙으로 정하는 바에 따라 각 등기소를 관할하는 상급법원의 장이 관할 등기소를 지정한다.

2. 관할 의 위임 및 관할 의 변경

① 대법원장은 어느 등기소의 관할에 속하는 사무를 다른 등기소에 위임하게 할 수 있다. ② 어느 부동산의 소재지가 다른 등기소의 관할로 바뀌었을 때에는 종전의 관할 등기소는 전산정보처리조직을 이용하여 그 부동산에 관한 등기기록의 처리권한을 다른 등기소로 넘겨주는 조치를 하여야 한다.

Ⅱ. 등기사무 및 등기관

1. 등기사무의 정지

대법원장은 등기소에서 등기사무를 정지하여야 하는 사유가 발생하면 기간을 정하여 등기사무의 정지를 명령할 수 있다.

2. 등기사무의 처리

① 등기사무는 등기소에 근무하는 법원서기관 · 등기사무관 · 등기주사 또는 등기주사보(법원사무관 · 법원주사 또는 법원주사보 중 2001년 12월 31일 이전에 시행한 채용시험에 합격하여 임용된 사람을 포함) 중에서 지방법원장(등기소의 사무를 지원장이 관장하는 경우에는 지원장)이 지정하는 자인 등기관[등기과장과 등기소장 포함]이 처리한다. ② 등기관은 등기사무를 전산정보처리조직을 이용하여 등기부에 등기사항을 기록하는 방식으로 처리하여야 하며, 등기관은 접수번호의 순서에 따라 등기사무를 처리하여야 하고, 등기관이 등기사무를 처리한 때에는 등기사무를 처리한 등기관이 누구인지 알 수 있는 조치(등기관이 미리 부여받은 식별부호를 기록하는 방법)를 하여야 한다.

3. 등기관의 업무처리의 제한

① 등기관은 자기, 배우자 또는 4촌 이내의 친족(배우자등)이 등기신청인인 때에는 그 등기소에서 소유권등기를 한 성년자로서 등기관의 배우자등이 아닌 자 2명 이상의 참여가 없으면 등기를 할 수 없다. 배우자등의 관계가 끝난 후에도 같다. ② 등기관은 조서

(참여조서)를 작성하여 참여인과 같이 기명날인 또는 서명을 하여야 한다. ③ 조서(참여조서)를 작성할 때에 조서에는 [Ⓐ 신청인의 성명과 주소, Ⓑ 업무처리가 제한되는 사유, Ⓒ 등기할 부동산의 표시 및 등기의 목적, Ⓓ 신청정보의 접수연월일과 접수번호, Ⓔ 참여인의 성명, 주소 및 주민등록번호, Ⓕ 참여인이 그 등기소에서 등기를 한 부동산의 표시에 관한 사항]을 적어야 한다.

4. 재정보증

법원행정처장은 등기관의 재정보증에 관한 사항을 정하여 운용할 수 있다.

제 3 절 등기부 등

Ⅰ. 등기부

1. 등기부의 종류 등

등기부는 토지등기부와 건물등기부로 구분한다. 등기부는 영구(永久)히 보존하여야 한다. 등기부(폐쇄등기부 포함)는 대법원규칙으로 정하는 장소(중앙관리소)에 보관·관리하여야 하며, 전쟁·천재지변이나 그 밖에 이에 준하는 사태를 피하기 위한 경우 외에는 그 장소 밖으로 옮기지 못한다. 아울러, 등기부의 부속서류는 전쟁·천재지변이나 그 밖에 이에 준하는 사태를 피하기 위한 경우 외에는 등기소 밖으로 옮기지 못한다. 다만, 신청서나 그 밖의 부속서류에 대하여는 법원의 명령 또는 촉탁이 있거나 법관이 발부한 영장에 의하여 압수하는 경우에는 그러하지 아니하다.

2. 물적 편성주의

등기부를 편성할 때에는 1필의 토지 또는 1개의 건물에 대하여 1개의 등기기록을 둔다. 다만, 1동의 건물을 구분한 건물에 있어서는 1동의 건물에 속하는 전부에 대하여 1개의 등기기록을 사용한다. 등기기록에는 ㉠ 부동산의 표시에 관한 사항을 기록하는 표제부, ㉡ 소유권에 관한 사항을 기록하는 갑구(甲區), ㉢ 소유권 외의 권리에 관한 사항을 기록하는 을구(乙區)를 둔다.

3. 구분건물등기기록의 양식

구분건물등기기록에는 1동의 건물에 대한 표제부를 두고 전유부분마다 표제부, 갑구, 을구를 두며, 등기기록 중 ㉠ 1동의 건물의 표제부에는 표시번호란, 접수란, 소재지번 · 건물명칭 및 번호란, 건물내역란, 등기원인 및 기타사항란을 두고, ㉡ 전유부분의 표제부에는 표시번호란, 접수란, 건물번호란, 건물내역란, 등기원인 및 기타사항란을 둔다. 다만, 구분한 각 건물 중 대지권이 있는 건물에는 ⓐ 1동의 건물의 표제부에는 대지권의 목적인 토지의 표시를 위한 표시번호란, 소재지번란, 지목란, 면적란, 등기원인 및 기타사항란을 두고, ⓑ 전유부분의 표제부에는 대지권의 표시를 위한 표시번호란, 대지권종류란, 대지권비율란, 등기원인 및 기타사항란을 둔다.

4. 등기부부본자료의 작성

등기관이 등기를 마쳤을 때에는 등기부부본자료를 작성하여야 한다. 등기부부본자료는 전산정보처리조직으로 작성하여야 하며, 법원행정처장이 지정하는 장소에 보관하여, 등기부와 동일하게 관리하여야 한다.

5. 등기부의 손상과 복구

등기부의 전부 또는 일부가 손상되거나 손상될 염려가 있을 때에는 대법원장은 대법원규칙으로 정하는 바에 따라 등기부의 복구 · 손상방지 등 필요한 처분을 명령할 수 있다. 아울러, 대법원장은 처분명령에 관한 권한을 법원행정처장 또는 지방법원장에게 위임할 수 있다.

6. 부속서류의 손상 등 방지처분

등기부의 부속서류가 손상 · 멸실의 염려가 있을 때에는 대법원장은 그 방지를 위하여 필요한 처분을 명령할 수 있다. 대법원장은 처분명령에 관한 권한을 법원행정처장 또는 지방법원장에게 위임할 수 있다.

7. 등기사항의 열람과 증명

누구든지 수수료를 내고 대법원규칙으로 정하는 바에 따라 등기기록에 기록되어 있는 사항의 전부 또는 일부의 열람과 이를 증명하는 등기사항증명서의 발급을 청구할 수 있다. 다만, 등기기록의 부속서류에 대하여는 이해관계 있는 부분만 열람을 청구할 수 있다. 등기기록의 열람 및 등기사항증명서의 발급 청구는 관할 등기소가 아닌 등기소에 대하여도 할 수 있다. 수수료의 금액과 면제의 범위는 대법원규칙으로 정한다.

Ⅱ. 등기기록

1. 등기기록의 폐쇄

등기관이 등기기록에 등기된 사항을 새로운 등기기록에 옮겨 기록한 때에는 종전 등기기록을 폐쇄하여야 하며, 폐쇄한 등기기록은 영구히 보존하여야 한다. 폐쇄한 등기기록에 관하여는 등기기록에 기록되어 있는 사항의 전부 또는 일부의 열람과 이를 증명하는 등기사항증명서의 발급을 청구할 수 있다. 다만, 등기기록의 부속서류에 대하여는 이해관계 있는 부분만 열람을 청구할 수 있다.

2. 등기기록의 정리

(1) 중복등기기록의 정리

등기관이 같은 토지에 관하여 중복하여 마쳐진 등기기록을 발견한 경우에는 대법원규칙으로 정하는 바에 따라 중복등기기록 중 어느 하나의 등기기록을 폐쇄하여야 하며, 폐쇄된 등기기록의 소유권의 등기명의인 또는 등기상 이해관계인은 그 토지가 폐쇄된 등기기록의 소유권의 등기명의인의 소유임을 증명하여 폐쇄된 등기기록의 부활을 신청할 수 있다. 중복등기기록의 정리는 아래 (2)부터 (6)까지의 절차에 따른다. 중복등기기록의 정리는 실체의 권리관계에 영향을 미치지 아니한다.

(2) 소유권의 등기명의인이 같은 경우의 정리

중복등기기록의 최종 소유권의 등기명의인이 같은 경우에는 나중에 개설된 등기기록

(후등기기록)을 폐쇄한다. 다만, 후등기기록에 소유권 외의 권리 등에 관한 등기가 있고 먼저 개설된 등기기록(선등기기록)에는 그와 같은 등기가 없는 경우에는 선등기기록을 폐쇄한다.

(3) 소유권의 등기명의인이 다른 경우의 정리

① 중복등기기록 중 어느 한 등기기록의 최종 소유권의 등기명의인이 다른 등기기록의 최종 소유권의 등기명의인으로부터 직접 또는 전전하여 소유권을 이전받은 경우로서, 다른 등기기록이 후등기기록이거나 소유권 외의 권리 등에 관한 등기가 없는 선등기기록일 때에는 그 다른 등기기록을 폐쇄한다. ② 중복등기기록의 최종 소유권의 등기명의인이 다른 경우로서 어느 한 등기기록에만 원시취득사유 또는 분배농지의 상환완료를 등기원인으로 한 소유권이전등기가 있을 때에는 그 등기기록을 제외한 나머지 등기기록을 폐쇄하고, 소유권보존등기가 원시취득사유 또는 분배농지의 상환완료에 따른 것임을 당사자가 소명하는 경우에도 같다. 또한 직권에 의한 등기의 말소 절차를 이행한다. ③ 중복등기기록의 최종 소유권의 등기명의인이 다른 경우로서 ①과 ②에 해당하지 아니할 때에는 각 등기기록의 최종 소유권의 등기명의인과 등기상 이해관계인에 대하여 1개월 이상의 기간을 정하여 그 기간 내에 이의를 진술하지 아니하면 그 등기기록을 폐쇄할 수 있다는 뜻을 통지하여야 하며, 통지를 받고 어느 등기기록의 최종 소유권의 등기명의인과 등기상 이해관계인이 이의를 진술하지 아니하였을 때에는 그 등기기록을 폐쇄한다. 다만, 모든 중복등기기록의 최종 소유권의 등기명의인과 등기상 이해관계인이 이의를 진술하지 아니하였을 때에는 그러하지 아니하다.

상기 등기기록을 정리할 수 있는 경우 외에는 대장과 일치하지 않는 등기기록을 폐쇄하고, 정리를 한 경우 등기관은 그 뜻을 폐쇄된 등기기록의 최종 소유권의 등기명의인과 등기상 이해관계인에게 통지하여야 한다. 등기관이 상기 ②와 ③에 따라 중복등기기록을 정리하려고 하는 경우에는 지방법원장의 허가를 받아야 한다.

(4) 당사자의 신청에 의한 정리

중복등기기록 중 어느 한 등기기록의 최종 소유권의 등기명의인은 자기 명의의 등기기록을 폐쇄하여 중복등기기록을 정리하도록 신청할 수 있다. 다만, 등기상 이해관계인이 있을 때에는 그 승낙이 있음을 증명하는 정보를 첨부정보로서 등기소에 제공하여야 하며, 이에 따라 등기관은 중복등기기록의 정리신청이 있는 경우에는 그 신청에 따라 등기기록을 폐쇄하여야 한다.

(5) 중복등기기록의 해소를 위한 직권분필

등기된 토지의 일부에 관하여 별개의 등기기록이 개설되어 있는 경우에 등기관은 직권으로 분필등기를 한 후 정하는 절차에 따라 정리를 하여야 하며, 분필등기를 하는데 필요할 때에는 등기관은 지적소관청에 지적공부의 내용이나 토지의 분할, 합병 과정에 대한 사실조회를 하거나 등기명의인에게 해당 토지에 대한 지적공부 등본 등을 제출하게 할 수 있다.

(6) 폐쇄된 등기기록의 부활

폐쇄된 등기기록의 소유권의 등기명의인 또는 등기상 이해관계인은 폐쇄되지 아니한 등기기록의 최종 소유권의 등기명의인과 등기상 이해관계인을 상대로 하여 그 토지가 폐쇄된 등기기록의 소유권의 등기명의인의 소유임을 확정하는 판결(판결과 동일한 효력이 있는 조서를 포함)이 있음을 증명하는 정보를 등기소에 제공하여 폐쇄된 등기기록의 부활을 신청할 수 있으며, 이에 따른 신청이 있을 때에는 폐쇄된 등기기록을 부활하고 다른 등기기록을 폐쇄하여야 한다.

제4절 등기절차

Ⅰ. 총 칙

1. 신청주의

등기는 당사자의 신청 또는 관공서의 촉탁에 따라 한다. 다만, 법률에 다른 규정이 있는 경우에는 그러하지 아니하다. 촉탁에 따른 등기절차는 법률에 다른 규정이 없는 경우에는 신청에 따른 등기에 관한 규정을 준용한다. 등기를 하려고 하는 자는 대법원규칙으로 정하는 바에 따라 수수료를 내야 한다.

2. 등기신청인

① 등기는 법률에 다른 규정이 없는 경우에는 등기권리자와 등기의무자가 공동으로 신청한다(공동신청 원칙). 그러나 예외적으로 [② 소유권보존등기 또는 소유권보존등기의 말소등기는 등기명의인으로 될 자 또는 등기명의인, ③ 상속, 법인의 합병, 그 밖에 대법원규칙으로 정하는 포괄승계(Ⓐ 법인의 분할로 인하여 분할 전 법인이 소멸하는 경우, Ⓑ 법령에 따라 법인이나 단체의 권리 · 의무를 포괄승계하는 경우)에 따른 등기는 등기권리자, ④ 등기절차의 이행 또는 인수를 명하는 판결에 의한 등기는 승소한 등기권리자 또는 등기의무자가 단독으로 신청하고, 공유물을 분할하는 판결에 의한 등기는 등기권리자 또는 등기의무자가 단독으로 신청, ⑤ 부동산표시의 변경이나 경정의 등기는 소유권의 등기명의인, ⑥ 등기명의인표시의 변경이나 경정의 등기는 해당 권리의 등기명의인, ⑦ 신탁재산에 속하는 부동산의 신탁등기는 수탁자, ⑧ 수탁자가 신탁법에 따라 타인에게 신탁재산에 대하여 신탁을 설정하는 경우 해당 신탁재산에 속하는 부동산에 관한 권리이전등기에 대하여는 새로운 신탁의 수탁자를 등기권리자로 하고 원래 신탁의 수탁자를 등기의무자로 한다. 이 경우 해당 신탁재산에 속하는 부동산의 신탁등기는 새로운 신탁의 수탁자]는 단독신청한다.

3. 등기신청의 방법

등기는 Ⓐ신청인 또는 그 대리인이 등기소에 출석하여 신청정보 및 첨부정보를 적은 서면을 제출하는 방법(다만, 대리인이 변호사(법무법인, 법무법인(유한) 및 법무조합을 포함), 법무사(법무사법인 및 법무사법인(유한)을 포함)인 경우에는 대법원규칙으로 정하는 사무원을 등기소에 출석하게 하여 그 서면을 제출할 수 있다), Ⓑ대법원규칙으로 정하는 바에 따라 전산정보처리조직을 이용하여 신청정보 및 첨부정보를 보내는 방법(법원행정처장이 지정하는 등기유형으로 한정)으로 신청하며, 신청인이 제공하여야 하는 신청정보 및 첨부정보는 대법원규칙으로 정한다.

(1) 신청정보 등의 보존

등기가 이루어진 경우 그 신청정보 및 첨부정보는 보조기억장치에 저장하여 보존하여야 하며, 등기신청이 취하된 경우 그 취하정보는 보조기억장치에 저장하여 보존하여야 한다.

(2) 등기신청서 제출 자격자대리인의 사무원

등기소에 출석하여 등기신청서를 제출할 수 있는 변호사나 법무사[법무법인 · 법무법인(유한) · 법무조합 또는 법무사법인 · 법무사법인(유한)을 포함. 자격자대리인]의 사무원은 자격자대리인의 사무소 소재지를 관할하는 지방법원장이 허가하는 1명으로 한다. 다만, 법무법인 · 법무법인(유한) · 법무조합 또는 법무사법인 · 법무사법인(유한)의 경우에는 그 구성원 및 구성원이 아닌 변호사나 법무사 수만큼의 사무원을 허가할 수 있다. 자격자대리인이 허가를 받으려면 지방법원장에게 허가신청서를 제출하여야 하고, 지방법원장이 허가를 하였을 때에는 해당 자격자대리인에게 등기소 출입증을 발급하여야 하며, 지방법원장은 상당하다고 인정되는 경우 허가를 취소할 수 있다.

4. 신청정보의 제공방법

등기의 신청은 1건당 1개의 부동산에 관한 신청정보를 제공하는 방법으로 하여야 한다.

(1) 신청정보의 내용

등기를 신청하는 경우에는 [Ⓐ ⓐ 토지(소재와 지번, 지목, 면적), ⓑ 건물(소재, 지번 및 건물번호(다만, 같은 지번 위에 1개의 건물만 있는 경우에는 건물번호는 제외), 건물의 종류, 구조와 면적(부속건물이 있는 경우에는 부속건물의 종류, 구조와 면적)), ⓒ 구분건물(1동의 건물의 표시로서 소재지번 · 건물명칭 및 번호 · 구조 · 종류 · 면적, 전유부분의 건물의 표시로서 건물번호 · 구조 · 면적, 대지권이 있는 경우 그 권리의 표시(다만, 1동의 건물의 구조 · 종류 · 면적은 건물의 표시에 관한 등기나 소유권보존등기를 신청하는 경우로 한정)의 구분에 따른 부동산의 표시에 관한 사항, Ⓑ 신청인의 성명(또는 명칭), 주소(또는 사무소 소재지) 및 주민등록번호(또는 부동산등기용등록번호), Ⓒ 신청인이 법인인 경우에는 그 대표자의 성명과 주소, Ⓓ 대리인에 의하여 등기를 신청하는 경우에는 그 성명과 주소, Ⓔ 등기원인과 그 연월일, Ⓕ 등기의 목적, Ⓖ 등기필정보(다만, 공동신청 또는 승소한 등기의무자의 단독신청에 의하여 권리에 관한 등기를 신청하는 경우로 한정), Ⓗ 등기소의 표시, Ⓘ 신청연월일]을 신청정보의 내용으로 등기소에 제공하여야 한다. 한편, 법인 아닌 사단이나 재단이 신청인인 경우에는 그 [대표자나 관리인의 성명, 주소 및 주민등록번호]를 신청정보의 내용으로 등기소에 제공하여야 한다.

(2) 일괄신청과 동시신청

등기목적과 등기원인이 동일하거나 그 밖에 대법원규칙으로 정하는 경우에는 같은 등기소의 관할 내에 있는 여러 개의 부동산에 관한 신청정보를 일괄하여 제공하는 방법으로 할 수 있는데, Ⓐ 같은 채권의 담보를 위하여 소유자가 다른 여러 개의 부동산에 대한 저당권설정등기를 신청하는 경우, Ⓑ (ⓐ 공매처분으로 인한 권리이전의 등기, ⓑ 공매처분으로 인하여 소멸한 권리등기의 말소, ⓒ 체납처분에 관한 압류등기의 말소 등기)를 촉탁하는 경우, Ⓒ 경매에서 (ⓐ 매수인 앞으로 소유권을 이전하는 등기, ⓑ 매수인이 인수하지 아니한 부동산의 부담에 관한 기입을 말소하는 등기, ⓒ 경매개시결정등기를 말소한 등기)를 촉탁하는 경우에는 1건의 신청정보로 일괄하여 신청하거나 촉탁할 수 있다.

같은 등기소에 동시에 여러 건의 등기신청을 하는 경우에 첨부정보의 내용이 같은 것이 있을 때에는 먼저 접수되는 신청에만 그 첨부정보를 제공하고, 다른 신청에는 먼저 접수된 신청에 그 첨부정보를 제공하였다는 뜻을 신청정보의 내용으로 등기소에 제공하는 것으로 그 첨부정보의 제공에 갈음할 수 있다.

5. 등기신청

(1) 법인 아닌 사단 등의 등기신청

종중, 문중, 그 밖에 대표자나 관리인이 있는 법인 아닌 사단이나 재단에 속하는 부동산의 등기에 관하여는 그 사단이나 재단을 등기권리자 또는 등기의무자로 하며, 등기는 그 사단이나 재단의 명의로 그 대표자나 관리인이 신청하고, [Ⓐ 정관이나 그 밖의 규약, Ⓑ 대표자나 관리인임을 증명하는 정보(다만, 등기되어 있는 대표자나 관리인이 신청하는 경우에는 제외), Ⓒ 총유물의 관리 및 처분에 대한 사원총회의 결의가 있음을 증명하는 정보(법인 아닌 사단이 등기의무자인 경우로 한정), Ⓓ 대표자나 관리인의 주소 및 주민등록번호를 증명하는 정보]를 첨부정보로서 등기소에 제공하여야 한다.

(2) 포괄승계인에 의한 등기신청

등기원인이 발생한 후에 등기권리자 또는 등기의무자에 대하여 상속이나 그 밖의 포괄승계가 있는 경우에는 상속인이나 그 밖의 포괄승계인이 그 등기를 신청할 수 있다. 상속인 그 밖의 포괄승계인이 등기를 신청하는 경우에는 가족관계등록에 관한 정보 또는 법인등기사항에 관한 정보 등 상속 그 밖의 포괄승계가 있었다는 사실을 증명하는 정보를 첨부정보로서 등기소에 제공하여야 한다.

(3) 채권자대위권에 의한 등기신청

① 채권자는 채무자를 대위하여 등기를 신청할 수 있으며, 등기관이 채권자 대위신청 또는 다른 법령에 따른 대위신청에 의하여 등기를 할 때에는 대위자의 성명 또는 명칭, 주소 또는 사무소 소재지 및 대위원인을 기록하여야 한다. ② 등기를 신청하는 경우에는 Ⓐ 피대위자의 성명(또는 명칭), 주소(또는 사무소 소재지) 및 주민등록번호(또는 부동산등기용등록번호), Ⓑ 신청인이 대위자라는 뜻, Ⓒ 대위자의 성명(또는 명칭)과 주소(또는 사무소 소재지), Ⓓ 대위원인을 신청정보의 내용으로 등기소에 제공하고, 대위원인을 증명하는 정보를 첨부정보로서 등기소에 제공하여야 한다.

6. 신청의 각하 등

(1) 신청의 각하

등기관은 [[Ⓐ 사건이 그 등기소의 관할이 아닌 경우, Ⓑ 사건이 등기할 것이 아닌 경우[7]], Ⓒ 신청할 권한이 없는 자가 신청한 경우, Ⓓ 등기를 등기소에 출석하여 신청정보 및 첨부정보를 적은 서면을 제출하는 방법으로 신청할 때에 당사자나 그 대리인이 출석하지 아니한 경우, Ⓔ 신청정보의 제공이 대법원규칙으로 정한 방식에 맞지 아니한 경우, Ⓕ 신청정보의 부동산 또는 등기의 목적인 권리의 표시가 등기기록과 일치하지 아니한 경우, Ⓖ 신청정보의 등기의무자의 표시가 등기기록과 일치하지 아니한 경우(포괄승계인이 등기신청을 하는 경우 제외), Ⓗ 신청정보와 등기원인을 증명하는 정보가 일치하지 아니한 경우, Ⓘ 등기에 필요한 첨부정보를 제공하지 아니한 경우, Ⓙ 취득세(지방세법에 따라 분할납부하는 경우에는 등기하기 이전에 분할납부하여야 할 금액을 말함), 등록면허세(등록에 대한 등록면허세만 해당) 또는 수수료를 내지 아니하거나 등기신청과 관련하여 다른 법률에 따라 부과된 의무를 이행하지 아니한 경우, Ⓚ 신청정보 또는 등기기록의

7) **(사건이 등기할 것이 아닌 경우)** ⓐ 등기능력 없는 물건 또는 권리에 대한 등기를 신청한 경우, ⓑ 법령에 근거가 없는 특약사항의 등기를 신청한 경우, ⓒ 구분건물의 전유부분과 대지사용권의 분리처분 금지에 위반한 등기를 신청한 경우, ⓓ 농지를 전세권설정의 목적으로 하는 등기를 신청한 경우, ⓔ 저당권을 피담보채권과 분리하여 양도하거나, 피담보채권과 분리하여 다른 채권의 담보로 하는 등기를 신청한 경우, ⓕ 일부지분에 대한 소유권보존등기를 신청한 경우, ⓖ 공동상속인 중 일부가 자신의 상속지분만에 대한 상속등기를 신청한 경우, ⓗ 관공서 또는 법원의 촉탁으로 실행되어야 할 등기를 신청한 경우, ⓘ 이미 보존등기된 부동산에 대하여 다시 보존등기를 신청한 경우, ⓙ 그 밖에 신청취지 자체에 의하여 법률상 허용될 수 없음이 명백한 등기를 신청한 경우.

부동산의 표시가 토지대장·임야대장 또는 건축물대장과 일치하지 아니한 경우]에만 이유를 적은 결정으로 신청을 각하하여야 한다. 다만, 신청의 잘못된 부분이 보정될 수 있는 경우로서 신청인이 등기관이 보정을 명한 날의 다음 날까지 그 잘못된 부분을 보정하였을 때에는 그러하지 아니하다.

(2) 이미 마쳐진 등기에 대한 이의

이미 마쳐진 등기에 대하여 [Ⓐ 사건이 그 등기소의 관할이 아닌 경우, Ⓑ 사건이 등기할 것이 아닌 경우]의 사유로 이의한 경우 등기관은 그 이의가 이유 있다고 인정하면 등기권리자, 등기의무자와 등기상 이해관계 있는 제3자에게 1개월 이내의 기간을 정하여 그 기간에 이의를 진술하지 아니하면 등기를 말소한다는 뜻을 통지하고, 기간 이내에 이의를 진술한 자가 없거나 이의를 각하한 경우에는 그 등기를 직권으로 말소한다. 등기관은 그 이의가 이유 없다고 인정하면 이의신청서를 관할 지방법원에 보내야 하며, 이미 마쳐진 등기에 대하여 상기 Ⓐ, Ⓑ 외의 사유로 이의한 경우 등기관은 이의신청서를 관할 지방법원에 보내야 한다.

7. 등기완료의 통지

등기관이 등기를 마쳤을 때에는 신청인 등에게 그 사실을 알려야 한다. 등기완료통지는 [신청인 및 Ⓐ 승소한 등기의무자의 등기신청에 있어서 등기권리자, Ⓑ 대위자의 등기신청에서 피대위자, Ⓒ 등기신청에서 등기의무자, Ⓓ 직권 소유권보존등기에서 등기명의인, Ⓔ 관공서가 촉탁하는 등기에서 관공서에 해당하는 자]에게 하여야 하며, 대법원예규로 정하는 방법으로 한다.

8. 변경의제 및 경정 등

(1) 행정구역의 변경

행정구역 또는 그 명칭이 변경되었을 때에는 등기기록에 기록된 행정구역 또는 그 명칭에 대하여 변경등기가 있는 것으로 본다.

(2) 등기의 경정

① 등기관이 등기를 마친 후 그 등기에 착오나 빠진 부분이 있음을 발견하였을 때에는

지체 없이 그 사실을 등기권리자와 등기의무자에게 알려야 하고, 등기권리자와 등기의무자가 없는 경우에는 등기명의인에게 알려야 한다. 다만, 등기권리자, 등기의무자 또는 등기명의인이 각 2인 이상인 경우에는 그 중 1인에게 통지하면 된다. ② 등기관이 등기의 착오나 빠진 부분이 등기관의 잘못으로 인한 것임을 발견한 경우에는 지체 없이 그 등기를 직권으로 경정하여야 한다(다만, 등기상 이해관계 있는 제3자가 있는 경우에는 제3자의 승낙이 있어야 한다). ③ 등기관이 경정등기를 하였을 때에는 그 사실을 등기권리자, 등기의무자 또는 등기명의인에게 알려야 하며, 등기권리자, 등기의무자 또는 등기명의인이 각 2인 이상인 경우에는 그 중 1인에게 통지하면 된다. ④ 채권자대위권에 의하여 등기가 마쳐진 때에는 통지를 그 채권자에게도 하여야 하며, 이때에도 등기권리자, 등기의무자 또는 등기명의인이 각 2인 이상인 경우에는 그 중 1인에게 통지하면 된다.

(3) 새 등기기록에의 이기

등기기록에 기록된 사항이 많아 취급하기에 불편하게 되는 등 합리적 사유로 등기기록을 옮겨 기록할 필요가 있는 경우에 등기관은 현재 효력이 있는 등기만을 새로운 등기기록에 옮겨 기록할 수 있다. 등기관이 등기를 새로운 등기기록에 옮겨 기록한 경우에는 옮겨 기록한 등기의 끝부분에 같은 규정에 따라 등기를 옮겨 기록한 뜻과 그 연월일을 기록하고, 종전 등기기록을 폐쇄하여야 한다. 등기기록을 폐쇄할 때에는 표제부의 등기를 말소하는 표시를 하고, 등기원인 및 기타사항란에 폐쇄의 뜻과 그 연월일을 기록하여야 한다.

Ⅱ. 표시에 관한 등기

1. 토지의 표시에 관한 등기

(1) 등기사항

등기관은 토지 등기기록의 표제부에 [Ⓐ 표시번호, Ⓑ 접수연월일, Ⓒ 소재와 지번, Ⓓ 지목, Ⓔ 면적, Ⓕ 등기원인]을 기록하여야 한다. 토지표시에 관한 사항을 변경하는 등기를 할 때에는 종전의 표시에 관한 등기를 말소하는 표시를 하여야 한다.

(2) 변경등기의 신청

토지의 분할, 합병이 있는 경우와 등기사항(Ⓐ 표시번호, Ⓑ 접수연월일, Ⓒ 소재와 지번, Ⓓ 지목, Ⓔ 면적, Ⓕ 등기원인)에 변경이 있는 경우에는 그 토지 소유권의 등기명의인은 그 사실이 있는 때부터 1개월 이내에 그 등기를 신청하여야 한다. 토지의 표시변경등기를 신청하는 경우에는 그 토지의 변경 전과 변경 후의 표시에 관한 정보를 신청정보의 내용으로 등기소에 제공하여야 하며, 그 변경을 증명하는 토지대장 정보나 임야대장 정보를 첨부정보로서 등기소에 제공하여야 한다.

(3) 직권에 의한 표시변경등기

등기관이 지적소관청으로부터 공간정보관리법에 따라 토지의 표시와 지적공부의 불일치 사실 통지를 받은 경우에 토지의 분할, 합병이 있는 경우와 등기사항(Ⓐ 표시번호, Ⓑ 접수연월일, Ⓒ 소재와 지번, Ⓓ 지목, Ⓔ 면적, Ⓕ 등기원인)에 변경이 있는 경우에는 그 토지 소유권의 등기명의인은 그 사실이 있는 때부터 1개월 이내에 등기명의인으로부터 등기신청이 없을 때에는 그 통지서의 기재내용에 따른 변경의 등기를 직권으로 하여야 하며, 등기를 하였을 때에는 등기관은 지체 없이 그 사실을 지적소관청과 소유권의 등기명의인에게 알려야 한다. 다만, 등기명의인이 2인 이상인 경우에는 그 중 1인에게 통지하면 된다.

2. 합필등기

(1) 합필 제한

① 합필하려는 토지에 [㉠ 소유권 · 지상권 · 전세권 · 임차권 및 승역지(편익제공지)에 하는 지역권의 등기, ㉡ 합필하려는 모든 토지에 있는 등기원인 및 그 연월일과 접수번호가 동일한 저당권에 관한 등기, ㉢ 합필하려는 모든 토지에 있는 신탁등기의 등기사항이 동일한 신탁등기 외의 권리]에 관한 등기가 있는 경우에는 합필의 등기를 할 수 없다. ② 등기관이 ①을 위반한 등기의 신청을 각하하면 지체 없이 그 사유를 지적소관청에 알려야 한다.

(2) 합필의 특례

① 공간정보관리법에 따른 토지합병절차를 마친 후 합필등기를 하기 전에 합병된 토지

중 어느 토지에 관하여 소유권이전등기가 된 경우라 하더라도 이해관계인의 승낙이 있으면 해당 토지의 소유권의 등기명의인들은 합필 후의 토지를 공유로 하는 합필등기를 신청할 수 있다. ② 공간정보관리법에 따른 토지합병절차를 마친 후 합필등기를 하기 전에 합병된 토지 중 어느 토지에 관하여 합필등기의 제한 사유에 해당하는 권리에 관한 등기가 된 경우라 하더라도 이해관계인의 승낙이 있으면 해당 토지의 소유권의 등기명의인은 그 권리의 목적물을 합필 후의 토지에 관한 지분으로 하는 합필등기를 신청할 수 있다. 다만, 요역지(편익필요지)에 하는 지역권의 등기가 있는 경우에는 합필 후의 토지 전체를 위한 지역권으로 하는 합필등기를 신청하여야 한다.

(3) 토지합필의 특례에 따른 등기신청

① 합필등기를 신청하는 경우에는 종전 토지의 소유권이 합병 후의 토지에서 차지하는 지분을 신청정보의 내용으로 등기소에 제공하고, 이에 관한 토지소유자들의 확인이 있음을 증명하는 정보를 첨부정보로서 등기소에 제공하여야 하며, 이해관계인이 있을 때에는 그 이해관계인의 승낙이 있음을 증명하는 정보를 첨부정보로서 등기소에 제공하여야 한다. ② 합필의 등기를 할 때에는 등기를 마친 후 종전 토지의 소유권의 등기를 공유지분으로 변경하는 등기를 부기로 하여야 하고, 종전 등기의 권리자에 관한 사항을 말소하는 표시를 하여야 하며, 이해관계인이 있을 때에는 그 이해관계인 명의의 등기를 공유지분 위에 존속하는 것으로 변경하는 등기를 부기로 하여야 한다.

(4) 멸실등기의 신청

토지가 멸실된 경우에는 그 토지 소유권의 등기명의인은 그 사실이 있는 때부터 1개월 이내에 그 등기를 신청하여야 한다. 토지멸실등기를 신청하는 경우에는 그 멸실을 증명하는 토지대장 정보나 임야대장 정보를 첨부정보로서 등기소에 제공하여야 한다.

3. 건물의 표시에 관한 등기

(1) 등기사항

① 등기관은 건물 등기기록의 표제부에 [Ⓐ 표시번호, Ⓑ 접수연월일, Ⓒ 소재, 지번 및 건물번호(다만, 같은 지번 위에 1개의 건물만 있는 경우에는 건물번호는 기록하지 아니한다), Ⓓ 건물의 종류, 구조와 면적(부속건물이 있는 경우에는 부속건물의 종류, 구조와 면적도 함께 기록), Ⓔ 등기원인, Ⓕ 도면의 번호(같은 지번 위에 여러 개의 건물이

있는 경우와 집합건물법상 구분소유권의 목적이 되는 건물(구분건물)인 경우로 한정)]의 사항을 기록하여야 한다. ② 등기할 건물이 구분건물인 경우에 등기관은 [소재, 지번 및 건물번호 대신 1동 건물의 등기기록의 표제부에는 소재와 지번, 건물명칭 및 번호를 기록하고 전유부분의 등기기록의 표제부에는 건물번호]를 기록하여야 한다. ③ 구분건물에 집합건물법의 대지사용권으로서 건물과 분리하여 처분할 수 없는 것[대지권]이 있는 경우에는 등기관은 상기 기록하여야 할 사항(구분건물인 경우에 표제부에는 소재와 지번, 건물명칭 및 번호를 기록하고 전유부분의 등기기록의 표제부에는 건물번호를 기록)외에 1동 건물의 등기기록의 표제부에 대지권의 목적인 토지의 표시에 관한 사항을 기록하고 전유부분의 등기기록의 표제부에는 대지권의 표시에 관한 사항을 기록하여야 하며, 등기관이 대지권등기를 하였을 때에는 직권으로 대지권의 목적인 토지의 등기기록에 소유권, 지상권, 전세권 또는 임차권이 대지권이라는 뜻을 기록하여야 한다.[8)]

(2) 변경등기의 신청

① 건물의 분할, 구분, 합병이 있는 경우와 등기사항에 변경이 있는 경우에는 그 건물 소유권의 등기명의인은 그 사실이 있는 때부터 1개월 이내에 그 등기를 신청하여야 한다.[9)] ② 구분건물로서 표시등기만 있는 건물에 관하여는 [Ⓐ 토지대장, 임야대장 또는 건축물대장에 최초의 소유자로 등록되어 있는 자 또는 그 상속인, 그 밖의 포괄승계인, Ⓑ 확정판결에 의하여 자기의 소유권을 증명하는 자, Ⓒ 수용으로 인하여 소유권을 취득하였음을 증명하는 자, Ⓓ 특별자치도지사, 시장, 군수 또는 구청장(자치구의 구청장)의 확인에 의하여 자기의 소유권을 증명하는 자(건물의 경우로 한정)에 해당하는 자]가 등기를 신청하여야 한다. ③ 구분건물로서 그 대지권의 변경이나 소멸이 있는 경우에는 구분건물의 소유권의 등기명의인은 1동의 건물에 속하는 다른 구분건물의 소유권의 등기명

---

8) **(대지권이라는 뜻의 등기)** 대지권의 목적인 토지의 등기기록에 대지권이라는 뜻의 등기를 할 때에는 해당 구에 어느 권리가 대지권이라는 뜻과 그 대지권을 등기한 1동의 건물을 표시할 수 있는 사항 및 그 등기연월일을 기록하여야 하고, 대지권의 목적인 토지가 다른 등기소의 관할에 속하는 경우에는 그 등기소에 지체 없이 등기할 사항을 통지하여야 하며, 통지를 받은 등기소의 등기관은 대지권의 목적인 토지의 등기기록 중 해당 구에 통지받은 사항을 기록하여야 한다.

9) **(건물표시변경등기)** 건물표시에 관한 사항을 변경하는 등기를 할 때에는 종전의 표시에 관한 등기를 말소하는 표시를 하여야 한다. 신축건물을 다른 건물의 부속건물로 하는 등기를 할 때에는 주된 건물의 등기기록 중 표제부에 부속건물 신축을 원인으로 한 건물표시변경등기를 하고, 종전의 표시에 관한 등기를 말소하는 표시를 하여야 한다. (건물표시변경등기의 신청) 건물의 표시변경등기를 신청하는 경우에는 그 건물의 변경 전과 변경 후의 표시에 관한 정보를 신청정보의 내용으로 등기소에 제공하여야 한다. 대지권의 변경·경정 또는 소멸의 등기를 신청하는 경우에는 그에 관한 규약이나 공정증서 또는 이를 증명하는 정보를 첨부정보로서 등기소에 제공하여야 하며, 그 외에는 그 변경을 증명하는 건축물대장 정보를 첨부정보로서 등기소에 제공하여야 한다.

의인을 대위하여 그 등기를 신청할 수 있으며, 건물이 구분건물인 경우에 그 건물의 등기기록 중 1동 표제부에 기록하는 등기사항에 관한 변경등기는 그 구분건물과 같은 1동의 건물에 속하는 다른 구분건물에 대하여도 변경등기로서의 효력이 있다.

(3) 합병 제한

① 합병하려는 건물에 [㉠ 소유권 · 전세권 및 임차권의 등기, ㉡ 합병하려는 모든 건물에 있는 등기원인 및 그 연월일과 접수번호가 동일한 저당권에 관한 등기, ㉢ 합병하려는 모든 건물에 있는 신탁등기의 등기사항이 동일한 신탁등기 외의 권리]에 관한 등기가 있는 경우에는 합병의 등기를 할 수 없다. ② 등기관이 ①을 위반한 등기의 신청을 각하하면 지체 없이 그 사유를 건축물대장 소관청에 알려야 한다.

(4) 건물멸실등기

1) 멸실등기의 신청

① 건물이 멸실된 경우에는 그 건물 소유권의 등기명의인은 그 사실이 있는 때부터 1개월 이내에 그 등기를 신청하여야 한다. 이 경우 구분건물로서 표시등기만 있는 건물에 관하여는 Ⓐ 토지대장, 임야대장 또는 건축물대장에 최초의 소유자로 등록되어 있는 자 또는 그 상속인, 그 밖의 포괄승계인, Ⓑ 확정판결에 의하여 자기의 소유권을 증명하는 자, Ⓒ 수용으로 인하여 소유권을 취득하였음을 증명하는 자, Ⓓ 특별자치도지사, 시장, 군수 또는 구청장(자치구의 구청장)의 확인에 의하여 자기의 소유권을 증명하는 자(건물의 경우로 한정)에 해당하는 자가 등기를 신청하여야 한다. ② 소유권의 등기명의인이 1개월 이내에 멸실등기를 신청하지 아니하면 그 건물대지의 소유자가 건물 소유권의 등기명의인을 대위하여 그 등기를 신청할 수 있고, 구분건물로서 그 건물이 속하는 1동 전부가 멸실된 경우에는 그 구분건물의 소유권의 등기명의인은 1동의 건물에 속하는 다른 구분건물의 소유권의 등기명의인을 대위하여 1동 전부에 대한 멸실등기를 신청할 수 있다. ③ 건물멸실등기를 신청하는 경우에는 그 멸실이나 부존재를 증명하는 건축물대장 정보나 그 밖의 정보를 첨부정보로서 등기소에 제공하여야 한다.

2) 건물의 부존재

존재하지 아니하는 건물에 대한 등기가 있을 때에는 그 소유권의 등기명의인은 지체 없이 그 건물의 멸실등기를 신청하여야 한다. 그 건물 소유권의 등기명의인이 등기를 신청하지 아니하는 경우에는 소유권의 등기명의인이 1개월 이내에 멸실등기를 신청하지 아니하면 그 건물대지의 소유자가 건물 소유권의 등기명의인을 대위하여 그 등기를 신청할 수 있다.

3) 등기상 이해관계인이 있는 건물의 멸실

① 소유권 외의 권리가 등기되어 있는 건물에 대한 멸실등기의 신청이 있는 경우에 등기관은 그 권리의 등기명의인에게 1개월 이내의 기간을 정하여 그 기간까지 이의를 진술하지 아니하면 멸실등기를 한다는 뜻을 알려야 한다. 다만, 건축물대장에 건물멸실의 뜻이 기록되어 있거나 소유권 외의 권리의 등기명의인이 멸실등기에 동의한 경우에는 그러하지 아니하다. ② ① 본문의 경우에는 직권에 의한 등기의 말소(제58조제2항부터 제4항까지)를 준용한다.

(5) 구분건물의 표시에 관한 등기

1동의 건물에 속하는 구분건물 중 일부만에 관하여 소유권보존등기를 신청하는 경우에는 나머지 구분건물의 표시에 관한 등기를 동시에 신청하여야 하며, 구분건물의 소유자는 1동에 속하는 다른 구분건물의 소유자를 대위하여 그 건물의 표시에 관한 등기를 신청할 수 있고, 구분건물이 아닌 건물로 등기된 건물에 접속하여 구분건물을 신축한 경우에 그 신축건물의 소유권보존등기를 신청할 때에는 구분건물이 아닌 건물을 구분건물로 변경하는 건물의 표시변경등기를 동시에 신청하여야 한다.

(6) 공용부분

1) 규약상 공용부분의 등기와 규약폐지에 따른 등기

집합건물법에 따른 공용부분이라는 뜻의 등기는 소유권의 등기명의인이 신청하여야 한다. 이 경우 공용부분인 건물에 소유권 외의 권리에 관한 등기가 있을 때에는 그 권리의 등기명의인의 승낙이 있어야 한다. 공용부분이라는 뜻을 정한 규약을 폐지한 경우에 공용부분의 취득자는 지체 없이 소유권보존등기를 신청하여야 한다.

2) 공용부분이라는 뜻의 등기

① 소유권의 등기명의인이 공용부분이라는 뜻의 등기를 신청하는 경우에는 그 뜻을 정한 규약이나 공정증서를 첨부정보로서 등기소에 제공하여야 한다. 이 경우 그 건물에 소유권의 등기 외의 권리에 관한 등기가 있을 때에는 그 등기명의인의 승낙이 있음을 증명하는 정보 또는 이에 대항할 수 있는 재판이 있음을 증명하는 정보를 첨부정보로서 등기

소에 제공하여야 한다. ② ①의 경우에 그 공용부분이 다른 등기기록에 등기된 건물의 구분소유자가 공용하는 것일 때에는 그 뜻과 그 구분소유자가 소유하는 건물의 번호를 신청정보의 내용으로 등기소에 제공하여야 한다. 다만, 다른 등기기록에 등기된 건물의 구분소유자 전원이 공용하는 것일 때에는 그 1동 건물의 번호만을 신청정보의 내용으로 등기소에 제공한다. ③ ①의 등기신청이 있는 경우에 등기관이 그 등기를 할 때에는 그 등기기록 중 표제부에 공용부분이라는 뜻을 기록하고 각 구의 소유권과 그 밖의 권리에 관한 등기를 말소하는 표시를 하여야 한다. 이 경우 ②에 따른 사항이 신청정보의 내용 중에 포함되어 있을 때에는 그 사항도 기록하여야 한다. ④ 공용부분이라는 뜻을 정한 규약을 폐지함에 따라 공용부분의 취득자가 소유권보존등기를 신청하는 경우에는 규약의 폐지를 증명하는 정보를 첨부정보로서 등기소에 제공하여야 한다. ⑤ 등기관이 ④에 따라 소유권보존등기를 하였을 때에는 공용부분이라는 뜻의 등기를 말소하는 표시를 하여야 한다. ⑥ 집합건물법에 따른 단지공용부분이라는 뜻의 등기에는 ①부터 ⑤까지의 규정을 준용한다.

Ⅲ. 권리에 관한 등기

1. 통칙

(1) 등기사항

등기관이 갑구 또는 을구에 권리에 관한 등기를 할 때에는 [Ⓐ 순위번호, Ⓑ 등기목적, Ⓒ 접수연월일 및 접수번호, Ⓓ 등기원인 및 그 연월일, Ⓔ 권리자의 사항(ⓐ 권리자의 성명 또는 명칭 외에 ⓑ 주민등록번호 또는 부동산등기용등록번호와 ⓒ 주소 또는 사무소 소재지를 함께 기록하여야 하며, ⓓ 권리자가 2인 이상인 경우에는 권리자별 지분을 기록하여야 하고 ⓔ 등기할 권리가 합유인 때에는 그 뜻)]을 기록하여야 한다. 법인 아닌 사단이나 재단 명의의 등기를 할 때에는 그 대표자나 관리인의 성명, 주소 및 주민등록번호를 함께 기록하여야 한다.

(2) 등록번호의 부여절차

부동산등기용등록번호(등록번호)는 [Ⓐ 국가·지방자치단체·국제기관 및 외국정부의 등록번호는 국토교통부장관이 지정·고시, Ⓑ 주민등록번호가 없는 재외국민의 등록번호는 대법원 소재지(서울중앙지법) 관할 등기소의 등기관이 부여하고, 법인의 등록번호는 주된 사무소(회사의 경우에는 본점, 외국법인의 경우에는 국내에 최초로 설치 등기를 한 영업소나 사무소) 소재지 관할 등기소의 등기관이 부여, Ⓒ 법인 아닌 사단이나 재단 및 국내에 영업소나 사무소의 설치 등기를 하지 아니한 외국법인의 등록번호는 시장(제주특별법에 따른 행정시의 시장을 포함하며, 지방자치법에 따라 자치구가 아닌 구를 두는 시의 시장은 제외), 군수 또는 구청장(자치구가 아닌 구의 구청장을 포함)이 부여, Ⓓ 외국인의 등록번호는 체류지(국내에 체류지가 없는 경우에는 대법원 소재지에 체류지가 있는 것으로 본다)를 관할하는 지방출입국·외국인관서의 장이 부여]의 방법에 따라 부여한다. Ⓑ의 주민등록번호 없는 재외국민의 등록번호의 부여절차는 대법원규칙으로 정하고, Ⓒ와 Ⓓ에 따른 등록번호의 부여절차는 대통령령으로 정한다.

(3) 등기필정보

1) 등기필정보 작성 및 통지 예외 등

등기관이 새로운 권리에 관한 등기를 마쳤을 때에는 등기필정보를 작성하여 등기권리자에게 통지하여야 한다.[10] 다만, [Ⓐ 등기권리자가 등기필정보의 통지를 원하지 아니하는 경우(등기신청할 때에 그 뜻을 신청정보의 내용으로 하여야 한다), Ⓑ 국가 또는 지방자치단체가 등기권리자인 경우, Ⓒ 등기필정보를 전산정보처리조직으로 통지받아야 할 자가 수신이 가능한 때부터 3개월 이내에 전산정보처리조직을 이용하여 수신하지 않은 경우, Ⓓ 등기필정보통지서를 수령할 자가 등기를 마친 때부터 3개월 이내에 그 서면을 수령하지 않은 경우, Ⓔ 승소한 등기의무자가 등기신청을 한 경우, Ⓕ 등기권리자를 대위하여 등기신청을 한 경우, Ⓖ 등기관이 직권으로 소유권보존등기를 한 경우]에는 그러하지 아니하다. 등기권리자와 등기의무자가 공동으로 권리에 관한 등기를 신청하는 경우에 신청인은 그 신청정보와 함께 통지받은 등기의무자의 등기필정보를 등기소에 제공하여야 한다. 승소한 등기의무자가 단독으로 권리에 관한 등기를 신청하는 경우에도 같다.

2) 등기필정보가 없는 경우

등기의무자의 등기필정보가 없을 때에는 등기의무자 또는 그 법정대리인(등기의무자등)이 등기소에 출석하여 등기관으로부터 등기의무자등임을 확인받아야 한다. 다만, 등기

---

10) **(등기필정보의 작성방법)** 등기필정보는 아라비아 숫자와 그 밖의 부호의 조합으로 이루어진 일련번호와 비밀번호로 구성하고, 등기필정보는 부동산 및 등기명의인별로 작성한다. 다만, 대법원예규로 정하는 바에 따라 등기명의인별로 작성할 수 있다.

신청인의 대리인(변호사나 법무사만을 말함)이 등기의무자등으로부터 위임받았음을 확인한 경우 또는 신청서(위임에 의한 대리인이 신청하는 경우에는 그 권한을 증명하는 서면을 말함) 중 등기의무자등의 작성부분에 관하여 공증을 받은 경우에는 그러하지 아니하다.[11]

(4) 부기로 하는 등기

등기관이 [Ⓐ 등기명의인표시의 변경이나 경정의 등기, Ⓑ 소유권 외의 권리의 이전등기, Ⓒ 소유권 외의 권리를 목적으로 하는 권리에 관한 등기, Ⓓ 소유권 외의 권리에 대한 처분제한 등기, Ⓔ 권리의 변경이나 경정의 등기(등기상 이해관계 있는 제3자의 승낙이 없는 경우 제외), Ⓕ 환매특약등기, Ⓖ 권리소멸약정등기, Ⓗ 공유물 분할금지의 약정등기, Ⓘ 그 밖에 대법원규칙으로 정하는 등기]를 할 때에는 부기로 하여야 한다.

(5) 환매특약의 등기

등기관이 환매특약의 등기를 할 때에는 [Ⓐ 매수인이 지급한 대금, Ⓑ 매매비용, Ⓒ 환매기간]을 기록하여야 한다. 다만, Ⓒ는 등기원인에 그 사항이 정하여져 있는 경우에만 기록한다. 환매특약의 등기를 신청하는 경우에는 등기사항을 신청정보의 내용으로 등기소에 제공하여야 한다. 환매에 따른 권리취득의 등기를 하였을 때에는 환매특약의 등기를 말소하여야 하며, 권리의 소멸에 관한 약정의 등기에 관하여는 이를 준용한다.

(6) 말소등기 등

1) 권리소멸약정의 등기

등기원인에 권리의 소멸에 관한 약정이 있을 경우 신청인은 그 약정에 관한 등기를 신청할 수 있다.

2) 사망 등으로 인한 권리의 소멸과 말소등기

등기명의인인 사람의 사망 또는 법인의 해산으로 권리가 소멸한다는 약정이 등기되어 있는 경우에 사람의 사망 또는 법인의 해산으로 그 권리가 소멸하였을 때에는, 등기권리

11) **(등기필정보를 제공할 수 없는 경우)** ⓐ 등기의무자등이 출석한 경우 등기관은 주민등록증, 외국인등록증, 국내거소신고증, 여권 또는 운전면허증(주민등록증등)에 의하여 본인 여부를 확인하고 조서를 작성하여 이에 기명날인하여야 한다. 이 경우 주민등록증등의 사본을 조서에 첨부하여야 한다. ⓑ 자격자대리인이 등기의무자 또는 그 법정대리인으로부터 위임받았음을 확인한 경우에는 그 확인한 사실을 증명하는 정보(확인정보)를 첨부정보로서 등기소에 제공하여야 한다. 자격자대리인이 ⓑ의 확인정보를 등기소에 제공하는 경우에는 ⓐ를 준용한다.

자는 그 사실을 증명하여 단독으로 해당 등기의 말소를 신청할 수 있다.

3) 등기의무자의 소재불명과 말소등기

등기권리자가 등기의무자의 소재불명으로 인하여 공동으로 등기의 말소를 신청할 수 없을 때에는 민사소송법에 따라 공시최고를 신청할 수 있으며, 이 경우에 제권판결(除權判決)이 있으면 등기권리자가 그 사실을 증명하여 단독으로 등기의 말소를 신청할 수 있다.

4) 이해관계 있는 제3자가 있는 등기의 말소

등기의 말소를 신청하는 경우에 그 말소에 대하여 등기상 이해관계 있는 제3자가 있을 때에는 제3자의 승낙이 있어야 하며, 이에 따라 등기를 말소할 때에는 등기상 이해관계 있는 제3자 명의의 등기는 등기관이 직권으로 말소한다.

5) 직권에 의한 등기의 말소

① 등기관이 등기를 마친 후 그 등기가 [Ⓐ 사건이 그 등기소의 관할이 아닌 경우, Ⓑ 사건이 등기할 것이 아닌 경우]에 해당된 것임을 발견하였을 때에는 등기권리자, 등기의무자와 등기상 이해관계 있는 제3자에게 1개월 이내의 기간을 정하여 그 기간에 이의를 진술하지 아니하면 등기를 말소한다는 뜻을 통지하여야 하며, 이 경우 통지를 받을 자의 주소 또는 거소를 알 수 없으면 통지를 갈음하여 1개월 동안 등기소 게시장에 이를 게시하거나 대법원규칙으로 정하는 바에 따라 공고하여야 한다. ② 등기관은 말소에 관하여 이의를 진술한 자가 있으면 그 이의에 대한 결정을 하여야 하며, 기간 이내에 이의를 진술한 자가 없거나 이의를 각하한 경우에는 등기를 직권으로 말소하여야 한다. ③ 통지는 등기를 마친 사건의 표시와 사건이 등기소의 관할에 속하지 아니한 사실 또는 등기할 것이 아닌 사실을 적은 통지서로 하고, 공고는 대법원 인터넷등기소에 게시하는 방법에 의하며, 말소등기를 할 때에는 그 사유와 등기연월일을 기록하여야 한다.

6) 소유권의 등기명의인이 다른 경우의 정리

중복등기기록의 최종 소유권의 등기명의인이 다른 경우로서 어느 한 등기기록에만 원시취득사유 또는 분배농지의 상환완료를 등기원인으로 한 소유권이전등기가 있을 때에는 그 등기기록을 제외한 나머지 등기기록을 폐쇄하며, 소유권보존등기가 원시취득사유 또는 분배농지의 상환완료에 따른 것임을 당사자가 소명하는 경우에도 같다. 아울러, 이 경우에는 직권에 의한 등기의 말소 절차를 이행한다.

7) 말소등기의 회복

말소된 등기의 회복을 신청하는 경우에 등기상 이해관계 있는 제3자가 있을 때에는 그 제3자의 승낙이 있어야 한다. 말소된 등기에 대한 회복 신청을 받아 등기관이 등기를 회복할 때에는 회복의 등기를 한 후 다시 말소된 등기와 같은 등기를 하여야 한다. 다만, 등기전체가 아닌 일부 등기사항만 말소된 것일 때에는 부기에 의하여 말소된 등기사항만 다시 등기한다.

(7) 대지권 등

1) 대지사용권의 취득

① 구분건물을 신축한 자가 집합건물법의 대지사용권을 가지고 있는 경우에 대지권에 관한 등기를 하지 아니하고 구분건물에 관하여만 소유권이전등기를 마쳤을 때에는 현재의 구분건물의 소유명의인과 공동으로 대지사용권에 관한 이전등기를 신청할 수 있고, ② 구분건물을 신축하여 양도한 자가 그 건물의 대지사용권을 나중에 취득하여 이전하기로 약정한 경우에는 같다. ③ 이에 따른 등기는 대지권에 관한 등기와 동시에 신청하여야 한다.

2) 첨부정보

① (등기를 신청하는 경우의 첨부정보)등기를 신청하는 경우에는 [Ⓐ 등기원인을 증명하는 정보, Ⓑ 등기원인에 대하여 제3자의 허가, 동의 또는 승낙이 필요한 경우에는 이를 증명하는 정보, Ⓒ 등기상 이해관계 있는 제3자의 승낙이 필요한 경우에는 이를 증명하는 정보 또는 이에 대항할 수 있는 재판이 있음을 증명하는 정보, Ⓓ 신청인이 법인인 경우에는 그 대표자의 자격을 증명하는 정보, Ⓔ 대리인에 의하여 등기를 신청하는 경우에는 그 권한을 증명하는 정보, Ⓕ 등기권리자(새로 등기명의인이 되는 경우로 한정)의 주소(또는 사무소 소재지) 및 주민등록번호(또는 부동산등기용등록번호)를 증명하는 정보(다만, 소유권이전등기를 신청하는 경우에는 등기의무자의 주소(또는 사무소 소재지)를 증명하는 정보도 제공하여야 함), Ⓖ 소유권이전등기를 신청하는 경우에는 토지대장 · 임야대장 · 건축물대장 정보나 그 밖에 부동산의 표시를 증명하는 정보]를 그 신청정보와 함께 첨부정보로서 등기소에 제공하여야 한다. ② 구분건물에 대하여 대지권의 등기를 신청할 때에는 ⓐ 대지권의 목적인 토지가 집합건물법에 따른 건물의 대지인 경우, ⓑ 각 구분소유자가 가지는 대지권의 비율이 규약으로 정하는 비율인 경우(규약으로 정하는 전유부분의 처분에 따르는 대지사용권의 비율, 건물부분의 전부 또는 부속건물을 소유하는 자는

공정증서로써 공유부분에 상응하는 것으로 규약으로 정하는 비율), ⓒ 건물의 소유자가 그 건물이 속하는 1동의 건물이 있는 건물의 대지(전유부분이 속하는 1동의 건물이 있는 토지 및 건물의 대지로 된 토지)에 대하여 가지는 대지사용권이 대지권이 아닌 경우에는 [해당 규약이나 공정증서]를 첨부정보로서 등기소에 제공하여야 한다. ③ (첨부정보의 제공 등)등기원인을 증명하는 정보가 집행력 있는 판결인 경우에는 상기의 정보를 제공할 필요가 없다. 다만, 등기원인에 대하여 행정관청의 허가, 동의 또는 승낙을 받을 것이 요구되는 때에는 그러하지 아니하다. ①과 ②의 등기를 신청할 때에는 ①의 Ⓐ와 Ⓕ를 적용하지 아니한다. 첨부정보가 상업등기법에 따른 등기사항증명정보로서 그 등기를 관할하는 등기소와 부동산 소재지를 관할하는 등기소가 동일한 경우에는 그 제공을 생략할 수 있다. 등기를 신청하는 경우 및 그 밖의 법령에 따라 등기소에 제공하여야 하는 첨부정보 중 법원행정처장이 지정하는 첨부정보는 전자정부법에 따른 행정정보 공동이용을 통하여 등기관이 확인하고 신청인에게는 그 제공을 면제(다만, 그 첨부정보가 개인정보를 포함하고 있는 경우에는 그 정보주체의 동의가 있음을 증명하는 정보를 등기소에 제공한 경우에만 그 제공을 면제)한다. 이는 법원행정처장이 지정하는 등기소에 한정하여 적용할 수 있다. 첨부정보가 외국어로 작성된 경우에는 그 번역문을 붙여야 하고, 첨부정보가 외국 공문서이거나 외국 공증인이 공증한 문서(외국 공문서 등)인 경우에는 재외공관 공증법에 따라 공증담당영사로부터 문서의 확인을 받거나 「외국공문서에 대한 인증의 요구를 폐지하는 협약」에서 정하는 바에 따른 아포스티유(Apostille)를 붙여야 한다. 다만, 외국 공문서 등의 발행국이 대한민국과 수교하지 아니한 국가이면서 위 협약의 가입국이 아닌 경우와 같이 부득이한 사유로 문서의 확인을 받거나 아포스티유를 붙이는 것이 곤란한 경우에는 그러하지 아니하다.

3) 구분건물의 등기기록에 대지권등기가 되어 있는 경우

대지권을 등기한 후에 한 건물의 권리에 관한 등기는 대지권에 대하여 동일한 등기로서 효력이 있다(다만, 그 등기에 건물만에 관한 것이라는 뜻의 부기가 되어 있을 때에는 그러하지 아니하다). 이에 따라 대지권에 대한 등기로서의 효력이 있는 등기와 대지권의 목적인 토지의 등기기록 중 해당 구에 한 등기의 순서는 접수번호에 따르며, 대지권이 등기된 구분건물의 등기기록에는 건물만에 관한 소유권이전등기 또는 저당권설정등기, 그 밖에 이와 관련이 있는 등기를 할 수 없다. 토지의 소유권이 대지권인 경우에 대지권이라는 뜻의 등기가 되어 있는 토지의 등기기록에는 소유권이전등기, 저당권설정등기, 그 밖에 이와 관련이 있는 등기를 할 수 없으며, 이를 지상권, 전세권 또는 임차권이 대지권인 경우에 준용한다.

4) 대지권의 변경 등

① 대지권인 권리가 대지권이 아닌 것으로 변경되어(대지권인 권리가 대지권이 아닌 것으로 변경되거나 대지권인 권리 자체가 소멸하여 대지권 소멸의 등기를 한 경우에는 대지권의 목적인 토지의 등기기록 중 해당 구에 그 뜻을 기록하고 대지권이라는 뜻의 등기를 말소하는) 등기를 한 경우에는 그 토지의 등기기록 중 해당 구에 대지권인 권리와 그 권리자를 표시하고, 등기하였다는 뜻과 그 연월일을 기록하여야 한다. ② 상기의 등기를 하는 경우에 대지권을 등기한 건물 등기기록에 대지권에 대한 등기로서의 효력이 있는 등기 중 대지권의 이전등기 외의 등기가 있을 때에는 그 건물의 등기기록으로부터 상기의 토지 등기기록 중 해당 구에 이를 전사하여야 하고, 토지 등기기록 중 해당 구에 이에 따라 전사하여야 할 등기보다 나중에 된 등기가 있을 때에는 전사할 등기를 전사한 후 그 전사한 등기와 나중에 된 등기에 대하여 권리의 순서에 따라 순위번호를 경정하여야 한다. ③ 등기관이 등기를 한 경우에 대지권의 목적인 토지가 다른 등기소 관할일 때에는 지체 없이 그 등기소에 그 등기를 하였다는 사실과 기록하거나 전사할 사항을 통지하여야 한다. ④ 대지권이 아닌 것을 대지권으로 한 등기를 경정하여 등기를 한 경우에 대지권을 등기한 건물 등기기록에 대지권의 이전등기로서의 효력이 있는 등기가 있을 때에는 그 건물의 등기기록으로부터 토지의 등기기록 중 해당 구에 그 등기를 전부 전사하여야 한다.

(7) 소유권변경 사실의 통지

① 등기관이 [Ⓐ 소유권의 보존 또는 이전, Ⓑ 소유권의 등기명의인표시의 변경 또는 경정, Ⓒ 소유권의 변경 또는 경정, Ⓓ 소유권의 말소 또는 말소회복의 등기]를 하였을 때에는 지체 없이 그 사실을 토지의 경우에는 지적소관청에, 건물의 경우에는 건축물대장 소관청에 각각 알려야 한다. 소유권변경사실의 통지나 과세자료의 제공은 전산정보처리조직을 이용하여 할 수 있다. ② 등기관이 소유권의 보존 또는 이전의 등기(가등기 포함)를 하였을 때에는 지체 없이 그 사실을 부동산 소재지 관할 세무서장에게 통지하여야 한다.

2. 소유권에 관한 등기

(1) 소유권보존등기의 등기사항

등기관이 소유권보존등기를 할 때에는 등기원인과 그 연월일을 기록하지 아니한다.

(2) 소유권보존등기의 신청인

미등기의 토지 또는 건물에 관한 소유권보존등기는 [Ⓐ 토지대장, 임야대장 또는 건축물대장에 최초의 소유자로 등록되어 있는 자 또는 그 상속인, 그 밖의 포괄승계인, Ⓑ 확정판결에 의하여 자기의 소유권을 증명하는 자, Ⓒ 수용으로 인하여 소유권을 취득하였음을 증명하는 자, Ⓓ 특별자치도지사, 시장, 군수 또는 구청장(자치구의 구청장을 말함)의 확인에 의하여 자기의 소유권을 증명하는 자(건물의 경우로 한정)에 해당하는 자]가 신청할 수 있다.

(3) 소유권보존등기의 신청

① 소유권보존등기를 신청하는 경우에는 상기 소유권보존등기의 신청인이 등기를 신청한다는 뜻을 신청정보의 내용으로 등기소에 제공하여야 한다. 이 경우 등기원인과 그 연월일은 신청정보의 내용으로 등기소에 제공할 필요가 없다. ② 토지의 표시를 증명하는 토지대장 정보나 임야대장 정보 또는 건물의 표시를 증명하는 건축물대장 정보나 그 밖의 정보를 첨부정보로서 등기소에 제공하여야 한다. ③ 건물의 소유권보존등기를 신청하는 경우에 그 대지 위에 여러 개의 건물이 있을 때에는 그 대지 위에 있는 건물의 소재도를 첨부정보로서 등기소에 제공하여야 한다. 다만, 건물의 표시를 증명하는 정보로서 건축물대장 정보를 등기소에 제공한 경우에는 그러하지 아니하다. ④ 구분건물에 대한 소유권보존등기를 신청하는 경우에는 1동의 건물의 소재도, 각 층의 평면도와 전유부분의 평면도를 첨부정보로서 등기소에 제공하여야 한다.

(4) 미등기부동산의 처분제한의 등기와 직권보존

등기관이 미등기부동산에 대하여 법원의 촉탁에 따라 소유권의 처분제한의 등기를 할 때에는 직권으로 소유권보존등기를 하고, 처분제한의 등기를 명하는 법원의 재판에 따라 소유권의 등기를 한다는 뜻을 기록하여야 하며, 이에 따라 등기관이 건물에 대한 소유권보존등기를 하는 경우에는 제65조(소유권보존등기)를 적용하지 아니한다. 다만, 그 건물이 건축법상 사용승인을 받아야 할 건물임에도 사용승인을 받지 아니하였다면 그 사실을 표제부에 기록하여야 하며, 이에 따라 등기된 건물에 대하여 건축법상 사용승인이 이루어진 경우에는 그 건물 소유권의 등기명의인은 1개월 이내에 기록에 대한 말소등기를 신청하여야 한다.

(5) 소유권의 일부이전

등기관이 소유권의 일부에 관한 이전등기를 할 때에는 이전되는 지분을 기록하여야 한다. 이 경우 등기원인에 민법 제268조제1항 단서(공유물을 5년내의 기간으로 분할하지 아니할 것)의 약정이 있을 때에는 그 약정에 관한 사항도 기록하여야 하며, 약정의 변경등기는 공유자 전원이 공동으로 신청하여야 한다.

(6) 거래가액의 등기

등기관이 거래신고법에서 정하는 부동산 거래신고 대상 계약을 등기원인으로 한 소유권이전등기를 하는 경우에는 대법원규칙으로 정하는 바에 따라 거래가액을 기록한다. 거래가액이란 거래신고법에 따라 신고한 금액을 말하고, 동법에서 정하는 부동산 거래신고 대상 계약을 등기원인으로 하는 소유권이전등기를 신청하는 경우에는 거래가액을 신청정보의 내용으로 등기소에 제공하고, 시장 · 군수 또는 구청장으로부터 제공받은 거래계약신고필증정보를 첨부정보로서 등기소에 제공하여야 한다. 이 경우 거래부동산이 2개 이상인 경우 또는 거래부동산이 1개라 하더라도 여러 명의 매도인과 여러 명의 매수인 사이의 매매계약인 경우에는 매매목록도 첨부정보로서 등기소에 제공하여야 한다.

3. 용익권에 관한 등기

(1) 지상권의 등기사항

등기관이 지상권설정의 등기를 할 때에는 [등기사항(제48조)으로 규정한 사항 외에 Ⓐ 지상권설정의 목적, Ⓑ 범위, Ⓒ 존속기간, Ⓓ 지료와 지급시기, Ⓔ 민법 제289조의2제1항 후단(구분지상권의 설정행위로서 지상권행사를 위한 토지사용제한)의 약정, Ⓕ지상권설정의 범위가 토지의 일부인 경우에는 그 부분을 표시한 도면의 번호]의 사항을 기록하여야 한다. 다만, Ⓒ부터 Ⓔ까지는 등기원인에 그 약정이 있는 경우에만 기록한다. 지상권설정의 등기를 신청하는 경우에는 Ⓐ부터 Ⓔ까지의 등기사항을 신청정보의 내용으로 등기소에 제공하여야 하고, 지상권설정의 범위가 부동산의 일부인 경우에는 그 부분을 표시한 지적도를 첨부정보로서 등기소에 제공하여야 한다.

(2) 지역권의 등기사항

등기관이 승역지의 등기기록에 지역권설정의 등기를 할 때에는 [Ⓐ 순위번호, Ⓑ 등기목적, Ⓒ 접수연월일 및 접수번호, Ⓓ 등기원인 및 그 연월일 사항 외에 ⓐ 지역권설정의 목적, ⓑ 범위, ⓒ 요역지, ⓓ 민법 제292조제1항 단서(지역권 부종성의 다른 약정), 제297조제1항 단서(용수지역권의 설정행위에 따른 다른 약정) 또는 제298조의 약정(승역지소유자의 공작물 설치 또는 수선 약정), ⓔ 승역지의 일부에 지역권설정의 등기를 할 때에는 그 부분을 표시한 도면의 번호]의 사항을 기록하여야 한다. 다만, ⓓ 는 등기원인에 그 약정이 있는 경우에만 기록한다. 지역권설정의 등기를 신청하는 경우에는 ⓐ부터 ⓓ까지의 등기사항을 신청정보의 내용으로 등기소에 제공하여야 하며, 지역권 설정의 범위가 승역지의 일부인 경우에는 그 부분을 표시한 지적도를 첨부정보로 등기소에 제공하여야 한다.

(3) 요역지지역권의 등기사항

등기관이 승역지에 지역권설정의 등기를 하였을 때에는 직권으로 요역지의 등기기록에 [Ⓐ 순위번호, Ⓑ 등기목적, Ⓒ 승역지, Ⓓ 지역권설정의 목적, Ⓔ 범위, Ⓕ 등기연월일]의 사항을 기록하여야 한다. 등기관은 요역지가 다른 등기소의 관할에 속하는 때에는 지체 없이 그 등기소에 승역지, 요역지, 지역권설정의 목적과 범위, 신청서의 접수연월일을 통지하여야 하며, 통지를 받은 등기소의 등기관은 지체 없이 요역지인 부동산의 등기기록에 Ⓐ부터 Ⓕ까지의 사항, 그 통지의 접수연월일 및 그 접수번호를 기록하여야 하고, 등기관이 지역권의 변경등기 또는 말소등기를 할 때에는 이를 준용한다.

(4) 전세권 등의 등기사항

등기관이 전세권설정이나 전전세의 등기를 할 때에는 [등기사항(제48조)으로 규정한 사항 외에 Ⓐ 전세금 또는 전전세금, Ⓑ 범위, Ⓒ 존속기간, Ⓓ 위약금 또는 배상금, Ⓔ 민법 제306조 단서의 약정(전세권의 양도·임대금지 설정행위로 약정), Ⓕ 전세권설정이나 전전세의 범위가 부동산의 일부인 경우에는 그 부분을 표시한 도면의 번호]의 사항을 기록하여야 한다. 다만, Ⓒ부터 Ⓔ까지는 등기원인에 그 약정이 있는 경우에만 기록한다. 여러 개의 부동산에 관한 권리를 목적으로 하는 전세권설정의 등기를 하는 경우에는 제78조(공동저당의 등기)를 준용한다. 전세권설정 또는 전전세의 등기를 신청하는 경우에는

Ⓐ부터 Ⓔ까지의 등기사항을 신청정보의 내용으로 등기소에 제공하여야 한다. 전세권설정 또는 전전세의 범위가 부동산의 일부인 경우에는 그 부분을 표시한 지적도나 건물도면을 첨부정보로서 등기소에 제공하여야 한다. 여러 개의 부동산에 관한 전세권의 등기에는 공동담보, 추가공동담보, 공동담보라는 뜻의 기록, 공동담보의 일부의 소멸 또는 변경의 규정을 준용한다.

(5) 전세금반환채권의 일부양도에 따른 전세권 일부이전등기

등기관이 전세금반환채권의 일부양도를 원인으로 한 전세권 일부이전등기를 할 때에는 양도액을 기록하며, 전세권 일부이전등기의 신청은 전세권의 존속기간의 만료 전에는 할 수 없다. 다만, 존속기간 만료 전이라도 해당 전세권이 소멸하였음을 증명하여 신청하는 경우에는 그러하지 아니하다.

(6) 임차권 등의 등기사항

① 등기관이 임차권 설정 또는 임차물 전대의 등기를 할 때에는 [등기사항(제48조)으로 규정한 사항 외에 ㉠ 차임, ㉡ 범위, ㉢ 차임지급시기, ㉣ 존속기간(다만, 처분능력 또는 처분권한 없는 임대인에 의한 민법 제619조의 단기임대차인 경우에는 그 뜻도 기록한다), ㉤ 임차보증금, ㉥ 임차권의 양도 또는 임차물의 전대에 대한 임대인의 동의, ㉦ 임차권설정 또는 임차물전대의 범위가 부동산의 일부인 때에는 그 부분을 표시한 도면의 번호]의 사항을 기록하여야 한다. 다만, ㉢부터 ㉥까지는 등기원인에 그 사항이 있는 경우에만 기록한다. ② 임차권설정 또는 임차물 전대의 등기를 신청하는 경우에는 ㉠부터 ㉤까지의 등기사항을 신청정보의 내용으로 등기소에 제공하여야 하며, 임차권설정 또는 임차물 전대의 범위가 부동산의 일부인 경우에는 그 부분을 표시한 지적도나 건물도면을 신청정보로 등기소에 제공한다. ③ 임차권의 양도 또는 임차물의 전대에 대한 임대인의 동의가 있다는 뜻의 등기가 없는 경우에 임차권의 이전 또는 임차물의 전대의 등기를 신청할 때에는 임대인의 동의가 있음을 증명하는 정보를 첨부정보로서 등기소에 제공하여야 한다.

4. 담보권에 관한 등기

(1) 저당권의 등기사항

① 등기관이 저당권설정의 등기를 할 때에는 [등기사항(제48조)으로 규정한 사항 외에

Ⓐ 채권액, Ⓑ 채무자의 성명 또는 명칭과 주소 또는 사무소 소재지, Ⓒ 변제기, Ⓓ 이자 및 그 발생기 · 지급시기, Ⓔ 원본 또는 이자의 지급장소, Ⓕ 채무불이행으로 인한 손해배상에 관한 약정, Ⓖ 민법 제358조 단서(저당권 효력범위에 법률의 특별한 규정 또는 설정행위의 다른 약정)의 약정, Ⓗ 채권의 조건]의 사항을 기록하여야 한다. 다만, Ⓒ부터 Ⓗ까지는 등기원인에 그 약정이 있는 경우에만 기록한다. ② 등기관은 저당권의 내용이 근저당권인 경우에는 [등기사항(제48조)으로 규정한 사항 외에 ⓐ 채권의 최고액, ⓑ 채무자의 성명 또는 명칭과 주소 또는 사무소 소재지, ⓒ 민법 제358조 단서(저당권 효력범위에 법률의 특별한 규정 또는 설정행위의 다른 약정)의 약정, ⓓ 존속기간]의 사항을 기록하여야 한다. 다만, ⓒ 및 ⓓ는 등기원인에 그 약정이 있는 경우에만 기록한다. ③ 저당권 또는 근저당권 설정의 등기를 신청하는 경우에는 등기사항을 신청정보의 내용으로 등기소에 제공하여야 하고, 저당권설정의 등기를 신청하는 경우에 그 권리의 목적이 소유권 외의 권리일 때에는 그 권리의 표시에 관한 사항을 신청정보의 내용으로 등기소에 제공하여야 하며, 일정한 금액을 목적으로 하지 않는 채권을 담보하기 위한 저당권설정등기를 신청하는 경우에는 그 채권의 평가액을 신청정보의 내용으로 등기소에 제공하여야 한다.

(2) 저당권부채권에 대한 질권 등의 등기사항

① 등기관이 민법 제348조에 따라 저당권부채권에 대한 질권의 등기를 할 때에는 [등기사항(제48조)으로 규정한 사항 외에 Ⓐ 채권액 또는 채권최고액, Ⓑ 채무자의 성명 또는 명칭과 주소 또는 사무소 소재지, Ⓒ 변제기와 이자의 약정이 있는 경우에는 그 내용]의 사항을 기록하여야 한다. ② 등기관이 채권담보권의 등기를 할 때에는 [등기사항(제48조)으로 정한 사항 외에 ⓐ 채권액 또는 채권최고액, ⓑ 채무자의 성명 또는 명칭과 주소 또는 사무소 소재지, ⓒ 변제기와 이자의 약정이 있는 경우에는 그 내용]의 사항을 기록하여야 한다. ③ 저당권에 대한 권리질권의 등기를 신청하는 경우에는 질권의 목적인 채권을 담보하는 저당권의 표시에 관한 사항과 ①의 등기사항을 신청정보의 내용으로 등기소에 제공하여야 하며, 저당권에 대한 채권담보권의 등기를 신청하는 경우에는 담보권의 목적인 채권을 담보하는 저당권의 표시에 관한 사항과 ②의 등기사항을 신청정보의 내용으로 등기소에 제공하여야 한다.

(3) 피담보채권이 금액을 목적으로 하지 아니하는 경우

등기관이 일정한 금액을 목적으로 하지 아니하는 채권을 담보하기 위한 저당권설정의 등기를 할 때에는 그 채권의 평가액을 기록하여야 한다.

(4) 공동저당의 등기

① 등기관이 동일한 채권에 관하여 여러 개의 부동산에 관한 권리를 목적으로 하는 저당권설정의 등기를 할 때에는 각 부동산의 등기기록에 그 부동산에 관한 권리가 다른 부동산에 관한 권리와 함께 저당권의 목적으로 제공된 뜻을 기록하여야 하며, 등기관은 이 경우에 부동산이 5개 이상일 때에는 공동담보목록을 작성하여야 하며 공동담보목록은 등기기록의 일부로 본다. ② 등기관이 1개 또는 여러 개의 부동산에 관한 권리를 목적으로 하는 저당권설정의 등기를 한 후 동일한 채권에 대하여 다른 1개 또는 여러 개의 부동산에 관한 권리를 목적으로 하는 저당권설정의 등기를 할 때에는 그 등기와 종전의 등기에 각 부동산에 관한 권리가 함께 저당권의 목적으로 제공된 뜻을 기록하여야 한다. 등기관은 이 경우에 부동산이 5개 이상일 때에는 공동담보목록을 작성하여야 하며 공동담보목록은 등기기록의 일부로 보며, 이 경우 종전에 등기한 부동산이 다른 등기소의 관할에 속할 때에는 요역지지역권의 등기사항을 준용한다. ③ 여러 개의 부동산에 관한 권리를 목적으로 하는 저당권설정의 등기를 신청하는 경우에는 각 부동산에 관한 권리의 표시를 신청정보의 내용으로 등기소에 제공하여야 한다. 공동담보목록은 전자적으로 작성하여야 하며, 1년마다 그 번호를 새로 부여하여야 하고, 공동담보목록에는 신청정보의 접수연월일과 접수번호를 기록하여야 한다.

④ 공동담보라는 뜻의 기록은 각 부동산의 등기기록 중 해당 등기의 끝부분에 하여야 하며, 5개이상의 공동담보목록을 작성한 경우에는 각 부동산의 등기기록에 공동담보목록의 번호를 기록하고, 공동담보 목적으로 새로 추가되는 부동산의 등기기록에는 그 등기의 끝부분에 공동담보라는 뜻을 기록하고 종전에 등기한 부동산의 등기기록에는 해당 등기에 부기등기로 그 뜻을 기록하여야 한다. ⑤ 여러 개의 부동산에 관한 권리가 저당권의 목적인 경우에 그 중 일부의 부동산에 관한 권리를 목적으로 한 저당권의 등기를 말소할 때에는 다른 부동산에 관한 권리에 대하여 등기에 그 뜻을 기록하고 소멸된 사항을 말소하는 표시를 하여야 한다. 일부의 부동산에 관한 권리의 표시에 대하여 변경의 등기를 한 경우에도 또한 같다. ⑥ 다른 부동산의 전부 또는 일부가 다른 등기소 관할일 때에는 요역지지역권의 등기사항을 준용하고, 이에 따라 등기를 할 때 공동담보목록이 있으면 그 목록에 하여야 한다.

(5) 채권일부의 양도 또는 대위변제로 인한 저당권 일부이전등기의 등기사항

등기관이 채권의 일부에 대한 양도 또는 대위변제로 인한 저당권 일부이전등기를 할 때에는 제48조(등기사항)에서 규정한 사항 외에 양도액 또는 변제액을 기록하여야 한다.

(6) 공동저당의 대위등기

등기관이 공동저당에서의 차순위 저당권자의 대위(민법 제368조제2항 후단)등기를 할 때에는 [제48조(등기사항)에서 규정한 사항 외에 Ⓐ 매각 부동산(소유권 외의 권리가 저당권의 목적일 때에는 그 권리를 말함), Ⓑ 매각대금, Ⓒ 선순위 저당권자가 변제받은 금액]의 사항을 기록하여야 한다. 이에 대한 등기에는 저당권의 등기사항을 준용한다. 공동저당 대위등기를 신청하는 경우에는 상기 등기사항을 신청정보의 내용으로 등기소에 제공하고, 배당표 정보를 첨부정보로서 등기소에 제공하여야 한다.

5. 신탁에 관한 등기

(1) 신탁등기의 등기사항

① 등기관이 신탁등기를 할 때에는 [Ⓐ 위탁자, 수탁자 및 수익자의 성명 및 주소(법인인 경우에는 그 명칭 및 사무소 소재지를 말함), Ⓑ 수익자를 지정하거나 변경할 수 있는 권한을 갖는 자를 정한 경우에는 그 자의 성명 및 주소(법인인 경우에는 그 명칭 및 사무소 소재지를 말함), Ⓒ 수익자를 지정하거나 변경할 방법을 정한 경우에는 그 방법, Ⓓ 수익권의 발생 또는 소멸에 관한 조건이 있는 경우에는 그 조건, Ⓔ 신탁관리인이 선임된 경우에는 신탁관리인의 성명 및 주소(법인인 경우에는 그 명칭 및 사무소 소재지를 말함), Ⓕ 수익자가 없는 특정의 목적을 위한 신탁인 경우에는 그 뜻, Ⓖ 수탁자가 타인에게 신탁을 설정하는 경우에는 그 뜻, Ⓗ 유언대용신탁인 경우에는 그 뜻, Ⓘ 수익자연속신탁인 경우에는 그 뜻, Ⓙ 수익증권발행신탁인 경우에는 그 뜻, Ⓚ 공익신탁인 경우에는 그 뜻, Ⓛ 유한책임신탁인 경우에는 그 뜻, Ⓜ 신탁의 목적, Ⓝ 신탁재산의 관리, 처분, 운용, 개발, 그 밖에 신탁 목적의 달성을 위하여 필요한 방법, Ⓞ 신탁종료의 사유, Ⓟ 그 밖의 신탁 조항]의 사항을 기록한 신탁원부를 작성하고, 등기기록에는 제48조(등기사항)에서 규정한 사항 외에 그 신탁원부의 번호를 기록하여야 한다. 다만, Ⓔ, Ⓕ, Ⓙ, Ⓚ의 사항에 관하여 등기를 할 때에는 수익자의 성명 및 주소를 기재하지 아니할 수 있으며, 신탁원부는 등기기록의 일부로 본다.

② 신탁등기의 신청은 해당 신탁으로 인한 권리의 이전 또는 보존이나 설정등기의 신청과 함께 1건의 신청정보로 일괄하여 하여야 하며, 신탁법에 따라 신탁재산에 속하는 부동산 또는 신탁재산으로 회복 또는 반환되는 부동산의 취득등기와 신탁등기를 동시에 신청하는 경우에는 이를 준용한다. 등기관이 이에 따라 권리의 이전 또는 보존이나 설정등기와 함께 신탁등기를 할 때에는 하나의 순위번호를 사용하여야 한다. ③ 신탁등기를 신청하는 경우에는 Ⓐ부터 Ⓟ까지의 사항을 첨부정보로서 등기소에 제공하여야 하며, 첨부정보를 등기소에 제공할 때에는 방문신청을 하는 경우라도 이를 전자문서로 작성하여 전산정보처리조직을 이용하여 등기소에 송신하는 방법으로 하여야 한다(신청인 또는 그 대리인의 공인인증서등을 함께 송신하여야 한다). 다만, 도면의 서면제출 사유에 해당하는 경우에는 이를 서면(신청인 또는 그 대리인이 기명날인하거나 서명하여야 한다)으로 작성하여 등기소에 제출할 수 있다.

(2) 신탁등기의 신청방법

신탁등기의 신청은 해당 부동산에 관한 권리의 설정등기, 보존등기, 이전등기 또는 변경등기의 신청과 동시에 하여야 한다. 수익자나 위탁자는 수탁자를 대위하여 신탁등기를 신청할 수 있으나 이 경우 동시신청은 적용하지 아니하며, 대위등기의 신청에 관하여는 대위자의 성명 또는 명칭, 주소 또는 사무소 소재지 및 대위원인을 기록하여야 한다.

(3) 신탁의 합병 · 분할 등에 따른 신탁등기의 신청

신탁의 합병 또는 분할로 인하여 하나의 신탁재산에 속하는 부동산에 관한 권리가 다른 신탁의 신탁재산에 귀속되는 경우 신탁등기의 말소등기 및 새로운 신탁등기의 신청은 신탁의 합병 또는 분할로 인한 권리변경등기의 신청과 동시에 하여야 하며, 신탁법에 따라 여러 개의 신탁을 인수한 수탁자가 하나의 신탁재산에 속하는 부동산에 관한 권리를 다른 신탁의 신탁재산에 귀속시키는 경우 신탁등기의 신청방법에 관하여는 이를 준용한다. 신탁의 합병 · 분할 등에 따른 신탁등기를 하는 경우에는 합병 또는 분할 전의 신탁등기를 말소하고, 신탁의 합병 또는 분할 등의 신청에 따른 신탁등기를 하여야 하며, 신탁법에 따른 신탁의 분할합병의 경우에는 이를 준용한다.

(4) 수탁자의 임무 종료에 의한 등기

[Ⓐ 수탁자의 임무가 종료된 경우, Ⓑ 수탁자를 해임한 경우, Ⓒ 법원이 수탁자를 해임한 경우, Ⓓ 법무부장관이 직권으로 공익신탁의 수탁자를 해임한 경우]에 해당하여 수탁

자의 임무가 종료된 경우 신수탁자는 단독으로 신탁재산에 속하는 부동산에 관한 권리이전등기를 신청할 수 있다.

(5) 수탁자가 여러 명인 경우

수탁자가 여러 명인 경우 등기관은 신탁재산이 합유인 뜻을 기록하여야 한다. 여러 명의 수탁자 중 1인이 Ⓐ 수탁자의 임무가 종료된 경우, Ⓑ 수탁자를 해임한 경우, Ⓒ 법원이 수탁자를 해임한 경우, Ⓓ 법무부장관이 직권으로 공익신탁의 수탁자를 해임한 경우의 사유로 그 임무가 종료된 경우 다른 수탁자는 단독으로 권리변경등기를 신청할 수 있다. 이 경우 다른 수탁자가 여러 명일 때에는 그 전원이 공동으로 신청하여야 한다.

(6) 신탁재산에 관한 등기신청의 특례

[Ⓐ 신탁을 설정하는 경우, Ⓑ 신탁법 제34조제2항 각 호(이익에 반하는 행위금지 예외사유)[12]의 어느 하나에 해당하여 ⓐ 수탁자가 신탁재산에 속하는 부동산에 관한 권리를 고유재산에 귀속시키는 행위, ⓑ 수탁자가 고유재산에 속하는 부동산에 관한 권리를 신탁재산에 귀속시키는 행위, ⓒ 여러 개의 신탁을 인수한 수탁자가 하나의 신탁재산에 속하는 부동산에 관한 권리를 다른 신탁의 신탁재산에 귀속시키는 행위를 하는 것이 허용된 경우, Ⓒ 수탁자가 신탁을 합병, 분할 또는 분할합병하는 경우에 해당하는 경우] 수탁자는 단독으로 해당 신탁재산에 속하는 부동산에 관한 권리변경등기를 신청할 수 있다.

(7) 신탁변경등기

1) 촉탁에 의한 신탁변경등기

① 법원은 [Ⓐ 수탁자 해임의 재판, Ⓑ 신탁관리인의 선임 또는 해임의 재판, Ⓒ 신탁변경의 재판]에 해당하는 재판을 한 경우 지체 없이 신탁원부 기록의 변경등기를 등기소에 촉탁하여야 한다. ② 법무부장관은 [ⓐ 수탁자를 직권으로 해임한 경우, ⓑ 신탁관리인을 직권으로 선임하거나 해임한 경우, ⓒ 신탁내용의 변경을 명한 경우]에 해당하는 경

12) **(이익에 반하는 행위의 금지)** ① 수탁자는 누구의 명의로도 ㉠ 신탁재산을 고유재산으로 하거나 신탁재산에 관한 권리를 고유재산에 귀속시키는 행위, ㉡ 고유재산을 신탁재산으로 하거나 고유재산에 관한 권리를 신탁재산에 귀속시키는 행위, ㉢ 여러 개의 신탁을 인수한 경우 하나의 신탁재산 또는 그에 관한 권리를 다른 신탁의 신탁재산에 귀속시키는 행위, ㉣ 제3자의 신탁재산에 대한 행위에서 제3자를 대리하는 행위, ㉤ 그 밖에 수익자의 이익에 반하는 행위를 하지 못한다. 그러나 ② 수탁자는 ⓐ 신탁행위로 허용한 경우, ⓑ 수익자에게 그 행위에 관련된 사실을 고지하고 수익자의 승인을 받은 경우, ⓒ 법원의 허가를 받은 경우 ①의 행위를 할 수 있다. 다만, ⓒ의 경우 수탁자는 법원에 허가를 신청함과 동시에 수익자에게 그 사실을 통지하여야 한다.

우 지체 없이 신탁원부 기록의 변경등기를 등기소에 촉탁하여야 한다. ③ 등기관은 [법원이 Ⓐ 수탁자 해임의 재판 및 법무부장관이 ⓐ 수탁자를 직권으로 해임한 경우]에 따라 법원 또는 주무관청의 촉탁에 의하여 수탁자 해임에 관한 신탁원부 기록의 변경등기를 하였을 때에는 직권으로 등기기록에 수탁자 해임의 뜻을 부기하여야 한다. ④ 등기기록에 수탁자 해임의 뜻을 기록할 때에는 수탁자를 말소하는 표시를 하지 아니한다. 다만, 여러 명의 수탁자 중 일부 수탁자만 해임된 경우에는 종전의 수탁자를 모두 말소하는 표시를 하고 나머지 수탁자만 다시 기록한다.

2) 직권에 의한 신탁변경등기

등기관이 신탁재산에 속하는 부동산에 관한 권리에 대하여 [Ⓐ 수탁자의 변경으로 인한 이전등기, Ⓑ 여러 명의 수탁자 중 1인의 임무 종료로 인한 변경등기, Ⓒ 수탁자인 등기명의인의 성명 및 주소(법인인 경우에는 그 명칭 및 사무소 소재지)에 관한 변경등기 또는 경정등기]에 해당하는 등기를 할 경우 직권으로 그 부동산에 관한 신탁원부 기록의 변경등기를 하여야 한다.

3) 신탁변경등기의 신청

수탁자는 촉탁에 의한 신탁변경등기(제85조) 및 직권에 의한 신탁변경등기(제85조의2)에 해당하는 경우를 제외하고 신탁등기사항(제81조제1항 각 호의 사항)이 변경되었을 때에는 지체 없이 신탁원부 기록의 변경등기를 신청하여야 한다.

(8) 신탁등기의 말소

신탁재산에 속한 권리가 이전, 변경 또는 소멸됨에 따라 신탁재산에 속하지 아니하게 된 경우 신탁등기의 말소신청은 신탁된 권리의 이전등기, 변경등기 또는 말소등기의 신청과 동시에 하여야 하며, 신탁종료로 인하여 신탁재산에 속한 권리가 이전 또는 소멸된 경우에는 이를 준용한다. 신탁등기의 말소등기는 수탁자가 단독으로 신청할 수 있고, 신탁등기의 말소등기의 신청에 관하여는 대위신탁등기 및 대위등기신청을 준용한다.

(9) 담보권신탁에 관한 특례

위탁자가 자기 또는 제3자 소유의 부동산에 채권자가 아닌 수탁자를 저당권자로 하여 설정한 저당권을 신탁재산으로 하고 채권자를 수익자로 지정한 신탁의 경우 등기관은 그 저당권에 의하여 담보되는 피담보채권이 여럿이고 각 피담보채권별로 저당권의 등기사항

(제75조)에 따른 등기사항이 다를 때에는 등기사항을 각 채권별로 구분하여 기록하여야 한다. 이에 따른 신탁의 신탁재산에 속하는 저당권에 의하여 담보되는 피담보채권이 이전되는 경우 수탁자는 신탁원부 기록의 변경등기를 신청하여야 하며, 신탁의 신탁재산에 속하는 저당권의 이전등기를 하는 경우에는 채권일부의 양도 또는 대위변제로 인한 저당권 일부이전등기의 등기사항(제79조)을 적용하지 아니한다.

담보권신탁의 등기를 신청하는 경우에 그 저당권에 의하여 담보되는 피담보채권이 여럿이고 피담보채권별로 등기사항이 다를 때에는 저당권의 등기사항(제75조)에 따른 등기사항을 채권별로 구분하여 신청정보의 내용으로 등기소에 제공하여야 한다.

6. 가등기

(1) 가등기의 대상

가등기는 등기할 수 있는 권리의 어느 하나(제3조 각 호)에 해당하는 권리의 설정, 이전, 변경 또는 소멸의 청구권을 보전하려는 때에 한다. 그 청구권이 시기부 또는 정지조건부일 경우나 그 밖에 장래에 확정될 것인 경우에도 같다.

(2) 가등기의 신청방법

가등기권리자는 등기 공동신청 원칙(제23조제1항)에도 불구하고 가등기의무자의 승낙이 있거나 가등기를 명하는 법원의 가처분명령이 있을 때에는 단독으로 가등기를 신청할 수 있다. 가등기를 신청하는 경우에는 그 가등기로 보전하려고 하는 권리를 신청정보의 내용으로 등기소에 제공하여야 하며, 가등기권리자가 단독으로 가등기를 신청하는 경우에는 가등기의무자의 승낙이나 가처분명령이 있음을 증명하는 정보를 첨부정보로서 등기소에 제공하여야 한다.

(3) 가등기를 명하는 가처분명령

가등기를 명하는 가처분명령은 부동산의 소재지를 관할하는 지방법원이 가등기권리자의 신청으로 가등기 원인사실의 소명이 있는 경우에 할 수 있고, 이에 대한 신청을 각하한 결정에 대하여는 즉시항고를 할 수 있다. 즉시항고에 관하여는 비송사건절차법을 준용한다.

(4) 가등기에 의한 본등기의 순위

가등기에 의한 본등기를 한 경우 본등기의 순위는 가등기의 순위에 따른다.

(5) 가등기와 말소

1) 가등기에 의하여 보전되는 권리를 침해하는 가등기 이후 등기의 직권말소

등기관은 가등기에 의한 본등기를 하였을 때에는 대법원규칙으로 정하는 바에 따라 가등기 이후에 된 등기로서 가등기에 의하여 보전되는 권리를 침해하는 등기를 직권으로 말소하여야 하며, 등기관이 가등기 이후의 등기를 말소하였을 때에는 지체 없이 그 사실을 말소된 권리의 등기명의인에게 통지하여야 한다.

2) 본등기와 직권말소

등기관이 소유권이전등기청구권보전 가등기에 의하여 소유권이전의 본등기를 한 경우에는 가등기 후 본등기 전에 마쳐진 등기 중 Ⓐ 해당 가등기상 권리를 목적으로 하는 가압류등기나 가처분등기, Ⓑ 가등기 전에 마쳐진 가압류에 의한 강제경매개시결정등기, Ⓒ 가등기 전에 마쳐진 담보가등기, 전세권 및 저당권에 의한 임의경매개시결정등기, Ⓓ 가등기권자에게 대항할 수 있는 주택임차권등기, 주택임차권설정등기, 상가건물임차권등기, 상가건물임차권설정등기(주택임차권등기등)를 제외하고는 모두 직권으로 말소한다. 등기관이 위와 같은 본등기를 한 경우 그 가등기 후 본등기 전에 마쳐진 체납처분으로 인한 압류등기에 대하여는 직권말소대상통지를 한 후 이의신청이 있으면 대법원예규로 정하는 바에 따라 직권말소 여부를 결정한다.

① (직권말소대상)등기관이 지상권, 전세권 또는 임차권의 설정등기청구권보전 가등기에 의하여 지상권, 전세권 또는 임차권의 설정의 본등기를 한 경우 가등기 후 본등기 전에 마쳐진 ⓐ 지상권설정등기, ⓑ 지역권설정등기, ⓒ 전세권설정등기, ⓓ 임차권설정등기, ⓔ 주택임차권등기등(다만, 가등기권자에게 대항할 수 있는 임차인 명의의 등기는 그러하지 아니하다. 이 경우 가등기에 의한 본등기의 신청을 하려면 먼저 대항력 있는 주택임차권등기등을 말소하여야 한다)의 등기(동일한 부분에 마쳐진 등기로 한정)는 직권으로 말소한다. ② (직권말소대상아님)지상권, 전세권 또는 임차권의 설정등기청구권보전 가등기에 의하여 지상권, 전세권 또는 임차권의 설정의 본등기를 한 경우 가등기 후 본등기 전에 마쳐진 [㉠ 소유권이전등기 및 소유권이전등기청구권보전 가등기, ㉡ 가압류 및 가처분 등 처분제한의 등기, ㉢ 체납처분으로 인한 압류등기, ㉣ 저당권설정등기, ㉤ 가등

기가 되어 있지 않은 부분에 대한 지상권, 지역권, 전세권 또는 임차권의 설정등기와 주택임차권등기등의 등기는 직권말소의 대상이 되지 아니하며, 저당권설정등기청구권보전 가등기에 의하여 저당권설정의 본등기를 한 경우 가등기 후 본등기 전에 마쳐진 등기]는 직권말소의 대상이 되지 아니한다.

3) 가등기의 말소

가등기명의인은 등기 공동신청 원칙에도 불구하고 단독으로 가등기의 말소를 신청할 수 있으며, 가등기의무자 또는 가등기에 관하여 등기상 이해관계 있는 자는 가등기명의인의 승낙을 받아 단독으로 가등기의 말소를 신청할 수 있다. 가등기의무자 또는 등기상 이해관계인이 단독으로 가등기의 말소등기를 신청하는 경우에는 가등기명의인의 승낙이나 이에 대항할 수 있는 재판이 있음을 증명하는 정보를 첨부정보로서 등기소에 제공하여야 한다.

7. 가처분에 관한 등기

(1) 가처분등기 이후의 등기의 말소

① 민사집행법 제305조제3항에 따라 권리의 이전, 말소 또는 설정등기청구권을 보전하기 위한 처분금지가처분등기가 된 후 가처분채권자가 가처분채무자를 등기의무자로 하여 권리의 이전, 말소 또는 설정의 등기를 신청하는 경우에는, 대법원규칙으로 정하는 바에 따라 그 가처분등기 이후에 된 등기로서 가처분채권자의 권리를 침해하는 등기의 말소를 단독으로 신청할 수 있다. 이에 따라 등기관이 가처분등기 이후의 등기를 말소할 때에는 직권으로 그 가처분등기도 말소하여야 하며, 가처분등기 이후의 등기가 없는 경우로서 가처분채무자를 등기의무자로 하는 권리의 이전, 말소 또는 설정의 등기만을 할 때에도 같다. 등기관이 가처분등기 이후의 등기를 말소하였을 때에는 지체 없이 그 사실을 말소된 권리의 등기명의인에게 통지하여야 한다. ② 소유권이전등기청구권 또는 소유권이전등기말소등기(소유권보존등기말소등기를 포함)청구권을 보전하기 위한 가처분등기가 마쳐진 후 그 가처분채권자가 가처분채무자를 등기의무자로 하여 소유권이전등기 또는 소유권말소등기를 신청하는 경우에는, 가처분등기 이후에 마쳐진 제3자 명의의 등기의 말소를 단독으로 신청할 수 있다. 다만, [Ⓐ 가처분등기 전에 마쳐진 가압류에 의한 강제경매개시결정등기, Ⓑ 가처분등기 전에 마쳐진 담보가등기, 전세권 및 저당권에 의한 임의경매개시결정등기, Ⓒ 가처분채권자에게 대항할 수 있는 주택임차권등기등의 등기]는 그러하지

아니하다. ③ 가처분채권자가 이에 따른 소유권이전등기말소등기를 신청하기 위하여는 Ⓐ 내지 Ⓒ의 권리자의 승낙이나 이에 대항할 수 있는 재판이 있음을 증명하는 정보를 첨부정보로서 등기소에 제공하여야 한다.

(2) 가처분에 따른 소유권 외의 권리 설정등기

등기관이 가처분채권자 명의의 소유권 외의 권리 설정등기를 할 때에는 그 등기가 가처분에 기초한 것이라는 뜻을 기록하여야 한다.

8. 관공서가 촉탁하는 등기 등

(1) 관공서가 등기명의인 등을 갈음하여 촉탁할 수 있는 등기

관공서가 체납처분으로 인한 압류등기를 촉탁하는 경우에는 등기명의인 또는 상속인, 그 밖의 포괄승계인을 갈음하여 부동산의 표시, 등기명의인의 표시의 변경, 경정 또는 상속, 그 밖의 포괄승계로 인한 권리이전의 등기를 함께 촉탁할 수 있다.

(2) 공매처분으로 인한 등기의 촉탁

관공서가 공매처분을 한 경우에 등기권리자의 청구를 받으면 지체 없이 Ⓐ 공매처분으로 인한 권리이전의 등기, Ⓑ 공매처분으로 인하여 소멸한 권리등기의 말소, Ⓒ 체납처분에 관한 압류등기 및 공매공고등기의 말소의 등기를 등기소에 촉탁하여야 한다.

(3) 관공서의 촉탁에 따른 등기

국가 또는 지방자치단체가 등기권리자인 경우에는 국가 또는 지방자치단체는 등기의무자의 승낙을 받아 해당 등기를 지체 없이 등기소에 촉탁하여야 하며, 국가 또는 지방자치단체가 등기의무자인 경우에는 국가 또는 지방자치단체는 등기권리자의 청구에 따라 지체 없이 해당 등기를 등기소에 촉탁하여야 한다.

(4) 수용으로 인한 등기

① 수용으로 인한 소유권이전등기는 등기권리자가 단독으로 신청할 수 있으며, 등기권리자는 신청을 하는 경우에 등기명의인이나 상속인, 그 밖의 포괄승계인을 갈음하여 부동산의 표시 또는 등기명의인의 표시의 변경, 경정 또는 상속, 그 밖의 포괄승계로 인한 소유권이전의 등기를 신청할 수 있다. ② 국가 또는 지방자치단체가 수용으로 인한 소유권

이전등기 권리자인 경우에는 국가 또는 지방자치단체는 지체 없이 이전등기를 등기소에 촉탁하여야 한다. ③ 등기관이 수용으로 인한 소유권이전등기를 하는 경우 그 부동산의 등기기록 중 소유권, 소유권 외의 권리, 그 밖의 처분제한에 관한 등기가 있으면 그 등기를 직권으로 말소하여야 한다. 다만, 그 부동산을 위하여 존재하는 지역권의 등기 또는 토지수용위원회의 재결로써 존속이 인정된 권리의 등기는 그러하지 아니하다. 부동산에 관한 소유권 외의 권리의 수용으로 인한 권리이전등기에 관하여는 상기 사항을 준용한다. ④ 등기관이 직권으로 등기를 말소하였을 때에는 수용으로 인한 등기말소통지서에 [Ⓐ 부동산의 표시, Ⓑ 말소한 등기의 표시, Ⓒ 등기명의인, Ⓓ 수용으로 인하여 말소한 뜻]을 적어 등기명의인에게 통지하여야 하며, 말소의 대상이 되는 등기가 채권자의 대위신청에 따라 이루어진 경우 그 채권자에게도 통지를 하여야 한다.

제 5 절 이의 및 보칙 등

Ⅰ. 이의신청

1. 이의신청과 그 관할

등기관의 결정 또는 처분에 이의가 있는 자는 관할 지방법원에 이의신청을 할 수 있다. 이의의 신청은 대법원규칙으로 정하는 바에 따라 등기소에 이의신청서를 제출하는 방법으로 한다. 등기소에 제출하는 이의신청서에는 이의신청인의 성명과 주소, 이의신청의 대상인 등기관의 결정 또는 처분, 이의신청의 취지와 이유, 그 밖에 대법원예규로 정하는 사항을 적고 신청인이 기명날인 또는 서명하여야 한다.

2. 새로운 사실에 의한 이의 금지 및 집행 부정지

새로운 사실이나 새로운 증거방법을 근거로 이의신청을 할 수는 없다. 또한, 이의에는 집행정지의 효력이 없다.

3. 등기관의 조치

등기관은 이의가 이유 있다고 인정하면 그에 해당하는 처분을 하여야 하며, 등기관은 이의가 이유 없다고 인정하면 이의신청일부터 3일 이내에 의견을 붙여 이의신청서를 관할 지방법원에 보내야 한다. 등기를 마친 후에 이의신청이 있는 경우에는 3일 이내에 의견을 붙여 이의신청서를 관할 지방법원에 보내고 등기상 이해관계 있는 자에게 이의신청 사실을 알려야 한다.

Ⅱ. 이의에 대한 결정 등

1. 이의에 대한 결정과 항고

관할 지방법원은 이의에 대하여 이유를 붙여 결정을 하여야 한다. 이 경우 이의가 이유 있다고 인정하면 등기관에게 그에 해당하는 처분을 명령하고 그 뜻을 이의신청인과 등기상 이해관계 있는 자에게 알려야 한다. 결정에 대하여는 비송사건절차법에 따라 항고할 수 있다. 통지는 결정서 등본에 의하여 한다.

2. 처분 전의 가등기 및 부기등기의 명령

관할 지방법원은 이의신청에 대하여 결정하기 전에 등기관에게 가등기 또는 이의가 있다는 뜻의 부기등기를 명령할 수 있다. 가등기 또는 부기등기는 등기관이 관할 지방법원으로부터 이의신청에 대한 기각결정(각하, 취하 포함)의 통지를 받았을 때에 말소한다.

3. 관할 법원의 명령에 따른 등기

등기관이 관할 지방법원의 명령에 따라 등기를 할 때에는 명령을 한 지방법원, 명령의 연월일 및 명령에 따라 등기를 한다는 뜻과 등기의 연월일을 기록하여야 한다.

4. 송달

송달에 대하여는 민사소송법을 준용하고, 이의의 비용에 대하여는 비송사건절차법을 준용한다.

Ⅲ. 정보자료의 이용 등

1. 등기사무의 처리에 필요한 전산정보자료의 교환 등

법원행정처장은 전자정부법에 따라 행정기관 및 공공기관(행정기관등)의 장에게 등기사무의 처리에 필요한 전산정보자료의 제공을 요청할 수 있다.

2. 등기정보자료의 이용 등

① 등기정보자료를 이용 또는 활용하려고 하는 자는 관계 중앙행정기관의 장에게 Ⓐ 자료의 이용 또는 활용 목적 및 근거, Ⓑ 자료의 범위, Ⓒ 자료의 제공방식 · 보관기관 및 안전관리대책의 사항을 적은 서면을 제출하고 그 심사를 신청하여야 한다. 이 경우 신청할 수 있는 등기정보자료는 필요한 최소한의 범위로 한정하여야 한다. ② 신청을 받은 관계 중앙행정기관의 장은 ⓐ 신청 내용의 타당성 · 적합성 · 공익성, ⓑ 개인의 사생활 침해의 가능성 또는 위험성 여부, ⓒ 자료의 목적 외 사용방지 및 안전관리대책의 사항을 심사한 후 그 심사결과를 신청인에게 통보하여야 한다. ③ 등기정보자료를 이용 또는 활용하려고 하는 자는 심사결과를 첨부하여 법원행정처장에게 승인신청을 하여야 한다. 다만, 중앙행정기관의 장이 등기정보자료를 이용 또는 활용하려고 하는 경우에는 법원행정처장에게 Ⓐ 내지 Ⓒ의 사항을 적은 서면을 제출하고 협의를 요청하여야 한다. ④ 법원행정처장이 승인신청 또는 협의요청을 받았을 때에는 ㉠ ⓐ 신청 내용의 타당성 · 적합성 · 공익성, ⓑ 개인의 사생활 침해의 가능성 또는 위험성 여부, ⓒ 자료의 목적 외 사용방지 및 안전관리대책, ㉡ 신청한 사항의 처리가 전산정보처리조직으로 가능한지 여부, ㉢ 신청한 사항의 처리가 등기사무처리에 지장이 없는지 여부의 사항을 심사하여야 하며, 심사결과 신청이 승인되었거나 협의가 성립되었을 때에는 법원행정처장은 등기정보자료제공대장에 그 내용을 기록 · 관리하여야 한다.

3. 등기필정보의 안전확보

등기관은 취급하는 등기필정보의 누설 · 멸실 또는 훼손의 방지와 그 밖에 등기필정보의 안전관리를 위하여 필요하고도 적절한 조치를 마련하여야 한다. 등기관과 그 밖에 등기소에서 부동산등기사무에 종사하는 사람이나 그 직에 있었던 사람은 그 직무로 인하여 알게 된 등기필정보의 작성이나 관리에 관한 비밀을 누설하여서는 아니 된다. 누구든지 부실등기를 하도록 등기의 신청이나 촉탁에 제공할 목적으로 등기필정보를 취득하거나 그 사정을 알면서 등기필정보를 제공하여서는 아니 된다.

Ⅳ. 벌 칙

㉠ 등기필정보의 작성이나 관리에 관한 비밀을 누설한 사람, ㉡ 등기필정보를 취득한 사람 또는 그 사정을 알면서 등기필정보를 제공한 사람, ㉢ 부정하게 취득한 등기필정보를 ㉡의 목적으로 보관한 사람은 2년 이하의 징역 또는 1천만원 이하의 벌금에 처한다.

제6편

부동산세법

제 16 장

국세기본법

제1절 서 설

Ⅰ. 용어의 정의 등

① 국세 : 국가가 부과하는 조세 중 소득세, 법인세, 상속세와 증여세, 종합부동산세, 부가가치세, 개별소비세, 교통 · 에너지 · 환경세, 주세, 인지세, 증권거래세, 교육세, 농어촌특별세를 말한다. ② 가산세 : 세법에서 규정하는의무의 성실한 이행을 확보하기 위하여 세법에 따라 산출한 세액에 가산하여 징수하는 금액을 말한다. 다만, 가산금은 포함하지 아니한다. ③ 가산금 : 국세를 납부기한까지 납부하지 아니한 경우에 국세징수법에 따라 고지세액에 가산하여 징수하는 금액과 납부기한이 지난 후 일정 기한까지 납부하지 아니한 경우에 그 금액에 다시 가산하여 징수하는 금액을 말한다. ④ 체납처분비 : 국세징수법 중 체납처분에 관한 규정에 따른 재산의 압류, 보관, 운반과 매각에 든 비용(매각을 대행시키는 경우 그 수수료를 포함)을 말한다. ⑤ 특수관계인 : 본인과 ㉠ 혈족 · 인척 등 친족관계(6촌 이내의 혈족, 4촌 이내의 인척, 배우자(사실상의 혼인관계에 있는 자를 포함), 친생자로서 다른 사람에게 친양자 입양된 자 및 그 배우자 · 직계비속), ㉡ 임원 · 사용인 등 경제적 연관관계(임원과 그 밖의 사용인 및 본인의 금전이나 그 밖의 재산으로 생계를 유지하는 자와 생계를 함께하는 친족)에 해당하는 관계에 있는 자를 말한다. 이 경우 이 법 및 세법을 적용할 때 본인도 그 특수관계인의 특수관계인으로 본다.

Ⅱ. 국세 부과와 세법 적용

1. 국세 부과의 원칙

(1) 실질과세 및 신의 · 성실

① 과세의 대상이 되는 소득, 수익, 재산, 행위 또는 거래의 귀속이 명의일 뿐이고 사실상 귀속되는 자가 따로 있을 때에는 사실상 귀속되는 자를 납세의무자로 하여 세법을 적용한다. ② 세법 중 과세표준의 계산에 관한 규정은 소득, 수익, 재산, 행위 또는 거래의 명칭이나 형식에 관계없이 그 실질 내용에 따라 적용한다. ③ 제3자를 통한 간접적인 방법이나 둘 이상의 행위 또는 거래를 거치는 방법으로 이 법 또는 세법의 혜택을 부당하게 받기 위한 것으로 인정되는 경우에는 그 경제적 실질 내용에 따라 당사자가 직접 거래를 한 것으로 보거나 연속된 하나의 행위 또는 거래를 한 것으로 보아 이 법 또는 세법을 적용한다. ④ 납세자가 그 의무를 이행할 때에는 신의에 따라 성실하게 하여야 한다. 세무공무원이 직무를 수행할 때에도 같다.

(2) 근거과세

① 납세의무자가 세법에 따라 장부를 갖추어 기록하고 있는 경우에는 해당 국세 과세표준의 조사와 결정은 그 장부와 이에 관계되는 증거자료에 의하여야 한다. ② 국세를 조사 · 결정할 때 장부의 기록 내용이 사실과 다르거나 장부의 기록에 누락된 것이 있을 때에는 그 부분에 대해서만 정부가 조사한 사실에 따라 결정할 수 있다. ③ 정부는 장부의 기록 내용과 다른 사실 또는 장부 기록에 누락된 것을 조사하여 결정하였을 때에는 정부가 조사한 사실과 결정의 근거를 결정서에 적어야 한다. ④ 행정기관의 장은 해당 납세의무자 또는 그 대리인이 요구하면 결정서를 열람 또는 복사하게 하거나 그 등본 또는 초본이 원본과 일치함을 확인하여야 한다. ⑤ ④의 요구는 구술(口述)로 한다. 다만, 해당 행정기관의 장이 필요하다고 인정할 때에는 열람하거나 복사한 사람의 서명을 요구할 수 있다.

2. 세법 적용의 원칙

① 세법을 해석 · 적용할 때에는 과세의 형평과 해당 조항의 합목적성에 비추어 납세자

의 재산권이 부당하게 침해되지 아니하도록 하여야 한다. ② 국세를 납부할 의무(세법에 징수의무자가 따로 규정되어 있는 국세의 경우에는 이를 징수하여 납부할 의무)가 성립한 소득, 수익, 재산, 행위 또는 거래에 대해서는 그 성립 후의 새로운 세법에 따라 소급하여 과세하지 아니한다. ③ 세법의 해석이나 국세행정의 관행이 일반적으로 납세자에게 받아들여진 후에는 그 해석이나 관행에 의한 행위 또는 계산은 정당한 것으로 보며, 새로운 해석이나 관행에 의하여 소급하여 과세되지 아니한다. ④ 세법 외의 법률 중 국세의 부과·징수·감면 또는 그 절차에 관하여 규정하고 있는 조항은 ①부터 ③까지의 규정을 적용할 때에는 세법으로 본다.

제 2 절 납세의무

Ⅰ. 납세의무의 성립과 확정

1. 납세의무의 성립시기

Ⓐ 소득세·법인세: 과세기간이 끝나는 때(단, 청산소득에 대한 법인세는 그 법인이 해산을 하는 때), Ⓑ 상속세: 상속이 개시되는 때, Ⓒ 증여세: 증여에 의하여 재산을 취득하는 때, Ⓓ 부가가치세: 과세기간이 끝나는 때(단, 수입재화의 경우에는 세관장에게 수입신고를 하는 때), Ⓔ개 별소비세·주세 및 교통·에너지·환경세: 과세물품을 제조장으로부터 반출하거나 판매장에서 판매하는 때, 과세장소에 입장하거나 과세유흥장소에서 유흥음식행위를 하는 때 또는 과세영업장소에서 영업행위를 하는 때(단, 수입물품의 경우에는 세관장에게 수입신고를 하는 때), Ⓕ 인지세: 과세문서를 작성한 때, Ⓖ 증권거래세: 해당 매매거래가 확정되는 때, Ⓗ 교육세: 국세에 부과되는 교육세(해당 국세의 납세의무가 성립하는 때), 금융·보험업자의 수익금액에 부과되는 교육세(과세기간이 끝나는 때), Ⓘ 농어촌특별세: 본세의 납세의무가 성립하는 때, Ⓙ 종합부동산세: 과세기준일, Ⓚ 가산세: 가산할 국세의 납세의무가 성립하는 때, Ⓛ 원천징수하는 소득세·법인세: 소득금액 또는 수입금액을 지급하는 때, Ⓜ 납세조합이 징수하는 소득세 또는 예정신고납부하는 소득세: 과세표준이 되는 금액이 발생한 달의 말일, Ⓝ 중간예납하는 소득세·법인세 또는 예정신고기간·예정부과기간에 대한 부가가치세: 중간예납기간 또는 예정신고기

간 · 예정부과기간이 끝나는 때, ⓞ 수시부과하여 징수하는 국세: 수시부과할 사유가 발생한 때

2. 납세의무의 확정

① 국세는 이 법 및 세법이 정하는 절차에 따라 그 세액이 확정된다. ② ㉠ 소득세, ㉡ 법인세, ㉢ 부가가치세, ㉣ 개별소비세, ㉤ 주세, ㉥ 증권거래세, ㉦ 교육세, ㉧ 교통 · 에너지 · 환경세, ㉨ 종합부동산세(납세의무자가 과세표준과 세액을 정부에 신고하는 경우에 한정)의 국세는 납세의무자가 과세표준과 세액을 ㉮ 정부에 신고했을 때에 확정된다. 다만, 납세의무자가 과세표준과 세액의 신고를 하지 아니하거나 신고한 과세표준과 세액이 세법이 정하는 바에 맞지 아니한 경우에는 정부가 과세표준과 세액을 결정하거나 경정하는 때에 그 결정 또는 경정에 따라 확정된다. ③ ②외의 국세는 해당 국세의 과세표준과 세액을 ㉯ 정부가 결정하는 때에 확정된다. ④ ㉠ 인지세, ㉡ 원천징수하는 소득세 또는 법인세, ㉢ 납세조합이 징수하는 소득세, ㉣ 중간예납하는 법인세(세법에 따라 정부가 조사 · 결정하는 경우는 제외)의 국세는 ㉰ 납세의무가 성립하는 때에 특별한 절차 없이 그 세액이 확정된다.

3. 수정신고의 효력

① 국세의 수정신고는 당초의 신고에 따라 확정된 과세표준과 세액을 증액하여 확정하는 효력을 가진다. ② 국세의 수정신고는 당초 신고에 따라 확정된 세액에 관한 이 법 또는 세법에서 규정하는 권리 · 의무관계에 영향을 미치지 아니한다.

4. 경정 등의 효력

① 세법에 따라 당초 확정된 세액을 증가시키는 경정은 당초 확정된 세액에 관한 이 법 또는 세법에서 규정하는 권리 · 의무관계에 영향을 미치지 아니한다. ② 세법에 따라 당초 확정된 세액을 감소시키는 경정은 그 경정으로 감소되는 세액 외의 세액에 관한 이 법 또는 세법에서 규정하는 권리 · 의무관계에 영향을 미치지 아니한다.

Ⅱ. 납세의무의 승계

1. 법인의 합병으로 인한 납세의무의 승계

법인이 합병한 경우 합병 후 존속하는 법인 또는 합병으로 설립된 법인은 합병으로 소멸된 법인에 부과되거나 그 법인이 납부할 국세·가산금과 체납처분비를 납부할 의무를 진다.

2. 상속으로 인한 납세의무의 승계

① 상속이 개시된 때에 그 상속인(민법에 따른 상속인을 말하고, 상속세 및 증여세법에 따른 수유자를 포함) 또는 민법에 규정된 상속재산관리인은 피상속인에게 부과되거나 그 피상속인이 납부할 국세·가산금과 체납처분비를 상속으로 받은 재산의 한도에서 납부할 의무를 진다. ② 납세의무 승계를 피하면서 재산을 상속받기 위하여 피상속인이 상속인을 수익자로 하는 보험계약을 체결하고 상속인은 민법에 따라 상속을 포기한 것으로 인정되는 경우로서 상속포기자가 피상속인의 사망으로 인하여 보험금을 받는 때에는 상속포기자를 상속인으로 보고, 보험금을 상속받은 재산으로 보아 ①을 적용한다.

③ 상속인이 2명 이상일 때에는 각 상속인은 피상속인에게 부과되거나 그 피상속인이 납부할 국세·가산금과 체납처분비를 민법에 따른 상속분 또는 상속인 중에 수유자 또는 민법에 따라 상속을 포기한 사람이 있거나 상속으로 받은 재산에 보험금이 포함되어 있는 경우로 한정, 상속으로 받은 재산의 가액을 각각의 상속인이 상속으로 받은 재산 가액의 합계액으로 나누어 계산한 비율에 따라 나누어 계산한 국세·가산금과 체납처분비를 상속으로 받은 재산의 한도에서 연대하여 납부할 의무를 진다. 이 경우 각 상속인은 그들 중에서 피상속인의 국세·가산금 및 체납처분비를 납부할 대표자를 정하여 관할 세무서장에게 신고하여야 하는 바, 상속인 대표자의 신고는 상속 개시일부터 30일 이내에 대표자의 성명과 주소 또는 거소, 그 밖에 필요한 사항을 적은 문서(전자문서를 포함)로 하며, 세무서장은 신고가 없는 경우에는 상속인 중 1명을 대표자로 지정할 수 있다. 이 경우 세무서장은 그 뜻을 적은 문서로 지체 없이 각 상속인에게 통지하여야 한다.[1] ④ 상

1) ① 상속으로 받은 재산은 상속받은 자산총액 - (상속받은 부채총액 + 상속으로 인하여 부과되거나 납부할 상속세) 계산식에 따른 가액으로 한다. ② 자산총액과 부채총액의 가액은 상속세 및 증여세법의 규정을 준용하여 평가한다. ③ 상속인이 받은 자산·부채 및 납부할 상속세와 상속재산으로 보

속인이 있는지 분명하지 아니할 때에는 상속인에게 하여야 할 납세의 고지·독촉이나 그 밖에 필요한 사항은 상속재산관리인에게 하여야 한다. ⑤ 상속인이 있는지 분명하지 아니하고 상속재산관리인도 없을 때에는 세무서장은 상속개시지를 관할하는 법원에 상속재산관리인의 선임을 청구할 수 있다. ⑥ 피상속인에게 한 처분 또는 절차는 상속으로 인한 납세의무를 승계하는 상속인이나 상속재산관리인에 대해서도 효력이 있다.

Ⅲ. 연대납세의무

① 공유물, 공동사업 또는 그 공동사업에 속하는 재산에 관계되는 국세·가산금과 체납처분비는 공유자 또는 공동사업자가 연대하여 납부할 의무를 진다. ② 법인이 분할되거나 분할합병된 후 분할되는 법인(분할법인)이 존속하는 경우 ㉠ 분할법인, ㉡ 분할 또는 분할합병으로 설립되는 법인(분할신설법인), ㉢ 분할법인의 일부가 다른 법인과 합병하는 경우 그 합병의 상대방인 다른 법인(분할합병의 상대방 법인)은 분할등기일 이전에 분할법인에 부과되거나 납세의무가 성립한 국세 및 체납처분비에 대하여 분할로 승계된 재산가액을 한도로 연대하여 납부할 의무가 있다. ③ 법인이 분할 또는 분할합병한 후 소멸하는 경우 ㉠ 분할신설법인, ㉡ 분할합병의 상대방 법인은 분할법인에 부과되거나 분할법인이 납부하여야 할 국세 및 체납처분비에 대하여 분할로 승계된 재산가액을 한도로 연대하여 납부할 의무가 있다. ④ 법인이 채무자회생법에 따라 신회사를 설립하는 경우 기존의 법인에 부과되거나 납세의무가 성립한 국세·가산금 및 체납처분비는 신회사가 연대하여 납부할 의무를 진다.

Ⅳ. 납부의무의 소멸

1. 납부의무의 소멸

국세·가산금 또는 체납처분비를 납부할 의무는 ㉠ 납부·충당되거나 부과가 취소된 때, ㉡ 국세를 부과할 수 있는 기간에 국세가 부과되지 아니하고 그 기간이 끝난 때, ㉢ 국세징수권의 소멸시효가 완성된 때에 소멸한다.

는 보험금 및 그 보험금을 받은 자가 납부할 상속세를 포함하여 상속으로 받은 재산의 가액을 계산한다.

2. 국세 부과의 제척기간

① 국세는 ㉠ 납세자가 사기나 그 밖의 부정한 행위(부정행위)로 국세를 포탈하거나 환급·공제받은 경우에는 그 국세를 부과할 수 있는 날부터 10년간(역외거래 15년간). 이 경우 부정행위로 포탈하거나 환급·공제받은 국세가 법인세이면 이와 관련하여 법인세법에 따라 처분된 금액에 대한 소득세 또는 법인세에 대해서도 그 소득세 또는 법인세를 부과할 수 있는 날부터 10년간(역외거래 15년간)으로 한다. ㉡ 납세자가 부정행위로 가산세 부과대상이 되는 경우 해당 가산세는 부과할 수 있는 날부터 10년간, ㉢ 납세자가 법정신고기한까지 과세표준신고서를 제출하지 아니한 경우에는 해당 국세를 부과할 수 있는 날부터 7년간(역외거래 10년간), ㉣ ㉠부터 ㉢에 해당하지 아니하는 경우에는 해당 국세를 부과할 수 있는 날부터 5년간(역외거래의 경우 7년간), ㉤ 상속세·증여세는 부과할 수 있는 날부터 10년간.[2] ㉥ 부담부증여에 따라 증여세와 함께 소득세가 과세되는 경우 그 소득세는 ㉤에 따라 증여세에 대하여 정한 기간, ㉦ ㉢과 ㉣의 기간이 끝난 날이 속하는 과세기간 이후의 과세기간에 소득세법과 법인세법에 따라 이월결손금을 공제하는 경우에는 그 결손금이 발생한 과세기간의 소득세 또는 법인세는 이월결손금을 공제한 과세기간의 법정신고기한으로부터 1년간에 규정된 기간이 끝난 날 후에는 부과할 수 없다(다만, 조세의 이중과세를 방지하기 위하여 체결한 조약(조세조약)에 따라 상호합의 절차가 진행 중인 경우에는 국제조세조정에 관한 법률에서 정하는 바에 따른다).[3] ② ㉠ 이의신청, 심사청구, 심판청구, 감사원법에 따른 심사청구 또는 행정소송법에 따른 소송에 대한 결정이나 판결이 확정된 경우 : 결정 또는 판결이 확정된 날부터 1년, ㉡ 결

2) 다만, Ⓐ 납세자가 부정행위로 상속세·증여세를 포탈하거나 환급·공제받은 경우, Ⓑ 신고서를 제출하지 아니한 경우, Ⓒ 신고서를 제출한 자가 ⓐ 상속재산가액 또는 증여재산가액에서 가공의 채무를 빼고 신고한 경우, ⓑ 권리의 이전이나 그 행사에 등기, 등록, 명의개서 등이 필요한 재산을 상속인 또는 수증자의 명의로 등기등을 하지 아니한 경우로서 그 재산을 상속재산 또는 증여재산의 신고에서 누락한 경우, ⓒ 예금, 주식, 채권, 보험금, 그 밖의 금융자산을 상속재산 또는 증여재산의 신고에서 누락한 경우에는 부과할 수 있는 날부터 15년간으로 한다.

3) 국세를 부과할 수 있는 날은 ㉠ 과세표준과 세액을 신고하는 국세(종합부동산세는 제외)의 경우 해당 국세의 과세표준과 세액에 대한 신고기한 또는 신고서 제출기한(과세표준신고기한)의 다음 날(이 경우 중간예납·예정신고기한과 수정신고기한은 과세표준신고기한에 포함되지 아니한다), ㉡ 종합부동산세 및 인지세의 경우 해당 국세의 납세의무가 성립한 날, ㉢ 원천징수의무자 또는 납세조합에 대하여 부과하는 국세의 경우 해당 원천징수세액 또는 납세조합징수세액의 법정 납부기한의 다음 날, ㉣ 과세표준신고기한 또는 법정 납부기한이 연장되는 경우 그 연장된 기한의 다음 날, ㉤ 공제, 면제, 비과세 또는 낮은 세율의 적용 등에 따른 세액(소득공제를 받은 경우에는 공제받은 소득금액에 상당하는 세액을 말하고, 낮은 세율을 적용받은 경우에는 일반세율과의 차이에 상당하는 세액. 공제세액등)을의무불이행 등의 사유로 징수하는 경우 해당 공제세액등을 징수할 수 있는 사유가 발생한 날이다.

정이나 판결이 확정됨에 따라 그 결정 또는 판결의 대상이 된 과세표준 또는 세액과 연동된 다른 과세기간의 과세표준 또는 세액의 조정이 필요한 경우 : 결정 또는 판결이 확정된 날부터 1년, ㉢ 조세조약에 부합하지 아니하는 과세의 원인이 되는 조치가 있는 경우 그 조치가 있음을 안 날부터 3년 이내(조세조약에서 규정하는 경우 그에 따름)에 그 조세조약의 규정에 따른 상호합의가 신청된 것으로서 그에 대하여 상호합의가 이루어진 경우 : 상호합의 절차의 종료일부터 1년, ㉣ 경정청구 또는 조정권고가 있는 경우: 경정청구일 또는 조정권고일부터 2개월, ㉤ 경정청구 또는 조정권고가 있는 경우 그 경정청구 또는 조정권고의 대상이 된 과세표준 또는 세액과 연동된 다른 과세기간의 과세표준 또는 세액의 조정이 필요한 경우 : 경정청구일 또는 조정권고일부터 2개월, ㉥ 최초의 신고·결정 또는 경정에서 과세표준 및 세액의 계산 근거가 된 거래 또는 행위 등이 그 거래·행위 등과 관련된 소송에 대한 판결(판결과 같은 효력을 가지는 화해나 그 밖의 행위 포함)에 의하여 다른 것으로 확정된 경우 : 판결이 확정된 날부터 1년, ㉦ 역외거래와 관련하여 ㉠에 따른 기간이 지나기 전에 조세의 부과와 징수에 필요한 조세정보를 외국의 권한 있는 당국에 요청하여 조세정보를 요청한 날부터 2년이 지나기 전까지 조세정보를 받은 경우 : 조세정보를 받은 날부터 1년의 구분에 따른 기간이 지나기 전까지 경정결정이나 그 밖에 필요한 처분을 할 수 있다. ③ 결정 또는 판결에서 명의대여 사실이 확인된 경우에는 그 결정 또는 판결이 확정된 날부터 1년 이내에 명의대여자에 대한 부과처분을 취소하고 실제로 사업을 경영한 자에게 경정결정이나 그 밖에 필요한 처분을 할 수 있다. ④ 납세자가 부정행위로 상속세·증여세를 포탈하는 경우로서 해당 재산의 상속 또는 증여가 있음을 안 날부터 1년 이내에 상속세 및 증여세를 부과할 수 있다. 다만, 상속인이나 증여자 및 수증자가 사망한 경우와 포탈세액 산출의 기준이 되는 재산가액[4]이 50억원 이하인 경우에는 그러하지 아니하다. ⑤ 결정 또는 판결에서 국내원천소득의 실질귀속자가 확인된 경우에는 그 결정 또는 판결이 확정된 날부터 1년 이내에 당초의 부과처분을 취소하고 국내원천소득의 실질귀속자 또는 원천징수의무자에게 경정결정이나 그 밖에 필요한 처분을 할 수 있다.

4) ㉠ 제3자의 명의로 되어 있는 피상속인 또는 증여자의 재산을 상속인이나 수증자가 보유하고 있거나 그 자의 명의로 실명전환을 한 경우, ㉡ 계약에 따라 피상속인이 취득할 재산이 계약이행기간에 상속이 개시됨으로써 등기·등록 또는 명의개서가 이루어지지 아니하고 상속인이 취득한 경우, ㉢ 국외에 있는 상속재산이나 증여재산을 상속인이나 수증자가 취득한 경우, ㉣ 등기·등록 또는 명의개서가 필요하지 아니한 유가증권, 서화, 골동품 등 상속재산 또는 증여재산을 상속인이나 수증자가 취득한 경우, ㉤ 수증자의 명의로 되어 있는 증여자의 금융자산을 수증자가 보유하고 있거나 사용·수익한 경우, ㉥ 비거주자인 피상속인의 국내재산을 상속인이 취득한 경우에 해당하는 재산의 가액을 합친 것.

3. 국세징수권의 소멸시효

① 국세의 징수를 목적으로 하는 국가의 권리는 이를 행사할 수 있는 때부터 5억원 이상의 국세는 10년, 그 외의 국세는 5년 기간 동안 행사하지 아니하면 소멸시효가 완성된다. ② 소멸시효에 관하여는 이 법 또는 세법에 특별한 규정이 있는 것을 제외하고는 민법에 따른다. ③ 국세의 징수를 목적으로 하는 국가의 권리를 행사할 수 있는 때는 ㉠ 과세표준과 세액의 신고에 의하여 납세의무가 확정되는 국세의 경우 신고한 세액에 대해서는 그 법정 신고납부기한의 다음 날, ㉡ 과세표준과 세액을 정부가 결정, 경정 또는 수시부과결정하는 경우 납세고지한 세액에 대해서는 그 고지에 따른 납부기한의 다음 날, ㉢ 원천징수의무자 또는 납세조합으로부터 징수하는 국세의 경우 납세고지한 원천징수세액 또는 납세조합징수세액에 대해서는 그 고지에 따른 납부기한의 다음 날, ㉣ 인지세의 경우 납세고지한 인지세액에 대해서는 그 고지에 따른 납부기한의 다음 날, ㉤ 신고납부기한이 연장되는 경우 그 연장된 기한의 다음 날이다.

4. 소멸시효의 중단과 정지

① 소멸시효는 ㉠ 납세고지, ㉡ 독촉 또는 납부최고, ㉢ 교부청구, ㉣ 압류의 사유로 중단된다. ② 중단된 소멸시효는 ㉠ 고지한 납부기간, ㉡ 독촉이나 납부최고에 의한 납부기간, ㉢ 교부청구 중의 기간, ㉣ 압류해제까지의 기간이 지난 때부터 새로 진행한다. ③ 소멸시효는 ㉠ 분납기간, ㉡ 징수 유예기간, ㉢ 체납처분유예기간, ㉣ 연부연납기간, ㉤ 세무공무원이 사해행위 취소소송이나 채권자대위 소송을 제기하여 그 소송이 진행 중인 기간, ㉥ 체납자가 국외에 6개월 이상 계속 체류하는 경우 해당 국외 체류 기간에는 진행되지 아니한다. ④ 사해행위 취소소송 또는 채권자대위 소송의 제기로 인한 시효정지의 효력은 소송이 각하 · 기각 또는 취하된 경우에는 효력이 없다.

Ⅴ. 납세담보

1. 담보의 종류

세법에 따라 제공하는 담보(납세담보)는 ㉠ 금전, ㉡ 자본시장법에 따른 국채증권 등 대통령령으로 정하는 유가증권(ⓐ 국채증권, ⓑ 지방채증권 및 특수채증권, ⓒ 증권시장에 주권을 상장한 법인이 발행한 사채권 중 보증사채 및 전환사채, ⓓ 증권시장에 상장된 유가증권으로서 매매사실이 있는 것, ⓔ 수익증권으로서 무기명 수익증권 및 환매청구가 가능한 수익증권, ⓕ 양도성 예금증서), ㉢ 납세보증보험증권, ㉣ 은행 등 대통령령으로 정하는 자(ⓐ 은행, ⓑ 신용보증기금, ⓒ 보증채무를 이행할 수 있는 자금능력이 충분하다고 세무서장이 인정하는 자)의 납세보증서, ㉤ 토지, ㉥ 보험에 든 등기 · 등록된 건물, 공장재단, 광업재단, 선박, 항공기 또는 건설기계에 해당하는 것이어야 한다.

2. 담보의 평가

납세담보의 가액은 ㉠ 유가증권: 대통령령으로 정하는 바에 따라 시가를 고려하여 결정한 가액(담보제공 전날 평가기준), ㉡ 납세보증보험증권: 보험금액, ㉢ 납세보증서: 보증금액, ㉣ 토지 · 건물 · 공장재단 · 광업재단 · 선박 · 항공기 · 건설기계: ⓐ 토지 또는 건물: 상속세 및 증여세법에 따라 평가한 가액, ⓑ 공장재단, 광업재단, 선박, 항공기 또는 건설기계: 감정평가업자의 평가액 또는 시가표준액의 구분에 따른다.

3. 담보의 제공 방법

① 금전이나 유가증권을 납세담보로 제공하려는 자는 이를 공탁하고 그 공탁수령증을 세무서장(세법에 따라 국세에 관한 사무를 세관장이 관장하는 경우에는 세관장)에게 제출하여야 한다. 다만, 등록된 유가증권의 경우에는 담보 제공의 뜻을 등록하고 그 등록확인증을 제출하여야 한다. ② 납세보증보험증권이나 납세보증서를 납세담보로 제공하려는 자는 그 보험증권이나 보증서를 세무서장에게 제출하여야 한다. ③ 토지, 건물, 공장재단, 광업재단, 선박, 항공기 또는 건설기계를 납세담보로 제공하려는 자는 그 등기필증, 등기완료통지서 또는 등록필증을 세무서장에게 제시하여야 하며, 세무서장은 이에 의하여 저당권 설정을 위한 등기 또는 등록 절차를 밟아야 한다.[5)]

---

5) ① 납세담보를 제공할 때에는 담보할 국세의 100분의 120(현금, 납세보증보험증권 또는 은행의 납세보증서의 경우에는 100분의 110) 이상의 가액에 상당하는 담보를 제공하여야 한다. 다만, 그 국세가 확정되지 아니한 경우에는 국세청장이 정하는 가액으로 하여야 한다. ② 세무서장은 납세자가 토지, 건물, 공장재단, 광업재단, 선박, 항공기 또는 건설기계를 납세담보로 제공하려는 경우에는 등기필증 또는 등록필증이 사실과 부합하는지를 조사하여 ㉠ 법령에 따라 담보제공이 금지되거나 제한된 경우(단, 주무관서의 허가를 받아 제공하는 경우는 제외), ㉡ 법령에 따라 사용 · 수익이 제한된 것으로서 담보의 목적을 달성할 수 없다고 인정된 경우, ㉢ 그 밖에 담보의 목적을 달성할 수 없다고 인정된 경우에는 다른 담보를 제공하게 하여야 한다. ③ 보험에 든 건물, 공장재단, 광업재단, 선박, 항공기

4. 담보의 변경과 보충

① 납세담보를 제공한 자는 세무서장의 승인을 받아 그 담보를 변경할 수 있다. ② 세무서장은 납세담보물의 가액 감소, 보증인의 자력 감소 또는 그 밖의 사유로 그 납세담보로는 국세·가산금과 체납처분비의 납부를 담보할 수 없다고 인정할 때에는 담보를 제공한 자에게 담보물의 추가제공 또는 보증인의 변경을 요구할 수 있다.[6)]

5. 담보에 의한 납부와 징수 및 담보의 해제

① 납세담보로서 금전을 제공한 자는 그 금전으로 담보한 국세·가산금과 체납처분비를 납부할 수 있다. ② 세무서장은 납세담보를 제공받은 국세·가산금과 체납처분비가 담보의 기간에 납부되지 아니하면 그 담보로써 그 국세·가산금과 체납처분비를 징수한다.[7)]

세무서장은 납세담보를 제공받은 국세·가산금과 체납처분비가 납부되면 지체 없이 담보 해제 절차를 밟아야 한다. 납세담보의 해제는 그 뜻을 적은 문서를 납세담보를 제공한 자에게 통지함으로써 한다. 이 경우 납세담보를 제공할 때 제출한 관계 서류가 있으면 그 서류를 첨부하여야 한다. 저당권의 등기 또는 등록을 촉탁한 경우에는 문서로 관계 관서에 저당권 말소의 등기 또는 등록을 촉탁하여야 한다.

또는 건설기계를 납세담보로 제공하려는 자는 그 화재보험증권을 제출하여야 한다. 이 경우 그 보험기간은 납세담보를 필요로 하는 기간에 30일 이상을 더한 것이어야 한다. ⑤ 납세담보로 제공하는 납세보증보험증권은 그 보험증권의 보험기간이 납세담보를 필요로 하는 기간에 30일 이상을 더한 것이어야 한다. 다만, 납부기한이 확정되지 아니한 국세의 경우에는 국세청장이 정하는 기간으로 하여야 한다. ⑥ 저당권을 설정하기 위한 등기 또는 등록을 하려는 경우에는 ㉠ 재산의 표시, ㉡ 등기 또는 등록의 원인과 그 연월일, ㉢ 등기 또는 등록의 목적, ㉣ 저당권의 범위, ㉤ 등기 또는 등록 권리자, ㉥ 등기 또는 등록의무자의 주소와 성명을 적은 문서로 관계 관서에 촉탁하여야 한다.

6) ① 세무서장은 납세자가 이미 제공한 납세담보를 변경하려는 경우에 ㉠ 보증인의 납세보증서를 갈음하여 다른 담보재산을 제공한 경우, ㉡ 제공한 납세담보의 가액이 변동되어 과다하게 된 경우, ㉢ 납세담보로 제공한 유가증권 중 상환기간이 정해진 것이 그 상환시기에 이른 경우에 해당하면 이를 승인하여야 한다. ② 납세담보의 변경승인신청 또는 납세담보물의 추가 제공이나 보증인의 변경 요구는 문서로 하여야 한다.

7) ① 납세담보로 제공한 금전으로 국세·가산금과 체납처분비를 납부하려는 자는 그 뜻을 적은 문서로 관할 세무서장에게 신청하여야 한다. 이 경우 신청한 금액에 상당하는 국세·가산금과 체납처분비를 납부한 것으로 본다. ② 세무서장은 납세담보로 국세·가산금과 체납처분비를 징수하려는 경우 납세담보가 금전이면 그 금전을 해당 국세·가산금과 체납처분비에 충당하고, 납세담보가 금전 외의 것이면 ㉠ 국채, 지방채, 그 밖의 유가증권, 토지, 건물, 공장재단, 광업재단, 선박, 항공기 또는 건설기계인 경우 : 국세징수법에서 정하는 공매절차에 따라 매각, ㉡ 납세보증보험증권인 경우 : 해당 납세보증보험사업자에게 보험금의 지급을 청구, ㉢ 납세보증서인 경우 : 국세징수법에서 정하는 납세보증인으로부터의 징수 절차에 따라 징수하거나 환가한 금전을 해당 국세·가산금과 체납처분비에 충당한다.

제 3 절 국세와 일반채권의 관계

Ⅰ. 국세의 우선권

1. 국세의 우선

① 국세 · 가산금 또는 체납처분비는 다른 공과금이나 그 밖의 채권에 우선하여 징수한다. ② 납세의무자를 등기의무자로 하고 채무불이행을 정지 조건으로 하는 대물변제의 예약에 의하여 권리이전 청구권의 보전을 위한 가등기(가등록을 포함)나 그 밖에 이와 유사한 담보의 목적으로 된 가등기가 되어 있는 재산을 압류하는 경우에 그 가등기에 따른 본등기가 압류 후에 행하여진 때에는 그 가등기의 권리자는 그 재산에 대한 체납처분에 대하여 그 가등기에 따른 권리를 주장할 수 없다. 다만, 국세 또는 가산금(그 재산에 대하여 부과된 국세(상속세, 증여세 및 종합부동산세)와 가산금은 제외)의 법정기일 전에 가등기된 재산에 대해서는 그러하지 아니하다. ③ 세무서장은 가등기재산을 압류하거나 공매할 때에는 그 사실을 가등기권리자에게 지체 없이 통지하여야 한다.[8] ④ 세무서장은 납세자가 제3자와 짜고 거짓으로 재산에 ㉠ 전세권 · 질권 또는 저당권의 설정계약 및 임대차 계약, ㉡ 가등기 설정계약, ㉢ 양도담보 설정계약을 하고 그 등기 또는 등록을 하거나 대항요건과 확정일자를 갖춘 임대차 계약을 체결함으로써 그 재산의 매각금액으로 국세나 가산금을 징수하기가 곤란하다고 인정할 때에는 그 행위의 취소를 법원에 청구할 수 있다. 이 경우 납세자가 국세의 법정기일 전 1년 내에 특수관계인 중 대통령령으로 정하는 자와 전세권 · 질권 또는 저당권 설정계약, 임대차 계약, 가등기 설정계약 또는 양도담보 설정계약을 한 경우에는 짜고 한 거짓 계약으로 추정한다.

8) 세무서장은 국세 등에 우선하는 채권과 관계있는 재산을 압류한 경우에는 그 사실을 해당 채권자에게 ㉠ 체납자의 성명과 주소 또는 거소, ㉡ 압류와 관계되는 국세의 과세기간, 세목, 세액과 납부기한, ㉢ 압류재산의 종류, 수량, 품질과 소재지, ㉣ 압류 연월일을 적은 문서로 통지하여야 한다. 다만, 근로관계채권을 가진 사람이 여러 명인 경우에는 세무서장이 선정하는 대표자에게 통지할 수 있으며 통지를 받은 대표자는 공고 또는 게시의 방법으로 그 사실을 해당 채권의 다른 채권자에게 알려야 한다.

2. 국세우선에 제외되는 공과금 및 채권

㉮ 지방세나 공과금의 체납처분을 할 때 그 체납처분금액 중에서 국세 · 가산금 또는 체납처분비를 징수하는 경우의 그 지방세나 공과금의 체납처분비, ㉯ 강제집행 · 경매 또는 파산 절차에 따라 재산을 매각할 때 그 매각금액 중에서 국세 · 가산금 또는 체납처분비를 징수하는 경우의 그 강제집행, 경매 또는 파산 절차에 든 비용, ㉰ 기일(법정기일) 전[9]에 전세권, 질권 또는 저당권 설정을 등기하거나 등록한 사실이나 대항요건과 확정일자를 갖춘 사실이 증명(㉠ 부동산등기부 등본, ㉡ 공증인의 증명, ㉢ 질권에 대한 증명으로서 세무서장이 인정하는 것, ㉣ 공문서 또는 금융회사 등의 장부상의 증명으로서 세무서장이 인정하는 것)되는 재산을 매각할 때 그 매각금액 중에서 국세 또는 가산금(그 재산에 대하여 부과된 국세(상속세, 증여세 및 종합부동산세)와 가산금은 제외)을 징수하는 경우의 그 전세권, 질권 또는 저당권에 의하여 담보된 채권이나 확정일자를 갖춘 임대차계약증서 또는 임대차계약서상의 보증금, ㉱ 임대차관계에 있는 주택 또는 건물을 매각할 때 그 매각금액 중에서 국세 또는 가산금을 징수하는 경우 임대차에 관한 보증금 중 일정 금액으로서 임차인이 우선하여 변제받을 수 있는 금액에 관한 채권, ㉲ 사용자의 재산을 매각하거나 추심할 때 그 매각금액 또는 추심금액 중에서 국세나 가산금을 징수하는 경우에 국세나 가산금에 우선하여 변제되는 임금, 퇴직금, 재해보상금, 그 밖에 근로관계로 인한 채권

9) ⓐ 과세표준과 세액의 신고에 따라 납세의무가 확정되는 국세(중간예납하는 법인세와 예정신고납부하는 부가가치세 및 소득세를 포함)의 경우 신고한 해당 세액에 대해서는 그 신고일, ⓑ 과세표준과 세액을 정부가 결정 · 경정 또는 수시부과 결정을 하는 경우 고지한 해당 세액에 대해서는 그 납세고지서의 발송일, ⓒ 원천징수의무자나 납세조합으로부터 징수하는 국세와 인지세의 경우에는 그 납세의무의 확정일, ⓓ 가산금의 경우 그 가산금을 가산하는 고지세액의 납부기한이 지난 날, ⓔ 제2차 납세의무자(보증인을 포함)의 재산에서 국세를 징수하는 경우에는 납부통지서의 발송일, ⓕ 양도담보재산에서 국세를 징수하는 경우에는 납부통지서의 발송일, ⓖ 납세자의 재산을 압류한 경우에 그 압류와 관련하여 확정된 세액에 대해서는 가목부터 마목까지의 규정에도 불구하고 그 압류등기일 또는 등록일, ⓗ 신탁재산에서 부가가치세등을 징수하는 경우에는 납부통지서의 발송일.

Ⅱ. 제2차 납세의무

1. 청산인 등의 제2차 납세의무

① 법인이 해산한 경우에 그 법인에 부과되거나 그 법인이 납부할 국세·가산금 또는 체납처분비를 납부하지 아니하고 청산 후 남은 재산을 분배하거나 인도하였을 때에 그 법인에 대하여 체납처분을 집행하여도 징수할 금액에 미치지 못하는 경우에는 청산인 또는 청산 후 남은 재산을 분배받거나 인도받은 자는 그 부족한 금액에 대하여 제2차 납세의무를 진다. ② 제2차 납세의무는 청산인의 경우 분배하거나 인도한 재산의 가액(청산 후 남은 재산을 분배하거나 인도한 날 현재의 시가)을 한도로 하고, 그 분배 또는 인도를 받은 자의 경우에는 각자가 받은 재산의 가액을 한도로 한다.

2. 출자자의 제2차 납세의무

법인의 재산으로 그 법인에 부과되거나 그 법인이 납부할 국세·가산금과 체납처분비에 충당하여도 부족한 경우에는 그 국세의 납세의무 성립일 현재 ㉠ 무한책임사원, ㉡ 주주 또는 유한책임사원 1명과 그의 특수관계인 중 대통령령으로 정하는 자(주주 또는 유한책임사원)로서 그들의 소유주식 합계 또는 출자액 합계가 해당 법인의 발행주식 총수 또는 출자총액의 100분의 50을 초과하면서 그에 관한 권리를 실질적으로 행사하는 자들(과점주주)에 해당하는 자는 그 부족한 금액에 대하여 제2차 납세의무를 진다. 다만, 과점주주의 경우에는 그 부족한 금액을 그 법인의 발행주식 총수(의결권이 없는 주식은 제외) 또는 출자총액으로 나눈 금액에 해당 과점주주가 실질적으로 권리를 행사하는 주식 수(의결권이 없는 주식은 제외) 또는 출자액을 곱하여 산출한 금액을 한도로 한다.

3. 법인의 제2차 납세의무

① 국세(둘 이상의 국세의 경우에는 납부기한이 뒤에 오는 국세)의 납부기간 만료일 현재 법인의 무한책임사원 또는 과점주주(출자자)의 재산(그 법인의 발행주식 또는 출자지분은 제외)으로 그 출자자가 납부할 국세·가산금과 체납처분비에 충당하여도 부족한 경우에는 그 법인은 ㉠ 정부가 출자자의 소유주식 또는 출자지분을 재공매하거나 수의계

약으로 매각하려 하여도 매수희망자가 없는 경우, ㉡ 법률 또는 그 법인의 정관에 의하여 출자자의 소유주식 또는 출자지분의 양도가 제한된 경우(국세징수법에 따라 공매할 수 없는 경우는 제외)에만 그 부족한 금액에 대하여 제2차 납세의무를 진다. ② 법인의 제2차 납세의무는 그 법인의 자산총액(납부기간 종료일 현재의 시가)에서 부채총액(납부기간 종료일 현재의 시가)을 뺀 가액을 그 법인의 발행주식 총액 또는 출자총액으로 나눈 가액에 그 출자자의 소유주식 금액 또는 출자액을 곱하여 산출한 금액을 한도로 한다.

4. 사업양수인의 제2차 납세의무

① 사업이 양도·양수된 경우에 양도일 이전에 양도인의 납세의무가 확정된 그 사업에 관한 국세·가산금과 체납처분비를 양도인의 재산으로 충당하여도 부족할 때에는 사업장별로 그 사업에 관한 모든 권리(미수금에 관한 것은 제외)와 모든의무(미지급금에 관한 것은 제외)를 포괄적으로 승계한 자로서 양도인과 특수관계인인 자, 양도인의 조세회피를 목적으로 사업을 양수한 자에 해당하는 자는 그 부족한 금액에 대하여 ㉠ 사업의 양수인이 양도인에게 지급하였거나 지급하여야 할 금액이 있는 경우에는 그 금액, ㉡ 금액이 없거나 불분명한 경우에는 양수한 자산 및 부채를 상속세 및 증여세법을 준용하여 평가한 후 그 자산총액에서 부채총액을 뺀 가액, ㉢ 금액과 시가의 차액이 3억원 이상이거나 시가의 100분의 30에 상당하는 금액 이상인 경우에는 금액 중 큰 금액을 한도로 제2차 납세의무를 진다. ② 사업의 양도인에게 둘 이상의 사업장이 있는 경우에 하나의 사업장을 양수한 자의 제2차 납세의무는 양수한 사업장과 관계되는 국세·가산금과 체납처분비(둘 이상의 사업장에 공통되는 국세·가산금과 체납처분비가 있는 경우에는 양수한 사업장에 배분되는 금액을 포함)에 대해서만 진다.

Ⅲ. 양도담보권자의 물적납세의무

① 납세자가 국세·가산금 또는 체납처분비를 체납한 경우에 그 납세자에게 양도담보재산이 있을 때에는 그 납세자의 다른 재산에 대하여 체납처분을 집행하여도 징수할 금액에 미치지 못하는 경우에만 국세징수법에서 정하는 바에 따라 그 양도담보재산으로써 납세자의 국세·가산금과 체납처분비를 징수할 수 있다. 다만, 그 국세의 법정기일 전에 담보의 목적이 된 양도담보재산에 대해서는 그러하지 아니하다. ② 양도담보재산이란 당사자 간의 계약에 의하여 납세자가 그 재산을 양도하였을 때에 실질적으로 양도인에 대

한 채권담보의 목적이 된 재산을 말한다.

Ⅳ. 가산세의 부과와 감면

1. 가산세 부과

① 정부는 세법에서 규정한 의무를 위반한 자에게 이 법 또는 세법에서 정하는 바에 따라 가산세를 부과할 수 있다. ② 가산세는 해당의무가 규정된 세법의 해당 국세의 세목으로 한다. 다만, 해당 국세를 감면하는 경우에는 가산세는 그 감면대상에 포함시키지 아니하는 것으로 한다. ③ 가산세는 납부할 세액에 가산하거나 환급받을 세액에서 공제한다.

2. 무신고가산세

납세의무자가 법정신고기한까지 세법에 따른 국세의 과세표준 신고를 하지 아니한 경우에는 그 신고로 납부하여야 할 세액)에 ㉠ 부정행위로 법정신고기한까지 세법에 따른 국세의 과세표준 신고를 하지 아니한 경우: 100분의 40(국제거래에서 발생한 부정행위인 경우에는 100분의 60), ㉡ 부정행위 외의 경우: 100분의 20의 구분에 따른 비율을 곱한 금액을 가산세로 한다.[10)]

3. 과소신고 · 초과환급신고가산세

납세의무자가 법정신고기한까지 세법에 따른 국세의 과세표준 신고를 한 경우로서 납부할 세액을 신고하여야 할 세액보다 적게 신고(과소신고)하거나 환급받을 세액을 신고하여야 할 금액보다 많이 신고(초과신고)한 경우에는 과소신고한 납부세액과 초과신고한

---

10) ② ㉠ 신고를 하지 아니한 자가 복식부기의무자 또는 법인인 경우: ⓐ 부정행위의 경우: 수입금액에 1만분의 14를 곱한 금액, ⓑ 부정행위 외의 경우: 수입금액에 1만분의 7을 곱한 금액의 구분에 따른 금액과 구분에 따른 금액 중 큰 금액, ㉡ 사업자가 신고를 하지 아니한 경우로서 영세율이 적용되는 과세표준(영세율과세표준)이 있는 경우: 구분에 따른 금액에 영세율과세표준의 1천분의 5에 상당하는 금액을 더한 금액에 해당하는 경우에는 해당 호에 따른 금액을 가산세로 한다. ③ ㉠ 부가가치세법에 따라 전자적 용역을 공급하는 자가 부가가치세를 납부하여야 하는 경우, ㉡ 부가가치세법에 따라 납부의무가 면제되는 경우에는 ① 및 ②를 적용하지 아니한다. ④ 대손세액에 상당하는 부분에 대해서는 가산세를 적용하지 아니한다. ⑤ 예정신고 및 중간신고와 관련하여 가산세가 부과되는 부분에 대해서는 확정신고와 관련하여 가산세를 적용하지 아니한다. ⑥ 소득세법, 법인세법이 동시에 적용되는 경우에는 그 중 가산세액이 큰 가산세만 적용하고, 가산세액이 같은 경우에는 ① 또는 ②의 가산세만 적용한다.

환급세액을 합한 금액에 ㉠ 부정행위로 과소신고하거나 초과신고한 경우: ⓐ 부정행위로 인한 과소신고납부세액등의 100분의 40(국제거래는 100분의 60)에 상당하는 금액, ⓑ 과소신고납부세액등에서 부정행위로 인한 과소신고납부세액등을 뺀 금액의 100분의 10에 상당하는 금액을 합한 금액, ㉡ ㉠외의 경우: 과소신고납부세액등의 100분의 10에 상당하는 금액에 따른 산출방법을 적용한 금액을 가산세로 한다.11)

4. 납부불성실 · 환급불성실가산세

납세의무자(연대납세의무자, 제2차 납세의무자 및 보증인을 포함)가 세법에 따른 납부기한까지 국세의 납부(중간예납 · 예정신고납부 · 중간신고납부를 포함)를 하지 아니하거나 납부하여야 할 세액보다 적게 납부(과소납부)하거나 환급받아야 할 세액보다 많이 환급(초과환급)받은 경우에는 [㉠ 납부하지 아니한 세액 또는 과소납부분 세액(세법에 따라 가산하여 납부하여야 할 이자 상당 가산액은 더한다) × 납부기한의 다음 날부터 자진납부일 또는 납세고지일까지의 기간 × 금융회사 등이 연체대출금에 대하여 적용하는 이자율(10만분의 25의 율), ㉡ 초과환급받은 세액(세법에 따라 가산하여 납부하여야 할 이자상당가산액은 더한다) × 환급받은 날의 다음 날부터 자진납부일 또는 납세고지일까지의 기간 × 금융회사 등이 연체대출금에 대하여 적용하는 이자율(10만분의 25의 율)], ㉢ 법정납부기한까지 납부하여야 할 세액(세법에 따라 가산하여 납부하여야 할 이자상당가산액은 더한다) 중 납부고지서에 따른 납부기한까지 납부하지 아니한 세액 또는 과소납부분 세액 × 100분의 3(국세를 납부고지서에 따른 납부기한까지 완납하지 아니한 경우에 한정)의 금액을 합한 금액을 가산세로 한다. 다만, 인지세법에 따른 인지세의 납부를 하지 아니하거나 과소납부한 경우에는 납부하지 아니한 세액 또는 과소납부분(납부하

11) ② ㉠ 부정행위로 소득세법 또는 법인세법에 따른 신고를 과소신고한 자가 복식부기의무자 또는 법인인 경우: ⓐ ① ㉠의 ⓐ에 따른 금액, ⓑ 부정행위로 과소신고된 과세표준관련 수입금액에 1만분의 14를 곱하여 계산한 금액 중 큰 금액에 ① ㉠의 ⓑ에 따른 금액을 더한 금액, ㉡ 부가가치세법에 따른 사업자가 신고를 한 경우로서 영세율과세표준을 과소신고하거나 신고하지 아니한 경우: ㉠ 각 호의 구분에 따른 금액에 그 과소신고되거나 무신고된 영세율과세표준의 1천분의 5에 상당하는 금액을 더한 금액에는 해당 호에 따른 금액을 가산세로 한다. 한편, ㉠ ⓐ 신고 당시 소유권에 대한 소송 등의 사유로 상속재산 또는 증여재산으로 확정되지 아니하였던 경우, ⓑ 상속세 및 증여세법에 따른 공제의 적용에 착오가 있었던 경우, ⓒ 상속세 및 증여세법에 따라 평가한 가액으로 과세표준을 결정한 경우, ⓓ 법인세법에 따라 법인세 과세표준 및 세액의 결정 · 경정으로 상속세 및 증여세법에 따른 증여의제이익이 변경되는 경우(부정행위로 법인세의 과세표준 및 세액을 결정 · 경정하는 경우는 제외)의 사유로 상속세 · 증여세 과세표준을 과소신고한 경우, ㉡ 부가가치세법에 따라 사업자가 대손세액에 해당하는 금액을 빼지 아니한 경우, ㉢ ⓓ에 해당하는 사유로 주식등의 취득가액이 감소된 경우에는 이와 관련하여 과소신고하거나 초과신고한 부분에 대해서는 가산세를 적용하지 아니한다.

여야할 금액에 미달한 금액) 세액의 100분의 300에 상당하는 금액을 가산세로 한다.[12)]

5. 원천징수납부 등 불성실가산세

① 국세를 징수하여 납부할 의무(ⓐ 소득세 또는 법인세를 원천징수하여 납부할 의무, ⓑ 납세조합이 소득세를 징수하여 납부할 의무, ⓒ 용역등을 공급받는 자가 부가가치세를 징수하여 납부할 의무)를 지는 자가 징수하여야 할 세액(ⓑ의 경우에는 징수한 세액)을 세법에 따른 납부기한까지 납부하지 아니하거나 과소납부한 경우에는 납부하지 아니한 세액 또는 과소납부분 세액의 100분의 10에 상당하는 금액을 한도로 하여 [㉠ 납부하지 아니한 세액 또는 과소납부분 세액의 100분의 3에 상당하는 금액, ㉡ 납부하지 아니한 세액 또는 과소납부분 세액 × 납부기한의 다음 날부터 자진납부일 또는 납세고지일까지의 기간 × 금융회사 등이 연체대출금에 대하여 적용하는 이자율 등을 고려하여 대통령령으로 정하는 이자율을 합한 금액]을 가산세로 한다. ② ㉠ 소득세를 원천징수하여야 할 자가 우리나라에 주둔하는 미군인 경우, ㉡ 소득세를 원천징수하여야 할 자가 소득을 지급하는 경우, ㉢ 소득세 또는 법인세를 원천징수하여야 할 자가 국가, 지방자치단체 또는 지방자치단체조합인 경우에는 ①을 적용하지 아니한다.

6. 가산세 감면 등

① 정부는 이 법 또는 세법에 따라 가산세를 부과하는 경우 그 부과의 원인이 되는 사유가 [㉠ 기한 연장 사유에 해당하는 경우, ㉡ 납세자가 의무를 이행하지 아니한 데에 정당한 사유가 있는 경우, ㉢ 세법해석에 관한 질의 · 회신 등에 따라 신고 · 납부하였으나 이후 다른 과세처분을 하는 경우, ㉣ 토지보상법에 따른 토지등의 수용 또는 사용, 국토

12) ① 사업자가 아닌 자가 부가가치세액을 환급받은 경우에도 적용한다. ② ㉠ 사업자가 납부기한까지 어느 사업장에 대한 부가가치세를 다른 사업장에 대한 부가가치세에 더하여 신고납부한 경우, ㉡ 대손세액에 상당하는 부분, ㉢ 전자적 용역을 공급하는 자가 부가가치세를 납부하여야 하는 경우, ㉣ 법인세 과세표준 및 세액의 결정 · 경정으로 증여의제이익이 변경되는 경우(부정행위로 인하여 법인세의 과세표준 및 세액을 결정 · 경정하는 경우는 제외), ㉤ ㉣에 해당하는 사유로 주식등의 취득가액이 감소된 경우에는 가산세를 적용하지 아니한다. ③ 원천징수납부 불성실가산세가 부과되는 부분에 대해서는 국세의 납부와 관련하여 납부불성실 및 환급불성실 가산세를 부과하지 아니한다. ④ 중간예납, 예정신고납부 및 중간신고납부와 관련하여 가산세가 부과되는 부분에 대해서는 확정신고납부와 관련하여 납부불성실 및 환급불성실 가산세를 부과하지 아니한다. ⑤ 국세(소득세, 법인세 및 부가가치세만 해당)를 과세기간을 잘못 적용하여 신고납부한 경우에는 실제 신고납부한 날에 실제 신고납부한 금액의 범위에서 당초 신고납부하였어야 할 과세기간에 대한 국세를 자진납부한 것으로 본다. 다만, 해당 국세의 신고가 부정행위로 무신고한 경우 또는 부정행위로 과소신고 · 초과신고 한 경우에는 그러하지 아니하다.

계획법에 따른 도시·군계획 또는 그 밖의 법령 등으로 인해 세법상의무를 이행할 수 없게 된 경우]에는 해당 가산세를 부과하지 아니한다. ② 정부는 ㉠ 법정신고기한이 지난 후 수정신고한 경우[13]에는 해당 가산세액대비 법정신고기한이 지난 후 1개월 이내 : 해당 가산세액의 90/100, 1월 이상~3월이내 : 75/100, 3월 이상~6월 이내 : 50/100, 6월 이상~1년 이내 : 30/100, 1년 이상~1년 6월 이내 : 20/100, 1년 6월 이상~2년 이내 : 10/100에 상당하는 금액의 구분에 따른 금액, ㉡ 법정신고기한이 지난 후 기한 후 신고를 한 경우[14]에는 해당 가산세액대비 법정신고기한이 지난 후 1개월 이내 : 50/100, 1월 이상~3월 이내 : 30/100, 3월 이상~6월 이내 : 20/100에 상당하는 금액의 구분에 따른 금액, ㉢ [ⓐ 과세전 적부심사 결정·통지기간에 그 결과를 통지하지 아니한 경우, ⓑ 세법에 따른 제출, 신고, 가입, 등록, 개설(제출등)의 기한이 지난 후 1개월 이내에 해당 세법에 따른 제출등의 의무를 이행하는 경우(제출등의 의무위반에 대하여 세법에 따라 부과되는 가산세만 해당), ⓒ 세법에 따른 예정신고기한 및 중간신고기한까지 예정신고 및 중간신고를 하였으나 과소신고하거나 초과신고한 경우로서 확정신고기한까지 과세표준을 수정하여 신고한 경우, ⓓ 세법에 따른 예정신고기한 및 중간신고기한까지 예정신고 및 중간신고를 하지 아니하였으나 확정신고기한까지 과세표준신고를 한 경우]에는 해당 가산세액의 100분의 50에 상당하는 금액에 해당하는 경우에는 이 법 또는 세법에 따른 해당 가산세액에서 정하는 금액을 감면한다.

7. 가산세 한도

① ㉠ 소득세법에 따른 가산세, ㉡ 법인세법에 따른 가산세, ㉢ 부가가치세법에 따른 가산세, ㉣ 상속세 및 증여세법에 따른 가산세, ㉤ 조세특례제한법에 따른 가산세에 해당하는 가산세에 대해서는 그 의무위반의 종류별로 각각 5천만원(중소기업이 아닌 기업은 1억원)을 한도로 한다. 다만, 해당의무를 고의적으로 위반한 경우에는 그러하지 아니하다. ②의무위반의 구분, 가산세 한도의 적용기간 및 적용 방법, 그 밖에 필요한 사항은 대통

13) 과소신고·초과환급신고에 따른 가산세만 해당하며, 과세표준과 세액을 경정할 것을 미리 알고(해당 국세에 관하여 세무공무원이 조사에 착수한 것을 알고 과세표준수정신고서 또는 기한후과세표준신고서를 제출한 경우, 해당 국세에 관하여 관할 세무서장으로부터 과세자료 해명 통지를 받고 과세표준수정신고서를 제출한 경우) 과세표준수정신고서를 제출한 경우는 제외.

14) 무신고가산세만 해당하며, 과세표준과 세액을 결정할 것을 미리 알고(해당 국세에 관하여 세무공무원이 조사에 착수한 것을 알고 과세표준수정신고서 또는 기한후과세표준신고서를 제출한 경우, 해당 국세에 관하여 관할 세무서장으로부터 과세자료 해명 통지를 받고 과세표준수정신고서를 제출한 경우) 기한후과세표준신고서를 제출한 경우는 제외.

령령으로 정한다.15)

제 4 절 심사와 심판

Ⅰ. 심사청구

1. 청구기간

① 심사청구는 해당 처분이 있음을 안 날(처분의 통지를 받은 때에는 그 받은 날)부터 90일 이내에 제기하여야 한다. ② 이의신청을 거친 후 심사청구를 하려면 이의신청에 대한 결정의 통지를 받은 날부터 90일 이내에 제기하여야 한다. 다만, 결정기간 내에 결정의 통지를 받지 못한 경우에는 결정의 통지를 받기 전이라도 그 결정기간이 지난 날부터 심사청구를 할 수 있다. ③ 기한(90일)까지 우편으로 제출한 심사청구서가 청구기간을 지나서 도달한 경우에는 그 기간의 만료일에 적법한 청구를 한 것으로 본다. ④ 심사청구인이 규정된 사유(신고, 신청, 청구, 그 밖에 서류의 제출, 통지에 관한 기한연장의 사유만 해당)로 정한 기간에 심사청구를 할 수 없을 때에는 그 사유가 소멸한 날부터 14일 이내에 심사청구를 할 수 있다. 이 경우 심사청구인은 그 기간에 심사청구를 할 수 없었던 사유, 그 사유가 발생한 날과 소멸한 날, 그 밖에 필요한 사항을 기재한 문서를 함께 제출하여야 한다.

2. 청구절차 및 청구서 제출

① 심사청구는 불복의 사유를 갖추어 해당 처분을 하였거나 하였어야 할 세무서장을 거쳐 국세청장에게 하여야 한다.16) ② 심사청구기간을 계산할 때에는 세무서장에게 해당

15) ① 가산세 한도는 세법에 따라 부과된 의무의 내용에 따라 구분한다. ② 가산세 한도의 적용기간은 [㉠ 소득세법, 법인세법, 부가가치세법에 따른 가산세: 과세기간 단위, ㉡ 상속세 및 증여세법에 따른 가산세: 의무를 이행하여야 할 기간 단위, ㉢ 조세특례제한법에 따른 가산세: 의무를 이행하여야 할 기간 단위, ㉣ 조세특례제한법의 세금우대자료 미제출 가산세: 소득세의 과세기간 단위]의 구분에 따른다.

16) **(심사청구서)** ① 심사청구는 [㉠ 청구인의 주소 또는 거소와 성명, ㉡ 처분이 있은 것을 안 연월일(처분통지를 받은 경우에는 통지를 받은 연월일), ㉢ 통지된 사항 또는 처분의 내용, ㉣ 불복의 이유]의 사항을 적은 심사청구서에 의하여 관할 세무서장을 거쳐 하여야 한다. 이 경우 관계 증거서류 또는 증거물이 있을 때에는 심사청구서에 이를 첨부하여야 한다. ② 심사청구서가 관할 세무서장 외

청구서가 제출된 때에 심사청구를 한 것으로 한다. 해당 청구서가 관할 세무서장 외의 세무서장, 지방국세청장 또는 국세청장에게 제출된 때에도 또한 같다. ③ 해당 청구서를 받은 세무서장은 이를 받은 날부터 7일 이내에 그 청구서에 처분의 근거·이유, 처분의 이유가 된 사실 등이 구체적으로 기재된 의견서를 첨부하여 국세청장에게 송부하여야 한다. 다만, ㉠ 해당 심사청구의 대상이 된 처분이 지방국세청장이 조사·결정 또는 처리하였거나 하였어야 할 것인 경우, ㉡ 지방국세청장에게 이의신청을 한 자가 이의신청에 대한 결정에 이의가 있거나 그 결정을 받지 못한 경우에 해당하는 심사 청구의 경우에는 그 지방국세청장의 의견서를 첨부하여야 한다. ④ 의견서가 제출되면 국세청장은 지체 없이 해당의견서를 심사청구인에게 송부하여야 한다.

3. 청구서의 보정

① 국세청장은 심사청구의 내용이나 절차가 이 법 또는 세법에 적합하지 아니하나 보정할 수 있다고 인정되면 20일 이내의 기간을 정하여 보정할 것을 요구할 수 있다. 다만, 보정할 사항이 경미한 경우에는 직권으로 보정할 수 있다. ② 보정 요구를 받은 심사청구인은 보정할 사항을 서면으로 작성하여 국세청장에게 제출하거나, 국세청에 출석하여 보정할 사항을 말하고 그 말한 내용을 국세청 소속 공무원이 기록한 서면에 서명 또는 날인함으로써 보정할 수 있다.[17] ③ 보정기간은 심사청구기간에 산입하지 아니한다.

4. 증거서류 또는 증거물

① 심사청구인은 송부받은 의견서에 대하여 항변하기 위하여 국세청장에게 증거서류나 증거물을 제출할 수 있다. ② 심사청구인은 국세청장이 증거서류나 증거물에 대하여 기한을 정하여 제출할 것을 요구하는 경우 그 기한까지 해당 증거서류 또는 증거물을 제출하여야 한다. ③ 국세청장은 증거서류가 제출되면 증거서류의 부본을 지체 없이 해당 세무서장 및 지방국세청장에게 송부하여야 한다.

의 세무서장, 지방국세청장 또는 국세청장에게 제출된 경우에는 그 심사청구서를 관할 세무서장에게 지체 없이 송부하고, 그 뜻을 해당 청구인에게 통지하여야 한다.

17) ① 심사청구의 내용 또는 절차의 보정 요구는 ㉠ 보정할 사항, ㉡ 보정을 요구하는 이유, ㉢ 보정할 기간, ㉣ 그 밖에 필요한 사항을 적은 문서로 하여야 한다. ② 재결청은 직권으로 보정을 한 경우에는 그 뜻을 적은 문서로 해당 이의신청인, 심사청구인 또는 심판청구인에게 통지하여야 한다.

Ⅱ. 결정 및 이의신청

1. 결정 절차

① 심사청구를 받으면 국세청장은 국세심사위원회의 심의를 거쳐 결정을 하여야 한다. 다만, 심사청구기간이 지난 후에 제기된 심사청구 등 대통령령으로 정하는 사유에 해당하는 경우에는 그러하지 아니하다. ② 국세심사위원회의 회의는 공개하지 아니한다. 다만, 국세심사위원회 위원장이 필요하다고 인정할 때에는 공개할 수 있다.

2. 결정 및 결정의 경정 등

(1) 결정

① 심사청구에 대한 결정 : ㉠ ⓐ 심판청구를 제기한 후 심사청구를 제기(같은 날 제기한 경우도 포함)한 경우, ⓑ 청구기간이 지난 후에 청구된 경우, ⓒ 심사청구 후 보정기간에 필요한 보정을 하지 아니한 경우, ⓓ 심사청구가 적법하지 아니한 경우, ⓔ ⓐ부터 ⓓ까지의 규정에 따른 경우와 유사한 경우로서 대통령령으로 정하는 경우에는 심사청구를 각하하는 결정을 한다. ㉡ 심사청구가 이유 없다고 인정될 때에는 그 청구를 기각하는 결정을 한다. ㉢ 심사청구가 이유 있다고 인정될 때에는 그 청구의 대상이 된 처분의 취소·경정 결정을 하거나 필요한 처분의 결정을 한다. 다만, 취소·경정 또는 필요한 처분을 하기 위하여 사실관계 확인 등 추가적으로 조사가 필요한 경우에는 처분청으로 하여금 이를 재조사하여 그 결과에 따라 취소·경정하거나 필요한 처분을 하도록 하는 재조사 결정을 할 수 있다. ② 결정은 심사청구를 받은 날부터 90일 이내에 하여야 한다. ③ 결정을 하였을 때에는 결정기간 내에 그 이유를 기재한 결정서로 심사청구인에게 통지하여야 한다. ④ 보정기간은 결정기간에 산입하지 아니한다. ⑤ 재조사 결정이 있는 경우 처분청은 재조사 결정일로부터 60일 이내에 결정서 주문에 기재된 범위에 한정하여 조사하고, 그 결과에 따라 취소·경정하거나 필요한 처분을 하여야 한다. 이 경우 처분청은 조사를 연기하거나 조사기간을 연장하거나 조사를 중지할 수 있다.

(2) 결정의 경정

① 심사청구에 대한 결정에 잘못된 기재, 계산착오, 그 밖에 이와 비슷한 잘못이 있는

것이 명백할 때에는 국세청장은 직권으로 또는 심사청구인의 신청에 의하여 경정할 수 있다. ② 경정의 세부적인 절차는 대통령령으로 정한다.

(3) 불고불리 · 불이익변경 금지

① 국세청장은 결정을 할 때 심사청구를 한 처분 외의 처분에 대해서는 그 처분의 전부 또는 일부를 취소 또는 변경하거나 새로운 처분의 결정을 하지 못한다. ② 국세청장은 결정을 할 때 심사청구를 한 처분보다 청구인에게 불리한 결정을 하지 못한다.

3. 이의신청

① 이의신청은 불복의 사유를 갖추어 해당 처분을 하였거나 하였어야 할 세무서장에게 하거나 세무서장을 거쳐 관할 지방국세청장에게 하여야 한다. 다만, ㉠ 지방국세청장의 조사에 따라 과세처분을 한 경우, ㉡ 조사한 세무서장과 과세처분한 세무서장이 서로 다른 경우, ㉢ 세무서장에게 과세전 적부심사를 청구한 경우에는 관할 지방국세청장(㉡의 경우 과세처분한 세무서장의 관할 지방국세청장)에게 하여야 하며, 세무서장에게 한 이의신청은 관할 지방국세청장에게 한 것으로 본다. ② 세무서장은 이의신청의 대상이 된 처분이 지방국세청장이 조사 · 결정 또는 처리하였거나 하였어야 할 것인 경우에는 이의신청을 받은 날부터 7일 이내에 해당 신청서에 의견서를 첨부하여 해당 지방국세청장에게 송부하고 그 사실을 이의신청인에게 통지하여야 한다. ③ 지방국세청장에게 하는 이의신청을 받은 세무서장은 이의신청을 받은 날부터 7일 이내에 해당 신청서에 의견서를 첨부하여 지방국세청장에게 송부하여야 한다. ④ 이의신청을 받은 세무서장과 지방국세청장은 각각 국세심사위원회의 심의를 거쳐 결정하여야 한다. ⑤ 준용하는 결정은 이의신청을 받은 날부터 30일 이내에 하여야 한다. 다만, 이의신청인이 송부받은 의견서에 대하여 이 항 본문에 따른 결정기간 내에 항변하는 경우에는 이의신청을 받은 날부터 60일 이내에 하여야 한다. ⑥ 신청서를 받은 세무서장 또는 신청서 또는 의견서를 받은 지방국세청장은 지체 없이 이의신청의 대상이 된 처분에 대한의견서를 이의신청인에게 송부하여야 한다. 이 경우의견서에는 처분의 근거 · 이유, 처분의 이유가 된 사실 등이 구체적으로 기재되어야 한다.

제 17 장
종합부동산세법

제1절 서 설

종합부동산세법은 고액의 부동산 보유자에 대하여 종합부동산세를 부과하여 부동산보유에 대한 조세부담의 형평성을 제고하고, 부동산의 가격안정을 도모함으로써 지방재정의 균형발전과 국민경제의 건전한 발전에 이바지함을 목적으로 한다.[1)]

1) ① 이 법에서 세대라 함은 주택 또는 토지의 소유자 및 그 배우자와 그들과 생계를 같이하는 가족(주택 또는 토지의 소유자와 그 배우자의 직계존비속(그 배우자 포함) 및 형제자매를 말하며, 취학, 질병의 요양, 근무상 또는 사업상의 형편으로 본래의 주소 또는 거소를 일시퇴거한 자를 포함)으로서, 주택 또는 토지의 소유자 및 그 배우자가 그들과 동일한 주소 또는 거소에서 생계를 같이하는 가족과 함께 구성하는 1세대를 말한다. ② Ⓐ 30세 이상인 경우, Ⓑ 배우자가 사망하거나 이혼한 경우, Ⓒ 중위소득의 100분의 40 이상으로서 소유하고 있는 주택 또는 토지를 관리 · 유지하면서 독립된 생계를 유지할 수 있는 경우(다만, 미성년자의 경우를 제외하되, 미성년자의 결혼, 가족의 사망 그 밖에 기획재정부령이 정하는 사유로 1세대의 구성이 불가피한 경우에는 포함)에 해당하는 경우에는 배우자가 없는 때에도 1세대로 본다. ③ 혼인함으로써 1세대를 구성하는 경우에는 혼인한 날부터 5년 동안은 주택 또는 토지를 소유하는 자와 그 혼인한 자별로 각각 1세대로 본다. ④ 동거봉양하기 위하여 합가함으로써 과세기준일 현재 60세 이상의 직계존속(직계존속 중 어느 한 사람이 60세 미만인 경우를 포함)과 1세대를 구성하는 경우에는 합가한 날부터 10년 동안(합가한 날 당시는 60세 미만이었으나, 합가한 후 과세기준일 현재 60세에 도달하는 경우는 합가한 날부터 10년의 기간 중에서 60세 이상인 기간 동안) 주택 또는 토지를 소유하는 자와 그 합가한 자별로 각각 1세대로 본다.

Ⅰ. 과세기준일 및 납세지

1. 과세기준일 및 부과징수

종합부동산세의 과세기준일은 지방세법에 따른 재산세의 과세기준일(매년 6월 1일)로 하며, 당해연도 12월1일부터 15일까지 고지서로 부과징수한다.

2. 납세지

① 종합부동산세의 납세의무자가 개인 또는 법인으로 보지 아니하는 단체인 경우에는 소득세법의 규정을 준용하여 납세지를 정한다(개인 거주자 : 주소지, 거소지/개인 비거주자 : 국내사업장소재지, 원천징수발생 장소). ② 종합부동산세의 납세의무자가 법인 또는 법인으로 보는 단체인 경우에는 법인세법의 규정을 준용하여 납세지를 정한다(내국법인 : 등기부상 본점, 주사무소/외국법인 : 국내사업장 소재지, 소득발생 자산 소재지). ③ 종합부동산세의 납세의무자가 비거주자인 개인 또는 외국법인으로서 국내사업장이 없고 국내원천소득이 발생하지 아니하는 주택 및 토지를 소유한 경우에는 그 주택 또는 토지의 소재지(주택 또는 토지가 둘 이상인 경우에는 공시가격이 가장 높은 주택 또는 토지의 소재지)를 납세지로 정한다.

Ⅱ. 과세구분 등

1. 과세구분 및 세액

① 종합부동산세는 주택에 대한 종합부동산세와 토지에 대한 종합부동산세의 세액을 합한 금액을 그 세액으로 한다. ② 토지에 대한 종합부동산세의 세액은 토지분 종합합산세액과 토지분 별도합산세액을 합한 금액으로 한다.

2. 비과세 등

① 지방세특례제한법 또는 조세특례제한법에 의한 재산세의 비과세·과세면제 또는 경

감에 관한 규정(재산세의 감면규정)은 종합부동산세를 부과함에 있어서 이를 준용한다. ② 지방세특례제한법에 따른 시·군의 감면조례에 의한 재산세의 감면규정은 종합부동산세를 부과함에 있어서 이를 준용한다. ③ 재산세의 감면규정을 준용함에 있어서 그 감면대상인 주택 또는 토지의 공시가격에서 그 공시가격에 재산세 감면비율(비과세 또는 과세면제의 경우에는 이를 100분의 100으로 본다)을 곱한 금액을 공제한 금액을 공시가격으로 본다. ④ 재산세의 감면규정 또는 분리과세규정에 따라 종합부동산세를 경감하는 것이 종합부동산세를 부과하는 취지에 비추어 적합하지 않은 것으로 인정되는 경우 등 Ⓐ 시·군의 감면조례에 따른 재산세의 감면규정 또는 분리과세규정 중 ⓐ 전국 공통으로 적용되는 것이 아닌 것, ⓑ 해당 규정이 전국적인 과세형평을 저해하는 것으로 인정되는 것의 요건을 모두 충족하는 경우로서 행정안전부장관이 기획재정부장관과 협의하여 고시하는 경우, Ⓑ 지방세특례제한법 또는 조세특례제한법에 따른 재산세의 비과세, 과세면제 또는 경감에 관한 규정이 종합부동산세가 합산배제되지 않는 임대주택에 적용되는 경우 : 시·군의 감면조례의 적용배제에는 종합부동산세를 부과함에 있어서 ① 및 ② 또는 그 분리과세규정을 적용하지 아니한다.

제 2 절 주택에 대한 과세

Ⅰ. 납세의무자

과세기준일 현재 주택분 재산세의 납세의무자는 종합부동산세를 납부할 의무가 있으며, 수탁자 명의로 등기 또는 등록된 신탁주택은 위탁자가 종합부동산세를 납부할 의무가 있다.

Ⅱ. 과세표준

① 주택에 대한 종합부동산세의 과세표준은 납세의무자별로 주택의 공시가격을 합산한 금액 [과세기준일 현재 세대원 중 1인이 해당 주택을 단독으로 소유한 경우로서 대통령령으로 정하는 1세대 1주택자(세대원 중 1명만이 주택분 재산세 과세대상인 1주택만을

소유한 경우로서 그 주택을 소유한 거주자. 이 경우 다가구주택은 1주택으로 보되, 합산배제 임대주택으로 신고한 경우에는 1세대가 독립하여 구분 사용할 수 있도록 구획된 부분을 각각 1주택으로 본다)의 경우에는 그 합산한 금액에서 3억원을 공제한 금액] 에서 6억원을 공제한 금액에 부동산 시장의 동향과 재정 여건 등을 고려하여 100분의 60부터 100분의 100까지의 범위에서 대통령령으로 정하는 공정시장가액비율(100분의 100을 말하되, 2021년: 100분의 95의 비율)을 곱한 금액으로 한다. ② 과세표준 합산의 대상이 아닌 주택의 범위는 ㉠ 민간임대주택, 공공임대주택 또는 대통령령이 정하는 다가구 임대주택(다가구주택 또는 다가구주택과 그 밖의 주택)으로서 임대기간, 주택의 수, 가격, 규모 등을 감안하여 대통령령이 정하는 주택[2], ㉡ 종업원의 주거에 제공하기 위한 기숙사 및 사원용 주택, 주택건설사업자가 건축하여 소유하고 있는 미분양주택, 가정어린이집용 주택, 수도권 외 지역에 소재하는 1주택 등 종합부동산세를 부과하는 목적에 적합하지 아니한 것으로서 대통령령이 정하는 주택[3]이다. 이 경우 수도권 외 지역에 소재하는 1주택

2) ① 공공주택사업자 또는 임대사업자로서 과세기준일 현재 주택임대업 사업자등록을 한 자가 과세기준일 현재, 임대(㉠부터 ㉢까지, ㉤부터 ㉧까지의 주택을 임대한 경우)하거나 소유(㉣의 주택을 소유한 경우)하고 있는 다음에 해당하는 주택(합산배제 임대주택)을 말한다. 이 경우 과세기준일 현재 임대를 개시한 자가 합산배제 신고기간 종료일까지 임대사업자로서 사업자등록을 하는 경우에는 해당 연도 과세기준일 현재 임대사업자로서 사업자등록을 한 것으로 본다. ㉠ 민간건설임대주택과 공공건설임대주택(건설임대주택)으로서 ⓐ 전용면적이 149제곱미터 이하로서 2호 이상의 주택의 임대를 개시한 날(2호 이상의 주택의 임대를 개시한 날 이후 임대를 개시한 주택의 경우에는 그 주택의 임대개시일) 또는 최초로 합산배제신고를 한 연도의 과세기준일의 공시가격이 6억원 이하일 것, ⓑ 5년 이상 계속하여 임대하는 것일 것, ⓒ 임대보증금 또는 임대료의 연 증가율이 100분의 5를 초과하지 않을 것의 요건을 모두 갖춘 주택이 2호 이상인 경우 그 주택. 다만, 민간건설 임대주택의 경우에는 2018년 3월 31일 이전에 임대사업자 등록과 사업자등록을 한 주택으로 한정. ㉡ 민간매입임대주택과 공공매입임대주택(매입임대주택)으로서 ⓐ 해당 주택의 임대개시일 또는 최초로 합산배제신고를 한 연도의 과세기준일의 공시가격이 6억원[수도권 밖의 지역인 경우에는 3억원] 이하일 것, ⓑ 5년 이상 계속하여 임대하는 것일 것, ⓒ 임대보증금 또는 임대료의 연 증가율이 100분의 5를 초과하지 않을 것의 요건을 모두 갖춘 주택. 다만, 민간매입임대주택의 경우에는 2018년 3월 31일 이전에 임대사업자 등록과 사업자등록을 한 주택으로 한정. ㉢ 임대사업자의 지위에서 2005년 1월 5일 이전부터 임대하고 있던 임대주택으로서 ⓐ 국민주택 규모 이하로서 2005년도 과세기준일의 공시가격이 3억원 이하일 것, ⓑ 5년 이상 계속하여 임대하는 것일 것의 요건을 모두 갖춘 주택이 2호 이상인 경우 그 주택. ㉣ 민간건설임대주택으로서 ⓐ 전용면적이 149제곱미터 이하일 것, ⓑ ⑧에 따른 합산배제신고를 한 연도의 과세기준일 현재의 공시가격이 6억원 이하일 것, ⓒ 건축법에 따른 사용승인을 받은 날 또는 주택법에 따른 사용검사 후 사용검사필증을 받은 날부터 과세기준일 현재까지의 기간 동안 임대된 사실이 없고, 그 임대되지 아니한 기간이 2년 이내일 것의 요건을 모두 갖춘 주택. ㉤ 부동산투자회사 또는 부동산간접투자기구가 2008년 1월 1일부터 2008년 12월 31일까지 취득 및 임대하는 매입임대주택으로서 ⓐ 전용면적이 149제곱미터 이하로서 2008년도 과세기준일의 공시가격이 6억원 이하일 것, ⓑ 10년 이상 계속하여 임대하는 것일 것, ⓒ 수도권 밖의 지역에 위치할 것의 요건을 모두 갖춘 주택이 5호 이상인 경우의 그 주택. ㉥ 매입임대주택[미분양주택] ㉦ 건설임대주택 중 공공지원민간임대주택 또는 장기일반민간임대주택(장기일반민간임대주택등).

3) ① Ⓐ 종업원에게 무상이나 저가로 제공하는 사용자 소유의 주택으로서 국민주택규모 이하이거나 과세기준일 현재 공시가격이 3억원 이하인 주택. Ⓑ 기숙사, Ⓒ 과세기준일 현재 사업자등록을 한 미분

의 경우에는 2009년 1월 1일부터 2011년 12월 31일까지의 기간 중 납세의무가 성립하는 분에 한한다. ③ 주택을 보유한 납세의무자는 당해 연도 9월 16일부터 9월 30일까지 대통령령이 정하는 바에 따라 납세지 관할세무서장에게 당해 주택의 보유현황을 신고하여야 한다. ④ 1주택(주택의 부속토지만을 소유한 경우를 제외)과 다른 주택의 부속토지(주택의 건물과 부속토지의 소유자가 다른 경우의 그 부속토지)를 함께 소유하고 있는 경우에는 1세대 1주택자로 본다.

Ⅲ. 세율 및 세액

① 주택에 대한 종합부동산세는 다음과 같이 납세의무자가 소유한 주택 수에 따라 과세표준에 해당 세율을 적용하여 계산한 금액을 그 세액(주택분 종합부동산세액)으로 한다.

㉠ 납세의무자가 2주택 이하를 소유한 경우[조정대상지역 내 2주택을 소유한 경우는 제외]

양 주택, Ⓓ 과세기준일 현재 5년(의무운영기간) 이상 계속하여 가정어린이집로 운영하는 주택(가정어린이집용 주택). Ⓔ 주택의 시공자가 해당 주택의 공사대금으로 받은 미분양 주택. Ⓕ 정부출연연구기관이 해당 연구기관의 연구원에게 제공하는 주택, Ⓖ 문화재보호법에 따른 등록문화재에 해당하는 주택. Ⓗ 기업구조조정부동산투자회사 또는 부동산집합투자기구가 2010년 2월 11일까지 직접 취득을 하는 미분양주택. Ⓘ 기업구조조정부동산투자회사등이 미분양주택을 취득할 당시 매입약정을 체결한 자가 그 매입약정에 따라 미분양주택을 취득한 경우로서 그 취득일부터 3년 이내인 주택. Ⓙ 신탁계약에 따른 신탁재산으로 신탁업자가 2010년 2월 11일까지 직접 취득(매매계약을 체결하고 계약금을 납부한 경우를 포함)을 하는 미분양주택. Ⓚ 노인복지주택, Ⓛ 향교 또는 향교재단이 소유한 주택의 부속토지. Ⓜ 기타 미분양주택 등 Ⓠ 송전설비주변법에 따른 주택매수의 청구에 따라 사업자가 취득하여 보유하는 주택. Ⓡ 주택도시기금과 한국토지주택공사가 공동으로 출자하여 설립한 부동산투자회사 또는 기획재정부령으로 정하는 기관이 매입하는 주택으로서 ⓐ 매입 시점에 거주자가 거주하고 있는 주택으로서 해당 주택 외에 거주자가 속한 세대가 보유하고 있는 주택이 없을 것, ⓑ 해당 거주자에게 매입한 주택을 5년 이상 임대하고 임대기간 종료 후에 그 주택을 재매입할 수 있는 권리를 부여할 것, ⓒ 매입 당시 해당 주택의 공시가격이 5억원 이하일 것의 요건을 모두 갖춘 주택. ② ㉠ 가정어린이집용 주택의 소유자 또는 가정어린이집을 운영하던 세대원이 사망한 경우, ㉡ 가정어린이집용 주택이 토지보상법 또는 그 밖의 법률에 따라 협의매수 또는 수용된 경우, ㉢ 그 밖에 천재·지변 등 기획재정부령이 정하는 부득이한 사유로 인하여 더 이상 가정어린이집을 운영할 수 없는 경우의 어느 하나에 해당하는 경우에는 가정어린이집용 주택의 의무운영기간을 충족하는 것으로 본다. ③ ㉠ 가정어린이집용 주택에서 이사하여 입주한 주택을 3월 이내에 가정어린이집로 운영하는 경우, ㉡ 가정어린이집용 주택의 소유자 또는 가정어린이집을 운영하던 세대원의 사망으로 인하여 가정어린이집을 운영하지 아니한 기간이 3월 이내인 경우의 어느 하나에 해당하는 경우에는 계속하여 가정어린이집을 운영하는 것으로 본다. ④ 종업원의 주거에 제공하기 위한 기숙사 및 사원용 주택.

과세표준	세율
3억원 이하	1천분의 6
3억원 초과 6억원 이하	180만원 + (3억원을 초과하는 금액의 1천분의 8)
6억원 초과 12억원 이하	420만원 + (6억원을 초과하는 금액의 1천분의 12)
12억원 초과 50억원 이하	1,140만원 + (12억원을 초과하는 금액의 1천분의 16)
50억원 초과 94억원 이하	7,220만원 + (50억원을 초과하는 금액의 1천분의 22)
94억원 초과	16,900만원 + (94억원을 초과하는 금액의 1천분의 30)

㉡ 납세의무자가 3주택 이상을 소유하거나, 조정대상지역 내 2주택을 소유한 경우

과세표준	세율
3억원 이하	1천분의 12
3억원 초과 6억원 이하	360만원 + (3억원을 초과하는 금액의 1천분의 16)
6억원 초과 12억원 이하	840만원 + (6억원을 초과하는 금액의 1천분의 22)
12억원 초과 50억원 이하	2,160만원 + (12억원을 초과하는 금액의 1천분의 36)
50억원 초과 94억원 이하	15,840만원 + (50억원을 초과하는 금액의 1천분의 50)
94억원 초과	37,840만원 + (94억원을 초과하는 금액의 1천분의 60)

③ 주택분 과세표준 금액에 대하여 해당 과세대상 주택의 주택분 재산세로 부과된 세액(지방세법에 따라 가감조정된 세율이 적용된 경우에는 그 세율이 적용된 세액, 세부담 상한을 적용받은 경우에는 그 상한을 적용받은 세액)은 주택분 종합부동산세액에서 이를 공제한다.[4] ④ 주택분 종합부동산세액의 계산에 있어서 주택 수 계산 및 주택분 재산세로 부과된 세액의 공제 등에 관하여 필요한 사항은 대통령령으로 정한다.[5] ⑤ 주택분 종합부동산세 납세의무자가 1세대 1주택자에 해당하는 경우의 주택분 종합부동산세액은 ①·③ 및 ④에 따라 산출된 세액에서 ⑥ 또는 ⑦에 따른 1세대 1주택자에 대한 공제액을

4) **(주택분 종합부동산세에서 공제되는 재산세액의 계산)** ① 주택분 종합부동산세액에서 공제하는 주택분 과세표준 금액에 대한 주택분 재산세로 부과된 세액은 계산식(주택분 재산세로 부과된 세액의 합계액 × [(주택의 공시가격을 합산한 금액 - 6억원) × 공정시장가액비율 × 지방세법시행령에 따른 공정시장가액비율 × 지방세법에 따른 표준세율] / 주택을 합산하여 주택분 재산세 표준세율로 계산한 재산세 상당액)에 따라 계산한 금액으로 한다. ② 1세대 1주택자의 경우에는 소유한 주택의 공시가격에서 3억원을 공제한 금액을 주택의 공시가격을 합산한 금액으로 본다. ③ 주택분 종합부동산세액을 계산할 때 적용해야 하는 주택 수는 다음에 따라 계산한다. ㉠ 1주택을 여러 사람이 공동으로 소유한 경우 공동 소유자 각자가 그 주택을 소유한 것으로 본다. 다만, 상속을 통해 공동 소유한 주택은 과세기준일 현재 ⓐ 주택에 대한 소유 지분율이 20퍼센트 이하일 것, ⓑ 소유 지분율에 상당하는 공시가격이 3억원 이하일 것의 요건을 모두 갖춘 경우에만 주택 수에서 제외한다. ㉡ 다가구주택은 1주택으로 본다. ㉢ 합산배제임대주택 및 합산배제사원용주택은 주택 수에 포함하지 않는다. ④ 주택분 재산세 표준세율의 적용 등 계산에 필요한 사항은 기획재정부령으로 정한다.

5) **(주택 보유기간의 산정)** ① 소실·도괴·노후 등으로 인하여 멸실되어 재건축 또는 재개발하는 주택에 대하여는 그 멸실된 주택을 취득한 날부터 보유기간을 계산한다. ② 배우자로부터 상속받은 주택에 대하여는 피상속인이 해당 주택을 취득한 날부터 보유기간을 계산한다.

공제한 금액으로 한다. 이 경우 ⑥과 ⑦은 공제율 합계 100분의 70의 범위에서 중복하여 적용할 수 있다. ⑥ 과세기준일 현재 만 60세 이상인 1세대 1주택자의 공제액은 ①·③ 및 ④에 따라 산출된 세액[1주택과 다른 주택의 토지소유의 경우에는 ①·③ 및 ④에 따라 산출된 세액에서 주택의 부속토지(주택의 건물과 부속토지의 소유자가 다른 경우의 그 부속토지)분에 해당하는 산출세액(공시가격합계액으로 안분하여 계산한 금액)을 제외한 금액]에 다음 표에 따른 연령별 공제율을 곱한 금액으로 한다.

연 령	공제율
만 60세 이상 만 65세 미만	100분의 20
만 65세 이상 만 70세 미만	100분의 30
만 70세 이상	100분의 40

⑦ 1세대 1주택자로서 해당 주택을 과세기준일 현재 5년 이상 보유한 자의 공제액은 ①·③ 및 ④에 따라 산출된 세액[1주택과 다른 주택의 토지소유의 경우에는 ①·③ 및 ④에 따라 산출된 세액에서 주택의 부속토지(주택의 건물과 부속토지의 소유자가 다른 경우의 그 부속토지)분에 해당하는 산출세액(공시가격합계액으로 안분하여 계산한 금액)을 제외한 금액]에 다음 표에 따른 보유기간별 공제율을 곱한 금액으로 한다.

보유기간	공제율
5년 이상 10년 미만	100분의 20
10년 이상 15년 미만	100분의 40
15년 이상	100분의 50

Ⅳ. 세부담의 상한

종합부동산세의 납세의무자가 해당 연도에 납부하여야 할 주택분 재산세액상당액과 주택분 종합부동산세액상당액의 합계액(주택에 대한 총세액상당액)으로서 대통령령으로 정하는 바에 따라 계산한 세액이 해당 납세의무자에게 직전년도에 해당 주택에 부과된 주택에 대한 총세액상당액으로서 대통령령으로 정하는 바에 따라 계산한 세액에 ㉠ 2주택 이하의 적용대상인 경우: 100분의 150, ㉡ 3주택 이상, 조정대상지역2주택의 적용대상인 경우 : 납세의무자가 3주택 이상을 소유한 경우: 100분의 300(그 외는 : 100분의 200)의 비율을 곱하여 계산한 금액을 초과하는 경우에는 그 초과하는 세액에 대하여는 이를 없는 것으로 본다.

제 3 절 토지에 대한 과세

Ⅰ. 과세방법 및 납세의무자

① 토지에 대한 종합부동산세는 국내에 소재하는 토지에 대하여 종합합산과세대상과 별도합산과세대상으로 구분하여 과세한다. ② 과세기준일 현재 토지분 재산세의 납세의무자로서 ㉠ 종합합산과세대상인 경우에는 국내에 소재하는 해당 과세대상토지의 공시가격을 합한 금액이 5억원을 초과하는 자, ㉡ 별도합산과세대상인 경우에는 국내에 소재하는 해당 과세대상토지의 공시가격을 합한 금액이 80억원을 초과하는 자는 해당 토지에 대한 종합부동산세를 납부할 의무가 있다.

Ⅱ. 과세표준

① 종합합산과세대상인 토지에 대한 종합부동산세의 과세표준은 납세의무자별로 해당 과세대상토지의 공시가격을 합산한 금액에서 5억원을 공제한 금액에 부동산 시장의 동향과 재정 여건 등을 고려하여 100분의 60부터 100분의 100까지의 범위에서 대통령령으로 정하는 공정시장가액비율(2021년: 100분의 95)을 곱한 금액으로 한다. ② 별도합산과세대상인 토지에 대한 종합부동산세의 과세표준은 납세의무자별로 해당 과세대상토지의 공시가격을 합산한 금액에서 80억원을 공제한 금액에 부동산 시장의 동향과 재정 여건 등을 고려하여 100분의 60부터 100분의 100까지의 범위에서 대통령령으로 정하는 공정시장가액비율(2021년: 100분의 95)을 곱한 금액으로 한다.

Ⅲ. 세율 및 세액

① 종합합산과세대상인 토지에 대한 종합부동산세의 세액은 과세표준에 다음의 세율을 적용하여 계산한 금액(토지분 종합합산세액)으로 한다.

과세표준	세 율
15억원 이하	1천분의 10
15억원 초과 45억원 이하	1,500만원 + (15억원을 초과하는 금액의 1천분의 20)
45억원 초과	7,500만원 + (45억원을 초과하는 금액의 1천분의 30)

② 종합합산과세대상인 토지의 과세표준 금액에 대하여 해당 과세대상 토지의 토지분 재산세로 부과된 세액(가감조정된 세율이 적용된 경우에는 그 세율이 적용된 세액, 세부담 상한을 적용받은 경우에는 그 상한을 적용받은 세액)은 토지분 종합합산세액에서 이를 공제한다.

③ 별도합산과세대상인 토지에 대한 종합부동산세의 세액은 과세표준에 다음의 세율을 적용하여 계산한 금액(토지분 별도합산세액)으로 한다.

과세표준	세 율
200억원 이하	1천분의 5
200억원 초과 400억원 이하	1억원 + (200억원을 초과하는 금액의 1천분의 6)
400억원 초과	2억2천만원 + (400억원을 초과하는 금액의 1천분의 7)

④ 별도합산과세대상인 토지의 과세표준 금액에 대하여 해당 과세대상 토지의 토지분 재산세로 부과된 세액(가감조정된 세율이 적용된 경우에는 그 세율이 적용된 세액, 세부담 상한을 적용받은 경우에는 그 상한을 적용받은 세액)은 토지분 별도합산세액에서 이를 공제한다. ⑤ 토지분 종합부동산세액의 계산에 있어서 토지분 재산세로 부과된 세액의 공제 등에 관하여 필요한 사항은 대통령령으로 정한다.[6)]

Ⅳ. 세부담의 상한

① 종합부동산세의 납세의무자가 종합합산과세대상인 토지에 대하여 해당 연도에 납부하여야 할 재산세액상당액과 토지분 종합합산세액상당액의 합계액(종합합산과세대상인 토지에 대한 총세액상당액)으로서 대통령령으로 정하는 바에 따라 계산한 세액이 해당 납

6) ① 토지분 종합합산세액에서 공제하는 종합합산과세대상인 토지의 과세표준 금액에 대한 토지분 재산세로 부과된 세액은 계산식{종합합산과세대상인 토지분 재산세로 부과된 세액의 합계액 × [(종합합산과세대상인 토지의 공시가격을 합산한 금액 - 5억원) × 공정시장가액비율 × 지방세법시행령에 따른 공정시장가액비율] × 지방세법에 따른 표준세율}에 따라 계산한 금액으로 한다. ② 토지분 별도합산세액에서 공제하는 별도합산과세대상인 토지에 대한 토지분 재산세로 부과된 세액은 계산식{별도합산과세대상인 토지분 재산세로 부과된 세액의 합계액 × [(별도합산과세대상인 토지의 공시가격을 합산한 금액 - 80억원) × 공정시장가액비율] ×지방세법시행령에 따른 공정시장가액비율×지방세법에 따른 표준세율}에 따라 계산한 금액으로 한다.

세의무자에게 직전년도에 해당 토지에 부과된 종합합산과세대상인 토지에 대한 총세액상당액으로서 재산세액상당액과 종합부동산세액상당액의 합계액의 100분의 150을 초과하는 경우에는 그 초과하는 세액에 대하여는 이를 없는 것으로 본다. ② 종합부동산세의 납세의무자가 별도합산과세대상인 토지에 대하여 해당 연도에 납부하여야 할 재산세액상당액과 토지분 별도합산세액상당액의 합계액(별도합산과세대상인 토지에 대한 총세액상당액)으로서 세액이 해당 납세의무자에게 직전년도에 해당 토지에 부과된 별도합산과세대상인 토지에 대한 총세액상당액으로서 재산세액상당액과 종합부동산세액상당액의 합계액의 100분의 150을 초과하는 경우에는 그 초과하는 세액에 대하여는 이를 없는 것으로 본다.

제4절 부과 · 징수 등

Ⅰ. 부과 · 징수 등

① 관할세무서장은 납부하여야 할 종합부동산세의 세액을 결정하여 당해연도 12월 1일부터 12월 15일(납부기간)까지 부과 · 징수한다. ② 관할세무서장은 종합부동산세를 징수하고자 하는 때에는 납세고지서에 주택 및 토지로 구분한 과세표준과 세액을 기재하여 납부기간 개시 5일 전까지 발부하여야 한다. ③ 종합부동산세를 신고납부방식으로 납부하고자 하는 납세의무자는 종합부동산세의 과세표준과 세액을 당해연도 12월 1일부터 12월 15일까지 대통령령이 정하는 바에 따라 관할세무서장에게 신고하여야 한다. ④ 신고한 납세의무자는 신고기한 이내에 대통령령이 정하는 바에 따라 관할세무서장 · 한국은행 또는 체신관서에 종합부동산세를 납부하여야 한다. ⑤ 종합부동산세의 부과절차 및 징수에 관하여 관할세무서장은 납세고지서를 발부하는 경우 세액산출명세서를 첨부하여야 하고, 종합부동산세의 과세표준과세액을 신고하는 때에는 종합부동산세 신고서, 과세대상 물건명세서, 세부담 상한 초과세액계산명세서를 관할세무서장에게 제출하여야 한다.

Ⅱ. 결정과 경정

① 관할세무서장 또는 납세지 관할 지방국세청장은 과세대상 누락, 위법 또는 착오 등

으로 인하여 종합부동산세를 새로 부과할 필요가 있거나 이미 부과한 세액을 경정할 경우에는 다시 부과·징수할 수 있다. ② 관할세무서장 또는 관할지방국세청장은 신고를 한 자의 신고내용에 탈루 또는 오류가 있는 때에는 당해연도의 과세표준과 세액을 경정한다. ③ 관할세무서장 또는 관할지방국세청장은 과세표준과 세액을 결정 또는 경정한 후 그 결정 또는 경정에 탈루 또는 오류가 있는 것이 발견된 때에는 이를 경정 또는 재경정하여야 한다. ④ 관할세무서장 또는 관할지방국세청장은 경정 및 재경정 사유가 재산세의 세액변경 또는 수시부과사유에 해당되는 때에는 종합부동산세의 과세표준과 세액을 경정 또는 재경정하여야 한다. ⑤ 관할세무서장 또는 관할지방국세청장은 과세표준 합산의 대상이 되는 주택에서 제외된 주택 중 임대주택 또는 가정어린이집용 주택이 추후 그 요건을 충족하지 아니하게 된 때에는 경감받은 세액과 이자상당가산액(합산배제 임대주택등으로 신고한 매 과세연도의 납부기한 다음 날부터 추징할 세액의 고지일까지의 기간 × 1일당 10만분의 25)을 추징하여야 한다.

Ⅲ. 분납

관할세무서장은 종합부동산세로 납부하여야 할 세액이 250만원을 초과하는 경우에는 그 세액의 일부를 납부기한이 경과한 날부터 6개월 이내에 분납하게 할 수 있다. 분납할 수 있는 세액은 납부하여야 할 세액으로서 ㉠ 납부하여야 할 세액이 250만원 초과 5백만원 이하인 때에는 해당 세액에서 250만원을 차감한 금액, ㉡ 납부하여야 할 세액이 5백만원을 초과하는 때에는 해당 세액의 100분의 50 이하의 금액을 말한다. 납세고지서를 받은 자가 분납하려는 때에는 종합부동산세의 납부기한 이내에 신청서를 관할세무서장에게 제출하여야 한다. 관할세무서장은 분납신청을 받은 때에는 이미 고지한 납세고지서를 납부기한 내에 납부하여야 할 세액에 대한 납세고지서와 분납기간 내에 납부하여야 할 세액에 대한 납세고지서로 구분하여 수정 고지하여야 한다.

Ⅳ. 과세자료의 제공

① 시장·군수는 해당 연도 재산세의 부과자료 중 주택분 재산세의 부과자료는 7월 31일까지, 토지분 재산세의 부과자료는 9월 30일까지 행정안전부장관에게 제출하여야 한다. 다만, 시장·군수는 재산세의 세액변경 또는 수시부과사유가 발생한 때에는 그 부과자료

를 매 반기별로 해당 반기의 종료일부터 10일 이내에 행정안전부장관에게 제출하여야 한다. ② 행정안전부장관은 주택에 대한 종합부동산세의 납세의무자를 조사하여 납세의무자별로 과세표준과 세액을 계산한 후, 매년 8월 31일까지 국세청장에게 통보하여야 한다. ③ 행정안전부장관은 토지에 대한 종합부동산세의 납세의무자를 조사하여 납세의무자별로 과세표준과 세액을 계산한 후, 매년 10월 15일까지 국세청장에게 통보하여야 한다. ④ 행정안전부장관은 재산세의 세액변경 또는 수시부과사유가 발생한 때에는 재산세 납세의무자별로 재산세 과세대상이 되는 주택 또는 토지에 대한 재산세 및 종합부동산세 과세표준과 세액을 재계산하여 매 반기별로 해당 반기의 종료일이 속하는 달의 다음다음 달 말일까지 대통령령으로 정하는 바에 따라 국세청장에게 통보하여야 한다. ⑤ 행정안전부장관은 시장 · 군수로부터 제출받은 재산세 부과자료를 ①의 규정에 정한 날부터 10일 이내에 국세청장에게 통보하여야 한다. ⑥ 행정안전부장관 또는 국세청장은 종합부동산세 납세의무자의 세대원 확인 등을 위하여 필요한 경우 관련 기관의 장에게 가족관계등록전산자료의 제출을 요구할 수 있고, 자료 제출의 요구를 받은 관련 기관의 장은 정당한 사유가 없는 한 이에 응하여야 한다.

제 18 장

소득세법

제1절 서 설

이 법은 개인의 소득에 대하여 소득의 성격과 납세자의 부담능력 등에 따라 적정하게 과세함으로써 조세부담의 형평을 도모하고 재정수입의 원활한 조달에 이바지함을 목적으로 한다.

① ㉠ 거주자란 국내에 주소(국내에서 생계를 같이 하는 가족 및 국내에 소재하는 자산의 유무등 생활관계의 객관적 사실에 따라 판정)를 두거나 183일 이상의 거소(주소지 외의 장소 중 상당기간에 걸쳐 거주하는 장소로서 주소와 같이 밀접한 일반적 생활관계가 형성되지 아니한 장소)를 둔 개인을 말하며, ㉡ 비거주자 거주자가 아닌 개인을 말한다. ② 국내에 거주하는 개인이 계속하여 183일 이상 국내에 거주할 것을 통상 필요로 하는 직업을 가진 때, 국내에 생계를 같이하는 가족이 있고, 그 직업 및 자산상태에 비추어 계속하여 183일 이상 국내에 거주할 것으로 인정되는 때에는 국내에 주소를 가진 것으로 본다.[1)]

1) ③ 국외에 거주 또는 근무하는 자가 외국국적을 가졌거나 외국법령에 의하여 그 외국의 영주권을 얻은 자로서 국내에 생계를 같이하는 가족이 없고 그 직업 및 자산상태에 비추어 다시 입국하여 주로 국내에 거주하리라고 인정되지 아니하는 때에는 국내에 주소가 없는 것으로 본다. ④ 외국을 항행하는 선박 또는 항공기의 승무원의 경우 그 승무원과 생계를 같이하는 가족이 거주하는 장소 또는 그 승무원이 근무기간외의 기간중 통상 체재하는 장소가 국내에 있는 때에는 당해 승무원의 주소는 국내에 있는 것으로 보고, 그 장소가 국외에 있는 때에는 당해 승무원의 주소가 국외에 있는 것으로 본다. ⑤ 소득세의 과세기간은 1월 1일부터 12월 31일까지 1년으로 하고, 거주자가 사망한 경우의 과세기간은 1월 1일부터 사망한 날까지로 하며, 거주자가 주소 또는 거소를 국외로 이전(출국)하여 비거주자가 되는 경우의 과세기간은 1월 1일부터 출국한 날까지로 한다. ⑥ 소득세는 납세지를 관할하

Ⅰ. 납세의무와 범위

1. 납세의무

거주자, 비거주자로서 국내원천소득이 있는 개인은 이 법에 따라 각자의 소득에 대한 소득세를 납부할 의무를 진다. Ⓐ 거주자, Ⓑ 비거주자, Ⓒ 내국법인, Ⓓ 외국법인의 국내지점 또는 국내영업소(출장소, 그 밖에 이에 준하는 것을 포함), Ⓔ 그 밖에 이 법에서 정하는 원천징수의무자는 이 법에 따라 원천징수한 소득세를 납부할 의무를 진다. 국세기본법에 따른 법인 아닌 단체 중 법인으로 보는 단체 외의 법인 아닌 단체는 대통령령으로 정하는 바에 따라 국내에 주사무소 또는 사업의 실질적 관리장소를 둔 경우에는 거주자로, 그 밖의 경우에는 비거주자로 보아 이 법을 적용하는데, 거주자 또는 비거주자로 보는 법인 아닌 단체에 대해서는 구성원 간 이익의 분배방법이나 분배비율이 정하여져 있거나 사실상 이익이 분배되는 것으로 확인되는 경우에는 해당 구성원이 공동으로 사업을 영위하는 것으로 보아 구성원별로 과세, 구성원 간 이익의 분배방법이나 분배비율이 정하여져 있지 않거나 확인되지 않는 경우에는 해당 단체를 1 거주자 또는 1 비거주자로 보아 과세한다.

2. 납세의무의 범위

① 공동사업에 관한 소득금액을 계산하는 경우에는 해당 공동사업자별로 납세의무를 진다. 다만, 주된 공동사업자에게 합산과세되는 경우 그 합산과세되는 소득금액에 대해서는 주된 공동사업자의 특수관계인은 손익분배비율에 해당하는 그의 소득금액을 한도로 주된 공동사업자와 연대하여 납세의무를 진다. ② 피상속인의 소득금액에 대해서 과세하는 경우에는 그 상속인이 납세의무를 진다. ③ 증여자가 자산을 직접 양도한 것으로 보는 경우 그 양도소득에 대해서는 증여자와 증여받은 자가 연대하여 납세의무를 진다. ④ 원천징수되는 소득으로서 종합소득과세표준에 합산되지 아니하는 소득이 있는 자는 그 원천징수되는 소득세에 대해서 납세의무를 진다. ⑤ 신탁재산에 귀속되는 소득은 그 신탁의 수익자(수익자가 특별히 정해지지 아니하거나 존재하지 아니하는 경우에는 신탁의 위탁자 또는

는 세무서장 또는 지방국세청장이 과세하며, 지방국세청장이 과세표준과 세액을 결정 또는 경정하는 경우에는 세무서장의 직무권한에 관한 규정을 준용한다.

그 상속인)에게 귀속되는 것으로 본다. ⑥ 공동으로 소유한 자산에 대한 양도소득금액을 계산하는 경우에는 해당 자산을 공동으로 소유하는 각 거주자가 납세의무를 진다.

Ⅱ. 소득과 과세소득

1. 과세소득의 범위

① 거주자에게는 이 법에서 규정하는 모든 소득에 대해서 과세한다. 다만, 해당 과세기간 종료일 10년 전부터 국내에 주소나 거소를 둔 기간의 합계가 5년 이하인 외국인 거주자에게는 과세대상 소득 중 국외에서 발생한 소득의 경우 국내에서 지급되거나 국내로 송금된 소득에 대해서만 과세한다. ② 비거주자에게는 국내원천소득에 대해서만 과세하며, 조세특례제한법의 동업자에게는 배분받은 소득 및 분배받은 자산의 시가 중 분배일의 지분가액을 초과하여 발생하는 소득에 대하여 과세한다.

2. 소득의 구분

① 거주자의 소득은 Ⓐ 종합소득(이자소득, 배당소득, 사업소득, 근로소득, 연금소득, 기타소득(퇴직소득과 양도소득을 제외한 모든 소득)), Ⓑ 퇴직소득, Ⓒ 양도소득으로 구분한다. ② 소득을 구분할 때 집합투자기구 외의 신탁(집합투자업겸영보험회사의 특별계정은 제외)의 이익은 신탁법에 따라 수탁자에게 이전되거나 그 밖에 처분된 재산권에서 발생하는 소득의 내용별로 구분하며, 비거주자의 소득은 비거주자의 국내원천소득에 따라 구분한다.

Ⅲ. 납세지 등

1. 납세지

거주자의 소득세 납세지는 그 주소지(다만, 주소지가 없는 경우에는 그 거소지)로 하고, 비거주자의 소득세 납세지는 국내사업장의 소재지(다만, 국내사업장이 둘 이상 있는 경우에는 주된 국내사업장의 소재지로 하고, 국내사업장이 없는 경우에는 국내원천소득이 발생하는 장소)로 한다. 납세지가 불분명한 경우에는 Ⓐ 주소지가 2이상인 때에는 주민등록법에 의하여 등록된 곳을 납세지로 하고, 거소지가 2이상인 때에는 생활관계가 보다 밀접한 곳을 납세지, Ⓑ 국내에 2이상의 사업장이 있는 비거주자의 경우 그 주된 사업장을 판단하기가 곤란한 때에는 당해 비거주자가 납세지로 신고한 장소를 납세지, Ⓒ 국내사업장이 없는 비거주자에게 국내의 2이상의 장소에서 국내원천 부동산소득 또는 국내원천 부동산등 양도소득이 발생하는 경우에는 그 국내원천소득이 발생하는 장소 중에서 해당 비거주자가 납세지로 신고한 장소를 납세지, Ⓓ 비거주자가 Ⓑ와 Ⓒ의 규정에 의한 신고를 하지 아니하는 경우에는 소득상황 및 세무관리의 적정성등을 참작하여 국세청장 또는 관할지방국세청장이 지정(국세청장 또는 관할지방국세청장은 납세지를 지정한 때에는 당해 과세기간의 과세표준확정신고 또는 납부기간 개시일전(중간예납 또는 수시부과의 사유가 있는 때에는 그 납기개시 15일전)에 서면으로 통지하여야 한다)하는 장소를 납세지로 하며, 거주자가 일시퇴거한 경우에는 본래의 주소지 또는 거소지를 납세지로 본다.

2. 원천징수 등 경우의 납세지

Ⓐ 원천징수하는 자가 거주자인 경우: 그 거주자의 주된 사업장 소재지(다만, 주된 사업장 외의 사업장에서 원천징수를 하는 경우에는 그 사업장의 소재지, 사업장이 없는 경우에는 그 거주자의 주소지 또는 거소지). Ⓑ 원천징수하는 자가 비거주자인 경우: 그 비거주자의 주된 국내사업장 소재지(다만, 주된 국내사업장 외의 국내사업장에서 원천징수를 하는 경우에는 그 국내사업장의 소재지, 국내사업장이 없는 경우에는 그 비거주자의 거류지 또는 체류지). Ⓒ 원천징수하는 자가 법인인 경우: 그 법인의 본점 또는 주사무소의 소재지. Ⓓ 원천징수하는 자가 법인인 경우로서 그 법인의 지점, 영업소, 그 밖의 사업장이 독립채산제에 따라 독자적으로 회계사무를 처리하는 경우: 그 사업장의 소재지(사업장의 소재지가 국외에 있는 경우는 제외). 다만, ⓐ 국세청장으로부터 본점 또는 주사무소의 소재지를 해당 법인의 지점 · 영업소, 그 밖의 사업장에서 지급하는 소득에 대한 소득세원천징수세액의 납세지로 승인을 받은 경우(이 경우 국세청장은 각 소득별로 소득세원천징수세액의 납세지를 승인할 수 있다), ⓑ 사업자단위로 등록한 경우에는 그 법인의 본점 또는 주사무소의 소재지를 소득세 원천징수세액의 납세지로 할 수 있다. Ⓔ원천징수의무자가 Ⓐ부터 Ⓓ까지의 규정에서 정하는 납세지를 가지지 아니한 경우: ㉠ 국내원천 부동산등양도소득 및 소득이 있는 경우에는 해당 규정에 따른 유가증권을 발행한 내국법인 또는 외국법인의 국내사업장의 소재지, ㉡ 국세청장이 지정하는 장소, ㉢ 납세조합이 징수하는 소득세의 납세지는 그 납세조합의 소재지로 한다.

3. 상속 등 경우의 납세지

거주자 또는 비거주자가 사망하여 그 상속인이 피상속인에 대한 소득세의 납세의무자가 된 경우 그 소득세의 납세지는 그 피상속인 · 상속인 또는 납세관리인의 주소지나 거소지 중 상속인 또는 납세관리인이 그 관할 세무서장에게 납세지로서 신고하는 장소로 하고, 비거주자가 납세관리인을 둔 경우 그 비거주자의 소득세 납세지는 그 국내사업장의 소재지 또는 그 납세관리인의 주소지나 거소지 중 납세관리인이 납세지의 신고를 하고자 하는 자는 기획재정부령이 정하는 납세지신고서를 납세지 관할세무서장에게 제출(국세정보통신망에 의한 제출을 포함)하여야 함에 따라 그 관할 세무서장에게 납세지로서 신고하는 장소로 한다. 이에 따른 신고가 있는 때에는 그때부터 그 신고한 장소를 거주자 또는 비거주자의 소득세 납세지로 한다. 그러나 신고가 없는 경우의 거주자 또는 비거주자의 소득세 납세지는 이 법에 따른 납세지 및 원천징수등의 경우의 납세지에 따른다. 공무원으로서 국내에 주소가 없는 사람의 소득세 납세지는 국내에 주소가 없는 공무원 또는 거주자로 보는 자의 납세지는 그 가족의 생활근거지 또는 소속기관의 소재지로 한다.

4. 납세지의 지정 및 지정통지

① 국세청장 또는 관할 지방국세청장은 Ⓐ 사업소득이 있는 거주자가 사업장 소재지를 납세지로 신청한 경우, Ⓑ Ⓐ외의 거주자 또는 비거주자로서 납세지가 납세의무자의 소득상황으로 보아 부적당하거나 납세의무를 이행하기에 불편하다고 인정되는 경우에는 납세지를 따로 지정할 수 있으며, 납세지를 지정하거나 신청이 있는 경우로서 사업장 소재지를 납세지로 지정하는 것이 세무관리상 부적절하다고 인정되어 그 신청대로 납세지 지정을 하지 아니한 경우에는 국세청장 또는 관할 지방국세청장은 그 뜻을 납세의무자 또는 그 상속인, 납세관리인이나 납세조합에 서면으로 각각 통지하여야 한다. ② 납세지의 지정 사유가 소멸한 경우 국세청장 또는 관할 지방국세청장은 납세지의 지정을 취소하여야 하며, 납세지의 지정이 취소된 경우에도 그 취소 전에 한 소득세에 관한 신고, 신청, 청구, 납부, 그 밖의 행위의 효력에는 영향을 미치지 아니한다. ③ 납세지 지정신청을 하려는 자는 해당 과세기간의 10월 1일부터 12월 31일까지 납세지지정신청서를 사업장관할세무서장에게 제출(국세정보통신망에 의한 제출 포함)하여야 하며, 이에 따른 납세지 지정신청이 있는 경우 관할지방국세청장(새로 지정할 납세지와 종전의 납세지의 관할지방국

세청장이 다를 때에는 국세청장)은 기획재정부령이 정하는 경우를 제외하고는 사업장을 납세지로 지정하여야 하며 다음연도 2월 말일까지 그 지정여부를 서면으로 통지하여야 하며, 이 기한내에 통지를 하지 아니한 때에는 지정 신청한 납세지를 납세지로 한다. ④ 국세청장 또는 지방국세청장은 납세지를 지정한 때에는 당해 과세기간의 과세표준확정신고 또는 납부기간 개시일전에 이를 서면으로 통지하여야 한다. 다만, 중간예납 또는 수시부과의 사유가 있는 때에는 그 납기개시 15일전에 통지하여야 한다.

5. 납세지의 변경신고

거주자나 비거주자는 납세지가 변경된 경우 변경된 날부터 15일 이내에 그 변경 후의 납세지 관할 세무서장에게 신고하여야 하며, 납세지의 변경신고를 하고자 하는 자는 납세지변경신고서를 그 변경후의 납세지관할세무서장에게 제출(국세정보통신망에 의한 제출을 포함)하여야 하고, 납세자의 주소지가 변경됨에 따라 사업자등록 정정을 한 경우에는 납세지의 변경신고를 한 것으로 본다.

제 2 절 거주자의 종합소득 납세의무

Ⅰ. 비과세

1. 비과세소득

공익신탁의 이익, 사업소득 중 (㉠ 논·밭을 작물 생산에 이용하게 함으로써 발생하는 소득, ㉡ 1개의 주택을 소유하는 자의 주택임대소득(기준시가가 9억원을 초과하는 주택(과세기간 종료일 또는 해당 주택의 양도일을 기준) 및 국외에 소재하는 주택의 임대소득은 제외) 또는 해당 과세기간에 총수입금액의 합계액(주거용 건물 임대업에서 발생한 수입금액(주택임대수입금액)의 합계액을 말하며, 이 경우 사업자가 공동사업자인 경우에는 공동사업장에서 발생한 주택임대수입금액의 합계액을 손익분배비율에 의해 공동사업자에게 분배한 금액을 각 사업자의 주택임대수입금액에 합산)이 2천만원 이하인 자의 주택임대소득(2018년 12월 31일 이전에 끝나는 과세기간까지 발생하는 소득으로 한정), ㉢ 농어가부업소득, ㉣ 조림기간 5년 이상인 임지의 임목의 벌채 또는 양도로 발생하는 소득으로서 연 600만원 이하의 금액에 해당하는 소득에 대해서는 소득세를 과세하지 아니한다.

2. 비과세 주택임대소득

① 비과세 임대주택소득에서 주택에는 주택부수토지가 포함되며, 이 경우 주택이란 상시 주거용(사업을 위한 주거용의 경우는 제외)으로 사용하는 건물을 말하고, 주택부수토지란 주택에 딸린 토지로서 건물의 연면적(지하층의 면적, 지상층의 주차용으로 사용되는 면적, 피난안전구역의 면적 및 주민공동시설의 면적은 제외), 건물이 정착된 면적에 5배(도시지역 밖의 토지의 경우에는 10배)를 곱하여 산정한 면적 중 넓은 면적 이내의 토지를 말한다. ② 주택 수는 Ⓐ 다가구주택은 1개의 주택으로 보되, 구분 등기된 경우에는 각각을 1개의 주택으로 계산, Ⓑ 공동소유의 주택은 지분이 가장 큰 자의 소유로 계산하되, 지분이 가장 큰 자가 2인 이상인 경우에는 각각의 소유로 계산(다만, 지분이 가장 큰 자가 2인 이상인 경우로서 그들이 합의하여 그들 중 1인을 당해 주택의 임대수입의 귀속자로 정한 경우에는 그의 소유로 계산), Ⓒ 임차 또는 전세 받은 주택을 전대하거나 전전세하는 경우에는 당해 임차 또는 전세 받은 주택을 임차인 또는 전세 받은 자의 주택으로 계산, Ⓓ 본인과 배우자가 각각 주택을 소유하는 경우에는 이를 합산에 따라 계산한다. ③ 주택과 부가가치세가 과세되는 사업용 건물이 함께 설치되어 있는 경우 그 주택과 주택부수토지의 범위는 ⓐ 주택 부분의 면적이 사업용건물 부분의 면적보다 큰 때에는 그 전부를 주택으로 보며, ⓑ 주택 부분의 면적이 사업용건물 부분의 면적과 같거나 그보다 작은 때에는 주택 부분 외의 사업용건물 부분은 주택으로 보지 아니한다.

Ⅱ. 과세표준과 세액의 계산

1. 세액계산 통칙

(1) 과세표준의 계산

해당 과세기간에 대통령령으로 정하는 총수입금액의 합계액이 2천만원 이하인 자의 주택임대소득(분리과세 주택임대소득(이 경우 주택임대소득의 산정 등에 필요한 사항은 대통령령으로 정함)), 분리과세기타소득의 금액은 종합소득과세표준을 계산할 때 합산하지 아니한다.

(2) 세액 계산의 순서

거주자의 종합소득에 대한 소득세는 이 법에 특별한 규정이 있는 경우를 제외하고는 과세표준에 따른 세율(기본세율)을 적용하여 종합소득 산출세액을 계산하며, 이에 따라 계산한 산출세액에서 세액공제를 적용하여 종합소득 결정세액을 계산한다. 이 경우 배당세액공제가 있을 때에는 산출세액에서 배당세액공제를 한 금액과 이자소득의 계산 특례에 따른 금액을 비교하여 큰 금액에서 세액공제를 한 금액을 세액으로 하고, 감면되는 세액이 있을 때에는 이를 공제하여 결정세액을 계산하고, 이에 따라 계산한 결정세액에 가산세를 더하여 종합소득 총결정세액을 계산한다.

2. 소득의 종류와 금액

(1) 사업소득

사업소득은 해당 과세기간에 발생한 부동산업에서 발생하는 소득(토지보상법에 따른 공익사업과 관련하여 지역권 · 지상권(지하 또는 공중에 설정된 권리를 포함)을 설정하거나 대여함으로써 발생하는 소득은 제외)으로 한다. 다만, 기타소득으로 원천징수하거나 과세표준확정신고를 한 경우에는 그러하지 아니하다. 사업소득금액은 해당 과세기간의 총수입금액에서 이에 사용된 필요경비를 공제한 금액으로 하며, 필요경비가 총수입금액을 초과하는 경우 그 초과하는 금액을 결손금이라 한다.

(2) 기타소득

기타소득은 이자소득 · 배당소득 · 사업소득 · 근로소득 · 연금소득 · 퇴직소득 및 양도소득 외의 소득으로서 Ⓐ 광업권 · 어업권 · 산업재산권 · 산업정보, 산업상 비밀, 상표권 · 영업권(점포 임차권을 포함), 토사석의 채취허가에 따른 권리, 지하수의 개발 · 이용권, 그 밖에 이와 유사한 자산이나 권리를 양도하거나 대여하고 그 대가로 받는 금품, Ⓑ 물품(유가증권 포함) 또는 장소를 일시적으로 대여하고 사용료로서 받는 금품, Ⓒ 공익사업과 관련하여 지역권 · 지상권(지하 또는 공중에 설정된 권리 포함)을 설정하거나 대여함으로써 발생하는 소득, Ⓓ 계약의 위약 또는 해약으로 인하여 받는 소득으로서 위약금, 배상금, 부당이득 반환 시 지급받는 이자에 해당하는 것, Ⓔ 유실물의 습득 또는 매장물의 발견으로 인하여 보상금을 받거나 새로 소유권을 취득하는 경우 그 보상금 또는 자산, Ⓕ 소유자가 없는 물건의 점유로 소유권을 취득하는 자산, ⓖ 재산권에 관한 알선 수수료로 한다.

Ⅲ. 소득금액의 계산

1. 총수입금액

(1) 총수입금액의 계산

거주자의 각 소득에 대한 총수입금액은 해당 과세기간에 수입하였거나 수입할 금액의 합계액으로 하며, 이 경우 금전 외의 것을 수입할 때에는 그 수입금액을 그 거래 당시의 가액에 의하여 계산한다. 사업소득에 대한 총수입금액의 계산은 부동산을 임대하거나 지역권 · 지상권을 설정 또는 대여하고 받은 선세금에 대한 총수입금액은 그 선세금을 계약기간의 월수로 나눈 금액의 각 과세기간의 합계액으로 한다.

(2) 총수입금액 계산의 특례

거주자가 부동산 또는 그 부동산상의 권리 등을 대여하고 보증금 · 전세금 또는 이와 유사한 성질의 금액(보증금등)을 받은 경우에는 사업소득금액을 계산할 때에 총수입금액에 산입한다. 다만, 주택을 대여하고 보증금등을 받은 경우에는 3주택(주거의 용도로만 쓰이는 면적이 1호 또는 1세대당 40제곱미터 이하인 주택으로서 해당 과세기간의 기준시가가 2억원 이하인 주택은 2021년 12월 31일까지는 주택 수에 포함하지 아니한다) 이상을 소유하고 해당 주택의 보증금등의 합계액이 3억원을 초과하는 경우를 말하며, 주택 수의 계산 그밖에 필요한 사항은 대통령령으로 정한다. 거주자가 재고자산 또는 임목을 가사용으로 소비하거나 종업원 또는 타인에게 지급한 경우에도 이를 소비하거나 지급하였을 때의 가액에 해당하는 금액은 그 소비하거나 지급한 날이 속하는 과세기간의 사업소득금액 또는 기타소득금액을 계산할 때 총수입금액에 산입한다.[2)]

---

2) **(총수입금액 불산입)** ① 거주자가 소득세 또는 개인지방소득세를 환급받았거나 환급받을 금액 중 다른 세액에 충당한 금액, ② 거주자가 무상으로 받은 자산의 가액과 채무의 면제 또는 소멸로 인한 부채의 감소액 중 이월결손금(소득금액에서 공제하는 이월결손금에서 제외)의 보전에 충당된 금액, ③ 거주자의 사업소득금액을 계산할 때 이전 과세기간으로부터 이월된 소득금액(과세기간의 소득으로 이미 과세된 소득을 다시 해당 과세기간의 소득에 산입한 금액), ④ 농업, 임업, 어업, 광업 또는 제조업을 경영하는 거주자가 자기가 채굴, 포획, 양식, 수확 또는 채취한 농산물, 포획물, 축산물, 임산물, 수산물, 광산물, 토사석이나 자기가 생산한 제품을 자기가 생산하는 다른 제품의 원재료 또는 제조용 연료로 사용한 경우 그 사용된 부분에 상당하는 금액, ⑤ 건설업을 경영하는 거주자가 자기가 생산한 물품을 자기가 도급받은 건설공사의 자재로 사용한 경우 그 사용된 부분에 상당하는 금액, ⑥ 전기 ·

2. 필요경비

(1) 사업소득의 필요경비 계산

① 사업소득금액을 계산할 때 필요경비에 산입할 금액은 해당 과세기간의 총수입금액에 대응하는 비용으로서 일반적으로 용인되는 통상적인 것의 합계액으로 한다. ② 해당 과세기간 전의 총수입금액에 대응하는 비용으로서 그 과세기간에 확정된 것에 대해서는 그 과세기간 전에 필요경비로 계상하지 아니한 것만 그 과세기간의 필요경비로 본다.

(2) 대손충당금의 필요경비 계산

① 사업자가 외상매출금, 미수금, 그 밖에 이에 준하는 채권에 대한 대손충당금을 필요경비로 계상한 경우에는 해당 과세기간의 소득금액을 계산할 때 필요경비에 산입한다. ② 필요경비에 산입한 대손충당금의 잔액은 다음 과세기간의 소득금액을 계산할 때 총수입금액에 산입한다. ③ 대손충당금의 처리에 필요한 사항은 대통령령으로 정한다.[3)]

(3) 국고보조금으로 취득한 사업용 자산가액의 필요경비 계산

① 사업자가 사업용 자산을 취득하거나 개량할 목적으로 국고보조금을 받아 그 목적에 지출한 경우 또는 사업용 자산을 취득하거나 개량하고 이에 대한 국고보조금을 사후에 지급받은 경우에는 해당 사업용 자산의 취득 또는 개량에 사용된 국고보조금에 상당하는 금액은 그 국고보조금을 받은 날이 속하는 과세기간의 소득금액을 계산할 때 필요경비에 산입할 수 있다.[4)] ② 국고보조금을 받은 날이 속하는 과세기간에 사업용 자산을 취득하

가스·증기 및 수도사업을 경영하는 거주자가 자기가 생산한 전력·가스·증기 또는 수돗물을 자기가 경영하는 다른 사업의 동력·연료 또는 용수로 사용한 경우 그 사용한 부분에 상당하는 금액, ⑦ 개별소비세 및 주세의 납세의무자인 거주자가 자기의 총수입금액으로 수입하였거나 수입할 금액에 따라 납부하였거나 납부할 개별소비세 및 주세(다만, 원재료, 연료, 그 밖의 물품을 매입·수입 또는 사용함에 따라 부담하는 세액은 그러하지 아니하다), ⑧ 국세환급가산금, 지방세환급가산금, 그 밖의 과오납금의 환급금에 대한 이자, ⑨ 부가가치세의 매출세액, ⑩ 석유판매업자가 환급받은 세액

3) ㉠ 필요경비에 산입하는 대손충당금은 해당 과세기간 종료일 현재의 외상매출금·미수금, 그 밖에 사업과 관련된 채권의 합계액(채권잔액)의 100분의 1에 상당하는 금액과 채권잔액(상품·제품의 판매가액의 미수액과 가공료·용역대가의 미수액, 정상적인 사업거래에서 발생하는 채권액 및 부가가치세 매출세액의 미수금과 기타 기획재정부령이 정하는 것)에 대손실적률 (산식 = 당해 과세기간의 대손금/직전 과세기간 종료일 현재의 채권잔액)을 곱하여 계산한 금액 중 큰 금액으로 한다. ㉡ 다음 과세기간의 소득금액을 계산할 때 총수입금액에 산입하는 대손충당금의 잔액은 각 과세기간에서 발생한 대손금과 상계하고 남은 금액으로 한다. ㉢ 필요경비에 산입한 대손금 또는 대손충당금과 상계한 대손금중 회수된 금액은 그 회수한 날이 속하는 과세기간의 총수입금액에 산입한다.

거나 개량할 수 없는 경우에는 그 과세기간의 다음 과세기간 종료일까지 이를 취득하거나 개량하는 것만 ①을 준용한다. 이 경우 ㉠ 공사의 허가 또는 인가 등이 지연되는 경우, ㉡ 공사를 시행할 장소의 미확정 등으로 공사기간이 연장되는 경우, ㉢ 용지의 보상 등에 관한 소송이 진행되는 경우, ㉣ 그 밖에 ㉠부터 ㉢까지의 규정에 준하는 사유가 발생한 경우로 국고보조금을 기한까지 사용하지 못한 경우에는 해당 사유가 없어진 날이 속하는 과세기간의 종료일을 그 기한으로 한다. ③ 국고보조금을 필요경비에 산입하려는 자는 그 국고보조금의 사용계획서를 납세지 관할 세무서장에게 제출하여야 한다. ④ 국고보조금을 필요경비에 산입한 자가 ㉠ 국고보조금을 사업용 자산의 취득 또는 개량을 위하여 그 기한까지 사용하지 아니한 경우, ㉡ 과세기간의 종료일까지 해당 사업을 폐업한 경우에 해당하면 그 국고보조금 상당액을 해당 사유가 발생한 과세기간의 총수입금액에 산입한다.

(4) 필요경비 불산입

거주자가 해당 과세기간에 지급하였거나 지급할 금액 중 Ⓐ 소득세와 개인지방소득세, Ⓑ 벌금 · 과료(통고처분에 따른 벌금 또는 과료에 해당하는 금액을 포함)와 과태료, Ⓒ 국세징수법이나 그 밖에 조세에 관한 법률에 따른 가산금과 체납처분비, Ⓓ 조세에 관한 법률에 따른 징수의무의 불이행으로 인하여 납부하였거나 납부할 세액(가산세액을 포함), Ⓔ 사업자가 가사와 관련하여 지출하였음이 확인되는 경비(주택에 관련된 경비는 가사와 관련하여 지출된 경비로 본다), 사업용 자산의 합계액이 부채의 합계액에 미달하는 경우에 그 미달하는 금액에 상당하는 부채의 지급이자로서 기획재정부령이 정하는 바에 따라 계산한 금액, Ⓕ 각 과세기간에 계상한 감가상각자산의 감가상각비로서 계산한 금액을 초과하는 금액[5], Ⓖ 자산의 평가차손, Ⓗ 반출하였으나 판매하지 아니한 제품에 대한 개별소

4) **(고정자산의 취득에 소요된 국고보조금의 필요경비계산)** ① 필요경비에 산입하는 금액은 지급받은 국고보조금중 사업용 고정자산의 취득 또는 개량에 소요된 금액으로 하되, 그 금액은 감가상각자산은 일시상각충당금과 기타의 자산은 압축기장충당금의 구분에 따라 일시상각충당금 또는 압축기장충당금으로 계상하여야 한다. ② 국고보조금으로 취득한 사업용 고정자산의 감가상각비는 일시상각충당금의 범위 안에서 일시상각충당금과 상계하여야 한다. 다만, 해당 자산을 처분하는 경우에는 상계하고 남은 잔액을 그 처분한 날이 속하는 과세기간의 총수입금액에 산입한다.

5) **(감가상각액의 필요경비계산)** ① 감가상각비(상각액)는 사업용 고정자산(투자자산을 제외)의 상각액을 필요경비로 계상한 경우에 각 과세기간마다 고정자산별로 관할세무서장에게 신고한 방법에 의하여 계산한 금액(상각범위액)을 한도로 하여 이를 소득금액계산에 있어서 필요경비로 계상한다. 이 경우 당해 과세기간중에 사업을 개시하거나 폐업한 경우 또는 당해 과세기간중에 감가상각자산을 취득 또는 양도한 경우에는 상각범위액에 당해 과세기간중에 사업에 사용한 월수를 곱한 금액을 12로 나누어 계산한 금액을 상각범위액으로 하며, 월수의 계산은 역에 따라 계산하되 1월 미만의 일수는 1월로 한다. ② 사업용 고정자산은 당해 사업에 직접 사용하는 ㉠ 유형고정자산(ⓐ 건물(부속설비를 포함) 및

비세 또는 주세의 미납액(제품가액에 그 세액상당액을 가산한 경우는 제외), Ⓘ 부가가치세의 매입세액(부가가치세가 면제되거나 그 밖에 세액과 부가가치세 간이과세자가 납부한 부가가치세액은 제외), Ⓙ 차입금 중 건설자금에 충당한 금액의 이자, Ⓚ 채권자가 불분명한 차입금의 이자, Ⓛ 법령에 따라 의무적으로 납부하는 것이 아닌 공과금이나 법령에 따른의무의 불이행 또는 금지·제한 등의 위반에 대한 제재로서 부과되는 공과금, Ⓜ 각 과세기간에 지출한 경비 중 직접 그 업무와 관련이 없다고 인정되는 금액[6], Ⓝ 선급비용, Ⓞ 업무와 관련하여 고의 또는 중대한 과실로 타인의 권리를 침해한 경우에 지급되는 손해배상금에 해당하는 것은 사업소득금액을 계산할 때 필요경비에 산입하지 아니한다.

3. 귀속연도 및 취득가액 등

(1) 총수입금액 및 필요경비의 귀속연도 등

① 거주자의 각 과세기간 총수입금액 및 필요경비의 귀속연도는 총수입금액과 필요경비가 확정된 날이 속하는 과세기간으로 한다. 거주자가 매입·제작 등으로 취득한 자산의 취득가액은 그 자산의 매입가액이나 제작원가에 부대비용을 더한 금액으로 한다.[7] 거주

구축물(건축물), ⓑ 차량 및 운반구, 공구, 기구 및 비품, ⓒ 선박 및 항공기, ⓓ 기계 및 장치, ⓔ 동물과 식물, ⓕ ⓐ 내지 ⓔ와 유사한 유형고정자산), ㉡ 무형고정자산(ⓐ 영업권, 디자인권, 실용신안권, 상표권, ⓑ 특허권, 어업권, 해저광물자원개발법에 의한 채취권, 유료도로관리권, 수리권, 전기가스공급시설이용권, 공업용수도시설이용권, 수도시설이용권, 열공급시설이용권, ⓒ 광업권, 전신전화전용시설이용권, 전용측선이용권, 하수종말처리장시설관리권, 수도시설관리권, ⓓ 댐사용권, ⓔ 개발비 : 상업적인 생산 또는 사용전에 재료·장치·제품·공정·시스템 또는 용역을 창출하거나 현저히 개선하기 위한 계획 또는 설계를 위하여 연구결과 또는 관련 지식을 적용하는데 발생하는 비용으로서 당해 사업자가 개발비로 계상한 것(산업기술연구조합의 조합원이 동 조합에 연구개발 및 연구시설 취득등을 위하여 지출하는 금액을 포함), ⓕ 사용수익기부자산가액 : 금전 외의 자산을 기부한 후 그 자산을 사용하거나 그 자산으로부터 수익을 얻는 경우 당해 자산의 장부가액, ⓖ 주파수이용권 및 공항시설관리권)에 해당하는 자산(시간의 경과에 따라 그 가치가 감소되지 아니하는 것을 제외하며, 감가상각자산)을 말한다.

6) **(업무와 관련 없는 지출)** ㉠ 사업자가 그 업무와 관련 없는 자산을 취득·관리함으로써 발생하는 취득비·유지비·수선비와 이와 관련되는 필요경비, ㉡ 사업자가 그 사업에 직접 사용하지 아니하고 타인(종업원을 제외)이 주로 사용하는 토지·건물등의 유지비·수선비·사용료와 이와 관련되는 지출금, ㉢ 사업자가 그 업무와 관련 없는 자산을 취득하기 위하여 차입한 금액에 대한 지급이자, ㉣ 사업자가 사업과 관련 없이 지출한 접대비, ㉤ 사업자가 공여한 뇌물에 해당하는 금전과 금전 외의 자산 및 경제적 이익의 합계액, ㉥ 사업자가 노동조합법을 위반하여 지급하는 급여, ㉦ ㉠부터 ㉥에 준하는 지출금으로서 기획재정부령으로 정하는 것.

7) **(자산의 취득가액등)** ① 타인으로부터 매입한 자산은 매입가액에 취득세·등록면허세 기타 부대비용을 가산한 금액, 자기가 행한 제조·생산 또는 건설등에 의하여 취득한 자산은 원재료비·노무비·운임·하역비·보험료·수수료·공과금(취득세와 등록면허세 포함)·설치비 기타 부대비용의 합계액을 자산의 취득가액으로 한다. 그러나 그 취득가액이 불분명한 자산과 상기 외의 자산은 해당 자산의 취득당시의 기획재정부령이 정하는 시가에 취득세·등록면허세 기타 부대비용을 가산한 금액으로 한다.

자가 보유하는 자산 및 부채의 장부가액을 증액 또는 감액(감가상각은 제외. 이하 평가)한 경우 그 증액 또는 감액일이 속하는 과세기간 및 그 후의 과세기간의 소득금액을 계산할 때 해당 자산 및 부채의 장부가액은 증액 또는 감액하기 전의 가액으로 한다. 다만, 재고자산과 매매 또는 단기투자를 목적으로 매입한 유가증권(자본시장법에 따른 투자매매업자 또는 투자중개업자가 거래소에 예탁한 증권을 포함)은 각 자산별로 증액 또는 감액한 가액을 장부가액으로 한다. ② 파손·부패 등으로 정상가격에 판매할 수 없는 재고자산 또는 천재지변이나 화재, 법령에 따른 수용 등, 채굴 불능으로 인한 폐광으로 파손 또는 멸실(파손 또는 멸실은 해당 고정자산이 그 고유의 목적에 사용할 수 없게 되는 경우를 포함)된 고정자산에 해당하는 자산은 자산의 장부가액을 그 감액사유가 발생한 과세기간 종료일 현재의 처분가능한 가액으로 감액하고, 그 감액한 금액을 해당 과세기간의 필요경비로 계상하는 방법에 따라 그 장부가액을 감액할 수 있다.[8] ③ 거주자가 각 과세기간의 소득금액을 계산할 때 총수입금액 및 필요경비의 귀속연도와 자산·부채의 취득 및 증액 또는 감액에 대하여 일반적으로 공정·타당하다고 인정되는 기업회계의 기준을 적용하거나 관행을 계속 적용하여 온 경우에는 이 법 및 조세특례제한법에서 달리 규정하고 있는 경우 외에는 그 기업회계의 기준 또는 관행에 따른다. 이 경우 기업회계의 기준 또는 관행의 준수여부는 거래건별로 이를 판단한다.

4. 소득금액 계산의 특례

(1) 부당행위계산

납세지 관할 세무서장 또는 지방국세청장은 배당소득(배당소득만 해당), 사업소득 또는 기타소득이 있는 거주자의 행위 또는 계산이 그 거주자와 특수관계인과의 거래로 인하여

---

② 한편, 취득가액은 사업자가 자산을 장기할부조건으로 매입하는 경우에 발생한 채무를 기업회계기준에 따라 현재가치로 평가하여 현재가치할인차금으로 계상한 경우에 있어서의 당해 현재가치할인차금, 기획재정부령이 정하는 연지급수입의 경우에 취득가액과 구분하여 지급이자로 계상한 금액, 시가초과액을 포함하지 아니하는 것으로 한다. ③ 자산의 취득가액을 적용함에 있어서 재평가를 한 때에는 그 재평가액을, 자본적지출에 상당하는 금액이 있는 때에는 그 금액을 가산한 금액을 취득가액으로 한다. ④ 부가가치세법에 따라 공제 받은 의제매입세액과 조세특례제한법에 의하여 공제 받은 매입세액은 당해 원재료의 매입가액에서 이를 공제한다.

8) **(재고자산 평가방법)** ① 재고자산(유가증권을 제외)의 평가방법은 Ⓐ원가법(이 경우 개별법, 선입선출법, 후입선출법, 총평균법, 이동평균법, 매출가격환원법에 의함), Ⓑ저가법에 해당하는 것으로 한다. 재고자산을 평가하는 경우에는 해당 자산을 제품과 상품(건물건설업 또는 부동산 개발 및 공급업을 경영하는 사업자가 매매를 목적으로 소유하는 부동산을 포함), 반제품과 재공품, 원재료, 저장품의 구분에 따라 종류별·사업장별로 각각 다른 방법으로 평가할 수 있다. ② 유가증권의 평가방법은 개별법(채권의 경우에 한정), 총평균법, 이동평균법 중 사업자가 신고한 방법에 따른다.

그 소득에 대한 조세 부담을 부당하게 감소시킨 것으로 인정되는 경우에는 그 거주자의 행위 또는 계산과 관계없이 해당 과세기간의 소득금액을 계산할 수 있으며, 특수관계인의 범위와 그 밖에 부당행위계산에 관하여 필요한 사항은 대통령령으로 정한다.[9)]

(2) 결손금 및 이월결손금의 공제

사업자가 비치·기록한 장부에 의하여 해당 과세기간의 사업소득금액을 계산할 때 발생한 결손금은 그 과세기간의 종합소득과세표준을 계산할 때 근로소득금액·연금소득금액·기타소득금액·이자소득금액·배당소득금액에서 순서대로 공제한다. 그러나 Ⓐ 부동산 또는 부동산상의 권리를 대여하는 사업, Ⓑ 공장재단 또는 광업재단을 대여하는 사업, Ⓒ 채굴에 관한 권리를 대여하는 사업으로서 광업권자·조광권자 또는 덕대(광업권자등)가 채굴 시설과 함께 광산을 대여하는 사업을 말한다. 다만, 광업권자등이 자본적 지출이나 수익적 지출의 일부 또는 전부를 제공하는 것을 조건으로 광업권·조광권 또는 채굴에 관한 권리를 대여하고 덕대 또는 분덕대로부터 분철료를 받는 것은 제외에 해당하는 사업(부동산임대업)에서 발생한 결손금은 종합소득 과세표준을 계산할 때 공제하지 아니한다. 다만, 주거용 건물 임대업의 경우에는 그러하지 아니하다.[10)]

---

9) **(부당행위계산의 부인)** 부담을 부당하게 감소시킨 것으로 인정되는 경우는 Ⓐ 특수관계인으로부터 시가보다 높은 가격으로 자산을 매입하거나 특수관계인에게 시가보다 낮은 가격으로 자산을 양도한 경우, Ⓑ 특수관계인에게 금전이나 그 밖의 자산 또는 용역을 무상 또는 낮은 이율 등으로 대부하거나 제공한 경우(다만, 직계존비속에게 주택을 무상으로 사용하게 하고 직계존비속이 그 주택에 실제 거주하는 경우는 제외), Ⓒ 특수관계인으로부터 금전이나 그 밖의 자산 또는 용역을 높은 이율 등으로 차용하거나 제공받는 경우, Ⓓ 특수관계인으로부터 무수익자산을 매입하여 그 자산에 대한 비용을 부담하는 경우, Ⓔ 그 밖에 특수관계인과의 거래에 따라 해당 과세기간의 총수입금액 또는 필요경비를 계산할 때 조세의 부담을 부당하게 감소시킨 것으로 인정되는 경우로 한다. 다만, Ⓐ부터 Ⓒ까지 및 Ⓔ(Ⓐ부터 Ⓒ까지에 준하는 행위만 해당)는 시가와 거래가액의 차액이 3억원 이상이거나 시가의 100분의 5에 상당하는 금액 이상인 경우만 해당한다.

10) ② 부동산임대업에서 발생한 결손금과 공제하고 남은 결손금(이월결손금)은 해당 이월결손금이 발생한 과세기간의 종료일부터 10년 이내에 끝나는 과세기간의 소득금액을 계산할 때 먼저 발생한 과세기간의 이월결손금부터 순서대로 ⓐ 공제하고 남은 이월결손금은 사업소득금액, 근로소득금액, 연금소득금액, 기타소득금액, 이자소득금액 및 배당소득금액에서 순서대로 공제한다. ⓑ 부동산임대업에서 발생한 이월결손금은 부동산임대업의 소득금액에서 공제한다. 다만, 국세부과의 제척기간이 지난 후에 그 제척기간 이전 과세기간의 이월결손금이 확인된 경우 그 이월결손금은 공제하지 아니한다. 이 경우 해당 과세기간의 소득금액에 대해서 추계신고를 하거나 추계조사결정하는 경우에는 적용하지 아니한다. 다만, 천재지변이나 그 밖의 불가항력으로 장부나 그 밖의 증명서류가 멸실되어 추계신고를 하거나 추계조사결정을 하는 경우에는 그러하지 아니하다. ③ 결손금 및 이월결손금을 공제할 때 세액계산을 하는 경우 종합과세되는 배당소득 또는 이자소득이 있으면 그 배당소득 또는 이자소득 중 원천징수세율을 적용받는 부분은 결손금 또는 이월결손금의 공제대상에서 제외하며, 그 배당소득 또는 이자소득 중 기본세율을 적용받는 부분에 대해서는 사업자가 그 소득금액의 범위에서 공제 여부 및 공제금액을 결정할 수 있다. ④ 결손금 및 이월결손금을 공제할 때 해당 과세기간에 결손금이 발생하고 이월결손금이 있는 경우에는 그 과세기간의 결손금을 먼저 소득금액에서 공제한다.

5. 종합소득공제

(1) 기본공제

① 종합소득이 있는 거주자(자연인만 해당)에 대해서는 사람의 수에 1명당 연 150만원(기본공제)을 곱하여 계산한 금액을 그 거주자의 해당 과세기간의 종합소득금액에서 공제한다. 공제대상은 ㉠ 해당 거주자, ㉡ 거주자의 배우자로서 해당 과세기간의 소득금액이 없거나 해당 과세기간의 소득금액 합계액이 100만원 이하인 사람(총급여액 500만원 이하의 근로소득만 있는 배우자를 포함), ㉢ 거주자(그 배우자를 포함)와 생계를 같이 하는 ⓐ 거주자의 직계존속(직계존속이 재혼한 경우에는 그 배우자로서 대통령령으로 정하는 사람을 포함)으로서 60세 이상인 사람, ⓑ 거주자의 직계비속으로서 대통령령으로 정하는 사람과 대통령령으로 정하는 동거 입양자로서 20세 이하인 사람(이 경우 해당 직계비속 또는 입양자와 그 배우자가 모두 장애인에 해당하는 경우에는 그 배우자를 포함), ⓒ 거주자의 형제자매로서 20세 이하 또는 60세 이상인 사람, ⓓ 국민기초생활 보장법에 따른 수급권자 중 대통령령으로 정하는 사람, ⓔ 가정위탁을 받아 양육하는 아동(위탁아동)으로 부양가족(장애인에 해당되는 경우에는 나이의 제한을 받지 아니함)으로서 해당 과세기간의 소득금액 합계액이 100만원 이하인 사람(총급여액 500만원 이하의 근로소득만 있는 부양가족을 포함)이다. ② 거주자의 배우자 또는 부양가족이 다른 거주자의 부양가족에 해당되는 경우에는 이를 어느 한 거주자의 종합소득금액에서 공제한다.

(2) 추가공제

① 기본공제대상이 되는 사람(기본공제대상자)이 거주자의 해당 과세기간 종합소득금액에서 기본공제 외에 ㉠ 70세 이상인 사람(경로우대자)의 경우 1명당 연 100만원, ㉡ 대통령령으로 정하는 장애인인 경우 1명당 연 200만원, ㉢ 해당 거주자(해당 과세기간에 종합소득과세표준을 계산할 때 합산하는 종합소득금액이 3천만원 이하인 거주자로 한정)가 배우자가 없는 여성으로서 부양가족이 있는 세대주이거나 배우자가 있는 여성인 경우 연 50만원, ㉣ 해당 거주자가 배우자가 없는 사람으로서 기본공제대상자인 직계비속 또는 입양자가 있는 경우 연 100만원 정해진 금액을 추가로 공제한다. ② 기본공제와 추가공제를 "인적공제"라 한다. ③ 인적공제의 합계액이 종합소득금액을 초과하는 경우 그 초과하는 공제액은 없는 것으로 한다.

(3) 종합소득공제 등의 배제

분리과세이자소득, 분리과세배당소득, 분리과세연금소득과 분리과세기타소득만이 있는 자에 대해서는 종합소득공제를 적용하지 아니한다. 과세표준확정신고를 하여야 할 자가 서류를 제출하지 아니한 경우에는 기본공제 중 거주자 본인에 대한 분(分)과 표준세액공제만을 공제한다. 다만, 과세표준확정신고 여부와 관계없이 그 서류를 나중에 제출한 경우에는 그러하지 아니하다. 수시부과 결정의 경우에는 기본공제 중 거주자 본인에 대한 분(分)만을 공제한다.

(4) 세율

거주자의 종합소득에 대한 소득세는 해당 연도의 종합소득과세표준에 다음의 세율을 적용하여 계산한 금액(종합소득산출세액)을 적용한다.

종합소득과세표준	세 율
1,200만원 이하	과세표준의 6퍼센트
1,200만원 초과 4,600만원이하	72만원 + (1,200만원 초과금액의 15퍼센트)
4,600만원 초과 8,800만원이하	582만원 + (4,600만원 초과금액의 24퍼센트)
8,800만원 초과 1억5천만원이하	1,590만원 + (8,800만원 초과금액의 35퍼센트)
1억5천만원 초과 3억원이하	3,760만원 + (1억5천만원 초과금액의 38퍼센트)
3억원 초과 5억원이하	9,460만원 + (3억원 초과금액의 40퍼센트)
5억원 초과	1억7,460만원 + (5억원 초과금액의 42퍼센트)

Ⅳ. 세액의 계산 및 세액계산의 특례

1. 세액감면 및 세액공제 시 적용순위 등

조세에 관한 법률을 적용할 때 소득세의 감면에 관한 규정과 세액공제에 관한 규정이 동시에 적용되는 경우 그 적용순위는 Ⓐ 해당 과세기간의 소득에 대한 소득세의 감면, Ⓑ 이월공제가 인정되지 아니하는 세액공제, Ⓒ 이월공제가 인정되는 세액공제(이 경우 해당 과세기간 중에 발생한 세액공제액과 이전 과세기간에서 이월된 미공제액이 함께 있을 때에는 이월된 미공제액을 먼저 공제)의 순서로 한다.

2. 부동산매매업자에 대한 세액 계산의 특례

부동산매매업을 경영하는 거주자(부동산매매업자)로서 종합소득금액에 자산의 매매차익(주택등매매차익)이 있는 자의 종합소득 산출세액은 ㉠ 종합소득 산출세액, ㉡ ⓐ 주택등매매차익에 세율을 적용하여 산출한 세액의 합계액, ⓑ 종합소득과세표준에서 주택등매매차익의 해당 과세기간 합계액을 공제한 금액을 과세표준으로 하고 이에 세율을 적용하여 산출한 세액의 합계액의 세액 중 많은 것으로 한다.[11)]

3. 주택임대소득에 대한 세액 계산의 특례

① 분리과세 주택임대소득이 있는 거주자의 종합소득 결정세액은 ㉠ 종합소득 결정세액, ㉡ 분리과세 주택임대소득에 대한 사업소득금액에 100분의 14를 곱하여 산출한 금액(다만, 거주자가 임대주택을 임대하는 경우에는 해당 임대사업에서 발생한 분리과세 주택임대소득에 대한 사업소득금액에 100분의 14를 곱하여 산출한 금액에서 감면받는 세액을 차감한 금액)과 이 외의 종합소득 결정세액을 더한 금액의 세액 중 하나를 선택하여 적용한다. ② 분리과세 주택임대소득에 대한 사업소득금액은 총수입금액에서 필요경비(총수입금액의 100분의 50)를 차감한 금액으로 하되, 분리과세 주택임대소득을 제외한 해당 과세기간의 종합소득금액이 2천만원 이하인 경우에는 추가로 200만원을 차감한 금액으로 한다. 다만, 임대주택(㉠ 임대사업자등록을 한 자가 임대 중인 공공지원민간임대주택, 장기일반민간임대주택 또는 단기민간임대주택일 것, ㉡ 법 제168조에 따른 사업자의 임대주택일 것, ㉢ 임대보증금 또는 임대료의 연 증가율이 100분의 5를 초과하지 않을 것. 등록임대주택)을 임대하는 경우에는 해당 임대사업에서 발생한 사업소득금액은 총수입금액

11) 주택등매매차익은 해당 자산의 매매가액에서 양도자산의 필요경비, 양도소득 기본공제 금액, 장기보유 특별공제액을 차감한 것으로 한다. 주거용 건물에는 이에 딸린 토지로서 건물의 연면적(지하층의 면적, 지상층의 주차용으로 사용되는 면적, 피난안전구역의 면적 및 주민공동시설의 면적은 제외), 건물이 정착된 면적에 5배(국토계획법에 따른 도시지역 밖의 토지의 경우에는 10배)를 곱하여 산정한 면적 중 넓은 면적 이내의 토지를 포함하는 것으로 한다. 주거용 건물의 일부에 설치된 점포 등 다른 목적의 건물 또는 같은 지번(주거여건이 같은 단지 내의 다른 지번을 포함)에 설치된 다른 목적의 건물이 해당 건물과 같이 있는 경우에는 다른 목적의 건물 및 그에 딸린 토지는 주거용 건물에서 제외하는 것으로 하고, 주거용 건물과 다른 목적의 건물이 각각의 매매단위로 매매되는 경우로서 다른 목적의 건물면적이 주거용 건물면적의 100분의 10 이하인 경우, 주거용 건물에 딸린 다른 목적의 건물과 주거용 건물을 하나의 매매단위로 매매하는 경우로서 다른 목적의 건물면적이 주거용 건물면적보다 작은 경우에는 그 전체를 주거용 건물로 본다. 주거용 건물과 다른 목적의 건물을 신축하여 판매하는 경우에는 각각 이를 구분하여 기장하고, 이에 공통되는 필요경비가 있는 경우에는 기획재정부령으로 정하는 바에 따라 안분 계산한다.

에서 필요경비(총수입금액의 100분의 60)를 차감한 금액으로 하되, 분리과세 주택임대소득을 제외한 해당 과세기간의 종합소득금액이 2천만원 이하인 경우에는 추가로 400만원을 차감한 금액으로 한다. ③ ㉠ 세액을 감면받은 사업자가 해당 임대주택을 4년(공공지원민간임대주택 또는 장기일반민간임대주택은 10년) 이상 임대하지 아니하는 경우: ①의 ㉡의 단서에 따라 감면받은 세액, ㉡ ②의 단서를 적용하여 세액을 계산한 사업자가 해당 임대주택을 4년 이상 임대하지 아니하는 경우: ②의 단서를 적용하지 아니하고 계산한 세액과 당초 신고한 세액과의 차액에 해당하는 경우에는 그 사유가 발생한 날이 속하는 과세연도의 과세표준신고를 할 때 ㉠, ㉡의 구분에 따른 금액을 소득세로 납부하여야 한다. ④ 소득세액을 납부하는 경우에는 조세특례제한법의 이자 상당 가산액에 관한 규정을 준용한다. 다만, ㉠ 파산 또는 강제집행에 따라 임대주택을 처분하거나 임대할 수 없는 경우, ㉡ 법령상의무를 이행하기 위해 임대주택을 처분하거나 임대할 수 없는 경우, ㉢ 회생절차에 따라 법원의 허가를 받아 임대주택을 처분한 경우에는 그러하지 아니하다. 등록임대주택을 적용할 때 과세기간 중 일부 기간 동안 등록임대주택을 임대한 경우 등록임대주택의 임대사업에서 발생하는 수입금액은 월수로 계산한다. 이 경우 해당 임대기간의 개시일 또는 종료일이 속하는 달이 15일 이상인 경우에는 1개월로 본다.

V. 중간예납 · 예정신고 및 세액 납부

1. 중간예납 및 납세조합원의 중간예납 특례

① 납세지 관할 세무서장은 종합소득이 있는 거주자(대통령령으로 정하는 소득만이 있는 자와 해당 과세기간의 개시일 현재 사업자가 아닌 자로서 그 과세기간 중 신규로 사업을 시작한 자는 제외)에 대하여 1월 1일부터 6월 30일까지의 기간을 중간예납기간으로 하여 직전 과세기간의 종합소득에 대한 소득세로서 납부하였거나 납부하여야 할 세액(중간예납기준액)의 2분의 1에 해당하는 금액(중간예납세액, 1천원 미만의 단수가 있을 때에는 그 단수금액은 버린다)을 납부하여야 할 세액으로 결정하여 11월 30일까지 그 세액을 징수하여야 한다. 이 경우 납세지 관할 세무서장은 중간예납세액을 납부하여야 할 거주자에게 11월 1일부터 11월 15일까지의 기간에 중간예납세액의 납세고지서를 발급하여야 한다. ② 중간예납세액을 납부하여야 할 거주자가 11월 30일까지 그 세액의 전부 또는 일부를 납부하지 아니한 경우에는 납부하지 아니한 세액 중 분할납부할 수 있는 세액

에 대해서는 납세의 고지가 없었던 것으로 보며, 납세지 관할 세무서장은 해당 과세기간의 다음 연도 1월 1일부터 1월 15일까지의 기간에 그 분할납부할 수 있는 세액을 납부할 세액으로 하는 납세고지서를 발급하여야 한다.[12] ③ 종합소득이 있는 거주자가 신고를 한 경우에는 중간예납세액의 결정은 없었던 것으로 본다. ④ 중간예납기준액은 ㉠ 직전 과세기간의 중간예납세액, ㉡ 확정신고납부세액, ㉢ 추가납부세액(가산세액을 포함), ㉣ 기한후신고납부세액(가산세액을 포함) 및 추가자진납부세액(가산세액을 포함)의 합계액에서 환급세액(경정청구에 의한 결정이 있는 경우에는 그 내용이 반영된 금액을 포함)을 공제한 금액으로 한다.

⑤ 납세조합이 중간예납기간 중 그 조합원의 해당 소득에 대한 소득세를 매월 징수하여 납부한 경우에는 그 소득에 대한 중간예납을 하지 아니한다.

2. 부동산매매업자의 토지등 매매차익예정신고와 납부

① 부동산매매업자는 토지 또는 건물(토지등)의 매매차익과 그 세액을 매매일이 속하는 달의 말일부터 2개월이 되는 날까지 대통령령으로 정하는 바에 따라 납세지 관할 세무서장에게 신고하여야 한다. 토지등의 매매차익이 없거나 매매차손이 발생하였을 때에도 같다. ② 부동산매매업자의 토지등의 매매차익에 대한 산출세액은 그 매매가액에서 필요경비를 공제한 금액에 세율을 곱하여 계산한 금액으로 한다. 다만, 토지등의 보유기간이 2년 미만인 경우에는 종합소득과세표준 세율을 곱하여 계산한 금액으로 한다. ③ 부동산매매업자는 산출세액을 매매차익예정신고 기한까지 납세지 관할 세무서, 한국은행 또는 체신관서에 납부하여야 한다.[13]

---

12) 종합소득이 있는 거주자가 중간예납기간의 종료일 현재 그 중간예납기간 종료일까지의 종합소득금액에 대한 소득세액(중간예납추계액)이 중간예납기준액의 100분의 30에 미달하는 경우에는 11월 1일부터 11월 30일까지의 기간에 중간예납추계액을 중간예납세액으로 하여 납세지 관할 세무서장에게 신고할 수 있다. 중간예납기준액이 없는 거주자 중 복식부기의무자가 해당 과세기간의 중간예납기간 중 사업소득이 있는 경우에는 11월 1일부터 11월 30일까지의 기간에 중간예납추계액을 중간예납세액으로 하여 납세지 관할 세무서장에게 신고하여야 한다. ⑥ 신고한 거주자는 신고와 함께 그 중간예납세액을 11월 30일까지 납세지 관할 세무서, 한국은행(그 대리점을 포함) 또는 체신관서에 납부하여야 한다. 중간예납추계액 계산식 순서 : ㉠ 종합소득 과세표준 = (중간예납기간의 종합소득금액× 2) - 이월결손금 - 종합소득공제, ㉡ 종합소득 산출세액 = 종합소득 과세표준 × 기본세율, ㉢ 중간예납 추계액 = (종합소득산출세액/2)-(중간예납기간 종료일까지의 종합소득에 대한 감면세·세액공제액, 토지등 매매차익 예정신고 산출세액, 수시부과세액, 원천징수세액). 부동산매매업자가 중간예납기간 중에 매도한 토지 또는 건물에 대하여 토지등 매매차익 예정신고·납부를 한 경우에는 중간예납기준액의 2분의 1에 해당하는 금액에서 그 신고·납부한 금액을 뺀 금액을 중간예납세액으로 한다. 이 경우 토지등 매매차익예정신고·납부세액이 중간예납기준액의 2분의 1을 초과하는 경우에는 중간예납세액이 없는 것으로 한다.

Ⅵ. 과세표준의 확정신고와 납부

1. 종합소득과세표준 확정신고

① 해당 과세기간의 종합소득금액이 있는 거주자(종합소득과세표준이 없거나 결손금이 있는 거주자를 포함)는 그 종합소득 과세표준을 그 과세기간의 다음 연도 5월 1일부터 5월 31일까지 납세지 관할 세무서장에게 신고하여야 한다. ② 해당 과세기간에 분리과세 주택임대소득이 있는 경우에도 ①을 적용한다. ③ ①에 따른 신고를 "종합소득 과세표준 확정신고"라 한다. ④ 종합소득 과세표준확정신고를 할 때에는 그 신고서에 ㉠ 인적공제, 연금보험료공제, 주택담보노후연금 이자비용공제, 특별소득공제, 자녀세액공제, 연금계좌세액공제 및 특별세액공제 대상임을 증명하는 서류, ㉡ 종합소득금액 계산의 기초가 된 총수입금액[14]과 필요경비의 계산에 필요한 서류, ㉢ 사업소득금액을 비치·기록된 장부와

---

13) **(토지등 매매차익의 계산)** ① 토지등의 매매차익은 그 매매가액에서 ㉠ 양도자산의 필요경비에 상당하는 금액, ㉡ 당해 토지등의 건설자금에 충당한 금액의 이자, ㉢ 토지등의 매도로 인하여 법률에 의하여 지급하는 공과금, ㉣ 장기보유특별공제액을 공제한 것으로 한다. ② 토지등을 평가증하여 장부가액을 수정한 때에는 그 평가증을 하지 아니한 장부가액으로 매매차익을 계산한다. ③ 부동산매매업자는 토지등과 기타의 자산을 함께 매매하는 경우에는 이를 구분하여 기장하고 공통되는 필요경비가 있는 경우에는 당해 자산의 가액에 따라 안분계산하여야 한다. (토지등 매매차익과 세액의 결정·경정 및 통지) ① 토지등의 매매차익은 계산(㉠ 부동산매매업자가 토지등 매매차익예정신고시에 제출한 증빙서류 또는 비치·기장한 장부와 증빙서류에 의하여 계산. ㉡ 매매가액에 규정을 적용하여 계산한 금액). ② 매도한 토지등의 실지거래가액을 확인할 수 있는 경우에는 실지거래가액을 매매가액으로 하고, 실지거래가액을 확인할 수 없는 경우에는 방법을 순차적으로 적용하여 산정한 가액을 매매가액으로 한다. 이 경우 매매사례가액 또는 감정가액이 특수관계인과의 거래에 따른 가액 등으로서 객관적으로 부당하다고 인정되는 경우에는 해당 가액은 적용하지 아니한다. ③ 납세지 관할세무서장은 토지등 매매차익예정신고 또는 토지등 매매차익예정신고납부를 한 자에 대해서는 그 신고 또는 신고납부를 한 날부터 1개월 내에, 매매차익예정신고를 하지 아니한 자에 대해서는 즉시 그 매매차익과 세액을 결정하고 해당 부동산매매업자에게 통지하여야 한다.

14) **(총수입금액의 계산)** 사업소득에 대한 총수입금액의 계산은 ㉠ 부동산을 임대하거나 지역권·지상권을 설정 또는 대여하고 받은 선세금에 대한 총수입금액은 그 선세금을 계약기간의 월수로 나눈 금액의 각 과세기간의 합계액으로 한다. ㉡ 환입된 물품의 가액과 매출에누리는 해당 과세기간의 총수입금액에 산입하지 아니한다. 다만, 거래수량 또는 거래금액에 따라 상대편에게 지급하는 장려금과 그 밖에 이와 유사한 성질의 금액과 대손금은 총수입금액에서 빼지 아니한다. ㉢ 외상매출금을 결제하는 경우의 매출할인금액은 거래상대방과의 약정에 의한 지급기일(지급기일이 정하여져 있지 아니한 경우에는 지급한 날)이 속하는 과세기간의 총수입금액 계산에 있어서 이를 차감한다. ㉣ 거래상대방으로부터 받는 장려금 기타 이와 유사한 성질의 금액은 총수입금액에 이를 산입한다. ㉤ 관세환급금등 필요경비로 지출된 세액이 환입되었거나 환입될 경우에 그 금액은 총수입금액에 이를 산입한다. ㉥ 사업과 관련하여 무상으로 받은 자산의 가액과 채무의 면제 또는 소멸로 인하여 발생하는 부채의 감소액은 총수입금액에 이를 산입한다. ㉦ ⓐ 확정급여형퇴직연금제도의 보험차익과 신탁계약의 이익 또는 분배금, ⓑ 사업과 관련하여 해당 사업용 자산의 손실로 취득하는 보험차익에 해당되는 이익, 분

증명서류에 의하여 계산한 경우에는 기업회계기준을 준용하여 작성한 재무상태표·손익계산서와 그 부속서류, 합계잔액시산표 및 조정계산서. 다만, 기장을 한 사업자의 경우에는 간편장부소득금액 계산서, ㉣ 필요경비를 산입한 경우에는 그 명세서, ㉤ 사업자(소규모사업자는 제외)가 사업과 관련하여 다른 사업자(법인을 포함)로부터 재화 또는 용역을 공급받고 해당하는 증명서류 외의 것으로 증명을 받은 경우에는 영수증 수취명세서, ㉥ 사업소득금액을 비치·기록한 장부와 증명서류에 의하여 계산하지 아니한 경우에는 기획재정부령으로 정하는 추계소득금액 계산서를 첨부하여 납세지 관할 세무서장에게 제출하여야 한다. 이 경우 복식부기의무자가 ㉢의 서류를 제출하지 아니한 경우에는 종합소득과세표준확정신고를 하지 아니한 것으로 본다. ⑤ 납세지 관할 세무서장은 ④에 따라 제출된 신고서나 그 밖의 서류에 미비한 사항 또는 오류가 있을 때에는 그 보정을 요구할 수 있다.

2. 성실신고확인서 제출

① 성실한 납세를 위하여 필요하다고 인정되어 수입금액이 업종별로 대통령령으로 정하는 일정 규모(부동산 임대업, 부동산업(부동산매매업은 제외), 임대서비스업: 5억원) 이상의 사업자(성실신고확인대상사업자)는 종합소득과세표준 확정신고를 할 때에 비치·기록된 장부와 증명서류에 의하여 계산한 사업소득금액의 적정성을 세무사 등이 확인하고 작성한 확인서(성실신고확인서)를 납세지 관할 세무서장에게 제출하여야 한다. ② 성실신고확인대상사업자가 성실신고확인서를 제출하는 경우에는 종합소득과세표준 확정신고를 그 과세기간의 다음 연도 5월 1일부터 6월 30일까지 하여야 한다. ③ 납세지 관할 세무서장은 제출된 성실신고확인서에 미비한 사항 또는 오류가 있을 때에는 그 보정을 요구할 수 있다. ④ 성실신고확인대상사업자는 성실신고를 확인하는 세무사등을 선임하여 해당 과세기간의 다음 연도 4월 30일(성실신고확인대상사업자가 사망하거나 출국하는 경

배금 또는 보험차익은 그 소득의 성격에도 불구하고 총수입금액에 산입한다. ⓞ ㉠부터 ㉦까지 외의 사업과 관련된 수입금액으로서 해당 사업자에게 귀속되었거나 귀속될 금액은 총수입금액에 산입한다. 금전외의 것에 대한 수입금액의 계산은 주식의 발행법인으로부터 신주인수권을 받은 때(주주로서 받은 경우를 제외)에는 신주인수권에 의하여 납입한 날의 신주가액에서 당해 신주의 발행가액을 공제한 금액에 의한다. 신주가액이 그 납입한 날의 다음 날 이후 1월내에 하락한 때에는 그 최저가액을 신주가액으로 한다. ⑧ 임지의 임목을 벌채 또는 양도하는 사업의 수입금액을 계산하는 경우 임목을 임지와 함께 양도한 경우에 그 임지의 양도로 발생하는 소득은 총수입금액 계산시 산입하지 아니한다. 이 경우 임목과 임지의 취득가액 또는 양도가액을 구분할 수 없는 때에는 ㉠ 임목에 대하여는 시가표준액, ㉡ 임지에 대하여는 총취득가액 또는 총양도가액에서 ㉠에 따라 계산한 임목의 취득가액 또는 양도가액을 뺀 금액(이 경우 빼고 남은 금액이 없는 때에는 임지의 취득가액 또는 양도가액은 없는 것으로 본다)의 기준에 따라 취득가액 또는 양도가액을 계산한다.

우에는 ㉠ 사망하는 경우: 상속개시일이 속하는 달의 말일부터 4개월이 되는 날(이 기간 중 상속인이 출국하는 경우에는 출국일 전날), ㉡ 출국하는 경우: 출국일 전날에 해당하는 날)까지 기획재정부령으로 정하는 서식에 따라 납세지 관할 세무서장에게 신고하여야 한다.

3. 분할납부

거주자로서 납부할 세액이 각각 1천만원을 초과하는 자는 납부할 세액이 2천만원이하인 때에는 1천만원을 초과하는 금액, 납부할 세액이 2천만원을 초과하는 때에는 그 세액의 100분의 50이하의 금액에 따라 그 납부할 세액의 일부를 납부기한이 지난 후 2개월 이내에 분할납부할 수 있다.

Ⅶ. 결정 · 경정과 징수 및 환급

1. 과세표준의 결정 및 경정

(1) 결정과 경정

① 납세지 관할 세무서장 또는 지방국세청장은 과세표준확정신고를 하여야 할 자가 그 신고를 하지 아니한 경우에는 해당 거주자의 해당 과세기간 과세표준과 세액을 결정한다.
② 납세지 관할 세무서장 또는 지방국세청장은 과세표준확정신고를 한 자(㉡ 및 ㉢의 경우에는 과세표준확정신고를 하지 아니한 자를 포함)가 ㉠ 신고 내용에 탈루 또는 오류가 있는 경우, ㉡ 소득세를 원천징수한 내용에 탈루 또는 오류가 있는 경우로서 원천징수의무자의 폐업 · 행방불명 등으로 원천징수의무자로부터 징수하기 어렵다고 인정되는 경우, ㉢ 사실과 다르게 기재된 영수증을 받는 등 허위증거자료 또는 허위문서의 작성 및 제출, 허위증거자료 또는 허위문서의 수취(허위임을 알고 받는 경우) 및 제출로 종합소득공제 및 세액공제를 받은 경우로서 원천징수의무자가 부당공제 여부를 확인하기 어렵다고 인정되는 경우, ㉣ 매출 · 매입처별 계산서합계표 또는 지급명세서의 전부 또는 일부를 제출하지 아니한 경우, ㉤ ⓐ 사업용계좌를 이용하여야 할 사업자가 이를 이행하지 아니한 경우, ⓑ 사업용계좌를 신고하여야 할 사업자가 이를 이행하지 아니한 경우, ⓒ 신용카드가맹점 가입 요건에 해당하는 사업자가 정당한 사유 없이 신용카드가맹점으로 가입하지 아

니한 경우, ⓓ 신용카드가맹점 가입 요건에 해당하여 가맹한 신용카드가맹점이 정당한 사유 없이 신용카드에 의한 거래를 거부하거나 신용카드매출전표를 사실과 다르게 발급한 경우, ⓔ 사업자가 정당한 사유 없이 현금영수증가맹점으로 가입하지 아니한 경우, ⓕ 현금영수증가맹점으로 가입한 사업자가 정당한 사유 없이 현금영수증을 발급하지 아니하거나 사실과 다르게 발급한 경우로서 시설 규모나 영업 상황으로 보아 신고 내용이 불성실하다고 판단되는 경우에는 해당 과세기간의 과세표준과 세액을 경정한다.15) ③ 과세표준과 세액의 결정 또는 경정은 과세표준확정신고서 및 그 첨부서류에 의하거나 실지조사에 의함을 원칙으로 한다. ④ 과세표준과 세액 결정은 과세표준확정신고기일부터 1년내에 완료하여야 한다. 다만, 국세청장이 조사기간을 따로 정하거나 부득이한 사유로 인하여 국세청장의 승인을 얻은 경우에는 그러하지 아니하다.

(2) 추계결정 및 경정

① 과세표준을 추계결정 또는 경정하는 경우에는 산출한 소득금액에서 인적공제와 특별소득공제를 하여 과세표준을 계산한다. ② 소득금액의 추계결정 또는 경정을 하는 경우에는 ㉠ 수입금액에서 ⓐ 매입비용(사업용고정자산의 매입비용을 제외)과 사업용고정자산에 대한 임차료로서 증빙서류에 의하여 지출하였거나 지출할 금액, ⓑ 종업원의 급여와 임금 및 퇴직급여로서 증빙서류에 의하여 지급하였거나 지급할 금액, ⓒ 수입금액에 기준경비율을 곱하여 계산한 금액. 다만, 복식부기의무자의 경우에는 수입금액에 기준경비율의 2분의 1을 곱하여 계산한 금액의 합계액(수입금액을 초과하는 경우에는 그 초과하는 금액은 제외)을 공제한 금액을 그 소득금액(기준소득금액)으로 결정 또는 경정하는 방법. 다만, 기준소득금액이 ⓑ에 따른 소득금액에 기획재정부령으로 정하는 배율을 곱하여 계산한 금액 이상인 경우 2021년 12월 31일이 속하는 과세기간의 소득금액을 결정 또는 경정할 때까지는 그 배율을 곱하여 계산한 금액을 소득금액으로 결정할 수 있다. ㉡ 수입금액에서 수입금액에 단순경비율을 곱한 금액을 공제한 금액을 그 소득금액으로 결정 또

15) 납세지 관할 세무서장 또는 지방국세청장은 해당 과세기간의 과세표준과 세액을 결정 또는 경정하는 경우에는 장부나 그 밖의 증명서류를 근거로 하여야 한다. 다만, ㉠ 과세표준을 계산할 때 필요한 장부와 증빙서류가 없거나 한국표준산업분류에 따른 동종업종 사업자의 신고내용 등에 비추어 수입금액 및 주요 경비 등 중요한 부분이 미비 또는 허위인 경우, ㉡ 기장의 내용이 시설규모 · 종업원수 · 원자재 · 상품 또는 제품의 시가 · 각종 요금 등에 비추어 허위임이 명백한 경우, ㉢ 기장의 내용이 원자재사용량 · 전력사용량 기타 조업상황에 비추어 허위임이 명백한 경우로 장부나 그 밖의 증명서류에 의하여 소득금액을 계산할 수 없는 경우에는 대통령령으로 정하는 바에 따라 소득금액을 추계조사결정할 수 있다. 납세지 관할 세무서장 또는 지방국세청장은 과세표준과 세액을 결정 또는 경정한 후 그 결정 또는 경정에 탈루 또는 오류가 있는 것이 발견된 경우에는 즉시 그 과세표준과 세액을 다시 경정한다.

는 경정하는 방법, ㉢ 사업소득(연말정산사업소득)에 대한 수입금액에 연말정산사업소득의 소득률을 곱하여 계산한 금액을 그 소득금액으로 결정 또는 경정하는 방법, ㉣ 기준경비율 또는 단순경비율이 결정되지 아니하였거나 천재·지변 기타 불가항력으로 장부 기타 증빙서류가 멸실된 때에는 기장이 가장 정확하다고 인정되는 동일업종의 다른 사업자의 소득금액을 참작하여 그 소득금액을 결정 또는 경정하는 방법(다만, 동일업종의 다른 사업자가 없는 경우로서 과세표준확정신고후에 장부등이 멸실된 때에는 신고서 및 그 첨부서류에 의하고 과세표준확정신고전에 장부등이 멸실된 때에는 직전과세기간의 소득률에 의하여 소득금액을 결정 또는 경정), ㉤ 기타 국세청장이 합리적이라고 인정하는 방법에 따른다. 다만, ㉠의 ⓑ는 단순경비율 적용대상자[16]만 적용한다.

③ 법률에 따라 총수입금액에 산입할 충당금·준비금등이 있는 자에 대한 소득금액을 추계결정 또는 경정하는 때에는 ②에 따라 계산한 소득금액에 해당 과세기간의 총수입금액에 산입할 충당금·준비금등을 가산한다.

(3) 과세표준과 세액의 통지

납세지 관할 세무서장 또는 지방국세청장은 거주자의 과세표준과 세액을 결정 또는 경정한 경우에는 그 내용을 해당 거주자 또는 상속인에게 대통령령으로 정하는 바에 따라 서면으로 통지하여야 한다. 다만, 과세표준과 세액의 결정 또는 경정을 한 경우에는 지체없이 통지하여야 한다. ① 납세지 관할세무서장 또는 관할지방국세청장이 과세표준과 세액을 통지하고자 하는 때에는 과세표준과 세율·세액 기타 필요한 사항을 서면으로 통지하여야 한다. 이 경우 납부할 세액이 없는 때에도 같다. ② 납세지 관할세무서장 또는 관할지방국세청장이 피상속인의 소득금액에 대한 소득세를 2인이상의 상속인에게 과세하는 경우에는 과세표준과 세액을 그 지분에 따라 배분하여 상속인별로 각각 통지하여야 한다.

---

16) 단순경비율 적용대상자(㉠ 해당 과세기간에 신규로 사업을 개시한 사업자, ㉡ 직전 과세기간의 수입금액(결정 또는 경정으로 증가된 수입금액을 포함)의 합계액이 ⓐ 농업·임업 및 어업, 광업, 도매 및 소매업(상품중개업을 제외), 부동산매매업, 그 밖에 ⓑ 및 ⓒ에 해당되지 아니하는 사업: 6천만원, ⓑ 건설업(비주거용 건물 건설업은 제외, 주거용 건물 개발 및 공급업을 포함): 3천600만원, ⓒ 부동산 임대업, 부동산업(부동산매매업은 제외), 임대서비스업: 2천400만원에 미달하는 사업자). 단순경비율 적용제외 대상자(㉠의료업, 수의업, 약사업에 따른 사업자, ㉡「부가가치세법 시행령」 제109조제2항제7호에 해당하는 사업을 영위하는 자, ㉢ 현금영수증가맹점에 가입하여야 하는 사업자 중 현금영수증가맹점으로 가입하지 아니한 사업자(가입하지 아니한 해당 과세기간에 한함), ㉣ 해당 과세기간에 관할세무서장으로부터 해당 과세기간에 3회 이상 통보받고 그 금액의 합계액이 100만원 이상이거나 5회 이상 통보받은 사업자(통보받은 내용이 발생한 날이 속하는 해당 과세기간에 한정)).

2. 소액 부징수

㉠ 원천징수세액이 1천원 미만인 경우, ㉡ 납세조합의 징수세액이 1천원 미만인 경우, ㉢ 중간예납세액이 30만원 미만인 경우에는 해당 소득세를 징수하지 아니한다.

제 3 절 거주자의 양도소득에 대한 납세의무

Ⅰ. 양도 등의 정의

① "양도"란 자산에 대한 등기 또는 등록과 관계없이 매도, 교환, 법인에 대한 현물출자 등을 통하여 그 자산을 유상으로 사실상 이전하는 것을 말한다.[17] 이 경우 부담부증여의 채무액에 해당하는 부분(부담부증여 시 증여자의 채무를 수증자가 인수하는 경우 증여가액 중 그 채무액에 해당하는 부분을 말한다. 다만, 배우자 간 또는 직계존비속 간의 부담부증여(증여로 추정되는 경우를 포함)로서 수증자에게 인수되지 아니한 것으로 추정되는 채무액은 제외)은 양도로 보며[18], ⓐ 법률에 따른 환지처분으로 지목 또는 지번이 변경되거나 보류지로 충당되는 경우[19], ⓑ 토지의 경계를 변경하기 위하여 공간정

17) **(양도의 범위)** ① 채무자가 채무의 변제를 담보하기 위하여 자산을 양도하는 계약을 체결한 경우에 ㉠ 당사자간에 채무의 변제를 담보하기 위하여 양도한다는 의사표시가 있을 것, ㉡ 당해 자산을 채무자가 원래대로 사용·수익한다는 의사표시가 있을 것, ㉢ 원금·이율·변제기한·변제방법등에 관한 약정이 있을 것의 요건을 모두 갖춘 계약서의 사본을 양도소득 과세표준 확정신고서에 첨부하여 신고하는 때에는 이를 양도로 보지 아니한다. ② ①의 규정에 의한 계약을 체결한 후 ①의 요건에 위배하거나 채무불이행으로 인하여 당해 자산을 변제에 충당한 때에는 그 때에 이를 양도한 것으로 본다.

18) **(부담부증여에 대한 양도차익의 계산)** ① 부담부증여의 경우 양도로 보는 부분에 대한 양도차익을 계산함에 있어서 그 취득가액 및 양도가액은 ㉠ 취득가액: (양도가액, 기준시가로 산정한 취득가액)×채무액/증여가액. ㉡ 양도가액: 평가한 가액×채무액/증여가액. ② ①을 적용할 때 양도소득세 과세대상에 해당하는 자산과 해당하지 아니하는 자산을 함께 부담부증여하는 경우로서 증여자의 채무를 수증자가 인수하는 경우 채무액=총 채무액×양도소득세 과세대상 자산가액/총증여 자산가액에 따라 계산한다.

19) **(환지등의 정의)** ① 환지처분이란 도시개발사업, 농업생산기반 정비사업, 그 밖의 법률에 따라 사업시행자가 사업완료후에 사업구역 내의 토지 소유자 또는 관계인에게 종전의 토지 또는 건축물 대신에 그 구역 내의 다른 토지 또는 사업시행자에게 처분할 권한이 있는 건축물의 일부와 그 건축물이 있는 토지의 공유지분으로 바꾸어주는 것(사업시행에 따라 분할·합병 또는 교환하는 것을 포함)을 말한다. ② 보류지란 ①에 따른 사업시행자가 해당 법률에 따라 일정한 토지를 환지로 정하지 아니하고 ㉠ 해당 법률에 따른 공공용지, ㉡ 해당 법률에 따라 사업구역 내의 토지소유자 또는 관계인에게 그 구역 내의 토지로 사업비용을 부담하게 하는 경우의 해당 토지인 체비지의 토지로 사용하기 위하여

보관리법에 따른 토지의 분할 등 대통령령으로 정하는 방법과 절차로 하는 토지 교환의 경우(Ⓐ 토지 이용상 불합리한 지상 경계를 합리적으로 바꾸기 위하여 공간정보관리법이나 그 밖의 법률에 따라 토지를 분할하여 교환할 것, Ⓑ Ⓐ에 따라 분할된 토지의 전체 면적이 분할 전 토지의 전체 면적의 100분의 20을 초과하지 아니할 것)에는 양도로 보지 아니한다. ② "실지거래가액"이란 자산의 양도 또는 취득 당시에 양도자와 양수자가 실제로 거래한 가액으로서 해당 자산의 양도 또는 취득과 대가관계에 있는 금전과 그 밖의 재산가액을 말한다. ③ "1세대"란 거주자 및 그 배우자(법률상 이혼을 하였으나 생계를 같이 하는 등 사실상 이혼한 것으로 보기 어려운 관계에 있는 사람을 포함)가 그들과 같은 주소 또는 거소에서 생계를 같이 하는 자(거주자 및 그 배우자의 직계존비속(그 배우자를 포함) 및 형제자매를 말하며, 취학, 질병의 요양, 근무상 또는 사업상의 형편으로 본래의 주소 또는 거소에서 일시 퇴거한 사람을 포함)와 함께 구성하는 가족단위를 말한다. 다만, ㉠ 해당 거주자의 나이가 30세 이상인 경우, ㉡ 배우자가 사망하거나 이혼한 경우, ㉢ 소득이 중위소득의 100분의 40 수준 이상으로서 소유하고 있는 주택 또는 토지를 관리 · 유지하면서 독립된 생계를 유지할 수 있는 경우(다만, 미성년자의 경우를 제외하되, 미성년자의 결혼, 가족의 사망 그 밖에 기획재정부령이 정하는 사유로 1세대의 구성이 불가피한 경우에는 그러하지 아니하다))에는 배우자가 없어도 1세대로 본다. ④ "주택"이란 허가 여부나 공부상의 용도구분에 관계없이 사실상 주거용으로 사용하는 건물을 말한다. 이 경우 그 용도가 분명하지 아니하면 공부상의 용도에 따른다. ⑤ "농지"란 논밭이나 과수원으로서 지적공부의 지목과 관계없이 실제로 경작에 사용되는 토지를 말한다. 이 경우 농지의 경영에 직접 필요한 농막, 퇴비사, 양수장, 지소, 농도 및 수로 등에 사용되는 토지를 포함한다. ⑥ 고가주택의 범위는 주택 및 이에 딸린 토지의 양도당시의 실지거래가액의 합계액[1주택 및 이에 딸린 토지의 일부를 양도하거나 일부가 타인 소유인 경우에는 실지거래가액 합계액에 양도하는 부분(타인 소유부분을 포함)의 면적이 전체주택면적에서 차지하는 비율을 나누어 계산한 금액]이 9억원을 초과하는 것을 말하며, 주택으로 보는 부분(이에 부수되는 토지를 포함)에 해당하는 실지거래가액을 포함하고, 단독주택으로 보는 다가구주택의 경우에는 그 전체를 하나의 주택으로 본다.

보류한 토지를 말한다.

Ⅱ. 양도소득에 대한 비과세 및 감면

1. 비과세 양도소득

㉠ 파산선고에 의한 처분으로 발생하는 소득, ㉡ 농지의 교환 또는 분합으로 발생하는 소득, ㉢ ⓐ 1세대가 1주택을 보유하는 경우로서 대통령령으로 정하는 요건을 충족하는 주택[20], ⓑ 1세대가 1주택을 양도하기 전에 다른 주택을 대체취득하거나 상속, 동거봉양,

---

20) (1세대1주택의 범위) ① 1세대가 양도일 현재 국내에 1주택을 보유하고 있는 경우로서 해당 주택의 보유기간이 2년(⑦의 ㉡에 해당하는 거주자의 주택인 경우는 3년) 이상인 것[취득 당시에 조정대상지역에 있는 주택의 경우에는 해당 주택의 보유기간이 2년(⑦의 ㉡에 해당하는 거주자의 주택인 경우에는 3년) 이상이고 그 보유기간 중 거주기간이 2년 이상인 것]을 말한다. 다만, 1세대가 양도일 현재 국내에 1주택을 보유하고 있는 경우로서 ㉠부터 ㉢까지의 어느 하나에 해당하는 경우에는 그 보유기간 및 거주기간의 제한을 받지 아니하며 ㉣ 및 ㉤에 해당하는 경우에는 거주기간의 제한을 받지 아니한다. ㉠ 민간건설임대주택 또는 공공건설임대주택을 취득하여 양도하는 경우로서 해당 건설임대주택의 임차일부터 해당 주택의 양도일까지의 기간 중 세대전원이 거주(취학, 근무상의 형편, 질병의 요양, 그 밖에 부득이한 사유로 세대의 구성원 중 일부가 거주하지 못하는 경우를 포함)한 기간이 5년이상인 경우, ㉡ ⓐ 주택 및 그 부수토지(사업인정 고시일 전에 취득한 주택 및 그 부수토지에 한)의 전부 또는 일부가 토지보상법에 의한 협의매수 · 수용 및 그 밖의 법률에 의하여 수용되는 경우, ⓑ 해외이주로 세대전원이 출국하는 경우(다만, 출국일 현재 1주택을 보유하고 있는 경우로서 출국일부터 2년 이내에 양도하는 경우에 한), ⓒ 1년 이상 계속하여 국외거주를 필요로 하는 취학 또는 근무상의 형편으로 세대전원이 출국하는 경우(다만, 출국일 현재 1주택을 보유하고 있는 경우로서 출국일부터 2년 이내에 양도하는 경우에 한)에 해당하는 경우. 이 경우 ⓐ에 있어서는 그 양도일 또는 수용일부터 5년 이내에 양도하는 그 잔존주택 및 그 부수토지를 포함하는 것으로 한다. ㉢ 1년이상 거주한 주택을 기획재정부령으로 정하는 취학, 근무상의 형편, 질병의 요양, 그 밖에 부득이한 사유로 양도하는 경우, ㉣ 거주자가 해당 주택을 임대하기 위하여 등록과 임대사업자등록을 한 경우. 다만, 위반하여 임대의무기간 중에 해당 주택을 양도하는 경우와 임대보증금 또는 임대료의 연 증가율이 100분의 5를 초과하는 경우는 제외한다. ㉤ 거주자가 조정대상지역의 공고가 있은 날 이전에 매매계약을 체결하고 계약금을 지급한 사실이 증빙서류에 의하여 확인되는 경우로서 해당 거주자가 속한 1세대가 계약금 지급일 현재 주택을 보유하지 아니하는 경우. ③ 하나의 건물이 주택과 주택외의 부분으로 복합되어 있는 경우와 주택에 딸린 토지에 주택외의 건물이 있는 경우에는 그 전부를 주택으로 본다. 다만, 주택의 연면적이 주택 외의 부분의 연면적보다 적거나 같을 때에는 주택외의 부분은 주택으로 보지 아니한다. ④ ③단서의 경우에 주택에 딸린 토지는 전체 토지면적에 주택의 연면적이 건물의 연면적에서 차지하는 비율을 곱하여 계산한다. ⑤ ①의 규정에 의한 보유기간(자산의 보유기간은 그 자산의 취득일부터 양도일까지)의 계산은 거주기간(주민등록표상의 전입일자부터 전출일까지의 기간)에 의한다. ⑥ ①에 따른 거주기간은 주민등록표 등본에 따른 전입일부터 전출일까지의 기간으로 한다. ⑦ ①에 따른 거주기간 또는 보유기간을 계산할 때 ㉠ 거주하거나 보유하는 중에 소실 · 무너짐 · 노후 등으로 인하여 멸실되어 재건축한 주택인 경우에는 그 멸실된 주택과 재건축한 주택에 대한 거주기간 및 보유기간, ㉡ 비거주자가 해당 주택을 3년 이상 계속 보유하고 그 주택에서 거주한 상태로 거주자로 전환된 경우에는 해당 주택에 대한 거주기간 및 보유기간, ㉢ 상속받은 주택으로서 상속인과 피상속인이 상속개시 당시 동일세대인 경우에는 상속개시 전에 상속인과 피상속인이 동일세대로서 거주하고 보유한 기간을 통산한다. ⑧ 2개 이상의 주택을 같은 날에 양도하는 경우에는 당해 거주자가 선택하는 순서에 따라 주택을 양도한 것으로 본다. ⑨ ①에 따른 1세대 1주택이 ㉠ 임

혼인 등으로 인하여 2주택 이상을 보유하는 경우로서 대통령령으로 정하는 주택에 해당하는 주택(기준을 초과하는 고가주택은 제외)과 이에 딸린 토지로서 건물이 정착된 면적에 지역별로 도시지역 내의 토지: 5배, 그 밖의 토지: 10배을 곱하여 산정한 면적 이내의 토지(주택부수토지)의 양도로 발생하는 소득, ㉣ 조합원입주권을 1개 보유한 1세대[관리처분계획의 인가일 및 사업시행계획인가일(인가일 전에 기존주택이 철거되는 때에는 기존주택의 철거일) 현재 ㉢의 ⓐ에 해당하는 기존주택을 소유하는 세대]가 ⓐ 양도일 현재 다른 주택을 보유하지 아니할 것, ⓑ 양도일 현재 1조합원입주권 외에 1주택을 소유한 경우로서 해당 1주택을 취득한 날부터 3년 이내에 해당 조합원입주권을 양도할 것(3년 이내에 양도하지 못하는 경우로서 주택을 취득한 날부터 3년이 되는 날 현재 Ⓐ 한국자산관리공사에 매각을의뢰한 경우, Ⓑ 법원에 경매를 신청한 경우, Ⓒ 공매가 진행 중인 경우, Ⓓ 재개발사업, 재건축사업 또는 소규모재건축사업의 시행으로 현금으로 청산을 받아야 하는 토지등소유자가 사업시행자를 상대로 제기한 현금청산금 지급을 구하는 소송절차가 진행 중인 경우 또는 소송절차는 종료되었으나 해당 청산금을 지급받지 못한 경우로서 매각 등의 방법으로 양도하는 경우에 해당하는 경우를 포함)의 요건을 충족하여 양도하는 경우 해당 조합원입주권을 양도하여 발생하는 소득. 다만, 해당 조합원입주권의 가액이 조합원입주권의 양도 당시의 실지거래가액의 합계액이 9억원을 초과하는 경우에는 양도소득세를 과세한다. ㉤ 지적재조사에 관한 특별법에 따른 경계의 확정으로 지적공부상의 면적이 감소되어 지급받는 조정금의 소득에 대해서는 양도소득에 대한 소득세(양도소득세)를 과세하지 아니한다.

2. 농지의 비과세

비과세되는 농지를 교환 또는 분합하는 경우로서 교환 또는 분합하는 쌍방 토지가액의 차액 가액이 큰편의 4분의 1이하인 경우 : ㉠ 국가 또는 지방자치단체가 시행하는 사업으로 인하여 교환 또는 분합하는 농지, ㉡ 국가 또는 지방자치단체가 소유하는 토지와 교환 또는 분합하는 농지, ㉢ 경작상 필요에 의하여 교환하는 농지. 다만, 교환에 의하여 새로이 취득하는 농지를 3년이상 농지소재지(ⓐ 농지가 소재하는 시(제주특별법에 따른 행정시 포함)·군·구(자치구인 구)안의 지역, ⓑ ⓐ의 지역과 연접한 시·군·구안의 지역, ⓒ 농지로부터 직선거리 30킬로미터 이내에 있는 지역에 거주하면서 경작하는 경우

대주택으로 등록하거나 가정어린이집 인가를 받은 사실이 있을 것, ㉡ 해당 주택이 직전거주주택보유주택일 것의 요건에 모두 해당하는 경우에는 직전거주주택의 양도일 후의 기간분에 대해서만 국내에 1주택을 보유한 것으로 보아 ①을 적용한다.

(경작개시 당시에는 당해 지역에 해당하였으나 행정구역의 개편 등으로 이에 해당하지 아니하게 된 지역을 포함)에 한함), ㉣ 농지법 등에 의하여 교환 또는 분합하는 농지[21]. ㉢의 규정을 적용함에 있어서 새로운 농지의 취득후 3년 이내에 토지보상법에 의한 협의 매수·수용 및 그 밖의 법률에 의하여 수용되는 경우에는 3년이상 농지소재지에 거주하면서 경작한 것으로 본다. ㉢의 규정을 적용함에 있어서 새로운 농지 취득 후 3년이내에 농지 소유자가 사망한 경우로서 상속인이 농지소재지에 거주하면서 계속 경작한 때에는 피상속인의 경작기간과 상속인의 경작기간을 통산한다.

3. 1세대1주택의 특례

① 국내에 1주택을 소유한 1세대가 그 주택(종전의 주택)을 양도하기 전에 다른 주택(신규 주택)을 취득(자기가 건설하여 취득한 경우를 포함)함으로써 일시적으로 2주택이 된 경우 종전의 주택을 취득한 날부터 1년 이상이 지난 후 신규 주택을 취득하고 그 신규 주택을 취득한 날부터 3년 이내[종전의 주택이 조정대상지역에 있는 상태에서 조정대상지역에 있는 신규 주택을 취득(조정대상지역의 공고가 있은 날 이전에 신규 주택을 취득하거나 신규 주택을 취득하기 위하여 매매계약을 체결하고 계약금을 지급한 사실이 증빙서류에 의하여 확인되는 경우는 제외)하는 경우에는 2년 이내]에 종전의 주택을 양도하는 경우에는 이를 1세대 1주택으로 본다.

② 상속받은 주택[조합원입주권을 상속받아 사업시행 완료 후 취득한 신축주택을 포함하며, 피상속인이 상속개시 당시 2 이상의 주택을 소유한 경우에는 ㉠ 피상속인이 소유한 기간이 가장 긴 1주택, ㉡ 피상속인이 소유한 기간이 같은 주택이 2이상일 경우에는 피상속인이 거주한 기간이 가장 긴 1주택, ㉢ 피상속인이 소유한 기간 및 거주한 기간이 모두 같은 주택이 2이상일 경우에는 피상속인이 상속개시당시 거주한 1주택, ㉣ 피상속인

---

21) (비과세농지에서 제외되는 농지) ㉠ 양도일 현재 특별시·광역시(광역시에 있는 군을 제외)·특별자치시(특별자치시에 있는 읍·면지역은 제외)·특별자치도(제주특별법에 따라 설치된 행정시의 읍·면지역은 제외) 또는 시지역(도·농복합형태의 시의 읍·면지역을 제외)에 있는 농지중 국토계획법에 의한 주거지역·상업지역 또는 공업지역안의 농지로서 이들 지역에 편입된 날부터 3년이 지난 농지(ⓐ 사업지역 내의 토지소유자가 1천명 이상이거나 사업시행면적이 기획재정부령으로 정하는 규모 이상인 개발사업지역(사업인정고시일이 같은 하나의 사업시행지역) 안에서 개발사업의 시행으로 인하여 주거지역·상업지역 또는 공업지역에 편입된 농지로서 사업시행자의 단계적 사업시행 또는 보상지연으로 이들 지역에 편입된 날부터 3년이 지난 경우, ⓑ 사업시행자가 국가, 지방자치단체, 그 밖에 기획재정부령으로 정하는 공공기관인 개발사업지역 안에서 개발사업의 시행으로 인하여 주거지역·상업지역 또는 공업지역에 편입된 농지로서 기획재정부령으로 정하는 부득이한 사유에 해당하는 경우는 제외), ㉡ 당해 농지에 대하여 환지처분이전에 농지외의 토지로 환지예정지의 지정이 있는 경우로서 그 환지예정지 지정일부터 3년이 지난 농지.

이 거주한 사실이 없는 주택으로서 소유한 기간이 같은 주택이 2 이상일 경우에는 기준시가가 가장 높은 1주택(기준시가가 같은 경우에는 상속인이 선택하는 1주택)의 순위에 따른 1주택]과 그 밖의 주택을 국내에 각각 1개씩 소유하고 있는 1세대가 일반주택을 양도하는 경우에는 국내에 1개의 주택을 소유하고 있는 것으로 본다. ③ 공동상속주택 외의 다른 주택을 양도하는 때에는 해당 공동상속주택은 해당 거주자의 주택으로 보지 아니한다. 다만, 상속지분이 가장 큰 상속인의 경우에는 그러하지 아니하며, 상속지분이 가장 큰 상속인이 2명 이상인 경우에는 그 2명 이상의 사람 중 ⓐ 당해 주택에 거주하는 자, ⓑ 최연장자의 순서에 따라 그 공동상속주택을 소유한 것으로 본다. ④ 1주택을 보유하고 1세대를 구성하는 자가 1주택을 보유하고 있는 60세 이상의 직계존속을 동거봉양하기 위하여 세대를 합침으로써 1세대가 2주택을 보유하게 되는 경우 합친 날부터 10년 이내에 먼저 양도하는 주택은 이를 1세대 1주택으로 본다.

⑤ 1주택을 보유하는 자가 1주택을 보유하는 자와 혼인함으로써 1세대가 2주택을 보유하게 되는 경우 또는 1주택을 보유하고 있는 60세 이상의 직계존속을 동거봉양하는 무주택자가 1주택을 보유하는 자와 혼인함으로써 1세대가 2주택을 보유하게 되는 경우 각각 혼인한 날부터 5년 이내에 먼저 양도하는 주택은 이를 1세대 1주택으로 본다. ⑥ 지정문화재 및 등록문화재에 해당하는 주택과 그밖의 주택(일반주택)을 국내에 각각 1개씩 소유하고 있는 1세대가 일반주택을 양도하는 경우에는 국내에 1개의 주택을 소유하고 있는 것으로 본다.

⑦ ⓐ 상속받은 주택(피상속인이 취득후 5년이상 거주한 사실이 있는 경우), ⓑ 이농인(어업에서 떠난 자를 포함)이 취득일후 5년이상 거주한 사실이 있는 이농주택, ⓒ 영농(營農) 또는 영어(營漁)의 목적으로 취득한 귀농주택으로서 수도권 밖의 지역 중 읍지역(도시지역안의 지역을 제외) 또는 면지역에 소재하는 주택(농어촌주택)과 그 밖의 주택(일반주택)을 국내에 각각 1개씩 소유하고 있는 1세대가 일반주택을 양도하는 경우에는 국내에 1개의 주택을 소유하고 있는 것으로 본다. 다만, ⓒ의 주택에 대해서는 그 주택을 취득한 날부터 5년 이내에 일반주택을 양도하는 경우에 한정하여 적용한다. ⑧ 취학, 근무상의 형편, 질병의 요양, 그 밖에 부득이한 사유로 취득한 수도권 밖에 소재하는 주택과 그 밖의 주택(일반주택)을 국내에 각각 1개씩 소유하고 있는 1세대가 부득이한 사유가 해소된 날부터 3년 이내에 일반주택을 양도하는 경우에는 국내에 1개의 주택을 소유하고 있는 것으로 본다.

⑨ "이농주택"이라 함은 영농 또는 영어에 종사하던 자가 전업으로 인하여 다른 시·

구(특별시 및 광역시의 구)·읍·면으로 전출함으로써 거주자 및 그 배우자와 생계를 같이하는 가족 전부 또는 일부가 거주하지 못하게 되는 주택으로서 이농인이 소유하고 있는 주택을 말한다.

⑩ "귀농주택"이란 영농 또는 영어에 종사하고자 하는 자가 취득(귀농이전에 취득한 것을 포함)하여 거주하고 있는 주택으로서 ㉠ 취득 당시에 고가주택에 해당하지 아니할 것, ㉡ 대지면적이 660제곱미터 이내일 것, ㉢ 영농 또는 영어의 목적으로 취득하는 것으로서 ⓐ 1,000제곱미터 이상의 농지를 소유하는 자 또는 그 배우자가 해당 농지소재지에 있는 주택을 취득하는 것일 것, ⓑ 1,000제곱미터 이상의 농지를 소유하는 자 또는 그 배우자가 해당 농지를 소유하기 전 1년 이내에 해당 농지소재지에 있는 주택을 취득하는 것일 것, ⓒ 기획재정부령이 정하는 어업인이 취득하는 것일 것, ⓓ 세대전원이 이사(취학, 근무상의 형편, 질병의 요양, 그 밖의 부득이한 사유로 세대의 구성원 중 일부가 이사하지 못하는 경우를 포함)하여 거주할 것에 해당할 것의 요건을 갖춘 것을 말한다.[22]

⑪ 장기임대주택(㉡ 장기임대주택: 양도일 현재 사업자등록을 하고, 장기임대주택을 민간임대주택으로 등록하여 임대하고 있으며, 임대보증금 또는 임대료의 연 증가율이 100분의 5를 초과하지 않을 것) 또는 장기가정어린이집(㉢ 장기가정어린이집: 양도일 현재 사업자등록을 하고, 장기가정어린이집을 운영하고 있을 것)과 그 밖의 1주택을 국내에 소유하고 있는 1세대가 거주주택을 양도하는 경우에는 국내에 1개의 주택을 소유하고 있는 것으로 본다. 이 경우 해당 거주주택(㉠ 거주주택: 보유기간 중 거주기간(직전거주주택보유주택의 경우에는 사업자등록과 임대사업자 등록을 한 날 또는 인가를 받은 날 이후의 거주기간)이 2년 이상일 것)이 민간임대주택으로 등록하였거나 인가를 받아 가정어린이집으로 사용한 사실이 있고 그 보유기간 중에 양도한 다른 거주주택(가장 나중에 양도한 거주주택. 직전거주주택)이 있는 거주주택(민간임대주택으로 등록한 사실이 있는 주택인 경우에는 1주택 외의 주택을 모두 양도한 후 1주택을 보유하게 된 경우에 한정. 직전거주주택보유주택)인 경우에는 직전거주주택의 양도일 후의 기간분에 대해서만 국내에 1개의 주택을 소유하고 있는 것으로 본다.

---

22) 귀농으로 인하여 세대전원이 농어촌주택으로 이사하는 경우에는 귀농후 최초로 양도하는 1개의 일반주택에 한하여 적용한다. 상속의 규정을 적용받은 귀농주택 소유자가 귀농일(귀농주택에 주민등록을 이전하여 거주를 개시한 날, 주택을 취득한 후 해당 농지를 취득하는 경우에는 귀농주택에 주민등록을 이전하여 거주를 개시한 후 농지를 취득한 날)부터 계속하여 3년 이상 영농 또는 영어에 종사하지 아니하거나 그 기간 동안 해당 주택에 거주하지 아니한 경우 그 양도한 일반주택은 1세대1주택으로 보지 아니하며, 해당 귀농주택 소유자는 3년 이상 영농 또는 영어에 종사하지 아니하거나 그 기간 동안 해당 주택에 거주하지 아니하는 사유가 발생한 날이 속하는 달의 말일부터 2개월 이내에 계산식에 따라 계산한 금액을 양도소득세로 신고·납부하여야 한다.

4. 주택과 조합원입주권을 소유한 경우 1세대1주택의 특례

① 국내에 1주택을 소유한 1세대가 그 주택(종전의 주택)을 양도하기 전에 조합원입주권을 취득함으로써 일시적으로 1주택과 1조합원입주권을 소유하게 된 경우 종전의 주택을 취득한 날부터 1년 이상이 지난 후에 조합원입주권을 취득하고 그 조합원입주권을 취득한 날부터 3년 이내에 종전의 주택을 양도하는 경우에는 이를 1세대1주택으로 본다. 이 경우 종전의 주택을 취득한 날부터 1년 이상이 지난 후 조합원입주권을 취득하는 요건을 적용하지 아니한다. ② 국내에 1주택을 소유한 1세대가 그 주택을 양도하기 전에 조합원입주권을 취득함으로써 일시적으로 1주택과 1조합원입주권을 소유하게 된 경우 조합원입주권을 취득한 날부터 3년이 지나 종전의 주택을 양도하는 경우로서 ㉠ 재개발사업, 재건축사업 또는 소규모재건축사업의 관리처분계획등에 따라 취득하는 주택이 완성된 후 2년 이내에 그 주택으로 세대전원이 이사(취학, 근무상의 형편, 질병의 요양 그 밖의 부득이한 사유로 세대의 구성원 중 일부가 이사하지 못하는 경우 포함)하여 1년 이상 계속하여 거주할 것, ㉡ 재개발사업, 재건축사업 또는 소규모재건축사업의 관리처분계획등에 따라 취득하는 주택이 완성되기 전 또는 완성된 후 2년 이내에 종전의 주택을 양도할 것의 요건을 모두 갖춘 때에는 이를 1세대 1주택으로 본다.

③ 상속받은 조합원입주권(피상속인이 상속개시 당시 주택을 소유하지 아니한 경우의 상속받은 조합원입주권만 해당하며, 피상속인이 상속개시 당시 2 이상의 조합원입주권을 소유한 경우에는 ㉠ 피상속인이 소유한 기간(주택 소유기간과 조합원입주권 소유기간을 합한 기간)이 가장 긴 1조합원입주권, ㉡ 피상속인이 소유한 기간이 같은 조합원입주권이 2 이상일 경우에는 피상속인이 거주한 기간(주택에 거주한 기간)이 가장 긴 1조합원입주권, ㉢ 피상속인이 소유한 기간 및 피상속인이 거주한 기간이 모두 같은 조합원입주권이 2 이상일 경우에는 상속인이 선택하는 1조합원입주권의 순위에 따른 1조합원입주권만 해당)과 그 밖의 주택(사업시행 완료 후 취득한 신축주택만 해당하며, 상속개시일부터 소급하여 2년 이내에 피상속인으로부터 증여받은 주택 또는 조합원입주권에 의하여 사업시행 완료 후 취득한 신축주택은 제외. 일반주택)을 국내에 각각 1개씩 소유하고 있는 1세대가 일반주택을 양도하는 경우에는 국내에 1개의 주택을 소유하고 있는 것으로 본다.

④ 동거봉양하기 위하여 세대를 합침으로써 1세대가 1주택과 1조합원입주권, 1주택과 2조합원입주권, 2주택과 1조합원입주권 또는 2주택과 2조합원입주권을 소유하게 되는 경우 합친 날부터 10년 이내에 먼저 양도하는 주택(최초양도주택)을 1세대 1주택으로 본

다.[23] ⑤ 혼인함으로써 1세대가 1주택과 1조합원입주권, 1주택과 2조합원입주권, 2주택과 1조합원입주권 또는 2주택과 2조합원입주권을 소유하게 되는 경우 혼인한 날부터 5년 이내에 먼저 양도하는 주택(최초양도주택)을 1세대 1주택으로 본다.[24] ⑥ 지정문화재 및 등록문화재에 해당하는 주택과 그 밖의 주택(일반주택) 및 조합원입주권을 국내에 각각 1개씩 소유하고 있는 1세대가 일반주택을 양도하는 경우에는 국내에 일반주택과 조합원입주권을 소유하고 있는 것으로 본다. ⑦ 농어촌주택 중 이농주택과 그 밖의 주택(일반주택) 및 조합원입주권을 국내에 각각 1개씩 소유하고 있는 1세대가 일반주택을 양도하는 경우에는 국내에 일반주택과 조합원입주권을 소유하고 있는 것으로 본다.

5. 양도소득세액의 감면

① 양도소득금액에 이 법 또는 다른 조세에 관한 법률에 따른 감면대상 양도소득금액이 있을 때에는 (양도소득세 감면액 = 양도소득 산출세액×(감면대상 양도소득금액-양도소득 기본공제)/양도소득 과세표준×법률에서 정한 감면율)에 따라 계산한 양도소득세 감면액을 양도소득 산출세액에서 감면한다. ② 조세특례제한법에서 양도소득세의 감면을 양도소득금액에서 감면대상 양도소득금액을 차감하는 방식으로 규정하는 경우에는 양도소득금액에서 감면대상 양도소득금액을 차감한 후 양도소득과세표준을 계산하는 방식으로 양

23) ㉠ ⓐ 1주택, ⓑ 1조합원입주권, ⓒ 1주택과 1조합원입주권을 소유하고 1세대를 구성하는 자, ㉡ ⓐ 1주택, ⓑ 1조합원입주권, ⓒ 1주택과 1조합원입주권을 소유하고 있는 60세 이상의 직계존속(배우자의 직계존속을 포함하며, 직계존속 중 어느 한 사람이 60세 미만인 경우를 포함), ㉢ 합친 날 이전에 ㉠의 ⓐ 또는 ㉡의 ⓐ에 해당하는 자가 소유하던 주택, ㉣ 합친 날 이전에 ㉠의 ⓒ 또는 ㉡의 ⓒ에 해당하는 자가 소유하던 주택. 다만, Ⓐ합친 날 이전에 소유하던 조합원입주권(합친 날 이전에 최초양도주택을 소유하던 자가 소유하던 조합원입주권. 합가전 조합원입주권)이 관리처분계획등의 인가로 인하여 최초 취득된 것(최초 조합원입주권)인 경우에는 최초양도주택이 그 재개발사업, 재건축사업 또는 소규모재건축사업의 시행기간 중 거주하기 위하여 사업시행인가일 이후 취득된 것으로서 취득 후 1년 이상 거주하였을 것, Ⓑ합가전 조합원입주권이 매매 등으로 승계취득된 것인 경우에는 최초양도주택이 합가전 조합원입주권을 취득하기 전부터 소유하던 것일 것의 요건을 갖춘 경우에 한한다. ㉤ 합친 날 이전에 ㉠의 ⓑ 또는 ㉡의 ⓑ에 해당하는 자가 소유하던 1조합원입주권에 의하여 재개발사업, 재건축사업 또는 소규모재건축사업의 관리처분계획등에 따라 합친 날 이후에 취득하는 주택

24) ㉠ ⓐ 1주택, ⓑ 1조합원입주권, ⓒ 1주택과 1조합원입주권을 소유하는 자, ㉡ 혼인한 날 이전에 1주택에 해당하는 자가 소유하던 주택, ㉢ 혼인한 날 이전에 1주택과 1조합원입주권을 소유하는 자가 소유하던 주택. 다만, ⓐ 혼인한 날 이전에 소유하던 조합원입주권(혼인한 날 이전에 최초양도주택을 소유하던 자가 소유하던 조합원입주권. 혼인전 조합원입주권)이 최초 조합원입주권인 경우에는 최초양도주택이 그 재개발사업, 재건축사업 또는 소규모재건축사업의 시행기간 중 거주하기 위하여 사업시행인가일 이후 취득된 것으로서 취득 후 1년 이상 거주하였을 것, ⓑ 혼인전 조합원입주권이 매매 등으로 승계취득된 것인 경우에는 최초양도주택이 혼인전 조합원입주권을 취득하기 전부터 소유하던 것일 것의 요건을 갖춘 경우에 한한다. ㉣ 혼인한 날 이전에 제1호나목에 해당하는 자가 소유하던 1조합원입주권에 의하여 재개발사업, 재건축사업 또는 소규모재건축사업의 관리처분계획등에 따라 혼인한 날 이후에 취득하는 주택

도소득세를 감면한다.

6. 양도차손의 통산 등

① 양도차손은 ㉠ 양도차손이 발생한 자산과 같은 세율을 적용받는 자산의 양도소득금액, ㉡ 양도차손이 발생한 자산과 다른 세율을 적용받는 자산의 양도소득금액(이 경우 다른 세율을 적용받는 자산의 양도소득금액이 2 이상인 경우에는 각 세율별 양도소득금액의 합계액에서 당해 양도소득금액이 차지하는 비율로 안분하여 공제)에서 순차로 공제한다. ② 감면소득금액을 계산함에 있어서 양도소득금액에 감면소득금액이 포함되어 있는 경우에는 순양도소득금액(감면소득금액을 제외한 부분)과 감면소득금액이 차지하는 비율로 안분하여 당해 양도차손을 공제한 것으로 보아 감면소득금액에서 당해 양도차손 해당분을 공제한 금액을 감면소득금액으로 본다.

7. 양도소득세 비과세 또는 감면의 배제 등

① 미등기양도자산에 대하여는 이 법 또는 이 법 외의 법률 중 양도소득에 대한 소득세의 비과세에 관한 규정을 적용하지 아니한다. ② 자산을 매매하는 거래당사자가 매매계약서의 거래가액을 실지거래가액과 다르게 적은 경우에는 해당 자산에 대하여 이 법 또는 이 법 외의 법률에 따른 양도소득세의 비과세 또는 감면에 관한 규정을 적용할 때 비과세 또는 감면받았거나 받을 세액에서 ㉠ 법률에 따라 양도소득세의 비과세에 관한 규정을 적용받을 경우: 비과세에 관한 규정을 적용하지 아니하였을 경우의 양도소득 산출세액과 매매계약서의 거래가액과 실지거래가액과의 차액 중 적은 금액, ㉡ 법률에 따라 양도소득세의 감면에 관한 규정을 적용받았거나 받을 경우: 감면에 관한 규정을 적용받았거나 받을 경우의 해당 감면세액과 매매계약서의 거래가액과 실지거래가액과의 차액 중 적은 금액에 따른 금액을 뺀다.

Ⅲ. 양도소득과세표준과 세액의 계산

1. 양도소득과세표준의 계산

① 거주자의 양도소득에 대한 과세표준(양도소득과세표준)은 종합소득 및 퇴직소득에

대한 과세표준과 구분하여 계산한다. ② 양도소득과세표준은 계산한 양도소득금액에서 양도소득 기본공제를 한 금액으로 한다.

2. 양도소득세액 계산의 순서

양도소득세는 이 법에 특별한 규정이 있는 경우를 제외하고는 ㉠ 양도소득과세표준에 세율을 적용하여 양도소득 산출세액을 계산하고, ㉡ 이에 따라 계산한 산출세액에서 감면되는 세액이 있을 때에는 이를 공제하여 양도소득 결정세액을 계산하고, ㉢ 이에 따라 계산한 결정세액에 가산세를 더하여 양도소득 총결정세액을 계산한다.

Ⅳ. 양도소득금액의 계산

1. 양도소득의 범위

양도소득은 해당 과세기간에 발생한 소득으로, ㉠ 토지(지적공부에 등록하여야 할 지목에 해당하는 것) 또는 건물(건물에 부속된 시설물과 구축물을 포함)의 양도로 발생하는 소득, ㉡ ⓐ 부동산을 취득할 수 있는 권리(건물이 완성되는 때에 그 건물과 이에 딸린 토지를 취득할 수 있는 권리를 포함), ⓑ 지상권, ⓒ 전세권과 등기된 부동산임차권에 해당하는 부동산에 관한 권리의 양도로 발생하는 소득, ㉢ ⓐ 주권상장법인의 주식등으로서 소유주식의 비율·시가총액 등을 고려하여 주권상장법인의 대주주가 양도하는 주식등, 이에 따른 대주주에 해당하지 아니하는 자가 증권시장에서의 거래에 의하지 아니하고 양도하는 주식등(다만, 주식의 포괄적 교환·이전 또는 주식의 포괄적 교환·이전에 대한 주식매수청구권 행사로 양도하는 주식등은 제외), ⓑ 주권비상장법인의 주식등(다만, 소유주식의 비율·시가총액 등을 고려하여 주권비상장법인의 대주주에 해당하지 아니하는 자가 한국금융투자협회가 행하는 장외매매거래에 의하여 양도하는 중소기업 및 중견기업의 주식등은 제외)에 해당하는 주식등의 양도로 발생하는 소득, ㉣ ⓐ 사업용 고정자산과 함께 양도하는 영업권(영업권을 별도로 평가하지 아니하였으나 사회통념상 자산에 포함되어 함께 양도된 것으로 인정되는 영업권과 행정관청으로부터 인가·허가·면허 등을 받음으로써 얻는 경제적 이익을 포함), ⓑ 이용권·회원권, 그 밖에 그 명칭과 관계없이 시설물을 배타적으로 이용하거나 일반이용자보다 유리한 조건으로 이용할 수 있도록 약정한 단체의 구성원이 된 자에게 부여되는 시설물 이용권(법인의 주식등을 소유하는 것만으로 시설물을 배타적으로 이용하거나 일반이용자보다 유리한 조건으로 시설물 이용권을 부여받게 되는 경우 그 주식등을 포함), ⓒ 법인의 자산총액 중 ㉠ 및 ㉡에 따른 자산(부동산등)의 가액, 해당 법인이 보유한 다른 법인의 주식가액에 그 다른 법인의 부동산등 보유비율을 곱하여 산출한 가액의 합계액이 차지하는 비율이 100분의 50 이상인 법인의 과점주주(소유 주식등의 비율을 고려하여 정하는 주주)가 그 법인의 주식등의 100분의 50 이상을 해당 과점주주 외의 자에게 양도하는 경우(과점주주가 다른 과점주주에게 양도한 후 양수한 과점주주가 과점주주 외의 자에게 다시 양도하는 경우로서 정하는 경우 포함)에 해당 주식등, ⓓ 대통령령으로 정하는 사업을 하는 법인으로서 자산총액 중 ㉢의 ⓐ 및 ⓑ의 합계액이 차지하는 비율이 100분의 80 이상인 법인의 주식등에 해당하는 자산(기타자산)의 양도로 발생하는 소득, ㉤ 대통령령으로 정하는 파생상품등의 거래 또는 행위로 발생하는 소득(파생상품의 거래 또는 행위로부터의 이익은 제외)이다.

2. 양도소득금액

① 양도소득금액은 양도소득의 총수입금액(양도가액)에서 필요경비를 공제하고, 그 금액(양도차익)에서 장기보유 특별공제액을 공제한 금액으로 한다. ② 장기보유 특별공제액이란 토지(지적공부에 등록하여야 할 지목에 해당하는 것) 또는 건물(건물에 부속된 시설물과 구축물을 포함)의 양도로 발생하는 소득에 따른 자산(미등기양도자산 제외)으로서 보유기간이 3년 이상인 것 및 조합원입주권(조합원으로부터 취득한 것은 제외)에 대하여 그 자산의 양도차익(조합원입주권을 양도하는 경우에는 관리처분계획 인가 및 사업시행계획인가 전 토지분 또는 건물분의 양도차익으로 한정)에 표 1에 따른 보유기간별 공제율을 곱하여 계산한 금액을 말한다. 다만, 대통령령으로 정하는 1세대 1주택(이에 딸린 토지를 포함)에 해당하는 자산의 경우에는 그 자산의 양도차익에 표 2에 따른 보유기간별 공제율을 곱하여 계산한 금액을 말한다.

토지, 건물 등 자산(표 6-1)		1세대 1주택 등 자산(표 6-2)	
보유기간	공제율(100분의)	보유기간	공제율(100분의)
3년이상 4년미만	6	3년이상 4년미만	24
매 각 1년당	2 가산(8~28)	매 각 1년당	8 가산(32~72)
15년 이상	30	10년이상	80

③ 양도소득의 비과세대상에서 제외되는 고가주택(이에 딸린 토지를 포함)에 해당하는 자산의 양도차익 및 장기보유 특별공제액은 대통령령으로 정하는 바에 따라 계산한 금액

으로 한다.[25] ④ 자산의 보유기간은 그 자산의 취득일부터 양도일까지로 한다. 다만, 증여한 배우자 또는 직계존비속이 해당 자산을 취득한 날부터 기산하고, 가업상속공제가 적용된 비율에 해당하는 자산의 경우에는 피상속인이 해당 자산을 취득한 날부터 기산한다.

3. 양도가액

① 자산의 양도가액은 그 자산의 양도 당시의 양도자와 양수자 간에 실지거래가액에 따른다. ② ①을 적용할 때 거주자가 양도소득으로 보는 대상(토지, 건물, 부동산을 취득할 권리, 지상권, 전세권, 등기된 임차권, 주식, 파생상품 등)의 자산을 양도하는 경우로서 ㉠ 특수관계인에 해당하는 법인(외국법인을 포함, 특수관계법인)에 양도한 경우로서 해당 거주자의 상여·배당 등으로 처분된 금액이 있는 경우에는 시가, ㉡ 특수관계법인 외의 자에게 자산을 시가보다 높은 가격으로 양도한 경우로서 해당 거주자의 증여재산가액으로 하는 금액이 있는 경우에는 그 양도가액에서 증여재산가액을 뺀 금액에 해당하는 경우에는 그 가액을 해당 자산의 양도 당시의 실지거래가액으로 본다.

4. 양도소득의 필요경비 계산

① 거주자의 양도차익을 계산할 때 양도가액에서 공제할 필요경비 : ㉠ 취득가액(경계의 확정으로 지적공부상의 면적이 증가되어 징수한 조정금은 제외)(다만, ⓐ 자산 취득에 든 실지거래가액을 확인할 수 없는 경우에 한하여 ⓑ 매매사례가액, 감정가액 또는 환산가액을 적용), ㉡ 자본적지출액 등, ㉢ 양도비 등. ② ①에 따른 양도소득의 필요경비 계산 : ㉠ 취득가액을 실지거래가액에 의하는 경우의 필요경비는 ⓐ 실지거래가액, ⓑ 환산가액에 의하여 취득 당시의 실지거래가액을 계산하는 경우로서 취득한 것으로 보는 날(의제취득일) 전에 취득한 자산(상속 또는 증여받은 자산을 포함)의 취득가액을 취득 당시의 실지거래가액과 그 가액에 취득일부터의제취득일의 전날까지의 보유기간의 생산자물

25) **(고가주택에 대한 양도차익등의 계산)** ① 고가주택에 해당하는 자산의 양도차익 및 장기보유특별공제액은 (㉠ 고가주택에 해당하는 자산에 적용할 양도차익 : 양도차익×(양도가액-9억원)/양도가액, ㉡ 고가주택에 해당하는 자산에 적용할 장기보유특별공제액 : 장기보유특별공제액×(양도가액-9억원)/양도가액)의 산식으로 계산한 금액으로 한다. 이 경우 해당 주택 또는 이에 부수되는 토지가 그 보유기간이 다르거나 미등기양도자산에 해당하거나 일부만 양도하는 때에는 9억원에 해당 주택 또는 이에 부수되는 토지의 양도가액이 그 주택과 이에 부수되는 토지의 양도가액의 합계액에서 차지하는 비율을 곱하여 안분계산한다. ② 양도가액의 안분계산은 실지거래가액(매매사례가액·감정가액·환산가액이 적용되는 경우 그 매매사례가액·감정가액·환산가액 등을 포함)에 따르고, 양도가액을 기준시가에 따를 때에는 취득가액도 기준시가에 따른다.

가상승률을 곱하여 계산한 금액을 합산한 가액에 의하는 경우에는 그 합산한 가액, ⓒ ⑤의 부분 본문에 의하는 경우에는 해당 실지거래가액에 자본적지출액 및 양도비 등을 더한 금액으로 한다. ㉡ 그 밖의 경우의 필요경비는 자본적 지출, 취득 당시 실거래가 또는 매매사례가격, 환산가격, 감정가액, 기준시가의 금액에 자산별로 정하는 금액을 더한 금액. 다만, 취득가액을 환산가액으로 하는 경우로서 ⓐ 환산가액과 본문 중 정하는 금액의 합계액이 ⓑ 자본적 지출 및 양도비에 따른 금액의 합계액보다 적은 경우에는 환산가액을 필요경비로 할 수 있다.

③ 필요경비를 계산할 때 양도자산 보유기간에 그 자산에 대한 감가상각비로서 각 과세기간의 사업소득금액을 계산하는 경우 필요경비에 산입하였거나 산입할 금액이 있을 때에는 이를 ①의 금액에서 공제한 금액을 그 취득가액으로 한다. ④ 취득에 든 실지거래가액의 범위 등 필요경비의 계산에 필요한 사항은 대통령령으로 정한다.[26] ⑤ 자산을 양도한 거주자가 그 자산 취득 당시 실지거래가액을 확인한 사실이 있는 경우에는 이를 그 거주자의 취득 당시의 실지거래가액으로 본다. 다만, ㉠ 해당 자산에 대한 전 소유자의

---

26) **(양도자산의 필요경비)** ① 취득에 든 실지거래가액은 ㉠ 취득원가에 상당하는 가액(현재가치할인차금과 납부하였거나 납부할 부가가치세를 포함하되 부당행위계산에 의한 시가초과액을 제외), ㉡ 취득에 관한 쟁송이 있는 자산에 대하여 그 소유권등을 확보하기 위하여 직접소요된 소송비용·화해비용등의 금액으로서 그 지출한 연도의 각 소득금액의 계산에 있어서 필요경비에 산입된 것을 제외한 금액, ㉢ 당사자 약정에 의한 대금지급방법에 따라 취득원가에 이자상당액을 가산하여 거래가액을 확정하는 경우 당해 이자상당액은 취득원가에 포함한다(지연 이자상당액 제외). ㉣ 합병으로 인하여 소멸한 법인의 주주가 합병 후 존속하거나 합병으로 신설되는 법인(합병법인)으로부터 교부받은 주식의 1주당 취득원가에 상당하는 가액은 합병 당시 해당 주주가 보유하던 피합병법인의 주식을 취득하는 데 든 총금액을 합병으로 교부받은 주식수로 나누어 계산한 가액을 합한 것. ② 현재가치할인차금을 취득원가에 포함하는 경우에 있어서 양도자산의 보유기간 중에 그 현재가치할인차금의 상각액을 각 연도의 사업소득금액 계산 시 필요경비로 산입하였거나 산입할 금액이 있는 때에는 이를 ①의 금액에서 공제한다. ③ 자본적지출액 등으로서 대통령령으로 정하는 것 : ㉠ 계산한 자본적 지출액, ㉡ 양도자산을 취득한 후 쟁송이 있는 경우에 그 소유권을 확보하기 위하여 직접 소요된 소송비용·화해비용 등의 금액으로서 그 지출한 연도의 각 소득금액의 계산에 있어서 필요경비에 산입된 것을 제외한 금액, ㉢ 법률에 따라 토지 등이 협의 매수 또는 수용되는 경우로서 그 보상금의 증액과 관련하여 직접 소요된 소송비용·화해비용 등의 금액으로서 그 지출한 연도의 각 소득금액의 계산에 있어서 필요경비에 산입된 것을 제외한 금액(증액보상금 한도), ㉣ 양도자산의 용도변경·개량 또는 이용편의를 위하여 지출한 비용, ㉤ 개발부담금(개발부담금의 납부의무자와 양도자가 서로 다른 경우에는 양도자에게 사실상 배분될 개발부담금상당액), ㉥ 재건축부담금(재건축부담금의 납부의무자와 양도자가 서로 다른 경우에는 양도자에게 사실상 배분될 재건축부담금상당액), ㉦ 상기에 준하는 비용으로서 기획재정부령이 정하는 것. ④ 양도세 등 대통령령으로 정하는 것 : ㉠ 자산을 양도하기 위하여 직접 지출한 비용으로서 ⓐ 납부한 증권거래세, ⓑ 양도소득세과세표준 신고서 작성비용 및 계약서 작성비용, ⓒ 공증비용, 인지대 및 소개비, ⓓ 매매계약에 따른 인도의무를 이행하기 위하여 양도자가 지출하는 명도비용, ⓔ 가목부터 라목까지의 비용과 유사한 비용으로서 기획재정부령으로 정하는 비용, ㉡ 자산을 취득함에 있어서 법령등의 규정에 따라 매입한 국민주택채권 및 토지개발채권을 만기전에 양도함으로써 발생하는 매각차손. ⑤ 주식매수선택권을 행사하여 취득한 주식을 양도하는 때에는 주식매수선택권을 행사하는 당시의 시가를 취득가액으로 한다.

양도가액이 매매사례가격, 감정가액, 환산가액, 기준시가에 따라 경정되는 경우, ㉡ 전 소유자의 해당 자산에 대한 양도소득세가 비과세되는 경우로서 실지거래가액보다 높은 가액으로 거래한 것으로 확인한 경우에 해당하는 경우에는 그러하지 아니하다.

5. 양도소득의 필요경비 계산 특례

① 거주자가 양도일부터 소급하여 5년 이내에 그 배우자(양도 당시 혼인관계가 소멸된 경우를 포함하되, 사망으로 혼인관계가 소멸된 경우는 제외) 또는 직계존비속으로부터 증여받은 거주자의 양도차익에 따른 자산이나 그 밖에 자산의 양도차익을 계산할 때 양도가액에서 공제할 필요경비는 양도소득의 필요경비에 따르되, 취득가액은 그 배우자 또는 직계존비속의 취득 당시 거주자의 양도차익에 따른 금액으로 한다. 이 경우 거주자가 증여받은 자산에 대하여 납부하였거나 납부할 증여세 상당액이 있는 경우에는 양도소득의 필요경비에도 불구하고 필요경비에 산입한다. ② ㉠ 사업인정고시일부터 소급하여 2년 이전에 증여받은 경우로서 법률에 따라 협의매수 또는 수용된 경우, ㉡ ①을 적용할 경우 비과세 양도소득 대상의 주택[양도소득의 비과세대상에서 제외되는 고가주택(이에 딸린 토지를 포함)을 포함]의 양도에 해당하게 되는 경우, ㉢ ①을 적용하여 계산한 양도소득 결정세액이 ①을 적용하지 아니하고 계산한 양도소득 결정세액보다 적은 경우에는 ①을 적용하지 아니한다. ③ ①에서 규정하는 연수는 등기부에 기재된 소유기간에 따른다. ④ 가업상속공제가 적용된 자산의 양도차익을 계산할 때 양도가액에서 공제할 필요경비는 양도소득의 필요경비에 따른다. 다만, 취득가액은 ㉠ 피상속인의 취득가액(거주자의 양도차익에 따른 금액) × 해당 자산가액 중 가업상속공제가 적용된 비율(가업상속공제적용률), ㉡ 상속개시일 현재 해당 자산가액 × (1 - 가업상속공제적용률)의 금액을 합한 금액으로 한다.

6. 양도 또는 취득의 시기

자산의 양도차익을 계산할 때 그 취득시기 및 양도시기는 대금을 청산한 날이 분명하지 아니한 경우 등 대통령령으로 정하는 경우[27]를 제외하고는 해당 자산의 대금을 청산

27) ㉠ 대금을 청산한 날이 분명하지 아니한 경우에는 등기부·등록부 또는 명부 등에 기재된 등기·등록접수일 또는 명의개서일, ㉡ 대금을 청산하기 전에 소유권이전등기(등록 및 명의의 개서를 포함)를 한 경우에는 등기부·등록부 또는 명부등에 기재된 등기접수일, ㉢ 장기할부조건의 경우에는 소유권이전등기(등록 및 명의개서를 포함) 접수일·인도일 또는 사용수익일 중 빠른 날, ㉣ 자기가 건설한 건축물에 있어서는 사용승인서 교부일(사용승인서 교부일 전에 사실상 사용하거나 임시사용승인을 반

한 날로 한다. 이 경우 자산의 대금에는 해당 자산의 양도에 대한 양도소득세 및 양도소득세의 부가세액을 양수자가 부담하기로 약정한 경우에는 해당 양도소득세 및 양도소득세의 부가세액은 제외한다. 양도한 자산의 취득시기가 분명하지 아니한 경우에는 먼저 취득한 자산을 먼저 양도한 것으로 본다.

7. 기준시가의 산정

① 기준시가 : ㉠ 토지 또는 건물 : ⓐ 토지 : 개별공시지가. 다만, 개별공시지가가 없는 토지의 가액은 납세지 관할 세무서장이 인근 유사토지의 개별공시지가를 고려하여 평가한 금액으로 하고, 지가(地價)가 급등하는 지역의 경우에는 배율방법에 따라 평가한 가액으로 한다. ⓑ 건물 : 건물(ⓒ 및 ⓓ에 해당하는 건물은 제외)의 신축가격, 구조, 용도, 위치, 신축연도 등을 고려하여 매년 1회 이상 국세청장이 산정·고시하는 가액, ⓒ 오피스텔 및 상업용 건물 : 건물에 딸린 토지를 공유로 하고 건물을 구분소유하는 것으로서 건물의 용도·면적 및 구분소유하는 건물의 수 등을 고려하여 오피스텔 및 상업용 건물(이에 딸린 토지를 포함)에 대해서는 건물의 종류, 규모, 거래상황, 위치 등을 고려하여 매년 1회 이상 국세청장이 토지와 건물에 대하여 일괄하여 산정·고시하는 가액, ⓓ 주택 : 개별주택가격 및 공동주택가격. ㉡ 부동산에 관한 권리 : ⓐ 부동산을 취득할 수 있는 권리 : 양도자산의 종류, 규모, 거래상황 등을 고려하여 평가한 가액, ⓑ 지상권·전세권 및 등기된 부동산임차권 : 권리의 남은 기간, 성질, 내용 및 거래상황 등을 고려하여 평가한 가액. ② ㉠ 양도 당시의 기준시가와 취득 당시의 기준시가가 같은 경우 양도 당시의 기준시가, ㉡ 개별공시지가, 개별주택가격 또는 공동주택가격이 공시 또는 고시되기 전에 취득한 토지 및 주택의 취득 당시의 기준시가, ㉢ 기준시가가 고시되기 전에

은 경우에는 그 사실상의 사용일 또는 임시사용승인을 받은 날 중 빠른 날로 하고 건축허가를 받지 아니하고 건축하는 건축물에 있어서는 그 사실상의 사용일), ㉤ 상속 또는 증여에 의하여 취득한 자산에 대하여는 그 상속이 개시된 날 또는 증여를 받은 날, ㉥ 부동산의 소유권을 취득하는 경우에는 당해 부동산의 점유를 개시한 날, ㉦ 토지보상법이나 그 밖의 법률에 따라 공익사업을 위하여 수용되는 경우에는 대금을 청산한 날, 수용의 개시일 또는 소유권이전등기접수일 중 빠른 날(소유권에 관한 소송으로 보상금이 공탁된 경우에는 소유권 관련 소송 판결 확정일), ㉧ 완성 또는 확정되지 아니한 자산을 양도 또는 취득한 경우로서 해당 자산의 대금을 청산한 날까지 그 목적물이 완성 또는 확정되지 아니한 경우에는 그 목적물이 완성 또는 확정된 날(건설 중인 건물의 완성된 날은 ㉣ 을 준용), ㉨ 도시개발법 또는 그 밖의 법률에 따른 환지처분으로 인하여 취득한 토지의 취득시기는 환지 전의 토지의 취득일(교부받은 토지의 면적이 환지처분에 의한 권리면적보다 증가 또는 감소된 경우에는 그 증가 또는 감소된 면적의 토지에 대한 취득시기 또는 양도시기는 환지처분의 공고가 있은 날의 다음 날), ㉩ 주주 1인과 기타주주가 주식등을 양도함으로써 해당 법인의 주식등의 합계액의 100분의 50 이상이 양도되는 날(양도가액은 그들이 사실상 주식등을 양도한 날의 양도가액).

취득한 건물의 취득 당시의 기준시가 산정에 필요한 사항은 대통령령으로 정한다. ③ 국세청장이 기준시가를 산정하였을 때에는 이를 고시하기 전에 인터넷을 통한 게시 등 공고하여 20일 이상 소유자나 그 밖의 이해관계인의의견을 들어야 한다. ④ 국세청장은 소유자나 그 밖의 이해관계인으로부터 의견을 제출받았을 때에는 의견 제출기간이 끝난 날부터 30일 이내에 그 처리 결과를 알려야 한다.

8. 기준시가의 재산정 및 고시 신청

① 고시한 기준시가에 이의가 있는 소유자나 그 밖의 이해관계인은 기준시가 고시일부터 30일 이내에 서면으로 국세청장에게 재산정 및 고시를 신청할 수 있다. ② 국세청장은 신청기간이 끝난 날부터 30일 이내에 그 처리 결과를 신청인에게 서면으로 알려야 한다. 이 경우 국세청장은 신청 내용이 타당하다고 인정될 때에는 기준시가를 다시 산정하여 고시하여야 한다. ③ 국세청장은 기준시가 산정 · 고시가 잘못되었거나 오기 또는 그 밖에 명백한 오류를 발견한 경우에는 지체 없이 다시 산정하여 고시하여야 한다. ④ 재산정, 고시 신청 및 처리 절차 등에 관하여 필요한 사항은 대통령령으로 정한다.

9. 양도차익의 산정

① 양도차익을 계산할 때 양도가액을 실지거래가액(매매사례가액 · 감정가액이 적용되는 경우 그 매매사례가액 · 감정가액 등을 포함)에 따를 때에는 취득가액도 실지거래가액(매매사례가액 · 감정가액 · 환산가액이 적용되는 경우 그 매매사례가액 · 감정가액 · 환산가액 등을 포함)에 따르고, 양도가액을 기준시가에 따를 때에는 취득가액도 기준시가에 따른다(매감환기). ② 양도가액 또는 취득가액을 실지거래가액에 따라 산정하는 경우로서 토지와 건물 등을 함께 취득하거나 양도한 경우에는 이를 각각 구분하여 기장하되 토지와 건물 등의 가액 구분이 불분명할 때에는 취득 또는 양도 당시의 기준시가 등을 고려하여 대통령령으로 정하는 바에 따라 안분계산한다.[28] 이 경우 공통되는 취득가액과 양

28) **(양도차익의 산정 등)** ① 입주자로 선정된 지위를 양도하는 경우 그 조합원의 양도차익 : ㉠ 청산금을 납부한 경우 : [양도가액-(기존건물과 그 부수토지의 평가액+납부한 청산금)-필요경비(관리처분계획인가후양도차익)]+[(기존건물과 그 부수토지평가액-기존건물과 그 부수토지의 취득가액)-필요경비(관리처분계획인가전양도차익)], ㉡ 청산금을 지급받은 경우 ⓐ ⓑ의 금액을 합한 가액 : ⓐ [양도가액-(기존건물과 그 부수토지의 평가액-지급받은 청산금)-필요경비], ⓑ [(기존건물과 그 부수토지의 평가액-기존 건물과 그 부수토지의 취득가액-필요경비)]×[(기존건물과 그 부수토지의 평가액-지급받은 청산금)÷기존건물과 그 부수토지의 평가액]. ② 신축주택 및 그 부수토지를 양도하는 경우 실지거래가액에 의한 양도차익 : ㉠ 청산금을 납부한 경우 : [관리처분계획인가후양도차익×납부

도비용은 해당 자산의 가액에 비례하여 안분계산한다. ③ 토지와 건물 등을 함께 취득하거나 양도한 경우로서 그 토지와 건물 등을 구분 기장한 가액이 안분계산한 가액과 100분의 30 이상 차이가 있는 경우에는 토지와 건물 등의 가액 구분이 불분명한 때로 본다.

10. 양도소득의 부당행위계산

① 납세지 관할 세무서장 또는 지방국세청장은 양도소득이 있는 거주자의 행위 또는 계산이 그 거주자의 특수관계인과의 거래로 인하여 그 소득에 대한 조세 부담을 부당하게 감소시킨 것으로 인정되는 경우(ⓐ 특수관계인으로부터 시가보다 높은 가격으로 자산을 매입하거나 특수관계인에게 시가보다 낮은 가격으로 자산을 양도한 때, ⓑ 그 밖에 특수관계인과의 거래로 해당 연도의 양도가액 또는 필요경비의 계산시 조세의 부담을 부당하게 감소시킨 것으로 인정되는 때, 시가와 거래가액의 차액이 3억원 이상이거나 시가의 100분의 5에 상당하는 금액 이상인 경우로 한정)에는 그 거주자의 행위 또는 계산과 관계없이 해당 과세기간의 소득금액을 계산할 수 있다. ② 거주자가 특수관계인(배우자 및

한 청산금÷(기존건물과 그 부수토지의 평가액+납부한 청산금(청산금납부분양도차익))+[((관리처분계획인가후양도차익×기존건물과 그 부수토지의 평가액÷(기존건물과 그 부수토지의 평가액+납부한 청산금))+관리처분계획인가전양도차익(기존건물분양도차익)), ㉡ 청산금을 지급받는 경우 : ① ㉡에 따른 가액. ③ 기존건물과 그 부수토지의 취득가액을 확인할 수 없는 경우 : 기존건물과 그 부수토지의 평가액×취득일 현재 기존건물과 그 부수토지의 법 제99조제1항제1호의 규정에 의한 기준시가/관리처분계획인가일 현재 기존건물과 그 부수토지의 법 제99조제1항 및 제2항제1호의 규정에 의한 기준시가. ④ 기존건물과 그 부수토지의 평가액 : ㉠ 관리처분계획등에 따라 정하여진 가격(가격이 변경된 때에는 변경된 가격), ㉡ ㉠에 따른 가격이 없는 경우에는 매감환기의 방법을 순차로 적용하여 산정한 가액. ⑤ 양도차익에서 장기보유특별공제액을 공제하는 경우 그 보유기간 : ㉠ 관리처분계획등 인가전 양도차익 및 장기보유특별공제액을 공제하는 경우의 보유기간 : 기존건물과 그 부수토지의 취득일부터 관리처분계획등 인가일까지의 기간, ㉡ 양도차익에서 장기보유특별공제액을 공제하는 경우의 보유기간 : ⓐ 청산금납부분 양도차익에서 장기보유특별공제액을 공제하는 경우의 보유기간 : 관리처분계획등 인가일부터 신축주택과 그 부수토지의 양도일까지의 기간, ⓑ 기존건물분 양도차익에서 장기보유특별공제액을 공제하는 경우의 보유기간: 기존건물과 그 부수토지의 취득일부터 신축주택과 그 부수토지의 양도일까지의 기간. ⑦ 재개발사업, 재건축사업 또는 소규모재건축사업을 시행하는 정비사업조합의 조합원이 당해 조합에 기존건물과 그 부수토지를 제공하고 관리처분계획등에 따라 취득한 신축건물 및 그 부수토지를 양도하는 경우 기준시가에 의한 양도차익은 ㉠ 기존건물과 그 부수토지의 취득일부터 관리처분계획등 인가일 전일까지의 양도차익 : 관리처분계획등 인가일 전일 현재의 기존건물과 그 부수토지의 기준시가 - 기존건물과 그 부수토지의 취득일 현재의 기존건물과 그 부수토지의 기준시가 - 기존건물과 그 부수토지의 필요경비, ㉡ 관리처분계획등 인가일부터 신축건물의 준공일) 전일까지의 양도차익 : 신축건물의 준공일 전일 현재의 기존건물의 부수토지의 기준시가 - 관리처분계획등 인가일 현재의 기존건물의 부수토지의 기준시가, ㉢ 신축건물의 준공일부터 신축건물의 양도일까지의 양도차익 : 신축건물의 양도일 현재의 신축건물과 그 부수토지의 기준시가 - 신축건물의 준공일 현재의 신축건물과 그 부수토지의 기준시가 - 신축건물과 그 부수토지(기존건물의 부수토지보다 증가된 부분)의 필요경비의 구분에 따라 계산한 양도차익의 합계액(청산금을 수령한 경우에는 이에 상당하는 양도차익을 차감)으로 한다.

직계존비속의 경우는 제외)에게 자산을 증여한 후 그 자산을 증여받은 자가 그 증여일부터 5년 이내에 다시 타인에게 양도한 경우로서 ①에 따른 세액이 ㉡에 따른 세액보다 적은 경우에는 증여자가 그 자산을 직접 양도한 것으로 본다. 다만, 양도소득이 해당 수증자에게 실질적으로 귀속된 경우에는 그러하지 아니하다. ㉠ 증여받은 자의 증여세(산출세액에서 공제·감면세액을 뺀 세액)와 양도소득세(산출세액에서 공제·감면세액을 뺀 결정세액)를 합한 세액, ㉡ 증여자가 직접 양도하는 경우로 보아 계산한 양도소득세. ③ 증여자에게 양도소득세가 과세되는 경우에는 당초 증여받은 자산에 대해서는 증여세를 부과하지 아니한다.

Ⅴ. 양도소득 기본공제

① 양도소득이 있는 거주자에 대해서는 ㉠ 토지 또는 건물의 양도로 발생하는 소득, 부동산에 관한 권리의 양도로 발생하는 소득, 자산(기타자산)의 양도로 발생하는 소득(다만, 미등기양도자산의 양도소득금액에 대해서는 그러하지 아니하다), ㉡ 주식등의 양도로 발생하는 소득, ㉢ 파생상품등의 거래 또는 행위로 발생하는 소득별로 해당 과세기간의 양도소득금액에서 각각 연 250만원을 공제(양도소득 기본공제)한다. ② 양도소득금액에 법률에 따른 감면소득금액이 있는 경우에는 그 감면소득금액 외의 양도소득금액에서 먼저 공제하고, 감면소득금액 외의 양도소득금액 중에서는 해당 과세기간에 먼저 양도한 자산의 양도소득금액에서부터 순서대로 공제한다.

Ⅵ. 양도소득에 대한 세액의 계산

1. 양도소득세의 세율

① 거주자의 양도소득세는 해당 과세기간의 양도소득과세표준에 다음의 세율을 적용하여 계산한 금액(양도소득 산출세액)을 그 세액으로 한다. 이 경우 하나의 자산이 다음에 따른 세율 중 둘 이상에 해당할 때에는 해당 세율을 적용하여 계산한 양도소득 산출세액 중 큰 것을 그 세액으로 한다.

㉠ 토지, 건물, 부동산을 취득할 수 있는 권리 및 사업용 고정자산과 함께 하는 영업권에 따른 자산 : 종합소득과세표준 및 세율. ㉡ 토지, 건물, 부동산을 취득할 수 있는 권

리에서 규정하는 자산[주택(딸린 토지로서 대통령령으로 정하는 토지를 포함) 및 조합원 입주권은 제외]으로서 그 보유기간이 1년 이상 2년 미만인 것 : 양도소득 과세표준의 100분의 40. ㉢ 토지, 건물, 부동산을 취득할 수 있는 권리에 따른 자산으로서 그 보유기간이 1년 미만인 것 : 양도소득 과세표준의 100분의 50(주택 및 조합원 입주권의 경우에는 100분의 40). ㉣ 조정대상지역 내 주택의 입주자로 선정된 지위(조합원입주권은 제외)(다만, 거주자가 조정대상지역의 공고가 있은 날 이전에 주택의 입주자로 선정된 지위를 양도하기 위하여 매매계약을 체결하고 계약금을 지급받은 사실이 증빙서류에 의하여 확인되는 경우 또는 1세대가 보유하고 있는 주택이 없는 경우는 제외) : 양도소득 과세표준의 100분의 50

㉤ 비사업용 토지 :

양도소득과세표준	세 율
1,200만원 이하	16퍼센트
1,200만원 초과 4,600만원이하	192만원 + (1,200만원 초과액 × 25퍼센트)
4,600만원 초과 8,800만원이하	1,042만원 + (4,600만원 초과액 × 34퍼센트)
8,800만원 초과 1억5천만원이하	2,470만원 + (8,800만원 초과액 × 45퍼센트)
1억5천만원 초과 3억원이하	5,260만원 + (1억5천만원 초과액 × 48퍼센트)
3억원 초과 5억원이하	1억2,460만원 + (3억원 초과액 × 50퍼센트)
5억원 초과	2억2,460만원 + (5억원 초과액 × 52퍼센트)

㉥ 비사업용 토지의 보유 현황을 고려하여 대통령령으로 정하는 자산 :

양도소득과세표준	세 율
1,200만원 이하	16퍼센트
1,200만원 초과 4,600만원이하	192만원 + (1,200만원 초과액 × 25퍼센트)
4,600만원 초과 8,800만원이하	1,042만원 + (4,600만원 초과액 × 34퍼센트)
8,800만원 초과 1억5천만원이하	2,470만원 + (8,800만원 초과액 × 45퍼센트)
1억5천만원 초과 3억원이하	5,260만원 + (1억5천만원 초과액 × 48퍼센트)
3억원 초과 5억원이하	1억2,460만원 + (3억원 초과액 × 50퍼센트)
5억원 초과	2억2,460만원 + (5억원 초과액 × 52퍼센트)

㉦ 미등기양도자산 : 양도소득 과세표준의 100분의 70

㉧ 주식등에 따른 자산 : ⓐ 소유주식의 비율 · 시가총액 등을 고려하여 대주주가 양도하는 주식등 : Ⓐ 1년 미만 보유한 주식등으로서 중소기업 외의 법인의 주식등: 양도소득 과세표준의 100분의 30, Ⓑ Ⓐ에 해당하지 아니하는 주식등 :

양도소득과세표준	세 율
3억원 이하	20퍼센트
3억원 초과	6천만원 + (3억원 초과액×25퍼센트)

ⓑ 대주주가 아닌 자가 양도하는 주식등 : Ⓐ 중소기업의 주식등 : 양도소득 과세표준의 100분의 10, Ⓑ Ⓐ에 해당하지 아니하는 주식등 : 양도소득 과세표준의 100분의 20

㉢ 파생상품등 : 양도소득 과세표준의 100분의 20

② ①의 ㉡·㉢의 보유기간은 해당 자산의 취득일부터 양도일까지로 한다. 다만, ㉠ 상속받은 자산은 피상속인이 그 자산을 취득한 날, ㉡ 증여자가 그 자산을 취득한 날, ㉢ 법인의 합병·분할[물적분할은 제외]로 인하여 합병법인, 분할신설법인 또는 분할·합병의 상대방 법인으로부터 새로 주식등을 취득한 경우에는 피합병법인, 분할법인 또는 소멸한 분할·합병의 상대방 법인의 주식등을 취득한 날에 해당하는 경우에는 각각 그 정한 날을 그 자산의 취득일로 본다. ③ 미등기양도자산이란 자산을 취득한 자가 그 자산 취득에 관한 등기를 하지 아니하고 양도하는 것. ④ ㉠ 지정지역에 있는 부동산으로서 비사업용 토지, ㉡ 그 밖에 부동산 가격이 급등하였거나 급등할 우려가 있어 부동산 가격의 안정을 위하여 필요한 경우에 해당하는 부동산을 양도하는 경우 종합소득과세표준(㉠의 경우에는 ①의 ⓞ)에 따른 세율에 100분의 10을 더한 세율을 적용한다. 이 경우 해당 부동산 보유기간이 2년 미만인 경우에는 종합소득과세표준(㉠의 경우에는 ①의 ⓞ)에 따른 세율에 100분의 10을 더한 세율을 적용하여 계산한 양도소득 산출세액과 ①의 ㉡ 또는 ㉢의 세율을 적용하여 계산한 양도소득 산출세액 중 큰 세액을 양도소득 산출세액으로 한다.

⑤ ㉠ 조정대상지역에 있는 주택으로서 1세대 2주택에 해당하는 주택[29], ㉡ 조정대상지역에 있는 주택으로서 1세대가 주택과 조합원입주권을 각각 1개씩 보유한 경우의 해당 주택(장기임대주택 등은 제외)[30], ㉢ 조정대상지역에 있는 주택으로서 1세대 3주택 이상

29) 1세대2주택 예외 : ⓐ 수도권, 광역시, 특별자치시 이외의 지역으로 기준시가의 합계액이 3억원을 초과하지 아니하는 주택, ⓑ 임대사업용 주택, ⓒ 문화재주택, ⓓ 저당권 실행으로 취득한 주택, ⓔ 장기 사원용 주택, ⓕ 미분양주택 등, ⓖ 상속받은 주택, ⓗ 가정보육시설, ⓘ 근무상사유로 시·군으로이사 하여 2주택 3억원 이하 3년 이내 양도, ⓙ 세대합가로 2주택 합가일로부터 10년내, ⓚ 혼인으로 2주택 혼인일부터 5년내, ⓛ 소송결과로 취득한 주택 판결확정일로부터 5년내, ⓜ 일시적인 2주택 3년내(조정지역 2년), ⓝ 소형주택으로 기준시가 1억원이하 등

30) 1세대2주택(주택에 입주권 포함) 예외 : ㉠ 1주택자가 주택취득일로부터 1년 경과 후 1조합원입주권을 취득하고 3년내 종전 주택양도, ㉡ 1주택자가 1조합원입주권을 취득하고 3년경과 종전주택 양도(재건축·재개발로 취득은 2년내 세대전원 해당 주택으로 이사 1년 이상 거주, 주택완공 후 2년내 종전주택 양도), ㉢ 1주택자가 해당 주택의 재개발·재건축으로 대체주택 취득 후 양도(사업시행인가일 이후 대체주택취득 1년 이상 거주, 완공 후 2년내 세대전원해당주택으로 이사 1년 이상 거주, 주

에 해당하는 주택, ㉣ 조정대상지역에 있는 주택으로서 1세대가 주택과 조합원입주권을 보유한 경우로서 그 수의 합이 3 이상인 경우 해당 주택(장기임대주택 등은 제외)에 해당하는 주택(딸린 토지 포함)을 양도하는 경우 종합소득과세표준에 따른 세율에 100분의 10(㉢ 및 ㉣의 경우 100분의 20)을 더한 세율을 적용한다. 이 경우 해당 주택 보유기간이 1년 미만인 경우에는 종합소득과세표준에 따른 세율에 100분의 10(㉢ 및 ㉣의 경우 100분의 20)을 더한 세율을 적용하여 계산한 양도소득 산출세액과 ① ㉢의 세율을 적용하여 계산한 양도소득 산출세액 중 큰 세액을 양도소득 산출세액으로 한다.

(1) 1세대 3주택 이상에 해당하는 주택의 범위

① 1세대 3주택 이상에 해당하는 주택이란 국내에 주택을 3개 이상(㉠에 해당하는 주택은 주택의 수를 계산할 때 불산입) 소유하고 있는 1세대가 소유하는 주택으로서 ㉠ 수도권 및 광역시·특별자치시(광역시에 소속된 군, 읍·면에 해당하는 지역을 제외) 외의 지역에 소재하는 주택으로서 해당 주택 및 이에 부수되는 토지의 기준시가의 합계액이 해당 주택 또는 그 밖의 주택의 양도 당시 3억원을 초과하지 아니하는 주택, ㉡ 사업자등록과 임대사업자 등록(사업자등록등)을 한 거주자가 민간임대주택으로 등록하여 임대하는 주택(장기임대주택).[31] ㉢ 양도소득세가 감면되는 임대주택으로서 5년 이상 임대한

택완공 후 2년내 대체주택 양도), ㉣ 거주자가 조정대상지역의 공고가 있은 날 이전에 매매계약을 체결하고 계약금을 지급받은 사실증빙서류로 확인되는 주택 등

31) ⓐ 민간매입임대주택을 1호 이상 임대하고 있는 거주자가 5년 이상 임대한 주택으로서 해당 주택 및 이에 부수되는 토지의 기준시가의 합계액이 해당 주택의 임대개시일 당시 6억원(수도권 밖의 지역인 경우에는 3억원)을 초과하지 않고 임대보증금 또는 임대료의 연 증가율이 100분의 5를 초과하지 않는 주택(2018년 3월 31일까지 사업자등록등을 한 주택으로 한정), ⓑ 기존사업자기준일 이전에 사업자등록등을 하고 국민주택규모에 해당하는 민간매입임대주택을 2호 이상 임대하고 있는 거주자가 5년 이상 임대한 주택(기존사업자기준일 이전에 임대주택으로 등록하여 임대하는 것)으로서 당해 주택 및 이에 부수되는 토지의 기준시가의 합계액이 해당 주택의 취득 당시 3억원을 초과하지 아니하는 주택, ⓒ 대지면적이 298제곱미터 이하이고 주택의 연면적(주택으로 보는 부분과 주거전용으로 사용되는 지하실부분의 면적을 포함하고, 공동주택의 경우에는 전용면적)이 149제곱미터 이하인 건설임대주택을 2호 이상 임대하는 거주자가 5년 이상 임대하거나 분양전환(임대사업자에게 매각하는 경우를 포함)하는 주택으로서 해당 주택 및 이에 부수되는 토지의 기준시가의 합계액(주택가격이 있는 경우에는 그 가격)이 해당 주택의 임대개시일 당시 6억원을 초과하지 않고 임대보증금 또는 임대료의 연 증가율이 100분의 5를 초과하지 않는 주택(2018년 3월 31일까지 사업자등록등을 한 주택), ⓓ 민간매입임대주택[미분양주택으로서 ㉮ 대지면적이 298제곱미터 이하이고 주택의 연면적(주택으로 보는 부분과 주거전용으로 사용되는 지하실부분의 면적을 포함하고, 공동주택의 경우 전용면적)이 149제곱미터 이하일 것, ㉯ 5년 이상 임대하는 것일 것, ㉰ 취득 당시 해당 주택 및 이에 부수되는 토지의 기준시가의 합계액이 3억원 이하일 것, ㉱ 수도권 밖의 지역에 소재할 것, ㉲ ㉮부터 ㉱까지의 요건을 모두 갖춘 매입임대주택(미분양매입임대주택)이 같은 시·군에서 5호 이상일 것, ⓔ 민간매입임대주택 중 공공지원민간임대주택 또는 장기일반민간임대주택(장기일반민간임대주택등)으로 10년 이상 임대하는 주택으로서 기준시가의 합계액이 6억원(수도권 밖의 지역은 3억원)을 초과하지 않고 임대보증금 또는 임대료의 연 증가율이 100분의 5를 초과하지 않는 주택, ⓕ 민간건설임대주택

국민주택(감면대상장기임대주택), ㉣ 종업원(사용자의 특수관계인을 제외)에게 무상으로 제공하는 사용자 소유의 주택으로서 당해 무상제공기간이 10년 이상(의무무상기간)인 주택(장기사원용주택), ㉤ 조세특례제한법에 따라 양도소득세가 감면되는 주택, ㉥ 문화재주택, ㉦ 상속받은 주택(상속받은 날부터 5년이 경과하지 아니한 경우), ㉧ 저당권의 실행으로 인하여 취득하거나 채권변제를 대신하여 취득한 주택으로서 취득일부터 3년이 경과하지 아니한 주택, ㉨ 1세대의 구성원이 특별자치도지사 · 시장 · 군수 · 구청장의 인가를 받고 사업자등록을 한 후 5년 이상(의무사용기간) 가정어린이집으로 사용하고, 가정어린이집으로 사용하지 아니하게 된 날부터 6월이 경과하지 아니한 주택, ㉩ 1세대가 ㉠부터 ㉧에 해당하는 주택을 제외하고 1개의 주택만을 소유하고 있는 경우의 해당 주택(일반주택), ㉪ 조정대상지역의 공고가 있은 날 이전에 해당 지역의 주택을 양도하기 위하여 매매계약을 체결하고 계약금을 지급받은 사실이 증빙서류에 의하여 확인되는 주택을 말한다.

② 장기임대주택의 임대기간의 계산은 사업자등록등을 하고 임대주택으로 등록하여 임대하는 날부터 임대를 개시한 것으로 본다. ③ 1세대가 장기임대주택 · 감면대상장기임대주택 · 장기사원용주택 또는 장기가정어린이집(장기임대주택등)의의무임대기간 · 의무무상기간 또는의무사용기간(의무임대기간등)의 요건을 충족하기 전에 일반주택을 양도하는 경우에도 당해 임대주택 · 사원용주택 또는 가정어린이집(임대주택등)을 장기임대주택등으로 보아 ①의 ㉪ 규정을 적용한다.

(2) 1세대3주택 · 입주권 이상에서 제외되는 주택의 범위

① 1세대가 소유한 주택(주택에 딸린 토지를 포함)과 조합원입주권의 수를 계산함에 있어 수도권 및 광역시 · 특별자치시(광역시에 소속된 군, 읍 · 면에 해당하는 지역은 제외) 외의 지역에 소재하는 주택 또는 조합원입주권으로서 해당 주택의 기준시가 또는 조합원입주권의 가액(도시정비법에 따른 종전 주택의 가격)이 해당 주택 또는 그 밖의 주택의 양도 당시 3억원을 초과하지 아니하는 주택 및 조합원입주권은 이를 산입하지 아니한다. ② 1주택 또는 1조합원입주권 이상을 보유하는 자가 1주택 또는 1조합원입주권 이상을 보유하는 자와 혼인함으로써 혼인한 날 현재 주택 수와 조합원입주권 수의 합이 3 이상이 된 경우 그 혼인한 날부터 5년 이내에 해당 주택을 양도하는 경우에는 양도일 현

중 장기일반민간임대주택등으로서 대지면적이 298제곱미터 이하이고 주택의 연면적이 149제곱미터 이하인 건설임대주택을 2호 이상 임대하는 거주자가 10년 이상 임대하거나 분양전환(임대사업자에게 매각하는 경우 포함)하는 주택으로서 기준시가의 합계액(주택가격이 있는 경우에는 그 가격)이 해당 주택의 임대개시일 당시 6억원을 초과하지 않고 임대보증금 또는 임대료의 연 증가율이 100분의 5를 초과하지 않는 주택

재 배우자가 보유한 ①에 따른 주택 및 조합원입주권 수를 차감하여 해당 1세대가 보유한 주택 및 조합원입주권 수를 계산한다. 다만, 혼인한 날부터 5년 이내에 새로운 주택 또는 조합원입주권을 취득한 경우 해당 주택 또는 조합원입주권의 취득일 이후 양도하는 주택에 대해서는 이를 적용하지 아니한다.

2. 지정지역의 운영

① 기획재정부장관은 해당 지역의 부동산 가격 상승률이 전국 소비자물가 상승률보다 높은 지역으로서 전국 부동산 가격 상승률 등을 고려할 때 그 지역의 부동산 가격이 급등하였거나 급등할 우려가 있는 경우에는 대통령령으로 정하는 기준 및 방법에 따라 그 지역을 지정지역으로 지정할 수 있다.[32] ② "지정지역에 있는 부동산"이란 지정지역에

---

32) **(지정지역 지정의 기준 등)** ① 지정지역이란 다음에 해당하는 지역 중 국토교통부장관이 전국의 부동산가격동향 및 당해 지역특성 등을 감안하여 해당지역의 부동산가격 상승이 지속될 가능성이 있거나 다른 지역으로 확산될 우려가 있다고 판단되어 지정요청(관계 중앙행정기관의 장이 국토교통부장관을 경유하여 요청하는 경우를 포함)하는 경우로서 기획재정부장관이 부동산가격안정심의위원회의 심의를 거쳐 지정하는 지역을 말한다. ㉠ 지정하는 날이 속하는 달의 직전월의 주택매매가격상승률이 전국소비자물가상승률의 100분의 130보다 높은 지역으로서 ⓐ 직전월부터 소급하여 2월간의 월평균 주택매매가격상승률이 전국주택매매가격상승률의 100분의 130보다 높은 지역, ⓑ 직전월부터 소급하여 1년간의 연평균 주택매매가격상승률이 직전월부터 소급하여 3년간의 연평균 전국주택매매가격상승률보다 높은 지역에 해당하는 지역. ㉡ 직전월의 지가상승률이 전국소비자물가상승률의 100분의 130보다 높은 지역으로서 ⓐ 직전월부터 소급하여 2월간의 월평균 지가상승률이 전국지가상승률의 100분의 130보다 높은 지역, ⓑ 직전월부터 소급하여 1년간의 연평균 지가상승률이 직전월부터 소급하여 3년간의 연평균 전국지가상승률보다 높은 지역에 해당하는 지역. ㉢ 개발사업(개발부담금을 부과하지 아니하는 개발사업을 포함) 및 주택재건축사업(개발사업등)이 진행중인 지역(중앙행정기관의 장 또는 지방자치단체의 장이 그 개발사업등을 발표한 경우를 포함)으로서 ⓐ 직전월의 주택매매가격상승률이 전국소비자물가상승률의 100분의 130보다 높을 것, ⓑ 직전월의 주택매매가격상승률이 전국주택매매가격상승률의 100분의 130보다 높을 것의 요건을 모두 갖춘 지역. ㉣ 택지개발지구, 행정중심복합도시건설사업 예정지역·주변지역 또는 그 밖에 기획재정부령이 정하는 대규모개발사업의 추진이 예정되는 지역(예정지구등)으로서 ⓐ 직전월의 주택매매가격상승률이 전국소비자물가상승률보다 높은 지역, ⓑ 직전월의 지가상승률이 전국소비자물가상승률보다 높은 지역에 해당하는 지역. 이 경우 예정지구등의 후보지를 행정기관이 발표하는 경우에는 그 후보지를 예정지구등으로 본다. ② 기획재정부장관은 필요하다고 인정되는 경우 국토교통부장관의 요청없이 부동산가격안정심의위원회에 지정지역의 지정에 관한 사항을 회부할 수 있다. ⑥ 지정지역의 지정은 지정지역의 지정을 공고한 날부터 효력이 발생한다. ⑦ 지정지역을 지정한 후 당해 지역의 부동산가격이 안정되는 등 지정사유가 해소된 것으로 인정되어 국토교통부장관의 지정해제요청(관계중앙행정기관의 장이 국토교통부장관을 경유·요청하는 경우 포함)이 있는 경우에는 기획재정부장관은 부동산가격안정심의위원회의 심의를 거쳐 지정지역을 해제한다. ⑨ 지정지역은 특별시·광역시·특별자치시·도·특별자치도 또는 시·군·구의 행정구역을 단위로 지정한다. 다만, ①의 ㉢ ·㉣의 지역 및 국토계획법 허가구역에 대하여는 당해 지역만을 지정지역으로 지정할 수 있다. ⑫ 전국소비자물가상승률의 100분의 130에 해당하는 수, 전국주택매매가격상승률의 100분의 130에 해당하는 수 또는 전국지가상승률의 100분의 130에 해당하는 수가 각각 1,000분의 5미만인 경우에는 1,000분의 5로 하고, 전국소비자물가상승률에 해당하는 수가 음수인 경우에는 이를 영으로 한다.

있는 부동산 중 대통령령으로 정하는 부동산을 말한다. ③ 지정지역의 지정과 해제, 그 밖에 필요한 사항을 심의하기 위하여 기획재정부에 부동산 가격안정 심의위원회를 둔다.

3. 비사업용 토지[33]의 범위

㉠ 농지 : ⓐ 소유자가 농지 소재지에 거주하지 아니하거나 자기가 경작하지 아니하는 농지, ⓑ 특별시 · 광역시(광역시에 있는 군은 제외) · 특별자치시(특별자치시에 있는 읍 · 면지역은 제외) · 특별자치도(제주특별법에 따라 설치된 행정시의 읍 · 면지역은 제외) 및 시지역(도농 복합형태인 시의 읍 · 면지역은 제외) 중 국토계획법에 따른 도시지역(녹지지역 및 개발제한구역은 제외)에 있는 농지. 다만, 소유자가 농지 소재지에 거주하며 스스로 경작하던 농지(도시지역에 편입된 날부터 소급하여 1년 이상 재촌하면서 자경하던 농지 등)로서 특별시 · 광역시 · 특별자치시 · 특별자치도 및 시지역의 도시지역에 편입된 날부터 3년이 지나지 아니한 농지는 제외한다.[34]

㉡ 임야 : ㉮ 산림자원법에 따라 지정된 산림유전자원보호림, 보안림, 채종림, 시험림, 그 밖에 공익을 위하여 필요하거나 산림의 보호 · 육성을 위하여 필요한 임야, ㉯ 임야 소재지에 거주하는 자가 소유한 임야, ㉰ 토지의 소유자, 소재지, 이용 상황, 보유기간 및 면적 등을 고려하여 거주 또는 사업과 직접 관련이 있다고 인정할 만한 상당한 이유가 있는 임야로서 ⓐ 임업후계자가 산림용 종자, 산림용 묘목, 버섯, 분재, 야생화, 산나물 그 밖의 임산물의 생산에 사용하는 임야, ⓑ 종 · 묘생산업자가 산림용 종자 또는 산림용 묘목의 생산에 사용하는 임야, ⓒ 자연휴양림을 조성 또는 관리 · 운영하는 사업에 사용되는 임야, ⓓ 수목원을 조성 또는 관리 · 운영하는 사업에 사용되는 임야, ⓔ 산림계가 그 고유목적에 직접 사용하는 임야, ⓕ 사회복지법인등, 학교등, 종교 · 제사 단체 및 정당이

33) **(비사업용 토지의 기간기준-기간의 계산은 일수)** ㉠ 토지의 소유기간이 5년 이상인 경우에는 ⓐ 양도일 직전 5년 중 2년을 초과하는 기간, ⓑ 양도일 직전 3년 중 1년을 초과하는 기간, ⓒ 토지의 소유기간의 100분의 40에 상당하는 기간을 초과하는 기간의 모두에 해당하는 기간, ㉡ 토지의 소유기간이 3년 이상이고 5년 미만인 경우에는 ⓐ 토지의 소유기간에서 3년을 차감한 기간을 초과하는 기간, ⓑ 양도일 직전 3년 중 1년을 초과하는 기간, ⓒ 토지의 소유기간의 100분의 40에 상당하는 기간을 초과하는 기간의 모두에 해당하는 기간, ㉢ 토지의 소유기간이 3년 미만인 경우에는 ⓐ 토지의 소유기간에서 2년을 차감한 기간을 초과하는 기간, ⓑ 토지의 소유기간의 100분의 40에 상당하는 기간을 초과하는 기간의 모두에 해당하는 기간. 다만, 소유기간이 2년 미만인 경우에는 가목을 적용하지 아니한다.

34) **(농지의 범위 등)** 소유자가 농지소재지에 거주하지 아니하거나 자기가 경작하지 아니하는 농지란 농지의 소재지와 동일한 시(행정시를 포함) · 군 · 구, 연접한 시 · 군 · 구 또는 농지로부터 직선거리 30킬로미터 이내에 있는 지역에 사실상 거주(재촌)하는 자가 직접 경작(자경)을 하는 농지를 제외한 농지를 말한다.

그 사업에 직접 사용하는 임야, ⓖ 상속받은 임야로서 상속개시일부터 3년이 경과하지 아니한 임야, ⓗ 종중이 소유한 임야(2005년 12월 31일 이전에 취득한 것), ⓘ 그 밖에 토지의 소유자, 소재지, 이용상황, 소유기간 및 면적 등을 감안하여 거주 또는 사업과 직접 관련이 있는 임야로서 기획재정부령이 정하는 임야)을 제외한다.[35)]

㉢ 목장용지 : ⓐ 축산업을 경영하는 자가 소유하는 목장용지로서 축산용 토지의 기준면적을 초과하거나 특별시·광역시·특별자치시·특별자치도 및 시지역의 도시지역(대통령령으로 정하는 지역은 제외)에 있는 것(도시지역에 편입된 날부터 3년이 지나지 아니한 경우는 제외), ⓑ 축산업을 경영하지 아니하는 자가 소유하는 토지. 다만, 토지의 소유자, 소재지, 이용 상황, 보유기간 및 면적 등을 고려하여 거주 또는 사업과 직접 관련이 있다고 인정할 만한 상당한 이유가 있는 목장용지로서 대통령령으로 정하는 것은 제외한다.[36)]

㉣ 농지, 임야 및 목장용지 외의 토지 중 ⓐ 관계 법률에 따라 재산세가 비과세되거나 면제되는 토지, ⓑ 재산세 별도합산과세대상 또는 분리과세대상이 되는 토지, ⓒ 토지의 이용 상황, 관계 법률의의무 이행 여부 및 수입금액 등을 고려하여 거주 또는 사업과 직접 관련이 있다고 인정할 만한 상당한 이유가 있는 토지로서 대통령령으로 정하는 것을 제외한 토지[37)]

---

35) **(임야의 범위 등)** ① 공익을 위하여 필요하거나 산림의 보호·육성을 위하여 필요한 임야 : ㉠ 산림보호구역, 채종림 또는 시험림, ㉡ 산지 안의 임야로서 ⓐ 산림경영계획인가를 받아 시업 중인 임야, ⓑ 특수산림사업지구 안의 임야에 해당하는 임야(다만, 도시지역(보전녹지지역을 제외) 안의 임야로서 도시지역으로 편입된 날부터 3년이 경과한 임야를 제외), ㉢ 사찰림 또는 동유림, ㉣ 공원자연보존지구 및 공원자연환경지구 안의 임야, ㉤ 도시공원 안의 임야, ㉥ 문화재보호구역 안의 임야, ㉦ 전통사찰이 소유하고 있는 경내지, ㉧ 개발제한구역 안의 임야, ㉨ 군사기지 및 군사시설 보호구역 안의 임야, ㉩ 접도구역 안의 임야, ㉪ 철도보호지구 안의 임야, ㉫ 홍수관리구역 안의 임야, ㉬ 상수원보호구역 안의 임야, ㉭ 그 밖에 공익상 필요 또는 산림의 보호육성을 위하여 필요한 임야로서 기획재정부령이 정하는 임야. ② 임야소재지에 거주하는 자가 소유한 임야라 함은 임야의 소재지와 동일한 시(행정시를 포함)·군·구, 그와 연접한 시·군·구 또는 임야로부터 직선거리 30킬로미터 이내에 있는 지역에 주민등록이 되어 있고 사실상 거주하는 자가 소유하는 임야를 말한다.

36) **(목장용지의 범위 등)** ① 목장용지라 함은 축산용으로 사용되는 축사와 부대시설의 토지, 초지 및 사료포를 말한다. ② 거주 또는 사업과 직접 관련이 있다고 인정할 만한 상당한 이유가 있는 목장용지 : ㉠ 상속받은 목장용지로서 상속개시일부터 3년이 경과하지 아니한 것, ㉡ 종중이 소유한 목장용지(2005년 12월 31일 이전에 취득한 것), ㉢ 사회복지법인등, 학교등, 종교·제사 단체 및 정당이 그 사업에 직접 사용하는 목장용지, ㉣ 그 밖에 토지의 소유자, 소재지, 이용상황, 소유기간 및 면적 등을 감안하여 거주 또는 사업과 직접 관련이 있는 목장용지로서 기획재정부령이 정하는 것.

37) **(사업에 사용되는 그 밖의 토지의 범위)** ① 거주 또는 사업과 직접 관련이 있다고 인정할 만한 상당한 이유가 있는 토지 : ㉠ 운동장·경기장 등 체육시설용 토지로서 ⓐ 선수전용 체육시설용 토지, ⓑ 종업원 체육시설용 토지, ⓒ 체육시설업을 영위하는 자가 동법의 규정에 따른 적합한 시설 및 설비를 갖추고 당해 사업에 직접 사용하는 토지, ⓓ 경기장운영업을 영위하는 자가 당해 사업에 직접 사용하는 토지, ㉡ 주차장용 토지로서 ⓐ 부설주차장(주택의 부설주차장을 제외)으로서 동법에 따른 부설주차장 설치기준면적 이내의 토지, ⓑ 사업자 외의 자로서 업무용자동차(승용자동차·이륜자동차 및 종

ⓜ 주택부속토지 중 주택이 정착된 면적에 지역별로 정하는 배율을 곱하여 산정한 면적을 초과하는 토지. ⓗ 주거용 건축물로서 상시주거용으로 사용하지 아니하고 휴양, 피서, 위락 등의 용도로 사용하는 건축물(별장)의 부속토지. ⓢ 그 밖에 ㉠부터 ⓗ까지와 유사한 토지로서 거주자의 거주 또는 사업과 직접 관련이 없다고 인정할 만한 상당한 이유가 있는 토지

업원의 통근용 승합자동차를 제외)를 필수적으로 보유하여야 하는 사업에 제공되는 업무용자동차의 주차장용 토지, ⓒ 주차장운영업용 토지, ㉢ 지정된 사업시행자가 동법에서 규정하는 민간투자사업의 시행으로 조성한 토지 및 그 밖의 법률에 따라 사업시행자가 조성하는 토지로서 기획재정부령이 정하는 토지, ㉣ 청소년수련시설용 토지로서 동법에 따른 시설·설비기준을 갖춘 토지, ㉤ 종업원 등의 예비군훈련을 실시하기 위하여 소유하는 토지로서 ⓐ 지목이 대지 또는 공장용지가 아닐 것, ⓑ 도시지역의 주거지역·상업지역 및 공업지역 안에 소재하지 아니할 것, ⓒ 기획재정부령이 정하는 시설기준을 갖추고 기획재정부령이 정하는 기준면적 이내일 것, ⓓ 수임 군부대의 장으로부터 예비군훈련의 실시를 위임받은 자가 소유할 것, ㉥ 전문휴양업·종합휴양업 등 기획재정부령이 정하는 휴양시설업용 토지로서 기획재정부령이 정하는 기준면적 이내의 토지, ㉦ 하치장용 등의 토지, ㉧ 골재채취장용 토지, ㉨ 허가를 받아 폐기물처리업을 영위하는 자가 당해 사업에 사용하는 토지, ㉩ 광천지, ㉪ 양어장 또는 지소용 토지 : ⓐ 허가를 받은 육상해수양식어업 또는 허가를 받은 수산종자생산업에 사용되는 토지, ⓑ 시장·군수 또는 구청장(서울특별시의 한강의 경우에는 한강관리에 관한 업무를 관장하는 기관의 장)으로부터 면허 또는 허가를 받거나 시장·군수·구청장에게 신고한 자가 당해 면허어업·허가어업 및 신고어업에 사용하는 토지, ⓒ 가목 및 나목 외의 토지로서 토지의 가액에 대한 1년간의 수입금액의 비율이 기획재정부령이 정하는 율 이상인 토지, ㉫ 블록·석물·토관제조업용 토지, 화훼판매시설업용 토지, 조경작물식재업용 토지, 자동차정비·중장비정비·중장비운전 또는 농업에 관한 과정을 교습하는 학원용 토지 그 밖에 이와 유사한 토지로서 기획재정부령이 정하는 토지의 경우에는 토지의 가액에 대한 1년간의 수입금액의 비율이 기획재정부령이 정하는 율 이상인 토지, ㉬ 주택을 소유하지 아니하는 1세대가 소유하는 1필지의 나지로서 주택 신축의 가능여부 등을 고려하여 기획재정부령이 정하는 기준에 해당하는 토지(660제곱미터 이내), ㉭ 그 밖에 ㉠ 내지 ㉬ 와 유사한 토지로서 토지의 이용상황, 관계법령의 이행여부 등을 감안하여 사업과 직접 관련이 있다고 인정할 만한 토지로서 기획재정부령이 정하는 토지. ⑤ 연접하여 있는 다수 필지의 토지가 하나의 용도에 일괄하여 사용되고 그 총면적이 비사업용 토지 해당여부의 판정기준이 되는 면적(기준면적)을 초과하는 경우에는 ㉠ 토지 위에 건축물 및 시설물이 없는 경우 : ⓐ 취득시기가 늦은 토지, ⓑ 취득시기가 동일한 경우에는 거주자가 선택하는 토지, ㉡ 토지 위에 건축물 또는 시설물이 있는 경우 : ⓐ 건축물의 바닥면적 또는 시설물의 수평투영면적을 제외한 토지 중 취득시기가 늦은 토지, ⓑ 취득시기가 동일한 경우에는 거주자가 선택하는 토지의 구분에 따라 해당 순위에 따른 토지의 전부 또는 일부를 기준면적 초과부분으로 본다. ⑥ 토지 위에 하나 이상의 건축물(시설물 등을 포함)이 있고, 그 건축물이 거주자의 거주 또는 특정 사업에 사용되는 부분(다수의 건축물 중 거주 또는 특정 사업에 사용되는 일부 건축물을 포함. 특정용도분)과 그러하지 아니한 부분이 함께 있는 경우 건축물의 바닥면적 및 부속토지면적(부속토지면적등) 중 특정용도분의 부속토지면적등의 계산은 ㉠ 하나의 건축물이 복합용도로 사용되는 경우 : 특정용도분의 부속토지면적등 = 건축물의 부속토지면적등 × 특정용도분의 연면적 / 건축물의 연면적, ㉡ 동일경계 안에 용도가 다른 다수의 건축물이 있는 경우 : 특정용도분의 부속토지면적 = 다수의 건축물의 전체 부속토지면적 × 특정용도분의 바닥면적 / 다수의 건축물의 전체 바닥면적 산식에 의한다.

Ⅶ. 양도소득과세표준의 예정신고와 납부

1. 양도소득과세표준 예정신고

① 자산을 양도한 거주자는 양도소득과세표준을 ㉠ 자산을 양도한 경우에는 그 양도일이 속하는 달의 말일부터 2개월. 다만, 토지거래계약에 관한 허가구역에 있는 토지를 양도할 때 토지거래계약허가를 받기 전에 대금을 청산한 경우에는 그 허가일(토지거래계약허가를 받기 전에 허가구역의 지정이 해제된 경우에는 그 해제일)이 속하는 달의 말일부터 2개월로 한다. ㉡ 자산을 양도한 경우에는 그 양도일이 속하는 반기의 말일부터 2개월, ㉢ 부담부증여의 채무액에 해당하는 부분으로서 양도로 보는 경우에는 그 양도일이 속하는 달의 말일부터 3개월의 구분에 따른 기간에 납세지 관할 세무서장에게 신고하여야 한다. ② 양도소득 과세표준의 신고를 예정신고라 한다. ③ 양도차익이 없거나 양도차손이 발생한 경우에도 적용한다.

2. 예정신고납부 및 예정신고 산출세액의 계산

① 거주자가 예정신고를 할 때 예정신고 산출세액 = (양도차익-장기보유 특별공제-양도소득 기본공제)×제104조 제1항에 따른 세율. ② 해당 과세기간에 누진세율 적용대상 자산에 대한 예정신고를 2회 이상 하는 경우로서 거주자가 이미 신고한 양도소득금액과 합산하여 신고하려는 경우에는 ㉠ 토지, 건물 부동산권리, 고정자산, 영업권에 따른 세율 적용대상 자산의 경우, ㉡ 비사업용토지에 따른 세율 적용대상 자산의 경우 ㉢ 주식에 따른 세율 적용대상 자산의 경우의 구분에 따른 금액을 제2회 이후 신고하는 예정신고 산출세액으로 한다. 거주자가 예정신고를 할 때에는 구분계산한 산출세액에서 법률에 따른 감면세액을 뺀 세액을 납세지 관할 세무서, 한국은행 또는 체신관서에 납부하여야 한다. 예정신고납부를 하는 경우 수시부과세액이 있을 때에는 이를 공제하여 납부한다.

Ⅷ. 양도소득과세표준의 확정신고와 납부

1. 양도소득과세표준 확정신고

① 해당 과세기간의 양도소득금액이 있는 거주자는 그 양도소득 과세표준을 그 과세기간의 다음 연도 5월 1일부터 5월 31일까지(토지거래계약에 관한 허가일이 속하는 과세기간의 다음 연도 5월 1일부터 5월 31일까지) 납세지 관할 세무서장에게 신고하여야 한다. ② ①은 해당 과세기간의 과세표준이 없거나 결손금액이 있는 경우에도 적용한다. ③ ①에 따른 양도소득 과세표준의 신고를 확정신고라 한다. ④ 예정신고를 한 자는 해당 소득에 대한 확정신고를 하지 아니할 수 있다. 다만, 해당 과세기간에 누진세율 적용대상 자산에 대한 예정신고를 2회 이상 하는 경우 등으로서 ㉠ 당해연도에 누진세율의 적용대상 자산에 대한 예정신고를 2회 이상 한 자가 이미 신고한 양도소득금액과 합산하여 신고하지 아니한 경우, ㉡ 토지, 건물, 부동산에 관한 권리 및 기타자산을 2회 이상 양도한 경우로서 당초 신고한 양도소득산출세액이 달라지는 경우, ㉢ 주식등을 2회 이상 양도한 경우로서 당초 신고한 양도소득산출세액이 달라지는 경우에는 그러하지 아니하다. ⑤ 확정신고를 하는 경우 그 신고서에 양도소득금액 계산의 기초가 된 양도가액과 필요경비 계산에 필요한 서류를 납세지 관할 세무서장에게 제출하여야 한다. ⑥ 납세지 관할 세무서장은 제출된 신고서나 그 밖의 서류에 미비한 사항 또는 오류가 있는 경우에는 그 보정을 요구할 수 있다.

2. 확정신고납부

① 거주자는 해당 과세기간의 과세표준에 대한 양도소득 산출세액에서 감면세액과 세액공제액을 공제한 금액을 확정신고기한까지 납세지 관할 세무서, 한국은행 또는 체신관서에 납부하여야 한다. ② ①에 따른 납부를 확정신고납부라 한다. ③ 확정신고납부를 하는 경우 예정신고 산출세액, 결정·경정한 세액 또는 수시부과세액이 있을 때에는 이를 공제하여 납부한다.

3. 양도소득세의 분할납부

거주자로서 납부할 세액이 각각 1천만원을 초과하는 자는 ㉠ 납부할 세액이 2천만원이하인 때에는 1천만원을 초과하는 금액, ㉡ 납부할 세액이 2천만원을 초과하는 때에는 그 세액의 100분의 50 이하의 금액에 따라 그 납부할 세액의 일부를 납부기한이 지난 후 2개월 이내에 분할납부할 수 있다. 납부할 세액의 일부를 분납하고자 하는 자는 납세지 관할세무서장에게 ⓐ 확정신고를 하는 경우에는 양도소득과세표준 확정신고 및 납부계산서에 분납할 세액을 기재하여 확정신고 기한까지 신청하여야 한다. ⓑ 예정신고를 하는 경우에는 양도소득과세표준예정신고 및 납부계산서에 분납할 세액을 기재하여 예정신고기한까지 신청하여야 한다.

Ⅸ. 양도소득에 대한 결정 · 경정과 징수 및 환급

1. 양도소득과세표준과 세액의 결정 · 경정 및 통지

① 납세지 관할 세무서장 또는 지방국세청장은 예정신고를 하여야 할 자 또는 확정신고를 하여야 할 자가 그 신고를 하지 아니한 경우에는 해당 거주자의 양도소득과세표준과 세액을 결정한다. ② 납세지 관할 세무서장 또는 지방국세청장은 예정신고를 한 자 또는 확정신고를 한 자의 신고 내용에 탈루 또는 오류가 있는 경우에는 양도소득과세표준과 세액을 경정한다. ③ 납세지 관할 세무서장 또는 지방국세청장은 양도소득 과세표준과 세액을 결정 또는 경정한 후 그 결정 또는 경정에 탈루 또는 오류가 있는 것이 발견된 경우에는 즉시 다시 경정한다. ④ 자산의 양도로 양도가액 및 취득가액을 실지거래가액에 따라 양도소득 과세표준 예정신고 또는 확정신고를 하여야 할 자(신고의무자)가 그 신고를 하지 아니한 경우로서 양도소득 과세표준과 세액 또는 신고의무자의 실지거래가액 소명(疏明) 여부 등을 고려하여 ㉠ 등기부기재가액을 실지거래가액으로 추정하여 계산한 납부할 양도소득세액이 300만원 미만인 경우, ㉡ 등기부기재가액을 실지거래가액으로 추정하여 계산한 납부할 양도소득세액이 300만원 이상인 경우로서 ⓐ 납세지 관할세무서장 또는 지방국세청장이 기한후 신고를 하지 아니할 경우 등기부기재가액을 실지거래가액으로 추정하여 양도소득과세표준과 세액을 결정할 것임을 신고의무자에게 통보하였을 것, ⓑ 신고의무자가 가목에 따른 통보를 받은 날부터 30일 이내에 기한후신고를 하지 아니

하였을 것의 요건을 모두 충족하는 경우에 해당할 때에는 납세지 관할 세무서장 또는 지방국세청장은 부동산등기법에 따라 등기부에 기재된 거래가액(등기부 기재가액)을 실지거래가액으로 추정하여 양도소득 과세표준과 세액을 결정할 수 있다. 다만, 납세지 관할 세무서장 또는 지방국세청장이 등기부 기재가액이 실지거래가액과 차이가 있음을 확인한 경우에는 그러하지 아니하다.

⑤ 양도가액 및 취득가액을 실지거래가액에 따라 양도소득 과세표준 예정신고 또는 확정신고를 한 경우로서 그 신고가액이 사실과 달라 납세지 관할 세무서장 또는 지방국세청장이 실지거래가액을 확인한 경우에는 그 확인된 가액을 양도가액 또는 취득가액으로 하여 양도소득 과세표준과 세액을 경정한다. ⑦ 양도가액 또는 취득가액을 실지거래가액에 따라 정하는 경우로서 ㉠ 양도 또는 취득당시의 실지거래가액의 확인을 위하여 필요한 장부 · 매매계약서 · 영수증 기타 증빙서류가 없거나 그 중요한 부분이 미비된 경우, ㉡ 장부 · 매매계약서 · 영수증 기타 증빙서류의 내용이 매매사례가액, 감정평가업자가 평가한 감정가액 등에 비추어 거짓임이 명백한 경우로 장부나 그 밖의 증명서류에 의하여 해당 자산의 양도 당시 또는 취득 당시의 실지거래가액을 인정 또는 확인할 수 없는 경우에는 양도가액 또는 취득가액을 매매사례가액, 감정가액, 환산가액(실지거래가액 · 매매사례가액 또는 감정가액을 환산한 취득가액) 또는 기준시가 등에 따라 추계조사하여 결정 또는 경정할 수 있다.[38)]

⑥ 납세지 관할 세무서장 또는 지방국세청장은 거주자의 양도소득 과세표준과 세액을 결정 또는 경정하였을 때에는 이를 그 거주자에게 서면으로 알려야 한다.[39)] ⑦ 납세지

38) **(추계결정 및 경정)** ② 환산한 취득가액 방법 : ㉠ 주식등이나 기타자산의 경우에는 산식{양도당시의 실지거래가액, 매매사례가액 또는 감정가 × 취득당시의 기준시가 / 양도당시의 기준시가}에 의하여 계산한 가액. ㉡ 토지 · 건물 및 부동산을 취득할 수 있는 권리의 경우에는 다음 계산식에 따른 금액. 이 경우 개별주택가격 및 공동주택가격(이들에 부수되는 토지의 가격을 포함)이 최초로 공시되기 이전에 취득한 주택과 부수토지를 함께 양도하는 경우에는 계산식{양도당시의 실지거래액, 매매사례가액 또는 감정가액 × 취득 당시의 기준시가 / 양도당시의 기준시가(양도당시의 기준시가)} 중 취득당시의 기준시가를 계산한 가액으로 한다. ③ 양도가액 또는 취득가액을 추계결정 또는 경정하는 경우에는 다음 각 호의 방법을 순차로 적용(신주인수권의 경우에는 ㉢을 적용하지 아니한다)하여 산정한 가액에 의한다. 다만, ㉠에 따른 매매사례가액 또는 ㉡에 따른 감정가액이 특수관계인과의 거래에 따른 가액 등으로서 객관적으로 부당하다고 인정되는 경우에는 해당 가액을 적용하지 아니한다. ㉠ 양도일 또는 취득일 전후 각 3개월 이내에 해당 자산(주권상장법인의 주식등은 제외)과 동일성 또는 유사성이 있는 자산의 매매사례가 있는 경우 그 가액, ㉡ 양도일 또는 취득일 전후 각 3개월 이내에 해당 자산(주식등을 제외)에 대하여 둘 이상의 감정평가업자가 평가한 것으로서 신빙성이 있는 것으로 인정되는 감정가액(감정평가기준일이 양도일 또는 취득일 전후 각 3개월 이내인 것)이 있는 경우에는 그 감정가액의 평균액, ㉢ 환산한 취득가액, ㉣ 기준시가.

39) **(양도소득과세표준과 세액의 통지)** ① 과세표준과 세율 · 세액 기타 필요한 사항을 납세고지서에 기재하여 서면으로 통지하여야 한다. 이 경우에 지방국세청장이 과세표준과 세액을 결정 또는 경정한 것은 그 뜻을 부기하여야 한다. ② ①의 규정은 납부할 세액이 없는 경우에도 적용한다. ③ 납세지 관

관할 세무서장 또는 지방국세청장은 ①부터 ③까지의 규정을 적용할 때 주식 등의 양도차익에 대한 신고 내용의 탈루 또는 오류, 그 밖에 거래명세의 적정성을 확인할 필요가 있는 경우에는 법률의 규정에도 불구하고 투자매매업자 또는 투자중개업자 및 그 주식등의 주권 또는 출자증권을 발행한 법인에 이를 조회할 수 있다.

2. 주식등에 대한 장부의 비치 · 기록의무 및 기장 불성실가산세

① 법인(중소기업 포함)의 대주주가 양도하는 주식등에 대하여는 종목별로 구분하여 거래일자별 거래명세 등을 장부에 기록 · 관리하여야 하며 그 증명서류 등을 갖추어 두어야 한다. 다만, 투자매매업자 또는 투자중개업자가 발행한 거래명세서를 갖추어 둔 경우에는 장부를 비치 · 기록한 것으로 본다. ② 법인의 대주주가 양도하는 주식등에 대하여 거래명세 등을 기장하지 아니하였거나 누락하였을 때에는 기장을 하지 아니한 소득금액 또는 누락한 소득금액이 양도소득금액에서 차지하는 비율을 산출세액에 곱하여 계산한 금액의 100분의 10에 해당하는 금액(기장 불성실가산세)을 산출세액에 더한다. 다만, 산출세액이 없을 때에는 그 거래금액의 1만분의 7에 해당하는 금액을 기장 불성실가산세로 한다. 주식등의 거래명세를 장부에 기록 · 관리할 때에는 종목별로 구분하여 각각 별지에 기장하여야 하며, 각 종목별 기장에 있어서는 거래일자 · 거래수량 · 단가 · 취득가액 또는 양도가액 · 거래수수료 · 증권거래세 · 농어촌특별세 등의 거래명세를 항목별로 빠짐없이 기장하여야 한다.

3. 양도소득세의 징수

① 납세지 관할 세무서장은 거주자가 해당 과세기간의 양도소득세로 납부하여야 할 세액의 전부 또는 일부를 납부하지 아니한 경우에는 그 미납된 부분의 양도소득세액을 국세징수법에 따라 징수한다. 예정신고납부세액의 경우에도 또한 같다. ② 납세지 관할 세무서장은 양도소득과세표준과 세액을 결정 또는 경정한 경우 양도소득 총결정세액이 ㉠ 예정신고납부세액과 확정신고납부세액, ㉡ ①에 따라 징수하는 세액, ㉢ 수시부과세액, ㉣ 원천징수한 세액의 금액의 합계액을 초과할 때에는 그 초과하는 세액(추가납부세액)을 해당 거주자에게 알린 날부터 30일 이내에 징수한다.

할세무서장은 피상속인의 양도소득세를 2인이상의 상속인에게 부과하는 경우에는 과세표준과 세액을 그 지분에 따라 배분하여 상속인별로 각각 통지하여야 한다.

4. 양도소득세의 환급

납세지 관할 세무서장은 과세기간별로 합계액이 양도소득 총결정세액을 초과할 때에는 그 초과하는 세액을 환급하거나 다른 국세 · 가산금과 체납처분비에 충당하여야 한다.

X. 국외자산 양도에 대한 양도소득세

1. 양도소득의 범위

거주자(해당 자산의 양도일까지 계속 5년 이상 국내에 주소 또는 거소를 둔 자)의 국외에 있는 자산의 양도에 대한 양도소득은 해당 과세기간에 국외에 있는 자산을 양도함으로써 발생하는 소득으로 한다. 다만, ㉠ 토지 또는 건물의 양도로 발생하는 소득, ㉡ ⓐ 부동산을 취득할 수 있는 권리(건물이 완성되는 때에 그 건물과 이에 딸린 토지를 취득할 수 있는 권리를 포함), ⓑ 지상권, ⓒ 전세권과 부동산임차권에 해당하는 부동산에 관한 권리의 양도로 발생하는 소득, ㉢ 주식등으로서 양도로 발생하는 소득(외국법인이 발행한 주식등(증권시장에 상장된 주식등은 제외)과 내국법인이 발행한 주식등(국외 예탁기관이 발행한 증권예탁증권을 포함)으로서 증권시장과 유사한 시장으로서 외국에 있는 시장에 상장된 주식등), ㉣ 그 밖에 기타자산 등 자산의 양도로 발생하는 소득(국외에 있는 자산으로서 기타자산과 부동산에 관한 권리로서 미등기 양도자산)이 국외에서 외화를 차입하여 취득한 자산을 양도하여 발생하는 소득으로서 환율변동으로 인하여 외화차입금으로부터 발생하는 환차익을 포함하고 있는 경우에는 해당 환차익을 양도소득의 범위에서 제외한다.

2. 양도가액

국외자산의 양도가액은 그 자산의 양도 당시의 실지거래가액으로 한다. 다만, 양도 당시의 실지거래가액을 확인할 수 없는 경우에는 양도자산이 소재하는 국가의 양도 당시 현황을 반영한 시가에 따르되, 시가를 산정하기 어려울 때에는 그 자산의 종류, 규모, 거래상황 등을 고려하여 부동산 및 부동산에 관한 권리의 경우에는 국외자산가액을 평가하는 것(다만, 국외자산가액을 평가하는 것이 적절하지 아니한 경우에는 감정평가업자가 평가하는 것)에 따른다.

3. 양도소득의 필요경비 계산

국외자산의 양도에 대한 양도차익을 계산할 때 양도가액에서 공제하는 필요경비는 ㉠ 취득가액 : 해당 자산의 취득에 든 실지거래가액(다만, 취득 당시의 실지거래가액을 확인할 수 없는 경우에는 양도자산이 소재하는 국가의 취득 당시의 현황을 반영한 시가에 따르되, 시가를 산정하기 어려울 때에는 그 자산의 종류, 규모, 거래상황 등을 고려하여 부동산 및 부동산에 관한 권리의 경우에는 국외자산가액을 평가하는 것(다만, 국외자산가액을 평가하는 것이 적절하지 아니한 경우에는 감정평가업자가 평가하는 것)에 따라 취득가액을 산정), ㉡ 자본적지출액, ㉢ 양도비의 금액을 합한 것으로 한다.[40)]

4. 양도소득세의 세율

국외자산의 양도소득에 대한 소득세는 해당 과세기간의 양도소득과세표준에 세율을 적용하여 계산한 금액을 그 세액으로 한다. 이 경우 하나의 자산이 ㉠ 토지, 건물, 부동산에 관한 권리 및 기타 자산 : 종합소득과세표준에 따른 세율, ㉡ 주식 등에 따른 자산 : ⓐ 중소기업의 주식등 : 양도소득 과세표준의 100분의 10, ⓑ 그 밖의 주식등 : 양도소득 과세표준의 100분의 20에 따른 세율 중 둘 이상의 세율에 해당할 때에는 그 중 가장 높은 것을 적용한다.

5. 외국 납부세액의 공제

국외자산의 양도소득에 대하여 해당 외국에서 과세를 하는 경우 그 양도소득에 대하여 국외자산 양도소득에 대한 세액(국외자산 양도소득세액)을 납부하였거나 납부할 것이 있을 때에는 ㉠ 해당 과세기간의 양도소득 산출세액에 국외자산 양도소득금액이 그 과세기

40) **(국외자산의 시가 산정 등)** ① 국외자산의 시가를 산정하는 경우 ⓐ 국외자산의 양도에 대한 과세와 관련하여 이루어진 외국정부(지방자치단체 포함)의 평가가액, ⓑ 국외자산의 양도일 또는 취득일전후 6월이내에 이루어진 실지거래가액, ⓒ 국외자산의 양도일 또는 취득일전후 6월이내에 평가된 감정평가업자의 감정가액, ⓓ 국외자산의 양도일 또는 취득일전후 6월이내에 수용 등을 통하여 확정된 국외자산의 보상가액에 해당하는 가액이 확인되는 때에는 이를 해당 자산의 시가로 한다. 다만, 주식등 자산의 경우에는 ⓑ부터 ⓓ까지의 규정을 적용하지 아니한다. (양도차익의 외화환산) ① 양도차익을 계산함에 있어서는 양도가액 및 필요경비를 수령하거나 지출한 날 현재 외국환거래법에 의한 기준환율 또는 재정환율에 의하여 계산한다. ② ①의 규정을 적용함에 있어서 장기할부조건의 경우에는 양도일 및 취득일을 양도가액 또는 취득가액을 수령하거나 지출한 날로 본다.

간의 양도소득금액에서 차지하는 비율을 곱하여 산출한 금액을 한도로 국외자산 양도소득세액을 해당 과세기간의 양도소득 산출세액에서 공제하는 방법, ㉡ 국외자산 양도소득에 대하여 납부하였거나 납부할 국외자산 양도소득세액을 해당 과세기간의 양도소득금액 계산상 필요경비에 산입하는 방법 중 하나를 선택하여 적용받을 수 있다.

6. 양도소득 기본공제

① 국외에 있는 자산의 양도에 대한 양도소득이 있는 거주자에 대해서는 ㉠ 토지, 건물, 부동산에 관한 권리 및 기타 소득, ㉡ 주식 등에 따른 소득별로 해당 과세기간의 양도소득금액에서 각각 연 250만원을 공제한다. ② ①을 적용할 때 해당 과세기간의 양도소득금액에 이 법 또는 그 밖의 법률에 따른 감면소득금액이 있는 경우에는 감면소득금액 외의 양도소득금액에서 먼저 공제하고, 감면소득금액 외의 양도소득금액 중에서는 해당 과세기간에 먼저 양도하는 자산의 양도소득금액에서부터 순서대로 공제한다.

XI. 거주자의 출국 시 국내 주식 등에 대한 과세 특례

1. 거주자의 출국 시 납세의무

㉠ 출국일 10년 전부터 출국일까지의 기간 중 국내에 주소나 거소를 둔 기간의 합계가 5년 이상일 것, ㉡ 출국일이 속하는 연도의 직전 연도 종료일 현재 소유하고 있는 주식 등의 비율 · 시가총액 등을 고려하여 대주주에 해당할 것의 요건을 모두 갖추어 출국하는 거주자(국외전출자)는 출국 당시 소유한 주식등을 출국일에 양도한 것으로 보아 양도소득에 대하여 소득세를 납부할 의무가 있다.

2. 과세표준의 계산

① 주식등(국외전출자 국내주식등)의 양도가액은 출국일 당시의 시가로 한다. 다만, 시가를 산정하기 어려울 때에는 그 규모 및 거래상황 등을 고려하여 정하는 방법에 따른다. ② ①에 따른 양도가액에서 공제할 필요경비는 예정신고산출세액에 따라 계산한다. ③ 양도소득금액은 양도가액에서 필요경비를 공제한 금액으로 한다. ④ 양도소득과세표준은 양도소득금액에서 연 250만원을 공제한 금액으로 한다. ⑤ 양도소득과세표준은 종합소득,

퇴직소득 및 양도소득과세표준과 구분하여 계산한다.

3. 세율 및 산출세액

국외전출자의 양도소득세는 양도소득과세표준에 다음의 계산식에 따라 계산한 금액을 그 세액(산출세액)으로 한다.

양도소득과세표준	세 율
3억원 이하	20퍼센트
3억원 초과	6천만원 + (3억원 초과액 × 25퍼센트)

4. 조정공제

국외전출자가 출국한 후 국외전출자 국내주식등을 실제 양도한 경우로서 실제 양도가액이 양도가액보다 낮은 때에는 계산식[(양도가액 - 실제 양도가액) × 세율]에 따라 계산한 세액(조정공제액)을 산출세액에서 공제한다.

5. 외국납부세액의 공제

① 국외전출자가 출국한 후 국외전출자 국내주식등을 실제로 양도하여 해당 자산의 양도소득에 대하여 외국정부(지방자치단체를 포함)에 세액을 납부하였거나 납부할 것이 있는 때에는 산출세액에서 조정공제액을 공제한 금액을 한도로 계산식{해당 자산의 양도소득에 대하여 외국정부에 납부한 세액 × [양도가액(상기 조정공제에 해당하는 경우에는 실제 양도가액) - 필요경비] ÷ (실제 양도가액 - 필요경비)}에 따라 계산한 외국납부세액을 산출세액에서 공제한다. ② ㉠ 외국정부가 산출세액에 대하여 외국납부세액공제를 허용하는 경우, ㉡ 외국정부가 국외전출자 국내주식등의 취득가액을 양도가액으로 조정하여 주는 경우에는 ①에 따른 공제를 적용하지 아니한다. 조정공제, 외국납부세액공제 또는 비거주자의 국내원천소득 세액공제를 받으려는 자는 주식등(국외전출자 국내주식등)을 실제 양도한 날부터 2년 이내에 기획재정부령으로 정하는 세액공제신청서를 납세지 관할 세무서장에게 제출(국세정보통신망을 통한 제출을 포함)하여야 한다.

6. 비거주자의 국내원천소득 세액공제

① 국외전출자가 출국한 후 국외전출자 국내주식등을 실제로 양도하여 비거주자의 국내원천소득으로 국내에서 과세되는 경우에는 산출세액에서 조정공제액을 공제한 금액을 한도로 산출세액에서 공제한다. ② ①에 따른 공제를 하는 경우에는 외국납부세액의 공제를 적용하지 아니한다.

7. 신고 · 납부 및 가산세 등

① 국외전출자는 국외전출자 국내주식등의 양도소득에 대한 납세관리인과 국외전출자 국내주식등의 보유현황을 출국일 전날까지 납세지 관할 세무서장에게 신고하여야 한다. 이 경우 국외전출자 국내주식등의 보유현황은 신고일의 전날을 기준으로 작성한다. ② 국외전출자는 양도소득과세표준을 출국일이 속하는 달의 말일부터 3개월 이내(①에 따라 납세관리인을 신고한 경우에는 양도소득과세표준 확정신고 기간 내)에 납세지 관할 세무서장에게 신고하여야 한다. ③ 국외전출자가 양도소득과세표준을 신고할 때에는 산출세액에서 법률에 따른 감면세액과 세액공제액을 공제한 금액을 납세지 관할 세무서, 한국은행 또는 체신관서에 납부하여야 한다. ④ 국외전출자가 출국일 전날까지 국외전출자 국내주식등의 보유현황을 신고하지 아니하거나 누락하여 신고한 경우에는 ㉠ 출국일 전날까지 국외전출자 국내주식등의 보유현황을 신고하지 아니한 경우: 출국일 전날의 국외전출자 국내주식등의 액면금액(무액면주식인 경우에는 그 주식을 발행한 법인의 자본금을 발행주식총수로 나누어 계산한 금액) 또는 출자가액, ㉡ 국내주식등의 보유현황을 누락하여 신고한 경우: 신고일의 전날을 기준으로 신고를 누락한 국외전출자 국내주식등의 액면금액 또는 출자가액의 구분에 따른 금액의 100분의 2에 상당하는 금액을 산출세액에 더한다. ⑤ 조정공제, 외국납부세액공제 및 비거주자의 국내원천소득 세액공제를 적용받으려는 자는 국외전출자 국내주식등을 실제 양도한 날부터 2년 이내에 납세지 관할 세무서장에게 경정을 청구할 수 있다.

8. 납부유예

① 국외전출자는 납세담보를 제공하거나 납세관리인을 납세지 관할 세무서장에게 신고할 것을 충족하는 경우에는 출국일부터 국외전출자 국내주식등을 실제로 양도할 때까지

납세지 관할 세무서장에게 양도소득세 납부의 유예를 신청하여 납부를 유예받을 수 있다. ② 납부를 유예받은 국외전출자는 출국일부터 5년(국외전출자의 국외유학 등 대통령령으로 정하는 사유에 해당하는 경우에는 10년) 이내에 국외전출자 국내주식등을 양도하지 아니한 경우에는 출국일부터 5년이 되는 날이 속하는 달의 말일부터 3개월 이내에 국외전출자 국내주식등에 대한 양도소득세를 납부하여야 한다. ③ 납부유예를 받은 국외전출자는 국외전출자 국내주식등을 실제 양도한 경우 양도일이 속하는 달의 말일부터 3개월 이내에 국외전출자 국내주식등에 대한 양도소득세를 납부하여야 한다. ④ 납부를 유예받은 국외전출자는 국외전출자 국내주식등에 대한 양도소득세를 납부할 때 납부유예를 받은 기간에 대한 이자상당액을 가산하여 납부하여야 한다.

9. 재전입 등에 따른 환급 등

① 국외전출자(㉢의 경우에는 상속인)는 ㉠ 국외전출자가 출국일부터 5년 이내에 국외전출자 국내주식등을 양도하지 아니하고 국내에 다시 입국하여 거주자가 되는 경우, ㉡ 국외전출자가 출국일부터 5년 이내에 국외전출자 국내주식등을 거주자에게 증여한 경우, ㉢ 국외전출자의 상속인이 국외전출자의 출국일부터 5년 이내에 국외전출자 국내주식등을 상속받은 경우에 해당하는 사유가 발생한 경우 그 사유가 발생한 날부터 1년 이내에 납세지 관할 세무서장에게 납부한 세액의 환급을 신청하거나 납부유예 중인 세액의 취소를 신청하여야 한다. ② 납세지 관할 세무서장은 신청을 받은 경우 지체 없이 국외전출자가 납부한 세액을 환급하거나 납부유예 중인 세액을 취소하여야 한다. ③ ①㉡ 또는 ㉢에 해당하여 국외전출자가 납부한 세액을 환급하는 경우에는 국세환급금에 국세환급가산금을 가산하지 아니한다.

제 4 절 비거주자의 납세의무

Ⅰ. 비거주자의 국내원천소득

㉠ 국내원천 부동산소득 : 국내에 있는 부동산 또는 부동산상의 권리와 국내에서 취득한 광업권, 조광권, 지하수의 개발 · 이용권, 어업권, 토사석 채취에 관한 권리의 양도 · 임

대, 그 밖에 운영으로 인하여 발생하는 소득. 다만, 국내원천 부동산등양도소득은 제외한다. ㉡ 국내원천 선박등 임대소득 : 거주자·내국법인 또는 외국법인의 국내사업장이나 비거주자의 국내사업장에 선박, 항공기 등을 임대함으로써 발생하는 소득. ㉢ 국내원천 사업소득 : 비거주자가 경영하는 사업에서 발생하는 소득(조세조약에 따라 국내원천사업소득으로 과세할 수 있는 소득을 포함, 국내원천 인적용역소득은 제외). ㉣ 국내원천 부동산등 양도소득 : 국내에 있는 ⓐ 자산 또는 권리, ⓑ 내국법인의 주식 또는 출자지분(주식·출자지분을 기초로 하여 발행한 예탁증서 및 신주인수권을 포함) 중 양도일이 속하는 사업연도 개시일 현재 그 법인의 자산총액 중 ㉮ 자산가액, ㉯ 내국법인이 보유한 다른 부동산 과다보유 법인의 주식가액에 그 다른 법인의 부동산 보유비율을 곱하여 산출한 가액의 합계액이 100분의 50 이상인 법인의 주식 또는 출자지분(부동산주식등)으로서 증권시장에 상장되지 아니한 주식 또는 출자지분에 해당하는 자산·권리를 양도함으로써 발생하는 소득. ㉤ 국내원천 사용료소득: 권리·자산 또는 정보(권리등)를 국내에서 사용하거나 그 대가를 국내에서 지급하는 경우의 그 대가 및 그 권리등의 양도로 발생하는 소득. ㉥ 국내원천 유가증권양도소득 : ⓐ 내국법인이 발행한 주식 또는 출자지분과 그 밖의 유가증권, ⓑ 외국법인이 발행한 주식 또는 출자지분(증권시장에 상장된 것만 해당), ⓒ 외국법인의 국내사업장이 발행한 그 밖의 유가증권에 해당하는 주식·출자지분(증권시장에 상장된 부동산주식등을 포함) 또는 그 밖의 유가증권의 양도로 발생하는 소득. ㉦ 국내원천 기타소득 : ⓐ 국내에 있는 부동산 및 그 밖의 자산 또는 국내에서 경영하는 사업과 관련하여 받은 보험금, 보상금 또는 손해배상금, ⓑ 국내에서 지급하는 위약금 또는 배상금, ⓒ 국내에서 지급하는 상금, 현상금, 포상금이나 그 밖에 이에 준하는 소득(상금·부상은 제외), ⓓ 국내에서 발견된 매장물로 인한 소득, ⓔ 국내법에 따른 면허·허가 또는 그 밖에 이와 유사한 처분에 따라 설정된 권리와 그 밖에 부동산 외의 국내자산을 양도함으로써 생기는 소득, ⓕ 특수관계에 있는 비거주자(국외특수관계인)가 보유하고 있는 내국법인의 주식 또는 출자지분이 자본거래로 인하여 그 가치가 증가함으로써 발생하는 소득, ⓖ 국내에서 하는 사업이나 국내에 있는 자산과 관련하여 받은 경제적 이익으로 인한 소득(국가 또는 특별한 법률에 따라 설립된 금융회사등이 발행한 외화표시채권의 상환에 따라 받은 금액이 그 외화표시채권의 발행가액을 초과하는 경우에는 그 차액을 포함하지 아니한다) 또는 이와 유사한 소득

Ⅱ. 비거주자의 국내원천소득의 범위

① 국외에서 발생하는 ㉠ 국외의 유가증권에 투자하거나 국외에 있는 자에게 금전을 대부하거나 기타 이와 유사한 행위를 함으로써 발생하는 소득, ㉡ 국외에서 자산이나 권리 등을 임대·사용허여·양도 또는 교환함으로써 발생하는 소득, ㉢ 국외에서 주식·채권 등의 자산을 발행·취득·양도 또는 교환함으로써 발생하는 소득, ㉣ 기타 기획재정부령이 정하는 소득으로서 국내사업장에 귀속되는 것은 국내원천 사업소득에 포함되는 것으로 한다. ② 다른 법인의 부동산 과다보유 법인의 판정은 다른 법인의 부동산 보유비율이 100분의 50 이상에 해당하는지 여부에 따른다.

Ⅲ. 비거주자의 국내사업장

① 비거주자가 국내에 사업의 전부 또는 일부를 수행하는 고정된 장소를 가지고 있는 경우에는 국내사업장이 있는 것으로 한다. ② 국내사업장에는 ㉠ 지점, 사무소 또는 영업소, ㉡ 상점이나 그 밖의 고정된 판매장소, ㉢ 작업장, 공장 또는 창고, ㉣ 6개월을 초과하여 존속하는 건축 장소, 건설·조립·설치공사의 현장 또는 이와 관련된 감독을 하는 장소, ㉤ 고용인을 통하여 용역을 제공하는 장소로서 ⓐ 용역이 계속 제공되는 12개월 중 합계 6개월을 초과하는 기간 동안 용역이 수행되는 장소, ⓑ 용역이 계속 제공되는 12개월 중 합계 6개월을 초과하지 아니하는 경우로서 유사한 종류의 용역이 2년 이상 계속적·반복적으로 수행되는 장소, ㉥ 광산·채석장 또는 해저천연자원이나 그 밖의 천연자원의 탐사 장소 및 채취 장소(국제법에 따라 우리나라가 영해 밖에서 주권을 행사하는 지역으로서 우리나라의 연안에 인접한 해저지역의 해상과 하층토에 있는 것을 포함)에 해당하는 장소를 포함하는 것으로 한다.

③ 비거주자가 고정된 장소를 가지고 있지 아니한 경우에도 ㉠ 국내에서 그 비거주자를 위하여 ⓐ 비거주자 명의의 계약, ⓑ 비거주자가 소유하는 자산의 소유권 이전 또는 소유권이나 사용권을 갖는 자산의 사용권 허락을 위한 계약, ⓒ 비거주자의 용역제공을 위한 계약에 해당하는 계약(비거주자 명의 계약등)을 체결할 권한을 가지고 그 권한을 반복적으로 행사하는 자, ㉡ 국내에서 그 비거주자를 위하여 비거주자 명의 계약등을 체결할 권한을 가지고 있지 아니하더라도 계약을 체결하는 과정에서 중요한 역할(비거주자

가 계약의 중요사항을 변경하지 아니하고 계약을 체결하는 경우로 한정)을 반복적으로 수행하는 자에 해당하는 자 또는 이에 준하는 자로서 Ⓐ비거주자의 자산을 상시 보관하고 관례적으로 이를 배달 또는 인도하는 자, Ⓑ중개인, 일반위탁매매인 기타 독립적 지위의 대리인으로서 주로 특정비거주자만을 위하여 계약체결등 사업에 관한 중요한 부분의 행위를 하는 자(이들이 자기사업의 정상적인 과정에서 활동하는 경우를 포함), Ⓒ보험사업(재보험사업은 제외)을 영위하는 비거주자를 위하여 보험료를 징수하거나 국내소재 피보험물에 대한 보험을 인수하는 자를 두고 사업을 경영하는 경우에는 그 자의 사업장 소재지(사업장이 없는 경우에는 주소지, 주소지가 없는 경우에는 거소지)에 국내사업장을 둔 것으로 본다.

④ ㉠ 비거주자가 단순히 자산의 구입만을 위하여 사용하는 일정한 장소, ㉡ 비거주자가 판매를 목적으로 하지 아니하는 자산의 저장 또는 보관만을 위하여 사용하는 일정한 장소, ㉢ 비거주자가 광고·선전·정보의 수집·제공 및 시장조사를 하거나 그 밖에 이와 유사한 활동만을 위하여 사용하는 일정한 장소, ㉣ 비거주자가 자기의 자산을 타인으로 하여금 가공만 하게 하기 위하여 사용하는 일정한 장소의 장소(특정 활동 장소)가 비거주자의 사업 수행상 예비적이며 보조적인 성격을 가진 활동을 하기 위하여 사용되는 경우에는 ①에 따른 국내사업장에 포함되지 아니한다. ⑤ ④에도 불구하고 특정 활동 장소가 ㉠ 비거주자 또는 특수관계인이 특정 활동 장소와 같은 장소 또는 국내의 다른 장소에서 사업을 수행하고 ⓐ 특정 활동 장소와 같은 장소 또는 국내의 다른 장소에 해당 비거주자 또는 특수관계인의 국내사업장이 존재할 것, ⓑ 특정 활동 장소에서 수행하는 활동과 가목의 국내사업장에서 수행하는 활동이 상호 보완적일 것의 요건을 모두 충족하는 경우, ㉡ 비거주자 또는 특수관계인이 특정 활동 장소와 같은 장소 또는 국내의 다른 장소에서 상호 보완적인 활동을 수행하고 각각의 활동을 결합한 전체적인 활동이 비거주자 또는 특수관계인의 사업 활동에 비추어 예비적이며 보조적인 성격을 가진 활동에 해당하지 아니하는 경우에는 ①에 따른 국내사업장에 포함한다.

제 19 장

지방세기본법

제 1 절 지방세 과세기관 및 납세자

Ⅰ. 지방세 등

① 지방세 : 특별시세, 광역시세, 특별자치시세, 도세, 특별자치도세 또는 시 · 군세, 구세(자치구의 구세)를 말한다. ② 과세표준 : 지방세법에 따라 직접적으로 세액산출의 기초가 되는 과세물건의 수량 · 면적 또는 가액 등을 말한다. ③ 표준세율 : 지방자치단체가 지방세를 부과할 경우에 통상 적용하여야 할 세율로서 재정상의 사유 또는 그 밖의 특별한 사유가 있는 경우에는 이에 따르지 아니할 수 있는 세율을 말한다. ④ 가산세 : 이 법 또는 지방세관계법에서 규정하는 의무를 성실하게 이행하도록 하기 위하여 의무를 이행하지 아니할 경우에 이 법 또는 지방세관계법에 따라 산출한 세액에 가산하여 징수하는 금액을 말한다. 다만, 가산금은 포함하지 아니한다. ⑤ 가산금 : 지방세를 납부기한까지 납부하지 아니할 때에 이 법 또는 지방세관계법에 따라 고지세액에 가산하여 징수하는 금액과 납부기한이 지난 후 일정기한까지 납부하지 아니할 때에 그 금액에 다시 가산하여 징수하는 금액을 말한다. ⑥ 체납처분비 : 지방세징수법의 체납처분에 관한 규정에 따른 재산의 압류 · 보관 · 운반과 매각에 드는 비용(매각을 대행시키는 경우 그 수수료를 포함)을 말한다. ⑦ 공과금 : 지방세징수법 또는 국세징수법에서 규정하는 체납처분의 예에 따라 징수할 수 있는 채권 중 국세 · 관세 · 임시수입부가세 및 지방세와 이에 관계되는 가산금 및 체납처분비를 제외한 것을 말한다.

Ⅱ. 과세기관 및 부과 등

① 지방자치단체 : 특별시 · 광역시 · 특별자치시 · 도 · 특별자치도 · 시 · 군 · 구(자치구)를 말한다. ② 납세고지서 : 납세자가 납부할 지방세의 부과 근거가 되는 법률 및 해당 지방자치단체의 조례 규정, 납세자의 주소 · 성명, 과세표준, 세율, 세액, 납부기한, 납부장소, 납부기한까지 납부하지 아니한 경우에 이행될 조치 및 지방세 부과가 법령에 어긋나거나 착오가 있는 경우의 구제방법 등을 기재한 문서로서 세무공무원이 작성한 것을 말한다. ③ 부과 : 지방자치단체의 장이 이 법 또는 지방세관계법에 따라 납세의무자에게 지방세를 부담하게 하는 것을 말한다. ④ 징수 : 지방자치단체의 장이 이 법 또는 지방세관계법에 따라 납세자로부터 지방자치단체의 징수금을 거두어들이는 것을 말한다. ⑤ 보통징수 : 세무공무원이 납세고지서를 납세자에게 발급하여 지방세를 징수하는 것을 말한다. ⑥ 특별징수 : 지방세를 징수할 때 편의상 징수할 여건이 좋은 자로 하여금 징수하게 하고 그 징수한 세금을 납부하게 하는 것을 말한다. ⑦ 특별징수의무자 : 특별징수에 의하여 지방세를 징수하고 이를 납부할 의무가 있는 자를 말한다.

Ⅲ. 납세의무자 및 납부 등

① 납세의무자 : 지방세법에 따라 지방세를 납부할 의무(지방세를 특별징수하여 납부할 의무는 제외)가 있는 자를 말한다. ② 납세자 : 납세의무자(연대납세의무자와 제2차 납세의무자 및 보증인을 포함)와 특별징수의무자를 말한다. ③ 제2차 납세의무자 : 납세자가 납세의무를 이행할 수 없는 경우에 납세자를 갈음하여 납세의무를 지는 자를 말한다. ④ 보증인 : 납세자의 지방세 · 가산금 또는 체납처분비의 납부를 보증한 자를 말한다. ⑤ 특수관계인 : 본인과 다음에 해당하는 관계에 있는 자를 말한다. 이 경우 이 법 및 지방세관계법을 적용할 때 본인도 그 특수관계인의 특수관계인으로 본다. ㉠ 혈족 · 인척 등 친족관계(6촌 이내의 혈족, 4촌 이내의 인척, 배우자(사실상의 혼인관계에 있는 사람을 포함), 친생자로서 다른 사람에게 친양자로 입양된 사람 및 그 배우자 · 직계비속), ㉡ 경제적 연관관계(ⓐ 임원과 그 밖의 사용인, ⓑ 본인의 금전이나 그 밖의 재산으로 생계를 유지하는 사람, ⓒ ⓐ 또는 ⓑ의 사람과 생계를 함께하는 친족), ㉢ 주주 · 출자자 등 경영지배관계(ⓐ 본인이 개인인 경우: 본인이 직접 또는 그와 친족관계 또는 경제적

연관관계에 있는 자를 통하여 법인의 경영에 대하여 지배적인 영향력을 행사하고 있는 경우 그 법인, ⓑ 본인이 법인인 경우(개인 또는 법인이 직접 또는 그와 친족관계 또는 경제적 연관관계에 있는 자를 통하여 본인인 법인의 경영에 대하여 지배적인 영향력을 행사하고 있는 경우 그 개인 또는 법인, 본인이 직접 또는 그와 경제적 연관관계 또는 가목의 관계에 있는 자를 통하여 어느 법인의 경영에 대하여 지배적인 영향력을 행사하고 있는 경우 그 법인)). ㉮ 영리법인인 경우(법인의 발행주식 총수 또는 출자총액의 100분의 50 이상을 출자한 경우, 임원의 임면권의 행사, 사업방침의 결정 등 법인의 경영에 대하여 사실상 영향력을 행사하고 있다고 인정되는 경우), ㉯ 비영리법인인 경우(법인의 이사의 과반수를 차지하는 경우, 법인의 출연재산(설립을 위한 출연재산만 해당)의 100분의 30 이상을 출연하고 그 중 1명이 설립자인 경우)의 구분에 따른 요건에 해당하는 경우 해당 법인의 경영에 대하여 지배적인 영향력을 행사하고 있는 것으로 본다. ⑥ 신고납부 : 납세의무자가 그 납부할 지방세의 과세표준과 세액을 신고하고, 신고한 세금을 납부하는 것을 말한다.

제 2 절 과세권 등

Ⅰ. 과세부과 등

1. 지방자치단체의 과세권

지방자치단체는 이 법 또는 지방세관계법에서 정하는 바에 따라 지방세의 과세권을 갖는다.

2. 지방세의 부과 · 징수에 관한 조례

① 지방자치단체는 지방세의 세목, 과세대상, 과세표준, 세율, 그 밖에 지방세의 부과 · 징수에 필요한 사항을 정할 때에는 이 법 또는 지방세관계법에서 정하는 범위에서 조례로 정하여야 한다. ② 지방자치단체의 장은 조례 시행에 따르는 절차와 그 밖에 조례 시행에 필요한 사항을 규칙으로 정할 수 있다.

3. 지방자치단체장의 권한 위탁 · 위임 등

① 지방자치단체의 장은 이 법 또는 지방세관계법에 따른 권한의 일부를 소속 공무원에게 위임하거나 중앙행정기관의 장(소속기관의 장을 포함) 또는 다른 지방자치단체의 장에게 위탁 또는 위임할 수 있다. ② 지방자치단체의 장의 권한을 위탁받거나 위임받은 중앙행정기관의 장이나 다른 지방자치단체의 장은 그 권한의 일부를 소속 공무원에게 재위임할 수 있다. ③ 권한을 위탁 또는 위임받은 중앙행정기관의 장 및 지방자치단체의 장과 권한을 재위임받은 소속 공무원은 세무공무원으로 본다.

Ⅱ. 세목

1. 지방세의 세목

지방세는 보통세(㉠ 취득세, ㉡ 등록면허세, ㉢ 레저세, ㉣ 담배소비세, ㉤ 지방소비세, ㉥ 주민세, ㉦ 지방소득세, ㉧ 재산세, ㉨ 자동차세)와 목적세(ⓐ 지역자원시설세, ⓑ 지방교육세)로 한다.

2. 지방자치단체의 세목

① 특별시세와 광역시세는 ㉮ 보통세(㉠ 취득세, ㉡ 레저세, ㉢ 담배소비세, ㉣ 지방소비세, ㉤ 주민세, ㉥ 지방소득세, ㉦ 자동차세), ㉯ 목적세(ⓐ 지역자원시설세, ⓑ 지방교육세)와 같다. 다만, 광역시의 군 지역에서는 도세를 광역시세로 한다. ② 도세는 Ⓐ보통세(㉠ 취득세, ㉡ 등록면허세, ㉢ 레저세, ㉣ 지방소비세), Ⓑ 목적세(ⓐ 지역자원시설세, ⓑ 지방교육세)와 같다. ③ 구세 : 등록면허세, 재산세, ④ 시 · 군세(광역시의 군세를 포함) : 담배소비세, 주민세, 지방소득세, 재산세, 자동차세, ⑤ 특별자치시세와 특별자치도세 : 취득세, 등록면허세, 레저세, 담배소비세, 지방소비세, 주민세, 지방소득세, 재산세, 자동차세, 지역자원시설세, 지방교육세

Ⅲ. 재산세 과세 및 과세권 조정

1. 특별시의 관할구역 재산세의 공동과세

① 특별시 관할구역에 있는 구의 경우에 재산세(지방세법에 따른 선박 및 항공기에 대한 재산세와 지방세법에 따라 산출한 재산세는 제외)는 특별시세 및 구세인 재산세로 한다. ② 특별시세 및 구세인 재산세 중 특별시분 재산세와 구분 재산세는 각각 산출된 재산세액의 100분의 50을 그 세액으로 한다. 이 경우 특별시분 재산세는 보통세인 특별시세로 보고 구분 재산세는 보통세인 구세로 본다. ③ 지방세법에 따른 재산세는 특별시세로 한다.

2. 특별시분 재산세의 교부

① 특별시장은 특별시분 재산세 전액을 관할구역의 구에 교부하여야 한다. ② 특별시분 재산세의 교부기준 및 교부방법 등 필요한 사항은 구의 지방세수 등을 고려하여 특별시의 조례로 정한다. 다만, 교부기준을 정하지 아니한 경우에는 구에 균등 배분하여야 한다. ③ 특별시로부터 교부받은 재산세는 해당 구의 재산세 세입으로 본다.

3. 주민세의 특례

광역시의 경우에는 주민세 재산분 및 종업원분은 구세로 한다.

4. 관계 지방자치단체장의의견이 서로 다른 경우의 조치

① 지방자치단체의 장은 과세권의 귀속이나 그 밖에 이 법 또는 지방세관계법을 적용할 때 다른 지방자치단체의 장과의견이 달라 합의되지 아니할 경우에는 하나의 특별시·광역시·도(시·도)내에 관한 것은 특별시장·광역시장·도지사(시·도지사), 둘 이상의 특별시·광역시·특별자치시·도·특별자치도(시·도등)에 걸쳐 있는 것에 관하여는 행정안전부장관에게 그에 관한 결정을 청구하여야 한다. ② 시·도지사 또는 행정안전부장관은 관계 지방자치단체의 장으로부터 결정의 청구를 받아 수리하였을 때에는 청구를 수리한 날부터 60일 이내에 결정하고, 지체 없이 그 결과를 관계 지방자치단체의 장에게 통

지하여야 한다. ③ 시 · 도지사의 결정에 불복하는 시장 · 군수 · 구청장은 그 통지를 받은 날부터 30일 이내에 행정안전부장관에게 심사를 청구할 수 있다. ④ 행정안전부장관은 ③의 심사의 청구를 수리하였을 때에는 청구를 수리한 날부터 60일 이내에 그에 대한 재결을 하고, 그 결과를 지체 없이 관계 지방자치단체의 장에게 통지하여야 한다.

제 20 장
지방세법

제1절 서 설

Ⅰ. 과세 주체

이 법에 따른 지방세를 부과·징수하는 지방자치단체는 지방세기본법의 지방자치단체의 세목 구분에 따라 해당 지방세의 과세 주체가 된다.

Ⅱ. 부동산 등의 시가표준액

① 이 법에서 적용하는 토지 및 주택에 대한 시가표준액은 공시된 가액(개별공시지가, 개별주택가격 또는 공동주택가격)으로 한다. 다만, 개별공시지가 또는 개별주택가격이 공시되지 아니한 경우에는 특별자치시장·특별자치도지사·시장·군수 또는 구청장(자치구의 구청장)이 국토교통부장관이 제공한 토지가격비준표 또는 주택가격비준표를 사용하여 산정한 가액으로 하고, 공동주택가격이 공시되지 아니한 경우에는 대통령령으로 정하는 기준(지역별·단지별·면적별·층별 특성 및 거래가격 등을 고려하여 행정안전부장관이 정하는 기준을 말하며 행정안전부장관은 미리 관계 전문가의 의견을 들어야 함)에 따라 특별자치시장·특별자치도지사·시장·군수 또는 구청장이 산정한 가액으로 한다. ② ① 외의 건축물(새로 건축하여 건축 당시 개별주택가격 또는 공동주택가격이 공시되지 아니

한 주택으로서 토지부분을 제외한 건축물을 포함), 선박, 항공기 및 그 밖의 과세대상에 대한 시가표준액은 거래가격, 수입가격, 신축·건조·제조가격 등을 고려하여 정한 기준가격에 종류, 구조, 용도, 경과연수 등 과세대상별 특성을 고려하여 지방자치단체의 장이 결정한 가액으로 한다. ③ 행정안전부장관은 시가표준액의 적정한 기준을 산정하기 위하여 조사·연구가 필요하다고 인정하는 경우에는 전문기관(ⓐ 지방세연구원, ⓑ 한국부동산원, ⓒ 감정평가법인)에 의뢰하여 이를 수행하게 할 수 있다. ④ 시가표준액의 결정은 지방세심의위원회에서 심의한다.[1)]

---

1) **(건축물 등의 시가표준액 결정 등)** ① 과세대상별 구체적 특성을 고려하여 행정안전부장관이 정하는 기준 : ㉠ 건축물: 소득세법에 따라 산정·고시하는 건물신축가격기준액에 ⓐ 건물의 구조별·용도별·위치별 지수, ⓑ 건물의 경과연수별 잔존가치율, ⓒ 건물의 규모·형태·특수한 부대설비 등의 유무 및 그 밖의 여건에 따른 가감산율을 적용한다. ㉡ 선박: 선박의 종류·용도 및 건조가격을 고려하여 톤수 간에 차등을 둔 단계별 기준가격에 해당 톤수를 차례대로 적용하여 산출한 가액의 합계액에 ⓐ 선박의 경과연수별 잔존가치율, ⓑ 급랭시설 등의 유무에 따른 가감산율을 적용한다. ㉤ 입목: 입목의 종류별·수령별 거래가격 등을 고려하여 정한 기준가격에 입목의 목재 부피, 그루 수 등을 적용한다. ㉥ 항공기: 항공기의 종류별·형식별·제작회사별·정원별·최대이륙중량별·제조연도별 제조가격 및 거래가격(수입하는 경우에는 수입가격)을 고려하여 정한 기준가격에 항공기의 경과연수별 잔존가치율을 적용한다. ㉦ 골프회원권, 승마회원권, 콘도미니엄 회원권, 종합체육시설 이용회원권 및 요트회원권: 분양 및 거래가격을 고려하여 정한 기준가격에 소득세법에 따른 기준시가 등을 고려한다. ㉧ 토지에 정착하거나 지하 또는 다른 구조물에 설치하는 시설: 종류별 신축가격 등을 고려하여 정한 기준가격에 시설의 용도·구조 및 규모 등을 고려하여 가액을 산출한 후, 그 가액에 다시 시설의 경과연수별 잔존가치율을 적용한다. ㉨ 건축물에 딸린 시설물: 종류별 제조가격(수입하는 경우에는 수입가격), 거래가격 및 설치가격 등을 고려하여 정한 기준가격에 시설물의 용도·형태·성능 및 규모 등을 고려하여 가액을 산출한 후, 그 가액에 다시 시설물의 경과연수별 잔존가치율을 적용한다. ② 건축물에 딸린 시설물의 시가표준액을 적용할 때 : 그 시설물이 주거와 주거 외의 용도로 함께 쓰이고 있는 건축물의 시설물인 경우에는 그 건축물의 연면적 중 주거와 주거 외의 용도 부분의 점유비율에 따라 ①의 ㉨에 따른 시가표준액을 나누어 적용한다. ③ 건축물, 선박, 항공기 및 그 밖의 과세대상에 대한 시가표준액 : 매년 1월 1일 현재 특별자치시장·특별자치도지사·시장·군수 또는 구청장(자치구의 구청장)이 행정안전부장관이 정하는 기준에 따라 산정하여 특별자치시장 및 특별자치도지사는 직접 결정하고, 시장·군수·구청장(특별자치시장 및 특별자치도지사는 제외)은 특별시장·광역시장 또는 도지사(도지사)의 승인을 받아 결정한다. ⑥ 도지사·특별자치시장 또는 특별자치도지사는 승인하거나 변경결정한 시가표준액을 관할 지방법원장에게 통보하여야 한다. ⑦ 결정된 시가표준액은 시장·군수·구청장이 고시하고, 변경결정된 시가표준액은 도지사·특별자치시장 또는 특별자치도지사가 고시하여 일반인이 열람할 수 있도록 하여야 한다. ⑧ 행정안전부장관은 시가표준액에 관한 기준을 정하거나 승인을 할 때에는 미리 관계 전문가의의견을 들어야 한다.

제 2 절 취득세

Ⅰ. 통 칙

1. 정의

㉠ "취득"이란 매매, 교환, 상속, 증여, 기부, 법인에 대한 현물출자, 건축, 개수(改修), 공유수면의 매립, 간척에 의한 토지의 조성 등과 그 밖에 이와 유사한 취득으로서 원시취득(수용재결로 취득한 경우 등 과세대상이 이미 존재하는 상태에서 취득하는 경우는 제외), 승계취득 또는 유상·무상의 모든 취득을 말한다. ㉡ "부동산"이란 토지 및 건축물을 말한다. ㉢ "토지"란 공간정보관리법에 따라 지적공부의 등록대상이 되는 토지와 그 밖에 사용되고 있는 사실상의 토지를 말한다. ㉣ "건축물"이란 건축법에 따른 건축물(이와 유사한 형태의 건축물을 포함)과 토지에 정착하거나 지하 또는 다른 구조물에 설치하는 레저시설, 저장시설, 도크(dock)시설, 접안시설, 도관시설, 급수·배수시설, 에너지 공급시설 및 그 밖에 이와 유사한 시설(이에 딸린 시설을 포함)로서 대통령령으로 정하는 것을 말한다. ㉤ "개수"란 ⓐ 대수선, ⓑ 건축물 중 레저시설, 저장시설, 도크(dock)시설, 접안시설, 도관시설, 급수·배수시설,에너지 공급시설 및 그 밖에 이와 유사한 시설(이에 딸린 시설을 포함)로서 대통령령으로 정하는 것을 수선하는 것, ⓒ 건축물에 딸린 시설물 중 대통령령으로 정하는 시설물을 한 종류 이상 설치하거나 수선하는 것에 해당하는 것을 말한다. ㉥ "중과기준세율"이란 부동산 및 부동산외의 취득세율에 따른 세율에 가감하거나 세율의 특례 적용기준이 되는 세율로서 1천분의 20을 말한다. ㉦ "연부(年賦)"란 매매계약서상 연부계약 형식을 갖추고 일시에 완납할 수 없는 대금을 2년 이상에 걸쳐 일정액씩 분할하여 지급하는 것을 말한다.

2. 납세의무자 등

① 취득세는 부동산, 항공기, 선박, 입목, 광업권, 어업권, 골프회원권, 승마회원권, 콘도미니엄 회원권, 종합체육시설 이용회원권 또는 요트회원권 등(부동산등)을 취득한 자에게

부과한다.[2)] ② 부동산등의 취득은 관계 법령에 따른 등기·등록 등을 하지 아니한 경우라도 사실상 취득하면 각각 취득한 것으로 보고 해당 취득물건의 소유자 또는 양수인을 각각 취득자로 한다. 다만, 항공기 및 주문을 받아 건조하는 선박은 승계취득인 경우에만 해당한다. ③ 건축물 중 조작 설비, 그 밖의 부대설비에 속하는 부분으로서 그 주체구조부와 하나가 되어 건축물로서의 효용가치를 이루고 있는 것에 대하여는 주체구조부 취득자 외의 자가 가설한 경우에도 주체구조부의 취득자가 함께 취득한 것으로 본다. ④ 선박등의 종류를 변경하거나 토지의 지목을 사실상 변경함으로써 그 가액이 증가한 경우에는 취득으로 본다. ⑤ 법인의 주식 또는 지분을 취득함으로써 과점주주가 되었을 때에는 그 과점주주가 해당 법인의 부동산등(법인이 신탁한 재산으로서 수탁자 명의로 등기·등록이 되어 있는 부동산등을 포함)을 취득(법인설립 시에 발행하는 주식 또는 지분을 취득함으로써 과점주주가 된 경우에는 취득으로 보지 아니한다)한 것으로 본다.[3)] 이 경우 과점주주의 연대납세의무에 관하여는 지방세기본법을 준용한다. ⑥ 외국인 소유의 취득세 과세대상 물건(차량, 기계장비, 항공기 및 선박만 해당)을 직접 사용하거나 국내의 대여시설 이용자에게 대여하기 위하여 임차하여 수입하는 경우에는 수입하는 자가 취득한 것으로 본다. ⑦ 상속(피상속인이 상속인에게 한 유증 및 포괄유증과 신탁재산의 상속을 포

---

2) **(부동산등의 일괄취득)** ① 부동산등을 한꺼번에 취득하여 부동산등의 취득가격이 구분되지 아니하는 경우에는 한꺼번에 취득한 가격을 부동산등의 시가표준액 비율로 나눈 금액을 각각의 취득가격으로 한다. ② 주택, 건축물과 그 부속토지를 한꺼번에 취득한 경우에는 ㉠ 주택 부분: 전체취득가격×건축물 중 주택부분의 기사표준액+부소토지 중 주택 부분의 시가표준액/건축물과 부속토지 전체의 시가표준액, ㉡ 주택 외 부분: 전체취득가격×건축물 중 주택외 부분의 기사표준액+부소토지 중 주택외 부분의 시가표준액/건축물과 부속토지 전체의 시가표준액의 계산식에 따라 주택 부분과 주택 외 부분의 취득가격을 구분하여 산정한다. 다만, 취득으로서 주택 부분과 주택 외 부분의 취득가격이 구분되는 경우에는 그 가격을 각각의 취득가격으로 한다. ③ 신축 또는 증축으로 주택과 주택 외의 건축물을 한꺼번에 취득한 경우에는 ㉠ 주택 부분: 전체 취득가격×건축물 중 주택 부분의 연명적/건축물 전체의 연면적, ㉡ 주택 외 부분: 전체 취득가격×건축물 중 주택 외 부분의 연명적/건축물 전체의 연면적의 계산식에 따라 주택 부분과 주택 외 부분의 취득가격을 구분하여 산정한다. ④ ①의 경우에 시가표준액이 없는 과세물건이 포함되어 있으면 부동산등의 감정가액 등을 고려하여 시장·군수·구청장이 결정한 비율로 나눈 금액을 각각의 취득가격으로 한다.

3) **(과점주주의 취득 등)** ① 법인의 과점주주가 아닌 주주 또는 유한책임사원이 다른 주주 또는 유한책임사원의 주식 또는 지분(주식등)을 취득하거나 증자 등으로 최초로 과점주주가 된 경우에는 최초로 과점주주가 된 날 현재 해당 과점주주가 소유하고 있는 법인의 주식등을 모두 취득한 것으로 보아 취득세를 부과한다. ② 이미 과점주주가 된 주주 또는 유한책임사원이 해당 법인의 주식등을 취득하여 해당 법인의 주식등의 총액에 대한 과점주주가 가진 주식등의 비율이 증가된 경우에는 그 증가분을 취득으로 보아 취득세를 부과한다. 다만, 증가된 후의 주식등의 비율이 해당 과점주주가 이전에 가지고 있던 주식등의 최고비율보다 증가되지 아니한 경우에는 취득세를 부과하지 아니한다. ③ 과점주주였으나 주식등의 양도, 해당 법인의 증자 등으로 과점주주에 해당되지 아니하는 주주 또는 유한책임사원이 된 자가 해당 법인의 주식등을 취득하여 다시 과점주주가 된 경우에는 다시 과점주주가 된 당시의 주식등의 비율이 그 이전에 과점주주가 된 당시의 주식등의 비율보다 증가된 경우에만 그 증가분만을 취득으로 보아 ②의 예에 따라 취득세를 부과한다.

함)으로 인하여 취득하는 경우에는 상속인 각자가 상속받는 취득물건(지분을 취득하는 경우에는 그 지분에 해당하는 취득물건)을 취득한 것으로 본다. 이 경우 상속인의 납부의무에 관하여는 지방세기본법을 준용한다. ⑧ 주택조합과 재건축조합 및 소규모재건축조합(주택조합등)이 해당 조합원용으로 취득하는 조합주택용 부동산(공동주택과 부대시설·복리시설 및 그 부속토지)은 그 조합원이 취득한 것으로 본다. 다만, 조합원에게 귀속되지 아니하는 부동산(비조합원용 부동산)은 제외한다.

⑨ 배우자 또는 직계존비속의 부동산등을 취득하는 경우에는 증여로 취득한 것으로 본다.[4] ⑩ 증여자의 채무를 인수하는 부담부 증여의 경우에는 그 채무액에 상당하는 부분은 부동산등을 유상으로 취득하는 것으로 본다. 다만, 배우자 또는 직계존비속으로부터의 부동산등의 부담부증여의 경우에는 ⑨를 적용한다. ⑪ 상속개시 후 상속재산에 대하여 등기·등록·명의개서 등(등기등)에 의하여 각 상속인의 상속분이 확정되어 등기 등이 된 후, 그 상속재산에 대하여 공동상속인이 협의하여 재분할한 결과 특정 상속인이 당초 상속분을 초과하여 취득하게 되는 재산가액은 그 재분할에 의하여 상속분이 감소한 상속인으로부터 증여받아 취득한 것으로 본다. 다만, ㉠ 신고·납부기한 내에 재분할에 의한 취득과 등기등을 모두 마친 경우, ㉡ 상속회복청구의 소에 의한 법원의 확정판결에 의하여 상속인 및 상속재산에 변동이 있는 경우, ㉢ 채권자대위권의 행사에 의하여 공동상속인들의 법정상속분대로 등기등이 된 상속재산을 상속인사이의 협의분할에 의하여 재분할하는 경우에는 그러하지 아니하다. ⑫ 공간정보관리법에 따른 대(垈) 중 국토계획법 등 관계 법령에 따른 택지공사가 준공된 토지의 지목을 건축물과 그 건축물에 접속된 정원 및 부속시설물의 부지로 사실상 변경함으로써 그 가액이 증가한 경우에는 취득으로 본다. ⑬ 신탁재산의 위탁자 지위의 이전이 있는 경우에는 새로운 위탁자가 해당 신탁재산을 취득한 것으로 본다. 다만, 위탁자 지위의 이전에도 불구하고 신탁재산에 대한 실질적인 소유권 변동이 있다고 보기 어려운 경우로서 대통령령으로 정하는 경우에는 그러하지 아니하다.

---

4) ㉠ 공매(경매를 포함)를 통하여 부동산등을 취득한 경우, ㉡ 파산선고로 인하여 처분되는 부동산등을 취득한 경우, ㉢ 권리의 이전이나 행사에 등기 또는 등록이 필요한 부동산등을 서로 교환한 경우, ㉣ 해당 부동산등의 취득을 위하여 그 대가를 지급한 사실이 ⓐ 그 대가를 지급하기 위한 취득자의 소득이 증명되는 경우, ⓑ 소유재산을 처분 또는 담보한 금액으로 해당 부동산을 취득한 경우, ⓒ 이미 상속세 또는 증여세를 과세(비과세 또는 감면받은 경우를 포함) 받았거나 신고한 경우로서 그 상속 또는 수증 재산의 가액으로 그 대가를 지급한 경우, ⓓ ⓐ부터 ⓑ까지에 준하는 것으로서 취득자의 재산으로 그 대가를 지급한 사실이 입증되는 경우에 의하여 증명되는 경우에는 유상으로 취득한 것으로 본다.

3. 납세지

① 취득세의 납세지는 ㉠ 부동산: 부동산 소재지, ㉣ 항공기: 항공기의 정치장(定置場) 소재지, ㉤ 선박: 선적항 소재지, ㉥ 입목: 입목 소재지, ㉦ 광업권: 광구 소재지, ㉧ 어업권: 어장 소재지, ㉨ 골프회원권, 승마회원권, 콘도미니엄 회원권, 종합체육시설 이용회원권 또는 요트회원권: 골프장·승마장·콘도미니엄·종합체육시설 및 요트 보관소의 소재지에 따른다. ② 납세지가 분명하지 아니한 경우에는 해당 취득물건의 소재지를 그 납세지로 한다. ③ 같은 취득물건이 둘 이상의 지방자치단체에 걸쳐 있는 경우에는 대통령령으로 정하는 바에 따라 소재지별로 안분(按分)한다. 즉, 같은 취득물건이 둘 이상의 시·군·구에 걸쳐 있는 경우 각 시·군·구에 납부할 취득세를 산출할 때 그 과세표준은 취득 당시의 가액을 취득물건의 소재지별 시가표준액 비율로 나누어 계산한다.

4. 비과세

① 국가 또는 지방자치단체(다른 법률에서 국가 또는 지방자치단체로의제되는 법인은 제외), 지방자치단체조합, 외국정부 및 주한국제기구의 취득에 대해서는 취득세를 부과하지 아니한다. 다만, 대한민국 정부기관의 취득에 대하여 과세하는 외국정부의 취득에 대해서는 취득세를 부과한다. ② 국가, 지방자치단체 또는 지방자치단체조합(국가등)에 귀속 또는 기부채납을 조건으로 취득하는 부동산 및 사회기반시설에 대한 민간투자법상의 사회기반시설에 대해서는 취득세를 부과하지 아니한다. 다만, ㉠ 국가등에 귀속등의 조건을 이행하지 아니하고 타인에게 매각·증여하거나 귀속등을 이행하지 아니하는 것으로 조건이 변경된 경우, ㉡ 국가등에 귀속등의 반대급부로 국가등이 소유하고 있는 부동산 및 사회기반시설을 무상으로 양여받거나 기부채납 대상물의 무상사용권을 제공받는 경우 그 해당 부분에 대해서는 취득세를 부과한다. ③ 신탁(신탁등기가 병행되는 것만 해당)으로 인한 신탁재산의 취득으로서 ㉠ 위탁자로부터 수탁자에게 신탁재산을 이전하는 경우, ㉡ 신탁의 종료로 인하여 수탁자로부터 위탁자에게 신탁재산을 이전하는 경우, ㉢ 수탁자가 변경되어 신수탁자에게 신탁재산을 이전하는 경우에는 취득세를 부과하지 아니한다. 다만, 신탁재산의 취득 중 주택조합등과 조합원 간의 부동산 취득 및 주택조합등의 비조합원용 부동산 취득은 제외한다. ④ 동원대상지역 내의 토지의 수용·사용에 관한 환매권의 행사로 매수하는 부동산의 취득에 대하여는 취득세를 부과하지 아니한다. ⑤ 임시흥행

장, 공사현장사무소 등 임시건축물의 취득에 대하여는 취득세를 부과하지 아니한다. 다만, 존속기간이 1년을 초과하는 경우에는 취득세를 부과한다. ⑥ 공동주택의 개수(대수선은 제외)로 인한 취득 중 시가표준액이 9억원 이하인 주택과 관련된 개수로 인한 취득에 대해서는 취득세를 부과하지 아니한다.

Ⅱ. 과세표준과 세율

1. 과세표준

① 취득세의 과세표준은 ㉠ 취득 당시의 가액으로 한다. 다만, 연부(年賦)로 취득하는 경우에는 연부금액(매회 사실상 지급되는 금액을 말하며, 취득금액에 포함되는 계약보증금을 포함)으로 한다. ② 취득 당시의 가액은 ㉡ 취득자가 신고한 가액으로 한다. 다만, 신고 또는 신고가액의 표시가 없거나 그 신고가액이 시가표준액보다 적을 때에는 그 ㉢ 시가표준액으로 한다. ③ 건축물을 건축(신축과 재축은 제외)하거나 개수한 경우와 토지의 지목을 사실상 변경한 경우에는 그로 인하여 ㉣ 증가한 가액을 각각 과세표준으로 한다.[5] 이 경우 신고 또는 신고가액의 표시가 없거나 신고가액이 시가표준액[6]보다 적을 때에는 그 시가표준액으로 한다. ④ 과점주주가 취득한 것으로 보는 해당 법인의 부동산등에 대한 과세표준은 그 부동산등의 총가액을 그 법인의 주식 또는 출자의 총수로 나눈 가액에 과점주주가 취득한 주식 또는 출자의 수를 곱한 금액으로 한다. 이 경우 과점주주는 조례로 정하는 바에 따라 과세표준 및 그 밖에 필요한 사항을 신고하여야 하되, 신고 또는 신고가액의 표시가 없거나 신고가액이 과세표준보다 적을 때에는 지방자치단체의 장이 해당 법인의 결산서 및 그 밖의 장부 등에 따른 취득세 과세대상 자산총액을 기초

---

5) **(토지의 지목변경에 대한 과세표준)** 과세표준 중 토지의 지목변경에 대한 과세표준은 토지의 지목이 사실상 변경된 때를 기준으로 ⓐ의 가액에서 ⓑ의 가액을 뺀 가액으로 한다. 다만, 판결문 또는 법인장부로 토지의 지목변경에 든 비용이 입증되는 경우에는 그 비용으로 한다. ⓐ 지목변경 이후의 토지에 대한 시가표준액(해당 토지에 대한 개별공시지가의 공시기준일이 지목변경으로 인한 취득일 전인 경우에는 인근 유사토지의 가액을 기준으로 국토교통부장관이 제공한 토지가격비준표를 사용하여 시장·군수·구청장이 산정한 가액), ⓑ 지목변경 전의 시가표준액(지목변경 공사착공일 현재 공시된 시가표준액).

6) ⓐ 취득세 납세의무자나 그 취득물건에 관하여 그와 거래관계가 있었던 자가 관련 장부나 그 밖의 증명서류를 갖추고 있는 경우에는 이에 따라 계산한 가액, ⓑ 관련 장부나 증명서류를 갖추고 있지 아니하거나 그 내용 중 취득경비 등의 금액이 해당 취득물건과 유사한 물건을 취득하는 경우에 일반적으로 드는 것으로 인정되는 자재비, 인건비, 그 밖에 취득에 필요한 경비 등을 기준으로 시장·군수·구청장이 산정한 가액보다 부족한 경우에는 시장·군수·구청장이 산정한 가액, ⓒ 토지의 지목변경의 경우에는 면세점(50만원)에 따른 가액.

로 전단의 계산방법으로 산출한 금액을 과세표준으로 한다.

⑤ Ⓐ 국가, 지방자치단체 또는 지방자치단체조합으로부터의 취득, Ⓑ 외국으로부터의 수입에 의한 취득, Ⓒ 판결문·법인장부 중 ㉮ 판결문: 민사소송 및 행정소송에 의하여 확정된 판결문(화해·포기·인낙 또는 자백간주에 의한 것은 제외), ㉯ 법인장부: 금융회사의 금융거래 내역 또는 감정평가서 등 객관적 증거서류에 의하여 법인이 작성한 원장·보조장·출납전표·결산서에 따라 취득가격이 증명되는 취득, Ⓓ 공매방법에 의한 취득, Ⓔ 신고서를 제출하여 검증이 이루어진 취득(증여·기부, 그 밖의 무상취득 및 거래로 인한 취득은 제외)에 대하여는 ㉰ 사실상의 취득가격 또는 연부금액을 과세표준으로 한다. 법인이 아닌 자가 건축물을 건축하거나 대수선하여 취득하는 경우로서 취득가격 중 100분의 90을 넘는 가격이 ㉥ 법인장부에 따라 입증되는 경우에는 ⓐ 법인장부로 증명된 금액, ⓑ 법인장부로 증명되지 아니하는 금액 중 계산서 또는 세금계산서로 증명된 금액, ⓒ 부동산을 취득하는 경우 매입한 국민주택채권을 해당 부동산의 취득 이전에 양도함으로써 발생하는 매각차손(이 경우 금융회사등 외의 자에게 양도한 경우에는 동일한 날에 금융회사등에 양도하였을 경우 발생하는 매각차손을 한도)을 과세표준으로 한다.[7)]

---

7) **(취득가격의 범위 등)** ① 취득가격 또는 연부금액은 취득시기를 기준으로 그 이전에 해당 물건을 취득하기 위하여 거래 상대방 또는 제3자에게 지급하였거나 지급하여야 할 직접비용과 ⓐ 건설자금에 충당한 차입금의 이자 또는 이와 유사한 금융비용, ⓑ 할부 또는 연부(年賦) 계약에 따른 이자 상당액 및 연체료(법인이 아닌 자가 취득하는 경우는 취득가격 또는 연부금액에서 제외), ⓒ 농지보전부담금, 대체산림자원조성비 등 관계 법령에 따라 의무적으로 부담하는 비용, ⓓ 취득에 필요한 용역을 제공받은 대가로 지급하는 용역비·수수료, ⓔ 취득대금 외에 당사자의 약정에 따른 취득자 조건 부담액과 채무인수액, ⓕ 부동산을 취득하는 경우 매입한 국민주택채권을 해당 부동산의 취득 이전에 양도함으로써 발생하는 매각차손(이 경우 행정안전부령으로 정하는 금융회사 등(금융회사등) 외의 자에게 양도한 경우에는 동일한 날에 금융회사등에 양도하였을 경우 발생하는 매각차손을 한도), ⓖ 공인중개사에게 지급한 중개보수(법인이 아닌 자가 취득하는 경우는 취득가격 또는 연부금액에서 제외), ⓗ ⓐ부터 ⓖ까지의 비용에 준하는 비용에 해당하는 간접비용의 합계액으로 한다. 다만, 취득대금을 일시급 등으로 지급하여 일정액을 할인받은 경우에는 그 할인된 금액으로 한다. ② ⓐ 취득하는 물건의 판매를 위한 광고선전비 등의 판매비용과 그와 관련한 부대비용, ⓑ 법률에 따라 전기·가스·열 등을 이용하는 자가 분담하는 비용, ⓒ 이주비, 지장물 보상금 등 취득물건과는 별개의 권리에 관한 보상 성격으로 지급되는 비용, ⓓ 부가가치세, ⓔ ⓐ부터 ⓓ까지의 비용에 준하는 비용에 해당하는 비용은 취득가격에 포함하지 아니한다. ④ 부동산을 취득할 수 있는 권리를 타인으로부터 이전받은 자가 (국수공판장검)에 해당하는 방법으로 부동산을 취득하는 경우로서 해당 부동산 취득을 위하여 지출하였거나 지출할 금액의 합(실제 지출금액)이 분양·공급가격(분양자 또는 공급자와 최초로 분양계약 또는 공급계약을 체결한 자 간 약정한 분양가격 또는 공급가격)보다 낮은 경우에는 부동산 취득자의 실제 지출금액을 기준으로 ① 및 ②에 따라 산정한 취득가액을 과세표준으로 한다. 다만, 특수관계인과의 거래로 인한 취득인 경우에는 그러하지 아니하다.

2. 부동산 취득의 세율

① 부동산에 대한 취득세는 과세표준에 다음에 해당하는 표준세율을 적용하여 계산한 금액을 그 세액으로 한다. ㉠ 상속으로 인한 취득(ⓐ 농지: 1천분의 23, ⓑ 농지 외의 것: 1천분의 28)[8], ㉡ ㉠외의 무상취득: 1천분의 35(대통령령으로 정하는 비영리사업자(ⓐ 종교 및 제사를 목적으로 하는 단체, ⓑ 학교, 외국교육기관을 경영하는 자 및 교육시설을 운영하는 평생교육단체, ⓒ 사회복지법인, ⓓ 양로원 · 보육원 · 모자원 · 한센병자치료보호시설 등 사회복지사업을 목적으로 하는 단체 및 한국한센복지협회, ⓔ 정당)의 취득은 1천분의 28), ㉢ 원시취득: 1천분의 28, ㉣ 공유물의 분할 또는 부동산의 공유권 해소를 위한 지분이전으로 인한 취득(등기부등본상 본인 지분을 초과하는 부분의 경우에는 제외): 1천분의 23, ㉤ 합유물 및 총유물의 분할로 인한 취득: 1천분의 23, ㉥ 그 밖의 원인으로 인한 취득(ⓐ 농지: 1천분의 30, ⓑ 농지 외의 것: 1천분의 40), ㉦ 유상거래를 원인으로 취득 당시의 가액이 6억원 이하인 주택을 취득하는 경우에는 1천분의 10의 세율을, 6억원 초과 9억원 이하의 주택을 취득하는 경우에는 1천분의 20의 세율(차등)을, 9억원 초과 주택을 취득하는 경우에는 1천분의 30의 세율을 각각 적용한다. 이 경우 지분으로 취득한 주택의 취득 당시의 가액은 계산식{전체 주택의 취득 당시의 가액 = 취득지분의 취득 당시의 가액 × 전체주택의 시가표준액 / 취득 지분의 시가표준액}에 따라 산출한 전체 주택의 취득 당시의 가액으로 한다. ② 부동산이 공유물일 때에는 그 취득지분의 가액을 과세표준으로 하여 각각의 세율을 적용한다. ③ 건축(신축과 재축은 제외) 또는 개수로 인하여 건축물 면적이 증가할 때에는 그 증가된 부분에 대하여 원시취득으로 보아 1천분의 28의 세율을 적용한다. ④ 주택을 신축 또는 증축한 이후 해당 주거용 건축물의 소유자(배우자 및 직계존비속 포함)가 해당 주택의 부속토지를 취득하는 경우에는 ①의 ㉦을 적용하지 아니한다.

3. 부동산 외 취득의 세율

① ㉠ 선박(ⓐ 등기 · 등록 대상인 선박(소형선박은 제외)(㉮ 상속으로 인한 취득: 1

---

8) **(농지의 범위)** 농지는 각각 ⓐ 취득 당시 공부상 지목이 논, 밭 또는 과수원인 토지로서 실제 농작물의 경작이나 다년생식물의 재배지로 이용되는 토지(이 경우 농지 경영에 직접 필요한 농막(農幕) · 두엄간 · 양수장 · 못 · 늪 · 농도(農道) · 수로 등이 차지하는 토지 부분을 포함), ⓑ 취득 당시 공부상 지목이 논, 밭, 과수원 또는 목장용지인 토지로서 실제 축산용으로 사용되는 축사와 그 부대시설로 사용되는 토지, 초지 및 사료밭의 토지로 한다.

천분의 25, ㉯ 상속으로 인한 취득 외의 무상취득: 1천분의 30, ㉰ 원시취득: 1천분의 20.2, ㉱ 수입에 의한 취득 및 주문 건조에 의한 취득: 1천분의 20.2, ㉲ 그 밖의 원인으로 인한 취득: 1천분의 30), ⓑ 소형선박(㉮ 소형선박: 1천분의 20.2, ㉯ 동력수상레저기구: 1천분의 20.2), ⓒ ⓐ 및 ⓑ외의 선박: 1천분의 20), ㉣ 항공기(ⓐ 항공안전법에 따른 등록을 필요로 하지 안니하는 항공기[9]: 1천분의 20, ⓑ 그 밖의 항공기: 1천분의 20.2(최대이륙중량이 5,700킬로그램 이상인 항공기는 1천분의 20.1)), ㉤ 입목: 1천분의 20, ㉥ 광업권 또는 어업권: 1천분의 20, ㉦ 골프회원권, 승마회원권, 콘도미니엄 회원권, 종합체육시설 이용회원권 또는 요트회원권: 1천분의 20에 해당하는 취득세는 표준세율을 적용하여 계산한 금액을 그 세액으로 한다. ② 선박이 공유물일 때에는 그 취득지분의 가액을 과세표준으로 하여 세율을 적용한다.

4. 과밀억제권역 안 취득 등 중과

① 과밀억제권역에서 대통령령으로 정하는 본점이나 주사무소의 사업용 부동산(본점이나 주사무소용으로 신축하거나 증축하는 건축물과 그 부속토지만 해당(기숙사, 합숙소, 사택, 연수시설, 체육시설 등 복지후생시설과 예비군 병기고 및 탄약고는 제외)하며, 수탁자가 취득한 신탁재산 중 위탁자가 신탁기간 중 또는 신탁종료 후 위탁자의 본점이나 주사무소의 사업용으로 사용하는 부동산을 포함)을 취득하는 경우와 과밀억제권역(산업단지 · 유치지역 및 국토계획법을 적용받는 공업지역은 제외)에서 공장을 신설하거나 증설하기 위하여 사업용 과세물건을 취득하는 경우의 취득세율은 부동산 및 부동산 외의 취득세 세율에 중과기준세율의 100분의 200을 합한 세율을 적용한다.[10]

---

9) **(등록을 필요로 하지 아니하는 항공기의 범위)** ⓐ 군 또는 세관에서 사용하거나 경찰업무에 사용하는 항공기, ⓑ 외국에 임대할 목적으로 도입한 항공기로서 외국 국적을 취득할 항공기, ⓒ 국내에서 제작한 항공기로서 제작자 외의 소유자가 결정되지 아니한 항공기, ⓓ 외국에 등록된 항공기를 임차하여 운영하는 경우 그 항공기.

10) **(공장의 범위와 적용기준)** ① 공장의 범위(도시형 공장은 제외)는 생산설비를 갖춘 건축물의 연면적(옥외에 기계장치 또는 저장시설이 있는 경우에는 그 시설의 수평투영면적을 포함)이 500제곱미터 이상인 것을 말한다. 이 경우 건축물의 연면적에는 해당 공장의 제조시설을 지원하기 위하여 공장 경계 구역 안에 설치되는 부대시설(식당, 휴게실, 목욕실, 세탁장,의료실, 옥외 체육시설 및 기숙사 등 종업원의 후생복지증진에 제공되는 시설과 대피소, 무기고, 탄약고 및 교육시설은 제외)의 연면적을 포함한다. ② 공장의 중과세 적용기준 : ⓐ 공장을 신설하거나 증설하는 경우 중과세할 과세물건은 ㉮ 과밀억제권역(산업단지 및 유치지역과 공업지역은 제외)에서 공장을 신설하거나 증설하는 경우에는 신설하거나 증설하는 공장용 건축물과 그 부속토지, ㉯ 과밀억제권역에서 공장을 신설하거나 증설(건축물 연면적의 100분의 20 이상을 증설하거나 건축물 연면적 330제곱미터를 초과하여 증설하는 경우만 해당)한 날부터 5년 이내에 취득하는 공장용 차량 및 기계장비에 해당하는 것으로 한다. ⓑ ㉮ 기존 공장의 기계설비 및 동력장치를 포함한 모든 생산설비를 포괄적으로 승계취득하는 경우, ㉯

② ㉠ 대도시에서 법인을 설립[휴면(休眠)법인(㉮ 해산법인, ㉯ 해산간주법인, ㉰ 폐업법인, ㉱ 법인 인수일 이전 1년 이내에 계속등기를 한 해산법인 또는 해산간주법인, ㉲ 법인 인수일 이전 1년 이내에 다시 사업자등록을 한 폐업법인, ㉳ 법인 인수일 이전 2년 이상 사업 실적이 없고, 인수일 전후 1년 이내에 인수법인 임원의 100분의 50 이상을 교체한 법인)을 인수하는 경우를 포함]하거나 지점 또는 분사무소를 설치하는 경우 및 법인의 본점·주사무소·지점 또는 분사무소를 대도시 밖에서 대도시로 전입(수도권의 경우에는 서울특별시 외의 지역에서 서울특별시로의 전입도 대도시로의 전입으로 본다)함에 따라 대도시의 부동산을 취득(그 설립·설치·전입 이후의 부동산 취득을 포함)하는 경우, ㉡ 대도시(유치지역 및 공업지역은 제외)에서 공장을 신설하거나 증설함에 따라 부동산을 취득하는 경우에 해당하는 부동산을 취득하는 경우의 취득세는 표준세율의 100분의 300에서 중과기준세율의 100분의 200을 뺀 세율을 적용한다. 다만, 주택을 취득하는 경우의 취득세는 표준세율과 중과기준세율의 100분의 200을 합한 세율을 적용하고, 과밀억제권역(산업단지는 제외. 대도시)에 설치가 불가피하다고 인정되는 업종으로서 대도시 중과 제외 업종에 직접 사용할 목적으로 부동산을 취득하거나, 법인이 사원에 대한 분양 또는 임대용으로 직접 사용할 목적으로 주거용 부동산(사원주거용 목적 부동산, 1구(1세대가 독립하여 구분 사용할 수 있도록 구획된 부분)의 건축물의 연면적(전용면적)이 60제곱미터 이하인 공동주택 및 그 부속토지)을 취득하는 경우의 취득세는 해당 세율을 적용한다.

③ ㉠ 별장: 주거용 건축물로서 늘 주거용으로 사용하지 아니하고 휴양·피서·놀이 등의 용도로 사용하는 건축물과 그 부속토지(읍 또는 면에 있는 농어촌주택과 그 부속토지는 제외), ㉡ 골프장: 회원제 골프장용 부동산 중 구분등록의 대상이 되는 토지와 건축물 및 그 토지 상(上)의 입목, ㉢ 고급주택: 주거용 건축물 또는 그 부속토지의 면적

해당 과밀억제권역에 있는 기존 공장을 폐쇄하고 해당 과밀억제권역의 다른 장소로 이전한 후 해당 사업을 계속 하는 경우(타인 소유의 공장을 임차하여 경영하던 자가 그 공장을 신설한 날부터 2년 이내에 이전하는 경우 및 서울특별시 외의 지역에서 서울특별시로 이전하는 경우에는 그러하지 아니하다), ㉰ 기존 공장(승계취득한 공장을 포함)의 업종을 변경하는 경우, ㉱ 기존 공장을 철거한 후 1년 이내에 같은 규모로 재축(건축공사에 착공한 경우를 포함)하는 경우, ㉲ 행정구역변경 등으로 새로 과밀억제권역으로 편입되는 지역은 편입되기 전에 공장설립 승인 또는 건축허가를 받은 경우, ㉳ 부동산을 취득한 날부터 5년 이상 경과한 후 공장을 신설하거나 증설하는 경우, ㉴ 차량 또는 기계장비를 노후 등의 사유로 대체취득하는 경우(기존의 차량 또는 기계장비를 매각하거나 폐기처분하는 날을 기준으로 그 전후 30일 이내에 취득하는 경우만 해당)에는 중과세 대상에서 제외한다. ⓒ 공장의 증설이란 ㉮ 공장용으로 쓰는 건축물의 연면적 또는 그 공장의 부속토지 면적을 확장하는 경우, ㉯ 해당 과밀억제권역 안에서 공장을 이전하는 경우에는 종전의 규모를 초과하여 시설하는 경우, ㉰ 레미콘제조공장 등 차량 또는 기계장비 등을 주로 사용하는 특수업종은 기존 차량 및 기계장비의 100분의 20 이상을 증가하는 경우를 말한다.

과 가액이 기준을 초과하거나 해당 건축물에 67제곱미터 이상의 수영장 등 부대시설을 설치한 주거용 건축물과 그 부속토지(주거용 건축물을 취득한 날부터 60일[상속으로 인한 경우는 상속개시일이 속하는 달의 말일부터, 실종으로 인한 경우는 실종선고일이 속하는 달의 말일부터 각각 6개월(납세자가 외국에 주소를 둔 경우에는 각각 9개월)] 이내에 주거용이 아닌 용도로 사용하거나 고급주택이 아닌 용도로 사용하기 위하여 용도변경공사를 착공하는 경우는 제외), ㉣ 고급오락장: 도박장, 유흥주점영업장, 특수목욕장, 그 밖에 이와 유사한 용도에 사용되는 건축물 중 대통령령으로 정하는 건축물과 그 부속토지(고급오락장용 건축물을 취득한 날부터 60일[상속으로 인한 경우는 상속개시일이 속하는 달의 말일부터, 실종으로 인한 경우는 실종선고일이 속하는 달의 말일부터 각각 6개월(납세자가 외국에 주소를 둔 경우에는 각각 9개월)] 이내에 고급오락장이 아닌 용도로 사용하거나 고급오락장이 아닌 용도로 사용하기 위하여 용도변경공사를 착공하는 경우는 제외), ㉤ 고급선박: 비업무용 자가용 선박으로서 기준을 초과하는 선박(시가표준액이 3억원을 초과하는 선박(실험·실습 등의 용도에 사용할 목적으로 취득하는 것은 제외))에 해당하는 부동산등을 취득하는 경우(별장 등을 구분하여 그 일부를 취득하는 경우를 포함)의 취득세는 부동산 및 부동산외의 세율과 중과기준세율의 100분의 400을 합한 세율을 적용하여 계산한 금액을 그 세액으로 한다. 이 경우 골프장은 그 시설을 갖추어 체육시설업의 등록(시설을 증설하여 변경등록하는 경우를 포함)을 하는 경우뿐만 아니라 등록을 하지 아니하더라도 사실상 골프장으로 사용하는 경우에도 적용하며, 별장·고급주택·고급오락장에 부속된 토지의 경계가 명확하지 아니할 때에는 그 건축물 바닥면적의 10배에 해당하는 토지를 그 부속토지로 본다.[11] ④ ①과 ②이 동시에 적용되는 과세물건에

---

11) **(별장 등의 범위와 적용기준)** ① 별장 등을 구분하여 그 일부를 취득하는 경우는 별장·골프장·고급주택·고급오락장 또는 고급선박을 2명 이상이 구분하여 취득하거나 1명 또는 여러 명이 시차를 두고 구분하여 취득하는 경우로 한다. ② 농어촌주택과 그 부속토지 : ㉠ 대지면적이 660제곱미터 이내이고 건축물의 연면적이 150제곱미터 이내일 것, ㉡ 건축물의 가액(산출가액)이 6천500만원 이내일 것, ㉢ ㉮ 광역시에 소속된 군지역 또는 수도권지역(접경지역과 자연보전권역 중 행정안전부령으로 정하는 지역은 제외), ㉯ 도시지역 및 허가구역, ㉰ 소득세법에 따라 기획재정부장관이 지정하는 지역, ㉱ 조세특례제한법에 따라 정하는 지역에 있지 아니할 것, ③ 별장 중 개인이 소유하는 별장은 본인 또는 그 가족 등이 사용하는 것으로 하고, 법인 또는 단체가 소유하는 별장은 그 임직원 등이 사용하는 것으로 하며, 주거와 주거 외의 용도로 겸용할 수 있도록 건축된 오피스텔 또는 이와 유사한 건축물로서 사업장으로 사용하고 있음이 사업자등록증 등으로 확인되지 아니하는 것은 별장으로 본다. ④ 고급주택으로 보는 주거용 건축물과 그 부속토지는 ⓐ 1구의 건축물의 연면적(주차장면적은 제외)이 331제곱미터를 초과하는 것으로서 그 건축물의 가액이 9천만원을 초과하는 주거용 건축물과 그 부속토지, ⓑ 1구의 건축물의 대지면적이 662제곱미터를 초과하는 것으로서 그 건축물의 가액이 9천만원을 초과하는 주거용 건축물과 그 부속토지, ⓒ 1구의 건축물에 엘리베이터(적재하중 200킬로그램 이하의 소형엘리베이터는 제외)가 설치된 주거용 건축물과 그 부속토지(공동주택과 그 부속토지는 제외), ⓓ 1구의 건축물에에스컬레이터 또는 67제곱미터 이상의 수영장 중 1개 이상의

대한 취득세율은 표준세율의 100분의 300으로 한다. ⑤ ②와 ③이 동시에 적용되는 과세물건에 대한 취득세율은 표준세율의 100분의 300에 중과기준세율의 100분의 200을 합한 세율을 적용한다. 다만, 주택을 취득하는 경우에는 해당 세율에 중과기준세율의 100분의 600을 합한 세율을 적용한다.

5. 조례에 따른 세율 조정

지방자치단체의 장은 조례로 정하는 바에 따라 취득세의 세율을 세율의 100분의 50의 범위에서 가감할 수 있다.

6. 세율의 특례

① ㉠ 환매등기를 병행하는 부동산의 매매로서 환매기간 내에 매도자가 환매한 경우의 그 매도자와 매수자의 취득, ㉡ 상속으로 인한 취득 중 ⓐ 대통령령으로 정하는 1가구 1주택의 취득[12], ⓑ 취득세의 감면대상이 되는 농지의 취득, ㉢ 법인의 합병으로 인한 취

시설이 설치된 주거용 건축물과 그 부속토지(공동주택과 그 부속토지는 제외), ⓔ 1구의 공동주택(여러 가구가 한 건축물에 거주할 수 있도록 건축된 다가구용 주택을 포함하되, 이 경우 한 가구가 독립하여 거주할 수 있도록 구획된 부분을 각각 1구의 건축물로 본다)의 건축물 연면적(공용면적은 제외)이 245제곱미터(복층형은 274제곱미터로 하되, 한 층의 면적이 245제곱미터를 초과하는 것은 제외)를 초과하는 공동주택과 그 부속토지에 해당하는 것으로 한다. 다만, 주거용 건축물과 그 부속토지 또는 공동주택과 그 부속토지는 취득 당시의 시가표준액이 6억원을 초과하는 경우만 해당한다. ⑤ 오락장의 건축물과 그 부속토지 : ⓐ 당사자 상호간에 재물을 걸고 우연한 결과에 따라 재물의 득실을 결정하는 카지노장(허가된 외국인전용 카지노장은 제외), ⓑ 사행행위 또는 도박행위에 제공될 수 있도록 자동도박기[파친코, 슬롯머신(slot machine), 아케이드 이퀴프먼트(arcade equipment) 등]를 설치한 장소, ⓒ 머리와 얼굴에 대한 미용시설 외에 욕실 등을 부설한 장소로서 그 설비를 이용하기 위하여 정해진 요금을 지급하도록 시설된 미용실, ⓓ 허가 대상인 유흥주점영업으로서 ㉮ 손님이 춤을 출 수 있도록 객석과 구분된 무도장을 설치한 영업장소(카바레 · 나이트클럽 · 디스코클럽 등), ㉯ 유흥접객원(남녀를 불문하며, 임시로 고용된 사람을 포함)을 두는 경우로, 별도로 반영구적으로 구획된 객실의 면적이 영업장 전용면적의 100분의 50 이상이거나 객실 수가 5개 이상인 영업장소(룸살롱, 요정 등)에 해당하는 영업장소(공용면적을 포함한 영업장의 면적이 100제곱미터를 초과하는 것만 해당). 이 경우 고급오락장이 건축물의 일부에 시설되었을 때에는 해당 건축물에 부속된 토지 중 그 건축물의 연면적에 대한 고급오락장용 건축물의 연면적 비율에 해당하는 토지를 고급오락장의 부속토지로 본다.

12) **(1가구 1주택의 범위)** ① 상속인(재외국민은 제외)과 같은 법에 따른 세대별 주민등록표에 함께 기재되어 있는 가족(동거인은 제외)으로 구성된 1가구(상속인의 배우자, 상속인의 미혼인 30세 미만의 직계비속 또는 상속인이 미혼이고 30세 미만인 경우 그 부모는 각각 상속인과 같은 세대별 주민등록표에 기재되어 있지 아니하더라도 같은 가구에 속한 것으로 본다)가 국내에 1개의 주택[주택으로 사용하는 건축물과 그 부속토지를 말하되, 고급주택은 제외]을 소유하는 경우를 말한다. ② 1주택을 여러 사람이 공동으로 소유하는 경우에도 공동소유자 각각 1주택을 소유하는 것으로 보고, 주택의 부속토지만을 소유하는 경우에도 주택을 소유하는 것으로 본다. ③ 1주택을 여러 사람이 공동으로 상속받는 경우에는 지분이 가장 큰 상속인을 그 주택의 소유자로 본다. 이 경우 지분이 가장 큰 상속인이

득(법인의 합병으로 인하여 취득한 과세물건이 합병 후에 과세물건에 해당하게 되는 경우 또는 합병등기일부터 3년 이내에 ⓐ 합병법인이 피합병법인으로부터 승계받은 사업을 폐지하는 경우, ⓑ 피합병법인의 주주등이 합병법인으로부터 받은 주식등을 처분하는 경우, ⓒ 각 사업연도 종료일 현재 합병법인에 종사하는 근로자 수가 합병등기일 1개월 전 당시 피합병법인과 합병법인에 각각 종사하는 근로자 수의 합의 100분의 80미만으로 하락하는 경우에 해당하는 사유가 발생하는 경우(부득이한 사유가 있는 경우는 제외)에는 그러하지 아니하다. ㉣ 공유물 · 합유물의 분할 또는 부동산의 공유권 해소를 위한 지분이전으로 인한 취득(등기부등본상 본인 지분을 초과하는 부분의 경우에는 제외), ㉤ 건축물의 이전으로 인한 취득(이전한 건축물의 가액이 종전 건축물의 가액을 초과하는 경우에 그 초과하는 가액에 대하여는 그러하지 아니하다), ㉥ 재산분할로 인한 취득, ㉦ 그 밖의 형식적인 취득 등에 대한 취득세는 부동산 및 부동산 외의 세율에서 중과기준세율을 뺀 세율로 산출한 금액을 그 세액으로 하되, 주택의 취득에 대한 취득세는 해당 세율에 100분의 50을 곱한 세율을 적용하여 산출한 금액을 그 세액으로 한다. 다만, 취득물건이 대도시에서 법인설립 및 공장 신설 · 증설 등 부동산 취득에 해당하는 경우에는 산출한 세율의 100분의 300을 적용한다. ② ㉠ 개수로 인한 취득(건축면적이 증가하는 경우는 제외), ㉡ 선박 · 차량과 기계장비 및 토지의 가액 증가, ㉢ 과점주주의 취득, ㉣ 외국인 소유의 취득세 과세대상 물건(항공기 및 선박만 해당)을 임차하여 수입하는 경우의 취득(연부로 취득하는 경우로 한정), ㉤ 그 밖에 레저시설의 취득 등에 대한 취득세는 중과기준세율을 적용하여 계산한 금액을 그 세액으로 한다. 다만, 취득물건이 과밀억제권역에서 본점이나 주사무소의 사업용 부동산에 해당하는 경우에는 중과기준세율의 100분의 300을, 별장(골프장, 고급주택, 고급선박, 고급오락장 등)에 해당하는 경우에는 중과기준세율의 100분의 500을 각각 적용한다.

7. 세율 적용

① 토지나 건축물을 취득한 후 5년 이내에 해당 토지나 건축물이 ㉠ 본점이나 주사무소의 사업용 부동산(본점 또는 주사무소용 건축물을 신축하거나 증축하는 경우와 그 부속토지만 해당), ㉡ 공장의 신설용 또는 증설용 부동산, ㉢ 별장, 골프장, 고급주택 또는 고급오락장에 해당하게 된 경우에는 인용한 조항에 규정된 세율을 적용하여 취득세를 추

두 명 이상일 때에는 지분이 가장 큰 상속인 중 ⓐ 그 주택에 거주하는 사람, ⓑ 나이가 가장 많은 사람에 따라 그 주택의 소유자를 판정한다.

징한다. ② 고급주택, 별장, 골프장 또는 고급오락장용 건축물을 증축·개축 또는 개수한 경우와 일반건축물을 증축·개축 또는 개수하여 고급주택 또는 고급오락장이 된 경우에 그 증가되는 건축물의 가액에 대하여 적용할 취득세의 세율은 표준세율의 100분의 400의 세율로 한다. ③ 과밀억제권역에서 공장 신설 또는 증설의 경우에 사업용 과세물건의 소유자와 공장을 신설하거나 증설한 자가 다를 때에는 그 사업용 과세물건의 소유자가 공장을 신설하거나 증설한 것으로 보아 중과기준세율(100분의 200)의 세율을 적용한다. 다만, 취득일부터 공장 신설 또는 증설을 시작한 날까지의 기간이 5년이 지난 사업용 과세물건은 제외한다. ④ 취득한 부동산이 부동산을 취득한 날부터 5년 이내에 대도시에서의 본점 등의 설립에 따른 과세대상이 되는 경우에는 같은 세율을 적용하여 취득세를 추징한다. ⑤ 같은 취득물건에 대하여 둘 이상의 세율이 해당되는 경우에는 그중 높은 세율을 적용한다. ⑥ 취득한 부동산이 ①의 ㉠ 또는 ㉡과 ④가 동시에 적용되는 경우에는 표준세율의 100분의 300의 세율을 적용하여 취득세를 추징한다.

8. 면세점

① 취득가액이 50만원 이하일 때에는 취득세를 부과하지 아니한다. ② 토지나 건축물을 취득한 자가 그 취득한 날부터 1년 이내에 그에 인접한 토지나 건축물을 취득한 경우에는 각각 그 전후의 취득에 관한 토지나 건축물의 취득을 1건의 토지 취득 또는 1구의 건축물 취득으로 보아 ①을 적용한다.[13)]

13) **(취득의 시기 등)** ① 무상승계취득의 경우에는 그 계약일(상속 또는 유증 : 상속 또는 유증 개시일)에 취득한 것으로 본다. 다만, 해당 취득물건을 등기·등록하지 아니하고 ㉠ 화해조서·인낙조서(취득일부터 60일 이내에 계약이 해제된 사실이 입증되는 경우), ㉡ 공정증서(공증인이 인증한 사서증서를 포함하되, 취득일부터 60일 이내에 공증받은 것), ㉢ 계약해제신고서(취득일부터 60일 이내에 제출된 것)에 해당하는 서류에 의하여 계약이 해제된 사실이 입증되는 경우에는 취득한 것으로 보지 아니한다. ② 유상승계취득의 경우에는 ㉠ 사실상의 잔금지급일, ㉡ ㉠에 해당하지 아니하는 경우 그 계약상의 잔금지급일(계약상 잔금지급일이 명시되지 아니한 경우에는 계약일부터 60일이 경과한 날). 다만, 해당 취득물건을 등기·등록하지 아니하고 ⓐ 화해조서·인낙조서(취득일부터 60일 이내에 계약이 해제된 사실이 입증되는 경우), ⓑ 공정증서(공증인이 인증한 사서증서를 포함하되, 취득일부터 60일 이내에 공증받은 것), ⓒ 계약해제신고서(취득일부터 60일 이내에 제출된 것), ⓓ 부동산 거래신고 관련 법령에 따른 부동산거래계약 해제등 신고서(취득일부터 60일 이내에 등록관청에 제출한 경우)에 해당하는 서류에 의하여 계약이 해제된 사실이 입증되는 경우에는 취득한 것으로 보지 아니한다. ③ 항공기 및 주문을 받아 건조하는 선박 : 실수요자가 인도받는 날과 계약상의 잔금지급일 중 빠른 날을 최초의 승계취득일로 본다. ④ 수입에 따른 취득 : 물건을 반입하는 날(보세구역을 경유하는 것은 수입신고필증 교부일)을 취득일로 본다. 다만, 항공기 및 선박 등의 실수요자가 따로 있는 경우에는 실수요자가 인도받는 날과 계약상의 잔금지급일 중 빠른 날을 최초의 승계취득일로 보며, 취득자의 편의에 따라 수입물건을 우리나라에 반입하지 아니하거나 보세구역을 경유하지 아니하고 외국에서 직접 사용하는 경우에는 그 수입물건의 등기 또는 등록일. ⑤ 연부로 취득하는 것(취득가액의 총액이 면세점의 적용을 받는 것은 제외)은 그 사실상의 연부금 지급일. ⑥ 건축물을 건축 또는 개수

Ⅲ. 부과 · 징수

1. 징수방법

취득세의 징수는 신고납부의 방법으로 한다.

2. 통보 및 신고

㉠ 국가, 지방자치단체 또는 지방자치단체조합, ㉡ 국가 또는 지방자치단체의 투자기관(재투자기관을 포함), ㉢ 그 밖에 ㉠ 및 ㉡에 준하는 기관 및 단체로서 대통령령으로 정하는 자는 취득세 과세물건을 매각(연부로 매각한 것을 포함)하면 매각일부터 30일 이내에 그 물건 소재지를 관할하는 지방자치단체의 장에게 통보하거나 신고하여야 한다.

3. 신고 및 납부

① 취득세 과세물건을 취득한 자는 그 취득한 날(토지거래계약에 관한 허가구역에 있는 토지를 취득하는 경우로서 토지거래계약에 관한 허가를 받기 전에 거래대금을 완납한 경우에는 그 허가일이나 허가구역의 지정 해제일 또는 축소일)부터 60일[상속으로 인한 경우는 상속개시일이 속하는 달의 말일부터, 실종으로 인한 경우는 실종선고일이 속하는 달의 말일부터 각각 6개월(외국에 주소를 둔 상속인이 있는 경우에는 각각 9개월)] 이내에 그 과세표준에 세율을 적용하여 산출한 세액을 신고하고 납부(신고서에 취득물건, 취득일 및 용도 등을 적어 납세지를 관할하는 시장 · 군수 · 구청장에게)하여야 한다. ② 취득세 과세물건을 취득한 후에 그 과세물건이 과밀억제권역 안 취득 등 중과의 세율의 적용대상이 되었을 때에는 60일 이내에 과밀억제권역 안 취득 등 중과의 세율을 적용하여

하여 취득하는 경우에는 사용승인서를 내주는 날과 사실상의 사용일 중 빠른 날을 취득일로 본다. ⑦ 주택조합이 조합원으로부터 취득하는 토지 중 조합원에게 귀속되지 아니하는 토지를 취득하는 경우에는 사용검사를 받은 날, 재건축조합이 조합원으로부터 취득하는 토지 중 조합원에게 귀속되지 아니하는 토지를 취득하는 경우에는 소유권이전 고시일의 다음 날. ⑧ 매립 · 간척 등으로 토지를 원시취득하는 경우 : 공사준공인가일. 다만, 공사준공인가일 전에 사용승낙 · 허가를 받거나 사실상 사용하는 경우에는 사용승낙일 · 허가일 또는 사실상 사용일 중 빠른 날. ⑨ 선박의 종류변경에 따른 취득 : 사실상 변경한 날과 공부상 변경한 날 중 빠른 날. ⑩ 토지의 지목변경에 따른 취득은 토지의 지목이 사실상 변경된 날과 공부상 변경된 날 중 빠른 날. 다만, 토지의 지목변경일 이전에 사용하는 부분에 대해서는 그 사실상의 사용일. ⑪ 재산분할로 인한 취득 : 취득물건의 등기일 또는 등록일. ⑫ 취득일 전에 등기 또는 등록을 한 경우 : 그 등기일 또는 등록일에 취득한 것으로 본다.

산출한 세액에서 이미 납부한 세액(가산세는 제외)을 공제한 금액을 세액으로 하여 신고하고 납부하여야 한다. ③ 이 법 또는 다른 법령에 따라 취득세를 비과세, 과세면제 또는 경감받은 후에 해당 과세물건이 취득세 부과대상 또는 추징 대상이 되었을 때에는 그 사유 발생일부터 60일 이내에 해당 과세표준에 세율을 적용하여 산출한 세액[경감받은 경우에는 이미 납부한 세액(가산세는 제외)을 공제한 세액]을 신고하고 납부하여야 한다.[14] ④ 신고 · 납부기한 이내에 재산권과 그 밖의 권리의 취득 · 이전에 관한 사항을 공부(公簿)에 등기하거나 등록[등재를 포함]하려는 경우에는 등기 또는 등록 신청서를 등기 · 등록관서에 접수하는 날까지 취득세를 신고 · 납부하여야 한다.

4. 부족세액의 추징 및 가산세

① 취득세 납세의무자가 신고 또는 납부의무를 다하지 아니하면 산출한 세액(산출세액) 또는 그 부족세액에 산출한 가산세를 합한 금액을 세액으로 하여 보통징수의 방법으로 징수한다. ② 납세의무자가 취득세 과세물건을 사실상 취득한 후 신고를 하지 아니하고 매각하는 경우에는 산출세액에 100분의 80을 가산한 금액을 세액으로 하여 보통징수의 방법으로 징수한다(등기 · 등록이 필요하지 아니한 과세물건 등 대통령령으로 정하는 과세물건(ⓐ 취득세 과세물건 중 등기 또는 등록이 필요하지 아니하는 과세물건(골프회원권, 승마회원권, 콘도미니엄 회원권, 종합체육시설 이용회원권 및 요트회원권은 제외), ⓑ 지목변경, 선박의 종류 변경, 주식등의 취득 등 취득으로 보는 과세물건)에 대하여는 그러하지 아니하다)

14) **(중과세 대상 재산의 신고 및 납부)** ⓐ 본점 또는 주사무소의 사업용 부동산을 취득한 경우: 사무소로 최초로 사용한 날, ⓑ 공장의 신설 또는 증설을 위하여 사업용 과세물건을 취득하거나 공장의 신설 또는 증설에 따라 부동산을 취득한 경우: 그 생산설비를 설치한 날(그 이전에 영업허가 · 인가 등을 받은 경우에는 영업허가 · 인가 등을 받은 날), ⓒ 부동산 취득이 ㉮ 대도시에서 법인을 설립하는 경우, ㉯ 대도시에서 법인의 지점 또는 분사무소를 설치하는 경우, ㉰ 대도시 밖에서 법인의 본점 · 주사무소 · 지점 또는 분사무소를 대도시로 전입하는 경우 : 해당 사무소 또는 사업장을 사실상 설치한 날, ⓓ 대도시 중과 제외 업종에 직접 사용할 목적으로 부동산을 취득하거나, 법인이 사원에 대한 분양 또는 임대용으로 직접 사용할 목적으로 사원 주거용 목적 부동산을 취득한 후 사유가 발생하여 적용받게 되는 경우에는 그 사유가 발생한 날, ⓔ 별장 · 골프장 · 고급주택 · 고급오락장 및 고급선박을 취득한 경우: ㉮ 건축물을 증축하거나 개축하여 별장 또는 고급주택이 된 경우: 그 증축 또는 개축의 사용승인서 발급일(그 밖의 사유로 별장이나 고급주택이 된 경우에는 그 사유가 발생한 날), ㉯ 골프장: 체육시설업으로 등록(변경등록을 포함)한 날(등록을 하기 전에 사실상 골프장으로 사용하는 경우 그 부분에 대해서는 사실상 사용한 날), ㉰ 건축물의 사용승인서 발급일 이후에 관계 법령에 따라 고급오락장이 된 경우: 그 대상 업종의 영업허가 · 인가 등을 받은 날(영업허가 · 인가 등을 받지 아니하고 고급오락장이 된 경우에는 고급오락장 영업을 사실상 시작한 날), ㉱ 선박의 종류를 변경하여 고급선박이 된 경우: 사실상 선박의 종류를 변경한 날.

5. 등기자료의 통보

① 등기 · 등록관서의 장은 취득세가 납부되지 아니하였거나 납부부족액을 발견하였을 때에는 납세지를 관할하는 지방자치단체의 장에게 통보하여야 한다. ② 등기 · 등록관서의 장이 등기 · 등록을 마친 경우에는 취득세의 납세지를 관할하는 지방자치단체의 장에게 그 등기 · 등록의 신청서 부본(副本)에 접수연월일 및 접수번호를 기재하여 등기 · 등록일부터 7일 내에 통보하여야 한다. 다만, 등기 · 등록사업을 전산처리하는 경우에는 전산처리된 등기 · 등록자료를 통보하여야 한다.

6. 장부 등의 작성과 보존

① 취득세 납세의무가 있는 법인은 취득 당시의 가액을 증명할 수 있는 장부와 관련 증거서류를 작성하여 갖춰 두어야 한다. ② 지방자치단체의 장은 취득세 납세의무가 있는 법인이 ①에 따른의무를 이행하지 아니하는 경우에는 산출된 세액 또는 부족세액의 100분의 10에 상당하는 금액을 징수하여야 할 세액에 가산한다.

제 3 절 등록면허세

Ⅰ. 통 칙

1. 정의

① "등록"이란 재산권과 그 밖의 권리의 설정 · 변경 또는 소멸에 관한 사항을 공부에 등기하거나 등록하는 것을 말한다. 다만, 취득을 원인으로 이루어지는 등기 또는 등록은 제외하되, ㉠ 광업권 및 어업권의 취득에 따른 등록, ㉡ 외국인 소유의 취득세 과세대상 물건(차량, 기계장비, 항공기 및 선박만 해당)의 연부 취득에 따른 등기 또는 등록, ㉢ 취득세 부과제척기간이 경과한 물건의 등기 또는 등록, ㉣ 면세점에 해당하는 물건의 등기 또는 등록은 포함한다. ② "면허"란 각종 법령에 규정된 면허 · 허가 · 인가 · 등록 · 지정 · 검사 · 검열 · 심사 등 특정한 영업설비 또는 행위에 대한 권리의 설정, 금지의 해제

또는 신고의 수리(受理) 등 행정청의 행위(법률의 규정에 따라의제되는 행위를 포함)를 말한다. 이 경우 면허의 종별은 사업의 종류 및 규모 등을 고려하여 제1종부터 제5종까지 구분하여 대통령령으로 정한다.

2. 납세의무자

등록을 하는 자, 면허를 받는 자(변경면허를 받는 자를 포함. 이 경우 납세의무자는 그 면허의 종류마다 등록면허세를 납부하여야 한다)는 등록면허세를 납부할 의무를 진다.

3. 납세지

① 등기 또는 등록에 대한 등록면허세의 납세지는 ⓐ 부동산 등기: 부동산 소재지, ⓑ 선박 등기 또는 등록: 선적항 소재지, ⓔ 항공기 등록: 정치장 소재지, ⓕ 법인 등기: 등기에 관련되는 본점·지점 또는 주사무소·분사무소 등의 소재지, ⓖ 상호 등기: 영업소 소재지, ⓗ 광업권 및 조광권 등록: 광구 소재지, ⓘ 어업권 등록: 어장 소재지, ⓟ 같은 등록에 관계되는 재산이 둘 이상의 지방자치단체에 걸쳐 있어 등록면허세를 지방자치단체별로 부과할 수 없을 때에는 등록관청 소재지, ⓠ 같은 채권의 담보를 위하여 설정하는 둘 이상의 저당권을 등록하는 경우에는 이를 하나의 등록으로 보아 그 등록에 관계되는 재산을 처음 등록하는 등록관청 소재지, ⓡ 납세지가 분명하지 아니한 경우에는 등록관청 소재지에 따른다. ② 면허에 대한 등록면허세의 납세지는 ㉠ 해당 면허에 대한 영업장 또는 사무소가 있는 면허 : 영업장 또는 사무소 소재지, ㉡ 해당 면허에 대한 별도의 영업장 또는 사무소가 없는 면허 : 면허를 받은 자의 주소지, ㉢ 납세지가 분명하지 아니하거나 납세지가 국내에 없는 경우 : 면허부여기관 소재지에 따른다.

4. 등록면허세 비과세

① 국가, 지방자치단체, 지방자치단체조합, 외국정부 및 주한국제기구가 자기를 위하여 받는 등록 또는 면허(대한민국 정부기관의 등록 또는 면허에 대하여 과세하는 외국정부의 등록 또는 면허의 경우에는 등록면허세를 부과), ② 회사의 정리 또는 특별청산에 관하여 법원의 촉탁으로 인한 등기 또는 등록(법인의 자본금 또는 출자금의 납입, 증자 및 출자전환에 따른 등기 또는 등록은 제외), ③ 행정구역의 변경, 주민등록번호의 변경, 지적소관청의 지번 변경, 계량단위의 변경, 등기 또는 등록 담당 공무원의 착오 및 이와 유

사한 사유로 인한 등기 또는 등록으로서 주소, 성명, 주민등록번호, 지번, 계량단위 등의 단순한 표시변경 · 회복 또는 경정 등기 또는 등록, ④ 그 밖에 지목이 묘지인 토지 등 무덤과 이에 접속된 부속시설물의 부지로 사용되는 토지로서 지적공부상 지목이 묘지인 토지에 관한 등기, ⑤ 면허의 단순한 표시변경 등 등록면허세의 과세가 적합하지 아니한 것으로서 ㉠ 변경하는 내용이 ⓐ 면허를 받은 자가 변경되는 경우(사업주체의 변경 없이 단순히 대표자의 명의 변경은 제외), ⓑ 해당 면허에 대한 면허의 종별 구분이 상위의 종으로 변경되는 경우, ⓒ 면허가 갱신되는 것으로 보는 경우에 해당하지 아니하는 변경 면허, ㉡ 의료업 및 동물진료업을 개설한 자의 ⓐ 종사명령을 이행하기 위하여 휴업하는 기간 중의 해당 면허와 종사명령기간 중에 개설하는 병원 · 의원(조산원을 포함)의 면허, ⓑ 공수의로 위촉된 수의사의 동물진료업의 면허, ㉢ 총포 또는 총포의 부품이 보관된 경우 그 총포의 소지 면허(같은 과세기간 중에 반환받은 기간이 있는 경우는 제외), ㉣ 매년 1월 1일 현재 폐업신고를 하고 폐업 중인 해당 업종의 면허, ㉤ 매년 1월 1일 현재 1년 이상 사실상 휴업 중인 사실이 증명되는 해당 업종의 면허, ㉥ 마을주민의 복지증진 등을 도모하기 위하여 마을주민만으로 구성된 조직의 주민공동체 재산 운영을 위하여 필요한 면허. 등록면허세의 비과세 또는 감면으로 등기 또는 등록하려는 경우에는 등록면허세의 납세지를 관할하는 시장 · 군수 · 구청장의 비과세 또는 감면 확인을 받아야 한다.

Ⅱ. 등록에 대한 등록면허세

1. 과세표준

① 부동산, 선박, 항공기, 자동차 및 건설기계의 등록에 대한 등록면허세의 과세표준은 ㉠ 등록 당시의 가액으로 한다. ② 과세표준은 조례로 정하는 바에 따라 ㉡ 등록자의 신고에 따른다. 다만, 신고가 없거나 신고가액이 시가표준액보다 적은 경우에는 ㉢ 시가표준액을 과세표준으로 한다. ③ ㉣ 사실상의 취득가격 및 계산한 취득가격(다만, 등록 당시에 자산재평가 또는 감가상각 등의 사유로 그 가액이 달라진 경우에는 변경된 가액(등기일 또는 등록일 현재의 법인장부 또는 결산서 등으로 증명되는 가액)). ④ 채권금액으로 과세액을 정하는 경우에 일정한 채권금액이 없을 때에는 ㉤ 채권의 목적이 된 것의 가액 또는 처분의 제한의 목적이 된 금액을 그 채권금액으로 본다. ⑤ 주택의 토지와 건축물을 한꺼번에 평가하여 토지나 건축물에 대한 과세표준이 구분되지 아니하는 경우에

는 ⓗ 한꺼번에 평가한 개별주택가격을 토지나 건축물의 가액 비율로 나눈 금액을 각각 토지와 건축물의 과세표준으로 한다.

2. 세율

등록면허세는 과세표준에 다음에서 정하는 세율을 적용하여 계산한 금액을 그 세액으로 한다. 다만, 산출한 세액이 그 밖의 등기 또는 등록 세율보다 적을 때에는 그 밖의 등기 또는 등록 세율을 적용한다. ㉠ 소유권의 보존 등기 : 부동산 가액의 1천분의 8. ㉡ 소유권의 이전 등기 : ⓐ 유상으로 인한 소유권 이전 등기: 부동산 가액의 1천분의 20(6억원이하 주택: 취득세율에 100분의 50을 곱한 세율), ⓑ 무상으로 인한 소유권 이전 등기: 부동산 가액의 1천분의 15(상속 : 1천분의 8). ㉢ 소유권 외의 물권과 임차권의 설정 및 이전 : ⓐ 지상권: 부동산 가액의 1천분의 2(구분지상권 : 토지 가액의 1천분의 2), ⓑ 저당권(지상권 · 전세권을 목적으로 등기하는 경우 포함): 채권금액의 1천분의 2, ⓒ 지역권: 요역지 가액의 1천분의 2, ⓓ 전세권: 전세금액의 1천분의 2, ⓔ 임차권: 월 임대차금액의 1천분의 2. ㉣ 경매신청 · 가압류 · 가처분 및 가등기 : ⓐ 경매신청: 채권금액의 1천분의 2, ⓑ 가압류(부동산에 관한 권리를 목적으로 등기하는 경우를 포함): 채권금액의 1천분의 2, ⓒ 가처분(부동산에 관한 권리를 목적으로 등기하는 경우를 포함): 채권금액의 1천분의 2, ⓓ 가등기(부동산에 관한 권리를 목적으로 등기하는 경우를 포함): 부동산 가액 또는 채권금액의 1천분의 2. ㉤ 그 밖의 등기: 건당 6천원.

3. 신고 및 납부

① 등록을 하려는 자는 과세표준에 세율을 적용하여 산출한 세액을 등록을 하기 전까지(등기 또는 등록 신청서를 등기 · 등록관서에 접수하는 날까지) 납세지를 관할하는 지방자치단체의 장에게 신고하고 납부하여야 한다. ② 등록면허세 과세물건을 등록한 후에 해당 과세물건이 대도시 안에 법인설립, 본점 및 분사무소 설립등기하거나 대도시 안으로 이전등기에 따른 세율의 적용대상이 되었을 때에는 사무소나 사업장이 사실상 설치된 날부터 60일 이내에 100분의 300에 따른 세율을 적용하여 산출한 세액에서 이미 납부한 세액(가산세는 제외)을 공제한 금액을 세액으로 하여 납세지를 관할하는 지방자치단체의 장에게 신고하고 납부하여야 한다. ③ 이 법 또는 다른 법령에 따라 등록면허세를 비과세, 과세면제 또는 경감받은 후에 해당 과세물건이 등록면허세 부과대상 또는 추징대상이

되었을 때에는 그 사유 발생일부터 60일 이내에 해당 과세표준에 세율을 적용하여 산출한 세액[경감받은 경우에는 이미 납부한 세액(가산세는 제외)을 공제한 세액]을 납세지를 관할하는 지방자치단체의 장에게 신고하고 납부하여야 한다. ④ 신고의무를 다하지 아니한 경우에도 등록면허세 산출세액을 등록을 하기 전까지(② 또는 ③의 경우에는 해당 항에 따른 신고기한까지) 납부하였을 때에는 신고를 하고 납부한 것으로 본다. 이 경우 가산세를 부과하지 아니한다.

Ⅲ. 면허에 대한 등록면허세

1. 세율

① 면허에 대한 등록면허세의 세율은 다음의 구분에 따른다.

구분	인구 50만명 이상 시	그 밖의 시	군
제1종	67,500원	45,000원	27,000원
제2종	54,000원	34,000원	18,000원
제3종	40,500원	22,500원	12,000원
제4종	27,000원	15,000원	9,000원
제5종	18,000원	7,500원	4,500원

② 특별자치시 및 도농복합형태의 시에 해당 시의 동(洞)지역(시에 적용되는 세율이 적합하지 아니하다고 조례로 정하는 동지역은 제외)은 시로 보고, 읍 · 면지역(시에 적용되는 세율이 적합하지 아니하다고 조례로 정하는 동지역을 포함)은 군으로 보며, "인구 50만 이상 시"란 동지역의 인구가 50만 이상인 경우를 말한다. ③ 특별시 · 광역시는 인구 50만 이상 시로 보되, 광역시의 군지역은 군으로 본다. ④ "인구"란 매년 1월 1일 현재 주민등록법에 따라 등록된 주민의 수를 말하며, 이하 이 법에서 같다. ⑤ 둘 이상의 지방자치단체가 통합하여 인구 50만 이상 시에 해당하는 지방자치단체가 되는 경우 해당 지방자치단체의 조례로 정하는 바에 따라 통합 지방자치단체가 설치된 때부터 5년의 범위(기산일은 통합 지방자치단체가 설치된 날이 속하는 해의 다음 연도 1월 1일로 한다)에서 해당 통합 이전의 세율을 적용할 수 있다.

2. 신고납부 등

① 새로 면허를 받거나 그 면허를 변경받는 자는 면허증서를 발급받거나 송달받기 전까지 납세지를 관할하는 지방자치단체의 장에게 그 등록면허세를 신고하고 납부하여야 한다. 다만, 유효기간이 정하여져 있지 아니하거나 그 기간이 1년을 초과하는 면허를 새로 받거나 그 면허를 변경받은 자는 새로 면허를 받거나 면허를 변경받은 때에 해당 면허에 대한 그 다음 연도분의 등록면허세를 한꺼번에 납부할 수 있으며, 이 경우 그 다음 연도에 납부할 등록면허세액의 100분의 10을 공제한 세액으로 납부하여야 한다. ② 면허의 유효기간이 정하여져 있지 아니하거나 그 기간이 1년을 초과하는 면허에 대하여는 매년 1월 1일에 그 면허가 갱신된 것으로 보아 납세지를 관할하는 해당 지방자치단체의 조례로 정하는 납기에 보통징수의 방법으로 매년 그 등록면허세를 부과하고, 면허의 유효기간이 1년 이하인 면허에 대하여는 면허를 할 때 한 번만 등록면허세를 부과한다. ③ ㉠ 제조 · 가공 또는 수입의 면허로서 각각 그 품목별로 받는 면허, ㉡ 건축허가 및 그 밖에 이와 유사한 면허로서 대통령령으로 정하는 면허에 대하여는 면허를 할 때 한 번만 등록면허세를 부과한다. ④ 등록면허세 납세의무자가 ①에 따른 신고 또는 납부의무를 다하지 아니한 경우에는 산출한 세액에 지방세기본법에 따라 산출한 가산세를 합한 금액을 세액으로 하여 보통징수의 방법으로 징수한다. 다만, ①에 따른 신고를 하지 아니한 경우에도 등록면허세를 납부기한까지 납부하였을 때에는 지방세기본법에 따른 가산세를 부과하지 아니한다.

3. 납세의 효력

피상속인이 납부한 등록면허세는 상속인이 납부한 것으로 보고, 합병으로 인하여 소멸한 법인이 납부한 등록면허세는 합병 후 존속하는 법인 또는 합병으로 인하여 설립된 법인이 납부한 것으로 본다.

4. 이미 납부한 등록면허세에 대한 조치

① 지방자치단체의 장은 면허증서를 발급받거나 송달받기 전에 등록면허세를 신고납부한 자가 면허신청을 철회하거나 그 밖의 사유로 해당 면허를 받지 못하게 된 경우에는 지방세환급금의 처리절차에 따라 신고납부한 등록면허세를 환급하여야 한다. ② 면허를

받은 후에 면허유효기간의 종료, 면허의 취소, 그 밖에 이와 유사한 사유로 면허의 효력이 소멸한 경우에는 이미 납부한 등록면허세를 환급하지 아니한다.

5. 면허 시의 납세확인과 통보 및 서류 열람 등

① 면허의 부여기관이 면허를 부여하거나 변경하는 경우에는 등록면허세의 납부 여부를 확인한 후 그 면허증서를 발급하거나 송달하여야 한다. ② 면허부여기관은 면허를 부여·변경·취소 또는 정지하였을 때에는 면허증서를 교부 또는 송달하기 전에 행정안전부령으로 정하는 바에 따라 그 사실을 관할 특별자치시장·특별자치도지사·시장·군수 또는 구청장에게 통보하여야 하며, 면허부여기관은 면허의 부여·변경·취소 또는 정지에 관한 사항을 전산처리하는 경우에는 그 전산자료를 특별자치시장·특별자치도지사·시장·군수 또는 구청장에게 통보함으로써 통보를 갈음할 수 있다. ③ 세무공무원이 등록면허세의 부과·징수를 위하여 면허의 부여·변경·취소 또는 정지에 대한 관계 서류를 열람하거나 복사할 것을 청구하는 경우에는 관계 기관은 이에 따라야 한다.

6. 면허의 취소 등

① 지방자치단체의 장은 등록면허세를 납부하지 아니한 자에 대하여는 면허부여기관에 대하여 그 면허의 취소 또는 정지를 요구할 수 있다. ② 면허부여기관은 ①에 따른 요구가 있을 때에는 즉시 취소 또는 정지하여야 한다. ③ 면허부여기관이 ② 또는 그 밖의 사유로 면허를 취소 또는 정지하였을 때에는 즉시 관할 지방자치단체의 장에게 통보하여야 한다.

Ⅳ. 재산분

1. 과세표준 및 과세표준의 계산방법

① 재산분의 과세표준은 과세기준일 현재의 사업소 연면적으로 한다. ② 재산분의 과세표준을 계산할 때에는 사업소용 건축물의 연면적 중 1제곱미터 미만은 계산하지 아니한다.

2. 세율 및 면세점

① 재산분의 표준세율은 사업소 연면적 1제곱미터당 250원으로 한다. ② 지방자치단체의 장은 조례로 정하는 바에 따라 재산분의 세율을 ①의 세율 이하로 정할 수 있다. ③ 폐수 또는 사업장폐기물 등을 배출하는 사업소로서 ⓐ 폐수배출시설 설치의 허가 또는 신고 대상 사업소로서 같은 법에 따라 배출시설 설치의 허가를 받지 아니하였거나 신고를 하지 아니한 사업소, ⓑ 물환경보전법에 따른 배출시설 설치의 허가를 받거나 신고를 한 사업소로서 해당 사업소에 대한 점검 결과 부적합 판정을 받은 사업소, ⓒ 대기오염물질배출시설 설치의 허가 또는 신고 대상 사업소로서 같은 법에 따라 배출시설 설치의 허가를 받지 아니하였거나 신고를 하지 아니한 사업소, ⓓ 대기환경보전법에 따른 배출시설 설치의 허가를 받거나 신고를 한 사업소로서 해당 사업소에 대한 점검 결과 부적합 판정을 받은 사업소에 대하여는 ①의 세율의 100분의 200으로 한다. ④ 부적합 판정 사업소는 납세의무 성립일 이전 최근 1년 내에 행정기관으로부터 개선명령 · 조업정지명령 · 사용중지명령 또는 폐쇄명령(개선명령등)을 받은 사업소(해당 법률에 따라 개선명령등을 갈음하여 과징금이 부과된 사업소를 포함)를 말한다. ⑤ (면세점)해당 사업소의 연면적이 330제곱미터 이하인 경우에는 재산분을 부과하지 아니한다.

3. 징수방법과 납기 등

① 재산분의 징수는 신고납부의 방법으로 한다. ② 재산분의 과세기준일은 7월 1일로 한다. ③ 재산분의 납세의무자는 매년 납부할 세액을 7월 1일부터 7월 31일까지를 납기로 하여 납세지를 관할하는 지방자치단체의 장에게 대통령령으로 정하는 바에 따라 신고하고 납부하여야 한다. ④ 재산분의 납세의무자가 신고 또는 납부의무를 다하지 아니하면 산출한 세액 또는 그 부족세액에 산출한 가산세를 합한 금액을 세액으로 하여 보통징수의 방법으로 징수한다.

4. 신고의무

① 재산분의 납세의무자 또는 그 사업소용 건축물의 소유자는 조례로 정하는 바에 따라 필요한 사항을 신고하여야 한다. ② 납세의무자가 신고를 하지 아니할 경우에는 세무공무원은 직권으로 조사하여 과세대장에 등재할 수 있다.

제4절 재산세

Ⅰ. 통 칙

1. 과세대상

재산세는 토지, 건축물, 주택, 항공기 및 선박(재산)을 과세대상으로 한다.

2. 과세대상의 구분 등

① 토지에 대한 재산세 과세대상은 다음에 따라 종합합산과세대상, 별도합산과세대상 및 분리과세대상으로 구분한다. ㉠ 종합합산과세대상: 과세기준일 현재 납세의무자가 소유하고 있는 토지 중 별도합산과세대상 또는 분리과세대상이 되는 토지를 제외한 토지. 다만, ⓐ 이 법 또는 관계 법령에 따라 재산세가 비과세되거나 면제되는 토지, ⓑ 이 법 또는 다른 법령에 따라 재산세가 경감되는 토지의 경감비율에 해당하는 토지는 종합합산과세대상으로 보지 아니한다. ㉡ 별도합산과세대상: 과세기준일 현재 납세의무자가 소유하고 있는 토지 중 ⓐ 공장용 건축물의 부속토지 등[15], ⓑ 차고용 토지, 보세창고용 토지, 시험·연구·검사용 토지, 물류단지시설용 토지 등 공지상태나 해당 토지의 이용에 필요한 시설 등을 설치하여 업무 또는 경제활동에 활용되는 토지, ⓒ 철거·멸실된 건축물 또는 주택의 부속토지. 다만, ㉠의 ⓐ 및 ⓑ에 따른 토지는 별도합산과세대상으로 보

15) ㉮ 특별시·광역시(군 지역은 제외)·특별자치시·특별자치도 및 시지역(ⓐ 읍·면지역, ⓑ 산업입지법에 따라 지정된 산업단지, ⓒ 국토계획법에 따라 지정된 공업지역은 제외)의 공장용 건축물의 부속토지로서 공장용 건축물의 바닥면적(건축물 외의 시설의 경우에는 그 수평투영면적)에 용도지역별 적용배율(Ⓐ도시지역(ⓐ 전용주거지역(5배), ⓑ 준주거지역, 상업지역(3배), ⓒ 일반주거지역, 공업지역(4배), ⓓ 녹지지역(7배), ⓔ 미계획지역(4배), Ⓑ도시지역 외의 용도지역(7배))을 곱하여 산정한 범위의 토지, ㉯ 건축물(공장용 건축물은 제외)의 부속토지 중 ⓐ 토지 안의 건축물의 부속토지, ⓑ 건축물의 시가표준액이 해당 부속토지의 시가표준액의 100분의 2에 미달하는 건축물의 부속토지 중 그 건축물의 바닥면적을 제외한 부속토지에 해당하는 건축물의 부속토지를 제외한 건축물의 부속토지로서 건축물의 바닥면적(건축물 외의 시설의 경우에는 그 수평투영면적)에 용도지역별 적용배율을 곱하여 산정한 면적 범위의 토지에 해당하는 건축물의 부속토지를 말한다. 다만, 건축법 등 관계 법령에 따라 허가 등을 받아야 할 건축물로서 허가 등을 받지 아니한 건축물 또는 사용승인을 받아야 할 건축물로서 사용승인(임시사용승인을 포함)을 받지 아니하고 사용 중인 건축물의 부속토지는 제외한다.

지 아니한다. ㉢ 분리과세대상: 과세기준일 현재 납세의무자가 소유하고 있는 토지 중 국가의 보호 · 지원 또는 중과가 필요한 토지로서 ⓐ 공장용지 · 전 · 답 · 과수원 및 목장용지[16], ⓑ 산림의 보호육성을 위하여 필요한 임야 및 종중 소유 임야, ⓒ 골프장용 토지와 고급오락장용 토지, ⓓ 산업집적법에 따른 공장의 부속토지로서 개발제한구역의 지정이 있기 이전에 그 부지취득이 완료된 곳, ⓔ 국가 및 지방자치단체 지원을 위한 특정목적 사업용 토지, ⓕ 에너지 · 자원의 공급 및 방송 · 통신 · 교통 등의 기반시설용 토지, ⓖ 국토의 효율적 이용을 위한 개발사업용 토지, ⓗ 그 밖에 지역경제의 발전, 공익성의 정도 등을 고려하여 분리과세하여야 할 타당한 이유가 있는 토지. ② 주거용과 주거 외의 용도를 겸하는 건물에서 주택의 범위를 구분하는 방법, 주택 부속토지의 범위 산정은 ㉠ 1동(棟)의 건물이 주거와 주거 외의 용도로 사용되고 있는 경우에는 주거용으로 사용되는 부분만을 주택으로 본다. 이 경우 건물의 부속토지는 주거와 주거 외의 용도로 사용되는 건물의 면적비율에 따라 각각 안분하여 주택의 부속토지와 건축물의 부속토지로 구분한다. ㉡ 1구(構)의 건물이 주거와 주거 외의 용도로 사용되고 있는 경우에는 주거용으로 사용되는 면적이 전체의 100분의 50 이상인 경우에는 주택으로 본다. ㉢ 주택 부속토지의 경계가 명백하지 아니한 경우 주택 부속토지의 범위 산정에 필요한 사항은 대통령령으로 정한다. ③ 신탁법에 따른 신탁재산에 속하는 종합합산과세대상 토지 및 별도합산과세대상 토지의 합산 방법은 ㉠ 신탁재산에 속하는 토지는 수탁자의 고유재산에 속하는 토지와 서로 합산하지 아니한다. ㉡ 위탁자별로 구분되는 신탁재산에 속하는 토지의 경우 위탁자별로 각각 합산하여야 한다.

---

16) **(분리과세대상 토지의 범위)** ㉠ 공장용지: 공장용 건축물의 부속토지(건축 중인 경우를 포함하되, 과세기준일 현재 정당한 사유 없이 6개월 이상 공사가 중단된 경우는 제외)로서 행정안전부령으로 정하는 공장입지기준면적 범위의 토지. ㉡ 전 · 답 · 과수원 : ⓐ 전 · 답 · 과수원(농지)으로서 과세기준일 현재 실제 영농에 사용되고 있는 개인이 소유하는 농지(특별시 · 광역시(군 지역은 제외) · 특별자치시 · 특별자치도 및 시지역(읍 · 면 지역은 제외)의 도시지역의 농지는 개발제한구역과 녹지지역(도시지역 중 세부 용도지역이 지정되지 않은 지역을 포함)에 있는 것으로 한정), ⓑ 농업법인이 소유하는 농지로서 과세기준일 현재 실제 영농에 사용되고 있는 농지(특별시 · 광역시(군 지역은 제외) · 특별자치시 · 특별자치도 및 시지역(읍 · 면 지역은 제외)의 도시지역의 농지는 개발제한구역과 녹지지역에 있는 것으로 한정), ⓒ 한국농어촌공사가 같은 법에 따라 농가에 공급하기 위하여 소유하는 농지, ⓓ 관계 법령에 따른 사회복지사업자가 복지시설이 소비목적으로 사용할 수 있도록 하기 위하여 소유하는 농지, ⓔ 법인이 매립 · 간척으로 취득한 농지로서, 과세기준일 현재 실제 영농에 사용되고 있는 해당 법인 소유농지(특별시 · 광역시(군 지역은 제외) · 특별자치시 · 특별자치도 및 시지역(읍 · 면 지역은 제외)의 도시지역의 농지는 개발제한구역과 녹지지역에 있는 것으로 한정), ⓕ 종중(宗中)이 소유하는 농지. ㉢ 목장용지: 개인이나 법인이 축산용으로 사용하는 도시지역 안의 개발제한구역 · 녹지지역과 도시지역 밖의 목장용지로서 과세기준일이 속하는 해의 직전 연도를 기준으로 다음 표에서 정하는 축산용 토지 및 건축물의 기준을 적용하여 계산한 토지면적의 범위에서 소유하는 토지.

3. 납세의무자

① 재산세 과세기준일 현재 재산을 사실상 소유하고 있는 자는 재산세를 납부할 의무가 있다. 다만, ㉠ 공유재산인 경우: 그 지분에 해당하는 부분(지분의 표시가 없는 경우에는 지분이 균등한 것으로 본다)에 대해서는 그 지분권자, ㉡ 주택의 건물과 부속토지의 소유자가 다를 경우: 그 주택에 대한 산출세액을 건축물과 그 부속토지의 시가표준액 비율로 안분계산한 부분에 대해서는 그 소유자, ㉢ 수탁자 명의로 등기·등록된 신탁재산의 경우: 위탁자별로 구분된 재산에 대해서는 그 수탁자. 이 경우 위탁자별로 구분된 재산에 대한 납세의무자는 각각 다른 납세의무자로 본다. ② 재산세 과세기준일 현재 ㉠ 공부상의 소유자가 매매 등의 사유로 소유권이 변동되었는데도 신고하지 아니하여 사실상의 소유자를 알 수 없을 때에는 공부상 소유자, ㉡ 상속이 개시된 재산으로서 상속등기가 이행되지 아니하고 사실상의 소유자를 신고하지 아니하였을 때에는 행정안전부령으로 정하는 주된 상속자(㉠ 상속지분이 가장 높은 사람으로 하되, 상속지분이 가장 높은 사람이 두 명 이상이면 그 중 ㉡ 나이가 가장 많은 사람), ㉢ 공부상에 개인 등의 명의로 등재되어 있는 사실상의 종중재산으로서 종중소유임을 신고하지 아니하였을 때에는 공부상 소유자, ㉣ 국가, 지방자치단체, 지방자치단체조합과 재산세 과세대상 재산을 연부(年賦)로 매매계약을 체결하고 그 재산의 사용권을 무상으로 받은 경우에는 그 매수계약자, ㉤ 도시개발법에 따라 시행하는 환지(換地) 방식에 의한 도시개발사업 및 정비사업(재개발사업만 해당)의 시행에 따른 환지계획에서 일정한 토지를 환지로 정하지 아니하고 체비지 또는 보류지로 정한 경우에는 사업시행자, ㉥ 외국인 소유의 항공기 또는 선박을 임차하여 수입하는 경우에는 수입하는 자에 해당하는 자는 재산세를 납부할 의무가 있다. ③ 재산세 과세기준일 현재 소유권의 귀속이 분명하지 아니하여 사실상의 소유자를 확인할 수 없는 경우에는 그 사용자가 재산세를 납부할 의무가 있다. ④ 소유권의 귀속이 분명하지 아니한 재산에 대하여 사용자를 납세의무자로 보아 재산세를 부과하려는 경우에는 그 사실을 사용자에게 미리 통지하여야 한다.

4. 납세지

재산세는 ㉠ 토지: 토지의 소재지, ㉡ 건축물: 건축물의 소재지, ㉢ 주택: 주택의 소재지, ㉣ 선박: 선적항의 소재지(선적항이 없는 경우에는 정계장(定繫場) 소재지(정계장이 일정하지 아니한 경우에는 선박 소유자의 주소지)), ⓜ 항공기: 등록원부에 기재된 정치장의 소재지(등록을 하지 아니한 경우에는 소유자의 주소지)의 납세지를 관할하는 지방자치단체에서 부과한다.

5. 비과세

① 국가, 지방자치단체, 지방자치단체조합, 외국정부 및 주한국제기구의 소유에 속하는 재산에 대하여는 재산세를 부과하지 아니한다. 다만, ㉠ 대한민국 정부기관의 재산에 대하여 과세하는 외국정부의 재산, ㉡ 매수계약자에게 납세의무가 있는 재산에 대하여는 재산세를 부과한다. ② 국가, 지방자치단체 또는 지방자치단체조합이 1년 이상 공용 또는 공공용으로 사용(1년 이상 사용할 것이 계약서 등에 의하여 입증되는 경우를 포함)하는 재산에 대하여는 재산세를 부과하지 아니한다. 다만, ㉠ 유료로 사용하는 경우, ㉡ 소유권의 유상이전을 약정한 경우로서 그 재산을 취득하기 전에 미리 사용하는 경우에는 재산세를 부과한다. ③ ㉠ 대통령령으로 정하는 도로·하천·제방·구거·유지 및 묘지[17], ㉡ 산림보호구역, 그 밖에 공익상 재산세를 부과하지 아니할 타당한 이유가 있는 것으로서 대통령령으로 정하는 토지[18], ㉢ 임시로 사용하기 위하여 건축된 건축물로서 재산세 과세기준일 현재 1년 미만의 것, ㉣ 비상재해구조용, 무료도선용, 선교(船橋) 구성용 및 본선에 속하는 전마용(傳馬用) 등으로 사용하는 선박, ㉤ 행정기관으로부터 철거명령을 받은 건축물 등 재산세를 부과하는 것이 적절하지 아니한 건축물 또는 주택으로서 대통령령으로 정하는 것[19]에 따른 재산(별장, 골프장, 고급주택, 고급오락장, 고급선박은 제외)에 대하여는 재산세를 부과하지 아니한다. 다만, 대통령령으로 정하는 수익사업에 사용하는 경우와 해당 재산이 유료로 사용되는 경우의 그 재산(㉢ 및 ㉤의 재산은 제외) 및 해당 재산의 일부가 그 목적에 직접 사용되지 아니하는 경우의 그 일부 재산에 대하여는 재산세를 부과한다.

---

17) ⓐ 도로: 도로와 그 밖에 일반인의 자유로운 통행을 위하여 제공할 목적으로 개설한 사설 도로(다만, 대지 안의 공지는 제외), ⓑ 하천: 하천과 소하천, ⓒ 제방: 제방(다만, 특정인이 전용하는 제방은 제외), ⓓ 구거: 농업용 구거와 자연유수의 배수처리에 제공하는 구거, ⓔ 유지: 농업용 및 발전용에 제공하는 댐·저수지·소류지와 자연적으로 형성된 호수·늪, ⓕ 묘지: 무덤과 이에 접속된 부속시설물의 부지로 사용되는 토지로서 지적공부상 지목이 묘지인 토지.

18) ⓐ 군사기지 및 군사시설 보호구역 중 통제보호구역에 있는 토지(전·답·과수원 및 대지는 제외), ⓑ 지정된 산림보호구역 및 지정된 채종림·시험림, ⓒ 공원자연보존지구의 임야, ⓓ 지정된 백두대간 보호지역의 임야.

19) 재산세를 부과하는 해당 연도에 철거하기로 계획이 확정되어 재산세 과세기준일 현재 행정관청으로부터 철거명령을 받았거나 철거보상계약이 체결된 건축물 또는 주택을 말한다. 이 경우 건축물 또는 주택의 일부분을 철거하는 때에는 그 철거하는 부분으로 한정한다.

Ⅱ. 과세표준과 세율

1. 과세표준

① 토지 · 건축물 · 주택에 대한 재산세의 과세표준은 시가표준액에 부동산 시장의 동향과 지방재정 여건 등을 고려하여 ⓐ 토지 및 건축물: 시가표준액의 100분의 50부터 100분의 90까지(시가표준액의 100분의 70), ⓑ 주택: 시가표준액의 100분의 40부터 100분의 80까지(시가표준액의 100분의 60)에서 정한 범위에서 공정시장가액비율을 곱하여 산정한 가액으로 한다. ② 선박 및 항공기에 대한 재산세의 과세표준은 시가표준액으로 한다.

2. 세율

① 재산세는 과세표준에 다음의 표준세율을 적용하여 계산한 금액을 그 세액으로 한다.

㉠ 토지

ⓐ 종합합산과세대상

과세표준	세 율
5천만원 이하	1천분의 2
5천만원 초과 1억원 이하	10만원 + 5천만원 초과금액의 1천분의 3
1억원 초과	25만원 + 1억원 초과금액의 1천분의 5

ⓑ 별도합산과세대상

과세표준	세 율
2억원 이하	1천분의 2
2억원 초과 10억원 이하	40만원 + 2억원 초과금액의 1천분의 3
10억원 초과	280만원 + 10억원 초과금액의 1천분의 4

ⓒ 분리과세대상(㉮ 전 · 답 · 과수원 · 목장용지 및 임야: 과세표준의 1천분의 0.7, ㉯ 골프장 및 고급오락장용 토지: 과세표준의 1천분의 40, ㉰ 그 밖의 토지: 과세표준의 1천분의 2

㉡ 건축물(ⓐ 골프장, 고급오락장용 건축물: 과세표준의 1천분의 40, ⓑ 특별시 · 광역시(군 지역은 제외) · 특별자치시(읍 · 면지역은 제외) · 특별자치도(읍 · 면지역은 제외)

또는 시(읍 · 면지역은 제외) 지역에서 관계 법령에 따라 지정된 주거지역 및 해당 지방자치단체의 조례로 정하는 지역의 공장용 건축물: 과세표준의 1천분의 5, ⓒ 그 밖의 건축물: 과세표준의 1천분의 2.5)

㉢ 주택(ⓐ 별장: 과세표준의 1천분의 40, ⓑ 그 밖의 주택: 아래표)

과세표준	세 율
6천만원 이하	1천분의 1
6천만원 초과 1억5천만원 이하	6만원 + 6천만원 초과금액의 1천분의 1.5
1억5천만원 초과 3억원 이하	19만5천원 + 1억5천만원 초과금액의 1천분의 2.5
3억원 초과	57만원 + 3억원 초과금액의 1천분의 4

㉣ 선박(ⓐ 고급선박: 과세표준의 1천분의 50, ⓑ 그 밖의 선박: 과세표준의 1천분의 3)

㉤ 항공기: 과세표준의 1천분의 3

② 과밀억제권역(산업단지 및 유치지역과 공업지역은 제외)에서 행정안전부령으로 정하는 공장 신설 · 증설에 해당하는 경우 그 건축물에 대한 재산세의 세율은 최초의 과세기준일부터 5년간 ① ㉡의 ⓒ에 따른 세율의 100분의 500에 해당하는 세율로 한다.[20] ③ 지방자치단체의 장은 특별한 재정수요나 재해 등의 발생으로 재산세의 세율 조정이 불가피하다고 인정되는 경우 조례로 정하는 바에 따라 ①의 표준세율의 100분의 50의 범위에서 가감할 수 있다. 다만, 가감한 세율은 해당 연도에만 적용한다.

3. 재산세 도시지역분

① 지방자치단체의 장은 도시지역 중 해당 지방의회의 의결을 거쳐 고시한 지역(재산세 도시지역분 적용대상 지역) 안에 있는 토지, 건축물 또는 주택(토지등)에 대하여는 조례로 정하는 바에 따라 ㉠에 따른 세액에 ㉡에 따른 세액을 합산하여 산출한 세액을 재산세액으로 부과할 수 있다. ㉠ 과세표준에 세율을 적용하여 산출한 세액, ㉡ 토지등의 과세표준에 1천분의 1.4를 적용하여 산출한 세액.[21] ② 지방자치단체의 장은 해당 연도

20) **(공장의 범위와 적용기준)** 최초의 과세기준일은 공장용 건축물로 건축허가를 받아 건축하였거나 기존의 공장용 건축물을 공장용으로 사용하기 위하여 양수한 경우에는 취득일, 그 밖의 경우에는 공장시설의 설치를 시작한 날 이후에 최초로 도래하는 재산세 과세기준일로 한다.

21) **(재산세 도시지역분 과세대상 토지의 범위)** 재산세 도시지역분 과세대상 토지는 ⓐ 환지 방식으로 시행하는 도시개발구역(혼용방식으로 시행하는 도시개발구역 중 환지 방식이 적용되는 토지) 외의 지역 및 환지처분의 공고가 되지 아니한 도시개발구역: 전 · 답 · 과수원 · 목장용지 및 임야를 제외한 모든 토지, ⓑ 환지처분의 공고가 된 도시개발구역: 전 · 답 · 과수원 · 목장용지 및 임야를 포함한 모든 토지, ⓒ 개발제한구역: 지상건축물, 별장 또는 고급주택, 골프장, 유원지, 그 밖의 이용시설이 있는 토지로 한다.

분의 ㉡의 세율을 조례로 정하는 바에 따라 1천분의 2.3을 초과하지 아니하는 범위에서 다르게 정할 수 있다. ③ 재산세 도시지역분 적용대상 지역 안에 있는 토지 중 지형도면이 고시된 공공시설용지 또는 개발제한구역으로 지정된 토지 중 지상건축물, 골프장, 유원지, 그 밖의 이용시설이 없는 토지는 ㉡에 따른 과세대상에서 제외한다.

4. 제세율적용

① 토지에 대한 재산세는 다음에서 정하는 바에 따라 세율을 적용한다. ㉠ 종합합산과세대상: 납세의무자가 소유하고 있는 해당 지방자치단체 관할구역에 있는 종합합산과세대상이 되는 토지의 가액을 모두 합한 금액을 과세표준으로 하여 종합합산과세대상의 세율을 적용한다. ㉡ 별도합산과세대상: 납세의무자가 소유하고 있는 해당 지방자치단체 관할구역에 있는 별도합산과세대상이 되는 토지의 가액을 모두 합한 금액을 과세표준으로 하여 별도합산과세대상의 세율을 적용한다. ㉢ 분리과세대상: 분리과세대상이 되는 해당 토지의 가액을 과세표준으로 하여 분리과세대상의 세율을 적용한다. ② 주택에 대한 재산세는 주택별로 주택의 세율을 적용한다. ③ 주택을 2명 이상이 공동으로 소유하거나 토지와 건물의 소유자가 다를 경우 해당 주택에 대한 세율을 적용할 때 해당 주택의 토지와 건물의 가액을 합산한 과세표준에 주택의 세율을 적용한다. ④ 둘 이상의 지방자치단체가 통합된 경우에는 통합 지방자치단체의 조례로 정하는 바에 따라 5년의 범위에서 통합 이전 지방자치단체 관할구역별로 ①의 ㉠ 및 ㉡을 적용할 수 있다.

Ⅲ. 부과 · 징수

1. 과세기준일 및 납기

① 재산세의 과세기준일은 매년 6월 1일로 한다. ② 재산세의 납기는 ㉠ 토지: 매년 9월 16일부터 9월 30일까지, ㉡ 건축물: 매년 7월 16일부터 7월 31일까지, ㉢ 주택: 해당 연도에 부과 · 징수할 세액의 2분의 1은 매년 7월 16일부터 7월 31일까지, 나머지 2분의 1은 9월 16일부터 9월 30일까지(해당 연도에 부과할 세액이 20만원 이하인 경우에는 조례로 정하는 바에 따라 납기를 7월 16일부터 7월 31일까지로 하여 한꺼번에 부과 · 징수할 수 있다), ㉣ 선박: 매년 7월 16일부터 7월 31일까지, ㉤ 항공기: 매년 7월 16일부터 7월 31일까지. ③ 지방자치단체의 장은 과세대상 누락, 위법 또는 착오 등으로 인하

여 이미 부과한 세액을 변경하거나 수시부과하여야 할 사유가 발생하면 수시로 부과·징수할 수 있다.

2. 징수방법 등

① 재산세는 관할 지방자치단체의 장이 세액을 산정하여 보통징수의 방법으로 부과·징수한다. ② 재산세를 징수하려면 토지, 건축물, 주택, 선박 및 항공기로 구분한 납세고지서에 과세표준과 세액을 적어 늦어도 납기개시 5일 전까지 발급하여야 한다. ③ 재산세의 과세대상별 종합합산방법·별도합산방법, 세액산정 및 그 밖에 부과절차와 징수방법 등 : ⓐ 시장·군수·구청장은 신고 또는 직권으로 매년 과세기준일 현재 모든 재산을 조사하고, 과세대상 또는 비과세·감면대상으로 구분하여 재산세 과세대장에 등재하여야 한다. ⓑ 시장·군수·구청장은 조사한 재산 중 토지는 종합합산과세대상 토지, 별도합산과세대상 토지와 분리과세대상 토지로 구분하고 납세의무자별로 합산하여 세액을 산출하여야 한다. ⓒ 시장·군수·구청장은 납기개시 5일 전까지 납세의무자에게 납세고지서를 발급하여 재산세를 징수하여야 한다. ⓓ 납세고지서를 발급하는 경우 토지에 대한 재산세는 한 장의 납세고지서로 발급하며, 토지 외의 재산에 대한 재산세는 건축물·주택·선박 및 항공기로 구분하여 과세대상 물건마다 각각 한 장의 납세고지서로 발급하거나, 물건의 종류별로 한 장의 고지서로 발급할 수 있다.

3. 물납 및 분할납부

① 지방자치단체의 장은 재산세의 납부세액이 1천만원을 초과하는 경우에는 납세의무자의 신청을 받아 해당 지방자치단체의 관할구역에 있는 부동산에 대하여만 대통령령으로 정하는 바에 따라 물납을 허가할 수 있다.[22] ② 지방자치단체의 장은 재산세의 납부세액이 500만원을 초과하는 경우에는 납부할 세액의 일부를 납부기한이 지난 날부터 2개월 이내에 분할납부하게 할 수 있다. Ⓐ 분할납부하게 하는 경우의 분할납부세액은 ㉠ 납부할 세액이 1천만원 이하인 경우: 500만원을 초과하는 금액, ㉡ 납부할 세액이 1천만원을 초과하는 경우: 그 세액의 100분의 50 이하의 금액의 기준에 따른다. Ⓑ 분할납부하

22) 재산세를 물납(物納)하려는 자는 행정안전부령으로 정하는 서류를 갖추어 그 납부기한 10일 전까지 납세지를 관할하는 시장·군수·구청장에게 신청하여야 한다. ② 물납신청을 받은 시장·군수·구청장은 신청을 받은 날부터 5일 이내에 납세의무자에게 그 허가 여부를 서면으로 통지하여야 한다. ③ 물납허가를 받은 부동산을 물납하였을 때에는 납부기한 내에 납부한 것으로 본다.

려는 자는 재산세의 납부기한까지 행정안전부령으로 정하는 신청서를 시장 · 군수 · 구청장에게 제출하여야 한다. © 시장 · 군수 · 구청장은 분할납부신청을 받았을 때에는 이미 고지한 납세고지서를 납부기한 내에 납부하여야 할 납세고지서와 분할납부기간 내에 납부하여야 할 납세고지서로 구분하여 수정 고지하여야 한다.

4. 신탁재산에 대한 특례

수탁자 명의로 등기된 신탁재산에 대한 재산세가 체납된 경우에는 재산세가 체납된 해당 재산에 대해서만 압류할 수 있다. 다만, 재산세가 체납된 재산이 속한 신탁에 다른 재산이 있는 경우에는 그 다른 재산에 대하여 압류할 수 있다.

5. 신고의무

① ㉠ 재산의 소유권 변동 또는 과세대상 재산의 변동 사유가 발생하였으나 과세기준일까지 그 등기가 되지 아니한 재산의 공부상 소유자, ㉡ 상속이 개시된 재산으로서 상속등기가 되지 아니한 경우에는 주된 상속자, ㉢ 사실상 종중재산으로서 공부상에는 개인 명의로 등재되어 있는 재산의 공부상 소유자, ㉣ 수탁자 명의로 등기된 신탁재산의 수탁자는 과세기준일부터 10일 이내에 그 소재지를 관할하는 지방자치단체의 장에게 그 사실을 알 수 있는 증거자료를 갖추어 신고하여야 한다. ② 신고 절차 및 방법에 관하여는 행정안전부령으로 정한다. ③ 신고가 사실과 일치하지 아니하거나 신고가 없는 경우에는 지방자치단체의 장이 직권으로 조사하여 과세대장에 등재할 수 있다.

6. 재산세 과세대장의 비치 등

① 지방자치단체는 재산세 과세대장을 비치하고 필요한 사항을 기재하여야 한다. 이 경우 해당 사항을 전산처리하는 경우에는 과세대장을 갖춘 것으로 본다. ② 재산세 과세대장은 토지, 건축물, 주택, 선박 및 항공기 과세대장으로 구분하여 작성한다.

7. 세 부담의 상한 및 소액 징수면제

① 해당 재산에 대한 재산세의 산출세액이 직전 연도의 해당 재산에 대한 재산세액 상당액[23]의 100분의 150을 초과하는 경우에는 100분의 150에 해당하는 금액을 해당 연도에 징수할 세액으로 한다. 다만, 주택의 경우에는 ㉠ 주택공시가격 또는 특별자치시장·특별자치도지사·시장·군수 또는 구청장이 산정한 가액이 3억원 이하인 주택의 경우: 해당 주택에 대한 재산세의 산출세액이 직전 연도의 해당 주택에 대한 재산세액 상당액의 100분의 105를 초과하는 경우에는 100분의 105에 해당하는 금액, ㉡ 주택공시가격 또는 특별자치시장·특별자치도지사·시장·군수 또는 구청장이 산정한 가액이 3억원 초과 6억원 이하인 주택의 경우: 해당 주택에 대한 재산세의 산출세액이 직전 연도의 해당

23) (세 부담 상한의 계산방법) ① 토지에 대한 세액 상당액 : ㉠ 해당 연도의 과세대상 토지에 대한 직전 연도의 과세표준이 있는 경우: 과세대상 토지별로 직전 연도의 법령과 과세표준 등을 적용하여 산출한 세액. ㉡ 토지의 분할·합병·지목변경·신규등록·등록전환 등으로 해당 연도의 과세대상 토지에 대한 직전 연도의 과세표준이 없는 경우: 해당 연도 과세대상 토지가 직전 연도 과세기준일 현재 존재하는 것으로 보아 과세대상 토지별로 직전 연도의 법령과 과세표준 등을 적용하여 산출한 세액. ⓐ 분할·합병 전의 과세대상 토지에 비하여 면적 또는 지분의 증가가 없는 경우: 직전 연도에 분할·합병 전의 토지에 과세된 세액 중 해당 연도에 소유하고 있는 면적 또는 지분에 해당되는 세액, ⓑ 분할·합병 전의 과세대상 토지에 비하여 면적 또는 지분의 증가가 있는 경우: 분할·합병 전의 과세대상 토지의 면적 또는 지분에 대하여 ⓐ에 따라 산출한 세액과 분할·합병 후에 증가된 과세대상 토지의 면적 또는 지분에 대하여 ⓐ 및 ⓑ 외의 부분 본문에 따라 산출한 세액의 합계액. ㉢ 해당 연도 과세대상 토지에 대하여 과세대상 구분의 변경이 있는 경우에는 해당 연도의 과세대상의 구분이 직전 연도 과세대상 토지에 적용되는 것으로 보아 해당 연도 과세대상 토지별로 직전 연도의 법령과 과세표준 등을 적용하여 산출한 세액. ㉣ 해당 연도 과세대상 토지가 정비사업의 시행으로 주택이 멸실되어 토지로 과세되는 경우로서 주택을 건축 중인 경우(주택 멸실 후 주택 착공 전이라도 최초로 도래하는 재산세 과세기준일부터 3년 동안은 주택을 건축 중인 것으로 본다)에는 계산식{멸실 전 주택에 실제 과세한 세액 × (130 / 100)n, n = (과세연도 - 멸실 전 주택에 실제 과세한 연도 - 1)}에 따라 산출한 세액 상당액. ② 주택 및 건축물에 대한 세액 상당액 : ㉠ 해당 연도의 주택 및 건축물에 대한 직전 연도의 과세표준이 있는 경우 : 직전 연도의 법령과 과세표준 등을 적용하여 과세대상별로 산출한 세액. 다만, 직전 연도에 해당 납세의무자에 대하여 해당 주택 및 건축물에 과세된 세액이 있는 경우에는 그 세액으로 한다. ㉡ 주택 및 건축물의 신축·증축 등으로 해당 연도의 과세대상 주택 및 건축물에 대한 직전 연도의 과세표준이 없는 경우 : 해당 연도 과세대상 주택 및 건축물이 직전 연도 과세기준일 현재 존재하는 것으로 보아 직전 연도의 법령과 과세표준 등을 적용하여 과세대상별로 산출한 세액. ㉢ 해당 연도의 과세대상 주택 및 건축물에 대하여 용도변경 등으로 그 밖의 건축물 및 그 밖의 주택 외의 세율이 적용되거나 적용되지 아니한 경우 : 가목 및 나목에도 불구하고 직전 연도에도 해당 세율이 적용되거나 적용되지 아니한 것으로 보아 직전 연도의 법령과 과세표준 등을 적용하여 산출한 세액. ㉣ 주택의 경우에는 가목 본문, 나목 및 다목에도 불구하고 가목 본문, 나목 및 다목에 따라 산출한 세액 상당액이 해당 주택과 주택가격(공시된 주택가격)이 유사한 인근 주택의 소유자에 대하여 가목 단서에 따라 직전 연도에 과세된 세액과 현저한 차이가 있는 경우 : 그 과세된 세액을 고려하여 산출한 세액 상당액. ③ ① 및 ②를 적용할 때 해당 연도의 토지·건축물 및 주택에 대하여 비과세·감면규정이 적용되지 아니하거나 적용된 경우에는 직전 연도에도 해당 규정이 적용되지 아니하거나 적용된 것으로 보아 토지등의 과세표준에 1천분의 1.4를 적용에 따른 세액 상당액과 1천분의 1.4 및 1천분의 2.3에 따른 세액 상당액을 계산한다.

주택에 대한 재산세액 상당액의 100분의 110을 초과하는 경우에는 100분의 110에 해당하는 금액, ㉢ 주택공시가격 또는 특별자치시장 · 특별자치도지사 · 시장 · 군수 또는 구청장이 산정한 가액이 6억원을 초과하는 주택의 경우: 해당 주택에 대한 재산세의 산출세액이 직전연도의 해당 주택에 대한 재산세액 상당액의 100분의 130을 초과하는 경우에는 100분의 130에 해당하는 금액을 해당 연도에 징수할 세액으로 한다. ② 고지서 1장당 재산세로 징수할 세액이 2천원 미만인 경우에는 해당 재산세를 징수하지 아니한다.

제 7 편

부동산금융법

제 21 장

자본시장법

제1절 서 설

자본시장의 금융혁신과 공정한 경쟁을 촉진하고 투자자를 보호하며 금융투자업을 건전하게 육성함으로써 자본시장의 공정성·신뢰성·효율성을 높여 국민경제 발전에 이바지하기 위하여 제정한 법률로, 금융투자업 상호간의 겸영 허용, 금융상품에 대한 규제를 철폐, 포괄주의 규제로 전환, 투자자 보호 확대, 증권사에 대한 지급결제 업무 허용 등을 주요 내용으로 한다. 정식 명칭은 '자본시장과 금융투자업에 관한 법률'이며, 이를 줄여 자본시장법이라고 한다. 종전의 증권거래법과 선물거래법, 간접투자자산운용업법, 신탁업법, 종합금융회사에 관한 법률, 한국증권선물거래소법 등 자본시장과 관련된 6개 법률을 통합하여 제정된 법률(법률 제8635호)로서 2007년 8월 3일 공포되어 2009년 2월 4일부터 시행되었다. 총칙, 금융투자업, 증권의 발행 및 유통, 불공정거래의 규제, 집합투자기구, 금융투자업 관계기관, 한국거래소, 감독 및 처분, 보칙, 벌칙 등 총 10편 449조와 부칙으로 이루어져 있다. 종전에는 개별 법률에 의거하여 운영해오던 증권업·자산운용업·선물업·신탁업 등 자본시장과 관련된 금융업이 금융투자업으로 통합된 것이다. 이에 따라 일정한 요건을 갖추면 은행과 보험을 제외한 모든 금융업무를 취급할 수 있다. 증권사와 자산운용사를 하나로 합칠 수도 있고, 별도의 법인으로 겸영할 수도 있다. 또 종전에 금융회사는 법률에서 규정한 금융상품만 판매할 수 있었으나, 포괄주의 규제로 전환함에 따라 일정 요건만 충족하면 법률에서 규정하지 않은 금융상품도 판매할 수 있다.[1)]

1) 투자자 보호를 강화하여 손해와 관련된 입증 책임을 금융투자회사에게 두었다. 이에 따라 금융투자회

제 2 절 금융투자상품과 금융투자업

Ⅰ. 금융투자상품

금융투자상품이란 이익을 얻거나 손실을 회피할 목적으로 현재 또는 장래의 특정(特定) 시점에 금전, 그 밖의 재산적 가치가 있는 것(금전등)을 지급하기로 약정함으로써 취득하는 권리로서, 그 권리를 취득하기 위하여 지급하였거나 지급하여야 할 금전등의 총액(판매수수료 등 대통령령(본장에서 이하 "법령")으로 정하는 금액 제외)이 그 권리로부터 회수하였거나 회수할 수 있는 금전등의 총액(해지수수료 등 법령으로 정하는 금액 포함)을 초과하게 될 위험(투자성)이 있는 것을 말한다. 다만, Ⓐ 원화로 표시된 양도성 예금증서, Ⓑ 신탁법에 따른 수익증권발행신탁이 아닌 신탁으로서 ⓐ 위탁자(신탁계약에 따라 처분권한을 가지고 있는 수익자를 포함)의 지시에 따라서만 신탁재산의 처분이 이루어지는 신탁, ⓑ 신탁계약에 따라 신탁재산에 대하여 보존행위 또는 그 신탁재산의 성질을 변경하지 아니하는 범위에서 이용·개량 행위만을 하는 신탁(재산을 신탁받는 경우는 제외하고 수탁자가 신탁법에 따라 처분 권한을 행사하는 경우는 포함. 관리형신탁)의 수익권, Ⓒ 그 밖에 해당 금융투자상품의 특성 등을 고려하여 금융투자상품에서 제외하더라도 투자자 보호 및 건전한 거래질서를 해할 우려가 없는 것으로서 법령으로 정하는 금융투자상품의 어느 하나에 해당하는 것을 제외한다. 금융투자상품은 Ⓐ 증권, Ⓑ 파생상품(장내파생상품, 장외파생상품)과 같이 구분한다.

사는 투자자의 투자목적과 재산상황, 투자경험 등을 파악하여 해당 투자자에게 적합한 상품만을 권유하여야 하는 적합성의 원칙이 적용되고, 설명의무와 손해배상책임을 법률로 규정하며, 투자자가 요청하지 않은 투자권유와 투자자의의사에 반하는 재권유가 법률로 금지된다. 이밖에 계약해지권과 수수료 비교 공시, 제재조치 공개의무 등도 규정하고 있다. 또 증권사에 지급결제 권한을 부여함으로써 이용자가 증권사 종합자산관리계좌(CMA)에 급여를 자동이체하면서 필요할 때 증권이나 파생상품에 투자하고, 신용카드 결제나 각종 공과금 납부, 송금, 현금자동출납기를 통한 입출금 등을 할 수 있게 되었다.

Ⅱ. 증 권

증권이란 내국인 또는 외국인이 발행한 금융투자상품으로서 투자자가 취득과 동시에 지급한 금전등 외에 어떠한 명목으로든지 추가로 지급의무(투자자가 기초자산[2]에 대한 매매를 성립시킬 수 있는 권리를 행사하게 됨으로써 부담하게 되는 지급의무를 제외)를 부담하지 아니하는 것을 말한다. 다만, Ⓐ 투자계약증권, Ⓑ 지분증권, 수익증권 또는 증권예탁증권 중 해당 증권의 유통 가능성, 이 법 또는 금융관련 법령에서의 규제 여부 등을 종합적으로 고려하여 법령으로 정하는 증권에 해당하는 증권은 일정한 조건 충족시 증권으로 본다. 아울러, 증권은 Ⓐ 채무증권[3], Ⓑ 지분증권[4], Ⓒ 수익증권[5], Ⓓ 투자계약증권[6], Ⓔ 파생결합증권[7], Ⓕ 증권예탁증권[8]과 같이 구분한다.

2) 기초자산이란 Ⓐ 금융투자상품, Ⓑ 통화(외국의 통화를 포함), Ⓒ 일반상품(농산물 · 축산물 · 수산물 · 임산물 · 광산물 · 에너지에 속하는 물품 및 이 물품을 원료로 하여 제조하거나 가공한 물품, 그 밖에 이와 유사한 것), Ⓓ 신용위험(당사자 또는 제삼자의 신용등급의 변동, 파산 또는 채무재조정 등으로 인한 신용의 변동), Ⓔ 그 밖에 자연적 · 환경적 · 경제적 현상 등에 속하는 위험으로서 합리적이고 적정한 방법에 의하여 가격 · 이자율 · 지표 · 단위의 산출이나 평가가 가능한 것에 해당하는 것을 말한다.
3) 채무증권이란 국채증권, 지방채증권, 특수채증권(법률에 의하여 직접 설립된 법인이 발행한 채권을 말한다. 이하 같다), 사채권(상법 제469조제2항제3호에 따른 사채의 경우에는 제7항제1호에 해당하는 것으로 한정), 기업어음증권(기업이 사업에 필요한 자금을 조달하기 위하여 발행한 약속어음으로서 법령으로 정하는 요건을 갖춘 것), 그 밖에 이와 유사(類似)한 것으로서 지급청구권이 표시된 것을 말한다.
4) 지분증권이란 주권, 신주인수권이 표시된 것, 법률에 의하여 직접 설립된 법인이 발행한 출자증권, 상법에 따른 합자회사 · 유한책임회사 · 유한회사 · 합자조합 · 익명조합의 출자지분, 그 밖에 이와 유사한 것으로서 출자지분 또는 출자지분을 취득할 권리가 표시된 것을 말한다.
5) 수익증권이란 수익증권, 그 밖에 이와 유사한 것으로서 신탁의 수익권이 표시된 것을 말한다.
6) 투자계약증권이란 특정 투자자가 그 투자자와 타인(다른 투자자를 포함) 간의 공동사업에 금전등을 투자하고 주로 타인이 수행한 공동사업의 결과에 따른 손익을 귀속받는 계약상의 권리가 표시된 것을 말한다.
7) 파생결합증권이란 기초자산의 가격 · 이자율 · 지표 · 단위 또는 이를 기초로 하는 지수 등의 변동과 연계하여 미리 정하여진 방법에 따라 지급하거나 회수하는 금전등이 결정되는 권리가 표시된 것을 말한다. 다만, Ⓐ 발행과 동시에 투자자가 지급한 금전등에 대한 이자, 그 밖의 과실(果實)에 대하여만 해당 기초자산의 가격 · 이자율 · 지표 · 단위 또는 이를 기초로 하는 지수 등의 변동과 연계된 증권, Ⓑ 자본시장법에 따른 계약상의 권리, Ⓒ 해당 사채의 발행 당시 객관적이고 합리적인 기준에 따라 미리 정하는 사유가 발생하는 경우 주식으로 전환되거나 그 사채의 상환과 이자지급의무가 감면된다는 조건이 붙은 것으로서 주권상장법인이 발행하는 사채, Ⓓ 은행법에 따른 상각형 조건부자본증권, 은행주식 전환형 조건부자본증권 및 은행지주회사주식 전환형 조건부자본증권, Ⓔ 금융지주회사법에 따른 상각형 조건부자본증권 또는 전환형 조건부자본증권, Ⓕ 상법 제469조제2항제2호, 제513조 및 제516조의2에 따른 사채, Ⓖ 그 밖에 Ⓐ~Ⓕ에 따른 금융투자상품과 유사한 것으로서 법령으로 정하는 금융투자상품에 해당하는 것은 제외한다.
8) 증권예탁증권이란 채무증권, 지분증권, 수익증권, 투자계약증권, 파생결합증권을 예탁받은 자가 그 증권이 발행된 국가 외의 국가에서 발행한 것으로서 그 예탁받은 증권에 관련된 권리가 표시된 것을

Ⅲ. 파생상품

① 파생상품이란 Ⓐ 기초자산이나 기초자산의 가격 · 이자율 · 지표 · 단위 또는 이를 기초로 하는 지수 등에 의하여 산출된 금전등을 장래의 특정 시점에 인도할 것을 약정하는 계약, Ⓑ 당사자 어느 한쪽의의사표시에 의하여 기초자산이나 기초자산의 가격 · 이자율 · 지표 · 단위 또는 이를 기초로 하는 지수 등에 의하여 산출된 금전등을 수수하는 거래를 성립시킬 수 있는 권리를 부여하는 것을 약정하는 계약, Ⓒ 장래의 일정기간 동안 미리 정한 가격으로 기초자산이나 기초자산의 가격 · 이자율 · 지표 · 단위 또는 이를 기초로 하는 지수 등에 의하여 산출된 금전등을 교환할 것을 약정하는 계약, Ⓓ Ⓐ~Ⓒ까지의 규정에 따른 계약과 유사한 것으로서 법령으로 정하는 계약에 해당하는 계약상의 권리를 말한다. 다만, 해당 금융투자상품의 유통 가능성, 계약당사자, 발행사유 등을 고려하여 증권으로 규제하는 것이 타당한 것으로서 법령으로 정하는 금융투자상품은 그러하지 아니하다. ② 장내파생상품이란 Ⓐ 파생상품시장에서 거래되는 파생상품, Ⓑ 해외 파생상품시장(파생상품시장과 유사한 시장으로서 해외에 있는 시장과 법령으로 정하는 해외 파생상품거래가 이루어지는 시장)에서 거래되는 파생상품, Ⓒ 그 밖에 금융투자상품시장을 개설하여 운영하는 자가 정하는 기준과 방법에 따라 금융투자상품시장에서 거래되는 파생상품에 해당하는 것을 말한다. ③ 장외파생상품이란 파생상품으로서 장내파생상품이 아닌 것을 말한다.

Ⅳ. 금융투자업

1. 금융투자업의 의의

금융투자업이란 이익을 얻을 목적으로 계속적이거나 반복적인 방법으로 행하는 행위로서 Ⓐ 투자매매업, Ⓑ 투자중개업, Ⓒ 집합투자업, Ⓓ 투자자문업, Ⓔ 투자일임업, Ⓕ 신탁업에 해당하는 업(業)을 말한다.

여기에서 Ⓐ 투자매매업이란 누구의 명의로 하든지 자기의 계산으로 금융투자상품의 매도 · 매수, 증권의 발행 · 인수 또는 그 청약의 권유, 청약, 청약의 승낙을 영업으로 하는

말한다.

것, Ⓑ 투자중개업이란 누구의 명의로 하든지 타인의 계산으로 금융투자상품의 매도·매수, 그 중개나 청약의 권유, 청약, 청약의 승낙 또는 증권의 발행·인수에 대한 청약의 권유, 청약, 청약의 승낙을 영업으로 하는 것, Ⓒ 집합투자업이란 집합투자(2인 이상의 투자자로부터 모은 금전등 또는 국가재정법에 따른 여유자금을 투자자 또는 각 기금관리주체로부터 일상적인 운용지시를 받지 아니하면서 재산적 가치가 있는 투자대상자산을 취득·처분, 그 밖의 방법으로 운용하고 그 결과를 투자자 또는 각 기금관리주체에게 배분하여 귀속시키는 것, 예외 있음)를 영업으로 하는 것, Ⓓ 투자자문업이란 금융투자상품, 그 밖에 법령으로 정하는 투자대상자산(금융투자상품등)의 가치 또는 금융투자상품등에 대한 투자판단(종류, 종목, 취득·처분, 취득·처분의 방법·수량·가격 및 시기 등에 대한 판단을 말한다)에 관한 자문에 응하는 것을 영업으로 하는 것, Ⓔ 투자일임업이란 투자자로부터 금융투자상품등에 대한 투자판단의 전부 또는 일부를 일임받아 투자자별로 구분하여 그 투자자의 재산상태나 투자목적 등을 고려하여 금융투자상품등을 취득·처분, 그 밖의 방법으로 운용하는 것을 영업으로 하는 것, Ⓕ 신탁업이란 신탁을 영업으로 하는 것을 말한다. 한편, Ⓖ 전담중개업무란 전문투자형 사모집합투자기구, 전문투자형 사모집합투자기구 등에 대하여 ⓐ 증권의 대여 또는 그 중개·주선이나 대리업무, ⓑ 금전의 융자, 그 밖의 신용공여, ⓒ 전문투자형 사모집합투자기구등의 재산의 보관 및 관리, ⓓ 그 밖에 전문투자형 사모집합투자기구등의 효율적인 업무 수행을 지원하기 위하여 필요한 업무로서 법령으로 정하는 업무를 효율적인 신용공여와 담보관리 등을 위하여 법령으로 정하는 방법에 따라 연계하여 제공하는 업무를 말한다.

2. 금융투자업의 적용배제

자기가 증권을 발행하는 경우에는 투자매매업으로 보지 아니한다. 다만, Ⓐ 투자신탁의 수익증권, Ⓑ 파생결합증권, Ⓒ 투자성 있는 예금계약, 그 밖에 이에 준하는 것으로서 법령으로 정하는 계약에 따른 증권, Ⓓ 투자성 있는 보험계약에 따른 증권은 그러하지 아니하다. 투자권유대행인이 투자권유를 대행하는 경우, 불특정 다수인을 대상으로 발행 또는 송신되고, 불특정 다수인이 수시로 구입 또는 수신할 수 있는 간행물·출판물·통신물 또는 방송 등을 통하여 조언을 하는 경우, 투자중개업자가 투자자의 매매주문을 받아 이를 처리하는 과정에서 금융투자상품에 대한 투자판단의 전부 또는 일부를 일임받을 필요가 있는 경우로서 법령으로 정하는 경우, 담보부사채신탁법에 따른 담보부사채에 관한 신탁업, 저작권법에 따른 저작권신탁관리업의 경우, Ⓐ 거래소가 증권시장 또는 파생상품시장을 개설·운영하는 경우, Ⓑ 투자매매업자를 상대방으로 하거나 투자중개업자를 통하여 금융투자상품을 매매하는 경우, Ⓒ 전문사모집합투자업자가 자신이 운용하는 전문투자형 사모집합투자기구의 집합투자증권을 판매하는 경우, Ⓓ 그 밖에 해당 행위의 성격 및 투자자 보호의 필요성 등을 고려하여 금융투자업의 적용에서 제외할 필요가 있는 것으로서 법령으로 정하는 경우에는 법령으로 정하는 바에 따라 금융투자업으로 보지 아니한다.

3. 금융투자상품시장

금융투자상품시장이란 증권 또는 장내파생상품의 매매를 하는 시장을 말한다. 거래소란 증권 및 장내파생상품의 공정한 가격 형성과 그 매매, 그 밖의 거래의 안정성 및 효율성을 도모하기 위하여 금융위원회의 허가를 받아 금융투자상품시장을 개설하는 자를 말한다. 거래소시장이란 거래소가 개설하는 금융투자상품시장을 말하고, 거래소시장은 Ⓐ 증권시장: 증권의 매매를 위하여 거래소가 개설하는 시장, Ⓑ 파생상품시장: 장내파생상품의 매매를 위하여 거래소가 개설하는 시장과 같이 구분한다.

제 3 절 금융투자업의 주요 규제사항

Ⅰ. 경영건전성 유지

1. 재무건전성 유지

금융투자업자(겸영금융투자업자, 그 밖에 법령으로 정하는 금융투자업자를 제외)는 Ⓐ 자본금·준비금, 그 밖에 총리령으로 정하는 금액의 합계액에서 Ⓑ 고정자산, 그 밖에 단기간 내에 유동화가 어려운 자산으로서 총리령으로 정하는 자의 합계액을 뺀 금액(영업용순자본)을 금융투자업자의 자산 및 부채에 내재하거나 업무에 수반되는 위험을 금액으로 환산하여 합계한 금액(총위험액) 이상으로 유지하여야 한다. 영업용순자본과 총위험액의 산정에 관한 구체적인 기준 및 방법은 금융위원회가 정하여 고시하며, 금융투자업자는 매 분기의 말일을 기준으로 영업용순자본에서 총위험액을 뺀 금액을 기재한 서면을 해당 분기의 말일부터 45일 이내로서 법령으로 정하는 기간 이내에 금융위원회에 보고하여야 하며, 보고기간 종료일부터 3개월간 본점과 지점, 그 밖의 영업소에 비치하고, 인터넷 홈페이지 등을 이용하여 공시하여야 한다.

2. 경영건전성기준

금융투자업자(겸영금융투자업자를 제외)는 경영의 건전성을 유지하기 위하여 Ⓐ 자기자본비율, 그 밖의 자본의 적정성에 관한 사항, Ⓑ 자산의 건전성에 관한 사항, Ⓒ 유동성에 관한 사항, Ⓓ 그 밖에 경영의 건전성 확보를 위하여 필요한 사항으로서 법령으로 정하는 사항에 관하여 금융위원회가 정하여 고시하는 경영건전성기준을 준수하여야 하며, 이를 위한 적절한 체계를 구축·시행하여야 한다.

금융위원회는 경영건전성기준을 정함에 있어서 금융투자업자가 영위하는 금융투자업의 종류 등을 고려하여 금융투자업별로 그 내용을 달리 정할 수 있고, 금융투자업자의 경영건전성 확보를 위한 경영실태 및 위험에 대한 평가를 할 수 있다. 다만, 자산규모 등을 고려하여 법령으로 정하는 금융투자업자에 대하여는 평가를 실시하여야 한다. 아울러, 금융위원회는 금융투자업자가 적정기준을 충족하지 못하거나 기준을 위반한 경우에는 금융투자업자에 대하여 자본금의 증액, 이익배당의 제한 등 경영건전성 확보를 위한 필요한 조치를 명할 수 있다.

3. 대주주와의 거래제한 등

금융투자업자(겸영금융투자업자는 제외)는 다음에 해당하는 행위를 하여서는 아니 된다. 다만, 담보권의 실행 등 권리행사에 필요한 경우, 안정조작 또는 시장조성을 하는 경우, 그 밖에 금융투자업자의 건전성을 해치지 아니하는 범위에서 금융투자업의 효율적 수행을 위하여 법령으로 정하는 경우에는 그러하지 아니하다. 금융위원회는 Ⓐ 그 금융투자업자의 대주주가 발행한 증권을 소유하는 행위, Ⓑ 그 금융투자업자의 특수관계인(금융투자업자의 대주주를 제외) 중 법령으로 정하는 자가 발행한 주식, 채권 및 약속어음(기업이 사업에 필요한 자금을 조달하기 위하여 발행한 것)을 소유하는 행위(다만, 법령으로 정하는 비율의 범위에서 소유하는 경우 제외), Ⓒ 그 밖에 금융투자업자의 건전한 자산운용을 해할 우려가 있는 행위로서 법령으로 정하는 행위별로 그 소유기한 등을 정하여 고시할 수 있다.

금융투자업자는 대주주(그의 특수관계인을 포함)에 대하여 신용공여(금전·증권 등 경제적 가치가 있는 재산의 대여, 채무이행의 보증, 자금 지원적 성격의 증권의 매입, 그 밖에 거래상의 신용위험을 수반하는 직접적·간접적 거래로서 법령으로 정하는 거래)를 하여서는 아니 되며, 대주주는 그 금융투자업자로부터 신용공여를 받아서는 아니 된다. 다만, 금융투자업자의 건전성을 해할 우려가 없는 신용공여로서 법령으로 정하는 신용공여의 경우에는 이를 할 수 있다. 한편, 금융위원회는 금융투자업자의 대주주(회사에 한한다)의 부채가 자산을 초과하는 등 재무구조의 부실로 인하여 금융투자업자의 경영건전성을 현저히 해칠 우려가 있는 경우로서 법령으로 정하는 경우에는 금융투자업자에 대하여 대주주가 발행한 증권의 신규취득 및 신용공여를 제한할 수 있다.

4. 대주주의 부당한 영향력 행사의 금지

금융투자업자의 대주주(그의 특수관계인을 포함)는 금융투자업자의 이익에 반하여 대주주 자신의 이익을 얻을 목적으로 Ⓐ 부당한 영향력을 행사하기 위하여 금융투자업자에 대하여 외부에 공개되지 아니한 자료 또는 정보의 제공을 요구하는 행위(다만, 금융사지배구조법 또는 상법 제466조에 따른 권리의 행사에 해당하는 경우 제외), Ⓑ 경제적 이익 등 반대급부의 제공을 조건으로 다른 주주와 담합하여 금융투자업자의 인사 또는 경영에 부당한 영향력을 행사하는 행위, Ⓒ 그 밖에 Ⓐ 및 Ⓑ에 준하는 행위로서 법령으로 정하는 행위를 하여서는 아니 된다.

Ⅱ. 영업행위 규칙

1. 공통 영업행위 규칙

(1) 신의성실의무 등

금융투자업자는 신의성실의 원칙에 따라 공정하게 금융투자업을 영위하여야 하고, 금융투자업을 영위함에 있어서 정당한 사유 없이 투자자의 이익을 해하면서 자기가 이익을 얻거나 제3자가 이익을 얻도록 하여서는 아니 된다.

(2) 상호의 사용 및 명의대여금지

① 금융투자업자가 아닌 자는 그 상호 중에 금융투자라는 문자 또는 이와 같은 의미를 가지는 외국어 문자로서 법령으로 정하는 문자를 사용하여서는 아니 된다. ② 증권을 대

상으로 하여 투자매매업 또는 투자중개업을 영위하는 자가 아닌 자는 그 상호 중에 증권이라는 문자 또는 이와 같은 의미를 가지는 외국어문자로서 법령으로 정하는 문자를 사용하여서는 아니 된다. 다만, 증권집합투자기구는 증권이라는 문자 또는 이와 같은 의미를 가지는 외국어문자로서 법령으로 정하는 문자를 사용할 수 있다. ③ 장내파생상품 또는 장외파생상품을 대상으로 하여 투자매매업 또는 투자중개업을 영위하는 자가 아닌 자는 그 상호 중에 파생 또는 선물이라는 문자 또는 이와 같은 의미를 가지는 외국어문자로서 법령으로 정하는 문자를 사용하여서는 아니 된다. ④ 집합투자업자가 아닌 자는 그 상호 중에 집합투자, 투자신탁 또는 자산운용이라는 문자 또는 이와 같은 의미를 가지는 외국어문자로서 법령으로 정하는 문자를 사용하여서는 아니 된다. 다만, 투자신탁인 집합투자기구는 투자신탁이라는 문자 또는 이와 같은 의미를 가지는 외국어문자로서 법령으로 정하는 문자를 사용할 수 있다. ⑤ 투자자문업자가 아닌 자는 그 상호 중에 투자자문이라는 문자 또는 이와 같은 의미를 가지는 외국어문자로서 법령으로 정하는 문자를 사용하여서는 아니 된다. 다만, 부동산투자회사법에 따른 부동산투자자문회사는 투자자문이라는 문자 또는 이와 같은 의미를 가지는 외국어문자로서 법령으로 정하는 문자를 사용할 수 있다. ⑥ 투자일임업자가 아닌 자는 그 상호 중에 투자일임이라는 문자 또는 이와 같은 의미를 가지는 외국어문자로서 법령으로 정하는 문자를 사용하여서는 아니 된다. ⑦ 신탁업자가 아닌 자는 그 상호 중에 신탁이라는 문자 또는 이와 같은 의미를 가지는 외국어문자로서 법령으로 정하는 문자를 사용하여서는 아니 된다. 다만, 집합투자업자 또는 자본시장법의 담보부사채신탁업을 영위하는 자는 그 상호 중에 신탁이라는 문자 또는 이와 같은 의미를 가지는 외국어문자로서 법령으로 정하는 문자를 사용할 수 있다. ⑧ 금융투자업자는 자기의 명의를 대여하여 타인에게 금융투자업을 영위하게 하여서는 아니 된다.

(3) 금융투자업자의 다른 금융업무 영위

금융투자업자(겸영금융투자업자, 그 밖에 법령으로 정하는 금융투자업자를 제외)는 투자자 보호 및 건전한 거래질서를 해할 우려가 없는 금융업무로서 Ⓐ 자본시장법령으로 정하는 금융관련 법령에서 인가·허가·등록 등을 요하는 금융업무 중 보험업법에 따른 보험대리점의 업무 또는 보험중개사의 업무, 그 밖에 법령으로 정하는 금융업무, Ⓑ 자본시장법령으로 정하는 금융관련 법령에서 정하고 있는 금융업무로서 해당 법령에서 금융투자업자가 영위할 수 있도록 한 업무, Ⓒ 국가 또는 공공단체 업무의 대리, Ⓓ 투자자를 위하여 그 투자자가 예탁한 투자자예탁금으로 수행하는 자금이체업무, Ⓔ 그 밖에 그 금융업무를 영위하여도 투자자 보호 및 건전한 거래질서를 해할 우려가 없는 업무로서 법령으로 정하는 금융업무를 영위할 수 있다. 이 경우 금융투자업자는 Ⓑ부터 Ⓔ까지의 업무를 영위하고자 하는 때에는 그 업무를 영위하기 시작한 날부터 2주 이내 이를 금융위원회에 보고하여야 한다.

금융위원회는 겸영업무 보고내용이 ⓐ 금융투자업자의 경영건전성을 저해하는 경우, ⓑ 투자자 보호에 지장을 초래하는 경우, ⓒ 금융시장의 안정성을 저해하는 경우에는 그 겸영업무의 영위를 제한하거나 시정할 것을 명할 수 있다. 제한명령 또는 시정명령은 겸영업무 보고를 받은 날부터 30일 이내에 그 내용 및 사유가 구체적으로 기재된 문서로 하여야 한다. 금융위원회는 보고받은 겸영업무 및 제한명령 또는 시정명령을 한 겸영업무를 법령으로 정하는 방법 및 절차에 따라 인터넷 홈페이지 등에 공고하여야 한다.

(4) 금융투자업자의 부수업무 영위

금융투자업자는 금융투자업에 부수하는 업무를 영위하고자 하는 경우에는 그 업무를 영위하기 시작한 날부터 2주 이내에 이를 금융위원회에 보고하여야 하고, 금융위원회는 부수업무 보고내용이 Ⓐ 금융투자업자의 경영건전성을 저해하는 경우, Ⓑ 인가를 받거나 등록한 금융투자업의 영위에 따른 투자자 보호에 지장을 초래하는 경우, Ⓒ 금융시장의 안정성을 저해하는 경우의 어느 하나에 해당하는 경우에는 그 부수업무의 영위를 제한하거나 시정할 것을 명할 수 있다. 제한명령 또는 시정명령은 부수업무 보고를 받은 날부터 30일 이내에 그 내용 및 사유가 구체적으로 기재된 문서로 하여야 한다. 금융위원회는 보고받은 부수업무 및 제한명령 또는 시정명령을 한 부수업무를 법령으로 정하는 방법 및 절차에 따라 인터넷 홈페이지 등에 공고하여야 한다.

(5) 이해상충의 관리

금융투자업자는 금융투자업의 영위와 관련하여 금융투자업자와 투자자 간, 특정 투자자와 다른 투자자 간의 이해상충을 방지하기 위하여 이해상충이 발생할 가능성을 파악·평가하고, 금융사지배구조법에 따른 내부통제기준이 정하는 방법 및 절차에 따라 이를 적절히 관리하여야 하고, 이해상충이 발생할 가능성을 파악·평가한 결과 이해상충이 발생할 가능성이 있다고 인정되는 경우에는 그 사실을 미리 해당 투자자에게 알려야 하며, 그 이해상충이 발생할 가능성을 내부통제기준이 정하는 방법 및 절차에 따라 투자자 보호에 문제가 없는 수준으로 낮춘 후 매매, 그 밖의 거래를 하여야 한다. 아울러, 금융투자업자는 그 이해상충이 발생할 가능성을 낮추는 것이 곤란하다고 판단되는 경우에는 매매, 그

밖의 거래를 하여서는 아니 된다.[9)]

2. 투자권유 등

(1) 손해배상책임

금융투자업자는 투자상품설명, 중요사항의 거짓 또는 왜곡하여 설명하거나 누락하는 등을 위반한 경우 이로 인하여 발생한 일반투자자의 손해를 배상할 책임이 있다. 그 손해액은 금융투자상품의 취득으로 인하여 일반투자자가 지급하였거나 지급하여야 할 금전등의 총액(법령으로 정하는 금액 제외)에서 그 금융투자상품의 처분, 그 밖의 방법으로 그 일반투자자가 회수하였거나 회수할 수 있는 금전등의 총액(법령으로 정하는 금액 포함)을 뺀 금액은 손해배상책임에 따른 손해액으로 추정한다.

(2) 투자권유준칙

금융투자업자는 투자권유를 함에 있어서 금융투자업자의 임직원이 준수하여야 할 구체적인 기준 및 절차(투자권유준칙)를 정하여야 한다. 다만, 파생상품등에 대하여는 일반투자자의 투자목적 · 재산상황 및 투자경험 등을 고려하여 투자자 등급별로 차등화된 투자권유준칙을 마련하여야 한다. 아울러, 금융투자업자는 투자권유준칙을 정한 경우 이를 인터넷 홈페이지 등을 이용하여 공시하여야 한다. 투자권유준칙을 변경한 경우에도 또한 같다. 또한, 협회는 투자권유준칙과 관련하여 금융투자업자가 공통으로 사용할 수 있는 표준투자권유준칙을 제정할 수 있다.

---

9) **(정보교류의 차단)** ① 금융투자업자는 금융투자업, 겸영업무, 부수업무 및 종합금융투자사업자에 허용된 업무(금융투자업등)를 영위하는 경우 내부통제기준이 정하는 방법 및 절차에 따라 미공개중요정보 등 법령으로 정하는 정보의 교류를 적절히 차단하여야 한다. ② 금융투자업자는 금융투자업등을 영위하는 경우 계열회사를 포함한 제3자에게 정보를 제공할 때에는 내부통제기준이 정하는 방법 및 절차에 따라 미공개중요정보 등 법령으로 정하는 정보의 교류를 적절히 차단하여야 한다. ③ 내부통제기준은 Ⓐ 정보교류 차단을 위해 필요한 기준 및 절차, Ⓑ 정보교류 차단의 대상이 되는 정보의 예외적 교류를 위한 요건 및 절차, Ⓒ 그 밖에 정보교류 차단의 대상이 되는 정보를 활용한 이해상충 발생을 방지하기 위하여 법령으로 정하는 사항을 반드시 포함하여야 한다. ④ 금융투자업자는 정보교류 차단을 위하여 ⓐ 정보교류 차단을 위한 내부통제기준의 적정성에 대한 정기적 점검, ⓑ 정보교류 차단과 관련되는 법령 및 내부통제기준에 대한 임직원 교육, ⓒ 그 밖에 정보교류 차단을 위하여 법령으로 정하는 사항을 준수하여야 한다.

3. 직무관련 정보의 이용금지 등

(1) 직무관련 정보의 이용금지

금융투자업자는 직무상 알게 된 정보로서 외부에 공개되지 아니한 정보를 정당한 사유 없이 자기 또는 제3자의 이익을 위하여 이용하여서는 아니 된다. 금융투자업자 및 그 임직원은 정보교류 차단의 대상이 되는 정보를 정당한 사유 없이 본인이 이용하거나 제3자에게 이용하게 하여서는 아니 된다.

(2) 손실보전 등의 금지

금융투자업자는 금융투자상품의 매매, 그 밖의 거래와 관련하여 자본시장법에 따라 손실의 보전 또는 이익의 보장을 하는 경우, 그 밖에 건전한 거래질서를 해할 우려가 없는 경우로서 정당한 사유가 있는 경우를 제외하고는 Ⓐ 투자자가 입을 손실의 전부 또는 일부를 보전하여 줄 것을 사전에 약속하는 행위, Ⓑ 투자자가 입은 손실의 전부 또는 일부를 사후에 보전하여 주는 행위, Ⓒ 투자자에게 일정한 이익을 보장할 것을 사전에 약속하는 행위, Ⓓ 투자자에게 일정한 이익을 사후에 제공하는 행위를 하여서는 아니 된다. 금융투자업자의 임직원이 자기의 계산으로 하는 경우에도 또한 같다.

(3) 임직원의 금융투자상품 매매

금융투자업자의 임직원(겸영금융투자업자 중 법령으로 정하는 금융투자업자의 경우에는 금융투자업의 직무를 수행하는 임직원)은 자기의 계산으로 법령으로 정하는 금융투자상품을 매매하는 경우에는 Ⓐ 자기의 명의로 매매할 것, Ⓑ 투자중개업자 중 하나의 회사(투자중개업자의 임직원의 경우에는 그가 소속된 투자중개업자에 한하되, 그 투자중개업자가 그 임직원이 매매하려는 금융투자상품을 취급하지 아니하는 경우에는 다른 투자중개업자를 이용할 수 있다)를 선택하여 하나의 계좌를 통하여 매매할 것(다만, 금융투자상품의 종류, 계좌의 성격 등을 고려하여 법령으로 정하는 경우에는 둘 이상의 회사 또는 둘 이상의 계좌를 통하여 매매할 수 있다), Ⓒ 매매명세를 분기별(투자권유자문인력, 조사분석인력 및 투자운용인력의 경우에는 월별)로 소속 금융투자업자에게 통지할 것, Ⓓ 그 밖에 불공정행위의 방지 또는 투자자와의 이해상충의 방지를 위하여 법령으로 정하는 방법 및 절차를 준수할 것의 방법에 따라야 한다. 아울러, 금융투자업자는 그 임직원의 자기계산에 의한 금융투자상품 매매와 관련하여 불공정행위의 방지 또는 투자자와의 이해상충의 방지를 위하여 그 금융투자업자의 임직원이 따라야 할 적절한 기준 및 절차를 정하여야 하고, 분기별로 임직원의 금융투자상품의 매매명세를 기준 및 절차에 따라 확인하여야 한다.

(4) 손해배상책임

금융투자업자는 법령·약관·집합투자규약·투자설명서에 위반하는 행위를 하거나 그 업무를 소홀히 하여 투자자에게 손해를 발생시킨 경우에는 그 손해를 배상할 책임이 있다. 다만, 배상의 책임을 질 금융투자업자가 자본시장법을 위반한 경우(투자매매업 또는 투자중개업과 집합투자업을 함께 영위함에 따라 발생하는 이해상충과 관련된 경우)로서 그 금융투자업자가 상당한 주의를 하였음을 증명하거나 투자자가 금융투자상품의 매매, 그 밖의 거래를 할 때에 그 사실을 안 경우에는 배상의 책임을 지지 아니한다. 아울러, 금융투자업자가 상기에 따른 손해배상책임을 지는 경우로서 관련되는 임원에게도 귀책사유가 있는 경우에는 그 금융투자업자와 관련되는 임원이 연대하여 그 손해를 배상할 책임이 있다.

제 4 절 금융투자업자별 영업행위 규제

Ⅰ. 투자매매업자 및 투자중개업자의 영업행위 규칙

1. 매매형태의 명시

투자매매업자 또는 투자중개업자는 투자자로부터 금융투자상품의 매매에 관한 청약 또는 주문을 받는 경우에는 사전에 그 투자자에게 자기가 투자매매업자인지 투자중개업자인지를 밝혀야 한다.

2. 자기계약의 금지 및 임의매매의 금지

① 투자매매업자 또는 투자중개업자는 금융투자상품에 관한 같은 매매에 있어 자신이 본인이 됨과 동시에 상대방의 투자중개업자가 되어서는 아니 된다. 다만, 투자매매업자

또는 투자중개업자가 증권시장 또는 파생상품시장을 통하여 매매가 이루어지도록 한 경우와 그 밖에 투자자 보호 및 건전한 거래질서를 해할 우려가 없는 경우로서 법령으로 정하는 경우에 해당하는 경우에는 그러하지 아니하다.

② 투자매매업자 또는 투자중개업자는 투자자나 그 대리인으로부터 금융투자상품의 매매의 청약 또는 주문을 받지 아니하고는 투자자로부터 예탁받은 재산으로 금융투자상품의 매매를 하여서는 아니 된다.

3. 불건전 영업행위의 금지

투자매매업자 또는 투자중개업자는 Ⓐ 투자자로부터 금융투자상품의 가격에 중대한 영향을 미칠 수 있는 매수 또는 매도의 청약이나 주문을 받거나 받게 될 가능성이 큰 경우 이를 체결시키기 전에 그 금융투자상품을 자기의 계산으로 매수 또는 매도하거나 제삼자에게 매수 또는 매도를 권유하는 행위, Ⓑ 특정 금융투자상품의 가치에 대한 주장이나 예측을 담고 있는 자료(조사분석자료)를 투자자에게 공표함에 있어서 그 조사분석자료의 내용이 사실상 확정된 때부터 공표 후 24시간이 경과하기 전까지 그 조사분석자료의 대상이 된 금융투자상품을 자기의 계산으로 매매하는 행위, Ⓒ 조사분석자료 작성을 담당하는 자에 대하여 법령으로 정하는 기업금융업무와 연동된 성과보수를 지급하는 행위, Ⓓ ⓐ 주권, ⓑ 법령으로 정하는 주권 관련 사채권, ⓒ 주권 또는 사채권과 관련된 증권예탁증권에 해당하는 증권의 모집 또는 매출과 관련한 계약을 체결한 날부터 그 증권이 증권시장에 최초로 상장된 후 법령으로 정하는 기간 이내에 그 증권에 대한 조사분석자료를 공표하거나 특정인에게 제공하는 행위, Ⓔ 투자권유대행인 및 투자권유자문인력이 아닌 자에게 투자권유를 하게 하는 행위, Ⓕ 투자자로부터 금융투자상품에 대한 투자판단의 전부 또는 일부를 일임받아 투자자별로 구분하여 금융투자상품을 취득·처분, 그 밖의 방법으로 운용하는 행위(다만, 투자일임업으로서 행하는 경우 등은 이를 할 수 있다), Ⓖ 그 밖에 투자자 보호 또는 건전한 거래질서를 해할 우려가 있는 행위로서 법령으로 정하는 행위를 하여서는 아니 된다. 다만, 투자자 보호 및 건전한 거래질서를 해할 우려가 없는 경우로서 법령으로 정하는 경우에는 이를 할 수 있다.

4. 최선집행의무

투자매매업자 또는 투자중개업자는 금융투자상품의 매매(법령으로 정하는 거래는 제외)에 관한 투자자의 청약 또는 주문을 처리하기 위하여 법령으로 정하는 바에 따라 최선의 거래조건으로 집행하기 위한 기준(최선집행기준)을 마련하고 이를 공표하여야 하고, 최선집행기준에 따라 금융투자상품의 매매에 관한 청약 또는 주문을 집행하여야 하며, 법령으로 정하는 기간마다 최선집행기준의 내용을 점검하여야 한다. 이 경우 최선집행기준의 내용이 청약 또는 주문을 집행하기에 적합하지 아니한 것으로 인정되는 때에는 이를 변경하고, 그 변경 사실을 공표하여야 한다.

아울러, 투자매매업자 또는 투자중개업자는 금융투자상품의 매매에 관한 청약 또는 주문을 받는 경우에는 미리 문서, 전자문서, 그 밖에 법령으로 정하는 방법으로 최선집행기준을 기재 또는 표시한 설명서를 투자자에게 교부하여야 한다. 다만, 이미 해당 설명서(최선집행기준을 변경한 경우에는 변경한 내용이 기재 또는 표시된 설명서)를 교부한 경우에는 그러하지 아니하다.

5. 자기주식의 예외적 취득

투자매매업자는 투자자로부터 그 투자매매업자가 발행한 자기주식으로서 증권시장(다자간매매체결회사에서의 거래를 포함)의 매매 수량단위 미만의 주식에 대하여 매도의 청약을 받은 경우에는 이를 증권시장 밖에서 취득할 수 있다. 이 경우 취득한 자기주식은 법령으로 정하는 기간 이내에 처분하여야 한다.

Ⅱ. 집합투자업자의 영업행위 규칙

1. 선관의무 및 충실의무

집합투자업자는 투자자에 대하여 선량한 관리자의 주의로써 집합투자재산을 운용하여야 하고, 투자자의 이익을 보호하기 위하여 해당 업무를 충실하게 수행하여야 한다.

2. 자산운용의 지시 및 실행

투자신탁의 집합투자업자는 투자신탁재산을 운용함에 있어서 그 투자신탁재산을 보관·관리하는 신탁업자에 대하여 법령으로 정하는 방법에 따라 투자신탁재산별로 투자대상자산의 취득·처분 등에 관하여 필요한 지시를 하여야 하며, 그 신탁업자는 집합투자업자의 지시에 따라 투자대상자산의 취득 · 처분 등을 하여야 한다. 다만, 집합투자업자는 투자신탁재산의 효율적 운용을 위하여 불가피한 경우로서 법령으로 정하는 경우에는 자신의 명의로 직접 투자대상자산의 취득 · 처분 등을 할 수 있다.

한편, 투자신탁을 제외한 집합투자기구의 집합투자업자는 그 집합투자재산을 운용함에 있어서 집합투자기구의 명의(투자익명조합의 경우에는 그 집합투자업자의 명의)로 법령으로 정하는 방법에 따라 집합투자재산(투자신탁재산은 제외)별로 투자대상자산의 취득 · 처분 등을 하고, 그 집합투자기구의 신탁업자에게 취득 · 처분 등을 한 자산의 보관 · 관리에 필요한 지시를 하여야 하며, 그 신탁업자는 집합투자업자의 지시에 따라야 한다. 이 경우 집합투자업자가 투자대상자산의 취득 · 처분 등을 함에 있어서는 집합투자업자가 그 집합투자기구를 대표한다는 사실을 표시하여야 한다.

3. 자산운용의 제한

집합투자업자는 집합투자재산을 운용함에 있어서 투자자 보호 또는 집합투자재산의 안정적 운용 등을 해할 우려가 있는 행위로서 법령으로 정하는 행위 등을 하여서는 아니 된다.[10] 다만, 투자자 보호 및 집합투자재산의 안정적 운용을 해할 우려가 없는 경우로서

10) ① **(집합투자재산의 증권 및 파생상품에 운용 제한)** 집합투자재산의 증권 및 파생상품에 운용하는 경우에는, Ⓐ 각 집합투자기구 자산총액의 100분의 10 이내의 범위에서 법령으로 정하는 비율을 초과하여 동일종목의 증권에 투자하는 행위(이 경우 동일법인 등이 발행한 증권 중 지분증권(그 법인 등이 발행한 지분증권과 관련된 증권예탁증권을 포함)과 지분증권을 제외한 증권은 각각 동일종목으로 본다), Ⓑ 각 집합투자업자가 운용하는 전체 집합투자기구 자산총액으로 동일법인 등이 발행한 지분증권 총수의 100분의 20을 초과하여 투자하는 행위, Ⓒ 각 집합투자기구 자산총액으로 동일법인 등이 발행한 지분증권 총수의 100분의 10을 초과하여 투자하는 행위, Ⓓ 법령으로 정하는 적격 요건을 갖추지 못한 자와 장외파생상품을 매매하는 행위, Ⓔ 파생상품의 매매에 따른 위험평가액이 법령으로 정하는 기준을 초과하여 투자하는 행위, Ⓕ 파생상품의 매매와 관련하여 기초자산 중 동일법인 등이 발행한 증권(그 법인 등이 발행한 증권과 관련된 증권예탁증권을 포함)의 가격변동으로 인한 위험평가액이 각 집합투자기구 자산총액의 100분의 10을 초과하여 투자하는 행위, Ⓖ 같은 거래상대방과의 장외파생상품 매매에 따른 거래상대방 위험평가액이 각 집합투자기구 자산총액의 100분의 10을 초과하여 투자하는 행위등은 제한된다. ② **(집합투자재산의 부동산에 운용제한)** 집합투자재산을 부동산에 운용하는 경우에는, Ⓐ 부동산을 취득한 후 5년 이내의 범위에서 법령으로 정하는 기간 이내에 이를 처분하는 행위(다만, 부동산개발사업(토지를 택지 · 공장용지 등으로 개발하거나 그 토지 위에 건축물, 그 밖의 공작물을 신축 또는 재축하는 사업에 따라 조성하거나 설치한 토지 · 건축물 등을 분양하는 경우, 그 밖에 투자자 보호를 위하여 필요한 경우로서 법령으로 정하는 경우를 제외), Ⓑ 건축물, 그 밖의 공작물이 없는 토지로서 그 토지에 대하여 부동산개발사업을 시행하기 전에 이를 처분하는 행위(다만, 집합투자기구의 합병 · 해지 또는 해산, 그 밖에 투자자 보호를 위하여 필요한 경우로서 법령으로 정하는 경우 제외)는 제한된다. ③ **(집합투자재산을 집합투자증권에 운용제한)** 집합투자재산을 집합투자증권에 운용하는 경우에는, Ⓐ 각 집합투자기구 자산총액의 100분의 50을 초과하여 같은 집합투자업자(외국 집합투자업자 포함)가 운용하는 집합투자기구(외국 집합투자기구 포함)의 집합투자증권에 투자하는 행위, Ⓑ 각 집합투자기구 자산총액의 100분의 20을 초과하여 같은 집합투자기구

법령으로 정하는 경우에는 이를 할 수 있다.

4. 자기집합투자증권의 취득 제한

투자신탁이나 투자익명조합의 집합투자업자는 집합투자기구의 계산으로 그 집합투자기구의 집합투자증권을 취득하거나 질권의 목적으로 받지 못한다. 다만, 담보권의 실행 등 권리 행사에 필요한 경우(이 경우 취득한 집합투자증권은 법령으로 정하는 방법에 따라 처분하여야 한다)와 수익증권을 매수하는 경우의 어느 하나에 해당하는 경우에는 집합투자기구의 계산으로 그 집합투자기구의 집합투자증권을 취득할 수 있다.

5. 금전차입 등의 제한

집합투자업자는 집합투자재산을 운용함에 있어서 집합투자기구의 계산으로 금전을 차입하지 못한다. 다만, 집합투자증권의 환매청구가 대량으로 발생하여 일시적으로 환매대금의 지급이 곤란한 때와 매수청구가 대량으로 발생하여 일시적으로 매수대금의 지급이 곤란한 때의 어느 하나에 해당하는 경우에는 집합투자기구의 계산으로 금전을 차입할 수 있다.

집합투자기구의 계산으로 금전을 차입하는 경우 그 차입금의 총액은 차입 당시 집합투자기구 자산총액에서 부채총액을 뺀 가액의 100분의 10을 초과하여서는 아니 되며, 집합투자업자는 집합투자재산을 운용함에 있어서 집합투자재산 중 금전을 대여(법령으로 정하는 금융기관에 대한 30일 이내의 단기대출 제외)하여서는 아니 되며, 집합투자재산을 운용함에 있어서 집합투자재산으로 해당 집합투자기구 외의 자를 위하여 채무보증 또는 담보제공을 하여서는 아니 된다.

(외국 집합투자기구 포함)의 집합투자증권에 투자하는 행위, Ⓒ 집합투자증권에 자산총액의 100분의 40을 초과하여 투자할 수 있는 집합투자기구(외국 집합투자기구 포함)의 집합투자증권에 투자하는 행위, Ⓓ 각 집합투자기구 자산총액의 100분의 5 이내에서 법령으로 정하는 비율을 초과하여 사모집합투자기구(사모집합투자기구에 상당하는 외국 사모집합투자기구 포함)의 집합투자증권에 투자하는 행위, Ⓔ 각 집합투자기구의 집합투자재산으로 같은 집합투자기구(외국 집합투자기구 포함)의 집합투자증권 총수의 100분의 20을 초과하여 투자하는 행위(이 경우 그 비율의 계산은 투자하는 날을 기준으로 한다), Ⓕ 집합투자기구의 집합투자증권을 판매하는 투자매매업자 또는 투자중개업자가 받는 판매수수료 및 판매보수와 그 집합투자기구가 투자하는 다른 집합투자기구(외국 집합투자기구 포함)의 집합투자증권을 판매하는 투자매매업자{외국 투자매매업자(외국 법령에 따라 외국에서 투자매매업에 상당하는 영업을 영위하는 자)를 포함} 또는 투자중개업자{외국 투자중개업자(외국 법령에 따라 외국에서 투자중개업에 상당하는 영업을 영위하는 자)를 포함}가 받는 판매수수료 및 판매보수의 합계가 법령으로 정하는 기준을 초과하여 집합투자증권에 투자하는 행위는 제한된다.

6. 이해관계인과의 거래제한

집합투자업자는 집합투자재산을 운용함에 있어서 법령으로 정하는 이해관계인과 거래행위를 하여서는 아니 된다. 다만, 집합투자기구와 이해가 상충될 우려가 없는 거래로서 Ⓐ 이해관계인이 되기 6개월 이전에 체결한 계약에 따른 거래, Ⓑ 증권시장 등 불특정다수인이 참여하는 공개시장을 통한 거래, Ⓒ 일반적인 거래조건에 비추어 집합투자기구에 유리한 거래, Ⓓ 그 밖에 법령으로 정하는 거래의 어느 하나에 해당하는 거래의 경우에는 이를 할 수 있다. 아울러, 집합투자업자는 집합투자재산을 운용함에 있어서 법령으로 정하는 한도를 초과하여 그 집합투자업자의 계열회사가 발행한 증권(수익증권, 그 밖에 법령으로 정하는 증권 제외하며, 계열회사가 발행한 지분증권과 관련한 증권예탁증권 및 법령으로 정하는 투자대상자산을 포함)을 취득하여서는 아니 된다.

7. 불건전 영업행위의 금지

집합투자업자는 Ⓐ 집합투자재산을 운용함에 있어서 금융투자상품, 그 밖의 투자대상자산의 가격에 중대한 영향을 미칠 수 있는 매수 또는 매도의사를 결정한 후 이를 실행하기 전에 그 금융투자상품, 그 밖의 투자대상자산을 집합투자업자 자기의 계산으로 매수 또는 매도하거나 제삼자에게 매수 또는 매도를 권유하는 행위, Ⓑ 자기 또는 법령으로 정하는 관계인수인이 인수한 증권을 집합투자재산으로 매수하는 행위, Ⓒ 자기 또는 관계인수인이 법령으로 정하는 인수업무를 담당한 법인의 특정증권등에 대하여 인위적인 시세를 형성하기 위하여 집합투자재산으로 그 특정증권등을 매매하는 행위, Ⓓ 특정 집합투자기구의 이익을 해하면서 자기 또는 제삼자의 이익을 도모하는 행위, Ⓔ 특정 집합투자재산을 집합투자업자의 고유재산 또는 그 집합투자업자가 운용하는 다른 집합투자재산, 투자일임재산(투자자로부터 투자판단을 일임받아 운용하는 재산) 또는 신탁재산과 거래하는 행위, Ⓕ 제삼자와의 계약 또는 담합 등에 의하여 집합투자재산으로 특정 자산에 교차하여 투자하는 행위, Ⓖ 투자운용인력이 아닌 자에게 집합투자재산을 운용하게 하는 행위, Ⓗ 그 밖에 투자자 보호 또는 건전한 거래질서를 해할 우려가 있는 행위로서 법령으로 정하는 행위의 어느 하나에 해당하는 행위를 하여서는 아니 된다. 다만, 투자자 보호 및 건전한 거래질서를 해할 우려가 없는 경우로서 법령으로 정하는 경우에는 이를 할 수 있다.

8. 성과보수의 제한

집합투자업자는 집합투자기구의 운용실적에 연동하여 미리 정하여진 산정방식에 따른 보수(성과보수)를 받아서는 아니 된다. 다만, 집합투자기구가 사모집합투자기구인 경우와 사모집합투자기구 외의 집합투자기구 중 운용보수의 산정방식, 투자자의 구성 등을 고려하여 투자자 보호 및 건전한 거래질서를 해할 우려가 없는 경우로서 법령으로 정하는 경우의 어느 하나에 해당하는 경우에는 성과보수를 받을 수 있다. 아울러, 집합투자업자는 성과보수를 받고자 하는 경우에는 그 성과보수의 산정방식, 그 밖에 법령으로 정하는 사항을 해당 투자설명서 및 집합투자규약에 기재하여야 한다.

9. 수시공시

투자신탁이나 투자익명조합의 집합투자업자는 Ⓐ 투자운용인력의 변경이 있는 경우 그 사실과 변경된 투자운용인력의 운용경력(운용한 집합투자기구의 명칭, 집합투자재산의 규모와 수익률), Ⓑ 환매연기 또는 환매재개의 결정 및 그 사유, Ⓒ 법령으로 정하는 부실자산이 발생한 경우 그 명세 및 상각률, Ⓓ 집합투자자총회의 결의내용, Ⓔ 그 밖에 투자자 보호를 위하여 필요한 사항으로서 법령으로 정하는 사항의 어느 하나에 해당하는 사항이 발생한 경우 법령으로 정하는 바에 따라 이를 지체 없이 공시하여야 한다. 수시공시는 Ⓐ 집합투자업자, 집합투자증권을 판매한 투자매매업자 또는 투자중개업자 및 협회의 인터넷 홈페이지를 이용하여 공시하는 방법, Ⓑ 집합투자증권을 판매한 투자매매업자 또는 투자중개업자로 하여금 전자우편을 이용하여 투자자에게 알리는 방법, Ⓒ 집합투자업자, 집합투자증권을 판매한 투자매매업자 또는 투자중개업자의 본점과 지점, 그 밖의 영업소에 게시하는 방법으로 한다.

Ⅲ. 투자자문업자 및 투자일임업자의 영업행위 규칙

1. 선관의무 및 충실의무

투자자문업자는 투자자에 대하여 선량한 관리자의 주의로써 투자자문에 응하여야 하며, 투자일임업자는 투자자에 대하여 선량한 관리자의 주의로써 투자일임재산을 운용하여야 한다. 투자자문업자 및 투자일임업자는 투자자의 이익을 보호하기 위하여 해당 업무를 충실하게 수행하여야 한다.

2. 계약의 체결

투자자문업자 또는 투자일임업자는 일반투자자와 투자자문계약 또는 투자일임계약을 체결하고자 하는 경우에는 Ⓐ 투자자문의 범위 및 제공방법 또는 투자일임의 범위 및 투자대상 금융투자상품등, Ⓑ 투자자문업 또는 투자일임업의 수행에 관하여 투자자문업자 또는 투자일임업자가 정하고 있는 일반적인 기준 및 절차, Ⓒ 투자자문업 또는 투자일임업을 실제로 수행하는 임직원의 성명 및 주요경력, Ⓓ 투자자와의 이해상충방지를 위하여 투자자문업자 또는 투자일임업자가 정한 기준 및 절차, Ⓔ 투자자문계약 또는 투자일임계약과 관련하여 투자결과가 투자자에게 귀속된다는 사실 및 투자자가 부담하는 책임에 관한 사항, Ⓕ 수수료에 관한 사항, Ⓖ 투자실적의 평가 및 투자결과를 투자자에게 통보하는 방법(투자일임계약의 경우), Ⓗ 투자자는 투자일임재산의 운용방법을 변경하거나 계약의 해지를 요구할 수 있다는 사실, Ⓘ 그 밖에 투자자가 계약체결 여부를 결정하는 데에 중요한 판단기준이 되는 사항으로서 법령으로 정하는 사항을 기재한 서면자료를 미리 일반투자자에게 교부하여야 한다.

3. 불건전 영업행위의 금지

(1) 투자자문업자 또는 투자일임업자의 영업행위 제한

Ⓐ 투자자로부터 금전 · 증권, 그 밖의 재산의 보관 · 예탁을 받는 행위, Ⓑ 투자자에게 금전 · 증권, 그 밖의 재산을 대여하거나 투자자에 대한 제삼자의 금전 · 증권, 그 밖의 재산의 대여를 중개 · 주선 또는 대리하는 행위, Ⓒ 투자권유자문인력 또는 투자운용인력이 아닌 자에게 투자자문업 또는 투자일임업을 수행하게 하는 행위, Ⓓ 계약으로 정한 수수료 외의 대가를 추가로 받는 행위, Ⓔ 투자자문에 응하거나 투자일임재산을 운용하는 경우 금융투자상품등의 가격에 중대한 영향을 미칠 수 있는 투자판단에 관한 자문 또는 매매의사를 결정한 후 이를 실행하기 전에 그 금융투자상품등을 자기의 계산으로 매매하거나 제삼자에게 매매를 권유하는 행위의 어느 하나에 해당하는 행위를 하여서는 아니 된다. 다만, 투자자 보호 및 건전한 거래질서를 해할 우려가 없는 경우로서 법령으로 정하는 경우에는 이를 할 수 있다.

(2) 투자일임업자의 투자일임재산 운용제한

Ⓐ 정당한 사유 없이 투자자의 운용방법의 변경 또는 계약의 해지 요구에 응하지 아니하는 행위, Ⓑ 자기 또는 관계인수인이 인수한 증권을 투자일임재산으로 매수하는 행위, Ⓒ 자기 또는 관계인수인이 법령으로 정하는 인수업무를 담당한 법인의 특정증권등에 대하여 인위적인 시세를 형성하기 위하여 투자일임재산으로 그 특정증권등을 매매하는 행위, Ⓓ 특정 투자자의 이익을 해하면서 자기 또는 제삼자의 이익을 도모하는 행위, Ⓔ 투자일임재산으로 자기가 운용하는 다른 투자일임재산, 집합투자재산 또는 신탁재산과 거래하는 행위, Ⓕ 투자일임재산으로 투자일임업자 또는 그 이해관계인의 고유재산과 거래하는 행위, Ⓖ 투자자의 동의 없이 투자일임재산으로 투자일임업자 또는 그 이해관계인이 발행한 증권에 투자하는 행위, Ⓗ 투자일임재산을 각각의 투자자별로 운용하지 아니하고 여러 투자자의 자산을 집합하여 운용하는 행위, Ⓘ 투자자로부터 ⓐ 투자일임재산을 예탁하는 투자매매업자·투자중개업자, 그 밖의 금융기관을 지정하거나 변경하는 행위, ⓑ 투자일임재산을 예탁하거나 인출하는 행위, ⓒ 투자일임재산에 속하는 증권의의결권, 그 밖의 권리를 행사하는 행위를 위임받는 행위, Ⓙ 그 밖에 투자자 보호 또는 건전한 거래질서를 해할 우려가 있는 행위로서 법령으로 정하는 행위를 하여서는 아니 된다. 다만, 투자자 보호 및 건전한 거래질서를 해할 우려가 없는 경우로서 법령으로 정하는 경우에는 이를 할 수 있다.

4. 성과보수의 제한

투자자문업자 또는 투자일임업자는 투자자문과 관련한 투자결과 또는 투자일임재산의 운용실적과 연동된 성과보수를 받아서는 아니 된다. 다만, 투자자 보호 및 건전한 거래질서를 해할 우려가 없는 경우로서 법령으로 정하는 경우에는 성과보수를 받을 수 있으며, 투자자문업자 또는 투자일임업자가 성과보수를 받고자 하는 경우에는 그 성과보수의 산정방식, 그 밖에 법령으로 정하는 사항을 해당 투자자문 또는 투자일임의 계약서류에 기재하여야 한다.

Ⅳ. 신탁업자의 영업행위 규칙

1. 선관의무 및 충실의무

신탁업자는 수익자에 대하여 선량한 관리자의 주의로써 신탁재산을 운용하여야 하며, 수익자의 이익을 보호하기 위하여 해당 업무를 충실하게 수행하여야 한다.

2. 신탁재산의 제한 등

신탁업자는 Ⓐ 금전, Ⓑ 증권, Ⓒ 금전채권, Ⓓ 동산, Ⓔ 부동산, Ⓕ 지상권, 전세권, 부동산임차권, 부동산소유권 이전등기청구권, 그 밖의 부동산 관련 권리, Ⓖ 무체재산권(지식재산권 포함)의 재산 외의 재산을 수탁할 수 없으며, 부동산개발사업을 목적으로 하는 신탁계약을 체결한 경우에는 그 신탁계약에 의한 부동산개발사업별로 상기의 재산을 법령으로 정하는 사업비의 100분의 15 이내에서 수탁할 수 있다.

3. 신탁재산 등 운용의 제한

신탁업자는 신탁재산에 속하는 금전을 Ⓐ 증권(법령으로 정하는 증권)의 매수, Ⓑ 장내파생상품 또는 장외파생상품의 매수, Ⓒ 법령으로 정하는 금융기관에 의 예치, Ⓓ 금전채권의 매수, Ⓔ 대출, Ⓕ 어음의 매수, Ⓖ 실물자산의 매수, Ⓗ 무체재산권의 매수, Ⓘ 부동산의 매수 또는 개발, Ⓙ 그 밖에 신탁재산의 안전성·수익성 등을 고려하여 법령으로 정하는 방법으로 운용하여야 한다. 아울러, 신탁업자는 부동산, 지상권, 전세권, 부동산임차권, 부동산소유권 이전등기청구권, 그 밖의 부동산 관련 권리의 재산만을 신탁받는 경우, 그 밖에 법령으로 정하는 경우를 제외하고는 신탁의 계산으로 그 신탁업자의 고유재산으로부터 금전을 차입할 수 없다.

4. 여유자금의 운용

신탁업자는 부동산, 지상권, 전세권, 부동산임차권, 부동산소유권 이전등기청구권, 그 밖의 부동산 관련 권리의 재산만을 신탁받는 경우 그 신탁재산을 운용함에 따라 발생한 여유자금을 Ⓐ 법령으로 정하는 금융기관에 의 예치, Ⓑ 국채증권, 지방채증권 또는 특수채증권의 매수, Ⓒ 정부 또는 법령으로 정하는 금융기관이 지급을 보증한 증권의 매수, Ⓓ 그 밖에 부동산, 지상권, 전세권, 부동산임차권, 부동산소유권 이전등기청구권, 그 밖의 부동산 관련 권리에 따른 신탁재산의 안정성 · 수익성 등을 저해하지 아니하는 방법으로서 법령으로 정하는 방법으로 운용하여야 한다.

5. 불건전 영업행위의 금지

신탁업자는 Ⓐ 신탁재산을 운용함에 있어서 금융투자상품, 그 밖의 투자대상자산의 가격에 중대한 영향을 미칠 수 있는 매수 또는 매도의사를 결정한 후 이를 실행하기 전에 그 금융투자상품, 그 밖의 투자대상자산을 자기의 계산으로 매수 또는 매도하거나 제삼자에게 매수 또는 매도를 권유하는 행위, Ⓑ 자기 또는 관계인수인이 인수한 증권을 신탁재산으로 매수하는 행위, Ⓒ 자기 또는 관계인수인이 법령으로 정하는 인수업무를 담당한 법인의 특정증권등에 대하여 인위적인 시세를 형성시키기 위하여 신탁재산으로 그 특정증권등을 매매하는 행위, Ⓓ 특정 신탁재산의 이익을 해하면서 자기 또는 제삼자의 이익을 도모하는 행위, Ⓔ 신탁재산으로 그 신탁업자가 운용하는 다른 신탁재산, 집합투자재산 또는 투자일임재산과 거래하는 행위, Ⓕ 신탁재산으로 신탁업자 또는 그 이해관계인의 고유재산과 거래하는 행위, Ⓖ 수익자의 동의 없이 신탁재산으로 신탁업자 또는 그 이해관계인이 발행한 증권에 투자하는 행위, Ⓗ 투자운용인력이 아닌 자에게 신탁재산을 운용하게 하는 행위, Ⓘ 그 밖에 수익자 보호 또는 건전한 거래질서를 해할 우려가 있는 행위로서 법령으로 정하는 행위를 하여서는 아니 된다. 다만, 수익자 보호 및 건전한 거래질서를 해할 우려가 없는 경우로서 법령으로 정하는 경우에는 이를 할 수 있다.

V. 온라인소액투자중개업자 등에 대한 특례

1. 미등록 영업행위의 금지 및 등록

누구든지 이 법에 따라 온라인소액투자중개업자 등록을 하지 아니한 자는 온라인소액투자중개를 할 수 없다. 아울러, 온라인소액투자중개업자가 되고자 하는 자는 금융위원회에 등록하는 경우 자본시장법에 따른 인가를 받은 것으로 본다. 이때 등록을 하려는 자는 Ⓐ 상법에 따른 주식회사, 외국 온라인소액투자중개업자(외국 법령에 따라 외국에서 온라인소액투자중개에 상당하는 영업을 영위하는 자)로서 온라인소액투자중개에 필요한 지점,

그 밖의 영업소를 설치한 자에 해당하는 자일 것, Ⓑ 5억원 이상으로서 법령으로 정하는 금액 이상의 자기자본을 갖출 것, Ⓒ 사업계획이 타당하고 건전할 것, Ⓓ 투자자의 보호가 가능하고 그 영위하고자 하는 업을 수행하기에 충분한 인력과 전산설비, 그 밖의 물적 설비를 갖출 것, Ⓔ 임원이 금융사지배구조법에 적합할 것, Ⓕ 대주주나 외국 온라인소액투자중개업자가 충분한 출자능력, 건전한 재무상태 및 사회적 신용을 갖출 것, Ⓖ 경영건전성기준 등 법령으로 정하는 건전한 재무상태와 법령 위반사실이 없는 등 법령으로 정하는 건전한 사회적 신용을 갖출 것, Ⓗ 온라인소액투자중개업자와 투자자 간, 특정 투자자와 다른 투자자 간의 이해상충을 방지하기 위한 체계로서 법령으로 정하는 요건을 갖출 것의 요건을 모두 갖추어야 한다.

2. 유사명칭의 사용금지 등

다른 금융투자업(투자중개업 중 온라인소액투자중개에 해당하지 아니하는 것을 포함)을 영위하지 아니하는 온라인소액투자중개업자는 상호에 금융투자 및 이와 유사한의미를 가지는 외국어 문자로서 법령으로 정하는 문자를 사용하여서는 아니 된다. 또한, 온라인소액투자중개업자가 아닌 자는 온라인소액투자중개 또는 이와 유사한 명칭을 사용하여서는 아니 된다.

3. 지배구조 등

온라인소액투자중개업자는 대주주가 변경된 경우에는 이를 2주 이내에 금융위원회에 보고하여야 하고, 그 임직원이 직무를 수행할 때 준수하여야 할 적절한 기준 및 절차로서 법령으로 정하는 사항을 포함하는 내부통제기준을 정하여야 한다.

4. 영업행위의 규제 등

온라인소액투자중개업자는 자신이 온라인소액투자중개를 하는 증권을 자기의 계산으로 취득하거나, 증권의 발행 또는 그 청약을 주선 또는 대리하는 행위를 하여서는 아니 되며, 온라인소액투자중개를 통하여 증권을 발행하는 자(온라인소액증권발행인)의 신용 또는 투자 여부에 대한 투자자의 판단에 영향을 미칠 수 있는 자문이나 온라인소액증권발행인의 경영에 관한 자문에 응하여서는 아니 된다.

아울러, 온라인소액투자중개업자는 투자자가 청약의 내용, 투자에 따르는 위험, 증권의 매도 제한, 증권의 발행조건과 온라인소액증권발행인의 재무상태가 기재된 서류 및 사업계획서의 내용을 충분히 확인하였는지의 여부를 투자자의 서명 등 법령으로 정하는 방법으로 확인하기 전에는 그 청약의의사 표시를 받아서는 아니 되고, 온라인소액증권발행인의 요청에 따라 투자자의 자격 등을 합리적이고 명확한 기준에 따라 제한할 수 있으며, 투자자가 청약의의사를 표시하지 아니한 상태에서 투자자의 재산으로 증권의 청약을 하여서는 아니 되고, 온라인소액증권발행인에 관한 정보의 제공, 청약주문의 처리 등의 업무를 수행할 때 특정한 온라인소액증권발행인 또는 투자자를 부당하게 우대하거나 차별하여서는 아니 된다. 다만, 투자자가 청약의의사를 먼저 표시하는 등 법령으로 정하는 정당한 사유가 있는 경우에는 그러하지 아니하다.

또한, 온라인소액투자중개업자는 증권의 청약기간이 만료된 경우에는 증권의 청약 및 발행에 관한 내역을 금융위원회가 정하여 고시하는 방법에 따라 지체 없이 투자자에게 통지하여야 하고, 증권의 발행한도와 투자자의 투자한도가 준수될 수 있도록 필요한 조치를 취하여야 한다. 한편, 온라인소액투자중개업자는 ⓐ 투자광고를 자신의 인터넷 홈페이지에 게시하는 행위, ⓑ 온라인소액증권발행인이 게재하는 내용을 자신의 인터넷 홈페이지에 게시하는 행위, ⓒ 자신의 인터넷 홈페이지를 통하여 자신이 중개하는 증권 또는 그 온라인소액증권발행인에 대한 투자자들의의견이 교환될 수 있도록 관리하는 행위(다만, 온라인소액투자중개업자는 자신의 인터넷 홈페이지를 통하여 공개되는 투자자들의의견을 임의로 삭제하거나 수정하여서는 아니 된다), ⓓ 사모의 방식으로 증권의 청약을 권유하는 경우에는 온라인소액증권발행인이 게재하는 내용을 특정 투자자에게 전송하는 행위를 제외하고는 증권의 청약을 권유하는 일체의 행위를 하여서는 아니 된다.

제 22 장
신 탁 법

제1절 서 설

신탁법은 신탁에 관한 사법적 법률관계를 규정함을 목적으로 하며, "신탁"이란 신탁을 설정하는 자(위탁자)와 신탁을 인수하는 자(수탁자) 간의 신임관계에 기하여 위탁자가 수탁자에게 특정의 재산(영업이나 저작재산권의 일부를 포함)을 이전하거나 담보권의 설정 또는 그 밖의 처분을 하고 수탁자로 하여금 일정한 자(수익자)의 이익 또는 특정의 목적을 위하여 그 재산의 관리, 처분, 운용, 개발, 그 밖에 신탁 목적의 달성을 위하여 필요한 행위를 하게 하는 법률관계를 말한다.

Ⅰ. 신탁의 설정

① 신탁은 ㉠ 위탁자와 수탁자 간의 계약, ㉡ 위탁자의 유언, ㉢ 신탁의 목적, 신탁재산, 수익자(공익신탁법에 따른 공익신탁의 경우에는 신탁관리인) 등을 특정하고 자신을 수탁자로 정한 위탁자의 선언의 방법으로 설정할 수 있다. 다만, 수익자가 없는 특정의 목적을 위한 신탁(목적신탁)은 공익신탁법에 따른 공익신탁을 제외하고는 ㉢의 방법으로 설정할 수 없으며, ② ㉢에 따른 신탁의 설정은 공익신탁법에 따른 공익신탁을 제외하고는 공정증서를 작성하는 방법으로 하여야 하며, 신탁을 해지할 수 있는 권한을 유보할 수 없다. ③ 위탁자가 집행의 면탈이나 그 밖의 부정한 목적으로 ㉢에 따라 신탁을 설정한 경우 이해관계인은 법원에 신탁의 종료를 청구할 수 있으며, ④ 위탁자는 신탁행위로 수

탁자나 수익자에게 신탁재산을 지정할 수 있는 권한을 부여하는 방법으로 신탁재산을 특정할 수 있다. ⑤ 수탁자는 신탁행위로 달리 정한 바가 없으면 신탁 목적의 달성을 위하여 필요한 경우에는 수익자의 동의를 받아 타인에게 신탁재산에 대하여 신탁을 설정할 수 있다.

Ⅱ. 신탁의 공시와 대항

① 등기 또는 등록할 수 있는 재산권에 관하여는 신탁의 등기 또는 등록을 함으로써 그 재산이 신탁재산에 속한 것임을 제3자에게 대항할 수 있고, ② 등기 또는 등록할 수 없는 재산권에 관하여는 다른 재산과 분별하여 관리하는 등의 방법으로 신탁재산임을 표시함으로써 그 재산이 신탁재산에 속한 것임을 제3자에게 대항할 수 있다. ③ ①의 재산권에 대한 등기부 또는 등록부가 아직 없을 때에는 그 재산권은 등기 또는 등록할 수 없는 재산권으로 본다. ④ 신탁재산임을 표시할 때에는 ㉠ 수익자명부, ㉡ 가설건축물대장 및 건축물대장, ㉢ 주주명부 및 전자주주명부, ㉣ 토지대장 및 임야대장, ㉤ 도시개발사업, 농업생산기반 정비사업, 생활환경정비사업 및 한계농지등의 정비사업, 주거환경개선사업 및 재개발사업 등 법령에 따른 환지 방식의 사업을 할 때 환지, 체비지 및 보류지의 관리를 위하여 작성 · 관리하는 장부에 신탁재산임을 표시하는 방법으로도 할 수 있다. 이 경우 건축물대장과 토지대장 및 임야대장은 부동산종합공부로 대체할 수 있다.

Ⅲ. 목적의 제한 등

1. 목적의 제한

① 선량한 풍속이나 그 밖의 사회질서에 위반하는 사항을 목적으로 하는 신탁은 무효로 하고, ② 목적이 위법하거나 불능인 신탁은 무효로 한다. ③ 신탁 목적의 일부가 ① 또는 ②에 해당하는 경우 그 신탁은 ① 또는 ②에 해당하지 아니한 나머지 목적을 위하여 유효하게 성립한다. 다만, ① 또는 ②에 해당하는 목적과 그렇지 아니한 목적을 분리하는 것이 불가능하거나 분리할 수 있더라도 ① 또는 ②에 해당하지 아니한 나머지 목적만을 위하여 신탁을 유지하는 것이 위탁자의의사에 명백히 반하는 경우에는 그 전부를 무효로 한다.

2. 소송 및 탈법 목적의 신탁 금지

수탁자로 하여금 소송행위를 하게 하는 것을 주된 목적으로 하는 신탁은 무효로 한다. 아울러, 법령에 따라 일정한 재산권을 향유할 수 없는 자는 수익자로서 그 권리를 가지는 것과 동일한 이익을 누릴 수 없다.

Ⅳ. 사해신탁

① 채무자가 채권자를 해함을 알면서 신탁을 설정한 경우 채권자는 수탁자가 선의일지라도 수탁자나 수익자에게 민법 제406조제1항의 취소 및 원상회복을 청구할 수 있다. 다만, 수익자가 수익권을 취득할 당시 채권자를 해함을 알지 못한 경우에는 그러하지 아니하다. ② ①의 단서의 경우에 여러 명의 수익자 중 일부가 수익권을 취득할 당시 채권자를 해함을 알지 못한 경우에는 악의의 수익자만을 상대로 제1항 본문의 취소 및 원상회복을 청구할 수 있고, ③ ①의 본문의 경우에 채권자는 선의의 수탁자에게 현존하는 신탁재산의 범위 내에서 원상회복을 청구할 수 있다. ④ 신탁이 취소되어 신탁재산이 원상회복된 경우 위탁자는 취소된 신탁과 관련하여 그 신탁의 수탁자와 거래한 선의의 제3자에 대하여 원상회복된 신탁재산의 한도 내에서 책임을 지며, ⑤ 채권자는 악의의 수익자에게 그가 취득한 수익권을 위탁자에게 양도할 것을 청구할 수 있다. ⑥ ①의 경우 위탁자와 사해신탁의 설정을 공모하거나 위탁자에게 사해신탁의 설정을 교사·방조한 수익자 또는 수탁자는 위탁자와 연대하여 이로 인하여 채권자가 받은 손해를 배상할 책임을 진다.

제 2 절 신탁관계인

Ⅰ. 위탁자

(위탁자의 권리)신탁행위로 위탁자의 전부 또는 일부가 이 법에 따른 위탁자의 권리의 전부 또는 일부를 갖지 아니한다는 뜻을 정할 수 있으며, 목적신탁의 경우에는 신탁행위로 이 법에 따른 위탁자의 권리를 제한할 수 없다. (위탁자 지위의 이전)위탁자의 지위

는 신탁행위로 정한 방법에 따라 제3자에게 이전할 수 있고, 이에 따른 이전 방법이 정하여지지 아니한 경우 위탁자의 지위는 수탁자와 수익자의 동의를 받아 제3자에게 이전할 수 있다. 이 경우 위탁자가 여럿일 때에는 다른 위탁자의 동의도 받아야 한다. 위탁자의 유언에 따라 신탁이 설정된 경우 위탁자의 상속인은 위탁자의 지위를 승계하지 아니한다. 다만, 신탁행위로 달리 정한 경우에는 그에 따른다.

Ⅱ. 수탁자

(수탁능력) 미성년자, 금치산자, 한정치산자 및 파산선고를 받은 자는 수탁자가 될 수 없다. (수탁자의 임무 종료) ① ㉠ 수탁자가 사망한 경우, ㉡ 수탁자가 금치산선고 또는 한정치산선고를 받은 경우, ㉢ 수탁자가 파산선고를 받은 경우, ㉣ 법인인 수탁자가 합병 외의 사유로 해산한 경우 수탁자의 임무는 종료되며, ② ㉠㉡㉣에 따라 수탁자의 임무가 종료된 경우 수탁자의 상속인, 법정대리인 또는 청산인은 즉시 수익자에게 그 사실을 통지하여야 하고, ③ ㉢에 따라 수탁자의 임무가 종료된 경우 수탁자는 수익자에게 수탁자의 임무가 종료된 사실, 파산관재인에게 신탁재산에 관한 사항의 구분에 따라 해당 사실을 통지하여야 한다. ④ ㉠㉡㉣에 따라 수탁자의 임무가 종료된 경우 수탁자의 상속인, 법정대리인 또는 청산인은 신수탁자나 신탁재산관리인이 신탁사무를 처리할 수 있을 때까지 신탁재산을 보관하고 신탁사무 인계에 필요한 행위를 하여야 하며, 즉시 수익자에게 그 사실을 통지하여야 한다. ⑤ 수탁자인 법인이 합병하는 경우 합병으로 설립된 법인이나 합병 후 존속하는 법인은 계속 수탁자로서의 권리 · 의무를 가진다. 수탁자인 법인이 분할하는 경우 분할에 의하여 수탁자로 정하여진 법인도 또한 같다.[1)]

---

1) **(신탁행위로 정한 수탁자의 임무 종료)** ① 신탁행위로 정한 수탁자의 임무 종료 사유가 발생하거나 수탁자가 신탁행위로 정한 특정한 자격을 상실한 경우 수탁자의 임무는 종료되며, ② 임무가 종료된 수탁자는 즉시 수익자에게 그 사실을 통지하여야 한다. (수탁자의 사임에 의한 임무 종료) ① 수탁자는 신탁행위로 달리 정한 바가 없으면 수익자와 위탁자의 승낙 없이 사임할 수 없으나, ② 수탁자는 정당한 이유가 있는 경우 법원의 허가를 받아 사임할 수 있고, ③ 사임한 수탁자는 즉시 수익자에게 그 사실을 통지하여야 한다. (임무가 종료된 수탁자의 지위) 임무가 종료된 수탁자는 신수탁자나 신탁재산관리인이 신탁사무를 처리할 수 있을 때까지 수탁자의 권리 · 의무를 가진다. (수탁자의 해임에 의한 임무 종료) ① 위탁자와 수익자는 합의하여 또는 위탁자가 없으면 수익자 단독으로 언제든지 수탁자를 해임할 수 있다. 다만, 신탁행위로 달리 정한 경우에는 그에 따른다. 그러나 ② 정당한 이유 없이 수탁자에게 불리한 시기에 수탁자를 해임한 자는 그 손해를 배상하여야 한다. ③ 수탁자가 그 임무에 위반된 행위를 하거나 그 밖에 중요한 사유가 있는 경우 위탁자나 수익자는 법원에 수탁자의 해임을 청구할 수 있고, ④ 이의 청구에 의하여 해임된 수탁자는 즉시 수익자에게 그 사실을 통지하여야 한다. ⑤ 해임된 수탁자는 신수탁자나 신탁재산관리인이 신탁사무를 처리할 수 있을 때까지 신탁재산을 보관하고 신탁사무 인계에 필요한 행위를 하여야 한다. 다만, 임무 위반으로 해임된 수탁자

Ⅲ. 신탁관리인

1. 신탁재산관리인 선임 등의 처분

수탁자의 임무가 종료되거나 수탁자와 수익자 간의 이해가 상반되어 수탁자가 신탁사무를 수행하는 것이 적절하지 아니한 경우 법원은 이해관계인의 청구에 의하여 신탁재산관리인의 선임이나 그 밖의 필요한 처분을 명할 수 있다. 다른 수탁자가 있는 경우에도 또한 같다. 신탁재산관리인을 선임하는 경우 법원은 신탁재산관리인이 법원의 허가를 받아야 하는 사항을 정할 수 있고, 선임된 신탁재산관리인은 즉시 수익자에게 그 사실을 통지하여야 한다. 신탁재산관리인은 선임된 목적범위 내에서 수탁자와 동일한 권리·의무가 있다. 다만, 법원의 허가를 받아야 하는 사항에 대하여는 그러하지 아니하다. 신탁재산관리인이 선임된 경우 신탁재산에 관한 소송에서는 신탁재산관리인이 당사자가 되며, 법원은 선임한 신탁재산관리인에게 필요한 경우 신탁재산에서 적당한 보수를 줄 수 있다.[2)]

2. 신탁재산관리인의 공고 및 등기 또는 등록

법원은 ㉠ 신탁재산관리인을 선임하거나 그 밖의 필요한 처분을 명한 경우, ㉡ 신탁재산관리인을 선임한 경우, ㉢ 신탁재산관리인의 사임결정을 한 경우, ㉣ 신탁재산관리인의 해임결정을 한 경우 그 취지를 공고하고, 등기 또는 등록된 신탁재산에 대하여 직권으로 지체 없이 그 취지의 등기 또는 등록을 촉탁하여야 한다. 신탁재산관리인의 임무가 종료된 경우 법원은 신수탁자 또는 이해가 상반되지 아니하게 된 수탁자의 신청에 의하여 등기 또는 등록의 말소를 촉탁하여야 한다. 신탁재산관리인이나 수탁자는 고의나 과실로 등기 또는 등록이 사실과 다르게 된 경우 그 등기 또는 등록과 다른 사실로써 선의의 제3

는 그러하지 아니하다.

2) **(필수적 신탁재산관리인의 선임)** ① 법원은 ㉠ 수탁자가 사망하여 상속재산관리인이 선임되는 경우, ㉡ 수탁자가 파산선고를 받은 경우, ㉢ 수탁자가 법원의 허가를 받아 사임하거나 임무 위반으로 법원에 의하여 해임된 경우로서 신수탁자가 선임되지 아니하거나 다른 수탁자가 존재하지 아니할 때에는 신탁재산을 보관하고 신탁사무 인계에 필요한 행위를 하여야 할 신탁재산관리인을 선임하고, ② 법원은 ㉠㉡㉢에 해당하여 수탁자에 대하여 상속재산관리인의 선임결정, 파산선고, 수탁자의 사임허가결정 또는 해임결정을 하는 경우 그 결정과 동시에 신탁재산관리인을 선임하여야 한다. (신탁재산관리인의 임무 종료) ① 신수탁자가 선임되거나 더 이상 수탁자와 수익자 간의 이해가 상반되지 아니하는 경우 신탁재산관리인의 임무는 종료되며, ② 신탁재산관리인은 법원의 허가를 받아 사임할 수 있다. ③ 법원은 이해관계인의 청구에 의하여 신탁재산관리인을 해임할 수 있고, ④ 법원은 사임과 해임의 결정을 함과 동시에 새로운 신탁재산관리인을 선임하여야 한다.

자에게 대항하지 못한다.

Ⅳ. 신수탁자의 선임

① 수탁자의 임무가 종료된 경우 위탁자와 수익자는 합의하여 또는 위탁자가 없으면 수익자 단독으로 신수탁자를 선임할 수 있다. 다만, 신탁행위로 달리 정한 경우에는 그에 따른다. ② 위탁자와 수익자 간에 신수탁자 선임에 대한 합의가 이루어지지 아니한 경우 이해관계인은 법원에 신수탁자의 선임을 청구할 수 있다. ③ 유언에 의하여 수탁자로 지정된 자가 신탁을 인수하지 아니하거나 인수할 수 없는 경우에는 ① 및 ②를 준용한다. ④ 법원은 ② (③에 따라 준용되는 경우를 포함)에 따라 선임한 수탁자에게 필요한 경우 신탁재산에서 적당한 보수를 줄 수 있다.

제 3 절 신탁재산

Ⅰ. 신탁재산의 보호

(강제집행 등의 금지) ① 신탁재산에 대하여는 강제집행, 담보권 실행 등을 위한 경매, 보전처분(강제집행등) 또는 국세 등 체납처분을 할 수 없다. 다만, 신탁 전의 원인으로 발생한 권리 또는 신탁사무의 처리상 발생한 권리에 기한 경우에는 그러하지 아니하다. ② 위탁자, 수익자나 수탁자는 ①을 위반한 강제집행등에 대하여 이의를 제기할 수 있다. ③ 위탁자, 수익자나 수탁자는 ①을 위반한 국세 등 체납처분에 대하여 이의를 제기할 수 있다. 이 경우 국세 등 체납처분에 대한 불복절차를 준용한다. (상계 금지)신탁재산에 속하는 채권과 신탁재산에 속하지 아니하는 채무는 상계하지 못한다. 다만, 양 채권ㆍ채무가 동일한 재산에 속하지 아니함에 대하여 제3자가 선의이며 과실이 없을 때에는 그러하지 아니하다. 신탁재산에 속하는 채무에 대한 책임이 신탁재산만으로 한정되는 경우에는 신탁재산에 속하지 아니하는 채권과 신탁재산에 속하는 채무는 상계하지 못한다. 다만, 양 채권ㆍ채무가 동일한 재산에 속하지 아니함에 대하여 제3자가 선의이며 과실이 없을 때에는 그러하지 아니하다.[3)]

Ⅱ. 신탁재산의 범위 등

신탁재산의 관리, 처분, 운용, 개발, 멸실, 훼손, 그 밖의 사유로 수탁자가 얻은 재산은 신탁재산에 속한다. 신탁재산과 고유재산 또는 서로 다른 신탁재산에 속한 물건 간의 부합, 혼화 또는 가공에 관하여는 각각 다른 소유자에게 속하는 것으로 보아 민법 제256조부터 제261조까지의 규정을 준용한다. 다만, 가공자가 악의인 경우에는 가공으로 인한 가액의 증가가 원재료의 가액보다 많을 때에도 법원은 가공으로 인하여 생긴 물건을 원재료 소유자에게 귀속시킬 수 있다. 신탁재산과 고유재산 간에 귀속관계를 구분할 수 없는 경우 그 재산은 신탁재산에 속한 것으로 추정하고, 서로 다른 신탁재산 간에 귀속관계를 구분할 수 없는 경우 그 재산은 각 신탁재산 간에 균등하게 귀속된 것으로 추정한다. 수탁자는 신탁재산의 점유에 관하여 위탁자의 점유의 하자를 승계한다.

제 4 절 수탁자의 권리 · 의무

Ⅰ. 수탁자의 권한과의무

1. 수탁자의 권한

수탁자는 신탁재산에 대한 권리와의무의 귀속주체로서 신탁재산의 관리, 처분 등을 하고 신탁 목적의 달성을 위하여 필요한 모든 행위를 할 권한이 있다. 다만, 신탁행위로 이를 제한할 수 있다.

---

3) **(수탁자의 사망 및 파산 등과 신탁재산)** 신탁재산은 수탁자의 상속재산에 속하지 아니하며, 수탁자의 이혼에 따른 재산분할 의 대상이 되지 아니하고, 신탁재산은 수탁자의 파산재단, 회생절차의 관리인이 관리 및 처분 권한을 갖고 있는 채무자의 재산이나 개인회생재단을 구성하지 아니한다. **(신탁재산에 대한 혼동의 특칙)** ㉠ 동일한 물건에 대한 소유권과 그 밖의 물권이 각각 신탁재산과 고유재산 또는 서로 다른 신탁재산에 귀속하는 경우, ㉡ 소유권 외의 물권과 이를 목적으로 하는 권리가 각각 신탁재산과 고유재산 또는 서로 다른 신탁재산에 귀속하는 경우, ㉢ 신탁재산에 대한 채무가 수탁자에게 귀속하거나 수탁자에 대한 채권이 신탁재산에 귀속하는 경우 혼동으로 인하여 권리가 소멸하지 아니한다.

2. 수탁자의의무

㉮ (수탁자의 선관의무 및 충실의무) 수탁자는 선량한 관리자의 주의로 신탁사무를 처리하여야 한다. 다만, 신탁행위로 달리 정한 경우에는 그에 따른다. 수탁자는 수익자의 이익을 위하여 신탁사무를 처리하여야 한다. ㉯ (이익에 반하는 행위의 금지) ① 수탁자는 누구의 명의로도 ㉠ 신탁재산을 고유재산으로 하거나 신탁재산에 관한 권리를 고유재산에 귀속시키는 행위, ㉡ 고유재산을 신탁재산으로 하거나 고유재산에 관한 권리를 신탁재산에 귀속시키는 행위, ㉢ 여러 개의 신탁을 인수한 경우 하나의 신탁재산 또는 그에 관한 권리를 다른 신탁의 신탁재산에 귀속시키는 행위, ㉣ 제3자의 신탁재산에 대한 행위에서 제3자를 대리하는 행위, ㉤ 그 밖에 수익자의 이익에 반하는 행위를 하지 못한다. ② 수탁자는 ㉠ 신탁행위로 허용한 경우, ㉡ 수익자에게 그 행위에 관련된 사실을 고지하고 수익자의 승인을 받은 경우, ㉢ 법원의 허가를 받은 경우 ①의 행위를 할 수 있다. 다만, ㉢의 경우 수탁자는 법원에 허가를 신청함과 동시에 수익자에게 그 사실을 통지하여야 한다. ③ 수탁자는 상속 등 수탁자의의사에 기하지 아니한 경우에는 신탁재산에 관한 권리를 포괄적으로 승계할 수 있다. ㉰ (공평의무)수익자가 여럿인 경우 수탁자는 각 수익자를 위하여 공평하게 신탁사무를 처리하여야 한다. 다만, 신탁행위로 달리 정한 경우에는 그에 따른다. ㉱ (수탁자의 이익향수금지)수탁자는 누구의 명의로도 신탁의 이익을 누리지 못한다. 다만, 수탁자가 공동수익자의 1인인 경우에는 그러하지 아니하다. ㉲ (수탁자의 분별관리의무) ① 수탁자는 신탁재산을 수탁자의 고유재산과 분별하여 관리하고 신탁재산임을 표시하여야 하며, ② 여러 개의 신탁을 인수한 수탁자는 각 신탁재산을 분별하여 관리하고 서로 다른 신탁재산임을 표시하여야 한다. ③ 신탁재산이 금전이나 그 밖의 대체물인 경우에는 그 계산을 명확히 하는 방법으로 분별하여 관리할 수 있다. ㉳ (분별관리의무 위반에 관한 특례)수탁자가 분별관리의무를 위반하여 신탁재산에 손실이 생긴 경우 수탁자는 분별하여 관리하였더라도 손실이 생겼으리라는 것을 증명하지 아니하면 그 책임을 면하지 못한다.

Ⅱ. 신탁사무 등

1. 유한책임 등

수탁자는 신탁행위로 인하여 수익자에게 부담하는 채무에 대하여는 신탁재산만으로 책임을 진다. 수탁자는 신탁사무와 관련된 장부 및 그 밖의 서류를 갖추어 두고 각 신탁에 관하여 그 사무의 처리와 계산을 명백히 하여야 한다. 수탁자는 신탁을 인수한 때와 매년 1회 일정한 시기에 각 신탁의 재산목록을 작성하여야 한다. 다만, 재산목록의 작성 시기에 관하여 신탁행위로 달리 정한 경우에는 그에 따른다. 수탁자는 장부, 재산목록 및 그 밖의 서류를 ㉠ 신탁의 재산목록과 그 부속 명세서, 재무제표와 그 부속 명세서 및 신탁재산의 운용 내역서: 해당 신탁이 종료된 때부터 10년, ㉡ ㉠에 규정되지 아니한 서류: 해당 신탁이 종료된 때부터 5년 동안 보존하여야 한다. 장부, 재산목록 및 그 밖의 서류를 보존하는 경우 그 보존방법과 그 밖에 필요한 사항은 대통령령으로 정한다.

2. 금전의 관리방법 및 신탁사무의 위임

신탁재산에 속하는 금전의 관리는 신탁행위로 달리 정한 바가 없으면 ㉠ 국채, 지방채 및 특별법에 따라 설립된 법인의 사채의 응모 · 인수 또는 매입, ㉡ 국채나 그 밖에 제1호의 유가증권을 담보로 하는 대부, ㉢ 은행예금 또는 우체국예금의 방법으로 하여야 한다. ① 수탁자는 정당한 사유가 있으면 수익자의 동의를 받아 타인으로 하여금 자기를 갈음하여 신탁사무를 처리하게 할 수 있다. 다만, 신탁행위로 달리 정한 경우에는 그에 따른다. ② ①의 본문의 경우 수탁자는 그 선임 · 감독에 관하여만 책임을 진다. 신탁행위로 타인으로 하여금 신탁사무를 처리하게 한 경우에도 또한 같다. ③ 수탁자를 갈음하여 신탁사무를 처리하는 자는 수탁자와 동일한 책임을 진다.

3. 수탁자의 원상회복의무 등

① 수탁자가 그 의무를 위반하여 신탁재산에 손해가 생긴 경우 위탁자, 수익자 또는 수탁자가 여럿인 경우의 다른 수탁자는 그 수탁자에게 신탁재산의 원상회복을 청구할 수 있다. 다만, 원상회복이 불가능하거나 현저하게 곤란한 경우, 원상회복에 과다한 비용이

드는 경우, 그 밖에 원상회복이 적절하지 아니한 특별한 사정이 있는 경우에는 손해배상을 청구할 수 있다. ② 수탁자가 그 의무를 위반하여 신탁재산이 변경된 경우에도 ①과 같다. ③ 수탁자가 수탁자의 의무를 위반한 경우에는 신탁재산에 손해가 생기지 아니하였더라도 수탁자는 그로 인하여 수탁자나 제3자가 얻은 이득 전부를 신탁재산에 반환하여야 한다. ④ 신수탁자나 신탁재산관리인도 원상회복청구권을 행사할 수 있다.

Ⅲ. 수탁자의 청구권 등

1. 비용상환청구권

① 수탁자는 신탁사무의 처리에 관하여 필요한 비용을 신탁재산에서 지출할 수 있고, ② 수탁자가 신탁사무의 처리에 관하여 필요한 비용을 고유재산에서 지출한 경우에는 지출한 비용과 지출한 날 이후의 이자를 신탁재산에서 상환받을 수 있다. ③ 수탁자가 신탁사무의 처리를 위하여 자기의 과실 없이 채무를 부담하거나 손해를 입은 경우에도 ① 및 ②와 같다. ④ 수탁자는 신탁재산이 신탁사무의 처리에 관하여 필요한 비용을 충당하기에 부족하게 될 우려가 있을 때에는 수익자에게 그가 얻은 이익의 범위에서 그 비용을 청구하거나 그에 상당하는 담보의 제공을 요구할 수 있다. 다만, 수익자가 특정되어 있지 아니하거나 존재하지 아니하는 경우 또는 수익자가 수익권을 포기한 경우에는 그러하지 아니하다. ⑤ 수탁자가 신탁사무의 처리를 위하여 자기의 과실 없이 입은 손해를 전보하기에 신탁재산이 부족할 때에도 ④와 같다. ⑥ ①부터 ⑤까지의 규정에서 정한 사항에 대하여 신탁행위로 달리 정한 사항이 있으면 그에 따른다.

2. 보수청구권

① 수탁자는 신탁행위에 정함이 있는 경우에만 보수를 받을 수 있다. 다만, 신탁을 영업으로 하는 수탁자의 경우에는 신탁행위에 정함이 없는 경우에도 보수를 받을 수 있다. ② 보수의 금액 또는 산정방법을 정하지 아니한 경우 수탁자는 신탁사무의 성질과 내용에 비추어 적당한 금액의 보수를 지급받을 수 있다. ③ ①의 보수가 사정의 변경으로 신탁사무의 성질 및 내용에 비추어 적당하지 아니하게 된 경우 법원은 위탁자, 수익자 또는 수탁자의 청구에 의하여 수탁자의 보수를 증액하거나 감액할 수 있다.

3. 비용상환청구권의 우선변제권 등

수탁자는 신탁재산에 대한 민사집행절차 또는 국세징수법에 따른 공매절차에서 수익자나 그 밖의 채권자보다 우선하여 신탁의 목적에 따라 신탁재산의 보존, 개량을 위하여 지출한 필요비 또는 유익비의 우선변제를 받을 권리가 있다. 수탁자는 신탁재산을 매각하여 비용상환청구권 또는 보수청구권에 기한 채권의 변제에 충당할 수 있다. 다만, 그 신탁재산의 매각으로 신탁의 목적을 달성할 수 없게 되거나 그 밖의 상당한 이유가 있는 경우에는 그러하지 아니하다. (권리행사요건)수탁자는 원상회복의무 등을 이행한 후가 아니면 비용상환청구권 또는 보수청구권을 행사할 수 없다.

Ⅳ. 공동수탁

1. 공동수탁자

수탁자가 여럿인 경우 신탁재산은 수탁자들의 합유로 하며, 이 경우 수탁자 중 1인의 임무가 종료하면 신탁재산은 당연히 다른 수탁자에게 귀속되고, 이 경우 신탁행위로 달리 정한 바가 없으면 신탁사무의 처리는 수탁자가 공동으로 하여야 한다. 다만, 보존행위는 각자 할 수 있다. 수탁자가 여럿인 경우 수탁자 1인에 대한의사표시는 다른 수탁자에게도 효력이 있다. 수탁자가 여럿인 경우 신탁행위로 다른 수탁자의 업무집행을 대리할 업무집행수탁자를 정할 수 있다.

2. 공동수탁자의 연대책임

수탁자가 여럿인 경우 수탁자들은 신탁사무의 처리에 관하여 제3자에게 부담한 채무에 대하여 연대하여 변제할 책임이 있다. 수탁자가 여럿인 경우 그 중 일부가 수탁자로서의 의무를 위반하여 부담한 채무에 대하여 그 행위에 관여하지 아니한 다른 수탁자는 책임이 없다. 다만, 다른 수탁자의의무위반행위를 저지하기 위하여 합리적인 조치를 취하지 아니한 경우에는 그러하지 아니하다.

V. 수탁자의의무승계 등

1. 신수탁자의의무승계 및 전수탁자의 우선변제권 등

수탁자가 변경된 경우 신수탁자는 전수탁자가 신탁행위로 인하여 수익자에게 부담하는 채무를 승계한다. 수탁자가 여럿인 경우 일부의 수탁자가 변경된 경우에도 또한 같다. 신탁사무의 처리에 관하여 발생한 채권은 신탁재산의 한도 내에서 신수탁자에게도 행사할 수 있다. 신탁재산에 대한 강제집행등의 절차 또는 국세 등 체납처분의 절차는 신수탁자에 대하여 속행할 수 있다. 전수탁자의 비용상환청구권에 관하여는 수탁자의 규정을 준용한다. 전수탁자는 비용상환청구권에 기한 채권을 변제받을 때까지 신탁재산을 유치할 수 있다.

2. 사무의 인계

① 수탁자가 변경된 경우 전수탁자와 그 밖의 관계자는 신탁사무의 계산을 하고, 수익자의 입회하에 신수탁자에게 사무를 인계하여야 한다. ② 수익자가 ①의 계산을 승인한 경우에는 전수탁자나 그 밖의 관계자의 수익자에 대한 인계에 관한 책임은 면제된 것으로 본다. 다만, 부정행위가 있었던 경우에는 그러하지 아니하다.

제 5 절 수익자의 권리 · 의무

I. 수익권의 취득과 포기

1. 수익권의 취득 및 수익권의 포기

신탁행위로 정한 바에 따라 수익자로 지정된 자는 당연히 수익권을 취득한다. 다만, 신탁행위로 달리 정한 경우에는 그에 따른다. 수탁자는 지체 없이 수익자로 지정된 자에게 그 사실을 통지하여야 한다. 다만, 수익권에 부담이 있는 경우를 제외하고는 신탁행위로 통지시기를 달리 정할 수 있다. 수익자는 수탁자에게 수익권을 포기하는 취지의의사표시를 할 수 있다. 수익자가 포기의의사표시를 한 경우에는 처음부터 수익권을 가지지 아니하였던 것으로 본다. 다만, 제3자의 권리를 해치지 못한다.

2. 수익자지정권 등

신탁행위로 수익자를 지정하거나 변경할 수 있는 권한(수익자지정권등)을 갖는 자를 정할 수 있고, 수익자지정권등을 갖는 자는 수탁자에 대한의사표시 또는 유언으로 그 권한을 행사할 수 있으며, 수익자지정권등이 유언으로 행사되어 수탁자가 그 사실을 알지 못한 경우 이로 인하여 수익자로 된 자는 그 사실로써 수탁자에게 대항하지 못한다. 수익자를 변경하는 권한이 행사되어 수익자가 그 수익권을 상실한 경우 수탁자는 지체 없이 수익권을 상실한 자에게 그 사실을 통지하여야 한다. 다만, 신탁행위로 달리 정한 경우에는 그에 따른다. 수익자지정권등은 신탁행위로 달리 정한 바가 없으면 상속되지 아니한다.

3. 유언대용신탁 및 수익자연속신탁

㉠ 수익자가 될 자로 지정된 자가 위탁자의 사망 시에 수익권을 취득하는 신탁, ㉡ 수익자가 위탁자의 사망 이후에 신탁재산에 기한 급부를 받는 신탁의 경우에는 위탁자가 수익자를 변경할 권리를 갖는다. 다만, 신탁행위로 달리 정한 경우에는 그에 따른다. ㉡의 수익자는 위탁자가 사망할 때까지 수익자로서의 권리를 행사하지 못한다. 다만, 신탁행위로 달리 정한 경우에는 그에 따른다. 신탁행위로 수익자가 사망한 경우 그 수익자가 갖는 수익권이 소멸하고 타인이 새로 수익권을 취득하도록 하는 뜻을 정할 수 있다. 이 경우 수익자의 사망에 의하여 차례로 타인이 수익권을 취득하는 경우를 포함한다.

Ⅱ. 수익권의 행사

1. 수익권의 제한 금지

㉠ 이 법에 따라 법원에 청구할 수 있는 권리, ㉡ 강제집행등 또는 국세 등 체납처분에 대하여 이의를 제기할 수 있는 권리, ㉢ 장부 등의 열람 또는 복사를 청구할 수 있는 권리, ㉣ 원상회복 또는 손해배상 등을 청구할 수 있는 권리, ㉤ 수익권을 포기할 수 있

는 권리, ㉥ 신탁위반의 법률행위를 취소할 수 있는 권리, ㉦ 유지를 청구할 수 있는 권리, ㉧ 수익권의 매수를 청구할 수 있는 권리, ㉨ 그 밖에 신탁의 본질에 비추어 수익자 보호를 위하여 필요하다고 대통령령으로 정하는 권리에 해당하는 수익자의 권리는 신탁행위로도 제한할 수 없다.

2. 수익채권과 신탁채권의 관계 및 수익채권의 소멸시효

신탁채권은 수익자가 수탁자에게 신탁재산에 속한 재산의 인도와 그 밖에 신탁재산에 기한 급부를 요구하는 청구권(수익채권)보다 우선한다. 수익채권의 소멸시효는 채권의 예에 따르며, 수익채권의 소멸시효는 수익자가 수익자로 된 사실을 알게 된 때부터 진행하고, 신탁이 종료한 때부터 6개월 내에는 수익채권의 소멸시효가 완성되지 아니한다.

Ⅲ. 수익권의 양도

1. 수익권의 양도성

수익자는 수익권을 양도할 수 있다. 다만, 수익권의 성질이 양도를 허용하지 아니하는 경우에는 그러하지 아니하다. 수익권의 양도에 대하여 신탁행위로 달리 정한 경우에는 그에 따른다. 다만, 그 정함으로써 선의의 제3자에게 대항하지 못한다.

2. 수익권 양도의 대항요건과 수탁자의 항변

수익권의 양도는 ㉠ 양도인이 수탁자에게 통지한 경우, ㉡ 수탁자가 승낙한 경우에만 수탁자와 제3자에게 대항할 수 있다. ㉠㉡의 통지 및 승낙은 확정일자가 있는 증서로 하지 아니하면 수탁자 외의 제3자에게 대항할 수 없다. 수탁자는 ㉠㉡의 통지 또는 승낙이 있는 때까지 양도인에 대하여 발생한 사유로 양수인에게 대항할 수 있다. 수탁자가 이의를 보류하지 아니하고 ㉡의 승낙을 한 경우에는 양도인에게 대항할 수 있는 사유로써 양수인에게 대항하지 못한다. 다만, 수탁자가 채무를 소멸하게 하기 위하여 양도인에게 급여한 것이 있으면 이를 회수할 수 있고, 양도인에 대하여 부담한 채무가 있으면 그 성립되지 아니함을 주장할 수 있다.

3. 수익권에 대한 질권

수익자는 수익권을 질권의 목적으로 할 수 있다. 다만, 수익권의 성질이 질권의 설정을 허용하지 아니하는 경우에는 그러하지 아니하다. 수익권을 목적으로 하는 질권의 설정에 대하여 신탁행위로 달리 정한 경우에는 그에 따른다. 다만, 그 정함으로써 선의의 제3자에게 대항하지 못한다. 수익권을 목적으로 하는 질권의 설정에 관하여는 수익권 양도의 대항요건과 수탁자의 항변사유에 관한 규정을 준용한다. 수익권을 목적으로 하는 질권은 그 수익권에 기한 수익채권과 이 법 또는 신탁행위에 따라 그 수익권을 갈음하여 수익자가 받을 금전이나 그 밖의 재산에도 존재한다. 수익권의 질권자는 직접 수탁자로부터 금전을 지급받아 다른 채권자에 우선하여 자기 채권의 변제에 충당할 수 있다. 질권자의 채권이 변제기에 이르지 아니한 경우 질권자는 수탁자에게 그 변제금액의 공탁을 청구할 수 있다. 이 경우 질권은 그 공탁금에 존재한다.

Ⅳ. 신탁관리인

1. 신탁관리인의 선임

수익자가 특정되어 있지 아니하거나 존재하지 아니하는 경우 법원은 위탁자나 그 밖의 이해관계인의 청구에 의하여 또는 직권으로 신탁관리인을 선임할 수 있다. 다만, 신탁행위로 신탁관리인을 지정한 경우에는 그에 따른다. 수익자가 미성년자, 한정치산자 또는 금치산자이거나 그 밖의 사유로 수탁자에 대한 감독을 적절히 할 수 없는 경우 법원은 이해관계인의 청구에 의하여 또는 직권으로 신탁관리인을 선임할 수 있다. 다만, 신탁행위로 달리 정한 경우에는 그에 따른다. 수익자가 여럿인 경우 수익자는 의사결정으로 신탁관리인을 선임할 수 있다. 수익권의 내용이 다른 여러 종류의 수익권이 있고 같은 종류의 수익권을 가진 수익자(종류수익자)가 여럿인 경우에도 또한 같다. 법원은 선임한 신탁관리인에게 필요한 경우 신탁재산에서 적당한 보수를 줄 수 있다.

2. 신탁관리인의 권한

신탁관리인은 수익자의 이익이나 목적신탁의 목적 달성을 위하여 자기의 명의로 수익자의 권리에 관한 재판상 또는 재판 외의 모든 행위를 할 권한이 있다. 다만, 신탁관리인의 선임을 수탁자에게 통지하지 아니한 경우에는 수탁자에게 대항하지 못한다. 신탁관리인은 신탁에 관하여 수익자와 동일한 지위를 가지는 것으로 본다. 선임된 신탁관리인이 여럿인 경우 신탁행위로 달리 정한 바가 없으면 공동으로 사무를 처리한다. 신탁관리인이 개별 수익자를 위하여 각각 선임된 경우에는 각 신탁관리인은 해당 수익자를 위하여 단독으로 사무를 처리한다. 이 경우 개별 수익자를 위하여 선임된 여럿의 신탁관리인들은 해당 수익자를 위하여 공동으로 사무를 처리한다. 선임된 신탁관리인이 여럿인 경우에는 선임 시 달리 정하지 아니하면 공동으로 사무를 처리한다. 선임된 신탁관리인은 자신을 선임한 종류수익자만을 위하여 단독으로 사무를 처리한다. 이 경우 하나의 종류수익자를 위하여 선임된 여럿의 신탁관리인들은 그 종류수익자를 위하여 공동으로 사무를 처리한다. 신탁관리인을 선임한 경우에도 수익자는 의사결정으로 사무를 처리할 수 있다.

V. 수익자가 여럿인 경우의사결정

1. 수익자가 여럿인 경우 의사결정 방법

① 수익자가 여럿인 신탁에서 수익자의의사는 수익자 전원의 동의로 결정한다. 다만, 수익권의 제한금지 대상의 권리는 각 수익자가 개별적으로 행사할 수 있다. ② 신탁행위로 수익자집회를 두기로 정한 경우에는 수익자의 집회 소집 등의 규정에 따른다. ③ ①의 본문 및 ②에도 불구하고 신탁행위로 달리 정한 경우에는 그에 따른다.

2. 수익자집회의 소집

① 수익자집회는 필요가 있을 때 수시로 개최할 수 있고, ② 수익자집회는 수탁자가 소집한다. ③ 수익자는 수탁자에게 수익자집회의 목적사항과 소집이유를 적은 서면 또는 전자문서로 수익자집회의 소집을 청구할 수 있다. ④ ③의 청구를 받은 후 수탁자가 지체 없이 수익자집회의 소집절차를 밟지 아니하는 경우 수익자집회의 소집을 청구한 수익자는 법원의 허가를 받아 수익자집회를 소집할 수 있다. ⑤ 수익자집회를 소집하는 자(소집자)는 집회일 2주 전에 알고 있는 수익자 및 수탁자에게 서면이나 전자문서(수익자의 경우 전자문서로 통지를 받는 것에 동의한 자만 해당)로 회의의 일시 · 장소 및 목적사항을 통지하여야 한다. ⑥ 소집자는 의결권 행사에 참고할 수 있도록 수익자에게 대통령령으로

정하는 서류를 서면이나 전자문서(전자문서로 제공받는 것에 동의한 수익자의 경우만 해당)로 제공하여야 한다.[4)]

Ⅵ. 수익자의 취소권 및 유지청구권

1. 신탁위반 법률행위의 취소

① 수탁자가 신탁의 목적을 위반하여 신탁재산에 관한 법률행위를 한 경우 수익자는 상대방이나 전득자가 그 법률행위 당시 수탁자의 신탁목적의 위반 사실을 알았거나 중대한 과실로 알지 못하였을 때에만 그 법률행위를 취소할 수 있다. ② 수익자가 여럿인 경우 그 1인이 ①에 따라 한 취소는 다른 수익자를 위하여도 효력이 있다. (취소권의 제척기간) 취소권은 수익자가 취소의 원인이 있음을 안 날부터 3개월, 법률행위가 있은 날부터 1년 내에 행사하여야 한다.

2. 수탁자에 대한 유지청구권

① 수탁자가 법령 또는 신탁행위로 정한 사항을 위반하거나 위반할 우려가 있고 해당 행위로 신탁재산에 회복할 수 없는 손해가 발생할 우려가 있는 경우 수익자는 그 수탁자에게 그 행위를 유지할 것을 청구할 수 있다. ② 수익자가 여럿인 신탁에서 수탁자가 법

4) **(수익자집회의의결권 등)** ① 수익자는 수익자집회에서 ㉠ 각 수익권의 내용이 동일한 경우: 수익권의 수, ㉡ 각 수익권의 내용이 동일하지 아니한 경우: 수익자집회의 소집이 결정된 때의 수익권 가액의 구분에 따른 의결권을 갖는다. ② 수익권이 그 수익권에 관한 신탁의 신탁재산에 속한 경우 수탁자는 그 수익권에 대하여 의결권을 행사하지 못한다. ③ 수익자는 수익자집회에 출석하지 아니하고 서면이나 전자문서(소집자가 전자문서로 행사하는 것을 승낙한 경우만 해당)로 의결권을 행사할 수 있다. 이 경우 수익자 확인절차 등 전자문서에 의한 의결권행사의 절차와 그 밖에 필요한 사항은 대통령령으로 정한다. ④ 수익자가 둘 이상의 의결권을 가지고 있을 때에는 이를 통일하지 아니하고 행사할 수 있다. 이 경우 수익자집회일 3일 전에 소집자에게 서면 또는 전자문서로 그 뜻과 이유를 통지하여야 한다. ⑤ 의결권을 통일하지 아니하고 행사하는 수익자가 타인을 위하여 수익권을 가지고 있는 경우가 아니면 소집자는 수익자의 의결권 불통일행사를 거부할 수 있다. ⑥ 수익자는 대리인으로 하여금 의결권을 행사하게 할 수 있다. 이 경우 해당 수익자나 대리인은 대리권을 증명하는 서면을 소집자에게 제출하여야 한다. ⑦ 수탁자는 수익자집회에 출석하거나 서면으로 의견을 진술할 수 있고, 수익자집회는 필요하다고 인정하는 경우 수익자집회의 결의로 수탁자에게 출석을 요구할 수 있다. ⑧ 수익자집회의의장은 수익자 중에서 수익자집회의 결의로 선임한다. **(수익자집회의 결의)** ① 수익자집회의 결의는 행사할 수 있는 의결권의 과반수에 해당하는 수익자가 출석하고 출석한 수익자의 의결권의 과반수로써 하여야 한다. ② ㉠ 수탁자 해임의 합의, ㉡ 신탁의 변경 중 신탁목적의 변경, 수익채권 내용의 변경, 그 밖에 중요한 신탁의 변경의 합의, ㉢ 신탁의 합병·분할·분할합병 계획서의 승인, ㉣ 신탁의 종료 합의, ㉤ 신탁의 종료 시 계산의 승인에 관한 수익자집회의 결의는 의결권의 과반수에 해당하는 수익자가 출석하고 출석한 수익자의 의결권의 3분의 2 이상으로써 하여야 한다.

령 또는 신탁행위로 정한 사항을 위반하거나 위반할 우려가 있고 해당 행위로 일부 수익자에게 회복할 수 없는 손해가 발생할 우려가 있는 경우에도 ① 과 같다.

Ⅶ. 수익증권

1. 수익증권의 발행

① 신탁행위로 수익권을 표시하는 수익증권을 발행하는 뜻을 정할 수 있다. 이 경우 각 수익권의 내용이 동일하지 아니할 때에는 특정 내용의 수익권에 대하여 수익증권을 발행하지 아니한다는 뜻을 정할 수 있다. ② ①의 정함이 있는 신탁(수익증권발행신탁)의 수탁자는 신탁행위로 정한 바에 따라 지체 없이 해당 수익권에 관한 수익증권을 발행하여야 한다. ③ 수익증권은 기명식 또는 무기명식으로 한다. 다만, 담보권을 신탁재산으로 하여 설정된 신탁의 경우에는 기명식으로만 하여야 한다. ④ 신탁행위로 달리 정한 바가 없으면 수익증권이 발행된 수익권의 수익자는 수탁자에게 기명수익증권을 무기명식으로 하거나 무기명수익증권을 기명식으로 할 것을 청구할 수 있다.[5)]

2. 수익자명부

① 수익증권발행신탁의 수탁자는 지체 없이 수익자명부를 작성하고 ㉠ 각 수익권에 관한 수익채권의 내용과 그 밖의 수익권의 내용, ㉡ 각 수익권에 관한 수익증권의 번호 및 발행일, ㉢ 각 수익권에 관한 수익증권이 기명식인지 무기명식인지의 구별, ㉣ 기명수익증권의 경우에는 해당 수익자의 성명 또는 명칭 및 주소, ㉤ 무기명수익증권의 경우에는 수익증권의 수, ㉥ 기명수익증권의 수익자의 각 수익권 취득일, ㉦ 그 밖에 대통령령으로

---

5) 수익증권에는 ㉠ 수익증권발행신탁의 수익증권이라는 뜻, ㉡ 위탁자 및 수탁자의 성명 또는 명칭 및 주소, ㉢ 기명수익증권의 경우에는 해당 수익자의 성명 또는 명칭, ㉣ 각 수익권에 관한 수익채권의 내용 및 그 밖의 다른 수익권의 내용, ㉤ 수익자의 수탁자에 대한 보수지급의무 또는 비용 등의 상환의무 및 손해배상의무에 관하여 신탁행위의 정함이 있는 경우에는 그 뜻 및 내용, ㉥ 수익자의 권리행사에 관하여 신탁행위의 정함(신탁관리인에 관한 사항을 포함)이 있는 경우에는 그 뜻 및 내용, ㉦ 유한책임신탁인 경우에는 그 뜻 및 신탁의 명칭, ㉧ 신탁사채 발행에 관하여 신탁행위의 정함이 있는 경우에는 그 뜻 및 내용, ㉨ 신탁기간의 정함이 있는 경우에는 그 기간, ㉩ 수탁자에게 보수를 지급하는 경우에는 수탁자 보수의 계산방법, 지급방법 및 지급시기, ㉪ 기명수익증권을 발행한 경우로서 수익권에 대한 양도의 제한이 있을 때에는 그 취지 및 내용, ㉫ 신탁이 종료되었을 때에 잔여재산수익자 또는 귀속권리자를 정한 경우에는 그 성명 또는 명칭, ㉬ 유한책임신탁인 경우에는 신탁사무처리지의 사항과 번호를 적고 수탁자(수탁자가 법인인 경우에는 그 대표자)가 기명날인 또는 서명하여야 한다.

정하는 사항을 적어야 한다. ② 수익증권발행신탁의 수탁자가 수익자나 질권자에게 하는 통지 또는 최고는 수익자명부에 적혀 있는 주소나 그 자로부터 수탁자에게 통지된 주소로 하면 된다. 다만, 무기명수익증권의 수익자나 그 질권자에게는 ㉠ 일반일간신문 중 전국을 보급지역으로 하는 신문(일반일간신문)에 의 공고(수탁자가 법인인 경우에는 그 법인의 공고방법에 따른 공고), ㉡ 수탁자가 알고 있는 자에 대한 개별적인 통지 또는 최고의 방법 모두를 이행하여 통지하거나 최고하여야 한다.

3. 수익증권발행신탁 수익권의 양도

수익증권발행신탁의 경우 수익권을 표시하는 수익증권을 발행하는 정함이 있는 수익권을 양도할 때에는 해당 수익권을 표시하는 수익증권을 교부하여야 한다. 기명수익증권으로 표시되는 수익권의 이전은 취득자의 성명 또는 명칭과 주소를 수익자명부에 적지 아니하면 수탁자에게 대항하지 못한다. 특정 수익권에 대하여 수익증권을 발행하지 아니한다는 뜻을 정한 수익증권발행신탁의 경우 해당 수익권의 이전은 취득자의 성명 또는 명칭과 주소를 수익자명부에 적지 아니하면 수탁자 및 제3자에게 대항하지 못한다. 수익증권발행신탁에서 수익권을 표시하는 수익증권을 발행하는 정함이 있는 수익권의 경우 수익증권의 발행 전에 한 수익권의 양도는 수탁자에 대하여 효력이 없다. 다만, 수익증권을 발행하여야 하는 날부터 6개월이 경과한 경우에는 그러하지 아니하다.

제 6 절 신탁사채 및 신탁의 변경

Ⅰ. 신탁사채

① ㉠ 수익증권발행신탁일 것, ㉡ 유한책임신탁일 것, ㉢ 수탁자가 「상법」상 주식회사나 그 밖의 법률에 따라 사채를 발행할 수 있는 자일 것의 요건을 모두 충족하는 경우 신탁행위로 수탁자가 신탁을 위하여 사채를 발행할 수 있도록 정할 수 있다. ② 사채를 발행하는 수탁자는 사채청약서, 채권 및 사채원부에 ㉠ 해당 사채가 신탁을 위하여 발행되는 것이라는 뜻, ㉡ ㉠의 신탁을 특정하는 데에 필요한 사항, ㉢ 해당 사채에 대하여는 신탁재산만으로 이행책임을 진다는 뜻의 사항을 적어야 한다. ③ 사채 총액 한도에 관하

여는 최종의 대차대조표에 의하여 유한책임신탁에 현존하는 순자산액의 4배로 한다. 다만, 최종의 대차대조표가 없는 경우에는 사채의 발행 시점에 유한책임신탁에 현존하는 순자산액의 4배로 한다. ④ ①에 따른 사채의 발행에 관하여 이 법에서 달리 정하지 아니하는 사항에 대하여는 상법 제396조 및 제3편제4장제8절(상법 제469조는 제외)을 준용한다.

Ⅱ. 신탁의 변경

1. 신탁당사자의 합의 등에 의한 신탁변경

신탁은 위탁자, 수탁자 및 수익자의 합의로 변경할 수 있다. 다만, 신탁행위로 달리 정한 경우에는 그에 따른다. 신탁의 변경은 제3자의 정당한 이익을 해치지 못한다. 신탁행위 당시에 예견하지 못한 특별한 사정이 발생한 경우 위탁자, 수익자 또는 수탁자는 신탁의 변경을 법원에 청구할 수 있다. 목적신탁에서 수익자의 이익을 위한 신탁으로, 수익자의 이익을 위한 신탁에서 목적신탁으로 변경할 수 없다.

2. 반대수익자의 수익권매수청구권

① ㉠ 신탁의 목적, ㉡ 수익채권의 내용, ㉢ 신탁행위로 수익권매수청구권을 인정한 사항에 관한 변경에 반대하는 수익자는 신탁변경이 있은 날부터 20일 내에 수탁자에게 수익권의 매수를 서면으로 청구할 수 있다. ② 수탁자는 ①의 청구를 받은 날부터 2개월 내에 매수한 수익권의 대금을 지급하여야 한다. ③ 수익권의 매수가액은 수탁자와 수익자 간의 협의로 결정한다. ④ 청구를 받은 날부터 30일 내에 협의가 이루어지지 아니한 경우 수탁자나 수익권의 매수를 청구한 수익자는 법원에 매수가액의 결정을 청구할 수 있다. ⑤ 청구에 의하여 수탁자가 수익권을 취득한 경우 그 수익권은 소멸한다. 다만, 신탁행위 또는 신탁변경의 합의로 달리 정한 경우에는 그에 따른다.

3. 신탁의 합병 및 신탁의 분할 및 분할합병

수탁자가 동일한 여러 개의 신탁은 1개의 신탁으로 할 수 있다. 합병 전의 신탁재산에 속한 권리 · 의무는 합병 후의 신탁재산에 존속한다.[6] 신탁재산 중 일부를 분할하여 수탁자가 동일한 새로운 신탁의 신탁재산으로 할 수 있다. 신탁재산 중 일부를 분할하여 수탁자가 동일한 다른 신탁과 합병(분할합병)할 수 있다. 분할되는 신탁재산에 속한 권리 · 의무는 분할계획서 또는 분할합병계획서가 정하는 바에 따라 분할 후 신설신탁 또는 분할합병신탁에 존속한다.[7] 수탁자는 분할하는 신탁재산의 채권자에게 분할된 신탁과 분할 후의 신설신탁 또는 분할합병신탁의 신탁재산으로 변제할 책임이 있다.

---

6) **(신탁의 합병계획서)** ① 신탁을 합병하려는 경우 수탁자는 ㉠ 신탁합병의 취지, ㉡ 신탁합병 후의 신탁행위의 내용, ㉢ 신탁행위로 정한 수익권의 내용에 변경이 있는 경우에는 그 내용 및 변경이유, ㉣ 신탁합병 시 수익자에게 금전과 그 밖의 재산을 교부하는 경우에는 그 재산의 내용과 가액, ㉤ 신탁합병의 효력발생일, ㉥ 합병할 각 신탁의 위탁자의 성명 또는 명칭 및 주소, ㉦ 합병할 각 신탁의 수탁자의 성명 또는 명칭 및 주소, ㉧ 합병할 각 신탁의 신탁행위의 내용 및 설정일, ㉨ 합병할 각 신탁의 신탁재산의 목록 및 내용, ㉩ 합병할 각 신탁이 유한책임신탁인 경우에는 그 명칭 및 신탁사무처리지의 사항을 적은 합병계획서를 작성하여야 한다. ②의 합병계획서를 승인하지 아니하는 수익자는 합병계획서의 승인이 있은 날부터 20일 내에 수탁자에게 수익권의 매수를 서면으로 청구할 수 있다. **(합병계획서의 공고 및 채권자보호)** ① 수탁자는 신탁의 합병계획서의 승인을 받은 날부터 2주 내에 ㉠ 합병계획서, ㉡ 채권자가 일정한 기간 내에 이의를 제출할 수 있다는 취지, ㉢ 그 밖에 대통령령으로 정하는 사항(합병 후 신탁채무의 이행 계획)을 일반일간신문에 공고하고(수탁자가 법인인 경우에는 해당 법인의 공고방법에 따른다) 알고 있는 신탁재산의 채권자에게는 개별적으로 이를 최고하여야 한다. ㉡의 경우 일정한 기간은 1개월 이상이어야 한다. ② 이의를 제출한 채권자가 있는 경우 수탁자는 그 채권자에게 변제하거나 적당한 담보를 제공하거나 이를 목적으로 하여 적당한 담보를 신탁회사에 신탁하여야 한다. 다만, 신탁의 합병으로 채권자를 해칠 우려가 없는 경우에는 그러하지 아니하다.

7) **(신탁의 분할계획서 및 분할합병계획서)** ① 신탁을 분할하거나 분할합병하려는 경우 수탁자는 ㉠ 신탁을 분할하거나 분할합병한다는 취지, ㉡ 분할하거나 분할합병한 후의 신탁행위의 내용, ㉢ 신탁행위로 정한 수익권의 내용에 변경이 있는 경우에는 그 내용 및 변경이유, ㉣ 분할하거나 분할합병할 때 수익자에게 금전과 그 밖의 재산을 교부하는 경우에는 그 재산의 내용과 가액, ㉤ 분할 또는 분할합병의 효력발생일, ㉥ 분할되는 신탁재산 및 신탁채무의 내용과 그 가액, ㉦ 유한책임신탁의 채무를 승계하는 분할 후 신설신탁 또는 분할합병신탁이 있는 경우 그러한 취지와 특정된 채무의 내용, ㉧ 분할된 신탁과 분할 후 신설신탁 또는 분할합병신탁의 위탁자의 성명 또는 명칭 및 주소, ㉨ 분할된 신탁과 분할 후 신설신탁 또는 분할합병신탁의 수탁자의 성명 또는 명칭 및 주소, ㉩ 분할된 신탁과 분할 후 신설신탁 또는 분할합병신탁이 유한책임신탁인 경우에는 그 명칭 및 신탁사무처리지 사항을 적은 분할계획서 또는 분할합병계획서를 작성하여야 한다. ② 분할계획서 또는 분할합병계획서를 승인하지 아니한 수익자는 분할계획서 또는 분할합병계획서의 승인이 있은 날부터 20일 내에 수탁자에게 수익권의 매수를 서면으로 청구할 수 있다. **(분할계획서 등의 공고 및 채권자보호)** ① 수탁자는 신탁의 분할계획서 또는 분할합병계획서의 승인을 받은 날부터 2주 내에 ㉠ 분할계획서 또는 분할합병계획서, ㉡ 채권자가 일정한 기간 내에 이의를 제출할 수 있다는 취지, ㉢ 그 밖에 대통령령으로 정하는 사항(분할 또는 분할합병 후 신탁채무의 이행 계획)을 일반일간신문에 공고하고(수탁자가 법인인 경우에는 그 법인의 공고방법에 따른다) 알고 있는 신탁재산의 채권자에게는 개별적으로 최고하여야 한다. 제2호의 경우 일정한 기간은 1개월 이상이어야 한다. ② 이의를 제출한 채권자가 있는 경우 수탁자는 그 채권자에게 변제하거나 적당한 담보를 제공하거나 이를 목적으로 하여 적당한 담보를 신탁회사에 신탁하여야 한다. 다만, 신탁을 분할하거나 분할합병하는 것이 채권자를 해칠 우려가 없는 경우에는 그러하지 아니하다.

제7절 신탁의 종료 및 감독

Ⅰ. 신탁의 종료

1. 신탁의 종료사유

신탁은 ㉠ 신탁의 목적을 달성하였거나 달성할 수 없게 된 경우, ㉡ 신탁이 합병된 경우, ㉢ 유한책임신탁에서 신탁재산에 대한 파산선고가 있은 경우, ㉣ 수탁자의 임무가 종료된 후 신수탁자가 취임하지 아니한 상태가 1년간 계속된 경우, ㉤ 목적신탁에서 신탁관리인이 취임하지 아니한 상태가 1년간 계속된 경우, ㉥ 신탁행위로 정한 종료사유가 발생한 경우에 해당하는 경우 종료한다.[8)]

2. 신탁종료 후의 신탁재산의 귀속

① 신탁이 종료된 경우 신탁재산은 수익자(잔여재산수익자를 정한 경우에는 그 잔여재산수익자)에게 귀속한다. 다만, 신탁행위로 신탁재산의 잔여재산이 귀속될 자(귀속권리자)를 정한 경우에는 그 귀속권리자에게 귀속한다. ② 수익자와 귀속권리자로 지정된 자가 신탁의 잔여재산에 대한 권리를 포기한 경우 잔여재산은 위탁자와 그 상속인에게 귀속한다. ③ 집행의 면탈이나 부정한 목적에 따라 신탁이 종료된 경우 신탁재산은 위탁자에게 귀속한다. ④ 신탁이 종료된 경우 신탁재산이 ①부터 ③까지의 규정에 따라 귀속될 자에게 이전될 때까지 그 신탁은 존속하는 것으로 본다. 이 경우 신탁재산이 귀속될 자를 수익자로 본다. ⑤ 잔여재산의 귀속이 정하여지지 아니하는 경우 잔여재산은 국가에 귀속된다.

---

8) **(합의에 의한 신탁의 종료)** ① 위탁자와 수익자는 합의하여 언제든지 신탁을 종료할 수 있다. 다만, 위탁자가 존재하지 아니하는 경우에는 그러하지 아니하다. ② 위탁자가 신탁이익의 전부를 누리는 신탁은 위탁자나 그 상속인이 언제든지 종료할 수 있다. ③ 위탁자, 수익자 또는 위탁자의 상속인이 정당한 이유 없이 수탁자에게 불리한 시기에 신탁을 종료한 경우 위탁자, 수익자 또는 위탁자의 상속인은 그 손해를 배상하여야 한다. ④ 신탁행위로 달리 정한 경우에는 그에 따른다. **(법원의 명령에 의한 신탁의 종료)** 신탁행위 당시에 예측하지 못한 특별한 사정으로 신탁을 종료하는 것이 수익자의 이익에 적합함이 명백한 경우에는 위탁자, 수탁자 또는 수익자는 법원에 신탁의 종료를 청구할 수 있다.

3. 신탁종료에 의한 계산 및 신탁의 청산

① 신탁이 종료한 경우 수탁자는 지체 없이 신탁사무에 관한 최종의 계산을 하고, 수익자 및 귀속권리자의 승인을 받아야 한다. ② 수익자와 귀속권리자가 ①의 계산을 승인한 경우 수탁자의 수익자와 귀속권리자에 대한 책임은 면제된 것으로 본다. 다만, 수탁자의 직무수행에 부정행위가 있었던 경우에는 그러하지 아니하다. ③ 수익자와 귀속권리자가 수탁자로부터 ①의 계산승인을 요구받은 때부터 1개월 내에 이의를 제기하지 아니한 경우 수익자와 귀속권리자는 ①의 계산을 승인한 것으로 본다.

신탁행위 또는 위탁자와 수익자의 합의로 청산절차에 따라 신탁을 종료하기로 한 경우의 청산절차에 관하여는 유한책임신탁의 청산규정을 준용한다.

Ⅱ. 법원의 감독

신탁사무는 법원이 감독한다. 다만, 신탁의 인수를 업으로 하는 경우는 그러하지 아니하다. 법원은 이해관계인의 청구에 의하여 또는 직권으로 신탁사무 처리의 검사, 검사인의 선임, 그 밖에 필요한 처분을 명할 수 있다.

제 8 절 유한책임신탁

Ⅰ. 유한책임신탁의 설정

1. 유한책임신탁의 설정

신탁행위로 수탁자가 신탁재산에 속하는 채무에 대하여 신탁재산만으로 책임지는 신탁(유한책임신탁)을 설정할 수 있다. 이 경우 유한책임신탁의 등기를 하여야 그 효력이 발생한다. 유한책임신탁을 설정하려는 경우에는 신탁행위로 ㉠ 유한책임신탁의 목적, ㉡ 유한책임신탁의 명칭, ㉢ 위탁자 및 수탁자의 성명 또는 명칭 및 주소, ㉣ 유한책임신탁의 신탁사무를 처리하는 주된 사무소(신탁사무처리지), ㉤ 신탁재산의 관리 또는 처분 등의

방법, ㉥ 그 밖에 필요한 사항으로서 대통령령으로 정하는 사항(신탁의 사업연도)을 정하여야 한다.[9)]

2. 수탁자의 제3자에 대한 책임

① 유한책임신탁의 수탁자가 ㉠ 고의 또는 중대한 과실로 그 임무를 게을리한 경우, ㉡ 고의 또는 과실로 위법행위를 한 경우, ㉢ 대차대조표 등 회계서류에 기재 또는 기록하여야 할 중요한 사항에 관한 사실과 다른 기재 또는 기록을 한 경우, ㉣ 사실과 다른 등기 또는 공고를 한 경우에 해당하는 행위를 한 경우 그 수탁자는 유한책임신탁임에도 불구하고 제3자에게 그로 인하여 입은 손해를 배상할 책임이 있다. 다만, ㉢ 및 ㉣의 경우 수탁자가 주의를 게을리하지 아니하였음을 증명하였을 때에는 그러하지 아니하다. ② ①에 따라 제3자에게 손해를 배상할 책임이 있는 수탁자가 여럿인 경우 연대하여 그 책임을 진다.

3. 고유재산에 대한 강제집행 등의 금지

① 유한책임신탁의 경우 신탁채권에 기하여 수탁자의 고유재산에 대하여 강제집행등이나 국세 등 체납처분을 할 수 없다. 다만, 수탁자의 제3자에 대한 책임에 따른 수탁자의 손해배상채무에 대하여는 그러하지 아니하다. ② 수탁자는 ①을 위반한 강제집행등에 대하여 이의를 제기할 수 있다. 이 경우 민사집행법 제48조를 준용한다. ③ 수탁자는 ①을 위반한 국세 등 체납처분에 대하여 이의를 제기할 수 있다. 이 경우 국세 등 체납처분에 대한 불복절차를 준용한다.

9) **(유한책임신탁의 명칭)** ① 유한책임신탁의 명칭에는 "유한책임신탁"이라는 문자를 사용하여야 한다. ② 유한책임신탁이 아닌 신탁은 명칭에 유한책임신탁 및 그 밖에 이와 유사한 문자를 사용하지 못한다. ③ 누구든지 부정한 목적으로 다른 유한책임신탁으로 오인할 수 있는 명칭을 사용하지 못한다. ④ ③을 위반하여 명칭을 사용하는 자가 있는 경우 그로 인하여 이익이 침해되거나 침해될 우려가 있는 유한책임신탁의 수탁자는 그 명칭 사용의 정지 또는 예방을 청구할 수 있다. **(명시 · 교부의무)** ① 수탁자는 거래상대방에게 유한책임신탁이라는 뜻을 명시하고 그 내용을 서면으로 교부하여야 한다. ② 수탁자가 ①을 위반한 경우 거래상대방은 그 법률행위를 한 날부터 3개월 내에 이를 취소할 수 있다. **(회계서류 작성의무)** ① 유한책임신탁의 경우 수탁자는 ㉠ 대차대조표, ㉡ 손익계산서, ㉢ 이익잉여금처분계산서나 결손금처리계산서, ㉣ 자본변동표, ㉤ 신탁의 재산목록과 그 부속 명세서, ㉥ 수익증권을 발행하는 경우에는 수익증권기준가격 계산서의 서류를 작성하여야 한다. ② ㉠ 수익증권발행신탁일 것, ㉡ 직전 사업연도 말의 신탁재산의 자산총액 또는 부채규모가 자산총액이 100억원 이상인 경우, 부채총액이 70억원 이상이고 자산총액이 70억원 이상인 경우 일 것의 요건을 모두 갖춘 유한책임신탁은 외부감사법의 예에 따라 감사를 받아야 한다.

4. 수익자에 대한 급부의 제한

① 유한책임신탁의 수탁자는 수익자에게 신탁재산에서 급부가 가능한 한도를 초과하여 급부할 수 없다. ② ①에 따른 급부가 가능한 한도는 순자산액의 한도 내에서 대통령령으로 정하는 방법에 따라 산정한다.[10)]

Ⅱ. 유한책임신탁의 등기

1. 유한책임신탁등기

① 유한책임신탁등기는 ㉠ 유한책임신탁의 목적, ㉡ 유한책임신탁의 명칭, ㉢ 수탁자의 성명 또는 명칭 및 주소, ㉣ 신탁재산관리인이 있는 경우 신탁재산관리인의 성명 또는 명칭 및 주소, ㉤ 신탁사무처리지, ㉥ 그 밖에 대통령령으로 정하는 사항을 등기하여야 한다. ② ①의 등기는 유한책임신탁을 설정한 때부터 2주 내에 하여야 한다. ③ 유한책임신탁의 등기를 신청하기 위한 서면(전자문서를 포함. 신청서)에는 ㉠ 유한책임신탁을 설정한 신탁행위를 증명하는 서면, ㉡ 수탁자가 법인인 경우에는 그 법인의 상업등기법 제15조에 따른 등기사항증명서, ㉢ 외부의 감사인을 두어야 하는 경우에는 그 선임 및 취임승낙을 증명하는 서면, ㉣ ㉢의 감사인이 법인인 경우에는 그 법인의 상업등기법 제15조에 따른 등기사항증명서를 첨부하여야 한다.[11)]

---

10) **(초과급부에 대한 전보책임)** ① 수탁자가 수익자에게 급부가 가능한 한도를 초과하여 급부한 경우 수탁자와 이를 받은 수익자는 연대하여 초과된 부분을 신탁재산에 전보할 책임이 있다. 다만, 수탁자가 주의를 게을리하지 아니하였음을 증명한 경우에는 그러하지 아니하다. ② ①의 초과부분을 전보한 수탁자는 선의의 수익자에게 구상권을 행사할 수 없다. **(합병의 효과에 대한 특칙)** 유한책임신탁에 속하는 채무에 대하여는 합병 후에도 합병 후 신탁의 신탁재산만으로 책임을 진다. **(분할의 효과에 대한 특칙)** 유한책임신탁에 속하는 채무에 대하여 분할 후의 신설신탁 또는 분할합병신탁에 이전하는 것으로 정한 경우 그 채무에 대하여는 분할 후의 신설신탁 또는 분할합병신탁의 신탁재산만으로 책임을 진다.

11) **(관할 등기소)** ① 유한책임신탁의 등기에 관한 사무는 신탁사무처리지를 관할하는 지방법원, 그 지원 또는 등기소를 관할 등기소로 한다. ② 등기소는 유한책임신탁등기부를 편성하여 관리한다. **(등기의 신청)** ① 등기는 법령에 다른 규정이 있는 경우를 제외하고는 수탁자의 신청 또는 관공서의 촉탁이 없으면 하지 못한다. ② 신탁재산관리인이 선임되면 법령에 다른 규정이 있는 경우를 제외하고는 신탁재산관리인이 등기를 신청하여야 한다.

2. 유한책임신탁의 변경등기

① 유한책임신탁등기의 사항(신탁사무처리지 제외)에 변경이 있는 경우에는 2주 내에 변경등기를 하여야 한다. ② 신탁사무처리지에 변경이 있는 경우에는 2주 내에 종전 신탁사무처리지에서는 변경등기를 하고 새로운 신탁사무처리지에서는 상기 유한책임신탁등기 사항을 등기하여야 한다. 다만, 같은 등기소의 관할구역 내에서 신탁사무처리지를 변경한 경우에는 신탁사무처리지의 변경등기만 하면 된다. ③ 유한책임신탁등기사항의 변경은 ① 또는 ②에 따라 등기하지 아니하면 선의의 제3자에게 대항하지 못한다. 등기한 후라도 제3자가 정당한 사유로 이를 알지 못한 경우에도 또한 같다. ④ ① 또는 ②에 따라 변경등기를 신청할 때에는 신청서에 해당 등기사항의 변경을 증명하는 서면을 첨부하여야 한다.

3. 유한책임신탁의 종료등기 등

① 유한책임신탁이 종료되거나 유한책임신탁설정의 취지를 폐지하는 변경이 있는 경우에는 2주 내에 종료등기를 하여야 한다. ② ①에 따라 유한책임신탁의 종료등기를 신청할 때에는 신청서에 종료 사유의 발생을 증명하는 서면을 첨부하여야 한다.[12)]

Ⅲ. 유한책임신탁의 청산

1. 유한책임신탁의 청산

① 유한책임신탁이 종료한 경우에는 신탁을 청산하여야 한다. 다만, 신탁이 합병된 경우, 유한책임신탁에서 신탁재산에 대한 파산선고가 있은 경우의 사유로 종료한 경우에는 그러하지 아니하다. ② ①에 따른 청산이 완료될 때까지 유한책임신탁은 청산의 목적범위 내에서 존속하는 것으로 본다.

---

12) **(유한책임신탁의 합병등기 또는 분할등기)** 유한책임신탁이 합병하거나 분할한 후에도 유한책임신탁을 유지하는 경우 그 등기에 관하여는 신탁, 변경, 종료등기의 규정을 준용한다. **(부실의 등기)** 수탁자는 고의나 과실로 유한책임신탁의 등기가 사실과 다르게 된 경우 그 등기와 다른 사실로 선의의 제3자에게 대항하지 못한다.

2. 청산수탁자

① 유한책임신탁이 종료된 경우에는 신탁행위로 달리 정한 바가 없으면 종료 당시의 수탁자 또는 신탁재산관리인이 청산인(청산수탁자)이 된다. 다만, 유한책임신탁이 종료된 경우에는 법원이 수익자, 신탁채권자 또는 검사의 청구에 의하거나 직권으로 해당 신탁의 청산을 위하여 청산수탁자를 선임하여야 한다. ② ①단서에 따라 청산수탁자가 선임된 경우 전수탁자의 임무는 종료한다. ③ ①단서에 따라 선임된 청산수탁자에 대한 보수에 관하여는 신수탁자의 선임 규정을 준용한다. ④ 청산수탁자는 ㉠ 현존사무의 종결, ㉡ 신탁재산에 속한 채권의 추심 및 신탁채권에 대한 변제, ㉢ 수익채권(잔여재산의 급부를 내용으로 한 것은 제외)에 대한 변제, ㉣ 잔여재산의 급부, ㉤ 재산의 환가처분의 직무를 수행한다. ⑤ 청산수탁자는 ④의 ㉡ 및 ㉢의 채무를 변제하지 아니하면 ④의 ㉣의 직무를 수행할 수 없다. ⑥ 청산수탁자는 ④의 각 호 직무를 수행하기 위하여 필요한 모든 행위를 할 수 있다. 다만, 신탁행위로 달리 정한 경우에는 그에 따른다. ⑦ 청산수탁자는 청산수탁자가 된 때부터 2주 내에 청산수탁자의 성명 또는 명칭 및 주소를 등기하여야 한다.

3. 채권자의 보호

① 청산수탁자는 취임한 후 지체 없이 신탁채권자에게 일정한 기간 내에 그 채권을 신고할 것과 그 기간 내에 신고하지 아니하면 청산에서 제외된다는 뜻을 일반일간신문에 공고하는 방법(수탁자가 법인인 경우에는 그 법인의 공고방법)으로 최고하여야 한다. 이 경우 그 기간은 2개월 이상이어야 한다. ② 청산수탁자는 그가 알고 있는 채권자에게는 개별적으로 그 채권의 신고를 최고하여야 하며, 그 채권자가 신고하지 아니한 경우에도 청산에서 제외하지 못한다.[13]

13) **(채권신고기간 내의 변제)** ① 청산수탁자는 신고기간 내에는 신탁채권자에게 변제하지 못한다. 다만, 변제의 지연으로 인한 손해배상의 책임을 면하지 못한다. ② 청산수탁자는 소액의 채권, 담보가 있는 신탁채권, 그 밖에 변제로 인하여 다른 채권자를 해칠 우려가 없는 채권의 경우 법원의 허가를 받아 변제할 수 있다. ③ ②에 따른 허가신청을 각하하는 재판에는 반드시 이유를 붙여야 한다. ④ 변제를 허가하는 재판에 대하여는 불복할 수 없다. **(청산절차에서 채무의 변제)** ① 청산수탁자는 변제기에 이르지 아니한 신탁채권에 대하여도 변제할 수 있다. ② 신탁채권에 대한 변제를 하는 경우 이자 없는 채권에 대하여는 변제기에 이르기까지의 법정이자를 가산하여 그 채권액이 될 금액을 변제하여야 한다. ③ 이자 있는 채권으로서 그 이율이 법정이율에 이르지 못하는 경우에는 ②를 준용한다. ④ ①의 경우 조건부채권, 존속기간이 불확정한 채권, 그 밖에 가액이 불확정한 채권에 대하여는 법원이 선임한 감정인의 평가에 따라 변제하여야 한다. **(제외된 채권자에 대한 변제)** 청산 중인 유한책임신탁의 신탁채권자가 채권신고기간 내에 그 채권을 신고하지 아니한 경우에는 그 채권은 청산에서 제외된다. 이 경우 청산에서 제외된 채권자는 분배되지 아니한 잔여재산에 대하여만 변제를 청구할 수 있다.

4. 청산 중의 파산신청 및 청산종결의 등기

청산 중인 유한책임신탁의 신탁재산이 그 채무를 모두 변제하기에 부족한 것이 분명하게 된 경우 청산수탁자는 즉시 신탁재산에 대하여 파산신청을 하여야 한다. 유한책임신탁의 청산이 종결된 경우 청산수탁자는 최종의 계산을 하여 수익자 및 귀속권리자의 승인을 받아야 하며, 승인을 받은 때부터 2주 내에 종결의 등기를 하여야 한다.

제 23 장

부동산투자회사법

제1절 서 설

① (부동산투자회사)는 자산을 부동산에 투자하여 운용하는 것을 주된 목적으로 설립된 회사로서 ㉠ 자기관리 부동산투자회사: 자산운용 전문인력을 포함한 임직원을 상근으로 두고 자산의 투자 · 운용을 직접 수행하는 회사, ㉡ 위탁관리 부동산투자회사: 자산의 투자 · 운용을 자산관리회사에 위탁하는 회사, ㉢ 기업구조조정 부동산투자회사: ㉠ 기업이 채권금융기관에 대한 부채 등 채무를 상환하기 위하여 매각하는 부동산, ㉡ 채권금융기관과 재무구조 개선을 위한 약정을 체결하고 해당 약정 이행 등을 하기 위하여 매각하는 부동산, ㉢ 회생 절차에 따라 매각하는 부동산, ㉣ 그 밖에 기업의 구조조정을 지원하기 위하여 금융위원회가 필요하다고 인정하는 부동산을 투자 대상으로 하며 자산의 투자 · 운용을 자산관리회사에 위탁하는 회사를 말한다. ② (자산관리회사)는 위탁관리 부동산투자회사 또는 기업구조조정 부동산투자회사의 위탁을 받아 자산의 투자 · 운용업무를 수행하는 것을 목적으로 자산관리인가조건에 따라 설립된 회사를 말한다. ③ (증권)은 자본시장법의 증권 및 장내파생상품으로, 부동산관련 증권은 ㉠ 부동산투자회사의 주식 및 사채, ㉡ 집합투자증권 중 부동산과 관련되는 것으로서 대통령령으로 정하는 것, ㉢ 유동화증권 중 부동산과 관련되는 것으로서 대통령령으로 정하는 것(부동산, 부동산매출채권(부동산의 매각 · 임대 등에 의하여 발생한 매출채권), 부동산담보부채권), ㉣ 주택저당채권담보부채권 및 주택저당증권, ㉤ 국민주택채권, ㉥ 도시철도채권, ㉦ 그 밖에 부동산과 관련되는 증권으로서 대통령령으로 정하는 것(도시 · 군계획시설채권, 도시개발법에 따른 토

지상환채권, 주택상환사채, 택지개발촉진법에 따른 토지상환채권, 토지보상법에 따라 발행되는 채권, 부동산담보부채권, 법인세법의 요건에 해당하는 법인의 채권, 민간투자사업법인의 주식 및 채권 또는 사회기반시설투융자회사의 채권)을 말한다. ④ 부동산개발사업이란 ㉠ 토지를 택지·공장용지 등으로 개발하는 사업, ㉡ 공유수면을 매립하여 토지를 조성하는 사업, ㉢ 건축물이나 그 밖의 인공구조물을 신축하거나 재축(再築)하는 사업, ㉣ 그 밖에 ㉠부터 ㉢까지의 사업과 유사한 사업으로 대통령령으로 정하는 사업(건축물이나 그 밖의 인공구조물을 연면적의 100분의 10 이상의 범위에서 증축하거나 개축하는 사업으로서 증축 또는 개축되는 면적이 3천제곱미터를 초과하는 사업, 건축물이나 그 밖의 인공구조물을 이전하는 사업)을 말한다.

제2절 설립 및 주식 등

Ⅰ. 설립 및 영업인가

1. 부동산투자회사의 설립 및 자본금 등

① 부동산투자회사는 발기설립의 방법으로 하여야 하며, ② 부동산투자회사는 현물출자에 의한 설립을 할 수 없다. 자기관리 부동산투자회사의 설립 자본금은 5억원 이상으로, 위탁관리 부동산투자회사 및 기업구조조정 부동산투자회사의 설립 자본금은 3억원 이상으로 한다. (최저자본금)영업인가를 받거나 등록을 한 날부터 6개월(부동산투자회사 및 이해관계자 등이 다른 법령에서 정한 방법 및 절차 등을 이행하기 위하여 소요되는 기간으로서 국토교통부장관이 인정하는 기간은 제외. 최저자본금준비기간)이 지난 부동산투자회사의 자본금은 ㉠ 자기관리 부동산투자회사: 70억원, ㉡ 위탁관리 부동산투자회사 및 기업구조조정 부동산투자회사: 50억원 이상이 되어야 한다.

2. 영업인가

① 부동산투자회사가 업무를 하려면 부동산투자회사의 종류별로 대통령령으로 정하는 바에 따라 국토교통부장관의 인가를 받아야 한다. ② 국토교통부장관은 영업인가 여부를

결정할 때에는 부동산투자회사가 적합하게 설립되었는지 여부, 사업계획의 타당성 및 적정성, 기업구조조정 부동산투자회사가 적합하게 자산을 구성하였는지 여부, 신주발행계획의 적정성(다만, 영업인가일부터 1년 6개월 이내에 발행하는 신주로 한정), 그 밖에 대통령령으로 정하는 사항을 확인하여야 한다.[1)]

3. 등록

① 이 법에 따라 적법하게 설립되었을 것, 위탁관리 부동산투자회사의 경우 국민연금공단이나 주주가 단독이나 공동으로 발행주식의 100분의 30 이상을 취득할 것, 기업구조조정 부동산투자회사의 경우 등록기준에 적합하게 자산을 구성할 것, 총자산 중 부동산개발사업에 대한 투자비율이 100분의 30을 초과하지 아니할 것, 그 밖에 대통령령으로 정하는 요건을 갖출 것의 요건을 갖춘 위탁관리 부동산투자회사 및 기업구조조정 부동산투자회사가 업무를 하려면 대통령령으로 정하는 바에 따라 국토교통부장관에게 등록하여야 한다. ② 등록을 하려는 자는 국토교통부장관에게 등록신청서를 제출하여야 한다. ③ 국토교통부장관은 ②에 따른 등록신청서를 접수한 경우에는 그 내용을 검토하여 20일 이내에 등록 여부를 결정하고, 그 결과와 이유를 지체 없이 신청인에게 통지하여야 한다. 이 경우 검토기간에는 등록신청서 흠결의 보완기간 등 대통령령으로 정하는 기간은 산입하지 아니한다. ④ 국토교통부장관은 등록신청서에 흠결이 있는 경우 신청인에게 보완을 요구할 수 있다. ⑤ 국토교통부장관은 등록 여부를 결정하는 경우 등록요건을 갖추지 아니한 경우, 등록신청서를 거짓으로 작성한 경우, 보완 요구를 이행하지 아니한 경우에 해당하는 사유가 없으면 등록을 거부하여서는 아니 된다.[2)]

---

1) 국토교통부장관은 영업인가를 하는 경우 경영의 건전성 확보와 투자자 보호에 필요한 조건을 붙일 수 있다. 부동산투자회사는 영업인가 전에는 주주가 아닌 자에게 배정하는 방식으로 신주를 발행할 수 없다. 국토교통부장관은 영업인가를 하였을 때에는 그 내용을 관보 및 인터넷 홈페이지 등에 공고하여야 한다. 부동산투자회사가 영업인가를 받으려는 경우에는 감정평가업자가 사업대상 부동산에 대하여 실시한 감정평가 결과를 국토교통부장관에게 제출하여야 한다. 다만, 국가 · 지방자치단체 또는 대통령령으로 정하는 기관으로부터 입찰 · 경매 또는 그 밖에 대통령령으로 정하는 방식으로 사업대상 부동산을 매입하는 경우에는 감정평가를 실시하지 아니할 수 있다. 감정평가의 방법 및 절차 등에 필요한 사항은 대통령령으로 정한다. 국토교통부장관은 사업계획의 타당성 및 적정성을 확인하기 위하여 필요한 경우 대통령령으로 정하는 기관에 검토를 의뢰할 수 있다.

2) **(자기관리 부동산투자회사 주요 출자자의 적격성 심사 등)** ① 국토교통부장관은 자기관리 부동산투자회사가 최저자본금을 준비하였음을 확인한 때에는 지체 없이 주요 출자자(발행주식 총수의 100분의 5를 초과하여 주식을 소유하는 자)의 적격성을 심사하여야 한다. ② 국토교통부장관은 주요 출자자의 적격성을 심사하는 경우에는 발기인의 결격사유에 해당하지 아니할 것, 공정거래법 또는 조세범 처벌법을 위반하여 벌금형 이상의 형을 선고받고 그 집행이 끝나거나 집행을 받지 아니하기로 확정된 후 5년이 지났을 것, 그 밖에 자금의 출처 및 재무상태 등에 관하여 대통령령으로 정하는 요건에 적합할

Ⅱ. 주식의 발행

1. 주식의 공모

부동산투자회사는 영업인가를 받거나 등록을 하기 전(투자비율이 100분의 30을 초과하는 부동산투자회사의 경우에는 그가 투자하는 부동산개발사업에 관하여 관계 법령에 따른 시행에 대한 인가·허가 등이 있기 전)까지는 발행하는 주식을 일반의 청약에 제공할 수 없다. 부동산투자회사는 영업인가를 받거나 등록을 한 날(투자비율이 100분의 30을 초과하는 부동산투자회사의 경우에는 그가 투자하는 부동산개발사업에 관하여 관계 법령에 따른 시행에 대한 인가·허가 등이 있은 날)부터 2년 이내에 발행하는 주식 총수의 100분의 30 이상을 일반의 청약에 제공하여야 한다. 부동산투자회사가 영업인가를 받거나 등록을 한 날부터 2년 이내에 국민연금공단이나 그 밖에 대통령령으로 정하는 주주가 단독이나 공동으로 인수 또는 매수한 주식의 합계가 부동산투자회사가발행하는 주식 총수의 100분의 50 이상인 경우, 부동산투자회사가 보유하거나 개발할 건축물 연면적의 100분의 70 이상을 임대주택(민간임대주택 및 공공임대주택)으로 제공하는 경우(임대주택의 주거여건 조성과 관계없이 건축법에 따라 예외 있음 건축물에 투자하는 경우에는 제외)에 해당하는 경우에는 주식을 일반의 청약에 제공하지 아니할 수 있다. 부동산투자회사는 주식을 일반 청약에 제공할 경우 해당 청약에 관한 정보를 부동산투자회사 정보시스템에 공개하여야 한다.[3]

것의 요건을 갖추었는지를 확인하여야 한다. ③ 국토교통부장관은 주요 출자자가 ②에 따른 요건을 갖추지 못한 경우에는 6개월 이내의 기간을 정하여 해당 주요 출자자에게 발행주식 총수의 100분의 5를 초과하여 소유하는 주식을 처분할 것을 명할 수 있다. ④ ③에 따라 주식을 처분할 것을 명령받은 자는 발행주식 총수의 100분의 5를 초과하여 소유하는 주식에 대하여는의결권을 행사할 수 없다. ⑤ 국토교통부장관은 ①에 따라 적격성을 심사하기 위하여 주요 출자자에게 30일 이내의 기간을 정하여 관련 자료의 제출을 요구할 수 있다. 이 경우 자료의 제출을 요구받은 주요 출자자는 정당한 사유가 없으면 이에 따라야 한다.

3) **(주식의 분산)** ① 주주 1인과 그 특별관계자는 최저자본금준비기간이 끝난 후(투자비율이 100분의 30을 초과하는 부동산투자회사의 경우에는 부동산개발사업에 관하여 관계 법령에 따른 시행에 대한 인가·허가 등이 있은 날부터 6개월이 지난 후)에는 부동산투자회사가 발행한 주식 총수의 100분의 50(1인당 주식소유한도)을 초과하여 주식을 소유하지 못한다. ② 주주 1인과 그 특별관계자(동일인)가 ① 을 위반하여 부동산투자회사의 주식을 소유하게 된 경우 그 주식의의결권 행사 범위는 1인당 주식소유한도로 제한된다. ③ 국토교통부장관은 ①을 위반하여 동일인이 1인당 주식소유한도를 초과하여 주식을 소유하는 경우에는 6개월 이내의 기간을 정하여 1인당 주식소유한도를 초과하는 주식을 처분할 것을 명할 수 있다. ④ 국토교통부장관은 동일인이 현물출자로 인하여 1인당 주식소유한도를 초과하여 주식을 소유하는 경우에는 현물출자에 따른 주식의 발행일부터 1년 이상 1년 6개월 이하의

2. 발행조건

부동산투자회사는 그 성립 후에 주식을 발행하는 경우 동일한 날짜에 발행되는 같은 종류의 주식에 대해서는 발행가액이나 그 밖의 발행조건을 균등하게 정하여야 한다. 주식의 발행가액은 해당 부동산투자회사의 시장가치, 자산가치 및 수익가치에 기초하여 대통령령으로 정하는 방법으로 산정하여야 한다.

3. 현물출자

① 부동산투자회사는 영업인가를 받거나 등록을 하고 최저자본금 이상을 갖추기 전에는 현물출자를 받는 방식으로 신주를 발행할 수 없다. ② 부동산투자회사의 영업인가 또는 등록 후에 상법 제416조제4호에 따라 부동산투자회사에 현물출자를 하는 재산은 ㉠ 부동산, ㉡ 지상권 · 임차권 등 부동산 사용에 관한 권리, ㉢ 신탁이 종료된 때에 신탁재산 전부가 수익자에게 귀속하는 부동산 신탁의 수익권, ㉣ 부동산소유권의 이전등기청구권, ㉤ 대토보상권에 해당하여야 한다. ③ ②에 따라 현물출자하는 재산의 가액은 ㉠부터 ㉣까지에 따른 재산: 감정평가업자 둘 이상이 평가한 금액, ㉤에 따른 재산: 토지보상법에 따라 산정하여 토지소유자가 사업시행자로부터 토지로 보상받기로 한 금액에 따른다.

제 3 절 업무 및 금지행위 등

Ⅰ. 자산의 투자 · 운용

1. 부동산투자회사

(1) 자산의 투자 · 운용방법

부동산투자회사는 그 자산을 부동산의 취득 · 관리 · 개량 및 처분, 부동산개발사업, 부동산의 임대차, 증권의 매매, 금융기관에 의 예치, 지상권 · 임차권 등 부동산 사용에 관

기간을 정하여 1인당 주식소유한도를 초과하는 주식을 처분할 것을 명할 수 있다.

한 권리의 취득 · 관리 · 처분, 신탁이 종료된 때에 신탁재산 전부가 수익자에게 귀속하는 부동산 신탁의 수익권의 취득 · 관리 및 처분에 해당하는 방법으로 투자 · 운용하여야 한다.4)

(2) 자기관리 부동산투자회사의 자산운용 전문인력

① 자기관리 부동산투자회사는 그 자산을 투자 · 운용할 때에는 전문성을 높이고 주주를 보호하기 위하여 대통령령으로 정하는 바에 따라 ㉠ 감정평가사 또는 공인중개사로서 해당 분야에 5년 이상 종사한 사람, ㉡ 부동산 관련 분야의 석사학위 이상의 소지자로서 부동산의 투자 · 운용과 관련된 업무에 3년 이상 종사한 사람, ㉢ 그 밖에 ㉠ 또는 ㉡에 준하는 경력이 있는 사람으로서 대통령령으로 정하는 사람에 따른 자산운용 전문인력을 상근으로 두어야 한다. ② ①에 따른 자산운용 전문인력은 자산운용에 관한 사전교육을 이수하여야 한다. 이 경우 교육기관, 교육과정 등 필요한 사항은 대통령령으로 정한다.

(3) 위탁관리 부동산투자회사의 업무 위탁 등

위탁관리 부동산투자회사는 자산의 투자 · 운용업무는 자산관리회사에 위탁하여야 하고, 주식발행업무 및 일반적인 사무는 대통령령으로 정하는 요건을 갖춘 기관(일반사무등 위탁기관)에 위탁하여야 한다. 일반사무등 위탁기관의 업무 범위 등 위탁관리 부동산투자회사의 업무 위탁에 필요한 사항은 대통령령으로 정한다. 위탁관리 부동산투자회사와 그 자산의 투자운용업무를 위탁받은 자산관리회사 및 그 특별관계자는 서로 부동산이나 증권의 거래행위를 하여서는 아니 된다. 다만, 주주의 이익을 침해할 우려가 없는 경우로서 대통령령으로 정하는 거래는 그러하지 아니하다.

---

4) **(부동산의 처분에 대한 제한 등)** ① 부동산투자회사는 부동산을 취득한 후 5년의 범위에서 대통령령으로 정하는 기간 이내에는 부동산을 처분하여서는 아니 된다. 다만, 부동산개발사업으로 조성하거나 설치한 토지 · 건축물 등을 분양하는 경우, 그 밖에 투자자 보호를 위하여 대통령령으로 정하는 사유가 있는 경우에는 그러하지 아니하다. ② 부동산투자회사는 건축물이나 그 밖의 공작물이 없는 토지는 해당 토지에 부동산개발사업을 시행한 후가 아니면 그 토지를 처분하여서는 아니 된다. **(자산의 구성 및 회계처리)** ① 부동산투자회사는 최저자본금준비기간이 끝난 후에는 매 분기 말 현재 총자산의 100분의 80 이상을 부동산, 부동산 관련 증권 및 현금으로 구성하여야 한다. 이 경우 총자산의 100분의 70 이상은 부동산(건축 중인 건축물을 포함)이어야 한다. ② 자산의 구성 비율을 계산할 때 설립할 때 납입된 주금(株金), 신주발행으로 조성한 자금, 부동산투자회사 소유 부동산의 매각대금에 해당되는 자산은 최저자본금준비기간의 만료일, 신주발행일 또는 부동산 매각일부터 2년 이내에는 부동산으로 본다.

2. 자산관리회사의 인가 등

자산관리회사를 설립하려는 자는 ㉠ 자본금이 70억원 이상일 것, ㉡ 자산운용 전문인력을 대통령령으로 정하는 수 이상 상근으로 둘 것, ㉢ 자산관리회사와 투자자 간, 특정투자자와 다른 투자자 간의 이해상충을 방지하기 위한 체계를 갖출 것의 요건을 갖추어 국토교통부장관의 인가를 받아야 한다. 인가받은 사항을 변경하려는 경우에도 또한 같다. 국토교통부장관은 인가 여부를 결정할 때에는 사업계획의 타당성, 주주의 구성과 주식인수자금의 적정성, 자산관리회사의 고유자산과 위탁받은 자산 간의 구분관리계획의 적정성, 경영진의 전문성 및 경영능력의 사항을 확인하여야 한다.[5)]

3. 부동산투자자문회사의 등록

① 부동산투자회사의 위탁으로 그 자산의 투자·운용에 관한 자문 및 평가 등의 업무를 하려는 자는 국토교통부장관에게 등록하여야 한다. ② 등록을 하려는 자는 자본금이 5억원 이상으로서 대통령령으로 정하는 금액 이상일 것, 자산운용 전문인력을 대통령령으로 정하는 수 이상 상근으로 둘 것의 요건을 갖추어야 한다. ③ 국토교통부장관은 등록을 한 자(부동산투자자문회사)가 ㉠ 속임수나 그 밖의 부정한 방법으로 부동산투자자문회사의 등록을 한 경우, ㉡ ②에 따른 등록 요건을 갖추지 못하게 된 경우(다만, 일시적으로 등록 요건에 미달하는 경우로서 대통령령으로 정하는 경우는 제외), ㉢ 이 법에 따른 조치를 정당한 사유 없이 이행하지 아니한 경우, ㉣ 이 법 또는 이 법에 따른 명령이나 처분을 위반하여 업무수행이 곤란하다고 인정되는 경우에 해당하면 등록을 취소할 수 있다. 다만, ㉠ 또는 ㉡에 해당하는 경우에는 그 등록을 취소하여야 한다. ④ 등록을 하지 아니한 자는 그 상호에 부동산투자자문이라는 명칭을 사용하여서는 아니 된다.

---

5) 자산관리회사는 위탁관리 부동산투자회사 및 기업구조조정 부동산투자회사로부터 위탁받은 업무 외의 다른 업무를 겸영하여서는 아니 된다. 다만, 이 법 또는 다른 법률에 따라 허용된 경우, 다른 법률에 따라 정하는 업무를 위탁받아 할 수 있는 자로서 투자자 보호에 지장이 없다고 인정되어 인가를 받은 경우, 위탁받은 자산의 투자·운용과 투자자 보호에 지장이 없는 경우로서 대통령령으로 정하는 경우에는 그러하지 아니하다. 설립인가를 받으려는 자는 주식인수 전에 미리 국토교통부장관의 예비인가를 받아야 하며, 국토교통부장관은 예비인가 여부를 결정할 때 경영의 건전성 확보 및 투자자 보호에 필요한 조건을 붙일 수 있고, 국토교통부장관은 설립인가 신청을 받으면 예비인가 시 부여한 조건의 이행 여부를 확인한 후 설립인가를 하여야 한다. 이 경우 국토교통부장관은 경영의 건전성 확보 및 투자자 보호에 필요한 조건을 붙일 수 있다. 국토교통부장관은 설립인가를 하였을 때에는 그 내용을 관보 및 인터넷 홈페이지 등에 공고하여야 한다.

4. 부동산개발사업 및 증권 투자

(1) 부동산개발사업에 대한 투자

총자산은 부동산개발사업에 대한 투자비율을 결의한 주주총회 개최일 전날을 기준으로 하여 직전 분기 말 현재의 대차대조표상의 자산총액을 말한다. 부동산개발사업에 대한 투자비율을 산정할 때 건축물을 신축하거나 재축하는 부동산개발사업의 경우에는 부동산투자회사가 소유한 토지의 가액은 총자산에는 산입하되, 부동산개발사업의 투자액에서는 제외한다. 부동산투자회사가 부동산개발사업에 투자하려면 개발 대상 토지, 개발 방법, 그 밖에 대통령령으로 정하는 사항이 포함된 사업계획서를 작성하여 부동산투자자문회사의 평가를 거쳐야 하며, 부동산투자자문회사가 작성한 평가서를 부동산개발사업에 투자하기 1개월 전에 국토교통부장관에게 제출하여야 한다.

(2) 증권에 대한 투자

부동산투자회사는 다른 회사의의결권 있는 발행주식의 100분의 10을 초과하여 취득하여서는 아니 된다. 다만, ㉠ 특정 부동산을 개발하기 위하여 존립기간을 정하여 설립된 회사의 주식을 취득하는 경우, ㉡ 다른 회사와 합병하는 경우, ㉢ 다른 회사의 영업 전부를 양수하는 경우, ㉣ 부동산투자회사의 권리를 행사할 때 그 목적을 달성하기 위하여 필요한 경우, ㉤ 부동산투자회사가 소유하는 부동산 또는 부동산 관련 권리(지상권, 지역권, 전세권, 사용대차 또는 임대차에 관한 권리, 그 밖에 대통령령으로 정하는 권리를 말한다)를 임차하여 해당 부동산 또는 그 시설을 관리하거나 「관광진흥법」에 따른 관광숙박업 등 대통령령으로 정하는 사업을 영위하는 회사의 주식을 취득하는 경우, ㉥ 투자자 보호나 자산의 안정적 운용을 해칠 우려가 없는 경우로서 대통령령으로 정하는 경우에는 그러하지 아니하다. 부동산투자회사는 ㉡부터 ㉣까지의 규정에 따라 다른 회사의의결권 있는 발행주식의 100분의 10을 초과하여 취득하게 된 경우에는 초과취득하게 된 날부터 6개월 이내에 투자한도에 적합하도록 하여야 한다. 부동산투자회사는 동일인이 발행한 증권(국채, 지방채, 그 밖에 대통령령으로 정하는 증권은 제외한다)을 총자산의 100분의 5를 초과하여 취득하여서는 아니 된다. 다만, ㉤에 따른 주식의 경우에는 부동산투자회사 총자산의 100분의 25를 초과하여 취득하여서는 아니 된다. 부동산투자회사는 보유하고 있는 증권이 투자한도를 초과하게 된 경우에는 초과취득하게 된 날부터 6개월 이내에 같은 항에 따른 투자한도에 적합하도록 하여야 한다.

Ⅱ. 금지행위 등

1. 거래의 제한

부동산투자회사는 ㉠ 해당 부동산투자회사의 임직원 및 그 특별관계자, ㉡ 해당 부동산투자회사의 주식을 100분의 10 이상 소유하고 있는 주주(주요주주) 및 그 특별관계자에 해당하는 자와 제21조 각 호의 어느 하나에 해당하는 거래를 하여서는 아니 된다. 부동산투자회사는 ㉠과 ㉡에 해당하는 자와 일반분양, 경쟁입찰 또는 이와 유사한 방식으로 거래당사자를 선정하는 거래, 이사회의 승인 및 주주총회의 승인(제20조에 따라 상장된 부동산투자회사가 아닌 경우에는 상법 제434조에 따른 특별결의에 따른 주주총회의 승인)을 받은 부동산 매매거래, 그 밖에 주주의 이익을 침해할 우려가 없는 거래로서 대통령령으로 정하는 거래를 할 수 있다. 상장된 부동산투자회사가 이사회의 및 주주총회의 승인을 받은 부동산 매매거래에 해당하는 부동산 매매거래를 하는 경우 매매가격은 대통령령으로 정하는 기관 또는 단체가 추천하는 둘 이상의 감정평가업자에게 받은 감정평가액을 기준으로 산정하여야 한다. 이 경우 부동산투자회사가 매도하는 가격은 둘 이상의 감정평가액 중 높은 금액 이상으로 하고, 매수하는 가격은 둘 이상의 감정평가액 중 낮은 금액 이하로 한다. 감정평가의 방법 및 절차 등에 필요한 사항은 대통령령으로 정한다.

2. 부동산투자회사의 겸업 제한 등

부동산투자회사는 이 법 또는 다른 법령에 따른 경우를 제외하고는 다른 업무를 하여서는 아니 된다. 부동산투자회사의 상근 임원은 다른 회사의 상근 임직원이 되거나 다른 사업을 하여서는 아니 된다.

3. 미공개 자산운용정보의 이용금지

㉠ 해당 부동산투자회사의 임직원 또는 대리인, ㉡ 주요주주, ㉢ 해당 부동산투자회사와 자산의 투자·운용업무에 관한 위탁계약을 체결한 자, ㉣ ㉡ 또는 ㉢에 해당하는 자의 대리인 또는 사용인, 그 밖의 종업원(㉡ 또는 ㉢에 해당하는 자가 법인인 경우에는 그 임직원 및 대리인)에 해당하는 자(㉠부터 ㉣까지에 해당하지 아니하게 된 날부터 1년이

지나지 아니한 자를 포함)는 부동산투자회사의 미공개 자산운용정보(투자자의 판단에 중대한 영향을 미치는 것으로서 투자설명서 및 투자보고서에 의하여 공개되지 아니한 정보로서 부동산투자회사가 그 자산으로 특정한 부동산이나 증권을 매도 또는 매수하고자 하는 정보를 말한다)를 이용하여 부동산 또는 증권을 매매하거나 타인에게 이용하게 하여서는 아니 된다.

4. 임직원의 행위준칙

부동산투자회사의 임직원은 자산의 투자·운용 업무와 관련하여 투자를 하려는 자에게 일정한 이익을 보장하거나 제공하기로 약속하는 행위, 자산의 투자·운용과 관련하여 자기의 이익이나 제3자의 이익을 도모하는 행위, 부동산 거래질서를 해치거나 부동산투자회사 주주의 이익을 침해할 우려가 있는 행위로서 대통령령으로 정하는 행위(탈세를 목적으로 소유권 보존등기 또는 이전등기를 하지 아니한 부동산이나 관계 법령에 따라 전매 등 권리변동이 제한된 부동산을 취득하거나 처분하는 행위, 보유하고 있는 부동산이나 증권의 시세를 인위적으로 조작하기 위하여 자산을 운용하는 행위)를 하여서는 아니 된다.

5. 임직원 등의 손해배상책임

부동산투자회사의 임직원이 법령이나 정관을 위반한 행위를 하거나 그 임무를 게을리하여 부동산투자회사에 손해를 입힌 경우에는 손해를 배상할 책임이 있다. 부동산투자회사의 임직원이 부동산투자회사에 손해배상책임을 지는 경우 관련 이사, 감사, 자산의 투자·운용 업무를 위탁받은 자 또는 자산보관기관에도 책임질 사유가 있을 때에는 이들이 연대하여 손해배상책임을 진다.

6. 명의대여의 금지

부동산투자회사는 이 법 또는 다른 법률에 따라 허용된 경우를 제외하고는 자기의 명의를 대여하여 타인에게 부동산개발사업을 수행하게 하여서는 아니 된다.

Ⅲ. 자산보관의 위탁

1. 자산보관의 위탁 등

부동산투자회사는 대통령령으로 정하는 바에 따라 자산의 보관과 이와 관련된 업무를 자본시장법에 따른 신탁업자, 한국토지주택공사, 한국자산관리공사, 주택도시보증공사, 그 밖에 이에 준하는 기관으로서 대통령령으로 정하는 기관(자산보관기관)에 위탁하여야 한다. 한국토지주택공사 및 한국자산관리공사는 부동산의 보관업무를 수행하려면 자본시장법에 따른 신탁업의 인가를 받아야 한다. 증권의 보관을 위탁받은 자산보관기관은 대통령령으로 정하는 바에 따라 자본시장법에 따른 한국예탁결제원에 증권을 예탁하여야 한다. 자산보관업무의 위탁에 관한 계약체결 방법 등에 관하여 필요한 사항은 대통령령으로 정한다.

2. 자산보관기관의의무 등

자산보관기관은 부동산투자회사를 위하여 법령 및 자산보관계약에 따라 선량한 관리자로서 그 업무를 성실히 수행하여야 한다. 자산보관기관은 법령을 준수하고 자산운용을 건전하게 하기 위하여 임직원이 그 직무를 수행할 때 따라야 할 기본적인 절차와 기준을 정하여야 한다. 자산보관기관은 위탁받은 부동산투자회사의 자산을 그 고유재산이나 제3자로부터 보관을 위탁받은 자산과 구분하여 관리하여야 한다. 자산보관기관은 법령 또는 자산보관계약에 위반된 행위를 하거나 그 임무를 게을리하여 부동산투자회사에 손해를 입힌 경우 그 손해를 배상할 책임이 있다.

Ⅳ. 투자보고서 및 공시 등

① 영업인가를 받은 자기관리 부동산투자회사 또는 영업인가를 받거나 등록을 한 위탁관리 부동산투자회사 및 기업구조조정 부동산투자회사의 자산관리회사는 대통령령으로 정하는 바에 따라 사업연도별로 분기마다 해당 부동산투자회사의 투자보고서를 작성하여야 하며, 국토교통부장관과 금융위원회에 대통령령으로 정하는 기한까지 그 투자보고서를 제출하고, 이를 공시하여야 한다. ② 투자보고서에는 재무제표, 주주 구성 및 주요 주주 현

황, 자산 구성 현황 등 자산운용과 관련된 중요한 사항으로서 대통령령으로 정하는 사항이 포함되어야 한다. ③ 영업인가를 받은 자기관리 부동산투자회사 또는 영업인가를 받거나 등록을 한 위탁관리 부동산투자회사 및 기업구조조정 부동산투자회사의 자산관리회사는 ㉠ 부동산투자회사 및 그 자산관리회사의 자산운용 전문인력에 변경이 있는 경우 그 사실과 변경된 자산운용 전문인력의 경력, ㉡ 부동산투자회사에 대통령령으로 정하는 금융사고 또는 부실자산이 발생한 경우, ㉢ 부동산투자회사의 주주총회 결의내용, ㉣ 그 밖에 투자자 보호를 위하여 필요한 사항으로서 대통령령으로 정하는 사항이 발생한 경우 대통령령으로 정하는 바에 따라 이를 지체 없이 공시하여야 한다. ④ ① 및 ③에 따른 공시는 ⓐ 해당 부동산투자회사(위탁관리 부동산투자회사 또는 기업구조조정 부동산투자회사인 경우 해당 자산관리회사)의 인터넷 홈페이지를 이용하여 공시하는 방법, ⓑ 해당 부동산투자회사에 투자한 주주에게 서면 또는 전자우편으로 통보(다만, 주주가 수시로 변동되거나 투자자의 이익을 해할 우려가 없는 경우로서 대통령령으로 정하는 경우에는 제외), ⓒ 부동산투자회사 정보시스템을 통하여 공시하는 방법으로 한다.

제 4 절 변경인가, 합병, 해산 등

Ⅰ. 변경인가 및 영업인가 취소

1. 변경인가 등

부동산투자회사는 영업인가를 받거나 등록을 한 후에 ㉠ 정관의 변경, ㉡ 영업 전부의 양수 또는 양도, ㉢ 부동산투자회사의 합병, ㉣ 영업인가 사항 또는 등록 사항의 변경(인가를 받거나 등록한 사항의 변경이 경매·공매 등 대통령령으로 정하는 사유로 발생하는 경우는 제외)하는 행위를 하려면 대통령령으로 정하는 바에 따라 국토교통부장관의 인가를 받거나 등록을 해야 한다. 다만, ㉠에 해당되는 경우 중 대통령령으로 정하는 경미한 사항을 변경하는 경우에는 그러하지 아니하다. 최근 2년간 계속하여 해당 부동산투자회사의 재무제표상 자기자본이 대통령령으로 정하는 기준 이상일 것, 영업인가를 받은 후 2회 이상 변경인가를 받아 추가 사업을 진행한 사실이 있을 것, 최근 3년간 해당 부동산투자회사의 임직원이 벌칙을 받은 사실이 없을 것의 요건을 모두 갖춘 자기관리 부동산투자회사가 투자대상(부동산개발사업은 제외)을 변경 또는 추가하려는 때에는 대통령령으로 정하는 바에 따라 국토교통부장관에게 신고하여야 한다. 이 경우 국토교통부장관은 투자자 보호를 위하여 필요하다고 인정되는 경우 신고를 수리하지 아니할 수 있다.

2. 영업인가 등의 취소

국토교통부장관은 부동산투자회사 및 자산관리회사가 ㉠ 속임수나 그 밖의 부정한 방법으로 영업인가, 등록 및 설립인가를 받은 경우, ㉡ 자본금이 최저자본금보다 적은 경우, ㉢ 자산관리회사가 최근 3년간 자산의 투자·운용업무를 위탁받은 실적이 없는 경우, ㉣ 산의 구성 비율을 준수하지 아니한 경우, ㉤ 영업인가·등록 또는 설립인가의 요건에 적합하지 아니하게 되거나 영업인가·등록 또는 설립인가의 조건을 위반한 경우(다만, 일시적으로 영업인가·등록 또는 설립인가의 요건에 미달하는 등 대통령령으로 정하는 경우는 제외), ㉥ 명령이나 처분에 따른 조치를 정당한 사유 없이 이행하지 아니한 경우, ㉦ 자기자본의 전부가 잠식된 경우, ㉧ 최저자본금을 준비한 후 현금·은행예금 등 대통령령으로 정하는 운영자금이 2개월 이상 계속하여 5천만원 이하인 경우, ㉨ 납입 또는 현물출자의 이행을 가장하는 행위가 발생한 경우에 해당하면 영업인가, 등록 및 설립인가를 취소할 수 있다. 다만, ㉠ 또는 ㉤에 해당하는 경우에는 그 영업인가·등록 또는 설립인가를 취소하여야 한다.

Ⅱ. 합병 및 해산

1. 합병

부동산투자회사는 ㉠ 다른 부동산투자회사를 흡수합병의 방법으로 합병할 것, ㉡ 합병으로 인하여 존속하는 부동산투자회사와 합병으로 인하여 소멸되는 부동산투자회사가 제2조제1호 각 목에서 정하는 같은 종류의 부동산투자회사일 것, ㉢ 합병으로 인하여 존속하는 부동산투자회사와 합병으로 인하여 소멸되는 부동산투자회사 중 어느 하나의 부동산투자회사가 주식의 공모를 완료한 부동산투자회사인 경우에는 나머지 부동산투자회사도 주식의 공모를 완료하였을 것의 요건을 모두 갖춘 경우가 아니면 다른 회사와 합병할 수 없다.

2. 해산

부동산투자회사는 정관으로 정한 존립기간이 끝나거나 그 밖의 해산사유의 발생, 주주총회의 해산결의, 합병, 파산, 법원의 해산명령 또는 해산판결, 영업인가 또는 등록의 취소, 자기관리 부동산투자회사가 정하는 기간 내에 영업인가를 신청하지 아니한 경우, 규정을 위반하여 영업인가 또는 등록이 거부된 경우, 설립 후 1년 6개월 이내에 영업인가를 받지 못하거나 등록을 하지 못한 경우에 해당하는 사유로 해산한다.[6)]

Ⅲ. 특례 등

1. 내부통제기준의 제정 등

자기관리 부동산투자회사 및 자산관리회사는 법령을 준수하고 자산운용을 건전하게 하며 주주를 보호하기 위하여 임직원이 따라야 할 기본적인 절차와 기준(내부통제기준)을 제정하여 시행하여야 한다. 자기관리 부동산투자회사 및 자산관리회사는 내부통제기준의 준수 여부를 점검하고 내부통제기준을 위반한 경우 이를 조사하여 감사에게 보고하는 준법감시인을 상근으로 두어야 한다. 내부통제기준의 내용, 준법감시인의 요건 및 직무, 그 밖에 필요한 사항은 대통령령으로 정한다.

2. 기업구조조정 부동산투자회사에 관한 특례

기업구조조정 부동산투자회사는 이 법에서 정한 부동산투자회사의 요건을 갖추고 총자산의 100분의 70 이상을 ㉠ 기업이 채권금융기관에 대한 부채 등 채무를 상환하기 위하여 매각하는 부동산, ㉡ 채권금융기관과 재무구조 개선을 위한 약정을 체결하고 해당 약

6) **(청산 시 채권자에 대한 최고)** 청산인은 취임한 날부터 1개월 이내에 부동산투자회사의 채권자에 대하여 일정한 기간 이내에 그 채권을 신고할 것과 그 기간 이내에 신고하지 아니하면 청산에서 제외된다는 사실을 2회 이상 공고함으로써 최고하여야 한다. 이 경우 그 신고기간은 1개월 이상으로 하여야 한다. **(위탁관리 부동산투자회사 해산의 특례)** ① 법인이사 및 감독이사를 둔 위탁관리 부동산투자회사가 해산한 경우(합병, 파산 제외)에는 청산인 및 청산감독인으로 구성되는 청산인회를 둔다. ② 청산인과 청산감독인은 정관으로 정하는 바에 따라 선임하되, 정관으로 정한 바가 없는 경우에는 주주총회의 결의로 선임한다. 다만, 정관의 존립기간 또는 주총해산결의의 사유로 해산한 때에는 정관이나 주주총회에서 다르게 정하는 경우가 아니면 법인이사 및 감독이사가 각각 청산인 및 청산감독인이 된다. ③ 청산인은 청산에 관한 사무를 집행하고, 청산감독인은 청산인의 업무집행을 감독한다.

정 이행 등을 하기 위하여 매각하는 부동산, ㉢ 회생 절차에 따라 매각하는 부동산, ㉣ 그 밖에 기업의 구조조정을 지원하기 위하여 금융위원회가 필요하다고 인정하는 부동산으로 구성하여야 한다. 국토교통부장관은 기업구조조정 부동산투자회사(공모부동산투자회사인 기업구조조정 부동산투자회사는 제외)의 등록을 하려는 경우에는 미리 금융위원회의의견을 들어야 한다. 기업구조조정 부동산투자회사에 출자하는 경우 그 출자에 대하여는 은행법, 보험업법, 자본시장법 등에 따른 출자한도 제한, 재산운용 제한 및 투자 제한 등을 적용하지 아니한다. 기업구조조정 부동산투자회사가 은행의 자회사에 해당하는 경우 자회사에 대한 신용공여 한도를 산출할 때에는 해당 기업구조조정 부동산투자회사를 은행의 자회사로 보지 아니한다.

3. 공모부동산투자회사에 관한 특례

공모부동산투자회사(사모집합투자기구에 해당하지 아니하는 부동산투자회사) 및 자산관리회사(공모부동산투자회사가 아닌 부동산투자회사로부터만 자산의 투자·운용을 위탁받은 자산관리회사는 제외)에 대하여는 자본시장법의 일부규정 및 금융회사의 지배구조에 관한 법률을 적용하지 아니한다. 국토교통부장관은 공모부동산투자회사의 영업인가·등록 또는 자산관리회사(공모부동산투자회사가 아닌 부동산투자회사로부터만 자산의 투자·운용을 위탁받은 자산관리회사는 제외)의 인가를 할 때에는 미리 금융위원회와 협의하여야 한다.

4. 업무위탁

국토교통부장관은 ㉠ 영업인가를 위하여 필요한 사실의 확인, ㉡ 부동산투자회사등의 업무 또는 재산 등의 검사를 위하여 필요한 사실의 확인, ㉢ 부동산투자회사 정보시스템의 구축 및 운영, ㉣ 그 밖에 대통령령으로 정하는 업무를 대통령령으로 정하는 바에 따라 협회 또는 대통령령으로 정하는 기관에 위탁할 수 있다. 국토교통부장관은 업무를 위탁한 협회 또는 기관에 위탁 업무의 수행에 드는 비용의 일부를 지원할 수 있다.

제 24 장

자산유동화법

제1절 서 설

Ⅰ. 자산유동화

자산유동화란 ① 유동화전문회사(자산유동화업무를 전업으로 하는 외국법인을 포함)가 자산보유자로부터 유동화자산을 양도받아 이를 기초로 유동화증권을 발행하고, 당해 유동화자산의 관리·운용·처분에 의한 수익이나 차입금 등으로 유동화증권의 원리금 또는 배당금을 지급하는 일련의 행위, ② 자본시장법에 따른 신탁업자가 자산보유자로부터 유동화자산을 신탁받아 이를 기초로 유동화증권을 발행하고, 당해 유동화자산의 관리·운용·처분에 의한 수익이나 차입금등으로 유동화증권의 수익금을 지급하는 일련의 행위, ③ 신탁업자가 유동화증권을 발행하여 신탁받은 금전으로 자산보유자로부터 유동화자산을 양도받아 당해 유동화자산의 관리·운용·처분에 의한 수익이나 차입금 등으로 유동화증권의 수익금을 지급하는 일련의 행위, ④ 유동화전문회사 또는 신탁업자가 다른 유동화전문회사 또는 신탁업자로부터 유동화자산 또는 이를 기초로 발행된 유동화증권을 양도 또는 신탁받아 이를 기초로 하여 유동화증권을 발행하고 당초에 양도 또는 신탁받은 유동화자산 또는 유동화증권의 관리·운용·처분에 의한 수익이나 차입금 등으로 자기가 발행한 유동화증권의 원리금· 배당금 또는 수익금을 지급하는 일련의 행위를 말한다.

Ⅱ. 자산보유자

자산보유자란 유동화자산을 보유하고 있는 한국산업은행, 한국수출입은행, 중소기업은행, 은행(법령에 따라 은행으로 보는 자를 포함), 자본시장법에 따른 투자매매업자 · 투자중개업자 · 집합투자업자 또는 종합금융회사, 보험업법에 의한 보험사업자, 상호저축은행법에 의한 상호저축은행, 여신전문금융업법에 의한 여신전문금융회사, 한국자산관리공사, 한국토지주택공사, 주택도시기금법에 따른 주택도시기금을 운용 · 관리하는 자(주택도시보증공사 등), 신용도가 우량한 법인(외국법인과 당해 외국법인이 설립하는 국내법인 포함)으로서 금융위원회가 미리 정하는 기준에 따라 당해 법인이 보유하는 자산에 대하여 자산유동화의 필요성이 있다고 금융위원회가 인정하는 법인, 기업구조조정투자회사, 농협은행, 수협은행, 예금보험공사 및 정리금융회사, 중소벤처기업진흥공단, 주택저당채권유동화회사, 자본시장법에 따른 신탁업자, 기업구조조정전문회사, 신용보증기금 및 기술보증기금, 주택도시보증공사, 지방공기업법에 의하여 주택사업 또는 토지개발 사업을 영위하는 지방공기업, 농업협동조합법 및 수산업협동조합법에 의한 협동조합(여신규모 1천억원이상인 조합), 농업협동조합의구조개선에관한법률에 의한 농업협동조합자산관리회사, 한국주택금융공사, 서민금융진흥원을 말한다.

Ⅲ. 유동화 자산 등

① 유동화자산이란 자산유동화의 대상이 되는 채권 · 부동산 기타의 재산권을 말하고, ② 유동화증권이란 유동화자산을 기초로 하여 자산유동화계획에 따라 발행되는 출자증권 · 사채 · 수익증권 기타의 증권 또는 증서를 말하며, ③ 유동화전문회사란 자산유동화법의 규정에 의하여 설립되어 자산유동화업무를 영위하는 회사를 말한다.

제 2 절 자산유동화계획의 등록 및 유동화 자산의 양도 등

Ⅰ. 자산유동화계획

1. 자산유동화계획의 등록

① 유동화전문회사 · 자산유동화업무를 전업으로 하는 외국법인 및 신탁업자(유동화전문회사등)는 자산유동화에 관하여 이 법의 적용을 받고자 하는 경우에는 유동화자산의 범위, 유동화증권의 종류, 유동화자산의 관리방법등 자산유동화에 관한 계획(자산유동화계획)을 금융위원회에 등록하여야 한다. 자산유동화계획을 변경하고자 하는 경우에도 또한 같다. 다만, 대통령령이 정하는 경미한 사항을 변경하는 경우에는 그러하지 아니하다. ② 유동화전문회사등(신탁업자를 제외)이 ①의 규정에 의하여 등록할 수 있는 자산유동화계획은 1개에 한한다. ③ 유동화전문회사등은 ①의 규정에 의한 등록을 하고자 하는 경우에는 금융위원회가 정하는 서류를 갖추어야 한다.

2. 자산유동화계획

자산유동화계획에는 ㉠ 유동화전문회사등의 명칭, 사무소의 소재지등에 관한 사항, ㉡ 자산보유자에 관한 사항, ㉢ 자산유동화계획기간, ㉣ 유동화자산의 종류 · 총액 및 평가내용 등 당해 유동화자산에 관한 사항, ㉤ 유동화증권의 종류 · 총액 · 발행조건 등에 관한 사항, ㉥ 유동화자산의 관리 · 운용 및 처분에 관한 사항, ㉦ 자산관리자에 관한 사항, ㉧ 기타 대통령령이 정하는 사항이 포함되어야 한다.

Ⅱ. 등록

1. 등록의 거부 등

① 금융위원회는 ㉠ 등록신청서류에 허위의 기재가 있거나 필요한 기재를 하지 아니한

경우, ㉡ 자산유동화계획의 내용에 법령을 위반한 사항이 포함되어 있는 경우, ㉢ 유동화전문회사의 설립에 관하여 법령에 위반한 사항이 있는 경우에는 자산유동화계획의 등록을 거부하거나 그 내용의 변경을 요구할 수 있다. ② 금융위원회는 ①의 규정에 의하여 등록을 거부하거나 자산유동화계획의 변경을 요구하고자 하는 때에는 지체없이 그 사유를 구체적으로 명시한 서면으로 유동화전문회사등에 통보하여야 한다.

2. 자산양도 등의 등록

① 자산보유자 또는 유동화전문회사등은 자산유동화계획에 따른 유동화자산(유동화자산을 제3자가 점유하고 있는 경우 그 제3자에 대한 반환청구권을 포함)의 양도·신탁 또는 반환이나 유동화자산에 대한 질권 또는 저당권의 설정이 있은 때에는 ㉠ ⓐ 자산유동화계획에 따라 유동화전문회사등에 유동화자산을 양도한 경우, ⓑ 자산유동화계획에 따라 신탁업자에 유동화자산을 신탁한 경우에는 자산보유자, ㉡ ⓐ 유동화전문회사등이 자산유동화계획에 따라 유동화자산을 자산보유자에게 양도하거나 양도의 취소등을 이유로 반환한 경우, ⓑ 유동화전문회사가 자산유동화계획에 따라 유동화자산을 다른 유동화전문회사에 양도하거나 그 유동화전문회사로부터 당해 유동화자산을 반환받은 경우, ⓒ 유동화전문회사등이 자산유동화계획에 따라 유동화증권의 투자자를 위하여 제3자에 유동화자산에 대한 질권 또는 저당권을 설정하거나 해지한 경우에는 유동화전문회사등(ⓑ는 유동화자산을 양도하거나 반환받은 유동화전문회사)의 구분에 따라 지체없이 그 사실을 금융위원회에 등록하여야 한다.

② 자산보유자 또는 유동화전문회사등은 ①의 규정에 의하여 유동화자산의 양도·신탁 또는 반환이나 유동화자산에 대한 질권 또는 저당권의 설정에 관한 사항의 등록을 하고자 하는 경우에는 등록신청서와 유동화자산의 양도등에 관한 계약서를 금융위원회에 제출하여야 한다. ③ ②의 규정에 의한 등록신청서에는 ㉠ 유동화자산의 명세, ㉡ 유동화자산의 양도·신탁 또는 반환의 방법·일정 및 대금지급방법, ㉢ 유동화자산이 채권인 경우 채권양도의 대항요건이 갖추어져 있는지 여부, ㉣ 유동화자산의 양도등에 관한 계약의 취소요건, ㉤ 양수인이 당해 유동화자산을 처분하는 경우 양도인등이 우선매입권을 가지는지 여부, ㉥ 기타 투자자보호를 위하여 필요한 사항으로서 금융위원회가 정하는 사항을 기재하여야 하며, ㉠의 사항은 전자기록 기타 이에 준하는 방법으로 작성하여 제출하여야 한다. ④ 유동화전문회사등은 유동화자산의 양도등에 관한 계약서, 등기필증, 등기필정보통지서, 등록증 기타 증빙서류를 대통령령이 정하는 바에 따라 보관·관리하여야 하며,

금융위원회 또는 당해 유동화증권에 투자한 자로부터 열람의 요구가 있는 경우에는 이에 응하여야 한다. ⑤ ③의 규정에 의한 등록신청서의 서식 · 기재방법 및 처리절차등에 관하여 필요한 사항은 금융위원회가 정한다.[1)]

Ⅲ. 자산관리 등

1. 자산관리의 위탁

① 유동화전문회사등(신탁업자를 제외)은 자산관리위탁계약에 의하여 ㉠ 자산보유자, ㉡ 신용정보법 제4조제1항제1호부터 제3호까지의 업무를 허가받은 신용정보회사, ㉢ 기타 자산관리업무를 전문적으로 수행하는 자로서 대통령령이 정하는 요건을 갖춘 자(ⓐ 자본금이 10억원 이상일 것, ⓑ 전문인력(변호사, 공인회계사 또는 감정평가사 2인 이상, 채권관리, 유가증권발행 등 금융위원회가 정하는 업무를 수행한 경력이 있는 자 1인 이상)이 5인 이상 포함된 20인 이상의 관리인력을 갖출 것, ⓒ 임직원이 신용정보법 제27조제1항 각 호(채권추심업 종사자 및 추심인 고용제외사유)의 사유에 해당하지 아니할 것, ⓓ 최대출자자가 외국인인 경우 그 외국인이 자산관리업무를 전문적으로 영위하거나 겸영하는 자일 것(다만, 당해 외국인(법인에 한한다)이 최대출자자로되어 있는 법인이 자산

---

1) **(채권양도의 대항요건에 관한 특례)** 자산유동화계획에 따른 채권의 양도 · 신탁 또는 반환은 양도인(위탁자를 포함) 또는 양수인(수탁자를 포함)이 채무자에게 통지하거나 채무자가 승낙하지 아니하면 채무자에게 대항하지 못한다. 다만, 양도인 또는 양수인이 당해 채무자에게 ㉠ 당해 저당권의 등기부 또는 등록부에 기재되어 있는 채무자의 주소(등기부 또는 등록부에 기재되어 있는 주소가 채무자의 최후 주소가 아닌 경우 양도인 또는 양수인이 채무자의 최후 주소를 알고 있는 때에는 그 최후 주소), ㉡ 당해 저당권의 등기부 또는 등록부에 채무자의 주소가 기재되어 있지 아니하거나 등기부 또는 등록부가 없는 경우로서 양도인 또는 양수인이 채무자의 최후 주소를 알고 있는 때에는 그 최후 주소로 2회이상 내용증명우편으로 채권양도(채권의 신탁 또는 반환 포함)의 통지를 발송하였으나 소재불명 등으로 반송된 때에는 채무자의 주소지를 주된 보급지역으로 하는 2개 이상의 일간신문(전국 보급지역 일간신문이 1개 이상 포함되어야 한다)에 채권양도사실을 공고함으로써 그 공고일에 채무자에 대한 채권양도의 통지를 한 것으로 본다. **(근저당권에 의하여 담보된 채권의 확정)** 자산유동화계획에 의하여 양도 또는 신탁하고자 하는 유동화자산이 근저당권에 의하여 담보된 채권인 경우에는 자산보유자가 채무자에게 근저당권에 의하여 담보된 채권의 금액을 정하여 추가로 채권을 발생시키지 아니하고 그 채권의 전부를 양도 또는 신탁하겠다는 의사를 기재한 통지서를 내용증명우편으로 발송한 때에는 통지서를 발송한 날의 다음날에 당해채권은 확정된 것으로 본다. 다만, 채무자가 10일이내에 이의를 제기한 때에는 그러하지 아니하다. **(저당권 등의 취득에 관한 특례)** ① 자산유동화계획에 따라 양도 또는 신탁한 채권이 질권 또는 저당권에 의하여 담보된 채권인 경우 유동화전문회사등은 자산양도 등록이 있은 때에 그 질권 또는 저당권을 취득한다. ② 한국자산관리공사 또는 한국토지주택공사가 금융기관의 부실자산정리, 부실징후기업의 자구계획지원 및 기업의 구조조정을 위하여 취득한 부동산을 자산유동화계획에 따라 유동화전문회사등에 양도 또는 신탁한 경우 유동화전문회사등은 자산양도 등록이 있은 때에 그 부동산에 대한 소유권을 취득한다.

관리업무를 영위하는 경우에는 제외))에 해당하는 자(자산관리자)에게 유동화자산의 관리를 위탁하여야 한다. ② ㉠ 및 ㉢의 규정에 의한 자산관리자는 유동화전문회사등이 양도 또는 신탁받은 유동화자산에 대하여 신용정보법에 따른 채권추심업무를 수행할 수 있다. ③ 유동화전문회사등은 자산관리위탁계약을 해지한 경우 이로 인하여 자산관리자의 변제수령권한이 소멸되었음을 이유로 하여 유동화자산인 채권의 채무자에 대하여 대항할 수 없다. 다만, 채무자가 자산관리자의 변제수령권한이 소멸되었음을 알았거나 알 수 있었을 경우에는 그러하지 아니하다.

2. 유동화자산의 관리

자산관리자는 관리를 위탁받은 유동화자산(유동화자산을 관리 · 운용 및 처분함에 따라 취득한 금전 등의 재산권을 포함)을 그의 고유재산과 구분하여 관리하여야 한다. 자산관리자는 유동화자산의 관리에 관한 장부를 별도로 작성 · 비치하여야 한다.

3. 자산관리자의 파산 등

① 자산관리자가 파산하는 경우 위탁관리하는 유동화자산(유동화자산을 관리 · 운용 및 처분함에 따라 취득한 금전등의 재산권을 포함)은 자산관리자의 파산재단을 구성하지 아니하며, 유동화전문회사등은 그 자산관리자 또는 파산관재인에 대하여 유동화자산의 인도를 청구할 수 있다. ② ①의 규정은 채무자회생법에 의한 회생절차가 개시된 경우에 관하여 이를 준용한다. ③ 자산관리자가 위탁관리하는 유동화자산은 자산관리자의 채권자가 이를 강제집행할 수 없으며, 채무자회생법에 의한 보전처분 또는 중지명령의 대상이 되지 아니한다.

4. 양도의 방식

유동화자산의 양도는 자산유동화계획에 따라 ㉠ 매매 또는 교환에 의할 것, ㉡ 유동화자산에 대한 수익권 및 처분권은 양수인이 가질 것. 이 경우 양수인이 당해 자산을 처분하는 때에 양도인이 이를 우선적으로 매수할 수 있는 권리를 가지는 경우에도 수익권 및 처분권은 양수인이 가진 것으로 본다. ㉢ 양도인은 유동화자산에 대한 반환청구권을 가지지 아니하고, 양수인은 유동화자산에 대한 대가의 반환청구권을 가지지 아니할 것, ㉣ 양수인이 양도된 자산에 관한 위험을 인수할 것(다만, 당해 유동화자산에 대하여 양도인이 일정기간 그 위험을 부담하거나 하자담보책임(채권의 양도인이 채무자의 자력을 담보한 경우에는 이를 포함)을 지는 경우에는 그러하지 아니하다)의 방식에 의하여야 한다. 이 경우 이를 담보권의 설정으로 보지 아니한다.

5. 시설대여계약등의 변경 또는 해지

① 자산보유자가 자산유동화계획에 따라 유동화전문회사등에게 시설대여계약 또는 연불판매계약에 의한 채권을 양도 또는 신탁한 경우 당해 자산보유자는 자산유동화계획에 의하지 아니하고는 당해 시설대여계약 또는 연불판매계약을 변경 또는 해지할 수 없다. 채무자회생법에 의하여 선임된 자산보유자의 관재인 · 보전관재인 · 관리인 · 보전관리인 기타 이와 유사한 직무를 행하는 자도 또한 같다. ② 시설대여계약 또는 연불판매계약에 의한 채권의 채무자가 자산보유자로부터 자산유동화계획에 따라 당해 채권을 유동화전문회사등에게 양도 또는 신탁한 사실을 통지받거나 이를 승낙한 경우 당해 자산보유자가 ①의 규정에 위반하여 행한 시설대여계약 또는 연불판매계약의 변경 또는 해지는 그 효력이 없다.

6. 차임채권

자산보유자가 파산하거나 자산보유자에 대하여 회생절차가 개시되는 경우 유동화자산 중 차임채권에 관하여는 채무자회생법 제125조 및 제340조의 규정을 적용하지 아니한다.

7. 자본시장법 등 적용의 특례

신탁업자는 ㉠ 신탁업자가 자산유동화계획에 따라 유동화자산을 양도받은 경우, ㉡ 자산유동화계획에 따라 유동화자산을 양도 또는 신탁받은 신탁업자가 자산유동화계획에 따라 여유자금을 운용하는 경우에는 자본시장법 제105조에 따른 신탁자금운용의 제한을 받지 아니한다. 신탁업자는 자산유동화계획에 따라 유동화자산을 양도 또는 신탁함에 있어서 신탁법 제3조제1항, 민법 제563조 및 제596조의 규정에 불구하고 자기계약을 할 수 있다. 신탁업자가 유동화자산을 관리 · 운용함에 있어서는 신탁법 제37조제3항에 불구하고 그 신탁재산이 금전인 경우에도 고유재산 또는 다른 신탁재산에 속하는 금전과 구별하여 관리하여야 한다.

제 3 절 유동화전문회사

Ⅰ. 회사 형태 및 겸업제한 등

1. 회사의 형태

유동화전문회사는 유한회사로 한다. 유동화전문회사에 관하여는 이 법에 달리 정함이 있는 경우를 제외하고는 상법 제3편제5장의 규정을 적용한다.

2. 겸업 등의 제한 및 유사명칭 사용금지

유동화전문회사는 자산유동화법의 규정에 의한 업무외의 업무를 영위할 수 없다. 유동화전문회사는 본점외의 영업소를 설치할 수 없으며, 직원을 고용할 수 없다. 유동화전문회사가 아닌 자는 그 상호 또는 업무를 표시함에 있어서 유동화전문회사임을 나타내는 문자를 사용하여서는 아니된다.

Ⅱ. 업무 및 업무위탁

1. 유동화전문회사의 업무

유동화전문회사는 자산유동화계획에 따라 ㉠ 유동화자산의 양수·양도 또는 다른 신탁업자에 의 위탁, ㉡ 유동화자산의 관리·운용 및 처분, ㉢ 유동화증권의 발행 및 상환, ㉣ 자산유동화계획의 수행에 필요한 계약의 체결, ㉤ 유동화증권의 상환 등에 필요한 자금의 일시적인 차입, ㉥ 여유자금의 투자, ㉦ 기타 ㉠ 내지 ㉥의 업무에 부수하는 업무를 행한다. 유동화전문회사의 회계는 금융위원회가 정하는 회계처리기준에 의하여 처리하여야 한다.

2. 업무의 위탁

① 유동화전문회사는 자산유동화계획이 정하는 바에 따라 자산보유자 기타 제3자에게 ㉠ 사원총회의의결을 받아야 하는 사항, ㉡ 이사의 회사대표권에 속하는 사항, ㉢ 감사의 권한에 속하는 사항, ㉣ 유동화자산의 관리에 관한 사항, ㉤ 기타 위탁하기에 부적합한 사항으로서 대통령령이 정하는 사항에 관한 업무를 제외한 업무를 위탁하여야 한다. ② ①의 규정에 의하여 업무를 위탁받을 수 있는 제3자의 범위는 대통령령이 정하는 바에 의하여 이를 제한할 수 있다.

Ⅲ. 해산 등

1. 해산사유

유동화전문회사는 ㉠ 존속기간의 만료 기타 정관 또는 자산유동화계획에서 정한 사유가 발생한 때, ㉡ 유동화증권의 상환을 전부 완료한 때, ㉢ 파산한 때, ㉣ 법원의 명령 또는 판결이 있는 때의 사유로 해산한다.

2. 합병등의 금지

유동화전문회사는 다른 회사와 합병하거나 다른 회사로 조직을 변경할 수 없다.

3. 청산인등의 선임

금융감독원의 원장(금융감독원장)은 유동화전문회사가 해산 또는 파산한 경우 상법(제613조제1항)에 의하여 준용되는 동법 제531조 및 채무자회생법(제355조)의 규정에 불구하고 청산인 또는 파산관재인을 법원에 추천할 수 있으며, 법원은 특별한 사유가 없는 한 금융감독원장이 추천한 자를 청산인 또는 파산관재인으로 선임하여야 한다.

제 4 절 유동화증권의 발행

Ⅰ. 출자증권

1. 상법 등의 적용

자산유동화계획에 따른 유동화증권의 발행에 관하여는 이 법에 달리 정함이 있는 경우를 제외하고는 상법 · 자본시장법 기타 관계법령에 따른다.

2. 출자증권의 발행

유동화전문회사는 상법(제555조)에 불구하고 자산유동화계획에 따라 사원의 지분에 관한 무기명식의 증권(출자증권)을 발행할 수 있다. 출자증권에 관하여는 상법(제358조 · 동법 제359조 및 동법 제 360조의 규정)을 준용한다. 유동화전문회사의 사원은 자기의 지분에 관하여 출자증권을 발행하거나 불소지의의사를 표시하여 그 소각을 청구할 수 있다. 다만, 정관에 다른 정함이 있는 경우에는 그러하지 아니하다.

3. 출자증권의 기재사항

출자증권에는 ㉠ 회사의 상호, ㉡ 회사의 성립년월일, ㉢ 회사의 총출자좌수, ㉣ 1좌의 금액, ㉤ 배당이나 재산분배에 관하여 내용이 다른 수종의 지분권에 관한 정함이 있는 경우에는 그 종류와 내용, ㉥ 일련번호의 사항을 기재하고 이사가 기명날인 또는 서명하여야 한다.

Ⅱ. 자산양도 및 사채발행 등

1. 지분양도 등의 예외

유동화전문회사의 사원의 지분양도에 관하여는 정관에 다른 정함이 있는 경우를 제외하고는 상법(제556조)을 적용하지 아니한다. 출자증권의 양도에 관하여는 상법 (제557조)을 적용하지 아니한다. 유동화전문회사는 상법(제583조, 제462조)에 불구하고 정관이 정하는 바에 따라 이익(대차대조표상의 자산에서 부채·자본금 및 준비금을 공제한 금액)을 초과하여 배당을 할 수 있다. 유동화전문회사는 상법(제597조 등)에 불구하고 자본의 감소 및 증가에 관한 사항을 정관으로 정할 수 있다.

2. 사채발행

① 유동화전문회사는 자산유동화계획에 따라 사채를 발행할 수 있다. ② ①의 규정에 의한 사채의 발행에 관하여는 상법 제3편제4장제8절(동법 제469조 및 동법 제470조의 규정을 제외)의 규정을 준용한다.

3. 수익증권의 발행

① 신탁업자는 자산유동화계획에 따라 수익증권을 발행할 수 있다. ② ①의 규정에 의한 수익증권의 발행에 관하여는 자본시장법 제110조제1항부터 제4항까지를 적용하지 아니한다.

제 5 절 특례 및 업무위탁 등

Ⅰ. 특례 등

1. 기업구조조정 등을 위한 특례

한국자산관리공사 또는 한국토지주택공사가 금융기관의 부실자산정리, 부실징후기업의 자구계획지원 및 기업의 구조조정을 위하여 취득한 부동산을 자산유동화계획에 따라 유동화전문회사 등에 양도 또는 신탁하는 경우에는 ㉠ 부동산등기특별조치법 제2조 내지 제4조, ㉡ 도시교통정비 촉진법 제36조, ㉢ 주택도시기금법 제8조, ㉣ 부동산 거래신고 등에 관한 법률 제3조제1항(계약당사자가 외국인등인 경우에 한정) 및 제8조제2항의 법률규정을 적용하지 아니한다.

2. 국민주택채권매입의 면제

자산유동화계획에 의하여 유동화자산을 양도 또는 신탁하거나 유동화자산에 대하여 저당권을 설정하는 경우에는 주택도시기금법 제8조의 규정을 적용하지 아니한다.

Ⅱ. 업무위탁 및 등록취소

1. 업무의 위탁

① 금융위원회는 자산유동화계획의 등록, 자산양도의 등록, 등록서류 등의 공시의 업무의 전부 또는 일부를 금융감독원장에게 위탁할 수 있다. ② 금융위원회는 ①의 규정에 의하여 업무의 전부 또는 일부를 금융감독원장에게 위탁하는 경우에는 이를 고시하여야 한다.

2. 자산유동화계획의 등록취소

금융위원회는 유동화전문회사등이 등록 또는 변경등록을 거짓 또는 부정한 방법으로 한 경우, 변경등록을 하지 아니하고 자산유동화계획을 변경한 경우, 등록을 하지 아니하거나 거짓으로 한 경우, 유동화전문회사가 업무 외의 업무를 영위한 경우, 업무개선명령을 이행하지 아니한 경우에는 자산유동화계획의 등록을 취소할 수 있다. 금융위원회는 등록을 취소하려는 경우에는 청문을 실시하여야 한다.

제 25 장

주택도시기금법

제 1 절 주택도시기금

Ⅰ. 기금재원 등

1. 기금의 설치 및 계정

정부는 이 법의 목적을 달성하기 위한 자금을 확보 · 공급하기 위하여 주택도시기금(기금)을 설치한다. 기금은 주택계정 및 도시계정으로 구분하여 운용 · 관리한다.

2. 기금의 재원 등

① 주택계정은 ㉠ 국민주택채권 발행으로 조성된 자금, ㉡ 입주자저축으로 조성된 자금, ㉢ 복권 및 복권기금법에 따라 배분된 복권수익금, ㉣ 일반회계로부터의 출연금 또는 예수금, ㉤ 공공자금관리기금으로부터의 예수금, ㉥ 재건축부담금 중 국가 귀속분, ㉦ 제6조(자금의 기금예탁 예수금)에 따른 예수금, ㉧ 주택건설사업 또는 대지조성사업을 위하여 외국으로부터 차입하는 자금, ㉨ 주택계정의 회수금 · 이자수입금과 주택계정의 운용으로 생기는 수익, ㉩ 주택계정에서 출자한 기관의 배당수익, ㉪ 주택계정 대출자산의 매각자금, ㉫ 주택계정 자산의 유동화로 조성한 자금, ㉬ 국민주택사업의 시행에 따른 부대수익, ㉭ 그 밖에 대통령령으로 정하는 수입금으로 조성한다. ② 도시계정은 ㉠ 일반회계로

부터의 출연금 또는 예수금, ㉡ 국가균형발전특별회계로부터의 출연금 또는 예수금, ㉢ 공공자금관리기금으로부터의 예수금, ㉣ 제6조(자금의 기금예탁 예수금)에 따른 예수금, ㉤ 도시계정의 회수금 · 이자수입금과 도시계정의 운용으로 생기는 수익, ㉥ 도시계정에서 출자한 기관의 배당수익, ㉦ 도시계정 대출자산의 매각자금, ㉧ 도시계정 자산의 유동화로 조성한 자금, ㉨ 주택계정으로부터의 전입금 또는 차입금, ㉩ 그 밖에 대통령령으로 정하는 수입금으로 조성한다. ③ 국토교통부장관은 기금을 운용하기 위하여 필요한 경우에는 기금의 부담으로 한국은행 또는 금융기관 등으로부터 자금을 차입할 수 있다. ④ 주택계정 및 도시계정 대출자산의 매각자금 대출자산의 매각 방법 · 절차 등에 필요한 사항은 대통령령으로 정한다. ⑤ 국토교통부장관은 기금의 자산에 대하여 자산유동화를 할 수 있다.

3. 자금의 기금 예탁

① ㉠ 국민연금법에 따라 조성된 기금, ㉡ 그 밖에 대통령령으로 정하는 기금 또는 자금(ⓐ 공무원연금법에 따라 조성된 공무원연금기금, ⓑ 군인연금법에 따라 조성된 군인연금기금, ⓒ 사립학교교직원 연금법에 따라 사립학교교직원연금공단에 납부된 자금, ⓓ 국토교통부장관이 해당 기금 또는 자금의 주무부장관 및 기획재정부장관과 협의하여 정하는 기금 또는 자금)의 관리자나 저축자는 그 기금 또는 자금의 전부 또는 일부를 기금에 예탁할 수 있다. ② 한국토지주택공사는 기금에 필요하다고 인정할 때에는 기금에 자금을 예탁할 수 있다. ③ ①에 따라 기금 또는 자금을 기금에 예탁하는 범위 · 방법 · 조건 등에 필요한 사항은 대통령령으로 정한다.

Ⅱ. 국민주택채권

1. 국민주택채권의 발행 등

① 정부는 국민주택사업에 필요한 자금을 조달하기 위하여 기금의 부담으로 국민주택채권을 발행할 수 있다. ② ①의 국민주택채권은 국토교통부장관의 요청에 따라 기획재정부장관이 발행한다. ③ 국민주택채권에 관하여 이 법에 규정한 것을 제외하고는 국채법을 적용한다. ④ 국민주택채권의 종류 · 이율, 발행의 방법 · 절차 및 상환과 발행사무 취급 등에 필요한 사항은 대통령령으로 정한다.

2. 국민주택채권의 매입

① ㉠ 국가 또는 지방자치단체로부터 면허·허가·인가를 받는 자, ㉡ 국가 또는 지방자치단체에 등기·등록을 신청하는 자, ㉢ 국가·지방자치단체 또는 공공기관의 운영에 관한 법률에 따른 공공기관 중 대통령령으로 정하는 공공기관과 건설공사의 도급계약을 체결하는 자, ㉣ 주택법에 따라 건설·공급하는 주택을 공급받는 자에 해당하는 자 중 대통령령으로 정하는 자는 국민주택채권을 매입하여야 한다. ② ①에 따라 국민주택채권을 매입하는 자의 매입 금액 및 절차 등에 필요한 사항은 대통령령으로 정한다.

Ⅲ. 기금의 용도 및 운용

1. 기금의 용도

(1) 기금의 주택계정 용도

㉠ ⓐ 국민주택의 건설, ⓑ 국민주택규모 이하의 주택의 구입·임차 또는 개량, ⓒ 준주택의 건설, ⓓ 준주택의 구입·임차 또는 개량, ⓔ 국민주택규모 이하인 주택의 리모델링, ⓕ 국민주택을 건설하기 위한 대지조성사업, ⓖ 공업화주택(대통령령으로 정하는 규모 이하의 주택으로 한정)의 건설, ⓗ 주택 건축공정이 국토교통부령으로 정하는 기준에 도달한 이후 입주자를 모집하는 국민주택규모 이하인 주택의 건설, ⓘ 한국토지주택공사가 분양가상한제 적용주택을 우선 매입한 비용, ⓙ 경제자유구역의 활성화를 위한 임대주택의 건설 및 이와 관련된 기반시설 등의 설치에 필요한 자금에 대한 출자 또는 융자, ㉡ ⓐ 주택도시보증공사(공사), ⓑ 한국토지주택공사, ⓒ 한국주택금융공사, ⓓ 주택금융신용보증기금, ⓔ 유동화전문회사등, ⓕ 국민주택사업특별회계에 대한 출자·출연 또는 융자, ㉢ 임대주택의 공급을 촉진하기 위한 ⓐ 부동산투자회사가 발행하는 증권, ⓑ 부동산집합투자기구가 발행하는 집합투자증권, ⓒ 유동화전문회사의 소득공제요건을 갖춘 법인이 발행하는 증권, ⓓ 그 밖에 임대주택의 공급과 관련된 증권으로서 대통령령으로 정하는 증권의 매입, ㉣ 예수금, 예탁금, 차입금, 국민주택채권에 대한 원리금 상환, ㉤ 도시계정으로 의 전출 또는 융자, ㉥ 기금의 조성·운용 및 관리를 위한 경비, ㉦ 주택도시분야 전문가 양성을 위한 국내외 교육훈련 및 관련 제도 개선을 위한 연구·조사, ◎ 정

부시책으로 추진하는 주택사업, ㉧ 그 밖에 주택계정의 설치목적을 달성하기 위하여 대통령령으로 정하는 사업.

(2) 기금의 도시계정 용도

㉠ ⓐ 주거환경개선사업, 재개발사업, 재건축사업, 빈집정비사업, 소규모정비사업(가로주택정비사업, 자율주택정비사업, 소규모재건축사업), ⓑ 기반시설의 설치에 드는 비용에 대한 융자, ㉡ ⓐ 도시재생사업의 시행에 필요한 비용, ⓑ 도시재생활성화지역 내에서 해당 지방자치단체의 장이 도시재생을 위하여 필요하다고 인정하는 건축물의 건축에 필요한 비용(토지의 매입에 필요한 비용을 포함), ⓒ 산업단지 재생사업의 시행에 필요한 비용의 출자 · 투자 또는 융자, ㉢ 주거환경개선사업, 재개발사업, 재건축사업, 빈집정비사업, 소규모정비사업 및 도시재생사업으로 조성된 부동산을 매입하여 도시재생 활성화 목적으로 운영하는 위탁관리 부동산투자회사에 대한 출자 · 융자, ㉣ ⓐ 도시 · 주거환경정비기금, ⓑ 재정비촉진특별회계, ⓒ 도시재생특별회계에 대한 융자, ㉤ 도시재생활성화지역에서 창업지원, 지역상권 활성화 등 도시재생 관련 투자를 하는 것을 목적으로 하는 투자조합에 대한 출자, ㉥ 도시재생사업(산업단지재생사업 포함)을 추진하기 위하여 설립된 부동산투자회사 및 부동산투자회사가 발행하는 증권의 매입, ㉦ 예수금, 예탁금, 차입금의 원리금 상환, ㉧ 기금의 조성 · 운용 및 관리를 위한 경비, ㉨ 그 밖에 도시계정의 설치목적을 달성하기 위하여 대통령령으로 정하는 사업.

2. 기금의 운용 · 관리 등

① 기금은 국토교통부장관이 운용 · 관리한다.[1] ② 국토교통부장관은 기금의 운용 · 관리에 관한 사무의 전부 또는 일부를 공사에 위탁할 수 있다. ③ 공사는 ②에 따라 위탁받은 사무의 일부를 국토교통부장관의 승인을 받아 금융기관 등에 재위탁할 수 있다. 다만, 국토교통부장관은 필요하다고 인정하는 경우 금융기관 등에 직접 위탁할 수 있다. ④ 공사는 대통령령으로 정하는 바에 따라 기금의 조성 및 운용 상황을 국토교통부장관에게 보고하여야 한다. ⑤ 공사 및 기금재수탁자 등(기금 사무의 일부를 재위탁 또는 위탁받은

1) 출자 · 투자할 수 있는 총액의 한도는 대통령령으로 정한다. 국토교통부장관은 기금에 여유자금이 있을 때에는 대통령령으로 정하는 방법으로 운용할 수 있다. 국토교통부장관은 ㉠ 국민주택규모 이하의 주택의 구입, ㉡ 준주택의 구입에 해당할 때에는 대통령령으로 정하는 방법에 따라 기금을 유한책임대출로 운용할 수 있다. 국토교통부장관은 사업주체 또는 시공자가 영업정지를 받거나 건설기술 진흥법에 따른 벌점이 국토교통부령으로 정한 기준에 해당하는 경우 국토교통부령으로 정하는 바에 따라 출자 또는 융자를 제한할 수 있다.

금융기관 등)은 선량한 관리자의 주의로 위탁받은 사무를 처리하여야 한다. ⑥ 국토교통부장관은 기금의 운용에 관한 계획을 수립하려는 경우에는 미리 기획재정부장관과 협의하여야 한다.

3. 기금의 회계기관

국토교통부장관은 기금의 수입과 지출에 관한 사무를 수행하게 하기 위하여 소속 공무원 중에서 기금수입징수관, 기금재무관, 기금지출관 및 기금출납공무원을 임명하여야 한다. 공사 및 기금재수탁자 등은 기금의 운용·관리에 관한 사무를 위탁받은 경우에는 공사 및 기금재수탁자 등의 임직원 중에서 기금수입 담당임직원, 기금지출원인행위 담당임직원, 기금지출직원, 기금출납직원을 임명한 후 이를 국토교통부장관에게 보고하여야 한다. 이 경우 그 임명된 자는 각각 ㉠ 기금수입 담당임직원: 기금수입징수관의 직무, ㉡ 기금지출원인행위 담당임직원: 기금재무관의 직무, ㉢ 기금지출직원: 기금지출관의 직무, ㉣ 기금출납직원: 기금출납공무원의 직무를 수행한다. ③ 국토교통부장관, 공사 및 기금재수탁자 등은 기금수입징수관·기금재무관·기금지출관 및 기금출납공무원, 기금수입 담당임직원·기금지출원인행위 담당임직원, 기금지출직원 및 기금출납직원을 임명한 경우에는 감사원·기획재정부 및 한국은행에 통지하여야 한다.

4. 이익금과 손실금의 처리

① 국토교통부장관은 매 사업연도에 기금의 결산에서 이익이 생긴 경우에는 이익금 전액을 기금에 적립하여야 한다. ② 국토교통부장관은 매 사업연도에 기금의 결산에서 손실금이 생긴 경우에는 ①의 적립금으로 보전하되, 보전한 후에도 남는 손실액이 있는 경우에는 정부가 일반회계에서 이를 보전할 수 있다.

5. 기금 대출채권의 상각

① 공사 및 기금재수탁자 등은 채무자의 무자력 등으로 인하여 기금의 대출금을 회수할 수 없는 경우에는 국토교통부령으로 정하는 바에 따라 대출채권을 상각할 수 있다. 다만, 유한책임대출의 경우에는 채무자의 자력이 있더라도 미회수 대출채권을 상각할 수 있다. ② 공사 및 기금재수탁자 등은 ①에 따라 상각처리된 채권의 보전이나 추심을 위한 관리업무를 수행하다가 국토교통부령으로 정하는 기간이 끝났을 때에는 그 관리업무를

정지하고 그 내용을 국토교통부장관에게 보고하여야 한다.

제 2 절 주택도시보증공사

Ⅰ. 공사의 설립 등

1. 설립

주택도시기금법의 목적을 달성하기 위한 각종 보증업무 및 정책사업 수행과 기금의 효율적 운용·관리를 위하여 주택도시보증공사를 설립하며, 공사는 법인으로 하고, 공사의 주된 사무소의 소재지는 정관으로 정하며, 공사는 그 업무수행을 위하여 필요한 경우에는 정관으로 정하는 바에 따라 지사 또는 출장소를 둘 수 있다.

2. 자본금 등

공사의 자본금은 5조원으로 하고, 그 2분의 1 이상을 정부가 출자한다. 공사에 대하여 국가가 출자한 주식의 주주권은 국토교통부장관이 행사한다. 공사가 발행할 주식의 종류, 1주의 금액, 그 밖에 필요한 사항은 정관으로 정한다. 공사가 주식을 소각하거나 병합하여 자본감소를 결의하는 경우 채권자에게 10일 이상의 기간을 정하여 이의를 제출할 것을 2개 이상의 일간신문(일반일간신문)에 공고할 수 있다. 이 경우 개별채권자에 대한 최고는 생략할 수 있다.

Ⅱ. 공사의 업무 등

1. 업무

① 공사는 그 목적을 달성하기 위하여 ㉠ 주택도시기금의 운용·관리에 관한 사무, ㉡ 분양보증, 임대보증금보증, 하자보수보증, 그 밖에 대통령령으로 정하는 보증업무, ㉢ 보증을 이행하기 위한 주택의 건설 및 하자보수 등에 관한 업무와 구상권 행사를 위한 업

무, ㉣ 유동화전문회사등이 발행한 유동화증권에 대한 보증업무, ㉤ 유동화전문회사등으로부터 위탁받은 유동화자산의 관리에 관한 업무, ㉥ 부동산의 취득 · 관리 · 개량 및 처분의 수탁, ㉦ 국가 · 지방자치단체 · 공공단체 등이 위탁하는 업무, ㉧ ㉠부터 ㉦까지의 업무와 관련된 조사 및 연구, ㉨ 공사가 분양보증, 하자보수보증 등을 하는 경우에 사업주체의 파산 등으로 인하여 부담하게 될 수 있는 보증채무를 면하거나 보증채무 이행에 수반되는 손실을 방지하기 위하여 수행하는 시공 중인 주택을 일시 매입하여 임대하거나 관리하는 업무, 유동화전문회사가 발행하는 유동화증권을 매입하는 업무, ㉩ 해외건설집합투자기구가 발행하는 유가증권의 매입, ㉪ ㉠부터 ㉦까지 및 해외건설집합투자기구가 발행하는 유가증권의 매입의 업무와 관련된 해외사업의 업무를 수행한다. ② 공사는 ㉠ 및 ㉡에 따른 업무의 수행을 위하여 부동산(건축 중인 건물을 포함)에 관한 권리를 신탁받을 수 있다. 이 경우 공사의 신탁의 인수에 관하여는 자본시장법을 적용하지 아니한다. ③ ①에 따른 업무를 수행하기 위하여 필요한 사항은 대통령령으로 정한다. ④ 공사는 이사회의 의결을 거쳐 ①에 해당하는 업무 또는 이와 유사한 업무를 행하는 법인에 대하여 출자 또는 출연할 수 있다.

공사는 공사의 업무를 수행하기 위하여 보증 및 기금의 심사 및 이행(재산조사를 포함) 등을 위한 조사 및 관계인에 대한 자료제공의 요청, 건설공사의 감리자에 대한 시공방법, 공정현황, 사용자재 및 품질 등에 관한 자료제출의 요청, 사용검사(사용승인을 포함)의 신청 등 국토교통부령으로 정하는 보증의 이행과 관련된 업무의 행위를 할 수 있다.

2. 회계처리 및 여유자금 운용

공사는 공사의 회계와 기금의 회계를 구분하여 회계처리하여야 한다. 공사의 여유자금은 ㉠ 금융기관에 의 예치, ㉡ 국채 · 지방채의 매입과 정부 · 지방자치단체 또는 금융기관이 지급을 보증한 채권의 매입, ㉢ 주식(출자증권을 포함) · 사채 및 그 밖의 유가증권의 인수 · 매입, ㉣ 그 밖에 이 법의 목적을 달성하기 위하여 필요한 방법으로 운용한다. 다만, ㉢ 및 ㉣의 경우에는 국토교통부장관의 승인을 받아야 한다.

3. 손익금의 처리

공사는 매 회계연도의 결산 결과 이익이 생긴 때에는 ㉠ 이월손실금의 보전, ㉡ 자본금과 같은 금액에 달할 때까지 이익금의 10분의 2 이상을 이익준비금으로 적립, ㉢ 자본금의 2분의 1이 될 때까지 이익금의 10분의 2 이상을 보증이행준비금으로 적립, ㉣ 이익의 배당의 순서에 따라 처리하여야 한다. ㉡ 및 ㉢의 적립금은 결손 보전에 충당하거나 자본금에 전입하는 경우 외에는 사용하지 못한다. 공사의 결산에서 손실이 생긴 때에는 ㉢에 따른 보증이행준비금으로 보전하고, 그 적립금으로 보전하고도 부족한 때에는 ㉡에 따른 이익준비금으로 보전하며, 그 적립금으로 보전하고도 부족한 때에는 정부가 보전할 수 있다.

〈저자 약력〉

[임공수]

- ○주택도시금융 정책사업을 수행하는 공기업(HUG)에서 26년간 근무하며 부동산정책, 도시재생정책, 주택도시금융정책 등 다양한 부동산정책 업무수행 및 관련분야 연구활동 수행
- ○행정학사・법학사/법학석사/법학박사(고려대학교)
- ○경영지도사(중소벤처기업부장관)
- ○한국정책학회/한국행정학회/한국거버넌스학회/한국주택학회/한국부동산분석학회 이사 등
- ○HUG : 홍보팀장, 인사팀장, 동부도시금융센터장, 연구개발처장, 주택도시금융연구원장, 전북지사장, 영남관리센터장 등
- ○『주택도시금융정책론』, 『도시재생정책론』 등 저술

부동산법규

2021년 3월 10일 초판인쇄
2021년 3월 15일 초판발행

저 자 임 공 수
발행인 유 성 열
발행처 **청목출판사**
서울특별시 영등포구 신길로 40길 20
전화 (02) 849-6157(代)・2820 / 833-6091
FAX (02) 849-0817
등록 제318-1994-000090호

파본은 바꾸어 드립니다. 값 48,000원

http : //www.chongmok.co.kr

ISBN 978-89-5565-797-5(93360)